Crime Organizado

Crime Organizado

2020 · 2ª Edição

Coordenadores
Ana Flávia Messa
José Reinaldo Guimarães Carneiro

CRIME ORGANIZADO
© Almedina, 2020

COORDENADORES: Ana Flávia Messa e José Reinaldo Guimarães Carneiro
DIAGRAMAÇÃO: Almedina
DESIGN DE CAPA: FBA
ISBN: 978-85-8493-602-1

Dados Internacionais de Catalogação na Publicação (CIP)
(Câmara Brasileira do Livro, SP, Brasil)

Crime organizado / coordenadores Ana Flávia Messa,
José Reinaldo Guimarães Carneiro. -- 2. ed. --
São Paulo : Almedina, 2020.
Vários autores.

Bibliografia
ISBN 978-85-8493-602-1

1. Crime organizado 2. Crime organizado - Brasil
3. Crime organizado - Legislação - Brasil I. Messa,
Ana Flávia. II. Carneiro, José Reinaldo Guimarães.

20-32680	CDU-343.232

Índices para catálogo sistemático:
1. Crime organizado : Direito penal 343.232
Maria Alice Ferreira - Bibliotecária - CRB-8/7964

Este livro segue as regras do novo Acordo Ortográfico da Língua Portuguesa (1990).

Todos os direitos reservados. Nenhuma parte deste livro, protegido por copyright, pode ser reproduzida, armazenada ou transmitida de alguma forma ou por algum meio, seja eletrônico ou mecânico, inclusive fotocópia, gravação ou qualquer sistema de armazenagem de informações, sem a permissão expressa e por escrito da editora.

Maio, 2020

EDITORA: Almedina Brasil
Rua José Maria Lisboa, 860, Conj.131 e 132, Jardim Paulista | 01423-001 São Paulo | Brasil
editora@almedina.com.br
www.almedina.com.br

SOBRE OS COORDENADORES

Ana Flávia Messa

Doutora em Direito pela Universidade de Coimbra e pela USP. Mestre em Direito pela Universidade Presbiteriana Mackenzie. Professora da Faculdade de Direito da Universidade Presbiteriana Mackenzie. Bacharel em Direito pela PUC-SP. Advogada.

José Reinaldo Guimarães Carneiro

Mestre em Direito pela PUC-SP. Professor da Faculdade de Direito da Universidade Presbiteriana Mackenzie. Professor Convidado no Centro de Aperfeiçoamento Funcional e Escola Superior do Ministério Público. Promotor de Justiça em São Paulo.

SOBRE OS AUTORES

Acácio Miranda da Silva Filho
Doutorando em Direito Constitucional pelo IDP/DF. Mestre em Direito Penal Internacional pela Universidade de Granada/Espanha. É especialista em Teoria do Delito na Universidade de Salamanca/Espanha, em Direito Penal Econômico na Universidade de Coimbra/IBCCRIM e em Direito Penal Econômico na Universidade Castilha – La Mancha/Espanha. Advogado.

Alcione Aparecida Messa
Psicóloga clínica, jurídica e hospitalar. Mestre em Distúrbios do Desenvolvimento pela Universidade Presbiteriana Mackenzie. Doutora em Ciências Visuais pela Universidade Federal de São Paulo – UNIFESP.

Alexis Couto de Brito
Possui graduação em Direito pela Universidade Católica de Santos (1994), Mestrado em Direito pela Pontifícia Universidade Católica de São Paulo (2003) e Doutoramento em Direito Penal pela Universidade de São Paulo – USP (2008). É pós-doutor pela Universidade de Coimbra (Portugal) e pela Universidad de Salmanca (Espanha). Pós-graduado em Direito pela Universidade Castilla-La Macha de Toledo (Espanha). Foi pesquisador convidado do Instituto de Filosofia do Direito da Universidade de Munique (Alemanha). É professor da Universidade Presbiteriana Mackenzie (Graduação e Pós-Graduação lato sensu) e da Faculdade Autônoma de Direito de São Paulo – FADISP. Advogado Criminalista.

Álvaro Nagib Atallah
Médico. Mestrado em Master of Science In Clinical Epidemiology – University of Pennsylvania (1997) e Doutorado em Medicina (Nefrologia) pela

Universidade Federal de São Paulo (1979), Livre Docência pela Universidade Federal de São Paulo (1990). Atualmente é Professor Titular e Chefe da Disciplina de Medicina de Urgência e Medicina Baseada em Evidências da Universidade Federal de São Paulo, Vice-Coordenador do Programa de Pós-Graduação em Saúde Baseada em Evidências da UNIFESP, Diretor do Centro Cochrane do Brasil, Diretor Eleito da Cochrane Collaboration International (2015-2016) e Diretor Científico da Associação Paulista de Medicina.

Ana Brasil Rocha

Promotora de Justiça em São Paulo. Membro do Grupo de Atuação Especial de Combate ao Crime Organizado desde 2009.

André Boiani e Azevedo

Mestre e Bacharel em Direito pela PUC-SP. Professor da Faculdade de Direito da Universidade Presbiteriana Mackenzie e da Faculdade de Direito da Universidade Paulista. Advogado.

André Ricardo Xavier Carneiro

Pós-graduado em Direito Processual Civil pela EPM. Pós-graduado em Direito Público pelo UNISAL. Bacharel em Direito pela UNIVAP. Professor em cursos preparatórios para concursos públicos. Delegado de Polícia Federal.

Antonio Pedro Melchior Marques Pinto

Doutorando em Direito pela Universidade Federal do Estado do Rio de Janeiro (UFRJ); Membro fundador do Fórum Permanente de Direito e Psicanálise da Escola da Magistratura do Estado do Rio de Janeiro Coordenador Adjunto em Processo Penal do Instituto de Defesa do Direito de Defesa (IDDD); Coordenador Adjunto do Instituto Brasileiro de Ciência Criminais no Estado do Rio de Janeiro (IBCCRIM); Coordenador Adjunto de Direito Processual Penal da Escola da Magistratura do Estado do Rio de Janeiro (EMERJ); Professor de Direito Processual Penal da Escola da Magistratura do Estado do Rio de Janeiro (EMERJ); Professor de Direito Processual Penal no Programa de Pós Graduação da Universidade Cândido Mendes (UCAM--RJ); Professor de Direito Processual Penal na Escola Superior de Advocacia - Ordem dos Advogados do Brasil/RJ; Professor de Direito Processual Penal da Pós Graduação em Processo Penal e Direitos Fundamentais da Academia Brasileira de Direito Constitucional (ABDConst – Rio).Advogado Criminalista.

SOBRE OS AUTORES

Benedicto de Souza Mello Neto

Doutor em Direito pela FADISP/SP. Mestre em Direitos Difusos e Coletivos, área de concentração Direito Penal, pela Universidade Estadual de Maringá (UEM). Professor Adjunto de Direito Penal na Universidade Estadual de Londrina (Uel), Paraná. Professor colaborador de Direito Penal Econômico e Empresarial no Mestrado em Direito Negocial da Universidade Estadual de Londrina.

Bruno César Lorencini

Doutor em Direito do Estado pela USP e pela Universidade de Salamanca-Espanha. Professor de Direito Constitucional e Internacional da Faculdade de Direito da Universidade Presbiteriana Mackenzie. Juiz Federal em São Paulo.

Camila Bonafini Pereira

Mestre em Direito pela PUC-SP. Promotora de Justiça em São Paulo.

Diego Augusto Bayer

Doutorando em Direito Penal pela Universidad de Buenos Aires. Especialista em Direito Penal pela Uniasselvi-SC e em Gestão Estratégica Empresarial pela FURB-SC. Professor de Direito Penal e Processo Penal na Católica de Santa Catarina. Professor de Princípios Penais e Processuais Penais na Pós Graduação em Direito Penal e Processo Penal da IMED. Advogado.

Douglas Henrique Marin dos Santos

Doutor em Ciências pela Universidade Federal de São Paulo (Unifesp). Mestre em Direito (Ciências jurídico-filosóficas) pela Universidade do Porto (UP-Portugal). Pós-graduado em Direito das Obrigações pela Universidade Estadual Paulista (Unesp) e em Ciências Jurídicas pela Universidade do Porto (UP-Portugal). Graduado em Direito pela Universidade de São Paulo (USP). Atualmente é Procurador Federal e Coordenador na Subchefia de Assuntos Jurídicos da Presidência da República. Foi Vice Diretor da Escola da Advocacia-Geral da União entre 2018 e 2019. Professor de Direito Constitucional e Direito Processual Civil no Centro Universitário IESB/DF. Professor do programa de Mestrado em Diretos Sociais e Processos Reivindicatórios do IESB/DF.

Edson Knipell

Doutor, Mestre e Bacharel em Direito pela PUC-SP. Professor da Faculdade de Direito da Universidade Presbiteriana Mackenzie. Advogado.

Everton Luiz Zanella

Doutor e Mestre em Direito pela PUC-SP. Professor de Direito Penal e Direito Processual Penal da Universidade Presbiteriana Mackenzie e da Escola Superior do Ministério Público de São Paulo. Professor convidado do curso de especialização da Escola Paulista de Direito. Promotor de Justiça em São Paulo.

Fausto Martin De Sanctis

Desembargador Federal do Tribunal Federal Regional em São Paulo. Doutor em Direito pela USP. Foi Procurador do Município de São Paulo, Procurador do Estado de São Paulo e Juiz de Direito em São Paulo.

Fernanda Herbella

Doutora em Direito pela PUC-SP. Professora da Academia de Polícia. Delegada de Polícia.

Fernando Henrique de Moraes Araújo

Mestre em Direito pela PUC-SP. Professor Universitário e de cursos preparatórios para concursos. Promotor de Justiça.

Flávio Okamoto

Promotor de Justiça em São Paulo. Integrante do Grupo de Atuação Especial de Combate ao Crime Organizado (GAECO) de 2008 a 2012. Coordenador do Grupo de Trabalho de Combate à Criminalidade Organizada no Sistema Prisional e ao Tráfico de Entorpecentes do Grupo Nacional de Combate às Organizações Criminosas (GNCOC) de 2010 a 2012.

Gianpaolo Poggio Smanio

Doutor e Mestre em Direito pela Pontifícia Universidade Católica de São Paulo (PUC-SP) e Graduado em Direito pela Universidade de São Paulo (USP). Procurador-Geral de Justiça do Estado de São Paulo. Diretor e Professor Titular da Faculdade de Direito da Universidade Presbiteriana Mackenzie (UPM). Foi Coordenador do Programa de Pós-graduação em Direito Político e Econômico da Universidade Presbiteriana Mackenzie (UPM) (2013-2020). Professor colaborador na Escola Superior do Ministério Público do Estado de São Paulo. Coordenador Adjunto da Comissão Solidariedade e Integração Regional e Membro da Comissão APCN da Área do Direito da CAPES.

SOBRE OS AUTORES

Gláucio Roberto Brittes de Araújo
Doutor em Direito Penal pela USP. Mestre em Direito Penal pela PUC-SP. Especialista em Direito Público pela EPM. Professor da pós graduação da EPM. Juiz de direito em São Paulo. Juiz instrutor no STF.

Guaracy Moreira Filho
Doutor em Direito pela Universidade Oriente-Santiago de Cuba-Havana Cuba. Mestre em Direito pela Universidade Presbiteriana Mackenzie. Professor de Direito Penal e Criminologia da Faculdade de Direito da Universidade Presbiteriana Mackenzie. Delegado de Polícia.

Juliana Moreira Camargo
Mestre em Direito pela FMU. Professora do Exponencial Concursos. Professora de curso de extensão em crimes eletrônicos da PUC-CAMP. Advogada.

Juliana Porto Vieira
Mestra em Ciências Jurídico-Criminais pela Faculdade de Direito da Universidade de Coimbra em Portugal, Coordenadora de Assistência Social, Jurídica e Religiosa no Departamento Penitenciário Nacional. Professora na Faculdade Processus (Unidade Asa Sul e Águas Claras- DF) e Processo Penal na Pós Graduação da Faculdade Processus – DF. Professora na Pós Graduação de Direito Penal, Processo Penal e Segurança Pública – Processus, Processo Penal na Pós Graduação FESMIP - Fundação Escola Superior do Ministério Público – PB. Professora na Pós Graduação da FESP – Faculdade de Ensino Superior da Paraíba. Fui Coordenadora da Promoção da Política de Alternativas Penais e Atenção ao Egresso no Departamento Penitenciário Nacional. Advogada.

Karina Camargo Boaretto Lopes
Mestre em Educação pela UNIVILLE. Especialista em Direito Penal e Direito Processual Penal pela Faculdade Avantis de Ensino Superior. Professora na UNIVILLE e na Faculdade Cenecista de Joinville. Bacharel em Direito pela Universidade do Vale do Itajaí. Advogada.

Leonardo Costa de Paula
É Doutor em Direito do Estado pela UFPR, (2017), Mestre em Direito Público e Evolução Social pela UNESA (2010). Especialista em Direito e Processo Penal pela AVM-UCAM (2007). Especialista em Docência do Ensino Superior pela AVM-UCAM (2007). Bacharel em Direito pela UCAM (2006).

Professor de Direito Processual Penal (CNEC-Ilha do Governador). Professor e co-organizador do Programa Brasileiro sobre Reforma Processual Penal, edição de Curitiba, por dois anos consecutivos (CEJA-Observatório da Mentalidade Inquisitória). Advogado.

Leonardo Marcondes Machado

Doutorando e Mestre em Direito do Estado pela Universidade Federal do Paraná – UFPR. Especialista em Direito Penal e Criminologia pelo Instituto de Criminologia e Política Criminal – ICPC (2013). Especialista em Ciências Penais pela Universidade do Sul de Santa Catarina - UNISUL (2008). Professor na Graduação em Direito do Centro Universitário do Alto Vale do Itajaí (UNIDAVI). Professor na Pós-Graduação em Segurança Pública e Investigação Criminal da Academia de Polícia Civil de Santa Catarina (ACADEPOL/SC). Delegado de Polícia Civil.

Luiz Fernando do Vale de Almeida Guilherme

Doutor, Mestre e Bacharel em Direito pela PUC-SP. Professor do curso de pós-graduação nas Faculdades de Direito da Universidade Presbiteriana Mackenzie, da PUC-SP (Cogeae), da Fundação Armando Alvares Penteado-FAAP, da Escola Paulista da Magistratura, do Complexo Jurídico Damásio de Jesus, do Ibmec-SP (Insper) e da *Business School of São Paulo* (Anhembi Morumbi). Advogado.

Luiz Roberto Salles Souza

Doutor e Mestre em Direito pela USP. Procurador de Justiça em São Paulo. Professor da Escola Superior do Ministério Público de São Paulo.

Marco Polo Levorin

Doutor pela Universidade Presbiteriana Mackenzie [2018] do Programa de Direito Político e Econômico. Mestre em Direito Penal pela PUC/SP [2001]. Especialista Direito Penal Econômico e Europeu pela Universidade de Coimbra Professor da Faculdade de Direito da Universidade Presbiteriana.

Pedro Henrique Demercian

Doutor e Mestre em Direito pela PUC-SP. Professor nos cursos de graduação e pós-graduação *stricto sensu* da PUC-SP. Procurador de Justiça em São Paulo

SOBRE OS AUTORES

Rafael Abujamra
Promotor de Justiça. Professor de Direito Constitucional na Faculdade Sudoeste Paulista.

Ricardo Andrade Saadi
Doutor, Mestre e Bacharel em Direito pela Universidade Presbiteriana Mackenzie. Bacharel em Ciências Econômicas pela PUC-SP. Delegado de Polícia Federal.

Ricardo Ambrosio Fazzani Bina
Professor da Academia de Polícia Civil de São Paulo. Especialista em Ciências Criminais, atuante na área de Inteligência Polícia de Segurança Pública desde 2008. Delegado de Polícia.

Ricardo Antonio Andreucci
Pós-doutor na Itália, pela Universidade Federal de Messina. Doutor em Ciências Jurídicas e Sociais pela Universidad del Museo Social Argentino, em Buenos Aires. Mestre em Direito Processual Civil pela Universidade Paulista. É Procurador de Justiça Criminal do Ministério Público do Estado de São Paulo. É professor de Direito Penal e Processual Penal da Universidade Paulista; professor da Escola Paulista de Direito – EPD; professor convidado da Escola Superior do Ministério Público de São Paulo.

Roberto Maia Filho
Doutor e Mestre em Direito pela PUC-SP. Professor da Universidade Presbiteriana Mackenzie, da PUC-SP e da Escola Paulista da Magistratura. Desembargador do Tribunal de Justiça de São Paulo.

Rodrigo Carneiro Gomes
Mestre em Direito. Pós-graduado em Segurança Pública e Defesa Social. Professor da Academia Nacional de Polícia e da Escola Superior de Inteligência da Abin. Delegado de Polícia Federal.

Rogério Luis Adolfo Cury
Mestre em Direito. Cursou Direito Penal e Direito Processual Penal Alemão, Europeu e Transnacional na *Georg-August-Universität*, na Alemanha. Professor da Faculdade de Direito da Universidade Presbiteriana Mackenzie e Coordenador de Cursos de Pós-Graduação em Direito Penal e Processo Penal. Advogado.

Taiguara Libano Soares e Souza

Doutor em Direito pela PUC-Rio (2015). Advogado criminalista, Professor de Direito Penal da UFF; Professor do Programa de Pós-Graduação em Direito Constitucional da UFF (PPGDC-UFF); Professor Titular de Direito Penal da Faculdade de Direito IBMEC-RJ, professor da Pós-graduação em Direito Penal, Processo Penal e Criminologia da UCAM, professor de Direito Penal da EMERJ, professor de Direito Penal da Escola Superior da Polícia Militar.

Tomás Busnardo Ramadan

Promotor de Justiça em São Paulo. Representante do Ministério Público no Programa de Proteção a Vítimas e Testemunhas do Estado de São Paulo. Assessor criminal da Procuradoria-Geral de Justiça e da Escola Superior do Ministério Público do Estado de São Paulo.

Waldemar Moreno

Doutor em ciência jurídica na UNIVALI, Universidade do Vale de Itajaí. Mestre em Direito Processual e Cidadania pela Universidade Paranaense. Graduado em Direito pela Universidade Paranaense. Graduado em Ciência da Computação pela Universidade Paranaense. Graduado em Licenciatura pela Universidade Paranaense. Graduado em Formação de Professores de Disciplinas Profissional pela Faculdade de Filosofia Ciência e Letras de Umuarama. Delegado de polícia federal aposentado - Departamento de Policia Federal. Professor da Universidade da Região de Joinville UNIVILLE. Professor na pós-graduação da Universidade Paranaense. Professor contratado da FCJ em Joinville, Professor colaborador da Academia Nacional de Polícia. Advogado.

NOTA DOS COORDENADORES

Em 2012, um grupo de operadores do Direito se dedicou a escrever, com pesquisa científica e reflexão aprofundada, os rumos do combate ao Crime Organizado e a necessidade de melhoria da legislação. A obra, com ampla acolhida, mereceu a honrosa indicação como finalista do Prêmio Jabuti – o mais tradicional prêmio literário do Brasil. Agora, mercê daquele grande momento, a obra foi renovada e ampliada. Novos autores vieram integrar o time e a reflexão, sempre respeitosa e democrática, cresceu e deitou raízes nas Academias e nos meios forenses.

Nas últimas décadas a comunidade internacional passou a externar maior preocupação com o crescimento das organizações criminosas. Aquilo que era uma movimentação nacionalista, quase agrária, com características especialmente marcantes na China, Itália e nos Estados Unidos, existente desde a idade média na Europa e no Oriente, cravou tentáculos mercantilistas em uma sociedade globalizada, ganhando corpo de atividade multinacional. As grandes corporações do crime, agora com nova e mutável dinâmica, passaram a dominar sociedades menos articuladas e gerar prejuízos consideráveis nas principais economias do mundo. A violência, sua marca registrada, determinou mortes, sequestros, extorsões, envolvendo importantes figuras nos quatro cantos do mundo. Ações terroristas vêm sendo coordenadas em todos os pontos do planeta. Intrincadas operações de lavagem de capitais fazem circular, no mundo moderno, em mãos dos chefes do crime, ao menos um quarto do dinheiro existente na comunidade internacional.

A Organização das Nações Unidas (ONU) e o Grupo de Atuação Financeira Internacional (GAFI) começaram a articular, ainda que lentamente, uma contraofensiva ao crime, que, adotada nas legislações nacionais, vem viabilizando algum avanço contra o crime organizado. São exemplos fortes desta resposta a Convenção de Viena e a Convenção de Palermo, contra o Narcotráfico e contra o Crime Organizado, ambas ratificadas em grande parte dos países que se preocupam com o tema, entre eles o Brasil.

Tornou-se comum a discussão sobre mecanismos de combate ao crime organizado e sua necessidade de constante mutação, para acompanhar a também natural mutação da elite do crime. São bons exemplos, o trato moderno do direito penal e do processo penal com questões relativamente novas, tais como as leis de lavagem de capitais, a infiltração de agentes, a delação premiada, a ação controlada das polícias, dentre outros, e, também, com igual relevância, o fortalecimento de organismos de inteligência e sua parceria internacional contra os criminosos. O Brasil mereceu, assim, uma nova lei do crime organizado e a possibilidade de contar com uma lei de lavagens bastante revigorada, de terceira geração. A presente obra, assim, agora muito ampliada, retrata esse momento. Ela é o resultado de um esforço concentrado de renomados autores brasileiros, debruçados sobre os temas frequentemente presentes no enfrentamento do crime organizado.

Sem linha editorial previamente estabelecida, norte que viabilizou justamente não comprometer a pesquisa científica, os autores, ligados às Academias, ao Ministério Público, à Magistratura, à Polícia Judiciária e à Advocacia Criminal, puderam trazer experiências práticas, preocupações técnicas (de direito material e processual) acerca do fenômeno mundial do crime organizado, colacionando a evolução da doutrina e da jurisprudência brasileira sobre o tema. Resultado disso é o enfoque multifacetado das mais variadas tendências.

Assim, o livro principia o estudo abordando a fenomenologia do crime organizado, fixando seu conceito, suas características e espécies. Foca, ademais, os aspectos econômicos, psicológicos e punitivos, tema sobre o qual cada vez mais se debruçam os estudiosos, em tempos que deparamos com delitos que provocam a degeneração social. Na sequência, a obra aborda a investigação e os meios de obtenção de prova, de modo a tornar real a efetivação da ética pública, com mecanismos de integridade e probidade voltados à intensificação do controle e a responsabilidade pela prática dos atos da criminalidade organizada, aperfeiçoado por um complexo processo de cooperação e empenho das instituições oficiais na sua prevenção e repressão. Por fim, há o exame das atividades das organizações criminosas, em suas diversas modalidades, com especial destaque aos intrincados aspectos que a temática suscita. Ponto alto do estudo é a abordagem sobre a atuação estatal na formulação e execução das políticas públicas face ao crime organizado. E não menos importante é o crime organizado no direito comparado, com destaque não apenas à normativa internacional relacionada ao tema, mas experiências de outros países.

NOTA DOS COORDENADORES

Desse modo, o livro atenderá à necessidade de consulta e atualização de estudantes, professores, juízes, delegados, promotores e foi fixada, desde a primeira reunião de autores, como uma grande contribuição ao debate sobre o tema.

São Paulo, outubro de 2019.

ANA FLÁVIA MESSA
JOSÉ REINALDO GUIMARÃES CARNEIRO

SUMÁRIO

NOTA DOS COORDENADORES   15
Ana Flávia Messa
José Reinaldo Guimarães Carneiro

PARTE I – INTRODUÇÃO AO CRIME ORGANIZADO

1. Aspectos de Crime Organizado   25
Ana Flávia Messa

2. Associação Criminosa e Organização Criminosa: controvérsias
Conceituais em razão da Lei nº 12850/2013   49
Diego Augusto Bayer
Karina Camargo Boaretto Lopes

3. Fenomenologia das Organizações Criminosas e Sistema Acusatório   67
Marco Polo Levorin

4. Histórico do Crime Organizado   91
Juliana Porto Vieira
Waldemar Moreno Junior

PARTE II – ASPECTOS DO CRIME ORGANIZADO

5. Algemas e Crime Organizado   111
Fernanda Herbella

6. Da Criminalidade Econômica à Criminalidade Organizada   121
Benedicto de Souza Mello Neto

CRIME ORGANIZADO

7. A Evolução do Promotor de Justiça "investigador": uma Nova Perspectiva de Atuação do Ministério Público Brasileiro no Enfrentamento às Organizações Criminosas — 137
José Reinaldo Guimarães Carneiro

8. O Enfrentamento às Organizações Criminosas no Tribunal do Júri — 155
Tomás Busnardo Ramadan

9. Crime Organizado: uma compreensão acerca dos aspectos psicológicos e repercussões psicossociais — 171
Alcione Aparecida Messa

PARTE III – DA INVESTIGAÇÃO E DOS MEIOS DE OBTENÇÃO DE PROVA

10. A Delação e Colaboração Premiada — 181
Rafael Abujamra
Fernando Henrique de Moraes Araújo

11. Colaboração Premiada na Lei do Crime Organizado, Presunção de Inocência e Eficácia Probatória das Declarações do Colaborador — 209
Bruno César Lorencini

12. A infiltração de agente como técnica de investigação criminal — 225
Luiz Roberto Salles Souza

13. Agente Infiltrado: Dogmática Penal e Repercussão Processual — 237
Alexis Couto de Brito

14. O Devido Processo Legal e a Ilegalidade da Interceptação entre Pessoas Presentes ("Captação Ambiental") entre 2001 e 2020 — 265
Leonardo Marcondes Machado
Leonardo Costa de Paula

15. Técnicas Especiais de Investigação à Serviço do Combate ao Crime Organizado: interceptações Telefônicas e Telemáticas — 285
Fausto Martin de Sanctis

16. Medidas Cautelares como Meios de Investigação e Fontes de Obtenção de Provas — 317
Ana Brasil Rocha

SUMÁRIO

17. Sufocando o Crime Organizado e a Lavagem de Dinheiro: o Uso de Medidas
de Cunho Patrimonial para asfixiar sua alimentação financeira 337
Roberto Maia Filho

18. Apontamentos sobre crime organizado, a justiça consensual
e o valor probatório das declarações do corréu colaborador 359
Pedro Henrique Demercian

19. Procedimento investigatório e de produção de prova 387
Rogério Luis Adolfo Cury

PARTE IV – COMBATE AO CRIME ORGANIZADO

20. A Polícia Judiciária no Combate ao Crime Organizado 399
André Ricardo Xavier Carneiro

21. O Combate ao Crime Organizado 421
Ricardo Andrade Saadi

22. O Regime Disciplinar Diferenciado (RDD) e sua Utilização
como Mecanismo de Controle e Combate e Crime Organizado 447
Everton Luiz Zanella

23. Intervenção Mínima e o Crime de Impedir ou Embaraçar a Investigação
da Organização Criminosa 477
André Boiani e Azevedo

24. Artigo 20, da Lei 12850/13 – Violação do Sigilo nas Investigações 495
Edson Luz Knippel

25. A Atividade de Inteligência de Segurança Pública 505
Ricardo Ambrosio Fazzani Bina

PARTE V – ATIVIDADES DAS ORGANIZAÇÕES CRIMINOSAS

26. Exploração do Trabalho Escravo e Tráfico de Seres Humanos:
a face desconhecida do Crime Organizado 525
Ricardo Antonio Andreucci

CRIME ORGANIZADO

27. Terrorismo: a Face mais Cruel das Organizações Criminosas 545
Gláucio Roberto Brittes de Araújo

28. Terrorismo: somos Todos Vulneráveis? 579
Guaracy Moreira Filho
Juliana Moreira Camargo

PARTE VI – ESTADO, POLÍTICAS PÚBLICAS E CRIME ORGANIZADO

29. Teoria Geral do Direito Penal e a atuação do Estado em face
ao crime organizado
Gianpaolo Poggio Smanio 601

30. O programa *Neighborhood Watch* para prevenção ao crime
e a experiência brasileira 617
Douglas Henrique Marin dos Santos
Álvaro Nagib Atallah

31. Organização Criminosa e Manifestações Populares: críticas à Aplicação
da Lei nº 12850 na Persecução Penal em face de Manifestantes 627
Antonio Pedro Melchior Marques Pinto
Taiguara Libano Soares e Souza

PARTE VII – CRIME ORGANIZADO NO DIREITO COMPARADO

32. Crime Organizado e Globalização: Perspectiva à Partir do Direito
Penal Internacional e a Transnacionalidade do Delito 653
Acacio Miranda S. Filho

33. O Crime Organizado na Convenção de Palermo 667
Rodrigo Carneiro Gomes

34. Cooperação Jurídica Internacional em Matéria Penal e o Crime Organizado
Luiz Fernando do Vale de Almeida Guilherme 701

35. A Região de Fronteira e os Desafios no Combate ao Narcotráfico
Flávio Okamoto 717

36. O Enfrentamento do Crime Organizado na Itália: uma experiência
internacional antimáfia 733
Camila Bonafini Pereira

PARTE I
INTRODUÇÃO AO CRIME ORGANIZADO

1

Aspectos do Crime Organizado

ANA FLÁVIA MESSA

1. Conceito de Organização Criminosa

A trajetória evolutiva do conceito de organização criminosa pode ser dividida em duas partes: a) omissão legislativa; b) existência da previsão legislativa interna.

Na primeira parte (omissão legislativa), a Lei n. 9.034/95 não possuía conceito de organização criminosa. Logo, em razão disso, não havia que se falar em imputação e tipificação de organização criminosa.

Na segunda parte (previsão legislativa interna), surge num primeiro momento a Convenção de Palermo (com discussão doutrinária e jurisprudencial), e num segundo momento leis do direito penal interno.

Em 15 de novembro de 2000, foi celebrada a Convenção da ONU contra o Crime Organizado Transnacional, adotada em Nova York. No Brasil, foi aprovada no Brasil pelo Decreto Legislativo nº 231, de 29 de maio de 2003, e o texto entrou em vigor por intermédio do Decreto n. 5.015/2004[1].

---

[1] A Convenção de Palermo de 2000 é complementada por três protocolos adicionais, de livre adesão ou ratificação pelos Estados-partes do tratado mãe. Trata-se do Protocolo Adicional à Convenção das Nações Unidas contra o Crime Organizado Transnacional, relativo ao Combate ao Tráfico de Migrantes por Via Terrestre, Marítima e Aérea e do Protocolo Adicional à Convenção das Nações Unidas contra o Crime Organizado Transnacional Relativo à Prevenção, Repressão e Punição do Tráfico de Pessoas, em Especial Mulheres e Crianças. Estes acordos adicionais já foram incorporados ao direito interno brasileiro, por meio dos Decretos n. 5.016 e n. 5.017, de 12 de março de 2004. Um terceiro protocolo foi promulgado pelo Decreto n. 5.941, de 26 de outubro de 2006, relativo à Fabricação e ao Tráfico Ilícito de Armas de Fogo, suas Peças, Componentes e Munições. Outros protocolos podem vir a ser firmados no âmbito da Convenção.

O art. 2º do citado instrumento define *"Grupo criminoso organizado"* como o grupo estruturado de 03 ou mais pessoas, existente há algum tempo e atuando concertadamente com o propósito de cometer uma ou mais infrações graves ou enunciadas na Convenção, com a intenção de obter, direta ou indiretamente, um benefício econômico ou outro benefício material.

Para a referida Convenção, *"Infração grave"* é o "ato que constitui infração punível com uma pena de privação de liberdade, cujo máximo não seja inferior a quatro anos ou com pena superior"; e *"Grupo estruturado"* é aquele "formado de maneira não fortuita para a prática imediata de uma infração, ainda que os seus membros não tenham funções formalmente definidas, que não haja continuidade na sua composição e que não disponha de uma estrutura elaborada".

Cabe lembrar que o texto da Convenção de Palermo *é lei vigente no Brasil* desde 12-3-2004, diante da sua promulgação por meio do Decreto nº 5.015/2004; porém, **tal afirmativa não é uniforme**, gerando dois posicionamentos sobre a adoção do conceito da Convenção de Palermo:

a) não deve ser adotado

- **não definição:** a Convenção de Palermo estabeleceu apenas uma diretriz indicativa, sem estabelecer um conceito de organização criminosa no direito interno brasileiro;
- **objeto diferenciado:** a Convenção versa apenas sobre a criminalidade organizada transnacional; admiti-la internamente para a criminalidade organizada não transnacional significaria violar o princípio basilar do Estado Constitucional de vedação do emprego de analogia ou qualquer outro recurso para a criminalização de condutas;
- **não fonte do direito interno:** a Convenção, documento desprovido de legalidade formal, não é fonte normativa do direito penal interno; é apenas fonte do direito internacional penal. A Convenção é documento internacional que definiu o crime organizado transnacional. A Convenção não possui valor normativo para delimitar o conceito de organização criminosa, servindo como fonte do direito penal interno, reguladora das relações do Estado com os indivíduos. É possível afirmar que a definição de grupo criminoso organizado na Convenção poderia no máximo ser uma norma do direito penal internacional não incriminadora do tipo explicativa, já que visa de maneira vaga e imprecisa esclarecer ou explicar o conceito de organização criminosa;
- **separação de poderes:** como não é adotada a Convenção, não há definição de organização criminosa pelo legislador. Desta forma, não pode o juiz, no caso concreto, definir a organização criminosa, usurpando a

ASPECTOS DO CRIME ORGANIZADO

tarefa do legislador e, por consequência, violando o princípio da separação de poderes;

- **violação da taxatividade**: a definição contida na Convenção de Palermo é ampla e genérica, violando o princípio da taxatividade (um das garantias de legalidade), em que o tipo penal deve ser definido de forma clara e precisa;

b) deve ser adotado

- **não necessidade da lei:** não é necessária edição de lei para conceituar organização criminosa. A organização criminosa é uma qualificação jurídica atribuída a um determinado grupo que reúne características definidas pela doutrina e jurisprudência, em conformidade com as diretrizes conceituais constantes na Convenção de Palermo;
- **conceito da Convenção**: embora não houvesse uma definição legislativa, era possível afirmar que a organização criminosa, conforme conceito que deveria ser utilizado no Brasil, previsto no art. 2º da Convenção de Palermo, pressupõe[2]: a) uma associação (pluralidade de agentes); b) estabilidade ou permanência; c) com finalidade de cometimento de crimes graves ou enunciados na Convenção; d) finalidade de obtenção de benefício material; e) caráter estruturado; g) organização complexa, sofisticada, com uma hierarquização estrutural, planejamento, divisão funcional de atividades, sofisticação dos meios e até infiltração no Poder Público.
- **adoção interna**: o Conselho Nacional de Justiça, por meio da recomendação nº 3 de 30/05/2006, com o objetivo de combater o crime organizado, bem como a resolução do Conselho da Justiça Federal nº 517, sugerem a adoção do conceito de organização criminosa estabelecido na Convenção das Nações Unidas sobre Crime Organizado Transnacional.
- **autoridade normativa interna**: a Convenção ao ser internalizada adquiriu o *status* de lei ordinária federal, servindo como instrumento de complementação exegética e valorativa do aplicador da lei. Na verdade, por meio do Decreto nº 5.015/2004, o Brasil incorporou a Convenção de Palermo ao nosso sistema jurídico. A Convenção estabeleceu um conceito de organização criminosa, que deve ser levado em conta, já que possui autoridade normativa interna[3].

---

[2] STJ, HC, 77.771/SP – Rel. Min. Laurita Vaz – 5ª Turma – *Dje*, 22/9/2008.

[3] Como se sabe, a Convenção de Palermo (designação dada à Convenção das Nações Unidas contra o Crime Organizado Transnacional) foi incorporada ao ordenamento positivo interno brasileiro pelo

CRIME ORGANIZADO

Sobre a adoção do conceito contido na Convenção de Palermo, no âmbito jurisprudencial, é possível afirmar que num primeiro momento, tanto no STF[4] como no STJ[5] foi adotado o conceito jurídico de organização criminosa estabelecida na referida Convenção.

Acontece que a partir do julgamento do HC nº 96007 em 2012 da ação penal contra os líderes da Renascer, o STF mudou orientação, no sentido de não adotar o conceito de organização criminosa contido na Convenção de Palermo, em nome da reserva de parlamento. Segundo o STF, o conceito deveria ser estabelecido em lei interna, em conformidade com o princípio da legalidade. E o STJ também acompanhou a mudança de orientação[6].

A respeito do conceito de organização criminosa contido na Convenção de Palermo surgiu uma discussão sobre sua suficiência. Cabe ressalvar que a Convenção, incorporada na ordem jurídica brasileira, está hierarquicamente subordinada à autoridade normativa da Constituição Federal, de forma que na parte que transgredir, formal ou materialmente, o texto constitucional, a Convenção não terá valor jurídico.

O conceito contido na referida Convenção reúne termos genéricos e ideias imprecisas sobre organização criminosa[7], gerando uma insegurança na caracterização normativa da criminalidade organizada, prejudicando, desta forma, o princípio da legalidade, enunciado no art. 5º, II, da Constituição Federal[8].

O princípio da legalidade exige que as leis sejam elaboradas em conformidade com a Constituição, tanto no aspecto formal como no aspecto material. Além de abranger a conformidade das leis com as regras constitucionais,

Decreto n. 5.015/2004, que a promulgou e lhe conferiu executoriedade e vigência no plano doméstico (MC/SPHC 94.404, Min. Celso de Mello, j. 19-8-2008, *DJe*, 26-8-2008).

[4] O Supremo Tribunal Federal, em julgamento do *habeas corpus* n. 77.771 – SP (2007/0041879-9), acolheu conceituação de organização criminosa definida pela Convenção de Palermo e sustentou que referido diploma legal tem aplicabilidade imediata no âmbito normativo interno. O conceito de organização criminosa foi devidamente incorporado ao ordenamento jurídico nacional na forma prescrita pela Constituição da República (arts. 49, I, e 84, IV e VIII).

[5] A definição de organização criminosa é aquela estabelecida na Convenção das Nações Unidas sobre Crime Organizado Transnacional (Convenção de Palermo), aprovado pelo Decreto Legislativo 231/03 e promulgada pelo Decreto 5.015/04 (HC 162957; HC 171/912; HC 163422; HC 150729; HC 129035)

[6] Recurso Especial nº 1252770/RS – relator Ministro ROGERIO SCHIETTI CRUZ – STJ – 6ª Turma – DJe 26/03/2015

[7] Na verdade, o conceito não é indeterminado; indeterminadas são as expressões linguísticas usadas no texto do conceito.

[8] O princípio referido não é o da legalidade penal, já que não se fala em tipificação e imputação de organização criminosa. Art. 5º (...): II – ninguém será obrigado a fazer ou deixar de fazer alguma coisa senão em virtude de lei.

ASPECTOS DO CRIME ORGANIZADO

exige que observe os princípios previstos explícita ou implicitamente na Constituição.

No aspecto material, a Constituição Federal proíbe, mediante o princípio implícito[9] da segurança jurídica[10 e 11], corolário do princípio da legalidade, que o legislador elabore as leis de forma imprecisa, com o uso demasiado de conceitos jurídicos indeterminados, que podem, inclusive, gerar o arbítrio dos operadores do direito na caracterização do conceito ou instituto[12]. Conforme acentua Augusto Zimmermann (2002, p. 276):

> De imediato, o princípio da legalidade produz outros dois valores fundamentais para a realização da justiça: o valor da segurança jurídica, através da certeza de que se possa prever a consequência de nossas ações; e o da igualdade formal, com a garantia do tratamento igual para todos.

Por outro lado, no entanto, o modelo de segurança formal e tipicidade fechada, além de prejudicar a necessária dimensão criativa da hermenêutica e a adaptabilidade dos conceitos e institutos às mutações sociais, não gera o equilíbrio efetivo entre segurança e justiça. Como acentua César Garcia Novoa (2000, p. 24):

> (...) *debemos concluir que no resulta posible admitir otro concepto de seguridad jurídica que no sea el de seguridad a través de un Derecho merecedor de un juicio positivo de racionalidad.*

No caso da definição de organização criminosa na Convenção[13], há uma definição com cláusulas gerais, sem a fixação de um mínimo de determinação,

---

[9] O princípio da segurança jurídica apresenta-se, em nosso sistema jurídico, como decorrência do princípio do Estado de Direito, restando concretizado em diversos dispositivos constitucionais através, principalmente, da projeção de direitos e garantias fundamentais. (PAULSEN. *Segurança jurídica, certeza do direito e tributação*, 2006).

[10] A segurança jurídica é a segurança na norma jurídica, significando a construção, mediante uma linguagem "segura", do modelo de prescrição de condutas, ou seja, de acordo com uma série de requisitos formais e relacionados com a norma jurídica em si mesma (SUMMERS CAYMMI. *Segurança jurídica e tipicidade tributária*, 2009).

[11] "Mas, não fosse isso bastante, não custa firmar aqui que a aplicação do princípio da legalidade tem como um de seus pilares o resguardo da própria segurança jurídica" (STJ, 2ª T., EDcl no REsp 1.112.895/SP, Rel. Min. Mauro Campbell Marques, *DJe*, 19-5-2010).

[12] Cabe ressaltar que o conceito de organização criminosa não é submetido ao princípio da legalidade penal, já que não é prevista como crime. É apenas instrumento para consecução de crimes de autoria coletiva.

[13] Essa definição, mesmo sendo muito ampla e genérica, foi adotada pelo Superior Tribunal de Justiça, para efeito de aplicar a Lei n. 9.613/98 (crime de lavagem de capitais), no julgamento de

com termos que dificultam a compreensão do que é organização criminosa. Ao mesmo tempo, possibilita abranger um maior número de casos, além de permitir a interpretação progressiva, no sentido de amoldar a lei à realidade atual, concretizando os valores da dignidade da pessoa humana, da solidariedade, da igualdade e da justiça. Noutros termos o uso de conceitos jurídicos indeterminados funciona como um instrumento de atualização do texto da lei proporcionalmente ao tempo e ao espaço em que a mesma será empregada.

Há que se considerar que o conceito contido na Convenção da ONU será usado para integrar tipos penais, que, por sua vez, têm sua construção regida pelo princípio da taxatividade, subprincípio da legalidade, exigindo do legislador o dever de delinear com clareza os elementos fundantes do tipo de injusto, oferecendo um texto que prime pela determinação da conduta ilícita, das elementares, circunstâncias e fatores influenciadores na configuração dos contornos da tipicidade e sua respectiva consequência jurídica.

Desta forma, diante da vagueza do conceito contido na Convenção e do seu emprego em tipo penal incriminador, é possível concluir que o tipo que usar o conceito adquire a *condição de tipo aberto*[14], já que conteúdo e extensão são em larga medida incerto carecedor de um preenchimento valorativo. Aliás, a existência do tipo aberto é compatível com o fenômeno da criminalidade organizada, fenômeno dinâmico e complexo, que demanda, na sua compreensão, interpretação casuística.

Caberá aos operadores do direito, discernimento diante das situações fáticas para analisar o referido tipo penal, conjugado com uma interpretação acurada dos aspectos judiciais e extrajudiciais da conduta em conformidade com a principiologia constitucional. Conforme Jiskia Sandri Tentrin[15]:

> "A Convenção de Palermo não criou um novo tipo penal de "organização criminosa" – esse tipo penal ainda não existe no Brasil –, apenas forneceu um conceito ao fenômeno......pois a Convenção em referência ingressou no nosso ordenamento jurídico com força de lei ordinária e serve de parâmetro para o complemento do tipo penal aberto descrito no artigo 1º, inciso VII, da Lei 9.613/98 e dos demais preceptivos legais onde aparece a figura da "organização criminosa."

uma organização criminosa que se valia da estrutura de uma entidade religiosa como "fachada", ludibriando fiéis mediante variadas fraudes (estelionato), desviando os numerários oferecidos para determinadas finalidades ligadas à Igreja em proveito próprio e de terceiros (STJ, HC 77.771 / SP 2007/0041879-9 Órgão Julgador T5 – 30/05/2008).

[14] Importante ressaltar que o uso de expressões elásticas ou imprecisas em tipos penais abertos acarreta ao julgador uma apreciação valorativa reduzida pelo contexto em que estão inseridos e pela mutação que sofrem em virtude da apropriação pelo direito.

[15] A Convenção de Palermo não criou novo tipo penal – Consultor jurídico – 12/4/2010.

ASPECTOS DO CRIME ORGANIZADO

O tipo penal aberto não é proibido, apenas não é tolerado o seu uso demasiado, pois, neste caso, o legislador estaria relegando ao juiz a função de criar o tipo penal, violando o princípio da separação de poderes, previsto no art. 2º da Constituição Federal e, também, o princípio da legalidade, que não tolera tipos penais vagos, sem um mínimo de especificação. Conforme assevera Nélson Hungria (1976, p. 21):

> A lei penal é, assim, um sistema fechado: ainda que se apresente omissa ou lacunosa, não pode ser suprida por arbítrio judicial, ou pela analogia, ou pelos princípios gerais do direito, ou pelo costume.

Em 24 de julho de 2012 surge a Lei nº 12694 definindo organização criminosa como a *associação, de 3 (três) ou mais pessoas, estruturalmente ordenada e caracterizada pela divisão de tarefas, ainda que informalmente, com objetivo de obter, direta ou indiretamente, vantagem de qualquer natureza, mediante a prática de crimes cuja pena máxima seja igual ou superior a 4 (quatro) anos ou que sejam de caráter transnacional.*

Logo depois em 2 de agosto de 2013 surge novo conceito de organização criminosa com a Lei nº 12850: *"a associação de 4 (quatro) ou mais pessoas estruturalmente ordenada e caracterizada pela divisão de tarefas, ainda que informalmente, com objetivo de obter, direta ou indiretamente, vantagem de qualquer natureza, mediante a prática de infrações penais cujas penas máximas sejam superiores a 4 (quatro) anos, ou que sejam de caráter transnacional."*

Sobre os dois conceitos previstos nas leis citadas, podemos estabelecer duas análises: a) a primeira estabelecendo diferença dos conceitos; b) a segunda estabelecendo qual o conceito prevalece na ordem jurídica brasileira. Sobre as diferenças nos conceitos podemos estabelecer a seguinte comparação:

ITENS	LEI Nº 12694/12	LEI Nº 12850/13
NÚMERO DE MEMBROS NA ASSOCIAÇÃO	Três ou mais pessoas	Quatro ou mais pessoas
APLICAÇÃO	Crimes com pena máxima igual ou superior a 4 anos	Infrações penais cujas penas máximas sejam superiores a 4 anos

Na segunda análise, podemos estabelecer os seguintes entendimentos:

a) prevalece o conceito da Lei nº 12850/13 por ser mais recente, em conformidade com o critério cronológico;

b) convivência dos dois conceitos, sendo que o contido na lei nº 12694/12 deve ser aplicado apenas para a formação de um órgão colegiado em

CRIME ORGANIZADO

primeiro grau para processo e julgamento dos delitos cometidos por organizações criminosas. A tendência atual da doutrina e jurisprudência é a na adoção do conceito estabelecido pela lei 12850/13, em nome da segurança jurídica[16].

2. Estrutura da organização criminosa

De acordo com os conceitos de organização criminosa[17], tanto a doutrina como a jurisprudência enumeram suas características essenciais[18], das quais passaremos a analisar[19]:

---

[16] "Embora a Lei 12.850/13 não se refira à eventual revogação *parcial* da Lei 12.694/12, precisamente no que respeita à definição de organização criminosa, pensamos não ser mais possível aceitar a superposição de conceitos em tema de tamanha magnitude. Do contrário, teríamos que conviver com um conceito de organização criminosa *especificamente ligado à formação do Colegiado de primeiro grau* (Lei 12.694/12), e com outro, da Lei 12.850/13, aplicável às demais situações (...) pensamos que deverá prevalecer, para quaisquer situações de sua aplicação, a definição constante do art. 1º, da Lei 12.850/13". OLIVEIRA, Eugênio Pacelli de. *A Lei de Organizações...* Último acesso em 05 de abril de 2015.

[17] "Grupo de pessoas voltadas para atividades ilícitas e clandestinas que possui uma hierarquia própria e capaz de planejamento empresarial, que compreende a divisão do trabalho e o planejamento de lucros. Suas atividades se baseiam no uso da violência e da intimidação, tendo como fonte de lucros a venda de mercadorias ou serviços ilícitos, no que é protegido por setores do Estado. Tem como características distintas de qualquer outro grupo criminoso um sistema de clientela, a imposição da lei do silêncio aos membros ou pessoas próximas e o controle pela força de determinada porção do território" (MINGARDI, Guaracy. *O Estado e o crime organizado*. São Paulo: IBCCrim, 1998).

[18] "O crime organizado possui uma estrutura coordenada, estratégia global de projeção transnacional, recursos vultosos, influências, possibilidade de acesso a redes ilícitas caracterizadas por acentuada especialização profissional, alta tecnologia e outras características que colocam seus integrantes em posição irretocável para usufruir ou prevalecer-se das debilidades estruturais de nossos sistemas penais, através do manejo quase arbitrário das diferentes variáveis de poder em seu momento sinalizadas, que se traduz em uma virtual impunidade de seus atos." (Tradução nossa – CERVINI, Raúl; GOMES, Luiz Flávio. *Crime Organizado: enfoques criminológico, jurídico (Lei 9.034/95) e político-criminal*. 2ª ed. São Paulo: Revista dos Tribunais, 1997); "caráter transnacional na medida em que não respeita as fronteiras de cada país e apresenta características assemelhadas em várias nações; detém um imenso poder com base numa estratégia global e numa estrutura organizativa que lhe permite aproveitar as fraquezas estruturais do sistema penal; provoca danosidade social de alto vulto; tem grande força de expansão, compreendendo uma gama de condutas infracionais sem vítimas ou com vítimas difusas; dispõe de meios instrumentais de moderna tecnologia; apresenta um intrincado esquema de conexões com outros grupos delinquenciais e uma rede subterrânea de ligações com os quadros oficiais da vida social, econômica e política da comunidade; origina atos de extrema violência; exibe um poder de corrupção de difícil visibilidade; urde mil disfarces e simulações e, em resumo, é capaz de inerciar ou fragilizar os Poderes do próprio Estado" (FRANCO, Alberto Silva. *Um difícil processo de tipificação*. In: Boletim do IBCCrim, São Paulo, n. 21, set. 1994).

[19] Não se pretende obter uma definição tão abrangente quanto pacífica, mas um horizonte a perseguir, com bases seguras para identificar a atuação da delinquência estruturada, que visa ao

ASPECTOS DO CRIME ORGANIZADO

(a) **Complexidade estrutural:** a organização criminosa tem regras próprias de atuação, um propósito previamente definido e um caráter alterável no tempo e espaço e um esquema criminoso articulado, dotado de profissionalização e estrutura aparelhada;

(b) **Divisão orgânica hierárquica:** a organização é estruturada em níveis dispostos de acordo com a posição ocupada pelo agente e o grau de seu comprometimento com o sucesso da atividade-fim. Há um chefe responsável pelo planejamento e estruturação do grupo, detendo efetivo poder de comando para fins de definição do momento e modo de execução das diferentes atividades criminosas empreendidas, sujeitando a atuação dos demais membros do grupo à sua direta subordinação;

(c) **Divisão funcional:** cada membro da organização tem sua tarefa, o que demonstra a existência da especialização de funções; há uma divisão clara de atribuições; em geral uma pessoa fica responsável pela contabilidade da organização; outra por repassar as determinações do comando aos demais integrantes do grupo e assim por diante. Cabe ressaltar que, com base nessa divisão, as circunstâncias pessoais dos membros da organização são distintas, de forma que não há fundamentação para aplicação do mandamento previsto no art. 580 do CPP;

(d) **Divisão territorial:** a organização criminosa possui uma sede que funcionará como um centro decisório; além do posto central, a organização domina outras áreas, criando uma divisão geográfica das atividades ilícitas com demarcação do território de atuação;

(e) **Estreitas ligações com o poder estatal[20]:** a organização criminosa exige ingerência (corrupção de agentes estatais) ou gerência nas instituições do Estado, assumindo o controle do poder estatal em conformidade com os seus interesses. Com sua organização complexa e estratégias, abalam a estrutura do Estado, aproveitando-se de suas deficiências;

(f) **Atos de extrema violência:** a arbitrariedade no uso da força física contraria valores e princípios constitucionais atinentes à concretização dos direitos humanos, gerando terror, insegurança e a disseminação de crimes violentos e cruéis;

---

combate de bens jurídicos fundamentais para o Estado Democrático de Direito (Nucci, Guilherme de Souza. *Organização criminosa: comentários à Lei 12.850, de 02 de agosto de 2013*. São Paulo: Revista dos Tribunais, 2013).

[20] "Não é apenas uma organização bem feita, não é somente uma organização internacional, mas é, em última análise, a corrupção da Legislatura, da Magistratura, do Ministério Público, da Polícia, ou seja, a paralisação estatal no combate à criminalidade " (...) (Hassemer, 1994, p. 63).

CRIME ORGANIZADO

(g) **Intuito do lucro ilícito ou indevido:** com a busca de vantagens há por consequência a maximização de benefícios;

(h) **Detentora de um poder econômico elevado:** com o seu poder empresarial estabelecem mercado, conquistam nichos, buscam vantagens e criam uma contabilidade racional;

(i) **Capacitação funcional:** os membros são recrutados, orientados, treinados e incumbidos de realizar tarefas em prol da organização criminosa; não é qualquer pessoa que pode ser aceita para compor os quadros das associações criminosas;

(j) **Alto poder de intimidação:** um dos meios é manter a "lei do silêncio", visando evitar o desmantelamento da organização, usando força física com requintes de crueldade, inclusive contra os familiares e amigos do delator. Os membros buscam, igualmente, por meio da corrupção dos agentes públicos, a impunidade e segurança para o desempenho de suas atividades;

(k) **Capacidade de fraudes diversas:** enumerar os possíveis crimes praticáveis por uma organização criminosa seria temerário, já que a lista seria incompleta diante da realidade de fenômenos criminais múltiplos e diferenciados. A enumeração de crimes representaria incompatibilidade com o fenômeno da criminalidade, caracterizado pela sua multiplicidade de facetas, aperfeiçoado pela evolução social-tecnológica e fortalecido com a fragilidade da atuação estatal. A existência de um rol originaria a determinação da natureza exemplificativa na enumeração dos crimes, e, por consequência, uma insegurança coletiva generalizada combinada com um desenvolvimento de crime sem tipificação normativa e efetiva repressão estatal;

(l) **Clandestinidade:** uso de disfarces e simulações; fazem uso de negócios e atos lícitos para camuflar seus negócios e lucros escusos. Há conexões ocultas com quadros de oficiais da vida comunitária geradores de um poder estratégico de corrupção;

(m)**Caráter transnacional:** a forte conexão local, regional, nacional e internacional, com grande força de expansão, já que o crime organizado se tornou globalizado, representando um ameaça à paz e à estabilidade social[21];

---

[21] "... o crime organizado possui uma textura diversa: tem caráter transnacional na medida em que não respeita as fronteiras de cada país e apresenta características assemelhadas em várias nações...".

(n) Modernidade: uso de meios tecnológicos modernos, inclusive recursos de informática, para dar celeridade às comunicações e operações da organização;

(o) Danosidade social de alto vulto: não só pela pluralidade de agentes, mas também pelo *modus operandi* da organização consubstanciado no uso de armas, violência e corrupção;

(p) Associação estável e permanente com planejamento e sofisticação de meios: as condutas dos membros da organização criminosa devem ser convergentes para realização do intento criminoso com a consequente obtenção do lucro e poder. É uma associação que reúne agentes que agem em conjunto para facilitar e agilizar na execução do crime[22]. As reuniões são constantes ou periódicas, em que há comunhão de interesses, com a interdependência entre os seus membros na tomada das decisões e na efetivação das operações ilícitas;

(q) Impessoalidade da organização: a organização não revela sua composição, até para que com a clandestinidade possa ter suas operações e funcionamento preservados.

3. CPI do crime organizado

A função da Comissão Parlamentar de Inquérito é investigar, ou seja, coletar dados a respeito de determinado fato. É uma investigação especial (feita por membros do legislativo), transitória (prazo determinado) e informativa. O direito de investigar os órgãos e agentes do Estado deve observar os limites materiais e as exigências formais previstas na CF.

Os poderes da CPI não são universais, pois sofrem limites constitucionais e legais. A observância dos direitos e garantias fundamentais constitui fator de legitimação da atividade estatal. Não existe poder absoluto em Estado Democrático de Direito. A ampla ação pode ser entendida, como buscar aprofundamento na investigação, mas não poderes ilimitados.

O objeto da investigação é fato de interesse público, que seja determinado, específico. Se no decorrer das investigações for descoberto fato novo, devem ser tomadas as seguintes providências: a) fato novo **conexo:** será feito um aditamento ao objeto inicial da CPI; b) fato novo não **conexo:** tem que ser aberta nova CPI. Em regra, não pode a CPI interferir com a autonomia do indivíduo e das entidades privadas, porém quando tiver repercussões no interesse público será objeto de investigação da CPI.

---

[22] "... a associação tanto pode tornar o homem mais forte para o bem quanto para o mal".

Na análise do objeto de investigação feita pela CPI, surge a discussão a respeito da possibilidade de apurar os fatos relativos às ramificações do crime organizado, de forma que há dois posicionamentos:

A) **SIM:** já que investigar crimes é fato de interesse público e que podem ser objeto de investigação pela CPI todos os assuntos que estejam na competência legislativa ou fiscalizatória do Congresso. A matéria penal é matéria de lei nacional, fruto do processo legislativo previsto na CF;

B) **NÃO:** pois a função de investigar crimes é de atribuição constitucional dos órgãos da Segurança Pública, nos termos do artigo 144 da Constituição Federal. Se no curso de uma investigação a CPI se deparar com algum fato criminoso, dele dará ciência ao Ministério Público, para os fins de direito, como qualquer autoridade, e mesmo como qualquer do povo.

4. O Estado e o crime organizado[23]

A existência do crime organizado reflete absoluta ineficácia do Estado no combate à criminalidade consubstanciada numa atuação coletiva, estável, articulada, sofisticada, disciplinada, violenta, com divisão lucrativa e racional das atividades ilícitas, já que não consegue manter a ordem pública interna com a realização da segurança coletiva.

O Estado não consegue cumprir o seu papel, como sociedade política, pois sendo uma instituição que visa à realização individual, social e digna das pessoas não consegue combater o crime organizado.

É possível enumerar as falhas que geram a ineficácia estatal: a) não tem um diagnóstico da criminalidade organizada; b) não possui um plano real e estratégico de repressão; c) não tem atuação eficiente dos setores especializados da polícia no combate; d) não possui suficiência, presteza e tecnologia nos recursos humanos e materiais; e) não identifica de forma clara, precisa e satisfatória o modo de operação do grupo organizado criminoso; f) possui funcionários corruptos.

5. Quadrilha e bando

A pessoa jurídica de direito privado não estatal (capital privado) pode ser de duas espécies: *a) uma corporação*: reunião de pessoas que unem esforços para

---

[23] "......a organização infiltra-se nas veias estatais e passa a estabelecer com o Estado uma disputa, como se fosse concorrência em um negócio, mas atuando ao arrepio da lei e trazendo a reboque a prática de tantas quantas forem as infrações penais necessárias ao seu sucesso" (MENDRONI, Marcelo Batlouni. *Crime Organizado: aspectos gerais e mecanismos legais*. 3ª ed. São Paulo: Atlas, 2009).

ASPECTOS DO CRIME ORGANIZADO

buscar objetivos comuns; *b) uma fundação*: conjunto de bens destinado a uma finalidade.

Existem dois tipos de corporação: *a) associação:* tem objetivos não econômicos; *b) sociedade*: tem fins econômicos. Em relação à associação, existem duas espécies: a) lícita; b) ilícita. A ilícita pode ser: a) de caráter paramilitar (treinamento bélico); b) quadrilha; c) bando; d) organização criminosa; e) associação criminosa; f) milícia privada.

Sobre a comparação entre quadrilha e bando, existem os seguintes posicionamentos:

a) **majoritário[24]:** são sinônimos: associação estável de mais de três delinquentes, com o fim de praticar de forma reiterada crimes;

b) **minoritário:** são expressões diferentes; há as seguintes variantes nesse posicionamento:

  b1) **Localidade (FÁVERO, 1950):** bando é grupo que atua no campo e quadrilha, grupo atuante nas cidades;

  b2) **Estrutura (PONTES, 1956):** bando é um grupo com organização com chefe eventual e quadrilha, grupo com chefe permanente;

  b3) **Estabilidade:** bando é instável, já que após a prática criminosa, deixa de existir, e quadrilha é estável, já que o vínculo associativo permanece mesmo após a prática criminosa;

  b4) **Número de membros (COSTA JR., 2001):** bando é associação formada por mais de 04 pessoas e quadrilha, associação formada por 04 pessoas.

O crime de quadrilha ou bando era um delito autônomo, previsto no art. 288 do Código Penal. A Lei n° 12.850/2013 alterou o Código Penal, definindo e tipificando o crime de associação criminosa. Se a quadrilha ou bando for constituídos para cometimento dos crimes hediondos ou equiparados permanece a tipificação conforme artigo 8º da Lei dos Crimes Hediondos.

6. Organização criminosa e Associação criminosa

A inserção do agente em uma associação estável não é suficiente para estabelecer diferenciação, pois tanto na organização como na associação criminosa a reunião de pessoas para a prática de crimes representa um agrupamento permanente, duradouro, contínuo de pessoas.

---

[24] SMANIO, Gianpaolo Poggio. *Direito penal* – Parte especial. São Paulo: Atlas, 2002; JESUS, Damásio E. de. *Direito penal* – Parte geral. São Paulo: Saraiva, 2009; BITENCOURT, Cezar Roberto. *Tratado de Direito Penal* – v. 4. São Paulo: Saraiva, 2008.

A pluralidade de agentes é essencial para configurar um vínculo associativo criminoso. Sobre número de integrantes, **antes da lei 12850/13**, se podia, ser critério de diferenciação ou não, existiam dois posicionamentos:

a) **não diferencia**: pois é dado irrelevante, sendo necessário no mínimo duas ou mais pessoas unidas com o propósito de cometer crimes;

b) **diferencia:** já que na Convenção de Palermo há uma previsão no sentido de no mínimo três ou mais na organização; já na quadrilha, o número mínimo é de quatro integrantes.

Com o advento da lei 12850/13 é possível afirmar que o número de integrantes é critério de diferenciação, pois na associação criminosa exige-se o mínimo de 03 pessoas; e na organização criminosa, exige-se a reunião de, no mínimo, 04 pessoas.

Antes da Lei 12850/03 a finalidade de cometer crimes também não era critério para diferenciar, pois, tanto na organização como na quadrilha ou bando, existe o agrupamento com o fim de agir na prática de crimes, não sendo necessária a sua efetiva ocorrência. É indiferente o número de crimes que os agentes queiram cometer, configurando elemento secundário. Porém com o advento da lei 12850/13 é possível afirmar que na associação exige-se o especial fim de agir de cometer crimes; já na organização Exige-se como especial fim de agir o objetivo de obter, direta ou indiretamente, vantagem de qualquer natureza.

A análise da participação na associação criminosa é casuística, sendo possível, no entanto, estabelecer uma graduação nos fenômenos associativos, de forma que, numa associação, a atuação criminosa não teria a mesma articulação, amplitude, sofisticação e disciplina de uma organização criminosa.

A organização estrutural é um fator de distinção, pois associação criminosa não tem projeção extensiva e a complexidade da organização criminosa. A hierarquia, divisão funcional, intimidação, intuito lucrativo, clandestinidade não são fatores distintivos. Outro fato diferenciador é o uso de modernas tecnologias, revelando sofisticação e poderio econômico, fatores presentes na organização e não na associação criminosa.

7. Liberdade provisória no crime organizado

A Lei n. 9.034/95 prescrevia que não será concedida liberdade provisória, com ou sem fiança, aos agentes que tenham *tido intensa e efetiva participação na organização criminosa.*

A referida previsão legal era uma garantia de preservação da ordem pública, pois visava combater a sofisticação e a ousadia do grupo organizado com a manutenção do cárcere. Ao mesmo tempo, a intensa e efetiva participação na organização criminosa demonstrava a periculosidade do agente para a coletividade, justificando a manutenção da restrição de sua liberdade. Se estivessem ausentes os requisitos da prisão preventiva, o membro de organização criminosa poderia responder ao processo em liberdade.

Pelo contexto atual: a) além das formas de liberdade provisória[25], se o juiz verificar que o agente integra organização criminosa armada deverá denegar liberdade provisória, com ou sem medidas cautelares, nos termos do artigo 310, §2º do CPP; b) o crime de organização criminosa, quando direcionado à prática de crime hediondo ou equiparado é inafiançável, nos termos do artigo 1º, parágrafo único, inciso V combinado com o artigo 323, inciso II do CPP.

8. Regime prisional no crime organizado

O regime progressivo de cumprimento de pena é compatível com o princípio da individualização da pena. A previsão de regime inicial fechado na revogada Lei 9034/95 era tida por constitucional, já que representava uma punição mais rigorosa para os integrantes das organizações criminosas, causadores de maiores danos para a sociedade. A previsão do regime inicial fechado não impediu a progressão de regimes, em total compatibilidade com a individualização executória da pena.

No contexto da Lei nº 12.694/2012, em processos ou procedimentos que tenham por objeto crimes praticados por organizações criminosas, o juiz poderá decidir pela formação de colegiado para a prática de qualquer ato processual, especialmente, a progressão ou regressão de regime de cumprimento de pena, a concessão de liberdade condicional, transferência de preso para estabelecimento prisional de segurança máxima e inclusão do preso no regime disciplinar diferenciado.

Sobre a possibilidade de interrupção do prazo para obtenção dos benefícios da progressão de regime, quando houver cometimento de falta grave, temos duas posições:

---

[25] a) liberdade provisória vinculada: se o juiz verificar, pelo auto de prisão em flagrante, que o agente praticou o fato sob amparo de uma excludente de ilicitude, poderá, fundamentadamente, conceder ao acusado liberdade provisória, mediante termo de comparecimento obrigatório a todos os atos processuais, sob pena de revogação; b) liberdade provisória sem fiança, com imposição de medida cautelar e obrigação de comparecimento aos atos do processo; c) liberdade provisória como ou sem fiança e com ou sem medida cautelar diversa da prisão: quando ausentes os requisitos da prisão preventiva.

CRIME ORGANIZADO

a) **não há interrupção**, por falta de previsão legal. A lei dispõe que o cometimento de falta grave implica a perda do tempo remido; tal afirmativa não autoriza que se conclua em verdadeira aplicação analógica *in malam partem*, que uma vez praticada falta grave a contagem do lapso deva ser interrompida para fins de progressão, o que fugiria totalmente ao espírito da lei, que é o da reintegração harmônica do condenado na sociedade. No máximo, a prática da falta grave pode revelar má conduta carcerária;

b) **há interrupção**, pois, embora não haja previsão legal específica, podemos afirmar que, numa perspectiva sistemática da ordem jurídica, o interesse da sociedade de receber um condenado reintegrado prevalece sobre o interesse particular do agente de conseguir a liberdade. A interrupção do prazo é a uma manifestação da predominância do interesse público sobre o particular. O Estado limita o exercício do direito do preso para proteger a sociedade e viabilizar a integração social do condenado. A medida interruptiva encontra fundamento no princípio jurídico da supremacia do interesse público sobre o particular e o da proporcionalidade.

Em relação ao livramento condicional, o Superior Tribunal de Justiça editou a Súmula 441, nos seguintes dizeres: *A falta grave não interrompe o prazo para obtenção de livramento condicional.*

9. *Habeas corpus* e o crime organizado

O habeas corpus, previsto no artigo 5º, inciso LXVII, da Constituição Federal, regulamentado entre os artigos 647 a 667 do Código de Processo Penal, é remédio constitucional que visa evitar ou cessar violência ou coação à liberdade de locomoção, por ilegalidade ou abuso de poder.

O *habeas corpus* é ação constitucional destinada a proteger o direito ambulatório do cidadão, quando experimenta ameaça ou efetiva coação ilegal ou por abuso de poder. Marcado por cognição sumária e rito célere, não comporta o exame de questões que, para seu deslinde, demandem aprofundado exame do conjunto fático-probatório dos autos, posto que tal proceder seja peculiar ao processo de conhecimento e aos recursos.

O *habeas corpus* não é sede para dilação probatória, em razão de sua natureza de ação de rito sumaríssimo[26]. O seu rito pressupõe prova pré-constitu-

---

[26] "Marcado por uma cognição sumária e rito célere, não comporta exame de questões que, para seu deslinde, demandem aprofundado exame do conjunto fático, probatório dos autos" (HC 72.844/97).

ída do direito alegado, devendo a parte demonstrar, de maneira tempestiva e inequívoca, por meio de documentos que evidenciem a pretensão aduzida, a existência do aventado constrangimento ilegal[27]. Neste contexto, a caracterização ou não de uma organização criminosa reclama exame aprofundado de provas.

10. Prisão preventiva no crime organizado

A prisão preventiva, como uma espécie de prisão cautelar da liberdade individual, é medida excepcional[28], ou seja, somente é admitida em situações de absoluta necessidade, quando certas a autoria e a existência da infração penal. A necessidade na decretação da prisão preventiva decorre da comprovação fundamentada dos requisitos legais previstos no art. 312 do CPP[29].

Na análise dos pressupostos e motivos legais da prisão preventiva, cabe discutir se o fato de um infrator da lei penal pertencer a uma organização criminosa é motivação suficiente para a decretação da custódia cautelar. A efetiva participação na organização criminosa, por si só, não autoriza a prisão preventiva, sendo necessária a presença dos requisitos do art. 312 do CPP. O argumento favorável à prisão preventiva é de que a pessoa envolvida no crime organizado coloca em risco, pelo fato de pertencer à organização criminosa, a higidez das instituições públicas, a ordem social e a instrução criminal.

A garantia da ordem pública é violada pelo agente do crime organizado, já que o mesmo pode voltar a realizar sua atividade criminosa reiterada, por meio de uma estrutura complexa e estável com *modus operandi* relevador de alta periculosidade e dotada de poder econômico e conexões até internacionais[30]. A liberdade do agente de crime organizado pressupõe a continuidade

---

[27] Acórdão AgRg no HC 553613/RJ – relator Ministro JORGE MUSSI, Quinta Turma do STJ, DJE 05/03/2020.

[28] "A excepcionalidade da prisão cautelar, dentro do sistema de direito positivo pátrio, é necessária consequência da presunção de não culpabilidade, insculpida como garantia individual na Constituição da República..." (HC 38.158/PR).

[29] Segundo Carrara, a prisão preventiva responde a três necessidades: de justiça, para impedir a fuga do acusado, de verdade, para impedir que atrapalhe as indagações da autoridade que destrua a prova do delito e intimide as testemunhas, e de defesa pública, para impedir a *ciertos facionorosos*, que durante o processo continuem os ataques ao direito alheio.

[30] "A necessidade de se interromper ou diminuir a atuação de integrantes de organização criminosa, enquadra-se no conceito de garantia da ordem pública, constituindo fundamentação cautelar idônea e suficiente para a prisão preventiva." (STF; HC 95.024/SP, 1ª Turma, Rel. Min. CÁRMEN LÚCIA, DJe de 20/02/2009.); "não há ilegalidade na decisão que decreta a prisão preventiva com base em elementos concretos aptos a revelar a real necessidade de se fazer cessar ou diminuir a

do esquema criminoso habitual, com clara divisão de tarefas e uso de violência, tornando, desta forma, imperiosa a manutenção da segregação provisória, como forma de resguardar a ordem pública[31].

O integrante de uma organização criminosa é propenso à prática delituosa, demonstrando menosprezo pelas normas penais, em razão não só da gravidade do delito e sua repercussão no meio social, como também pela periculosidade do próprio agente.

Além da preservação da ordem pública, a prisão preventiva do integrante da organização se justifica como necessária para garantia da execução da pena, em razão da possibilidade de fuga, desde que comprovado o poderio econômico da própria organização. Noutros termos, pertencer a uma organização criminosa revela o estado real de fuga, por ter as agentes condições favoráveis, tanto econômicas como subjetivas (exemplo: possibilidade de articulações) facilitadas por conexões, até internacionais.

O membro pertencente a uma organização criminosa revela, em face de integrar uma estrutura, complexa, estável e permanente, poder de intimidação e corrupção, que, por sua vez, evidencia enorme risco à coleta de provas, justificando, desta forma, o encarceramento cautelar.

A habitualidade na prática do delito, de forma empresarial, com alto poder de exceções, por meio de corrupção, autoriza a manutenção da custódia cautelar para a garantia da ordem econômica, considerando-se que a atividade delituosa ocorre em larga escala, prejudicando a livre concorrência e trazendo considerável prejuízo ao erário.

Os estudiosos favoráveis à prisão preventiva de pessoa pertencente a organização criminosa asseveram que eventuais condições subjetivas favoráveis, como a primariedade, os bons antecedentes, por si sós, não obstam a segregação cautelar, quando há nos autos outros requisitos que autorizem a decretação da prisão preventiva.

Podemos concluir que o fato de uma pessoa ser pertencente a uma organização criminosa, já consubstancia risco efetivo ao estado de normalidade e de respeito às instituições públicas, bem como à paz e à tranquilidade no meio social.

---

atuação de suposto integrante de organização criminosa para assegurar a ordem pública" (STF, RHC 144.284 AgR, Rel. Ministro EDSON FACHIN, SEGUNDA TURMA, DJe 27/08/2018).

[31] A preservação da ordem pública não se restringe às medidas preventivas da irrupção de conflitos e tumultos, mas abrange também a promoção daquelas providências de resguardo à integridade das instituições, à sua credibilidade social e ao aumento da confiança da população nos mecanismos oficiais de repressão às diversas formas de delinquência (HC 96.235/GO, Rel. Min. Napoleão Nunes Maia Filho, *DJE*, 9-12-2008).

11. Excesso de prazo

A instrução criminal deverá ser encerrada em prazo razoável, o qual não poderá exceder a 120 (cento e vinte) dias quando o réu estiver preso, prorrogáveis em até igual período, por decisão fundamentada, devidamente motivada pela complexidade da causa ou por fato procrastinatório atribuível ao réu.

A tramitação regular do processo criminal não gera o excesso de prazo, já que há a demora natural da causa, muitas vezes, ocasionada pela complexidade fática do caso concreto, gravidade do crime ou complexidade da investigação. Noutros termos, feito criminal conduzido de maneira regular pelo Juízo gera improcedência na alegação de excesso de prazo.

No caso do crime organizado, é possível afirmar a existência da demora natural da instrução criminal, pois, nestes processos, é necessário observar às estruturas de sustentação e ramificações do grupo, a operacionalização dos atos criminosos, as divisões funcionais e orgânicas, o tempo de existência, dentre outros aspectos relevantes na caracterização de uma organização criminosa.

É necessário compatibilizar a celeridade com o respeito constitucional e com a qualidade nos julgamentos, por meio da conciliação da descoberta dos reais empecilhos e entraves causadores da morosidade, com a ponderação no trato das demandas. Celeridade não deve ser confundida com precipitação[32].

A caracterização do excesso de prazo que justifique, inclusive, a revogação da prisão cautelar, depende da comprovação nos autos, de elementos suficientes, indicadores da ofensa ao princípio da razoabilidade[33].

---

[32] Os 10 mandamentos para assegurar celeridade processual: a) evitar formalismos excessivos; b) aproximar o processo da realidade social; c) preservar garantias formais funcionais e coerentes; d) conformação com as normas constitucionais; e) interpretar as regras processuais à luz dos princípios constitucionais e dos direitos fundamentais; f) melhorar o aparelhamento das instituições estatais, especialmente as ligadas à justiça; g) atender aos anseios reais dos cidadãos em geral, no sentido de garantir o resultado desejado, ou seja, resguardar o direito material; h) simplificação da rotina processual com a gestão do Judiciário renovada, planejada e estruturada; i) atualização da mentalidade dos operadores do Direito; j) atingir um resultado útil e congruente com o mínimo de dispêndio de tempo e energias, de forma a obter o máximo rendimento com o mínimo de dispêndio (Ana Flávia Messa, in Algumas considerações sobre a busca do processo efetivo no contexto das reformas processuais civis, *Terceira Etapa da Reforma do Código de Processo Civil*, Estudos em homenagem ao Ministro José Delgado, Editora JusPodivm).

[33] O excesso de prazo para o encerramento da instrução criminal, segundo pacífico magistério jurisprudencial deste Superior Tribunal, deve ser aferido dentro dos limites da razoabilidade, considerando circunstâncias excepcionais que venham a retardar a instrução criminal e não se

A razoabilidade é ponderação equilibrada entre o dano causado com a medida restritiva e os resultados obtidos. É possível afirmar que existem duas situações relacionadas com a demora na instrução processual: a) excesso de prazo desproporcional, desmotivado e irrazoável para a conclusão do feito: não houve adequação do meio ao fim; houve imposição de restrições em medida superior ao estritamente necessário para alcançar o objetivo previsto em lei; b) excesso de prazo que não extrapola os limites da proporcionalidade: atuação equilibrada, refletida, com avaliação adequada da relação custo-benefício.

Os prazos indicados para a conclusão dos feitos criminais servem como necessário parâmetro geral, a fim de se evitarem situações abusivas. Entretanto, devem ser consideradas, para se verificar constrangimento ilegal, as peculiaridades de cada caso concreto, razão pela qual a jurisprudência admite a mitigação dos referidos prazos, à luz do Princípio da Razoabilidade[34].

---

restringindo à simples soma aritmética de prazos processuais. (HC 161.809/AM, Rel. Arnaldo Esteves de Lima, *DJe*, 2-8-2010; HC 147.651/SP, Rel. Haroldo Rodrigues, *DJe*, 2-8-2010); PROCESSUAL PENAL. *HABEAS CORPUS*. HOMICÍDIO TRIPLAMENTE QUALIFICADO E FORMAÇÃO DE QUADRILHA. PRISÃO PREVENTIVA. EXCESSO DE PRAZO PARA A FORMAÇÃO DE CULPA. CONSTRANGIMENTO ILEGAL CONFIGURADO. ORDEM CONCEDIDA. 1. O excesso de prazo para o encerramento da instrução criminal, segundo pacífico magistério jurisprudencial do Superior Tribunal de Justiça, deve ser aferido dentro dos limites da razoabilidade, considerando circunstâncias excepcionais que venham a retardar a instrução criminal e não se restringindo à simples soma aritmética de prazos processuais. 2. Na hipótese, configura excesso de prazo a permanência do denunciado preso desde 21/9/2007, ou seja, há mais de 2 anos e 2 meses, sem que tenha sido pronunciado e, em consequência, levado a julgamento pelo Tribunal popular. 3. Ordem concedida para determinar a imediata soltura do réu, se por outro motivo não estiver preso, em virtude do excesso de prazo não razoável e injustificável da custódia provisória, devendo assumir o compromisso de comparecer a todos os atos do processo, não se ausentar do distrito da culpa sem autorização judicial e manter informado o Juízo de seu endereço residencial e de trabalho, sob pena de revogação do benefício (HC 144.042/RJ, Rel. Ministro Arnaldo Esteves Lima, *DJe* de 26-4-2010).

[34] Segundo entendimento jurisprudencial e doutrinário, a apuração de crimes praticados, ao que tudo indica, por intrincada organização criminosa, com diversos denunciados, de variadas cidades, obrigando a expedição de cartas precatórias para a realização de atos processuais por outros juízos, justifica, em face da razoabilidade, eventual atraso na instrução criminal, notadamente tendo em conta que o prazo de 81 dias não é de peremptória observação, erigindo-se apenas como parâmetro, utilizado pelos Tribunais, para aferir a duração do processo. A inércia injustificada do aparato judicial configura excesso de prazo, em flagrante ofensa ao princípio da razoável duração do processo, previsto no art. 5ª, LXXVIII da CF, como expressão do princípio da dignidade da pessoa humana, já que não há colaboração do Judiciário no andamento do processo para alcançar um provimento final em tempo moderado que garanta a realização concreta do bem da vida, como instrumento de segurança jurídica (HC 145.467, Rel. Maria Thereza de Assis Moura, *DJe*, 1ª-7-2010).

Já quando encerrada a instrução resta superada a alegação de excesso de prazo na formação da culpa (Súmula 52 do STJ). Sobrevindo sentença condenatória, fica prejudicada, por falta de objeto, a alegação de excesso de prazo na instrução.

12. Identificação criminal e crime organizado

O art. 5º, LVIII, estabelece que: *"o civilmente identificado não será submetido a identificação criminal, salvo nas hipóteses previstas em lei"*. Os civilmente identificados somente são submetidos a uma identificação criminal em casos legalmente previstos.

Uma das exceções à previsão constitucional era prevista na Lei n. 9.034/95 que, em seu art. 5º, prevê que a identificação criminal de pessoas envolvidas com a ação praticada por organizações criminosas será realizada independentemente da identificação civil.

A norma constitucional em questão (art. 5º, LVIII) foi regulamentada pela Lei n. 10.054/2000 que, em seu art. 3º, *caput* e incisos[35], enumerou, de forma incisiva, os casos nos quais o civilmente identificado deve, necessariamente, sujeitar-se à identificação criminal, não constando, entre eles, a hipótese em que o acusado se envolve com a ação praticada por organizações criminosas.

Diante do confronto entre a Lei n. 9.034/95 e a Lei n. 10.054/2000, surgiram dois posicionamentos:

a) A Lei n. 10.054/2000 revogou o preceito contido no art. 5º da Lei n. 9.034/95, o qual exige que a identificação criminal de pessoas envolvidas com o crime organizado seja realizada independentemente da existência de identificação civil[36];

b) A Lei n. 10.054/2000 não havia revogado o art. 5º da Lei n. 9.034/95 porque estabeleceu as hipóteses legais, sem excluir a aplicação de

---

[35] Art. 3º O civilmente identificado por documento original não será submetido à identificação criminal, exceto quando: I – estiver indiciado ou acusado pela prática de homicídio doloso, crimes contra o patrimônio praticados mediante violência ou grave ameaça, crime de receptação qualificada, crimes contra a liberdade sexual ou crime de falsificação de documento público; II – houver fundada suspeita de falsificação ou adulteração do documento de identidade; III – o estado de conservação ou a distância temporal da expedição de documento apresentado impossibilite a completa identificação dos caracteres essenciais; IV – constar de registros policiais o uso de outros nomes ou diferentes qualificações; V – houver registro de extravio do documento de identidade; VI – o indiciado ou acusado não comprovar, em quarenta e oito horas, sua identificação civil.

[36] RHC 12965 / DF – Relator: Ministro Félix Fischer. Órgão Julgador: T5 – Data do Julgamento: 07/10/2003. Data da Publicação/Fonte: DJ 10.11.2003 p. 197.

CRIME ORGANIZADO

outras leis especiais; o próprio *caput* do art. 3º diz exceto quando não restringindo os casos para somente os da Lei n. 10.054/2000.

Em outubro de 2009 surge a Lei n. 12.037/2009 que revogou de forma expressa a Lei n. 10.054/2000 (*art. 9º Revoga-se a Lei n. 10.054, de 7 de dezembro de 2000*) e enumerou em seu art. 3º[37] casos em que o indiciado ou acusado, embora tenha apresentado documento de identificação, poderá submeter-se à identificação criminal.

Diante do confronto entre a Lei n. 9.034/95 e da Lei n. 12.037/2009, existem três posicionamentos:

a) a Lei n. 12.037/2009 revogou a Lei n. 9.034/95, já que enumerou as hipóteses legais da identificação criminal para o civilmente identificado;

b) a Lei n. 12.037/09 não revogou o art. 5º da Lei n. 9.034/95, que trata das "organizações criminosas", pois é lei especial;

c) houver revogação tácita, pois lei posterior (Lei n. 12.037/09) trata inteiramente da matéria da identificação criminal, bem como é incompatível com o dispositivo da lei anterior (Lei n. 9.034/95), nos estritos termos do art. 2º, § 1º da Lei de Introdução às normas do Direito Brasileiro.

Como a lei n° 12.850/2013 não mencionou nada a respeito da obrigatoriedade da submissão dos membros do crime organizado à identificação criminal, entendemos que devem ser observadas as regras gerais, previstas na Lei nº 12.037/2009, em que dependerá da análise do caso concreto para que a Autoridade determine a submissão do indiciado ou acusado da prática de infração penal à identificação criminal.

---

[37] Art. 3º Embora apresentado documento de identificação, poderá ocorrer identificação criminal quando: I – o documento apresentar rasura ou tiver indício de falsificação; II – o documento apresentado for insuficiente para identificar cabalmente o indiciado; III – o indiciado portar documentos de identidade distintos, com informações conflitantes entre si; IV – a identificação criminal for essencial às investigações policiais, segundo despacho da autoridade judiciária competente, que decidirá de ofício ou mediante representação da autoridade policial, do Ministério Público ou da defesa; V – constar de registros policiais o uso de outros nomes ou diferentes qualificações; VI – o estado de conservação ou a distância temporal ou da localidade da expedição do documento apresentado impossibilite a completa identificação dos caracteres essenciais. Parágrafo único. As cópias dos documentos apresentados deverão ser juntadas aos autos do inquérito, ou outra forma de investigação, ainda que consideradas insuficientes para identificar o indiciado.

13. Quebra de sigilo fiscal, bancário, financeiro e eleitoral (acesso de dados, documentos e informações)

O Procurador-Geral da República ajuizou ADIN pleiteando a inconstitucionalidade do art. 3º da lei nº 9034/95 nos poderes instrutórios pessoais e exclusivos do magistrado na busca de dados, informações e documentos fiscais, bancários, financeiros e eleitorais.

O STF julgou procedente apenas a parte fiscal e eleitoral. O fundamento é violação aos princípios da imparcialidade do juiz e devido processo legal. As funções de investigador e inquisidor são do Ministério Público e da polícia. A Lei Complementar n. 105/2001 revogou a disciplina contida na legislação antecedente em relação aos sigilos bancário e financeiro na apuração das ações praticadas por organizações criminosas.

Com a lei nº 12850/13 é possível o acesso de dados cadastrais (qualificação pessoal da pessoa, filiação e endereço) pelo delegado de polícia e Ministério Público, independente de autorização judicial. Demais informações para serem obtidas precisam de autorização judicial.

A quebra de sigilo é **medida excepcional** a ser deferida apenas nas hipóteses previstas em lei, em razão da proteção da privacidade do cidadão, e desde que a decisão esteja adequadamente fundamentada pelo critério da proporcionalidade, pela absoluta necessidade da sua realização e nos limites da competência do órgão investigador.

A quebra de sigilo reveste-se de legitimidade quando preenchidos os seguintes requisitos:

a) É jurisprudência pacífica do Superior Tribunal de Justiça e do Supremo Tribunal Federal que a legitimidade da quebra de sigilo necessita apoiar-se em decisão revestida de satisfatória fundamentação, ou seja, que encontre apoio concreto em suporte fático idôneo, sob pena de invalidade do ato estatal que a decreta;

b) a demonstração das razões para eventual quebra de sigilo, necessárias ao pleno esclarecimento dos fatos delituosos, não constitui constrangimento ilegal o seu deferimento pela autoridade judicial;

c) a manutenção do sigilo em relação às pessoas estranhas à causa;

d) pode ser feita por ordem judicial, determinação de CPI, requisição do Ministério Público ou ainda pedido de autorização fazendária, desde que no âmbito de um processo administrativo instaurado;

e) individualização da pessoa investigada e do objeto de investigação;

f) indispensabilidade dos dados.

Não há violação do art. 5º, XII, da Constituição que, conforme se acentuou na sentença, não se aplica ao caso, pois não houve "quebra de sigilo das comunicações de dados (interceptação das comunicações), mas sim apreensão de base física na qual se encontravam os dados, mediante prévia e fundamentada decisão judicial". A proteção a que se refere o art. 5º, XII, da Constituição, é da comunicação 'de dados' e não dos 'dados em si mesmos', ainda quando armazenados em computador (MS 21.729, Pleno, 5.10.95, red. Néri da Silveira – *RTJ* 179/225, 270).

Referências

BITENCOURT, Cezar Roberto. *Tratado de direito penal.* v. 4. São Paulo: Saraiva, 2008.

CERVINI, Raúl; GOMES, Luiz Flávio. *Crime Organizado: enfoques criminológico, jurídico (Lei 9.034/95) e político-criminal.* 2ª ed. São Paulo: Revista dos Tribunais, 1997.

COSTA JR., Paulo José da. *Direito penal* – Curso completo. São Paulo: Saraiva, 2001.

FÁVERO, Flamínio. *Código Penal brasileiro comentado* – v. 9, São Paulo: Saraiva, 1950.

FRANCO, Alberto Silva. *Um difícil processo de tipificação.* In: Boletim do IBCCrim, São Paulo, n. 21, set. 1994.

HASSEMER, Winfried. Segurança pública no estado de direito. Tradução de Carlos Eduardo Vasconcelos. *Revista Brasileira de Ciências Criminais*, São Paulo, jan./mar. 1994, n. 5, p. 63.

HUNGRIA, Nélson. *Comentários ao Código Penal*, v. I, Rio de Janeiro: Forense, 1976.

JESUS, Damásio E. de. *Direito penal* – Parte geral. São Paulo: Saraiva, 2009

MENDRONI, Marcelo Batlouni. *Crime Organizado: aspectos gerais e mecanismos legai*s. 3ª ed. São Paulo: Atlas, 2009.

MINGARDI, Guaracy. *O Estado e o crime organizado.* São Paulo: IBCCrim, 1998 NOVOA, César Garcia. *El principio de seguridad jurídica em materia tributaria.* Madrid: Marcial Pons, 2000.

NUCCI, Guilherme de Souza. *Organização criminosa: comentários à Lei 12.850, de 02 de agosto de 2013.* São Paulo: Revista dos Tribunais, 2013.

PONTES, Ribeiro. *Código Penal Brasileiro.* Rio de Janeiro: Freitas Bastos, 1956.

SMANIO, Giampaolo Poggio. *Direito Penal – Parte Espe*cial. São Paulo: Atlas, 2002.

ZIMMERMANN, Augusto. *Curso de direito constitucional.* Rio de Janeiro: Lumen Juris, 2002.

2
Associação Criminosa e Organização Criminosa: Controvérsias Conceituais em Razão da Lei nº 12.850/2013

DIEGO AUGUSTO BAYER
KARINA CAMARGO BOARETTO LOPES

1. Considerações Iniciais

O crime organizado é tema que há muito tempo preocupa não só a sociedade e o Estado, mas também o sistema internacional, todavia, foi a partir das primeiras décadas do século XX que esta prática passou a ser discutida e abordada com maior ênfase. Ocorre que com a evolução das leis no tempo se verifica ser imprescindível, na seara jurídica e acadêmica, uma revisão conceitual de "crime organizado" para uma adequação político-criminal à pós-modernidade, seja da criminalidade organizada ou desorganizada. No entendimento de HABERMAS (1990, p.11-14)[1], essa modernidade trata-se de um projeto não terminado, polêmico, com várias faces, se apresentando em conjunto com o desenvolvimento das sociedades, que se organizaram ao redor das empresas capitalistas e do aparelho Estatal. O filósofo e sociólogo alemão relata ainda que a modernidade, através das revoluções, progresso e emancipação, fez com que se abdicasse das tradições anteriores, dando uma nova ideia de liberdade e reflexão acerca dos temas, tendo como ênfase o individualismo e autonomia de agir. Por vezes, o termo modernidade é relacionado com as promes-

---

[1] Para HABERMAS, modernização relaciona-se "a um feixe de processos cumulativos que se reforçam mutuamente: à formação de capital e à mobilização de recursos, ao desenvolvimento das forças produtivas e ao aumento da produtividade do trabalho, ao estabelecimento de poderes políticos centralizados e à formação de identidades nacionais, à expansão de direitos de participação política, de formas urbanas de vida e de formação escolar formal refere-se à secularização de valores e normas, etc.".

CRIME ORGANIZADO

sas civilizatórias não cumpridas e o "mal-estar" (BAUMANN, 1998, p.23)[2] que isso tem causado à humanidade.

TOURAINE (2002, p.334-342), acerca do tema, afirma que a sociedade moderna é uma sociedade pós-industrial, que valorizou à ciência e à questão tecnológica, configurando-se hoje como uma sociedade baseada na troca de informações. Nela, a ciência iniciou um processo de "desmodernização" (ou seja, voltar ao que era antes da modernização), representando a perda do controle de si mesmo em virtude do crescimento econômico e do individualismo moral, que vieram a destruir o império.

Desta forma, a modernidade vem como ser a evolução da sociedade antiga para a atual, o que para alguns doutrinadores teria ocorrido dos anos de 1950 à 1970 e que se relaciona com progresso, evolução, desenvolvimento, mundialização da economia, globalização econômica, qual promoveu uma ruptura na ordem social. Pode-se afirmar ainda que isso desencadeou um processo de fragmentação, com o fim dos grandes relatos herdados do Iluminismo francês e do Romantismo do Século das Luzes, ante o "desencantamento da sociedade" (LYOTARD, 2006, p.16). Estes novos ares da sociedade moderna gerou também o individualismo exacerbado dentro da sociedade de consumo e também, de projetos pessoais de vida e uma maior gama de crimes que surgem (HARVEY, 2008, p.19).

Através dessa nova gama de crimes, os criminosos tentam se organizar em grupos e cometer os delitos em "equipe", ampliando daí a preocupação com o denominado crime organizado. Nesta seara, é com base na evolução do mundo e das inovações legislativas trazidas pela novel Lei 12.850/2013, bem como diante das respostas apresentadas no projeto do Novo Código Penal que se norteará o estudo acerca das diferenças conceituais e práticas entre a denominada "Organização Criminosa" e a "Associação Criminosa".

2. Crime Organizado e Associação Criminosa: a Confusão Trazida pela Lei 12.850/2013

Giovanni Fiandaca e Salvatore Constantino (1994), acerca do termo "crime organizado", esclarecem que as tentativas de conceituação no âmbito científico são extremamente variáveis, até porque um fenômeno de caráter tão multidimensional e multifacetado como o mafioso pode ser analisado sob os

---

[2] Baumann ensina que a modernidade criou uma nova ordem artificial na "era moderna", notando que a mudança radical foi promovida pelo mercado inteiramente organizado na procura do consumidor, que representa um teste de "pureza", só sendo incluídos os que passarem pelo teste do mercado de consumo (capazes de consumir). Os excluídos do jogo do mercado são a "sujeira da pureza pós-moderna".

mais diversos ângulos – histórico, antropológico, sociológico, político, econômico, criminológico. A consequência é que cada disciplina que intervém na análise se interessa por aspectos determinados, dificultando a construção de uma visão do fenômeno em toda a sua complexidade.

Andrea Castaldo (*apud* FRANCO; NUCCI, 2010, p. 869) explica que:

> *El concepto de crimen organizado es definido por el legislador en base a parámetros de tipo descriptivo-fenomenológicos. El recurso a tal instrumento combina ventajas y desventajas: por una parte en efecto se presenta como más idóneo en la prevención y represión del fenómeno delictivo, partiendo de un punto de vista empírico; por otro lado el riesgo de arribar a un ámbito más sociológico que estrictamente técnico-normativo con el consecuente peligro de desgastar la tipicidad.*

Luiz Flávio Gomes (2009), ao tentar desmistificar este conceito afirma que 1º) a definição de crime organizado contida na Convenção de Palermo é muito ampla, genérica, e viola a garantia da taxatividade (ou de certeza), que é uma das garantias emanadas do princípio da legalidade; 2º) a definição dada, caso seja superada a primeira censura acima exposta, vale para nossas relações com o direito internacional, não com o direito interno; de outro lado, é da essência dessa definição a natureza transnacional do delito (logo, delito interno, ainda que organizado, não se encaixa nessa definição). Note-se que a Convenção exige "(...) grupo estruturado de três ou mais pessoas, existente há algum tempo e atuando concertadamente com o propósito de cometer uma ou mais infrações graves ou enunciadas na Convenção, com a intenção de obter, direta ou indiretamente, um benefício econômico ou outro benefício material". Todas as infrações enunciadas na Convenção versam sobre a criminalidade transnacional. Logo, não é qualquer criminalidade organizada que se encaixa nessa definição. Sem a singularidade da transnacionalidade não há que se falar em adequação típica, do ponto de vista formal; 3º) definições dadas pelas convenções ou tratados internacionais jamais valem para reger nossas relações com o Direito penal interno em razão da exigência do princípio da democracia (ou garantia da lex populi). Vejamos: quando se trata das relações do indivíduo com organismos internacionais (com o Tribunal Penal Internacional, v.g.), os tratados e convenções constituem as diretas fontes desse Direito penal, ou seja, eles definem os crimes e as penas. É o que foi feito, por exemplo, no Tratado de Roma (que criou o TPI). Nele acham-se contemplados os crimes internacionais (crimes de guerra, contra a humanidade etc.) e suas respectivas sanções penais. Como se trata de um ius puniendi que pertence ao TPI (organismo supranacional), a única fonte (direta) desse

Direito penal só pode mesmo ser um Tratado internacional. Quem produz esse específico Direito penal são os Estados soberanos que subscrevem e ratificam o respectivo tratado. Cuidando-se do Direito penal interno (relações do indivíduo com o ius puniendi do Estado brasileiro) tais tratados e convenções não podem servir de fonte do Direito penal incriminador, ou seja, nenhum documento internacional, em matéria de definição de crimes e penas, pode ser fonte normativa direta válida para o Direito interno brasileiro. O Tratado de Palermo (que definiu o crime organizado transnacional), por exemplo, não possui valor normativo suficiente para delimitar internamente o conceito de organização criminosa (até hoje inexistente no nosso país). Fundamento: o que acaba de ser dito fundamenta-se no seguinte: quem tem poder para celebrar tratados e convenções é o Presidente da República (Poder Executivo) (CF, art. 84, VIII), mas sua vontade (unilateral) não produz nenhum efeito jurídico enquanto o Congresso Nacional não aprovar (referendar) definitivamente o documento internacional (CF, art. 49, I).

Complementa Luiz Flávio Gomes (2009) ainda que:

> O Parlamento brasileiro, de qualquer modo, não pode alterar o conteúdo daquilo que foi subscrito pelo Presidente da República (em outras palavras: não pode alterar o conteúdo do Tratado ou da Convenção). O que resulta aprovado, por decreto legislativo, não é fruto ou expressão das discussões parlamentares, que não contam com poderes para alterar o conteúdo do que foi celebrado pelo Presidente da República. Uma vez referendado o Tratado, cabe ao Presidente do Senado Federal a promulgação do texto (CF, art. 57, § 5º), que será publicado no Diário Oficial. Mas isso não significa que o Tratado já possua valor interno. Depois de aprovado ele deve ser ratificado (pelo Executivo). Essa ratificação se dá pelo Chefe do Poder Executivo que expede um decreto de execução (interna), que é publicado no Diário Oficial. É só a partir dessa publicação que o texto ganha força jurídica interna (Cf. Mazzuoli, Valério de Oliveira, Curso de Direito Internacional Público, 2. ed., São Paulo: RT, 2007, p. 291 e SS). Conclusão: os tratados e convenções configuram fontes diretas (imediatas) do Direito internacional penal (relações do indivíduo com o ius puniendi internacional, que pertence a organismos internacionais – TPI, v.g.), mas jamais podem servir de base normativa para o Direito penal interno (que cuida das relações do indivíduo com o ius puniendi do Estado brasileiro), porque o parlamento brasileiro, neste caso, só tem o poder de referendar (não o de criar a norma). A dimensão democrática do princípio da legalidade em matéria penal incriminatória exige que o parlamento brasileiro discuta e crie a norma. Isso não é a mesma coisa que referendar. Referendar não é criar ex novo.

José Antonio Choclán Montalvo (2000, p.9), entende que o conceito de criminalidade é impreciso e cheio de relativismos. Todavia, o autor estabelece condições para determinar quando uma organização passa a existir, sendo elas:

> (...)la existencia de un centro de poder, donde se toman las decisiones"; "actuación a distintos niveles jerárquicos"; "aplicación de tecnología y logística"; "fungibilidad o intercambialidad de los miembros"; "sometimiento a las decisiones que emanan del centro de poder"; "movilidad internacional" e "apariencia de legalidad y presencia en los mercados como medio de transformación de los ilícitos benefícios".

Nesta seara, Marcelo Batlouni Mendroni expõe que:

> Isso ocorre porque as organizações criminosas, valendo-se dos pontos frágeis e mais vulneráveis do Estado, e detendo incrível poder variante, formam aí sua base territorial, nos espaços físicos onde melhor possam retirar proveito. Elas podem alternar as suas atividades criminosas, buscando aquela que se torne mais lucrativa, para tentar escapar da persecução criminal ou para acompanhar a evolução mundial tecnológica e com tal rapidez que, quando o legislador pretender alterar a Lei para amoldá-la à realidade – aos anseios da sociedade -, já estará alguns anos em atraso. E assim ocorrerá sucessivamente (MENDRONI, 2014, p. 1-2).

Todavia, segundo Zaffaroni (1996, p. 45), todas as tentativas de tentar conceituar crime organizado têm falhado e sobre esse fracasso é que se constrói um Direito penal autoritário, o que é mais preocupante. Ensina-nos Cezar Roberto Bitencourt (2014, p. 441-442) que fora a partir do Código Penal francês de 1810 (também denominado Código Napoleônico) que as denominadas associações criminosas passaram a integrar os códigos de outros países.

No Brasil, o Código Criminal do Império de 1830 e Código Penal de 1890 não trouxeram essa figura delitiva, mas tão somente a ideia de *ajuntamento ilícito*, a qual não exigia uma permanência e estabilidade para configuração do tipo penal. Ficou a cargo do Código Penal de 1940, estabelecer em seu artigo 288 o crime de "quadrilha ou bando", hoje denominado de associação criminosa em virtude da Lei 12.850/2013, como sendo: *"Associarem-se mais de três pessoas, em quadrilha ou bando, para o fim de cometer crimes"*. Esta figura delitiva é "equivalente à tradicional "associação de malfeitores" do Código francês de 1810, e a diversas outras figuras típicas, de códigos estrangeiros, tendo a mesma fonte comum de inspiração" (FERRO; PEREIRA; GAZZOLA, 2014, p. 26).

Antes disso, a Lei 9.034/95 já havia tentado "criar" a figura da organização criminosa, todavia, sem qualquer sucesso, uma vez que não a definiu e não instituiu qualquer figura delitiva, apenas a equiparou ao já existente artigo 288 do Código Penal.

Em 29 de setembro de 2003 entrou em vigor internacional uma convenção voltada à prevenção e coibição do crime organizado transnacional, denominada Protocolo de Palermo, a qual foi aprovada em resolução, no dia 15 de novembro de 2000, na Assembleia Geral da ONU, após 40 ratificações. A referida convenção foi reconhecida pelo Brasil mediante o Decreto Legislativo nº 5.015 /04, em 12 de março de 2004 (GRECO FILHO, 2014, p. 12).

A Convenção das Nações Unidas (CNU) define como grupo criminoso organizado o

> grupo estruturado de três ou mais pessoas, existente há algum tempo e atuando concertadamente com o propósito de cometer uma ou mais infrações graves ou enunciadas na presente Convenção, com a intenção de obter, direta ou indiretamente, um benefício econômico ou outro benefício material" (BITENCOURT, 2014, p. 452).

A partir desta nova tipologia surgiram muitas discussões de ordem jurídica acerca da revogação (tácita) – ou não – do artigo 288 do Código Penal que previa – em sua redação original (Decreto-Lei n. 2.848, de 7 de dezembro de 1940), como "quadrilha ou bando" o agrupamento de "mais de três pessoas [...] para o fim de cometer crimes". Assim, passou-se a questionar, se com a ratificação da CNU pelo Brasil, para configuração do delito, não mais se exigiria a participação de "mais de três pessoas", mas sim "três ou mais pessoas".

Em razão desta discussão jurídica, e ainda diante da falta de uma definição uníssona, em nosso país, para conceituar "organização criminosa", em 24 de julho de 2012, foi aprovada a Lei 12.694 que passou a tipificar este delito nos seguintes termos:

> para os efeitos desta Lei, considera-se organização criminosa a associação, de 3 (três) ou mais pessoas, estruturalmente ordenada e caracterizada pela divisão de tarefas, ainda que informalmente, com objetivo de obter, direta ou indiretamente, vantagem de qualquer natureza, mediante a prática de crimes cujo pena máxima seja igual ou superior a 4 (quatro) anos ou que sejam de caráter transnacional (artigo 2º).

Logo em seguida foi sancionada a Lei 12.720 que acrescentou o artigo 288-A ao Código Penal, criando o crime de Constituição de milícia privada, *in verbis*: *"Constituir, organizar, integrar, manter ou custear organização paramilitar, milícia particular, grupo ou esquadrão com a finalidade de praticar qualquer dos crimes previstos neste Código".*

No entanto, conforme explica Cezar Roberto Bitencourt (2014, p. 452), a definição sobre "organização criminosa" trazida pela Lei 12.694/2012 sequer chegou a se consolidar no âmbito jurídico pátrio, uma vez que o legislador editou nova Lei definindo organização criminosa, a qual trouxe outros contornos e outra abrangência. Trata-se da Lei 12.850, de 02 de agosto de 2013, qual passou a definir organização criminosa, bem como dispor sobre a investigação criminal, os meios de obtenção da prova, as infrações penais correlatas e o procedimento criminal; alterando o Código Penal, revogando a Lei nº 9.034, de 03 de maio de 1995, e dando outras providências.

Assim, a Lei 12.694/2012 passou a considerar como organização criminosa

> a associação de 4 (quatro) ou mais pessoas estruturalmente ordenada e caracterizada pela divisão de tarefas, ainda que informalmente, com objetivo de obter, direta ou indiretamente, vantagem de qualquer natureza, mediante a prática de infrações penais cujas penas máximas sejam superiores a 4 (quatro) anos, ou que sejam de caráter transnacional" (art. 1º, §1º da Lei 12.850/2013).

Esta mesma lei alterou o artigo 288 do Código Penal que versava sobre quadrilha ou bando, passando a ser nominado o tipo penal de "Associação Criminosa" e prevendo como associação o agrupamento de *"3 (três) ou mais pessoas, para o fim específico de cometer crimes"*.

É com base nestes conflitos gerados pelas duas novas leis, promulgadas em dois anos consecutivos, que se revela a discussão acerca de duas possíveis controvérsias. A primeira é se o crime denominado de "organização criminosa" passou a ter dois conceitos; e segundo, se foram criados delitos distintos, sendo um denominado de associação criminosa (art. 288 do Código Penal) e, o outro, organização criminosa (art. 1º, §1º, da Lei 12.850/2013).

Passamos então a discutir a primeira possibilidade, qual seja, o crime de organização criminosa passou a ter dois conceitos? Alguns doutrinadores, entre eles, Rômulo de Andrade Moreira[3], Luiz Flávio Gomes[4], Cezar Roberto Bitencourt[5], Fabrício da Mata Corrêa[6], Eduardo Cabette[7], debatem acerca de

---

[3] Vg. Disponível em: http://atualidadesdodireito.com.br/romulomoreira/2013/08/12/a-nova-lei-de-organizacao-criminosa-lei-no-12-8502013/. Acesso em 27 jun.2014.

[4] Vg. Disponível em: http://atualidadesdodireito.com.br/lfg/2013/09/19/organizacao-criminosa-um-ou-dois-conceitos-2/. Acesso em 27 jun.2014.

[5] Vg. Disponível em: http://atualidadesdodireito.com.br/cezarbitencourt/2013/09/05/primeiras-reflexoes-sobre-organizacao-criminosa/. Acesso em 27 jun.2014.

[6] Vg. Disponível em: http://atualidadesdodireito.com.br/fabriciocorrea/2013/08/06/nova-lei-criminal-lei-no12-85013/. Acesso em 27 jun.2014.

[7] Vg. Disponível em: http:// http://atualidadesdodireito.com.br/eduardocabette/2013/08/23/nova-lei-do-crime-organizado-lei-12-85013-delegado-e-colaboracao-premiada/. Acesso em 27 jun.2014.

CRIME ORGANIZADO

que, se haveria ou não dois conceitos diferentes de organização criminosa. Para Moreira, a definição de organização criminosa passou a ser discutida em dois momentos, sendo:

> (...) um para efeito de aplicação da Lei nº 12.694/2012, que disciplina o julgamento colegiado em primeiro grau de crimes praticados por organizações criminosas; e outro, para aplicação da Lei nº 12.850/2013, que define organização criminosa e dispõe sobre sua investigação criminal, os meios de obtenção da prova, infrações penais correlatas e o procedimento criminal respectivo (MOREIRA, 2013, apud BITENCOURT, 2014, p. 454).

Anota-se, que neste aspecto, é necessário tomar o devido cuidado para não passar a se utilizar dois pesos e duas medidas para uma questão criada em razão do conflito intertemporal de normas penais (BITENCOURT, 2014, p. 454).

No entanto, o que se verifica é que a Lei 12.850/2013 não revogou a Lei 12.694/2012. Desta forma existem hoje, em vigor, dois artigos que versam sobre organização criminosa. Primeiro, o artigo 1º, §1º da Lei 12.850/2013 que definiu organização criminosa como sendo a associação de 4 (quatro) ou mais pessoas, devendo esta associação ser estruturada e com tarefas divididas (ainda que de forma informal), para obter uma vantagem indevida. Estabeleceu ainda que será para *"infrações penais"* cuja pena máxima seja superior a 4 (quatro) anos, ou que seja em caráter transnacional.

Segundo, o artigo 2º da Lei 12.694/2012 que considera organização criminosa a associação de 3 (três) ou mais pessoas. Neste caso, deve a associação ser estruturada e com tarefas divididas (ainda que de forma informal), para obter uma vantagem indevida, ou seja, neste ponto permanece igual a nova lei, com exceção da quantidade de agentes para configuração do crime. Ainda há a diferença em relação a "quais" crimes, estabelecendo a lei anterior que seria para os *"crimes"* cuja pena máxima seja *igual* ou superior a 4 (quatro) anos, ou que seja em caráter transnacional.

Desta forma, verificam-se as seguintes diferenças conceituais. Rômulo Andrade Moreira expõe que:

> Perceba-se que esta nova definição de organização criminosa difere, ainda que sutilmente, da primeira (prevista na Lei nº. 12.694/2012) em três aspectos, todos grifados por nós, o que nos leva a afirmar que hoje temos duas definições para organização criminosa: a primeira que permite ao Juiz decidir pela formação de um órgão colegiado de primeiro grau e a segunda (Lei nº 12.850/2013) que exige uma decisão monocrática. Ademais, o primeiro conceito contenta-se

com a associação de três ou mais pessoas, aplicando-se apenas aos crimes (e não às contravenções penais), além de abranger os delitos com pena máxima igual ou superior a quatro anos. A segunda exige a associação de quatro ou mais pessoas (e não três) e a pena deve ser superior a quatro anos (não igual). Ademais, a nova lei é bem mais gravosa para o agente, como veremos a seguir; logo, a distinção existe e deve ser observada (MOREIRA, 2013).

Portanto, temos quatro grandes diferenças a serem abordadas. A primeira controvérsia se refere à quantidade de componentes de uma organização criminosa. A Lei 12.694 em seu artigo 2º adotou o previsto pela Convenção de Palermo e pelo Decreto Legislativo 5.015/2004, que configurava 3 (três) ou mais pessoas, passando o artigo 1º, §1º da Lei 12.850/2013 enquadrar organização criminosa quando houver 4 (quatro) ou mais pessoas.

A segunda diferença diz respeito às infrações penais e crimes. Ou seja, a Lei 12.694/2012 enquadrava como organização criminosa quando realizava prática de crimes, não abarcando a prática de contravenções penais. Já a Lei 12.850/2013 passou a abarcar também a prática de contravenções penais, quando o legislador colocou no texto de lei a prática de infrações penais, o que se entende como crimes ou contravenções penais.

A terceira dissimilitude conceitual trata da quantidade de pena dos crimes ou infrações penais a serem utilizadas para configuração da organização criminosa. O artigo 2º da Lei 12.694/2012 entende que seriam *crimes* com pena *igual* ou superior a 4 (quatro) anos. Então, todos os crimes previstos no Código Penal que sejam com pena de 4 (quatro anos) poderiam ser utilizados para configuração de organização criminosa. Já a redação do novo artigo (artigo 1º, §1º da Lei 12.850/2013) entende que somente seria para as *infrações penais* com pena superior a 4 anos, descartando diversas infrações do ordenamento jurídico.

Por fim, a quarta diferença trata da forma de julgamento. A Lei 12.694/2012 previa que o magistrado poderia decidir pela formação de um órgão colegiado de primeiro grau para julgar o processo, enquanto que a Lei 12.850/2013 passou a exigir uma decisão monocrática do magistrado.

Gera então, a possibilidade de dois conceitos, uma grande insegurança jurídica, fazendo com que se discuta acerca da revogação tácita em virtude de incompatibilidade do artigo 2º da Lei 12.694/2012 com o §1º, do artigo 1º, da Lei 12.850/2013. Neste sentido, Bitencourt ensina que: no entanto, na nossa ótica, admitir a existência de "dois tipos de organização criminosa" constituiria grave ameaça à segurança jurídica, além de uma discriminação injustificada, propiciando tratamento diferenciado incompatível com um Estado

CRIME ORGANIZADO

Democrático de Direito, na persecução dos casos que envolvam organizações criminosas. Levando em consideração, por outro lado, o disposto no §1º do art. 2º da Lei de Introdução às Normas do Direito Brasileiro (Decreto-Lei nº 4.657/42), *lei posterior revoga a anterior quando expressamente o declare, quando seja com ela incompatível ou quando regule inteiramente a matéria de que tratava a lei anterior.* Nestes termos, pode-se afirmar, com absoluta segurança, que o §1º do art. 1º da Lei n. 12.850/2013 revogou, a partir de sua vigência, o art. 2º da Lei n. 12.694/2012, na medida em que regule inteiramente, e sem ressalvas, o *conceito de organização criminosa*, ao passo que a lei anterior, o definia tão somente para os seus efeitos, ou seja, "para efeitos desta lei". Ademais, a lei posterior disciplina o instituto organização criminosa, de forma mais abrangente, completa e para todos os efeitos. Assim, o procedimento estabelecido previsto na Lei n. 12.694/2012, contrariando o entendimento respeitável de Rômiçp Moreira, com todas as vênias, deverá levar em consideração a definição de organização criminosa estabelecida na Lei n. 12.850/2013, a qual, como lei posterior, e, redefinindo, completa e integralmente, a concepção de organização criminosa, revoga *tacitamente* a definição anterior (BITEN-COURT, 2014, p. 455).

Verifica-se então que não resta dúvida acerca da revogação de conceito trazido por lei anterior, passando a vigorar o disposto no §1º, do artigo 1º, da Lei 12.850/2013. Todavia, outro ponto que possui divergência é o fato de a Lei 12.850/2013 ter criado dois novos crimes, o de "organização criminosa" e o de "associação criminosa".

Em diversas legislações "alienígenas" existe diferença no texto de lei entre crime organizado e o crime de associação ilícita. Ana Luiza Almeida Ferro, Flávio Cardoso Pereira e Gustavo dos Reis Gazzola expõem que:

> O *Codex* italiano, por ilustração, distingue a associação criminosa comum, denominada de *associazione per delinquere* (associação para delinquir), na qual três ou mais pessoas se associam com o escopo de prática de delitos (art. 416), semelhante à figura insculpida no art. 288 do nosso Código, da associação com características específicas de organização criminosa, chamada *associazione di tipo mafioso* (associação de tipo mafioso), em que a peculiaridade é o uso, pelos seus membros, da força de intimidação do vínculo associativo e da condição de sujeição (*assoggettamento*) e de silencio solidário (*omertà*) dela derivada, objetivando o cometimento de delitos, a aquisição direta ou indireta da gestão ou, de qualquer maneira, o controle de atividades econômicas, concessões, autorizações, empreitadas, e serviços públicos, a realização de proveitos ou vantagens injustas, o impedimento ou obstaculização do livre exercício do voto ou obtenção de votos na oportunidade de consultas eleitorais (art. 416 *bis*). O último artigo niti-

damente elege a Máfia siciliana como referência padrão de organização criminosa, ao definir a *"associação de tipo mafioso"* com três características essenciais: a *"força de intimidação do vínculo associativo"*, que traduz uma condição de sujeição e de fidelidade (a *omertà*); o método, relativo ao emprego desta força intimidadora; e o programa final do sodalício, expressando a motivação de cunho criminoso. (FERRO; PEREIRA; GAZZOLA, 2014, p. 26).

Todavia, o que se percebe é que ao criar o tipo penal "organização criminosa" e alterar o artigo 288 do Código Penal o transformando em "associação criminosa", o legislador não tomou o devido cuidado em "fechar" os tipos penais, deixando-os em certo ponto abertos, passíveis de interpretação controvertida e discussão, senão vejamos.

Com a alteração do artigo 288 do Código Penal, a possibilidade de enquadramento ficou confusa, uma vez que o artigo que prevê a associação ilícita dispõe que haverá enquadramento neste tipo penal quando se associarem 3 (três) ou mais pessoas para cometer crimes. Deste modo, o que se verifica é a devolutez da forma de classificação entre organização e associação, podendo inclusive ser tratado como sendo o crime de associação criminosa o "genérico" e a organização criminosa como algo mais específico.

A primeira diferença trata-se da quantidade de agentes. Na associação criminosa exige-se a associação de 3 (três) ou mais pessoas, enquanto na organização criminosa exige-se a associação de 4 (quatro) ou mais pessoas.

Na segunda diferença, existe uma aberração jurídica alegada por alguns doutrinadores, qual seja, a utilização da analogia dentro de um tipo penal incriminado. Na associação, não fora especificado a quantidade de pena dos crimes para sua configuração, ou seja, não importa se é um crime com pena de meses ou de anos, apenas ficou configurado como crime. Já na organização criminosa ficou estabelecido que apenas enquadram-se os crimes com pena superior a 4 (quatro) anos. Tem-se alegado que aqui se utilizaria da analogia para estabelecer portanto, pelo método dedutivo, que associação seria então apenas para os crimes com pena menor ou igual a 4 (quatro) anos. Isso não pode ser aceito de forma alguma. A diferença está em seus requisitos e elementos objetivos e subjetivos e jamais na utilização da analogia.

Entende-se dessa forma que, na associação criminosa, não importa a pena do crime, enquanto na organização criminosa, já se faz necessário analisar a quantidade da pena para sua configuração.

Por fim, como terceira diferença podemos citar que quando falamos de associação criminosa esta só abarca o cometimento de crimes, deixando de fora portanto a possibilidade de associação criminosa para a prática de contravenções penais, o que é possível dentro da configuração do crime de organização criminosa.

Assim, pode-se conceituar organização criminosa como a associação estável de três ou mais pessoas, de caráter permanente, com estrutura empresaria, padrão hierárquico e divisão de tarefas, que, valendo-se de instrumentos e recursos tecnológicos sofisticados, sob o signo de valores compartilhados por uma parcela social, objetiva a perpetração de infrações penais, geralmente de elevada lesividade social, com grande capacidade de cometimento de fraude difusa, pelo escopo prioritário de lucro e poder a ele relacionado, mediante a utilização de meios intimidatórios, como violência e ameaças, e, sobretudo, o estabelecimento de conexão estrutural ou funcional com o Poder Público ou com algum(ns) de seus agentes, especialmente via corrupção – para assegurar a impunidade, pela neutralização da ação dos órgãos de controle social e persecução penal-, o fornecimento de bens e serviços ilícitos e a infiltração na economia legal, por intermédio do uso de empresas legítimas, sendo ainda caracterizada pela territorialidade, formação de uma rede de conexões com outras associações ilícitas, instituições e setores comunitários e tendência à expansão e à transnacionalidade, eventualmente ofertando prestações sociais a comunidades negligenciadas pelo Estado. E crime organizado é espécie de macrocriminalidade perpetrada pela organização criminosa (FERRO, 2009, p. 499).

Portanto, é importante ressaltar que se torna completamente equivocado incluir o conceito de organização criminosa na realização de crimes habituais, de associação criminosa, apenas por apresentarem maior perigo ou terem um bom planejamento, astúcia ou dissimulação. Deve-se ter em mente que a associação criminosa sempre existiu e esta presente em praticamente todas as formas de criminalidade, seja ela de massa (desorganizada)[8] ou organizada[9], e que hoje possua uma forma aprimorada em suas execuções. Ou seja, não há como considerarmos que arrastões das praias cariocas, invasões de famintos em um supermercado ou a utilização de drogas em universidades brasileiras possam constituir uma organização criminosa (BITENCOURT, 2014, p. 446).

Então como classificar a associação criminosa? Para isto, importante elencar através da abertura do texto de lei alguns requisitos e classificações. Quanto ao bem jurídico tutelado, trata-se da paz pública (CAPEZ, 2013, p. 321). Todavia, como bem salienta Cezar Roberto Bitencourt (2014, p. 451) "é a paz pública sob seu aspecto subjetivo, qual seja, a sensação coletiva de segu-

[8] P.445
[9] P.444-445

rança e tranquilidade, garantida pela ordem jurídica, e não objetivo". Ou seja, em síntese, paz pública "como bem jurídico tutelado não significa a defesa da "segurança social" propriamente, mas sim a opinião ou sentimento da população em relação a essa segurança, ou seja, aquela sensação de bem estar, de proteção e segurança geral (...)" (BITENCOURT, 2014, p. 451).

Em relação ao sujeito ativo, entende-se que pode ser qualquer pessoa, em número mínimo de três, compondo, um concurso necessário de pessoas, modalidade criminosa que passa a ser absorvida pela associação criminosa. Neste ponto existe uma discussão entre a doutrina clássica e a doutrina moderna. De acordo com a doutrina clássica[10], incluem-se no número legal de três pessoas os inimputáveis, quais sejam os doentes mentais ou menores de dezoito anos, determinados como penalmente irresponsáveis. Todavia, com a evolução do Direito Penal e a consagração do Estado Democrático de Direito, entende-se que não se admite em hipótese alguma a responsabilidade penal objetiva. Deste modo, a doutrina moderna entende que como os doentes mentais e os menores de dezoito anos são absolutamente inimputáveis (consequentemente não tem noção da conduta criminosa) incluí-los como sujeitos ativos no crime de associação criminosa, sendo isto uma arbitrariedade desmedida, uma vez que se atribui responsabilidade penal a um incapaz (BITENCOURT, 2014, p. 458-459).

No que tange ao sujeito passivo este será a coletividade em geral, não obstante a possibilidade de individualização, mas já na esfera dos crimes cometidos por esta associação criminosa. Quanto ao tipo objetivo do delito de associação criminosa, entende-se que o núcleo do tipo refere-se a "associar-se", ou seja, o ajuntamento, união ou aliança de no mínimo 3 (três) pessoas. Necessário também o elemento de estabilidade ou permanência, ou seja, entende-se que a "associação precisa ser estável ou permanente, o que não equivale a ser perpétua, jamais podendo ser eventual, sob pena de descaracterização típica e enquadramento em mero concurso de pessoas" (FERRO; PEREIRA; GAZZOLA, 2014, p. 250), qual seja, coparticipação. Por fim, o último elemento do tipo objetivo é o fim de praticar crimes, ou seja, exige-se que a associação seja para prática de crimes indeterminados.

Desta forma, não se pode confundir associação criminosa com concurso eventual de pessoas, coparticipação. Diferente do que já fora exposto acerca

---

[10] Vg. NORONHA, Edgard Magalhães. Direito Penal; Parte especial, volume 4. São Paulo: Saraiva, 1986, p. 91-92. Também CAPEZ, Fernando. Curso de direito penal, volume 3, parte especial: dos crimes contra a dignidade sexual a dos crimes contra a administração pública (arts. 213 a 359-H). São Paulo: Saraiva, 2013, p. 323.

CRIME ORGANIZADO

de associação criminosa, o concurso eventual trata-se de uma simples organização ou acordo prévio para a prática de crime, quando a associação criminosa é com o fim específico do cometimento de crime.

Ana Luiza Almeida Ferro cita que, quanto a configuração da associação criminosa, não há necessidade de:

> [...] reconhecimento de um líder ou de conhecimento recíproco entre os membros, nem tampouco de exercício de tarefa específica por cada um dos integrantes ou de participação de todos em cada atividade ilícita. O fator determinante é o objetivo deliberado de, com permanência e estabilidade, participar da quadrilha e assim contribuir para o sucesso de suas atividades. Tal não significa que um simples acordo de vontades seja suficiente; este deve se expressar em ações concretas e medidas de organização do grupo. Mas a associação do art. 288 prescinde de uma constituição de caráter formal, podendo ser até elementar, com estruturação apenas de fato, não de direito (FERRO, 2009, p. 461-462).

Em relação ao tipo subjetivo, trata-se de delito doloso, ou seja, o dolo tem de estar presente na vontade livre e consciente dos agentes que se associam. Outro ponto a se ressaltar é que, na redação anterior do artigo 288 do Código Penal não existia o vocábulo "específico", o que veio a ser adicionado com a mudança da Lei 12.850/2013, deixando claro que a associação deve ter como fim específico o cometimento de crimes (FERRO; PEREIRA; GAZZOLA, 2014, p. 250).

No que tange a consumação, verifica-se que a associação criminosa se consuma no momento em que esta associação se forme independente de qualquer prática de delito, uma vez que é nesse momento que o perigo concreto para a paz pública ocorre (CAPEZ, 2013, p. 323). Trata-se de uma exceção dentro do *iter criminis*, uma vez que a consumação ocorre concomitantemente com os "atos preparatórios". Já em relação a tentativa, esta é inadmissível, uma vez que o crime é consumado dentro dos "atos preparatórios", sendo que a tentativa exige o início da "execução", o que não ocorre.

Quanto a classificação doutrinária, Bitencourt classifica associação criminosa como sendo:

> [...] crime comum (aquele que pode ser praticado por qualquer pessoa, não requerendo qualidade ou condição especial); formal (não exige para sua consumação a produção de nenhum resultado naturalístico); de forma livre (pode ser praticado por qualquer meio que o agente escolher); comissivo (o verbo núcleo

indica que somente pode ser cometido por ação); permanente (sua consumação se alonga no tempo, dependente da atividade do agente que pode ou não cessá-la ou interrompê-la quando quiser, não se confundindo, contudo com crime de efeito permanente, pois neste a permanência é do resultado ou efeito (v.g., homicídio, furto etc), e não depende da manutenção da atividade do agente); de perigo comum abstrato (perigo comum que coloca um número indeterminado de pessoas em perigo; abstrato é perigo presumido, não precisando colocar efetivamente alguém em perigo); plurissubjetivo (trata-se de crime de concurso necessário, isto é, aquele que por sua estrutura típica exige o concurso de mais de uma pessoa, no caso, no mínimo de três); unissubsistente (crime cuja conduta não admite fracionamento) (BITENCOURT, 2014, p. 464).

Em relação à forma majorada, esta encontra amparo no parágrafo único do artigo 288 do Código Penal, *in verbis*: "*A pena aumenta-se até a metade se a associação é armada ou se houver a participação de criança ou adolescente*". Observa-se que a Lei 12.850/2013 alterou a referida majoração, que antes dobrava a pena aplicada, passou somente a elevá-la até a metade. Por ser lei mais favorável, esta deve retroagir inclusive aos fatos ocorridos antes da vigência da norma.

No que tange o concurso de crimes, ou seja, o crime de associação criminosa e os demais crimes praticados pelos associados, a doutrina majoritária[11] é uníssona ao afirmar que, o associado que não participa de um crime não abrangido pelo plano da associação não responderá por ele quando não existir qualquer fato que demonstre que o associado tenha colaborado para a prática do crime. Neste caso responderá o associado somente pelo crime de associação criminosa. Já quando for demonstrado que o associado participou de alguma forma do crime, este responderá pelo delito de associação criminosa e o crime cometido, em concurso material.

Quanto ao tipo de ação, esta pública incondicionada, ou seja, sem qualquer necessidade de manifestação da vítima. A pena, por sua vez, será de reclusão – de um a três anos – sendo admitida a suspensão condicional do processo (artigo 89 da Lei nº 9.099/95) já que a pena mínima não é superior a um ano.

Conclusões

Neste sucinto artigo procurou-se, em um primeiro momento, firmar o retrospecto histórico do conceito de organização criminosa, e tracar as controvérsias existentes no ordenamento jurídico brasileiro até a concretude de uma definição para o crime de "organização criminosa". Após estabelecer o con-

---

[11] Vg. CAPEZ, 2013, p. 328; BITENCOURT, 2014, p. 463-464.

ceito do delito, verificou-se que se tratava de um conceito aberto, motivo pelo qual foram necessárias outras leis para "fechar" o tipo penal. Em um segundo momento, buscou-se analisar se com as aleterações legislativas teríamos dois conceitos de organização criminosa ou se fora criado dois crimes distintos, o de organização criminosa e o de associação criminosa. Observou-se, contudo, que a existencia de dois conceitos concomitantes, com a mesma essência, só geraria tumulto, assim, entende-se que a novel lei, que regulamentou máteria, criou um tipo penal distinto.

Os crimes de organização criminosa e associação criminosa, apesar de serem bastante semelhantes, apresentam diferenças relevantes. Assim, após a análise dos elementos e requisitos do tipo associação criminosa, demonstrou-se que esta pode ser considerada uma norma penal subsidiária da organização criminosa, ou seja, o que não se enquadrar na organização criminosa pode ser considerado uma associação criminosa.

Todavia, o que se observa, é que os operadores jurídicos devem tomar bastante cuidado, pois a linha que divide um crime do outro é tênue, podendo (dependendo o *modus operandi*) ficar enquadrado dentro dos dois tipos penais, ficando no subjetivo do julgador a decisão de onde configurá-lo.

Devem-se tomar os devidos cuidados para que, essa linha tênue existente entre esses dois tipos penais, não seja mais um meio do Estado autoritário e repressivo de separar através de seus mecanismos de julgamento e etiquetamento a exclusão de esteriótipos da sociedade, utilizando as brechas da lei para classificar os "bons" como associação criminosa e os "maus" como organização criminosa.

Referências

BAUMAN, Zygmunt. O mal-estar da pós-modernidade. Tradução de Mauro Gama e Cláudia Martinelli Gama. Rio de Janeiro: Jorge Zahar, 1998.

BITENCOURT, Cezar Roberto. Tratado de Direito Penal, 4: Parte especial: dos crimes contra a dignidade sexual até dos crimes contra a fé pública. 8ª ed. São Paulo: Saraiva, 2014.

BRASIL. Lei nº 12.850 de 02 de agosto de 2013. Disponível em: <http://www.planalto. gov.br/ccivil_03/_Ato2011-2014/2013/Lei/L12850.htm>. Acesso em 22 out. 2013.

CAPEZ, Fernando. Curso de direito penal, volume 3, parte especial: dos crimes contra a dignidade sexual a dos crimes contra a administração pública (arts. 213 a 359-H). São Paulo: Saraiva, 2013.

CASTALDO, Andrea R. La criminalidad organizada en italia: la respuesta normativa y los problemas de la práxis. IN: SILVA FRANCO, Alberto; NUCCI, Guilherme de Souza. *Doutrinas Essenciais Direito Penal, Vol. VII.* São Paulo, RT, 2010, p. 869 e ss.

FERRO, Ana Luiza Almeida. Crime organizado e organizações criminosas mundiais. Curitiba: Juruá, 2009.

FERRO, Ana Luiza Almeida; PEREIRA, Flávio Cardoso; GAZZOLA, Gustavo dos Reis. Criminalidade organizada: comentarios à Lei 12.850, de 02 de agosto de 2013. Curitiba, Juruá, 2014.

FIANDACA, Giovanni; COSTANTINO, Salvatore. Introduzione a La máfia, le mafie tra vecchi e movi paradigmi, Roma-Bari, Laterza, 1994.

GOMES, Luiz Flávio. Definição de crime organizado e a Convenção de Palermo, 2009. Disponível em: http://www.lfg.com.br. Acesso em: 29 out. 2013.

GRECO FILHO, Vicente. Comentários à Lei de Organização Criminosa: Lei n. 12.850/13. São Paulo: Saraiva, 2014.

HABERMAS, Jürgen. O discurso filosófico da modernidade. Tradução de Ana Maria Bernardo et al. Lisboa: Dom Quixote, 1990.

HARVEY, David. Condição pós-moderna: uma pesquisa sobre as origens da mudança cultural. Tradução Adail Ubirajara Sobral e Maria Stela Gonçalves. 17 ed. São Paulo: Loyola, 2008.

LYOTARD, Jean-François. A condição pós-moderna. 9.ed. Tradução de Ricardo Corrêa Barbosa. Rio de Janeiro: José Olympio, 2006.

MENDRONI, Marcelo Batlouni. Comentários a lei de combate ao crime organizado: Lei nº 12.850/13. São Paulo: Atlas, 2014.

MONTALVO, José Antonio Choclán, La Organización Criminal, Madrid: Dykinson, 2000.

MOREIRA, Rômulo de Andrade. A nova lei de organização criminosa – Lei nº. 12.850/2013. Disponível em: http://atualidadesdodireito.com.br/romulomoreira/2013/08/12/a-nova--lei-de-organizacao-criminosa-lei-no-12-8502013/. Acesso em 27 jun.2014.

NORONHA, Edgard Magalhães. Direito Penal; Parte especial, volume 4. São Paulo: Saraiva, 1986.

TOURAINE, Alain Touraine. Crítica da modernidade. 7.ed. Tradução de Elia Ferreira Edel. Rio de Janeiro: Vozes, 2002.

ZAFFARONI, Eugenio Raúl. Crime organizado: uma categorização frustrada. IN: Discursos Sediciosos: Crime, Direito e Sociedade. Rio de Janeiro, n. 1, ano 1, 1996.

3
Fenomenologia das Organizações Criminosas e Sistema Acusatório

MARCO POLO LEVORIN

Introdução

O presente artigo apresenta um estudo descritivo da sucessão do fenômeno das organizações criminosas e uma análise dos meios de obtenção da prova à luz do sistema acusatório. Pretende-se descrever as características do fenômeno da criminalidade organizada, identificando seus movimentos, inventariando historicamente seus conceitos para melhor compreensão da Lei nº 12.850/13, inclusive com relação à realização de prova *ex officio*. É apresentada uma abordagem crítica com relação ao sistema inquisitório, a partir dos meios de obtenção da prova previstos na Lei 12.850/13, num estudo comparativo com a Lei 9.034/95.

1. Associações Criminosas

Como o art. 1º da Lei 9.034/95 – redação dada pela Lei nº 10.217/1 – menciona "ações praticadas por quadrilha ou bando ou organizações ou associações criminosas de qualquer tipo", o verbo 'associar-se' está ligado – em grande medida – ao crime organizado. Porém, à época, criticava-se o mencionado art. 1º, pela ausência de conceituação, inconsistência, excessiva abertura e porosidade.

2. Direito de Associação

Inicialmente, é preciso destacar que associar constitui um direito assegurado no art.5º, inc.XVII, da Constituição, onde se garante a liberdade de associação para fins lícitos, vedando a de caráter paramilitar. Trata-se de direito positivo de associação, constituindo liberdade de ação coletiva para associar-se com

CRIME ORGANIZADO

extrema estabilidade e organização, diferenciando-se da simples reunião. Por esta liberdade pública destacam-se os direitos de criar, aderir, desligar--se e dissolver uma associação. A vedação constitucional se dirige às organizações paramilitares, caracterizadas pelo adestramento dos seus membros no manejo de utensílios bélicos (armas), excluindo – evidentemente – as associações autenticamente desportivas (BASTOS, 1989:99). A vedação alcança também aquelas associações que não objetivam a defesa dos interesses comuns, com escopos proibidos ou afrontosos a ordem e costumes, ou seja, limita-se a liberdade de associação em razão da ilicitude dos fins e do caráter paramilitar. Nesse sentido, associar-se não é atividade criminosa, desde que sua finalidade não seja ilícita ou de caráter paramilitar.

3. Finalidade da Associação

A partir destas delimitações, torna-se importantíssimo verificar os fins perseguidos pela associação, porque associar-se não é – por si só – atividade ilícita. Somente quando houver a associação com finalidade ilícita ou imoral, incluindo-se as secretas, se perderá o direito à personalização civil, ao registro. Nesse sentido, a associação com fins nobres é protegida constitucionalmente, sendo vedada a interferência estatal (art.5º, inc.XVIII, CF), só podendo ser compulsoriamente dissolvida por decisão judicial (art.5º, inc.XIX, CF). Veda-se – portanto – a *societas sceleris*, a associação com objetivo ilícito, como a máfia. José Celso de Mello Filho (MELLO FILHO, 1986:476) esclarece que "a regra constitucional protege as associações, inclusive as sociedades, da atuação eventualmente arbitrária do legislador e do administrador. Somente o Poder Judiciário, por meio de processo regular, poderá decretar a dissolução compulsória das associações. Mesmo a atuação judicial encontra uma limitação constitucional: apenas as associações que persigam fins *ilícitos* poderão ser compulsoriamente dissolvidas". Como se observará, a nova legislação sobre organização criminosa (Lei 12.850/13) exige como finalidade a obtenção vantagem mediante a prática de infrações penais.

4. Conceito

Houve um longo caminho percorrido até chegarmos o conceito de organização criminosa, previsto na Lei 12.850/13. Em princípio, é preciso considerar ter sido tarefa difícil a definição crime organizado em razão da complexidade fenomênica desta atividade criminosa. Em geral, receava-se a atipicidade de várias condutas graves de crime organizado por uma imprecisa conceituação. Desta forma, a definição legal de crime organizado valia-se do tipo penal de associação criminosa (atual rubrica penal de quadrilha ou bando, previsto no art. 288 do Código Penal). É importante ressaltar, no entanto, que o conceito de crime organizado é mais complexo e abrangente que associação criminosa (antiga quadrilha ou bando). Para se compreender sua abrangência, Alberto Silva Franco (FRANCO, 1994:5) explica "o crime organizado possui uma textura diversa: tem caráter transnacional na medida em que não respeita as fronteiras de cada país e apresenta características assemelhadas em várias nações; detém um imenso poder com base em estratégia global e numa estrutura organizativa que lhe permite aproveitar as fraquezas estruturais do sistema penal; provoca danosidade social de alto vulto; tem grande força de expansão compreendendo uma gama de condutas infracionais sem vítimas ou com vítimas difusas; dispõe de meios instrumentais de moderna tecnologia; apresenta um intrincado esquema de conexões com outros grupos delinquenciais e uma rede subterrânea de ligações com os quadros oficiais da vida social, econômica e política da comunidade; origina atos de extrema violência; urde mil disfarces e simulações e, em resumo, é capaz de inerciar ou fragilizar os Poderes do próprio Estado".

Contribuindo para a definição de crime organizado, Guaracy Mingardi (MINGARDI, 1998:82) destaca – no crime organizado tradicional – "grupo de pessoas voltadas para as atividades ilícitas e clandestinas que possui uma hierarquia própria e capaz de planejamento empresarial, que compreende a divisão do trabalho e o planejamento de lucros. Suas atividades se baseiam no uso de violência e da intimidação, tendo com fonte de lucros a venda de mercadorias ou serviços ilícitos, no que é protegido por setores do Estado. Tem como características distintas de qualquer outro grupo criminoso um sistema de clientela, a imposição da lei do silêncio aos membros ou pessoas próximas e o controle pela força de determinada porção de território". Além do modelo tradicional, surge o modelo empresarial de organização criminosa, cuja característica determinante é levar para a atividade criminosa os métodos empresariais, desprezando os conceitos de honra, lealdade, obrigação. Neste método empresarial, torna-se mais difícil diferenciá-lo de quadrilhas simples ou empresa lícita, pois é menos definido.

5. Terminologia Específica

Quando da tramitação da Lei 9.034/95, a Câmara dos Deputados chegou a aprovar um novo conceito de organização criminosa, que se somava aos já consagrados de quadrilha ou bando: "organização que se serve das estruturas ou é estruturada ao modo de sociedades, associações, fundações, empresas, grupo de empresas, unidades ou forças militares, órgãos, entidades ou serviços públicos, concebidas qualquer que seja o princípio, pretexto, motivação ou causa, para cometer crimes ou alcançar objetivos cuja realização implica a prática de ilícitos penais" (Pietá, 1999:5); tal conceituação, no entanto, não integrou a Lei 9.034/95. Com o advento da Lei nº 10.217/01, instituiu-se as expressões 'quadrilha' ou 'bando' ou 'organizações' ou 'associações criminosas' de qualquer tipo. No entanto, a Lei 12.850/13 transformou a denominação 'quadrilha ou bando' do art.288 do Código Penal em associação criminosa.

6. Convenção de Palermo

O ordenamento jurídico brasileiro adotou – em princípio – a conceituação estabelecida na Convenção das Nações Unidas contra o Crime Organizado Transnacional – Convenção de Palermo-, ratificada no Brasil mediante o Decreto Legislativo nº 231/2003 e inserida no ordenamento jurídico por meio do Decreto nº 5.015, de 12 de março de 2004. Na mencionada Convenção, considera-se organização criminosa o *"grupo estruturado de três ou mais pessoas, existente há algum tempo e atuando concertadamente com o fim de cometer infrações graves ou enunciadas na presente Convenção, com a intenção de obter, direta ou indiretamente, um benefício econômico ou outro benefício material"*.

Assim, a mencionada Convenção das Nações Unidas contra o Crime Organizado Transnacional, acolhida pelo Decreto nº 5.015/04, define como terminologia: i) "Grupo criminoso organizado" – grupo estruturado de três ou mais pessoas, existente há algum tempo e atuando concertadamente com o propósito de cometer uma ou mais infrações graves ou enunciadas na presente Convenção, com a intenção de obter, direta ou indiretamente, um benefício econômico ou outro benefício material; ii) "Grupo estruturado" – grupo formado de maneira não fortuita para a prática imediata de uma infração, ainda que os seus membros não tenham funções formalmente definidas, que não haja continuidade na sua composição e que não disponha de uma estrutura elaborada; iii) "Organização regional de integração econômica" – uma organização constituída por Estados soberanos de uma região determinada, para a qual estes Estados tenham transferido competências nas questões reguladas pela presente Convenção e que tenha sido devidamente mandatada, em conformidade com os seus procedimentos internos, para assinar, ratificar, aceitar ou aprovar a Convenção ou a ela aderir. Definiu como "Infração grave" – ato que constitua infração punível com uma pena de privação de liberdade, cujo máximo não seja inferior a quatro anos ou com pena superior;

7. Direito Internacional

Com relação à Convenção de Palermo, é importante considerar a o posicionamento de alguns autores no sentido da sua impossibilidade para definir crimes e penas no direito interno, pois como tratado internacional centrípeto (relações no plano interno ou regional) exigiria lei discutida e aprovada pelo nosso parlamento; a mencionada convenção trataria apenas da criminalidade organizada internacional, não detendo o *ius puniendi* para estabelecer tipos penais e sanções no Direito Penal brasileiro. Ademais, no Estado Democrático de Direito, a legalidade penal exigiria um prévio debate parlamentar e não apenas um referendo de um texto internacional. Assim, não poderia ter validade o crime e a pena não discutidos e estabelecidos pelo nosso parlamento, apenas referendado pela Convenção, sem qualquer debate ou possibilidade de alteração do seu conteúdo.

8. Legalidade Penal

É importante considerar as nefastas consequências pela ausência de previsão normativa suficiente para caracterização de crime de organização criminosa. Nesse sentido, o Ministro Marco Aurélio do Supremo Tribunal Federal ao relatar o *Habeas Corpus* nº 96.007 (julgado em 13.11.2012) acrescentou que "não é demasia salientar que, mesmo versasse a Convenção as balizas referentes à pena, não se poderia, repito, sem lei em sentido formal e material como exigido pela Constituição Federal, cogitar-se de tipologia a ser observada no Brasil. A introdução da Convenção ocorreu por meio de simples decreto!". Ademais, apegando-se à legalidade penal, produziu-se um entendimento por parte da doutrina e jurisprudência no sentido da inexistência de previsão normativa suficiente para caracterização de crime de organização criminosa e da ratificação da Convenção de Palermo pelo Brasil através de Decreto Legislativo 231, de 30 de maio de 2003. Para Luiz Flávio Gomes "a definição de crime organizado contida na Convenção de Palermo é muito ampla, genérica, e viola a garantia da taxatividade (ou de certeza), que é uma das garantias emanadas do princípio da legalidade"[1]. Logo, a Convenção de Palermo não poderia ser considerada como fonte do direito penal, pois foi apenas referendada pelo Congresso, tendo sido recebida pelo Decreto nº 231, de 30 de maio de 2003, e ratificada pelo Poder Executivo através do Decreto nº 5.015, de 12 de março de 2004, não se prestando a servir de norma para o Direito Penal brasileiro. Em que pese os fundamentos expostos, é importante destacar o posicionamento de autores no sentido da Convenção de Palermo apenas ter fornecido 'um conceito ao fenômeno', sendo a responsabilidade caracterizada pela prática de 'crimes em situação de associação', não porque se associou em organização.

---

[1] GOMES, Luiz Flávio. Definição de crime organizado e a Convenção de Palermo. Disponível em: http://www.lfg.com.br, 06 de maio de 2009.

PLS nº 150/2006: o art.2º do PLS nº 150/2006 (Projeto de Lei do Senado) – apresentado pela Senadora Serys Slhessarenko – definia crime organizado da seguinte forma: "promover, constituir, financiar, cooperar ou integrar, pessoalmente ou por interposta pessoa, associação, sob forma lícita ou não, de cinco ou mais pessoas, com estabilidade, estrutura organizacional hierárquica e divisão de tarefas para obter, direta ou indiretamente, com o emprego de violência, ameaça, fraude, tráfico de influência ou atos de corrupção, vantagem de qualquer natureza". Para tanto, exigia – na sua origem – a prática de determinados crimes. Posteriormente, por intermédio do Senador Aluizio Mercadante, a Comissão de Constituição, Justiça e Cidadania do Senado Federal emitiu Parecer em 2009 sobre o PLS 150, onde se apresenta novo conceito de crime organizado: "§1º Considera-se organização criminosa a associação, de três ou mais pessoas, estruturalmente ordenada e caracterizada pela divisão de tarefas, ainda que informalmente, com objetivo de obter, direta ou indiretamente, vantagem de qualquer natureza, mediante a prática de crimes cuja pena máxima seja igual ou superior a quatro anos ou que sejam de caráter transnacional. A Lei 12.850/13 diferenciou-se por exigir quatro ou mais pessoas (e não três), a prática de infrações (e não crimes) com penas superiores a quatro anos (e não igual a quatro anos).

Lei nº 12.694/12: dispondo sobre o processo e o julgamento colegiado em primeiro grau de jurisdição de crimes praticados por organizações criminosas, a Lei nº 12.694, de 24 de julho de 2012 trouxe um importante conceito de organização criminosa no seu art.2º: "Para os efeitos desta Lei, considera-se organização criminosa a associação, de 3 (três) ou mais pessoas, estruturalmente ordenada e caracterizada pela divisão de tarefas, ainda que informalmente, com objetivo de obter, direta ou indiretamente, vantagem de qualquer natureza, mediante a prática de crimes cuja pena máxima seja igual ou superior a 4 (quatro) anos ou que sejam de caráter transnacional. Trata-se de importante legislação tendo sido praticamente repetido pela Lei 12.850/13, "a única diferença é que na Lei nº12.694/12 havia previsão de 'três ou mais pessoas'", como adverte Marcelo Mendroni[2].

Lei nº 12.850/13: A Lei nº 12.850, de 2 de agosto de 2013, define organização criminosa e dispõe sobre a investigação criminal, os meios de obtenção da prova, infrações penais correlatas e o procedimento criminal a ser aplicado. No art.1º, §1º, encontramos o seguinte conceito e a suficiente previsão normativa para caracterização de crime de organização criminosa:

---

[2] MENDRONI, Marcelo Batlouni. Comentários à Lei de Combate ao Crime Organizado. Editora Atlas, São Paulo, 2014, p.5.

"considera-se organização criminosa a associação de 4 (quatro) ou mais pessoas estruturalmente ordenada e caracterizada pela divisão de tarefas, ainda que informalmente, com objetivo de obter, direta ou indiretamente, vantagem de qualquer natureza, mediante a prática de infrações penais cujas penas máximas sejam superiores a 4 (quatro) anos, ou que sejam de caráter transnacional".

9. Requisitos da Criminalidade Organizada

Vicente Greco Filho[3] destaca os requisitos para a tipificação da criminalidade organizada: "a) associação (reunião com ânimo associativo, que é indiferente de simples concurso de pessoas) de quatro ou mais pessoas; b) estrutura ordenada que se caracteriza pela divisão de tarefas ainda que informalmente; c) o fim de obtenção de vantagem de qualquer natureza (portanto, não apenas a econômica) mediante a prática de crimes (excluídas as contravenções); d) crimes punidos, na pena máxima, com mais de quatro ou que os crimes tenham caráter transnacional, independente da quantidade de pena".

10. Características do Crime Organizado

Podemos destacar outras características da organização criminosa fornecidas pela doutrina. Nesse sentido, emprestamos o diligente trabalho de Luiz Flávio Gomes (GOMES, 1995:71-75): i) a associação deve ser estável e permanente: sem estabilidade e permanência nem sequer o delito do art.288 pode se configurar. É preciso considerar que o próprio art.1º da Lei 9.034/95 menciona o tipo penal de quadrilha ou bando (atual associação criminosa); ii) finalidade de cometimento de crimes, onde a reunião de pessoas ocorre para o cometimento de crimes indefinidos; iii) previsão de acumulação de riqueza indevida, bastando a só previsão, mesmo que esta não se perfaça; é suficiente o intuito do lucro ilícito ou indevido; iv) hierarquia estrutural com forma piramidal organizada em chefia e comando; v) uso de meios tecnológicos sofisticados: meios avançados em informática e telecomunicações (aparelhos parabólicos de escuta telefônica a distância, circuitos internos e externos de televisão, aparatos de comunicação telefônica e radiofônica intercontinentais, câmeras fotográficas auxiliadas por raios 'laser', teleobjetivas, gravadores capazes de captar sons a grande distância, atravessando inclusive paredes, comunicação por microondas ou satélites); vi) recrutamento de pessoas e divisão funcional das atividades: a expansão das atividades do crime organizado frequentemente

---

[3] GRECO FILHO, Vicente. Comentários à Lei de Organização Criminosa – Lei 12.850/13. Editora Saraiva, São Paulo, 2014, p.20.

CRIME ORGANIZADO

exige o recrutamento de outros 'soldados' e, por decorrência, a divisão funcional do trabalho para funções específicas; vii) conexão estrutural ou funcional com o Poder Público ou com agentes do Poder Público: o crime organizado forma uma simbiose com o Poder Público pelo alto poder da corrupção ou da influência para alcançar a impunidade; exemplo: financiamento para campanhas eleitorais, criando obstáculo intransponível para a persecução criminal; viii) ampla oferta de prestações sociais: clientelismo baseado em prestações sociais no âmbito da saúde pública, da segurança, dos transportes, alimentação, moradia emprego em troca do apoio popular; ix) divisão territorial das atividades ilícitas: as organizações criminosas fazem uma divisão territorial paralela, delimitando a área de atuação de cada associação ilícita à margem da divisão oficial para evitar o confronto violento; x) alto poder de intimidação: muitas organizações criminosas ostentam real capacidade de intimidação e subordinação; o método imprime impunidade, medo e silêncio, manifestando a vertente violenta do crime organizado (aplicação de sanções extra-legais, violência ostensiva, julgamentos secretos, códigos internos de conduta, ostensivo manejo de grande quantidade armas do grupo); xi) real capacidade para a fraude difusa: com significativa incidência nos casos de 'colarinho branco' (criminalidade dourada), a fraude demonstra a real capacidade para lesar o patrimônio público; xii) conexão local, regional, nacional e internacional com outra organização criminosa: a internacionalização – como vimos – é uma das principais características do crime organizado em razão da facilidade de comunicação, globalização das economias, o fim das fronteiras, favorecendo as conexões externas e internas.

Por sua vez, Kaiser (BECK, 2004:76) destaca as seguintes características: 1) associação duradoura de uma pluralidade de pessoas; 2) estrutura de organização hierárquica; 3) atuação planificada e com divisão do trabalho; 4) realização de negócios ilegais, adaptados a cada momento ante as necessidades da população; 5) tecnologia flexível do delito e variedade de meios para delinquir, desde a exploração, ameaça, extorsão violência, proteção obrigada e terror, até o suborno; 6) aspiração a posições de poder econômico ou político; e 7) internacionalização e mobilidade.

11. Fenomenologia do Crime Organizado

O fenômeno da criminalidade organizada envolve a estabilidade, permanência, lucratividade, grau de complexidade da organização, número de agentes, divisão de tarefas, hierarquia, planejamento estratégico, estruturação, finalidade associativa para cometimento de delitos, metodologia fundada na violência, obediência, servilismo e a corrupção de agentes públicos (simbiose com o Estado). Porém, analisaremos a fenomenologia do crime organizado a partir destas identidades e outras para a sua melhor compreensão.

Francis Rafael Beck (BECK, 2004:80) destaca as seguintes identidades do fenômeno do crime organizado:

i) *Estrutura plúrima hierarquizada e permanente*: referência numérica de no mínimo duas pessoas (quase impossível identificar-se atividade de crime organizado com número tão restrito); o pressuposto é pluralidade de componentes com rígido esquema de distintos níveis hierárquicos (em regra, os que decidem não executam o fato – sendo desconhecidos dos inferiores hierárquicos – e não conhecem o plano global; coesão obtida pela punição e lei do silêncio; a perdurabilidade exige objetivo de continuidade, onde – mesmo com a morte ou prisão do líder – o grupo permanece, pois a associação ocorreu não apenas para o cometimento de determinados crimes para após dissolver-se;

ii) *Finalidade de lucro ou poder*: o lucro econômico é o objetivo do crime organizado, mas – em alguns casos – pode não ocorrer, como no caso de terrorismo, onde o objetivo é sócio-político ou religioso;

iii) *Utilização de meios tecnológicos*: o arcabouço tecnológico de ponta proporciona facilitação para conduta criminosa, a eliminação dos vestígios e impunidade (o aparato pode não estar a disposição dos órgãos estatais), embora não seja *conditio sine quo non*, pois podem se valer de outros meios (p.ex. a violência) para alcançar seus objetivos;

iv) *Conexão com o poder público*: o crime organizado trabalha com a corrupção do Legislativo, Judiciário, do Ministério Público, da Polícia, visando a paralisação estatal no combate à criminalidade; a corrupção neutraliza os órgãos persecutórios estatais e garante a proteção do grupo, através da cooptação de agentes públicos, que se omitem, facilitando a execução dos crimes; a corrupção leva à quebra de confiança nos poderes executivo, legislativo e judiciário;

v) *Internacionalização*[4]: a criminalidade organizada tem caráter transnacional, pois – em geral – não ficam restritas ao território nacional; a

---

[4] Internacionalização do Crime Organizado: crime organizado ultrapassou fronteiras. Como adverte Luiz Flávio Gomes (GOMES, 1995:58) A internacionalização talvez seja a marca mais saliente do crime organizado nas duas últimas décadas. Já não é correto apontar a conexão norte--americana-italiana (Máfia siciliana e Cosa Nostra) como uma singular manifestação dessa modalidade criminosa. Inúmeras são as organizações criminais já mundialmente conhecidas. Podemos citar, dentre tantas outras ainda não destacadas, a camorra napolitana, a n'drangheta calabreza, a sacra corona pugliesa, a boryokudan e a yakuza japonesas, as tríades chinesas, os jovens turcos de Cingapura, os novos bandos no Leste europeu, os cartéis da droga, os contrabadistas de armas

CRIME ORGANIZADO

atuação internacional enfraquece e dificulta a ações estatais, pelo obstáculo jurídico (divergência de legislações), pelo isolamento de muitos órgãos estatais nacionais, pela diminuição do controle eficaz dos mecanismos nacionais de persecução penal (falta de colaboração entre os Estados); porém, é preciso reconhecer que existem várias organizações de caráter doméstico (com atuação nacional somente);

vi) *Uso da violência ou intimidação*: com maior incidência nas organizações mafiosas, nos grupos terroristas e no tráfico de drogas; observa-se diminuição da violência proporcional ao desenvolvimento do caráter empresarial e tecnológico da organização; o uso da violência pode ser identificado também na lei do silêncio, onde delatores são ameaçados com morte; a violência atinge os integrantes do grupo e pessoas sem vínculos, como é o caso dos moradores de morro carioca controlados pelo tráfico de drogas; o crime organizado mantém o silêncio para manter as boas relações com o Estado e permitir fluidez aos seus negócios; no entanto, é necessário ressaltar que uma organização criminosa pode se valer de fraude e corrupção ao invés da violência;

vii) *Cometimento de delitos com graves consequências sociais*: pela invisibilidade do crime organizado não se consegue detectar o exato dano causado pelas suas atividades; sabe-se, porém, que – para além de vítima individualizada – toda a coletividade sobre as consequências dos seus atos (dano transcende para o coletivo); é preciso observar, contudo, que podem

etc. É preciso considerar que o aumento do comércio internacional e das tecnologias influenciou o mercado ilícito de armas, drogas (tráfico de entorpecentes), seres humanos, propriedade intelectual e dinheiro (lavagem de capitais e evasão de divisas). Enfim, o crime organizado com aumento do comércio internacional e das tecnologias intensificou sua internaciolazção. Moisés Naim (NAIM, 2005:10;23) destaca que a "tecnologia expandiu esse mercado não apenas geograficamente, ao minimizar os custos de transporte, mas também ao tornar possível o comércio de uma vasta gama de produtos que não existiam anteriormente, como softwares piratas ou maconha transgênica. As novas tecnologias também tornaram possível comercializar internacionalmente produtos que, no passado, não podiam ser transportados ou listados em 'inventários' – rins humanos, por exemplo. Os mercados, obviamente, também se ampliaram quando os governos desregulamentaram as economias anteriormente fechadas ou fortemente controladas e permitiram aos estrangeiros visitar, comercializar e investir mais livremente ... A dramática expansão do comércio mundial ao longo da década – tendo aumentado em média acima de 6% de 1990 a 2000 – criou igualmente um ampla espaço para o comércio ilícito, uma vez que permaneceram muitas regras para a legitimação do comércio que deveriam ser obedecidas, enquanto o apetite de mercados e consumidores por produtos aos quais os países impunham restrição continuavam a crescer. Logo ficou claro que as facilidades adotadas pelos países para encorajar o sucesso do comércio legal também beneficiavam as atividades dos comerciantes ilícitos. Um desses benefícios foi a redução de controle nas fronteiras , tanto em número quanto em rigor".

decorrer benefícios à população – ainda que a finalidade seja censurável e espúria, como a geração de emprego, melhora das condições econômicas e sociais, organização de serviço público (postos de saúde, escolas, segurança, lazer); destaque-se a hipótese do próprio Estado beneficiar-se do crime organizado, como na hipótese dos paraísos fiscais, onde a origem do dinheiro desconhecida injeta recursos no mercado de capitais, sustentando corporações internacionais de fachada limpa;

viii) *Emprego de lavagem de dinheiro*: para revestir de legalidade e inserir o dinheiro ilícito no sistema financeiro vale-se o crime organizado dos paraísos fiscais, de empresas fantasmas, negócios simulados e até com negócios lícitos, para não despertar suspeitas dos órgãos persecutórios estatais; logo, a lavagem de dinheiro é o desaguadouro das atividades da organização criminosa, estando umbilicalmente ligadas.

Além destas, podemos destacar: a) *ausência de ideologias*: a organização criminosa – em princípio – não tem meta ideológica, os seus objetivos são o dinheiro e o poder; b) *limitação de membros*: não se expande o crime organizado sem uma seletividade criteriosa, baseada em critérios de aptidão; c) *busca de hegemonia*: a organização criminosa procura dominar determinada área ou indústria, impondo suas regras, disciplina, monopolizando o comércio de determinado produto; d) *regulamentação estatutária*: a organização criminosa tem 'código', ou 'norma', ou 'estatuto', que devem ser seguidos pelos seus integrantes; e) *período indeterminado*: as organizações criminosas tem um período de tempo prolongado ou indefinido de atuação, além da permanência; f) *crimes de grande repercussão*: há suspeitas de prática de delitos que sejam de grande importância, que – em geral – conferem grande 'credibilidade' para a organização criminosa; g) *disfarces e simulações*: a atividade criminosa pressupõe a representação e dissimulação de várias condutas a fim de mascarar a realidade com degrau para impunidade; i) *servilismo*: a associação criminosa organizada exige sujeição absoluta, às vezes com perda da própria identidade do agente, como em casos de investidas terroristas de cunho político.

12. Crime Organizado como Fenômeno Histórico

Guaracy Mingardi[5] fez uma breve resenha sobre a história e as atividades principais de três históricas organizações criminosas: Máfia da Sicília, Máfia de New York e a Yakuza japonesa, além das famigeradas máfias colombianas. Passamos a transcrever.

---

[5] O Estado e o Crime, p.50.

CRIME ORGANIZADO

i) *MÁFIA SICILIANA*: origem aproximada em 1938 (primeira menção), atividades voltadas à coleta de dinheiro para proprietários de terra e venda de proteção, posteriormente foi encarregada de 43 homicídios de partidos de esquerda (participação política); tempos depois perdeu o apoio do Partido Democrata Cristão; seu poder de intimidação é grande, inclusive pela morte do juiz Giovanni Falcone; a máfia siciliana controla atualmente as permissões para funcionamento de estabelecimentos e alvarás para construção, além de contrabando, monopólio do jogo, tráfico de heroína para a Europa, Estados Unidos;

ii) *MÁFIA DE NEW YORK*: origem aproximada em 1920, com atividades no jogo, contrabando de bebidas e prostituição; organizou-se numa divisão de áreas de influência e criou a Corte Canguru, que julgava as disputas internas (impondo a morte em alguns casos); na década de 70, ingressou fortemente com tráfico de drogas, dominando a importação de heroína do oriente e o mercado atacadista em New York através de vários homicídios; sua atividades principais são o jogo, prostituição, tráfico de entorpecentes, contrabando, venda ilegal de bebidas e venda de proteção;

iii) *YAKUSA*: origem aproximada no século XVII; divida em famílias que controlam determinados territórios; tem como punição típica decepar a falange superior do dedo mínimo, dificultando a empunhadura de espada; tem o costume de tatuar o corpo inteiro, com prova de coragem e machismo; com a industrialização, passaram a controlar parte da mão-de-obra da construção civil; nos anos vinte, introduziu-se o negócio do homicídio político; não se restringe ao Japão, negociando com colônias japonesas espalhadas pelo mundo e nas ligações comerciais internacionais realizadas pelos japoneses; possui forte presença na Ásia; principais atividades são jogo, prostituição, extorsão, tráfico de entorpecentes, controle de camelôs;

iv) *MÁFIAS COLOMBIANAS*: são muito fracionadas com cinco focos iniciais: a) Núcleo Costa, localizada na península do norte, explorando o contrabando de cigarros, bebidas e eletrodomésticos; nos anos 70, produziam e exportavam fortemente a maconha; b) Núcleo de Antióquia, conhecido como *CARTEL DE MEDELLÍN*, desde dos anos 70 dedica-se ao tráfico de maconha e cocaína; o protótipo foi Pablo Emílio Escobar Gavíria; c) Núcleo de Valluno, *CARTEL DE CALI*, na costa do pacífico; desde de 70 dedica-se ao tráfico de cocaína; constituídas por pessoas da classe média ou alta como os irmãos banqueiros Rodriguez Orejuela; d) Núcleo Central, formada por setores pobres da população, embora tenha adquirido muita terra com o lucro da cocaína; e) Núcleo Oriental, explora o contrabando, investimentos na construção civil e no comércio;

13. Crime Organizado como Fenômeno Global

Identificamos as modalidades de traficância ilícita (comércio ilegal) de produtos explorados pela criminalidade organizada global. Este comércio ilegal foi impulsionado pela tecnologia, que expandiu o mercado para outras regiões, por exemplo, através da internet traficantes realizam operações clandestinamente, sem serem identificados. Ainda, através da rede descobriram novas formas de movimentar e ocultar bens. Ademais, a tecnologia diminui os custos de transporte, propiciou o comércio de novos produtos (*v.g.* softwares piratas) e disponibilizou novos métodos e estruturas para transportar (*v.g.* rins humanos). Não se deve olvidar, que a expansão do comércio legal mundial pela globalização beneficiou as atividades dos comerciantes ilícitos, como a redução de controles nas fronteiras, tanto em número quanto em rigor. Em alguns Estados (p.ex, na Colômbia, o território das Farcs é 'independente'), há instituições vulneráveis (alfândegas, tribunais, bancos, portos, polícia) e o aliciamento e submissão da sociedade civil (políticos, empresários, jornalistas), perdendo o governo a capacidade de desempenhar funções básicas. Logo, os traficantes dominam os territórios, a economia e os recursos, sendo reconhecidos como grandes empresariados, uma vez que o comércio ilícito diversifica suas atividades com negócios legalmente constituídos.

O comércio na espécie: o tráfico de armas é intenso e os integrantes das organizações criminosas não encontram dificuldades para obtê-las, sendo necessário apenas ter dinheiro para realizar a transação. Atualmente, comércio ilegal de armas foi muito favorecido pela internet (o comércio virtual é acessível a qualquer pessoa), mas à medida que cresce, se mistura a outros comércios ilegais, fortalecendo sobremaneira os integrantes de organizações criminosas, inclusive terroristas. Para se ter a dimensão do tráfico de armas, basta observar esta situação: "Um batida policial em 2002, em São Paulo, Brasil, fechou uma oficina tecnicamente avançada que produzia cerca de 50 submetralhadoras falsificadas por mês. Rebeldes e organizações criminosas frequentemente produzem ao menos parte de seu próprio arsenal. E, embora o termo 'produção artesanal' evoque equipamentos grosseiros e pouco confiáveis, às vezes montados de forma criativa, essa imagem é cada vez mais obsoleta"[6].

---

[6] Naim, Moisés. Ilícito – 0 Ataque da Pirataria, da Lavagem de Dinheiro e do Tráfico à Economia Global, p.53, tradução Sérgio Lopes, Jorge Zahar Editor, Rio de Janeiro, 2006.

CRIME ORGANIZADO

Com relação ao tráfico de drogas, os cartéis souberam tirar proveito da globalização adaptando-se à economia em transformação, envolvendo-se em parcerias, diversificando-se, desenvolvendo-se na atividade financeira, mas principalmente utilizando-se de novas tecnologias, com a utilização de serviços de entrega rápida, o monitoramento de um transporte de entorpecente on-line, vendas de drogas fechadas através de celulares e a utilização de mensagens instantâneas, e-mails e salas de bate-papo através de computadores públicos e anônimos de cybercafés, bem como a contratação de *hackers* para protegê-los e para invadir as comunicações da polícia. Com relação ao comércio ilícito de entorpecentes, devemos considerar, ainda, o elemento corrupção, uma vez que os traficantes aliciam as instituições encarregadas da repressão, permitindo ao crime organizado delimitar seu território, elaborar suas próprias leis, estabelecer seu plano econômico, instituir sua infra-estrutura da forma que lhe seja mais aprazível, onde as autoridades oficiais se mantêm no poder em grande parte graças ao comércio de drogas, com é o caso das Farcs na Colômbia.

O tráfico humano é outro comércio ilegal que envolve exploração sexual, trabalho escravo, mesclando-se com o tráfico de produtos falsificados (propriedade intelectual) e outros comércios ilícitos, sendo que muitas vezes as etnias facilitam tais atividades. É necessário divisarmos o contrabando humano do tráfico humano, pois representam atividades distintas. Na atividade de contrabandear, não há coação ou mesmo venda da vítima, pois esta voluntariamente contrata o contrabandista para a travessia. Diferentemente é a atividade do tráfico humano, pois nesta hipótese o traficante decide, coage a vítima e vendendo-a como mão-de-obra. Porém, na prática, o contrabando e o tráfico acabam se misturando, uma vez que a pessoa aliciada com falsas promessas, reúne suas economias, custeia os gastos com transporte, porém ao chegar ao país destinatário é obrigada a realizar serviços de exploração sexual, por exemplo. Há casos de espancamentos, estupros, exploração sexual decorrente de uso de entorpecentes, sujeitando a vítima do contrabando ou tráfico humano à condição de imigrante ilegal, a um trabalho escravo e um tratamento desumano. Não se deve olvidar dos casos de 'compras' de recém-nascidos em países subdesenvolvidos, que são transportados para Europa e lá 'comercializados'.

Outra grande fonte do crime organizado são os lucros de decorrem dos crimes praticados contra propriedade intelectual, através da falsificação de produtos industrializados. Este tráfico é tão dimensionado, que existem países onde a produção contrafeita de determinados produtos industrializados supera a produção de produtos lícitos, como, por exemplo, Taiwan, onde a capacidade de produção de CDs supera largamente o volume das vendas legais. O tráfico de produtos falsificados se entrelaça com outros comércios ilícitos, com o crime organizado e com redes terroristas, por exemplo, há evidência de que os terroristas do atentado a bomba a estações de trem de Madri se sustentavam no comércio ilícito de cd's – *compact disc* – piratas. Ademais, remédios falsificados e drogas ilícitas se conectam por seguirem as mesmas rotas e terem a mesma metodologia e logística no transporte; determinadas etnias são utilizadas para utilizadas por organizações criminosas para distribuírem mensalmente 150 mil cópias de cd's na Espanha.

Outra fonte significativa do crime organizado decorre da lavagem de dinheiro. Tal tráfico é tão expressivo que se estima que a lavagem de dinheiro envolva hoje entre 2 e 5% do PIB mundial, ou entre 800 bilhões e dois trilhões de dólares, sendo que alguns falam em 10% do PIB global. Ou seja, todo o dinheiro que decorre do lucro do crime tem a necessidade de ser lavado. Daí a dimensão desta economia criminosa. É importante observar que a mencionada estimativa envolvendo entre 5% a 10% do PIB mundial na lavagem de dinheiro, não considera a sonegação de impostos. Se pudéssemos considerar a sonegação, os valores seriam mais assustadores. Por ora basta acrescentar que na lavagem de dinheiro, sempre se ocultam rendimentos fora do alcance do impostos. As técnicas para se lavar dinheiro são várias: contas bancárias anônimas em paraísos fiscais, empresas fantasmas em negócios com grande fluxo de caixa (restaurantes e lavanderias, por exemplo), aquisição de bens móveis (*v.g.*quadros, automóveis), a utilização de sites de pornografia aos cassinos e casas de aposta on-line na internet, transporte em malas repletas de dinheiro não declarado, a conversão do dinheiro em mercadorias valiosas de fácil transporte como ouro ou madeira, etc.

Outro grupo é formado pelos indivíduos corruptos, cujo espectro vai de sonegadores de impostos a policiais, funcionários de alfândegas e outros funcionários do governo. Ressalte-se que a lavagem de dinheiro estabelece redes entre as organizações terroristas e os traficantes, demonstrando que as finanças terroristas passam significativamente pela atividade de lavagem de dinheiro e do comércio ilícito global. Para contribuir com a expansão do tráfico de dinheiro, a impunidade marca as atividades de lavagem de capitais. Com efeito, a possibilidade de condenação neste comércio ilegal é de 5%, segundo uma avaliação realizada em 2004, nos Estados Unidos. Se considerarmos países em subdesenvolvimento, sem a estrutura dos americanos, os índices serão ainda menores, estimulando a referida atividade. Tal impunidade em parte se explica porque as instituições financeiras movimentam mais de três trilhões, de forma que a fiscalização fica comprometida.

CRIME ORGANIZADO

Ademais, a tecnologia facilitou e impulsionou a atividade dos traficantes de dinheiro, pois o acesso a bancos através de cartões eletrônicos, telefone e internet permitiu ainda mais discrição e dissimulação. Há vários lugares para se lavar dinheiro. Por exemplo, uma dessas localidades é Ciudad del Este, cidade paraguaia de 300 mil habitantes na 'Tríplice Fronteira' com o Brasil e a Argentina. Graças a essa localização privilegiada, transformou-se num grande ponto de encontro para contrabandistas de todos os tipos. Ciudad del Este é uma encruzilhada para virtualmente todo o comércio ilícito, incluindo software e produtos eletrônicos falsificados, produtos importados contrabandeados e, supostamente, armas. Comunidades étnicas que se encontram ali representadas, que incluem taiwanenses, indianos, libaneses e sírios, associaram-se a essas atividades. Membros de comunidades do Oriente Médio em Ciudad del Este são suspeitos de levantar fundos e fazer negócios em nome do Hezbollah, do Hamas e talvez, até mesmo, da Al-Qaeda. Mas o que verdadeiramente torna o lugar um centro importante é o dinheiro das drogas: as receitas da cocaína, vindas dos países andinos, das quais todos os outros comércios – assistidos pelo 55 bancos existentes na cidade – lançam mão para reciclar. Em 1997, Ciudad del Este lavou dessa forma estimados 45 bilhões de narcodólares. O que faz cidades como Ciudad del Este atrativas para os negócios é sua legislação frágil, seus governos passivos e suas forças policiais irrelevantes ou sob controle"[7].

14. Crime Organizado como Fenômeno Local

O crime organizado como fenômeno local encontra-se muito evidenciado nas facções criminosas que atuam nos Estados. É o caso do Primeiro Comando da Capital – o PCC. Fundado em 1993, originou-se durante uma partida de futebol (Primeiro Comando da Capital era o nome de um time de futebol), demonstrando a ausência de estrutura, no interior da na Casa de Custódia e Tratamento 'Dr. Arnaldo Amado Ferreira' de Taubaté (vulgarmente chamado de 'piranhão' pelo rigor imposto). Roberto Porto[8] destaca que "os detentos da Casa de Custódia tomavam banho de sol apenas uma hora por dia, ao lado de um pequeno grupo de encarcerados, no máximo dez. Todos permaneciam em celas individuais, sem direito a visita íntima".

Percival De Souza nos relata a interessante origem da mencionada facção: "O PCC nasceu durante um jogo de futebol no Piranhão, na tarde de 31

[7] Ilícito – 0 Ataque da Pirataria, da Lavagem de Dinheiro e do Tráfico à Economia Global, p.133/5, tradução Sérgio Lopes, Jorge Zahar Editor, Rio de Janeiro, 2006.
[8] Crime Organizado e Sistema Prisional, p. 73, ed.Atlas, 2007

FENOMENOLOGIA DAS ORGANIZAÇÕES CRIMINOSAS E SISTEMA ACUSATÓRIO

de agosto de 1993. Eram oito presos, transferidos da capital por problemas disciplinares, para ficar em Taubaté – até então, o mais temido dos presídios pela massa carcerária. Ali, a permanência na cela era de 23 horas ininterruptas por dia. Os sessenta minutos disponíveis eram reservados para banho de sol, andar no pátio, mexer-se, esticar as pernas, amaldiçoar a prisão. Os oito estavam sendo punidos por péssimo comportamento. Porque veio de São Paulo, o time passou a ser chamado de Comando da Capital. Estavam no time Misa, Cara Gorda, Paixão, Esquisito, Dafé, Bicho Feio, Cesinha e Geleião. Enquanto os oito estavam em campo, outros dois ligados a eles ficavam trancados. Seriam os futuros chefões: Marcola e Sombra. Na gênese do PCC, foi redigido um estatuto, composto de 16 artigos. O nono desses artigos determina: 'O partido não admite mentiras, traição, inveja, cobiça, calúnia, egoísmo, interesse pessoal, mas sim: a verdade, a fidelidade, hombridade, solidariedade e o interesse comum ao bem de todos, porque somos um por todos e todos por um'"[9]. É fato que esta facção criminosa ocupou as lacunas deixadas pelo Estado. Além do PCC, atuaram em São Paulo as seguintes facções criminosas: Comando Revolucionário Brasileiro da Criminalidade (CRBC), Comissão Democrática de Liberdade (CDL), Seita Satânica (SS), Serpentes Negras; no Rio de Janeiro, atuaram Terceiro Comando da Capital (TCC), Comando Vermelho (CV), Amigo dos Amigos (ADA), Terceiro Comando (TC).

15. Crime Organizado em São Paulo

O crime organizado como fenômeno local passa, necessariamente, por São Paulo. A partir do profícuo trabalho de Guaracy Mingardi[10], analisaremos o jogo do bicho, roubo de veículos e cargas, violência e tráfico, lavagem de dinheiro.

i) Jogo do Bicho: o maior bicheiro paulista foi Ivo Noal, filho e neto também de bicheiros; estima-se o controle de 40 a 80% desta atividade, controlando mais de 5 mil pontos de aposta; estima-se uma retirada mensal de 600 mil dólares; possui dezenas de imóveis em áreas nobres de São Paulo, várias fazendas, uma casa em Ilha Bela avaliada em 10 milhões de dólares e empresas na área de aviação, telecomunicações e publicidade; foi acusado por três homicídios contra banqueiros rivais, mas cumpriu efetivamente apenas dois anos por roubo contra quadrilhas rivais; possuía 57 inquéritos policiais assentados em sua folha de antecedentes criminais; um dos inquéritos revela a ligação do jogo

[9] O Sindicato do Crime, p.93, Percival de Souza, ed. Ediouro Publicações, 2006.
[10] O Estado e o Crime Organizado, p.91 e seguintes.

do bicho com a polícia e com o legislativo por corrupção; existemcasos isolados onde o jogo do bicho contribui para campanhas eleitorais e há indícios de ligação do jogo do bicho e o tráfico de drogas (em 1994, foram apreendidas listas do bicheiro Castor de Andrade, onde constavam nomes de políticos como César Maia, Paulo Maluf e Marcello Alencar, e o então Procurador Geral de Justiça do Rio de Janeiro, Antônio Carlos Biscaia relatou vultosa remessa de dinheiro para Cali – Colômbia – através de pessoa ligada a Castor de Andrade); o jogo do bicho tem significativa organização (organização criminosa tradicional) como se constata pela resistência à entrada de bicheiros de outros estados, pelo relacionamento entre os colegas, a regulamentação de 'cartel' através da Associação dos Bicheiros da Zona Leste da capital, pela descarga (repasse de apostas) para os bicheiros maiores, pelo relacionamento com o Estado – garantindo a existência desta atividade ilegal e a impunidade dos seus líderes, e ainda a existência de luta armada para o controle do jogo;

ii) Roubo de Veículos e Cargas: teve um significativo aumentos nas últimas décadas; o cartel dos desmanches se vale de 'puxadores' (ladrões de veículos) para alimentar mais de mil desmanches na Grande São Paulo, destacando-se o cartel de Toboaõ e do Rio; com relação ao roubo de cargas, há significativo aumento, com destaque para o receptador (protegido por esquema poderoso); existem registros demonstrando a participação organizada de policiais militares, civis, rodoviários;

iii) Tráfico de Drogas: muito lucrativo; até o início do século passado, o consumo de muitos drogas era legalizado (p.ex.,os EUA proibiram em 1906); no Brasil, a primeira proibição ocorreu em 1830, quando a Câmara Municipal do Rio de Janeiro proibiu a maconha; porém, a primeira lei que proibiu verdadeiramente o entorpecente é de 1921; é possível classificar os níveis do comércio de drogas em Grande, Médio, Pequeno e Micro traficante; a organização do crime diminui do Grande ao Micro traficante; a) Grande Traficante: pode contar com homens públicos, empresários, pilotos de avião, distribuidores, policiais; com emprego de prestígio político, poder econômico para corrupção ativa, transporte aéreo em rota – às vezes – clandestina, influência nos órgãos de imprensa, tráfico de influência e exploração de prestígio junto aos órgãos estatais, garante o tráfico com rota internacional; muitos homens públicos e empresários passam despercebidos socialmente; é preciso destaca – em outro contexto – a presença de nigerianos na rota do tráfico internacional; acondicionada em malas ou ingeridas, as drogas são transportadas para o Brasil pelos nigerianos, com destino aos EUA e Europa; b) Médio Traficante: possui pequeno nível de violência, um ajudante e uma arma; a organização não é grande; não anula o trabalho policial com a força, mas pela corrupção; coopta profissionais com trânsito em casos de traficância para estabilidade dos negócios; c) Pequeno Traficante: está no limite entre a simples quadrilha e o crime organizado, dependendo da geografia; os grupos do centro são mais confusos, não delimitam seu território e tem hierarquia muito frouxa; na periferia, algumas bocas são mais estruturadas, com vigias para avisar a aproximação da polícia, passador ou 'avião', que entrega a mercadoria, gerente da boca e o dono (neste caso, pode-se constatar crime organizado); d) Microtraficante: muitos microtraficantes estão presos; não pode ser identificado com crime organizado; é confuso, guardam mercadoria nas suas residências, são pobres, agem individualmente ou por quadrilhas desorganizadas. É preciso considerar popularização do uso de crack em São Paulo, substituindo – em muitos casos – a cola de sapateiro e a maconha; provavelmente, o uso do crack aumentou o número de microtraficantes e de roubos, que comercializam para custear o vício;

iv) Lavagem de Dinheiro: consiste em transferir dinheiro de origem ilegal para o sistema financeiro; busca-se a legalização do dinheiro obtido por atividades ilegais, valendo-se de aquisição de empresa cujo lucro não é verificável pela receita (ex. transporte coletivo); há vários outros ramos onde se lava dinheiro (boliche, ringue de patinação, promoção, companhia aérea, show, motel, hotel, posto de gasolina).

16. Sistema Acusatório

É importante observar a necessidade de se prestigiar o sistema acusatório, cujos parâmetros encontram-se no próprio Texto Constitucional. Desta forma, a atividade judicial não deve se imiscuir na formação da prova, cabendo ao Ministério Público eleger os meios que entender mais adequados para demonstrar a veracidade do alegado. Como ressalta Aury Lopes Jr.[11]: no 'sistema acusatório, a gestão da prova está nas mãos das partes' e no inquisitivo, 'a gestão da prova está nas mãos do julgador' [inquisidor]. Assim, ainda que na fase do inquérito, o Juiz não deve determinar provas *ex officio*, deixando ao Delegado de Polícia e ao Ministério Público a colheita delas. Nesse sentido, a Lei 12.850/13 parece ter prestigiado o sistema acusatório, retirando do

---

[11] Lopes Jr, Aury. Direito Processual Penal. Saraiva: São Paulo, 2013, p.539.

CRIME ORGANIZADO

Magistrado a produção de provas e inserindo o Ministério Público (e a Autoridade Policial) na formação do conjunto probatório. Desse modo, o Ministério Público (e a Autoridade Policial) detém a gestão da prova, como na Colaboração Premiada, na Infiltração de Agentes e no Acesso a Registros, Dados Cadastrais, Documentos e Informações, pois somente o órgão ministerial (e o delegado de polícia) poderá participar destes meios de obtenção de prova, sem determinação *ex officio* pelo Juiz.

Nesse sentido, é importante observar que a Lei 9.034/95 não previa a manifestação ministerial para ação controlada, acesso a dados (documentos, informações fiscais, bancárias financeiras eleitorais), infiltração de agentes. O art.3º da Lei 9.034/95 previa diligência pessoal pelo Juiz, sendo que ele 'pessoalmente' deveria "lavrar auto circunstanciado da diligência, relatando as informações colhidas oralmente". Raúl Cervini e Luiz Flávio Gomes[12] tratam da 'quebra do processo acusatório' quando abordam o mencionado art.3º da Lei 9.034/95: "A Constituição Federal de 1988, com clareza até então nunca vista em sede constitucional, fixou os parâmetros do processo (modelo) acusatório no Brasil, estatuindo: que as funções de polícia judiciária e a apuração de infrações penais incumbem às polícias civis e à federal (e inclusive à militar, no que diz respeito aos crimes militares) – art.144 e §§ – e que a tarefa de acusar, nos crimes de ação pública, é privativa do Ministério Público (art.129) ... Não se trata de um modelo acusatório 'puro' (até porque o juiz ainda pode determinar a realização de prova *ex officio*); mas é inegável que se aproximou do ideal.

Historicamente, como enfatiza Ferrajoli, o que caracteriza o processo acusatório é a rígida separação entre juiz e acusador, a paridade entre a acusação e a defesa, a publicidade e a oralidade dos atos processuais etc.; de outro lado, são tipicamente próprios do sistema inquisitório a iniciativa do juiz no campo probatório, a disparidade de poderes entre acusação e defesa, o caráter sigiloso e secreto da instrução. Em suma: é acusatório o modelo que respeita a proibição do *ne procedat iudex ex officio*, isto é, não cabe ao juiz – ideal – nunca imiscuir-se na atividade de colheita (principalmente preliminar) de provas ou na de acusar"... O que o legislador autor da Lei 9.034/95 quis foi, da noite para o dia, restabelecer o sistema inquisitório de triste memória, isto é, nos albores do século XXI, seu desejo é o de que a praxe judicial seja a da Idade Média. Que retrocesso!". Portanto, a atual Lei 12.850/13 parece ter dado proeminência ao sistema acusatório, como poderemos observar:

---

[12] CERVINI, Raúl; GOMES, Luiz Flávio. Crime Organizado – Enfoque criminológico, jurídico e político-criminal. São Paulo: Revista dos Tribunais,1995, p.106/7.

17. Colaboração Premiada

A Colaboração Premiada se caracterizada pela concessão de perdão judicial, redução em até dois terços da pena ou substituição da pena privativa de liberdade por restritiva de direitos, se houver ou identificação de coautores/partícipes, ou revelação da estrutura hierárquica e divisão de tarefas, ou prevenção de infrações penais, ou recuperação do produto das infrações (ainda que parcial) ou localização da vítima. Nos termos do art.4º, § 6º, da Lei 12.850/13, "o juiz não participará das negociações realizadas entre as partes para a formalização do acordo de colaboração", sendo que Ministério Público e o delegado de polícia – considerando a relevância da colaboração prestada – poderão requerer/representar ao juiz pela concessão de perdão judicial ao colaborador (§ 2º. Ao magistrado (sem ingerência na negociação) caberá à homologação (§7º desde que verifique sua regularidade, legalidade e voluntariedade, ou recusá-la – se não atender aos requisitos (§8º). É por isso que o art. 6º inc. IV, exige apenas as assinaturas do representante do Ministério Público ou do delegado de polícia, do colaborador e de seu defensor no termo de acordo da colaboração.

18. Ação Controlada

No que se refere à Ação Controlada, o art. 8º prevê a possibilidade de retardamento da intervenção policial na ação praticada por organização criminosa, com a finalidade de se concretizar em momento mais eficaz à formação de provas. O §1º estabelece que o retardamento da intervenção será previamente comunicado ao juiz competente que, se for o caso, estabelecerá os seus limites e comunicará ao Ministério Público. Vicente Greco Filho[13] ressalta que "é a comunicação ao juiz que implica em autorização judicial para ação controlada. A lei não estabelece prazo para a realização da medida, mas será o adequado ao seu sucesso, sob controle do Ministério Público e naturalmente, sempre que houver fundada suspeita – assim fundamentada pelo requerente e pelo MP – da criminalidade organizada – ou a ela 'vinculada'". Desta forma, prestigiando o sistema acusatório, sofrendo o controle do Ministério Público e sendo deferida a partir de fundamentação ministerial, parece mais adequado que esta medida destinada a formação de provas esteja adstrita ao órgão acusatório.

---

[13] GRECO FILHO, Vicente. Comentários à Lei de Organização Criminosa – Lei 12.850/13. Editora Saraiva, São Paulo, 2014, p.56/7.

CRIME ORGANIZADO

19. Infiltração de Agentes

A Infiltração de Agentes em tarefas de investigação deverá ocorrer somente através de representação do delegado de polícia ou requerimento do Ministério Público, através de motivada autorização judicial, que estabelecerá seus limites (art. 10). O §1º, por sua vez, estabelece que – mesmo na hipótese de representação do delegado de polícia – o juiz deverá ouvir o Ministério Público. Ademais, o §5º autoriza o delegado de polícia e o Ministério Público serem informados por relatório sobre a atividade de infiltração.

Acesso a Registros, Dados Cadastrais, Documentos e Informações: o art. 15 concede ao delegado de polícia e o Ministério Público acesso, independentemente de autorização judicial, aos dados cadastrais exclusivos da qualificação, filiação e endereço mantidos pela Justiça Eleitoral, empresas telefônicas, instituições financeiras, provedores de internet e administradoras de cartão de crédito.

Conclusões

As características do crime organizado são as seguintes: estabilidade e permanência, finalidade de cometimento de crimes com graves consequências sociais, finalidade de lucro e poder (lucratividade e busca de hegemonia), hierarquia estrutural, uso de meios tecnológicos sofisticados, divisão funcional de atividades, metodologia fundada na violência e intimidação, conexão com o Poder Público, prestações sociais (clientelismo), servilismo, corrupção, divisão territorial das atividades ilícitas, alto poder de intimidação, real capacidade para a fraude difusa, conexão (inter)nacional com outra organização criminosa, invisibilidade, emprego de lavagem de dinheiro, ausência de ideologias, limitação de membros, regulamentação estatutária, período indeterminado, disfarces e simulações.

Na criminalidade organizada, pudemos identificar as seguintes atividades para: coleta de dinheiro, venda de proteção, homicídios, controle de alguns serviços estatais, contrabando, jogo, tráfico de entorpecentes, tráfico de armas, prostituição, corte de execução, venda ilegal de bebidas, extorsão, controle de comércio informal (ambulantes), comércio ilegal através da internet, aliciamento e submissão da sociedade civil (políticos, empresários, jornalistas), perda do poder governamental para desempenhar funções básicas, domínio de territórios, a economia e os recursos, tráfico humano (exploração sexual, trabalho escravo), tráfico de produtos industrializados falsificados (propriedade intelectual).

Como fenômeno local, o crime organizado se alicerça em: facções criminosas atuantes, jogo do bicho, roubo de veículos e cargas, tráfico de drogas (em grande, médio, pequeno e micro traficante), lavagem de dinheiro (em transporte coletivo, boliche, ringue de patinação, promoção, companhia aérea, show, motel, hotel, posto de gasolina).

Houve um longo caminho percorrido até chegarmos o conceito de organização criminosa. Câmara dos Deputados chegou a aprovar um novo conceito de organização criminosa Lei 9.034/95 (que não integrou a lei): "organização que se serve das estruturas ou é estruturada ao modo de sociedades, associações, fundações, empresas, grupo de empresas, unidades ou forças militares, órgãos, entidades ou serviços públicos, concebidas qualquer que seja o princípio, pretexto, motivação ou causa, para cometer crimes ou alcançar objetivos cuja realização implica a prática de ilícitos penais". Com o advento da Lei nº 10.217/01, instituiu-se as expressões 'quadrilha' ou 'bando' ou 'organizações' ou 'associações criminosas' de qualquer tipo. Convenção das Nações Unidas contra o Crime Organizado Transnacional – Convenção de Palermo-considera organização criminosa o *"grupo estruturado de três ou mais pessoas, existente há algum tempo e atuando concertadamente com o fim de cometer infrações graves ou enunciadas na presente Convenção, com a intenção de obter, direta ou indiretamente, um benefício econômico ou outro benefício material"*.

PLS nº 150/2006: O art.2º definia crime organizado como: "promover, constituir, financiar, cooperar ou integrar, pessoalmente ou por interposta pessoa, associação, sob forma lícita ou não, de cinco ou mais pessoas, com estabilidade, estrutura organizacional hierárquica e divisão de tarefas para obter, direta ou indiretamente, com o emprego de violência, ameaça, fraude, tráfico de influência ou atos de corrupção, vantagem de qualquer natureza". A Comissão de Constituição, Justiça e Cidadania do Senado Federal emitiu Parecer em 2009 sobre o PLS 150, apresentando novo conceito: "§1º Considera-se organização criminosa a associação, de três ou mais pessoas, estruturalmente ordenada e caracterizada pela divisão de tarefas, ainda que informalmente, com objetivo de obter, direta ou indiretamente, vantagem de qualquer natureza, mediante a prática de crimes cuja pena máxima seja igual ou superior a quatro anos ou que sejam de caráter transnacional.

Lei nº 12.694/12, assim definiu no art. 2.: "Para os efeitos desta Lei, considera-se organização criminosa a associação, de 3 (três) ou mais pessoas, estruturalmente ordenada e caracterizada pela divisão de tarefas, ainda que informalmente, com objetivo de obter, direta ou indiretamente, vantagem de qualquer natureza, mediante a prática de crimes cuja pena máxima seja igual ou superior a 4 (quatro) anos ou que sejam de caráter transnacional".

Lei nº 12.850/13: Por fim, o art.1º, §1º, identificamos a criminalidade organizada: "considera-se organização criminosa a associação de 4 (quatro) ou

CRIME ORGANIZADO

mais pessoas estruturalmente ordenada e caracterizada pela divisão de tarefas, ainda que informalmente, com objetivo de obter, direta ou indiretamente, vantagem de qualquer natureza, mediante a prática de infrações penais cujas penas máximas sejam superiores a 4 (quatro) anos, ou que sejam de caráter transnacional".

Por fim, a Lei 12.850/13 aponta para o sistema acusatório (rígida separação entre acusador e juiz, que não se imiscui na atividade de colheita de prova), retirando do Magistrado a produção de provas (como no art.3º da Lei 9.034/95, que reinstituía o sistema inquisitório) e inserindo o Ministério Público (e a Autoridade Policial) na formação do conjunto probatório (a gestão da prova está adstrita à parte). Desse modo, o Ministério Público (e a Autoridade Policial) detém a gestão da prova, como na Colaboração Premiada, na Infiltração de Agentes e no Acesso a Registros, Dados Cadastrais, Documentos e Informações, pois somente o órgão ministerial (e o delegado de polícia) poderá participar destes meios de obtenção de prova, sem determinação *ex officio* pelo Juiz.

Referências

BASTOS, Celso Ribeiro; MARTINS, Ives Gandra. Comentários à Constituição do Brasil. 2º volume. São Paulo: Saraiva,1989.

BECK, Francis Rafael. Perspectivas de controle ao crime organizado e crítica à flexibilização das garantias. São Paulo: IBCCRIM, 2004.

GRECO FILHO, Vicente. Comentários à Lei de Organização Criminosa – Lei 12.850/13. São Paulo: Saraiva, 2014.

FRANCO, Alberto Silva. Um difícil processo de tipificação. São Paulo: Boletim IBCCRIM nº21 – Setembro/1994.

GOMES, Luiz Flávio; CERVINI, Raúl. Crime Organizado – Enfoques criminológico, jurídico e político-criminal. São Paulo: Revista dos Tribunais, 1995.

GOMES, Luiz Flávio. Definição de crime organizado e a Convenção de Palermo. Disponível em: http://www.lfg.com.br, 06 de maio de 2009.

LOPES JR, Aury. Direito Processual Penal. Saraiva: São Paulo, 2013.

MELLO FILHO, José Celso de. Constituição Federal Anotada. São Paulo: Saraiva, 1986.

MENDRONI, Marcelo Batlouni. Comentários à Lei de Combate ao Crime Organizado. São Paulo: Atlas, 2014.

MINGARDI, Guaracy. O Estado e o Crime Organizado. Monografia 5. São Paulo: IBCCRIM, 1998.

NAIM, Moisés. Ilícito – 0 Ataque da Pirataria, da Lavagem de Dinheiro e do Tráfico à Economia Global. Rio de Janeiro: Jorge Zahar Editor, 2005, tradução Sérgio Lopes.

PIETÁ, Elói. O Crime Organizado – como atua em São Paulo e como combatê-lo. São Paulo: Alesp, 1999.

PORTO, Roberto. Crime Organizado e Sistema Prisional. São Paulo: Atlas, 2007.

SOUZA, Percival de. O Sindicato do Crime. São Paulo:Ediouro Publicações, 2006.

4
Histórico do Crime Organizado

JULIANA PORTO VIEIRA
WALDEMAR MORENO JUNIOR

Introdução

Hodiernamente o crime organizado é uma das matérias mais controversas na doutrina, principalmente na dificuldade de conceituar, de modo que, na maioria das vezes, as legislações apenas elencam suas características e não a sua tipificação. No entanto, não é apenas referente ao conceito que existe tais divergências, mas também há uma grande polêmica no que se refere à origem da criminalidade organizada. É preciso registrar nesse trabalho, uma lógica dos acontecimentos para uma melhor compreensão.

Não estávamos presente no surgimento da raça humana, nem temos registros precisos daquela época uma vez que a escrita ou outras formas de registro se perderam com o tempo, restando sinais que nos levam a crer que as coisas ocorriam daquela forma. As formas de registros como a escrita e os registros formais, são fatos modernos, essa afirmação serve para levar o leitor a entender a dificuldade de determinar parâmetros históricos exatos.

Não constam nos registros históricos a existência de leis escritas, entenda-se aqui lei em seu sentido formal, mas já existiam regras de convivência e ordem social que eram seguidas para possibilitar a vida em harmonia, mas também para servir como forma de dominação. Os parcos resíduos históricos encontrados demonstram que o homem vivia em aldeias, tribos, clãs, pequenos agrupamentos não organizados socialmente conforme as concepções modernas de Estado, não existiam ou não se tinham ideia de estruturas administrativas, legislativa ou judiciaria. Portanto, aquilo que hoje chamamos de Direito. A organização dessas "sociedades" se dava baseado em tradições, extraídos dos costumes decorrentes daquele determinado povo, que variava de agrupamento para agrupamento.

Os problemas nas relações entre os seres humanos já ocorriam desde dessa época *primitiva*, sendo necessária então à identificação e descrição de condutas *proibidas*, limites, que quando praticadas resultavam na possibilidade da aplicação de punições, que nada mais eram que vinganças. Essas foram às primeiras manifestações daquilo que evoluiu e atualmente demos o nome de direito Penal. O aparecimento da ciência e suas revoluções segundo Kuhn; "A ciência normal, atividade que consiste em solucionar quebra-cabeças, é um empreendimento altamente cumulativo, extremamente bem sucedido no que toca ao seu objetivo: a ampliação continua do alcance e da precisão do conhecimento cientifico".[1] Precisamos do aporte histórico apresentado para entender aquilo que Thomaz Kuhn define como ciência: "[...] A ciência normal não se propõe descobrir novidades no terreno dos fatos ou da teoria; quando é bem-sucedida, não os encontra."[2] Mas precisamos entender que "Entretanto , fenômenos novos e insuspeitados são periodicamente descobertos por pesquisas cientifica; cientista têm constantemente inventado teorias radicalmente novas".

Com esse aporte, podemos compreender que as ciências jurídicas buscam continuamente estudar, criar e atualizar condutas humanas reprováveis, condutas essas que depois são definidas, tipificadas como crime. Disso resulta que a definição de *crime* seja puro produto cultural do homem e sua evolução obrigou a expansão dessas definições, dentre elas a que é objeto de nossos estudos denominada: "crime organizado".

Buscando a gêneses da criminalidade organizada, partindo da ideia de associação humana para prática de ilícitos, os primeiros indícios surgiram na época do império, período em que alguns indivíduos se uniam para opor-se a tirania que lhe eram impostas. Já na idade média, com a expansão econômica, eclodiram os contrabandos marítimos, acompanhados dos saqueadores, mas conhecidos como piratas. Sobre a origem do crime organizado Naím afirma que "o comércio ilícito é antigo – um aspecto contínuo e um efeito colateral das economias de mercado ou do comércio em geral. Seu ancestral – o contrabando – remonta à Antiguidade, e muitos "mercados de ladrões sobrevivem nos centros comerciais do mundo[3]".

---

[1] KUHN, Thomas S.. A estrutura das revoluções cientificas. São Paulo: Perspectiva, 2013.p.127.
[2] KUHN, Thomas S.. A estrutura das revoluções cientificas. São Paulo: Perspectiva, 2013.p.127.
[3] NAÍM, Moisés. Ilícito. O ataque da pirataria, da lavagem do dinheiro e do tráfico à economia global.Trad. Sérgio Lopes. Rio de Janeiro: Jorge Zahar, 2006.

HISTÓRICO DO CRIME ORGANIZADO

Apesar de a história mencionar tais momentos como início da criminalidade organizada, Zafarroni[4] assevera que pouco importa, posto que, o crime organizado contemporâneo tem como pressuposto o capitalismo, de modo que não é a mera pluralidade de agentes e nem qualquer associação ilícita que deverá ser considerado crime organizado, mas sim toda aquela que estiver relacionada à estrutura empresarial e ao mercado ilícito. Portanto, os períodos pré-capitalistas deveriam ser descartados, segundo o autor.

Entretanto, se faz mister analisar o início da criminalidade organizada, principalmente porque as organizações mais conhecidas, atualmente, possuem raízes históricas profundas. E, em busca de tais justificativas, Santos aponta dois discursos, sendo um no polo europeu e outro no polo americano[5]. No primeiro polo, as organizações italianas, mas conhecidas como Máfia, que apesar do embaraço em estabelecer uma data precisa de sua origem – devido à quantidade de máfias – surgiram na segunda metade do século XIX e início do século XX com a finalidade de opor-se aos abusos dos poderosos. Deste modo, grupos de jovens atacavam o patrimônio de grandes latifundiários e, para que estes não deteriorassem suas propriedades, a burguesia rica era forçada a estabelecer um acordo com a máfia[6].

A máfia italiana passou a imigrar com destino aos EUA sendo chamados de "Sindicato do Crime[7]", originando, assim, o segundo polo, que, para segundo Santos a criminalidade organizada nos Estados Unidos surgiu com o escopo de estigmatizar grupos sociais étnicos, principalmente os italianos. Tal xenofobia fora constituída na teoria que grupos de estrangeiros conspiravam contra o povo e o governo americano. No entanto, apenas na década de 20 que as modernas formas de criminalidade surgiram sob a estrutura de máfia. Apesar se existir os dois polos diferenciando a máfia italiana e a máfia europeia, ambas se referem, na realidade, a uma só, conduzidas por vários chefes concomitantemente, em grupos uniformes e com objetivos bem definidos. Porém, em alguns casos, devido às imposições geopolíticas um ou outro grupo age de maneira distinta, podendo até recorrer à violência de cunho local, como aconteceu no assassinato do Primeiro- Ministro Aldo Moro, na Itália.

---

[4] ZAFFARONI, Euugenio Raúl. Crime organizado: uma categorização frustrada. In: Discursos sediciosos, a. 1, v. 1. Rio de Janeiro: Relume/Dumará, 1996, p. 46.

[5] SANTOS, Juarez. Instituto de Criminologia e Política Criminal Crime Organizado. Disponível em: http://www.juareztavares.com/textos/crime_organizado.pdf

[6] FERNANDES, Newton; FERNANDES, Valter. Criminologia integrada. 3. ed. rev. atual. e ampl. São Paulo: Revista dos Tribunais, 2010, p. 452-453.

[7] FERNANDES, Newton; FERNANDES, Valter. Criminologia integrada. 3. ed. rev. atual. e ampl. São Paulo: Revista dos Tribunais, 2010, p. 445.

CRIME ORGANIZADO

Insta salientar, que o conceito de máfia difere do conceito de criminalidade organizada, de maneira que a primeira faz referência a um tipo específico de organização criminal[8], ou seja, o crime organizado é gênero onde a máfia é a espécie[9]. Segundo Rinaldi[10] as características constantes da máfia estão na ordem do lucro obtido através de formas intermediação e de inserção parasitária, o uso sistemático da violência e, sobretudo, a coligação com as autoridades públicas. Outras características mencionadas seriam: a ação simultânea nos planos lícito e ilícito e a organização interna voltada à proteção da própria atividade e que logra garantir formas de imunidade perante os poderes públicos.

E na busca de encontrar as raízes das organizações mais conhecidas pelo mundo, temos, na Itália, a Cosa Nostra (Sicília), a Sacra Corona Unita (Puglia), N'drangheta (Calábria) e a Camorra (Nápoles), que se desenvolveram da atuação de camponeses contra latifundiários para à "área da construção civil, do contrabando e da extorsão sobre o comércio e a indústria[11]". As máfias italianas destacaram-se pelas atividades políticas e pela corrupção, principalmente porque tais criminosos financiavam as campanhas políticas com o dinheiro do crime e garantiam votos aos candidatos e em troca exigiam apenas a impunidade de seus atos ilícitos[12].

E nos EUA, apesar do crime organizado ter surgido com o fim xenofóbico, como já fora dito, a criação de uma norma[13] que proibia a fabricação e venda de bebidas intoxicantes deu início ao período conhecido como "Lei Seca",

---

[8] PÉREZ, Carlos Antonio Flores. Poder y Corrupcion. México: Revista de Ciencia Penales, fasc.10, mar-abril, 2007, p. 32.

[9] FAYET, Paulo. Da criminalidade organizada. Porto Alegre: Núria Fabri ed., 2012, p.77.

[10] RINALDI, Stanislao. Mafia, economia, istituzioni: appunti di lavoro. Serta in memoriam Alexandri Baratta. coord. por Fernando Pérez Álvarez, Ediciones Universidad de Salamanca, 2004, p.566-567

[11] SANTOS, Juarez. Instituto de Criminologia e Política Criminal Crime Organizado. Disponível em: http://www.juareztavares.com/textos/crime_organizado.pdf, p.4.

[12] PAULO PEZZINO apud SANTOS, Juarez. Instituto de Criminologia e Política Criminal Crime Organizado. Disponível em: http://www.juareztavares.com/textos/crime_organizado.pdf, p.4.

[13] Amendment XVIII of the Constitutionof the United States:

Section 1. After one year fr om the ratification of this article the manufacture, sale, or transportation of intoxicating liquors within, the importation thereof into, or the exportation thereof fr om the United States and all territory subject to the jurisdiction thereof for beverage purposes is hereby prohibited.

Section 2. The Congressand the several states shall have concurrentpowerto enforce this article by appropriate legislation.

Section 3. This article shall be inoperative unless it shall have been ratified as an amendment to the Constitution by the legislatur es of the severalstates, as provided in the Constitution,withinseven yearsfr om the date ofthe submission her eof tothe states by the Congress.

que acarretou o desencadeamento do contrabando e comércio de bebidas alcoólicas, desenvolvendo, assim, a criminalidade no país e consequentemente criando um mercado ilícito com uma desmesurada movimentação de lucro. Conforme assevera Fernandes e Fernandes a "maioria dos crimonólogos norte-americanos aceita que a Máfia, ou Sindicato do Crime, como eles também chamam, surgiu nos Estados Unidos em 1860, com as primeiras levas de imigrantes italianos. (...) que a máfia somente se emancipou na América do Norte com o fim da lei seca[14]".

Os criminosos passaram a subornar o poder político para uma maior mobilidade nas suas atividades o que gerou um vínculo que, mesmo após a legalização das bebidas, se mantiveram, fazendo com que os mesmos começassem a buscar novos mercados ilícitos mantendo a circulação de receitas. Outras organizações bastante conhecidas são as Tríades Chinesas que, embora atualmente esteja voltada para a prática de lenocínio e comércio de drogas, nasceram junto com o manifesto popular de resistência à introdução da dinastia Manchu no ano de 1644.

Já a japonesa Yakuza[15], que surgiu durante o século XVII era envolvida com jogo, prostituição, extorsão, tráfico de entorpecentes e controle de camelôs. O que chama atenção nessa organização é o fato de possuírem escritórios espalhados por todo Japão com suas insígnias expostas nas faixadas, pois além de não existir legislação no sentido de coibir a criminalidade organizada no país, há uma norma que autoriza a própria polícia atuar confiscando os lucros auferidos com o venda de drogas[16].

Diante das organizações elencadas, os modelos antigos de criminalidade organizada vêm sendo aprimorado com o tempo para prática de novos delitos, tornando-se cada vez mais crescente e com isso mais perigosa e ameaçadora para a sociedade. E, este comportamento não é mais restrito à ideia de um único grupo, mas sim de um grupo organizado muito além das fronteiras. O que aconteceu, como afirma vários estudiosos sobre o assunto, com o impacto da globalização, essa espécie de crime foi evoluindo[17], deixando de estar restrito a determinadas regiões, passando a ser considerado enquanto

---

[14] FERNANDES, Newton; FERNANDES, Valter. Criminologia integrada. 3. ed. rev. atual. e ampl. São Paulo: Revista dos Tribunais, 2010, p. 455.

[15] A Yakuza possui mais 100 mil membros espalhados por todo mundo, e são conhecidos por suas tatuagens e pela prática de amputar a falange do dedo mínimo da mão esquerda como forma de punição/pedido de desculpa por um erro cometido dentro da máfia.

[16] O Japão possui a Lei Boryokudan-Shinpö que permite tal ação da polícia japonesa.

[17] FRANCO, Alberto Silva. Globalização e criminalidade dos poderosos. Revista Portuguesas de Ciências Criminais. Ano 10, abril – junho, 2000, p. 187.

crime transnacional. Não se deve negar que a "flexibilidade" das fronteiras no sentido de possibilitar a maior circulação de bens e serviços, como também os avanços tecnológicos iriam estimular "espaços de indisciplina, prontamente aproveitados pela atividade empresarial, legal ou ilegal"[18]. Avanços tecnológicos como o livre acesso as redes socais, as compras on-line e as transferências bancárias via on-line, tornou a sociedade mais suscetíveis aos ataques das atividades ilícitas.

Assim, tal flexibilidade e consequentemente o aumento da criminalidade teve um choque ainda maior na Europa com a adoção da União Europeia que, instituiu um mercado comum com políticas para assegurar a livre circulação de pessoas, bens e capitais. Entretanto, os Estado-membros, as cooperações, já possuíam a consciência de que tal política iria facilitar a criminalidade transnacional[19]. Nesse sentido, Silva Franco assevera que "o crime organizado possui uma textura diversa: tem caráter transnacional na medida em que não respeitava as fronteiras de cada país e apresenta características assemelhadas em várias nações; detém um imenso poder com base numa estratégia global e numa estrutura organizativa que lhe permite aproveitar as franquezas estruturais do sistema penal[20]".

O crime organizado do século XXI utiliza-se do "fenômeno globalizador" como uma chance de alargamento e fortificação de suas atividades, fazendo com que seus crimes estejam com *animus lucrandi* quase sempre transfronteiriços[21]. Além da grande contribuição por parte da globalização e do desenvolvimento tecnológico, outra forte contribuição foi à relação da criminalidade organizada com aparelho estatal; exemplo disso é que, já na época da pirataria o Estado, na pessoa de seus administradores coloniais, visava o lucro obtido na comercialização das mercadorias roubadas[22].

São ululantes as contribuições por parte do Estado no fortalecimento das organizações criminosas, seja ela italiana ou as norte-americanas e até mesmo as brasileiras que tomaram grandes proporções devidas "parcerias" e subor-

---

[18] ZAFFARONI, Euugenio Raúl. Crime organizado: uma categorização frustrada. In: Discursos sediciosos, a. 1, v. 1. Rio de Janeiro: Relume/Dumará, 1996, p. 56.

[19] SOUSA, Alfredo José de. A criminalidade transnacional na União Europeia – Um Ministério Publico Europeu?. Coimbra: Editora Almedina, 2005.

[20] FRANCO, Alberto Silva apud GOMES, Luiz Flávio; CERVINI, Raúl. Crime Organizado: enfoques criminológico, jurídico (Lei 9.034/95) e político-criminal. Editora Revista dos tribunais, 1995, p. 56-57.

[21] FERREIRA, Nuno; CARDOSO, Sofia. O quinto poder: o crime organizado, como elemento perturbador do livre desenvolvimento da pessoa humana e da paz social, e a cooperação luso-brasileira. Coimbra: Boletim da Faculdade de Coimbra. VOL. LXXXII, 2006, p.613-614.

[22] MINGARDI, Guaracy. O estado e o crime organizado. São Paulo: IBCCrim, 1998. p. 47-48.

HISTÓRICO DO CRIME ORGANIZADO

nos que foram feitas com o Estado. É importante frisar que não é o Estado em si que é contribuinte da criminalidade, mas sim a figura dos funcionários públicos que são corrompidos. Do contrário, o Estado seria considerado como delinquente[23].

Com a colaboração dos funcionários públicos as principais atividades pelos criminosos, como narcotráfico, o jogo ilegal, a prostituição e os contrabandos foram se ampliando e tornaram-se as principais fontes de renda do crime organizado. Atualmente a criminalidade organizada vem sendo cada vez mais lesiva, posto que não se restringe mais aos crimes citados anteriormente, principalmente no que tange a ideia de contrabando, que antes era voltado ao contrabando de drogas, armas e pessoas, hoje também existe um forte contrabando de órgãos.

Contrafações e a evasão fiscal também tem se tornado uma grande preocupação para sociedade; segundo dados atuais da Comissão Europeia, a contrafação trata-se de um ilícito criminal em grande escala na economia mundial, representando cerca de 5% a 7% das trocas mundiais, acarretando, consequentemente, efeitos negativos no domínio econômico-financeiro e no domínio social[24]. Tais contribuições e o acelerado desenvolvimento da criminalidade organizada parte da extremada organização por parte dos criminosos, muitos deles chegam a exigir noções de logística, contabilidade, administração, para que seus planos sejam projetados e executados com sucesso.

E, devido à alta lucratividade dos delitos, os membros são recrutados com bastante cautela, passando pelo crivo de membros já efetivos. Todo esse processo é balizado pela violência e corrupção, almejando os seus objetivos econômicos. É claro que a máfia possui uma estrutura sólida devido à obediência de seus membros e o respeito ao código que é estabelecido pela organização. Os pressupostos de ajuda mutua, união e o segredo de quais são os entes da corporação fazem parte do código estabelecido por estes criminosos, de forma que aquele que não seguir tais ideais deverá ser executado – juntamente com a sua família.

O desenvolvimento das atividades não se limita a elaboração e a execução do crime, existindo, hoje, uma grande importância no que tange ao sistema "pós-crime"; onde membros qualificados são responsáveis pelo processo de lavagem de dinheiro, inserindo, assim, o produto do crime na economia formal.

---

[23] Uma exceção é o ex-presidente do Panamá, Manuel Noriega, ficou conhecido por financiar o narcotráfico.

[24] Comissão das comunidades europeias. Livro verde: o combate à contrafacção e à pirataria no mercado interno. Bruxelas, 15/10/98, COM (98)569 Final.

CRIME ORGANIZADO

A professora, Rodrigues[25] referente à evolução da criminalidade utiliza a expressão "nova criminalidade" para identificar este "novo modelo de organização social para que tendem as sociedades contemporâneas". Afirmando, ainda que a mobilidade das pessoas e dos capitais "um pouco retardada pela confrontação Leste Oeste" reproduz agora todos os seus efeitos, gerando o "declínio dos Estados e a um mundo onde proliferam as redes".

Preocupados com a proliferação do crime organizado, os Estados passaram a cooperar entre si, principalmente após o atentado, em Nova Iorque, de 2001. De modo que, os Estados acabaram por mudar significativamente sua consciência em respeito ao combate unificado contra esse tipo de atividade. Entretanto, faz bem que se diga que, analisando o conceito de crime organizado posto na Convenção de Palermo, esta menciona que deve existir a intenção de obter algum benefício material, seja de forma direta ou indiretamente. Logo, não deve haver aplicação deste conceito ao crime de terrorismo. Contudo, o crime organizado deixou de ser um simples problema da economia de mercado para passar a ser uma ameaça que diz respeito à sobrevivência dos próprios países e dos seus cidadãos.

1. O Surgimento da Criminalidade Organizada no Brasil

Conforme já vem sendo discorrido no presente trabalho, seu objetivo foi pesquisar e identificar historicamente como surgiu o crime organizado mundial não se preocupando especificamente com suas definições, mas apenas apresentar uma visão superficial, sendo assim, sua finalidade é fazer uma escavação histórica no sentido de identificar como esse fenômeno social reprovável surgiu no mundo e se irradiou para o Brasil. O fundamento da necessidade do desenvolvimento histórico está definido na obra "A estrutura das Revoluções Científicas[26]". Preocupado com o desenvolvimento cientifico seu autor afirma:"[...] o historiador parece então ter duas tarefas principais. De um lado deve determinar quando e por quem cada fato, teoria ou lei científica contemporânea foi descoberta ou inventada, de outro Lado deve descrever e explicar os amontoados de erros, mitos e superstições que inibiram a acumulação mais rápida dos elementos constituintes do moderno texto cientifico[...[27]]".

Dentro da tentativa de indução, procurou-se demonstrar até aqui os reflexos que as organizações criminosas pelo mundo se manifestaram em nosso

---

[25] Rodrigues, Anabela Miranda. Globalização, democracia e crime. In: Costa, José de Faria; Silva, Marco Antonio Marques da Silva. Direito penal especial, processo penal e direitos fundamentais – Visão luso-brasileira. São Paulo: Quartier Latin, 2006. p. 279-281.

[26] KUHN, Thomas S.. A estrutura das revoluções cientificas. São Paulo: Perspectiva, 2013.

[27] KUHN, Thomas S.. A estrutura das revoluções cientificas. São Paulo: Perspectiva, 2013.(p59).

HISTÓRICO DO CRIME ORGANIZADO

país. E a partir desse ponto fazermos um estudo histórico sintético das organizações criminosas no Brasil. O surgimento do crime organizado no Brasil não esta precisamente registrada na história, até por que, esse fenômeno social "crime organizado" é uma denominação moderna. Mas podemos afirmar que os registros históricos encontrados, demonstram que esse fenômeno já estava presente em nosso país desde sua criação, tendo como gênese a corrupção, a pirataria.

É necessário entender, que não se estudava esse fenômeno social com mais ênfase, pois conforme já esclarecemos a denominação *organização criminosa* é moderna, e a bem pouco tempo passou a ser estudada. Alguns estudiosos da história do Brasil afirmam que já havia organização criminosa agindo dentro das estruturas sociais e que este não é um fenômeno que possa ser considerado recente. Esses historiadores veem no cangaço uma das manifestações de crime organizado em nosso país. É importante salientar que o cangaço constitui apenas um antecedente da possível ocorrência da criminalidade organizada, pois conforme estudado no presente trabalho, não podemos confundir o antigo crime de quadrilha, alterado pela "LEI 12.850/13 que trouxe outras inovações, como a alteração do artigo 288 do Código Penal, retirando os termos "bando ou quadrilha" e criando a "associação criminosa", formada por grupos de três ou mais pessoas com o fim específico de cometer crimes.","[28] da definição clássica de crime organizado. Nessa interpretação, seria expandir muito o conceito para dizer que no cangaço encontramos a raiz histórica do crime organizado, não se confundindo com o fenômeno que hoje conhecemos.

Até porque não podemos visualizar nessa "organização" a definição e as dimensões necessárias na identificação da Estrutura de Crime Organizado, conforme descrito por Ana Flavia Messa, na obra Crime Organizado[29]. Somente com a denominada Revolução Industrial, no século XVIII, foi que começamos a perceber que assim como as empresas comerciais, as indústrias se aprimoravam em "organizações estruturadas" o crime também passou a

---

[28] BRASIL, Lei 12.850/13

[29] "Na tentativa de elaborar um conceito de crime organizado, em compatibilidade com a matriz normativa genérica contida na Convenção de Palermo, tanto a doutrina como a juripurdência enumeram suas características essenciais, "(...)"Complexidade estrutural; Divisão orgânica hierárquica; Divisão funcional; Divisão territorial; Estreitas ligações com o poder estatal; Atos de extrema violência; Intuito de lucro ilícito ou indevido; Detentora de um poder econômico elevado; Capacitação funcional; Alto poder de intimidação ; Capacidade de fraudes diversas; Clandestinidade; Caráter transnacional; Modernidade; Danosidade social de alto vulto; Associação estável e permanentes com planejamentos e sofisticação de meios; Impessoalidade da organização. Crime organizado / coords. Ana Flávia Messa, José Renaldo Gumarães Carneiro – São Paulo: Saraiva, 21012.

se aproveitar desses conceitos organizacionais para estender esses conhecimentos a suas atividades.

A necessidade de organização estrutural, do estabelecimento de hierarquias, da fragmentação do poder e distribuição de tarefas foram então absorvidas pelas "empresas" do crime. No primeiro momento foi necessário separar os controles financeiros dos controles estratégicos, logísticos e táticos.

A ideia era que em caso de sofrerem alguma ação do Estado Justiça, os demais "setores" da "organização" pudessem permanecer em pleno funcionamento. Até por que o próprio sistema financeiro exigia conhecimentos complexos de gestão de finanças e administração. Os efeitos disso foi o surgimento de outros fenômenos como a ocultação de bens, lavagem de dinheiro e a consequente reintrodução dos valores no mercado.

2. Espécies de Crime Organizado

Para se estudar Crime Organizado no Brasil é necessário entender que hoje já podemos distinguir "duas espécies de criminalidade organizada. A criminalidade organizada tipo *mafiosa* e a criminalidade organizada do tipo *empresarial*"[30]

3. O Crime Organizado e o Brasil

Com esse breve aporte, podemos agora compreender toda essa estrutura, e identificar o fenômeno da criminalidade organizada no Brasil moderno: As manifestações sociais do crime organizado com todos os seus elementos na modalidade mafiosa, começou a ser percebido no Brasil a partir das "organizações" de controle do Jogo do Bicho, nesse grupo podemos identificar todos os elementos indicadores de uma *organização criminosa* conforme já expusemos.

Dessa mesma análise, podemos constatar que no Brasil, por puro erro de *política e execução criminal,* foram reunidos nas mesmas instalações prisionais, presos políticos e presos condenados por crimes comuns, o que resultou na organização e no surgimento dos grupos criminosos como o Comando Vermelho "CV" e o Primeiro Comando da Capital "PCC" entre outros. Essas fac-

---

[30] "O crime organizado tradicional, na definição de Mingardi, é o "grupo de pessoal voltadas para atividades ilícitas e clandestinas que possui hierarquia própria e capaz de planejamento empresarial, que compreende a divisão do trabalho e do planejamento de lucros"(...) "O crime organizado do tipo empresarial, diferentemente do mafiosa, não tem necessariamente apadrinhamento e nem ritual de iniciação, mas em uma estrutura totalmente empresarial que visa apenas o lucro financeiro de seus sócios. É uma empresa especializada numa atividade determinada e voltada para o crime". Criminologia e os problemas da atualidade ? Alvino Augusto de Sá, Sérgio Salomão Shecaira organizadores. – São Paulo : Atlas 2008. (p.218).

ções criminosas são objeto de estudos como estruturas organizadas voltadas a prática de crimes.

A identificação da gênese desse crime aparece identificada na ausência de políticas criminais coordenadas, a criminalização de condutas insignificantes que resultou no aumento da criminalidade, isso resultou no incremento da população carcerária, propiciando a organização e a criação de facções criminosas com os fundamentos e característica típicas de crime organizado.

O primeiro a se destacar é o conhecido "Comando Vermelho Rogério Lemgruber", popularmente conhecido como Comando Vermelho, ou como vemos pichado em diversos locais, representados pelas siglas CV e CVRL, já foi uma das maiores organizações criminosas do Brasil. Teve sua criação por volta do ano de 1979 na prisão Cândido Mendes, na Ilha Grande, Angra dos Reis, Rio de Janeiro, quando foram juntados em um mesmo estabelecimento prisional presos comuns e presos políticos, os presos por crimes comuns, integravam a conhecida Falange Vermelha, que tinha por principal atividade promover crimes contra a população do Rio de Janeiro, mas também praticava outras modalidades criminosas, desde tráfico de drogas até manter na clandestinidade cassinos de jogos de azar, prostituição.

Na década dos anos 90, o C.V. foi considerada uma das organizações criminosas mais poderosas do Brasil, onde se instituíram e se desenvolveram sub grupos denominados Falanges, pequenos grupos sem uma linha organizacional definida que a Polícia costumava denominar de "Crime Desorganizado".[31]

Apesar da implementação de inúmeras equipes de investigação, criação de forças tarefas, o Comando Vermelho ainda mantem controle sobre algumas localidades na cidade, é comum encontrar ruas pichadas com as letras "CV" em muitas favelas do Rio de Janeiro[32], apesar de muitas vezes também serem pequenos grupos não pertencentes a essas facções que a utilizam como forma de demonstração de poder. No entanto, com a violência empregada, resultou no aparecimento de outros grupos rivais ao Comando Vermelho, podemos destacar entre eles: o Terceiro Comando Puro (TCP) e (ADA) Amigos dos Amigos, além das milícias que se proliferaram de forma sistêmica.

A origem dessa facção, o CV ou "Comando Vermelho" foi o fruto das mais desastrosas estratégias de politicas criminais empregadas. Na obra "Comando Vermelho – a história da irmandade do crime organizado"[33] encontramos relatos históricos que indicam a gênese de tudo. Alípio Cristiano de Freitas, por-

---

[31] Pesquisado em http://www.procurados.org.br/page.php?id=18 em 30/08/2014;

[32] Pesquisado em http://www.procurados.org.br/page.php?id=18 em 30/08/2014;

[33] Amorim, Carlos, Comando Vermelho – Rio de Janeiro, BestBolso, 2011. (p.81).

CRIME ORGANIZADO

tuguês naturalizado brasileiro, entrou no presidio de Ilha Grande, condenado a setenta anos de prisão. Além de padre, era professor de história e filosofia.

Alípio de Freitas, em 18 de maio de 1970 foi preso no Rio de Janeiro, e levado ao DOI- CODI, ao ser submetido a tortura, reagiu atacando o oficial responsável, conforme relato retirado ao depoimento prestado a Anistia Internacional. Esse fato histórico fez nascer à legenda em torno do Padre.[34] A partir de suas "aventuras" e ações passou a ser considerado revolucionário e vai parar nas Galerias LSN, "Entre 1974 e 1975, deixa na Ilha Grande as marcas de seu talento nato: organizar. E ele é capaz de organizar qualquer coisa, do pessoal da faxina ao sistema clandestino entre os presos, da distribuição de comida ao secretariado dos presos políticos"[35]. Marcado estaria o nascimento da organização do crime.

Alípio "não foi o único a servir de exemplo e dar, involuntariamente, orientação aos presos comuns do "fundão"[36], mas, " com sua experiência anterior junto aos internos do Presídio do Carandiru, em São Paulo, onde passou parte da pena cumprida até a anistia"[37]. Podemos também identificar outro grupo de destaque: "Primeiro Comando da Capital" – (PCC), ou como também é conhecido "Partido do Crime" que já foi considerada uma das maiores organização criminosa do Brasil. Essa organização se notabilizou por comandar rebeliões e coordenar de dentro dos presídios paulistas, diversos crimes, como assalto, trafico e distribuição de drogas e até homicídios. A partir do Estado de São Paulo, essa facção criminosa comanda as ações da organização criminosa com influencia em diversos Estados brasileiro e até mesmo em outros países[38].

A organização mantém uma estrutura organizada de "logística do crime", controle financeiro e lealdade, tendo como fonte de renda a venda de drogas ilícitas, assaltos a bancos e caixa eletrônicos, sequestros relâmpagos, roubo de cargas. venda de maconha e cocaína, mas roubos de cargas e assaltos a bancos também são fontes de faturamento. O grupo fatura somas vultuosas de dinheiro, chegando a movimentar mais dinheiro que uma empresa de grande porte[39].

---

[34] Amorim, Carlos, Comando Vermelho – Rio de Janeiro, BestBolso, 2011. (p.82).
[35] Amorim, Carlos, Comando Vermelho – Rio de Janeiro, BestBolso, 2011. (p.83).
[36] Amorim, Carlos, Comando Vermelho – Rio de Janeiro, BestBolso, 2011. (p.81-83).
[37] Amorim, Carlos, Comando Vermelho – Rio de Janeiro, BestBolso, 2011. (p.81-83).
[38] Dias, Camila Caldeira Nunes, PCC : hegemonia nas prisões e monopólio da violência. Coordenadores Alice Bianchini, Ivan Luís Marques e Luiz Flávio Gomes – São Paulo: Saraiva, 2013. (p.210);
[39] :http://sao-paulo.estadao.com.br/noticias/geral,maior-investigacao-da-historia-do-crime-organizado-denuncia-175-do-pcc,1084346 "O mapeamento mostra que o PCC está presente em

HISTÓRICO DO CRIME ORGANIZADO

Encontramos registros que indicam que "Primeiro Comando da Capital[40]" tenha surgido por volta de 1993 e foi organizado entre os detentos do Centro de Reabilitação Penitenciária de Taubaté, chamada de "Piranhão", considerada à época, a prisão mais segura do estado de São Paulo. Segundo vasto material encontrado, constatou-se que No transcorrer de uma partida de futebol, os presos entraram em confronto e brigaram, resultando na morte de vários detentos – para acobertarem o incidente e dificultar a identificação dos autores, os presos resolveram estabelecer um acordo que deram o nome de "pacto de confiança", muito comum de se perceber nas organizações criminosas já mencionadas.

Para se ter uma ideia da organização e da "cultura" de seus integrantes, O PCC estabeleceu como marca o símbolo do yin-yang chinês representando "uma maneira de equilibrar o bem e o mal com sabedoria"[41]. Frente a essa nova demanda criminal, de forma ainda acanhada, o Estado vem organizando forças tarefas e grupos de combate ao crime organizado. As ações da polícia Federal dos GAECOS "Grupo especial de repressão ao crime organizado" na identificação e desbaratamento de inúmeras organizações criminosas que atuavam no Brasil, apenas confirmou que essa modalidade de crime precisa de organização estatal para seu enfrentamento.

No ano de 2004 a Operação policial denominada *Zaqueu*, pôs na mira uma dezena de auditores do trabalho suspeitos de praticar corrupção na linha de recepção e empresários dos ramos de construção e produtos eletrônicos, acusados do mesmo delito, na extremidade oposta. A polícia federal e as diversas unidades do "GAECO" vem promovendo operações de investigação de combate crime organizado, com repercussão nacional e transnacional que desvelaram alguns dos mais repugnantes espetáculos de corrupção já vistos na história do país, como na Operação [42]*"Caixa de Pandora"*.

---

22 Estados do País e em três países (Brasil, Bolívia e Paraguai), e domina 90% dos presídios de São Paulo. O faturamento é de R$ 8 milhões por mês com o tráfico de drogas e outros R$ 2 milhões com sua loteria e com as contribuições feitas por integrantes – o faturamento anual de R$ 120 milhões a colocaria entre as 1.150 maiores empresas do País, segundo o volume de vendas. Número que pode dobrar, já que não inclui os negócios particulares dos integrantes.".

[40] Dias, Camila Caldeira Nunes, PCC : hegemonia nas prisões e monopólio da violência. Coordenadores Alice Bianchini, Ivan Luís Marques e Luiz Flávio Gomes – São Paulo: Saraiva, 2013. (p.211)

[41] Dias, Camila Caldeira Nunes, PCC : hegemonia nas prisões e monopólio da violência. Coordenadores Alice Bianchini, Ivan Luís Marques e Luiz Flávio Gomes – São Paulo: Saraiva, 2013. (p.219);

[42] As informações foram colhidas em: http://www.dpf.gov.br/agencia/estatisticas em 30/08/2014

CRIME ORGANIZADO

No ano de 2009, a policia federal investigou e revelou ao país às vergonhosas cenas do desvio de verbas públicas denominado "mensalão" brasiliense, organização comandada pelo então governador do Distrito Federal, José Roberto Arruda, especializada em desvio de verba pública, corrupção, evasão de divisas. Nessa operação, foram registradas imagens de políticos recebendo dinheiro indevid, desviados dos cofres públicos, e o transportando ocultados em meias, cuecas, bolsas e até mesmo por via postal.

Outra operação de combate a crimes dessa natureza foi a denominada "*Voucher*", que foi deflagrada no Ministério do Turismo, tinha o mesmo *modus operandi* , corrupção, lavagem de dinheiro. Apenas no primeiro dia de ação, 35 pessoas foram presas. Dois anos antes, no Rio de Janeiro foi deflagrada a Operação policial denominada "*Hurricane*", a revista "VEJA classificou como a maior devassa já sofrida pela Justiça". Numa ação sem precedentes na crônica policial brasileira, agentes federais vidências de venda de decisões judiciais, num esquema criminoso que pode ter chegado ao STJ, a mais alta corte do país para assuntos não constitucionais[43].

Essa operação policial levou 25 pessoas à cadeia e revelou a existência de um esquema clandestino de venda de sentenças e liminares, quase sempre destinadas a beneficiar empresários que exploram o jogo ilegal, sobretudo casas de bingo que operam com máquinas de caça-níqueis, o que é proibido por lei desde 2000. A Operação Hurricane foi uma das maiores da história policial, mobilizou 400 agentes e apreendeu 2 toneladas de documentos, em papel e meio magnético, além de capturar 19 armas, 51 veículos de luxo, 523 joias, 160 relógios de marcas famosas e muito dinheiro em cheque e moeda sonante, no valor de 10 milhões de reais.

No ano de 2006 foi deflagrada a Operação denominada "Sanguessuga", nela o DPF desarticulou uma quadrilha que desviou 110 milhões de reais destinados à saúde. Dois anos antes, descobriu-se que um esquema mafioso, que ficou conhecida como a dos "vampiros" que desviava dinheiro destinado pelo Ministério da Saúde à compra de hemoderivados. A diferença é que os vampiros atuavam diretamente no Ministério da Saúde, enquanto os sanguessugas preferiam agir no Congresso Nacional. Através da compra fraudulenta de aproximadamente 1.000 ambulâncias para prefeituras de seis estados em cinco anos, através de clausulas especificas, burlavam as licitações.

Operando como verdadeiras *máfias*, aliciavam e cooptavam parlamentares para incluir emendas no orçamento, de forma a permitir a compra de ambu-

---

[43] As operações elencadas foram objeto de publicação em: http://veja.abril.com.br/tag/policia-federal-pf : em 30/08/2014.

HISTÓRICO DO CRIME ORGANIZADO

lâncias, as prefeituras faziam licitações dirigidas e funcionários do governo agilizavam a liberação do dinheiro a ser pago pelas ambulâncias. O pagamento das propinas eram garantidas com o superfaturamento dos veículos, que chegava a custar 260% do seu valor.

Já no ano de 2007, foi deflagrada a chamada Operação policial "Navalha" onde se apurou que o empreiteiro Zuleido Veras, dono da construtora Gautama, ganhava licitações para construção de obras públicas mediante corrupção de uma ampla rede de colaboradores no mundo político.

A Operação denominada *"Anaconda"*, teve início em Alagoas com a denúncia de que um delegado aposentado da PF estava envolvido em um esquema para aliviar a situação de acusados em inquéritos policiais. A investigação durou um ano e meio, chegou a São Paulo, resultou em nove prisões – incluindo a mais fragorosa, do juiz federal João Carlos da Rocha Mattos – e contou com dois diferenciais: o rigor em relação ao sigilo das investigações e o uso de novas tecnologias nos procedimentos. Na Anaconda, foram grampeadas 181 linhas telefônicas, um volume que seria inadministrável no tempo em que as salas de arapongagem da PF eram uma profusão de tomadas e fios, cada um conectado a um gravador.

A Operação policial denominada *"Satiagraha"* foi outro exemplo de combate ao crime organizado. Um verdadeiro esquema de corrupção e lavagem de dinheiro, foi deflagrada no dia 8 de julho de 2008 pela Polícia Federal. Nessa operação foram presos o banqueiro Daniel Dantas, sócio fundador do Grupo Opportunity, o ex-prefeito de São Paulo Celso Pitta, o investidor Naji Nahas e outras pessoas.

As investigações tiveram início como desdobramento do caso do mensalão, a partir de documentos enviados à Procuradoria da República de São Paulo pelo STF (Supremo Tribunal Federal)[44]. Nesse ano a Operação policial denominada *"Lava Jatos"* foi deflagrada no dia 17 de março de 2014, tendo como objetivo combater em um esquema de lavagem de dinheiro suspeito de movimentar R$ 10 bilhões. O pivô dessa operação era o doleiro Alberto Youssef. Foram identificados outros membros da organização, entre eles, o do ex-diretor da Petrobras Paulo Roberto Costa, suspeito de receber propina de Youssef pra facilitar negócios na estatal. Foi indicado como participante o deputado André Vargas (PR), que deixou o partido após as denúncias serem veiculadas na imprensa. Vargas estaria intermediando negócios de Youssef junto ao Ministério da Saúde. Outro deputado envolvido com o doleiro, segundo a PF,

---

[44] Noticia veiculada em: http://noticias.uol.com.br/politica/2009/03/19/ult5773u850.jhtm: pesquisado em 30/08/2014.

CRIME ORGANIZADO

é Luiz Argôlo (SDD-BA). Ele teria desviado verba pública da Câmara para pagar serviços a uma empresa de Youssef[45]. Os exemplos apresentados, serviram para demonstrar a origem do crime organizado e sua presença no Brasil.

Conclusões

Para se definir uma conduta como sendo criminosa é necessário fazer um estudo de sua gênese e suas repercussões históricas, visando identificar suas características e assim criar o tipo penal. A conduta ilícita denominada "Crime Organizado", foi identificada na história do mundo inteiro, os registros encontrados demonstram que a influencia e a violência desses grupos deixou sua marca de forma indelével.

No presente trabalho, precisou-se primeiro definir o que vem a ser ciência e crime, depois identificar historicamente a característica dessa modalidade criminosa pelo mundo, para a partir disso se identificar sua presença no Brasil. Restou identificado, que a ausência do Estado, a corrupção, politicas criminais desastrosas, falta de interesse em ações coordenadas de combate ao crime, fez do Brasil um terreno fértil para a expansão dessa modalidade criminosa.

Referências

ALVINO Augusto de Sá, Sérgio Salomão Shecaira organizadores.". Criminologia e os problemas da atualidade" – São Paulo : Atlas 2008.

MESSA, Ana Flávia e José Reinaldo Guimarães Carneiro coordenadores. Crime Organizado – São Paulo, Saraiva. 2012.

BRASIL. Lei LEI Nº 12.850, DE 2 DE AGOSTO DE 2013. Define organização criminosa e dispõe sobre a investigação criminal, os meios de obtenção da prova, infrações penais correlatas e o procedimento criminal; altera o Decreto-Lei no 2.848, de 7 de dezembro de 1940 (Código Penal)

AMORIN, Carlos, Comando Vermelho – Rio de Janeiro, BestBolso, 2011.

DIAS, Camila Caldeira Nunes, PCC : hegemonia nas prisões e monopólio da violência. Coordenadores Alice Bianchini, Ivan Luís Marques e Luiz Flávio Gomes – São Paulo: Saraiva, 2013.

FAYET, Paulo. Da criminalidade organizada. Porto Alegre: Núria Fabri ed., 2012.

FERNANDES, Newton; FERNANDES, Valter. Criminologia integrada. 3. ed. rev. atual. e ampl. São Paulo: Revista dos Tribunais, 2010

FRANCO, Alberto Silva. Globalização e criminalidade dos poderosos. Revista Portuguesas de Ciências Criminais. Ano 10, abril – junho, 2000, p. 187. Constitution,withinseven yearsfr om the date ofthe submission her eof tothe states by the Congress.

---

[45] Notícia veiculada em: http://noticias.uol.com.br/politica/ultimas-noticias/2014/04/25/entenda-a-operacao-lava-jato.htm: pesquisado em 30/08/2014

FERREIRA, Nuno; CARDOSO, Sofia. O quinto poder: o crime organizado, como elemento perturbador do livre desenvolvimento da pessoa humana e da paz social, e a cooperação luso-brasileira. Coimbra: Boletim da Faculdade de Coimbra. VOL. LXXXII, 2006, p.613-614.

MINGARDI, Guaracy apud GOMES, Luiz Flávio; CERVINI, Raúl. Crime Organizado: enfoques criminológico, jurídico (Lei 9.034/95) e político-criminal. Editora Revista dos tribunais.

NAÍM, Moisés. Ilícito. O ataque da pirataria, da lavagem do dinheiro e do tráfico à economia global.Trad. Sérgio Lopes. Rio de Janeiro: Jorge Zahar, 2006

PAULO PEZZINO apud SANTOS, Juarez. Instituto de Criminologia e Política Criminal Crime Organizado. Disponível em: http://www.juareztavares.com/textos/crime_organizado.pdf, p.4.

Amendment XVIII of the Constitutionof the United States:

Section 1. After one year fr om the ratification of this article the manufacture, sale, or transportation of intoxicating liquors within, the importation thereof into, or the exportation thereof fr om the United States and all territory subject to the jurisdiction thereof for beverage purposes is hereby prohibited.

Section 2. The Congressand the several states shall have concurrentpowerto enforce this article by appropriate legislation.

Section 3. This article shall be inoperative unless it shall have been ratified as an amendment to the Constitution by the legislatur es of the severalstates, as provided in the

PÉREZ, Carlos Antonio Flores. Poder y Corrupcion. México: Revista de Ciencia Penales, fasc.10, mar-abril, 2007

RINALDI, Stanislao. Mafia, economia, istituzioni: appunti di lavoro. Serta in memoriam Alexandri Baratta. coord. por Fernando Pérez Álvarez, Ediciones Universidad de Salamanca, 2004.

RODRIGUES Anabela Miranda e outros; Criminalidade Organizada – Que política Criminal? *In* Direito Penal Económico e Europeu: Textos Doutrinários, Vol. III. Coimbra Editora, 2009.

SANTOS, Juarez. Instituto de Criminologia e Política Criminal Crime Organizado. Disponível em: http://www.juareztavares.com/textos/crime_organizado.pdf.

ZAFFARONI, Euugenio Raúl. Crime organizado: uma categorização frustrada. In: Discursos sediciosos, a. 1, v. 1. Rio de Janeiro: Relume/Dumará, 1996.

KUHN, Thomas S.. A estrutura das revoluções científicas. São Paulo: Perspectiva, 2013.p.127.

Pesquisado em http://www.procurados.org.br/page.php?id=18 em 30/08/2014;

Pesquisado em http://www.procurados.org.br/page.php?id=18 em 30/08/2014.

PARTE II
ASPECTOS DO CRIME ORGANIZADO

5
Algemas e Crime Organizado

FERNANDA HERBELLA

Introdução

A polêmica existente quanto ao uso de algemas pelas polícias brasileiras transcende às discussões entre profissionais de segurança pública, juristas, acadêmicos e passa a ser objeto de questionamento de populares e da imprensa. A enorme repercussão do assunto deve-se, principalmente, à exposição de pessoas que denotam notoriedade pública exibidas, em rede nacional, contidas por algemas. A necessidade do uso, antes decisão discricionária do profissional-policial, passa, agora, a ser questionada até mesmo por aqueles que nunca viram um criminoso de perto, ou fora das telas da televisão.

Súmula vinculante do Supremo Tribunal Federal foi editada no calor de uma prisão polêmica, que recaiu sobre conhecida figura acusada de participação em organização criminosa. Pretendia ela pôr fim aos debates, mas, ao revés, fomentou ainda mais as discussões sobre o uso de algemas como meio de contenção.

1. Breve Histórico Legislativo

A existência de mecanismos de contenção das mãos existe há milhares de anos. Impossível estudar a história da civilização ocidental, sem encontrar na Mesopotâmia desenhos e inscrições de pessoas com suas mãos contidas ou amarradas. Caminhando-se no tempo, encontra-se, da mesma forma, passagens na fase pré-incaica, menções na mitologia e descrições, quanto ao seu emprego, na Bíblia. A maioria dos usos pretéritos se deram como forma de pena ou castigo e sempre estiveram relacionados com tortura e sofrimento.

CRIME ORGANIZADO

Para que esse instrumento, inequivocamente constritor do direito fundamental à liberdade, possa vir a ser usado, deve seu uso ter sido autorizado em algum tipo de normatização. E o Brasil conta, em seu histórico legislativo, com autorizações para o emprego de algemas. O primeiro inscrito permissivo encontrado no ordenamento brasileiro data de 23.05.1821, fixado em um Decreto editado por D. Pedro, enquanto Príncipe Regente. Em um dos poucos escritos sobre o assunto, Sérgio Marcos de Moraes Pitombo assim comentou referido Decreto:

> Na Exposição de Motivos verberam alguns governadores, juízes criminais e magistrados, os quais '(...) violando o Sagrado Depósito da Jurisdição, que se lhes confiou, mandam prender por mero arbítrio, e antes da culpa formada, pretextando denúncias em segredo, suspeitas veementes e outros motivos horrorosos à humanidade, para **impunemente conservar em masmorras, vergados com o peso de ferros**, homens que se congregam convidados pelos bens, que lhes oferecera a Instituição das Sociedades Civis, o primeiro dos quais é, sem dúvida, a segurança individual (...)'.[1]

No Brasil, "a legislação penal do Império, em certos pontos, dominada ainda pelos preceitos bárbaros do direito medieval, conheceu a pena de galés".[2] Essas penas eram aquelas, em que os condenados deveriam remar os grandes navios mercantes ou de guerra algemados a seus bancos. Além disso, o Código Criminal do Império de 1830, em seu artigo 44, sujeitava os condenados a "andar com calcetas no pé e correntes de ferro, juntas ou separadas, e a empregar- se em trabalhos públicos da Província onde houvesse sido cometido o delito, à disposição do Governo. Referido diploma legal não sujeitava, porém, as mulheres, os menores de 21 e os maiores de 60 anos.[3] O mesmo diploma legal citado, Código de Processo Criminal do Império autorizava o grau de força necessária para a efetivação da prisão (art. 180). A Lei nº 261, de 03/12/1841, que impôs reforma ao Código de Processo Criminal do Império, deixou intocável esse artigo que autorizava o emprego de força.[4] Seguindo a cronologia legislativa, durante a plena vigência do Código, houve a edição de um Decreto de nº 4.824, de 22 de novembro de 1871, regulamentador da Lei nº2.033, de 20 de setembro de 1871. Referido Decreto proibia, em seu artigo 28, o deslocamento de presos com as mãos contidas, excepcio-

---

[1] Emprego de Algemas. p. 276.
[2] LIMA, Herotides da Silva. O Emprego de Algemas. p. 37.
[3] HERBELLA, Fernanda. Algemas e a Dignidade da Pessoa Humana, p. 35.
[4] Ibidem., p. 36.

nando, casos de extrema necessidade, devendo o condutor justificar, sob pena de multa.

A edição desse decreto limitador do transporte do preso teve suas raízes inspiradas no Decreto de 30 de setembro de 1693, de Portugal, que previa que o réu não deveria ser carregado a ferro senão em crime gravíssimo.[5] Lembrando que, as penas de galés já haviam sido extintas, através do Decreto nº 774, expedido pelo Governo Provisório em 20 de setembro de 1890, decisão confirmada no artigo 72, parágrafo 20, da Constituição de 1891.[6]

Foi assim, nesse sentido, que São Paulo editou, anos após, o Decreto nº 4.405-A, de 17 de abril de 1928, instituindo o "Regulamento Policial do Estado de São Paulo", e prevendo nos artigos 419 e 420, do Livro IV, Polícia Judiciária, Título I, Da prisão, Capítulo I, Das formas de prisão, que:

> Artigo 419, *in verbis* – Nenhum preso poderá ser conduzido com ferros, algemas ou cordas, salvo o caso extremo de segurança que deverá ser justificado pelo condutor e, quando não justifique, além das penas em que incorrer, será multado na quantia de 10$000 a 50$000, pela autoridade a quem for apresentado o mesmo preso.
>
> Artigo 420, *in verbis* – Se o preso não obedecer, procurar evadir-se, ou resistir, o agente da autoridade tem o direito de empregar o grau de força necessária para efetuar a prisão.

Mas, de forma excepcional, o uso de algemas ou equipamentos semelhantes não deixaram de ser usados, como demonstra o texto de Herotides da Silva Lima: "a lei, porém, mesmo diante dessa abolição, teve de prover a casos excepcionais, como o da indisciplina dos presos, que pode ensejar a sua colocação a ferros, consoante ao artigo 49 do Regulamento dos Carcereiros e que também fora autorizado pelo regulamento da Casa de Correção do Distrito Federal (Decreto nº8.626, de 13/10/1910) dispondo sobre a imposição de ferros no caso de extrema necessidade (artigo 79, nº 6)".[7]

2. Da Previsão Legal no Sistema Brasileiro

Os projetos que resultaram no atual Código de Processo Penal demonstram, expressamente, que a preocupação em disciplinar o uso de algemas já esteve latente em nosso país. Nos projetos iniciais, constava textualmente a palavra "algemas". Em meios às discussões, a palavra "algemas" foi consensualmente

---

[5] HERBELLA, Fernanda. Op.cit., p. 37.

[6] Ibidem, p. 38.

[7] Ibidem, p. 39.

CRIME ORGANIZADO

retirada do diploma legal, e substituída por "outros meios", justificando-se que, em estado emergencial, poderia não haver, à disposição do policial, este instrumento específico. O projeto lapidado resultou no Código de Processo Penal, datado de 03.10.1940, em vigor até hoje, que foi aprovado sem conter uma única referência expressa de modo a disciplinar expressamente o uso de algemas. A possibilidade do uso de algemas, porém, reveste-se de legalidade, através de dois dispositivos presentes em referido diploma legal:

> Artigo 284, *in verbis* – Não será permitido o emprego de força salvo a indispensável no caso de resistência ou tentativa de fuga do preso.
>
> Artigo 292, *in verbis* – Se houver, ainda que por parte de terceiros, resistência à prisão em flagrante ou determinada por autoridade competente, o executor e as pessoas que o auxiliarem poderão **usar dos meios necessários** para defender-se ou para vencer a resistência, do que tudo se lavrará auto, subscrito também por duas testemunhas.(grifo nosso)

Tal menção aos artigos acima, recebem, diuturnamente críticas quanto aos meios contentores do uso da força. Mas, não podemos nos olvidar do legado deixado pelo Código Tributário Nacional, avalizando a legalidade do uso de algemas, através do Poder de Polícia, previsto no art. 78. [8] Fernando da Costa Tourinho Filho sobre o assunto disserta: "Assim, se a polícia vai prender alguém e este corre, para evitar a prisão, pode o executor, inclusive, usar da força necessária para evitar a fuga, disparando-lhe, por exemplo, um tiro na perna".[9]

Concluímos, pois, que "se a polícia pode responder à tentativa de fuga daquele que ainda virá a ser capturado, usando da força necessária, inclusive disparando tiros em áreas não letais e sim paralisantes, não há dúvida da possibilidade de que o algemamento daquele que resiste à prisão se torna legítimo e necessário (...). O momento em que deve ser usada a força, e o quanto de força pode ser empregado, deve ser definido pelo próprio policial.."[10]

---

[8] Art. 78. Considera-se poder de polícia atividade da administração pública que, limitando ou disciplinando direito, interêsse ou liberdade, regula a prática de ato ou abstenção de fato, em razão de intêresse público concernente à segurança, à higiene, à ordem, aos costumes, à disciplina da produção e do mercado, ao exercício de atividades econômicas dependentes de concessão ou autorização do Poder Público, à tranquilidade pública ou ao respeito à propriedade e aos direitos individuais ou coletivos. (Redação dada pelo Ato Complementar nº 31, de 28.12.1966).
Parágrafo único. Considera-se regular o exercício do poder de polícia quando desempenhado pelo órgão competente nos limites da lei aplicável, com observância do processo legal e, tratando-se de atividade que a lei tenha como discricionária, sem abuso ou desvio de poder.
[9] Processo Penal. p. 421.
[10] HERBELLA, Fernanda, op.cit., p. 47.

ALGEMAS E CRIME ORGANIZADO

Com a necessária reforma do Código, ocorrida em 2008, através da Lei nº 11.689, de 9 de junho de 2008, a palavra "algemas" foi inserida no texto legal. A preocupação de disciplinar algemas, deu-se tão só no tocante aos procedimentos do Tribunal do Júri. Assim, os novos artigos vigoram com os seguintes textos:

Artigo 474, *in verbis*. A seguir será o acusado interrogado, se estiver presente, na forma estabelecida no Capítulo III do Título VII do Livro I deste Código, com as alterações introduzidas nesta Seção.

§ 3º – Não se permitirá o **uso de algemas** no acusado durante o período em que permanecer no plenário do júri, salvo se absolutamente necessário à ordem dos trabalhos, à segurança das testemunhas ou à garantia da integridade física dos presentes. (NR)

Artigo 478, *in verbis*. Durante os debates as partes não poderão, sob pena de nulidade, fazer referências:

I – à decisão de pronúncia, às decisões posteriores que julgaram admissível a acusação ou à determinação do **uso de algemas** como argumento de autoridade que beneficiem ou prejudiquem o acusado; (grifos nossos)

Os mencionados dispositivos legais acima mencionados são, sem dúvida, os grandes disciplinadores do uso de algemas. Há, no entanto, diversos outros institutos que podem, também, legitimar o seu emprego. Serão mencionados a seguir apenas os principais. O Código de Processo Penal (art. 244) autoriza a busca pessoal que, para de fato se efetivar, pode acabar sendo necessário o uso legítimo de algemas.

A condução coercitiva, presente no mesmo Código, tal como na Lei nº 9.099/1995 (instituidora dos Juizados Especiais Cíveis e Criminais, art. 34, § 2º) e, mais, no Estatuto da Criança e Adolescente (Lei 8.069/90 – artigos 187 e 201,VI, alínea "a"), perfaz um instituto que, em seu próprio nome, traz a possibilidade de "coerção". Impossível pensar nesse caso (onde o uso da força é da sua essência e, assim, fica expressamente autorizado) sem a possível utilização do instrumento de uso profissional como as algemas. O Supremo Tribunal Federal decidirá sobre a legalidade da condução coercitiva, em especial do acusado para seu interrogatório, por ora restando parcialmente sustada.

O Código de Processo Penal Militar, criado pelo Decreto-Lei nº 1.002/1969, disciplina o uso da força (artigo 234, e § 1º), bem como o emprego uso de algemas, recomendando seja ele evitado, definindo, ainda, um rol taxativo onde pessoas lá constantes não poderão ser algemadas. Tal dispositivo já serviu de argumento para uma suposta "imunidade" de ser algemado das pessoas que

CRIME ORGANIZADO

constavam do referido rol, apesar de não terem cometido nenhum crime tipicamente militar, mas sim outros delitos.

A Lei de Execução Penal – Lei nº 7.210, de 11/07/1984, quando de sua elaboração, reservou um artigo para demonstrar seu interesse em disciplinar o uso de algemas, porém o fez através de uma norma contida que deveria ter seu texto regulamentado através de um decreto federal. Somente no ano de 2016 a norma regulamentadora foi editada. O Decreto 8.858, de 26 de setembro de 2016, praticamente repetiu o teor da Súmula 11 do Supremo Tribunal Federal que adiante será analisada. Tanto referido decreto como alteração do Código de Processo Penal (art. 292, parágrafo único), com base nos preceitos de diretos humanos, restringiram o uso de algemas em gestantes em trabalho de parto e logo após.

O Estado de São Paulo editou o Decreto nº 19.903, de 30/10/1950, tornando-se referida medida a única legislação, ainda que somente na esfera estadual, a efetivamente regular o uso de algemas. Diante da grande distância temporal com a atualidade, caiu no esquecimento, porém continua formalmente em vigor.

Por fim, chegamos à mais polêmica medida disciplinadora do uso de algemas, a Súmula Vinculante nº 11, editada pelo Supremo Tribunal Federal no ano de 2008. Tal súmula foi inspirada, pelos Ministros do STF, "quando do julgamento do HC nº 91952-SP, que discutia o fato do réu ter permanecido algemado durante sessão do Tribunal do Júri, reconheceu a necessidade de editar uma súmula vinculante a tal respeito. Por esse motivo, foi editada a Súmula Vinculante nº 11, apenas seis dias após referido julgamento" [11]. Vejamos seu texto:

> Só é lícito o uso de algemas em caso de resistência e de fundado receio de fuga ou de perigo à integridade física própria ou alheia, por parte do preso ou de terceiros, justificada a excepcionalidade por escrito, sob pena de responsabilidade disciplinar, civil e penal do agente ou da autoridade e de nulidade da prisão ou do ato processual a que se refere, sem prejuízo da responsabilidade civil do Estado.

Suprindo a lacuna deixada pelo Poder Legislativo Federal, o órgão máximo da justiça brasileira decidiu editar tal súmula, sem ao menos contar com reiterados precedentes, requisito indispensável para sua edição, tampouco ouvir representantes da classe policial, dotados de conhecimento técnico sobre o assunto. O uso de algemas, ato então discricionário do policial, utilizado como

---

[11] HERBELLA, Fernanda.Op.cit.,p. 93.

regra em prisões, passou a ser medida excepcional, devendo tal excepcionalidade ser fundamentada, por escrito, sob pena de responsabilidade disciplinar, penal e civil, além de responsabilização civil do Estado, trazendo ainda a consequência grave de uma possível nulidade da prisão ou do ato processual.

O STF destinou ainda à súmula a impossibilidade de recurso, na tentativa de pôr fim ao assunto, mas que, ao revés, fomentou ainda mais discussões. Tal súmula causou, de fato, grande turbulência, incluindo repulsa e críticas em parcela significativa dos meios jurídicos e policiais.

Certo é que havia a necessidade de se balizar o uso indiscriminado de algemas, mas isto foi feito de uma forma equivocada e distanciada da realidade daqueles que labutam diretamente com criminosos, trazendo ainda mais polêmica ao debate do tema. Ao que parece, os senhores Ministros do STF se viram diante de um dilema. Necessário preservar a dignidade daquelas pessoas (a maioria ainda não julgadas ou condenadas), cuja privacidade e intimidade eram devassadas, em verdadeira execração pública, mediante exibição de sua imagem algemada, como um troféu, a uma imprensa sedenta de manchetes e a uma população cansada de impunidade. Mas, então, como proceder, sem impor censura ou tolher as liberdades de informação e expressão também erigidas ao *status* constitucional? Como não se podia, enfim, coibir-se a exibição da imagem de pessoa algemada, coibiu-se[12] o próprio uso das algemas. Em prejuízo da segurança dos policiais, de terceiros e inclusive do próprio conduzido, que pode ser vítima das consequências de uma reação impulsiva e descontrolada de sua parte, em momento de desespero ou tentativa de fuga. Ao que nos parece, o interesse público foi totalmente esquecido e, mesmo o do particular (que não se limita à pessoa do acusado), ainda não foi, de modo satisfatório, regulado por esta súmula vinculante do STF ou legislação existente.

3. Algemas e o Crime Organizado

Voltando-se os olhos a um passado pouco distante, temos que a criminalidade tem sido crescente e, cada vez mais, os delinquentes se organizam, se armam, se equipam e se espalham por todas as camadas da sociedade. As organizações são crescentes e se disseminam como ervas daninhas. Como preleciona Marchi de Queiroz, "O crime organizado, induvidosamente, é, na atualidade, um dos mais cruciais problemas brasileiros, principalmente face à globalização dos meios de comunicação, do fluxo e refluxo de capitais

---

[12] Salvo raras exceções, exigindo-se, por exemplo, que o policial tenha poderes premonitórios para que possa prever uma futura reação do conduzido

CRIME ORGANIZADO

internacionais, e ao avanço da tecnologia que coloca o crime sempre à frente da Polícia e da Justiça".[13]

As organizações e associações criminosas conglomeram vários tipos e classificações de delitos. Genericamente, versam tanto ao crime de tráfico ilícito de drogas, quando aos crimes econômicos. Para ser classificado como uma verdadeira organização criminosa independe do maior ou menor grau de violência. Não há modelo pré-definido, "não existe regra fixa e absoluta, pois, como entendido, organizações criminosas detêm incrível poder variante(...). Tampouco se generalizar, pois cada organização criminosa tem seus próprios interesses, regras de condutas, de comportamento e de atividades criminosas."[14]

Sem dúvida, os crimes violentos despertam mais olhares e repugnância pela sociedade, experiente Delegado de Polícia Federal, torna clara a verdadeira cena das organizações "A primeira imagem que surge quando se menciona o termo crime organizado(...) não é a de uma organização mafiosa como descrita em filmes "hollywoodianos", mas, sim, o comércio de drogas e armas em morros e favelas, facções criminosas dentro de presídios, com estatuto próprio, compartimentação e hierarquia.(....) Tais grupos criminosos têm fácil acesso a granadas, fuzis e metralhadoras antiaéreas, ponto 30 e ponto 50 (capazes de derrubar helicóptero e perfurar blindagem) de uso militar nacional ou estrangeiro vindas de área de fronteira seca, principalmente com o Paraguai, mas também Argentina, com destino ao tráfico no RJ) ou foguetes e fuzis de fabricação caseira, e são responsáveis pela fuga das lideranças criminosas prisionais, mediante corrupção, uso de tecnologia, fraudes de alvarás judiciais, como registrada, em presídio do interior paulista,a tentativa de derrubada de muralha com foguetes de fabricação caseira para resgatar presos."[15]

Diante de todo o exposto, pudemos esclarecer que as organizações criminosas atuam tanto de forma dissimulada, mãos limpas de sangue e pólvora, quanto da forma repugnante através dos meios mais sórdidos de violência. O uso de algemas hoje, como visto acima, disciplinado pela Súmula Vinculante nº 11 do STF, não distingue o uso pelo tipo de crime nem pelo grau de violência, igualando os delitos, podendo ser algemado um autor de uma simples contravenção penal bem como o delinquente que tenha praticado um crime gravíssimo através do uso da mais vil violência. Para que sejam algemados, basta que estejam presentes os requisitos da súmula mencionada, ou

---

[13] QUEIROZ,Carlos Alberto Marchi de. Crime Organizado no Brasil, p.45.
[14] MENDRONI, Marcelo Batlouni. Crime Organizado, p. 26.
[15] GOMES, Rodrigo Carneiro. O Crime Organizado na Visão da Convenção de Palermo, p. 2.

ALGEMAS E CRIME ORGANIZADO

seja, "em caso de resistência e de fundado receio de fuga ou de perigo à integridade física própria ou alheia, por parte do preso ou de terceiros".

Aquele que milita diretamente no combate do crime, sabe quão tenso reveste-se o transporte e condução de presos. Impossível prever-se a reação ou saber se estará em meio a um arrebatamento. As algemas visam antever a geração de grave crise, diminuindo riscos a todos à sua volta e, principalmente, a segurança do próprio custodiado, o que acaba por justificar o algemamento discricionário pelo policial.

A literatura contém casos em que o preso por crime simples, não violento, cometido sozinho, sem nenhuma quadrilha ou organização criminosa, teve reações emocionais imprevisíveis, acarretando na morte de policiais a morte ou até mesmo o suicídio do próprio custodiado.

Grande parte da sociedade, cansada da impunidade e da crescente violência, sente-se prestigiada quando são exibidos indivíduos presos, em rede nacional. As algemas, símbolo representativo de tal quadro, sempre foram instrumento de uso policial, sem, no entanto, merecer análise crítica e estudos, como ocorre na atualidade. Tal evento passou a ocorrer só agora, após a mudança no perfil de alguns criminosos, categoria da qual uma classe enobrecida da sociedade nunca havia pertencido. Pessoas renomadas, integrantes da alta sociedade intelectual, política e econômica, começaram a ter suas organizações criminosas descobertas e, via de consequência, suas prisões decretadas.

De modo conclusivo, temos que as algemas devem ser utilizadas independentemente do tipo criminal e, principalmente, tratando-se de criminoso que age em organizações. A fuga de um criminoso que pratica delito de forma organizada, tendo o Estado gasto recursos do seu erário e seus agentes muitas horas de seu trabalho, não podem ser perdidas, sob pena de desprestígio e desmotivação a todos que se envolveram diretamente com a investigação. A reação violenta também pode ocorrer, tendo-se em vista a crença da impunidade daquelas pessoas até sua prisão, bem como o ruim prognóstico de sua situação, já que penas altíssimas podem beirar os limites de sua sobrevida.

O que temos de diferenciar é, de fato, o ato de algemar e a exposição da pessoa algemada, em rede nacional, como se fosse o animal mais raro pego em um ritual de caça. A Ministra do STF, Carmen Lúcia, ao relatar um *Habeas Corpus*, tendo como pedido o não algemamento e exposição pública, muito bem demonstrou tal realidade com demasiada lucidez, *verbis*:

> Vivemos, nos tempos atuais, o Estado espetáculo. Porque muito velozes e passáveis, as imagens têm de ser fortes. A prisão tornou-se, nesta nova sociedade doente, de mídias e formas sem conteúdo, um ato deste grande teatro que se põe como se fosse bastante à apresentação dos criminosos e não a apuração

e a punição dos crimes na forma da lei. Mata-se e esquece-se. Extinguiu-se a pena de morte física. Mas instituiu-se a pena de morte social. (...) Menos, ainda, se haverá de admitir que a mostra de algemas, como símbolo público e emocional de humilhação de alguém, possa ser transformada em circo de horrores em uma sociedade que quer sangue, porque cansada de se ver sangrar. (...) O que se há de buscar é a virtude do equilíbrio na aplicação das providências necessárias segundo os elementos trazidos em cada caso, não pelo deslumbramento de estardalhaços, que mais ensombreiam o que há de ser feito por todos para que a segurança ética, jurídica e política se estabeleça".[16]

Ao encerrar, convidamos a uma reflexão. Será que, ante a liberdade de imprensa e de informação, inerentes aos regimes democráticos, a permitir tal colheita e divulgação das imagens de pessoas algemadas, só restaria mesmo ao STF a hipótese de coibir o algemamento? Foi ponderado o risco que isto representa, se não aos frequentadores dos gabinetes nos tribunais, mas àqueles usuários de delegacias de polícia e fóruns de primeira instância?

De fato, a violência outrora empregada por agentes do Estado, em nome da ordem política e social, de triste memória na história do país, deve ser definitivamente banida. Mas isso não deve, em contrapartida, hoje justificar uma excessiva permissividade e tolerância com os criminosos comuns, mormente os que agem de modo organizado, seja em relação ao erário, seja com violência contra a população.

Referências

GOMES, Rodrigo Carneiro. O Crime Organizado na Visão da Convenção de Palermo. Belo Horizonte: DelRey. 2008.

HERBELLA, Fernanda. Algemas e a Dignidade da Pessoa Humana:Fundamentos Jurídicos do Uso de Algemas. São Paulo: Lex. 2008.

LIMA, Herotides da Silva. O Emprego de Algemas, in Investigações – Revista do Departamento de Investigações 2/40. ano I. São Paulo: fevereiro de 1949.

MENDRONI, Marcelo Batlouni. Crime Organizado: Aspectos Gerais e Mecanismos Legais. 3º ed. São Paulo: Atlas. 2009.

PITOMBO, Sérgio Marcos de Moraes. Emprego de Algemas. Revista dos Tribunais. Ano 74. v. 592. Fevereiro de 1985.

TOURINHO FILHO, Fernando da Costa. Processo Penal. 26º ed. 3ºVol. São Paulo: Saraiva. 2004.

---

[16] HC 89.429-1, Rondônia.

6
Da Criminalidade Econômica
à Criminalidade Organizada

BENEDICTO DE SOUZA MELLO NETO

1. Criminalidade Econômica

A matéria referente ao Direito Penal Econômico constitui objeto de grande controvérsia e amplamente estudado e investigado, seja do ponto de vista da política criminal, da dogmática ou da penologia.[1] A primeira grande discussão assenta-se no próprio conceito de crime econômico, tendo surgido algumas concepções a respeito.

1.1. Concepção pragmática

Trata-se de um critério de definição do crime econômico que precedeu ao estudo sistemático desse tipo de delito e foi adotado por uma necessidade prática. Assim, a partir do momento em que o legislador se deu conta da necessidade de criação de tipos penais para a proteção da economia, foi percebendo que esses "novos" delitos não se enquadravam nos tradicionais crimes contra a patrimônio, devendo ser agrupados pragmaticamente, "de acordo com a direção do ataque e com as características vitimológicas dos titulares dos bens jurídicos a serem tutelados".[2]

---

[1] CORREIA, Eduardo. Notas críticas à penalização de actividades económicas. In: *DIREITO penal econômico e europeu*: textos doutrinários: volume I – problemas gerais. Coimbra: Coimbra Editora, 1998, p. 365-373, p. 365.

[2] KALACHE, Maurício. Direito penal econômico In: PRADO, Luiz Regis (coord.). *Direito penal contemporâneo*: estudos em homenagem ao Professor José Cerezo Mir. São Paulo: Revista dos Tribunais, 2007, p. 391-400, p. 396.

CRIME ORGANIZADO

No Brasil, exemplo deste modelo pragmático de crime econômico é a Lei dos Crimes contra a Economia Popular (Lei nº 1.521/1951), que, tomando o bem jurídico amplo *economia popular* (*economia do povo*) em contraposição ao clássico bem jurídico *patrimônio individual*, acabou prevendo em dois artigos uma grande e variada quantidade de delitos, representada pelos respectivos incisos, cada qual protegendo bens jurídicos diversos, embora todos pertencentes à ordem econômica *lato sensu* – consumidor, sistema financeiro, concorrência.

1.2. Concepção processual

A concepção de crime econômico em uma perspectiva processual – defendida há algumas décadas – considerava este tipo de delito como um mero delito patrimonial, porém com dificuldades e problemas processuais, sobretudo no tocante à produção da prova. Os adeptos dessa corrente entendiam que os principais problemas da criminalidade econômica seriam resolvidos pela melhora da justiça penal.[3]

Embora não seja um critério científico para a conceituação do crime econômico, evidente que existe um fator secundário, relativo ao correspondente processo penal, que contribui para a identificação do delito econômico. Assim, diversamente do que costuma ocorrer com as figuras delitivas pertencentes ao Direito Penal clássico, a tramitação processual dos diversos crimes econômicos permite o tratamento uniforme dos problemas dela decorrentes, pois são semelhantes e se referem aos vários obstáculos inerentes à persecução penal destes delitos.[4]

Referidos óbices à persecução penal dos crimes econômicos são muito variados e podem ser sintetizados nas seguintes circunstâncias: a grande complexidade dos fatos objeto do processo penal; as dificuldades jurídicas e econômicas da matéria debatida; a carência de profissionais especialistas aptos a enfrentarem referidas complexidade e dificuldades; a insuficiente assistência judicial internacional.[5]

Para superar tais empecilhos, soluções têm sido propostas por estudiosos do assunto, basicamente em dois aspectos distintos. Primeiro, tem-se a recomendação de se criarem órgãos do Poder Judiciário para conhecer e julgar o crime econômico e também a criação de normas processuais penais espe-

---

[3] TIEDEMANN, Klaus. *Manual de Derecho Penal Económico*: Parte general y parte especial. Valencia: Tirant lo Blanch, 2010, p. 55.

[4] MARTÍNEZ-BUJÁN PÉREZ, Carlos. *Derecho penal económico*. Madrid: Iustel, 2012, p. 77.

[5] TIEDEMANN, Klaus. *Lecciones de Derecho Penal Económico*: comunitário, español, alemán. Barcelona: PPU, 1993, p. 28.

ciais relativas a esse tipo de delito.[6] Tiedemann narra os esforços da legislação alemã em atender essas diretrizes, entre eles a criação de verdadeiras Turmas ou Câmaras especializadas em julgamento de crimes econômicos, bem como o surgimento de setores do Ministério Público especializados nestes delitos, com assistência de peritos em Economia e Ciências Contábeis.[7]

Complementarmente, também se costuma defender a modificação da legislação processual, levando-se em conta as peculiaridades deste tipo de delito, como, por exemplo, o aumento das atribuições do Ministério Público antes do ajuizamento da ação penal, a prorrogação do prazo da tramitação do processo e consequentemente do prazo prescricional do delito, entre outras.[8] Há quem inclusive defenda mudanças processuais mais profundas para a persecução penal dos crimes econômicos, com a adoção de "uma nova concepção básica de Direito processual penal".[9]

Demais disso, há também um desafio processual adicional decorrente da própria técnica legislativa usualmente empregada para elaboração dos tipos penais em matéria econômica, que prima pelo excessivo emprego de norma penal em branco e de elemento normativo do tipo. É possível, pois, afirmar que o Direito Penal Econômico constitui a parcela do Direito Penal no qual se apresentam com mais clareza e evidência os problemas decorrentes das questões prejudiciais em processo penal.[10]

1.3. Concepção substancial

Há na atualidade, levando-se em conta o bem jurídico protegido e o grau de extensão da tutela penal, um verdadeiro consenso em se estabelecer uma *concepção ampla* e *restrita* dos delitos econômicos.[11]

De acordo com a *concepção restrita* de delito econômico (que chegou a ser majoritariamente adotada no passado), essa categoria de delitos seria integrada por aquelas infrações que afetam a atividade interventora e reguladora do Estado na economia, perfazendo o que poderia ser denominado de Direito

---

[6] MARTÍNEZ-BUJÁN PÉREZ, Carlos. *Derecho penal económico*. Madrid: Iustel, 2012, p. 78.

[7] TIEDEMANN, Klaus. *Lecciones de Derecho Penal Económico*: comunitário, español, alemán. Barcelona: PPU, 1993, p. 28.

[8] MARTÍNEZ-BUJÁN PÉREZ, Carlos. *Derecho penal económico*. Madrid: Iustel, 2012, p. 78.

[9] SCHÜNEMANN, Bernd. ¿Ofrece la reforma del Derecho penal económico alemán un modelo o un escarmiento? Trad. Teresa Rodríguez Montañés. In: SCHÜNEMANN, Bernd. *Temas actuales y permanentes del Derecho penal después del milenio*. Madrid: Tecnos, 2002, p. 185-202, p. 8.

[10] MARTÍNEZ-BUJÁN PÉREZ, Carlos. *Derecho penal económico*. Madrid: Iustel, 2012, pp. 80-81.

[11] BAJO FERNÁNDEZ, Miguel; BACIGALUPO SAGGESE, Silvina. *Derecho penal económico*. 2. ed. Madrid: Ramón Areces, 2010, p. 11.

Penal Administrativo Econômico.[12] Interessante notar que, por essa corrente, em virtude da proteção da própria intervenção estatal, o sujeito passivo seria sempre o Estado, e o bem jurídico protegido seria uma espécie de *bem jurídico penal institucional*.[13]

Por outro lado, tem-se a *concepção ampla* de crime econômico, que engloba as infrações que afetam os bens jurídicos metaindividuais de conteúdo econômico, os quais, embora possam não afetar diretamente a intervenção do Estado na economia, transcendem os interesses patrimoniais individuais, pois se referem a amplos setores ou grupos de pessoas. Nesta perspectiva ampla de delito econômico, podem ser incluídos também aqueles crimes que, embora afetem bens jurídicos individuais, abarcam os instrumentos de tráfego econômico moderno, como por exemplo, falsificação de balanços, crimes informáticos, entre outros.[14]

Esta dicotomia – *concepção restrita* x *concepção ampla* do crime econômico – pode também estar ligada à própria noção de ordem econômica, que pode variar conforme o sistema econômico adotado, o que resulta em ideias diversas até mesmo sobre o Direito Penal Econômico ou, em outras palavras, a determinação de quais valores e princípios econômicos deveriam ser protegidos pelo Direito Penal: aqueles próprios de uma economia de mercado, ou a proteção de uma economia planificada. Desta maneira, numa concepção restrita de Direito Penal Econômico, tem-se o conjunto de normas que protegem a ordem econômica, ou seja, a própria intervenção do Estado em uma economia dirigida. Em contrapartida, por uma concepção ampla de Direito Penal Econômico, destaca-se a atividade econômica em si desenvolvida em uma economia de livre mercado.[15]

Nestes dois modelos econômicos se faz presente a tutela penal da ordem econômica, variando-se, evidentemente, a configuração dos delitos, dada a opção ideológica desses sistemas – proteção à livre iniciativa em dado modelo, tutela da intervenção do Estado no outro, por exemplo.[16] Ainda assim, desde

---

[12] MARTÍNEZ-BUJÁN PÉREZ, Carlos. *Derecho penal económico*. Madrid: Iustel, 2012, p. 19.

[13] Bens jurídicos institucionais são aqueles bens jurídicos, "nos quais a tutela supraindividual aparece intermediada por uma pessoa jurídica de direito público (*v.g.*, Administração Pública, Administração da Justiça)". (PRADO, Luiz Regis. *Bem jurídico-penal e constituição*. 8. ed. Rio de Janeiro: Forense, 2019, p. 134).

[14] MARTÍNEZ-BUJÁN PÉREZ, Carlos. *Derecho penal económico*. Madrid: Iustel, 2012, p. 20.

[15] BAJO FERNÁNDEZ, Miguel; BACIGALUPO SAGGESE, Silvina. *Derecho penal económico*. 2. ed. Madrid: Ramón Areces, 2010, pp 11 e seguintes. No mesmo sentido, MARTÍNEZ-BUJÁN PÉREZ, Carlos. *Derecho penal económico*. Madrid: Iustel, 2012, p. 21.

[16] RIGHI, Esteban. *Derecho penal económico comparado*. Madrid: Reunidas, 1991, p. 293. No mesmo sentido, KALACHE, Maurício. Direito penal econômico In: PRADO, Luiz Regis (coord.). *Direito*

DA CRIMINALIDADE ECONÔMICA À CRIMINALIDADE ORGANIZADA

há algum tempo a questão do caráter universal da tutela penal da ordem econômica vem preocupando os juristas, a ponto de a Associação Internacional de Direito Penal, no XIII Congresso (realizado no Cairo em 1984), sob a rubrica *O conceito e os princípios fundamentais de direito penal econômico e da empresa,* ter assentado 19 recomendações sobre esse tema, cuja primeira já enunciava que "A delinquência econômica e da empresa afeta com frequência ao conjunto da economia ou a setores importantes da mesma e resulta hoje de especial interesse em numerosos países, independentemente de seus sistemas econômicos".[17]

Evidentemente, a concepção ampla é a mais aceita, entendendo o Direito Penal Econômico como "o conjunto de normas jurídico-penais que protegem a ordem econômica, entendida como a regulação jurídica da produção, distribuição e consumo de bens e serviços".[18]

Uma vez adotada a concepção ampla de Direito Penal Econômico, surge o problema de se decidir quais são os delitos que se classificam como verdadeiros crimes econômicos, não havendo unanimidade neste tema, e existindo inclusive discrepâncias sobre quais critérios iniciais devem ser adotados para que os delitos sejam classificados como pertencentes ao Direito Penal Econômico.[19] Adverte-se, contudo, que a ordem econômica em sentido amplo não constitui o bem jurídico protegido de maneira direta e em sentido técnico,[20] pois deve ser limitada em razão de uma perspectiva científica concreta – interesse do consumidor, figura do empresário, etc. – e, mesmo assim, todas essas diversas perspectivas tomadas em seu conjunto constituem critérios de identificação da especial categoria dos delitos econômicos – levando-se em conta o bem jurídico protegido -, cujo bem jurídico amplo ainda constitui a ordem sócioeconômica.[21]

Neste sentido, para Regis Prado,

> Esse conceito de ordem econômica acaba por agasalhar as ordens tributária, financeira, monetária e a relação de consumo, entre outros setores, e constitui um

---

penal contemporâneo: estudos em homenagem ao Professor José Cerezo Mir. SãoPaulo: Revista dos Tribunais, 2007, p. 391-400, p. 394.

[17] KALACHE, Maurício. Direito penal econômico In: PRADO, Luiz Regis (coord.). *Direito penal contemporâneo:* estudos em homenagem ao Professor José Cerezo Mir. SãoPaulo: Revista dos Tribunais, 2007, p. 391-400, p. 394.

[18] BAJO FERNÁNDEZ, Miguel; BACIGALUPO SAGGESE, Silvina. *Derecho penal económico.* 2. ed. Madrid: Ramón Areces, 2010, p. 14.

[19] MARTÍNEZ-BUJÁN PÉREZ, Carlos. *Derecho penal económico.* Madrid: Iustel, 2012, p. 23.

[20] BAJO FERNÁNDEZ, Miguel; BACIGALUPO SAGGESE, Silvina. *Derecho penal económico.* 2. ed. Madrid: Ramón Areces, 2010, p. 15.

[21] MARTÍNEZ-BUJÁN PÉREZ, Carlos. *Derecho penal económico.* Madrid: Iustel, 2012, p. 23.

bem jurídico-penal supraindividual, genericamente considerado (bem jurídico categorial), o que por si só não exclui a proteção de interesses individuais. Além disso, em cada tipo legal de injusto há um determinado bem jurídico específico ou e sentido estrito (essencial de natureza supraindividual), diretamente protegido em cada figura delitiva.[22]

A tormentosa tarefa de classificação dos crimes econômicos decorre, em grande medida, da conhecida dificuldade em se reconhecer o bem jurídico protegido nesta categoria de delito, a ponto de se admitir que este é seguramente um dos setores do Direito Penal especial no qual a utilização do conceito de bem jurídico é mais árdua e problemática, pois é difícil se fazer o isolamento e recorte do bem a ser protegido, dado o conjunto de diversos interesses envolvidos nesta tutela penal (interesses individuais e interesses metaindividuais), entre os quais muitas vezes se estabelece uma relação dialética, que vai da convergência ao antagonismo.[23]

1.4. Concepção criminológica

Entre os critérios utilizados para se determinar o conceito de crime econômico, não se pode negar a importância do aspecto criminológico, presente em vasta bibliografia e "caracterizado basicamente pela concorrência de um interesse ou benefício econômico ao autor e pelo abuso de confiança necessária no tráfego econômico".[24] Sob esse ponto de vista, várias expressões têm sido utilizadas para designar esse tipo de criminalidade, como, por exemplo, *delinquência econômica, delinquência do colarinho branco, delinquência de cavalheiros, delinquência profissional.*[25]

Evidente que, por se tratarem de ciências distintas, a concepção criminológica de delito econômico não corresponde ao seu conceito jurídico, tendo aquela uma abrangência muito maior[26]; porém, é necessário admitir que também não há uma grande distância entre essas duas ideias.[27]

[22] PRADO, Luiz Regis. *Direito penal econômico.* 8 ed. Rio de Janeiro: Forense, 2019, p. 6.

[23] PEDRAZZI, Cesare. El bien jurídico en los delitos económicos. In: BARBERO SANTOS, Marino. *La reforma penal*: delitos socio-económicos. Madrid: Universidad Complutense, 1985, p. 279-298, p. 282,

[24] MARTÍNEZ-BUJÁN PÉREZ, Carlos. *Derecho penal económico.* Madrid: Iustel, 2012, p. 82.

[25] BAJO FERNÁNDEZ, Miguel. *Derecho penal economico aplicado a la actividad empresarial.* Madrid: Civitas, 1978, p. 47.

[26] De fato, "deve-se admitir que o conceito criminológico sempre é suscetível de uma potencial capacidade de expansão que a noção jurídica – limitada pela restrição do bem jurídico – não possui. Com efeito, segundo determinadas construções que tendem a dilatar notavelmente o conceito criminológico, nele poderiam ser incluídas as condutas de pessoas que praticam sua atividade delitiva no âmbito de figuras que dificilmente apresentam uma conotação de crime econômico

DA CRIMINALIDADE ECONÔMICA À CRIMINALIDADE ORGANIZADA

Apesar dessa conotação mais ampla do conceito criminológico de crime econômico, tal perspectiva se mostra útil na medida que apresenta o autor deste tipo de crime como uma pessoa que possui determinadas características pessoais bem próprias e que também recorre a um dado *modus operandi* na prática do delito, além do reconhecimento de que as consequências deste tipo de crime não correspondem às mesmas produzidas pela criminalidade clássica.[28] Dessa forma,

> as análises destas características criminológicas do 'delinquente econômico' e o exame dos efeitos prejudiciais ocasionados por essa classe de criminalidade podem ser de grande utilidade para compor uma adequada política criminal no setor dos delitos econômicos (tanto desde um ponto de vista dogmático-penal como desde uma perspectiva processual, e inclusive pela ótica estritamente sancionadora e penitenciária).[29]

Do ponto de vista criminológico, dentre essas características peculiares do autor do crime econômico, evidentemente a literatura tradicionalmente aponta o fato de que se trata de pessoa possuidora de *status* socioeconômico elevado e que detém poder econômico.

No presente estudo, destaca-se uma particularidade do *modus operandi* inerente à criminalidade econômica, que é o cometimento do delito muitas vezes por intermédio de uma pessoa jurídica, ou valendo-se de uma estrutura tipicamente empresarial, havendo, por certo, uma imbricada relação entre a atividade econômica e a aquela desenvolvida pela empresa.[30] Assim,

> o exercício de uma atividade empresarial constitui a fonte principal do domínio material sobre todo tipo de bens jurídicos envolvidos na atividade econômica, isto é, não só sobre os especificamente econômicos – *v.gr.*, a livre concorrência – e ambientais, mas também sobre outros de distinta natureza que aparecem com freqüência igualmente envolvidos de um modo típico na prática de uma atividade econômico-empresarial.[31]

(estelionato, apropriação indébita)." (MARTÍNEZ-BUJÁN PÉREZ, Carlos. *Derecho penal económico*. Madrid: Iustel, 2012, p. 83).

[27] MARTÍNEZ-BUJÁN PÉREZ, Carlos. *Derecho penal económico*. Madrid: Iustel, 2012, pp. 83-84..

[28] MARTÍNEZ-BUJÁN PÉREZ, Carlos. *Derecho penal económico*. Madrid: Iustel, 2012, p. 82.

[29] MARTÍNEZ-BUJÁN PÉREZ, Carlos. *Derecho penal económico*. Madrid: Iustel, 2012, p. 84.

[30] PRADO, Luiz Regis. *Direito penal econômico*. 8 ed. Rio de Janeiro: Forense, 2019, p. 6.

[31] GRACIA MARTÍN, Luis. *Prolegômenos para a luta pela modernização e expansão do direito penal e para a crítica do discurso de resistência*. Trad. Érika Mendes de Carvalho. Porto Alegre: Sérgio Antonio Fabris, 2005, p. 62.

Esse particular aspecto da criminalidade econômica – o fato de os crimes serem geralmente praticados no âmbito de uma empresa – adquire especial relevo quando confrontado com uma das características mais marcantes da criminalidade organizada: sua notável estrutura organizacional.

2. Crime Organizado

Embora a conceituação de *organização criminosa* seja empreitada de inegável relevância, tanto para fins acadêmicos como também por uma finalidade prática – vez que foi criado um tipo penal que incrimina justamente a conduta de integrar esse tipo de associação criminosa – tal conceito está longe de ser pacífico. Ao contrário, a expressão *organização criminosa* é controversa e complexa.[32]

Curioso que o fenômeno da criminalidade organizada – muitas vezes acompanhado pela violência e corrupção na atuação de seus membros – constitui um motivo de preocupação no mundo inteiro, gerando uma grande quantidade de estudos – jurídicos, políticos, sociais – e, mesmo assim, se está longe de ser estabelecido um conceito claro e assimilado de organização criminosa. Em sentido oposto, trata-se de ideia constantemente redefinida, muitas vezes sob influência ideológica e da opinião pública.[33] Luigi Foffani chega a mencionar que criminalidade organizada é "um nome com mais carga sugestiva do que efetivo significado semântico, do novo fantasma que paira sobre a Europa às portas do Século XXI".[34]

Dada a dificuldade de caracterização de um fenômeno de tamanha complexidade, que é a questão do crime organizado, a legislação costuma adotar uma definição insuficiente para se referir à sua configuração, exigindo-se muitas vezes a união permanente e estável de poucas pessoas para o cometimento de delitos, situação que ocasiona uma tênue diferenciação entre o crime organizado e aquele praticado por grupos de pessoas. Assim,

> a partir de tais formulações, o arquétipo de organização se aproxima das manifestações associativas da pequena delinquência habitual ou profissional, quando, o modelo que legitimaria uma intervenção desse calibre é o das grandes orga-

---

[32] NUCCI, Guilherme de Souza. *Organização criminosa*. 4.ed. Rio de Janeiro, Forense, 2019, p. 1.

[33] IGLESIAS Río, Miguel Ángel. Criminalidad organizada y delincuencia económica: aproximación a su incidencia global. In: QUINTERO OLIVARES, Gonzalo; MORALES PRATS, Fermín (Coord.). *El nuevo derecho penal español*: estudios penales en memoria del profesor José Manuel Valle Muñiz. Pamplona: Aranzadi, 2001, p.1445-1473, p. 1446.

[34] FOFFANI, Luigi. Criminalidad organizada y criminalidad económica. *Revista Penal*, Barcelona, n. 7, p.55-66, jan. 2001, p. 55.

nizações criminais, de grande complexidade tanto por sua estrutura como pelo número e a substituição de seus intregrantes.[35]

Crime organizado, portanto, não pode ser confundido com *prática organizada de delito,* "que vem a ser a associação efêmera ou circunstancial para a realização planejada de um ou mais crimes, envolvendo a cooperação de diversas pessoas, inclusive com a participação de agentes oficiais."[36]

Neste prisma, há inclusive quem defenda ser a ideia de organização criminosa apenas um mito; logo, "o conceito americano de crime organizado é, do ponto de vista da realidade, um mito; do ponto de vista da ciência, uma categoria sem conteúdo; e do ponto de vista prático, um rótulo desnecessário".[37]

Por esse ponto de vista, em razão das várias facetas desse fenômeno em diversas partes do mundo, seria impossível delimitar a ideia de organização criminosa, "em cuja tentativa de sistematização, porém, insistiu-se com o velado propósito de legitimar a indevida flexibilização de direitos fundamentais no âmbito do Direito Penal e Processual Penal".[38]

Um outro problema detectado na definição do crime organizado se deve à harmonização da legislação dos diversos países em torno deste tema, levando-se à tendência de adoção de legislações sempre mais rigorosas e que não atendem às especificidades regionais desse tipo de criminalidade.

Este problema pode ser observado particularmente nas iniciativas internacionais que respondem à necessidade (real) de harmonizar legislações com o fim de melhorar a cooperação frente às manifestações transnacionais do problema. Se geralmente nestes processos a tendência é a convergência a legislações mais rigorosas (harmonizar não se compadece com descriminalizar), no caso do crime organizado se corre o risco de que as necessidades de repressão local acabem sendo generalizadas e que o estabelecimento de figuras delitivas disfarçadas

---

[35] CALLEGARI, André Luís. Controle social e criminalidade organizada. In: CALLEGARI, André Luís (organizador). *Crime organizado*: tipicidade, política criminal, investigação e processo: Brasil, Espanha e Colômbia. 2. ed. Porto Alegre: Livraria do Advogado, 2016, p. 9-21, p. 17.

[36] REALE JÚNIOR, Miguel. Crime organizado e crime econômico. In: PRADO, Luiz Regis; DOTTI, René Ariel. (organizadores). *Doutrinas essenciais*: Direito penal econômico e da empresa. Vol. 2. São Paulo: Revista dos Tribunais, 2011, p. 531-543, p. 531.

[37] SANTOS, Juarez Cirino dos. Crime organizado. In: PRADO, Luiz Regis; DOTTI, René Ariel. (organizadores). *Doutrinas essenciais*: Direito penal econômico e da empresa. Vol. 6. São Paulo: Revista dos Tribunais, 2011, p. 999-1010, p. 1001.

[38] ROSA, João Luiz Moraes. *Crime organizado*: criminologia e política criminal. Curitiba: Juruá, 2018, p. 54.

para satisfazer as necessidades de cooperação internacional tenham como efeito colateral inevitável uma ampliação de comportamentos puníveis e das penas.[39]

Para corroborar essas dificuldades apresentadas, a primeira lei de organizações criminosas no Brasil somente foi publicada em 1995 (Lei nº 9.034/1995), sem, contudo, apresentar um conceito de organização criminosa, nem mesmo para diferenciá-la de outras associações criminosas previstas em lei na época – como no caso da quadrilha ou bando. Limitou-se a lei a dispor *sobre a utilização de meios operacionais para a prevenção e repressão de ações praticadas por organizações criminosas*, estabelecendo novas e modernas formas procedimentais de investigação.

Todavia, foi posteriormente celebrada a Convenção das Nações Unidas contra o Crime Organizado Transnacional em 2000, passando a vigorar o texto no Brasil por meio do Decreto nº 5.015/2004. O art. 2º da referida convenção conceitua *grupo criminoso organizado* como aquele *grupo estruturado de três ou mais pessoas, existente há algum tempo e atuando concertadamente com o propósito de cometer uma ou mais infrações graves ou enunciadas na presente Convenção, com a intenção de obter, direta ou indiretamente, um benefício econômico ou outro benefício materi*al.

No vácuo da inexistência do conceito legal de *organização criminosa* na Lei nº 9.034/1995 e daquele apresentado pela Convenção das Nações Unidas, surgiram duas correntes interpretativas sobre o tema: a primeira, que admitia a adoção do conceito contido na referida convenção e a segunda, defendendo que o conceito disposto na convenção não deveria ser adotado.[40]

Até que foi promulgada a Lei nº 12.694/2012, com objetivo, dentre outras medidas, de dispor *sobre o processo e o julgamento colegiado em primeiro grau de jurisdição de crimes praticados por organizações criminosas*. Para tanto, em seu art. 2º, organização criminosa foi conceituada como *a associação, de 3 (três) ou mais pessoas, estruturalmente ordenada e caracterizada pela divisão de tarefas, ainda que informalmente, com objetivo de obter, direta ou indiretamente, vantagem de qualquer natureza, mediante a prática de crimes cuja pena máxima seja igual ou superior a 4 (quatro) anos ou que sejam de caráter transnacional.*

---

[39] CALLEGARI, André Luís. Controle social e criminalidade organizada. In: CALLEGARI, André Luís (organizador). *Crime organizado:* tipicidade, política criminal, investigação e processo: Brasil, Espanha e Colômbia. 2. ed. Porto Alegre: Livraria do Advogado, 2016, p. 9-21, p. 17.

[40] Sobre o tema, vide MESSA, Ana Flávia. Aspectos constitucionais do crime organizado. In: MESSA, Ana Flávia; CARNEIRO, José Reinaldo G. *Crime organizado*. São Paulo: Saraiva, 2012, p. 93-116, pp. 94 e seguintes.

Atualmente, em virtude da previsão contida no artigo 1º, § 1º, da Lei 12.850/2013, *considera-se organização criminosa a associação de 4 (quatro) ou mais pessoas estruturalmente ordenada e caracterizada pela divisão de tarefas, ainda que informalmente, com objetivo de obter, direta ou indiretamente, vantagem de qualquer natureza, mediante a prática de infrações penais cujas penas máximas sejam superiores a 4 (quatro) anos, ou que sejam de caráter transnacional.*

Pelo conceito legal de organização criminosa, é possível verificar a existência de várias formas de criminalidade organizada, cada uma com suas peculiares características preponderantes, conforme suas próprias necessidades. Inúmeros fatores contribuem para essa diferenciação, como, por exemplo, a maior ou menor presença das instituições de persecução penal em dada localidade, fatores políticos, econômicos e sociais, enfim, circunstâncias que vão delineando os variados formatos dessas organizações, objetivando, sempre, a viabilidade do cometimento das infrações planejadas e a obtenção da maior rentabilidade possível.[41]

Quanto às suas características, a *organização* constitui traço tão marcante deste tipo de criminalidade – representada no conceito legal já citado pela expressão *estruturalmente ordenada* – que atualmente há quem empregue, como sinônimos de *organização*, expressões que remetem à estrutura corporativa de uma empresa, como, por exemplo, *planejamento empresarial*. Assim, objetivando minorar os riscos e prejuízos da atividade criminosa, bem como aumentar o lucro e eficiência, a organização profissionaliza sua atividade criminosa, por meio de um planejamento contínuo, passando "a se estruturar nos moldes empresariais, com recrutamento, pagamento de pessoal, programação de fluxo de caixa e estrutura contábil".[42]

3. Criminalidade Econômica Organizada

Dentre as modalidades de criminalidade organizada, costuma-se apontar a organização criminosa de caráter empresarial, como "aquelas que assinaladas pela existência de uma roupagem de empresa lícita, mas que, na realidade, presta-se à prática habitual e sistemática dos 'crimes econômicos'".[43]

---

[41] MASSON, Cleber; MARÇAL, Vinícius. *Crime organizado*. 4. ed. Rio de Janeiro: Forense; São Paulo: Método, 2018, p. 55.

[42] MACIEL, Alexandre Rorato. *Crime organizado*: persecução penal e política criminal. Curitiba: Juruá, 2015, p. 41.

[43] ZANELLA, Everton Luiz. *Infiltração de agentes e o combate ao crime organizado*: análise do mecanismo probatório sob o enfoque da eficiência e do garantismo. Curitiba: Juruá, 2016, p. 36. De modo semelhante, para Mendroni a forma empresarial de organização criminosa é aquela "formada no âmbito de empresas lícitas – licitamente constituídas. Neste formato, também modernamente

De fato, as organizações criminosas estão se transformando em verdadeiras organizações empresariais, "cada vez mais complexas e estruturadas, estando em condições de penetração direta nos mercados econômico e financeiro dos países, vindo a provocar distorções em busca de espaços econômicos lícitos".[44]

Neste perfil de criminalidade organizada, podem ser apontadas algumas características:

I) Fraudes nos atos constitutivos da empresa, ocultando sua atividade principal (já que ilícita), criando-se um negócio meramente aparente ("de fachada") para justificar os ganhos ilegais. O contrato social, não raras vezes, estará em nome de pessoas diversas dos sócios reais, ou seja, são utilizadas interpostas pessoas físicas (vulgarmente chamadas de "laranjas" ou "testas de ferro") ou jurídicas (que podem ser "empresas de fachada", que apontam um endereço fixo, mas faticamente não existem).

II) Mescla de atividades lícitas e ilícitas, a fim de confundir e ludibriar os órgãos de fiscalização e de controle.

III) Sofisticado mecanismo de evasão de divisas e lavagem de capitais.[45]

Apesar da ocupação desses espaços econômicos, uma das formas mais eficazes de combate ao crime organizado é pela tipificação de condutas de lavagem de dinheiro, não havendo dúvida de que "a ligação do crime organizado com o fenômeno da lavagem de dinheiro fez com que esta adquirisse maior expressão".[46] Mais ainda, praticamente há um consenso em se afirmar que o processo de tipificação da lavagem de dinheiro remonta à tentativa de se combater o tráfico internacional de drogas, movimento que depois avançou em direção às demais organizações criminosas.[47]

Se é inegável que a lavagem de dinheiro constitui um mecanismo necessário para as atividades desenvolvidas pelas organizações criminosas – pois almejam obter uma vantagem econômica e, por isso, precisam dar uma apa-

---

chamadas de Organizações Criminosas, os empresários se aproveitam da própria estrutura hierárquica da empresa". (MENDRONI, Marcelo Batlouni. *Comentários à lei de combate ao crime organizado.* 2. ed. São Paulo: Atlas, 2015,p. 02).

[44] PEREIRA, Flávio Cardoso. *Crime organizado e sua infiltração nas instituições governamentais.* São Paulo: Atlas, 2015, p. 34.

[45] ZANELLA, Everton Luiz. *Infiltração de agentes e o combate ao crime organizado*: análise do mecanismo probatório sob o enfoque da eficiência e do garantismo. Curitiba: Juruá, 2016, p. 37.

[46] SANCTIS, Fausto Martin de. *Crime organizado e lavagem de dinheiro*: destinação de bens apreendidos, delação premiada e responsabilidade social. São Paulo: Saraiva, 2009, p. 07.

[47] RODRIGUES, Fillipe Azevedo; RODRIGUES, Liliana B. S. de A. Lavagem de dinheiro e crime organizado: diálogos entre Brasil e Portugal. Belo Horizonte: Del Rey, 2006, p. 22.

DA CRIMINALIDADE ECONÔMICA À CRIMINALIDADE ORGANIZADA

rência de legalidade ao proveito ilícito obtido com o crime -, é nas organizações empresariais que esse engenho para ocultar a ilicitude do montante proveniente do crime é aprimorado.[48] Isso se deve porque na própria evolução do crime organizado, as condutas criminosas praticadas pelos seus membros apresentam-se dissimuladas ou encobertas por atividades lícitas, podendo-se constatar que "uma nota característica do crime organizado é o investimento em atividades legítimas".[49] Aliás, um dos motivos da crescente complexidade das estruturas das organizações criminosas deve-se exatamente à necessidade de canalizar os bens ou ganhos ilícitos por meio de "sofisticadas operações de reciclagem de capitais".[50]

Todavia, apesar da cada vez mais complexa estrutura das organizações criminosas, com adoção de modelo parecido com uma verdadeira empresa, não se pode confundir crime organizado com crime econômico praticado por meio de uma empresa. Neste sentido, com base na estrutura empresarial, é possível diferenciar *criminalidade organizada em sentido amplo* de *criminalidade organizada em sentido estrito*. No primeiro caso, tem-se o crime praticado no âmbito de uma empresa, conforme sua atividade econômico-empresarial, estando nos domínios do chamado crime econômico; já no tocante à criminalidade em sentido estrito, tem-se a prática de delitos diversos por determinada organização criminosa que se vale de uma estrutura empresarial voltada exatamente para o cometimento de ilícitos penais.[51] Essa diferenciação pode ser apontada pelo que se denomina criminalidade praticada *na* empresa (criminalidade organizada em sentido amplo) em contraposição à criminalidade praticada *como* empresa (criminalidade em sentido estrito).[52]

Efetivamente, de um lado estão as típicas organizações criminosas, com suas características já conhecidas: estrutura organizacional e hierarquizada; com rígido poder centralizado e diversas ações descentralizadas; de forte

---

[48] ZANELLA, Everton Luiz. *Infiltração de agentes e o combate ao crime organizado*: análise do mecanismo probatório sob o enfoque da eficiência e do garantismo. Curitiba: Juruá, 2016, p. 37.

[49] SANCTIS, Fausto Martin de. *Crime organizado e lavagem de dinheiro*: destinação de bens apreendidos, delação premiada e responsabilidade social. São Paulo: Saraiva, 2009, p. 08.

[50] PEREIRA, Flávio Cardoso. *Crime organizado e sua infiltração nas instituições governamentais*. São Paulo: Atlas, 2015, p. 34.

[51] CHOCLÁN MONTALVO, José Antonio. *La organización criminal*: tratamiento penal y procesal. Madrid: Dykinson, 2000, p. 8.

[52] FERRO, Ana Luiza Almeida. *Crime organizado e organizações criminosas mundiais*. Curitiba: Juruá, 2012, p. 330. Não por acaso, ao realizar uma conferência sob o título *Criminalidade organizada e criminalidade econômica*, Foffani advertiu que a escolha deste título mais do que indicar um tema evocaria uma série de problemas. (FOFFANI, Luigi. Criminalidad organizada y criminalidad económica. *Revista Penal*, Barcelona, n. 7, p.55-66, jan. 2001, p. 56).

CRIME ORGANIZADO

capacidade corruptora; dedicada à prática de delitos graves; com a obtenção de vantagem ilícita; clandestinamente constituída. Por outro lado, observam--se também entidades que não foram criadas com a finalidade de praticar delitos, mas que se utilizam de sua elevada capacidade organizacional para praticar crimes contra a ordem econômica.

> Ao inverso das associações criminosas tradicionais, que vivem para a prática de delito para ao depois buscar fontes de legitimação de seus rendimentos, os grandes conglomerados têm finalidade lícita ou aparentemente lícita, e transbordam para atividades ilícitas no afã de maiores lucros, sempre estimulados ou acobertados pelo poder econômico ou político que possuem.[53]

Porém, se de fato nem todo crime do colarinho branco praticado no âmbito de empresa constitui crime organizado, não se pode olvidar que este tipo de crime "está frequentemente associado à engrenagem do crime organizado. Não formam uma mesma linha, mas tampouco são linhas paralelas, porque eventualmente se tocam em vários pontos".[54]

Com efeito, observam-se esses pontos de contato entre os fenômenos da criminalidade econômica e criminalidade organizada porque esses modelos se intensificaram ao longo dos últimos anos, devido em grande parte ao processo de globalização econômica, que

> gera a aparição de uma nova concepção de objeto do delito, centrada em elementos tradicionalmente alheios à idéia de delinquência como fenômeno marginal; em particular, os elementos de organização, transnacionalidade e poder econômico. Criminalidade organizada, criminalidade internacional e criminalidade dos poderosos são, provavelmente, as expressões que melhor definem os traços gerais da delinquência da globalização.[55]

Neste cenário, esses pontos de contato ficam cada vez mais constantes, de modo que, de tão global e sofisticada a criminalidade, não fica tão evidente a identificação de apenas um segmento de ilícito penal. Ao contrário, tudo parece amalgamado, tornando-se difícil a separação entre a criminalidade econô-

---

[53] REALE JÚNIOR, Miguel. Crime organizado e crime econômico. In: PRADO, Luiz Regis; DOTTI, René Ariel. (organizadores). *Doutrinas essenciais:* Direito penal econômico e da empresa. Vol. 2. São Paulo: Revista dos Tribunais, 2011, p. 531-543, p. 537.

[54] FERRO, Ana Luiza Almeida. *Crime organizado e organizações criminosas mundiais.* Curitiba: Juruá, 2012, p. 330.

[55] SILVA SÁNCHEZ, Jesús-Maria. *A expansão do direito penal:* Aspectos da política criminal nas sociedades pós industriais. 2. ed. Trad. Luiz Otavio de Oliveira Rocha. São Paulo: Revista dos Tribunais, 2011, p. 103.

DA CRIMINALIDADE ECONÔMICA À CRIMINALIDADE ORGANIZADA

mica e o tráfico de drogas, de armas, prostituição e assim por diante, surgindo uma considerável dificuldade em apontar a atividade ilícita preponderante.[56]

Ainda assim, a despeito da aproximação dessas duas espécies de criminalidade – econômica e organizada – potencializada pela globalização da economia, não se pode confundir essas duas manifestações, de modo que não se referem a uma mesma realidade, mas sim a situações afins. Em resumo, não é pelo fato de o crime econômico ser geralmente cometido no âmbito de uma empresa e pela constatação de que a organização criminosa muitas vezes possui estrutura organizacional sofisticada que a aproxima de uma entidade empresarial, que necessariamente todo crime econômico no âmbito de uma empresa será praticado por organizações criminosas.

4. Referências

BAJO FERNÁNDEZ, Miguel. *Derecho penal economico aplicado a la actividad empresarial.* Madrid: Civitas, 1978.

BAJO FERNÁNDEZ, Miguel; BACIGALUPO SAGGESE, Silvina. *Derecho penal económico.* 2. ed. Madrid: Ramón Areces, 2010.

CALLEGARI, André Luís. Controle social e criminalidade organizada. In: CALLEGARI, André Luís (organizador). *Crime organizado:* tipicidade, política criminal, investigação e processo: Brasil, Espanha e Colômbia. 2. ed. Porto Alegre: Livraria do Advogado, 2016, p. 9-21.

CHOCLÁN MONTALVO, José Antonio. *La organización criminal:* tratamiento penal y procesal. Madrid: Dykinson, 2000.

CORREIA, Eduardo. Notas críticas à penalização de actividades económicas. In: *DIREITO penal económico e europeu:* textos doutrinários: volume I – problemas gerais. Coimbra: Coimbra Editora, 1998, p. 365-373.

FARIA COSTA, José de. *Direito penal e globalização:* reflexões não locais e pouco globais. Coimbra: Coimbra, 2010.

FERRO, Ana Luiza Almeida. *Crime organizado e organizações criminosas mundiais.* Curitiba: Juruá, 2012.

FOFFANI, Luigi. Criminalidad organizada y criminalidad económica. *Revista Penal,* Barcelona, n. 7, p.55-66, jan. 2001.

GRACIA MARTÍN, Luis. *Prolegômenos para a luta pela modernização e expansão do direito penal e para a crítica do discurso de resistência.* Trad. Érika Mendes de Carvalho. Porto Alegre: Sério Antonio Fabris, 2005.

IGLESIAS RÍO, Miguel Ángel. Criminalidad organizada y delincuencia económica: aproximación a su incidencia global. In: QUINTERO OLIVARES, Gonzalo; MORALES PRATS, Fermín (Coord.). *El nuevo derecho penal español:* estudios penales en memoria del profesor José Manuel Valle Muñiz. Pamplona: Aranzadi, 2001, p.1445-1473.

---

[56] FARIA COSTA, José de. *Direito penal e globalização:* reflexões não locais e pouco globais. Coimbra: Coimbra, 2010, p. 86.

CRIME ORGANIZADO

KALACHE, Maurício. Direito penal econômico In: PRADO, Luiz Regis (coord.). *Direito penal contemporâneo*: estudos em homenagem ao Professor José Cerezo Mir. SãoPaulo: Revista dos Tribunais, 2007, p. 391-400.

MACIEL, Alexandre Rorato. *Crime organizado*: persecução penal e política criminal. Curitiba: Juruá, 2015.

MARTÍNEZ-BUJÁN PÉREZ, Carlos. *Derecho penal económico*. Madrid: Iustel, 2012.

MASSON, Cleber; MARÇAL, Vinícius. *Crime organizado*. 4. ed. Rio de Janeiro: Forense; São Paulo: Método, 2018.

MESSA, Ana Flávia. Aspectos constitucionais do crime organizado. In: MESSA, Ana Flávia; CARNEIRO, José Reinaldo G. *Crime organizado*. São Paulo: Saraiva, 2012, p. 93-116.

NUCCI, Guilherme de Souza. *Organização criminosa*. 4.ed. Rio de Janeiro, Forense, 2019.

PEDRAZZI, Cesare. El bien jurídico en los delitos económicos. In: BARBERO SANTOS, Marino. *La reforma penal*: delitos socio-económicos. Madrid: Universidad Complutense, 1985, p. 279-298.

PEREIRA, Flávio Cardoso. *Crime organizado e sua infiltração nas instituições governamentais*. São Paulo: Atlas, 2015.

PRADO, Luiz Regis. *Bem jurídico-penal e constituição*. 8. ed. Rio de Janeiro: Forense, 2019.

PRADO, Luiz Regis. *Direito penal econômico*. 8 ed. Rio de Janeiro: Forense, 2019.

REALE JÚNIOR, Miguel. Crime organizado e crime econômico. In: PRADO, Luiz Regis; DOTTI, René Ariel. (organizadores). *Doutrinas essenciais*: Direito penal econômico e da empresa. Vol. 2. São Paulo: Revista dos Tribunais, 2011, p. 531-543.

RIGHI, Esteban. *Derecho penal económico comparado*. Madrid: Reunidas, 1991.

RODRIGUES, Fillipe Azevedo; RODRIGUES, Liliana B. S. de A. Lavagem de dinheiro e crime organizado: diálogos entre Brasil e Portugal. Belo Horizonte: Del Rey, 2006.

ROSA, João Luiz Moraes. *Crime organizado*: criminologia e política criminal. Curitiba: Juruá, 2018.

SANCTIS, Fausto Martin de. *Crime organizado e lavagem de dinheiro*: destinação de bens apreendidos, delação premiada e responsabilidade social. São Paulo: Saraiva, 2009.

SANTOS, Juarez Cirino dos. Crime organizado. In: PRADO, Luiz Regis; DOTTI, René Ariel. (organizadores). *Doutrinas essenciais*: Direito penal econômico e da empresa. Vol. 6. São Paulo: Revista dos Tribunais, 2011, p. 999-1010.

SCHÜNEMANN, Bernd. ¿Ofrece la reforma del Derecho penal económico alemán un modelo o un escarmiento? Trad. Teresa Rodríguez Montañés. In: SCHÜNEMANN, Bernd. *Temas actuales y permanentes del Derecho penal después del milenio*. Madrid: Tecnos, 2002.

SILVA SÁNCHEZ, Jesús-Maria. *A expansão do direito penal*: Aspectos da política criminal nas sociedades pós industriais. 2. ed. Trad. Luiz Otavio de Oliveira Rocha. São Paulo: Revista dos Tribunais, 2011.

TIEDEMANN, Klaus. *Lecciones de Derecho Penal Económico*: comunitário, español, alemán. Barcelona: PPU, 1993.

TIEDEMANN, Klaus. *Manual de Derecho Penal Económico*: Parte general y parte especial. Valencia: Tirant lo Blanch, 2010.

ZANELLA, Everton Luiz. *Infiltração de agentes e o combate ao crime organizado*: análise do mecanismo probatório sob o enfoque da eficiência e do garantismo. Curitiba: Juruá, 2016.

7
A Evolução do Promotor de Justiça "Investigador": uma Nova Perspectiva de Atuação do Ministério Público Brasileiro no Enfrentamento às Organizações Criminosas

José Reinaldo Guimarães Carneiro

Introdução

No Brasil pós-Constituição de 1988 experimentou-se extraordinário crescimento do Ministério Público. Alavancada na boa experiência colhida com sua participação efetiva nas ações civis públicas ligadas à defesa do Meio Ambiente e de outros direitos difusos e coletivos e em razão de diploma legislativo de grande sucesso[1], a Instituição anteviu a possibilidade de reequipar Promotores de Justiça e Procuradores da República de mecanismos mais hábeis e eficientes de combate aos criminosos. Não que inexistisse histórico do Ministério Público no direito penal. Pelo contrário, a sua gênese brasileira já advinha do combate ao crime. É que, aos poucos, pela grande quantidade de trabalho diário nos fóruns e comarcas, os membros do Ministério Público tinham sido vencidos por afazeres variados nas duas últimas décadas anteriores ao advento da nova Constituição.

Diante desta constatação, em um momento em que o próprio Direito Penal e seu foco de atuação estavam em mutação, o novo Ministério Público passou a ter base constitucional fortalecida. Viveu-se o início de uma nova era institucional. As garantias dos membros da carreira foram reafirmadas. Deu-se aos seus integrantes independência funcional nunca antes vivenciada. Atribuiu-se a eles gestão orçamentária própria, viabilizando que os Procuradores-Gerais

---

[1] A lei federal 7.347/85 tinha assinalado grande avanço na proteção dos direitos difusos e coletivos, quebrando a velha e ultrapassada visão processual civil de trato das lides apenas pelo aspecto individual.

CRIME ORGANIZADO

passassem à administração dos órgãos de execução sem a dependência, antes existente, dos Poderes do Estado, em especial do Executivo. Afirmou-se a titularidade exclusiva da ação penal pública e elevaram-se ao texto da Constituição os poderes de requisição e notificação conferidos aos integrantes das carreiras. Por vontade política do constituinte de 1988, na escrita da denominada Constituição Cidadã, os Promotores passaram ao combate intransigente dos desvios de poder. Em todo o território nacional foram multiplicadas as iniciativas contra as lesões ao erário púbico. Investiu-se em face do criminoso de colarinho branco, antes recolhido em proteção de histórica impunidade.

O desenrolar das novas funções, naturalmente, conheceu dois momentos distintos. Um primeiro, bastante prestigiado, fez Promotores e Procuradores se transformarem em grande esperança nacional, como agentes políticos de transformação da sociedade brasileira. O Ministério Público passou a ser conhecido por grandes gestões no combate ao crime organizado, no enfrentamento das operações de lavagem de capitais, dos crimes de evasão de divisas e sonegação fiscal. Na seara do processo civil, os avanços vieram na mesma proporção: centenas de ações civis públicas patrocinavam os interesses legítimos da sociedade, protegendo-a em prol de meio ambiente seguro, zelando por direitos elementares de consumidores, resguardando os direitos da infância e da juventude, bem como das populações indígenas.

Não demorou, entretanto, para que setores reacionários da sociedade – confundidos, é bem verdade, com os interesses das pessoas diretamente atingidas pela nova atuação do Ministério Público – começassem a vislumbrar na sua atuação puro excesso de poder. Foi o marco do segundo momento. Acenou-se com alegação de exorbitância desmedida. Debateu-se o interesse midiático e político nas ações civis, nas investigações e ações penais. Ensaiou-se, em especial no Congresso Nacional e no Poder Executivo, a criação de mecanismos que pudessem fazer conter, de alguma forma, o crescimento das ações da Instituição. Debateu-se a criação da denominada lei da mordaça, instrumento concebido para impedir que Promotores de Justiça utilizem os meios de comunicação social. Engendrou-se a elaboração de dispositivo legal que punisse os integrantes da carreira em razão do uso indevido do direito de ação ou do uso político de imputações em face de agentes públicos[2].

---

[2] O projeto de lei, de autoria do Deputado Federal Paulo Salim Maluf, político paulista atingindo diretamente por diversas ações do Ministério Público nas esferas civil e criminal, está sendo debatido no Congresso e tem o exato propósito de desacelerar a atuação de Promotores de Justiça e Procuradores da República.

Não que a Instituição não tenha cometido erros ou praticado excessos. Absolutamente, não é esse o tom da presente reflexão. Fruto de experiências novas e de crescimento acelerado de suas funções, vez ou outra os integrantes da carreira cometeram equívocos ou incidiram em desvio de poder. É necessária a mea culpa. Apenas é preciso salientar e já tivemos oportunidade de defender esta exata perspectiva, que os erros de alguns, exponencialmente pequenos, não autorizam a adoção dos tais mecanismos de contenção do crescimento necessário do Ministério Público na defesa dos direitos sociais legítimos, inclusive o de ter uma classe política saneada e o de extirpar, na máquina do Estado, o triste fenômeno da corrupção.[3]

O atual momento encontra o Ministério Público dividido, em razão destas duas forças opostas, entre retomar definitivamente a sua nova vocação constitucional e prosseguir batalhando em face dos poderosos corrompidos na gestão do poder político, ou se amesquinhar em retrocesso institucional de acomodação à antiga atuação vinculada a excessiva preocupação de combate ao crime de violência ou grave ameaça (homicídios, roubos, estupros, latrocínios), abandonando de vez a escalada necessária contra o colarinho branco, que representa, definitivamente, a elite do crime.[4]

Pese o estágio de perigoso paradoxo, parece-nos, entretanto, bastante claro que, sem descurar de suas antigas funções, muito relevantes, o Ministério Público do futuro deve se antenar com as grandes preocupações mundiais, unindo forças com outras instituições, para o enfrentamento do crime organizado transnacional, do colarinho branco e da corrupção. Qualquer retrocesso legislativo ou institucional ditado por interesses escusos e obscuros, seria danoso para a sociedade brasileira, única destinatária dos expressivos serviços levados a cabo pelos Promotores de Justiça em suas missões diárias de enfrentamento do crime.

---

[3] As argumentações normalmente encontradas como justificativas para a não atuação do Ministério Público nas investigações têm caráter nitidamente preconceituoso. Dizem respeito, na sua maioria, ao comportamento nem sempre linear de alguns membros da Instituição, criticados pela divulgação antecipada de fatos na mídia e pela forma truculenta com que agem no tratamento com o investigado e seus advogados. Julga-se a Instituição pela análise individual de alguns de seus membros (O Ministério Público e suas Investigações Independentes: reflexões sobre a inexistência de monopólio na busca da verdade real, José Reinaldo Guimarães Carneiro, Malheiros Editores, São Paulo: 2007, p. 184).

[4] Cf. A Elite do Crime: para entender o crime do colarinho branco, James William Coleman, 5ª edição, Editora Manole, São Paulo: 2005.

CRIME ORGANIZADO

1. O Crescimento do Ministério Público nas Tarefas de Investigação Criminal e o enfrentamento do Tema na Doutrina e Jurisprudência: Duas Décadas de debates constitucionais

Para assegurar, de forma eficiente, o exercício da ação penal pública, cuja titularidade exclusiva lhe foi afirmada pela Constituição de 1988, o Ministério Público teve que, necessariamente, rever a sua função frente ao inquérito policial, reduzida, anteriormente, ao acompanhamento distante e enclausurado, das diligências desenvolvidas pela polícia judiciária. Na década que antecedeu os trabalhos constituintes, e, depois, nas duas décadas seguintes, os integrantes da carreira começaram a perceber, paulatinamente, a necessidade de acompanhamento mais próximo das atividades do inquérito policial, até então, a forma mais conhecida, porque mais convencional, de apuração administrativa das infrações penais. Passou a ser mais constante, e mais regular, a designação de membros do Ministério Público para acompanhamento de determinados inquéritos policiais, viabilizando que o titular da ação penal tivesse contato direto com a colheita da prova que lhe serviria, no futuro próximo, para embasamento das postulações condenatórias em juízo. É que os integrantes da carreira, cientes de que a colheita da prova – na teoria geral do processo – é ônus que incumbe especialmente ao autor – constaram que, justamente na ação penal, onde a tutela é a das liberdades individuais, esse acompanhamento simplesmente não era realizado pelo Ministério Público, fato que traduzia grande prejuízo à correta persecução penal.[5]

---

[5] A presença de Promotores no inquérito não era propriamente uma novidade da década de 90, no período pós-Constituição. Em correspondência mantida conosco em outubro de 2007, o advogado e jurista Manuel Alceu Affonso Ferreira já apontava a existência de artigo publicado na extinta seção forense do jornal O Estado de São Paulo, da lavra de seu ex-chefe de escritório, saudoso amigo e até sogro, José Frederico Marques. Referido artigo, foi, depois, bem mais tarde, reproduzido na obra Estudos de Direito Processual Penal (editora Millenium, 2001, p. 85/87). Frederico Marques, grande expoente do direito processual brasileiro, afirmava que propondo a ação penal, tem o Estado o "onus probandi". Curial é, portanto, que antes do ingresso em juízo, cuide ele de colher elementos informativos que possibilitem a demonstração de sua pretensão de punir (Cf. J. C. Mendes de Almeida, "O inquérito policial, Rev. Forense, vol. 88, p. 281). Respeitada que seja a liberdade do indiciado, pode o Estado fazer "sozinho" essa investigação, com os órgãos que entender mais aparelhados para essa tarefa. Decorre de seu "imperium" o exercício dessa atividade investigatória, que é atividade administrativa de tutela penal, resultante da lesão a que o crime dá causa, de um bem jurídico penalmente assegurado. Que importa, pois, que o Estado cometa essa função à Polícia ou ao Ministério Público, ou a ambos juntamente? Ela é atribuída normalmente a órgãos policiais por serem estes os que se encontram mais bem aparelhados para a atividade investigatória, e não porque essa distribuição de trabalho constitua maior garantia para o indiciado. A participação do Ministério Público no inquérito resulta de sua qualidade de órgão do Estado a quem também se confia a missão de tutelar os bens jurídicos garantidos na lei penal.

Com o tempo, a Instituição aventurou-se na elaboração de suas próprias investigações criminais, fazendo-o, agora, no vácuo da atuação das policias, justamente nos casos mais sensíveis e graves de corrupção no setor público. O Ministério Público passou a ocupar espaço que, bem da verdade, não era ocupado por ninguém. Debruçou-se sobre uma gama de novas investigações, que privilegiava o esclarecimento de autoria de delitos onde a polícia judiciária, sem garantias constitucionais de inamovibilidade, enfrentava dificuldade de trabalho. Foram centenas de casos investigados por Promotores de Justiça e por Procuradores da República. Crimes com características políticas, casos complexos de corrupção em setores governamentais, extorsões, corrupção ativa e passiva, lavagem de capitais, evasão de divisas e, até mesmo, quando necessário, apurações de homicídios. Desvios de verbas públicas de órgãos da União, dos Estados e dos Municípios também mereceram atenção especial. A atividade de investigação criminal, afinal de contas, complementava as atribuições do Ministério Público no inquérito civil, preparatório da ação civil pública, interagindo de forma eficaz com ela. A eficiência das atribuições conquistadas paulatinamente era indiscutível.

Equação responsável: ao mesmo tempo em que a Instituição buscava a condenação de agentes públicos em razão de improbidade administrativa, para obter, no juízo cível, a cassação de cargos, inelegibilidade e devolução de valores subtraídos do erário, atuava também perseguindo a necessária condenação criminal destas pessoas. A mesma prova, que antes era analisada por Promotores diferentes (o da Defesa do Patrimônio Público, no cível, e o Promotor Criminal), passou a merecer visão integrada, em natural racionalização de atividades em prol da sociedade brasileira.

Por qual motivo, minimamente razoável, haveria necessidade de dois Promotores diferentes para cuidar de um único caso, ainda que com extensão no crime e no cível? De qualquer forma, trata-se de debate atual, ainda sem solução de caráter genérico dentro do Ministério Público Brasileiro. Assim, experiências relatadas dentro do Grupo Nacional de Combate às Organizações Criminosas (GNCOC), vão sedimentando a noção de atuação integrada, com ganho para a sociedade e para a Instituição, por conta da evidente racionalização de serviços e menor dispêndio de esforços desnecessários.

Promotores públicos e autoridades policiais encarnam, na persecução penal, o interesse punitivo do Estado, que nasce quando praticado um fato aparentemente delituoso. Se a polícia "investiga" e o Ministério Púbico "acusa" é porque essa distribuição de funções torna mais eficiente a tutela penal de que ambos se encontram investidos. Todavia, como a acusação pode ter mais elementos em mãos quando participa dos atos investigatórios, quase todas as investigações comentem ao Ministério Público atribuições também da Polícia Judiciária.

CRIME ORGANIZADO

Com o avanço dos Promotores na investigação penal independente, entretanto, não demoraram as críticas. No entorno do debate, que via na nova atividade invasão pura e simples de atribuições exclusivas da polícia judiciária, formou-se considerável corrente doutrinária radicalmente contrária às novas atribuições do Ministério Público na investigação criminal. Em nossa dissertação de mestrado, publicada pela Editora Malheiros[6], tivemos ocasião de registrar a argumentação dos opositores da tese. Com efeito, escrevemos que dentre aqueles que sustentam a impossibilidade de o Ministério Público atuar diretamente na fase de investigação criminal, podemos trazer novamente as palavras de GUILHERME DE SOUZA NUCCI, segundo o qual, a 'Constituição Federal de 1988 claramente fixou as funções da denominada polícia judiciária, atribuindo-lhe exclusividade na apuração dos fatos criminosos e de sua respectiva autoria (artigo 144 da Carta Magna)'. 'Ao Ministério Público – deduz o ilustre autor – reservou-se a exclusividade do ajuizamento da ação penal pública, ressalvada a hipótese de não oferecimento da denúncia no prazo cabível, fato que abriria ensejo à denominada ação penal privada subsidiária da pública'. NUCCI assevera que: '(...) o art. 129, inciso III, da Constituição Federal, prevê a possibilidade do promotor elaborar inquérito civil, mas jamais inquérito policial.

Entretanto, para aparelhar convenientemente o órgão acusatório oficial do Estado, atribuiu-se ao Ministério Público o poder de expedir notificações nos procedimentos administrativos de sua competência, requisitando informações e documentos (o que ocorre no inquérito civil ou em algum processo administrativo que apure infração funcional de membro ou funcionários da instituição, por exemplo), a possibilidade de exercer o controle externo da atividade policial (o que não significa a substituição da presidência da investigação, atribuída ao delegado de carreira), o poder de requisitar diligências investigatórias e a instauração de inquérito policial (o que demonstra não ter atribuição para instaurar o inquérito e, sim, para requisitar a sua formação pelo órgão competente)'.

Ainda analisando o tema, ensina Nucci que o 'sistema processual penal brasileiro deve manter-se equilibrado e harmônico, o que não ocorreria se fosse dada ao Ministério Público a possibilidade de presidência do inquérito policial', fato que criaria o que ele denominou de instituição 'superpoderosa'. De fato, ressaltou o autor que de uma investigação presidida pelo Ministério Público o investigado sequer tomaria conhecimento, hipótese que não ocorre no inquérito policial, pois, embora se trate de um procedimento sigiloso, per-

---

[6] O Ministério Público e Suas Investigações Independentes..., cit., p. 91/94.

mite-se às partes sua fiscalização (promotor de Justiça e defensor do investigado ou indiciado), bem como o acompanhamento do trâmite da investigação pelo juízo competente. No que tange à inviabilidade da investigação criminal a ser produzida diretamente pelo Ministério Público (irrealizabilidade do 'promotor-investigador', nas palavras do autor), anotou o professor ROGÉRIO LAURIA TUCCI, ainda, que 'avulta, de logo, nesse particular, a falta de infraestrutura do Ministério Público para realizá-la; sendo certo, outossim, que não se a pode considerar como efetivamente existente, pelo simples fato de alguns membros do Ministério Público, ávidos de promoção pessoal e de publicidade, e até mesmo desprezando inafastáveis valores éticos, assumirem a condição de inquisidores, travestindo-se de 'investigadores'. Igualmente contundentes são as palavras do DESEMBARGADOR MARCO ANTONIO MARQUES DA SILVA, ilustre professor titular de Direito Processual Penal na Pontifícia Universidade Católica de São Paulo, para quem 'não resta dúvida, pois, que com o não acolhimento, quando da Assembleia Nacional Constituinte de 1988, das pretensões de alguns parlamentares de ver um processo de investigação criminal gerido pelo Ministério Público, não pode este presidir ou realizar um inquérito policial, ou mesmo procedimento administrativo investigatório criminal de mesma natureza e finalidade, vedando-se, também, a inquirição, de forma direta, de pessoas investigadas ou suspeitas da autoria de delito, ficando limitado à requisição de tais providências à autoridade policial competente'.

Pese a visão conservadora dos doutrinadores mais garantistas, aos poucos, mercê do crescimento das investigações independentes no combate à corrupção e ao colarinho-branco, foi sendo fixada a posição, segura e firme, no sentido de apoio às atribuições, fato que acabou sumulado pelo Superior Tribunal de Justiça (Súmula 234). O próprio Supremo Tribunal Federal, guardião máximo da matéria constitucional, acabou fazendo escrever páginas igualmente contundentes em favor das investigações a cargo do Ministério Público. Em julgamento do Inquérito no. 1.968-2-DF, relativo à imputação de crime de estelionato em face do então Deputado Federal Remi de Abreu Trinta[7], os Ministros foram firmes. JOAQUIM BARBOSA registrou que o que autoriza o Ministério Público a investigar não é a natureza do ato punitivo que pode resultar da investigação (sanção administrativa, cível ou penal), mas, sim, o fato a ser apurado, incidente sobre bens jurídicos cuja proteção a Constituição expressamente confiou ao 'Parquet'. EROS GRAU, de sua parte,

---

[7] O Deputado Federal perdeu o foro por prerrogativa de função e o caso, sem julgamento encerrado, baixou à competência do Estado do Maranhão, local apontado como sendo o da consumação dos delitos denunciados.

CRIME ORGANIZADO

registrou que não há, no reconhecimento de que o Ministério Público pode (= deve) realizar investigação criminal, invasão, por ele, da competência atribuída às policias civis.

O que não pode o Ministério Público é instaurar inquérito policial. Apenas isso. AYRES DE BRITO foi preciso: 'Investigar fatos, documentos e pessoas, assim, é da natureza do Ministério Público. É o seu modo de estar em permanente atuação de 'custos legis' ou de defesa da lei. De 'custos iuris' ou de defesa do Direito. Seja para lavrar um parecer, seja para oferecer uma denúncia ou não oferecer, ou seja, ainda para pedir até mesmo a absolvição de quem já foi denunciado. Privar o Ministério Público dessa peculiaríssima atividade de defensor do Direito e promotor de justiça é apartá-lo de si mesmo. É desnaturá-lo. Dessubstanciá-lo até não restar 'pedra sobre pedra' ou, pior ainda, reduzi-lo à infamante condição de 'bobo da Corte". Assim também foi encaminhada a jurisprudência brasileira.

Ainda que com resistência setorizada dos Tribunais, a tese dos poderes de investigação foi, pouco a pouco, merecendo consolidação nas Cortes de apelação e nos Tribunais Superiores, de forma a garantir que a Instituição ganhasse fôlego no avanço das novas atribuições[8]. Mais recentemente, supe-

---

[8] Superior Tribunal de Justiça do Estado de São Paulo, 5ª Turma, RHC 3.457-2/SP, j. em 18/04/94, Rel. Min. Fláquer Scartezzini; Tribunal de Justiça do Rio Grande do Sul, Câmara de Férias, HC 690000351, j. 4.1.90, RT 651/314-321; TARS, JTAERGS 79/128; RTJ 76/741 e 64/343; também HC 41.205, Pleno, j. em 10/3/65, Rel. Min. VICTOR NUNES; RHC 58.644, j. em 10/3/81, Rel. Min. MOREIRA ALVES, DJU de 22/5/81, pág. 4.736, RTJ 101/571; RHC 58.743, j. em 10/3/81, Rel. Min. MOREIRA ALVES, DJU de 8/5/81, pág. 4.117, RTJ 101/580; RHC 62.300-RJ, j. em 13/12/84, Rel. Min. ALDIR PASSARINHO, j. em 13/12/84, DJU de 15/3/85, pág. 3.137, e, mais recentemente, no Tribunal de Justiça do Estado de São Paulo, no denominado Caso Celso Daniel, Habeas Corpus 394.430.303-00, 3a Câmara Criminal, Rel. Des. Walter Guilherme, p. 25.02.2003 e Habeas Corpus 452.195.3/1-00, Câmara Especial de Férias, Janeiro de 2004, v.u., Rel. Des. Celso Limongi; prestigiado pela 5a Turma do Superior Tribunal de Justiça, em v. Acórdão de que foi relator o eminente Ministro José Arnaldo da Fonseca (Habeas Corpus 30.151, j. 2004). No Supremo Tribunal Federal o Ministro Marco Aurélio de Mello submeteu o julgamento de habeas corpus do caso ao pleno da Corte, em julgamento que ainda não foi encerrado (Habeas Corpus no. 84.548/SP). Durante o ano de 2009, o Supremo Tribunal Federal teve oportunidade de julgar dois casos sobre o poder de investigação independente, reconhecendo-a em favor do Ministério Público em ambos: No primeiro, o Habeas Corpus no. 94.173-BA, Rel. Ministro Celso de Mello, 2ª Turma, j. 27/10/09; consignou-se que é plena a legitimidade constitucional do poder de investigar do Ministério Público, pois os organismos policiais (embora detentores da função de polícia judiciária) não têm, no sistema jurídico brasileiro, o monopólio da competência penal investigatória. O poder de investigar compõe, em sede penal, o complexo de funções institucionais do Ministério Público, que dispõe, na condição de "dominus litis" e, também, como expressão de sua competência para exercer o controle externo da atividade policial, da atribuição de fazer instaurar, ainda que em caráter subsidiário, mas por autoridade própria e sob sua direção, procedimentos de investigação penal destinados a viabilizar a obtenção

rou o debate travado no HC 84.548 impetrado por Sérgio Gomes da Silva, no Caso Celso Daniel, no STF, onde, encerrado o julgamento somente no ano de 2014, a maioria dos Ministros acabou legitimando a tese da investigação independente., confirmando a jurisprudência da segunda turma da Corte, onde tal entendimento já vinha sendo reiteradamente firmado nos votos do Ministro Celso de Mello.

O tema, aliás, mobilizou a sociedade civil, que foi às ruas pela derrubada da PEC 37/11, que havia surgido no Congresso Nacional para inserir na Constituição proibição expressa às investigações do Ministério Público, em manobra de setores políticos que queriam justamente matar a nova tendência do Supremo Tribunal Federal. Era assunto já estava fixado na titularidade exclusiva da ação penal pública (CF, art. 129, I). Foi, depois, reforçado na legislação ordinária, em especial nas Leis Orgânicas do Ministério Púbico (Lei n. 8.625, de 12.02.1993 e Lei Complementar n. 734, de 26.11.1993), diplomas que deram ensejo à vigência da Resolução n. 13/06, do Egrégio Conselho Nacional do Ministério Público, que disciplinou, pela primeira vez, o procedimento administrativo criminal, operacionalizando, de resto, prerrogativa legal conferida aos Promotores de Justiça pelo artigo 26, V, da Lei nº 8.625,

de dados informativos, de subsídios probatórios e de elementos de convicção que lhe permitam formar a "opinio delicti", em ordem a propiciar eventual ajuizamento da ação penal de iniciativa pública. No segundo, o RE no. 468523-SC, 2ª Turma, j. 1º.12.2009, Rel. Min. Ellen Gracie, registrou-se que a denúncia pode ser fundamentada em peças de informação obtidas pelo órgão do MPF sem a necessidade do prévio inquérito policial, como já previa o Código de Processo Penal. Não há óbice a que o Ministério Público requisite esclarecimentos ou diligencie diretamente a obtenção da prova de modo a formar seu convencimento a respeito de determinado fato, aperfeiçoando a persecução penal, mormente em casos graves como o presente que envolvem a presença de policiais civis e militares na prática de crimes graves como o tráfico de substância entorpecente e a associação para fins de tráfico...é perfeitamente possível que o órgão do Ministério Público promova a colheita de determinados elementos de prova que demonstrem a existência da autoria e da materialidade de determinado delito, ainda que a título excepcional, como é a hipótese do caso em tela. Tal conclusão não significa retirar da Polícia Judiciária as atribuições previstas constitucionalmente, mas apenas harmonizar as normas constitucionais (arts. 129 e 144) de modo a compatibilizá-las para permitir não apenas a correta e regular apuração dos fatos supostamente delituosos, mas também a formação da opinio delicti...o art. 129, inciso I, da Constituição Federal, atribui ao parquet a privatividade na promoção da ação penal pública. Do seu turno, o Código de Processo Penal estabelece que o inquérito policial é dispensável, já que o Ministério Público pode embasar seu pedido em peças de informação que concretizem justa causa para a denúncia...há princípio basilar da hermenêutica constitucional, a saber, o dos "poderes implícitos", segundo o qual, quando a Constituição Federal concede os fins, dá os meios. Se a atividade fim – promoção da ação penal pública – foi outorgada ao parquet em foro de privatividade, não se concebe como não lhe oportunizar a colheita de prova para tanto, já que o CPP autoriza que "peças de informação" embasem a denúncia.

CRIME ORGANIZADO

que lhes dá, expressamente, o poder para a prática de atos administrativos executórios, de caráter preparatório.

Mais recentemente, o próprio Conselho Nacional do Ministério Público atualizou a disciplina da investigação realizada por Promotores, revogando a Resolução referida, que passou, agora, a ser tratada pelas Resoluções 181/17 e 183/18 inclusive com o advento do pacto de não persecução penal, espécie de implemento de modelo de Justiça Consensual, atualmente em experimento pelo Território Nacional. Sobre o debate, acrescenta-se, por derradeiro, que a tese do poder de investigação não precisaria mesmo estar expressa no texto da Constituição, dado que não se nega no estudo dos poderes implícitos, a força dos mandamentos constitucionais. Trata-se de garantia decorrente, de cunho constitucional, a do poder investigatório do Ministério Público. Nem a pretexto da já envelhecida interpretação do artigo 144, que confiaria a exclusividade das investigações à Polícia Judiciária, confrontando o fortalecimento do Ministério Público no mesmo diploma (art. 129), poderia prevalecer a interpretação de monopólio da polícia. Discorrendo sobre hermenêutica constitucional a PROFESSORA ANA FLÁVIA MESSA destaca a relevância do princípio da unidade da Constituição[9].

2. O Ministério Público Investigador e o Enfrentamento das Organizações Criminosas: Nascimento e Evolução do Grupo Nacional de Combate às Organizações Criminosas (GNCOC)

Bem encaminhada a escalada da jurisprudência no sentido da legitimidade das investigações desenvolvidas por Promotores de Justiça e Procuradores da República, baseada, conforme visto no tópico anterior, em recentes precedentes do Supremo Tribunal, o Ministério Público Federal e os Ministérios Públicos dos Estados trataram de reestruturar e ampliar os organismos próprios que, ao longo dos anos, haviam sido criados para a tarefa investigatória. Prestigiou-se a criação de Grupos de Atuação Especial. Reorganizou-se, em alguns Estados da Federação, a própria estrutura de Promotorias Criminais[10], antes centrada no trabalho de gabinete. Desenvolveram-se parcerias

---

[9] Criado para evitar que as normas constitucionais sejam vistas isoladamente. Na abalizada doutrina citada, o direito constitucional deve ser interpretado de forma a evitar contradições entre as suas normas. Dessa forma, os conflitos entre as normas constitucionais são apenas aparentes, cabendo ao intérprete harmonizar os diversos dispositivos da Constituição. Não há hierarquia entre normas constitucionais originárias (Direito Constitucional, Editora Rideel, São Paulo: 2010, p. 103/104)

[10] Ao tempo em que o artigo foi finalizado (agosto de 2010), a Promotoria Criminal do Foro Central da Comarca de São Paulo, uma das maiores estruturas de Ministério Público Criminal da América

com outros organismos do Estado: polícias civis e militares, departamento de polícia federal, secretarias de Estado, Receita Federal, Departamento de Recuperação de Ativos e Conselho de Controle de Atividades Financeiras Suspeitas, entre outros.

No estado de São Paulo, por exemplo, consolidando experiência de 1995, advinda da criação de um núcleo de investigação e combate ao crime organizado, inicialmente vinculado à Capital do Estado, espraiou-se a experiência com a criação de vários núcleos regionais, no Interior do Estado, até o advento de uma disciplina única com a criação do Grupo de Atuação Especial de Combate ao Crime Organizado (GAECO), que conta, atualmente, com Promotores de Justiça agrupados em Núcleos variados, além da Grande São Paulo. O Ministério Público brasileiro repetia e replicava a experiência de São Paulo em diversas unidades da Federação, com combate efetivo das organizações criminosas (Santa Catarina, Paraná, Rio Grande do Sul, Mato Grosso, Mato Grosso do Sul, Espírito Santo, Rio de Janeiro, Minas Gerais, Bahia, Goiás, dentre outros, são bons exemplos de atuação disciplinada de Promotores, em Núcleos, à frente de investigações independentes contra o crime organizado). No Estado do Paraná, também à título de exemplo, o Grupo de Atuação congrega, em uma mesma unidade, Promotores, Policiais Civis e Militares, repetindo atuação típica de força-tarefa, sem existência de comando hierárquico, com excelentes resultados práticos.

Para harmonizar a atuação no território nacional, em 02 de outubro de 2006 o Conselho Nacional do Ministério Público baixou a Resolução n. 13, traçando parâmetros da atuação da Instituição na seara da investigação criminal[11]. O texto, regulamentador da legislação federal sobre o tema, distribuiu em dezenove artigos as várias preocupações que a jurisprudência e a doutrina sempre destacaram, viabilizando, de fato, uma atuação uniforme de Promotores e Procuradores.

Latina, porque congrega quase duzentos integrantes da Instituição, sem contar os Promotores de Execuções Penais, dos Tribunais do Júri e do Juizado Especial Criminal, discutia, concretamente, a formação de um núcleo de investigação criminal, para viabilizar que os casos a serem submetidos ao julgamento das Varas Centrais (na essência, os crimes punidos com reclusão), merecessem também a colheita de provas por parte de Promotores, sem embargo da utilização dos inquéritos policiais e de outros meios de reunião de evidências.

[11] Tivemos oportunidade de trabalhar na elaboração do anteprojeto da resolução, a convite da Procuradora da República Janice Agostinho Barreto Ascari, então Conselheira Nacional, ao lado dela e do Procurador da República José Ricardo Meirelles. O Conselho Nacional do Ministério Público, preocupado com a sistematização eficiente da matéria, ouviu a sociedade e os profissionais dos meios jurídicos, viabilizando que fossem apresentadas críticas, sugestões e emendas, muitas delas incorporadas, ao final, no texto final da Resolução.

CRIME ORGANIZADO

Dado seu caráter nacional, e nada obstante a existência de atos normativos distribuídos entre os Estados da Federação, acerca do tema, a Resolução é a mais abrangente normatização sobre o tema e disciplina desde a criação do denominado procedimento de investigação criminal, de natureza administrativa e inquisitorial, em tudo similar ao modelo do inquérito policial do Código de Processo Penal. Defere sua presidência, naturalmente, ao Membro do Ministério Público e trata de outras questões relevantes, dentre elas o enfrentamento da questão do sigilo a ser decretado nos autos, o acesso das apurações por parte da Defesa dos investigados, e, principalmente, o controle dos atos de investigação, a cargo da 2ª Instância do Ministério Público. Buscou impedir, de outro lado, e aqui estava a grande preocupação dos desafetos da tese, as denominadas investigações de gaveta, permitindo a existência de procedimento formal, comunicado às Instâncias Superiores, passível de controle externo pelo próprio Poder Judiciário e registro em livro próprio, com acesso correcional a qualquer tempo[12]. A disciplina foi mantida nas resoluções posteriores, já referidas, com o acréscimo do pacto de não persecução penal, em implemento de justiça negociada.

Em 2002, viabilizou-se a criação do Grupo Nacional de Combate às Organizações Criminosas (GNCOC), vinculado ao Conselho Nacional de Procuradores-Gerais de Justiça, congregando Promotores e Procuradores do Brasil, com um único propósito: o do enfrentamento sistemático da criminalidade organizada. O grupo nacional nasceu de uma reflexão decorrente de grande tragédia. Em 25 de janeiro daquele ano, foi assassinado em Belo Horizonte o promotor de justiça Francisco José Lins do Rego Santos, que travava enfrentamento contra a denominada máfia de adulteração de combustíveis. Após o fato, Promotores e Procuradores perceberam que a atuação do Ministério Público, embora fortalecida com as prerrogativas e garantias da Constituição de 1988, não estava pautada pela unidade. Não havia troca de informações acerca das organizações criminosas nacionais e transnacionais. Nada se debatia sobre o crescimento sensível das facções de presídio, em especial o Comando Vermelho, no Rio de Janeiro e o Primeiro Comando da Capital, em São Paulo. Não se cogitava de combate efetivo ao roubo de carga, à sonegação fiscal e, também, à corrupção governamental e política.

---

[12] O Congresso Nacional está examinando o anteprojeto do novo Código de Processo Penal, que traz, entre outras novidades, a concentração do controle externo do inquérito policial em mãos exclusivas do Ministério Público, dado ser dele a responsabilidade pela ação penal. A proposta, se vingar, concentrará o arquivamento do inquérito e de outras peças de investigação em ato próprio do Ministério Público, não mais submetido ao Poder Judiciário, cabendo ao último, o juízo de garantias e a atuação na ação penal, como presidente, titular do monopólio da jurisdição.

Os membros da Instituição, desarticulados nas tarefas de combate ao crime e na proteção dos direitos do consumidor, estavam desmobilizados, isolados e se tornavam, como no caso do promotor mineiro, presas fáceis de seus algozes poderosos. O Grupo Nacional de Combate às Organizações Criminosas surgiu e cresceu com o propósito de fornecer subsídios de inteligência na guerra contra as organizações. Atualmente, congrega Promotores e Procuradores de todo o território nacional. De suas reuniões ordinárias, realizadas semestralmente, saem os rumos da Instituição nessa peculiaridade de enfrentamento. Sua pauta temática não conhece limites: adulteração de combustíveis, sonegação fiscal, combate ao crime de lavagem de capitais, organizações de presídios, narcotráfico[13], e, mais recentemente, crimes praticados em ambiente virtual (dado o assustador crescimento das mídias digitais e da própria rede mundial de computadores) são abordagens recorrentes nos encontros dos membros do Ministério Público, permitindo o nascimento de estratégias concretas contra o crime organizado. Dos debates semestrais à organização de operações nacionais, a Instituição foi integralmente repensada. O GNCOC é efetivo e, embora novo, traz a mais recente perspectiva de atuação integrada do Ministério Público Federal e dos Estados, viabilizando que seus integrantes permaneçam em contato integral, na troca de informações e no cumprimento de diligências (interceptações telefônicas e ambientais deferidas pela Justiça, buscas e apreensões realizadas em caráter cautelar, articulação para cumprimento de mandados de prisão, inclusive preventiva, apoio em prisões em flagrante de crimes interestaduais etc). Dada a força natural da ação conjunta e integrada, é necessário, no atual momento, blindar o Grupo Nacional de gestões internas de caráter político, que colocariam em risco a essência de sua existência, assegurando, assim, que ele cumpra o seu papel de suporte à cooperação entre os membros da Instituição do Ministério Público nacional em face das organizações criminosas.

Somente a título de demonstração do potencial do modelo de unificação de estratégias, o GNCOC coordenou, no final de 2009, um dia nacional de combate à sonegação fiscal, viabilizando, em conjunto com as polícias e com as Secretarias de Receita Estaduais e Receita Federal, centenas de autuações, prisões, buscas e ações penais acerca do tormentoso tema das evasões de receitas fiscais de empresas articuladas para as fraudes desta natureza.

---

[13] Em 2009, por convite do Excelentíssimo Senhor Procurador-Geral de Justiça do Estado de Santa Catarina e Presidente do Grupo Nacional, Doutor Gercino Gerson Gomes Neto, tivemos oportunidade de coordenar o Grupo III do GNCOC, justamente aquele voltado ao enfrentamento das organizações dos presídios e do narcotráfico.

CRIME ORGANIZADO

O dia, divulgado pela imprensa brasileira, foi uma pequena amostra do potencial do grupo[14] e, por isso, merece ser estudado e replicado pelas Procuradorias-Gerais de Justiça. Em final de agosto de 2010, novo planejamento, agora voltado ao enfrentamento de quadrilhas existentes no ramo das fraudes nas vendas e aquisições de medicamentos, foi deflagrado pelo Grupo Nacional, com resultados igualmente satisfatórios[15]. O grupo nacional foi precursor do movimento que alavancou centenas de operações contra organizações criminosas, dentre elas a própria Operação Lavajato, de enfrentamento do poder político corrompido.

3. A Modernização dos Mecanismos Legais de Enfrentamento às Organizações Criminosas

Em 2012, a Lei de Lavagem de Capitais (Lei Federal 9.613/98) foi radicalmente alterada, com a vigência da Lei Federal 12.683. Desapareceu a necessidade de vinculação da lavagem à existência prévia de um rol de crimes antecedentes, fato que incrementou a possibilidade de novas e fortes investigações, antes limitadas no modelo da lei original. O Brasil passou a ter, sobre o tema da lavagem, uma legislação de terceira geração. Na sequência do avanço – ainda que sem uma regulamentação adequada – a lei passou a permitir julgamentos colegiados em primeira instância, como forma de proteção de Magistrados responsáveis pela condução de casos envolvendo o crime organizado (Lei 12.694/12). O diploma referido teve o mérito de introduzir expressamente no ordenamento nacional uma definição de organização criminosa (art. 2º), antes restrita à Convenção de Palermo, da ONU, o que acarretava dificuldades práticas para responsabilização de seus integrantes nos Tribunais Superiores.

O avanço legislativo culminou com a edição da Lei 12.850/13, contra o crime organizado, que revogou a ultrapassada legislação meramente processual da década de 90 (Lei 9.034/95). Aqui, foram sensíveis os progressos. Criou-se, finalmente, o crime de Organização Criminosa, referido como a associação de quatro ou mais pessoas, estruturalmente ordenada e caracterizada pela divisão de tarefas, ainda que informalmente, com a finalidade de obter vantagem mediante a prática de infração cuja pena máxima seja superior a quatro anos ou que tenha caráter transnacional (artigo 1º, p. 1o). O crime, em si, está no seu artigo 2º, com pena de reclusão de três a oito anos, e multa, sem prejuízo das penas das demais infrações envolvidas na prática.

---

[14] http://www.mp.sc.gov.br/portal/site/portal/portal_detalhe.asp?Campo=9880&secao_id=139, acesso em 20 de novembro de 2014.

[15] http://www.jusbrasil.com.br/noticias/2347358, acesso em 20 de novembro de 2014.

A lei transformou a antiga quadrilha do Código Penal, que passou a ser tratada com nova roupagem.

Uma associação menor, de no mínimo três pessoas, para práticas de gravidade inferior, denominada pelo legislador como Associação Criminosa (o novo artigo 288). A inspiração do legislador, muito nítida, foi o Código Penal Italiano, onde existem as figuras da formação de quadrilha e da formação de quadrilha para fins mafiosos. O avanço não se restringiu às novas figuras de caráter material. A lei foi além e passou a disciplinar, de forma detalhada, nunca vista nos ordenamentos anteriores, as figuras da delação premiada, da infiltração de agentes, da ação controlada, entre outras inovações tratadas em artigos específicos da presente obra. Tal avanço legislativo, justifica e prestigia, ainda mais, ao nosso ver, a necessidade de crescimento das investigações independentes do Ministério Público, que, agora, passa a ter à sua disposição, mecanismos eficientes no combate ao crime.

Conclusões

Sem embargo da grande relevância das atribuições ordinárias do Ministério Público do Brasil, dentre elas a persecução penal ordinária, que se confunde com a gênese da Instituição e o crescimento das ações civis públicas, mormente no combate à improbidade administrativa; as tarefas de investigação criminal, normalmente confiadas às polícias judiciárias, foram paulatinamente assumidas por Promotores, em autos do denominado procedimento investigatório criminal. A atuação, hoje indispensável à proteção dos direitos da sociedade brasileira, vem sendo consolidada como legítima pela posição majoritária da doutrina processual e jurisprudência, inclusive do Egrégio Supremo Tribunal Federal.

Não poderia mesmo ser diferente. Os membros do Ministério Público, sem presidir inquéritos (função exclusiva da polícia judiciária), foram ao enfrentamento do colarinho branco, da corrupção e do crime organizado, aprofundando investigações que lhes são próprias, de caráter administrativo, aptas à viabilização de ações penais embasadas e responsáveis. Os Grupos de Atuação Especial replicados nos Estados, as Promotorias Criminais com idêntico propósito e o Grupo Nacional de Combate às Organizações Criminosas foram sendo estruturados para acolher a investida da Instituição no desbaratamento de criminosos organizados, marcando uma nova era do processo penal, até então lamentavelmente marcado pelo traço característico da impunidade da elite do crime.

Trata-se de caminho sem volta esse da identificação do Ministério Público com a tarefa de investigação. Não se concebe, inclusive sob a ótica da moderna

CRIME ORGANIZADO

teoria geral do processo[16], possa o autor da ação penal ficar privado de interferir objetivamente na busca da verdade real[17], amealhando provas necessárias à instrução do processo cuja iniciativa lhe cabe com exclusividade.

É preciso aprimorar o caminho da Instituição na investigação independente[18][18]. É igualmente relevante o esforço constante da sociedade, das chefias do Ministério Público e do Congresso Nacional, no zelo das novas atribuições da Instituição, impedindo o avanço de movimentos concebidos para diminuí-la e amesquinhá-la, como resposta ao crescimento de sua atuação. O promotor de justiça não nasceu investigador. A história brasileira do processo penal é que acabou impondo a necessidade de fazê-lo assumir a tarefa, em caráter supletivo à da ação das polícias, para vencer a guerra poderosa desencadeada pelos grupos criminosos organizados contra a sociedade.

[16] Afinal, a distribuição do ônus da prova repousa principalmente na premissa de que, visando à vitória na causa, cabe à parte desenvolver perante o juiz e ao longo do procedimento uma atividade capaz de criar em seu espírito a convicção de julgar favoravelmente. O juiz deve julgar "secundum allegata et probata partium" e não "secundum propriam suam conscientiam" – e daí o encargo, que as partes têm no processo, não só de alegar, como também de provar (encargo = ônus). O fundamento da repartição do ônus da prova entre as partes é, além de uma razão de oportunidade e de experiência, a ideia de equidade resultante da consideração de que, litigando as partes e devendo conceder-se-lhes a palavra igualmente para o ataque e a defesa, é justo não impor só a uma o ônus da prova (do autor não se pode exigir senão a prova dos fatos que criam especificamente o direito por ele invocado; do réu, as provas dos pressupostos de exceção). (Teoria Geral do Processo, Antonio Carlos de Araújo Cintra, Ada Pellegrini Grinover e Cândido Rangel Dinamarco, Malheiros Editores, 24ª edição, São Paulo, p. 375/376. Ora, a lógica é singela e manifesta: se o ônus da prova no processo penal é do acusador, a sua tarefa na colheita direta da prova afigura-se mesmo como indispensável ao correto mister que lhe incumbe.

[17] Na lição de Marco Antonio de Barros, não há duas verdades distintas circundando o mesmo fato. O que pode haver é mais de um conhecimento subjetivo parcial da verdade, pois cada um conhece à sua maneira. Se as coisas se dizem verdadeiras pela verdade existente em algum intelecto, a sua mutabilidade deve ser considerada em pendência do próprio intelecto, visto que pode haver variação de opiniões ainda que sobre a mesma coisa se trate. Prossegue o autor, afirmando que é mister descobrir a verdade para que a lei possa ser aplicada corretamente. E descobrir a verdade é oferecer conhecimentos capazes de convencer alguém (no caso o julgador) da existência ou inexistência de determinado fato, ou seja, uma relação de identidade, de adequação ou de acordo entre nosso pensamento e as coisas que constituem seu objeto (adaequatio mentis et rei). (Autor citado, A busca da verdade no Processo Penal, Editora Revista dos Tribunais, São Paulo, 2ª edição, 2010, p. 29/30 e 31/).

[18] Também é necessário programar mecanismos de transação penal máxima, que viabilizem uma utilização racional do Poder Judiciário, em modelo similar da justiça negociada dos Estados Unidos da América, cujos sucessos e insucessos estão merecendo estudo da comunidade jurídica internacional (Nicolás Cabezudo Rodríguez, El Ministerio Público y la justicia negociada en los Estados Unidos de Norteamérica, Granada, Espanha, Editorial Comares, 1996).

Os avanços legislativos dos últimos dois anos (v. tópico anterior), recomendam a construção de uma Instituição focada na investigação criminal, prestigiando a polícia judiciária, trabalhando ao lado dela, porém sabendo usar – quando for necessária a sua investigação solitária – os novos mecanismos colocados à sua disposição no enfrentamento enérgico do grande crime.

Referências

BARROS, Marco Antonio de. A Busca da Verdade no Processo Penal. 2ª edição, São Paulo: Editora Revista dos Tribunais, 2010.

BONFIM, Edilson Mougenot e Bonfim, Márcia Monassi Mougenot. Lavagem de Dinheiro, São Paulo: Malheiros Editores, 2ª edição.

CAPEZ, Fernando. Curso de Processo Penal. 13ª ed. rev. e atual. São Paulo: Saraiva, 2006.

ARNEIRO, José Reinaldo Guimarães. O Ministério Público e suas investigações independentes. Reflexões sobre a inexistência de monopólio na busca da verdade real. São Paulo: Malheiros Editores, 2007.

_____. Direito Penal, Parte Especial, em coautoria com Porto, Roberto, São Paulo: 2009, Editora Campus/Elsevier.

CINTRA, Antonio Carlos de Araújo, Grinover, Ada Pellegrini e Dinamarco, Cândido Rangel. Teoria Geral do Processo. São Paulo: Malheiros Editores, 24ª edição, 2008.

COLEMAN, James Wiliam. A Elite do Crime – Para entender o Crime do Colarinho-Branco, São Paulo: Manole, 5ª edição, 2005.

GOMES, Rodrigo Carneiro. O Crime Organizado na Visão da Convenção de Palermo. Belo Horizonte: Editora Del Rey, 2ª edição, 2008.

JESUS, Damásio Evangelista de. Código de Processo Penal Anotado. São Paulo: Editora Saraiva, 24ª edição.

MARQUES, José Frederico. Elementos de Direito Processual Penal. 2ª ed., rev. e atual. Campinas: Millennium, 2000.

_____. Estudos de Direito Processual Penal, Campinas: Millennium, 2001.

MESSA, Ana Flávia. Direito Constitucional. São Paulo: Editora Rideel, 2010.

MOREIRA FILHO, Guaracy. Código Penal Comentado. São Paulo: Editora Rideel, 2010.

NUCCI, Guilherme de Souza. Código de processo penal comentado. 8ª edição, São Paulo: Editora Revista dos Tribunais, 2008.

PEREIRA, Camila Bonafini, O Combate ao Crime Organizado e o Garantismo Social, 1ª edição, Rio de Janeiro: Editora Lumen Juris, 2019.

RODRÍGUEZ, Nicolás Cabezudo. El Ministério Público y la justicia negociada en los Estados Unidos de Norteamérica. Granada, Espanha: Editorial Comares. 1996.

SANCTIS, Fausto Martins de. Crime Organizado e Lavagem de Dinheiro. São Paulo: Saraiva, 2009.

TUCCI, Rogério Lauria. Ministério Público e Investigação Criminal. São Paulo: Editora Revista dos Tribunais, 2004.

8

O Enfrentamento às Organizações Criminosas no Tribunal do Júri

Tomás Busnardo Ramadan

Introdução

A persecução penal dos crimes dolosos contra a vida possui como característica seu desenvolvimento sob uma ritualística solene. Inicia-se com a fase administrativa, por meio da instauração de inquéritos policiais, sob a presidência do Delegado de Polícia, ou por intermédio da instauração de procedimentos investigatórios criminais, sob a presidência do membro do Ministério Público (*vide* Resolução nº 13/2006, do Conselho Nacional do Ministério Público). A partir da conclusão destes expedientes inquisitivos, inicia-se a fase da persecução penal em juízo propriamente dita, com um rito escalonado, dividido em *judicium accusationis* e *judicium causae*.

O *judicium accusationis*, também conhecido por sumário da culpa, permite ampla produção probatória pelas partes, a saber: provas testemunhais, periciais, documentais e eletrônicas. E caso esta fase se encerre com a sentença de pronúncia, reconhecendo, pois, o juízo, após o cotejo e valoração das provas apresentadas, que houve a prática do delito doloso contra a vida, bem como que existem indícios suficientes de autoria por parte do acusado, a causa será levada à apreciação dos jurados, juízes naturais do litígio, conforme imperativo constitucional (artigo 5º, inciso XXXVIII, da Constituição da República). Serão eles os responsáveis por proferir soberanamente o veredicto, fazendo opção por uma ou mais teses apresentadas pelas partes, durante a discussão da causa por meio dos debates, nesta segunda fase de persecução penal em juízo, chamada de *judicium causae*, que se dá no plenário do Júri, com nova possibilidade de produção probatória.

CRIME ORGANIZADO

Neste contexto, bem se vê que o operador do direito que milita no Tribunal do Júri, em especial o Promotor de Justiça, deve estar preparado para atuar estrategicamente desde a primeira fase de persecução penal, desde a fase administrativa, portanto, a fim de que sua tese resista às fases judiciais vindouras. Mais que isso. Deve zelar, sempre que possível, para que sua tese argumentativa se robusteça, ao longo do duplo rito horizontal de produção das provas, permitindo aos jurados que, uma vez apresentados a ela, acatem-na, sem muito esforço, bastando, para tanto, que ajam com a sensatez e a justiça esperadas do homem de bem.

A tarefa que se põe, portanto, não é simples, não somente pela fórmula sacramental de apuração dos crimes dolosos contra a vida, conforme visto, mas também (e principalmente) por se tratar de crimes de sangue, cometidos sob o pálio de uma gama extensa de sentimentos humanos. E aqui, frise-se, não se está a estabelecer diferenças entre 1) o homicídio; 2) a instigação, o induzimento e o auxílio ao suicídio; 3) o infanticídio e, por fim, 4) o aborto: todos eles crimes dolosos contra a vida. A obtenção das provas em tais delitos terá sempre como inexorável norte o fato de que se eliminou a vida (intra ou extrauterina) de um indivíduo, o que é irremediável, ou então, que se tentou fazê-lo, no entanto, por razões estranhas à vontade do autor, não houve êxito letal.

Trata-se, assim, de persecução penal que leva em consideração a proteção ao bem jurídico mais valioso, a vida, sem a qual todos os demais bens não existem. A irreversibilidade da perda da vida é, sem dúvida, por sua pluralidade de consequências semânticas, o principal complicador durante o procedimento de colheita de provas no Tribunal do Júri.

Estabelecidas, pois, essas premissas, é preciso dizer que as dificuldades da persecução penal, no tocante à produção e apresentação das provas em juízo, aumentam, sobremodo, quando o crime doloso contra vida é o homicídio e quando se tem como pano de fundo a presença, como protagonista, da organização criminosa. Entende-se por organização criminosa, segundo a definição gizada no artigo 1º, §1º, da Lei nº 12.850/13, "*a associação de 4(quatro) ou mais pessoas estruturalmente ordenada e caracterizada pela divisão de tarefas, ainda que informalmente, com objetivo de obter, direta ou indiretamente, vantagem de qualquer natureza, mediante a prática de infrações penais cujas penas máximas sejam superiores a 4(quatro) anos, ou que sejam de caráter transnacional.*"

Percebe-se, portanto, da leitura do arquétipo normativo, existir, por assim dizer, maior sofisticação no modo de agir da organização criminosa. Com efeito, o que se tem verificado, nas últimas duas décadas, é que a delinquência a desafiar as Polícias, o Ministério Público e o Poder Judiciário é aquela praticada de forma organizada, comprometida com o ineditismo das ações, a compartimentação de tarefas e a simultaneidade na comunicação entre determinados integrantes da organização, não entre todos eles.

Isto porque é sabido que, em uma estrutura piramidal, somente se permite a comunicação entre os membros incumbidos de cumprir uma missão comum, de sorte a assegurar que estes não conheçam os demais integrantes de toda a corja criminosa, tampouco a função de cada qual no organograma do delito.

Além disso, esse tipo de criminalidade, a um só lanço: 1) apresenta extremada preocupação com a rastreabilidade de seus atos; 2) vulnera, preferencialmente, bens jurídicos difusos; 3) não hesita, no entanto, em vulnerar bens jurídicos individuais, como, por exemplo, a vida humana, eliminando seus oponentes, para atingir seus objetivos e, ainda, 4) não respeita as fronteiras dos países e a soberania dos povos.

Aqui, trataremos da relação da organização criminosa com o Tribunal do Júri, apontando formas de sua ocorrência, quando existe a afronta à vida, o maior e mais caro dos bens jurídicos tuteláveis.

1. A Organização Criminosa que Mata

1.1. Quando as Vítimas são Agentes do Estado

De antemão, diga-se que, por razões profissionais, nosso foco será a análise das ações homicidas de organizações criminosas no Estado de São Paulo. A organização autodenominada "Primeiro Comando da Capital" ou "PCC", também conhecida pelos números 15.3.3 (alusivos às letras P, 15ª letra do alfabeto e "C", 3ª letra do alfabeto), surgiu nos idos do início da década de 90, especificamente, em agosto de 1993. O objetivo primário dos "Fundadores" era o domínio do sistema prisional e isto de dava a partir de extorsões praticadas contra detentos e seus familiares, execução de presos rivais e com a atividade do tráfico ilícito de entorpecentes, realizada dentro e fora do sistema prisional. Uma vez formada a facção, a fase seguinte foi a de estabelecer a divisão de tarefas, sempre na busca de aumentar o poderio econômico e intimidador da facção. As mortes dos rivais, custodiados ou não, por exemplo, costumavam ser decididas no xadrez dos "Torres", alcunha dada aos chefes do grupo de cada unidade prisional. Para a comunicação externa, utilizava-se o telefone celular ou até mesmo advogados que integravam a organização criminosa, conforme adiante se verá.

Foi tal facção reconhecida como organização criminosa pelas autoridades, apenas alguns anos depois de sua criação, tardiamente, pois, quando mostrou notável poder de coesão e razoável estrutura. Isto porque, num domingo de fevereiro de 2001, a facção conseguiu promover várias rebeliões dentro do

CRIME ORGANIZADO

sistema prisional do Estado, de forma articulada e simultânea. A estas alturas a organização já contava com um estatuto próprio e inúmeros seguidores, dentro das penitenciárias do Estado de São Paulo e fora delas. Nas reuniões entre seus membros, discutia-se sobre a arrecadação financeira; designação de novas funções dos integrantes antigos; distribuição de entorpecentes para os pontos de venda; ordens de execução de pessoas; batismos de novos integrantes; pagamento de propina a agentes públicos; arrecadação de dinheiro de empresas comandadas por integrantes da facção; crimes de grande porte praticados contra o patrimônio de instituições financeiras e assaltos a carros-fortes. Enfim, o *locus* de atuação da organização criminosa expandiu-se não somente para fora do sistema prisional, mas também para fora do Estado de São Paulo, inclusive, com ramificações tentaculares no estrangeiro.

Conforme grafado alhures, de estrutura piramidal, abaixo dos "Fundadores", encontram-se os "Pilotos", "Torres" (com funções de liderança e poderes decisórios), "Sintonias" (zelam pela manutenção de contato entre as "células") "Soldados", "Livros" (responsáveis por receber e compilar as informações hierárquicas e financeiras da facção), "Disciplinas Regionais", "Caixas Regionais" (gerenciam o dinheiro do crime, bem como das rifas que são promovidas, referentes à venda de veículos e imóveis, com o depósito em contas de "laranjas"), "Disciplina de Bairro", "Bichos Papões" (arrecadam o dinheiro do tráfico ilícito de entorpecentes) e os "largatos" *sic* (simpatizantes) e até "excluídos" (com interesse em voltar à facção).

Com a descentralização da forma de atuar da organização criminosa, foram formadas as "células", cada qual com autonomia e discricionariedade dentro de sua área ou ramo de atividade. A divisão geográfica do Primeiro Comando da Capital leva em consideração os parâmetros do código DDD dentro do Estado de São Paulo (11, 12, 13, 14, 15, 16, 17, 18 e 19). Há, ainda, outra divisão: "capital", "interior" e "litoral". Assim é que, arrimado neste sofisticado esquema organizacional, valendo-se da comunicação por meio de aparelhos de telefonia celular, inclusive com a utilização de "centrais clandestinas" e redes sociais diversas, o Primeiro Comando da Capital tem conseguido assegurar o contato ininterrupto entre seus membros, às vezes até com o estabelecimento de diálogos em tempo real, tudo com vistas à manutenção da existência da facção e ao seu fortalecimento, impulsionado pela prática de crimes graves e hediondos.

É óbvio, pois, que neste contexto, os agentes do Estado, responsáveis por coibir o crime organizado, passaram a se tornar alvos da facção, porquanto representavam e representam verdadeiro entrave à consolidação de seus interesses e negócios espúrios.Proibição de comunicação entre os integrantes da facção custodiados e entre eles e o meio externo; colocação das lideranças em regime disciplinar diferenciado de execução de pena; transferência de integrantes com poder de comando para presídios federais; incursões periódicas das forças policiais em locais estratégicos para a facção, com a prisão de traficantes no varejo e no atacado; interceptações telefônicas autorizadas judicialmente; ações controladas; bloqueios de ativos e alienações cautelares de bens da organização criminosa; mortes de membros em confronto com as forças policiais, enfim, este rol exemplificativo de medidas adotadas pelos organismos estatais para sufocar a facção passou a contrariá-la singularmente. A ponto de ela desejar as mortes de agentes públicos e, desgraçadamente, concretizá-las.

Por meio de investigações levadas a cabo pelo Ministério Público do Estado de São Paulo e pela Polícia Civil, foi possível concluir que a organização criminosa compartimenta informações de comando, de modo que os demais integrantes não as conheçam, senão quando as ordens são retransmitidas por "salves", de forma oral ou escrita, seja por integrantes presos, seja por advogados, familiares ou, ainda, funcionários públicos corrompidos.

Aliás, o Ministério Público tem apontado nas denúncias que oferece contra os integrantes do "partido" que os assuntos relacionados a cada célula são decididos, sem ingerência direta dos líderes da organização, que só interferem em temas mais específicos, como foi no caso dos atentados praticados contra agentes do Estado em maio de 2006 e no ano de 2012. E foi assim, portanto, por intermédio dos "salves", oriundos dos detentores do comando da facção, que os homicídios de agentes públicos foram praticados. E ainda são. Conforme foi possível apurar em investigações realizadas para apurar a autoria de tais assassinatos, a ordem era para que as ações, num primeiro momento, se parecessem com roubos seguidos de morte, latrocínio, com o objetivo de dissimular a participação da facção como protagonista da barbárie homicida. Ocorre que alguns integrantes entenderam o "salve" de forma distorcida e passaram a matar policiais sem nada deles subtrair, inclusive, ostensivamente, o que chamou a atenção das autoridades.

Eram os agentes públicos surpreendidos saindo de suas residências ou nelas entrando, ou, então, em locais onde desempenhavam uma segunda atividade rentável, às vezes permitida, às vezes classificadas como "bicos". Para cada vítima, os ataques deveriam ser perpetrados por três ou mais integrantes da facção, ficando os "excluídos" incumbidos de monitorar a rotina dos agentes públicos, no mais das vezes policiais militares, em seus bairros, passando as informações para os "Disciplinas da Região", os quais autorizavam, de forma descentralizada, as covardes execuções. Importante abrir parêntesis

CRIME ORGANIZADO

para dizer que, desafortunadamente, em algumas ocasiões, tais agentes públicos acabavam por ser assassinados em serviço ou fora dele, como forma de vingança da facção por abusos praticados por colegas de corporação, alguns reveladores de verdadeira letalidade policial injustificada. Este comportamento, de ambos os lados, tem retroalimentado um ciclo infindável de covardia e violência, que permanece até os dias atuais.

Realizada a contextualização do fato, calha trazer à baila os tipos penais e as qualificadoras incidentes na prática do homicídio pela organização criminosa, que serão apreciados pelo juiz de direito e, havendo pronúncia, pelo Conselho de Sentença, no Tribunal do Júri. O homicídio praticado pela organização criminosa traz consigo a marca da torpeza, porquanto é sempre abjeta a escolha aleatória do agente público, representante do Estado, como vítima, para a demonstração de força por parte da facção criminosa, bem como de sua insubmissão ao império da lei. Jamais, portanto, o homicídio perpetrado pela organização criminosa, neste contexto de vingança e imposição frente ao Estado, poderá ser considerado simples.

A forma de praticar o assassinato, seja pelo forte poderio bélico utilizado, seja pela covardia empregada, com o ataque inesperado, sendo a vítima alvejada por várias vezes, faz com que incida a qualificadora da utilização do recurso que dificultou a defesa da vítima. Não raro, ainda, os integrantes da facção empregam meio cruel, fazendo com que as vítimas experimentem intenso e desnecessário sofrimento, o que igualmente qualifica o delito.

Ademais, acaso o atentado contra o agente público se dê em via pública, à luz do dia ou em período noturno, com transeuntes próximos ou em vias de tráfego intenso, também será possível concluir que o meio empregado resultou em perigo comum, circunstância esta que se presta a qualificar o delito de homicídio. Por fim, a partir da inovação trazida pela benfazeja Lei nº13.142/15, está presente a qualificadora objetiva descrita no inciso VII, do §2º, do artigo 121, do Código Penal, assim grafada: *"contra a autoridade ou agente descrito nos arts. 142 e 144 da Constituição Federal, integrantes do sistema prisional e da Força Nacional de Segurança Pública, no exercício da função ou em decorrência dela, ou contra seu cônjuge, companheiro ou parente consanguíneo até terceiro grau, em razão dessa condição."*

Como se vê, a partir desta dicção normativa, quando a barbárie homicida, numa demonstração de sanha da facção, alcançar os agentes públicos e seus familiares, cônjuges ou companheiros(as), em razão dessa condição, incidirá de forma providencial a qualificadora, não ficando tal situação a descoberto pelo legislador. Necessário dizer, ainda, que quando o integrante da organização criminosa se põe a matar, o faz com o instrumento letal por excelência, que é a arma de fogo, de sorte que, no mais das vezes, restará configurado o crime previsto no artigo 2º, §2º, da Lei 12.850/13. São esses os dizeres do tipo penal, *verbis*:

> Art. 2º – Promover, constituir, financiar ou integrar, pessoalmente ou por interposta pessoa, organização criminosa;
> Pena: reclusão, de 3 (três) anos a 8 (oito) anos, e multa, sem prejuízo das penas correspondentes às demais infrações penais praticadas.
> §2º – As penas aumentam-se até a metade se na atuação da organização criminosa houver emprego de arma de fogo.

Nesta toada, uma vez comprovado que o homicídio do agente público foi praticado por integrante de organização criminosa, deverá ele ser denunciado pelo delito de organização criminosa, majorado pelo emprego de arma de fogo, em concurso material com o próprio homicídio, caracterizado pelas qualificadoras já apontadas. Além da preocupação com a correta descrição do fato, o Promotor de Justiça não pode descurar da necessidade de adotar medidas processuais que pavimentem um caminho de êxito na aceitação de sua tese pelos jurados.

Na persecução penal do homicídio praticado pelo crime organizado contra o policial militar Vaner Dias, em 20 de junho de 2012, no repique dos atentados de 2006, tivemos a oportunidade de adotar medidas que forneceram a serenidade necessária para a tomada dos depoimentos das testemunhas, na fase do sumário da culpa e em plenário. Vaner era policial militar do Regimento da Cavalaria e foi morto com 10 tiros em uma academia na Vila Formosa, na Capital, onde dava aulas de jiu-jitsu, na presença de seus alunos. Três integrantes participaram do crime, encomendado por outros membros da facção criminosa, segundo apuraram as investigações. J. O. S. foi o primeiro a ser julgado. Ele foi preso dias depois do crime, no aeroporto, quando retornava do Piauí, para onde havia fugido. O Tribunal do Júri, em 18 de julho de 2013, reconheceu sua participação no crime e ele acabou condenado a 25 anos de reclusão, em regime inicial fechado. Foi a primeira condenação de um acusado de participação na onda de ataques a policiais militares, registrada em 2012. Na ocasião, foi possível transferir o réu para presídio federal, à vista de sua acentuada periculosidade, bem como oferecer proteção estatal às testemunhas presenciais ouvidas em juízo.

Sentiram-se amparadas pelo Estado e puderam depor com segurança, com a manutenção de seus dados qualificativos sob sigilo, reconhecendo o acusado, no plenário do Júri, como um dos homicidas. Naquela oportunidade, adotou-se também a medida de solicitar ao juízo a evacuação dos presentes

CRIME ORGANIZADO

do recinto, durante a colheita da prova oral, nele permanecendo somente o Juiz de Direito, as partes, os funcionários e os jurados.

As testemunhas sabiam que estava à disposição delas o aparato de proteção fornecido pelo PROVITA/SP, órgão estruturado no âmbito da Secretaria de Justiça do Estado de São Paulo. Por razões particulares, resolveram dispensá-lo, solicitando apenas a utilização, em favor delas, do Provimento nº32/00, da Corregedoria-Geral de Justiça, que prevê a manutenção, nos autos, dos dados qualificativos das testemunhas e vítimas sobreviventes sob sigilo. Foi o suficiente para aquela ocasião. Aliás, deve-se ressaltar que o PROVITA/SP tem sido importante aliado no enfrentamento ao crime organizado no Estado de São Paulo.

O Ministério Público, como titular da ação penal pública e, portanto, protagonista da inclusão de testemunhas no programa de proteção, é a Instituição, por natureza, mais apta a auxiliar os executores da proteção a cumprir seu mister. De tal sorte, ao municiar a equipe de proteção de informações, deve fazê-lo de forma detalhada, explicando qual o crime sob investigação; no que consistiu a colaboração da testemunha em vias de ser protegida; qual a vertente criminosa da organização que está sendo processada; o nível de sua periculosidade e em qual local ela predominantemente agia. Deve, ainda, esclarecer qual o andamento do inquérito policial ou do procedimento investigatório criminal, ou em que fase se encontra o litígio em juízo.

Por se tratar, também, de uma situação peculiar de proteção, diante do envolvimento de organização criminosa com o homicídio, a exigir mais da equipe técnica encarregada de fazê-la, quiçá aumentando o gasto de dinheiro público, não se recomenda que o processo tenha duração longa, devendo o Poder Judiciário impedir que os réus lancem mão de medidas procrastinatórias.

Nesta toada, benfazeja a dicção do artigo 8º, da Lei 9.807/99, ao facultar ao conselho deliberativo dos programas de proteção que solicite ao Ministério Público a postulação de medidas cautelares direta ou indiretamente relacionadas com a eficácia de proteção. Não fosse o teor deste artigo, a atrelar a eficácia da proteção ao conhecido poder geral de cautela do Magistrado, o artigo 156, inciso I, do Código de Processo Penal, com a redação dada pela Lei nº11.690/08, permite expressamente que o Ministério Público requeira ao Juiz de Direito que ordene *"mesmo antes de iniciada a ação penal, a produção antecipada de provas consideradas urgentes e relevantes, observando a necessidade, adequação e proporcionalidade da medida."* Trata-se de outra providência apta a abreviar a proteção da testemunha ou vítima sobrevivente que ofereceu seu contributo à persecução penal. Indo adiante, é preciso dizer que, há julgamentos, no entanto, nos quais o Promotor de Justiça do Júri encontrará no lado contrário da tribuna, como patronos dos interesses dos réus, advogados que integram a própria organização criminosa.

Recentemente, o Ministério Público de São Paulo desarticulou essa vertente da organização criminosa, integrada por 40(quarenta) advogados, antigamente chamada de "sintonia dos gravatas", por meio da bem sucedida operação ETHOS. Tal célula foi criada inicialmente para prestar serviços exclusivamente jurídicos aos líderes pertencentes à sintonia final geral ou ao conselho deliberativo da organização criminosa "PCC". Contudo, com o passar do tempo, este núcleo evoluiu, deixando de prestar apenas assessoria jurídica para, agora, servir de elo de comunicação das atividades criminosas entre os líderes presos e aqueles que estão em liberdade, como parte integrante, portanto, da própria facção. Vários advogados foram denunciados pelo Ministério Público por integrarem a organização criminosa, já tendo sido condenados em primeiro grau, com confirmação da condenação por Acórdão do Tribunal de Justiça, proferido pela 11ª Câmara Criminal.

Tais advogados possuíam metas a cumprir em prol da organização criminosa e aderiram a ela, de forma livre e consciente, conspurcando a nobre profissão que exerciam, numa triste confusão de papéis. Com tamanha ausência de escrúpulos, não raras vezes, as chamadas "testemunhas profissionais" eram arroladas por eles para depor em favor dos acusados homicidas, "irmãos" de facção dos causídicos, e lançavam mão de mentiras e falsidades na tentativa de ludibriar o Conselho de Sentença.

Nestas situações, uma vez detectada a mentira, entendemos que não se deve, *a priori*, requerer ao juízo que quesite o falso testemunho aos jurados. Estes já terão o ônus de julgar, num ambiente de natural tensão, o mérito do fato principal, atribuído ao assassino. Não devem ser sobrecarregados com a apreciação de mais um fato, *a latere* do objeto litigioso. Afigura-se, recomendável, portanto que o Promotor de Justiça esclareça no que consiste o testemunho falso e informe aos jurados que responsabilizará o depoente mendaz, posteriormente, requisitando instauração de inquérito policial para apurar o fato ou até mesmo, se já houver elementos para tanto, oferecendo denúncia contra ele, após o fim do julgamento. Deve deixar claro, em plenário, que tal medida tem como objetivo permitir aos jurados que destinem a atenção prioritária ao julgamento do crime doloso contra a vida, transmitindo-lhes a certeza de que o falso testemunho ali verificado não ficará impune. Enfim, são medidas postas à disposição do membro do Ministério Público que fortalecem a persecução penal em juízo do homicídio praticado por organização criminosa contra agente do Estado.

CRIME ORGANIZADO

1.2. Quando as Vítimas são Integrantes da Própria Facção

Desde os primórdios da estruturação da organização criminosa, tem sido recorrente a prática de homicídios de seus integrantes pelos próprios comparsas, em razão dos mais diversos motivos. Regida por um estatuto, a organização criminosa realiza o julgamento de seus pares nos conhecidos "Tribunais do Crime", imputando aos seus integrantes condutas que afrontariam as regras desse código interno. Ora, seja por se estabelecerem segundo um estatuto que não é o ordenamento jurídico em vigor, concebido no seio do Estado Democrático de Direito, seja por realizarem seus próprios julgamentos, em tribunais paralelos ao Poder Judiciário, é intuitivo que não haverá qualquer tipo de colaboração dos integrantes da facção com os organismos estatais de persecução penal, quando as mortes acontecerem no âmbito da organização criminosa. Isto porque não se reconhece o Estado como ente cogente, bem como não se identifica nas leis por ele postas qualquer legitimidade para regular assuntos internos da estrutura criminosa.

Nestes casos, à míngua de prova testemunhal, os entes republicanos incumbidos de realizar a persecução penal e afirmar a força do direito posto deverão lançar mão de provas documentais, eletrônicas e periciais para responsabilizar os homicidas. No Estado de São Paulo, a utilização do *Detecta*, sistema inteligente de monitoramento criminal por câmeras, tem se mostrado bastante útil à Polícia Civil no combate ao crime, colocando suspeitos nas cenas do homicídio e desfazendo álibis por eles invocados.

Rastreamento de voos suspeitos de helicópteros; checagem de hospedagem em hotéis e motéis em dias anteriores ao homicídio; interceptações telefônicas e mapeamento de ERB's (estações rádio-base de transmissão de sinais de telefonia celular); perícias em aparelhos celulares e demais eletrônicos apreendidos, com a devassa das informações neles contidas, precedidas da necessária autorização judicial, são outras medidas que permitem o aprofundamento das investigações para a identificação dos assassinos de seus próprios pares.

1.3. Quando as Vítimas são Integrantes ou Simpatizantes de Facções Rivais ou Desafetos

No confronto entre facções rivais, o Estado também não entra. Sabe-se da existência de dezenas delas no sistema prisional brasileiro, mas não existem dados oficiais que apontem com exatidão a quantidade. Sabe-se apenas que a única a estar presente em todos os estados da federação é o "Primeiro Comando da Capital". O confronto que se estabelece entre elas costuma ser bastante violento e marcado por requintada crueldade. Homicídios são praticados por decapitações e com o emprego de fogo, restando os corpos carbonizados, como forma de afirmar a superioridade de uma facção em relação a outra.

A semelhança na apuração dessas mortes é a dificuldade da obtenção da prova oral, pois não haverá a colaboração com o Estado por integrante de qualquer das facções. A razão é a de sempre: não se reconhece a legitimidade do Estado, de forma que os integrantes das organizações criminosas rivais acabam por fazer a opção de perpetuar o ciclo de violência, promovendo entre eles uma espécie de "ajuste de contas" sangrento. No entanto, tivemos a oportunidade de atuar em julgamento, no Tribunal do Júri de Guarulhos, de homicídio praticado por indivíduos presos, que integravam a mesma facção, contra simpatizante de facção rival, no qual foi possível contar com o contributo de outro detento.

De acordo com o apurado, os integrantes de um dos pavilhões do Centro de Detenção Provisória I de Guarulhos descobriram que havia no meio deles detento que seria simpatizante de uma facção rival, chamada Comando Democrático da Liberdade. Em função disso, resolveram matar tal indivíduo, simulando a ocorrência de um suicídio. Na data dos fatos, após cinco presos estrangularem a vítima por cerca de 10 minutos com uma corda improvisada, outros 5 detentos alteraram a cena do crime, não só trocando a roupa e limpando a vítima, como também a pendurando no alto de uma parede, tudo com finalidade de criar a ideia de que o detento havia se matado. No entanto, as lesões internas e externas no pescoço da vítima eram incompatíveis com a eliminação da própria vida, sendo então apurado em sindicância do próprio presídio que o crime tinha sido mesmo o de homicídio.

Desmontada a farsa do suicídio, foi fundamental na persecução penal a participação de outro detento, que presenciou os fatos e acabou mais tarde delatando o grupo criminoso. Graças à prova pericial, que comprovou tratar-se o fato de homicídio, e ao depoimento judicial deste preso, naquela oportunidade, seis dos dez assassinos foram condenados pelo Conselho de Sentença de Guarulhos, sendo que os outros quatro foram condenados em julgamentos posteriores.

Como medida de proteção e salvaguarda da prova, cuidamos de requerer a transferência da testemunha encarcerada para presídio federal de segurança máxima, a fim de que não fosse eliminada pela facção. Tal preso inseriu-se na categoria de depoente especial, conforme definido pelo Decreto Federal nº3.518/00. Entende-se por depoente especial, o réu detido ou preso, aguardando julgamento, indiciado ou acusado sob prisão cautelar em qualquer de suas modalidades, que testemunhe em inquérito ou processo judicial, se dispondo a colaborar efetiva ou voluntariamente com a investigação e o processo

CRIME ORGANIZADO

criminal, desde que dessa colaboração possa resultar a identificação de autores, co-autores ou partícipes da ação criminosa, a localização da vítima com sua integridade preservada ou a recuperação do produto do crime; e a pessoa que, não admitida ou excluída do Programa, corra risco pessoal e colabore na produção da prova (artigo 10, incisos I e II, do Decreto nº3.518/00).

De tal sorte, com o apoio do Departamento Penitenciário Nacional e do Serviço de Proteção ao Depoente Especial, foi possível realizar a transferência do preso e zelar pela manutenção de sua integridade física. Trata-se, portanto, de outra medida à disposição do Promotor de Justiça do Júri, voltada à população prisional, mas que igualmente se presta ao êxito da persecução penal.

2. A Figura do "Lobo Solitário" Integrante de Organização Criminosa

Vezes há em que o homicida, integrante da organização criminosa, pratica o delito, não a mando desta última, em cumprimento dos "salves", ou num contexto por ela desejado, mas o faz por motivos próprios. Trata-se da figura do "lobo solitário", pois o indivíduo age sozinho, imbuído de vontade íntima e sem o influxo externo da organização criminosa da qual faz parte. Tal fato, para fins penais, no entanto, é irrelevante.

Assim é que, se no curso das investigações do homicídio, ficar comprovado que o autor do fato é integrante de organização criminosa, deverá ser ele igualmente denunciado pela prática de delito descrito no artigo 2º, §2º, da Lei 12.850/13. Na lida forense, é comum descobrir que indivíduo apontado como pertencente a uma determinada facção, com histórico de intensa vida criminal, curiosamente, não tenha respondido a uma única ação penal por delito de quadrilha, associação criminosa ou, ainda, mais recentemente, de organização criminosa. Revelado, portanto, seu envolvimento com a facção, não pode o autor do fato ficar impune de tal crime, devendo responder também por ele, em concurso com o fato principal, objeto primitivo das investigações. Para tal finalidade, convém que o Promotor de Justiça do Júri faça consulta aos bancos de dados policiais e promova o cruzamento das informações neles obtidas, instruindo a denúncia com elementos não sigilosos, comprobatórios do vínculo do "lobo solitário" homicida com a organização criminosa.

Questão interessante surge quanto à eventual ocorrência de *bin in idem*, acaso o autor do fato, uma vez processado e condenado por organização criminosa, com trânsito em julgado, venha a ser processado novamente por tal delito. Entendemos que o *bis in idem* não ocorrerá, caso se demonstre que o investigado continuou pertencendo à organização criminosa, mesmo após sua primeira condenação com trânsito em julgado por tal delito. Este será o marco. Caso a condenação definitiva proferida pelo Estado-Juiz não se preste a interromper o vínculo do investigado com a organização criminosa, não terá ele carta branca para continuar delinquindo, devendo ser novamente responsabilizado pelo fato de integrar a facção. Em relação aos fatos pretéritos, todavia, entendemos que incidirá o *bis in idem*, devendo prevalecer a coisa julgada havida com a primeira condenação definitiva.

3. As Máfias Estrangeiras e o Homicídio

Conforme dissemos alhures, o crime organizado não respeita as fronteiras dos países e a soberania dos povos. Não enxerga limites geográficos para a sua ação articulada, porquanto tem como objetivo crescer e estender tentáculos mundo afora. Conflitos domésticos são transportados para o estrangeiro com naturalidade espantosa. O Brasil, eterno "país do futuro", por sua dimensão continental e importância geopolítica no mapa do planeta, tem sido escolhido por máfias estrangeiras para ser palco de disputas sangrentas originárias, atraídas que são para cá, em razão da triste marca de impunidade que o identifica.

Não por acaso, para nosso território já rumaram Ronald Biggs, após assaltar um trem pagador na Inglaterra; o *pentito* (arrependido) Tomaso Buscetta, oriundo da *Cosa Nostra* italiana; o assassino Cesare Battisti, após ser condenado por quatro homicídios na Itália e, ainda, Juan Carlos Abadia, megatraficante de drogas colombiano, apenas para citar alguns dos que mais ficaram em evidência no noticiário policial, nas últimas décadas. A Polícia Federal, a INTERPOL (International Criminal Police Organization) e as Autoridades Consulares dos países envolvidos têm prestado importante auxílio para a responsabilização dos homicidas, integrantes das máfias estrangeiras. Exemplificamos.

Em junho de 2015, o Ministério Público obteve a condenação do coreano Hyun Sung Kim a 14 anos de prisão, por homicídio. De acordo com a denúncia, Hyun Sung Kim, também conhecido como Yu Bi, pertencia à Máfia Coreana denominada Gun Dar, com ligações com a Yakuza, Máfia Japonesa. Em junho de 1997, Yu Bi assassinou Kim Hyung Gu, também coreano, em uma disputa entre quadrilhas que extorquiam comerciantes da colônia coreana. Yu Bi já havia sido condenado por roubo na Coreia do Sul e veio para o Brasil com o objetivo de ocupar, com seus comparsas, o espaço da quadrilha mais antiga, aqui já estabelecida e especializada em vender proteção aos comerciantes coreanos que se encontravam em situação irregular, extorquindo-os, sob ameaça de delatá-los às autoridades brasileiras. A vítima pertencia à quadrilha antiga e foi morta após intenso tiroteio travado entre os dois grupos, em um karaokê, no bairro do Cambuci. O crime teve grande repercussão junto à comunidade coreana, tendo o Consulado da Coreia do Sul contribuído com

CRIME ORGANIZADO

as investigações policiais e com a persecução penal em juízo, fornecendo tradutores e documentação que auxiliou na compreensão do funcionamento das máfias locais.

Como o réu estava foragido, após a condenação em plenário, pleiteamos ao Juízo a expedição de novo mandado de prisão. Além disso, cuidamos para que Yu Bi também tivesse o seu nome inserido na Difusão Vermelha da INTERPOL. Trata-se de verdadeiro mandado de captura internacional, emitido pela INTERPOL e possibilita a divulgação entre os Estados-Membros da existência de mandados de prisão pendentes de cumprimento, culminando com a detenção e extradição do indivíduo procurado. No Brasil, a solicitação deve ser feita ao Delegado de Polícia Federal.

4. A Letalidade Policial Injustificada e as Milícias

Dissemos aqui que a letalidade policial injustificada contribui para o recrudescimento da violência, pois é mais um dos ingredientes que alimenta o ciclo de vingança contra os agentes do Estado, indistinta e aleatoriamente escolhidos para serem mortos, de forma covarde, por integrantes de facção. É fundamental que as corporações policiais do Estado brasileiro assimilem, internamente, a noção de que combater a violência em confronto com criminosos armados é aceitável, exigível e até elogiável, porquanto é o Estado o único detentor do monopólio do uso da força. No entanto, fazê-lo fora das situações de confronto, não é combate à violência. É violência também. E deve ser responsabilizada como tal pelos entes de persecução penal do Estado. Execuções praticadas por agentes públicos devem ser combatidas exemplarmente no âmbito do exercício da autotutela estatal, por meio da ação de Corregedorias fortes e autônomas, sem prejuízo da necessária responsabilização pelo Estado-Juiz, no Tribunal do Júri.

O que estamos a dizer é que o combate à letalidade policial injustificada é indissociável do combate estatal aos grupos criminosos, porque um Estado que sabe punir quem o representa, legitima, perante a sociedade, a ação lícita de seus demais agentes, que matam os infratores da lei em situações de confronto. Entendemos, por essa razão, que se o enfrentamento às organizações criminosas é política prioritária na área da segurança pública, o combate à letalidade policial injustificada também deve sê-lo. Ambos estão no mesmo patamar de importância, quando se trata de adotar medidas hábeis a diminuir a violência, como um todo, no território nacional.

A tibiez das corporações no exercício da autotutela e a parcimônia dos organismos de persecução penal (Polícias, Ministério Público e Poder Judiciário) em responsabilizar agentes públicos, que matam ilicitamente, fornecem ingrediente para o crescimento e fortalecimento das milícias, que se entranham no seio do Estado, despudoradamente, para atingir seus objetivos.

O assassinato covarde da juíza de direito, Patrícia Acioli, em agosto de 2011, no Estado do Rio de Janeiro, por milicianos fortemente armados, é exemplo vivo dessa audácia criminosa. Verdadeiro atentado ao Estado Democrático de Direito, deve o trágico fato servir de alerta constante a quem tem os deveres funcional e institucional de zelar pela proteção à vida em nosso país. Por fim, vale mencionar que a Lei 12.720/12 acrescentou o §6º ao artigo 121, do Código Penal, assim redigido: *"A pena é aumentada de 1/3(um terço) até a metade se o crime for praticado por milícia privada, sob o pretexto de prestação de serviço de segurança, ou por grupo de extermínio."* A previsão da majorante pelo legislador bem revela a preocupação com a adequada punição à conduta ora analisada.

5. A Importância dos Jurados

Serão sete pessoas do povo que terão a missão de responsabilizar o homicida, integrante de organização criminosa, pelo fato a ele imputado na denúncia e pelo qual foi ele pronunciado. Natural que tenham receio de fazê-lo. Não é e nunca será uma tarefa fácil. Algumas das dificuldades já foram apontadas nesse breve estudo. No entanto, o que a sociedade representada pelos jurados, no Tribunal do Júri, deles espera é que cumpram a promessa que fazem (*vide* artigo 472, *caput*, do Código de Processo Penal), após serem escolhidos para formar o Conselho de Sentença, a saber: proferir a decisão de acordo com a consciência e os ditames da justiça.

Trata-se de uma missão muito nobre, das mais dignas dentre aquelas desempenhadas por todos aqueles que têm múnus público no Estado Democrático de Direito. Receberam da Carta Maior parcela do Poder Judiciário e julgam, no exercício de um mandato que lhes foi conferido pelo povo, diretamente, sem qualquer eleição pretérita. Basta que apresentem um histórico de vida de idoneidade moral que, aliás, é presumida por lei (artigo 439, do Código de Processo Penal). E não julgam qualquer fato, julgam a afronta à vida, bem jurídico especialíssimo.

Para exercer esta cara missão, não cabe sentimento de pena, como também não cabe a raiva. Cabem (e cabem sempre) o bom senso, a altivez, a empatia com a dor alheia e a vontade de colaborar com a construção de uma sociedade mais justa, por eles representada. E é isso o que os jurados têm feito: promovido a Justiça no Tribunal do Júri! Que seja sempre assim!

Referências

DELGADO, Malu. "Brasil tem pelo menos 83 facções em presídios", DW Brasil, *in* www.dw.com, 17.01.2017.

JOZINO, Josmar. Xeque-Mate. O tribunal do crime e os letais boinas pretas: guerra sem fim, São Paulo, Letras do Brasil, 2012.

LODATO, Saverio. QUARANT'ANNI DI MAFIA – Storia di una guerra infinita, Milano, Italia, Bur, terza edizione, 2013.

RAMADAN, Tomás Busnardo. "Aspectos Legais da proteção ao réu colaborador: o papel do PROVITA/SP e a atuação do Ministério Público", *in* Proteção a Testemunhas no Estado de São Paulo, São Paulo, Secretaria da Justiça e da Defesa da Cidadania, 2010.

9
Crime Organizado: uma Compreensão acerca dos Aspectos Psicológicos e Repercussões Psicossociais

ALCIONE APARECIDA MESSA

Introdução

A crescente violência nos centros urbanos brasileiros atravessa os mais diversos grupos e classes sociais. A atuação do crime organizado gera uma rede de consequências, tanto na vida pública, quanto na privada, além de promover ampla mobilização social. Sensações de medo e insegurança estão cada vez mais presentes no cotidiano das pessoas. Ao observarmos a sociedade, percebemos que ela é um grande grupo regido por normas que mantêm a ordem de convivência e os limites entre as pessoas. As regras vigentes são essenciais pois ditam as referências de comportamento de uma determinada cultura.

É uma tendência natural do ser humano se organizar em grupos, mantendo-se em constante interação no meio em que vive. O homem estabelece vínculos e se organiza em grupos e comunidades que estruturam a sociedade, compondo uma rede de relações. Duas ou mais pessoas, interagindo umas com as outras já configuram uma estrutura grupal. A total dependência e vulnerabilidade do ser humano ao nascer torna essencial o estabelecimento de uma relação afetiva primária com alguém que zele por sua sobrevivência. Esse papel é desempenhado pela mãe ou alguém equivalente, ou seja, uma pessoa responsável pelos cuidados básicos e por suprir as necessidades de afeto e segurança.

A partir do momento em que nascemos já nos encontramos em relação com outras pessoas e somos consequentemente inseridos na estrutura social básica: a família. Segundo Pichon-Rivière (1998), a família é o grande suporte da sociedade e é a partir dela que a criança se socializa. Funciona como um modelo natural da situação de interação grupal que se configura pelo interjogo de papéis diferenciados. A maioria dos movimentos e acontecimentos sociais se reproduzem a partir de um grupo de indivíduos. O acontecimento social acaba sendo conduzido por um indivíduo, junto e por causa de outros indivíduos, ou seja, dificilmente um indivíduo é causa isolada da ação social.

É em grupo que o homem se percebe como tal e passa a agir de forma pautada e reconhecida pelos outros, formando sua identidade gradualmente. São diversas as configurações que podem tomar os agrupamentos humanos, e também são diversas as motivações propiciadoras. As estruturas continentes em um grupo são inter-individuais, de natureza psíquica e social, determinadas pelo comportamento de seus integrantes. O afeto entre os membros e a importância atribuída ao objetivo comum são aspectos mantenedores da coesão grupal.

1. O Funcionamento Grupal do Crime Organizado

De acordo com Bleger (1998), um grupo é uma sociabilidade estabelecida sobre um fundo de indiferenciação ou de sincretismo, no qual os indivíduos não tem existência como tais, e entre eles atua um transitivismo permanente. Com certo tempo de permanência, o grupo já tem sua história com traços que o distinguem, com seus objetivos e finalidades. Sua identidade é formada, organizando-se papéis e funções a serem desempenhados. Surge uma dinâmica específica, com padrões de interação próprios, e uma particular rede de comunicação. Passa a haver uma ideologia grupal, com o estabelecimento de normas, regras e procedimentos que configuram uma cultura grupal própria.

O Crime Organizado é toda organização com atividades e objetivos destinados a obter poder e lucro, transgredindo as leis formais das sociedades. Pode ser sustentado por fontes ilícitas como o tráfico de drogas, os jogos de azar, a corrupção pública e privada. Sua estrutura se forma paralelamente ao que é determinado segundo as leis formais. Trata-se de um grupo formado no sentido de desafiar as regras que determinam a ordem pública, mantendo-se por meios considerados ilegais. Sua forma de organização oferece resistência à toda e qualquer forma de controle ou dominação social.

Segundo a Convenção das Nações Unidas contra o Crime Organizado Transnacional (Decreto 5.015 de 12/03/2004), o grupo criminoso organizado é o grupo estruturado de três ou mais pessoas, existente há algum tempo e atuando concertadamente com o propósito de cometer uma ou mais infrações graves com a intenção de obter, direta ou indiretamente, benefício econômico ou material.

CRIME ORGANIZADO: UMA COMPREENSÃO ACERCA DOS ASPECTOS PSICOLÓGICOS...

Nos últimos anos, o crime organizado tem apresentado uma configuração empresarial com base transnacional, que se impõe conectando-se a diversas formas de criminalidade como os crimes contra a pessoa, patrimônio, sistema financeiro e economia popular, além do uso de excessiva violência. Aliado a essas características, ocorrem graves violações aos direitos humanos (Adorno, 2002). O dinheiro advindo desse tipo de atividade serve para a manutenção do crime, pagamento de propina e o lucro pode ser revertido à atividades lícitas como restaurantes e hotéis. O processo de transformação de dinheiro ilegal em dinheiro legal é o que chamamos de "lavagem de dinheiro".

Nesses casos, a organização criminosa é hierarquizada e respeitada segundo seu grau de violência e poder de fogo. Seu crescimento tem envolvimento com o narcotráfico e a consequente omissão e impotência do Estado diante de tal. A operação contra o crime organizado abarca aspectos muito variados, tendo implicações políticas, sociais e psicológicas, além das puramente policiais. Além de ser um problema social, a violência é uma questão a ser compreendida também pelas ciências que buscam entender o comportamento humano. Pode ser entendida como uma forma de resolução de conflitos ou ser gerada por ele, como forma de finalizar o próprio conflito, iniciando assim um ciclo de ações e reações de agressividade (Messa, 2010).

2. Aspectos Psicológicos

Muitas das pessoas envolvidas no crime organizado vivenciam uma realidade cotidiana precária, constituída por privações em diversos níveis: falta de atividade profissional, dinheiro e perspectiva, alem de pobre formação escolar. A realidade dessas pessoas é composta por uma rede de implicações individuais e sociais que geram situações problemáticas. As pessoas que apresentam recursos insuficientes para se desenvolver e pobre estrutura familiar podem ser facilmente seduzidas pelo envolvimento com o tráfico, atividades criminosas, obtenção de reconhecimento social, sustento e poder, facilidades financeiras, acesso a bens de consumo e interação pessoal.

Seria restritivo dizer que experiências negativas da vida (situações de violência, desorganização familiar e privações) são os fatores determinantes no envolvimento da pessoa com o crime, pois não são os fatores em si que contribuem para essa trajetória, mas os significados pessoal e coletivo atribuídos às essas experiências e contextos. O envolvimento com a vida criminosa é uma das possibilidades que envolvem escolhas conscientes ou inconscientes, além de outros fatores como características de personalidade, recursos de enfrentamento, valores e crenças pessoais. Deve-se considerar um conjunto de condições emocionais, afetivas, vivenciais, fisiológicas e genéticas que contribuem para o comportamento delinquente.

Há que se considerar o conceito de resiliência como a capacidade humana em superar situações adversas, adaptando e promovendo ajustes adequados, fortalecendo-se e até mesmo, transformando-se diante de dificuldades. Ou seja, pessoas resilientes podem buscar outras soluções para o contexto de instabilidade e privações em que se encontram, desvinculada da violência e do crime.

As relações primárias estabelecidas com as figuras parentais são extremamente importantes para a formação do aparelho psíquico. As figuras parentais tem a função de proteger a criança, apresentando e dando significado às coisas do mundo de forma gradual. A privação e/ou instabilidade do vínculo parental tem efeitos profundos no desenvolvimento da criança. As vivências primárias frágeis com as figuras de pai e mãe podem suscitar carências ao longo do desenvolvimento físico e emocional do indivíduo. Essas relações funcionam como modelos e quando são estabelecidas de forma disfuncional, com precariedade do vínculo e da troca de afeto, as respercussões são sentidas em diversos aspectos da personalidade como auto-estima, sociabilidade, desenvolvimento de sentimentos de confiança, empatia com o sentimento alheio e capacidade de vinculação.

Dessa forma, o ato infracional pode ser entendido como uma tentativa do indivíduo em demarcar sua existência, de pertencer e fazer parte da sociedade. Através da transgressão, o infrator encontra uma forma de ser acolhido e reconhecido, seja pelo sistema jurídico ou assistência social (Messa, 2010).

A entrada para a vida do crime organizado proporciona o acolhimento a uma grande família, que age com cumplicidade, que protege seus elementos e se fortalece. As necessidades básicas de sermos protegidos e de pertencermos a um grupo ao qual podemos nos vincular são então atendidas. Os criminosos compartilham características, uma identidade comum e estilos de comportamento, interagem uns com os outros, aceitam as normas e direitos, ou seja, de alguma forma passam a se perceber afiliados ao grupo.

As formações criminosas organizadas seduzem seus participantes em uma intensa manipulação psicológica. As pessoas que apresentam frágeis alicerces de personalidade, podem ter dificuldades em se desvincular dessas atividades e as tendências criminosas se manifestam por influenciação de pessoas que apresentam tal dinâmica e identificação. O crime traz soluções e benefícios a situações que estes indivíduos não conseguem obter de outra forma, ou seja, apresenta uma via de solução aos aspectos de privação emocional, sustento econômico e estabelecimento de vínculos. Desta maneira, a ressocialização não compensa por conta dos ganhos secundários gerados pelo crime.

A possibilidade de liderar um grupo de pessoas e de manipular o poder, pode encontrar um terreno fértil em indivíduos com distúrbios emocionais. Pessoas com transtornos de personalidade apresentam uma maneira fria de lidar com as emoções das outras pessoas, eliminando todo e qualquer obstáculo à realização de seus objetivos, motivadas pelo baixo limiar de frustração e o fato de não considerarem os efeitos de seus atos.

O foco principal nesses casos de psicopatia é a satisfação própria e para essas pessoas, a busca pela satisfação dos desejos acima de tudo e a qualquer preço, está aliada à intolerância diante de dificuldades e a não introjeção de limites e valores adequados, propiciando um contexto facilitador de comportamentos disfuncionais.

3. Sobre a Violência

Ao abordarmos a questão familiar, em muitos casos percebe-se que o primeiro contato com situações agressivas acontece no contexto doméstico. A violência é compreendida como uma linguagem e é incorporada ao repertório do indivíduo como uma forma de se expressar no mundo. Enquanto meio de comunicação, a violência tem a função de interação entre as pessoas, mesmo que de forma insatisfatória e agressiva.

Esse tipo de interação pode gerar marcas profundas no aparelho psíquico, com sequelas graves por toda a vida, que podem ser superadas com o desenvolvimento de formas alternativas de enfrentamento e comportamento. O conteúdo emocional violento das vivências familiares marca a vida psíquica de forma intensa. Um ambiente semelhante com vivências primárias do próprio indivíduo em que ocorre identificação com um contexto conhecido, condutas violentas e patologias podem se desenvolver e se manifestar. Ao se deparar com situações de violência e humilhação, o indivíduo reproduz os comportamentos e atitudes que aprendeu e registrou em sua história de vida como usuais.

A violência gera prejuízos físicos e psíquicos, e o grau de comprometimento está relacionado à idade da vítima, tipo de violência, tempo de exposição e recursos de enfrentamento do indivíduo, variando de acordo com a cultura, suas normas de conduta, valores e crenças. Deve ser compreendida na relação com a história de vida do agressor, da vítima, das vítimas indiretas e da comunidade, pois há grandes chances de que um ciclo de violência se reproduza entre grupos e através de gerações. As causas podem ser analisadas de acordo com o momento histórico e relacional de uma sociedade, seus recursos e organização sociopolítica.

CRIME ORGANIZADO

Pesquisas em neurociências encontraram genes específicos que resultam em disfunções cerebrais funcionais e estruturas geradoras de uma predisposição ao comportamento violento. O comportamento criminoso se torna aumentado em combinação com fatores de risco sociais e biológicos (Raine, 2008).

Embora haja a probabilidade de envolvimento genético nas causas e motivações de um crime, os processos psicossociais devem ser também considerados já que influências ambientais precoces podem alterar a expressão do gene e o funcionamento cerebral. Apesar do papel genético na determinação de um comportamento anti-social, deve-se considerar que os genes não são fixos e imutáveis. Sendo assim, as influências psicossociais podem provocar modificações estruturais no DNA, alterando o funcionamento neuronal e propiciando o surgimento de comportamento anti-social (Raine, 2008).

O que se deve pensar é como será tratada essa questão, já que envolve o aspecto ético, em termos legais e sociais sobre culpabilidade, punição e livre-arbítrio (Raine, 2008).

Conclusões

A legislação brasileira assegura a todos o direito à liberdade de pensamento, trabalho, lazer, enfim, oportunidades igualitárias a toda a população. No dia-a-dia percebemos que isso nem sempre ocorre e que integramos uma sociedade com intensas desigualdades sociais. O desejo por bens de consumo e até mesmo a luta por garantir os recursos básicos, muitas vezes motivam o inivíduo a atitudes violentas em prol da sobrevivência ou satisfação de suas necessidades. De certa forma, esse comportamento revela uma agressão ao Estado, considerado a figura que deveria garantir o provimento dos elementos essenciais para uma vida digna a todos os seres humanos.

Ao agir em protesto à sua situação de privação, os criminosos estão também atentando contra o resto da população, criando uma ressonância de violência no contexto social. Toda a sociedade passa a se sentir ameaçada e sofre as consequências da atuação dos criminosos em diversas modalidades de delitos e atentados.

Outra questão a se considerar é a função que o crime organizado tem de proporcionar aos seus membros o que a sociedade proíbe de acordo com seus interesses e sua estrutura de valores. O acesso a armas e drogas é facilitado e seu uso é lagalizado dentro de uma orgnização criminosa. Consequentemente, constitui-se uma sociedade paralela, sem limites, ou melhor, com regras próprias, específicas, incongruentes com a sociedade ampla. Os atos do crime organizado contrariam a ordem e contradizem o comando jurídico oficial.

De outro lado, existe a população que tem medo das atuações do crime organizado; percebe o perigo iminente de tais ameaças, reage ansiosamente em face a notícias de arrombamento, homicídios, estupros, agressões, roubos, que afrontam a segurança individual e coletiva.

As pessoas temem ataques pois entendem que existe uma vertente criminosa tão ou mais poderosa que o Estado, que não é contida e age segundo seus objetivos. Sentimentos como desproteção, raiva, medo e pânico são recorrentes, provocando um estado de alerta constante e desconfiança. O estresse gerado por esses sentimentos podem levar o indivíduo à exaustão física e psicológica, principalmente se o estado de estresse se cronifica. Consequentemente e a longo prazo, os efeitos podem ser mais graves, como o desenvolvimento de uma psicopatologia ou sérios comprometimentos de ordem psico-emocional e fisiológica.

Vamos então nos acostumando com a violência, que vai pouco a pouco se tornando naturalizada. De certa forma, a convivência com atos violentos faz com que nos acostumemos com o ambiente agressivo que nos cerca. Somos tão abordados com notícias da ordem da violência e do desassossego, que para nos protegermos psicologicamente, passamos a tratar o assunto com banalidade, no intuito de preservação da saúde mental. Passamos a agir com indiferença, em uma atitude inconsciente de negação, em que mecanismos de defesa são acionados em nosso aparelho psíquico como um recurso para atenuar os efeitos de aspectos tão ameaçadores à nossa ingridade física, moral e emocional.

Um aliado poderoso da violência é o silêncio das vítimas, assegurado pelo medo e quando se trata de uma organização criminosa estruturada, o medo toma maior proporção. Esse silêncio torna difícil a intervenção, e o próprio descrédito de que a denúncia ou qualquer tipo de manifestação contra a violência terá efeito na resolução da problemática, condicionam a um comportamento de passividade da população, potencializando a dinâmica de manipulação de poder por parte do crime organizado.

Sendo assim, o ciclo de causas e efeitos psicológicos e emocionais gerado pelo crime organizado abarca desde os fatores envolvidos diretamente com a organização infracional até a sociedade como um todo, sendo necessário analisar profundamente as demandas e características de cada fator e indivíduo envolvido. O entendimento de formações criminosas e atos infracionais se determina por uma etiologia multifatorial envolvendo desde aspectos básicos de personalidade, genéticos e estruturação familiar até condições socioeconômicas, resultantes de influências históricas e culturais.

CRIME ORGANIZADO

Referências

ADORNO, S. Crime e violência na sociedade brasileira contemporânea. Jornal de Psicologia-PSI. Abr/Jun, p. 7-8, 2002.

BLEGER, J. Temas de Psicololgia. Entrevistas e Grupos. 2ª ed. São Paulo. Martins Fontes, 1998.

MESSA, A. A. Psicologia Jurídica. Coleção Concursos Jurídicos. Org. Ana Flávia Messa. São Paulo. Atlas, 2010.

PICHON-RIVIÈRE, E. O processo grupal. Trad. Marco Aurélio Fernandes Velloso, 9ª ed, São Paulo: Martins Fontes, 1998.

RAINE, A. O crime biológico: implicações para a sociedade e para o sistema de justiça criminal. Revista de Psiquiatria do Rio Grande do Sul. V. 30, n.1, p. 5-8, 2008.

PARTE III
DA INVESTIGAÇÃO E DOS MEIOS DE OBTENÇÃO DE PROVA

10

A Delação e a Colaboração Premiadas

RAFAEL ABUJAMRA
FERNANDO HENRIQUE DE MORAES ARAÚJO

1. Considerações Iniciais

O exame hodierno de qualquer instituto penal ou processual penal no sistema jurídico vigente é indissociável da análise de sua legitimação, traduzida por sua conformação com o ordenamento, com a moralidade e ética dominante no momento histórico, assim também o grau de sua efetividade perante a política criminal, compreendida como os meios à disposição na coibição das práticas delitivas, e a criminologia, ou seja, a interpretação crítica dos fins sociais do Direito.

Nesta esteira, se a síntese dos fins do Direito Penal se expressa pela prevenção e repressão das infrações penais no controle social, a abordagem e dissecção meramente abstratas de determinado mecanismo, integrante desse sistema, seria de todo incompleta e lacunosa.

Desse modo, evidentemente sem se descuidar da imperiosa incursão teórica, revela-se forçosa a concessão de um enfoque pragmático da utilização concreta do instituto, com o fito de alcançar a perfeita dimensão de sua relevância no cenário criminal contemporâneo.

Há tempos, as constantes fusões, simbioses e progressões entre as espécies da criminalidade ordinária e a organizada, ambas atual e invariavelmente permeadas de infiltrações nos poderes públicos, reclamam, há longa data, a adoção e utilização de medidas que sejam detentoras de maior eficácia na aplicação da finalidade da persecução estatal com vistas à manutenção da ordem e da segurança pública.

CRIME ORGANIZADO

Conquanto, é verdade, por vezes vetusto, truncado, deformado e recorrentemente interpretado de forma laxista, o ordenamento brasileiro, na maioria das hipóteses em decorrência de pressões internacionais e populares, esforça-se para fornecer os mecanismos de contenção e punição criminal.

Dentre os meios revelados por esse empreendimento legislativo surge a modernamente chamada de colaboração premiada, como mais um instituto na reconstrução da verdade dos fatos no curso da *persecutio criminnis*.

A gênese do mecanismo em questão já era antevisto, em 1853, por Rudolf Von Ihering, para quem, diante da pouca capacidade de se refrear a força do crime nos séculos vindouros, *"um dia, os juristas vão se ocupar do direito premial. E farão isso quando, pressionados pelas necessidades práticas, conseguirem introduzir matéria premial dentro do direito, isto é, fora da mera faculdade ou arbítrio. Delimitando-o com regras precisas, nem tanto no interesse do aspirante ao prêmio, mas, sobretudo no interesse superior da coletividade"*.[1]

2. Conceito, Natureza Jurídica e Classificação

De início, de se registrar que o termo inicialmente utilizado no ordenamento pátrio **delação,** provém do latim *delatione* e significa "denunciar, revelar (crime ou delito); acusar como autor de crime ou delito; deixar perceber; denunciar como culpado; denunciar-se como culpado; acusar-se" (FERREIRA, 1999).

A delação, também identificada por "chamada de corréu", traduz-se pela confissão realizada por um averiguado, indiciado ou réu, durante seu interrogatório ou qualquer outro ato concretizado na fase extrajudicial ou em juízo, veiculando também e, sobretudo, incriminação de terceiro, outrora identificado ou não.

Em melhor síntese, leciona-se que *"Também denominada de 'chamada de co-réu', 'delação' ou 'chamamento de cúmplice', ocorre quando no interrogatório o réu, além de reconhecer sua responsabilidade, incrimina outro, atribuindo-lhe participação."* (TOURINHO FILHO, 2005, p.282)

O acréscimo da expressão **'premiada'** miscigena o instituto com espécie de recompensa, tornando-o advindo do direito premial, pois passa a ser *"incentivada pelo legislador, que premia o delator, concedendo-lhe benefícios (redução da pena, perdão judicial, aplicação de regime penitenciário brando, etc.)."* (JESUS, 1998, p.9)

Por conseguinte, a delação premiada concentra o ato de confissão do imputado, somado à incriminação de terceiro(s) e ou colaboração efetiva na investigação criminal, mediante a retribuição estatal de benesse penal ou processual penal devidamente proporcional.

---

[1] *Apud* CERQUEIRA, Thales Tácito Pontes de Pádua. Delação Premiada. Revista Jurídica Consulex. 15 de setembro de 2005, Ano IX, nº 208, p. 25

A DELAÇÃO E A COLABORAÇÃO PREMIADAS

O advento da Lei nº 12.850/13, que definiu organização criminosa e dispôs sobre os meios de investigação criminal e obtenção de prova e outras providências, fixou o termo **Colaboração Premiada** no intuito de retirar o indevido estigma ético negativo imposto ao instituto (art. 3º, I) que, na prática, permanece a exigir os requisitos da outrora nominada delação premiada, mas com evidente aprofundamento de regulamentação. E a Lei n. 13.964/19 trouxe contornos mais atuais ao instituto.

Impende registrar que doutrinadores, dentre eles LUIZ FLÁVIO GOMES (2005, p. 18), advertem sobre a existência de distinção entre colaboração à justiça e a delação premiada, reputando a primeira como resultante apenas e tão somente na admissão de culpa sem a incriminação de terceiro, condição reclamada para configuração da última.

Destaque-se que a primeira funciona apenas como circunstância atenuante (CP, art. 65, I, *d*), ao passo que a segunda confere ao agente variados benefícios.

Em legislação específica, a delação premiada, doravante colaboração premiada é chamada de acordo de leniência.

Malgrado aparentemente tormentosa, mostra-se pouco dificultosa a apuração da natureza jurídica do instituto em testilha, cujo produto é reconhecido popularmente como *alcaguetagem*.

Obviamente, a colaboração não ostenta contornos de confissão ou testemunho, porquanto a afirmação incriminadora não atinge apenas o próprio autor da admissão de culpa ou confidente e é lançada por sujeito destinatário da persecução penal, não sendo, portanto, parte estranha da relação processual.

De outro lado, a despeito de interessado em obter os beneplácitos correspondentes, o colaborador acha-se amparado pelo resguardo da garantia constitucional da não auto-incriminação (*Nemo tenetur ce detegere*), eximindo-se, assim, do compromisso de dizer a verdade.

Apesar disso, não haveria o mínimo sentido em desprezar a finalidade probatória do instituto, visto que estabelecido exatamente com este desiderato.

Em relação à delação premiada, vertentes abrem-se sobre o tema.

A primeira delas considera a natureza jurídica da delação premiada como meio de prova inominada ou anômala, diante da inexistência de previsão normativa como tal na Lei Processual Penal (CPP, art. 158 a 250).

Posição intermediária sustenta cuidar-se de meio de prova nominado, pois, não obstante a ausência da consignação expressa e específica, o ordenamento jurídico não a trata como prova ilícita, conseqüentemente admitindo-a com base no princípio do livre convencimento. Finaliza-se destacando que a esta altura a colaboração premiada se acha largamente tratada pelas legislações extravagantes.

A derradeira corrente interpreta-a como meio de prova nominado, mas também como beneplácito penal e ou processual, assumindo formas que vão desde as causas de redução ou diminuição de pena até a extintiva de punibilidade como o perdão judicial.

Em arremate, convém consignar que a doutrina classifica a colaboração, bipartindo-a em espécies, tratando-a de preventiva ou repressiva.

A primeira ocorreria na fase da investigação criminal, hipótese na qual o codeliquente, não bastasse admitir sua culpa pelo envolvimento na infração penal, impede, com sua colaboração, a consumação de outros crimes ou proporciona a libertação da vítima, a apreensão de coisas ou substâncias ilícitas, etc.

De outro bordo, a repressiva revela-se com a colaboração lançada com o fito de sedimentar a comprovação da imputação dirigida aos demais acólitos, tornando concretas suas responsabilizações penais.

A doutrina mais moderna conceitua a Colaboração Premiada como *"técnica especial de investigação, enfim, um meio de obtenção de prova. Por força dela, o investigado (ou acusado) presta auxílio aos órgãos oficiais de persecução penal na obtenção de fontes materiais de prova. Por exemplo, se o acusado resolve colaborar com as investigações em um crime de lavagem de capitais, contribuindo para a localização dos bens, direitos ou valores objeto do crime, e se essas informações efetivamente levam à apreensão ou sequestro de tais bens, a colaboração terá funcionado como meio de obtenção de prova, e a apreensão como meio de prova"* (LIMA, RENATO BRASILEIRO de, 2018, p. 726). Era o que dispunha o art. 3º, da Lei n. 12.850/13: "Em qualquer fase da persecução penal, serão permitidos, sem prejuízo de outros já previstos em lei, *os seguintes meios de obtenção da prova: I – colaboração premiada."* Agora, a Lei n. 13.964/19 positivou tal conceito do instituto: "Art. 3º-A. O acordo de colaboração premiada é negócio jurídico processual e meio de obtenção de prova, que pressupõe utilidade e interesse públicos."

Renato Brasileiro, citando Vladimir Aras, aponta a existência de quatro subespécies de colaboração premiada (LIMA, RENATO BRASILEIRO de, 2016, p. 521):

> "a) **delação premiada (chamamento de corréu):** além de confessar seu envolvimento na prática delituosa, o colaborador expõe as outras pessoas implicadas na infração penal, razão pela qual é denominado de agente revelador;
>
> b) **colaboração para libertação:** o colaborador indica o lugar onde está mantida a vítima sequestrada, facilitando sua libertação;
>
> c) **colaboração para localização e recuperação de ativos:** o colaborador fornece dados para a localização do produto ou proveito do

A DELAÇÃO E A COLABORAÇÃO PREMIADAS

delito e de bens eventualmente submetidos a esquemas de lavagem de capitais;

d) **colaboração preventiva**: o colaborador presta informações relevantes aos órgãos estatais responsáveis pela persecução penal de modo a evitar um crime, ou impedir a continuidade ou permanência de uma conduta ilícita."

3. Origem e Evolução Nacional

As ordenações Filipinas, legislação baseada em parâmetros de intimidação pelo terror, foi observada em Portugal a partir de sua impressão, verificada em 1.603. Embora ulteriormente alterada, constituíram a base do direito Português até a promulgação dos sucessivos códigos do Século XIX, sendo que algumas de suas disposições vigeram no Brasil até o advento do Código Criminal em 1.830 e do Código Civil de 1.916.

Dentre elas, as Ordenações Filipinas previam o instituto da delação premiada no livro seu V, título CXVI – *"Como se perdoará aos malfeitores, que derem outros à prisão"* [2]. Por seu intermédio, o indivíduo que declinasse o culpado receberia o perdão, acrescido de um autêntico prêmio.

Desde então, a parte geral do Código Penal, com a redação dada em virtude das alterações promovidas pela Lei nº 7.209/84, lançou diversas facetas

---

[2] "Qualquer pessôa, que der á prisão cada hum dos culpados, e participantes em fazer moeda falsa, ou em cercear, ou per qualquer artifício mingoar, ou corromper a verdadeira, ou em falsar nosso sinal, ou sello, ou da Rainha, ou do Príncipe meu lilho, ou em falsar sinal de algum Vêdor de nossa fazenda, ou Dezembargador, ou de outro nosso Official Mór, ou de outros Officiaes de nossa Caza, ou cousas, que toquem a seus Officios, ou em matar, ou ferir com bêsta, ou espingarga, matar com peçonha, ou em a dar, ainda que morte della se não siga, em matar atraiçoadamente, quebrantar prisões e Cadêas de fôra per força, fizer furto, de qualquer sorte e maneira que seja, pôr fogo acinte para queimar fazenda, ou pessoa, forçar mulher, fazer feitiços, testemunhar falso, em soltar presos por sua vontade, sendo carcereiro, ou entrar em Mosteiro de Freiras com propósito desonesto, em fazer falsidade em seu Officio, sendo Tabellião, ou Scrivão; tanto que assi der á prisão os ditos malfeitores, ou cada um delles, e lhes provar, ou forem provados cada hum dos ditos delictos, se esse, que assi deu á prisão, participante em cada hum dos ditos maleficios, em que he culpado aquelle, que He preso, havemos por bem que, sendo igual na culpa, seja perdoado livremente, postoque não tenha perdão da parte. E se não for participante no mesmo malefício, queremos que haja perdão para si (tendo perdão das partes) de qualquer malefício, que tenha, postque grave seja, e isto não maior daquelle, em que he culpado o que assi deu á prisão. E se não tiver perdão das partes, havemos por bem de lhe perdoar livremente o degredo, que tiver para Africa, até quatro annos, ou qualquer culpa, ou malefício, que tiver commettido, porque mereça degredo até os ditos quatro annos. Porém, isto se entenderá, que o que der á prisão o malfeitor, não haja perdão de mais pena, nem degredo, que de outro tanto, quanto o malfeitor merecer. E além do sobredito perdão, que assi outorgamos, nos praz, que sendo malfeitor, que assi foi dado á prisão, salteador de caminhos, que aquelle, que o descobrir e der a prisão, e lho provar, baja de Nós trinta cruzados de mercê."

185

de delação sob o enfoque da expiação em razão da prática delituosa perpetrada: (i) a atenuante da confissão espontânea (CP, art. 65, III); (ii) o arrependimento eficaz (art. 15, segunda parte) e o (iii) o arrependimento posterior (art. 16).

A partir da década de 1.990, importada da Europa, onde foi estabelecida para frear a expansão terrorista, o sistema jurídico pátrio colheu, em diversos dispositivos, sobretudo em legislações especiais, o instituto da delação, atual colaboração premiada.

Nesta toada, advinda do direito italiano, teve previsão no art. 7º, da Lei nº 8.072/90 (Lei dos Crimes Hediondos) que determinou a inserção do parágrafo 4º ao art. 159, do Código Penal (crime de extorsão mediante seqüestro). A redação inicial do referido dispositivo asseverava que:

> Se o crime é cometido por quadrilha ou bando, o co-autor que denunciá-lo à autoridade, facilitando a libertação do seqüestrado, terá sua pena reduzida de um a dois terços.

A literalidade do texto, entretanto, restringia a aplicação da delação premiada nele prevista – que já se exigia fosse integralmente eficaz – aos casos exclusivamente praticados por quadrilha ou bando, cuja infração penal reclama o mínimo de quatro integrantes.

A correção sobreveio ulteriormente com a modificação da redação com a edição da Lei nº 9.269/96 (*"§ 4º Se o crime é cometido em concurso, o concorrente que o denunciar à autoridade, facilitando a libertação do seqüestrado, terá sua pena reduzida de um a dois terços."*).

A mesma Lei dos Crimes Hediondos, no parágrafo primeiro de seu artigo 8º, tornou a consignar a delação premiada, mediante a redução de um a dois terços da pena, para participantes e associados que denunciassem à autoridade o bando ou a quadrilha, possibilitando seu desmantelamento.

O instituto teve nova disposição no art. 6º, da Lei nº 9.034/1995 (Lei das Organizações Criminosas). Entretanto, referida legislação foi ab-rogada com o advento da Lei nº 12.850, de 2 de agosto de 2.013. O artigo 1º e seu § 1º conceitua organização criminosa como:

> a associação de 4 (quatro) ou mais pessoas estruturalmente ordenada e caracterizada pela divisão de tarefas, ainda que informalmente, com objetivo de obter, direta ou indiretamente, vantagem de qualquer natureza, mediante a prática de infrações penais cujas penas máximas sejam superiores a 4 (quatro) anos, ou que sejam de caráter transnacional.

A DELAÇÃO E A COLABORAÇÃO PREMIADAS

Todavia, a hipótese especial acima retratada não se confunde, por evidente ausência de equivalência de requisitos de caracterização, às infrações praticadas por quadrilha ou bando, atualmente nominado de associação criminosa, após a vigência da já mencionada Lei nº 12.850/13.

Na ordem cronológica, a Lei Federal nº 9.080, de 19 de julho de 1995, inseriu a delação premiada no art. 25, § 2º, da Lei nº 7.492/1986 (Lei dos Crimes contra o Sistema Financeiro e Nacional) e no art. 16, da Lei nº 8.137/1990 (Lei dos Crimes contra a Ordem Tributária, Econômica e contra as Relações de Consumo). Ambos, aliás, com idêntica redação:

> Nos crimes previstos nesta Lei, cometidos em quadrilha ou co-autoria, o co-autor ou partícipe que através da confissão espontânea revela à autoridade policial ou judicial toda a trama delituosa terá a sua pena reduzida de um a dois terços.

Essa inovação legislativa, porque pretérita à já mencionada alteração do § 4º, do art. 159, do CP, representou importante e crucial avanço na utilização da delação, pois cuidou de permitir e abranger as hipóteses de mera co-deliquência, isto é, a co-autoria ou participação.

Entretanto, a última legislação (Lei nº 8.137/90) sofreu nova alteração. Com o advento da Lei nº 10.149, de 21 de dezembro de 2.000, que dispôs sobre a prevenção e repressão às infrações contra a ordem econômica. Previu-se, assim, a possibilidade do chamado 'acordo de leniência'.

Desse modo, o art. 35-B disciplina que

> A União, por intermédio da SDE, poderá celebrar acordo de leniência, com a extinção da ação punitiva da administração pública ou a redução de um a dois terços da penalidade aplicável, nos termos deste artigo, com pessoas físicas e jurídicas que forem autoras de infração à ordem econômica, desde que colaborem efetivamente com as investigações e o processo administrativo e que dessa colaboração resulte: I – a identificação dos demais co-autores da infração; e II – a obtenção de informações e documentos que comprovem a infração noticiada ou sob investigação.

O art. 35-C admite, assim, acordo de leniência em relação aos crimes contra a ordem econômica, nestes termos:

> Art. 35-C. Nos crimes contra a ordem econômica, tipificados na Lei no 8.137, de 27 de novembro de 1990, a celebração de acordo de leniência, nos termos desta Lei, determina a suspensão do curso do prazo prescricional e impede o oferecimento da denúncia. P.u.- Cumprido o acordo de leniência pelo agente, extingue-se automaticamente a punibilidade dos crimes a que se refere o caput deste artigo.

CRIME ORGANIZADO

Em resumo, todavia, tal dispositivo é aplicável tão somente aos crimes previstos nos artigos 4º, 5º e 6º da Lei 8.137/90.

Contudo, o instituto da "delação premiada" ganhou nova terminologia, de "colaboração premiada", quando regulamentado pela Lei 9.613/1998 (Lei de Lavagem de Dinheiro), conforme previsão do art. 1º, par. 5º: "A pena será reduzida de um a dois terços e começará a ser cumprida em regime aberto, podendo o juiz deixar de aplicá-la ou substituí-la por pena restritiva de direitos, se o autor, coautor ou partícipe colaborar espontaneamente com as autoridades, prestando esclarecimentos que conduzam à apuração das infrações penais e de sua autoria ou localização de bens, direitos ou valores objeto do crime".

Portanto, em visível evolução, além de consentir a possibilidade da colaboração nos casos cometidos em comparsaria (autoria e participação), cuidou de elencar variado rol de beneplácitos a serem concedidos ao delator pelo Juiz, até então não existentes no sistema jurídico. Então, não bastasse a usual redução da reprimenda estatal, previu-se o estabelecimento do regime prisional mais brando (ambas de concessão obrigatória e imperativa), a faculdade de substituição da pena corporal por restritiva de direitos e inclusive a extinção da punibilidade mediante a concessão do perdão judicial. No entanto, ainda se tratava de forma "unilateral" de colaboração. Foram diversas leis posteriores que trouxeram novo contorno ao instituto.

Referido dispositivo recebeu alteração com a edição da Lei nº 12.683, de 09 de julho de 2.012 que, de antemão, suprimiu o rol taxativo de crimes antecedentes, passando a viger com a seguinte redação:

> A pena *poderá* ser reduzida de um a dois terços e ser cumprida em regime aberto ou *semiaberto*, facultando-se ao juiz deixar de aplicá-la ou substituí-la, *a qualquer tempo*, por pena restritiva de direitos, se o autor, coautor ou partícipe colaborar espontaneamente com as autoridades, prestando esclarecimentos que conduzam à apuração das infrações penais, à identificação dos autores, coautores e partícipes, ou localização de bens, direitos ou valores objeto do crime.

Assim, duas anotações merecem destaques. A mudança da fórmula da obrigatoriedade na concessão do benefício para facultativa. A segunda, quanto à possibilidade de sua aplicação *em qualquer tempo*, isto é, qualquer fase da investigação, processo ou mesmo em sede de execução criminal da condenação.

Trilhando a tônica da Lei de Lavagem, o mecanismo da colaboração restou versado na Lei nº 9.807, de 13 de julho de 1999 (Lei de Proteção às Vítimas e às Testemunhas) e, assim, ampliou a obrigatoriedade de conceder-se o benefício do perdão judicial aos réus colaboradores.

A DELAÇÃO E A COLABORAÇÃO PREMIADAS

Diferentemente de todas as demais outrora mencionadas, pautadas pela especialidade, isto é, cingidas às hipóteses especificamente retratadas pelas legislações especiais, a Lei nº 9.807/99, de aplicação genérica e sem restrição, tolerou incidência a quaisquer espécies de delitos.

A Lei nº 10.409/2002, a despeito de revogada por norma posterior, mereceu destaque, porquanto implementou nova possibilidade de conseqüência da efetivação da colaboração. O § 2º, do seu art. 32 disciplinava:

> O sobrestamento do processo ou a redução da pena podem ainda decorrer de acordo entre o Ministério Público e o indiciado que, espontaneamente, revelar a existência de organização criminosa, permitindo a prisão de um ou mais dos seus integrantes, ou a apreensão do produto, da substância ou da droga ilícita, ou que, de qualquer modo, justificado no acordo, contribuir para o interesse da justiça.

Observa-se, desse modo, a tentativa legislativa de expressamente prever uma forma de "acordo" entre o Ministério Público e o indiciado delator, acarretando, além da redução de pena como benefício, a possibilidade de suspensão do processo, presumivelmente como forma de apurar a eficácia do conteúdo da delação.

A legislação Antitóxicos em vigor, Lei nº 11.343/2006, novamente absorveu a colaboração no seu artigo 41, contudo, consignou-se tão somente a permissão de conceder a diminuição da dosimetria penal, entre um a dois terços, excluindo, portanto, o sobrestamento do feito e até o perdão judicial.

A Lei nº 12.850/13 (Lei da Organização Criminosa) trouxe relevantes modificações ao instituto da colaboração premiada. No artigo 4º da Lei da Organização Criminosa (com os acréscimos da Lei n. 13.964/19 – Pacote Anticrime) a disciplina é de que:

> O juiz poderá, a requerimento das partes, conceder o perdão judicial, reduzir em até 2/3 (dois terços) a pena privativa de liberdade ou substituí-la por restritiva de direitos daquele que tenha colaborado efetiva e voluntariamente com a investigação e com o processo criminal, desde que dessa colaboração advenha um ou mais dos seguintes resultados: I – a identificação dos demais coautores e partícipes da organização criminosa e das infrações penais por eles praticadas; II – a revelação da estrutura hierárquica e da divisão de tarefas da organização criminosa; III – a prevenção de infrações penais decorrentes das atividades da organização criminosa; IV – a recuperação total ou parcial do produto ou do proveito das infrações penais praticadas pela organização criminosa; V – a localização de eventual vítima com a sua integridade física preservada. § 4º Nas mesmas hipóteses do caput deste artigo, o Ministério Público poderá deixar de

oferecer denúncia se a proposta de acordo de colaboração referir-se a infração de cuja existência não tenha prévio conhecimento e o colaborador: I – não for o líder da organização criminosa; II – for o primeiro a prestar efetiva colaboração nos termos deste artigo.

Aludida legislação atribui poderes discricionários à Autoridade Judiciária e ao membro do Ministério Público, levando-se em consideração a personalidade do colaborador, a natureza, as circunstâncias, a gravidade e a repercussão social do fato criminoso e a eficácia da colaboração (§ 1º). Confere ao Juiz, a qualquer tempo, até nos autos de inquérito policial, em representação do Ministério Público ou do Delegado de Polícia, seguida de manifestação do *Parquet*, conceder o perdão judicial ao colaborador, devendo aplicar o art. 28, do CPP, acaso discorde (§ 2º). E mais. Permite a suspensão do oferecimento da denúncia e do próprio curso da ação penal instaurada contra o colaborador, com a suspensão do lapso prescricional, até que sejam cumpridas as medidas de colaboração (§ 3º). Chega a mitigar a obrigatoriedade da propositura da ação penal, autorizando o Ministério Público a deixar de oferecer a denúncia se se a proposta de acordo de colaboração referir-se a infração de cuja existência não tenha prévio conhecimento e o colaborador não for o líder da organização criminosa e for o primeiro a prestar efetiva colaboração nos termos deste artigo (§ 4º). Expressamente, previu a possibilidade de concessão do benefício após a sentença, com redução de pena à metade ou admissão de progressão de regime independentemente de requisitos objetivos (§ 5º).

Diante desta variedade legislativa, mostra-se inexorável enfrentar eventual conflito aparente, isso pelo fato de norma a prestar-se como fundamento para utilização e aplicação da delação premiada.

A doutrina majoritária, com destaque para Alberto Silva Franco[3], considera que a Lei nº 9.807/99 revogou os dispositivos a ela pretéritos e passou a regrar integralmente o instituto em testilha, em razão de conferir tratamento mais benéfico em prol do réu delator, na medida em que contempla multiplicidade de concessões, algumas delas de aplicação obrigatória.

Contudo, em melhor proposição, outra corrente assenta-se, com respaldo jurisprudencial[4], na concepção de impor a regulamentação das hipóteses da delação, exatamente conforme as legislações próprias e específicas, em decorrência do princípio da especialidade.

---

[3] FRANCO, Alberto Silva. Crimes hediondos. 2 ed., São Paulo: Revista dos Tribunais, 1992, p. 354.
[4] (TRF3, AC 20026119000685-5/SP, Stefanini, 1ª T, u., 16.10.07 – prevalência do § 2º, do art. 25, da Lei nº 7.492/86 sobre os arts. 13 e 14, da Lei nº 9.807/99

A DELAÇÃO E A COLABORAÇÃO PREMIADAS

De efeito, cada espécie delitiva, considerado o bem jurídico tutelado e sua objetividade, ostenta peculiaridades suficientes para dispensar tratamentos desiguais, portanto e proporcionalmente, entre as situações que não se igualam. Restando, assim, a aplicação residual dos demais casos à Lei nº 9.807/99, diante de sua generalidade.

Por conseguinte e *v.g.*, as delações dos réus efetivadas no curso de investigações ou ações penais que versarem sobre sonegação fiscal, lavagem de dinheiro, tráfico de drogas ou de organizações criminosas, devem receber o regramento das Leis Especiais respectivas, sobejando à Lei nº 9.807/99 a regulamentação de todos os demais casos não previstos em legislações especiais. E obviamente as colaborações premiadas referentes a organizações criminosas, regradas pela Lei n. 12.850/13, com a atualização da Lei n. 13.964/19.

4. Direito ao Silêncio

Sobre o direito ao silêncio, ensina Renato Brasileiro de Lima que:

> A colaboração premiada é plenamente compatível com o princípio do *nemo tenetur se detegere* (direito de não produzir prova contra si mesmo). É fato que os benefícios legais oferecidos ao colaborador servem como estímulo para sua colaboração, que comporta, invariavelmente, a autoincriminação. Porém, desde que não haja nenhuma espécie de coação para obrigá-lo a cooperar, com prévia advertência quanto ao direito ao silêncio (CF, art. 5º, LXIII), não há violação ao direito de não produzir prova contra si mesmo. Afinal, como não há *dever ao silêncio*, todo e qualquer investigado (ou acusado) pode voluntariamente confessar os fatos que lhe são imputados. Nessas condições, cabe ao próprio indivíduo decidir, livre e assistido pela defesa técnica, se colabora (ou não) com os órgãos estatais responsáveis pela persecução penal.[5]

Referido doutrinador sustenta ter havido equívoco na redação do art. 4º, par. 14, da Lei n. 12.850/13, na medida em que utilizado o verbo *renunciar*, em contrariedade ao direito constitucional ao silêncio, disposto no art. 5º, LXIII da Constituição Federal e na Convenção Americana sobre Direitos Humanos (art. 8º, par. 2º, "g"). Dessa forma, entende-se não haver *renúncia*, mas sim *não exercício do direito ao silêncio*, porque o colaborador pode se beneficiar das consequências de sua confissão.

---

[5] LIMA, Renato Brasileiro de. Legislação Criminal Especial Comentada, vol. único, 6ª ed., Salvador: Juspodivm. 2018. p. 709.

CRIME ORGANIZADO

5. Valor probatório

Como já se notou, a delação ostenta natureza jurídica de meio de prova e nesta tessitura presta-se a *"substituir a investigação objetiva dos fatos pela ação direta contra o suspeito, visando torná-lo colaborador e, pois, fonte de prova."* (PRADO, 2.006, p.10)

Neste passo, revela-se imperioso analisar o seu valor probante, tema de relevo polêmico tanto entre a doutrina quanto na jurisprudência pátria.

Assim, enquanto um segmento da doutrina confere força incriminatória à delação, outros a repelem, tolerando sua valoração como meio de prova tão somente se em nítida harmonia com todo o contexto probatório.

Citado por Adalberto José Q. T. de Camargo Aranha, Enrico Altavilla partilha da primeira idéia, exigindo, contudo, sua compatibilidade e conformação com o núcleo central da acusação.[6]

Em sentido contrário, Mittermayer afasta totalmente a força incriminatória da delação, tecendo-lhe severas críticas, sob o enfoque de que os delatores, na verdade, em busca de benefícios, incriminam inocentes.[7]

A divergência acentua-se com as pontuações lançadas por Eduardo Araujo da Silva. Para ele, o Juiz, na valoração do instituto como prova, deverá considerar a combinação dos fatores de que o acusado não presta e, portanto, não possui compromisso com a verdade e, ademais, ocupa situação de beneficiário processual no afã de alcançar benefícios penais. Recomenda-se, assim, cautela, já que a somatória deles conduz a conclusão de que o co-réu poderá colaborar falsamente em troca de benesses.[8]

---

[6] *"A acusação do co-réu não deve ser uma simples afirmação, antes precisa ser enquadrada numa narração completa. Efetivamente, não basta dizer que alguém tomou parte do crime, mas é necessário descrever a modalidade dessa participação, pois o pormenor pode revelar a veracidade ou a falsidade do que se narra".* (ARANHA, Adalberto José Q. T. de Camargo. Da prova no processo penal. 7 ed., São Paulo: Saraiva, 2006, pág. 133).

[7] *"Tem-se visto criminosos que, desesperados por conhecerem que não podem escapar à pena, se esforçam em arrastar outros cidadãos para o abismo em que caem; outros denunciam cúmplices, aliás inocentes, só para afastar a suspeita dos que realmente tomaram parte no delito, ou para tornar o processo mais complicado, ou porque esperam obter tratamento menos gravoso, comprometendo pessoas em altas posições"* (MITTERMAYER, C. J. A. Tratado da prova em matéria criminal. Tradução de Hebert Wüntzel Heinrich. 3 ed., Campinas: Bookseller, 1996, pág. 195).

[8] *"Tal controvérsia decorre de dois aspectos que devem ser considerados pelo juiz quando da análise desse meio de prova: (a) o acusado não presta o compromisso de falar a verdade em seu interrogatório; (b) está na situação de beneficiário processual e poderá figurar como beneficiário penal. A combinação desses fatores conduz à conclusão de que o co-réu pode colaborar falsamente com a Justiça, incriminando indevidamente os demais acusados em troca de benefícios previstos em lei. (manutenção do sistema de proteção, cumprimento de pena em regime especial, concessão de perdão judicial, diminuição de pena)".* (SILVA, Eduardo Araújo da, Crime organizado: procedimento probatório. São Paulo: Atlas, 2003, p. 145).

A DELAÇÃO E A COLABORAÇÃO PREMIADAS

A discussão, como se vê, fulcra-se em dois aspectos: (i) a ausência do contraditório na sua instrumentalização; (ii) a impossibilidade de sua valoração isolada, dado ao questionamento ético de sua colheita e prestação

Entretanto, entendem-se ambas superadas.

Com efeito, a colaboração colhida, a ser evidentemente utilizada como prova em ação penal, terá seu ato e sobretudo sua reprodução real jurisdicionalizada e submetida aos princípios do contraditório e da ampla defesa.

O formato atual do interrogatório judicial (CPP, art. 188, redação da Lei nº 10.792/2003) permite e faculta a formulação de indagações pelos advogados dos coacusados. Assim, o colaborador submeter-se-á às indagações advindas do patrono do acusado delatado.

Portanto, a delação

> para que obtenha o status probatório, deve se submeter ao contraditório, oportunizando-se ao advogado do delatado que faça reperguntas no transcorrer do interrogatório, para que oportunize a participação do defensor do delatado (TÁVORA; ALENCAR, 2009, p. 362).

Já no tocante ao valor probante da colaboração premiada, se colhida em fase preliminar à ação penal, poderá servir para início (instauração) de inquérito policial (pela Polícia Civil ou Federal) ou de procedimento investigatório criminal a cargo do Ministério Público e até mesmo para ajuizamento de uma ação penal (oferecimento de denúncia).

Durante o devido processo legal, se considerada de forma isolada, a colaboração premiada é tida como técnica especial de investigação, inapta a permitir medidas cautelares reais ou pessoais; recebimento de denúncia ou queixa-crime; ou sentença de procedência (condenação). É o que dispõe o art. 4º, par. 16º, da Lei n. 12.850/13 (com nova redação conferida pela Lei n. 13.964/19): "Nenhuma das seguintes medidas será decretada ou proferida com fundamento apenas nas declarações do colaborador: I – medidas cautelares reais ou pessoais; II – recebimento de denúncia ou queixa-crime; III – sentença condenatória."

Em outras palavras, salvo se apoiada em outros elementos informativos ou provas, colhidas diretamente em decorrência dela ou não, o que se denomina de 'regra de corroboração', é que terá a colaboração premiada efeito prático útil e relevante.

As colaborações premiadas devem ser corroboradas por outros elementos externos e independentes, a fim de se permitir uma condenação segura, consoante previsão do citado art. 4º, par. 16º, da Lei n. 12.850/13. Portanto, a 'regra de corroboração' consiste na obrigação de que a colaboração premiada seja sustentada por outros elementos que não a deixem isolada em uma apuração criminal ou no devido processo penal, evitando-se a disseminação de colaborações falsas[9].

Questão interessante reside na hipótese de se trazer o delator ou colaborador à ação penal promovida unicamente contra o(s) delatado(s), na qualidade de testemunha compromissada com a verdade. Obviamente, na qualidade de então comparsa, o colaborador seria, a princípio, possuidor da garantia da não autoincriminação. Entretanto, com o propósito de colaborar e obter os benefícios respectivos, de se exigir a repetição de sua confissão e a revelação das informações incriminatórias em relação aos asseclas. Caberia à defesa valer-se dos eventuais motivos da contradita, remetendo ao Juiz a decisão de colher sua oitiva, ainda que, se o caso, a título de informante.

Apesar de tal tese encontrar resistência de aceitação na Suprema Corte[10], o § 12º, do art. 4º, da Lei nº 12.850/13 (Lei de Organizações Criminosas) expressamente reforça a possibilidade da oitiva do colaborador a requerimento das partes ou por iniciativa da Autoridade Judicial, ainda que já beneficiado por perdão judicial ou não denunciado. Ademais, o § 14º expressamente exige que o colaborador, na presença de seu advogado, renuncie ao direito ao silêncio (leia-se, não o exerça) nos depoimentos que vier a prestar, estando sujeito ao compromisso legal com a verdade, submetendo-se, assim, até às penas do crime de perjúrio.

De todo o modo, a submissão da delação e da colaboração ao contraditório é condição *sine qua non* de valorização como meio de prova, até para fins de validade na formação da convicção do julgador.

---

[9] MENDONÇA, Andrey Borges de. *A colaboração premiada e a criminalidade organizada: a confiabilidade das declarações do colaborador e seu valor probatório.* in A PROVA NO ENFRENTAMENTO À MACROCRIMINALIDADE. *Org.* SALGADO, Daniel de Resende; QUEIROZ, Ronaldo Pinheiro de. 2ª. ed., Salvador: Juspodivm, 2016, p. 254-255.

[10] No voto do aresto do Habeas Corpus nº 84.517-7-SP, o relator Ministro Sepúlveda Pertence) consignou que: *"(...) não se trata somente de uma fonte de prova particularmente suspeitosa (o que, dado o princípio da livre convicção do juiz seria insuficiente para justificar a regra cogitada), mas de um ato que, provindo do acusado, não se pode, nem mesmo para certos efeitos, fingir que provenha de uma testemunha. O acusado, não apenas não jura, mas pode até mentir impunemente em sua defesa (...) e, portanto, suas declarações, quaisquer que sejam, não se podem assimilar ao testemunho, privadas como estão das garantias mais elementares desse meio de prova ...O conteúdo do interrogatório, que não é testemunho com respeito ao interrogado, tampouco pode vir a sê-lo a respeito dos demais, porque seus caracteres seguem sempre os mesmos. O que se designa como chamada de co-réu não é mais que uma confissão, que além de o ser do fato próprio, o é do fato alheio, e conserva os caracteres e a força probatória dos indícios e não do testemunho...Dos co-denunciados do mesmo delito, por conseguinte, um não pode testemunhar nem a favor nem contra o outro, já que suas declarações mantém sempre o caráter de `interrogatório´, de tal modo que seria nula a sentença que tomasse tais declarações como testemunhos."*

A DELAÇÃO E A COLABORAÇÃO PREMIADAS

Outrossim, como é cediço, a Lei Penal Adjetiva adotou o sistema da persuasão racional na apreciação da prova pelo Juiz Criminal (CPP, art. 155). Assim, a formação de sua convicção dá-se pela livre apreciação do painel probatório produzido em contraditório judicial.

Então, antes de mais nada, a validade da delação ou da colaboração inicia-se pela exigência da constatação de sua credibilidade, a ser obtida mediante a perquirição do móvel do colaborador na sua prestação. Espínola Filho reclama a obrigatória presença de requisitos (ESPÍNOLA FILHO, 1955, p. 40). Inicialmente, que o delator/colaborador não se exima ou atenue sua responsabilidade. Na sequência, que se ache despido de qualquer estado de ódio em relação ao delatado/incriminado.

Neste contexto, não se pode relegar a atribuição de relevante valor em colaboração dotada dos pressupostos sobreditos. Lançada por comparsa que assuma sua responsabilidade no evento e que não demonstre vis razões para delação, a incriminação de acólito revela, obviamente, peculiar valor, principalmente porquanto fornecida por aquele que integrou a empreitada criminosa. Ninguém mais do que os autores da infração penal são detentores da verdade dos fatos. Portanto, suas reconstruções dos eventos criminosos merecem diferenciada validade.

Em idêntico sentido, aliás, leciona Guilherme de Souza Nucci.[11]

E mais.

Sob o enfoque do comportamento criminal, lembra Malatesta que a comparsaria no cometimento de delitos pressupõe a existência de relação de confiança mútua entre os agentes. Dessa maneira, a delação ultimada por um deles, assemelhar-se-ia a acusação fraterna, tornando-a, assim, mais crível (MALATESTA, 2003, p. 530).

Muito mais comum, portanto e na prática, notar que o delator/colaborador busque atenuar os contornos de sua participação no ilícito do que, propriamente, o teor da incriminação do assecla.

Entretanto, a Jurisprudência pátria, incluindo do Pretório Excelso[12], trilha sentido diverso, pautando-se sob o fundamento de que, como de resto se verifica com todos os meios de prova admitidos, ante a inexistência de hierarqui-

---

[11] "ao assumir a autoria e denunciar um comparsa, o réu não está se isentando, ainda que possa ter por finalidade amenizar sua situação, intitulando-se partícipe e não autor, de modo que mais verossímil é sua declaração" (NUCCI, Guilherme de Souza. O Valor da confissão como meio de prova no processo penal. 2 ed. rev e atual. São Paulo: Revista dos Tribunais, 1.999, p.214).

[12] STF – "*A chamada de co-réu, ainda que formalizada em Juízo, é inadmissível para lastrear a condenação (Precedentes: HHCC 74.368, Pleno, DJ 28.11.97; 81.172, 1ª T, DJ 07.3.03). Insuficiência dos elementos restantes para fundamentar a condenação.*" (Habeas Corpus nº 84.517-7-SP, rel. Ministro Sepúlveda Pertence).

CRIME ORGANIZADO

zação entre eles, o conteúdo da chamada de corréu deverá estar em harmonia e confortado por demais elementos probatórios do caso, não se admitindo se tratar de base única de édito condenatório.

No tocante à colaboração premiada, considerando que se torna uma espécie de "prova testemunhal", natural sua submissão ao contraditório por parte do investigado/réu incriminado pelo colaborador. Portanto, absolutamente usual e válida a exposição do colaborador ao devido processo penal, cabendo amplos questionamentos, evitando-se cerceamento de defesa. Contudo, ainda que submetido ao contraditório, nesse caso específico e concreto, o colaborador estará obviamente autorizado a silenciar sobre questionamentos que o incriminem, caso formulados e não indeferidos pelo juízo.

Assim já decidiu o STF: "6. Por se tratar de negócio jurídico personalíssimo, o acordo de colaboração premiada não pode ser impugnado por coautores ou partícipes do colaborador na organização criminosa e nas infrações penais por ela praticadas, ainda que venham a ser expressamente nominados no respectivo instrumento no "relato da colaboração e seus possíveis resultados" (art. 6º, I, da Lei nº 12.850/13). 7. De todo modo, nos procedimentos em que figurarem como imputados, os coautores ou partícipes delatados – no exercício do contraditório – poderão confrontar, em juízo, as declarações do colaborador e as provas por ele indicadas, bem como impugnar, a qualquer tempo, as medidas restritivas de direitos fundamentais eventualmente adotadas em seu desfavor." (HC 127.483, PR, Min. DIAS TOFFOLI, j. em 27/08/2015, Órgão Julgador: Tribunal Pleno).

6. Procedimento – Metodologia e Operacionalização

O procedimento de formalização da efetivação, colheita e concretização da colaboração premiada não encontrava regulamentação legal. Nem mesmo o Anteprojeto do Código Processual Penal, atualmente em trâmite no Congresso Nacional, cuidou de especificá-lo.

Entretanto, não bastasse a clara necessidade atentar aos regramentos processuais gerais sobre o ato de interrogatório dos acusados, o advento da nova Lei de Organizações Criminosas (Lei nº 12.850/13) trouxe positivos regramentos em seu art. 4º, mais explicitados pela Lei n. 13.964/19 (Pacote Anticrime) que, conquanto de aplicação especial aos atos de sua regência, devem

---

- STF – Ementa: *"Habeas Corpus. Interrogatórios dos co-réus, nos quais o paciente teria sido delatado. Atos realizados sem a presença do defensor do paciente. Aplicação retroativa da Lei nº 10.792/03: Impossibilidade. Vícios não reconhecidos. Condenação amparada exclusivamente na delação dos co-réus: Impossibilidade. Ordem Concedida."* (Habeas Corpus nº 94.034, 03.2008, rel. Ministra Carmem Lúcia Antunes Rocha)

se prestar à aplicação analógica aos procedimentos de delação e colaboração em geral, inclusive no concernente aos direitos do delator/colaborador.

De antemão, imperioso consignar que a colaboração se trata de um ato estritamente formal e deve sempre ser reduzida a termo respectivo. Não se pode tolerar informalidades e aceitar conversas não registradas e "de bastidores", muito menos encará-la sob o prisma de uma "barganha", porque ela não o é, com exigência de confidencialidade ao início das tratativas, conforme prevê o art. 3º-B, da Lei n. 12.850/13:

> O recebimento da proposta para formalização de acordo de colaboração demarca o início das negociações e constitui também marco de confidencialidade, configurando violação de sigilo e quebra da confiança e da boa-fé a divulgação de tais tratativas iniciais ou de documento que as formalize, até o levantamento de sigilo por decisão judicial.

A delação e a colaboração premiadas são ultimadas no país sob variados formatos.

De modo geral, tanto a delação, quanto a colaboração são colhidas, majoritariamente, no curso da investigação criminal, isto é, durante a etapa extrajudicial.

Oportuno observar que as legislações nacionais anteriores à redação nova da Lei de Lavagem de Dinheiro, conferida pela Lei nº 12.683/12 e a já citada Lei de Organizações Criminosas (Lei n. 12.850/13), não aludiam expressamente à hipótese de sua colheita no curso da fase de execução da pena, existindo, ademais, no Senado Federal, projeto para alteração da Lei nº 9.807/99, visando permitir sua ocorrência.

Todavia, não se impôs qualquer vedação neste sentido, permitindo concluir-se por sua possibilidade, desde que, evidentemente, refira-se exatamente ao caso pelo qual o sentenciado restou condenado e os incriminados não tenham sido definitivamente absolvidos.

No tocante à colaboração premiada, regramento específico foi estabelecido no art. 4º, § 5º, da Lei n. 12.850/13: "Se a colaboração for posterior à sentença, a pena poderá ser reduzida até a metade ou será admitida a progressão de regime ainda que ausentes os requisitos objetivos."

Questão interessante, portanto, surge para se definir a seara da obtenção dos benefícios decorrentes da delação. Para Damásio Evangelista de Jesus, a via adequada seria a Revisão Criminal, com base no art. 621, II, do Código de Processo Penal, autorizador da rescisão do julgado em virtude do surgimento de prova de "inocência do condenado ou autorize diminuição especial da pena" (JESUS, 2006, p. 53). De outro lado e em posição mais acertada,

Freire Júnior assevera que o prêmio deverá ser concedido pelo Juízo das Execuções Penais em incidente provocado por petição do acusado, seu patrono ou do próprio Ministério Público (FREIRE JR., 2006, p. 236). A última tese parece encontrar conforto no teor do § 5º, da Lei nº 12.850/13.

De outro bordo, seja na fase investigativa ou judicial, verificou-se que determinados órgãos investigativos estatais do Brasil celebram verdadeiros pactos com o delator ou colaborador, à semelhança do que ocorre no *plea bargaining* norte-americano. Nestes moldes, haveria, já no ato da delação ou colaboração, imediato comprometimento da aplicação de especificados benefícios penais e ou processuais em contrapartida às revelações incriminadoras. Na esmagadora maioria das vezes, tais acordos são colhidos pelas Autoridades responsáveis pelas investigações criminais e concretizados sem análise Judicial, efetivada apenas ulteriormente no curso da ação penal. A dúvida incontornável que se criou em relação à delação residia na circunstância de o julgador estar ou não adstrito ao teor do acordo. A resposta inclina-se pela negativa.

Em relação à colaboração premiada, a metodologia foi estabelecida no art. 4º, § 7º, da Lei n. 12.850/13:

> Realizado o acordo na forma do § 6º deste artigo, serão remetidos ao juiz, para análise, o respectivo termo, as declarações do colaborador e cópia da investigação, devendo o juiz ouvir sigilosamente o colaborador, acompanhado de seu defensor, oportunidade em que analisará os seguintes aspectos na homologação.

E para se evitar o mesmo problema de incerteza sobre a vinculação do juízo ao quanto contido no acordo firmado nas delações premiadas, a legislação mais recente (Lei n. 12.850/13) previu requisitos legais para que o colaborador possa fazer jus aos benefícios legais, consoante estabelecido no art. 4º:

> "O juiz poderá, a requerimento das partes, conceder o perdão judicial, reduzir em até 2/3 (dois terços) a pena privativa de liberdade ou substituí-la por restritiva de direitos daquele que tenha colaborado efetiva e voluntariamente com a investigação e com o processo criminal, desde que dessa colaboração advenha um ou mais dos seguintes resultados:
>
> I – a identificação dos demais coautores e partícipes da organização criminosa e das infrações penais por eles praticadas;
>
> II – a revelação da estrutura hierárquica e da divisão de tarefas da organização criminosa;
>
> III – a prevenção de infrações penais decorrentes das atividades da organização criminosa;

A DELAÇÃO E A COLABORAÇÃO PREMIADAS

IV – a recuperação total ou parcial do produto ou do proveito das infrações penais praticadas pela organização criminosa;
V – a localização de eventual vítima com a sua integridade física preservada."

Nessa senda, o Magistrado pode apenas rejeitar a homologação judicial.

Em relação à delação premiada, quando firmada na etapa extrajudicial, a presença de defensor no ato era recomendável, mas não se explicitava sua obrigatoriedade.

A questão foi resolvida no art. 4º, § 6º e 15º, da Lei nº 12.850/13 (Lei das Organizações Criminosas) que passou a exigir, em todos os atos da colaboração, a presença de advogado. Em Juízo, por óbvio, igualmente indispensável sua participação.

Quanto ao registro em mídia, mediante gravação em vídeo, da colheita do ato de delação contendo seus explícitos termos tal questão foi expressamente contida no § 13º, do art. 4º, da Lei nº 12.850/13 (Lei das Organizações Criminosas).

A retratação, caso venha a ocorrer, acarreta a perda da obtenção de qualquer benefício[13], mas não autoriza a utilização exclusiva de suas próprias palavras em desfavor do colaborador (§ 10º, da Lei nº 12.850/13). Para evitar nulidades processuais decretadas nos anos de 2018 e 2019 pelo STF, foi acrescentado o § 10-A, pela Lei n. 13.964/19 para prever que: "Em todas as fases do processo, deve-se garantir ao réu delatado a oportunidade de manifestar-se após o decurso do prazo concedido ao réu que o delatou."

Importante registrar a diferença entre retratação, rescisão e anulação do acordo: a) a retratação consiste no arrependimento, por qualquer das partes (Delegado de Polícia, Ministério Público ou agente colaborador, da proposta outrora pactuada), com a ressalva de que referida hipótese somente pode ocorrer até a homologação judicial do acordo; b) a rescisão ocorre quando uma das partes (Delegado[14], Ministério Público ou agente colaborador) descumpre quaisquer das obrigações assumidas em razão da pactuação firmada; c) a anulação consiste em se resolver judicialmente o ato negocial firmado por conta de vícios insanáveis.

No que diz respeito ao acesso, conquanto exista Súmula Vinculante a respeito de impossibilidade de oposição de sigilo de investigação criminal a

---

[13] TRF3, AC 20036110003283-9/SP, Cotrim Guimarães, 2ª T., u., 13.9.05
[14] STF, ADI 5508, julgada aos 20 de junho de 2.018, considerou constitucional a possibilidade de Delegados de Polícia realizarem acordos de colaboração premiada na fase do inquérito policial, exigindo-se obrigatório parecer do MP quando se sua homologação judicial.

CRIME ORGANIZADO

Advogado (S.V. 14, STF[15]), a exemplo do que já ocorre, por óbvio, durante o andamento da medida cautelar de interceptação telefônica, a imposição de sigilo sobre a colaboração, visando, ademais, preservar a incolumidade física e a vida do colaborador, cuida-se de exceção legal e constitucional, diante do valor do bem jurídico tutelado.

Neste sentido, adequadas as disposições do §§2º e 3º, do art. 7º, da Lei nº 12.850/13, que conferem sigilo ao acordo até o recebimento da denúncia ou da queixa-crime, restrito ao juiz, ao Ministério Público e ao delegado de polícia, assegurando-se ao defensor, amplo acesso aos elementos de prova que digam respeito ao exercício do direito de defesa, devidamente precedido de autorização judicial, ressalvados os referentes às diligências em andamento.

De se destacar que sobre muitas das questões outrora debatidas trataram os parágrafos § 6º a 11º, do art. 4º, da lei da Lei nº 12.850/13, com ampla possibilidade de aplicação analógica. Mencionados dispositivos submetem a colaboração à forma de acordo (conforme conceito agora previsto no art. 3º, da Lei n. 12.850/13), a ser entabulado entre o Delegado de Polícia, o investigado e o defensor, com manifestação do Ministério Público ou entre o último e o investigado e o defensor, vedada qualquer participação do Juiz. O acordo será minudenciado num termo, acompanhado das declarações do colaborador e de cópia da investigação, contendo, entre outros, as condições da proposta, ou seja, dos benefícios vindouros e as medidas de proteção ao colaborador e sua família se o caso (art. 6º). Se o acordo apresentar regularidade, legalidade e voluntariedade, será homologado pelo Juiz, que teria a faculdade de ouvir sigilosamente o colaborador, na presença de seu defensor e até mesmo recusar a homologação ou adequá-la ao caso concreto. Em síntese, as medidas sobreditas, somadas à adoção de ação transparente, inclusive, com a admoestação de que os benefícios legais restarão estabelecidos, ao final, quando da prolação da sentença e sob a discricionariedade do Julgador, a real aplicação do instituto tem produzido excelentes resultados no desmantelamento de organizações criminosas.

7. Pressupostos

Nota-se que os diversos dispositivos que a prevêem no ordenamento jurídico mencionam o requisito da 'espontaneidade' do agente colaborador. No entanto, diversamente, a Lei nº 9.807/99 fez alusão à 'colaboração volun-

---

[15] "É direito do defensor no interesse do representado ter acesso amplo aos elementos de prova que, já documentados em procedimento investigatório realizado por órgão com competência de polícia judiciária, digam respeito ao exercício do direito de defesa"

A DELAÇÃO E A COLABORAÇÃO PREMIADAS

tária' no curso de investigação ou processo criminal. Como é cediço, há diferenças cruciais entre as duas hipóteses. Na primeira reclama-se a iniciativa independente e em ato de vontade do próprio delator, o que é irrelevante na voluntariedade, bastando apenas que seja, obviamente, livre de qualquer coação. Todavia, por sua *ratio*, os benefícios do instituto não merecem estar atrelados a tamanho apego ao formalismo. Deve-se, assim, tolerar a aplicação em ambas as situações. Outrossim, verifica-se que as informações prestadas devem ostentar relevância suficiente no painel probatório da investigação ou da instrução criminal a ponto de revelarem a trama criminosa, tornando possível a identificação[16] ou sedimentação da culpabilidade dos comparsas, suas prisões, localização incólume da vítima, apreensão dos instrumentos, coisas, substâncias ou a recuperação total ou parcial do produto do crime. Frise-se que tais requisitos, referentes aos resultados da colaboração, não são cumulativos.

Por conseguinte, a colaboração premiada mostra-se incabível na hipótese em que as revelações tão somente reproduzam a conclusão advinda de outro meio probatório já colhido. Assim, não atende aos requisitos o agente que não esclareceu objetivamente a autoria das infrações ou se limita a fornecer detalhes vagos, superficiais, sem importância, pouco conclusivos sobre o fato ou os demais envolvidos[17]. Na mesma esteira, inaceitável quando a colaboração seja prestada após o esclarecimento e a prolação de sentença acerca dos fatos imputados [18].

Também, é imperiosa a efetividade da colaboração, traduzida pelo permanente auxílio do delator na formação da prova, disponibilizando-se no comparecimento aos atos instrutórios respectivos, quer procedimentais ou processuais.

Como outrora consignado, em virtude do princípio da especialidade, mostra-se mais correto aplicar as disposições das legislações específicas às delações e colaborações premiadas ligadas às investigações ou processos que versarem sobre os temas respectivos, delegando-se o regramento dos casos residuais e genéricos à Lei nº 9.807/99. Repisa-se, assim, *v.g.*, que as colaborações ultimadas em investigações ou ações penais que aludirem a ilícitos contra a ordem financeira devem ser regradas pela Lei Especial correspondente.

---

[16] Exige-se o fornecimento de elementos sobre dados que conduzam a real identidade (TRF 3, AC 9103011842-8/SP, Pedro Rotta, 1ª T., u., 19.11.91

[17] Neste diapasão: TRF 4, AC 20027104000384-0/RS, Germano, 7ª T., u. 23.9.03; TRF 2, AC 200251010789-4/RJ, Kozlowski, 6ª T., u. 14.5.03; TRF2, HC 2003021017177-8/RJ, Dyrlund, 6ª T., m., 21.9.04; TRF3, AC 20046119007990-9/SP, Luiz Stefanini, 1ª T., u., 6.11.07; TRF4, AC 19990401029701-3/RS, Amir Sarti, 1ª T., u., 28.9.99.

[18] TRF1, Hilton Queiroz, 1ª T., u., 27.6.05

CRIME ORGANIZADO

Diante disto, cada dispositivo exigirá variados e independentes requisitos. A delação premiada prevista § 4º, do art. 159, do Código Penal, exige três requisitos cumulativos. Para tanto, que o seqüestro para fins de extorsão tenha sido cometido em concurso de agentes, tendo um concorrente denunciado o crime à autoridade e, por fim, que sua postura influa na efetiva facilitação da libertação incólume do seqüestrado[19]. A ausência dos últimos (identificação dos acólitos e a libertação da vítima), aliás, resulta apenas em atenuante genérica.

O parágrafo único, do art. 8º, da Lei nº 8.072/90 (Lei dos Crimes Hediondos), pressupõe que o integrante ('participantes e o associado') deve denunciar à autoridade o bando ou a quadrilha – na espécie, portanto, os sujeitos ativos do ilícito previsto no art. 288, do CP – possibilitando seu desmantelamento. A exigência final, obviamente, simboliza que a delação deve exigir a total desestruturação do grupo criminoso formado, o que não significa erradicação. Inclui-se, porém, a declinação de todos os seus componentes, permitindo, ainda, suas respectivas responsabilizações criminais.

No mesmo compasso, o artigo 25, § 2º, da Lei nº 7.492/1986 (Lei dos Crimes contra o Sistema Financeiro e Nacional) e o art. 16, da Lei nº 8.137/1990 (Lei dos Crimes contra a Ordem Tributária, Econômica e contra as Relações de Consumo), de idênticas redações, pois dadas pela Lei nº 9.080, de 19 de julho de 1995, pressupõem que a delação ocorra, pelas infrações especiais ali tratadas, enquanto cometidas em quadrilha ou comparsaria, cujo co-autor ou partícipe espontaneamente confesse, revelando "à autoridade policial ou judicial toda a trama delituosa".

Excepcionam-se, porém, os delitos previstos nos artigos 4º, 5º e 6º da Lei 8.137/90. Isso porque, citados ilícitos penais sofrem determinação do acordo de leniência previsto na Lei nº 10.149/00 (art. 35-B e 35-C) que exige, para sua concessão que os agentes "colaborem efetivamente com as investigações e o processo administrativo", resultando, cumulativamente, na identificação dos demais co-autores da infração e na obtenção de informações e documentos que comprovem a infração noticiada ou sob investigação.

---

[19] STF: "Extorsão mediante seqüestro. Causa especial de diminuição da pena. Delação. A regra do parágrafo 4º do art. 159 do Código Penal, acrescentada pela Lei nº 8072/90, pressupõe a delação à autoridade e o efeito de haver-se facilitado a libertação do seqüestrado (HC 69..328-8 – DJU de 5-6-92, p. 8.430 e JSTF 168/322; TACRSP: "Na extorsão mediante sequestro, a teor do § 4º do art. 159 do CP, merece ser premiada, com a atenuação da pena, a delação feita pelo agente cuja colaboração eficaz garante, de certa forma, o êxito da ação final do estouro do cativeiro, com um mínimo de vítimas" (RJTACRIM 66/85)

A DELAÇÃO E A COLABORAÇÃO PREMIADAS

Repetindo o mesmo rumo, a redação original da Lei nº 9.613/1.998 (Lei de Lavagem de Capitais), admitiu a delação premiada na hipótese de code-linqüência. A recente alteração promovida pela Lei nº 12.683/12, manteve as exigências de que o colaborador, autor, co-autor ou partícipe, preste esclarecimentos espontâneos que *"conduzam à apuração das infrações penais, à identificação dos autores, coautores e partícipes, ou localização de bens, direitos ou valores objeto do crime"* (art. 1º, § 5º).

A inovação da Lei nº 9.807/99, aplicável a qualquer espécie de delitos, consistiu na hipótese de aplicação da causa de extinção da punibilidade do perdão judicial (art. 13). No entanto, para conferi-lo, além da colaboração efetiva e voluntária resultar, alternativamente, (i) na identificação dos demais co-autores ou partícipes da ação criminosa; (ii) localização da vítima com sua integridade física preservada; (iii) a recuperação total ou parcial do produto do crime, reclama-se a primariedade do agente. Permite-se, contudo e de outro lado, ante as ausências dos requisitos da efetividade, primariedade e da incolumidade física da vítima localizada, a redução da reprimenda estatal (art. 14).

A Lei nº 11.343/06 (Antidrogas) clama pela colaboração voluntária que enseje, cumulativamente, a identificação dos demais co-autores ou partícipes da ação criminosa tipificada na referida legislação e a recuperação total ou parcial do produto do crime, isto é, a droga, a matéria-prima, os instrumentos destinados a sua preparação ou produção ou o dinheiro do financiamento do tráfico.

Em arremate, o instituto estabelecido na nova legislação específica, voltada à repressão da criminalidade organizada (Lei nº 12.850/13), não mais exige, como a norma anterior (Lei nº 9034/95), a espontaneidade do delator, bastando a colaboração voluntária, mas desde que efetiva, advindo os resultados discriminados e indicados nos incisos do art. 4º, eliminando a possibilidade de interpretações de cunho subjetivo anteriormente contidas na Lei revogada. Porém, impõe muitos outros requisitos para a concessão de seus benefícios. Em sendo assim, para permitir que o instituto não seja utilizado de forma vil, o legislador previu as chamadas safeguards (garantias), com o objetivo de evitar o risco de condenações de pessoas inocentes. É o que parte da doutrina denomina de "filtros de admissibilidade". A primeira delas é o "dever de dizer a verdade". Ainda, para que tenha validade, o colaborador deve, com sua colaboração, levar ao conhecimento das autoridades um ou mais dos seguintes resultados, ou seja, não simultâneos (art. 4º, da Lei n. 12.850/13): São eles: "I – a identificação dos demais coautores e partícipes da organização criminosa e das infrações penais por eles praticadas; II – a revelação da estrutura hierárquica e da divisão de tarefas da organização criminosa; III – a prevenção de

CRIME ORGANIZADO

infrações penais decorrentes das atividades da organização criminosa; IV – a recuperação total ou parcial do produto ou do proveito das infrações penais praticadas pela organização criminosa; V – a localização de eventual vítima com a sua integridade física preservada."

Importante registrar que a Procuradoria Geral da República chegou a impugnar a legitimidade prevista em lei aos Delegados de Polícia para firmar acordos de colaboração premiada, sem êxito. Em 20 de junho de 2018, o Plenário do Supremo Tribunal Federal julgou improcedente a ADI 5.508 e considerou constitucional a possibilidade de Delegados de Polícia realizarem acordos de colaboração premiada na fase do inquérito policial.

Além da análise da personalidade do colaborador, da natureza, das circunstâncias, da gravidade e da repercussão social do fato criminoso e da eficácia da colaboração (§ 1º), exige que o colaborador esteja disponível para ser ouvido, sempre na companhia de advogado, durante as investigações a critério do Delegado de Polícia e do Ministério Público ou, em juízo a requerimento das partes ou por determinação do Juiz (§ 12º). E não é só. O colaborador, no acordo, terá que renunciar (não exercer), obviamente, o direito ao silêncio e estará sujeito ao compromisso legal de dizer a verdade, podendo incorrer no delito de falso testemunho (§ 14º). Por fim, o acordo homologado poderá ser rescindido em caso de omissão dolosa sobre os fatos objeto da colaboração (§ 17).

8. Consequências – Benefícios penais, processuais e extraprocessuais

Diante da multiplicidade de previsões legais, diversificam-se os benefícios concedidos em conseqüência da delação, ressalvado único ponto comum, qual seja, a redução de um a dois terços na pena.

Assim, o art. 159, § 4º, do Estatuto Penal Repressivo, as Leis nº 8.072/90 (Crimes Hediondos), 7.492/86 (Crimes contra o Sistema Financeiro e Nacional), 8.137/1990 (Lei dos Crimes contra a Ordem Tributária, Econômica e contra as Relações de Consumo), 11.343/06 (Antidrogas) permitem unicamente a minoração na dosimetria penal.

Entretanto, convém ressaltar que os tipos penais definidos nos artigos 4º, 5º e 6º da Lei 8.137/90, por força do acordo de leniência, inserto na Lei nº 10.149/00 (art. 35-B e 35-C e p.u.) acarretam, de antemão, a suspensão do curso do prazo prescricional e o impedimento do oferecimento da denúncia. Devidamente cumprido o acordo, enseja a extinção automática da punibilidade.

A Lei nº 9.613/1.998 (Lavagem de Capitais), além da redução da sanção penal, também possibilita a concessão dos regimes semiaberto ou aberto de cumprimento de pena, facultando-se, ainda, a ausência de fixação de repri-

A DELAÇÃO E A COLABORAÇÃO PREMIADAS

menda corporal (perdão judicial) ou sua substituição por restritiva de direitos. A nova redação conferida pela Lei nº 12.683/13 permitiu a concessão dos benefícios inclusive no curso de execução penal, ao inserir a palavra *"a qualquer tempo"*.

Na seqüência, a Lei nº 9.807/99 tornou ampliar a obrigatoriedade de conceder-se o benefício do perdão judicial aos réus colaboradores que preencham os requisitos cumulativos constantes do *caput*, de seu art. 13, desde que somados à ocorrência alternativa de um de seus incisos. De outro tanto, impõe-se a redução nas hipóteses do dispositivo seguinte (art. 14), com pressupostos menos rigorosos que o primeiro.

Importante, aqui, frisar que o patamar de redução na pena será estabelecido pelo grau de colaboração, sendo maior quanto mais decisiva[20] e, inclusive, considerando-se o número de delatados identificados e responsabilizados criminalmente[21].

Impossível a comunicação ou extensão do benefício aos co-réus, por se tratar de mera circunstância e não elementar.[22]

Preenchidos os requisitos e pressupostos, trata-se de um direito subjetivo, sendo obrigatória a incidência dos benefícios que estiverem estipulados na norma, de forma não discricionária, pelo Juiz.

Impende destacar que a Lei nº 9.807/99, efetivando os regramentos para o qual restou estabelecida, trouxe várias inovações, veiculando medidas processuais e extraprocessuais aptas e hábeis a satisfazer a proteção da incolumidade, também, do réu colaborador.

O art. 15, da aludida legislação, elenca medidas especiais de segurança e proteção à integridade física do delator que, custodiado ou não, diante da situação, estiver em situação de eventual ou efetiva ameaça ou coação. Dessa maneira, desnecessário esteja ele encarcerado ou, ainda, em hipótese de concreto risco. Obviamente, a valoração, com extrema cautela, deve ser efetivada isoladamente em cada caso pelo Juiz.

Assim, detido cautelarmente ou ainda que condenado em regime fechado de cumprimento de pena, por motivos patentes, pois a delação é odiada no

---

[20] TRF4, AC 2003.70.02.004164-3, Tadaaqui Hirose, 7ª T., DJ 8.3.06.

[21] TRF3, AC 91030108872/SP, Silveira Bueno, 1ª T., u., 12.12.06.

[22] "A delação premiada não se comunica aos co-réus em casos de concurso de pessoas" (STJ, HC 33833/PE, Dipp, 5ª T., u., 19.8.04; "A minorante da denominada delação premiada, por ser circunstância, e não elementar, é incomunicável e incabível a sua aplicação automática, por extensão, no caso de concurso de pessoas" (STJ, REsp,418341/AC, Fischer, 5ª T., u., 8.4.03; "Descabe estender ao co-réu delatado o benefício do afastamento da pena, auferido em virtude da delação viabilizada de sua responsabilidade penal" (STF, HC 85176/PE, Marco Aurélio, 1ª T., m., DJ 8.4.05

CRIME ORGANIZADO

sistema carcerário, permanecerá em dependência separada dos demais presos (§§ 1º e 3º). Além disso, permite-se a concessão pelo Juiz de amplas providências cautelares direta ou indiretamente relacionadas com a eficácia da proteção (§ 2º e art. 8º), até mesmo a concessão de liberdade provisória ou a fixação do regime prisional aberto.

Entrementes, pertinente mencionar que as providências em relação aos réus colaboradores presos, apesar de diferirem daquelas adotadas em relação às vítimas e testemunhas protegidas, por força da parte final do § 2º, do art. 2º, da Lei em comento, não provocam prejuízos, evidentemente, à adoção das medidas de preservação de sua integridade física.

Frise-se, contudo, que relevante providência consistiu na criação, no âmbito do Ministério da Justiça, do Programa Federal de Assistência a Vítimas e a Testemunhas ameaçadas e dispõe ainda, sobre a proteção de acusados ou condenados que tenham voluntariamente prestado efetiva colaboração à investigação policial e ao processo criminal. No entanto, as unidades da federação aparelharam-se para implantar seus programas de proteção, denominado, no Estado de São Paulo, desde 2.000, PROVITA, regulado pela Lei Estadual nº 10.354/99 e Decreto Estadual nº 44.214/99.

Finalmente, note-se que a atual Lei sobre as Organizações Criminosas (Lei nº 12.850, de 2 de agosto de 2.013) inovou, promovendo profundas modificações. Além da possibilidade de concessão de redução ou substituição da pena corporal por restritiva de direitos, do perdão judicial – mesmo na fase do inquérito (art. 4º, § 2º), mitigando a obrigatoriedade da propositura da ação penal, autoriza o não oferecimento da denúncia pelo Ministério Público se a proposta referir-se a infração de cuja existência não tenha prévio conhecimento e o colaborador não for o líder da organização criminosa e for o primeiro a prestar efetiva colaboração (§ 4º). Ainda, expressamente previu a possibilidade de concessão do benefício após a sentença, com redução de pena à metade ou admissão de progressão de regime independentemente de requisitos objetivos (§ 5º).

9. Conclusão

Neste contexto, a sociedade hodierna, há tempos globalizada, ostenta ágil e intenso acesso à mais variada gama de atividades decorrentes dos avanços econômicos, sociais, políticos, culturais e tecnológicos, incluindo, inevitavelmente, as ilícitas. Essa realidade, adida à "crise de valores morais" que atinge a humanidade moderna, fomenta o surgimento de inúmeras formas de criminalidade, notadamente a organizada, cuja repressão reclama e exige a utilização de meios de coleta de prova mais eficientes na formação da culpa e responsabilização criminal dos delinqüentes.

A DELAÇÃO E A COLABORAÇÃO PREMIADAS

Árdua, assim, revela-se a tarefa de obter revelações acerca dos detalhes relativos ao integral funcionamento da célula criminosa e dos fundamentos para incriminação de todos os membros das organizações criminosas, circunstância que dificulta sobremaneira a descrição e individualização das condutas praticadas por estes, requisito necessário a qualquer acusação criminal.

Desta feita, o método indispensável para o desmantelamento de organizações criminosas reside na derrocada de sua estrutura de atuação eficiente, solidária e sigilosa, mediante a quebra da relação de confiança e do círculo de segredo existente entre seus integrantes (lei do silêncio), cooptando-os por intermédio da oferta de benefícios legais em contrapartida das suas colaborações com a Justiça.

Severa e indevidamente criticada pelo suposto desprezo ao limite ético da intervenção dos órgãos estatais e violação do princípio da dignidade da pessoa humana, causada pelo suposto emprego de tortura moral ou pelo estímulo à traição, a delação ou colaboração premiada, empregada com irrestrita observância às formalidades legais, adoção de parcimônia e as cautelas aqui retratadas, revela-se como instrumento absolutamente hábil no refreamento da criminalidade, sobremaneira a organizada, funcionando como valioso meio de prova e, ademais, instrumento de prevenção criminal de reincidências.

No tocante ao último aspecto, aliás, o colaborador raramente torna a delinqüir, porquanto tem absoluta ciência dos riscos que suportará no cárcere. Além disso, os ex-comparsas incriminados deixam de confiar no colaborador e passam a rejeitá-lo, dificultando seu retorno ao grupo criminoso e à prática de atividades ilícitas. Ademais, quanto maior a importância do colaborador no grupo delinqüente, mais custosa será a possibilidade de reestruturação da célula.

Negar sua importância como meio de obtenção da prova e método eficaz investigativo, significa, nos dias atuais, reiterar continuamente o recaimento da responsabilidade penal sobre apenas os *soldados* das organizações criminosas, a cargo de quem se atribuem as atividades de ponta, deixando impunes e intocáveis os verdadeiros mentores e chefes, os quais, por motivos óbvios, permanecem distantes e estanques das tarefas ilícitas delegadas.

Não se mostra adequado aduzir ofensa à ética ou valores morais que, atualmente, são atropelados com total menoscabo pelos criminosos.

Em arremate, com a erradicação da hipocrisia, conclui-se que os valores morais e éticos devem atuar em defesa da sociedade, tornando pertinente e eficaz instituto que se presta a favor daquela no esclarecimento de crimes, na prevenção de suas ocorrências, no combate às organizações criminosas e, conseqüentemente, na manutenção da ordem pública e do Estado Democrático de Direito.

CRIME ORGANIZADO

Referências

ARANHA, Adalberto José Q. T. de Camargo. Da prova no processo penal. 7 ed., São Paulo: Saraiva, 2006.

CERQUEIRA, Thales Tácito Pontes de Pádua. Delação Premiada. Revista Jurídica Consulex. 15 de setembro de 2005, Ano IX, nº 208.

ESPÍNOLA FILHO, Eduardo, Código de Processo Penal Brasileiro Anotado. 6. Ed. Rio de Janeiro. Borsoi. 1.955, v. 3.

FERREIRA, Aurélio Buarque de Holanda. Novo Aurélio Século XXI: Dicionário da Língua Portuguesa, 3 ed., Rio de Janeiro: Nova Fronteira, 1.999.

FRANCO, Alberto Silva. Crimes hediondos. 2 ed., São Paulo: Revista dos Tribunais, 1992.

FREIRE JR, Américo Bedê. *Qual o meio processual para requerer a delação premiada após o trânsito em julgado da sentença penal condenatório?* In: Revista Síntese de Direito Penal e Processual Penal, ano VI, n. 36, Porto Alegre, fev-mar/2.006.

GOMES, Luis Flávio. *Corrupção Política e Delação Premiada. In:* Revista Síntese de Direito Penal e Processual Penal, ano VI, n. 34, Porto Alegre, out/Nov/2005.

JESUS, Damásio Evangelista de. Direito Penal. São Paulo: Saraiva, 1998.

JESUS, Damásio Evangelista de Jesus. *Estágio Atual da "Delação Premiada" no Direito Penal Brasileiro.* In: Revista Síntese de Direito Penal e Processual Penal, ano VI, n. 36, Porto Alegre, fev-mar/2.006.

LIMA, Renato Brasileiro de. Legislação Criminal Especial Comentada, 4ª edição. Juspodivm, 2018.

MALATESTA, Nicola Framarino dei. A lógica das provas em matéria criminal. Campinas. LZN Editora, 2.003.

MENDONÇA, Andrey Borges de. A colaboração premiada e a criminalidade organizada: a confiabilidade das declarações do colaborador e seu valor probatório. in A PROVA NO ENFRENTAMENTO À MACROCRIMINALIDADE. Org. SALGADO, Daniel de Resende; QUEIROZ, Ronaldo Pinheiro de. 2ª. ed., Salvador: Juspodivm, 2016, p. 254-255.

MITTERMAYER, C. J. A. Tratado da prova em matéria criminal. Tradução de Hebert Wüntzel Heinrich. 3 ed., Campinas: Bookseller, 1996.

NUCCI, Guilherme de Souza. O Valor da confissão como meio de prova no processo penal. 2 ed. rev e atual. São Paulo: Revista dos Tribunais, 1.999.

NUCCI, Guilherme de Souza, in Código de Processo Penal Comentado, Ed. RT, 8ª edição, 2.008.

PRADO, Geraldo. *Da Delação Premiada: aspectos de direito processual. Boletim do IBCCRIM, São Paulo, ano 13, fev/2006.*

SILVA, Eduardo Araújo da, Crime organizado: procedimento probatório. São Paulo: Atlas, 2003.

TÁVORA, Nestor; ALENCAR, Rosmar Rodrigues. Curso de Direito Processual Penal. 3. ed. São Paulo: Jus Podivm, 2009.

TOURINHO FILHO, Fernando da Costa. Processo Penal. 27 ed., São Paulo. Saraiva, 2.005, v.3.

11
Colaboração Premiada na Lei do Crime Organizado, Presunção de Inocência e Eficácia Probatória das Declarações do Colaborador

BRUNO CÉSAR LORENCINI

Introdução

Neste capítulo, desenvolveremos o tema da *colaboração premiada prevista na Lei n. 12.850/2013* (Lei do Crime Organizado), sob a perspectiva do princípio da *presunção de inocência*, o qual vem amparado tanto na Constituição Federal brasileira de 1988, como na Convenção Americana de Direitos Humanos (Pacto de San José da Costa Rica), promulgado no Brasil por força do Decreto n. 678, de 6 de novembro de 1992.

A Lei n. 12.850/2013 surgiu no ordenamento jurídico como uma clara tentativa de aperfeiçoamento do combate à criminalidade organizada que, com pouco espaço para dúvidas, é a que representa maiores desafios à atividade persecutória do Estado. Eis a razão pela qual a nova legislação buscou regular os mecanismos investigatórios e probatórios de forma a conferir maior eficácia aos órgãos policial e acusatório na formação de culpa dos agentes envolvidos nos delitos praticados por organizações criminosas.

O advento de legislação de tal perfil no ordenamento jurídico sempre vem acompanhado de intensos debates acerca da compatibilidade das novas medidas com os princípios constitucionais tutelares do indivíduo perante a ação persecutória do Estado; é exatamente isto que vem ocorrendo em relação a alguns institutos da lei n. 12.850/13, sendo o da colaboração premiada, previsto a partir do artigo 4º da lei, especialmente sensível a tal debate.

Ressalte-se, ainda, que o instituto da *colaboração premiada* traz importantes repercussões para a conformação de diferentes princípios constitucionais, especialmente os relacionados ao devido processo legal. Nosso intuito, contudo, nesta ocasião, é enfrentar o instituto sob a perspectiva de um princípio especialmente caro ao Estado de Direito, que é a *presunção de inocência*. Para tanto, iniciamos nossa abordagem com a discussão sobre qual a amplitude deôntica que deve ser conferida ao princípio, ou seja, quais os efeitos jurídicos esperados a partir da adoção da presunção de inocência como direito fundamental no sistema jurídico brasileiro, tanto em razão de sua previsão no artigo 5º, inciso LVII da Constituição Federal brasileira, como em decorrência de sua inscrição no artigo 8, item 2, da Convenção Americana de Direito Humanos (*Pacto de San Jose da Costa Rica*); neste tópico, ainda, confrontaremos nossas premissas teóricas com a produção jurisprudencial do Supremo Tribunal Federal e da Corte Interamericana de Direitos Humanos, buscando realizar a leitura sobre qual tem sido a dimensão conferida ao princípio por nossa tais Cortes.

Em um segundo momento, conferimos atenção à regulamentação da colaboração premiada na lei n. 12.850/2013, sendo especialmente relevante para nossa análise a questão da *eficácia probatória das declarações do colaborador*, pois é este, a nosso ver, o ponto nevrálgico do instituto no que tange à sua conformação ao princípio da presunção de inocência. Por fim, naquele que é o ponto central de nossa abordagem, trataremos da *compatibilidade entre a colaboração premiada da Lei n. 12.850/2013 e o princípio da presunção de inocência*, realizando, assim, a ponderação entre os valores envolvidos neste importante tema.

1. O Princípio da Presunção de Inocência na Convenção Americana de Direitos Humanos e na Constituição Federal Brasileira

O principio da presunção de inocência vem definido no artigo 8, item 2, primeira parte, da Convenção Americana de Direito Humanos (*Pacto de San Jose da Costa Rica*), promulgada no Brasil por força do Decreto n. 678, de 6 de novembro de 1992; *in verbis*:

> 2. Toda pessoa acusada de um delito tem direito a que se presuma sua inocência, enquanto não for legalmente comprovada sua culpa. (...)

Na Constituição Federal brasileira, por sua vez, a garantia vem insculpida no artigo 5, inciso LVII, *in verbis*:

> LVII – ninguém será considerado culpado até o trânsito em julgado de sentença penal condenatória;

A doutrina penal trabalha com duas perspectivas acerca do principio da presunção de inocência: uma de caráter estritamente processual e a segunda de caráter extraprocessual, que no dizer de BUIZA, possui "objeto mais amplo", extravasando a esfera processual e, até mesmo, superando os limites do pró-

COLABORAÇÃO PREMIADA NA LEI DO CRIME ORGANIZADO, PRESUNÇÃO DE INOCÊNCIA...

prio direito penal[1]. A duplicidade de significados da presunção de inocência é lembrada por GOMES FILHO:

Na verdade, desde o texto adotado na proclamação original, contida no artigo 9º da "Declaração dos Direitos do Homem e do Cidadão – *Tout homme étant présumé innocent, s'il est jugé indispensable de l'arreter, toute rigueur qui ne serait pas nécessaire pour s'assurer de sa personne doit être sévérement reprimeé par la loi* – é possível entrever um duplo significado: de um lado, regra processual segundo a qual o acusado não está obrigado a fornecer provas de sua inocência, pois esta é de antemão presumida (*étant présumé innocent*); de outro, princípio que impede a adoção de medidas restritivas da liberdade pessoal antes do reconhecimento da culpabilidade, salvo os casos de absoluta necessidade (*pour s'assurer de sa personne*)[2].

A jurisprudência do Supremo Tribunal Federal também confere uma distinção entre as duas leituras acerca do princípio, inclusive distinguindo a nomenclatura entre *presunção de não culpabilidade* (amplo) e *presunção de inocência* (restrito). Vejamos excerto do HC 101.909 em tal sentido: a presunção de não culpabilidade trata, mais do que de uma garantia, de um direito substantivo. Direito material que tem por conteúdo a presunção de não culpabilidade. Esse o bem jurídico substantivamente tutelado pela Constituição; ou seja, a presunção de não culpabilidade como o próprio conteúdo de um direito substantivo de matriz constitucional. Logo, o direito à presunção de não culpabilidade é situação jurídica ativa ainda mais densa ou de mais forte carga protetiva do que a simples presunção de inocência.» (HC 101.909, Rel. Min. Ayres Britto, julgamento em 28-2-2012, Segunda Turma, DJE de 19-6-2012.)

Por evidente, ambos os significados se complementam e interpenetram; até por isso, não acolhemos a distinção terminológica, sendo possível falar em presunção de inocência e presunção de não culpabilidade como um único princípio. O que se diferencia na abordagem mais ampla, bem expressa no texto da Convenção, é o foco na pessoa do acusado: não só no seu direito a um *processo justo*, mas em relação a todos os aspectos concernentes à formação de sua culpa e a preservação de seus direitos em grau máximo, enquanto não comprovada, de forma válida, tal culpa.

Interessante notar, contudo, que a abrangência normativa do princípio tem sido delimitada de forma casuística pela jurisprudência do Supremo Tribu-

---

[1] BUIZA, Alfredo Allué. Una presuncion de inocencia extensa y poco intensa, p. 409.
[2] GOMES FILHO, Antonio Magalhães. O Princípio da Presunção de Inocência na Constituição de 1988 e na Convenção Americana sobre Direitos Humanos (Pacto de São José da Costa Rica). Revista do Advogado, 30.

CRIME ORGANIZADO

nal Federal brasileiro. Na ADI 4578, Lei da Ficha Limpa, o reconhecimento da constitucionalidade da inelegibilidade decorrente de condenação criminal em segunda instância ou por um colegiado, no caso de foro privilegiado, ainda que sem trânsito em julgado, partiu de uma expressa interpretação literal e restritiva acerca do princípio da presunção de inocência insculpido no artigo 5º, inciso LVII, entendendo o relator, Min. Luiz Fux, que (...) a presunção de inocência consagrada no art. 5º, LVII, da Constituição Federal deve ser reconhecida como uma regra e interpretada com o recurso da metodologia análoga a uma redução teleológica, que reaproxime o enunciado normativo da sua própria literalidade, de modo a reconduzi-la aos efeitos próprios da condenação criminal (que podem incluir a perda ou a suspensão de direitos políticos, mas não a inelegibilidade).[3]

A partir de tal leitura, a Corte restringiu os efeitos do princípio da presunção de inocência ao âmbito do processo penal, afirmando textualmente que o julgamento definitivo sobre a culpabilidade do agente não é requisito para que ele sofra efeitos exteriores ao âmbito processual[4].

No **Recurso Extraordinário n. 482.006,** debateu-se a constitucionalidade de preceito de lei estadual mineira que impôs a redução de vencimentos de servidores públicos afastados de suas funções por responderem a processo penal em razão da suposta prática de crime funcional. No caso, o STF afirmou, por unanimidade, que o preceito implica flagrante violação do disposto no inciso LVII do art. 5º da Constituição do Brasil. Nas palavras do Relator, a se admitir a redução da remuneração dos servidores em tais hipóteses, estar-se-ia validando verdadeira antecipação de pena, sem que esta tenha sido precedida do devido processo legal, e antes mesmo de qualquer condenação, nada importando que haja previsão de devolução das diferenças, em caso de absolvição.[5]

Neste caso, a Suprema Corte considerou a suspensão da remuneração do servidor que responde a processo criminal verdadeira *antecipação de pena*, raciocínio que não aplicou no caso da inelegibilidade reconhecida pela Lei n. 135/10 (Ficha Limpa). Sob um ponto de vista ontológico, não há grandes distinções em relação às duas situações. Em ambas, verifica-se a hipótese de *efeitos exógenos do processo penal,* ou seja, decorrências exteriores ao processo que acabam

---

[3] BRASIL. Supremo Tribunal Federal. ADC 29; ADC 30 e ADI 4.578, Rel. Min. Luiz Fux, julgamento em 16-2-2012, Plenário, DJE de 29-6-2012.

[4] No caso da lei da ficha limpa, tais efeitos consistem na impossibilidade do condenado, em segunda instância ou órgão colegiado, por crimes especificados na lei, de se candidatar a cargos eletivos.

[5] BRASIL. Supremo Tribunal Federal. RE n. 482.006, Rel. Min. Ricardo Lewandowski, julgamento em 5-6-2012.

por afetar gravemente a pessoa do acusado, ainda que não na esfera criminal. Percebe-se, assim, algum grau de *casuísmo* na leitura da Suprema Corte acerca do sentido *amplo* ou *extraprocessual* do princípio da presunção de inocência.

Em relação aos efeitos *processuais* do princípio, a Suprema Corte tem mostrado um perfil garantista, principalmente no que diz respeito à possibilidade de restrição de liberdade do acusado. No julgado sobre a constitucionalidade da vedação à liberdade provisória prevista na Lei de Drogas (Lei 11.343/2006, art. 44), a Corte afirmou, textualmente, sua incompatibilidade *com o princípio constitucional da presunção de inocência*. Nas palavras do Ministro relator do HC 104.339, Gilmar Mendes:

> a Lei de Drogas, ao afastar a concessão da liberdade provisória de forma apriorística e genérica, retira do juiz competente a oportunidade de, no caso concreto, analisar os pressupostos da necessidade do cárcere cautelar, em *inequívoca antecipação de pena*, indo de encontro a diversos dispositivos constitucionais. (...) a segregação cautelar – mesmo nos crimes atinentes ao tráfico ilícito de entorpecentes – deve ser analisada tal quais as prisões decretadas nos casos dos demais delitos previstos no ordenamento jurídico, o que conduz à necessidade de serem apreciados os fundamentos da decisão que denegou a liberdade provisória ao ora paciente, no intuito de verificar se estão presentes os requisitos do art. 312 do CPP que rege a matéria. (...) Ante o exposto, declaro, incidenter tantum, a inconstitucionalidade da vedação à liberdade provisória imposta pelo art. 44 da Lei 11.343/2006. (HC 104.339, Rel. Min. Gilmar Mendes, julgamento em 10-5-2012, Plenário, DJE de 6-12-2012).

Novamente, a Corte construiu raciocínio equivalendo a adoção de medida restritiva com a antecipação de pena; sob a ótica adotada, a antecipação do resultado prático do processo penal – que seria a restrição de liberdade do acusado – implica infringência à presunção de inocência. Sob o mesmo argumento, o Plenário do STF, no julgamento do HC 84.078, pacificou o entendimento de que *a execução da pena privativa de liberdade*, antes do trânsito em julgado da sentença condenatória, contraria o art. 5º, LVII, da Constituição.

O *direito de recorrer em liberdade* também restou consagrado pela Jurisprudência da Suprema Corte como expressão do princípio da presunção de inocência, muito embora reconhecendo a possibilidade de sua relativização quando se justificam a decretação da prisão cautelar do acusado.[6]

---

[6] BRASIL. SUPREMO TRIBUNAL FEDERAL. HC 99.891, Rel. Min. Celso de Mello, julgamento em 15-9-2009, Segunda Turma, DJE de 18-12-2009.

CRIME ORGANIZADO

O garantismo assegurado pela Corte na expressão processual do princípio da presunção de inocência não se limita, contudo, a medidas diretamente relacionadas à liberdade do acusado e eventual antecipação de pena. A Corte já reconheceu a relevância do princípio no *campo do tratamento do acusado na sessão julgamento* e, até mesmo, na *igualdade de armas entre as partes*, como restou expresso no precedente do HC 91.952, sob relatoria do Min. Marco Aurélio, em que a Corte se pronunciou acerca do *uso de algemas no Tribunal do Júri* e a potencial ofensa ao princípio previsto no artigo 5º, inciso LVII da Constituição Federal; destaca-se excerto de referido julgamento: o julgamento perante o Tribunal do Júri não requer a custódia preventiva do acusado, até então simples acusado – inciso LVII do art. 5º da Lei Maior. Hoje não é necessária sequer a presença do acusado (...). Diante disso, indaga-se: surge harmônico com a Constituição mantê-lo, no recinto, com algemas? A resposta mostra-se iniludivelmente negativa. Em primeiro lugar, levem em conta o princípio da não culpabilidade. É certo que foi submetida ao veredicto dos jurados pessoa acusada da prática de crime doloso contra a vida, mas que merecia o tratamento devido aos humanos, aos que vivem em um Estado Democrático de Direito. Segundo o art. 1º da Carta Federal, a própria República tem como fundamento a dignidade da pessoa humana. Da leitura do rol das garantias constitucionais – art. 5º –, depreende-se a preocupação em resguardar a figura do preso. (...) Ora, estes preceitos – a configurarem garantias dos brasileiros e dos estrangeiros residentes no País – repousam no inafastável tratamento humanitário do cidadão, na necessidade de lhe ser preservada a dignidade. Manter o acusado em audiência, com algema, sem que demonstrada, ante práticas anteriores, a periculosidade, significa colocar a defesa, antecipadamente, em patamar inferior, não bastasse a situação de todo degradante. (...) Quanto ao fato de apenas dois policiais civis fazerem a segurança no momento, a deficiência da estrutura do Estado não autorizava o desrespeito à dignidade do envolvido. Incumbia sim, inexistente o necessário aparato de segurança, o adiamento da sessão, preservando-se o valor maior, porque inerente ao cidadão.[7]

Inegável que em aludido precedente o Supremo Tribunal ampliou a leitura acerca da abrangência normativa do princípio, correlacionando-o ao tratamento digno do acusado, na condição de *inocente*, em todas as fases do processo. O mais interessante, contudo, em aludido precedente, é a leitura de que o *uso de algemas pode colocar a defesa em patamar inferior* e que tal condição seria contrária ao princípio da presunção de inocência. De fato, em um

---

[7] BRASIL. SUPREMO TRIBUNAL FEDERAL. HC 91.952, voto do Rel. Min. Marco Aurélio, julgamento em 7-8-2008, Plenário, DJE de 19-12-2008.

julgamento marcadamente teatral, como é o procedimento do Júri, fácil imaginar o impacto que as algemas postas no réu podem causar na percepção do jurado, normalmente dotado de conhecimento leigo. O réu preso, algemado, inferiorizado diante do órgão acusatório, reproduz cenário prejudicial à defesa, principalmente em um julgamento por um órgão não técnico, como é o caso do Júri. Realmente, é interessante analisar como o princípio da presunção de inocência pode irradiar efeitos até mesmo na apresentação das partes perante o órgão julgador. Exemplo célebre, neste sentido, foi o julgamento de Adolf Eichmann em Israel, em 1961, brilhantemente retratado por Hannah Arendt em sua obra *Eichmann em Jerusalém*[8] – *um relato sobre a banalidade do mal*; vale descrever as palavras da brilhante filósofa, ao descrever a formatação do tribunal que julgou o agente nazista *"Beth Hamishpath"* – a Casa da Justiça: essas palavras, gritadas a todo volume pelo meirinho do tribunal, fazem-nos ficar de pé num salto, ao anunciar a chegada dos três juízes que, de cabeça descoberta, vestindo mantos negros, entram na sala do tribunal por uma porta lateral e ocupam seus lugares no nível mais alto da plataforma elevada. A longa mesa, que logo estará coberta com inúmeros livros e mais de quinhentos documentos, tem uma estenógrafa em cada extremidade. Logo abaixo dos juízes ficam os tradutores, cujos serviços são necessários para as conversas diretas entre o acusado ou seus advogados e a corte; além disso, o acusado, cuja língua, como a de quase todo mundo na plateia, é o alemão, acompanha os procedimentos em hebraico por meio de transmissão radiofônica simultânea, que é excelente em francês, tolerável em inglês, e uma mera comédia, muitas vezes incompreensível, em alemão. (Em vista da escrupulosa equidade de todos os arranjos técnicos do julgamento, constitui um mistério menor que o novo Estado de Israel, com sua alta porcentagem de nascidos na Alemanha, seja incapaz de encontrar um tradutor adequado para a única língua que o acusado e seu advogado entendem. Pois o velho preconceito contra os judeus alemães, antes muito pronunciado em Israel, não tem mais força suficiente para ser uma causa disso. Resta, à guisa de explicação, a velha e ainda poderosa "Vitamina P", nome que os israelenses dão ao favorecimento nos círculos do governo e da burocracia.) Um degrau abaixo dos tradutores, um de frente para o outro e, portanto, com os perfis voltados para a plateia, temos a cabine de vidro do acusado e o banco de testemunhas. Finalmente, no último plano, de costas para a plateia, ficam o promotor com o seu grupo de quatro advogados assistentes e o advogado de defesa, que durante as primeiras semanas foi acompanhado por um advogado assistente.

---

[8] ARENDT, Hannah. Eichmann em Jerusalém. São Paulo: Cia das Letras, 1999.

As características do julgamento de Eichmann são, por óbvio, afetadas pelo contexto histórico e por todos os valores ali envolvidos, mas não há como negar que a exposição do réu fechado em uma cabine de vidro, submetido a uma péssima tradução dos debates do julgamento, entre outros fatores retratados por Arendt, afetam a leitura mais ampla do princípio da não culpabilidade.

No âmbito da jurisprudência da Corte Interamericana de Direitos Humanos, a defesa conceitual do princípio tem adotado de forma linear uma leitura ampla, significando tanto uma garantia processual, como um garantia fundamental do acusado. No precedente *Fernándes Ortega y Otros vs. México*[9], de 15 de maio de 2011, a Corte respondeu a consulta interpretativa do Estado condenado, apresentando o conceito de presunção de inocência:

> En cuanto a la alegada afectación por parte de la Corte del principio de presunción de inocencia, este Tribunal ha señalado que este principio constituye un fundamento de las garantías judiciales que implica que el acusado no debe demostrar que no ha cometido el delito que se le atribuye, ya que el *onus probandi* corresponde a quien acusa, y que exige que una persona no pueda ser condenada mientras no exista prueba plena de su responsabilidad penal. Asimismo, la Corte ha establecido que este principio es un elemento esencial para la realización efectiva del derecho a la defensa y acompaña al acusado durante toda la tramitación del proceso hasta que una sentencia condenatoria que determine su culpabilidad quede firme. En este sentido, la presunción de inocencia se vulnera si antes de que el acusado sea encontrado culpable una decisión judicial relacionada con él refleja la opinión de que es culpable.[10]

Destaca-se do conceito o conteúdo extremamente amplo conferido ao princípio da não culpabilidade, chegando-se ao ponto de afirmar que *qualquer opinião oficial de que o acusado seja culpado* já representa uma violação ao princípio. Neste sentido, BUIZA destaca que a jurisprudência da Corte Europeia de Justiça possui julgados no sentido de que a mera opinião de algum agente estatal no sentido de que o réu é culpado, antes de seu julgamento definitivo, já implica potencial ofensa ao princípio da não culpabilidade. Como se

---

[9] CORTE INTERAMERICANA DE DIREITOS HUMANOS. Caso Fernandés Ortega y Otros vs. México. Sentencia de 30 de Agosto de 2010, serie C n. 215.

[10] Interessante, neste precedente, é que na consulta interpretativa o Estado condenado sugeria que a própria Corte Interamericana teria ofendido o principio da presunção de inocência, ao sugerir que o Estado deveria "condenar três responsáveis" pelo crime objeto do julgado. A CIDH deixou claro que não é seu papel realizar juízo de responsabilização penal, mas sim verificar a ofensa de direitos humanos por parte do Estado. Não haveria, assim, potencial ofensa da decisão da CIDH ao princípio da não culpabilidade.

COLABORAÇÃO PREMIADA NA LEI DO CRIME ORGANIZADO, PRESUNÇÃO DE INOCÊNCIA...

observa da posição conceitual adotada pela CIDH, a adoção de tal leitura no sistema regional interamericano é perfeitamente adequada.[11]

A *prolongação da privação preventiva do acusado além de um prazo razoável* também foi considerado pela CIDH como uma violação direta ao disposto ao princípio da não culpabilidade, no caso *Suárez Rosero Vs. Ecuador*[12], uma vez que de sua incidência deriva a obrigação estatal de não restringir a liberdade do detido além dos limites estritamente necessários para assegurar que não restarão impedidas as providências necessárias a uma investigação eficiente e que não se eludirá a ação da Justiça, uma vez que a prisão preventiva é uma medida cautelar, não definitiva.[13]

No caso *Ricardo Panese vs Paraguay*[14], a CIDH entendeu que o Estado paraguaio violou a presunção de inocência do Sr. Ricardo Panese, ao lhe impor uma restrição permanente para sair do país durante oito anos, sem que tenha sido declarado autor de um delito. A Corte considerou que referida medida consiste em uma *indireta antecipação de pena*, uma vez que ela se aproxima de uma verdadeira pena de privação de liberdade. Neste mesmo precedente, a Corte expressamente afirma que a *presunção de dolo* para sustentar uma condenação também é uma ofensa direta ao princípio da presunção de inocência.

Enfim, a partir do levantamento de tais precedentes do Supremo Tribunal Federal e da Corte Interamericana de Direitos Humanos – que são apenas uma pequena amostra de um universo amplo de jurisprudência que invoca o princípio da presunção de inocência -, podemos levantar os seguintes pontos conclusivos, que nos permitirão enfrentar o tema da colaboração premiada:

Com alguma dose de casuísmo na jurisprudência do STF, porém com maior segurança na jurisprudência da CIDH, é possível afirmar a prevalência de uma *leitura ampla acerca do princípio da presunção de inocência ou de não culpabilidade*, não o restringindo ao processo penal;

A partir da conclusão (i), pode-se ler a presunção de inocência como uma *garantia fundamental do acusado*, assegurando-o irrestrita preservação de *qualquer tratamento como culpado*, o que se deve entender da forma mais ampla possível, mesmo em domínios exteriores ao direito penal;

---

[11] BUIZA, Alfredo Allué. Una presuncion de inocencia extensa y poco intensa, p. 409.

[12] Caso Suárez Rosero Vs. Ecuador, Fondo. Sentencia de la Corte Interamericana de Derechos Humanos de 12 de noviembre de 1997. Serie C No. 35, párr. 77

[13] No caso, o Senhor Suárez Rosero permeneceu detido preventivamente no período de 23 de junho de 1992 a 28 de abril de 1996 e a ordem de liberdade ditada em seu favor, em 10 de julho de 1995, não pôde ser executada senão apenas um ano depois.

[14] Caso Ricardo Canese Vs. Paraguay. Fondo, Reparaciones y Costas. Sentencia de la Corte Interamericana de Derechos Humanos de 31 de agosto de 2004. Serie C No. 111, párr. 154

CRIME ORGANIZADO

No aspecto processual, o princípio irradia efeitos não apenas na *vedação à antecipação de pena* e ao *julgamento "in dubio pro reo"*, mas alcança todas as fases e expressões do processo penal, assegurando ao acusado o tratamento na condição de inocente, até que sentença definitiva diga o contrário.

Partindo de tais conclusões, iniciamos nossas considerações acerca do instituto da colaboração premiada prevista na lei do crime organizado, conferindo especial relevo à sua compatibilidade com o princípio da presunção de inocência, especialmente quando considerada sua eficácia probatória.

2. A Colaboração Premiada na Lei n. 12.850/2013 (Lei do Crime Organizado) e sua Compatibilidade com o Princípio da Presunção de Inocência

A partir de seu artigo 4º, a nova lei do crime organizado regulamenta o instituto da colaboração premiada. Antes de analisar sua conformação ao princípio da presunção de inocência, é interessante, em curtas linhas, delinear seus principais aspectos, na forma como instituído pela Lei n. 12.850/13.

A colaboração premiada é um *meio de prova*, no qual o co-imputado é a *fonte de prova*. Referido meio probatório é viabilizado mediante a estipulação de um benefício ao imputado, incentivando-o a revelar fatos concernentes à organização criminosa (seus integrantes, suas atividades, etc.). No caso da Lei. 12.850/13, seu artigo 4º estabelece que o juiz, a requerimento das partes, poderá conceder perdão judicial, reduzir em até 2/3 (dois terços) a pena privativa de liberdade ou substituí-la por restritiva de direitos, daquele que tenha colaborado *efetiva* e *voluntariamente* com a investigação e com o processo criminal. A concessão de aludidos benefícios está vinculada à obtenção de ao menos um dos seguintes resultados: (i) identificação dos demais coautores e partícipes da organização criminosa e das infrações penais por eles praticadas; (ii) a relevação da estrutura hierárquica e da divisão de tarefas da organização criminosa; (iii) a prevenção de infrações penais decorrentes das atividades da organização criminosa; (iv) a recuperação total ou parcial do produto ou do proveito das infrações penais praticadas pela organização criminosa; e (v) a localização de eventual vítima com a sua integridade física preservada.

É possível, ainda, que o Ministério Público deixe de oferecer denúncia se o colaborador não for o líder da organização criminosa ou se for o primeiro a prestar efetiva colaboração, atendidos os mesmos requisitos mencionados no parágrafo anterior. Trata-se de dispositivo claramente inspirado no *plea bargaining*, instituição típica do sistema de *common law* – que é, sem dúvida, o sistema jurídico em que primeiro se estabeleceu os institutos inspiradores da colaboração premiada -, pelo qual a atividade do órgão acusador é regido pelo *princípio da oportunidade*, isto é, relativiza-se o cânone da indisponibilidade da ação penal, há tempos consagrado como peça chave do sistema jurídico penal no Brasil.

A colaboração é formalizada a partir de um *acordo*, em que são partes o delegado de polícia, o investigado e o defensor, com a manifestação do Ministério Público, ou, conforme o caso, entre o Ministério Público e o investigado ou acusado e seu defensor. Nota-se que não há participação do juiz na negociação realizada entre as partes, cabendo a este, somente, a homologação do acordo de colaboração, após constatar sua regularidade, legalidade e voluntariedade, sendo-lhe possível ouvir, sigilosamente, o colaborador, na presença de seu defensor. O acordo é perfeitamente *retratável* por quaisquer das partes, caso no qual as declarações autoincriminatórias não poderão ser utilizadas contra o colaborador.

Embora a tramitação da colaboração ocorra sob sigilo na fase investigatória – o que é indispensável para sua eficácia –, após o recebimento da denúncia o acordo deixa de ser sigiloso, sendo possível, também, às partes ou ao juiz requerer o depoimento do colaborador em juízo, o que é medida necessária ao contraditório e ampla defesa.

Traçadas tais linhas gerais acerca do instituto, passamos a confrontá-lo com os efeitos normativos derivados do artigo 5º, inciso LVII da Constituição Federal e com o artigo 8.2 da Convenção Americana de Direitos Humanos, que estabelecem a presunção de inocência como garantia fundamental do processo penal brasileiro. Neste sentido, sem dúvida, o ponto nevrálgico em tal relação é a *eficácia probatória do instituto da colaboração premiada.*

De fato, ainda que muito se tenha debatido em torno da validade do meio de prova sob análise, a verdade é que boa parte dos argumentos levantados acabam girando em torno de questões morais. Não ingressaremos neste aspecto do tema, pois, em que pese os diversos posicionamentos em contrário, a utilização da colaboração do co-imputado mediante o oferecimento de benefícios consiste em realidade consagrada em boa parte dos sistemas jurídicos das democracias ocidentais, especialmente em razão de sua eficácia no deslinde de organizações criminosas. Destarte, parece-nos que a utilização da colaboração premiada no processo penal já é algo consumado, sendo mais válido debater os limites de sua utilização do que, propriamente, indagar acerca de sua validade como meio de prova.

Tais limites dizem respeito, diretamente, à valoração probatória das declarações do co-imputado; em outras palavras, o relevante é saber qual o papel desempenhado pela colaboração premiada na formação da convicção do órgão julgador acerca da culpabilidade do acusado. Neste aspecto, a partir do princípio da presunção de inocência, a doutrina uniformizou o entendimento de

CRIME ORGANIZADO

que as declarações incriminatórias do colaborador não podem, por si só, *fundar uma sentença condenatória*.

Referido limite tornou-se verdadeiro *dogma* no tema da colaboração premiada, sendo considerado o ponto de convergência do instituto com a presunção de inocência. A Lei n. 12.850/13, por exemplo, o consagrou expressamente no artigo 4º, §16º (*Nenhuma sentença condenatória será proferida com fundamento apenas nas declarações do agente colaborador*). Questionamos, contudo, se tal ideia é suficiente para a conformação do instituto no sistema constitucional brasileiro? Parece-nos que se trata de apenas de um ponto de partida.

Inicialmente, é indispensável que a ideia de *não unicidade* das declarações do co-imputado como fonte de prova seja assegurada pelos princípios da *persuasão racional* e do *contraditório e ampla defesa*. A persuasão racional, como é cediço, refere-se ao sistema de apreciação das provas do processo pelo juiz; em tal sistema, prevalece o *livre convencimento motivado do juiz*, isto é, embora lhe seja assegurado a livre apreciação das provas colacionadas aos autos, é indispensável, para a validade do processo penal, que o julgador *apresente expressamente os motivos da condenação (ou da absolvição)*, indicando qual o *valor que conferiu a cada prova que sustentou sua conclusão*. Torna-se evidente, assim, que sem a adoção do sistema da persuasão racional torna-se inviável a preservação da não unicidade das declarações do co-imputado como fonte de prova, pois caso o juiz estivesse submetido a um sistema de *convicção íntima*, dispensando-o do dever de indicar expressamente as provas que lastreiam a condenação, não seria possível afirmar, ao menos com certeza, que o dogma da diversidade de provas foi preservado.

Já no que diz respeito ao contraditório e à ampla defesa, entende-se que a validade da prova decorrente das declarações do colaborador está condicionada à circunstância de que partes tenham tido, ao menos, a oportunidade de interrogá-lo em audiência, sendo-lhes permitido contradizer e produzir contraprova acerca do afirmado pelo co-imputado. O §12º, do artigo 4º, da lei 12.850/13 deixa claro a observância desses pressupostos em sua sistemática, facultando-se a qualquer das partes o requerimento da oitiva do colaborador. O indeferimento de tal oitiva seria, sem dúvida, flagrante ofensa aos princípios do contraditório e ampla defesa e, por via reflexa, ao princípio da presunção de inocência.

Ainda no tema da conformação da colaboração premiada à presunção de inocência, um dos efeitos normativos decorrente de tal princípio é a imputação do ônus da prova ao órgão acusatório. É evidente, entretanto, que tal efeito não se limita à distribuição processual do ônus probatório, mas tem clara relação com a ideia de *suficiência da prova*. Em outras palavras, não só o

COLABORAÇÃO PREMIADA NA LEI DO CRIME ORGANIZADO, PRESUNÇÃO DE INOCÊNCIA...

órgão acusatório deve provar a culpa do acusado, como deve fazê-lo de forma suficiente, esgotando todas as dúvidas sobre a autoria do crime. A partir disso, conclui-se que o meio de prova consubstanciado na colaboração do co-imputado nunca atenderá, por si só, o requisito da *suficiência probatória*, uma vez que suas declarações sempre serão pautadas pelo estigma da suspeita, ante o evidente interesse que o colaborador possui no resultado do feito.

Temos claro, portanto, que a eficácia probatória da colaboração premiada está a depender, por força do princípio da presunção de inocência, de *requisitos complementares*, a serem apreciados pelos órgãos estatais envolvidos na persecução penal. Tais requisitos têm sido indicado pela doutrina, com alguma variação terminológica, como sendo: (i) a *coerência interna*, e (ii) a *corroboração externa*. Vejamos tais requisitos.

O requisito da coerência interna se demonstra a partir da coesão, da verossimilhança, da especificidade do depoimento do colaborador. Meras alegações genéricas, desprovidas de detalhes e desacompanhadas do fornecimento de dados objetivos, não servem como efetiva colaboração, tratando-se, muitas vezes, de mera tentativa de vingança ou, até mesmo, de um intuito de prejudicar a investigação.

A aferição da coerência interna do discurso é o primeiro ato do procedimento da colaboração premiada, sendo o momento em que o órgão ministerial atesta a presença da *voluntariedade* do colaborador e, ainda, o intuito de *efetividade* que este busca conferir à sua colaboração. PEREIRA descreve o papel do órgão ministerial em tal aferição. Por isso o agente ministerial deve exigir, nas primeiras entrevistas com o declarante, uma descrição razoavelmente especificada, não se conformando com meras alegações genéricas, e submetendo a avaliação inicial da vontade de colaborar do declarante à descrição de situações concretas que tenha vivenciado e sejam indicativas da seriedade e verosimilhança interna do relato, sem o que não se dará o procedimento.[15]

No diz respeito à *corroboração externa*, trata-se, sem dúvida, do principal elemento de compatibilização do instituto da colaboração premiada com o princípio da presunção de inocência. Será exatamente por intermédio deste requisito que se impedirá a unicidade das declarações do co-imputado como fonte de prova a lastrear eventual condenação, bem como será através dele que a atividade acusatória legitimará o meio de prova em questão, quebrando a *presunção inicial de suspeita* que recai sobre as declarações do arrependido.

---

[15] PEREIRA, Frederico Valdes. Valor probaterio da colaboração processual (Delação Premiada). Revista CEJ, Brasília, Ano XIII, n. 44, p. 25-35, jan./mar. 2009.

CRIME ORGANIZADO

A corroboração externa se extrai dos elementos probatórios levantados no curso da investigação e do processo, que *confirmam a veracidade das declarações do co-imputado*. É importante, aqui, destacar que a aferição da *efetividade* da colaboração não está diretamente relacionada à *comprovação dos fatos imputados ao acusado*, mas sim em relação à veracidade das declarações do co-imputado. É o que explica PEREIRA:

Nesse quadro, como diretriz basilar, não se pode exigir que os elementos de corroboração objetivos sejam de entidade suficiente a constituir prova pro si mesmos da culpabilidade do imputado, pois do contrário a discussão sobre o valor probatório da colaboração processual e o próprio instituto em si seriam carentes de sentido. Não se pode partir de uma ideia que torne a norma da declaração premiada despida de conteúdo preceptivo, sem razão de ser; a interpretação deve considerar o princípio da conservação dos enunciados. Aceitando-se a posição de que os dados de confirmação devem ter aptidão para servir, por si mesmos, como meio de prova da responsabilidade penal do acusado, a disposição perderia sentido, porque nesse caso seria possível prescindir antecipadamente das declarações em questão (QUINTANAR DIEZ, 1996, p. 170; CUERDA ANAU, 1995, p. 291).

Realmente, condicionar a efetividade da colaboração e o requisito da corroboração externa à obtenção de provas efetivas acerca dos fatos imputados ao acusado seria um contrassenso, uma vez que não é este o compromisso que o colaborador assume. O co-imputado se compromete nos limites de suas declarações e serão estas o parâmetro de análise da efetividade da colaboração; eis a razão pela qual o colaborador fará jus ao benefício a partir do momento em que se verifica, pela instrução processual, que suas declarações foram verídicas. A análise acerca da *relevância de tais declarações* é realizada em um momento anterior à corroboração externa, mais precisamente por ocasião da análise do órgão ministerial acerca do conteúdo e coerência interna do relato do co-imputado. De tal feita, condicionar, em um momento posterior, que a colaboração alcancem efeitos que extravasem os limites do declarado, seria um ato de deslealdade processual do Estado.

Por fim, no caso da colaboração premiada da Lei n. 12.850/13, os incisos do artigo 4º especificam os *resultados* que devem ser alcançados por referido meio de prova, sendo que a concessão do benefício resta condicionada a que ao menos um de tais resultados tenha sido alcançado. A nosso ver, tais resultados integram o requisito da corroboração externa, pois eles também representam fatores extrínsecos às declarações do co-imputado que condicionam o gozo do prêmio pelo colaborador. É necessário, entretanto, que se tenha algum cuidado na valoração de tais resultados, evitando-se que o benefício seja negado ao colaborador sem razoável fundamento. Por exemplo, imaginemos o resultado "localização da vítima com a sua integridade física preservada" (artigo 4º, inciso V). Caso as declarações tenham permitido a localização da vítima pelas autoridades policiais, mas sua integridade física não se manteve preservada por uma falha na atividade policial, parece-nos que a negativa do benefício ao delator representaria um ato de deslealdade do Estado, pois este teria cumprido com tudo que lhe era possível para o alcance do resultado.

Conclusões

Em linha conclusiva, é possível afirmar que há compatibilidade entre o instituto da colaboração premiada e a leitura mais abrangente acerca do princípio da presunção de inocência. Referida compatibilidade resta condicionada, contudo, ao atendimento de alguns requisitos, principalmente os que se relacionam ao ponto nevrálgico do instituto, que é exatamente a *eficácia probatória das declarações do co-imputado*. Tais requisitos são:

1. A motivação do conjunto probatório pelo juiz em eventual condenação, demonstrando cabalmente que o acusado não foi condenado com base, exclusivamente, nas declarações de co-imputado;
2. A submissão das declarações do colaborador ao contraditório, permitindo que a defesa interrogue o co-imputado e esclareça especificamente o conteúdo declarado;
3. A aferição da coerência interna das declarações do co-imputado;
4. A corroboração externa do conteúdo declarado pelo colaborador, permitindo o alcance dos resultados previstos nos incisos do artigo 4º da Lei n. 12.850/13.

Atendidos tais requisitos, entendemos que a colaboração premiada não confronta com a garantia fundamental da presunção de não culpabilidade, representando interessante ferramenta no combate ao crime organizado, cujas características de organização empresarial dificultam sobremaneira os trabalhos investigativos. As declarações do arrependido são, muitas vezes, o passo inicial necessário para desvencilhar uma grande rede de criminalidade.

Referências

ARENDT, Hannah. Eichmann em Jerusalém. São Paulo: Cia das Letras, 1999

BRASIL. SUPREMO TRIBUNAL FEDERAL. HC 91.952, voto do Rel. Min. Marco Aurélio, julgamento em 7-8-2008, Plenário, DJE de 19-12-2008.

BRASIL. SUPREMO TRIBUNAL FEDERAL. HC 99.891, Rel. Min. Celso de Mello, julgamento em 15-9-2009, Segunda Turma, DJE de 18-12-2009.

CRIME ORGANIZADO

BRASIL. Supremo Tribunal Federal. ADC 29; ADC 30 e ADI 4.578, Rel. Min. Luiz Fux, julgamento em 16-2-2012, Plenário, DJE de 29-6-2012.

BRASIL. Supremo Tribunal Federal. RE n. 482.006, Rel. Min. Ricardo Lewandowski, julgamento em 5-6-2012

BUIZA, Alfredo Allué. Una presuncion de inocencia extensa y poco intensa, p. 409.

CORTE INTERAMERICANA DE DIREITOS HUMANOS. Caso Fernandés Ortega y Otros vs. México. Sentencia de 30 de Agosto de 2010, serie C n. 215.

CORTE INTERAMERICANA DE DIREITOS HUMANOS. Caso Chaparro Álvarez y Lapo Íñiguez. Vs. Ecuador, Excepciones Preliminares, Fondo, Reparaciones y Costas. Sentencia de la Corte Interamericana de Derechos Humanos de 21 de noviembre de 2007. Serie C No. 170, párr. 145.

CORTE INTERAMERICANA DE DIREITOS HUMANOS. Caso Cabrera García y Montiel Flores Vs. México. Excepción Preliminar, Fondo, Reparaciones y Costas. Sentencia de 26 de noviembre de 2010 Serie C No. 220, párr. 182.

CORTE INTERAMERICANA DE DIREITOS HUMANOS. Caso Cabrera García y Montiel Flores Vs. México, supra nota 10, párr. 182.

CORTE INTERAMERICANA DE DIREITOS HUMANOS. Caso Suárez Rosero Vs. Ecuador, Fondo. Sentencia de la Corte Interamericana de Derechos Humanos de 12 de noviembre de 1997. Serie C No. 35, párr. 77

CORTE INTERAMERICANA DE DIREITOS HUMANOS. Caso Ricardo Canese Vs. Paraguay. Fondo, Reparaciones y Costas. Sentencia de la Corte Interamericana de Derechos Humanos de 31 de agosto de 2004. Serie C No. 111, párr. 154

GOMES FILHO, Antonio Magalhães. O Princípio da Presunção de Inocência na Constituição de 1988 e na Convenção Americana sobre Direitos Humanos (Pacto de São José da Costa Rica). Revista do Advogado, 30.

PEREIRA, Frederico Valdes. Valor probaterio da colaboração processual (Delação Premiada). Revista CEJ, Brasília, Ano XIII, n. 44, p. 25-35, jan./mar. 2009.

12

A Infiltração de Agente como Técnica de Investigação Criminal

LUIZ ROBERTO SALLES SOUZA

1. A Investigação Preliminar no Processo Penal

A investigação preliminar no processo penal é sempre operada pelo Estado, que detém, na atualidade, o direito exclusivo da persecução penal. Encontramos, nos diversos ordenamentos jurídicos, a investigação preliminar se operando através do juiz instrutor, do Ministério Público ou da polícia judiciária. Quanto aos efeitos, a investigação por vezes representa um verdadeiro processo, pois fornece elementos para a sentença. Em outras situações, serve tão somente para justificar a iniciativa do titular da ação penal, quando postula a instauração ou não do processo[1].

Há sistemas cuja fase preliminar de investigações é obrigatória, pois o exercício da ação penal está condicionado a sua existência, havendo outros onde a instrução preliminar é dispensável. Encontramos, ainda, sistemas onde se adota um critério intermediário ou misto onde a investigação preliminar é obrigatória para determinados tipos de crimes (normalmente graves) e dispensável para aqueles de menor potencial ofensivo. O sistema brasileiro é o da

---

[1] LOPES JÚNIOR, Aury Celso, in A crise do inquérito policial ..., classifica a instrução preliminar em "plenária" e "sumária". A primeira seria aquela onde a fase pré-processual penal "acaba por converter-se no verdadeiro juízo, com o gravame de que, em regra, não são observados o contraditório e as garantias fundamentais do sujeito passivo; a cognição sumária, por sua vez, "busca um juízo de verossimilhança e não de certeza. "Está limitada ao imprescindível, já que reserva para o processo propriamente dito a investigação dos dados complementares, assim como a sua verificação, proporcionando ao julgador o convencimento quanto à exatidão e certeza dos mesmos" (p. 73).

CRIME ORGANIZADO

investigação preliminar obrigatória. Todavia, o sistema não prevê que a fase investigatória seja realizada por um órgão específico e sob determinada forma, aceitando-se qualquer informação que dê respaldo à acusação. No que tange à "eficácia probatória dos atos da instrução preliminar", observamos que a atividade preliminar poderá integrar o processo e servir para o convencimento e fundamento da sentença ou constituir-se em mera peça de informação destinada a formar o juízo de probabilidade sobre a acusação (sistema brasileiro).

1.1. O Juizado de Instrução

A chamada jurisdição instrutória do Direito europeu[2] é aquela que visa a colheita definitiva de provas do crime e sua autoria. O "juiz instrutor é o principal protagonista nesse modelo de instrução preliminar e detém todos os poderes necessários para levar a cabo toda a investigação"[3]. Para Julio Mirabete, "é um instrumento destinado à apuração das infrações penais sob a presidência de um juiz. A função da Polícia, nesse caso, fica reduzida a prender os infratores e a apontar os meios de prova, inclusive testemunhal, cabendo ao 'juiz instrutor', como presidente do procedimento, a colher todos os elementos probatórios a instruir a ação penal"[4].

Na atualidade, segundo Aury Lopes Jr., na maior parte dos países em que esse sistema é adotado existe "uma presunção absoluta de parcialidade do instrutor, de modo que o juiz que instrui jamais poderá julgar a causa"[5]. No direito brasileiro, Fauzi Choukr salienta que "sempre foi visto o 'juizado de instrução' com ares de simpatia, muito embora tenha ele sido instituído de forma tênue apenas na época imperial"[6]. Na atualidade, todavia, não se cogita na reintrodução do juizado de instrução no sistema processual penal brasileiro, pois representaria a adoção de um método de investigação incompatível com as modernas tendências do processo penal acusatório que vem se firmando na Europa e na América Latina.

1.2. O Ministério Público Investigador

A figura do Ministério Público investigador é menos frequente, muito embora haja uma tendência atual de se atribuir a direção da investigação preliminar aos membros do *parquet*. Segundo Gianpaolo Smanio, a base desse sistema, ao

---

[2] Expressão utilizada por MARQUES, José Frederico, *in* Elementos de direito processual penal, p. 146.
[3] LOPES JÚNIOR, Aury Celso. Obra citada, p. 66.
[4] Processo penal, p. 80.
[5] Obra citada, p. 66.
[6] Garantias constitucionais ..., p. 37.

A INFILTRAÇÃO DE AGENTE COMO TÉCNICA DE INVESTIGAÇÃO CRIMINAL

qual denomina de acusatório, "é a atribuição da condução da atividade pré-processual, ou de investigação criminal propriamente dita ao órgão incumbido de propor a ação penal, que é o Ministério Público, que, assim, tem sob seu controle a polícia judiciária"[7]. O Ministério Público controlador da investigação preliminar é uma realidade aceita, inclusive no sistema brasileiro[8], todavia, tal atividade não pode ser confundida com a simples "policialização do Ministério Público", ou seja, a transformação da instituição em órgão policial diferenciado e renomeado; situação que não traria nenhum benefício para uma maior eficácia do sistema.

Alemanha (1974)[9], Itália (1988)[10] e Portugal (1987 e 1995)[11] são alguns exemplos de países que optaram por deferir ao Ministério Público a função de promover a investigação preliminar. Nesses sistemas, ensina Aury Lopes Jr., o Ministério Público "dependerá de autorização judicial para realizar determinadas medidas limitativas de direitos fundamentais, como podem ser as medidas cautelares, entradas em domicílios, intervenções telefônicas, etc. Caberá ao *juiz da instrução* (que não se confunde com a anterior figura do *juiz instrutor*) decidir sobre essas medidas. Esse juiz atua como um verdadeiro órgão suprapartes, pois, não investiga, senão que intervém quando solicitado como um *controlador da legalidade* (e não da conveniência) dos atos de investigação levados a cabo pelo promotor"[12].

No sistema do Ministério Público investigador, é ele quem dirige as atividades de investigação que são executadas pela polícia judiciária ou pessoalmente pelo próprio órgão do Ministério Público. A atividade de polícia judiciária continua fundamental para a persecução penal, racionalizando sua ação para a obtenção de elementos que efetivamente contribuirão para justificar a iniciativa do titular da ação penal.

---

[7] Criminologia e Juizado ..., p. 51

[8] O art. 129, VII, da Constituição de 1988, atribuiu ao Ministério Público o chamado controle externo da atividade policial.

[9] Nos termos da Lei processual alemã (StPO – Strafprozeβordnung) o Ministério Público é responsável pela investigação preliminar. O § 161, StBO, determina que, para fins da preparação da ação penal, poderá o Ministério Público exigir informações de todas as autoridades públicas e realizar averiguações de qualquer tipo, por si mesmo, ou por meio das autoridades e funcionários da polícia. Salienta, a lei processual, que as autoridades e funcionários da polícia são obrigados a atender às determinações do Ministério Público.

[10] O art. 327, do Código de Processo Penal Italiano, estabelece que a direção da investigação preliminar é de responsabilidade do Ministério Público.

[11] Os arts. 53º, n. 2. alínea "b" e 263º, do Código de Processo Penal Português, estabelecem que cabe ao Ministério Público a direção do inquérito, contando com a assistência dos órgãos de polícia criminal que com a instituição têm dependência funcional.

[12] A crise do inquérito policial ..., p. 69.

CRIME ORGANIZADO

1.3. O Modelo Brasileiro

A investigação policial é aquela do sistema processual brasileiro, tendo a exposição de motivos do Código de Processo Penal justificado a sua adoção, em prejuízo do sistema do juizado de instrução, em razão do "exame da realidade brasileira, que não é apenas a dos centros urbanos, senão também a dos remotos distritos das comarcas do interior", fato que prejudicaria a unidade da lei processual[13]. A investigação policial é realizada pela polícia judiciária. Com o advento da Constituição de 1988, a investigação policial preliminar passou a sofrer limitação na sua discricionariedade de ação.

No sistema que perdurou até a introdução do controle externo da atividade policial (art. 129, VII, CF) por parte do Ministério Público, a autoridade policial agia com absoluta liberdade na ação investigativa preliminar, sofrendo controle tão somente no que tange aos prazos que lhe eram impostos pela legislação processual e na execução de algumas medidas restritivas das liberdades individuais. Tal controle era exercido pelo Judiciário, sendo certo que o Ministério Público tomava contato indireto com a atividade de polícia judiciária.

Na nova realidade constitucional, principalmente em razão da Lei Complementar Federal nº 75/93 e da Lei Federal nº 8.625/93, a atividade investigativa policial passou a sofrer controle direto do Ministério Público; todavia, o sistema não prevê a transferência total da investigação policial para o Ministério Público, remanescendo a sistemática originária do Código de Processo Penal de 1941.

2. A Polícia Judiciária

Ensina Tourinho Filho que "o vocábulo *polícia*, do grego *politeia* – de *polis* (cidade) – significou, a princípio, o ordenamento jurídico do Estado, governo da cidade e, até mesmo, a arte de governar. Em Roma, o termo *politia* adquiriu um sentido todo especial, significando a ação do governo no sentido 'de manter a ordem pública, a tranquilidade e paz interna'; posteriormente, pas-

---

[13] Segundo o Ministro Francisco Campos, "o preconizado juizado de instrução, que importaria limitar a função da autoridade policial a prender criminosos, averiguar a materialidade dos crimes e indicar testemunhas, só é praticável sob a condição de que as distâncias dentro do seu território de jurisdição sejam fácil e rapidamente superáveis. Para atuar proficuamente em comarcas extensas, e posto que deva ser excluída a hipótese de criação de juizados de instrução em cada sede do distrito, seria preciso que o juiz instrutor possuísse o dom da ubiquidade. De outro modo, não se compreende como poderia presidir a todos os processos nos pontos diversos da sua zona de jurisdição, a grande distância uns dos outros e da sede da comarca, demandando muitas vezes, com os morosos meios de condução ainda praticados na maior parte do nosso hinterland, vários dias de viagem. Não cabe, aqui, discutir as proclamadas vantagens do juízo de instrução" (Exposição de Motivos do Código de Processo Penal, publicada no D.O.U., de 13/10/1941).

A INFILTRAÇÃO DE AGENTE COMO TÉCNICA DE INVESTIGAÇÃO CRIMINAL

sou a indicar 'o próprio órgão estatal incumbido de zelar sobre a segurança dos cidadãos'. A polícia, com o sentido que hoje se lhe empresta – órgão do Estado incumbido de manter a ordem e a tranquilidade públicas – surgiu, ao que parece, na velha Roma"[14].

Na lapidar definição de Frederico Marques, a "polícia judiciária não tem mais do que função investigatória", sendo, portanto, aquele órgão da administração do Estado incumbido de colher os elementos que serão utilizados para justificar a acusação ou a exclusão do processo. A polícia, portanto, "funciona como órgão auxiliar do Juízo e do Ministério Público"[15].

O Brasil adotou o sistema da investigação operada pela polícia judiciária[16]. Nos termos das Constituição de 1988, a atividade de polícia judiciária da União é exercida com exclusividade pela polícia federal[17], cabendo às polícias civis estaduais a atividade de polícia de investigação nos seus respectivos territórios. A polícia judiciária é órgão vinculado funcionalmente e organicamente ao Poder Executivo, a quem deve obediência hierárquica. Somente as polícias civis estaduais devem ser dirigidas por delegados de polícia de carreira, não existindo, na Constituição Federal, tal regra para a polícia federal.

Para Hélio Tornaghi, a função de investigar deferida à polícia judiciária, "não exclui a de outras autoridades administrativas, às quais, *por lei*, seja cometida a mesma função"[18]. O próprio Supremo Tribunal Federal já sumulou o entendimento de que "o poder de polícia da Câmara dos Deputados e do Senado Federal, em caso de crime cometido nas suas dependências, compreende, consoante o regimento interno, a prisão em flagrante do acusado e a realização do inquérito" (Súmula nº 397)[19]. No sistema italiano[20], a polícia judiciária apresenta-se com função complementar àquela desenvolvida pelo Ministério Público, assumindo hoje uma importância basilar como "soggetto" do processo penal ao lado da figura do juiz e do Ministério Público, tendo um papel marcante em dois momentos distintos: quando do recebimento da notícia do crime[21] e nas investigações necessárias ao exercício da ação penal pelo Ministério Público[22].

---

[14] Processo penal, v. 1, pp. 183-184.
[15] Elementos de direito processual penal, v. 1, pp. 146-148.
[16] Às polícias militares dos Estados foi atribuída a função de polícia judiciária militar, nos termos da parte final do § 4º, do art. 144, da Constituição Federal de 1988.
[17] Art. 144, § 1º, IV, da Constituição Federal de 1988.
[18] Curso de processo penal, v. 1, p. 29.
[19] A presente Súmula nº 397 foi publicada antes da Constituição de 1988.
[20] Sobre o tema: Siracusano, D.; et al. Diritto processuale penale, v 1, pp. 149-150.
[21] Art. 330, do Código de Processo Penal Italiano.
[22] Art. 326, do Código de Processo Penal Italiano.

CRIME ORGANIZADO

Na Alemanha, a legislação considera a polícia de investigação como uma espécie de auxiliar do Ministério Público; todavia, Juan-Luis Colomer salienta que "el problema más importante que tiene planteado el proceso penal alemán, en esta fase y con respecto a la Policía, es sin duda que investigaciones que forman el procedimiento de averiguación, dirigidas legalmente por el Ministerio Fiscal, están en la práctica en manos de la Policía, quien las practica frecuentemente de oficio en base ciertamente al § 163, ap. (1) StPO, y, una vez conclusas, las remite al Fiscal, quien sólo decide entonces si acusa o archiva el proceso, por lo menos en los asuntos de pequeña importancia"[23].

Em Portugal, a polícia criminal tem dependência funcional em relação ao Ministério Público, devendo "levar a cabo quaisquer actos ordenados por uma autoridade judiciária", dentre elas o Ministério Público[24], podendo agir por iniciativa própria para colher notícia dos crimes e impedir as suas consequências, descobrir os autores e assegurar os meios de prova[25].

Segundo Frederico Marques, "entre nós, a polícia judiciária prepara a ação penal, não apenas praticando os atos essenciais da investigação, mas também organizando uma instrução provisória, a que se dá o nome de inquérito policial. O inquérito policial, portanto, é um procedimento administrativo-persecutório de instrução provisória, destinado a preparar a ação penal", tendo "apenas valor informativo"[26]. Portanto, no Brasil a investigação preliminar realizada pela autoridade policial e que se exterioriza por meio do inquérito policial não é obrigatória para a formalização da acusação por parte do Ministério Público ou do ofendido, podendo ser substituída por quaisquer outras peças de investigação.

3. A Infiltração de Agente

No sistema brasileiro, a revogada Lei 9.034/1995, estabelecia que na investigação e repressão de ações praticadas por organizações criminosas, poderia ser utilizada a técnica da infiltração de agentes de polícia ou de inteligência. Na atualidade, a Lei 12.850/2013 (arts. 3º, VII e 10), que define organização criminosa e a Lei 11.343/2006 (art. 53, I), que trata da persecução penal aos crimes de drogas, autorizam a infiltração de agentes de polícia, em tarefas de investigação, excluindo a originária possibilidade da utilização de agentes de inteligência (art. 53, I). Dessa forma, a denominada infiltração de agente

---

[23] El proceso penal alemán..., p. 73.
[24] Art. 1º, nº 1, alínea "c", do Código de Processo Penal Português.
[25] Art. 55º, do Código de Processo Penal Português.
[26] Elementos ..., v. 1, pp. 147-154.

A INFILTRAÇÃO DE AGENTE COMO TÉCNICA DE INVESTIGAÇÃO CRIMINAL

é uma técnica de investigação, classificada como meio de obtenção da prova, que pode ser utilizada na persecução penal das ações praticadas por organizações criminosas ou de tráfico ilícito de drogas.

Segundo Mariângela Lopes[27] "agente infiltrado é o membro da polícia que, autorizado por um Juiz, oculta sua identidade e se insere, de forma estável, em determinada organização criminosa, na qual ganha confiança de seus membros, por ser aparentado a eles, tendo acesso a informações sigilosas, com a finalidade de comprovar eventual cometimento do delito, assegurar fontes de prova e identificar seus autores". Na doutrina nacional não há grande divergência conceitual em relação à figura do agente infiltrado. Dissenso havia acerca da amplitude do conceito de "agente de polícia" e à possibilidade de agente de inteligência ser infiltrado[28]. Marcelo Mendroni[29] sustentava – à luz da Lei 9.034/95 – que somente o particular estaria excluído pelo legislador, afirmando que "o dispositivo permite a interpretação de que não só os agentes da Polícia Federal, Polícias Estaduais, Civil e Militar, mas também da Receita Federal e Secretarias da Fazenda Estaduais e outros órgãos policiais e de inteligência podem ser infiltrados sempre que se tratar de investigar qualquer circunstância ligada a organizações criminosas, com prévia autorização judicial".

A questão foi solucionada pelo legislador ao estabelecer que somente os agentes de polícia judiciária[30] podem ser infiltrados no combate ao tráfico de drogas ou de ações praticadas por organizações criminosas. Na legislação estrangeira encontramos figuras análogas com a denominação de agente encoberto. "Agente encubierto es aquel miembro de la Policía Judicial que oculta su carácter de agente e nel curso de una investigación de las actividades propias de la delincuencia organizada, pudiendo adotar una identidad supuesta"[31]. Ainda, "el AE es un funcionario del servicio de policia, que investiga bajo una 'identidad alterada', esto es, con prescindencia de su própria identidad, bajo una distinta que le es suministrada por un tiempo prolongado (par. 110ª, II, 1)"[32].

---

[27] O agente infiltrado como meio de investigação, p. 44.
[28] "Quanto à possibilidade de os policiais agirem como infiltrados, vale dizer que somente aqueles policiais que efetivamente atuem nas atividades investigatórias criminais podem ser agentes infiltrados, ou seja, policiais que atuem na polícia repressiva, visto que apenas estes têm autorização para investigar crimes, principalmente na hipótese exigida pela lei, de que já tenha inquérito policial instaurado. Não se pode abranger os agentes da polícia preventiva, pois estes não podem investigar, mas apenas prevenir a prática de delitos", conferir Mariângela Lopes, obra citada, p. 99.
[29] Crime organizado, p. 58.
[30] Nos termos do art. 10, da Lei 12.850/2013: "agentes de polícia em tarefas de investigação".
[31] MARTÍN, Joaquín Delgado. Problemas actuais, p. 99
[32] ROXIN, Claus. Derecho procesal penal, p. 64.

CRIME ORGANIZADO

Na visão de Hugo Gurruchaga, o agente infiltrado é:

> *Un individuo, de profesión policía o integrante de fuerza de seguridad que, sin revelar su identidad, toma contacto con persona o personas que estarían cometiendo delito, com el fin de comprobar la comisión del hecho, impedir su consumación, asegurar los medios de prueba y/o identificar a los autores del suceso"*[33]. *Portugal estabelece que se consideram ações encobertas aquelas que sejam desenvolvidas por funcionários de investigação criminal ou por terceiro atuando sob o controle da Polícia Judiciária para a prevenção ou repressão dos crimes definidos na Lei 101, de 25 de agosto de 2001*[34]. *No Chile, a Lei 20.000, de 16 de fevereiro de 2005, definiu o agente encoberto da seguinte forma: "Agente encubierto es el funcionario policial que oculta su identidad oficial y se involucra o introduce en las organizaciones delictuales o en meras asociaciones o agrupaciones con propósitos delictivos, con el objetivo de identificar a los participantes, reunir información y recoger antecedentes necesarios para la investigación.*[35].

Podemos, dessa forma, afirmar que a infiltração consiste em uma técnica de investigação enquanto que o agente policial é o instrumento utilizado pela técnica[36].

4. Institutos Afins

O estudo da infiltração como técnica investigativa, bem como do agente como operador da técnica, exige a diferenciação com institutos afins. O legislador português utilizou a expressão agente encoberto em detrimento da expressão agente infiltrado. Na lição de Mariângela Lopes, "o agente infiltrado seria uma figura mais ampla em relação ao encoberto, pois abrangeria todos aqueles que se infiltram em determinados locais de forma 'disfarçada', ou seja, fazem--se passar por outra pessoa"[37]. Na verdade, as expressões "agente infiltrado" ou "agente encoberto" tratam da mesma figura, ou seja, o agente da polícia que é utilizado na técnica de investigação, observando-se as regras legais de cada país.

Todavia, existem personagens que guardam absoluta distinção com o instituto em estudo. O denunciante anônimo, como regra, não faz parte dos órgãos de persecução penal. A intenção do denunciante anônimo é fazer chegar até os órgãos oficiais a notícia da prática de qualquer crime ou indicar detalhes

---

[33] Eficiencia judicial, p. 111.
[34] Com as alterações introduzidas pela Lei 60, de 23 de agosto de 2013.
[35] Com as alterações introduzidas pela Lei 20603, de 27 de junho de 2012.
[36] Sobre o tema ver a dissertação de mestrado de Mariângela Lopes Neisten.
[37] Obra citada, p. 51.

que contribuam com investigação em andamento. É uma atividade informal. O denunciante anônimo assemelha-se aos informantes, também conhecidos como "gansos".

Os informantes, normalmente, são pessoas que vivem ou trabalham próximos da delinquência sem estar envolvidos com a mesma. São colaboradores informais e clandestinos dos órgãos policiais cuja identidade é preservada por questões de segurança. Normalmente agem movidos por interesses pessoais, inclusive financeiros ou por ódio ou vingança. Não se nega a importância da contribuição dos informantes, sendo provavelmente a mais antiga e habitual fonte de informações dos órgãos policiais. Os colaboradores judiciais ou arrependidos são pessoas envolvidas com a criminalidade que concordam em auxiliar nas investigações ou na elucidação de fatos mediante vantagem ou benefícios processuais. A colaboração judicial submete-se a regramento e normalmente está vinculada à atividade do Ministério Público ou do Juiz.

Nos Estados Unidos da América do Norte encontramos a figura do "under cover" ou agente secreto. Ao contrário do agente infiltrado do sistema brasileiro, o "under cover" representa uma modalidade de funcionário do Estado. Sua função primeira é justamente ingressar em uma organização criminosa. "Muitas vezes, nem a própria família conhece a sua verdadeira profissão"[38]. Não se trata de um agente da autoridade policial que é escolhido em razão das suas especiais habilidades e qualidades profissionais para realizar uma missão excepcional; o "under cover" americano ingressa nos quadros policiais para exercer esta atividade.

Por fim encontramos a figura do agente provocador que seria o policial que constrói a situação geradora do crime. A conduta do agente provocador fica evidenciada nas situações de "flagrante preparado" onde o acusado é induzido à prática do crime. Enquanto a ação do agente infiltrado ou encoberto é legal e legítima, a do agente provocador é ilegal e ilegítima, não podendo ser aceita como técnica de investigação.

5. Excepcionalidade da Medida

A análise das legislações que tratam do tema da infiltração leva, necessariamente, à conclusão de que se trata de uma medida excepcional. Não há a menor dúvida de que a técnica somente poderá ser utilizada nos expressos termos previstos na lei e como derradeira opção investigatória[39]. Três são os fatores que levam a tal conclusão. O primeiro diz respeito à possível violação de

---

[38] Mariângela Lopes, p. 60.
[39] Art. 10, § 2º, parte final, da Lei 12.850/2013.

direitos fundamentais do investigado, o segundo diz respeito aos riscos a que ficam expostos os agentes infiltrados e o terceiro, à possibilidade do agente infiltrado praticar crimes. No que tange à possibilidade de violação de direitos fundamentais do investigado, somente o controle e acompanhamento por parte do Juiz, que autorizou a infiltração, poderá mitigar o constrangimento.

Muito embora a legislação brasileira seja omissa, não deve o Juiz somente autorizar a técnica de investigação e estabelecer seus limites, mas sim, controlar toda a ação do agente infiltrado, exigindo relatórios periódicos e detalhados. Em havendo ameaça às garantias constitucionais do investigado deverá o Juiz sopesar a continuidade da medida excepcional, interrompendo-a quando necessário. Da mesma forma, o Juiz, a autoridade requerente e o próprio agente infiltrado devem manter permanente reflexão sobre os riscos à integridade corporal do funcionário infiltrado. Não se pode olvidar que, paralelamente ao dever do Estado de promover a persecução penal, deve haver a preocupação com a vida do agente infiltrado. A infiltração policial implica, necessariamente, em sério risco ao agente, todavia, o risco deve limitar-se à própria natureza da atividade exercida, não se concebendo a infiltração em condições absolutamente temerárias.

Por fim, a possibilidade de o agente infiltrado praticar crimes é uma realidade. A autorização judicial para a infiltração, nesta hipótese, funcionaria como um reconhecimento prévio de excludente da ilicitude. Não se pode imaginar que o agente legalmente infiltrado fosse submetido à persecução penal pelos atos praticados no seio da organização criminosa ou de tráfico de drogas, exceto se agir de forma desproporcional "com a finalidade da investigação"[40].

Como adverte Eduardo Araujo da Silva, "é necessário identificar um ponto de equilíbrio entre os interesses estatais e os princípios orientadores do Estado de Direito, pois se de um lado o Estado deve buscar reprimir com eficiência a criminalidade organizada, de outro não podem seus agentes praticar quaisquer infrações penais, que até eventualmente podem ser mais gravosas que as cometidas pela organização criminosa"[41]. Sendo a infiltração medida excepcional, somente poderá ser deferida nos limites da lei autorizadora e durante período de tempo suficiente para se atingir os objetivos previamente definidos[42].

Referências

[40] Art. 13, da Lei. 12.850/2013.
[41] Crime organizado, p. 90.
[42] Art. 10, § 3º, da Lei 12.850/2013.

A INFILTRAÇÃO DE AGENTE COMO TÉCNICA DE INVESTIGAÇÃO CRIMINAL

ALMEIDA JÚNIOR, João Mendes de. O processo criminal brazileiro, 3 ed. aum. Rio de Janeiro: [s. n.], 1920, v. 1.

CHOUKR, Fausi Hassan. Garantias constitucionais na investigação criminal. São Paulo: RT, 1995.

CHOUKR, Fausi Hassan. Processo penal à luz da Constituição. Bauru, SP: EDIPRO, 1999.

CINTRA, Antônio Carlos de Araújo; GRINOVER, Ada Pellegrini; DINAMARCO, Cândido Rangel. Teoria geral do processo. 13. ed. rev. e atual. São Paulo: Malheiros, 1997.

COLOMER, Juan-Luis Gómez. El proceso penal alemán: introducción y normas básicas. Barcelona, Espanha: Bosch, 1985.

DELMAS-MARTY. Mireille (organizadora). Processos penais da europa. Rio de Janeiro: Lumen Juris, 2005.

ESPANHA, Poder judicial y ministerio fiscal. 5. ed. Biblioteca de legislación – serie menor. Madri, Espanha: Civitas, 1995.

GOLDSTEIN, Herman. Policiando uma sociedade livre. São Paulo: Edusp, 2003, tradução de Marcello Rollemberg.

GRECO FILHO, Vicente. Manual de processo penal. 6. ed. São Paulo: Saraiva, 1999.

GURRUCHAGA, Hugo Daniel. Eficiencia judicial y tácticas de investigación penal. Buenos Aires: Ad Hoc, 1996.

JARDIM, Afrânio Silva. Direito processual penal: estudos e pareceres. 9. ed. rev. atual. Rio de Janeiro: Forense, 2000.

LOPES JÚNIOR, Aury Celso L. A crise do inquérito policial: breve análise dos sistemas de investigação preliminar no processo penal. Revista Ibero-Americana de Ciências Penais, ano 1, n. 0, mai/ago 2000, publicação do Centro de Estudos Ibero-americano de Ciências Penais – CEIP, pp.57-86.

LOPES JÚNIOR, Aury Celso L. Sistemas de investigação preliminar no processo penal. Rio de Janeiro: Lumen Juris, 2003.

MARQUES, José Frederico. Elementos de direito processual penal. Atualização de Victor Hugo Machado da Silveira. Campinas, SP: Bookseller, 1997, 4 v.

MARTÍN, Joaquín Delgado. El proceso penal ante lacriminalidad organizada. El agente encubierto. Problemas actuales de lajusticia penal. JUNOY, Juan Pico (diretor). Barcelona: Bosh, 2001.

MENDRONI, Marcelo Batlouni. Crime organizado: aspectos gerais e mecanismos legais. São Paulo: Atlas, 2007, 2ª ed.

MIRABETE, Julio Fabbrini. Processo penal. 10. ed. rev. e atual. São Paulo: Atlas, 2000.

MONJARDET, Dominique. O que faz a polícia: sociologia da força pública. São Paulo: Edusp, 2002, tradução de Mary Amazonas Leite de Barros.

NEISTEIN, Mariângela Lopes. O agente infiltrado como meio de investigação. Dissertação de mestrado. Faculdade de Direito da Universidade de São Paulo, 2006.

PISANI, Mario et al. Manualediprocedurapenale. 6ª ed. Bologna, Itália: Manduzzi, 2004.

REINER, Robert. A política da polícia. São Paulo: Edusp, 2004, tradução de Jacy Cárdia Ghirotti e Maria Cristina Pereira da Cunha Marques.

SCARANCE FERNANDES, Antonio. Processo penal constitucional. 5ª ed. São Paulo: RT, 2007.

CRIME ORGANIZADO

SILVA, Eduardo Araújo da. Crime organizado: procedimento probatório. São Paulo: Atlas, 2003.

SIRACUSANO, Delfino; et al. Diritto processuali penale. 2. ed. Milano, Itália: Giuffrè, 1996, v. 1.

SIRACUSANO, Delfino; et al. Diritto processuali penale. Milano, Itália: Giuffrè, 1995, v. 2.

SMANIO, Gianpaolo Poggio. Criminologia e juizado especial criminal: modernização do processo penal, controle social. São Paulo: Atlas, 1997.

SOUZA, Luiz Roberto Salles. Da atuação do Ministério Público brasileiro na fase pré-processual penal: uma análise crítica (dissertação de mestrado). Faculdade de Direito da Universidade de São Paulo, 2002.

TORNAGHI, Hélio. Curso de processo penal. 9. ed. atual. São Paulo: Saraiva, 1995, 2 v.

TOURINHO FILHO, Fernando da Costa. Processo penal. 18. ed. rev. e atual. São Paulo: Saraiva, 1997. 4 v.

13
Agente Infiltrado: Dogmática Penal e Repercussão Processual

ALEXIS COUTO DE BRITO

Introdução

A Lei 9.034/95, primeira a tentar estabelecer critérios para o tratamento penal diferenciado à criminalidade considerada organizada, sempre sofreu críticas. Para muitos, o debate chegou atrasado ao Brasil, pois outros países já discutiam as características de uma criminalidade estruturada e mais profissional e as possíveis formas de se lidar com ela, e especialmente os problemas que derivavam dos novos institutos[1]. Com relação à tal Lei, duas eram as principais críticas apresentadas pela doutrina nacional: a ausência de uma tomada de postura por parte do legislador para definir o que se deve entender pela expressão "crime organizado"; e a simplicidade pela qual o mesmo legislador tratou de institutos tão novos e por isso tão polêmicos, que significam uma mudança de paradigma do ponto de vista teórico tanto do direito material quanto do direito processual.

A simplicidade – ou precipitação – com a qual o assunto foi tratado evidentemente obrigou o legislador a uma precoce revisão do texto, o que aconteceu não uma, senão algumas vezes. Todavia, insistindo na omissão, manteve a indefinição do conceito e a assustadora simplicidade na regulamentação das

---

[1] Em uma abordagem comparativa bem completa, por todos, MEYER, Jürgen, "Zur V-Mann-Problematik aus rechtsvergleichender Sicht" in: VOGLER, Theo. *Festschrift für Hans-Heinrich Jescheck zum 70. Geburtstag*. Berlim: Dunckler e Humblot, 1985, p. 1311 et seq. Mesmo sem previsão, à época, no ordenamento alemão (o parágrafo 110a somente fora introduzido em 1992), Meyer aborda os demais ordenamentos jurídicos (Itália, Inglaterra, EUA) para estudar a aplicação que de fato a polícia alemã executava.

CRIME ORGANIZADO

técnicas policiais e processuais. Com a edição da Lei 12.850 de 2 de agosto de 2013 surge uma nova tentativa de dar maior consistência ao tratamento legal da matéria.

Recentemente a Lei 13.960/19 atualizou o instituto acrescentando a possibilidade da infiltração virtual, referindo-se à possibilidade de agentes infiltrados assumirem diferente identidade e por meio da rede mundial de computadores obterem material probatório.

Com relação ao conceito de organização criminosa, o parágrafo 1ª do artigo 1º a definiu como "a associação de 4 (quatro) ou mais pessoas estruturalmente ordenada e caracterizada pela divisão de tarefas, ainda que informalmente, com objetivo de obter, direta ou indiretamente, vantagem de qualquer natureza, mediante a prática de infrações penais cujas penas máximas sejam superiores a 4 (quatro) anos, ou que sejam de caráter transnacional". Dele, não falaremos e remetemos o leitor aos demais textos constantes desta mesma obra.

Também sobre a interpretação dos texto legal e sua aplicação prática fazemos a mesma remição aos demais artigos desta obra.

A proposta é realizar uma análise mais profunda em termos de legitimidade dogmática penal e processual penal sobre a legitimidade e repercussão do instituto em um sistema processual penal como o brasileiro, de diferente matiz do que deu origem aquele, bem como de um também diferente marco constitucional.

Quanto à simplicidade para a definição dos novos institutos, algo sempre nos chamou a atenção e, portanto, temos ainda o que dizer, mesmo depois da edição do novo diploma. Na vigência da Lei 9.034/95, com a alteração do artigo 2º e a inclusão do inciso V pela Lei 10.217/01, nosso ordenamento penal passou a contar com um especial e questionável método de investigação, chamado "agente infiltrado", a partir da seguinte redação:

> V – infiltração por agentes de polícia ou de inteligência, em tarefas de investigação, constituída pelos órgãos especializados pertinentes, mediante circunstanciada autorização judicial.

Na Lei atual 12.850/13 o instituto foi mantido, e recentemente alterado pela Lei 13.964/19, com uma aparente preocupação em delimitar suas características, em não mais um inciso, mas 9 artigos e tantos outros dispositivos tentam regulamentar o método para orientar sua aplicação[2].

---

[2] Art. 10. A infiltração de agentes de polícia em tarefas de investigação, representada pelo delegado de polícia ou requerida pelo Ministério Público, após manifestação técnica do delegado de polícia

quando solicitada no curso de inquérito policial, será precedida de circunstanciada, motivada e sigilosa autorização judicial, que estabelecerá seus limites.

§ 1º Na hipótese de representação do delegado de polícia, o juiz competente, antes de decidir, ouvirá o Ministério Público.

§ 2º Será admitida a infiltração se houver indícios de infração penal de que trata o art. 1º e se a prova não puder ser produzida por outros meios disponíveis.

§ 3º A infiltração será autorizada pelo prazo de até 6 (seis) meses, sem prejuízo de eventuais renovações, desde que comprovada sua necessidade.

§ 4º Findo o prazo previsto no § 3º, o relatório circunstanciado será apresentado ao juiz competente, que imediatamente cientificará o Ministério Público.

§ 5º No curso do inquérito policial, o delegado de polícia poderá determinar aos seus agentes, e o Ministério Público poderá requisitar, a qualquer tempo, relatório da atividade de infiltração.

Art. 10-A. Será admitida a ação de agentes de polícia infiltrados virtuais, obedecidos os requisitos do **caput** do art. 10, na internet, com o fim de investigar os crimes previstos nesta Lei e a eles conexos, praticados por organizações criminosas, desde que demonstrada sua necessidade e indicados o alcance das tarefas dos policiais, os nomes ou apelidos das pessoas investigadas e, quando possível, os dados de conexão ou cadastrais que permitam a identificação dessas pessoas.

§ 1º Para efeitos do disposto nesta Lei, consideram-se:

I – dados de conexão: informações referentes a hora, data, início, término, duração, endereço de Protocolo de Internet (IP) utilizado e terminal de origem da conexão;

II – dados cadastrais: informações referentes a nome e endereço de assinante ou de usuário registrado ou autenticado para a conexão a quem endereço de IP, identificação de usuário ou código de acesso tenha sido atribuído no momento da conexão.

§ 2º Na hipótese de representação do delegado de polícia, o juiz competente, antes de decidir, ouvirá o Ministério Público.

§ 3º Será admitida a infiltração se houver indícios de infração penal de que trata o art. 1º desta Lei e se as provas não puderem ser produzidas por outros meios disponíveis.

§ 4º A infiltração será autorizada pelo prazo de até 6 (seis) meses, sem prejuízo de eventuais renovações, mediante ordem judicial fundamentada e desde que o total não exceda a 720 (setecentos e vinte) dias e seja comprovada sua necessidade.

§ 5º Findo o prazo previsto no § 4º deste artigo, o relatório circunstanciado, juntamente com todos os atos eletrônicos praticados durante a operação, deverão ser registrados, gravados, armazenados e apresentados ao juiz competente, que imediatamente cientificará o Ministério Público.

§ 6º No curso do inquérito policial, o delegado de polícia poderá determinar aos seus agentes, e o Ministério Público e o juiz competente poderão requisitar, a qualquer tempo, relatório da atividade de infiltração.

§ 7º É nula a prova obtida sem a observância do disposto neste artigo.

Art. 10-B. As informações da operação de infiltração serão encaminhadas diretamente ao juiz responsável pela autorização da medida, que zelará por seu sigilo.

Parágrafo único. Antes da conclusão da operação, o acesso aos autos será reservado ao juiz, ao Ministério Público e ao delegado de polícia responsável pela operação, com o objetivo de garantir o sigilo das investigações.

Art. 10-C. Não comete crime o policial que oculta a sua identidade para, por meio da internet, colher indícios de autoria e materialidade dos crimes previstos no art. 1º desta Lei.

Parágrafo único. O agente policial infiltrado que deixar de observar a estrita finalidade da investigação responderá pelos excessos praticados.

CRIME ORGANIZADO

Iniciando a discussão, lembro que já no projeto para a edição da Lei 9.024 havia previsão do instituto no inciso I, que quando levado à sanção presidencial, foi vetado naquela oportunidade pois, segundo as razões do veto, além de não exigir autorização judicial, também concedia expressa autorização legal para que o agente infiltrado cometesse crimes[3].

Art. 10-D. Concluída a investigação, todos os atos eletrônicos praticados durante a operação deverão ser registrados, gravados, armazenados e encaminhados ao juiz e ao Ministério Público, juntamente com relatório circunstanciado.

Parágrafo único. Os atos eletrônicos registrados citados no **caput** deste artigo serão reunidos em autos apartados e apensados ao processo criminal juntamente com o inquérito policial, assegurando-se a preservação da identidade do agente policial infiltrado e a intimidade dos envolvidos.

Art. 11. O requerimento do Ministério Público ou a representação do delegado de polícia para a infiltração de agentes conterão a demonstração da necessidade da medida, o alcance das tarefas dos agentes e, quando possível, os nomes ou apelidos das pessoas investigadas e o local da infiltração.

Parágrafo único. Os órgãos de registro e cadastro público poderão incluir nos bancos de dados próprios, mediante procedimento sigiloso e requisição da autoridade judicial, as informações necessárias à efetividade da identidade fictícia criada, nos casos de infiltração de agentes na internet.

Art. 12. O pedido de infiltração será sigilosamente distribuído, de forma a não conter informações que possam indicar a operação a ser efetivada ou identificar o agente que será infiltrado.

§ 1º As informações quanto à necessidade da operação de infiltração serão dirigidas diretamente ao juiz competente, que decidirá no prazo de 24 (vinte e quatro) horas, após manifestação do Ministério Público na hipótese de representação do delegado de polícia, devendo-se adotar as medidas necessárias para o êxito das investigações e a segurança do agente infiltrado.

§ 2º Os autos contendo as informações da operação de infiltração acompanharão a denúncia do Ministério Público, quando serão disponibilizados à defesa, assegurando-se a preservação da identidade do agente.

§ 3º Havendo indícios seguros de que o agente infiltrado sofre risco iminente, a operação será sustada mediante requisição do Ministério Público ou pelo delegado de polícia, dando-se imediata ciência ao Ministério Público e à autoridade judicial.

Art. 13. O agente que não guardar, em sua atuação, a devida proporcionalidade com a finalidade da investigação, responderá pelos excessos praticados.

Parágrafo único. Não é punível, no âmbito da infiltração, a prática de crime pelo agente infiltrado no curso da investigação, quando inexigível conduta diversa.

Art. 14. São direitos do agente:

I – recusar ou fazer cessar a atuação infiltrada;

II – ter sua identidade alterada, aplicando-se, no que couber, o disposto no art. 9º da Lei nº 9.807, de 13 de julho de 1999, bem como usufruir das medidas de proteção a testemunhas;

III – ter seu nome, sua qualificação, sua imagem, sua voz e demais informações pessoais preservadas durante a investigação e o processo criminal, salvo se houver decisão judicial em contrário;

IV – não ter sua identidade revelada, nem ser fotografado ou filmado pelos meios de comunicação, sem sua prévia autorização por escrito.

[3] Eis o motivo do veto, conforme se manifestou o Ministério da Justiça: "O inciso I do art. 2º, nos termos em que foi aprovado, contraria o interesse público, uma vez que permite que o agente policial, independentemente de autorização do Poder Judiciário, se infiltre em quadrilhas ou bandos para investigação de crime organizado. Essa redação, como se pode observar, difere da original,

Pois bem, o curioso é que o nosso sistema penal permanece o mesmo, contudo, o dispositivo retornou ao texto legal em 2001 através da Lei 10.217, desta vez com a exigência de autorização judicial, aparentemente olvidando da justificativa do veto inicial, qual seja, o fato de que o agente, representante do Estado, irá, eventual ou regularmente, cometer crimes.

Tal instrumento, utilizado principalmente pelo sistema norte-americano, nunca fez parte da tradição de nosso sistema penal e processual. A partir da inclusão do inciso, esperava-se que muito em breve fosse editada outra Lei que, meticulosamente, regulamentasse a forma com a qual tal dispositivo seria aplicado. Aparentemente, esta tarefa foi buscada pelo legislador com a edição da nova lei 12.850/13, mas a meu ver, embora tenha caminhado em sentido correto quanto à não punição do agente, não resolveu os problemas mais fundamentais relacionados à prova, talvez porque isso seja de fato impossível.

À parte de uma ordem de diferentes discussões, dois pontos são de irrefutável análise em busca da legitimidade de tal instituto independentemente de sua previsão legal, e é esta a finalidade deste artigo. Inicialmente é preciso definir se (I) as condutas praticadas pelo agente infiltrado seriam ilícitas e se acarretariam a ele responsabilidade criminal; em seguida, investigar se (II) as provas conseguidas a partir da infiltração poderiam ser aproveitadas no Processo. Por fim, cabe responder se (III) os demais institutos previstos em nosso ordenamento processual são insuficientes a ponto de ser indispensável a utilização de agentes infiltrados como forma eficaz de "combate" ao crime organizado.

1. Da responsabilidade criminal do agente infiltrado

O instituto analisado consiste em infiltrar, incluir, integrar um funcionário público ligado aos órgãos policiais em uma suposta organização criminosa, para que este, conhecendo a estrutura de comando e a mecânica da atividade, possa informar às autoridades policiais ou judiciárias quais são os delitos praticados, mantê-los sob vigilância, indicar quem são os responsáveis e qual sua importância para o funcionamento da organização[4].

---

fruto dos estudos elaborados por uma subcomissão, presidida pelo Deputado Miro Teixeira, que tinha como relator o Deputado Michel Temer, criada no âmbito da Comissão de Constituição e Justiça e Redação, que, de forma mais apropriada, condicionava a infiltração de agentes de polícia especializada em organização criminosa à prévia autorização judicial. **Além do mais, deve-se salientar que o dispositivo em exame concede expressa autorização legal para que o agente infiltrado cometa crime, preexcluída, no caso, a antijuridicidade, o que afronta os princípios adotados pela sistemática do Código Penal [...]".** (Grifamos).

[4] Adotaremos a equivalência entre as divisões doutrinárias de agente infiltrado encontradas nos comentários estrangeiros, o que significa não diferenciar a infiltração duradoura e a provocação

A infiltração pode acontecer de duas maneiras: em uma, o agente apenas se infiltra para acompanhar o que acontece, não tomando nenhuma postura ativa, e com a finalidade de intervir no momento da ação policial global que for intentada para o desmantelamento da organização, chamada de *infiltração preventiva*; em outra, atua efetivamente na organização, cometendo condutas ilícitas como a provocação de um ato criminoso ou mesmo praticando outros inerentes à organização que momentaneamente faz parte, chamada *infiltração repressiva*.

A primeira participação é a que menos problemas dogmáticos acarretaria, com exceção da definição de se punir o agente que sendo policial observa a prática de um crime e deva ou não ser punido pela forma omissiva, já que como servidor policial teria a obrigação de agir para evitar o resultado. A segunda é a que mais nos preocupa, e a que ainda persiste nas discussões acadêmicas sobre a infiltração.

Quando da edição da Lei 9.034/95, uma das primeiras obras a respeito concordou com o veto presidencial e afirmou, categoricamente, que "pouco poderíamos esperar desse meio investigatório, visto que jamais seria possível autorizar o infiltrado a cometer crimes"[5].

Destarte, surge a dúvida: poderá o agente infiltrado cometer crimes em nome da busca de provas? Em caso afirmativo, como não responsabilizá-lo criminalmente?

Somente poderemos responder tal pergunta submetendo a obra do agente infiltrado às categorias dogmáticas da teoria do delito: conduta típica, ilícita e culpável, atribuída a um agente punível.

1.1. Conduta típica

Do ponto de vista da ação, isoladamente considerada, há muito pouco que se falar.

De uma perspectiva finalista da ação – a preferida da doutrina brasileira –, para que o comportamento seja relevante ao direito penal deverá possuir uma intenção direcionada ao cometimento do tipo penal. A conduta dolosa consiste em conhecer as conseqüências do ato e ainda assim querer realizar o comportamento previsto no artigo de Lei. Desta perspectiva, se o agente infiltrado dirige seu comportamento para uma conduta que sabe ser injusta e

---

pontual ou esporádica, definidos respectivamente pela doutrina espanhola como *agente encubierto* e *agente provocador*. Para maiores detalhes, GÓMEZ DE LIAÑO FONSECA-HERRERO, Marta, *Criminalidad organizada y médios extraordinarios de investigación*. Madri: Colex, 2004, em especial p. 142/143.

[5] GOMES, Luis Flavio; CERVINI, Raúl. *Crime Organizado. Enfoques criminológico, jurídico e político-criminal*. São Paulo: RT, 1995, p. 91.

ainda assim a pratica, percorre esta primeira categoria dogmática do delito, e seu comportamento poderá se adequar a um tipo penal previsto. Se para esta categoria do delito basta o direcionamento (intenção) a um fim específico, não há como se excluir a responsabilidade do agente infiltrado por ausência de ação final. Nem mesmo o critério normativo desenvolvido por WELZEL da "adequação social" poderia ser aplicado, já que não se pode dizer que um ato de roubar um banco ou matar um integrante de uma organização rival, ainda que em nome da investigação, receberia a aprovação social a ponto de justificar uma irrelevância penal.

Por isso, não entendemos possível justificar a ausência de ação e subseqüente tipicidade subjetiva pela "falta de vontade livre e consciente para a pratica de crimes"[6], porquanto ocorre exatamente o contrário. Inicialmente porque se falar de dolo não é tão simples quanto possa parecer, conforme muito bem já nos alertou GRECO[7]. E no mais, ainda que a doutrina brasileira mantenha, no máximo, a divisão tripartida de dolo (direto de 1º grau, direto de 2º grau e eventual), não há como se negar a vontade livre e consciente das ações do agente, pois desde o início voluntariamente passou a integrar a organização criminosa. Assim, conhece bem a situação na qual irá se colocar e o faz por sua vontade. Embora esta não seja a exclusiva finalidade com a qual se infiltra, tal fato não autoriza simplesmente dizer que não há dolo – é sobre isto que se fala – voltado para a prática criminosa. Tanto uma quanto outra finalidade (coletar a prova e cometer o crime) fazem parte do conhecimento e da vontade do agente, e o que se pretende é excluir uma das vontades (quanto aos crimes) para se justificar a outra (investigar). Poder-se-ia facilmente falar em dolo eventual, ou mesmo dolo direto de segundo grau, já que desde o início da conduta, ainda que não como vontade principal, podemos observar como conhecimento certo a prática de outros crimes para se obter o resultado final da ação (a investigação).

Podemos também submeter a conduta do agente infiltrado, antes mesmo da consideração subjetiva da conduta, à imputação objetiva da conduta típica, e perceberemos igualmente que não há critérios que possam considerar o risco como permitido, ou que permitam sempre considerar o risco como um irrelevante penal.

Pela imputação objetiva da conduta pretende-se definir uma conduta típica além dos elementos fático-naturais e de acidentes particulares da infração, ou seja, definir normativamente como conduta algo com um significado objetiva-

---

[6] SILVA, Eduardo Araujo. *Crime organizado*. São Paulo: Atlas, 2003, p. 89.
[7] Cf. sua introdução à obra de PUPPE, *A distinção entre dolo e culpa*. São Paulo, Manole: 2004.

CRIME ORGANIZADO

mente típico. No caso do agente infiltrado podemos lhe atribuir a criação de um risco no momento em que pratica um comportamento como integrante da organização que sabe ser criminosa e que possui significado de violação normativa, ou seja, configura um risco não permitido, quase sempre por força de lei, mas inclusive por ausência de justificação histórica.

Para que fique claro, de uma forma simplificada, fala-se de risco permitido quando a lei expressamente autoriza e regulamenta certos âmbitos de risco, o que se através da inclusão do inciso em comento o fez para o caso de participação na quadrilha, não o fez para o caso dos riscos em geral que possam ser criados aos bens jurídicos de terceiros. Atuar neste campo seria atuar à margem da permissão legal, o que significaria ultrapassar os limites do risco permitido. Ademais, falar da criação de risco pressupõe necessariamente destacar a importância do cumprimento do dever objetivo de cuidado pautado pela percepção e comunicação social, algo que tem peso muito maior diante da posição de garante conferida ao agente público. O "cuidado", neste caso, é a representação de um comportamento estabilizado ao longo da conformação social julgado como o mais adequado à proteção de bens jurídico-penais, uma determinada atenção suficiente para separar o comportamento conforme o direito do comportamento desconforme ao direito[8] Infração do dever de cuidado é um comportamento que fundamentalmente cruza a fronteira dos riscos permitidos ou proibidos[9].

Também não se pode alegar qualquer legitimação histórica do risco. Esta aconteceria sempre que a que a lei não tratasse expressamente de um risco, mas sim pela compreensão e aceitação de que alguns riscos são permitidos por um estado de interação normal dentro das liberdades de atuação de cada integrante do agrupamento social, algo desvinculado da ponderação de interesses ou de uma valoração pré-estabelecida, mas que se referem mais à identidade da sociedade do que aos processos expressos de ponderação. Percebe-se que os riscos criados pelo agente infiltrado aos bens jurídicos de terceiros não possuem nenhuma legitimação histórica já que nossa tradição cultural e jurídica sempre foi zelosa e paternalista com os bens e interesses individuais, e muito menos aprovação social posto que a configuração da identidade social pressupõe muito mais o modelo democrático de direito, limitador dos poderes do Estado e protetor de garantias individuais, do que o autoritário e autorizador de políticas desvinculadas destas mesmas garantias. Se outrora a

[8] COSTA, José de Faria Costa. *O perigo em Direito Penal*. Coimbra: Coimbra, 2000, p. 478.
[9] KUHLEN, Lothar. "Zur Problematik der nachträglichen ex ante-Beurteilung im Strafrecht und in der Moral", in: *Recht und Moral*. Baden-Baden: Nomos, 1991, p. 347.

AGENTE INFILTRADO: DOGMÁTICA PENAL E REPERCUSSÃO PROCESSUAL

segurança nacional era o fundamento para a atuação do Estado, hoje deve ser a conseqüência de políticas públicas racionais que tenham por pauta inicial a garantia do maior âmbito de liberdade individual e de auto-determinação.

1.2. Ilicitude

Compulsando-se a literatura internacional, encontramos de forma dominante que a justificativa para os crimes cometidos pelo agente infiltrado configura uma excludente de ilicitude, ou seja, uma causa justificante.

Do ponto de vista teórico, parece-nos, igualmente, que também não se trata de uma "evidente e inafastável"[10] situação de causa justificante. A anti-juridicidade, ou ilicitude como se prefere, demonstra uma ausência de injusto *in casu*, ou seja, que para aquela determinada situação, a conduta individual não constituirá um ilícito (um injusto material), embora abstratamente continue o sendo. Ainda que teoricamente haja divergência sobre se a construção do tipo penal parte ou não de uma *ratio essendi* ou de uma *ratio cognoscendi* do injusto, é fato que ela é nota diferencial para se criar a descrição típica. Em outras palavras, não se constrói um código penal de condutas justas. Daí a importância de se delimitar as causas excludentes desta ilicitude, como *tipos permissivos*, que também devem obedecer aos princípios e regras referentes à legalidade e à taxatividade.

Por isso, as causas justificadoras deverão ser delimitadas como tipos penais autorizadores. No caso em estudo do agente infiltrado dificilmente poderia se alegar legítima defesa ou estado de necessidade. O mais natural seria considerar que o agente infiltrado age em estrito cumprimento do dever legal[11]. O problema reside em uma situação de cumprimento de um dever sem que se limite exatamente qual o dever a ser cumprido naquele momento, já que não pode conferir carta branca à prática de qualquer conduta criminosa.

Teoricamente, o estrito cumprimento do dever legal pode ser observado do ponto de vista da atuação do Estado e do servidor que age em seu nome. Assim, justifica-se em tese a) pela possibilidade do uso da força por parte do Estado e seu poder de ordenar e b) pelo dever de obediência do servidor à ordem emanada do superior que possui base legal.

---

[10] MENDRONI, Marcelo Batlouni. *Crime organizado. Aspectos gerais e mecanismos legais*. São Paulo: Juarez de Oliveira, 2002, p. 71.

[11] No mesmo sentido GRANADOS PÉREZ, Carlos. "Instrumentos procesales en La lucha contra el crimen organizado. Agente encubierto. Entrega vigilada. El arrepentido. Protección de testigos. Posición de la jurisprudencia", in: *La criminalidad organizada. Aspectos sustantivos, procesales y orgánicos*. Madri: Consejo General del Poder Judicial, 2001, p.91.

CRIME ORGANIZADO

a) A utilização da força pelo Estado como forma de coação e justificante do comportamento ilícito pressupõe sempre a limitação material e territorial. Pela primeira entende-se que a "ação oficial deve pertencer à circunscrição das obrigações oficiais do respectivo funcionário", ou seja, fazer parte de sua competência legalmente delimitada. A segunda, com relação ao nível de governo a que o servidor está vinculado (federal ou estadual). Ainda assim, é indispensável a conjunção da menor lesividade da intervenção com relação às normas fundamentais do Estado de Direito[12]. A primeira destas normas que serve de cânone ao Direito penal é, justamente, o princípio da estrita legalidade, que não tem porque ser afastado da configuração típica de uma excludente de ilicitude. Admitir situação contrária é reconhecer algo impensável, uma cláusula justificadora aberta, quase que como uma de lei penal em branco, esperando para ser complementada por norma posterior ou mesmo por um juízo de valor judicial. A possibilidade de se aplicar a excludente de estrito cumprimento do dever legal restringe-se ao fato do agente infiltrado não poder ser acusado de participação na organização, já que é com relação a esta que se exige dele, em função do dever, a atuação contrária ao tipo legal de quadrilha (diante da ausência do tipo de organização criminosa). No mais, estender a justificante aos crimes que porventura ele possa cometer por fazer parte de uma organização é conferir à justificante uma fórmula lacunosa passível de ser complementada posteriormente à pratica das condutas, por um juízo de valor elaborado pelo juiz. Ao contrário, não há o dever estrito ou mesmo legal de roubar, caso receba tal ordem de seu "líder" criminoso, como também não se pode dizer que há o dever estrito ou legal de matar uma testemunha por receber tal tarefa do líder da organização.

b) Com relação ao dever do servidor de cumprir a ordem passada, aparentemente o problema é maior. Sabemos que a legislação nacional qualifica a obediência à ordem hierárquica como uma causa excludente de culpabilidade, nos casos em que tal ordem deriva de oportunidade e conveniência da Administração (ato discricionário). Mas é evidente que não a afasta – e nem poderia por se tratar da mesma situação material – da configuração de estrito cumprimento do dever legal, quando a atitude for configurada como ato vinculado e, portanto, obrigatório. Sendo vinculado, o cumprimento do dever (ordem) legal não pode ser evitado pelo agente que o pratica, e nisto consiste a razão material para a exclusão da ilicitude. É evidente que o crime cometido pelo agente infiltrado não pode ser adaptado a esta situação de

---

[12] JESCHECK, Hans-Heinrich; WEIGEND, Thomas. *Lehrbuch des Strafrechts*. Berlim: Duncker & Humblot, 1996, p. 391-392.

obrigatoriamente ser praticado em razão da investigação, pois chegaríamos a outro contra-senso: a pessoa que naquele momento é vítima do ato criminoso praticado pelo servidor não poderia se defender legitimamente dele, pois a agressão que sofre deveria ser considerada justa, já que praticada em cumprimento de um dever.

Do ponto de vista político-criminal, permitir uma excludente tão genérica seria, nas palavras de DELGADO MARTÍN, uma "amplitude que pode contrariar as exigências do Estado de Direito, com grave perigo para os direitos dos cidadãos. Em primeiro lugar, a outorga de amplas faculdades de intervenção aos funcionários policiais e/ou judiciais, com a mera esperança de incrementar a eficiência na luta contra o crime organizado, pode determinar um efeito contrário ou *boomerang* ao gerar funcionários mais fortes e poderosos, mas também mais corruptíveis. Em segundo lugar, os instrumentos extraordinários legalmente previstos para combater as organizações criminosas podem ser empregados contra delitos não organizados, ou inclusive contra pessoas inocentes, com a correspondente erosão tanto dos princípios básicos constitucionais como do próprio sistema penal"[13].

Em suma, há pelo menos muito sobre o que se definir e delimitar para que se possa considerar que o agente infiltrado atue acobertado por uma excludente de ilicitude.

2. Culpabilidade
No geral, a grande parte dos doutrinadores acompanha a mesma dogmática sobre a culpabilidade, predicando-a de reprovabilidade normativa, embora utilizando uma terminologia por vezes diferente, e que tem como elementos a liberdade de decisão da pessoa, a imputabilidade, o conhecimento da ilicitude e a inexigibilidade de conduta diversa[14].

---

[13] DELGADO MARTÍN, Joaquín. *Criminalidad organizada*. Barcelona: Bosch, 2001, p. 110.

[14] Nesse sentido, KÜHL, Kristian, *Strafrecht*, p. 296; JESCHECK, *Tratado de Derecho penal*, p. 434; KINDHÄUSER, *Strafrecht. Allgemeiner Teil*, p. 170; MUÑOZ CONDE/GARCÍA ARÁN, *Derecho Penal, parte general*, p. 360; BUSTOS RAMÍREZ/HORMAZÁBAL MALARÉE, *Lecciones de Derecho Penal*, p. 139/140 (sem utilizar a expressão culpabilidade); LANDECHO VELASCO/MOLINA BLÁSQUEZ, *Derecho Penal Español*, p. 334; GOMEZ BENITEZ, *Teoria Jurídica del delito. Derecho Penal, parte general*, p. 453 et seq; BACIGALUPO, *Derecho Penal, parte general*, p. 423/424; PAGLIARO, *Principi di Diritto Penale*, p. 315; FIANDACA/MUSCO, *Diritto Penale. Parte Generale*, p. 243; PADOVANI, *Diritto Penale*, p. 235; MANTOVANI, *Diritto Penale*, p. 287 et seq; RAMACCI, *Corso di Diritto Penale*, p. 395/396; ANTOLISEI, *Manuale di Diritto Penale*, p. 320 et seq (com algumas restrições). No direito penal brasileiro, os manuais atuais são unânimes nesse sentido. Alguns dos autores italianos, no entanto, ainda mantém o Dolo e a Culpa como elementos da Culpabilidade.

CRIME ORGANIZADO

Dos elementos consagrados pela nossa doutrina pátria que compõe a culpabilidade (imputabilidade, potencial consciência da ilicitude e exigibilidade de comportamento conforme o direito) é evidente que apenas a inexigibilidade de conduta diversa poderia ser invocada para evitar a punição do agente infiltrado pelos crimes que praticar durante a infiltração. Essa sempre foi a solução por mim defendida.

E **foi esse o caminho eleito pelo legislador** com a redação do artigo 13, parágrafo único da nova lei: "Não é punível, no âmbito da infiltração, a prática de crime pelo agente infiltrado no curso da investigação, quando inexigível conduta diversa".

A *exigibilidade de conduta conforme o direito,* há tempos, vem sofrendo críticas, ou por não ser algo objetivamente constatável *a priori*, ou por não ser uma característica exclusiva do conceito dogmático de culpabilidade. No primeiro caso, é praticamente impossível que se comprove objetivamente e sem a influência dos fatos posteriores se o agente poderia ou não agir de forma diferente, a partir dos conhecimentos que dispunha no momento da conduta, o que torna a "inexigibilidade" uma expressão vazia de conteúdo – indefinível – por sua absoluta impossibilidade de comprovação[15]. No segundo, já HENKEL observou que a inexigibilidade não está limitada à culpabilidade, como tampouco esgota ali sua função, senão que comparece nas teorias do tipo e da antijuridicidade[16]. É fácil reconhecer que, ao fim e ao cabo, "podemos conferir a existência da inexigibilidade ainda no âmbito do tipo, como é

---

[15] Como afirmamos em outra sede: "A mais severa das críticas, por muitos transmitida, afirma que jamais se poderia dizer o que, em verdade, o autor estaria pensando no momento do seu agir, e que jamais, com a necessária precisão, poderíamos dizer o que poderia ter sido dele exigido. Isto porquanto as suas características pessoais e sua possibilidade de resposta ao caso concreto sofreram imposições externas não controladas por aquele e que, sendo outra pessoa em seu lugar, talvez as mesmas circunstâncias não tivessem atuado, ou se tivessem, influenciariam de outra forma. O trabalhar com esta presunção é o que tornaria imprestável tal conceito". BRITO, Alexis Couto de. "Culpabilidade. Evolução e análise crítica atual", in: BRITO, Alexis Couto de; VANZOLINI, Maria Patricia. *Direito Penal: aspectos jurídicos controvertidos*. São Paulo: Quartier Latin, 2006, p. 254.
[16] HENKEL, *Exigibilidad e inexigibilidad como principio jurídico regulativo*, p. 74. Também MEZGER passa a adotar o estudo e as conclusões de HENKEL na última edição de seu *Livro de Estudo*, p. 273. Considerações semelhantes são feitas por WELZEL, que na última edição de seu livro literalmente afirma que com a imputabilidade e também com a possibilidade de conhecimento do injusto encontra-se estabelecida materialmente a culpabilidade (p. 210). A chamada *inexigibilidade de conduta conforme ao direito* não é uma causa excludente de culpabilidade, senão que "uma causa fática de exculpação, no sentido de que o ordenamento jurídico, pese a existência de culpabilidade, outorga indulgência ao autor" (p. 211). Percebe-se que o autor da teoria finalista da ação, responsável por extrair o dolo e a culpa do conceito de culpabilidade, não deixou no interior desta a inexigibilidade de conduta diversa ou conforme ao direito como um de seus elementos. Estas observações já foram feitas em BRITO, Alexis Couto de, "Culpabilidade. Evolução e análise crítica atual", in:

o caso do favorecimento pessoal, no qual não é típica a conduta dos pais" que protegem o autor de crime, e "no âmbito da antijuridicidade, ao reconhecermos a excludente da legítima defesa estamos afirmando que não se poderia exigir outra conduta por parte do que repele a agressão"[17]. Portanto, a inexigibilidade é algo que permeia toda a teoria do delito.

Ainda assim, aceitando-se o elemento inexigibilidade, alguns poderiam justificar a conduta do agente infiltrado na coação moral irresistível. Mas esta coação somente poderia ser invocada se houvesse a presença física de um coator, uma pessoa determinada, de forma a impedir que o agente adotasse conduta oposta à criminosa. Podendo adotar comportamento diverso, haverá culpabilidade. De há muito já se definiu que a coação moral irresistível não pode partir de uma pessoa jurídica ou de um ente abstrato, por se tratar de uma suposição além do âmbito penal da coação. Assim, não há que se falar de coação social ou da sociedade, mas somente de coação de um agente humano e presente capaz de condicionar o atuar do agente a quem impõe o temor. Existindo esta pessoa, que obviamente será integrante ou mesmo o líder da organização criminosa, poder-se-ia pensar na exculpante, pois fatalmente o agente infiltrado seria descoberto no momento em que se recusasse e precisasse ser coagido ao ato criminoso. Se faz parte da organização, deveria agir de forma natural no momento em que recebesse o comando para cometer um certo crime. A solução seria se falar em uma coação pressuposta ou mesmo presumida, algo incerto e ainda carente de desenvolvimento dogmático.

De qualquer forma, ainda que se reconhecesse essa exculpante, serviria apenas para não punir o agente, e jamais excluir de responsabilidade o Estado, porquanto este jamais poderia agir ilicitamente.

3. Punibilidade

Embora a punibilidade não seja reconhecidamente um elemento do conceito analítico de crime, é inolvidável que é relevante como categoria da teoria do delito, por abranger situações que definam a *necessidade* de se aplicar a pena a alguém. Ao fim e ao cabo, não havendo necessidade de se punir por razões de política criminal, a Lei exclui ou suspende a aplicação da pena ao infrator que reconhecidamente cometeu um injusto penal. São os casos de escusas absolutórias, condições objetivas de punibilidade e procedibilidade, exclu-

---

BRITO, Alexis Couto de; VANZOLINI, Maria Patricia. *Direito Penal: aspectos jurídicos controvertidos.* São Paulo: Quartier Latin, 2006.

[17] BRITO, Alexis Couto de, "Culpabilidade. Evolução e análise crítica atual", in: BRITO, Alexis Couto de; VANZOLINI, Maria Patricia. *Direito Penal: aspectos jurídicos controvertidos.* São Paulo: Quartier Latin, 2006, p. 255.

CRIME ORGANIZADO

dentes ou de extinção de punibilidade. Nestes casos, mantém-se a característica de ato ilícito e sua relevância jurídico-penal, mas não se vislumbra a necessidade político-criminal de aplicação da pena.

Dogmaticamente, a não punição do agente infiltrado encontraria melhor guarida neste momento analítico. Poderíamos dizer que embora o agente pratique uma conduta criminosa em todos os seus elementos (conduta típica, ilícita e culpável), não haveria necessidade de aplicar-lhe uma pena – dependendo sempre do caso concreto – diante da ausência de finalidades preventivas. No sistema alienígena encontramos disposições que caminham neste sentido, como é o caso da legislação italiana.

Contudo, mesmo aqui encontramos algumas dificuldades para autorizar o instituto e a não punição do agente. Ainda cabe a pergunta sobre a ofensa concreta a bens jurídicos desconexos com a investigação e que é praticada pelo agente. Do ponto de vista geral, dificilmente se poderia legitimar a ofensa a um bem individual do cidadão, por menor que fosse, sempre que protegido pelo direito penal. Assim vida, integridade física, liberdade, patrimônio etc. não poderiam sofrer limitações e serem violados por um delito, sob o pretexto de se conseguir provas contra outro delito. Se do ponto de vista da prevenção negativa a pena pudesse ser considerada desnecessária, do ponto de vista da prevenção geral positiva colocaríamos em cheque a expectativa normativa das pessoas diante do fato de se autorizar o Estado a agir ilicitamente para conseguir, por meio de um fim injusto, algo aparentemente justo. Mais, agindo da forma mais ilícita conhecida, qual seja, a prática de vários crimes. Também do ponto de vista da prevenção especial negativa, parece-nos que não punir o agente infiltrado pelos crimes cometidos pode incentivá-lo a uma prática mais desregrada, ou menos cautelosa, já que sempre poderá alegar em seu favor o cumprimento da tarefa estatal que lhe foi atribuída.

No cenário internacional, os países do velho continente que normalmente nos servem como inspiração utilizam, de alguma forma, a figura do agente infiltrado, quase sempre, permitindo que se pratique algumas condutas criminosas que não afetem algum interesse individual ou o afetem de forma proporcional, ou que somente atinjam a bens supra-individuais como, por exemplo, a compra de drogas. Porém, a grande dificuldade será definir a proporcionalidade entre o crime que se investiga – de participação em organização, ou dos crimes praticados pela organização como, por exemplo, lavagem de dinheiro ou evasão de divisas – com a violação individual da privacidade ou da integridade física que poderá ser cometida pelo agente contra um terceiro.

Porém, assim como dissemos ao analisar as categorias antecedentes, a consideração de uma causa excludente ou de extinção de culpabilidade ou punibilidade, ainda que dogmaticamente apresente-se como a melhor solução e pudesse impedir a punição do agente infiltrado, configuraria apenas esta possibilidade de não imputação da responsabilidade penal e conseqüente não aplicação de pena, mas não teria o condão – e nem a força dogmática – para retirar o caráter ilícito do fato em si, o que refletiria direta e prejudicialmente sobre a prova colhida nesta situação, ou seja, relacionada com o crime cometido pelo infiltrado.

Se as categorias analisadas não tornam lícita a atividade estatal revelada pela conduta do agente infiltrado, não existe qualquer possibilidade da prova coletada por ele permanecer isenta desta ilicitude, se derivada diretamente de um cometimento de crime.

Resta saber se é possível se produzir prova lícita e como isto poderia ser feito. É o que passamos a analisar.

4. Da licitude ou ilicitude da prova colhida pelo agente infiltrado

Inicialmente, como exposto acima, parece evidente que o agente infiltrado não poderá coletar qualquer prova através das práticas delituosas em si (p. ex. o furto de um documento pertencente ao criminoso).

Do ponto de vista processual da possibilidade de se conseguir prova válida (lícita), as muitas possibilidades de haver um conflito entre as necessidades particulares da investigação e a manutenção dos princípios penais e processuais e dos direitos fundamentais praticamente inviabilizariam a atuação do agente infiltrado. Basta pensar que as garantias fundamentais, pela sua essência, somente podem ser violadas nos limites previstos na própria Constituição Federal e da forma prevista na legislação que as regulamenta como, por exemplo, o faz o CPP com relação à penetração em domicílio (Art. 240 *et seq*) e a Lei de interceptação telefônica (9.296/96). O processo penal não pode ser olvidado como um dos instrumentos que é de garantia do Estado Democrático de Direito. Além disso, a tensa relação entre a justiça material e a garantia do devido processo legal tem reflexo na moderna teoria da função da pena. Como bem descreve KAI AMBOS, fala-se do dilema da dupla função estabilizadora da norma: "o Estado deve estabilizar não somente as normas jurídico-penais mediante uma persecução penal efetiva, senão também no mesmo plano os direitos fundamentais dos imputados por meio do reconhecimento e antes de tudo da aplicação de proibições de utilização de prova no caso de violações dos direitos dos indivíduos"[18]. A proibição de se

---

[18] AMBOS, Kai. "Las prohibiciones de utilización de pruebas en el proceso penal alemán", in: BELING, Ernst; AMBOS, Kai; JULIÁN GUERRERO, Óscar. *Las prohibiciones probatorias*. Bogotá: Temis, 2009, p. 62.

realizar certa prova por violação de um direito individual possui a função de "controle disciplinar das autoridades de persecução penal"[19].

Cremos que a infiltração não poderá constituir uma "carta branca" de violações, realizáveis através da discricionariedade (ou arbitrariedade) do próprio agente infiltrado, pois caso contrário nem seria necessária a autorização judicial prevista em Lei para sua infiltração. Exige-se a autorização e o monitoramento para que antes mesmo da violação do direito o juiz possa fazer tal julgamento, autorizando ou não, nos limites legais, a violação de uma garantia considerada fundamental. Como exemplo, a decisão do Tribunal Supremo alemão, para quem a proibição probatória confirma que a verdade não deve ser investigada a qualquer preço, sem levar em consideração os interesses individuais previamente indicados[20].

Assim, é muito provável que o agente infiltrado entre na casa de alguém, integrante ou não da organização criminosa, mas com a permissão do morador. A grande questão que se coloca é o defeito que contém tal autorização porquanto viciada pela indução a erro provocada pelo agente infiltrado. É exatamente por ocultar sua situação de policial que recebe autorização para penetrar no domicílio, o que de fato não aconteceria se o morador soubesse de sua identidade. Trata-se de algo parecido com o policial não disfarçado que engana o morador para conseguir penetrar em sua casa, dizendo a este que a Lei não exige mandado judicial para isto, ou vestindo-se como um prestador de serviços de uma companhia de água ou luz. Em ambos os casos ocorrerá a violação de uma garantia fundamental (inviolabilidade de domicílio), algo impossível de ser perpetrado por qualquer pessoa e especialmente pelo Estado sem que haja autorização judicial. Da mesma forma, o engano facilitado pelo aparato estatal, por si só, lesiona direitos fundamentais como a intimidade e a autodeterminação informativa[21], previstos em nossa Constituição nos incisos X e XII do artigo 5º. Permitir o Estado possa enganar pressupõe "admitir um modelo de Estado policial, no qual, a qualquer momento e sob qualquer pretexto, o poder público possa proceder a intervenção das comunicações postais, telefônicas e a introdução de agentes encobertos"[22].

---

[19] AMBOS, Kai, loc. cit.

[20] AMBOS, Kai, op. cit., p. 69.

[21] GÓMEZ DE LIAÑO FONSECA-HERRERO, Marta, *Criminalidad organizada y medios extraordinarios de investigación*. Madri: Colex, 2004, p. 134. Concordando com o acerto da teoria, ANDRADE, Manuel da Costa. *Sobre as proibições de prova em processo penal*. Coimbra: Coimbra, 2006, p. 47 e 49. Segundo o Tribunal Constitucional Alemão, o direito à autodeterminação sobre a informação constitui um "direito fundamental que garante ao indivíduo a competência para, em princípio, ser ele próprio a decidir sobre a divulgação e utilização dos seus dados pessoais".

[22] GÓMEZ DE LIAÑO FONSECA-HERRERO, Marta, loc. cit.

AGENTE INFILTRADO: DOGMÁTICA PENAL E REPERCUSSÃO PROCESSUAL

Assim, já que a infiltração depende de autorização e acompanhamento judicial, a única forma de se manter a previsão legal e principalmente a garantia constitucional fundamental da privacidade do domicílio e da pretensão normativa é que, antes da entrada, o juiz conheça das razões e autorize o infiltrado a penetrar no domicílio. É o que prevê o ordenamento alemão, ainda que a autorização possa ser dada, em caráter de urgência, pelo Ministério Público. Na Espanha não há previsão legal, e a postura constitucional dos tribunais tem sido pela impossibilidade de penetração sem prévia autorização[23]. Mas este acompanhamento em tempo real e imediato é algo "ilusório"[24]. Destarte, caso o agente infiltrado entre no domicílio e tome conhecimento de algo que possa incriminar o morador sem esta prévia autorização judicial, a prova deverá ser considerada ilícita, por violar um direito fundamental que desenha o processo penal de um Estado Democrático de Direito, diante da vontade viciada (enganada) que proporcionou a descoberta[25].

É neste sentido que, ao analisar a conformidade do instituto com a Constituição alemã (*GG – Grundgesetz*), ROXIN defende que o parágrafo 110c, 1ª parte, é contrário à Constituição porque permitir o ingresso do agente de polícia no domicílio de alguém sem autorização expressa do morador significa uma ingerência no âmbito protegido pelo artigo 13[26], semelhante ao nosso inciso

---

[23] GÓMEZ DE LIAÑO FONSECA-HERRERO, Marta, *Criminalidad organizada y medios extraordinarios de investigación*. Madrid: Colex, 2004, p. 193. Se fosse possível a entrada indiscriminada, seriam violadas as previsões de fundamentação das decisões judiciais e da proporcionalidade.

[24] BRAUM, Stefan. "La investigación encubierta como característica del proceso penal autoritario", in: *La insostenible situación del Derecho Penal*. Granada: Comares, 2000, p. 07.

[25] No mesmo sentido, DELGADO MARTÍN, Joaquín. *Criminalidad organizada*. Barcelona: Bosch, 2001, p. 51.

[26] ARt. 13 da GG: "Inviolabilidade de domicílio. (1) O domicílio é inviolável. (2) Os registros não poderão ser ordenados senão pelo juiz e, se a demora implicar um perigo iminente, também pelos demais órgãos previstos pelas leis, e unicamente na forma estipulada nelas. (3) Quando determinados fatos justificam a suspeita que alguém cometeu um delito particularmente grave e especificamente assim pré-determinado pela lei, poderão ser utilizados na persecução do fato delitivo, com base em uma autorização judicial, meios técnicos para a vigilância acústica de moradias nas quais presumidamente encontra-se acusado se a investigação dos fatos fosse de outra maneira desproporcionadamente difícil o não tivesse nenhuma probabilidade de êxito. A medida tem que ser limitada no tempo. La autorização deve ser efetuada por una seção com três juízes. Se a demora implicar um perigo iminente, a medida poderá ser tomada por um único juiz. (4) Na defesa frente a perigos iminentes para a ordem pública, especialmente frente a um perigo para a comunidade ou para a vida, os meios técnicos para a vigilância acústica de moradias somente poderão ser utilizados com base em uma autorização judicial. Se a demora implicar um perigo iminente, a medida poderá ser autorizada por outro órgão predeterminado pela lei; uma resolução judicial deverá ser solicitada sem dilação. (5) Se os meios técnicos estiverem previstos exclusivamente para a proteção

CRIME ORGANIZADO

XI do artigo 5ª da CF/88. O autor defende que "esse caráter lesivo da atuação policial não é neutralizado nem mesmo pelo 'consentimento' de quem tem o direito de admissão, pois existe um erro do titular do direito, com referência ao bem jurídico, quando ele é enganado acerca do verdadeiro motivo segundo o qual deixa entrar o convidado em uma esfera protegida constitucionalmente (a saber, para possibilitar uma investigação estatal)". É exatamente a ausência de uma das permissões do artigo 13 da *GG* que torna inadmissível que o agente infiltrado ou qualquer outro policial possa ingressar em domicílios privados sub-repticiamente. A única possibilidade, segundo ROXIN, seria uma reforma constitucional que autorizasse especificamente esta situação[27], o que para nós dependeria de uma nova Assembléia Constituinte, por se tratar de cláusula pétrea. O principio da não auto-incriminação protege o acusado tanto das situações declaradas quanto daquelas que podem ser condicionadas por um erro provocado pelo Estado[28].

Além de concordar com ROXIN, SCHÜNEMANN também aponta outro problema, relacionado ao testemunho dos agentes infiltrados, os quais são por ele considerados pessoas de freqüente personalidade "iridescente" ou "multicolorida" (*häufig schillernden Persönlichkeit*), no sentido de pouco confiável, e por isso devem ser observados com certo ceticismo, por se tratar de material de prova que não pode ser realmente verificado, e acabam por impedir a exi-

---

das pessoas que intervém autorizadamente na moradia, a medida pode ser tomada por um órgão predeterminado pela lei. Uma utilização com outra finalidade dos conhecimentos recolhidos em tal hipótese, somente será permitida se servir para a persecução penal ou para a prevenção diante de um perigo e somente se a legalidade da medida foi verificada previamente por um juiz; se a demora implicar um perigo iminente, a resolução judicial tem que ser solicitada sem dilação. (6) O Governo Federal informará ao Parlamento Federal (*Bundestag*) anualmente sobre a utilização dos meios técnicos realizada segundo o apartado 3 assim como no âmbito de competência da Federação segundo o apartado 4 e, na medida em que se exija um controle judicial, segundo o apartado 5. Uma comissão eleita pelo Parlamento Federal exerce o controle parlamentar sobre a base deste informe. Os Estados garantirão um controle parlamenta equivalente. (7) No mais, as intervenções e restrições somente poderão ser realizadas para a defesa frente a um perigo comum ou um perigo mortal para as pessoas; em virtude de lei, tais medidas poderão ser tomadas também para prevenir perigos iminentes para a segurança e a ordem públicas, especialmente para justificar a escassez de moradias, combater uma ameaça de epidemia ou proteger a menores em perigo".

[27] ROXIN, Claus. *Derecho Procesal Penal*. Buenos Aires: Puerto, 2000, p. 65. No mesmo sentido, mas por uma inconstitucionalidade mais abrangente ainda, BRAUM, Stefan. "La investigación encubierta como característica del proceso penal autoritario", in: *La insostenible situación del Derecho Penal*. Granada: Comares, 2000, p. 24.

[28] AMBOS, Kai, op. cit., p. 86. O autor ainda cita posições de BEULKE, ROXIN, e JÄGER no mesmo sentido da violação da não auto-acusação.

gência mínima de um julgamento "leal", de um *fair trial*[29]. *É importante destacar que o conceito de fair,* que por muitos é simplesmente traduzido por "justo", embora tenha relação direta com a justiça não se identifica com ela. Por *fair trial* deve-se entender que o julgamento deve ser "balanceado, imparcial, com uma igualdade de armas para os dois lados"[30], sendo este ultimo atributo o que, historicamente, representa a premissa mais importante para o conceito de *fair trial*[31].

O mesmo pensamento estende-se às gravações que o agente infiltrado certamente fará no seio da organização. Nos termos da Lei (12.850/13, art. 11), a autorização judicial deve detalhar "o alcance das tarefas dos agentes e, quando possível, os nomes ou apelidos das pessoas investigadas e o local da infiltração". Não há menção expressa à gravação, mas que por violar uma garantia constitucional fundamental também deve obedecer o permissivo constitucional, ou seja, deverá conter os indícios suficientes de autoria e materialidade, com a determinação das pessoas que supostamente devem ser investigadas, a exemplo da interceptação telefônica ou do mandado de busca e apreensão, sob pena de se violar o sistema de garantias fundamentais. É evidente que se tratando de uma organização criminosa, outros e tantos crimes serão revelados e haverá a necessidade de extensão do âmbito de autoria ou materialidade criminosa a ser provada, e por conseqüência, novas autorizações para a violação de direitos fundamentais. Daí a necessidade de reporte e informação constantes entre as autoridades mandatárias, infiltrados e judiciário para a apresentação e reanálise dos motivos de se conceder novas autorizações para gravações e entradas em moradias.

Conte-se ainda com os terceiros que eventualmente poderão ter sua intimidade revelada sob o mesmo engano aplicado ao integrante da organização. Basta pensar que a entrada poderá ser na casa de um familiar ou amigo do integrante, que terá sua intimidade violada sem possuir qualquer relação com qualquer conduta criminosa, ou terá sua conversa gravada que em nada se relaciona com a investigação. Ainda que a gravação não seja utilizada, houve a violação da intimidade, algo somente imaginável e possível com prévia autorização judicial, nos termos da Constituição Federal.

---

[29] SCHÜNEMANN, Bernd. "Kritische Anmerkungen zur geistigen Situation der deutschen Strafrechtswissenschaft", in: Goltdammer's Archiv für Strafrecht (GA). Heidelberg: Decker's, 1995, p. 216.

[30] FLETCHER, Gerge P. "Fairness in German and American legal discourse", in: SIEBER, Ulrich; DANNECKER, Gerhard; KINDHÄUSER, Urs, *et alli. Strafrecht und Wirtschaftsstrafrecht – Dogmatic, Rechtsvergleich, Rechtstasachen – Festschrift für Klaus Tiedmann zum 70. Geburtstag.* Köln: Carl Heymanns, 2008, p. 1244.

[31] FLETCHER, Gerge P, op. cit, p. 1245.

CRIME ORGANIZADO

Como atividade principal, o agente infiltrado, mediante prévia e circunstanciada autorização judicial, poderia observar e perceber o que se passa dentro da organização, captando as conversas e as confissões que são naturalmente travadas entre os integrantes da organização. Porém, haverá novamente indução a erro e comprometimento da prova colhida quando o infiltrado provocar as declarações ou confissões por parte do investigado, que somente revela uma situação por estar atuando sob o engano. Para a inadmissibilidade da prova tem-se invocado a "doutrina da armadilha" (*entrapment doctrine*) desenvolvida pelo judiciário norte-americano, que tem por base o mesmo pensamento do agente provocador de um delito, conhecido entre nós e sumulado pelo STF (súmula 145) como "crime impossível". Privilegiam-se os direitos fundamentais, e por isso o uso de meios de investigação desleais e ilícitos são rechaçados[32]. Destarte, proíbe-se a provocação do comportamento criminoso pelo agente policial. Nesse caso, viola-se o direito fundamental de não se auto-acusar e da amplitude de defesa, comprometidos pelo engano provocado pelo agente infiltrado. Estas situações vêm sendo colocadas em cheque como prova válida pela doutrina alemã que, a exemplo do previsto em nossa constituição, também possui regulamentação legal – artigo 136a e parágrafos do CPP alemão – que garante ao interrogado o direito de não ser coagido ou enganado em seu interrogatório, de não ser obrigado a se auto-acusar, e de sempre consultar um defensor por ele escolhido com antecedência ao seu depoimento[33]. Também na Espanha o dialogo entre o agente infiltrado e o criminoso provoca rechaço já que adquire caráter de interrogatório, tomando ciência de dados de natureza penal sem comunicar a quem confessa seus direi-

---

[32] SOUSA, Susana Aires de. *Agent provocateur e meios enganosos de prova. Algumas reflexões"*. In: ANDRADE, Manuel da Costa; COSTA, José de Faria; RODRIGUES, Anabela Miranda; ANTUNES, Maria João. *Liber discipulorum para Jorge de Figueiredo Dias*. Coimbra: Coimbra, 2003, p. 1228. Ainda segundo a mesma autora, "a *entrapment* tem por fundamento o interesse público de preservar a pureza das instituições e os seus processos, e por outro lado, a lealdade e o *due process* (*entrapment as a due process defense*) que impõe a lealdade substancial no processo e proíbe intromissões intoleráveis na esfera privada dos cidadãos". Ibidem, p. 1229.

[33] "§ 136a [métodos de interrogatório proibidos] (1) a liberdade da vontade de resolução e da vontade de participação do acusado não poderá ser prejudicada mediante maus tratos, fadiga, intervenção corporal, administração de meios, tortura, fraude ou hipnose. A violência somente poderá ser utilizada quando permitida pela Lei processual penal. A ameaça e suas medidas rigorosas e a promessa de um benefício legalmente não previsto estão proibidas. (2) não se permitem as medidas que prejudiquem a memória ou a capacidade de discernimento do acusado. (3) a proibição dos parágrafos 1 e 2 é válida ainda que com o consentimento do acusado. As declarações que tenham sido feitas sob a violação de ditas proibições não poderão ser utilizadas, ainda que o acusado consinta sua utilização". Tradução livre.

AGENTE INFILTRADO: DOGMÁTICA PENAL E REPERCUSSÃO PROCESSUAL

tos, em especial, o direito de permanecer calado e de não se auto-acusar[34]. No famoso caso *Teixeira de Castro versus Portugal,* a provocação por parte do agente infiltrado foi considerada pelo Tribunal Europeu de Direitos Humanos algo injusto *ab initio,* por violação ao princípio da paridade de armas e do devido processo legal[35]. Em outro caso, o Tribunal Supremo alemão também mencionou a violação ao princípio de não auto-acusação. Na crítica aguçada de CHOCLÁN MONTALVO, "se dá cobertura formal ao emprego do engano como método válido e pretensamente eficaz na luta policial contra a delinquência organizada"[36]. No Brasil, problema semelhante foi levado ao Tribunal Regional da 3ª Região, que indiretamente parece vislumbrar a possibilidade de que ocorra a provocação e o conseqüente não comprometimento da prova, pois se preocupou em desqualificar as alegações neste sentido para manter a condenação em um caso de tráfico de drogas[37].

Além da prova colhida, o próprio agente infiltrado poderá servir como meio de prova ao prestar seu depoimento durante a instrução processual. Mesmo aqui, alguns autores vislumbram problemas de ordem constitucional diante do direito do réu a saber da acusação que lhe é feita e a conhecer os argumentos apresentados pelo órgão acusador para que possa defender-se adequa-

---

[34] GÓMEZ DE LIAÑO FONSECA-HERRERO, Marta, *Criminalidad organizada y médios extraordinarios de investigación.* Madri: Colex, 2004, p. 219.

[35] Sentença de 9 de junho de 1998.

[36] CHOCLÁN MONTALVO, José Antonio. *La organización criminal.* Madri: Dykinson, 2000, p. 61.

[37] "PENAL E PROCESSO PENAL. APELAÇÃO CRIMINAL. TRÁFICO INTERNACIONAL DE DROGAS E ASSOCIAÇÃO PARA O TRÁFICO. ART. 33, CAPUT, E ART. 35 DA LEI 11.343/06. AGENTE INFILTRADO. FLAGRANTE PREPARADO. INOCORRÊNCIA. MATERIALIDADE E AUTORIA COMPROVADAS. TRANSNACIONALIDADE. DOSIMETRIA DA PENA. CIRCUNSTÂNCIAS ATENUANTES. RÉ MENOR DE 21 ANOS À ÉPOCA DOS FATOS. CONFISSÃO. REGIME DE CUMPRIMENTO DA PENA CORPORAL. IMPOSSIBILIDADE DE SUBSTITUIÇÃO DA PENA PRIVATIVA DE LIBERDADE POR PENA RESTRITIVA DE DIREITOS. RESTITUIÇÃO DE BEM. NEGADA. 1. Na espécie, não se verifica a ocorrência de flagrante preparado e tampouco de ilicitude da prova. 2. A figura do agente infiltrado é prevista em lei, sendo que mais precisamente no tocante ao crime de tráfico de entorpecentes, a Lei nº 11.343, de 23.08.2006, a prevê no inciso I do seu artigo 53, para fins de investigação do delito. Assim, no caso em comento, o policial civil infiltrado na associação criminosa, atuou amparado pelo referido dispositivo legal, bem como com autorização judicial (fl. 06 do apenso), daí a licitude da sua conduta. 3. O dolo de praticar o tráfico de drogas não foi provocado nos agentes pelo investigador, inexistindo qualquer indício, nos autos, que infirme esta conclusão. 4. O artigo 33, caput, da Lei nº 11.343/06, trata de crime de ação múltipla, para cuja configuração basta a realização de qualquer um dos núcleos verbais. Na hipótese, pode-se vislumbrar, ao menos, a realização dos verbos "expor a droga à venda", "importar", "transportar" e "trazer consigo", situação que afasta a aplicação da Súmula nº 145 do STF [...]".(TRF 3ª Região – Apelação nº 35261 – Processo nº 2007.60.00.008944-2 – Relator Desembargador Cotrim Guimarães – 2ª Turma – Data do Julgamento: 20/10/2009).

CRIME ORGANIZADO

damente. E neste ponto o artigo 14, inciso III aparentemente tenta impedir que isso aconteça, ao dispor que nome, qualificação, imagem, voz e demais informações sobre o agente serão preservadas inclusive durante o processo criminal, salvo decisão judicial em contrário, o que certamente dará margem a interpretações no sentido de que a regra é a não identificação. Este é um ponto de sério conflito pois ao mesmo tempo em que se reconhece as graves consequências que podem advir ao agente infiltrado com a revelação de sua identidade, a ampla defesa, direito fundamental, pressupõe o direito do réu a ser informado da acusação. E isto, como bem coloca DELGADO MARTÍN, não se limita à mera "ciência do delito perseguido, senão que o imputado deverá ser informado dos fatos históricos nos quais se fundamenta a acusação, e isso não somente em sua essencialidade, senão de forma exaustiva e pormenorizada, incluindo o material probatório no que se baseia a acusação, com a finalidade de favorecer a oportuna oposição nos termos desejados pelo acusado"[38].

Nesta esteira, O Tribunal Europeu de Direitos Humanos já reconheceu (SSTEDH – caso *Kotovski* e caso *Delta*) a impossibilidade de se manter secreta a identidade do agente infiltrado por privar o acusado de demonstrar o comprometimento ou descrédito do agente para servir como testemunha, algo que o direito anglo-saxão nomeia cláusula de confrontação (*confrotation clause*) para que haja entrevista cara a cara (*face to face*) e se permita perguntar sobre pontos determinados do testemunho do agente infiltrado (*cross-examination*)[39].

DELGADO MARTÍN vai mais longe e faz outras considerações de ordem prática. É certo que a verdadeira identidade do agente infiltrado, por motivos óbvios de segurança, será omitida. Diante disto, a atuação de um agente infiltrado "supõe graves restrições do direito de defesa: não somente porque o imputado não poderá ter conhecimento da identidade real do agente, podendo manter-se a falsa inclusive durante a tomada do depoimento; senão também porque a polícia tenderá a ocultar importantes dados fáticos sobre a atuação do infiltrado, que ficarão dentro do âmbito policial sem aparecer no processo judicial"[40].

Alguns pugnam pela validade da prova a partir do reconhecimento dogmático de que o agente infiltrado agiria acobertado por uma excludente de ilicitude. Assim, se entrasse em um domicílio a convite e gravasse algo, ainda que sem autorização judicial o fato seria lícito por estar no estrito cumpri-

---

[38] DELGADO MARTÍN, Joaquín. *Criminalidad organizada*. Barcelona: Bosch, 2001, p. 102.

[39] DELGADO MARTÍN, op. cit., p. 103. Também GÓMEZ DE LIAÑO FONSECA-HERRERO, Marta, *Criminalidad organizada y médios extraordinarios de investigación*. Madri: Colex, 2004, p. 236/238, citando outros muitos casos.

[40] DELGADO MARTÍN, op. cit., p. 102.

AGENTE INFILTRADO: DOGMÁTICA PENAL E REPERCUSSÃO PROCESSUAL

mento do dever legal. Remetemos o leitor ao considerado acima e à fragilidade da aceitação desta excludente e da opção legal pela inexigibilidade de conduta diversa expressamente prevista no artigo 13, parágrafo único. Mas ainda que fosse aceita entendo que a exclusão da ilicitude, ainda que pudesse ser aplicada exclusivamente para não punir o agente pelo crime praticado, jamais poderia ser estendida ao Estado para tornar lícita sua prática e, por conseguinte, utilização do cometido como prova judicial. Uma coisa é não se punir o agente por uma excludente, que torna seu comportamento justificado diante da excepcional situação. Outra coisa é chegar à conclusão de que o fato cometido, injusto *a priori*, passa ser considerado justo ou lícito e, portanto, poderá ser utilizado por terceiros, em especial pelo Estado, como meio idôneo para o convencimento do juiz na resolução de uma causa. Isto significaria que o Estado poderia agir, *a priori*, dentro da ilegalidade, pois ao infiltrar qualquer agente em uma organização estaria ciente e fomentando a prática da ilicitude. Nas sábias palavras de AMELUNG, é uma contradição normativa que compromete a legitimação da pena o Estado, para poder impor o direito, recorrer ao ilícito criminal[41]. No mesmo sentido segue DENCKER, quando assevera que "as metas da prevenção geral só poderão, de algum modo, atingir-se através da 'atualização e preservação da consciência dos valores ético-sociais', não apenas na direção da pena, mas também do próprio procedimento do punir"[42]. A se admitir a valoração da prova pelo magistrado, "a sentença condenatória perderá a idoneidade para criar e sustentar valores ético-jurídicos sempre que ela própria assenta no atentado a bens jurídicos"[43]. Em suma, não se pode utilizar a violação ao direito como fundamento para a realização do direito.

Assim, insistimos, a excludente não tem o condão de transformar o fato em si em algo lícito, mas somente o de não considerar ilícito naquela circunstância. O fato de o agente entrar no domicílio de alguém pode, no caso concreto de uma excludente ser considerado lícito até o limite da não punição do agente, mas permanece ilícito em si e não pode ser utilizado pelo Estado.

---

[41] AMELUNG, Knut. *Informationsbeherrschungsrechte*, p. 22, apud ANDRADE, Manuel da Costa. ANDRADE, Manuel da Costa. *Sobre as proibições de prova em processo penal*. Coimbra: Coimbra, 2006, p. 15. Ainda, segundo Amelung, "o fim da pena é a confirmação das normas do mínimo ético, cristalizado nas leis penais. Esta demonstração será frustrada se o próprio Estado violar o mínimo ético para lograr a aplicação de uma pena. Desse modo, ele mostra que pode valer a pena violar qualquer norma fundamental cuja vigência o direito penal se propõe precisamente assegurar".

[42] Apud ANDRADE, Manuel da Costa. *Sobre as proibições de prova em processo penal*. Coimbra: Coimbra, 2006, p. 72/73.

[43] Ibiden, p. 73.

CRIME ORGANIZADO

A este se impõe o princípio da legalidade que o obriga a fazer, *a priori*, somente o que a lei determina, porquanto ela é que indica o interesse público. O agente, por outro lado, tem seu comportamento "desculpado" enquanto indivíduo, a quem se permite fazer o que a lei autoriza ou não proíbe. A se permitir tal concessão chegaríamos ao extremo de autorizar uma prova obtida por tortura cometida contra um seqüestrador que mantém a vítima em cativeiro, em um caso específico de legítima defesa de terceiro (a vítima), o que é algo impensável. Se por um lado poderia até se pensar em não se punir o torturador pelo crime de tortura (o que não concordamos por razões que ultrapassam o objetivo deste artigo), por outro, esta concessão legal não transformaria a prova obtida mediante tortura em prova lícita. Aceitar uma prova que tenha, em si, uma essência de ilícita é incentivar futuras violações aos direitos fundamentais. Como dissemos acima, se a excludente de ilicitude ou culpabilidade é suficiente como regra de não imputação pessoal sobre o caso concreto, não pode ser estendida ao fato em abstrato, para tornar lícita a sua utilização por parte do Estado.

E isto não significa uma afronta à sistemática penal e processual penal que, embora tenham intima ligação, possuem elementos e dinâmicas diferentes, que vão desde os princípios específicos da matéria até o momento de suas intervenções. Como esclarece COSTA ANDRADE, "as valorizações do direito penal e do processo penal podem ocorrer em tempos diferentes ou, pelo menos, reportar-se a momentos diferentes da trajetória da pertinente constelação típica. O que tenderá a induzir mudanças significativas a nível (*sic*) dos tópicos do círculo hermenêutico a operar em cada um dos momentos, através nomeadamente da alteração do quadro de interesses ou valores em conflito"[44]. Nestes termos, embora exista a excludente de ilicitude penal, tal ocorrência não tem a força necessária para excluir a ilicitude processual, por continuar o fato analisado a caracterizar um ilícito material substantivo, inadmissível como meio de prova[45].

Também se mostra muito questionável a utilização de uma teoria da proporcionalidade ou da ponderação de interesses para se utilizar ou não uma prova que viole um direito fundamental. Costuma-se alegar que há um interesse pela correta aplicação da justiça, o que de fato integra um estado Democrático de Direito como um dos valores a ser perseguido. Contudo, o próprio conceito de Estado de Direito pressupõe a preservação das esferas e dos limi-

---

[44] ANDRADE, Manuel da Costa. *Sobre as proibições de prova em processo penal*. Coimbra: Coimbra, 2006, p. 42.

[45] Cf. ANDRADE, Manuel da Costa. op. cit, p. 43.

tes constitucionalmente previstos nesta perseguição. A consecução da correta investigação criminal não pode ser colocada no mesmo patamar que os Direitos fundamentais dentre as finalidades que busca o Estado. Isto significaria, em uma ponderação invertida, que a proibição de provas obtidas com violação aos direitos fundamentais configuraria uma benesse concedida à pequena e média criminalidade[46]. Na verdade, trata-se muito mais de definir "quais os valores que verdadeiramente definem a nossa *Rechtskultur* e que, como tais, mesmo na hora da necessidade, devem ser defendidos como indisponíveis"[47]. É o que afirma igualmente GÖSSEL: "do Estado de Direito decorre o dever de averiguar a verdade e, ao mesmo tempo, a delimitação dessa averiguação"[48].

Não havendo como se sustentar, isoladamente, a prova obtida posteriormente à infiltração, todas as demais decorrentes dela estarão viciadas, e serão inadmissíveis por sua ilicitude.

Se o agente infiltrado não se revela uma opção legítima, haveria outros meios menos desproporcionais a serem adotados como métodos mais eficientes de investigação? Cremos que sim.

5. Da suficiência da ação controlada, da interceptação telefônica e da delação premiada

Diante dos motivos acima expostos, não nos parece razoável a utilização ou mesmo a necessidade do agente infiltrado. Nem mesmo para a efetivação da ação controlada (infiltração preventiva), algo que poderia gerar menos problemas, pois o policial infiltrado deveria agir na presença de alguma ação criminosa para resguardar uma vítima, o que poderia revelar sua condição. A habilidade policial e a tecnologia oferecem muitas condições para que o empreendimento criminoso seja observado, de perto ou à distância. Monitoramentos telefônicos, captações ambientais, filmagens com câmeras com lentes objetivas, rastreamentos por satélite, registros eletrônicos e informáticos particulares ou públicos, observação disfarçada ("tocaia" ou "campana") dentre muitos outros recursos demonstram uma gama mais do que suficiente de meios menos ilegítimos para se atingir as mesmas finalidades. Ou seja, uma interessante variedade de outros meios de prova que não justificariam a adoção de tão excepcional e complicado meio como o da infiltração: pouco benefício para muito prejuízo.

[46] AMELUNG, Knut. op. cit., p. 36.
[47] HASSEMER, Winfried, apud ANDRADE, Manuel da Costa. ANDRADE, Manuel da Costa. *Sobre as proibições de prova em processo penal*. Coimbra: Coimbra, 2006, p. 36.
[48] Apud ANDRADE, Manuel da Costa. *Sobre as proibições de prova em processo penal*. Coimbra: Coimbra, 2006, p. 119.

CRIME ORGANIZADO

Também não haveria motivos razoáveis para se infiltrar um agente na expectativa de utilizar seu depoimento como testemunha. Além do fato de sua omissão ser relevante por possuir o dever de evitar resultados criminosos conforme expusemos acima, para a mesma finalidade – prova testemunhal – existe a figura do delator[49] (coautor ou partícipe beneficiado pela delação premial) ou colaborador, como prefere denominá-lo a Lei 12.850/13 (artigos 4ª a 7º). Convencido o integrante a denunciar os ex-comparsas, seu depoimento, embora também passível de ser questionado, adquire relevância por haver pertencido à estrutura com semelhança de interesses, o que o possibilitará transmitir com mais naturalidade e com riqueza de detalhes o funcionamento da organização, algo que poderá não estar presente no agente infiltrado que, ciente do risco que corre e atormentado pela prática de comportamentos os quais tem por dever e vocação reprimir, poderá comprometer emocionalmente seu discurso.

Sabemos das críticas que também são oferecidas com relação à delação premial. Sobretudo as que apóiam sua desaprovação por uma suposta imoralidade ao enaltecer a traição, assim como aparentemente o engano utilizado pelo agente infiltrado, atitudes reprováveis no convívio social. Mas como já defendemos em outra sede[50], o crime é, definitivamente, algo que não participa do bem comum, pelo contrário, impede sua realização. E por isso não devemos adotar institutos como a infiltração policial por tomar como base inevitável a prática de crimes. A delação também pode dar margem à problemas de legitimidade, se utilizada como instrumento de vingança desenfreada por parte do ex-integrante da organização que dela se utiliza para criar ou fantasiar situações inexistentes. Mas sob rigoroso controle e verificação das denúncias, tem por objetivo a manutenção dos valores sociais quando reconhece um objetivo maior, qual seja a redução dos efeitos diretos e indiretos de uma empreitada criminosa.

É nesta esteira que o direito penal e processual pátrio já possuem institutos que incentivam o relato, por parte do acusado de seu comportamento criminoso anterior, como quando predispõe sobre as circunstâncias atenuantes de evitar ou minorar as conseqüências do crime (CP, art. 65, "b") ou confessar espontaneamente sua participação (CP, art. 65, "d"). Ao fim e ao cabo, não nos importamos com os motivos internos do sujeito que resolve colaborar com a justiça, se é de ordem moral, política, social, religiosa ou mesmo jurídica, mas

---

[49] O *pentito* do direito italiano, *arrependido* do espanhol ou o *Kronzeuge* (testemunha da coroa) do alemão.

[50] BRITO, Alexis Couto de. *Execução Penal*. São Paulo: Quartier Latin, 2006, p. 374.

262

AGENTE INFILTRADO: DOGMÁTICA PENAL E REPERCUSSÃO PROCESSUAL

sim com o fato de que a entrega dos co-autores de um fato criminoso possibilita a busca de um valor, e a manutenção da organização criminosa, de um desvalor. E, por derradeiro, lembramos que a "lealdade" para os integrantes de grupos criminosos não passa de uma miragem, já que a relação entre os indivíduos do grupo não se pauta pela idéia do justo, mas sim do interesse vil e do temor exercido pelos chefes da organização, apoiado exclusivamente no domínio e uso da força. Para limitar ainda mais a delação e retirar-lhe o caráter "imoral" (que não possui), poríamos restaurar a manifestação espontânea do delator, algo que sempre esteve presente desde a origem do instituto entre nós, mas que foi substituído pela simples voluntariedade.

Do ponto de vista da dignidade humana, sabe-se perfeitamente que alguns rituais de passagem são promovidos pelas organizações, como, por exemplo, consumo de drogas marcações corporais ou sofrimento físico. Embora faça parte do dever de um funcionário policial submeter-se a situações extremas e de natureza adversa, somente se pode exigir tais sacrifícios em casos de estado de necessidade, isto é, na presença de um perigo não criado por ele, o que não acontece nas ações pré-ordenadas de infiltração. Estas situações não podem ser ignoradas e devemos refletir sobre até que ponto pode-se permitir, ainda que por vontade e liberalidade do agente, o Estado teria legitimidade para submetê-lo racionalmente a este tipo de provação.

Conclusão

É evidente que a discussão teórico-dogmática deve continuar, ou melhor, recomeçar. Parece-nos que o assunto foi rapidamente esquecido e as soluções, por isso, carecem de argumentos robustos. Os argumentos até este momento apresentados pelos defensores da utilização do agente infiltrado não nos parecem suficientemente fortes a ponto de justificá-lo, conforme os argumentos teóricos que expusemos acima. Dogmaticamente, a conclusão pela punição criminosa do agente é muito mais coerente – *data maxima venia* – do que sua não-punição. Se assim o é, tanto o Estado não poderá se utilizar do instituto e da prova coligida, como também não poderá submeter o agente policial a este tipo de constrangimento. Do ponto de vista constitucional e político-criminal, não há como negar a interferência danosa às garantias fundamentais. O estado de direito constitucional possui seus princípios, dura e paulatinamente conquistados, e ainda que frágeis, perfazem o contorno que desejamos de nossa sociedade. O agente infiltrado, na sua atual configuração e, quiçá, em sua próxima, mostra-se um modelo processual provido de uma "impetuosa força do poder político", mas que transforma princípios constitucionais como legalidade, estado de inocência e devido processo legal em

CRIME ORGANIZADO

"tímidas expressões"[51]. Na aguda crítica de BRAUM, "uma ideia tão sublime como a do processo penal, que pressupõe reconhecer os homens como indivíduos livres, retrocede diante do ridículo de uma desafortunada parodia a James Bond"[52]. Na mesma linha, o uso massivo de métodos de investigação dissimulada afasta o Estado do controle da atividade policial, em especial o Ministério Público de ser o "guardião da Lei" (*Wächter des Gesetzes*), e a probabilidade de um Estado policialesco, de um Estado de vigilância (*Überwaschungstaat*) se torna cada vez mais sensível[53].

Portanto, até o momento, do ponto de vista pragmático, as desvantagens decorrentes do agente infiltrado são muito maiores que as possíveis vantagens, o que, por si só, deslegitima a atuação do Estado neste sentido. Não é racional e nem proporcional que o Estado lance mão de mecanismos que possuam maior poder destruidor do que promovedor dos interesses sociais, assim como também não se mostra racional utilizar-se de um instituto tão questionável se não se demonstra sua absoluta imprescindibilidade. No mais, a existência de outros institutos tão eficazes quanto a infiltração corrobora para sua não aplicação, e servem de lápide a um instituto que, cada vez mais, vem sendo sepultado pela dogmática internacional.

---

[51] Neste sentido, BRAUM, Stefan. "La investigación encubierta como característica del proceso penal autoritario", in: *La insostenible situación del Derecho Penal*. Granada: Comares, 2000, p. 13.
[52] BRAUM, Stefan, op. cit., p. 04.
[53] Cf. KREY, Volker, "Kriminalitätsbekämpfung um jedem Preis? Zur kontinuierlichen Ausweitung des Bereichs verdeckter Ermittlungen", in: HIRSCH, Hans-Jochim; WOLTER, Jürgen; BRAUNS, Uwe. *Festschrift für Günter Kohlmann zum 70. Geburtstag*. Köln: Otto Schmidt, 2003, p. 650.

14
O Devido Processo Legal e a Ilegalidade da Interceptação entre Pessoas Presentes ("Captação Ambiental") entre 2001 e 2020

LEONARDO COSTA DE PAULA
LEONARDO MARCONDES MACHADO

A man's home is his castle.

Introdução

O presente estudo versa sobre a questão da ilegalidade da chamada "captação ambiental" enquanto "meio de investigação de prova" no contexto da criminalidade organizada entre os períodos de 2001 e 2020. O problema base consiste em identificar a compatibilidade (ou não) desse instituto com as garantias fundamentais que estruturam um sistema processual penal constitucional e democrático já que entre os anos ressaltados havia falta de procedimentalização para essa técnica especial de investigação (TIES).

A vertente pesquisa foi dividida em cinco tópicos. O primeiro trata das alterações legislativas sobre a "captação ambiental". Já no segundo discute-se a própria categoria de "crime organizado", muito criticada por relevante parcela da doutrina penal, por se apresentar como instrumento legitimador de constantes abusos do poder punitivo.

No tópico seguinte faz-se uma análise detalhada do artigo que trata desse meio de investigação de prova na atual lei de "organização criminosa".

Na quarta seção recuperam-se noções fundamentais da teoria da prova no processo penal para uma adequada problematização do instituto sob análise, conforme viés garantista constitucional. Ao final, revelados os principais fundamentos quanto à ilegalidade da "captação ambiental", a partir da cláusula do devido processo legal (ou *due process of law*).

CRIME ORGANIZADO

1. Aspectos legais

A captação ambiental foi inserida no ordenamento jurídico brasileiro pela Lei n. 10.217, de 11 de abril de 2001, que alterou a doravante revogada Lei 9.034/95 ao acrescentar o inciso IV ao seu artigo 2º, com a seguinte redação:

> Em qualquer fase de persecução criminal são permitidos, sem prejuízo dos já previstos em lei, os seguintes procedimentos de investigação e formação de provas: (...) IV – a captação e a interceptação ambiental de sinais eletromagnéticos, óticos ou acústicos, e o seu registro e análise, mediante circunstanciada autorização judicial.

A nova Lei de Organizações Criminosas – Lei n. 12.850, de 02 de agosto de 2013 – manteve o instituto, com pequenas alterações, conforme se depreende de seu artigo art. 3º, inciso II, que ficou consagrado da seguinte forma:

> Art. 3º Em qualquer fase da persecução penal, serão permitidos, sem prejuízo de outros já previstos em lei, os seguintes meios de obtenção da prova: (...) II – captação ambiental de sinais eletromagnéticos, ópticos ou acústicos.

A precariedade da nova redação era flagrante. A atecnia legislativa, própria da fúria punitiva e limitadora das garantias e direitos fundamentais, estava notória. O que gerou uma profunda discussão quanto à (i)legalidade da "captação ambiental" e, portanto, (in)aplicabilidade mesmo no contexto da chamada "criminalidade organizada".

Tanto era verdade a atecnia e falta de procedimentalização da captação ambiental que, no ano de 2019, quando publicada a conhecida "lei anticrime" (Lei n. 13.964), a qual entrou em vigor no final do mês de janeiro de 2020, a nova legislação tratou de regulamentar a captação ambiental, senão vejamos:

> Art. 7º A Lei nº 9.296, de 24 de julho de 1996, passa a vigorar acrescida dos seguintes arts. 8º-A e 10-A:
>
> "Art. 8º-A. Para investigação ou instrução criminal, poderá ser autorizada pelo juiz, a requerimento da autoridade policial ou do Ministério Público, a captação ambiental de sinais eletromagnéticos, ópticos ou acústicos, quando:
>
> I – a prova não puder ser feita por outros meios disponíveis e igualmente eficazes; e
>
> II – houver elementos probatórios razoáveis de autoria e participação em infrações criminais cujas penas máximas sejam superiores a 4 (quatro) anos ou em infrações penais conexas.
>
> § 1º O requerimento deverá descrever circunstanciadamente o local e a forma de instalação do dispositivo de captação ambiental.

§ 2º (VETADO).

§ 3º A captação ambiental não poderá exceder o prazo de 15 (quinze) dias, renovável por decisão judicial por iguais períodos, se comprovada a indispensabilidade do meio de prova e quando presente atividade criminal permanente, habitual ou continuada.

§ 4º (VETADO).

§ 5º Aplicam-se subsidiariamente à captação ambiental as regras previstas na legislação específica para a interceptação telefônica e telemática."

"Art. 10-A. Realizar captação ambiental de sinais eletromagnéticos, ópticos ou acústicos para investigação ou instrução criminal sem autorização judicial, quando esta for exigida:

Pena – reclusão, de 2 (dois) a 4 (quatro) anos, e multa.

§ 1º Não há crime se a captação é realizada por um dos interlocutores.

§ 2º A pena será aplicada em dobro ao funcionário público que descumprir determinação de sigilo das investigações que envolvam a captação ambiental ou revelar o conteúdo das gravações enquanto mantido o sigilo judicial."

Somente agora o legislador passou a regular a forma e razões para esse método oculto de investigação. Com a vigência da lei 13.964/2019, então, se mostrou patente a anomia anteriormente existente quanto à captação ambiental, o que deverá transpor para casos de nulidades todos os processos que tenham se utilizado desse subterfúgio como forma de investigação/busca de prova. É sobre isso que, por fim, trata o presente estudo.

2. Crime organizado: uma categoria à disposição do poder punitivo

Talvez nunca tenha se ouvido falar tanto em "crime organizado" como hoje, no Brasil. O significante foi incorporado ao vocabulário social, tornando o seu uso corriqueiro e banal. A popularização deve-se, em grande medida, à contribuição midiática e à sua exploração cotidiana. Os veículos de comunicação em massa, no seu mister de propagadores da cultura do medo, foram personagens decisivos nesse processo de incorporação e reconhecimento social quanto à delinqüência organizada.[1]

Em que pese a sua popularidade – social e até mesmo jurídica – o tema "criminalidade organizada" foi (e ainda é) objeto de severas críticas por uma importante parcela da doutrina penal e processual penal.

---

[1] SILVA, Rodrigo Fernandes da. *As Organizações Criminosas e a Interceptação Ambiental Domiciliar em face da Legalidade Penal e Processual Penal*. 28 páginas, monografia de pós-graduação: IBCCRIM/IDPEE Universidade de Coimbra, São Paulo, 2010.

Zaffaroni sustenta que "o transporte à lei de uma categoria criminológica frustrada, que tratava de inventar os criminólogos norte-americanos por pressão dos políticos, das corporações policiais e dos meios de massa, não tem outro efeito senão o de lesionar de forma plural a legalidade no direito penal e o acusatório no direito processual penal".[2]

Juarez Cirino dos Santos também é um feroz crítico do "conceito americano de crime organizado", o qual considera, "do ponto de vista da realidade, um mito; do ponto de vista da ciência, uma categoria sem conteúdo; e do ponto de vista prático, um rótulo desnecessário".[3]

Apesar dos argumentos contrários, fato é que o ordenamento jurídico penal e processual penal brasileiro incorporou a categoria de "crime organizado" ao seu vasto rol de criminalizações e, inclusive, atualizou (ou criou) uma definição (agora) legal do que se deva entender por tanto.

A lei, na tentativa de suprir o vazio anterior, afirmou definir organização criminosa, além de estabelecer "os meios de obtenção de prova, infrações penais correlatas e o procedimento criminal a ser aplicado" (art. 1º, *caput*, da Lei n. 12.850/13).

A tipificação legal de organização criminosa supriria, de fato, a antiga lacuna – tão contestada por significativa parcela da doutrina penal, que denunciava a ausência de conceituação interna neste particular. Dizia-se que tínhamos uma lei de crime organizado sem crime organizado. Ou seja: uma lei que tratava da matéria sem tipificar a conduta de crime organizado.

A Lei n. 12.850/13, diferentemente da Lei n. 9.034/95, pretende uma conceituação legal, conforme se depreende do art. 1º, § 1º, *in verbis*:

> "Considera-se organização criminosa a associação de 4 (quatro) ou mais pessoas estruturalmente ordenada e caracterizada pela divisão de tarefas, ainda que informalmente, com objetivo de obter, direta ou indiretamente, vantagem de qualquer natureza, mediante a prática de infrações penais cujas penas máximas sejam superiores a 4 (quatro) anos, ou que sejam de caráter transnacional".

A nova lei reserva, ainda, outros dispositivos para a criminalização de condutas (típicas ou equiparadas). É o caso do art. 1º, § 2º e do art. 2º. Vejamos.

---

[2] ZAFFARONI, Eugênio Raúl. Crime Organizado: uma categorização frustrada. *Discursos Sediciosos: Crime, Direito e Sociedade*. Tradução de Rogério Marcolini. Rio de Janeiro: Instituto Carioca de Criminologia, ano 01, número 01, 1996, p. 62.

[3] SANTOS, Juarez Cirino dos. Crime Organizado *in Revista Brasileira de Ciências Criminais*. São Paulo: Revista dos Tribunais, n. 42, 2003, p. 215.

Art. 1º, § 2º Esta Lei se aplica também: I – às infrações penais previstas em tratado ou convenção internacional quando, iniciada a execução no País, o resultado tenha ou devesse ter ocorrido no estrangeiro, ou reciprocamente; II – às organizações terroristas, entendidas como aquelas voltadas para a prática dos atos de terrorismo legalmente definidos.

Art. 2º Promover, constituir, financiar ou integrar, pessoalmente ou por interposta pessoa, organização criminosa: Pena – reclusão, de 3 (três) a 8 (oito) anos, e multa, sem prejuízo das penas correspondentes às demais infrações penais praticadas.

Ocorre, no entanto, que a conceituação é bastante ampla. Não há uma limitação rigorosa de condutas, e sim fórmulas abertas. Citem-se, por exemplo, as expressões "estruturalmente ordenada", "divisão de tarefas", "vantagem de qualquer natureza" e "organizações terroristas". O princípio da legalidade penal não foi respeitado em sua integralidade, especialmente no que diz respeito à dimensão da taxatividade. A "garantia da lei certa", tradicionalmente resumida na máxima latina "nullum crimen nulla poena sine lege certa", ao vedar incriminações genéricas, busca evitar a maximização da intervenção penal (sempre odiosa em Estados Democráticos de Direito).
Sublinhe-se que

> 'o princípio da taxatividade da lei penal' tem por objetivo primordial proteger o cidadão em face do arbítrio do Poder Judiciário, uma vez que – a partir de incriminações ambíguas, vagas ou imprecisas – o julgador vê-se convertido em autêntico legislador, ficando ao seu inteiro talante, por via de conseqüência, a tarefa de demarcação dos limites fronteiriços entre os comportamentos penalmente irrelevantes e os comportamentos penalmente ilícitos.[4]

O que se pretende, com a *lex certa*, é "reduzir o coeficiente de variabilidade subjetiva na aplicação da lei penal".[5]
Imperioso destacar que um dos critérios objetivos adotados para a definição de "organização criminosa" – delitos com pena máxima superior a 04 anos – permite que se alcance, sob essa rotulagem, estruturas e sujeitos completamente dissociados daqueles historicamente mencionados como exemplos do chamado "crime organizado" (máfia italiana ou, entre nós, "comando

---

[4] MEROLLI, Guilherme. *Fundamentos Críticos de Direito Penal: dos princípios penais de garantia*. São Paulo: Atlas, 2014, p. 262.
[5] LUISI, Luiz. Sobre o princípio da legalidade. *Estudos Jurídicos em Homenagem a Manoel Pedro Pimentel*. São Paulo: Revista dos Tribunais, 1995, p. 256.

CRIME ORGANIZADO

vermelho" e "primeiro comando da capital"). Segundo interpretação literal, poderá se reconhecer "criminalidade organizada", por exemplo, com o somatório de quatro pessoas que figuram como sócios de certa "casa de prostituição" adulta (art. 229 do CP). O que não se mostra nem um pouco razoável, tendo em conta o efeito ampliativo da norma incriminadora, o que fere a taxatividade.

Criou-se, na verdade, apenas mais uma opção de criminalização no tocante ao concurso de agentes, que se confunde, em muitos casos, com o antigo delito de "quadrilha ou bando" (atualmente "associação criminosa"), previsto no art. 288 do Código Penal. Como se qualquer espécie de crime pudesse se enquadrar no tipo específico e excepcional (em tese) de "criminalidade organizada". Dirão alguns que a doutrina estabelece uma série de requisitos para além da literalidade dos artigos mencionados ou mesmo na interpretação dos elementos objetivos do tipo incriminador, os quais impediriam abusos criminalizantes. Só para iluminar o debate, vale lembrar que, apesar de praticamente toda a doutrina penal estabelecer o princípio da insignificância, milhares de pessoas são presas por crimes de bagatela, o que só realiza a função não declarada do Direito Penal, que é a de enclausurar os não normalizados do sistema.

3. Captação ambiental de sinais eletromagnéticos, ópticos ou acústicos: uma leitura da antiga previsão para indicar a sua ilegalidade e inconstitucionalidade

A partir da (simplista e perigosa) redação do art. 3º, inciso II, da Lei n. 12.850/13, única a reger o instituto sob discussão até o advento da Lei n. 13.964/2019, algumas observações são necessárias.

O dispositivo trata dos "meios de obtenção de prova" ou "meios de investigação de prova". Essa é, portanto, a natureza jurídica da chamada "captação ambiental", conforme expressa previsão legal e abalizada lição da doutrina especializada no tema.

A segunda é que, também por regramento legal explícito, os aludidos meios de investigação de prova poderiam ser utilizados em "qualquer fase da persecução penal", ou seja, tanto na etapa investigatória preliminar (uso esperado) quanto na etapa processual (uso normalmente não esperado). Vale lembrar que o seu uso na fase do processo penal constitui medida para além da regra.

No que se refere ao termo captação. Equivoca-se a lei quando nomeia este procedimento de captação ambiental. Deveria se falar em interceptação. A captação é, na verdade, uma fase ou elemento do procedimento de interceptação.

Interceptar deriva do termo latino *interceptio*, que significa "tomar ou apanhar o que vai para outro ou de repente ou à traição".[6]

No que se refere ao significante ambiental, necessário destacar que os meios de comunicação, em uma sociedade pós-moderna, são os mais variados possíveis, bem como os instrumentos de interceptação. As comunicações podem se realizar, dentre outros meios, por carta (correspondências), pelo sistema "tele" (telecomunicações: telegráficas, telefônicas, por telemática ou por informática – art. 10 da Lei n. 9.296/96) ou diretamente entre pessoas presentes.

A "interceptação de comunicação entre pessoas presentes" (também chamada "interceptação entre pessoas presentes" ou, simplesmente, "interceptação entre presentes") é apenas uma espécie do gênero interceptação, a qual pode ser ainda subdividida em interceptação ambiental e interceptação domiciliar, segundo classificação proposta por Marcio Geraldo Britto Arantes Filho.[7]

Ressalte-se que a

> interceptação de comunicação entre pessoas presentes consiste em atividade de captação e registro de comunicação entre pessoas presentes de caráter reservado, por um terceiro, com o emprego de meios técnicos, utilizados em operação oculta e simultânea à comunicação, sem o conhecimento dos interlocutores ou com o conhecimento de um ou de alguns deles".[8]

Nesse sentido, interceptação domiciliar é espécie de interceptação de comunicação entre pessoas presentes realizada em domicílio, o qual deve ser entendido como "todo local, delimitado e separado, que alguém ocupa com exclusividade, a qualquer título, inclusive profissionalmente".[9] Interceptação ambiental, por sua vez, é espécie de interceptação de comunicação entre pessoas presentes que se realize em lugar diverso do domicílio, podendo ser recinto público ou privado. Cite-se, por exemplo, a conversa direta entre duas ou mais pessoas efetivadas em praça pública ou pátio de empresa particular.

Não se confunde com a interceptação telefônica (art. 3º, inciso V, da Lei n. 12.850/13 – "interceptação de comunicações telefônicas e telemáticas, nos termos da legislação específica") ou gravação clandestina de comunicação

---

[6] Cretella Júnior, José; Cintra, Geraldo de Ulhôa. *Dicionário Latino-Português*. 07 ed. São Paulo: Companhia Editora Nacional, 1956, p. 620.

[7] Arantes Filho, Marcio Geraldo Britto. *A Interceptação de Comunicação entre Pessoas Presentes*. 01 ed. Brasília: Gazeta Jurídica, 2013, p. 153.

[8] Idem, p. 157.

[9] Moraes, Alexandre de. *Direito Constitucional*. 29. ed. São Paulo: Atlas, 2013, p. 55.

CRIME ORGANIZADO

entre pessoas presentes (a jurisprudência dos Tribunais superiores tem admitido a gravação de conversa por um dos interlocutores, sem o conhecimento do outro, em diversos julgados, desde que não haja causa legal específica de sigilo nem reserva de conversação[10]).

Sinais eletromagnéticos, ópticos ou acústicos implica, portanto, "ampla possibilidade de gravar a voz, filmar, fotografar e registrar por qualquer aparelho, de sofisticada tecnologia, imagens e sons".[11]

4. As provas e as garantias

Pode-se afirmar, sem qualquer exagero, que a marca do atual sistema processual penal é a mitigação de garantias. A chamada "persecução penal pós-moderna" está muito mais preocupada com o eficientismo penal do que algum tipo de garantia em relação ao investigado ou acusado, o mote é não permitir que o Estado deixe de condenar.

O discurso de criminalidade organizada apenas reforça o paradigma da relativização ou supressão de garantias penais e processuais penais. Diz-se que a criminalidade organizada, por ser um tipo especial de delinquência, reclama(ria) "novos mecanismos de combate" ao crime (e ao criminoso). A exigência é por maior rigor (leia-se: menos garantias) na investigação preliminar e no processo penal.

A própria "Convenção das Nações Unidas contra o Crime Organizado Transnacional" ("Convenção de Palermo"), de 15 de novembro de 2000, ratificada pelo Brasil por meio do Decreto n. 5.015/2004, trata, em seu artigo 20, item n. 1, das chamadas "técnicas especiais de investigação", as quais teriam por finalidade expressa "combater eficazmente a criminalidade organizada", como traz o próprio artigo.

Não foi diferente a legislação brasileira. Adotou-se, também aqui, a lógica de guerrilha ao "crime organizado". Cite-se, *v.g.*, o artigo 4º da Lei n. 9.034/95 (antiga Lei de Crime Organizado), o qual previa que "os órgãos da polícia judiciária estruturarão setores e equipes de policiais especializados no combate à ação praticada por organizações criminosas". O discurso é claro: combate, guerra ao crime organizado. E na guerra, todos sabem, não há garantias (ou, se existem, são poucas e excepcionais).

---

[10] Nesse sentido: STF – Segunda Turma – HC n. 91613/MG – Rel. Min. Gilmar Mendes – j. em 15.05.12 – Dje 182 de 14.09.12; STF – Segunda Turma – RE n. 402717/PR – Rel. Min. Cezar Peluso – j. em 02.05.08 – Dje 030 de 12.02.09; STJ – Primeira Turma – AgRg no AREsp n. 135384/RS – Rel. Min. Napoleão Nunes Maia Filho – j. em 03.04.14 – Dje de 15.04.14.

[11] NUCCI, Guilherme de Souza. *Leis Penais e Processuais Penais Comentadas.* 07. ed. v. 2. São Paulo: Revista dos Tribunais, 2013, p. 90.

A pergunta que fica, contudo, é bastante óbvia: há como compatibilizar os "meios especiais de investigação", próprios do "combate" ao crime (e ao criminoso), com as garantias processuais típicas de um sistema democrático?

Luigi Ferrajoli trabalha com quatro axiomas fundamentais no que diz respeito ao quando e como julgar. Afirma, com base em qualquer sistema de direitos fundamentais instituído pós segunda guerra mundial, que não há pena sem processo, não há processo sem acusação, não há acusação sem provas e, por fim, não há prova sem defesa. Essas "técnicas de minimização do poder punitivo institucionalizado"[12] são indispensáveis para se pensar qualquer sistema penal democrático.

A prova é tema central no sistema processual penal. E, ao mesmo tempo, assunto tormentoso, uma vez que limitado. "Eis o ponto mais difícil do processo: proceder à reconstrução histórica dos fatos, de acordo com as regras legais que disciplinam a investigação, a admissão, a produção e a valoração das provas".[13]

De início, vale distinguir alguns conceitos (ou categorias) que gravitam em torno do tema das "provas" no sistema processual penal, muito embora isto pouco seja feito pelos manuais, em geral, de processo penal. Falaremos, ainda que de modo sucinto, sobre "prova", "fontes de prova", "meios de prova" e "meios de investigação de prova".

Fonte de Prova é a pessoa ou coisa capaz de fornecer alguma informação relevante sobre o suposto caso penal. São normalmente classificadas em pessoais (testemunha, vítima/ofendido, acusado, etc) e reais (documentos em sentido amplo). As fontes de prova existem (por si) e independentemente de qualquer etapa da persecução penal (investigação ou processo). São, portanto, extraprocessual. Contudo, apenas terão influência no julgamento do caso penal se transformadas, validamente, em meios de prova.

Os meios de provas (ou meios de produção de prova) são "os instrumentos ou atividades por intermédio dos quais os dados probatórios (elementos de prova) são introduzidos e fixados no processo (produção de prova)".[14] Trata-se da maneira pela qual as fontes de prova são apresentadas no processo

---

[12] FERRAJOLI, Luigi. *Direito e Razão: teoria do garantismo penal*. São Paulo: Editora Revista dos Tribunais, 2002, p. 7.

[13] BADARÓ, Gustavo Henrique Righi Ivahy. *Processo Penal*. Rio de Janeiro: Campus: Elsevier, 2012, p. 265.

[14] GOMES FILHO, Antônio Magalhães. Notas sobre a terminologia da prova (reflexos no processo penal brasileiro). In: YARSHELL, Flávio Luiz, MORAES, Maurício Zanoide de (Orgs.). *Estudos em Homenagem à Professora Ada Pellegrini Grionover*. 1 ed. São Paulo: DPJ, 2005, p. 308.

CRIME ORGANIZADO

enquanto procedimento em contraditório[15]. São exemplos a prova testemunhal, a prova pericial e a prova documental (dentre outras).

O meio de produção de prova é necessariamente endoprocessual. Ou seja: só pode ocorrer no âmbito do devido processo legal, conforme a dialética entre as partes (acusação e defesa) e submetido ao controle jurisdicional por terceiro imparcial (juiz). Vale frisar que, em um sistema processual de matriz acusatória, as partes são atores de prova (isto é: encarregadas de produzirem a prova), e não o juiz, que figura como receptor (ou destinatário da prova).

Não é possível confundir fontes e meios de prova. Aquela pessoa que tenha presenciado um suposto fato punível é tida como "fonte de prova", sendo o seu testemunho em juízo (depoimento testemunhal) o "meio de prova".

Diferente, ainda, são os "meios de investigação de prova" (ou "meios de obtenção de prova"). Também nominados por parte da doutrina como apenas "meios de pesquisa ou de investigação".[16] Dizem respeito aos instrumentos adotados na busca por fontes de prova. São as diligências realizadas, normalmente por autoridades administrativas de investigação e seus agentes, durante a fase de instrução preliminar (em regra), marcadas pela surpresa (ou pelo segredo), com o objetivo de descobrir fontes de prova. São exemplos a interceptação telefônica e a interceptação ambiental (dentre outros) etc.

É preciso sublinhar que os meios de investigação de prova são tipicamente extraprocessuais e não submetidos a contraditório, uma vez que o sigilo (inclusive em relação aos envolvidos ou partes) é indispensável ao sucesso da medida.

Há quem diferencie os meios de investigação de prova em ordinários e extraordinários, conforme o grau de restrição a direitos e garantias fundamentais.

Os extraordinários, por serem mais limitadores de garantias individuais, estariam reservados aos delitos de maior gravidade. A sua aplicação é pretensamente justificada por princípios como o da "proporcionalidade". Fala-se que crimes graves (ex.: organizações criminosas) demandam ferramentas investigativas mais vigorosas (ex.: agentes encobertos e infiltrados). Já os meios ordinários de investigação, aplicáveis aos delitos em geral, não reclamam mitigação direta ou explícita de garantias constitucionais em nome da proporcionalidade (ou qualquer coisa que o valha).

Oportuno registrar que nem todos concordam com esse tipo de divisão. Arantes Filho, por exemplo, sustenta que todos os meios de investigação de

---

[15] FAZZALARI, Elio. *Instituzioni di Diritto Processuale*. Padova: CEDAM, 1994, pp. 85-86.
[16] MALAN, Diogo Rudge. Gravações ambientais domiciliares no processo penal. In: CASARA, Rubens R. R.; LIMA, Joel Corrêa de (org). *Temas para uma Perspectiva Crítica do Direito*: homenagem ao Professor Geraldo Prado. Rio de Janeiro: Lumen Juris, 2010, p. 349.

O DEVIDO PROCESSO LEGAL E A ILEGALIDADE DA INTERCEPTAÇÃO ENTRE PESSOAS...

prova são excepcionais, tendo em vista seu caráter insidioso e restritivo de direitos e garantias fundamentais.[17]

De qualquer forma, realizada ou não a distinção em meios ordinários e extraordinários, parece-nos incontroverso que a interceptação ambiental (objeto de nossa análise) é absolutamente limitadora de direitos individuais e invasiva na esfera privada. Portanto, a sua interpretação (e aplicação) não pode ser outra coisa que não extremamente restritiva. O seu lugar é pontualmente excepcional. Isso se – e quando – existir lugar para tanto no ordenamento jurídico.

Registre-se que o tema prova demanda estudo aprofundado e para além da mera elucubração teórica realizada por parte da doutrina. Algumas distinções conceituais não passam de mera tentativa salvacionista quanto a certos tipos de "provas".

A questão da prova, no processo penal, repercute diretamente no problema da verdade. Neste particular, indispensável referir a compreensão de Carnelutti[18] quando afirma que "a verdade está no todo e não na parte; e o todo é demais para nós".

Por vezes, as distinções supostamente acadêmicas nesta seara pretendem, na realidade, apenas esconder a perspectiva eficientista das investigações e a busca de uma "prova inquebrável", que retrataria com perfeição a realidade passada, o que nunca será possível conseguir.

É na toada da busca de uma "prova inquestionável" que segue também a lei de organizações criminosas. Ocorre que toda "prova" deve, para assim ser considerada, possibilitar uma desconstrução em contraditório pleno. Isso sem falar no problema da utilização de elementos colhidos durante a fase indiciária para o juízo de condenação, e não apenas para a admissibilidade da inicial acusatória.

Enfim, essas (e outras) são questões de extrema relevância para a análise da validade de um suposto "meio de investigação de prova" ou da "prova" em si, o que também pode ser dito quanto à interceptação entre presentes, muito embora, pelos limites extremos desse artigo, trataremos de refutá-la com fundamento em outros aspectos constitucionais, conforme se verá a seguir.

---

[17] ARANTES FILHO, Marcio Geraldo Britto. *A Interceptação de Comunicação entre Pessoas Presentes.* 01 ed. Brasília: Gazeta Jurídica, 2013, p. 70.

[18] Para compreender o assunto necessária a leitura do seguinte texto: CARNELUTTI, Francesco. *Verdade, dúvida e certeza.* Trad. Eduardo Cambi. Gênesis – Revista de Direito Processual Civil. Curitiba: Gênesis, n. 9, p. 606-609, jul/set, 1998. Não se pode ignorar que para melhor compreensão e absorção da mudança paradigmática apresentada por Carnelutti, também imprescindível verificar o seguinte estudo: COUTINHO, J. N. M. *Glosas ao Verdade, dúvida e certeza, de Francesco Carnelutti, para os operadores do direito.* Revista de Estudos Criminais, Porto Alegre, v. 4, p. 77-94, 2004.

5. O devido processo legal e a interceptação ambiental no período entre 2001 e 2020

A "interceptação entre presentes" era classificada como meio de investigação de prova nominado, porém atípico. Nominado já que mencionado formalmente na legislação processual penal. Atípico, no entanto, uma vez que seu procedimento não fora regulado (ou previsto), á época, em lei. Tinha-se o nome, porém ausente o conteúdo, que só foi complementado pela Lei 13.964/2019.

A licitude desse meio de investigação de prova atípico pressuponha: a uma, não haver violação a nenhum direito fundamental individual durante a sua produção; a duas, haver meio de prova típico cujo procedimento probatório lhe pudesse ser aplicado por analogia.[19] O qual, ressalte-se, era ausente até a vigência da então ora conhecida lei 'anticrime'.

Tanto a interceptação telefônica quanto a interceptação entre presentes são meios de investigação de provas que tocam ou restringem direitos e garantias fundamentais dos investigados e acusados. Ocorre que a interceptação entre presentes é ainda mais invasiva. Possui grau maior de intromissão na esfera individual de direitos fundamentais.

Toda pessoa tem o direito à privacidade e o direito de estar só, isso decorre do art. 5º, X, da CRFB: "são invioláveis a intimidade, a vida privada, a honra, a imagem das pessoas, assegurado o direito a indenização pelo dano material ou moral decorrente de sua violação".

> De forma simples, os direitos à intimidade e à vida privada protegem as pessoas na sua individualidade e resguardam o direito de estar só. A intimidade e a vida privada são esferas diversas compreendidas em um conceito mais amplo: o de *direito de privacidade*. Dele decorre o reconhecimento da existência, na vida das pessoas, de espaços que devem ser preservados da curiosidade alheia, por envolverem o modo de ser de cada um, as suas particularidades.[20]

Outro princípio indispensável em relação às interceptações é o da não autoincriminação, traduzido do latim *nemo tenetur se detegere*, presente no art. 5º, LXIII, da CRFB: "o preso será informado de seus direitos, entre os quais

---

[19] DEZEM, Guilherme Madeira. Da prova penal: Tipo processual, provas típica e atípicas. Campinas: Millennium, 2008, p. 275 e ss) – Malan.

[20] BARROSO, Luis Roberto. Liberdade de expressão versus direitos da personalidade. Colisão de direitos fundamentais e critérios de ponderação. In: FARIAS, Cristiano Chaves de (org.). Leituras complementares de direito civil: o direito civil-constitucional em concreto. Salvador: Juspodivm, 2009, p. 110.

o de permanecer calado (...)". A inexigibilidade de autoincriminação consta, ainda, no art. 14.3, g, do Pacto Internacional sobre Direitos Civis e Políticos ("3. Toda pessoa acusada de um delito terá direito, em plena igualdade, a, pelo menos, as seguintes garantias: g) de não ser obrigada a depor contra si mesma, nem a confessar-se culpada") e no art. 8.2, *g*, da Convenção Americana sobre Direitos Humanos ("2. Toda pessoa acusada de delito tem direito a que se presuma sua inocência enquanto não se comprove legalmente sua culpa. Durante o processo, toda pessoa tem direito, em plena igualdade, às seguintes garantias mínimas: g. direito de não ser obrigado a depor contra si mesma, nem a declarar-se culpada").

Segundo Malan, a interceptação da comunicação entre presentes "enseja uma verdadeira autoincriminação involuntária induzida pelo Estado, de duvidosa compatibilidade com o princípio do *nemo tenetur se detegere* (CR, art. 5º, LXIII)".[21]

A interceptação do tipo domiciliar é ainda mais grave, uma vez que fere, além de tudo, outra garantia indispensável, a da inviolabilidade do domicílio. A Constituição Federal, em seu artigo 5º, XI, assegura que "a casa é asilo inviolável do indivíduo, ninguém nela podendo penetrar sem consentimento do morador, salvo em caso de flagrante delito ou desastre, ou para prestar socorro, ou, durante o dia, por determinação judicial".

Segundo Alexandre de Moraes,

a inviolabilidade domiciliar constitui uma das mais antigas e importantes garantias individuais de uma sociedade civilizada, pois engloba a tutela da intimidade, da vida privada, da honra, bem como a proteção individual e familiar do sossego e tranquilidade, que não podem ceder – salvo excepcionalmente – à persecução penal (...).[22]

Mesmo se não houvesse lesão a quaisquer dessas garantias fundamentais, ainda restaria a insuperável questão da ausência de procedimento específico a regular a interceptação de comunicação entre presentes, bem como da impossibilidade de aplicação de regramento análogo.

Não era passível utilizar, por analogia, à interceptação entre pessoas presentes, o procedimento criado para outro tipo de interceptação, como a telefônica. Por força do Devido Processo Legal, o seu procedimento deveria, no

---

[21] MALAN, Diogo Rudge. Gravações ambientais domiciliares no processo penal. In: In: CASARA, Rubens R. R.; LIMA, Joel Corrêa de (org). *Temas para uma Perspectiva Crítica do Direito: homenagem ao Professor Geraldo Prado*. Rio de Janeiro: Lumen Juris, 2010, p. 349.

[22] MORAES, Alexandre de. *Direito Constitucional*. 29. ed. São Paulo: Atlas, 2013, p. 55.

CRIME ORGANIZADO

mínimo, estar pautado em lei para haver a possibilidade. Não é descurado rememorar que somente a partir da lei 13.964/2019 houve essa "procedimentalização", apesar das possíveis críticas à nova redação, o que ultrapassa o presente estudo.

São várias as diferenças entre essas duas modalidades de interceptação – entre pessoas presentes e telefônica. O fato de serem espécies de um mesmo gênero não é suficiente para a adoção do mesmo regramento legal. Dentre as inúmeras distinções, poderíamos apontar aquelas quanto ao objeto e quanto ao meio operacional.

Quanto ao objeto: a interceptação entre pessoas presentes versa, como o próprio nome já indica, sobre as comunicações entre pessoas presentes enquanto que a interceptação telefônica (repita-se o óbvio!) sobre as comunicações telefônicas. Os objetos – a serem interceptados – são diferentes, bem como o nível de invasão da esfera íntima, principalmente na interceptação domiciliar. O que tem uma repercussão lógica imediata: as hipóteses de admissibilidade da interceptação entre presentes deveriam ser ainda mais limitadas que aquelas da interceptação telefônica.

Quanto ao meio operacional: a interceptação entre presentes pressupõe diligências prévias e dissimuladas (ocultas) para a instalação dos equipamentos necessários à captação de sinais eletromagnéticos, ópticos ou acústicos, o que não ocorre na interceptação telefônica. Necessário que o Estado haja à sorrelfa, inclusive, invadindo propriedades particulares, em regra, para que isso ocorra. A interceptação telefônica não depende de diligências materiais e invasivas de espaços, normalmente privados (acobertados pela inviolabilidade domiciliar), para a investigação dos meios de prova. E, portanto, a lei de interceptação telefônica não disciplina essa questão operacional prévia, cuja importância é absoluta. A Lei n. 9.296/96 – que regula a interceptação telefônica – nada diz sobre o assunto. Ocorre que este era justamente um dos principais problemas da interceptação entre presentes: a sua operacionalização sem violação a direitos fundamentais, ou seja, uma operacionalização garantista, no sentido de constitucionalmente admitida e legalmente disciplinada.

O princípio da legalidade estrita é basilar no sistema processual penal. Não há (ou não deveria haver) investigação preliminar e processos criminais ao arrepio da lei. Toda e qualquer medida restritiva da esfera de liberdade individual deve estar prevista, de modo, expresso em lei e sua execução apenas pode ser realizada na exata medida da legislação que a orienta. O vazio normativo não pode ser transformado em espaço para invencionices arbitrárias ou analogias autoritárias.

Os órgãos estatais responsáveis pela chamada "persecução penal" apenas estão autorizados a atuarem com base na lei. A lição é básica e ensinada nos primeiros dias da graduação em direito. Faz-se uma distinção entre legalidade ampla e legalidade estrita. Os agentes públicos, em especial na esfera criminal, estão limitados pela lei; o seu agir é necessariamente *secundum legem*. Não podem atuar sem previsão legal.

Ao se pensar na interceptação da comunicação entre presentes, antes da Lei n. 13.964/19, indispensável formular as seguintes perguntas: Quando pode ser usada? Por quem? Como pedir? Cabe recurso da denegação? Que tipos de crimes admitem esse tipo de interceptação? Caso, ao final do procedimento investigatório preliminar ou do processo penal, conclua-se pela inexistência da suposta organização criminosa, restando apenas outros crimes, a interceptação torna-se ilícita? Qual o tempo limite para o seu uso? Quem pode instalar? É permitida a instalação durante o período noturno, inclusive em domicílio? É possível interceptação em escritório de advocacia?

Daí percebia-se a ausência de regramento legal da interceptação de comunicação entre pessoas presentes. Palavras sem conteúdo são apenas fonemas interligados. Aí é que residia todo o problema ao se falar nesse meio "extraordinário" de investigação de provas.

Sob o manto do devido processo legal, reza no direito processual penal que as pessoas só podem perder seus bens ou sua liberdade a partir do devido processo legal. Ainda que morresse o direito de privacidade, o *nemo tenetur se detegere* e a inviolabilidade domiciliar, inviável a aceitação da interceptação entre presentes, em face do ordenamento jurídico previsto entre 2001 e 2019, uma vez que não efetivamente procedimentalizada na legislação.

Trata-se de problema basilar – já anunciado acima – que se refere à garantia da legalidade. É necessário, contudo, que retornemos ao mais singelo princípio jurídico à sua validade e torne todos os processos que se utilizaram da tal 'captação ambiental' como nulos.

Que princípio seria este? O princípio da legalidade. Como diria Jacinto Nelson de Miranda Coutinho, "foi assim que se pensou ter dado uma nova dimensão e um novo lugar para o Estado como que, como pessoa jurídica de direito público." [23] E esta pessoa jurídica de direito público só assim o era "porque em jogo estava a submissão do poder dos governantes".[24]

---

[23] COUTINHO, Jacinto Nelson de Miranda. *Conceitos jurídicos indispensáveis*. Palestra ministrada na Escola da Magistratura do Estado do Rio de Janeiro, disponível em <http://www.youtube.com/watch?v=nTyRuwSHFbI>, acessado em 27 de junho de 2014.

[24] *idem.*

CRIME ORGANIZADO

Os agentes do Estado estão submetidos ao princípio da legalidade, mas que tipo de legalidade é esta? O mesmo princípio da legalidade que a do particular? Evidente que não, já que o Estado deverá, por bem, fazer tudo aquilo o quê e como está previsto em lei – eis o princípio da estrita legalidade, que dá substância ao devido processo penal;[25] caso contrário, a isso se dá o nome de arbitrariedade.

Ao lidar com processo penal, então, não há que se falar em qualquer medida se não houver expressa previsão e correspondente procedimentalização. Impossível cogitar qualquer hipótese a respeito do uso da interceptação entre presentes, uma vez que estamos diante de absoluto vácuo normativo. Não é possível falar ou descrever o que simplesmente não existe no ordenamento jurídico.

Assim, qualquer autoridade pública que a utilizar, ainda que no contexto da tão falada "criminalidade organizada", estará inventando norma e, neste caso, usurpando da competência legislativa em matéria processual penal, atribuída, em regra, de modo privativo, à União (art. 22, I, da CRFB)

Caso contrário, melhor reconhecer que não há devido processo legal, não há garantias, não há constituição e não há cidadão porque não há Estado de direito. Daí, se chegar a isso, então não há investigação, não há processo, não há sentença nem condenação; haverá somente arbitrariedade.

Conforme Hireche,[26] trata-se de "um sistema que, em autofagia e gigantismo, cresce e se auto-destrói", porque "cada vez mais são necessárias novas 'antecipações de tutela em matéria criminal', tudo para se combater o inimigo".

O eficientismo penal e processual penal – incapaz de convivência legítima com os direitos humanos – não respeita a alteridade. Não há mais sujeitos na investigação ou no processo, e sim coisas a serem combatidas e aprisionadas.

Logo não há lar nem castelo. Enquanto o legislador e as agências penais se preocuparem em fazer da vida dos investigados o seu *big brother*, apenas Foucault[27] se afirmará, ao mostrar que o *panopticon* de Jeremy Bentham fora realmente o projeto mais revolucionário do seu tempo.

---

[25] PAULA, Leonardo Costa de . A roupa do rei, o princípio da legalidade e as nulidades no processo penal. In: Gamil Foppel El Hireche e Antonio Oswaldo Scarpa. (Org.). *Temas de Direito Penal e Processual Penal* – Estudos Em Homenagem ao Juiz Tourinho Neto. 1ed. Salvador: Juspodivm, 2013, v. 1, p. 371-380.

[26] EL HIRECHE, Gamil Föppel. *Análise Criminológica das Organizações Criminosas: da inexistência à impossibilidade de conceituação e suas repercussões no ordenamento jurídico pátrio.* Manifestação do direito penal do inimigo. Rio de Janeiro: Lumen Juris, 2005, p. 12.

[27] FOUCAULT, Michel. *Verdade e as formas jurídicas.* Rio de Janeiro: Nau Editora, 2002.

Considerações Finais

A análise da interceptação de comunicação entre presentes não pode prescindir do devido processo legal – significante secular, de conteúdo democrático que tutela a vida, a propriedade e a liberdade contra as ingerências do Poder Público.[28]

Nesse sentido, impossível outra conclusão que não o reconhecimento da ilegalidade dos processos em que utilizada a "captação ambiental" entre 2001 e 2019, uma vez que se tratava de um método de investigação apenas referido pela "lei de organizações criminosas", porém sem regulamentação legal adequada. Tanto que o seu procedimento foi estabelecido neste momento por ocasião das mudanças promovidas pela Lei 13.964/2019.

A "interceptação entre presentes" não se sustentava diante do ordenamento jurídico processual penal vigente entre 2001 e início de 2020, bem como sufragava na necessária verificação de compatibilidade constitucional. De fato, não é um instituto do processo penal constitucional, ou seja, do processo penal enquanto Constituição aplicada, segundo costuma advertir Geraldo Prado.[29]

Para que haja alguma forma de atuação estatal possível, é indispensável que esteja prevista em lei. Não somente o nome de um instituto, mas notadamente, e mais importante que isso, é necessário que haja a procedimentalização e identificação do seu uso em cada caso particular e isso só aconteceu com a lei 13.964/2019, que apenas entrou em vigor no final de janeiro de 2020.

O legislador foi omisso. Mas foi omisso por uma razão particular. Logo não poderia haver interceptação entre presentes. É esta a única conclusão possível no Estado Democrático de Direito e a conclusão é, sem analisar cada caso individual, que todos os atos fundados em captação ambiental no período verificado deverão ser tachados de nulo.

Isso ou o território definido como República Federativa do Brasil não passa de um local em que qualquer dos entes responsáveis pela persecução penal cria a sua própria lei e estabelece os meios convenientes às espetaculosas caçadas punitivas.

O Estado de direito, nos moldes definidos pela Constituição, deve respeito integral ao cidadão em sua individualidade, nunca podendo perder de vista a necessidade de contenção do poder de punir.

---

[28] ROSA, Alexandre Morais da. *Guia Compacto do Processo Penal conforme a Teoria dos Jogos*. 02 ed. Rio de Janeiro: Lumen Juris, 2014, p. 54-59.

[29] PRADO, Geraldo. *Limite às Interceptações Telefônicas: a Jurisprudência do Superior Tribunal de Justiça no Brasil e a Alteração Introduzida no Código de Processo Penal Português*. In: CARVALHO, Luis Gustavo Grandinetti Castanho de (org). *Processo Penal do Brasil e de Portugal*. 1 ed. Coimbra: Almedina, 2009, p. 97.

CRIME ORGANIZADO

Desta sorte, considerando as garantias enquanto "programa político de redução da violência do Estado",[30] fulcral a limitação imposta às agências de criminalização, no tocante à interceptação entre presentes, pela cláusula do devido processo legal em homenagem ao adágio popular anglo saxão "minha casa, meu castelo" – inviolável por essência. Caso contrário, não se tratará de um castelo, mas de um campo devassado pelos *mercenas*, bárbaros e saqueadores; neste caso, saqueado será o Direito, a legitimidade, e tudo aquilo que se costuma afirmar distinguir o "criminoso" do Estado, o agir ético e pautado na lei.

Referências

ARANTES FILHO, Marcio Geraldo Britto. *A Interceptação de Comunicação entre Pessoas Presentes.* 01 ed. Brasília: Gazeta Jurídica, 2013.

BADARÓ, Gustavo Henrique Righi Ivahy. *Processo Penal.* Rio de Janeiro: Campus: Elsevier, 2012.

BARROSO, Luis Roberto. Liberdade de expressão versus direitos da personalidade. Colisão de direitos fundamentais e critérios de ponderação. In: FARIAS, Cristiano Chaves de (org.). *Leituras Complementares de Direito Civil: o Direito Civil-Constitucional em Concreto.* Salvador: Juspodivm, 2009.

BINDER, Alberto M. *Introdução ao Direito Processual* Penal. Trad. Fernando Zani. Rio de Janeiro: Lumen Juris, 2003.

CARNELUTTI, Francesco. *Verdade, dúvida e certeza.* Trad. Eduardo Cambi. Gênesis – Revista de Direito Processual Civil. Curitiba: Gênesis, n. 9, p. 606-609, jul/set, 1998.

COUTINHO, J. N. M. *Glosas ao Verdade, dúvida e certeza, de Francesco Carnelutti, para os operadores do direito.* Revista de Estudos Criminais, Porto Alegre, v. 4, p. 77-94, 2004.

COUTINHO, Jacinto Nelson de Miranda. *Conceitos jurídicos indispensáveis.* Palestra ministrada na Escola da Magistratura do Estado do Rio de Janeiro, disponível em <http://www.youtube.com/watch?v=nTyRuwSHFbI>, acessado em 27 de junho de 2014.

CRETELLA JÚNIOR, José; CINTRA, Geraldo de Ulhôa. *Dicionário Latino-Português.* 07 ed. São Paulo: Companhia Editora Nacional, 1956.

DEZEM, Guilherme Madeira. *Da Prova Penal: Tipo Processual, Provas Típicas e Atípicas.* Campinas: Millennium, 2008.

EL HIRECHE, Gamil Föppel. *Análise Criminológica das Organizações Criminosas: da inexistência à impossibilidade de conceituação e suas repercussões no ordenamento jurídico pátrio.* Manifestação do direito penal do inimigo. Rio de Janeiro: Lumen Juris, 2005.

FAZZALARI, Elio. *Instituzioni di Diritto Processuale.* Padova: CEDAM, 1994.

FERRAJOLI, Luigi. *Direito e Razão: teoria do garantismo penal.* São Paulo: Editora Revista dos Tribunais, 2002.

FOUCAULT, Michel. *Verdade e as formas jurídicas.* Rio de Janeiro: Nau Editora, 2002.

---

[30] BINDER, Alberto M. *Introdução ao Direito Processual* Penal. Trad. Fernando Zani. Rio de Janeiro: Lumen Juris, 2003, xxi.

O DEVIDO PROCESSO LEGAL E A ILEGALIDADE DA INTERCEPTAÇÃO ENTRE PESSOAS...

GOMES FILHO, Antônio Magalhães. Notas sobre a terminologia da prova (reflexos no processo penal brasileiro). In: YARSHELL, Flávio Luiz, MORAES, Maurício Zanoide de (Orgs.). *Estudos em Homenagem à Professora Ada Pellegrini Grionover.* 1 ed. São Paulo: DPJ, 2005.

LUISI, Luiz. Sobre o princípio da legalidade. *Estudos Jurídicos em Homenagem a Manoel Pedro Pimentel.* São Paulo: Revista dos Tribunais, 1995.

MALAN, Diogo Rudge. Gravações ambientais domiciliares no processo penal. In: CASARA, Rubens R. R.; LIMA, Joel Corrêa de (org). *Temas para uma Perspectiva Crítica do Direito:* homenagem ao Professor Geraldo Prado. Rio de Janeiro: Lumen Juris, pp. 345–356, 2010. MEROLLI, Guilherme. *Fundamentos Críticos de Direito Penal: dos princípios penais de garantia.* São Paulo: Atlas, 2014.

MORAES, Alexandre de. *Direito Constitucional.* 29. ed. São Paulo: Atlas, 2013.

NUCCI, Guilherme de Souza. *Leis Penais e Processuais Penais Comentadas.* 07. ed. v. 2. São Paulo: Revista dos Tribunais, 2013.

PAULA, Leonardo Costa de . A roupa do rei, o princípio da legalidade e as nulidades no processo penal. In: Gamil Foppel El Hireche e Antonio Oswaldo Scarpa. (Org.). *Temas de Direito Penal e Processual Penal –* Estudos Em Homenagem ao Juiz Tourinho Neto. 1ed. Salvador: Juspodivm, v. 1, p. 371-380, 2013.

PRADO, Geraldo. *Limite às Interceptações Telefônicas: a Jurisprudência do Superior Tribunal de Justiça no Brasil e a Alteração Introduzida no Código de Processo Penal Português.* In: CARVALHO, Luis Gustavo Grandinetti Castanho de (org). *Processo Penal do Brasil e de Portugal.* 1 ed. Coimbra: Almedina, p. 95-146, 2009.

ROSA, Alexandre Morais da. *Guia Compacto do Processo Penal conforme a Teoria dos Jogos.* 02 ed. Rio de Janeiro: Lumen Juris, 2014.

SANTOS, Juarez Cirino dos. Crime Organizado. In: *Revista Brasileira de Ciências Criminais.* São Paulo: Revista dos Tribunais, n. 42, 2003.

SILVA, Rodrigo Fernandes da. *As Organizações Criminosas e a Interceptação Ambiental Domiciliar em face da Legalidade Penal e Processual Penal.* 28 páginas, monografia de pós-graduação: IBCCRIM/IDPEE Universidade de Coimbra, São Paulo, 2010.

ZAFFARONI, Eugênio Raúl. Crime Organizado: uma categorização frustrada. *Discursos Sediciosos: Crime, Direito e Sociedade.* Tradução de Rogério Marcolini. Rio de Janeiro: Instituto Carioca de Criminologia, ano 01, número 01, 1996.

15
Técnicas Especiais de Investigação à Serviço do Combate ao Crime Organizado: Interceptações Telefônicas e Telemáticas

Fausto Martin de Sanctis

Introdução

A complexidade e atualidade do tema relativo à utilização das técnicas especiais de investigação, notadamente a interceptação das comunicações telefônicas e telemáticas, como meio de prova em investigação criminal, nos conduz reiteradamente a refletir acerca da colisão entre direitos fundamentais tutelados pela Constituição Federal. Se por um lado o tema revela a necessidade da utilização pelo Estado de modernos métodos de investigação para apuração de delitos de alta estruturação, cujo objetivo é a pacificação social; por outro colide com a invocação de direito à privacidade igualmente tido como fundamental.

A utilização das interceptações telefônicas e telemáticas ensejam discussões desmedidas e apaixonadas acerca da liceidade das provas, tendo a matéria, inclusive, sido objeto de instauração de uma Comissão Parlamentar de Inquérito no Congresso Nacional para apuração de "Escutas Telefônicas Clandestinas", em que agentes do Estado foram ouvidos, esquecendo-se que estes estão legitimados para solicitar, opinar e decidir sobre o momento e a forma adequada de investigação procedimental. A ênfase equivocada não levou em conta a legitimidade, a necessidade e as violações de terceiros.

A temática ensejou igualmente a edição da Resolução nº 59, de 09.09.2008, do Conselho Nacional de Justiça – CNJ, posteriormente alterada pela Resolução nº 84, de 06.07.2009, cujo objetivo precípuo foi disciplinar e uniformizar o procedimento das interceptações nos órgãos do Poder Judiciário, (além de ensejar maior proteção aos indivíduos contra os quais recaem as medidas constritivas de direitos), cujos traços anteriormente foram tratados pela legislação infraconstitucional (Lei nº 9.296, de 24.07.1996), que regulamentou o inciso XII do artigo 5º da Constituição Federal.

A Corregedoria Nacional de Justiça, por meio da Instrução Normativa nº 01/2008, também dispôs acerca da adoção de medidas destinadas à observância de prazo para o encaminhamento de dados estatísticos relativos às interceptações telefônicas, de sistemas de informática e telemática em curso, como por exemplo, a incumbência por parte dos magistrados de informar às respectivas Corregedorias de Justiça a quantidade mensal das interceptações ordenadas e respectivos ofícios encaminhados às Operadoras de telefonia e Provedores de *internet*.

Vale registrar que as interceptações telefônicas e telemáticas estão inseridas dentre as Técnicas Especiais de Investigação – T.E.I., guardando consonância com as obrigações assumidas pelo Brasil, no campo internacional, por meio da Convenção das Nações Unidas Contra o Tráfico Ilícito de Entorpecentes e Substâncias Psicotrópicas (Convenção de Viena de 1988, artigo 1º, "*l*", e artigo 11, que prevê a entrega vigiada ou controlada), da Convenção das Nações Unidas contra o Crime Organizado Transnacional (Convenção de Palermo de 2000, cujo artigo 20 versa acerca da entrega vigiada e outras técnicas de investigação como vigilância eletrônica e operações encobertas), da Convenção das Nações Unidas contra a Corrupção (Convenção de Mérida de 2003, notadamente o artigo 50, que disciplina sobre a entrega vigiada, vigilância eletrônica e outras de mesma índole e as operações secretas, assim como para permitir a admissibilidade das provas derivadas dessas técnicas em seus tribunais), da Recomendação do Grupo de Ação Financeira Internacional sobre Lavagem de Dinheiro (GAFI/FATF, Recomendação 31) e do Regulamento Modelo da Comissão Interamericana para o Controle do Abuso de Drogas (CICAD/O.E.A., artigo 5º) ou mesmo da legislação nacional (Leis nº 9.613, de 03.03.1998, com a nova redação atribuída pela Lei nº 12.683, de 09.07.2012, Lei de "Lavagem" de Dinheiro, e nº 12.850, de 02.08.2013[1], Lei das Organizações Criminosas).

As denominadas Técnicas Especiais de Investigação são consideradas indispensáveis para o enfrentamento da criminalidade moderna, notadamente a organizada, sendo certo que tais diplomas normativos baseiam-se, em realidade, na necessidade da busca da verdade, e no processamento e julgamentos eficazes e céleres (no tempo adequado e correspondente às necessidades).

---

[1] Revogou a Lei nº 9.034, de 03.05.1995, que dispunha sobre a utilização de meios operacionais para a prevenção e repressão de ações praticadas por organizações criminosas.

Previstas no artigo 3º da Lei nº 12.850/2013 (Lei sobre Organizações Criminosas), tais técnicas compreendem, dentre outros, a captação ambiental de sinais eletromagnéticos, ópticos ou acústicos, a infiltração de agentes de polícia, ação controlada, interceptação de comunicações telefônicas e telemáticas (nos termos da Lei nº 9.296/1996). Sua utilização em procedimentos investigatórios destinados à apuração de ilícitos de maior complexidade demonstram efetivos resultados nos trabalhos desenvolvidos pelos órgãos repressivos estatais.

A Lei das Organizações Criminosas apresenta uma mudança significativa no cenário das investigações e meios de obtenção de prova, colocando à disposição do Estado a possibilidade de o Delegado de Polícia ou o Ministério Público, independentemente de autorização judicial, ter acesso a registros de ligações telefônicas e telemáticas, a dados cadastrais constantes de bancos de dados públicos ou privados e a informações eleitorais ou comerciais.

Obviamente, a razão de ser de tais métodos de investigação certamente foi a percepção de que a prática delitiva evoluiu para a adoção de complexos comportamentos que objetivaram ludibriar a Administração da Justiça, colocando em cheque métodos ortodoxos de investigação.

Certo é que o direito fundamental à privacidade, como os demais direitos constitucionais, não podem ser reputados como absolutos, sendo passíveis de restrição, notadamente quando engendrados para a consecução de atividades criminosas sofisticadas e facilitadas pelo mundo globalizado.

1. Das Interceptações Telefônicas e Telemáticas

A efetivação da interceptação das comunicações telefônicas e telemáticas, medida cautelar excepcional consubstanciadora da restrição de direitos, evidencia-se, na maioria das vezes, como o único meio viável à obtenção de importantes informações para a busca da verdade, diante da falência dos meios tradicionais ou mesmo pelo desestímulo ao emprego de certos benefícios como o da delação premiada ou do réu colaborador[2]. No entanto, a sua aplicabilidade deverá ser conjugada pelo intérprete a partir de princípios, notadamente o da proporcionalidade e o da razoabilidade, num exercício de ponderação, como forma de se rechaçar que outros direitos igualmente constitucionais sejam sistematicamente hiper-dimensionados em detrimento do interesse público.

Tais medidas constritivas de direitos apresentam-se como instrumentos legítimos e valiosos aos órgãos de investigação, desde que respaldados na

---

[2] Devido à morosidade da Justiça, a credibilidade e sua efetividade é bastante reduzida.

CRIME ORGANIZADO

cláusula de reserva constitucional de jurisdição, com a devida comprovação da necessidade de sua implantação, de acordo com o que dispõe o inciso XII do artigo 5º da Carta Magna e a Lei nº 9.296, de 24.07.1996. Há, pois, limites na utilização de aludidos meios investigatórios, ante ao flagrante contraste com o direito à privacidade, sendo exigível a observância de requisitos para a sua consecução, como forma de legitimar a sua implantação, que se torna de extrema relevância para a colheita de indícios hábeis a propiciar o desmantelamento de atividades criminosas, especialmente as levadas a efeito por organizações criminosas, diante da dificuldade da colheita de dados em crimes de alta complexidade. Especificamente quanto a esta limitação, Sérgio Fernando Moro bem elucidou que:[3]

> Os métodos de investigação modernos, quebra de sigilo bancário, interceptação telefônica, delação premiada, infiltração de agentes, são especialmente importantes para crimes complexos como o de lavagem de dinheiro. O motivo é evidente, pois, quanto maior a complexidade do crime mais difícil será compreendê-lo e prová-lo.
>
> (...)
>
> Por certo, há limites na utilização de tais métodos, por serem bastante agressivos à privacidade individual. Não se pretende a construção de um Estado totalitário. Não obstante, com limites e controles, constituem o meio necessário para o desmantelamento de organizações criminosas e a colheita de informações e provas sobre crimes complexos".

Quanto ao direito de privacidade, a Carta Magna elegeu-o como direito fundamental em seu artigo 5º, inciso X, nos seguintes termos: "São invioláveis a intimidade, a vida privada, a honra e a imagem das pessoas, assegurado o direito a indenização pelo dano material ou moral decorrente de sua violação". Por outro lado, a Constituição Federal elencou também como direito fundamental o sigilo das comunicações telefônicas como regra, tendo ressalvado, porém, logo em seguida, a possibilidade da quebra desse sigilo para fins de investigação criminal ou instrução processual penal, tendo o inciso XII do artigo 5º disciplinado que:"XII – é inviolável o sigilo da correspondência e das comunicações telegráficas, de dados e das comunicações telefônicas, salvo, no último caso, por ordem judicial, nas hipóteses e na forma que a lei estabelecer para fins de investigação criminal ou instrução processual penal".

---

[3] In Lavagem de dinheiro: comentários à lei pelos juízes das varas especializadas em homenagem ao Ministro Gilson Dipp. Porto Alegre: Livraria do Advogado, 2007, p. 125.

Percebe-se, pois, que, para a eficácia jurídica da providência excepcional, o normativo constitucional exigiu o preenchimento de determinados requisitos, condicionando o seu êxito não só à elaboração de uma norma regulamentadora, mas também à prévia existência de ordem judicial e para fins de utilização exclusiva na persecução criminal. Em que pese discussões doutrinárias a respeito, ressalte-se que o legislador constitucional igualmente possibilitou a quebra dessa inviolabilidade no que concerne à comunicação de dados, quando a finalidade for investigação ou instrução processual na esfera penal.

Corroborando essa assertiva, José Afonso da Silva[4] bem esclarece que a expressão "último caso", inserida no inciso XII do artigo 5º da Constituição Federal, diz respeito às comunicações telefônicas e a de dados, porquanto se utilizou da conjunção "e", tendo separado o sigilo das correspondências e comunicações telegráficas do das comunicações telefônicas e de dados. Como se vê, a própria Constituição, ao ceder passo à possibilidade de se afastar o sigilo das comunicações telefônicas e telemáticas nas hipóteses de investigação criminal ou instrução processual penal, relativiza os direitos fundamentais, realçando a prevalência do interesse público em voga.

Ocorre que, por não ser de aplicabilidade imediata, o aludido preceito constitucional reclamou a necessidade de elaboração de lei concretizadora do seu comando normativo, como forma de conferir validade às interceptações telefônicas e telemáticas. Surge, então, a Lei nº 9.296, de 24.07.1996, dispondo acerca das interceptações das comunicações telefônicas e telemáticas para fins de investigação criminal ou processual penal, não prevendo a legislação especial a escuta telefônica e a gravação telefônica clandestina. Trata-se, mais uma vez, de limitação ao direito à privacidade (direito fundamental), agora pela legislação infraconstitucional.

Cumpre registrar que até o advento desse diploma legal específico, as interceptações telefônicas levadas a efeito foram consideradas ilícitas pelos Tribunais Superiores, porquanto fundamentadas no artigo 57 do Código Brasileiro de Telecomunicações (Lei nº 4.117, de 27.08.1962), legislação não recepcionada pela Constituição Federal. O Supremo Tribunal Federal, nos autos do HC nº 69.912-0/RS[5], adotou o entendimento de que ainda que autorizada judicialmente, a prova deveria ser considerada materialmente ilícita, diante do fato de a providência excepcional ter sido determinada antes do advento da lei regulamentadora do comando constitucional, inclusive, baseada em texto normativo não recepcionado pela nova ordem.

---

[4] In Comentário Contextual à Constituição. 2. ed. São Paulo: Malheiros, 2006, p. 106.

[5] HC 69912/RS, Rel. Ministro Sepúlveda Pertence, Tribunal Pleno, julgado em 16/12/1993.

CRIME ORGANIZADO

A interceptação telefônica pode ser entendida como a captação realizada por terceira pessoa sem que haja, no entanto, o seu conhecimento pelos indivíduos contra os quais estão sendo colhidas as provas. O sentido de interceptar ofertado pela Lei nº 9.296/1996, como bem aventado por Luiz Flávio Gomes e Silvio Maciel[6], é o de "captar a comunicação telefônica, tomar conhecimento, ter contato com o conteúdo dessa comunicação, mas não o de interrompê-la, impedi-la, detê-la ou cortá-la".

O conceito de interceptação telefônica não pode se confundir com o da escuta telefônica, tampouco com o conceito de gravação telefônica clandestina, uma vez que na escuta telefônica um dos interlocutores está ciente da gravação realizada por terceiro, sendo que na gravação telefônica clandestina, a conversa é gravada por um dos interlocutores, sem o conhecimento do outro. O Superior Tribunal de Justiça bem evidenciou essa distinção:

> (...) 1. A interceptação telefônica é a captação de conversa feita por um terceiro, sem o conhecimento dos interlocutores, que depende de ordem judicial, nos termos do inciso XII do artigo 5º da Constituição Federal.
>
> 2. A escuta é a captação de conversa telefônica feita por um terceiro, com o conhecimento de apenas um dos interlocutores, ao passo que a gravação telefônica é feita por um dos interlocutores do diálogo, sem o consentimento ou a ciência do outro.
>
> (...)
>
> 4. O fato da esposa do autor das interceptações – que era uma interlocutora dos diálogos gravados de forma clandestina – ter consentido posteriormente com a divulgação dos seus conteúdos não tem o condão de legitimar o ato, pois no momento da gravação não tinha ciência do artifício que foi implementado pelo seu marido, não se podendo afirmar, portanto, que, caso soubesse, manteria tais conversas com o seu advogado pelo telefone interceptado.
>
> (...)
>
> 6. Habeas corpus não conhecido. Ordem concedida de ofício para declarar a nulidade das escutas telefônicas realizadas em detrimento do paciente, determinando-se o seu desentranhamento dos autos".

(HC 161053/SP, Rel. Ministro Jorge Mussi, Quinta Turma, julgado em 27/11/2012, DJe 03/12/2012).

---

[6] In Interceptação telefônica: Comentários à Lei 9.296, de 24.07.1996. 2. ed. rev. e ampl. São Paulo: Revista dos Tribunais, 2013, p.24.

A seu turno, a telemática[7] pode ser compreendida como sendo a "ciência que trata da transmissão, a longa distância, de informação computadorizada". A nova realidade trazida com a evolução acelerada da informática propiciou a utilização massificada dos computadores, culminando sobremaneira com o crescimento das atividades criminosas por meio da *internet,* notadamente em virtude da instantaneidade da transmissão de dados.

Nesse viés, a Lei nº 9.296/1996, em seu artigo 1º, parágrafo único, explicitou que as suas disposições também seriam aplicáveis à interceptação do fluxo de comunicações em sistemas de informática e telemática, e não somente à interceptação das comunicações telefônicas, permitindo-se, portanto, a interceptação de *e-mails,* conversas firmadas por meio da *internet,* bem ainda por intermédio de programas de computador. Para aqueles que entendem que a Constituição Federal faz menção apenas à interceptação das comunicações telefônicas, nada mencionando acerca da possibilidade de interceptação das comunicações telemáticas, tem-se que a lei infraconstitucional o fez expressamente, não podendo, todavia, essa ampliação, a toda sorte, ser tida como violadora da norma constitucional, tendo em vista que nenhum direito fundamental é absoluto.

Ambas são meios de prova (interceptação das comunicações telefônicas e telemáticas), destinadas a fornecer elementos hábeis a conduzir o conhecimento da verdade dos fatos. A natureza jurídica é a de medida cautelar preparatória ou incidental, sendo passível de acolhimento não só para a colheita de indícios hábeis a ensejar a propositura de futura ação penal (preparatória), mas também no curso da instrução criminal (incidental).

Ressalto que o *caput* do artigo 1º da Lei nº 9.296, de 24.07.1996, além de observar a necessidade de a interceptação ser emanada por juiz competente e para fins específicos penais, também previu o seu trâmite sob segredo de justiça, sendo que, por ocasião do deferimento da diligência, a medida deve ser empreendida mediante sigilo, nos termos do contraditório diferido, de molde a propiciar posteriormente o pleno exercício do direito de defesa, resguardando-se, assim, o sucesso da prova coligida. Certamente a ciência do investigado acerca da decisão que decreta a medida constritiva de direitos colocaria em xeque a atuação estatal, tornando inócuo todo o procedimento.

Nos casos em que tais medidas forem deferidas como medida cautelar incidental, ainda assim a decretação do sigilo se faz necessária, como forma de preservar a honra e a imagem das pessoas envolvidas, em observância ao

---

[7] HOUAISS, Antônio; VILLAR, Mauro de Salles. Dicionário Houaiss da língua portuguesa. 1.ed., Rio de Janeiro: Objetiva, 2009, p. 1823.

CRIME ORGANIZADO

princípio do estado de inocência, consoante dicção do artigo 5º, inciso LVII, da Constituição Federal, além de propiciar a eficácia adequada.

A legislação infraconstitucional também testifica que o procedimento ocorrerá em autos apartados, bem ainda que as transcrições e gravações sejam mantidas sob sigilo (artigo 8º), em nada prejudicando o contraditório que, diante da peculiaridade da prova, será postergado para a ação penal eventualmente a ser deflagrada[8]. Reza, igualmente, que o apensamento do feito (ao inquérito policial, procedimento ou processo criminal) somente deverá ocorrer ao final dos trabalhos de investigação levados a efeito, justamente a fim de preservar a eficácia da medida cautelar (parágrafo único do artigo 8º).

O artigo 2º da referida legislação também condiciona que o delito em apuração constitua infração penal punida com pena de reclusão. Impõe, ainda, outras condições para a sua efetivação, como o *fumus comissi delicti* e o *periculum libertatis,* nos seguintes termos:

> Art. 2º Não será admitida a interceptação de comunicações telefônicas quando ocorrer qualquer das seguintes hipóteses:
>
> I – não houver indícios razoáveis da autoria ou participação em infração penal;
>
> II – a prova puder ser feita por outros meios disponíveis;
>
> III – o fato investigado constituir infração penal punida, no máximo, com pena de detenção.
>
> Parágrafo único. Em qualquer hipótese deve ser descrita com clareza a situação objeto da investigação, inclusive com a indicação e qualificação dos investigados, salvo impossibilidade manifesta, devidamente justificada.

Em todos os casos de requerimento da medida, o pedido deverá conter a demonstração de que a sua realização é necessária à apuração delitiva, inclusive, com a indicação dos meios a serem utilizados, a descrição dos fatos e identificação do indivíduo contra o qual recairá a constrição (ainda que por apelido), salvo no caso de impossibilidade manifesta, devidamente justificada. Já, para a sua concessão, há que existir indícios razoáveis de autoria e materialidade delitivas, podendo ser efetivada para a investigação de fatos presentes e pretéritos, bem como estar presente a sua imprescindibilidade como meio de prova, não devendo, quando do seu deferimento, existir outro instrumento probatório tão eficaz para se aferir os mesmos elementos indiciários. Neste

---

[8] STJ, AgRg no AREsp 262.655/SP, Rel. Ministro Marco Aurélio Bellizze, Quinta Turma, julgado em 06/06/2013.

ponto, valho-me da precisa leitura de Antonio Scarance Fernandes[9] em seu detido estudo acerca dos requisitos para a interceptação telefônica:

> **A interceptação, por ser providência de natureza cautelar, não é admitida quando não estiver presente o fumus boni iuris ou a aparência do direito, que, no crime, engloba duas exigências: a probabilidade da autoria e a probabilidade de ocorrência de infração penal. Tais exigências estão contidas no inc. I do art. 2º, sendo uma alusiva ao agente – existência de 'indícios suficientes de autoria ou participação' – e outra à materialidade – ocorrência de 'infração penal'.** Para que o juiz possa avaliar a presença no caso concreto destas duas exigências, haverá necessidade de investigação em andamento ou processo instaurado (art. 3º, I), ficando, em princípio, excluída a possibilidade de interceptação para iniciar a investigação. **A exigência do periculum, isto é, do perigo de ser perdida a prova sem a interceptação, está expressa no inc. II. Dele consta que, só será admitida a interceptação se não houver outro meio disponível para obtenção da prova, ou seja, a interceptação dever ser o único meio para evidenciar a autoria e a materialidade do crime, sob pena de não ser colhido importante elemento de prova. Não será fácil para o juiz examinar, em cada caso, se há o outro meio disponível referido no inc. II. Deverá extrair o seu convencimento sobre a inexistência de outro meio com base nos meios que eram ou podiam ser de seu conhecimento no momento da decisão.** Por isso, não será ilegítima a autorização judicial quando, depois, venha a se demonstrar a existência de outros meios, antes desconhecidos ou descobertos posteriormente, exceto quando, de forma clara, ficar evidenciada a má-fé por parte da autoridade que requereu a produção da prova, escondendo do juiz os outros meios existentes (grifo nosso).

Vale lembrar que a Lei das Organizações Criminosas (Lei nº 12.850, de 02.08.2013), ao tratar sobre investigação e meios de obtenção da prova, especificamente fazendo menção à infiltração de agentes policiais (artigo 10, § 2º), também dispôs que referido método será admitido quando a prova não puder ser produzida por outro meio disponível. Diante da complexidade da investigação, a adoção inicial de um ou outro método investigatório (interceptação ou infiltração) deve levar em conta os riscos atinentes à integridade física do agente e todas as demais circunstâncias inerentes. No que tange às formalidades insculpidas no parágrafo único do artigo 2º da Lei nº 9.296/1996, relacionadas à situação-objeto da investigação e à pessoa investigada, transcrevo, novamente, as lições de Antonio Scarance Fernandes, a saber:

---

[9] In Processo Penal Constitucional. 5. ed. São Paulo: Editora Revista dos Tribunais, 2007, p. 107.

CRIME ORGANIZADO

> **Quanto à delimitação da situação-objeto da investigação, uma interpretação rigorosa, que exigisse precisa delimitação da infração, tornaria sem eficácia a lei e iria contra seus próprios-objetivos, pois se pretende com ela justamente esclarecer pela interceptação a prática delituosa.** Mas também não se podem admitir autorizações genéricas, amplas, que possibilitem verdadeira devassa.[10] (grifo nosso)

Especificamente quanto à necessidade de o delito em apuração constituir infração penal punida com pena de reclusão, é preciso tecer algumas considerações, porquanto, muitas das vezes, nos deparamos com alegações no sentido da impossibilidade de utilização de provas obtidas por meios de interceptação telefônica ou telemática para arrimar denúncia por crime apenado com detenção.

Em alguns casos, quer seja durante a investigação ou na própria inicial acusatória, apura-se ou imputa-se mais de um delito, em que um é apenado com reclusão e o outro com detenção. Nessas situações, em havendo conexão ou continência, os crimes deverão ser apurados conjuntamente, já que o objetivo precípuo é a busca da verdade real.

Como já testificado pelo Pretório Excelso[11]:

> O que deseja o comando normativo é que o magistrado não defira escutas telefônicas quando for o caso de se investigar tão somente crimes apenados por detenção, haja vista a menor reprovabilidade abstratamente atribuída à conduta. Isso se dá porque todo monitoramento telefônico significa mitigação da proteção dos direitos fundamentais, pois a privacidade e a intimidade são reduzidas em prol dos deveres de investigar e de aplicar a lei penal. Porém, se houver um só delito apenado com reclusão no rol dos delitos potencialmente investigados, e que serviram de justificativa para a autorização do monitoramento, será possível deferir a escuta para investigar todo o conjunto fático existente.

Ora, tendo a interceptação telefônica sido deferida com o fim de apurar delito apenado com reclusão, abarcando posteriormente elementos indiciários atinentes a outras infrações penais apenadas com detenção, podem e devem ser levados em consideração a fim de lastrear denúncia[12]. Essa mitigação levada a efeito pela jurisprudência revela-se de grande valia, remanescendo,

---

[10] Op. cit., p. 109.
[11] Inq 2266, Rel. Ministro. Gilmar Mendes, Tribunal Pleno, julgado em 26/05/2011.
[12] STF, HC 83.515/RS, Rel. Ministro Nelson Jobim, Tribunal Pleno, julgado em 16/09/2004.

no entanto, certa preocupação, quando a investigação é pautada isoladamente no deslinde de crimes apenados com detenção ou de contravenções penais.

Obstar a utilização de determinada medida cautelar para fins de investigação penal, qualquer que seja ela, significa tolher o Estado de sua *persecutio criminis*. A cominação de penas menos severas não significa, no Brasil, uma menor lesividade da conduta, já que nem sempre são proporcionais e persuasivas. Vale lembrar os jogos de azar (artigo 50 do Decreto-Lei nº 3.688, de 03.10.1941), os quais, a toda evidência, apesar de incluídos na categoria de contravenção penal, sempre foram responsáveis por criar um ambiente favorável à atuação das organizações criminosas, implicando invariavelmente em graves consequências sociais [13]. Reforça esse entendimento o fato de a contravenção penal de exploração de jogos de azar ter sido abarcada no rol dos crimes antecedentes da Lavagem de Dinheiro, consoante dicção do artigo 1º da Lei nº 9.613, de 03.03.1998, com a nova redação atribuída pela Lei nº 12.683, de 09.07.2012.

Certo é que a partir de agora *jogo do bicho* e exploração de jogos de azar, dentre eles, cassinos clandestinos, bingos eletrônicos, caça-níqueis, contravenções penais lucrativas e que acabam por fomentar a prática de outros delitos são considerados antecedentes da Lavagem de Dinheiro. Talvez o mais correto fosse alçá-los à condição de crime. No entanto, diante da ausência de alteração legislativa, remanesce a impossibilidade de realização das interceptações telefônicas quando apurados de forma isolada.

Vale lembrar que o Projeto de Lei nº 236, de 2012, do Senado Federal, de autoria do Senador José Sarney (novo Código Penal) opta pela revogação da Lei das Contravenções Penais, propondo que a exploração dos jogos de azar e da loteria denominada jogo do bicho seja considerado crime (artigo 267), com pena de 03 (três) a 08 (oito) anos. Quanto à legitimidade para o seu requerimento, a Lei nº 9.296, de 24 de julho de 1996, em seu artigo 3º, faz menção à autoridade policial (na fase investigatória) e ao Ministério Público (durante a investigação ou no curso do processo), possibilitando ao juiz a concessão da medida de ofício, de forma a oportunizar a busca da verdade real pelo magistrado.

---

[13] No Requerimento nº 245 de 2004, para a instauração de uma Comissão Parlamentar de Inquérito, popularmente conhecida como "CPI's dos Bingos", instalada em 29.06.2005, uma das justificativas apresentadas foi a de que "crime organizado e jogos de azar são irmãos siameses. No mundo inteiro, existem fortes evidências de que cassinos e similares funcionam como um biombo para ocultar os verdadeiros negócios – muitas vezes ilícitos – de quem os controla". Disponível no endereço eletrônico do Senado (in www.senado.gov.br/comissoes/CPI/Bingos/RelFinalBingos. pdf, acessado em 13.06.2014).

Em decorrência da redação disposta artigo 3º da Lei nº 9.296/1996, o Procurador Geral da República ajuizou a ADIN nº 3450[14] perante o Supremo Tribunal Federal, tendo aventado, em apertada síntese, que o magistrado somente poderia determinar a interceptação telefônica, de ofício, na fase processual. Em que pese a Procuradoria-Geral já tenha ofertado parecer pela procedência do pedido, no sentido de que seja declarada a inconstitucionalidade parcial do dispositivo, sem a redução de texto, para excluir a interpretação que permite ao juiz na fase pré-processual penal determinar, de ofício, a medida restritiva de direitos, o feito encontra-se conclusos com o Relator Ministro Gilmar Mendes desde 12.09.2011.

O poder de determinar de ofício o início da aludida medida constritiva de direitos cabe, de fato, somente ao juiz na fase da instrução processual penal e de forma complementar, mas não na fase investigatória, o que se permitido, violaria os preceitos constitucionais do sistema acusatório.

Essa conclusão guarda consonância com o disposto no inciso II do artigo 156 do Código de Processo Penal, que faculta ao magistrado, de ofício, "determinar, no curso da instrução, ou antes de proferir sentença, a realização de diligências para dirimir dúvidas sobre ponto relevante."

Como asseverado por Luiz Flávio Gomes e Silvio Maciel[15] "no que diz respeito à fase processual, impõe-se a estrita observância do art. 156, II, do CPP, que só autoriza ao juiz uma atividade probatória supletiva, complementar, nunca desencadeante da colheita da prova, em busca da descoberta da autoria ou materialidade de qualquer crime." Cumpre destacar, neste ponto, que as Comissões Parlamentares de Inquérito, apesar dos poderes de investigação próprios das autoridades judiciais, consoante dicção do parágrafo 3º do artigo 58 da Constituição Federal, não podem decretar interceptação telefônica ou telemática, estando impedidas de perpetrar atos reservados à esfera de competência do Poder Judiciário, como também é a hipótese da busca domiciliar (art. 5º, inciso XI, da Constituição Federal) e da prisão, excetuada aqui a situação de flagrante delito (art. 5º, inciso LXI, da Constituição Federal).

A jurisprudência do Supremo Tribunal Federal vem reafirmando a limitação das atribuições institucionais das CPI's em diversas oportunidades, "restringindo-as, unicamente, ao campo da indagação probatória, com absoluta exclusão de quaisquer outras prerrogativas que se incluem, ordinariamente,

---

[14] Disponível no endereço eletrônico do S.T.F. (in www.stf.jus.br/portal/processo/verProcessoAndamento, acessado em 14.06.2014).

[15] In Interceptação telefônica: Comentários à Lei 9.296, de 24.07.1996. 2. ed. rev. e ampl. São Paulo: Revista dos Tribunais, 2013, p. 149.

na esfera de competência dos magistrados e Tribunais, inclusive aquelas que decorrem do poder geral de cautela conferido aos juízes, como o poder de decretar a indisponibilidade dos bens pertencentes a pessoas sujeitas à investigação parlamentar. A circunstância de os poderes investigatórios de uma CPI serem essencialmente limitados levou a jurisprudência constitucional do Supremo Tribunal Federal a advertir que as Comissões Parlamentares de Inquérito não podem formular acusações e nem punir delitos (RDA 199/205, Rel. Min. Paulo Brossard), nem desrespeitar o privilégio contra a auto-incriminação que assiste a qualquer indiciado ou testemunha (RDA 196/197, Rel. Min. Celso de Mello – HC 79.244-DF, Rel. Min. Sepúlveda Pertence), nem decretar a prisão de qualquer pessoa, exceto nas hipóteses de flagrância (RDA 196/195, Rel. Min. Celso de Mello – RDA 199/205, Rel. Min. Paulo Brossard)."[16]

No que concerne à condução da medida, o artigo 6º da excogitada lei dispõe que caberá à autoridade policial, oportunizando-se ciência ao Ministério Público (na hipótese de o pedido não ter sido requerido por este), que também poderá acompanhar as diligências. Há julgados das Cortes Superiores no sentido de que a autoridade policial não ostenta exclusividade para a condução da interceptação telefônica, podendo ser levada a efeito por outros órgãos, valendo citar, à título exemplificativo, no âmbito do Superior Tribunal de Justiça, HC nº 57.118/RJ[17], a interpretação conferida pela Ministra Maria Thereza de Assis Moura, cujo trabalho levado a efeito por meio do órgão da Secretaria de Segurança Pública não implicou em ilegitimidade na execução da medida.

De outra senda, interessante julgado exarado pelo Pretório Excelso, no âmbito do HC nº 83.515/RS[18], firmou entendimento no sentido de não haver nulidade da providência excepcional quando não oportunizada ciência ao órgão ministerial, desde que da análise da inicial acusatória seja possível entrever que tal circunstância "não sugere surpresa, novidade ou desconhecimento do procurador, mas sim envolvimento próximo com as investigações e conhecimento pleno das providências tomadas".

Muito embora a dicção da Lei nº 9.296/1996 seja no sentido de conferir ciência ao Ministério Público tão somente após o deferimento do pedido pelo magistrado, nos casos em que a representação seja ofertada pela autoridade policial, a experiência sugere que ela deve ocorrer antes e após cada decisão.

---

[16] MS 23452, Rel. Ministro Celso de Mello, Tribunal Pleno, julgado em 16/09/1999.
[17] STJ, HC 57118/RJ, Rel. Ministra Maria Thereza de Assis Moura, Sexta Turma, julgado em 01/10/2009.
[18] STF, HC 83.515/RS, Rel. Ministro Nelson Jobim, Tribunal Pleno, julgado em 16/09/2004.

CRIME ORGANIZADO

Para a sua implementação, o artigo 7º da Lei nº 9.296/1996 é expresso no sentido de que poderá ser utilizado o suporte técnico prestado pelas concessionárias do serviço público (operadoras de telefonia ou de serviços de informática). Com relação ao prazo para a realização da diligência, a legislação infraconstitucional conferiu o prazo de 15 (quinze) dias, renovável por igual interregno, desde que comprovada a necessidade do meio de prova, devendo-se registrar que a contagem deverá ser realizada pelo prazo penal.

Não há que se sustentar a possibilidade da renovação da medida tão somente por uma única vez, esclarecendo-se, então, que em havendo os requisitos necessários, a mesma deverá ser renovada tantas vezes quantas forem necessárias. É importante, no entanto, durante todo o período do monitoramento, que a autoridade policial em suas representações para a renovação do procedimento de interceptação telefônica e telemática motive devidamente seus requerimentos, apresentando, para tanto, Autos Circunstanciados, contendo de modo pormenorizado as operações realizadas.

Note-se, a Lei nº 9.296/1996 não veda a ocorrência de mais de uma prorrogação do prazo de interceptação, não sendo razoável impedir uma investigação criminal que se afigure necessária, não sendo despiciendo anotar que se fosse reputada inviável, ver-se-ia, no cenário brasileiro, a impossibilidade de apuração de delitos, notadamente daqueles que exigem, por suas especificidades, técnicas especiais de repressão. Ora, se o direito fundamental à privacidade demanda a aplicação da medida com cautela e critério, não se pode desejar limitar no tempo a interceptação, como se pretende fazer, uma vez que inibirá a tão necessária busca da verdade e restringirá a capacidade de o Estado investigar.

A experiência tem revelado que a maioria das conversas travadas por telefones e os *e-mails* trocados pelos alvos de monitoramento são realizados de forma velada, com a tomada de certas precauções, como por exemplo, a adoção de apelidos, conversa travada em idioma alienígena ou em códigos entre os interlocutores, bem ainda menção cifrada das negociações suspeitas, o que revela a necessidade de uma investigação mais acurada, especializada, e até mesmo mais prolongada acerca dos fatos, bem como a adoção simultânea de procedimentos de ação controlada, de captação ambiental de sinais eletromagnéticos, ópticos e acústicos, dentre outros, com previsão no artigo 3º da Lei nº 12.850/2013 (Lei das Organizações Criminosas), no caso de ações perpetradas por organizações criminosas. A prática igualmente demonstra que 24 (vinte e quatro) meses de monitoramento não podem ser considerados abusivos se pautados na necessidade e no prudente processamento de informações que são colhidas aos poucos, especialmente da criminalidade organizada. Doutra parte, 30 (trinta) dias podem ser considerados abusivos se não existe fundamento razoável para a sua utilização.

Impende consignar que a decisão prolatada nos autos do Inquérito nº 2.424/RJ[19], pelo Plenário do Supremo Tribunal Federal, no dia 20.11.2008, por maioria, pontuou a possibilidade da prorrogação da interceptação das comunicações telefônicas, desde que devidamente fundamentada. O Pretório Excelso enfrentou o tema em diversas oportunidades, renovando sempre o entendimento no sentido da possibilidade das sucessivas prorrogações, desde que fundada a justificativa, além de comprovada a indispensabilidade do meio de prova. Em julgado da Segunda Turma assim restou decidido:

> EMENTA: Recurso Ordinário em Habeas Corpus.
>
> 1. Crimes previstos nos arts. 12, caput, c/c o 18, II, da Lei nº 6.368/1976.
>
> 2. Alegações: a) ilegalidade no deferimento da autorização da interceptação por 30 dias consecutivos; e b) nulidade das provas, contaminadas pela escuta deferida por 30 dias consecutivos.
>
> 3. No caso concreto, a interceptação telefônica foi autorizada pela autoridade judiciária, com observância das exigências de fundamentação previstas no artigo 5º da Lei nº 9.296/1996. Ocorre, porém, que o prazo determinado pela autoridade judicial foi superior ao estabelecido nesse dispositivo, a saber: 15 (quinze) dias.
>
> 4. **A jurisprudência do Supremo Tribunal Federal consolidou o entendimento segundo o qual as interceptações telefônicas podem ser prorrogadas desde que devidamente fundamentadas pelo juízo competente quanto à necessidade para o prosseguimento das investigações.** Precedentes: HC nº 83.515/RS, Rel. Min. Nelson Jobim, Pleno, maioria, DJ de 04.03.2005; e HC nº 84.301/SP, Rel. Min. Joaquim Barbosa, 2ª Turma, unanimidade, DJ de 24.03.2006.
>
> 5. Ainda que fosse reconhecida a ilicitude das provas, os elementos colhidos nas primeiras interceptações telefônicas realizadas foram válidos e, em conjunto com os demais dados colhidos dos autos, foram suficientes para lastrear a persecução penal. Na origem, apontaram-se outros elementos que não somente a interceptação telefônica havida no período indicado que respaldaram a denúncia, a saber: a materialidade delitiva foi associada ao fato da apreensão da substância entorpecente; e a apreensão das substâncias e a prisão em flagrante dos acusados foram devidamente acompanhadas por testemunhas. 6. Recurso desprovido."
>
> (Recurso em Habeas Corpus n.º 88371/SP, Rel. Min. Gilmar Mendes, v.u., j. 14.11.2006. DJ 02-02-2007, p. 160) (grifo nosso).

---

[19] Inq 2424, Rel. Ministro Cezar Peluso, Tribunal Pleno, julgado em 26/11/2008.

CRIME ORGANIZADO

"EMENTA: HABEAS CORPUS. INTERCEPTAÇÃO TELEFÔNICA. PRAZO DE VALIDADE. ALEGAÇÃO DE EXISTÊNCIA DE OUTRO MEIO DE INVESTIGAÇÃO. FALTA DE TRANSCRIÇÃO DE CONVERSAS INTER-CEPTADAS NOS RELATÓRIOS APRESENTADOS AO JUIZ. AUSÊNCIA DE CIÊNCIA DO MINISTÉRIO PÚBLICO ACERCA DOS PEDIDOS DE PROR-ROGAÇÃO. APURAÇÃO DE CRIME PUNIDO COM PENA DE DETENÇÃO.

É possível a prorrogação do prazo de autorização para a interceptação telefônica, mesmo que sucessivas, especialmente quando o fato é complexo a exigir investigação diferenciada e contínua. Não configuração de desrespeito ao art. 5º, caput, da L. 9.296/96.

(...)

Habeas corpus indeferido.

(HC nº 83.515/RS. Tribunal Pleno. Rel. Min. Nelson Jobim, j. 16.09.2004. DJ de 04-03-2005, p. 11)". (grifo nosso)

Mais recentemente, a Suprema Corte novamente pontificou acerca da possibilidade da prorrogação do prazo das interceptações telefônicas:

HABEAS CORPUS. PENAL. PROCESSUAL PENAL. PROVA. INTERCEP-TAÇÃO TELEFÔNICA. VIOLAÇÃO DE SIGILO DA COMUNICAÇÃO ENTRE O PACIENTE E O ADVOGADO. CONHECIMENTO DA PRÁTICA DE NOVOS DELITOS. ILICITUDE DA PROVA. TRANCAMENTO DA AÇÃO PENAL. ALEGAÇÃO INSUBSISTENTE. ORDEM DENEGADA.(...)

2. A renovação da medida ou a prorrogação do prazo das interceptações telefônicas pressupõem a complexidade dos fatos sob investigação e o número de pessoas envolvidas, por isso que nesses casos maior é a necessidade da quebra do sigilo telefônico, com vista à apuração da verdade que interessa ao processo penal, sendo, a fortiori, "lícita a prorrogação do prazo legal de autorização para interceptação telefônica, ainda que de modo sucessivo, quando o fato seja complexo e exija investigação diferenciada e contínua" (Inq. Nº 2424/RJ, relator Ministro Cezar Peluso, Dje de 25.03.2010). (...).

(HC 106225, Relator(a): Min. MARCO AURÉLIO, Relator(a) p/ Acórdão: Min. LUIZ FUX, Primeira Turma, julgado em 07/02/2012, PROCESSO ELE-TRÔNICO DJe-059 DIVULG 21-03-2012 PUBLIC 22-03-2012) (grifo nosso). "Habeas Corpus. 2. Operação Navalha. 3. Interceptações telefônicas. Autorização e prorrogações judiciais devidamente fundamentadas. 4. Gravidade dos delitos supostamente cometidos pela organização e a complexidade do esquema que envolve agentes públicos e políticos demonstram a dificuldade em colher provas tradicionais. 5. Admissível a prorrogação do prazo de autorização para a

TÉCNICAS ESPECIAIS DE INVESTIGAÇÃO À SERVIÇO DO COMBATE AO CRIME...

interceptação telefônica por períodos sucessivos quando a intensidade e a complexidade das condutas delitivas investigadas assim o demandarem. Precedentes do STF. 6. Ordem denegada". (HC 119770, Relator(a): Min. GILMAR MENDES, Segunda Turma, julgado em 08/04/2014, PROCESSO ELETRÔNICO DJe-098 DIVULG 22-05-2014 PUBLIC 23-05-2014).

Impende transcrever o entendimento doutrinário de Eduardo Araújo da Silva que alicerça a possibilidade de prorrogação judicial do monitoramento telefônico:

> ...A possibilidade de renovações do pedido de interceptação não está clara na lei brasileira. **Uma interpretação literal do texto do art. 5º ('não poderá exceder o prazo de 15 (quinze) dias, renovável por igual tempo uma vez comprovada a indispensabilidade do meio de prova') pode levar à conclusão de que o legislador apenas possibilita uma renovação do prazo. A prevalecer esse entendimento, no Brasil a interceptação telefônica seria praticamente inócua para a apuração da criminalidade organizada**, que em razão de sua complexidade demanda longos períodos de investigação para sua apuração. Como salienta Ada Pellegrini Grinover, **o bom-senso deverá conduzir o juiz a deferir tantas prorrogações quantas necessárias, como previa o Projeto nº 3.514/89**. A respeito, o Código de Processo Penal italiano prevê que a 'duração não pode ser superior a quinze dias, mas pode ser prorrogada pelo juiz com decreto motivado por períodos sucessivos de quinze dias' (art. 267, § 3º). Também a lei processual penal espanhola dispõe que 'a observação das comunicações poderá ser levada a cabo por um prazo de até três meses, prorrogáveis por períodos trimestrais' (art. 579).[20] (grifo nosso).

Nesse mesmo sentido prescreve Vicente Greco Filho:

> ...A decisão do magistrado, a ser tomada no prazo máximo de 24 horas, deverá obrigatoriamente ser fundamentada sob pena de nulidade e deverá indicar a forma de execução da diligência, que não poderá exceder de 15 dias, renovável por igual tempo, uma vez comprovada a indispensabilidade do meio de prova. **A lei não limita o número de prorrogações possíveis, devendo entender-se, então, que serão tantas quantas necessárias à investigação**, mesmo porque 30 dias pode ser prazo muito exíguo. A leitura rápida do art. 5º poderia levar à ideia de que a prorrogação somente poderia ser autorizada uma vez. Não é assim; 'uma vez', no texto da lei, não é adjunto adverbial, é preposição. É óbvio que se

---

[20] In Crime Organizado: procedimento probatório. São Paulo: Atlas S.A., 2003, p. 101/102.

CRIME ORGANIZADO

existisse uma vírgula após a palavra 'tempo', o entendimento seria mais fácil...."[21] (grifo nosso).

A Assembleia do I Fórum Nacional dos Juízes Federais Criminais, cujo objetivo foi o de debater e propor soluções para os rumos da Justiça Criminal aprovou o Enunciado nº 2, em 29.04.2009, igualmente dispondo que:

> "2. A quebra do sigilo das comunicações telefônicas e telemáticas pode ser prorrogada tantas vezes quantas necessárias à investigação (...)

Como se vê, o prazo máximo para a duração da interceptação telefônica não é o de 15 (quinze) dias, prorrogável por uma única vez, especialmente quando diante de fatos complexos[22], como os levados a efeito pelas organizações criminosas, onde se requer investigações contínuas por interregnos significativos, já que acabam por culminar, no mais das vezes, em denúncia com pluralidade de crimes e réus.

O entendimento majoritário da jurisprudência[23] e da doutrina é o de que a limitação temporal coarctaria a eficácia das investigações e representaria um retrocesso no enfrentamento da criminalidade, porquanto a interceptação

---

[21] In Interceptação Telefônica: Considerações sobre a Lei n. 9.296, de 24 de julho de 1996. São Paulo: Saraiva, 1996, p. 31/32.

[22] Inq 2266, Rel. Ministro Gilmar Mendes, Tribunal Pleno, julgado em 26/05/2011.

[23] Apesar da jurisprudência majoritária, deve-se mencionar a existência de julgado proferido no âmbito do Superior Tribunal de Justiça, que, de forma isolada, reputou ilícita a prova diante da existência de sucessivas prorrogações: "Comunicações telefônicas. Sigilo. Relatividade. Inspirações ideológicas. Conflito. Lei ordinária. Interpretações. Razoabilidade.1. É inviolável o sigilo das comunicações telefônicas; admite-se, porém, a interceptação "nas hipóteses e na forma que a lei estabelecer". 2. Foi por meio da Lei nº 9.296, de 1996, que o legislador regulamentou o texto constitucional; é explícito o texto infraconstitucional – e bem explícito – em dois pontos: primeiro, quanto ao prazo de quinze dias; segundo, quanto à renovação – "renovável por igual tempo uma vez comprovada a indispensabilidade do meio de prova". 3. Inexistindo, na Lei nº 9.296/96, previsão de renovações sucessivas, não há como admiti-las. 4. Já que não absoluto o sigilo, a relatividade implica o conflito entre normas de diversas inspirações ideológicas; em caso que tal, o conflito (aparente) resolve-se, semelhantemente a outros, a favor da liberdade, da intimidade, da vida privada, etc. É que estritamente se interpretam as disposições que restringem a liberdade humana (Maximiliano). 5. Se não de trinta dias, embora seja exatamente esse, com efeito, o prazo de lei (Lei nº 9.296/96, art. 5º), que sejam, então, os sessenta dias do estado de defesa (Constituição, art. 136, § 2º), ou razoável prazo, desde que, é claro, na última hipótese, haja decisão exaustivamente fundamentada. Há, neste caso, se não explícita ou implícita violação do art. 5º da Lei nº 9.296/96, evidente violação do princípio da razoabilidade. 6. Ordem concedida a fim de se reputar ilícita a prova resultante de tantos e tantos e tantos dias de interceptação das comunicações telefônicas, devendo os autos retornar às mãos do Juiz originário para determinações de direito." (HC 76686/ PR, Rel. Ministro Nilson Naves, Sexta Turma, julgado em 09/09/2008).

das comunicações telefônicas e telemáticas afiguram-se como importante instrumento de investigação e apuração de ilícitos. O Projeto de Lei do Senado nº 156, de 2009, atualmente em trâmite na Câmara dos Deputados sob o nº 8045/2010, com relação às interceptações telefônicas, estabelece que o prazo de duração não poderá exceder a 60 (sessenta) dias, permitidas prorrogações por igual período, desde que continuem presentes os pressupostos autorizadores das diligências até o máximo de 360 (trezentos e sessenta) dias, salvo no caso de crime permanente (artigo 252), enquanto não cessada a permanência.

Apesar da ampliação do prazo (projeto inicial estabelecia uma limitação temporal de 180 dias, salvo no caso de crime permanente), remanesce, na prática, ainda, a limitação das investigações. Ora, como já mencionado, a limitação no tempo não significa melhoria de eventuais abusos, mas risco sério de dano à busca da verdade e à repressão de organizações criminosas. Há, pois, risco claro de inefetividade do processo. Vale lembrar que o próprio Supremo Tribunal Federal vem firmando entendimento no sentido de que as decisões autorizadoras da prorrogação que não acrescentam novos motivos, estão a evidenciar que a dilação foi autorizada com base nos mesmos fundamentos que ensejaram o deferimento inicial[24].

Não menos oportuno salientar que a lei de regência das interceptações telefônicas igualmente estatui em seu artigo 6º, parágrafo 1º, que diante da possibilidade de gravação da conversa, a mesma deverá ser transcrita. A interpretação trazida pelos Tribunais Superiores de referido dispositivo legal não exige a transcrição integral dos diálogos, bastando apenas os suficientes a embasar a denúncia, não ofendendo o princípio do devido processo legal a disponibilização de mídia à parte com a totalidade das gravações. O Supremo Tribunal Federal, por ocasião do julgamento do Inquérito nº 2424/RJ, de Relatoria do Ministro Cezar Peluso, em 26.11.2008, bem elucidou a desnecessidade da transcrição integral dos diálogos:

> (...) 9. PROVA. Criminal. Interceptação telefônica. Transcrição da totalidade das gravações. Desnecessidade. Gravações diárias e ininterruptas de diversos terminais durante período de 7 (sete) meses. **Conteúdo sonoro armazenado em 2 (dois) DVDs e 1 (hum) HD, com mais de quinhentos mil arquivos. Impossibilidade material e inutilidade prática de reprodução gráfica.** Suficiência da transcrição literal e integral das gravações em que se apoiou a denúncia. Acesso garantido às defesas também mediante meio magnético, com reabertura de prazo. Cerceamento de defesa não ocorrente. Preliminar repelida. Interpretação do art.

---

[24] RHC 120551, Rel. Ministro Ricardo Lewandowski, Segunda Turma, julgado em 08/04/2014.

CRIME ORGANIZADO

6º, § 1º, da Lei nº 9.296/96. Precedentes. Votos vencidos. O disposto no art. 6º, § 1º, da Lei federal nº 9.296, de 24 de julho de 1996, só comporta a interpretação sensata de que, salvo para fim ulterior, só é exigível, na formalização da prova de interceptação telefônica, a transcrição integral de tudo aquilo que seja relevante para esclarecer sobre os fatos da causa sub iudice.

(Inq 2424, Relator(a): Min. CEZAR PELUSO, Tribunal Pleno, julgado em 26/11/2008, DJe-055 DIVULG 25-03-2010 PUBLIC 26-03-2010 EMENT VOL-02395-02 PP-00341) (grifei).

O Superior Tribunal de Justiça igualmente já decidiu a respeito:

AGRAVO REGIMENTAL NO AGRAVO EM RECURSO ESPECIAL. TRÁFICO ILÍCITO DE DROGAS E ASSOCIAÇÃO PARA O TRÁFICO. INTERCEPTAÇÃO TELEFÔNICA.

PRORROGAÇÕES SUCESSIVAS. POSSIBILIDADE, MEDIANTE FUNDAMENTAÇÃO IDÔNEA. OCORRÊNCIA, NA ESPÉCIE. APENSAMENTO DAS INTERCEPTAÇÕES EM AUTOS DIVERSOS. NULIDADE. INEXISTÊNCIA. ACESSO DA DEFESA A TODOS OS DOCUMENTOS PRODUZIDOS. TRANSCRIÇÃO INTEGRAL DOS DIÁLOGOS.

DESNECESSIDADE. ACESSO DAS PARTES AOS DIÁLOGOS INTERCEPTADOS.

SUFICIÊNCIA. AGRAVO REGIMENTAL IMPROVIDO.

1. A jurisprudência desta Corte Superior possui o entendimento firmado de que, embora a interceptação telefônica deva perdurar, via de regra, por 15 (quinze) dias, prorrogáveis por mais 15 (quinze), excepcionalmente, admite-se que tal lapso temporal seja ultrapassado, exigindo-se, para tanto, que a imprescindibilidade da medida seja justificada em decisão devidamente fundamentada, o que ocorreu, in casu.

2. A insurgência em relação ao apensamento das interceptações telefônica em autos diversos não merece prosperar, porquanto, de acordo com os autos, a defesa teve acesso a todos os documentos produzidos em razão da interceptação telefônica, tal como o histórico das conversas entre os corréus e seus clientes, não podendo alegar nenhum prejuízo, incidindo a máxima pas de nulitté sans grief.

3. A alegação de ser necessária a transcrição integral dos diálogos colhidos na interceptação telefônica não prospera, visto que, o entendimento predominante nos Tribunais Superiores, é no sentido da desnecessidade de transcrição integral do conteúdo da quebra do sigilo das comunicações telefônicas, bastando que se confira às partes acesso aos diálogos interceptados, sendo exatamente esse o caso dos autos.

TÉCNICAS ESPECIAIS DE INVESTIGAÇÃO À SERVIÇO DO COMBATE AO CRIME...

4. Agravo regimental improvido.

(AgRg no REsp 1316907/PR, Rel. Ministro Campos Marques (Desembargador Convocado do TJ/PR), Quinta Turma, julgado em 26/02/2013, DJe 05/03/2013) (grifei).

Todavia, de forma isolada, há julgado do Pretório Excelso, que, por maioria, reconheceu a necessidade da degravação integral requerida pela defesa de um deputado:

INTERCEPTAÇÃO TELEFÔNICA – MÍDIA – DEGRAVAÇÃO. A degravação consubstancia formalidade essencial a que os dados alvo da interceptação sejam considerados como prova – artigo 6º, § 1º, da Lei nº 9.296/96."

(AP 508 AgR, Relator(a): Min. MARCO AURÉLIO, Tribunal Pleno, julgado em 07/02/2013, ACÓRDÃO ELETRÔNICO DJe-161 DIVULG 16-08-2013 PUBLIC

Mais recentemente, o Supremo Tribunal Federal novamente voltou a decidir pela desnecessidade da degravação:

INTERCEPTAÇÃO TELEFÔNICA – DEGRAVAÇÃO DE FITA – FORMALIDADE ESSENCIAL – SUPLANTAÇÃO – PRECEDENTE – PRONUNCIAMENTO DO PLENÁRIO – RESSALVA DE ENTENDIMENTO PESSOAL. Muito embora a ordem jurídica revele como formalidade essencial a degravação da fita referente à interceptação telefônica, expungindo-se o que não sirva à investigação criminal, o Tribunal Pleno, defrontando com a situação concreta ora colocada, concluiu de forma diversa, oportunidade na qual fiquei vencido, na companhia honrosa dos ministros Celso de Mello e Gilmar Mendes. Ressalva de entendimento pessoal ante o crivo do Colegiado Maior.

(HC 117000, Relator(a): Min. MARCO AURÉLIO, Primeira Turma, julgado em 13/08/2013, PROCESSO ELETRÔNICO DJe-205 DIVULG 15-10-2013 PUBLIC 16-10-2013).

Há, pois, a prevalência do entendimento para que sejam degravados apenas os excertos necessários ao embasamento da denúncia eventualmente a ser oferecida, notadamente porque a integralidade das gravações consta em meio magnético, constituindo os próprios autos. Ora, as mídias retratam a integralidade das gravações. Mais fiel que a gravação não será a transcrição, notadamente em virtude de não haver a intermediação de terceiro. Por outro lado, a parte pode proceder à transcrição, uma vez que o acesso é da natureza de toda prova utilizada em juízo, mas ela jamais contraria a validade do registro em áudio.

CRIME ORGANIZADO

Muito embora a parte não faça jus à degravação de tudo o que foi captado, tem o direito de acesso à totalidade dos áudios, devendo, se assim desejar, providenciar a degravação das conversas para o exercício de sua defesa[25]. A adoção de tal sistemática reduz o tempo que seria dispensado pelo Estado com as transcrições, refletindo em uma maior efetividade nas investigações. Quanto mais complexo o crime, mais difícil compreendê-lo e prová-lo. Impor a cada período de monitoramento a transcrição da totalidade das conversas tornaria inviável qualquer *persecutio criminis*.

A excrecência só se justificava nos tempos passados, já que com o advento da tecnologia, o áudio constante nas mídias, sem qualquer interferência, revela-se como aliado das próprias partes. Demais disso, a legislação de regência não determina que a degravação das conversas seja efetivada por peritos oficiais, sendo, na maioria das vezes, realizada pelos próprios policiais, fato que não acarreta qualquer ilegalidade[26].

Também não há previsão legal de perícia para a identificação das vozes captadas nas interceptações telefônicas, especialmente quando a autoria puder ser aferida pelo magistrado por outros meios de provas, baseado no princípio da livre convicção motivada[27]. Obviamente, em sendo apresentados argumentos sólidos acerca da existência de algum vício, como a suspeita de montagem, por exemplo, a perícia deve ser deferida pelo juízo. A seu turno, o parágrafo 2º do artigo 6º da *lex specialis*, salienta que cumprida a diligência, a autoridade policial encaminhará o resultado da interceptação ao juiz, acompanhado de auto circunstanciado, que deverá conter o resumo das operações realizadas.

O auto circunstanciado, de lavra da autoridade policial, é formalidade essencial "à valia da prova resultante de degravações de áudio e interceptação telefônica"[28]. Todavia, caso haja algum vício em sua elaboração, a nulidade exsurgirá como relativa, a ser arguida em momento oportuno, sob pena de preclusão.

Também esclareço que os elementos indiciários obtidos a partir de interceptação telefônica, desde que devidamente autorizada por juízo competente, admite o compartilhamento para fins de instrução de outro feito criminal, bem como de processo administrativo disciplinar encetado contra os investigados[29].

---

[25] Inq 2266, Rel. Ministro Gilmar Mendes, Tribunal Pleno, julgado em 26/05/2011.
[26] HC 66967/SC, Rel. Ministra Laurita Vaz, Quinta Turma, julgado em 14/11/2006.
[27] HC 242.819/SP, Rel. Ministra Laurita Vaz, Quinta Turma, julgado em 01/04/2014.
[28] STF, HC 87859, Rel. Ministro Marco Aurélio, Primeira Turma, julgado em 12/06/2007.
[29] STF, HC 102293, Rel. Ministro Ayres Britto, Segunda Turma, julgado em 24/05/2011.

O Inquérito 2424[30] já tinha firmado importante precedente no sentido de que os dados obtidos em interceptação de comunicações telefônicas e em escutas ambientais, desde que "judicialmente autorizadas para produção de prova em investigação criminal ou em instrução processual penal, podem ser usados em procedimento administrativo disciplinar, contra a mesma ou as mesmas pessoas em relação às quais foram colhidos, ou contra outros servidores cujos supostos ilícitos teriam despontado à colheita dessa prova". Ou seja, o julgado também ampliou a autorização do uso das informações, possibilitando a utilização contra terceiros, cujos supostos ilícitos teriam sido evidenciados por meio da colheita da prova.

Importante registrar que o posterior reconhecimento da incompetência do Juízo que determinou a interceptação telefônica ou telemática igualmente não prejudica a prova, a não ser que o motivo pelo qual a incompetência tenha sido declarada fosse contemporâneo à decisão que determinou a medida constritiva de direitos[31].

O Pretório Excelso, recentemente, voltou a fazer menção à teoria do juízo aparente, reconhecendo que a quebra do sigilo efetivada por determinado juízo, posteriormente declarado incompetente, não tornaria ilícita a prova[32]. Vale consignar, outrossim, que muito embora a interceptação telefônica seja um meio investigativo eficaz, para que este recurso seja empregado faz-se necessária a existência de uma investigação que a anteceda, a partir de apurações preliminares, não podendo ser utilizada como início de procedimento investigativo.

Outra questão que vez ou outra é trazida à baila é o diálogo captado entre advogado e o suspeito. Essa comunicação obtida por meio de monitoramento telefônico devidamente autorizado por decisão judicial não se reveste de qualquer nulidade, quando houver indícios de que o advogado também esteja envolvido na suposta empreitada criminosa. Por outro lado, a conversação entre o réu e o advogado, em respeito ao sigilo profissional, não deve ser transcrito, sequer ouvido pelo juiz e pelas partes. Importante consignar que o Plenário do Supremo Tribunal Federal, em decisão proferida no já mencionado Inquérito nº 2.424/RJ, por maioria, decidiu sobre a possibilidade de realização de escuta ambiental em escritório de advocacia. Na ocasião, o Ministro Relator César Peluzo destacou que "não há direito de caráter absoluto, mesmo os direitos fundamentais, quando o que está em jogo é outra garantia

---

[30] STF, Inq 2424, Rel. Ministro Cezar Peluso, Tribunal Pleno, julgado em 26/11/2008.
[31] STF, HC 81260, Rel. Ministro Sepúlveda Pertence, Tribunal Pleno, julgado em 14/11/2001.
[32] HC 110496, Relator Ministro Gilmar Mendes, Segunda Turma, julgado em 09/04/2013.

CRIME ORGANIZADO

legal: a da ordem pública". Consignou também o E. Ministro que a colocação de escutas telefônicas durante a madrugada no escritório do advogado não teria desrespeitado a inviolabilidade domiciliar prevista no artigo 5º, VI, da Constituição Federal.

Também já se decidiu, em acórdão proferido em 07.02.2012, de relatoria do Ministro Luiz Fux, por maioria de votos, em que se negou a ordem de *habeas corpus*[33], que a "comunicação entre o paciente e o advogado, alcançada pela escuta telefônica devidamente autorizada e motivada pela autoridade judicial competente, não implica nulidade da colheita da prova indiciária de outros crimes e serve para a instauração de outro procedimento apuratório, haja vista a garantia do sigilo não conferir imunidade para a prática de crimes no exercício profissional".

Saliente-se que o artigo 9º da lei infraconstitucional dispôs que a gravação que não interessar à prova deverá ser inutilizada. O objetivo precípuo foi o de resguardar a intimidade dos envolvidos, diante da grande quantidade de horas monitoradas, em que nem sempre são travados diálogos pertinentes ao objeto das investigações, mas ao revés, expõe seus interlocutores a assuntos íntimos. Há, ainda, a previsão de duas figuras típicas (artigo 10), tendo sido previstas as penas de reclusão, de 02 (dois) a 04 (quatro) anos, e multa, em face daquele que realizar interceptação das comunicações telefônicas, informática ou telemática, bem como daquele que quebrar o segredo de justiça, sem autorização judicial ou com objetivos não autorizados em lei.

2. Sigilo de Dados

A autorização para a quebra do sigilo de dados telefônicos não se identifica com a inviolabilidade das comunicações havidas por telefone, esta sim revestida da cláusula de reserva de jurisdição, sendo certo que, em hipóteses como a primeira, as próprias CPI's (Comissões Parlamentares de Inquérito), dentro de sua competência investigatória, detêm poderes para tal consecução (sigilo de dados), desde que em ato devidamente motivado[34]. Note-se, por derradeiro, que a Lei das Organizações Criminosas (Lei nº 12.850, de 02.08.2013), em seu artigo 15, possibilita ao Delegado de Polícia e ao Ministério Público, independente de autorização judicial, o acesso direto aos dados cadastrais (como a qualificação pessoal, filiação e endereço) de ligações telefônicas e telemáticas, bem como em seu artigo 17 dispõe que as concessionárias de telefonia

---

[33] STF, HC 106225, Rel. Ministro Marco Aurélio, Rel. p/ Acórdão: Ministro Luiz Fux, Primeira Turma, julgado em 07/02/2012.

[34] MS 23652, Rel. Ministro Celso de Mello, Tribunal Pleno, julgado em 22/11/2000.

fixa ou móvel manterão, pelo prazo de 05 (cinco) anos, à disposição das referidas autoridades, os registros de identificação dos números dos terminais de origem e de destino das ligações telefônicas, remanescendo, todavia, a cláusula de reserva de jurisdição no tocante à interceptação das comunicações telefônicas e telemáticas.

Ante a importância do tema, a lei supramencionada em seu artigo 21 tipificou como crime a conduta de quem "recusar ou omitir dados cadastrais, registros, documentos e informações requisitadas pelo juiz, Ministério Público ou delegado de polícia, no curso de investigação ou do processo", cominando a pena de reclusão, de 06 (seis) meses a 2 (dois) anos, e multa. Tal sistemática guarda consonância com a Lei 9.613, de 03.03.1998, com a nova redação atribuída pela Lei nº 12.683, de 09.07.2012 (Lei de Lavagem de Dinheiro), que em seu artigo 17-B evidencia que "a autoridade policial e o Ministério Público terão acesso, exclusivamente, aos dados cadastrais do investigado que informam qualificação pessoal, filiação e endereço, independentemente de autorização judicial, mantidos pela Justiça Eleitoral, pelas empresas telefônicas, pelas instituições financeiras, pelos provedores de internet e pelas administradoras de cartão de crédito". O acesso aos dados cadastrais das empresas de telefonia sempre foram objeto de polêmica até então, muito embora a concessão de senhas pessoais e intransferíveis vinculadas a uma investigação (tão somente para acesso de dados cadastrais), não pudessem ser confundidas com a interceptação das comunicações telefônicas, estas sim levadas a efeito mediante ordem judicial específica.

Ponto que vem ensejando debates acirrados é o atinente à possibilidade de o Ministério Público investigar, e consequentemente, de requerer a interceptação telefônica/telemática em procedimento investigatório criminal por ele desenvolvido. Muito embora a questão esteja pendente de julgamento no Pleno do Supremo Tribunal Federal[35], diversos são os julgamentos no âmbito dos Tribunais Superiores conferindo a possibilidade de o órgão ministerial proceder à investigação criminal. Reputa-se que muito embora lhe seja defeso presidir Inquérito Policial[36], isso não lhe obsta a possibilidade de conduzir investigações penais em hipóteses excepcionais, na medida em que é o titular da Ação Penal, consoante artigo 129 da Constituição Federal.

Tem-se, pois, a plena compatibilidade de o Ministério Público requerer ao juiz a interceptação das comunicações telefônicas/telemáticas nas investigações por ele desenvolvidas. Ora, se ao órgão ministerial compete priva-

---

[35] HC 84.548, Rel. Ministro Marco Aurélio.
[36] HC 11.241/PR, Rel. Ministro Felix Fischer, Quinta Turma, julgado em 13/04/2010.

CRIME ORGANIZADO

tivamente promover a ação penal pública, com maior razão pode o menos, exercendo o poder de investigação. É a denominada Teoria dos Poderes Implícitos, no sentido de que se concedido o fim pela Constituição Federal, também lhe fora oportunizado o meio[37].

Conclusões

Tecidas algumas considerações acerca da questão, cabe reforçar a ideia de que as normas jurídicas que elencam os direitos fundamentais, levando em conta suas características, podem ser tidas como princípios e, não como regras, uma vez que enunciam motivos para que o intérprete, diante de um caso concreto, decida por esta ou aquela solução, operando como verdadeiros mandados de otimização. Robert Alexy preleciona que:[38]

> Portanto, os princípios são mandados de otimização, caracterizados pelo fato de poderem ser cumpridos em diferentes graus, e a medida do seu cumprimento não depende apenas das possibilidades reais, mas também das possibilidades jurídicas. O âmbito dessas possibilidades jurídicas é determinado pelos princípios e regras opostos. As regras, ao contrário, só podem ser cumpridas ou não. Se uma regra é válida, então há de se fazer exatamente o que ela exige, nem mais, nem menos. Por conseguinte, as regras contêm determinações no âmbito do que é fática e juridicamente possível. Isto significa que a diferença entre regras e princípios é qualitativa e não de grau. Toda norma ou é uma regra, ou é um princípio.

Nessa toada, em havendo aparente conflito entre os direitos fundamentais, o problema se resolverá, diante de um caso concreto, por meio da con-

---

[37] "(...) 5. É perfeitamente possível que o órgão do Ministério Público promova a colheita de determinados elementos de prova que demonstrem a existência da autoria e da materialidade de determinado delito. Tal conclusão não significa retirar da Polícia Judiciária as atribuições previstas constitucionalmente, mas apenas harmonizar as normas constitucionais (arts. 129 e 144) de modo a compatibilizá-las para permitir não apenas a correta e regular apuração dos fatos supostamente delituosos, mas também a formação da opinio delicti. 6. O art. 129, inciso I, da Constituição Federal, atribui ao parquet a privatividade na promoção da ação penal pública. Do seu turno, o Código de Processo Penal estabelece que o inquérito policial é dispensável, já que o Ministério Público pode embasar seu pedido em peças de informação que concretizem justa causa para a denúncia. 7. Ora, é princípio basilar da hermenêutica constitucional o dos "poderes implícitos", segundo o qual, quando a Constituição Federal concede os fins, dá os meios. Se a atividade fim – promoção da ação penal pública – foi outorgada ao parquet em foro de privatividade, não se concebe como não lhe oportunizar a colheita de prova para tanto, já que o CPP autoriza que "peças de informação" embasem a denúncia. (...)"
HC 91661, Rel. Ministra Ellen Gracie, Segunda Turma, julgado em 10/03/2009.
[38] In Teoria de los Derechos Fundamentales. Madrid: Centro de Estúdios Constitucionales, 1993, p. 86/87.

ciliação entre ambos, tudo em consonância com os valores constitucionais, devendo o intérprete atribuir maior peso a um determinado princípio, evitando-se sacrificar totalmente o outro direito também protegido pela Constituição, resolvendo, assim, qual o direito que prevalecerá num determinado momento. Vale aqui destacar que os princípios podem ser aplicados conforme cada caso concreto, de forma que se numa dada aparente colisão um direito restou minimizado, em outro, será possível que o mesmo princípio venha a ser aplicado pelo intérprete com a máxima potencialidade.

Há efetivamente, como mencionado alhures, a existência de limites na utilização dos modernos métodos de investigação pelo Estado, mormente em decorrência do confronto com o direito à privacidade. No entanto, este último pode ser restringido diante da necessidade da interceptação das comunicações telefônicas e telemáticas, na medida em que a sua proteção se mostre inviável ao objetivo estatal, qual seja a manutenção do bem-estar social, com a busca da verdade real para o deslinde de empreitadas criminosas.

Afirma-se, então, que, em tais casos, o direito à privacidade assume um caráter relativo na medida em que cede espaço à primazia do interesse público. Tem-se que o direito à privacidade deve momentaneamente reduzir-se em face do poder-dever que o Estado tem de averiguar o cometimento de delitos, sendo certo que os ilícitos não podem servir como um escudo para o cometimento de crimes, motivo pelo qual, nesses casos, é de rigor que se autorize o sacrifício temporário de um direito individual em prol de outro igualmente tutelado pela Constituição Federal. Em obra anterior,[39] tive a oportunidade de tecer alguns comentários acerca do tema, mencionando que:

> Por sua vez, a quebra do sigilo telefônico e de dados constitui relevante instrumento de apuração da criminalidade organizada. Desde que exista determinação judicial, em hipótese devidamente fundamentada à luz dos princípios da razoabilidade e proporcionalidade, advindos do caráter material do princípio do devido processo legal, previsto no inciso LIV do art. 5º da Constituição Federal, não se pode deixar de lançar mão a tão importante instituto. Não se olvida que no momento em que os direitos fundamentais sejam empregados como escudo para possibilitar o cometimento de práticas ilícitas, é correto que se dê prevalência a outros princípios constitucionais, implícitos ou explícitos, sobre tais direitos, sem que haja qualquer ofensa à ordem jurídica. O balizamento que se deve fazer busca atender uma das finalidades do direito, que é a pacificação social. Entretanto, esta não se tornará possível caso se facilite o cometimento de deli-

---

[39] DE SANCTIS, Fausto Martin. Combate à lavagem de dinheiro: teoria e prática. 1.ed. São Paulo: Millenium, 2008, p. 131.

CRIME ORGANIZADO

tos graças à interpretação equivocada dos direitos fundamentais, que acaba por inibir o combate eficaz.

Inegável consignar que o ponto de partida do intérprete para a solução da problemática interpretativa deverá ser realizado a partir dos denominados princípios constitucionais, porquanto são eles que sintetizam os valores mais importantes constantes no ordenamento jurídico, requerendo a observância de algumas peculiaridades de suas normas, tais como a superioridade hierárquica, a natureza da linguagem, o conteúdo específico, bem ainda o seu caráter político.

Não menos importante consignar acerca da existência de outros princípios, que embora não considerados como especificamente constitucionais, também deverão servir como balizadores do intérprete, como por exemplo, o da Proporcionalidade, valendo ressaltar que o juízo de ponderação a ser realizado pelo Judiciário está intrinsecamente relacionado com esse princípio, de modo que a restrição imposta ao direito de um dos titulares não deverá ser maior do que o benefício adquirido pelo outro titular.

Também saliento que os princípios a serem utilizados pelo operador da Constituição quando da análise interpretativa deverão ser aplicados de modo conjunto, evitando-se, em caso de conflitos, o sacrifício total de qualquer um deles, tendo em vista a necessidade de se observar o Princípio da Unidade da Constituição.

Deverá buscar-se inicialmente uma conciliação entre os dois direitos aparentemente conflitantes, sendo certo que, ao final, deverá ser atribuído maior peso a um determinado preceito, sem o detrimento total do outro direito igualmente tutelado. O juiz deverá verificar o melhor sentido a ser atribuído às normas constitucionais dentre aqueles diversamente possíveis, devendo demonstrar observância às necessidades sociais, sob pena delas restarem fadadas ao insucesso. Ainda sob tal enfoque, quando da solução dos conflitos, o intérprete deverá atribuir a maior eficácia possível às normas interpretadas, tudo em virtude do princípio da Força Normativa da Constituição.

Assim, o operador do direito deverá atribuir, quando da análise da norma jurídica, a sua própria visão pessoal acerca dos fatos em concreto, utilizando-se de uma valoração advinda do seu convívio em sociedade, ou seja, do seu momento histórico e cultural, propiciando novos sentidos às normas, a partir da aplicação da técnica da ponderação. Frise-se, constatado o conflito aparente entre dois direitos constitucionais, imperiosos que sejam impostas restrições recíprocas e complementares aos bens protegidos, objetivando harmonizar os interesses colocados em conflito, através da técnica do juízo de ponderação. Outra técnica utilizada é a do sopesamento de valores, a qual seria aplicável em momentos em que a conciliação dos interesses conflitantes não se mostre viáveis, ocasião em que se verifica qual direito prevalecerá em face do outro.

O jurista quando de sua análise interpretativa com o escopo precípuo de por fim à colisão aparente entre direitos fundamentais, sempre deverá pautar-se no seu dever de motivação dos atos judiciais, por força do que reza o artigo 93, inciso IX, da Constituição Federal. A Declaração dos Direitos Humanos de 1948 igualmente fez menção à possibilidade de restrição a direitos fundamentais, ao mencionar que determinados direitos poderiam estar sujeitos a limitações legais, tudo com o objetivo de assegurar o respeito aos direitos e liberdades de outrem e de satisfazer as exigências da moral, da ordem pública e de uma sociedade democrática. Acerca da problemática da restrição de direitos fundamentais, importante que se tenha em mente sempre qual o objeto tutelado por referido direito, uma vez que quanto maior o bem protegido, maior a possibilidade de invocar a existência de conflito entre o Estado e o outro titular de direito fundamental.

Exemplo disso é o que ocorre com o direito da inviolabilidade das comunicações telefônicas. Nesse caso, há uma séria discussão acerca do âmbito de proteção de tal direito, ou seja, se a proteção estaria adstrita tão somente às comunicações e dados telefônicos ou também abrangeria outros meios de comunicação, como por exemplo, as comunicações tidas por meio de rádio. Em resumo, as técnicas especiais de investigação, com destaque para a interceptação das comunicações telefônicas e telemáticas, como meio de prova apresentam-se como um instrumento legítimo aos órgãos de investigação. Deve o monitoramento ser lastreado, desde que lastreada na cláusula de reserva constitucional de jurisdição, com a devida demonstração da necessidade de sua implantação (em conformidade com o disposto no inciso XII da Constituição da República), bem ainda em consonância com a legislação infraconstitucional que veio regulamentar o aludido dispositivo constitucional, qual seja a Lei nº 9.296, de 24.07.1996.

A adoção das referidas medidas constritivas de direitos tem-se revelado de grande valia para a detecção e apuração de graves crimes envolvendo organizações criminosas, como os perpetrados contra a vida (homicídio), contra a liberdade pessoal (sequestro e cárcere privado), contra o patrimônio (furto, roubo e extorsão mediante sequestro), de tráfico de drogas, tráfico de pessoas, bem ainda os econômicos. A criminalidade moderna demonstra grande poder de articulação que exige a adoção de medidas eficazes pelos órgãos de persecução estatais capazes de coibir sua atuação, não sendo possível que tais

CRIME ORGANIZADO

órgãos possam apenas valer-se de métodos tradicionais de investigação, sob pena de total comprometimento do seu combate e repressão.

O crime organizado tem se propalado de forma assustadora. Aliás, está instalado e isso não é de hoje. Remonta à máfia italiana e até mesmo às associações criminosas japonesas (*Yakuza*) e chinesas (*Triads*). No Brasil, ao movimento do cangaço. É um fenômeno globalizado e em constante mutação, utilizando-se cada vez mais de meios tecnológicos altamente sofisticados, como *sites* criptografados. Os órgãos de comunicação veiculam notícias sobre Facções Criminosas como o Primeiro Comando da Capital – PCC (no Estado de São Paulo) e o Comando Vermelho – CV (no Estado do Rio de Janeiro). Dão conta não só que de dentro das unidades prisionais são idealizadas as orquestrações criminosas, especialmente para a prática de roubos e tráfico de drogas, mas também do elo de ligação entre o crime organizado brasileiro e os cartéis internacionais, além da existência de aliciamento de menores.

A criminalidade econômica igualmente tem agido de forma organizada. Exige-se, pois, a consecução de medidas aptas e idôneas pelos órgãos de persecução estatal a subsidiar as investigações, não se mostrando eficaz a utilização tão somente dos métodos tradicionais consistentes em inquirição de pessoas para colheita de evidências, elaboração de laudos periciais e outros. A atuação do Poder Judiciário no trato das técnicas especiais de investigação deve-se mostrar legítima e criteriosa. As decisões judiciais que analisam as representações policiais para início e para prorrogação de procedimentos de Interceptação Telefônica e Telemática, a par de serem devidamente fundamentadas, após parecer ofertado pelo Ministério Público, devem representar o devido cotejo dos elementos probatórios trazidos ao conhecimento judicial. Assim, apenas se verificada a existência de elementos bastantes, deferem-se as medidas requeridas por se afigurarem coerentes com o contexto atual que reclama a adoção de técnicas especiais de investigação para a identificação e apuração de práticas delitivas.

Poucos foram os casos até agora identificados de violação à Lei de Interceptação Telefônica (vale dizer, indevido monitoramento judicial), sendo todos, sem exceção, objetos de questionamentos nas Cortes Superiores, o que demonstra a eficácia dos mecanismos existentes na própria lei para fazer face a qualquer infringência a seus preceitos e a pronta resposta do Judiciário a tais violações (cf. *Habeas Corpus* nº 84.388-3/SP relativo a Operação "Anaconda"). Além disso, tem-se constatado que as apurações para identificar os vazamentos de informações decorrentes de monitoramentos telefônicos têm sido eficazes. Casos há de recebimento de denúncia por violação ao artigo 10 da Lei nº 9.296/1996 e ao artigo 153, § 1º -A do Código Penal.

Sob outro enfoque pode-se constatar que os procedimentos de Intercepta-ção Telefônica são diminutos quando confrontados com a existência de milha-res de linhas telefônicas hoje instaladas no país e, muitas vezes, são objetos de indeferimentos ou de solicitação de melhor fundamentação por parte dos requerentes. Deve haver reflexão e atuação prudente. À Justiça cabe agir com seriedade, firmeza, cautela e responsabilidade, fazendo cumprir, em concreto, o juramento que os juízes fizeram ao ingressarem na carreira da magistratura.

No atual sistema, os magistrados criminais, sem exceção, configuram ver-dadeiros juízes de garantia, não podendo deixar de cumprir a Constituição e as leis do país e serem objeto de toda sorte de ingerências ou represálias por decretar ou não prisões, quebras ou buscas e apreensões, ou monitoramentos telemáticos ou telefônicos. Monitorar é também igualar, equiparar. Como o é a preservação da intimidade. Tais decisões, quando lastreadas na Consti-tuição e na legislação infraconstitucional, tentam fazer com que pretensões individuais coincidam com os interesses da coletividade. Portanto, não deve supreender que num país realmente democrático, igualitário, sejam acolhidas, ainda que total ou parcialmente, medidas cautelares criminais, previamente a uma decisão final quando haja elementos para tal. A sua ausência inexpli-cada num país marcado pela violência fruto de toda sorte de criminalidade organizada é que deve causar espécie. Neste campo, não cabe omissão ou açodamentos, muitos menos conclusões não pautadas em estudos técnicos isentos e consistentes.

Se a medida se justifica e infelizmente configura o meio para se chegar ao fato criminoso, não pode o Estado se omitir com justificativas que contemplam apenas a proteção dos direitos fundamentais de primeira geração porquanto se estará desprotegendo os da terceira geração, dentre estas o interesse social difuso (segurança de todos). Enquanto há no Brasil uma grande preocupação em se discutir o tempo de duração das interceptações telefônicas, deverí-amos suprir o Estado de meios que respondam à altura o poder das organi-zações criminosas, como forma de preservar a própria sobrevivência estatal, sem descuidar da ponderação com os direitos fundamentais. A sociedade brasileira espera das autoridades competentes que envidem todos os esforços para fazer frente ao combate das ações delitivas, por meio de atuações legíti-mas, eficazes e em consonância com o ordenamento jurídico interno e com os diplomas internacionais de que o Brasil seja signatário. Não se trata de tarefa fácil, ao contrário, é bastante árdua, diante da complexidade da investigação e processamento dos casos envolvendo a criminalidade moderna organizada.

CRIME ORGANIZADO

Referências

ALEXY, Robert. Teoria de los Derechos Fundamentales. Madrid: Centro de Estúdios Constitucionales, 1993.

BARROS, Wellington Pacheco; BARROS, Wellington Gabriel Zuchetto. A Proporcionalidade como princípio de direito. Porto Alegre: Livraria do Advogado, 2006.

BASTOS, Celso Ribeiro. Curso de Direito Constitucional. 13. ed. São Paulo: Saraiva, 1997.

DA SILVA, Eduardo Araújo. Crime Organizado: procedimento probatório. São Paulo: Atlas S.A., 2003.

DE SANCTIS, Fausto Martin. Combate à lavagem de dinheiro: teoria e prática. 1.ed. São Paulo: Millenium, 2008.

FERNANDES, Antonio Scarance. Processo Penal Constitucional. São Paulo: Revista dos Tribunais, 2007.

FERRAZ, Tércio Sampaio. Sigilo de dados: o direito à privacidade e os limites à função fiscalizadora do Estado, Cadernos de Direito Constitucional e Ciência Política, n.1.

GOMES, Abel Fernandes et al; JUNIOR, José Paulo Baltazar; MORO, Sergio Fernando (coords.). Lavagem de dinheiro: comentários à lei pelos juízes das varas especializadas em homenagem ao Ministro Gilson Dipp. Porto Alegre: Livraria do Advogado, 2007.

GOMES, Luiz Flávio; MACIEL, Silvio. Interceptação telefônica: Comentários à Lei n. 9.269, de 24.07.1996. 2. ed. rev. e ampl. São Paulo: Revista dos Tribunais, 2013.

GRECO FILHO, Vicente. Interceptação telefônica: considerações sobre a lei n. 9.269, de 24 de julho de 1996. 2. ed. São Paulo: Saraiva, 2005.

HOUAISS, Antônio; VILLAR, Mauro de Salles. Dicionário Houaiss da língua portuguesa. 1.ed. Rio de Janeiro: Objetiva, 2009, p. 1823.

LENZA, Pedro. Direito Constitucional Esquematizado. 12. ed. São Paulo: Saraiva, 2008.

MENDES, Gilmar Ferreira; COELHO, Inocêncio Mártires; BRANCO, Paulo Gustavo Gonet. Curso de Direito Constitucional. São Paulo: Editora Saraiva, 2008.

MORAES, Alexandre de. Direito Constitucional. 19. ed. São Paulo: Atlas, 2006.

NOVELINO, Marcelo. Direito Constitucional. 2. ed. São Paulo: Método.

SANTOS. Moacyr Amaral. Primeiras Linhas de Direito Processual Civil. São Paulo: Saraiva, 1999, v.2.

NUNES JÚNIOR, Vidal Serrano; ARAÚJO, David Alberto. Curso de Direito Constitucional. 7. ed. São Paulo: Saraiva, 2003.

PEREIRA, Jane Gonçalves Reis. Interpretação Constitucional e Direitos Fundamentais. Rio de Janeiro: Renovar, 2006.

SARMENTO, Daniel. Livres e Iguais: Estudos de Direito Constitucional. São Paulo: Lúmen Júris, 2006.

SILVA, José Afonso da. Curso de Direito Constitucional Positivo. 9. ed. São Paulo: Malheiros, 1992.

_____. Comentário Contextual à Constituição. 2. ed. São Paulo: Malheiros, 2006.

SOUZA, Sérgio Ricardo de. Manual da prova penal constitucional: pós-reforma de 2008. Curitiba: Juruá, 2008.

16
Medidas Cautelares como Meios de Investigação e Fontes de Obtenção de Provas

ANA BRASIL ROCHA

Introdução

A sociedade vem assistindo ao longo dos anos a evolução da criminalidade. Evolução não apenas no modo de execução dos crimes de uma maneira geral, consequência lógica do próprio desenvolvimento da humanidade, decorrente do avanço na tecnologia e da globalização desenfreada.

A mudança mais significativa vem da organização entre criminosos voltada à prática de toda e qualquer espécie de delitos. Trata-se de um ajuste de vontades entre eles, muitas vezes velado, sob o amparo de uma estrutura bem definida, com hierarquia e divisão de funções, nos moldes de uma empresa, mas com finalidades ilícitas, sempre em busca do lucro fácil. Os recursos financeiros que sustentam uma organização voltada à prática de delitos têm origem exatamente nos produtos dos crimes por ela praticados, como roubos, furtos, extorsões, sequestros, tráfico de drogas e armas, com consequências nefastas para a sociedade e, no mais das vezes, indeléveis.

O combate à criminalidade organizada é, pois, um dos maiores desafios do Estado no que tange à política de segurança pública e luta contra a violência. Nasceu, concomitante ao surgimento das organizações criminosas, a necessidade premente da criação de mecanismos próprios para combatê-las, vez que somente os meios de investigação e obtenção de provas tradicionais, já previstos no ordenamento jurídico, mostraram-se completamente obsoletos e ineficazes para tanto. Vale dizer que a defasagem dos meios de investigação instiga os criminosos a cada vez mais aprimorarem-se no cometimento de crimes e permanecerem marginalizados, certos de suas impunidades, escanca-

CRIME ORGANIZADO

rando a ineficiência do Estado no combate à criminalidade, sobretudo sob a forma organizada. A atenção e a dedicação ao aparelhamento do Estado para o fim de prevenção e repressão ao crime organizado merecem, portanto, ser permanentes e incessantes.

Ciente da nova realidade, o legislador, buscando aprimorar as ferramentas jurídicas já existentes no ordenamento pátrio, criou medidas cautelares de investigação, até então inexistentes ou carentes de regulamentação, inserindo-as no sistema por meio de legislação especial ou até mesmo incluindo-as nos Códigos Penal e Processual Penal. Observa-se que as medidas cautelares, como meios de investigação e obtenção de provas, na maior parte das vezes, entram em confronto direto com os direitos e as garantias fundamentais da pessoa humana, assegurados pela Constituição Federal. É de se ressaltar, no entanto, que as garantias fundamentais não são absolutas e, obviamente, socorrendo-se aos princípios da proporcionalidade e da razoabilidade, não podem ser invocadas contra o Estado para impedi-lo de apurar condutas delitivas praticadas na clandestinidade, sob o manto e sombra das inviolabilidades, seja da intimidade, da vida privada, da honra ou do domicílio (artigo 5º, incisos X, XI e XII da Constituição Federal).

Tanto não são absolutas que a própria Constituição Federal as relativiza, conforme se verificam das partes finais dos incisos XI e XII do artigo 5º da Constituição Federal. A edição da Lei 12.850/2013[1], além de definir organização criminosa, dispõe sobre a investigação e meios de obtenção da prova. São possíveis, como procedimentos de investigação e formação de provas: (i) a colaboração premiada; (ii) a captação ambiental de sinais eletromagnéticos, ópticos ou acústicos; (iii) a ação controlada; (iv) o acesso a registros de ligações telefônicas e telemáticas, a dados cadastrais constantes de bancos de dados públicos ou privados e a informações eleitorais ou comerciais; (v) interceptação de comunicações telefônicas e telemáticas, nos termos da legislação específica; (vi) afastamento dos sigilos financeiro, bancário e fiscal, nos termos da legislação específica; (vii) infiltração, por policiais, em atividade de investigação e (viii) cooperação entre instituições e órgãos federais, distritais, estaduais e municipais na busca de provas e informações de interesse da investigação ou da instrução criminal.

A Lei 9.296/96, por sua vez, regulamenta o procedimento para interceptação das comunicações telefônicas que, apesar de não servir apenas a investigações envolvendo organizações criminosas, mostra-se ferramenta hábil para

---

[1] A Lei 12.850, de 02 de agosto de 2013 revogou a Lei 9.034/95 que, até então, regia a utilização de meios operacionais para a prevenção e repressão de ações praticadas por organizações criminosas.

prevenção e repressão do crime organizado. Outro avanço legislativo veio com a Lei 9.613/98, posteriormente alterada pela Lei 12.683/2012, que cuida dos crimes de lavagem ou ocultação de bens, direitos e valores, criando, inclusive, dentro do sistema financeiro, o COAF, órgão voltado à prevenção de ilícitos, cujo escopo principal são as movimentações bancárias suspeitas, que deverão ser comunicadas de imediato aos órgãos responsáveis pelas investigações.

Como se vê, o Estado busca, por meio de instrumentos hábeis e eficazes de investigação, conhecer e reprimir a criminalidade, principalmente sob a sua forma organizada. Mas não se pode olvidar que a mutabilidade é uma característica inerente às organizações criminosas, até como forma de viabilizar suas próprias existências. E é nesse ponto que o Estado, ao lado da concretização de políticas públicas efetivas para evitar a propagação desenfreada da criminalidade, precisa estar atento e, quando possível, antecipar-se, seja com a criação de novos meios de investigação, seja com o aprimoramento dos já existentes, para que tenha condições de lutar com igualdade de armas.

Constata-se, na prática, que a própria medida cautelar de interceptação das comunicações telefônicas, apesar da inquestionável importância como meio de investigação, não se mostra mais tão satisfatória quanto em outras épocas, principalmente pelo fato de os criminosos, sabedores da possibilidade de estarem sendo interceptados, nada de relevante falarem durante as conversas telefônicas, deixando para tratarem de assuntos da criminalidade pessoalmente ou por outros meios insidiosos. Além disso, a facilidade em obter-se, nos dias atuais, uma linha para utilização em aparelho de telefone móvel ("chip"), permite ao criminoso a constante troca de números, dificultando, sobremaneira, o trabalho de investigação, isso sem falar na criação de softwares, capazes de modificar ou codificar a voz do interlocutor. Enfim, eis os problemas que surgem e merecem todo esforço e dedicação por parte dos órgãos responsáveis pela prevenção, repressão e punição da criminalidade.

1. Competência

As medidas cautelares, como meios de investigação, em regra dependem de prévia autorização judicial, em estrita observância às cláusulas de reserva de jurisdição constitucionalmente previstas. Assim, para que se possa iniciar, no bojo de um procedimento de investigação, uma interceptação das comunicações telefônicas do investigado ou para que se possa alcançar a quebra dos sigilos bancário e fiscal, ou ainda para que o órgão responsável pela investigação possa concretizar a infiltração de agente ou operacionalizar a ação controlada, em todos os casos, é indispensável que os pedidos sejam precedidos de análise e autorização do Poder Judiciário. O juiz competente para

CRIME ORGANIZADO

conhecer e decidir sobre tais pedidos é o juiz natural previamente definido de acordo com as regras gerais de competência estabelecidas no Código de Processo Penal (artigos 69 e seguintes).

Importante mencionar, neste particular, que o parágrafo único do artigo 75 do Código de Processo Penal fixa, para conhecimento da ação penal, por prevenção, a competência do juiz que anteriormente houver se manifestado nos autos "para o efeito de concessão de fiança ou da decretação de prisão preventiva ou de qualquer diligência anterior à denúncia ou queixa". Conclui-se do citado dispositivo que o juiz que conhecer do pedido e autorizar uma medida cautelar, como meio de obtenção de prova durante a fase investigatória, tornar-se-á prevento para o conhecimento e julgamento da ação penal, que das provas colhidas resultar.

Tal conclusão leva à outra. No ordenamento jurídico pátrio vigente, apesar da adoção do sistema acusatório, em que as funções de investigar e julgar são bem delineadas e atribuídas a diferentes órgãos, o Poder Judiciário tem grande influência na produção da prova e dela participa ativamente. A questão vai além: o mesmo juiz que participa da fase de investigação é aquele que futuramente irá julgar a causa, o que coloca em risco o exercício da jurisdição com absoluta imparcialidade, como se espera. Tramita, porém, no Congresso Nacional, projeto de lei visando a reforma do atual Código de Processo Penal, com substanciais alterações do sistema processual vigente.

Uma delas é a criação da figura do Juiz das Garantias. De acordo com a exposição de motivos do anteprojeto: "Para a consolidação de um modelo orientado pelo princípio acusatório, a instituição de um juiz de garantias, ou, na terminologia escolhida, de um juiz das garantias, era de rigor. Impende salientar que o anteprojeto não se limitou a estabelecer um juiz de inquéritos, mero gestor da tramitação de inquéritos policiais. Foi, no ponto, muito além. O juiz das garantias será o responsável pelo exercício das funções jurisdicionais alusivas à tutela imediata e direta das inviolabilidades pessoais. A proteção da intimidade, da privacidade e da honra, assentada no texto constitucional, exige cuidadoso exame acerca da necessidade de medida cautelar autorizativa do tangenciamento de tais direitos individuais. O deslocamento de um órgão da jurisdição com função exclusiva de execução dessa missão atende à duas estratégias bem definidas, a saber: a) a otimização da atuação jurisdicional criminal, inerente à especialização na matéria e ao gerenciamento do respectivo processo operacional; e b) manter o distanciamento do juiz do processo, responsável pela decisão de mérito, em relação aos elementos de convicção produzidos e dirigidos ao órgão da acusação. Evidentemente, e como ocorre em qualquer alteração na organização judiciária, os tribunais desempenharão um papel de fundamental importância na afirmação do juiz das garantias, especialmente no estabelecimento de regras de substituição nas pequenas comarcas. No entanto, os proveitos que certamente serão alcançados justificarão plenamente os esforços nessa direção".

O Projeto de Lei do Senado Federal n. 156/2009[2], no Capítulo II, do Título II, se aprovado como está, criará a figura do Juiz das Garantias, definindo-o como o responsável pelo controle da legalidade da investigação criminal e pela salvaguarda dos direitos individuais cuja franquia tenha sido reservada à autorização prévia do Poder Judiciário. Como se vê, as mudanças que se avizinham são fundamentais para consagrarem, de uma vez por todas, o sistema acusatório puro em nosso sistema processual penal, afastando os juízes da causa de funções que não lhes são típicas, como é o caso da participação efetiva na formação da prova na fase investigatória e, por outro lado, prestigiando o Ministério Público não apenas como órgão de acusação, mas também como órgão de investigação, função precípua que decorre logicamente das funções institucionais previstas no artigo 129 da Constituição Federal. Vale consignar, por fim, que em 03 de maio de 2006 o Conselho Nacional de Justiça recomendou aos Tribunais Estaduais e Federais a criação de varas especializadas para processar e julgar delitos praticados por organizações criminosas, preocupando-se, inclusive, com a composição plural de juízes a integrá-las. Os Tribunais de Justiça dos Estados de Alagoas, Pará e Mato Grosso, que já adotaram as varas especializadas, revelam ganhos inestimáveis com a iniciativa, sobretudo na agilidade da tramitação dos procedimentos, que são, por sua própria natureza, por demais complexos, bem como na eficiência da prestação jurisdicional, ante os benefícios da especialidade.

O crescimento da criminalidade organizada no país e o constante aprimoramento no modo de execução dos delitos praticados, realidades cada vez mais custosas para a sociedade, não apenas no que se refere à dificuldade de investigar, mas também com relação ao anseio da efetivação da tutela jurisdicional rápida, eficiente e proporcional, passam a exigir do Estado uma atuação firme e corajosa. Para tanto, além de proporcionar, com previsão legal, meios investigativos mais avançados, como as medidas cautelares, é salutar a criação de varas especializadas, como as recomendadas pelo CNJ, já experimentadas em alguns Estados, que têm se mostrado satisfatórias para o fim a que se destinam e acompanham, na medida do possível, tanto em estrutura, quanto em serviço de inteligência, a própria evolução das organizações criminosas.

---

[2] Atualmente ainda em trâmite perante a Câmara dos Deputados (Projeto de Lei n. 8.045/2010).

CRIME ORGANIZADO

2. Interceptação das Comunicações Telefônicas

Trata-se de importante e eficaz ferramenta colocada à disposição do Estado para subsidiar a colheita de provas destinadas à comprovação da autoria e da materialidade de crimes diversos, sobretudo daqueles praticados por organizações criminosas. Consiste na captação (e gravação) de conversas telefônicas, com prévia autorização judicial, mantidas por outras pessoas, que não o interceptor. Desde a promulgação da Constituição Federal de 1988, a regra geral de inviolabilidade do sigilo das comunicações telefônicas, expressada como garantia fundamental da pessoa humana, foi excepcionada, atendendo aos princípios da razoabilidade e da proporcionalidade, admitindo-se, para fins de investigação criminal ou instrução processual penal, a captação de conversas, mediante autorização judicial.

Com efeito, de uma maneira geral, as garantias fundamentais da pessoa humana não são – e nem poderiam ser – absolutas, principalmente quando se verifica que, sob a roupagem de "garantias", são muitas vezes invocadas por criminosos para camuflarem a prática de toda sorte de delitos. Nesse ponto, além dos princípios da razoabilidade e da proporcionalidade, a sobreposição do interesse público ao interesse privado justifica plenamente a relativização da garantia fundamental, no caso específico, da inviolabilidade do sigilo das comunicações telefônicas. Inicialmente o legislador incluiu a interceptação telefônica como fonte de obtenção de prova no rol dos meios operacionais utilizados para prevenção e repressão de ações praticadas por organizações criminosas, previsto na Lei 9.034, de 03 de maio de 1995, rol atualmente regulamentado pela Lei 12.850/2013, que aperfeiçoou os mecanismos de combate às organizações criminosas.

Mas foi quase oito anos após a promulgação da Constituição Federal, que a Lei 9.296, de 24 de julho de 1996, veio integrar o ordenamento jurídico pátrio, regulamentando o citado dispositivo constitucional que excepciona a regra e permite a interceptação de comunicações telefônicas, dando, assim, efetividade ao meio operacional desejado. Já não era sem tempo, vez que no período de omissão legislativa tão relevante meio de investigação, por vezes, era obstado pelo Poder Judiciário sob o fundamento de ausência da norma regulamentadora, gerando, além de odiosa insegurança jurídica, decisões conflitantes dentro do próprio Poder Judiciário, na medida em que a autorização judicial ora era concedida com base no Código de Telecomunicações, ora era simplesmente denegada por falta de regulamentação legal.

Superada a controvérsia com a edição da lei ordinária, o pedido de interceptação de comunicações telefônicas como meio de investigação passou a ser submetido ao crivo judicial, mediante o preenchimento de requisitos

322

previamente estabelecidos em lei, tornando-se ferramenta imprescindível às investigações criminais de maior complexidade, sobretudo àquelas voltadas à repressão de organizações criminosas.

Uma das principais vantagens em conduzir uma investigação por meio da interceptação telefônica é a possibilidade de entender e conhecer a fundo, em tempo real, a forma e o meio com que agem os investigados, os locais em que atuam, assim como suas vontades direcionadas às novas práticas delitivas, além da identificação de outras pessoas envolvidas nos crimes, permitindo ao órgão responsável pela investigação um trabalho de inteligência, cujo resultado será, na medida do possível, mais próximo da perfeição, seja no que se refere à identificação de todos os integrantes de uma mesma organização criminosa, por exemplo, seja no impedimento da consumação de delitos mais graves. É que, não se pode esquecer, a ilimitada evolução tecnológica e a globalização desenfreada que representam a sociedade atual permitem aos criminosos o aperfeiçoamento e a mudança constantes dos modos de execução de delitos, cabendo ao Estado, repita-se, acompanhar as significativas alterações e evoluções também na seara dos meios investigativos, sob pena de ser deixado para trás, no que tange ao sucesso e à eficácia das investigações. Não se pode pensar em combater uma organização criminosa sem que haja o conhecimento pleno de seu esqueleto, dos detalhes de sua complexa estrutura e do modo de seu funcionamento, o que apenas se atinge com a utilização de meios eficazes de investigação. Obviamente, no mais das vezes, a interceptação telefônica, por si só, não é capaz de permitir a elucidação cabal de uma prática delitiva ou trazer à tona a existência de uma organização criminosa completa.

O que se quer dizer é que a interceptação telefônica não deve ser utilizada como único meio de prova ao longo de uma investigação, prescindindo de outras diligências que se mostram tão úteis quanto. Apesar de ter se revelado uma ferramenta indispensável aos órgãos responsáveis pela persecução criminal, é certo que outras medidas podem e devem ser realizadas paralelamente à duração da escuta telefônica, auxiliando na produção da prova, para que se alcance um melhor resultado ao final do procedimento investigatório, com a construção de um farto e consistente conjunto probatório, que futuramente irá subsidiar a ação penal e dar ensejo a um decreto condenatório. Pode-se citar, como exemplos, os demais meios operacionais previstos na Lei 12.850/2013, especialmente a captação ambiental de sinais eletromagnéticos, ópticos ou acústicos, a ação controlada e a infiltração de agentes, bem como a medida cautelar de busca e apreensão que, da mesma forma, se revelam meios eficazes de investigação criminal. A Lei 9.296/96 prevê requisitos mínimos

CRIME ORGANIZADO

para viabilizar o pedido de autorização judicial para interceptação de comunicações telefônicas e estabelece formalidades para consecução da medida.

De início, exige-se que a medida cautelar de interceptação seja destinada à produção de prova em investigação criminal ou instrução processual penal (artigo 1º da Lei 9.296/96), sendo imprescindível, portanto, a existência, ao menos, de um procedimento de investigação criminal instaurado para possibilitar o pedido. Por outro lado, a lei é clara ao impedir que tal meio de prova seja autorizado com o fim de instruir procedimento de outra natureza, que não o criminal. Situação bastante controversa surge quando se questiona a possibilidade de utilização da prova obtida por meio de interceptação telefônica, vale dizer, depois de produzida, em procedimentos de natureza diversa, i.e, em procedimentos cíveis e administrativos. Não parece razoável impedir a utilização da prova emprestada em outros procedimentos, mormente quando o objeto e as pessoas investigadas se confundem. É o que ocorre, por exemplo, em situações envolvendo corrupções de agentes públicos que, por seus atos, respondem tanto na esfera criminal, como nas esferas cível e administrativa.

A partir do momento em que a prova foi obtida de forma lícita, devidamente autorizada por juízo competente, não há motivo que justifique não ser aproveitada em outro procedimento, desde que, por óbvio, haja relevância e necessidade, resguardando-se o natural sigilo da medida pelo juízo receptor, não se olvidando, ainda, sejam devidamente respeitados os direitos ao contraditório e à ampla defesa. Nesse sentido, os Tribunais Superiores têm proferido seguidas decisões[3]. Solução diversa poderia levar, hipoteticamente, a um resultado esdrúxulo: a condenação do investigado na esfera criminal e, concomitantemente, a absolvição, pelo mesmo fato, na esfera cível, por ausência de provas suficientes.

A opção legislativa para estabelecer as hipóteses em que a interceptação das comunicações telefônicas é admitida como meio de investigação foi especificar as situações em que não se autoriza a medida, o que implica em dizer que, não se encaixando nas restrições legais, a medida cautelar pode ser autorizada pelo juiz (artigo 2º da Lei 9.296/96). Não se admite a interceptação de comunicações telefônicas quando não houver indícios razoáveis da autoria ou da participação em infração penal; quando a prova puder ser feita por outros meios disponíveis e quando o fato investigado constituir infração penal

---

[3] STF: Pet. 3683-QO/MG – Min. Cezar Peluzo – julgado em 13/08/08; Inq. 2725-QO/SP – Min. Carlos Britto – julgado em 25/06/08; Inq. 2424-QO-QO/SP – Min. Cézar Peluzo – julgado em 20/06/07. STJ: AgRg na APn 536/BA – Min. Eliana Calmon – julgado em 02/02/09 e MS 13501/DF – Min. Félix Fischer – julgado em 10/12/08.

MEDIDAS CAUTELARES COMO MEIOS DE INVESTIGAÇÃO E FONTES DE OBTENÇÃO...

punida, no máximo, com pena de detenção. Como regra geral, comprovada a presença do fumus boni iuris, sendo o fato investigado correspondente à infração penal punida com reclusão e, no momento, sendo o único meio eficaz de produção da prova, admite-se a interceptação da comunicação telefônica.

Importante ressaltar que a medida de interceptação é admitida para investigação de diversos delitos que não apenas aqueles praticados por organizações criminosas. A ferramenta não é usada, portanto, de forma exclusiva no combate ao crime organizado, mas, neste particular, tem grande relevância e se mostra imprescindível para reprimi-lo. A exclusão de delitos apenados com detenção e prisão simples, nos casos das contravenções penais, impossibilita a investigação, por este meio, de ilícitos que, embora classificados pelo legislador como de pequeno potencial ofensivo, revelam-se, por seus efeitos à integridade física do indivíduo ou à sociedade, sérios e preocupantes, como a ameaça e a prática da contravenção penal de jogos de azar ("jogo do bicho"). Este o preço pago pela adoção simples de critério amplo e objetivo – crimes apenados com reclusão -, sem aferição subjetiva das condutas típicas que realmente mereceriam especial atenção do legislador, no que diz respeito à forma de combate à criminalidade.

No que se refere à demonstração do fumus boni iuris, vale destacar importante lição da obra Crime Organizado – Procedimento Probatório, de Eduardo Araújo da Silva, Ed. Atlas, 2ª edição, p. 87:

> (...) Ao se referir a "indícios suficientes", a lei não exige prova segura da autoria ou participação, mas notícias indiretas ou ilações de outros fatos que autorizem a conclusão de que está envolvido com o crime apurado. Em relação à criminalidade organizada, vale lembrar que seus autores geralmente se escondem nas sombras da clandestinidade para praticar seus crimes, o que, aliado a "lei do silêncio" que impera nas organizações, dificulta a obtenção de prova quanto a suas participações. Não há que se confundir, todavia, indícios suficientes com meras suspeitas sem amparo fático ou conjecturas desvinculadas da realidade.

Preenchidos os requisitos legais, o pedido de interceptação das comunicações telefônicas deverá atender certas formalidades, também previstas na lei, para que possa ser atendido. De início, estabelece o artigo 3º da Lei 9.296/96 que o requerimento poderá ser formulado pela autoridade policial na investigação criminal ou pelo representante do Ministério Público, na investigação criminal e na instrução processual penal. É curioso, no entanto, o disposto no caput do artigo 3º, que estabelece a possibilidade de o juiz determinar, de ofício, a medida de interceptação. Tal dispositivo, nada usual na prática, fere a Constituição Federal, na medida em que permite ao juiz agir de ofício na fase de investigação, afrontando o sistema acusatório vigente no ordenamento jurídico pátrio e, com isso, quebrando a imparcialidade que é característica inerente à função judicante. O poder de determinar a interceptação das comunicações telefônicas de ofício pelo juiz só pode ser admitido na fase de instrução processual criminal, como medida apta à busca da verdade real. A abrangência da medida cautelar autorizada pelo juiz não se restringe à escuta e gravação das conversas travadas entre o investigado e terceiros, que tenham interesse para a investigação. Por certo que o conteúdo das conversas é geralmente o que traz mais valor à prova produzida, porque revela a realidade exatamente como ela é e os fatos exatamente como se deram, mas não se pode olvidar que a quebra do sigilo das comunicações traz ao conhecimento do órgão responsável pela investigação importantes elementos que auxiliam também na elucidação dos crimes.

Tais elementos consistem nos dados e nos registros cadastrais em poder das operadoras de telefonia. Os dados cadastrais revelam a qualificação do titular da linha interceptada. Os registros, por sua vez, revelam data, hora e duração das ligações efetuadas ("lista-régua"), assim como identificam os destinatários de tais ligações, possibilitando um cruzamento de dados que, muitas vezes, permite a identificação de comparsas na empreitada criminosa investigada. Além de tais dados e registros, a tecnologia atual permite que a operadora de telefonia móvel identifique, por meio da antena utilizada para captar o sinal da ligação, a região em que se encontram o emissor e o receptor de chamadas (acesso às Estações de Rádio-Base – ERBS's), viabilizando, com isso, importantes diligências, como campanas pelos investigadores, acompanhamento dos alvos durante uma ação controlada e até mesmo elucidação de crimes já consumados em que o suspeito fez uso de aparelho móvel celular no local do crime, como vem ocorrendo com maior frequência nos últimos tempos, ajudando a desvendar complexos casos de homicídios.

Há controvérsia doutrinária e jurisprudencial estabelecida acerca do alcance do sigilo das comunicações telefônicas que dependa de autorização judicial para ser quebrado. Entretanto, da análise sistemática das normas que regem a questão, conclui-se que o acesso a dados e registros em poder das operadoras de telefonia deve se dar de forma direta pelo Ministério Público, por força de requisição. Isto porque, o sigilo é limitado ao conteúdo das conversas mantidas pelo investigado (conteúdo este constitucionalmente protegido pela inviolabilidade da intimidade, da honra e da vida privada), mas não alcança os dados e os registros, que podem ser obtidos por requisição direta do Ministério Público, amparada no artigo 129, inciso VI da Constituição Federal e artigo 26, incisos I, "b" e II da Lei 8.625/93 (Lei Orgânica

Nacional do Ministério Público), norma repetida no artigo 104, inciso I, "b" da Lei 7.34/93 (Lei Orgânica do Ministério Público do Estado de São Paulo).

O advento da Lei 12.850/2013 dirimiu somente em parte a controvérsia, permitindo ao Ministério Público e ao Delegado de Polícia, independentemente de autorização judicial, apenas o acesso aos dados cadastrais do investigado "que informem exclusivamente a qualificação pessoal, a filiação e o endereço mantidos pela Justiça Eleitoral, empresas telefônicas, instituições financeiras, provedores de internet e administradoras de cartão de crédito" (artigo 15). Remanesce a questão com relação ao acesso direto dos registros das ligações telefônicas, ou seja, data, hora e duração das ligações efetuadas ("lista-régua"), assim como identificação dos destinatários de tais ligações. Entretanto, ainda que os registros não tenham sido expressamente contemplados no artigo 15 da Lei 12.850/2013, como dito, a interpretação sistemática do ordenamento jurídico permite ao Ministério Público o acesso direto a tais informações, decorrente do poder de requisição previsto na Constituição Federal, uma vez que o sigilo protege apenas o conteúdo das conversas mantidas pelo investigado.

Ainda na esteira de acompanhar as evoluções tecnológicas e a par do avanço conquistado no setor de telecomunicações com o advento da internet, a Lei 9.296/96, no parágrafo único do artigo 1º, andou bem ao estender a possibilidade de interceptação também ao "fluxo de comunicações em sistemas de informática e telemática", permitindo, assim, a interceptação de correios eletrônicos (emails), mensagens de texto encaminhadas por meio de aparelhos celulares e conversas travadas por meio da internet e programas de computador. A possibilidade trazida no parágrafo único do artigo 1º da Lei 9.296/96 é consectário lógico da própria finalidade do meio de investigação e impedi-lo, nesses casos, tornaria a inviolabilidade desta garantia (do sigilo das comunicações em sistemas de informática e telemática) absoluta, o que não é razoável, até mesmo diante da própria relatividade da inviolabilidade do sigilo das comunicações telefônicas e dos direitos fundamentais, de um modo geral.

O Projeto de Lei Anticrime encaminhado pelo Ministro da Justiça Sérgio Moro ao Congresso Nacional no início de 2019 acrescenta o artigo 9º-A à Lei 9.296/96, estabelecendo que "A interceptação de comunicações em sistemas de informática e telemática poderá ocorrer por qualquer meio tecnológico disponível desde que assegurada a integridade da diligência e poderá incluir a apreensão do conteúdo de mensagens e arquivos eletrônicos já armazenado em caixas postais eletrônicas." A inclusão legislativa pretendida visa assegurar ao órgão de investigação, com a autorização judicial para interceptação de comunicações em sistemas de informática e telemática, o acesso não apenas ao conteúdo de mensagens e arquivos obtidos durante o período da intercep-

CRIME ORGANIZADO

tação, como também ao conteúdo das mensagens e dos arquivos eletrônicos já armazenados nas caixas postais, evitando-se, assim, questionamentos acerca da abrangência da medida cautelar.

O prazo máximo concedido pelo juiz para duração da medida é quinze dias, podendo ser renovado por igual período (artigo 5º da Lei 9.296/96). O que é rígido é o prazo de duração da autorização, mas não a quantidade de renovações possíveis, cuja imprescindibilidade só poderá ser aferida no caso concreto, diante da necessidade de continuação das investigações, sobretudo naquelas de maior complexidade, como ocorrem nas apurações de práticas delitivas envolvendo organizações criminosas com integrantes inseridos no sistema penitenciário. A questão parece estar superada na jurisprudência que, salvo poucas decisões isoladas, firmou entendimento acerca da possibilidade de renovação sucessiva da autorização judicial para interceptação das comunicações telefônicas enquanto perdurarem os motivos que a justificaram e enquanto for necessária à investigação[4]. Até porque o pedido de renovação pressupõe nova análise e fundamentação judicial, o que é suficiente para obstar eventual abuso no prosseguimento da medida investigativa.

Algumas polêmicas acerca do procedimento da interceptação telefônica surgem no curso do processo penal, muitas delas a partir de teses defensivas. Questiona-se, ao longo da instrução criminal, acerca da necessidade de degravação integral das conversas interceptadas pelo órgão responsável pela medida, o que, saliente-se, não é exigência legal. Observa-se da análise do artigo 6º da Lei 9.296/96 que, apesar de fazer menção à transcrição da comunicação interceptada que puder ser gravada, o legislador exigiu que o órgão responsável pela medida apresente auto circunstanciado do resultado da interceptação, que deverá conter o resumo das operações realizadas. Ora, é notório que ao final de uma investigação que teve por base a interceptação telefônica muitas das conversas captadas não tem qualquer relevância para o objeto da investigação. Exigir-se a transcrição integral dessas conversas, além de ferir o bom senso e ser contraproducente, pode colocar em risco a inviolabilidade da honra e da vida privada de outras pessoas, que não aquelas investigadas no procedimento. Ademais, a prova produzida, em si, está no próprio áudio gravado, este sim disponível em sua integralidade à defesa, a permitir a efetivação do contraditório. A jurisprudência dos Tribunais Superiores vinha se consolidando no sentido da desnecessidade de degravação integral do áudio[5].

[4] STF: RHC 85575/SP – Min. Joaquim Barbosa, j. 28/03/2006.
[5] STF: AI 685878 AgR/RJ – Min. Ricardo Lewandowski – julgado em 05/05/09; Inq 2424/RJ – Min. Cézar Peluzo – julgado em 26/11/2008.

A questão estava longe de ser pacificada, principalmente após decisão do Plenário do Supremo Tribunal Federal, nos autos do Agravo Regimental interposto na Ação Penal nº 508 do Amapá, concluindo, por maioria de votos, que a transcrição integral das conversas interceptadas é formalidade essencial à validade da prova[6]. Finalmente o Supremo Tribunal Federal, na 1ª sessão de julgamentos realizada em 2019, percebeu o equívoco e, nos autos do Agravo Regimental interposto pelo Ministério Público Federal, também por maioria, corrigiu a ementa anterior, por entender que ela não refletia com fidelidade os fundamentos do acórdão proferido nos autos da Ação Penal nº 508 do Amapá.

A ementa foi, então, assim reescrita: "Não é necessária a degravação integral das conversas oriundas de interceptações telefônicas, bastando a degravação dos excertos que originaram a denúncia e a disponibilização do conteúdo integral das interceptações telefônicas realizadas. Caso o relator entenda necessário, poderá determinar a degravação integral das interceptações telefônicas promovidas". Como bem ponderado por Antônio Scarance Fernandes na obra Processo Penal Constitucional, 6ª Edição, Revista dos Tribunais, p. 100:

> Manifesta-se tendência nos tribunais superiores de permitir degravação parcial, principalmente em virtude da dificuldade de serem transcritos todos os diálogos de períodos extensos de interceptação e da preocupação com o resguardo da vida privada de terceiros, estranhos ao objeto do processo, cujos diálogos foram interceptados.

O pedido da defesa para realização obrigatória de perícia na voz interceptada, quando o investigado nega ser sua determinada conversa captada, também é questão tormentosa, não apenas pela insuficiência de recursos por parte do Estado para realização de perícias desta natureza em todos os casos que envolvem interceptações telefônicas, ocasionando o estancamento de ações penais até a conclusão da perícia, como também, e principalmente, pela desnecessidade da produção de tal prova na maioria das vezes, uma vez que a confirmação pretendida é possível de se alcançar por outros meios.

Com efeito, apesar da negativa do acusado, pode-se confirmar por outras formas que as conversas captadas foram por ele mantidas, como por exemplo, por meio de diligências concomitantes à interceptação em que se busca a identificação do interlocutor, seja pela obtenção dos dados e registros cadastrais,

---

[6] STF: Ag. Reg. Na Ação Penal 508 Amapá, rel. Min. Marco Aurélio, julgado em 07/02/2013, publicado no DJE de 19/08/2013 com a seguinte ementa: "INTERCEPTAÇÃO TELEFÔNICA – MÍDIA – DEGRAVAÇÃO – A degravação consubstancia formalidade essencial a que os dados alvo da interceptação sejam considerados como prova – artigo 6º, § 1º, da Lei 9.296/96".

CRIME ORGANIZADO

seja por meio do serviço de inteligência que consegue identificá-lo pelo apelido, pela forma como ele chama outras pessoas de seu convívio que surgem nas escutas telefônicas, pelo lugar que frequenta ou até mesmo pela apreensão do aparelho telefônico na posse do investigado. Enfim, seja qual for a diligência realizada, se por outra forma puder ser confirmado que o investigado de fato era o interlocutor das conversas captadas, a perícia da voz torna-se absolutamente desnecessária[7].

3. Quebra dos Sigilos Fiscal, Bancário e Financeiro

As informações pessoais acerca de movimentações financeiras e bancárias, assim como aquelas fornecidas à Receita Federal, patrimoniais ou financeiras, estão protegidas pelo sigilo, com o mesmo fundamento existente para o sigilo das comunicações telefônicas. Apesar de não haver previsão expressa na Constituição Federal assegurando referida inviolabilidade, o sigilo das informações bancárias e fiscais encontra amparo nas garantias de inviolabilidade à intimidade e à vida privada, estas sim previstas expressamente na Constituição Federal, na forma de garantias fundamentais da pessoa humana.

Interessante, porém, o raciocínio de Marcelo Batlouni Mendroni na obra já referida (fls. 140), aqui transcrito para reflexão:

> (...) Seriam, assim, considerados "dados protegidos pela intimidade das pessoas" os depósitos e saques bancários, a sua procedência, as datas das operações; em suma, a movimentação financeira de contas correntes e aplicações. E cabe, então, a pergunta: a movimentação bancária de um indivíduo deveria, de fato, estar inserida no âmbito da "intimidade" de uma pessoa? Apesar do teor da lei, de se indagar, o que há de "íntimo" na riqueza de um indivíduo? Sim, porque o contrário – na "pobreza", por intuição, nada há de "íntimo" (...).

De qualquer forma, estabelecido o sigilo das informações, fiscais ou bancárias, o fundamento para relativizá-lo é similar ao da exceção criada ao sigilo das comunicações telefônicas, isto é, não existem direitos absolutos, mormente quando o sigilo é utilizado de forma abusiva para prática de crimes na clandestinidade. Neste caso, o interesse público sobrepõe-se ao interesse privado e, havendo indícios suficientes da prática de crimes, é possível a quebra dos sigilos fiscal e bancário, cujos elementos obtidos poderão subsidiar uma investigação. Referidas medidas cautelares são, pois, instrumentos valiosos para persecução criminal de quase todos os delitos que possam resultar em proveito eco-

---

[7] STF: RHC 91162/RJ – Min. Carmen Lúcia – julgado em 26/06/2007.

nômico ao agente, mas ganham especial relevância na apuração de crimes de lavagem ou ocultação de bens, direitos e valores (Lei 9.613/98) e nos crimes praticados por organizações criminosas.

Note-se que uma organização criminosa não sobrevive sem bens e capital e, pressupondo que grande parte do patrimônio que a sustenta, em regra, é obtido por meios ilícitos, faz surgir para ela, organização criminosa, a necessidade de ocultar e "lavar" os bens oriundos do crime, camuflando sua origem, dissimulando seu destino, para que, ao final, tais bens possam voltar para as mãos dos criminosos, com ares de aparente legalidade.

Atento ao fato, o legislador incluiu, no rol dos meios operacionais para prevenção e repressão de ações praticadas por organizações criminosas, o afastamento dos sigilos financeiro, bancário e fiscal do investigado, visando à formação da prova (artigo 3º, inciso VI da Lei 12.850/2013). A quebra do sigilo fiscal, por meio da obtenção da Declaração de Renda fornecida anualmente por todos à Receita Federal, é importante instrumento de investigação capaz de revelar, por exemplo, a existência de patrimônio incompatível com a atividade desenvolvida por alguém ou o seu significativo aumento, sem aparente causa, a indicar a provável origem espúria dos bens que integram o patrimônio do investigado, e seu consequente enriquecimento ilícito.

A identificação de bens e valores obtidos de forma ilícita permitirá, ainda, o futuro sequestro e perdimento dos bens em processo criminal, além da subsunção da conduta ao tipo penal previsto no artigo 1º da Lei 9.613/98, com a redação dada pela Lei 12.683/2012. A Lei Complementar 105, de 10 de janeiro de 2001, que trata do sigilo das operações financeiras, prevê, no artigo 3º, a obrigação do Banco Central do Brasil, da Comissão de Valores Mobiliários e das instituições financeiras prestarem as informações ordenadas pelo Poder Judiciário. Já o § 4º do artigo 1º da citada lei estabelece as hipóteses em que o sigilo poderá ser quebrado, para apuração de qualquer ilícito, elencando os seguintes crimes: I – terrorismo, II – tráfico ilícito de drogas, III – contrabando ou tráfico de armas, munições ou material destinado à sua produção, IV – extorsão mediante sequestro, V – contra o sistema financeiro nacional, VI – contra a Administração Pública, VII – contra ordem tributária e a previdência social, VIII – lavagem de dinheiro ou ocultação de bens, direitos e valores e IX – crimes praticados por organizações criminosas.

A simples leitura do disposto no § 4º faz concluir que o rol trazido pela lei é meramente exemplificativo, admitindo-se, portanto, a quebra do sigilo em face da prática de outros crimes não previstos na lei, desde que haja autorização judicial. É certo que, ainda que a lei não tenha limitado a fundo a medida restritiva, o juiz deverá analisar, no caso concreto, de acordo com o princí-

CRIME ORGANIZADO

pio da proporcionalidade, a efetiva necessidade da quebra dos sigilos fiscal e bancário para a investigação.

Outro ponto que difere esta medida cautelar da interceptação da comunicação telefônica é a abrangência da destinação e a finalidade da prova. Enquanto para obter-se uma autorização judicial para interceptação telefônica exige-se que a finalidade seja a produção de prova em investigação criminal e em instrução processual penal, a quebra dos sigilos fiscal e bancário pode ser obtida em procedimentos de natureza cível ou administrativa. Assim, admite-se que a quebra dos sigilos bancário e fiscal, por exemplo, seja pleiteada no inquérito civil, como medida cautelar preparatória ao ajuizamento de uma ação civil pública por improbidade administrativa. Sabedor da importância da obtenção de dados referentes às movimentações bancárias e financeiras na apuração de crimes praticados por organizações criminosas, como a lavagem e a ocultação de dinheiro, o legislador criou outra forma de quebra do sigilo, de maneira direta pelo Poder Executivo, por meio do Conselho de Controle de Atividades Financeiras – COAF, ligado ao Ministério da Fazenda.

O artigo 14 da Lei 9.613/98 estabelece que a finalidade do Conselho é "disciplinar, aplicar penas administrativas, receber, examinar e identificar as ocorrências suspeitas de atividades ilícitas previstas nesta Lei, sem prejuízo da competência de outros órgãos e entidades". Com isso, o COAF tem o dever de comunicar as autoridades competentes para a instauração de procedimentos cabíveis, quando concluir pela existência de crimes previstos na Lei 9.613/98, de fundados indícios de sua prática ou de qualquer outro ilícito (artigo 15). As informações obtidas pelo COAF são levantadas por meio de elementos fornecidos pelo Banco Central do Brasil, pela Comissão de Valores Mobiliários, instituições financeiras e demais órgãos de fiscalização (inteligência dos artigos 9, 10 e 11 da Lei 9.613/98 c.c artigos 1º, § 3º, inciso IV, 2º, § 6º e 9º da Lei Complementar 105/2001).

Surge aqui novamente a questão da possibilidade de requisição direta pelo Ministério Público, sem necessidade de autorização judicial, visando à obtenção de dados e informações acerca de movimentações bancárias do investigado, acobertados pelo sigilo. Com relação aos dados cadastrais, o raciocínio é idêntico ao relacionado aos dados cadastrais das comunicações telefônicas e o amparo legal também está estabelecido no artigo 129, inciso VI da Constituição Federal e artigo 26, incisos I, "b" e II da Lei 8.625/93 (Lei Orgânica Nacional do Ministério Público), norma repetida no artigo 104, inciso I, "b" da Lei 734/93 (Lei Orgânica do Ministério Público do Estado de São Paulo).

A Lei 12.683/2012, que trouxe modificações à Lei 9.613/98, aperfeiçoando-a, inseriu o artigo 17-B no texto (com redação semelhante ao artigo 15 da Lei

12.850/2013) estabelecendo o acesso direto do Ministério Público e da Autoridade Policial exclusivamente aos dados cadastrais do investigado. Especificamente no que toca às movimentações bancárias e financeiras do investigado, como depósitos, saques, emissões de cheques e transferências bancárias, por exemplo, parece evidente o poder de requisição direta do Ministério Público, sem a necessidade de prévia autorização judicial para obtenção das informações.

É que a própria lei estabelece que o Ministério Público é o destinatário direto das informações colhidas pelos órgãos que representam o sistema financeiro do Estado, quando estes verificarem a ocorrência de crime definido em lei como de ação pública ou indícios da prática de tais crimes, inclusive recebendo a documentação pertinente (artigo 9º da Lei Complementar 105/2001). Ora, se as informações e os documentos são remetidos ao Ministério Público sem prévia autorização judicial, ainda quando verificados apenas indícios da prática de crimes – o que acarretará a necessária instauração de um procedimento de investigação, não há lógica ou razoabilidade em impedir que, ao longo de uma investigação, possa o Ministério Público requisitar diretamente, dentro de um procedimento de investigação previamente instaurado, destes mesmos órgãos, as informações e documentos que lhe sejam imprescindíveis à apuração de práticas delitivas, simplesmente porque sua iniciativa antecedeu à comunicação legal dos órgãos competentes. Ou seja, o que o Ministério Público busca chegará às suas mãos, independente de requisição, pelos órgãos competentes, sem que estes tenham que colher prévia autorização judicial para o compartilhamento das informações financeiras e documentação respectiva.

4. Busca e Apreensão

A medida cautelar de busca e apreensão consiste em meio de prova, com previsão legal no artigo 240 e seguintes do Código de Processo Penal. Tem por finalidade (i) prender criminosos; (ii) apreender coisas achadas ou obtidas por meios criminosos; (iii) apreender instrumentos de falsificação ou de contrafação e objetos falsificados ou contrafeitos; (iv) apreender armas e munições, instrumentos utilizados na prática de crime ou destinados a fim delituoso; (v) descobrir objetos necessários à prova de infração ou à defesa do réu; (vi) apreender cartas, abertas ou não, destinadas ao acusado ou em seu poder, quando haja suspeita de que o conhecimento do seu conteúdo possa ser útil à elucidação do fato; (vii) apreender pessoas vítimas de crimes ou (viii) colher qualquer elemento de convicção.

Como se vê, a lei estabelece algumas hipóteses em que se admite o cumprimento da medida cautelar, mas não exaure as possibilidades em que esta

CRIME ORGANIZADO

é admitida, o que se infere da última alínea: "colher qualquer elemento de convicção". A previsão legal da medida cautelar de busca e apreensão não é nova no ordenamento jurídico pátrio, ao contrário de outras criadas por força da evolução das práticas delitivas, propiciada no mais das vezes pelo avanço tecnológico e globalização, como é o caso, por exemplo, da interceptação das comunicações telefônicas. Mas, ainda que não tenha sido criada especificamente como meio de prova apto ao combate de crimes mais complexos, certo é que tal medida cautelar mostra-se, ao lado das demais, bastante útil e valiosa para obtenção de provas destinadas ao combate de organizações criminosas. Isto porque, como já dito, a estrutura de organizações criminosas é complexa e amparada, no mais das vezes, por recursos tecnológicos, que dificultam a obtenção, por parte do órgão investigador, de documentos comprobatórios da prática delitiva.

Além disso, valendo-se da garantia constitucional da inviolabilidade, desta vez do domicílio (artigo 5º, inciso XI da Constituição Federal), os criminosos mantêm em suas residências ou escritórios grande parte dos documentos e informações necessárias ao desenrolar da atividade delituosa, além de produtos e objetos do crime. Buscas e apreensões resultam, além da obtenção da prova da materialidade do crime em si, como armas e drogas, na revelação de documentos imprescindíveis à demonstração do modus operandi da organização criminosa, como dados de contas bancárias utilizadas para lavagem do dinheiro, contracheques, extratos bancários, bens adquiridos com o produto do crime, correspondências, sem falar nos documentos gravados por meios magnéticos, sendo de especial relevância a apreensão de computadores (HDs), disquetes, CDs, pendrives, DVDs e etc.

Assim, a medida cautelar de busca e apreensão mostra-se como importante ferramenta, ao lado de outras, para formação do conjunto probatório ao longo da investigação e deve, sempre que possível (e necessário), e no momento oportuno, ser utilizada pelo órgão responsável pela investigação. A lei exige que o cumprimento da medida de busca e apreensão seja feito durante o dia e precedido de autorização judicial, quando o local do cumprimento importar no domicílio do investigado, salvo as hipóteses excepcionadas pela própria Constituição Federal, isto é, com o consentimento do morador ou em caso de flagrante delito. Questão tormentosa que vem dividindo a doutrina e a jurisprudência refere-se à necessidade de autorização judicial prévia para acesso ao conteúdo de dados armazenados no aparelho celular apreendido (mensagens de texto, SMS, conversas por meio de aplicativos – WhatsApp). Quando a apreensão do aparelho é decorrente de ordem judicial e ocorre em cumprimento de mandado de busca na residência do investigado, por exemplo, o acesso ao conteúdo é decorrência lógica da medida cautelar, tendo em vista que interessa à investigação mais o conteúdo do que o próprio aparelho. O problema maior é visto quando o acesso ao conteúdo decorre da apreensão fortuita do aparelho ou durante a prisão em flagrante do investigado. Nestes casos, o Superior Tribunal de Justiça já decidiu de forma reiterada que a autorização judicial prévia é indispensável, sob pena de nulidade da prova, por ilicitude na forma com que foi obtida[8]. A questão deverá ser decidida pelo Supremo Tribunal Federal, quando julgar o ARE 1042075 RG/RJ, cuja repercussão geral já foi reconhecida.

Conclusões

Conclui-se da análise das medidas cautelares, colocadas à disposição dos órgãos responsáveis por investigações criminais, que são importantes e hábeis ferramentas à apuração de condutas delituosas, sobretudo àquelas praticadas por organizações criminosas. Entretanto, vale reforçar a ideia de que o Estado precisa estar constantemente atento para as mudanças habituais de comportamento dos criminosos, evitando, assim, que os meios de investigação e as fontes de obtenção de provas se tornem obsoletos.

Referências

BRASIL. Senado. Comissão de juristas responsável pela elaboração de anteprojeto de reforma do Código de Processo Penal. Anteprojeto / Comissão de Juristas responsável pela elaboração de anteprojeto de reforma do Código de Processo Penal. – Brasília: Senado Federal, 2009 – www.senado.gov.br/novocpp.

CAPEZ, Fernando. Curso de Processo Penal. São Paulo. Editora Saraiva, 2009.

CARNEIRO, José Reinaldo Guimarães. O Ministério Público e suas Investigações Independentes: Reflexões sobre a inexistência de monopólio na busca da verdade real. São Paulo. Editora Malheiros, 2007.

CASTRO, Raimundo Amorim. Provas Ilícitas e o Sigilo das Comunicações Telefônicas. Curitiba. Juruá, 2010.

FERNANDES, Antônio Scarance. Processo Penal Constitucional. São Paulo. Editora Revista dos Tribunais, 2010.

MACHADO, André Augusto Mendes, KEHDI, André Pires de Andrade. Sigilo das Comunicações e de Dados, in Sigilo no Processo Penal: eficiência e garantismo. Coordenação Antônio Scarance Fernandes, José Raul Gavião de Almeida, Maurício Zanoide de Moraes. São Paulo. Editora Revista dos Tribunais, 2008.

MENDRONI, Marcelo Batlouni. Crime Organizado – Aspectos Gerais e Mecanismos Legais. São Paulo. Editora Atlas, 2009.

---

[8] STJ: RHC 92.009/RS – Min. Felix Fischer, 5ª Turma, julgado em 10/04/2018.

Nucci, Guilherme de Souza. Provas no Processo Penal. São Paulo. Editora Revista dos Tribunais, 2009.

Rangel, Paulo. Investigação Criminal Direta pelo Ministério Público: Visão Crítica. Rio de janeiro, lúmen Juris, 2009.

Silva, Danielle Souza de Andrade e, Leite, Rosimeire Ventura. O sigilo financeiro, os direitos à vida privada e à intimidade e a produção da prova criminal, in Sigilo no Processo Penal: eficiência e garantismo. Coordenação Antônio Scarance Fernandes, José Raul Gavião de Almeida, Maurício Zanoide de Moraes. São Paulo. Editora Revista dos Tribunais, 2008.

Silva, Eduardo Araújo da. Crime organizado – Procedimento Probatório. São Paulo. Editora Atlas, 2009.

17
Sufocando o Crime Organizado e a Lavagem de Dinheiro: O Uso de Medidas de Cunho Patrimonial para Asfixiar sua Alimentação Financeira

ROBERTO MAIA FILHO

1. Introdução

Aqui se pretende expor um breve panorama das medidas de cunho patrimonial que podem vir a ser empregadas, em paralelo à persecução penal convencional, no combate ao crime organizado e à lavagem de dinheiro.

As organizações criminosas, por vezes verdadeiras empresas, invariavelmente têm como interesse precípuo o de arrecadar bens e aumentar o patrimônio dos seus integrantes, razão pela qual devem ser combatidas, não só no campo criminal, mas também com expedientes de natureza civil e administrativa.

Antes, porém, releva distinguir e delimitar os conceitos de bens e coisas, além do patrimônio e da propriedade, vez que constituem, no mais das vezes, o objetivo perseguido pelos membros do crime organizado e praticantes da lavagem de dinheiro.

2. Dos Bens, das Coisas, do Patrimônio e da Propriedade
2.1. Dos Bens

O Código Civil se refere aos bens nos artigos 79 a 103, dentro da clássica dicotomia públicos/privados combatida por MAURO CAPPELLETTI[1], mas, por outro lado, houve evolução no trato da matéria ao fazer menção, também, dentro do atual panorama constitucional, à função social e ambiental

---

[1] Formações Sociais e Interesses Coletivos diante da Justiça Civil, artigo citado por Celso Fiorillo e Marcelo Abelha Rodrigues na obra Direito Ambiental e Patrimônio Genético, p. 48-51.

CRIME ORGANIZADO

da propriedade (artigo 1.228, §1º)[2]. Na doutrina, alguns autores defendem que a forma de apropriação dos bens está diretamente ligada à categoria a que pertencem, estabelecendo, assim, critério em que a forma de apropriação é diferenciada em função da espécie do bem. Na lição de VILSON RODRIGUES ALVES[3], a noção de bem pode ser tomada em sentido amplo, estrito e estritíssimo. Como o próprio nome já define, são três categorias em escala decrescente de amplitude, segundo a visão do referido autor. BEVILÁQUA[4] afirma, sob prisma filosófico, "bem é tudo quanto corresponde à solicitação de nossos desejos".

Reflete, outrossim, que nossos ideais são alavancas básicas para a obtenção de bens, quer materiais ou não, que para o Direito, têm finalidade própria. Tanto assim o é que expõe a definição de bens jurídicos, como "toda a utilidade física ou ideal, que seja objeto de um direito subjetivo", ressaltando essa amplitude conceitual, quando comparada ao significado atribuído pela Economia, que o estabelece em função apenas de valores pecuniários. Na sequência, repisa que todo bem, material ou não, é objeto de um direito subjetivo. Exemplifica, para tanto, que a honra é objeto do direito de personalidade de seu titular, assim como a aquisição de um terreno é objeto do seu direito de propriedade. Reafirma, então, que a todo direito subjetivo corresponde, sempre, um bem jurídico, independentemente do valor econômico que lhe possa ser atribuído, conceituando, ainda, direito subjetivo como a faculdade de agir, própria do sujeito.

Justamente, por essa visão, defende o autor, é que se pode dizer que todo bem econômico é bem jurídico, não sendo verdadeira a recíproca, pois nem sempre se pode atribuir valor pecuniário aos bens jurídicos.

Importante observar que BEVILÁQUA realça, dentre os direitos subjetivos, o direito subjetivo de crédito como obrigacional, em que as prestações são o objeto da tutela, não interessando o bem ou a coisa, mas sim a atuação do titular do direito, em busca da satisfação do crédito. Nesse sentido, porém, aponta que as prestações não se confundem com bens jurídicos no sentido estrito da palavra, utilizada, na doutrina, como objeto materializado. O autor, pontua ainda: "(...) em sentido jurídico, lato sensu, bem jurídico é a utilidade, física ou imaterial, objeto de uma relação jurídica, seja pessoal ou real".

---

[2] Roberto Maia Filho, Tese de Doutorado, PUC-SP. Título: O lixo visto sob uma outra ótica jurídica.
[3] Uso Nocivo da Propriedade, p. 59.
[4] Theoria Geral do Direito Civil, p. 213.

2.2. Das Coisas

Para o Direito Romano, nos dizeres de José Carlos Moreira Alves[5], havia dois vocábulos para exprimir a ideia de coisa: *res* e *pecunia*. *Res* com significado mais amplo do que *pecunia*, pois, enquanto esta abrange apenas as coisas que estão dentro do patrimônio de alguém, aquela se refere também às que estão fora dele. Segundo o autor, ainda, nos textos romanos encontramos várias classificações de coisas. No entanto, não há a sistematização, sob critérios diferentes, dessas classificações e isso se explica pelo fato de os juristas romanos não serem afeitos à abstração.

> Os romanos nem sempre, nessas classificações, foram rigorosamente coerentes, pois, em algumas, no termo res enquadravam coisas que o são em sentido vulgar, mas não em acepção jurídica. As coisas, cujo dono as abandonou, renunciando o seu direito de propriedade, são as res derelictae. Não são coisas perdidas, mas, sim, as abandonadas. Para que ocorra a derelictio (abandono) é necessário que haja um comportamento do proprietário da coisa que, inequivocamente, traduza a intenção de abandoná-la. Os jurisconsultos romanos, no início do principado, divergiam sobre o momento em que o proprietário, que abandonara a coisa, perdia sua propriedade: segundo Próculo (Digesto XLI, 7, 2,1), isso ocorria somente quando terceiro se apoderasse da coisa, fazendo-a sua por ocupação; para Sabino e Cássio (Digesto XLII, 2, 43, 5), a perda da propriedade se dava no instante mesmo em que se verificava o abandono – esta, a opinião que prevaleceu no direito clássico (Digesto XLI, 7, 2,1) e que foi acolhida no direito justinianeu. Demais, segundo alguns autores modernos (entre outros Bonfante, Corso di Diritto Romano, II, parte II, p. 225 e segs. Contra essa tese, vide Berger, In tema derelizione, in Bullettino dell Istituto di Diritto Romano, XXXII (1922), p. 155 e segs) – no que não são seguidos pela maioria dos romanistas – a aquisição da propriedade da res derelictae não se verificava, no direito romano, por ocupação, mas, sim, por aquisição derivada paralela a traditio (haveria como que uma traditio a pessoa indeterminada).

Prossegue o autor:

> No Digesto, há um título Pro derelictio que diz respeito à usucapião de res derelictae (coisa abandonada). A opinião dominante entre os romanistas é a de que, quando a coisa, qualquer que fosse ela, houvesse sido abandonada pelo seu proprietário (dominus), a aquisição de sua propriedade por outrem se fazia por meio da accupatio; já a coisa abandonada por quem dela não fosse o proprietário

---

[5] Direito Romano, p. 138, 294 e 295.

CRIME ORGANIZADO

(non dominus) só passaria, por usucapião (usucapio), à propriedade de terceiro, desde que soubesse que a coisa fora abandonada, e o abandono tivesse realmente ocorrido. A distinção entre bem e coisa vem desde o Direito Romano".

2.3. Dos Bens e das Coisas

Pode ser notado que não existe consenso doutrinário quanto à distinção entre bens e coisas. Alguns juristas sustentam que bem é gênero e coisa é espécie. A noção de bem envolve o que pode ser objeto de direito sem valor econômico, ao passo que a coisa restringe-se às utilidades patrimoniais. Acrescentam, invocando o Direito Civil alemão, que a coisa é sempre objeto corpóreo, isto é, perceptível pelos sentidos.

Em sentido diametralmente oposto, outros doutrinadores asseveram que os bens seriam espécies de coisas. E, seguindo essa linha de raciocínio, advertem que a palavra coisa tem sentido mais extenso, compreendendo tanto os bens que podem ser apropriados, como aqueles objetos que não podem. Por isso se diz que a noção de coisa é mais vasta, por compreender tudo o que existe no universo, e que não pode ser objeto de direito, quer seja o ar atmosférico, o espaço, a água do mar. Sobre a distinção entre coisas e bens, ensina VICENTE RÁO[6] que as coisas se denominam bens ao adquirirem um valor jurídico. Longe de se pretender esboçar critério científico que ponha fim à controvérsia, talvez possamos apontar a causa de tão acentuado desencontro doutrinário. Conforme se ensina na doutrina, o conceito de bem é histórico e relativo, variando de acordo com as diversas épocas da cultura humana.

Pontificam os juristas que, com a evolução da espécie humana e o desenvolvimento das ciências, surgiram novas exigências, passando a noção de bem a ter sentido diverso do que tinha anteriormente. Os bens, conforme ensinam os doutos, são as coisas materiais ou imateriais que têm valor econômico e que podem servir de objeto a uma relação jurídica. Para alguns, portanto, os bens são coisas, porém nem todas as coisas são bens. "As coisas abrangem tudo quanto existe na natureza, exceto a pessoa, mas como 'bens' só se consideram as coisas existentes que proporcionam, ao homem uma utilidade, sendo suscetíveis de apropriação."[7] Compreendem não só os bens corpóreos como os incorpóreos, o que inclui as criações intelectuais -propriedade literária, científica e artística. "Convém esclarecer, contudo, que não é, neste caso, o homem objeto do direito, mas a prestação como resultado da atividade humana".[8]

---

[6] O Direito e a Vida dos Direitos, p. 729.
[7] Serpa Lopes. Curso de direito civil, p. 354.
[8] Caio Mário da Silva Pereira. Instituições de direito civil. v. 1, p. 349.

Entende a doutrina que, para um bem ser objeto de uma relação jurídica privada, é preciso que apresente idoneidade para satisfazer interesse econômico, gestão econômica autônoma e subordinação jurídica ao seu titular. No entendimento de SERPA LOPES[9] : "Só é bem jurídico aquele dotado de uma existência autônoma capaz de ser subordinado ao domínio do homem. Assim, o ar, as estrelas, o sol, o mar, são coisas, mas que estão fora da seara jurídica, por serem insuscetíveis de apropriação".

De fato, nem todos os bens interessam ao direito das coisas, pois o homem só se apropria de bens úteis à satisfação de suas necessidades. SÍLVIO RODRIGUES[10], ensina:

> Se o que o homem procura for uma coisa inesgotável, ou extremamente abundante, destinada ao uso da comunidade, como a luz solar, o ar atmosférico, a água do mar, etc., não há motivo para que esse tipo de bem seja regulado por norma de direito, porque não há nenhum interesse econômico em controlá-lo. Logo, só serão incorporadas ao patrimônio do homem as coisas úteis e raras que despertam as disputas entre os homens, dando, essa apropriação, origem a um vínculo jurídico, que é o domínio.

Prossegue o autor:

> Para a economia política, bens são aquelas coisas que, sendo úteis aos homens, provocam a sua cupidez e, por conseguinte, são objeto de apropriação privada. Entretanto, ainda dentro do conceito econômico, nem todas as coisas úteis são consideradas bens, pois, se existem em grande abundância na natureza, ninguém se dará ao trabalho de armazená-las. Assim, nada mais útil ao homem do que o ar atmosférico, mas, como ele abunda na natureza, não é um bem econômico. [11]

Desse modo, poder-se-ia definir bens econômicos como "aquelas coisas que, sendo úteis ao homem, existem em quantidade limitada no universo, ou seja, são bens econômicos as coisas úteis e raras".[12] ORLANDO GOMES[13], manifesta-se, no seguinte sentido:

> A noção jurídica de bem é mais ampla do que a econômica. Compreende toda utilidade física, ou ideal, que possa incidir na faculdade de agir do sujeito.

---

[9] Curso de direito civil, p. 356.
[10] Direito Civil, v. 5, p. 13.
[11] Idem. Direito Civil. Parte geral, v 1, p. 115.
[12] Léon Walras. Éléments d'économie politique pure, Ed. 2, Lausanne, Rouge, 1889, p. 21.
[13] Introdução ao direito civil., p. 199-201.

CRIME ORGANIZADO

Abrange as coisas propriamente ditas, suscetíveis de apreciação pecuniária, e as que não comportam essa avaliação, as que são materiais ou não. Todo bem econômico é jurídico, mas a recíproca não é verdadeira, pois nem todo bem jurídico é econômico. A noção de coisa é naturalística, mas comumente histórica, isto é, econômico-social. Tomada no sentido mais claro, a palavra bem confunde-se com o objeto dos direitos; designa as coisas e ações humanas (comportamento que as pessoas podem exigir umas das outras). Em acepção mais restrita significa o objeto dos direitos reais, visto que os direitos pessoais consistem no poder de exigir uma prestação. Bem e coisa não se confundem. O primeiro é gênero, a segunda, espécie. A noção de bem compreende o que pode ser objeto de direito sem valor econômico, enquanto a de coisa restringe-se às utilidades patrimoniais, isto é, as que possuem valor pecuniário. Mas, por sua vez, a noção de coisa é mais vasta do que a de bem, pois há coisas que não são bens, por não interessarem ao Direito, como a luz, o ar, a água do mar. Do mesmo modo, há bens que não são coisas, como os direitos e as prestações. O vocábulo coisa é empregado, também, em sentido ainda mais estreito, para designar, tão-somente, os objetos corpóreos, como no Código Civil alemão. Coisa deve ser, no entanto, bem econômico, isto é, qualquer ente suscetível de utilização ou apropriação por um sujeito de direito para satisfazer uma necessidade.

De fato, pode-se concluir que somente os bens suscetíveis de avaliação econômica são coisas em sentido jurídico. Para que assim se qualifiquem, é preciso que tenham valor econômico e possam ser apropriados. Continua ORLANDO GOMES[14] a ensinar que:

Os bens de uso ou qualidade limitada não são coisas (res communes omnium). Se esses bens comuns a todos são limitados, por conveniência legítima, adquirem o caráter de permutabilidade, na qualidade determinada, que passa a ser uma coisa. É indiferente que o objeto seja sólido, líquido ou gasoso, mas se requer tenha existência individualizada, aferida por critério econômico-social. A noção de coisa restringe-se juridicamente ao que pode ser objeto de domínio e posse. Não são coisas, por conseguinte, o corpo humano dos vivos, suas partes enquanto não separadas, a energia física e intelectual despendida na prestação de serviços, mas o cadáver pode ser objeto de direito, bem como certas partes separadas do corpo ou as que são suscetíveis de reprodução, como os cabelos. Quanto à força-trabalho, é universalmente repelida sua equiparação a mercadoria, mesmo quando se aceite que, ao se aplicar, adquire existência independente de sua fonte, que é

[14] Direitos Reais, p. 1-2-8-9.

o próprio homem.Porque podem ser objeto de domínio e posse, consideram-se coisas,para todos os efeitos, inclusive no campo do Direito Penal, aquelas emanações, como a energia elétrica, os valores, o gás, que, uma vez geradas, cobram existência autônoma e passam a ter valor econômico.

WASHINGTON DE BARROS MONTEIRO[15], assim expõe o assunto:

> Como diz Scuto, o conceito de coisas corresponde ao de bens, mas, nem sempre há perfeita sincronização entre as duas expressões. Às vezes, coisas são o gênero e bens são a espécie; outras, estes são o gênero e aquelas, a espécie; outras, finalmente, são os dois termos usados como sinônimos, havendo então entre eles coincidência de significação. Não são todas as coisas materiais que interessam ao mundo jurídico. Somente interessam ao direito as coisas suscetíveis de apropriação exclusiva pelo homem, como prédios, semoventes, mercadorias, livros, quadros e moedas. Se as coisas materiais escapam à apropriação exclusiva pelo homem, por ser inexaurível sua quantidade, como o ar atmosférico, a luz solar e a água dos oceanos deixam de ser bens em sentido jurídico. O conceito de coisa, na linguagem do direito, é ministrado pela economia. Por fim, urge ainda não confundir a palavra coisa, tomada no sentido vulgar ou genérico, com seu significado jurídico. No primeiro sentido, coisa é tudo quanto existe fora ou além do homem; no segundo, tudo quanto seja suscetível, de posse exclusiva pelo homem, sendo economicamente apreciável.

2.4. Do Patrimônio

No sentido clássico, patrimônio é a representação econômica da pessoa, que se vincula à sua personalidade. É um conceito abstrato que se mantém ao longo da vida da pessoa independentemente da ocorrência do aumento ou diminuição dos seus bens. Nos dias de hoje, o complexo patrimonial se constitui de uma universalidade de direitos, segundo o destino que lhe der seu titular. Nessa ideia, está englobado o complexo de direitos reais e obrigacionais de uma pessoa. Excluem-se os outros que não têm valor pecuniário, nem podem ser cedidos, por isso mesmo chamados direitos extrapatrimoniais.

Releva notar que o conceito de patrimônio não se confunde com um conjunto de bens corpóreos. Mais do que isso, envolve todo um plexo de relações jurídicas, tais como direitos e obrigações, créditos e débitos, de uma pessoa, desde que mensuráveis economicamente. O conceito é de vital importân-

---

[15] Scuto. Istituzioni di diritto Privato, Parte Generale, 1/291 apud Washington de Barros Monteiro. Curso de Direito Civil, p. 135-136.

cia, por exemplo, para o Direito Penal com todo o Título II, artigos 155 a 183, da Parte Especial do Código Penal, dedicado aos crimes contra o patrimônio. Nos dizeres da doutrina, conforme CAIO MÁRIO DA SILVA PEREIRA[16] "patrimônio é o complexo de relações jurídicas de uma pessoa, apreciáveis economicamente". PLANIOL[17] o define como "(...) ensemble des droits et des charges d'une personne apréciables en argent".[18/19]

2.5. Da Propriedade

A propriedade, por derradeiro, é o principal dos direitos reais, configurando, em especial, um direito real sobre coisa própria. No Brasil, que adota o regime econômico do capitalismo, a propriedade privada é assegurada, embora necessite ser permeada e temperada por uma função social e ambiental, conforme já retro mencionado.

É, portanto, consagrada na Lei Maior como direito fundamental, onde se garante que ninguém poderá ser dela privado de forma arbitrária, sem o devido processo legal, mas, se o caso, após justa e prévia indenização paga em dinheiro (art. 5º, incisos XXII, XXIII, XXIV e LIV).

3. Do Crime Organizado e da Lavagem de Dinheiro

As organizações criminosas, que mereceram criterioso estudo de ANTÔNIO SÉRGIO ALTIERI DE MORAES PITOMBO[20], vêm se profissionalizando e ganhando contornos transnacionais com a globalização. De fato, num mundo cada vez virtual, diminuem as barreiras geográficas e as fronteiras físicas, o que facilita o alastramento do crime organizado por todo o planeta. Como uma verdadeira epidemia incontida.

Podem tais organizações criminosas servir até mesmo a propósitos terroristas. Mas o terrorismo tem como ser cometido individualmente, ao contrário do crime organizado. Este visa o lucro econômico, ao revés do que, na maioria dos casos, se dá com aquele. Crime organizado nem sempre se exerce com violência física ou psicológica, quase sempre presentes nos atos terroristas. E os terroristas buscam, em regra, atrair os holofotes da mídia para a sua causa, enquanto as organizações criminosas trabalham muitas vezes na

---

[16] Instituições de direito civil, 1.976, p. 341.

[17] Traité Élementaire de Droit Civil, Tome première, 7 ed, Paris, Librairie Génerale de Droit & de Jurisprudence, 1915, p. 747.

[18] Trad. literal: conjunto dos direitos e dos encargos de uma pessoa valoráveis em dinheiro.

[19] Roberto Maia Filho, Tese de Doutorado, PUC-SP. Título: O lixo visto sob uma outra ótica jurídica.

[20] Organização criminosa, 2.009

SUFOCANDO O CRIME ORGANIZADO E A LAVAGEM DE DINHEIRO: O USO DE MEDIDAS...

clandestinidade, poderosa aliada da almejada impunidade. Tais distinções constam da obra escrita por LUIZ FABRÍCIO THAUMATURGO VERGUEIRO[21].

Observe-se, quanto à criminalidade de empresa, as lições de HELOISA ESTELLITA[22], que analisa, de forma detalhada, eventuais abusos na imputação do crime tipificado no artigo 288 do Código Penal. Pois bem. Não se pode negar que há, hoje, verdadeiras empresas e empresários voltados à prática de ilícitos em busca de lucro fácil. A impunidade os alimenta e os estimula.

De fato, a chamada criminalidade organizada, que teve como expoente a figura do *gangster* Al Capone, segundo RODOLFO TIGRE MAIA[23], nos dias atuais já está tão institucionalizada que pode merecer a denominação de Crime Organizado S/A, segundo preleciona EDSON PINTO[24]. E diversos outros renomados autores se debruçaram sobre a problemática do crime organizado, que, no Brasil, teve suas particularidades estudadas por CARLOS ALBERTO MARCHI DE QUEIROZ[25] e, na Convenção de Palermo, foi tratado na obra da lavra de RODRIGO CANEIRO GOMES[26].

Já a expressão *lavagem de dinheiro*, conforme o já referido EDSON PINTO[27], é também conhecida como *money laundering* e remonta ao escândalo político norteamericano conhecido como *Caso Watergate*, na década de 1970. Definitivamente, na visão de MARCELO BATLOUNI MENDRONI[28], desde o início do século XXI, as organizações criminosas têm experimentado um novo modelo, em contraste com o formato original.

Nosso país já sediou o 12º Congresso de Prevenção ao Crime e Justiça Criminal da ONU, com participantes de 140 países. Na pauta do evento, as novas formas de cooperação internacional para conter o crime que não respeita fronteiras e desafia os governos em sociedades complexas que vivem em tempos de crise mundial. As discussões sobre tendências e respostas ao crime global levaram em conta o trabalho realizado pelo UNODC para ratificação e a implementação da UNTOC (Convenção de Palermo) e UNCAC (Convenção de Mérida), calcadas na ideia de que a melhor forma de combater o crime se dá pelo estrangulamento das atividades financeiras das orga-

---

[21] Terrorismo e crime organizado, 2009, pp. 66 e 67.
[22] Criminalidade de empresa, quadrilha e organização criminosa, 2009.
[23] Lavagem de dinheiro, 2ª ed., 2.007, p. 26
[24] Lavagem de capitais e paraísos fiscais, 2.007, p. 66
[25] Crime organizado no Brasil, 2005
[26] O crime organizado na visão da convenção de Palermo, 2008
[27] Lavagem de capitais e paraísos fiscais, 2.007, p. 87
[28] Crime organizado, 3ª ed., 2.009, p.47

CRIME ORGANIZADO

nizações criminosas por meio do rastreamento, bloqueio e confisco dos bens de seus integrantes. Destaque-se a lição de SERGIO FERNANDO MORO[29], na ocasião exercendo o cargo de Juiz Federal, especializado no assunto e Doutor em Direito pela Universidade Federal do Paraná, no seguinte jaez:

> Essa nova política criminal exige igualmente a atualização da legislação. Vários países adotaram regras específicas para o confisco do produto de crimes graves. Nos Estados Unidos e no Reino Unido, ilustrativamente, a lei deixa claro que a carga de prova exigida para o confisco é menor do que a exigida para a condenação criminal. Para esta última, é necessária prova acima de qualquer dúvida razoável, enquanto para o confisco basta demonstrar a preponderância da probabilidade de que o bem seja produto do crime, com parâmetro de julgamento igual ao aplicado para os processos cíveis. A legislação desses países também estabelece presunções que facilitam o confisco de bens, presumindo, por exemplo, como produto do crime o patrimônio do criminoso incompatível com suas rendas lícitas. Até mesmo Portugal, país mais próximo a nossa tradição jurídica, estabeleceu regras especiais para confisco de bens em relação à criminalidade organizada e econômica. Tais presunções têm presente a dificuldade de provar categoricamente a relação entre um crime e a propriedade do criminoso e que é decorrente do emprego de mecanismos de lavagem de dinheiro. As presunções admitem prova em contrário e não violam a presunção de inocência, pois são aplicáveis apenas após uma condenação criminal, quando já houve, portanto, a afirmação da culpa do acusado. De forma semelhante, como entre o sequestro e o decreto final do confisco há um tempo considerável, são necessárias medidas que garantam a conservação dos bens, como a nomeação de um administrador ou a alienação antecipada deles. Infelizmente, o legislador brasileiro tem se mantido, em geral, alheio a essas tendências e necessidades. As regras vigentes sobre sequestro e confisco de bens são do século passado e pensadas para a criminalidade da época. Não há tratamento especial para a criminalidade organizada ou complexa. Apenas para o tráfico de drogas existem algumas poucas e modestas regras especiais. O resultado é que se dispõe de leis inadequadas para o enfrentamento da criminalidade contemporânea e para o confisco do produto do crime. Urge que o legislador altere esse cenário. Enquanto isso não ocorre, as cortes devem prestigiar interpretações da lei que facilitem o sequestro, a conservação e o confisco do produto do crime, respeitados, é claro, os direitos dos acusados. Afinal, o crime não deve mesmo compensar.

---

[29] Jornal O Estado de São Paulo, 27/7/09.

De fato, quanto à motivação que impulsiona tais delinquentes, observe-se o ensinamento de Rodolfo Tigre Maia[30]:

> O poder, a cobiça e a ganância são os motivadores essenciais da atividade criminosa, e, superada a primeira etapa, qual seja, encetada a prática dos crimes que concretizem tais escopos e assegurada a aquisição do lucro sujo, a meta passa a ser a de como usufruir com segurança e tranquilidade dos ganhos ilegais, legitimando-os.

É esta aposentadoria imerecida, verdadeiro ócio indigno, que deve ser combatido, atacando-se aquele patrimônio indevidamente amealhado.

4. Do Combate a tais Delitos mediante Medidas de Cunho Patrimonial

Em sede legislativa, quanto ao crime organizado, a antiga Lei nº 9.034, de 3 de maio de 1.995, já revogada pelo art. 26 da Lei nº 12.850/ 2013, definia e regulava meios de prova e procedimentos investigatórios em ilícitos decorrentes de ações praticadas por quadrilha ou bando ou organizações ou associações criminosas de qualquer tipo. Dispunha seu artigo 2º: Em qualquer fase de persecução criminal são permitidos, sem prejuízo dos já previstos em lei, os seguintes procedimentos de investigação e formação de provas (...). Determinava o inciso III: O acesso a dados, documentos e informações fiscais, bancárias, financeiras e eleitorais; o que é facultado pessoalmente ao juiz, para preservação do sigilo constitucional (artigo 3º, §§ 1º a 5º) e pode se dar em relação ao **patrimônio** adquirido com ditas atividades ilícitas. (negrito não original)

Já pelo seu artigo 11 se aplicavam, no que não fossem incompatíveis e, subsidiariamente, as disposições do Código de Processo Penal (Decreto-Lei nº 3.689, de 3 de outubro de 1941), abrindo espaço para a incidência das medidas assecuratórias capituladas nos seus artigos 125/144 que têm o seguinte teor:

> Art. 125. Caberá o sequestro dos bens imóveis, adquiridos pelo indiciado com os proventos da infração, ainda que já tenham sido transferidos a terceiro.
>
> Art. 126. Para a decretação do sequestro, bastará a existência de indícios veementes da proveniência ilícita dos bens.
>
> Art. 127. O juiz, de ofício, a requerimento do Ministério Público ou do ofendido, ou mediante representação da autoridade policial, poderá ordenar o sequestro, em qualquer fase do processo ou ainda antes de oferecida a denúncia ou queixa.

---

[30] Lavagem de dinheiro, 2ª ed., 2.007, p. 21

CRIME ORGANIZADO

Art. 128. Realizado o sequestro, o juiz ordenará a sua inscrição no Registro de Imóveis.

Art. 129. O sequestro autuar-se-á em apartado e admitirá embargos de terceiro.

Art. 130. O sequestro poderá ainda ser embargado:

I – pelo acusado, sob o fundamento de não terem os bens sido adquiridos com os proventos da infração;

II – pelo terceiro, a quem houverem os bens sido transferidos a título oneroso, sob o fundamento de tê-los adquirido de boa-fé.

Parágrafo único. Não poderá ser pronunciada decisão nesses embargos antes de passar em julgado a sentença condenatória.

Art. 131. O sequestro será levantado:

I – se a ação penal não for intentada no prazo de sessenta dias, contado da data em que ficar concluída a diligência;

II – se o terceiro, a quem tiverem sido transferidos os bens, prestar caução que assegure a aplicação do disposto no art. 74, II, *b*, segunda parte, do Código Penal;

III – se for julgada extinta a punibilidade ou absolvido o réu, por sentença transitada em julgado.

Art. 132. Proceder-se-á ao sequestro dos bens móveis se, verificadas as condições previstas no art. 126, não for cabível a medida regulada no Capítulo Xl do Título Vll deste Livro.

Art. 133. Transitada em julgado a sentença condenatória, o juiz, de ofício ou a requerimento do interessado, determinará a avaliação e a venda dos bens em leilão público.

Parágrafo único. Do dinheiro apurado, será recolhido ao Tesouro Nacional o que não couber ao lesado ou a terceiro de boa-fé.

Art. 134. A hipoteca legal sobre os imóveis do indiciado poderá ser requerida pelo ofendido em qualquer fase do processo, desde que haja certeza da infração e indícios suficientes da autoria.

Art. 135. Pedida a especialização mediante requerimento, em que a parte estimará o valor da responsabilidade civil, e designará e estimará o imóvel ou imóveis que terão de ficar especialmente hipotecados, o juiz mandará logo proceder ao arbitramento do valor da responsabilidade e à avaliação do imóvel ou imóveis.

§ 1º A petição será instruída com as provas ou indicação das provas em que se fundar a estimação da responsabilidade, com a relação dos imóveis que o responsável possuir, se outros tiver, além dos indicados no requerimento, e com os documentos comprobatórios do domínio.

§ 2º O arbitramento do valor da responsabilidade e a avaliação dos imóveis designados far-se-ão por perito nomeado pelo juiz, onde não houver avaliador judicial, sendo-lhe facultada a consulta dos autos do processo respectivo.

§ 3º O juiz, ouvidas as partes no prazo de dois dias, que correrá em cartório, poderá corrigir o arbitramento do valor da responsabilidade, se Ihe parecer excessivo ou deficiente.

§ 4º O juiz autorizará somente a inscrição da hipoteca do imóvel ou imóveis necessários à garantia da responsabilidade.

§ 5º O valor da responsabilidade será liquidado definitivamente após a condenação, podendo ser requerido novo arbitramento se qualquer das partes não se conformar com o arbitramento anterior à sentença condenatória.

§ 6º Se o réu oferecer caução suficiente, em dinheiro ou em títulos de dívida pública, pelo valor de sua cotação em Bolsa, o juiz poderá deixar de mandar proceder à inscrição da hipoteca legal.

Art. 136. O arresto do imóvel poderá ser decretado de início, revogando-se, porém, se no prazo de 15 (quinze) dias não for promovido o processo de inscrição da hipoteca legal.

Art. 137. Se o responsável não possuir bens imóveis ou os possuir de valor insuficiente, poderão ser arrestados bens móveis suscetíveis de penhora, nos termos em que é facultada a hipoteca legal dos imóveis.

§ 1º Se esses bens forem coisas fungíveis e facilmente deterioráveis, proceder-se-á na forma do § 5º do art. 120.

§ 2º Das rendas dos bens móveis poderão ser fornecidos recursos arbitrados pelo juiz, para a manutenção do indiciado e de sua família.

Art. 138. O processo de especialização da hipoteca e do arresto correrão em auto apartado.

Art. 139. O depósito e a administração dos bens arrestados ficarão sujeitos ao regime do processo civil.

Art. 140. As garantias do ressarcimento do dano alcançarão também as despesas processuais e as penas pecuniárias, tendo preferência sobre estas a reparação do dano ao ofendido.

Art. 141. O arresto será levantado ou cancelada a hipoteca, se, por sentença irrecorrível, o réu for absolvido ou julgada extinta a punibilidade.

Art. 142. Caberá ao Ministério Público promover as medidas estabelecidas nos arts. 134 e 137, se houver interesse da Fazenda Pública, ou se o ofendido for pobre e o requerer.

Art. 143. Passando em julgado a sentença condenatória, serão os autos de hipoteca ou arresto remetidos ao juiz do cível (art. 63).

Art. 144. Os interessados ou, nos casos do art. 142, o Ministério Público poderão requerer no juízo cível, contra o responsável civil, as medidas previstas nos arts. 134, 136 e 137".

Destaque-se que a Lei nº 12.694/12, tratando dos julgamentos de organizações criminosas, determinou fosse acrescido, ao já referido CPP, o seguinte art. 144-A:

CRIME ORGANIZADO

"Art. 144-A. O juiz determinará a alienação antecipada para preservação do valor dos bens sempre que estiverem sujeitos a qualquer grau de deterioração ou depreciação, ou quando houver dificuldade para sua manutenção.

§ 1º O leilão far-se-á preferencialmente por meio eletrônico.

§ 2º Os bens deverão ser vendidos pelo valor fixado na avaliação judicial ou por valor maior. Não alcançado o valor estipulado pela administração judicial, será realizado novo leilão, em até 10 (dez) dias contados da realização do primeiro, podendo os bens ser alienados por valor não inferior a 80% (oitenta por cento) do estipulado na avaliação judicial.

§ 3º O produto da alienação ficará depositado em conta vinculada ao juízo até a decisão final do processo, procedendo-se à sua conversão em renda para a União, Estado ou Distrito Federal, no caso de condenação, ou, no caso de absolvição, à sua devolução ao acusado.

§ 4º Quando a indisponibilidade recair sobre dinheiro, inclusive moeda estrangeira, títulos, valores mobiliários ou cheques emitidos como ordem de pagamento, o juízo determinará a conversão do numerário apreendido em moeda nacional corrente e o depósito das correspondentes quantias em conta judicial.

§ 5º No caso da alienação de veículos, embarcações ou aeronaves, o juiz ordenará à autoridade de trânsito ou ao equivalente órgão de registro e controle a expedição de certificado de registro e licenciamento em favor do arrematante, ficando este livre do pagamento de multas, encargos e tributos anteriores, sem prejuízo de execução fiscal em relação ao antigo proprietário.

§ 6º O valor dos títulos da dívida pública, das ações das sociedades e dos títulos de crédito negociáveis em bolsa será o da cotação oficial do dia, provada por certidão ou publicação no órgão oficial.

§ 7º (VETADO).

Igualmente remete ao DL 3.689/41 (CPP) o artigo 22 da já mencionada Lei nº 12.850, de 2 de agosto de 2013, que, como já observado, hoje vigora e define o que é organização criminosa, dispondo também sobre sua persecução penal. Esta legislação pemite, em seu artigo 3º, inciso VI, que em qualquer fase da persecução penal, haja obtenção da prova mediante afastamento dos sigilos financeiro, bancário e fiscal, nos termos da legislação específica;

Já o seu artigo 4º admite concessão do perdão judicial, ou ainda redução e também substituição da pena, àquele que tenha colaborado com a investigação e o processo criminal, em caso, dentre outras hipóteses, de recuperação total ou parcial do produto ou do proveito das infrações penais praticadas pela organização criminosa (inciso IV).

SUFOCANDO O CRIME ORGANIZADO E A LAVAGEM DE DINHEIRO: O USO DE MEDIDAS...

No que concerne à lavagem de dinheiro, a Lei nº 9.613, de 3 de março de 1998, com a nova redação dada pela Lei nº 12.683, de 9 de julho de 2012, visa combater a ocultação ou dissimulação relativa a bens, direitos ou valores provenientes direta ou indiretamente de infrações penais (art. 1º). Em seu artigo 4º, dispositivo específico faz menção a medidas assecuratórias, já referidas nos artigos 118/144 do Código de Processo Penal, prevendo que o juiz, de ofício, a requerimento do Ministério Público, ou representação da autoridade policial, ouvido o Ministério Público em vinte e quatro horas, havendo indícios suficientes, as decrete.

Ditas medidas assecuratórias recaem sobre de bens, direitos ou valores do investigado ou acusado, ou existentes em nome de interpostas pessoas, que sejam instrumento, produto ou proveito dos crimes previstos nesta Lei ou das infrações penais antecedentes.

Servirão elas para garantir reparação do dano decorrente da infração penal ou para pagamento de prestação pecuniária, multa e custas (§ 4º). Há regras, ainda, a respeito da alienação antecipada dos bens quando necessário (§ 1º), previsão de liberação se comprovada sua licitude (§ 2º) e a prática de atos conservatórios e necessidade de comparecimento pessoal do acusado para sua restituição (§ 3º). Referida alienação antecipada veio a ter um procedimento detalhadamente disciplinado no artigo 4º-A, e seus §§, que prevêem avaliação, homologação e leilão, além de tratar da destinação dos valores arrecadados na hasta pública e dar outras providências.

Destaco o § 10 que prevê, "após o trânsito em julgado de sentença penal condenatória, decretação, em favor da União ou do Estado, da perda dos valores depositados na conta remunerada e da fiança; a perda dos bens não alienados antecipadamente e daqueles aos quais não foi dada destinação prévia; e a perda dos bens não reclamados no prazo de 90 (noventa) dias após o trânsito em julgado da sentença condenatória, ressalvado o direito de lesado ou terceiro de boa-fé". Estes últimos bens serão adjudicados ou levados a leilão, depositando-se o saldo na conta única do respectivo ente público (§ 11), devendo o oficial do registro público competente emitir documento de habilitação à circulação e utilização dos bens colocados sob o uso e custódia das entidades a que se refere o *caput* do referido artigo (§ 12).

Já nos termos do § 13, "os recursos decorrentes da alienação antecipada de bens, direitos e valores oriundos do crime de tráfico ilícito de drogas e que tenham sido objeto de dissimulação e ocultação nos termos desta Lei permanecem submetidos à disciplina definida em lei específica".

Por seu turno, o artigo 4º-B dispõe que "a ordem de prisão de pessoas ou as medidas assecuratórias de bens, direitos ou valores poderão ser suspen-

CRIME ORGANIZADO

sas pelo juiz, ouvido o Ministério Público, quando a sua execução imediata puder comprometer as investigações", enquanto que no artigo 11-A se determina que "as transferências internacionais e os saques em espécie deverão ser previamente comunicados à instituição financeira, nos termos, limites, prazos e condições fixados pelo Banco Central do Brasil." Há mais. Também foi contemplada a nomeação de um administrador para tais bens (arts. 5º e 6º).

A mesma lei prevê, em seu artigo 7º, inciso I, a perda, em favor da União ou dos Estados, dos bens, direitos e valores direta ou indiretamente relacionados à prática dos crimes previstos nesta Lei, inclusive aqueles utilizados para prestar a fiança, ressalvado o direito do lesado ou de terceiro de boa-fé. Sua destinação e utilização pelos entes e agentes públicos foram disciplinados nos subsequentes §§ 1º e 2 º. Lembro que isto guarda consonância com o genericamente disposto no inciso II, alinea "b", do artigo 91 do Código Penal Brasileiro (DL 2.848/40), que, com a edição da Lei nº 12.694/12, foi acrescido dos seguintes §§ 1º e 2º:

> Art. 91 (...) § 1º Poderá ser decretada a perda de bens ou valores equivalentes ao produto ou proveito do crime quando estes não forem encontrados ou quando se localizarem no exterior.
>
> § 2º Na hipótese do § 1º, as medidas assecuratórias previstas na legislação processual poderão abranger bens ou valores equivalentes do investigado ou acusado para posterior decretação de perda".

Em remate, até mesmo os bens, direitos ou valores oriundos de crimes praticados no estrangeiro têm previsão no artigo 8º e seus §§ da mencionada Lei nº 9.613/98, com a redação dada pela Lei nº 12.683/12. Dispõe, ainda, a referida lei, sobre mecanismos de controle a serem exercidos pelo COAF e outros órgãos, sempre com o escopo de evitar a malsinada lavagem de dinheiro. Este órgão (o Conselho de Controle de Atividades Financeiras) é referido nos artigo 14/17, hoje com a redação dada pela MP 870 de 2019, *in verbis*;

> Art. 14. Fica criado, no âmbito do Ministério da Justiça e Segurança Pública, o Conselho de Controle de Atividades Financeiras – COAF, com a finalidade de disciplinar, aplicar penas administrativas, receber, examinar e identificar as ocorrências suspeitas de atividades ilícitas previstas nesta Lei, sem prejuízo da competência de outros órgãos e entidades.
>
> § 1º As instruções referidas no art. 10 destinadas às pessoas mencionadas no art. 9º, para as quais não exista órgão próprio fiscalizador ou regulador, serão expedidas pelo COAF, competindo-lhe, para esses casos, a definição das pessoas abrangidas e a aplicação das sanções enumeradas no art. 12.

§ 2º O COAF deverá, ainda, coordenar e propor mecanismos de cooperação e de troca de informações que viabilizem ações rápidas e eficientes no combate à ocultação ou dissimulação de bens, direitos e valores.

§ 3º O COAF poderá requerer aos órgãos da Administração Pública as informações cadastrais bancárias e financeiras de pessoas envolvidas em atividades suspeitas.

Art. 15. O COAF comunicará às autoridades competentes para a instauração dos procedimentos cabíveis, quando concluir pela existência de crimes previstos nesta Lei, de fundados indícios de sua prática, ou de qualquer outro ilícito.

Art. 16. O COAF será composto por servidores públicos de reputação ilibada e reconhecida competência, designados em ato do Ministro de Estado da Justiça e Segurança Pública, dentre os integrantes do quadro de pessoal efetivo do Banco Central do Brasil, da Comissão de Valores Mobiliários, da Superintendência de Seguros Privados do Ministério da Economia, da Procuradoria-Geral da Fazenda Nacional do Ministério da Economia, da Secretaria Especial da Receita Federal do Brasil do Ministério da Economia, da Agência Brasileira de Inteligência do Gabinete de Segurança Institucional da Presidência da República, do Ministério das Relações Exteriores, do Ministério da Justiça e Segurança Pública, da Polícia Federal do Ministério da Justiça e Segurança Pública, da Superintendência Nacional de Previdência Complementar do Ministério da Economia e da Controladoria-Geral da União, indicados pelos respectivos Ministros de Estado.

§ 1º O Presidente do COAF será indicado pelo Ministro de Estado da Justiça e Segurança Pública e nomeado pelo Presidente da República.

§ 2o Caberá recurso das decisões do Coaf relativas às aplicações de penas administrativas ao Conselho de Recursos do Sistema Financeiro Nacional.

Art. 17. O COAF terá organização e funcionamento definidos em estatuto aprovado por decreto do Poder Executivo.

De outra banda, a Lei nº 9.807, de 13 de julho de 1999, relativa à proteção de testemunhas, também alberga acusados ou condenados que tenham colaborado com as autoridades e, em seu beneplácito, prevê a concessão de perdão judicial ou a redução de pena. Para tanto, exige a presença de alguns requisitos, dentre eles, a recuperação total ou parcial dos produtos do crime (artigos 13 e 14), o que revela, também aqui, destaque do legislador penal a questões de conotação patrimonial.

O mesmo se dá na Lei nº 11.343, de 23 de agosto de 2006, relativa a entorpecentes. Nela, aspectos patrimoniais ganham relevo nos artigos 60/64, que tratam da apreensão e outras medidas assecuratórias relacionadas aos bens móveis e imóveis ou valores consistentes em produtos dos crimes lá previstos,

CRIME ORGANIZADO

ou que constituam proveito auferido com sua prática, procedendo-se na forma dos já decantados artigos 125 a 144 do Código de Processo Penal.

A par das leis, medidas administrativas podem vir a ser adotadas com grande utilidade no combate a este tipo de criminalidade. Destaco, por exemplo, os cadastros nacionais de bens apreendidos. Criou-se, em relação a drogas e afins, o SINAD (Cadastro Nacional de Apreensão de Drogas e Bens Relacionados), além daquele instituído pelo Conselho da Justiça Federal via Resolução nº 435, de 29/4/05 e o Sistema Nacional de Bens Apreendidos, do Conselho Nacional de Justiça (CNJ), cuja necessidade foi detectada pela meta 17 da Estratégia Nacional de Combate à Corrupção e Lavagem de Dinheiro (ENCLLA), da qual o Brasil faz parte. O objetivo do SNBA é incluir, numa única base de dados, o cadastro de tudo o que foi recolhido pela Justiça em procedimentos criminais. A partir daí, serão levantadas estatísticas e traçadas novas políticas públicas de administração e conservação destes bens – recolhidos de criminosos – até a sua destinação final.

Há, também, os cadastros de indisponibilidades de bens, que proporcionam informações centralizadas a respeito do patrimônio gravado por tais medidas constritivas. A esse respeito, o Conselho Nacional de Justiça (CNJ) criou a Central Nacional de Informações Processuais e Extraprocessuais (CNIPE), consistindo em um sistema de busca de informações relativas aos Tribunais e Serventias Judiciais e Extrajudiciais do país. Na primeira fase já foi possível pesquisar de forma integrada mais de 30 milhões de processos, indisponibilidade de bens, protesto cambial e ocorrências imobiliárias, em relação a alguns estados da federação.

Em São Paulo, o Provimento CG nº 13/2012 da CGJTJSP dispôs sobre a instituição, gestão e operação da Central de Indisponibilidade de Bens e tornou obrigatório o uso do sistema no âmbito do Tribunal de Justiça do Estado de São Paulo e dos serviços de notas e de registro de imóveis. E um sistema desenvolvido em conjunto pela Associação dos Registradores Imobiliários de São Paulo (ARISP) e pelo Instituto de Registro Imobiliário do Brasil (IRIB) passou a oferecer à população em geral a possibilidade de consulta gratuita dos respectivos dados via *internet*. A pesquisa seria acessível à qualquer cidadão que possua o Certificado Digital ICP-Brasil (E-CPF e E-CNPJ). Para fazer a consulta basta acessar o site da central, www.indisponibilidade.org.br, clicar no link "Relatório gratuito para Consulta de Indisponibilidade" e digitar a senha Pin do certificado. O relatório é expedido gratuitamente para o titular do Certificado Digital para pesquisa em seu próprio nome. Os dados são extraídos diretamente do certificado. O relatório apresenta as informações a partir de 1º de junho de 2012, conforme prevê o já referido Provimento CG

SUFOCANDO O CRIME ORGANIZADO E A LAVAGEM DE DINHEIRO: O USO DE MEDIDAS...

nº 13/2012. Tal matéria está hoje inserida nas Normas de Serviço Extrajudiciais da CGJTJSP no Capitulo XVIII, itens 36 a 43 e no Capítulo XX, itens 410 a 422, dentre outros. Também foi ela regulamentada, em âmbito nacional, pelo Provimento nº 39/2014 do CNJ, constituindo-se na Central Nacional de Indisponibilidade de Bens (CNIB).

Relembro que as hipóteses legais de indisponibilidade de bens, de modo geral, dizem respeito às instituições financeiras – intervenção e liquidação extrajudicial (Lei 6.024, de 13/03/1974), às Medidas Cautelares Fiscais (Lei 8.397, de 06/01/1992, art. 4º), às Ações Civis Públicas de Improbidade Administrativa (Lei 8.429, de 02/06/1992, art. 7º e Constituição Federal, art. 37, § 4º), Falência (Lei de Falências – Decreto-lei 7.661, de 21/06/1945, art. 12, par. 4º), Recuperação Judicial, a Extrajudicial e a Falência do Empresário e da Sociedade Empresária (Lei nº 11.101, de 09/02/2005), Planos Privados de Assistência de Saúde (Lei 9.656, de 03/06/1998 – Artigo 24 – A), Entidades de previdência privada (Lei 6.435, de 15/07/1977 – art. 71), Insolvência (Código de Processo Civil), Código Tributário Nacional (indisponibilidade eletrônica – art. 185-A) e o imóvel penhorado nos termos da Lei Federal nº 8.212, de 24/07/1991 (art. 53, § 1º). Não se pode olvidar das ações coletivas como a Ação Popular, prevista na Lei nº 4.717/65 que, em seu art. 1º, *caput,* permite ao cidadão combater os atos lesivos ao patrimônio público e a Ação Civil Pública, criada pela Lei nº 7.347/85 que, no seu art. 1º, inciso VIII, prevê a responsabilidade por danos causados ao patrimônio público e social.

Também merece destaque o Código de Processo Civil em vigor (Lei nº 13.105/15). Este prevê, no seu art. 294, a tutela provisória de urgência, cautelar ou antecipada, pode ser concedida em caráter antecedente ou incidental. Já o seu art. 828 dispõe que, em ações de execução, haverá averbação, no registro imobiliário, de bens penhorados, arrestados ou indisponíveis. Por fim, no seu art. 854, se regula a penhora de dinheiro em depósito ou em aplicação financeira cujos valores são tornados indisponíveis.

Voltando à doutrina e nela fazendo uma breve incursão, podemos verificar que o Desembargador Federal FAUSTO MARTIN DE SANCTIS, em seu lapidar livro[31], analisa detidamente referida legislação quanto aos bens, suas medidas assecuratórias, as convenções internacionais e, até mesmo, a desconsideração da personalidade jurídica, que pode ser decretada caso haja necessidade em situações desta natureza.

---

[31] Crime organizado e lavagem de dinheiro, 2.009, p. 43

Já MARCO ANTONIO DE BARROS[32], em sua bem elaborada obra, trata das diversas medidas assecuratórias, como a apreensão e o sequestro substituído por arresto, passando pelo Bacen-jud (determinações judiciais *on line* de informações, bloqueio e desbloqueio de contas e ativos financeiros) e pelo Infojud (Sistema de Informações que integra o Poder Judiciário).

Por seu turno, EDSON PINTO[33] traça detalhado perfil da lavagem de capitais no Brasil e sugere inúmeras medidas para seu combate, todas dentro de um Estado bem aparelhado, com agentes motivados e agindo de modo integrado. MARCIA MONASSI MOUGENOT BONFIM e EDILSON MOUGENOT BONFIM[34], outrossim, se debruçam, dentro dos efeitos da condenação, sobre o confisco de bens, direitos e valores, inclusive aqueles oriundos de crimes praticados no estrangeiro. Finalmente, estudos similares, em âmbito internacional, constam da coletânea coordenada por MAÍRA ROCHA MACHADO e DOMINGOS FERNANDO REFINETTI.[35]

Conclusões

O grande desafio hoje, para as autoridades e instituições públicas voltadas à persecução penal, é atingir o equilíbrio exato entre dois valores constitucionais relevantes, quais sejam, o respeito aos direitos e garantias individuais do cidadão e uma eficaz proteção da sociedade, no que concerne à segurança pública, o que só se dá com uma exemplar punição aos criminosos. De fato, não é suficiente ao cidadão preservar-lhe os direitos individuais, mas mantê--lo inserido numa sociedade corrompida e iníqua, na qual reina a criminalidade, mormente aquela organizada e bem estruturada.

Assim, é de rigor a adoção de medidas conjuntas, de âmbito civil e administrativo, a par da persecução penal, todas em caráter efetivo e de modo eficiente, considerando que nosso sistema carcerário, nos dizeres de ROBERTO PORTO[36], padece de problemas notórios. Embora seja de difícil implementação[37], necessário um rigoroso mecanismo de controle do fluxo de capitais, com o escopo de asfixiar a alimentação financeira das organizações criminosas. Para tanto, necessário o emprego de medidas de caráter patrimonial como confisco, arresto, sequestro, bloqueio e indisponibilidade de bens de particulares, dentro da regra constitucional da função social da propriedade.

[32] Lavagem de capitais e obrigações civis correlatas, 2ª ed., 2.007, pp. 219-232
[33] Lavagem de capitais e paraísos fiscais, 2.007, pp. 201-216
[34] Lavagem de dinheiro, 2ª ed., 2008, p p. 102-113
[35] Lavagem de dinheiro e recuperação de ativos, 2.006
[36] Crime organizado e sistema prisional, 2008, p. 101
[37] mormente num mundo pós-crise, com poder público e iniciativa privada ávidos por recursos, o que fragiliza a devida preocupação com a origem do dinheiro

SUFOCANDO O CRIME ORGANIZADO E A LAVAGEM DE DINHEIRO: O USO DE MEDIDAS...

Tais medidas demandam uma soma de esforços entre a justiça criminal, a cível e as instâncias administrativas, lembrando-se dos precedentes de retenção e perdimento de bens por infrações às leis ambiental e fiscal. Referido perdimento de bens, que não tem caráter de um injusto confisco ou ao menos representa penalidade, constitui na verdade uma medida reparatória e é previsto na Constituição Federal e na lei de entorpecentes. Ressalve-se que, como é cediço, o contraditório, a ampla defesa e o respeito aos direitos e garantias individuais devem ser sempre respeitados.

Por derradeiro, nas palavras do jurista alemão Kai Ambos[38], *o criminoso deve, no verdadeiro sentido da palavra, permanecer sentado em seu capital sujo*. Complemento, de minha parte, acrescentando o seguinte: o criminoso deve ser mantido sentado, inerte, imóvel, sem ter para onde ir, até que seu capital sujo lhe seja retirado, de modo eficaz, por um Estado atuante, ágil e bem equipado.

Referências

ALVES, José Carlos Moreira. Direito Romano. Vol. I. 10ª edição. Rio de Janeiro: Forense. 1.995.

ALVES, Vilson Rodrigues. Uso Nocivo da Propriedade. São Paulo: Revista dos Tribunais. 1.992.

AMBOS, Kai. Lavagem de dinheiro e direito penal. Trad. Pablo Rodrigo Alflen da Silva. Porto Alegre: Sergio Antonio Fabris, 2007.

BARROS, Marco Antonio de. Lavagem de Capitais e Obrigações Civis Correlatas. 2ª ed. São Paulo: Revista dos Tribunais. 2008.

BEVILÁQUA, Clóvis. Código Civil dos Estados Unidos do Brasil Comentado. 9ª ed. Rio de Janeiro. Liv. Francisco Alves. 1953.

_____.Código Civil dos Estados Unidos do Brasil Comentado. v. III. 10ª ed. Atual. Rio de Janeiro: Paulo de Azevedo Ltda. 1.955.

_____.Theoria Geral do Direito Civil. São Paulo : RED Livros. 1.999.

BONFIM, Márcia Monassi Mougenot e BOMFIM, Edilson Moungenot. Lavagem de Dinheiro.2ª ed. São Paulo: Malheiros. 2008.

CAPELLETTI, Mauro. Formações Sociais e Interesses Coletivos diante da Justiça Civil. Revista de Processo. Volume 5. ano II. Janeiro de 1.977.

ESTELLITA, Eloisa. Criminalidade de empresa, quadrilha e organização criminosa. Porto Alegre: Livraria do Advogado. 2009.

GOMES, Orlando. Direitos reais. 18ª ed. Rio de Janeiro: Forense. 2.001.

_____.Introdução ao direito civil. 13ª ed. Ed. Forense. Rio de Janeiro. 1.999.

GOMES, Rodrigo Carneiro. O Crime Organizado na Visão da Convenção de Palermo.Belo Horizonte: DelRey. 2008.

LOPES, Serpa. Curso de direito civil. 2ª Ed. Freitas Bastos. 1.962. v.1.

---

[38] Lavagem de dinheiro e direito penal, 2007.

CRIME ORGANIZADO

MACHADO, MAIRA & Refinetti, Domingos Fernando (Organização). Lavagem de Dinheiro e Recuperação de Ativos: Brasil, Nigéria, Reino Unidos e Suiça. São Paulo: Quartier Latin. 2006.

MAIA FILHO, Roberto. O lixo visto sob uma outra ótica jurídica. Tese de Doutorado. São Paulo: PUC-SP. 2005.

MAIA, Rodolfo Tigre. Lavagem de Dinheiro(lavagem de ativos provenientes de crime). Anotações às disposições criminais da Lei n. 9.613/98. 2ª ed. São Paulo: Malheiros. 2007.

MENDRONI, Marcelo Batlouni. Crime Organizado: Aspectos Gerais e Mecanismos Legais. 3º ed. São Paulo: Atlas. 2009.

MONTEIRO, Washington de Barros. Curso de Direito Civil. v. III. 29ª ed. atual. São Paulo: Saraiva.1.991.

_____.Curso de Direito Civil. 1º volume-parte geral. Ed. Saraiva. 1.995.

MORO, Sergio Fernando. Jornal O Estado de São Paulo, 27/7/09.

PEREIRA, Caio Mário da Silva. Instituições de direito civil. 5ª. Ed. Rio de Janeiro. Forense. 1.976. v. 1.

PEREIRA, Lafayette Rodrigues. Direito das Coisas. 2ª Ed. Rio de Janeiro. Typ. Baptista de Souza, 1922.

PINTO, Edson. Lavagem de Capitais e paraísos fiscais. São Paulo: Atlas. 2007.

PITOMBO, Antônio Sérgio Altieri de Moraes. Organização Criminosa: Nova Perspectiva do Tipo Legal. São Paulo: Revista dos Tribunais. 2009.

PORTO, Roberto. Crime organizado e sistema prisional. São Paulo: Atlas. 2.008.

QUEIROZ, Carlos Aberto Marchi de. Crime organizado no Brasil. São Paulo: Esfera. 2005.

RÁO, Vicente. O Direito e a Vida dos Direitos. 3ª ed. São Paulo: Revista dos Tribunais. 1.991.

RODRIGUES, Silvio. Direito Civil. 2ª Ed. São Paulo: Max Limonad. v. 5. 2.002.

SANCTIS, Fausto Martin de. Crime Organizado e Lavagem de Dinheiro: destinação de bens apreendidos, delação premiada e responsabilidade social. São Paulo: Saraiva. 2009.

VERGUEIRO, Luiz Fabrício Thaumaturgo. Terrorismo e Crime Organizado. São Paulo: Quartier Latin. 2009.

WALRAS, Léon. Éléments d'économie politique pure. Ed. 2. Lausanne: Rouge. 1889.

18
Apontamentos sobre Crime Organizado, a Justiça Consensual e o Valor Probatório das Declarações do Corréu Colaborador

PEDRO HENRIQUE DEMERCIAN

Introdução

O debate sobre a ineficiência e a lentidão da Justiça Penal não é atual. É certo, de todo modo, que a sensação de impunidade que se difundiu na opinião pública deve-se, em grande parte, ao sistema processual penal antigo (remontando a 1941) e dissociado da realidade. Um dos problemas fundamentais do processo penal – objeto de incansáveis discussões teóricas – é aquele concernente à maior rapidez no andamento dos feitos, não só no interesse do imputado, mas também – como prevenção geral – da própria sociedade que quer conhecer, por vezes com impaciência, a solução do conflito (BETTIOL, 1977, p.283).

O aspecto instrumental do processo – como forma de concretizar o direito de ação – há de ser sempre enfatizado como meio eficaz para a célere e justa distribuição da Justiça, por meio de procedimentos adequados que atendam à natureza da *controvérsia subjacente*, ou seja, *o procedimento aderente à realidade social e consentâneo com a complexidade dos fatos e com a gravidade da infração penal* (GRINOVER, 1993, p.11-12). Vivemos atualmente a chamada era da robótica. O avanço das ciências exatas e da tecnologia é insofismável. Paralelamente, tem-se constatado também a sofisticação dos criminosos e de suas práticas delitivas. As atividades ilícitas são transnacionais e o combate à criminalidade igualmente ingressou na era da globalização.

Na verdade, a burocratização, a ineficiência e a lentidão da Justiça Penal não são recentes: delas têm se ocupado juristas de todo o mundo, procurando a diversificação de meios e instrumentos para que o processo atinja o objetivo colimado, conforme a finalidade que dele se pretenda extrair (DEMERCIAN

CRIME ORGANIZADO

E Moraes, 2018, p.19). Como salienta Scarance Fernandes (2011), a ciência jurídica processual, está em constante evolução e cada vez mais se preocupa com a sedimentação de seus princípios e regras fundamentais, buscando novos rumos e a efetividade do processo. No entanto, há um notório descompasso entre o excesso de teorização do direito penal e processual e sua eficiência prática, como se o direito pudesse ser tomado puramente num tom fenomênico, dissociado da realidade vivida (Scarance, 2011; Demercian e Moraes, p.19-20).

Alexandre Rocha Almeida de Moraes, estabelecendo dissertando sobre a atuação do Ministério Público na sociedade pós-moderna, deixa assentado, com inteira razão, que; [...] para se compreender e questionar as mudanças do modelo de Estado e de sociedade, assimilar as características do homem pós-moderno, além dos demais fatores que contribuíram para formatar o direito penal e processo penal de efemeridade, há um pressuposto que é a compreensão do tempo social e sua relação com a atuais práticas legislativas. Em outras palavras, seria hoje possível traçar um planejamento mínimo? Será possível encontrar a temperança, o bom senso e o equilíbrio e quiçá pautar uma Política Criminal pela racionalidade, pelo equilíbrio, pela eficiência e pela temperança, tal qual se espera de uma instituição afeita à democracia e responsável por defendê-la (Moraes, 2016, p. 211-212)?

Bem a propósito, salienta Barbosa Moreira – ao traçar breve análise comparativa entre os sistemas do common law e civil law – que é condição *sine qua non* para a compreensão de qualquer sistema processual o contato imediato com a realidade prática e a vivência do respectivo funcionamento no seu dia-a-dia. A imagem do processo, em suma, não pode ser colhida em suas multifacetárias manifestações, senão pelo acompanhamento direto, assíduo e atento do que se passa nos juízos (Moreira, 2001, p. 171).

Não é mais possível para qualquer país imaginar uma reforma sensível do seu ordenamento processual penal sem acompanhar o dinamismo legislativo internacional, através da observação e da análise comparativa da diversidade e da mobilidade dos sistemas jurídicos. Paulo Pinto de Carvalho pondera, com acerto, que o jurista tradicional, que conta "apenas com os dados históricos do seu próprio sistema jurídico, é levado comodamente a pensar o direito em termos de continuidade, de fixidez, de estabilidade, e não no aspecto de globalização." (Carvalho, 1986, p.79). Em outras palavras – e no autorizado magistério de Gianpaolo Poggio Smânio e Humberto Barrionuevo Fabretti – o direito é dinâmico e não estático, configurando um sistema aberto e não fechado. Dessa forma, ele deve estar aberto às mudanças sociais e ao avanço científico (Fabretti e Smânio, 2010, p.119).

Trata-se, portanto, na teoria luhmanniana, de um sistema autopoiético, vale dizer, ele produz, em constante mutação, sua própria estrutura e todos os elementos que o compõem (TRINDADE, 2008, p.28). Como salienta Caroline de Morais Kinzler, o sistema deve se adaptar a uma dupla complexidade: a do ambiente e a dele mesmo. Se o sistema não se preocupasse em diminuir a complexidade do ambiente, selecionando elementos, e a sua própria, autodiferenciando-se, seria diluído pelo caos, por não conseguir lidar com o excesso de possibilidades. Se selecionasse tudo, não seria diferente do ambiente. Deixaria de ser sistema. O sistema deve constantemente estar afirmando-se como um sistema diferente, para não ser confundido com o ambiente. A diferença entre sistema e ambiente é uma condição lógica para a auto-referência, porque não se poderia falar em um "si mesmo" se não existisse nada mais além deste si mesmo (KINZLER, 2004, p.123-136).

Esse fenômeno se reflete não só na *ideologia* da *Criminalidade Organizada*, isto é, o papel que ela representa na sociedade, como também nas teorias e técnicas a serem desenvolvidas para a apuração dos ilícitos por ela praticados.[1] No Brasil, as alternativas de combate à criminalidade – na busca de respostas penais céleres e eficazes – têm percorrido vias tortuosas e inférteis. Leis e mais leis vêm sendo editadas ao sabor dos acontecimentos e, por isso mesmo, apresentam-se desprovidas de organicidade e coerência[2]. O problema da criminalidade organizada é peculiar.

Como se disse, os métodos de coleta de prova (desde os elementos hauridos na fase investigatória até a prova produzida sob o pálio do contraditório, com rígidas regras pautadas no garantismo) e os clássicos procedimentos para se chegar à aplicação da *sanctio juris,* adotados no Brasil, já não atendem à constante evolução e sofisticação das práticas ilícitas, as quais, no que concerne às organizações criminosas são bastante diversificadas. Não se desconhece que, no fundo, todas elas visam a um objetivo comum: o acúmulo de riqueza e o domínio do poder econômico.

Quanto aos métodos utilizados para tais desideratos, no entanto, elas se diferenciam: há organizações que criminosas que centram suas atividades em

---

[1] Como salienta ANTONIO CARLOS DA PONTE (Crimes Eleitorais. São Paulo: Saraiva, 2008, p.147-148), enquanto à ideologia compete desenvolver o efetivo papel de determinado organismo na sociedade, à teoria incumbe desenvolver técnicas e mecanismos para o seu funcionamento. Na hipótese específica deste trabalho, para o seu combate e repressão à criminalidade organizada.

[2] A partir da Constituição de 1988 foram editadas, dentre outras, as seguintes leis: Lei nº 7.960/79 (que instituiu a prisão temporária); Lei nº 8.069/90 (Estatuto da Criança e do Adolescente); Lei nº 8.072/90 (sobre crimes hediondos; Lei nº 8.078/90 (Código de Defesa do Consumidor), Lei 9.296/96 (que regulamentou a interceptação de comunicações telefônicas), 8.930/94 (deu nova redação à Lei dos Crimes Hediondos), Lei de Lavagem de Capitais etc.

CRIME ORGANIZADO

sofisticadas fraudes financeiras, com sistemas de cooptação de autoridades públicas; troca de favores; subfaturamentos; desvio de dinheiro público (v.g. as máfias do mensalão e petrolão no Brasil); e outras que utilizam métodos mais violentos (como, por exemplo, as Máfias italianas; a Yakuza japonesa, PCC brasileiro e assim por diante). Qualquer que seja o método utilizado, um fato parece óbvio: o combate a esse tipo de atuação não se faz com métodos e regras tradicionais inerentes a outras formas de criminalidade. Exige inteligência, criatividade, adaptação e, mais do que isso, organismos repressivos fortes, bem aparelhados tecnologicamente e que gozem de independência na sua atuação.

Como salienta Eduardo Araújo da Silva (2009, p.15), em brilhante tese desenvolvida sobre o tema, "(...) pesquisa realizada pelos jornais *The Los Angeles Times* e *O Estado de São Paulo* revelou que as organizações criminosas transnacionais movimentam anualmente cerca de U$ 850 bilhões, quantia considerada superior ao PIB de uma das sete nações mais ricas do mundo". Portanto, o crime organizado, seja qual for a sua vertente (com alto poder de corrupção ou grande poder de intimidação), deve ser tratado de forma específica e particularizada, com técnicas próprias e uma legislação de exceção, mas com estrita obediência ao Estado Democrático de Direito e às conquistas de cunho garantista.

Não seria possível, neste capítulo, uma análise detalhada de todos os interessantes aspectos processuais que envolvem o crime organizado. Essa atividade multifacetária permite diversos enfoques e abordagens. Em razão disso, foram destacados – para breve e perfunctória análise – três aspectos, quais sejam: a Justiça Consensual, a figura do corréu colaborador e sua utilização no processo como eficaz meio de prova. Não se tem, entretanto, nem de longe, a pretensão de exaurir cada um desses temas, mas apenas a intenção de suscitar o debate e propor novas discussões.

1. Breves Considerações sobre Crime Organizado e a Justiça Consensual no Brasil

Há uma tendência mundial na busca do *processo de resultados*, que tem por escopo: (a) solução ágil e eficaz de litígios; (b) a desburocratização da Justiça Penal; (c) a aproximação dos operadores do direito, notadamente magistrados e promotores de Justiça do seu consumidor, buscando, mais do que a mera solução de controvérsias submetidas à apreciação do Judiciário, a verdadeira resolução do conflito, o fato gerador da controvérsia.

As medidas alternativas em direito penal e processo penal podem ser estudadas sob diversos aspectos, dentre eles destacam-se: (a) a adoção de procedi-

APONTAMENTOS SOBRE CRIME ORGANIZADO, A JUSTIÇA CONSENSUAL E O VALOR...

mentos acelerados e abreviados, com aplicação de sanções de natureza penal de qualquer espécie; (b) a aplicação de sanções e regras de conduta, sem reflexos de natureza penal, com vistas à exclusão, à sua suspensão do processo ou atenuação da sanção, por meio de consenso; (c) a delegação ao ofendido do poder discricionário de autorizar ou não o início da persecução penal. Há países que optaram pelos processos sumaríssimos exigindo uma imputação formal e o exame da culpabilidade.

Essas espécies de juízos diretíssimos ou acelerados, com suas peculiaridades, estão previstos, por exemplo, na Itália[3], Portugal, Alemanha[4] e Estados Unidos[5]. No Brasil, o anteprojeto Frederico Marques[6] adotava, além da suspensão condicional do processo, a ser concedida pelo Magistrado, com a anuência do Ministério Público e a chamada *oposição revocatória* (arts. 652 e ss.). Nesta, o Juiz, a pedido do Promotor de Justiça – e somente nas contravenções penais – aplica uma sanção penal e dela intima o condenado, que terá dois caminhos: aceitar a pena ou, caso dela discorde, contestá-la, caso em que se abre a instrução sumaríssima. O Código de Processo Penal Tipo para a América Latina, por sua vez, prevê uma forma de suspensão do processo, condicionando-a à prévia anuência do Promotor de Justiça, sem a qual, não se homologa a transação entre as partes (acusação e defesa).

Admite-se a suspensão condicional do processo (art.231) a ser aplicada em procedimento abreviado (art.371 e ss) dependendo da expressa concordância do Ministério Público (art.231, § 2º). A suspensão, embora concedida pelo Tribunal, só produzirá efeitos com a expressa anuência do imputado e do MP. Vale dizer, essa decisão do Tribunal é meramente homologatória (art.231, § 2º). Em nosso país, como se sabe, as medidas consensuais foram mais largamente

---

[3] Cf. Cód. de Proc. Penal Italiano nos arts. 444 (aplicação de pena a pedido das partes), 449 (juízo diretíssimo), 453 (juízo imediato) e 459 (procedimento por decreto).

[4] Na Alemanha, dentre outras injunções e regras de conduta, prevê-se também o recolhimento de multas (inclusive para o Estado) – tudo como forma de eliminar o interesse público na persecução penal – e cujo inadimplemento resultará na propositura da ação penal ou a retomada daquela que já havia sido ajuizada (Cf. StPO, art.153.a, alíneas (1), (2) e (3); GOMEZ-COLOMER, 1985, p.331-332; COSTA ANDRADE, 1988, p.343-344; GOMES, 1995, p.33-34).

[5] Nos Estados Unidos a justiça negociada é, sem dúvida, largamente utilizada. São várias as formas de plea negotiation, envolvendo, não só a aplicação de pena (inclusive as privativas da liberdade) como, ainda, a promessa do órgão da acusação no sentido de propor ao juiz benefícios tendentes à redução da pena ou consideração de circunstâncias atenuantes (cf., nesse sentido: LAFAVE e JEROLD, 1992, p.897-952 e HEUMANN , 1987, p. 890-899; DAVIS, 1971, p. 224 e ss.; GARCIA, Revista Brasileira de Ciências Criminais 04(13):79-92, jan./mar., 1996).

[6] O anteprojeto Frederico Marques foi publicado em suplemento do D.O.U., de 29 de junho de 1970.

CRIME ORGANIZADO

utilizadas a partir da edição da Lei dos Juizados Especiais, com a criação dos institutos da suspensão condicional do processo e transação penal, aplicados, respectivamente, às infrações de médio e pequeno potencial ofensivo, bem como pela previsão de uma audiência preliminar, na qual se prevê, em caráter cogente, uma fase de tentativa de conciliação civil. Mais recentemente, o Conselho Nacional do Ministério Público editou as Resoluções 181 e 183, que cuidam dos acordos de não-persecução penal, instituindo, definitivamente, o modelo de consenso no processo penal brasileiro.

Não se pense, entretanto, que os métodos da chamada Justiça Consensual só tenham eficácia e importância para as infrações de menor potencial ofensivo. Tampouco é correto afirmar-se que a Justiça Consensual só tenha incidência restrita à Lei nº 9099/95. É possível a sua adoção, como instrumento complementar de grande eficácia para o desmantelamento de organizações criminosas e a descoberta de suas técnicas ilícitas. Exemplo disso é a previsão, em nosso ordenamento, da colaboração premiada e a figura do corréu colaborador, como será apreciado no tópico seguinte. De todo modo, apenas como exemplo, no sistema norte-americano cerca 95% das condenações – inclusive aquelas que têm por objeto o crime organizado – provêm da *Justiça Negociada*. (FEELEY, 1987, p.763).

São variadas as formas de *plea negotiation*, que admitem a aplicação de simples uma sanção pecuniária ou, ao reverso, longas penas privativas da liberdade. O princípio da oportunidade, ali aplicado, dá ao órgão do Ministério Público ampla discricionariedade e liberdade na realização de acordos penais, os quais impõem, como regra, a admissão da responsabilidade, sem a formação da culpa. É certo que, naquele país, não são poucos os detratores das formas de negociação penal (*plea negotiation system*). Argumenta-se, *v.g.*, que, por esse método: (a) os acusados são coagidos a aceitar o acordo, renunciando a algumas garantias constitucionais, com a promessa de uma sentença mais branda; (b) os órgãos do Ministério Público excedem na acusação para facilitar o acordo com a atenuação das sanções; (c) os acusados são assistidos por defensores públicos despreparados e sobrecarregados, que têm pouco tempo e empenho para o exercício de uma efetiva defesa e isso os faz estimular os assistidos a aceitar os acordos, mesmo naqueles casos em que, potencialmente, é grande a possibilidade de absolvição, abrindo mão de algumas garantias constitucionais, como a do privilégio contra a auto-incriminação.

Como já se disse, as modalidades de *plea negotiation* tiveram extraordinário desenvolvimento no direito norte-americano, especialmente em virtude do *adversarial system* (baseado na teoria de que haverá duas partes em igualdade de condições), mas a verdade é que essa premissa é ali questionável, já que dependerá das habilidades específicas do advogado e do promotor.

O sistema *adversarial* – que efetivamente não representa um contraponto ao processo de estrutura acusatória (GRINOVER, 1999, p.71-79; FEELEY, 1987, p.753-766) – é plasmado sobre a premissa de que a verdade é mais facilmente descoberta quando há duas partes em litígio e cada uma delas conduz a própria investigação, apresentando diferentes teorias sobre a lei e sobre o caso concreto ao tribunal. Neste sistema o juiz é efetivamente neutro e inerte, só intervindo quando a lei assim o determina ou, por outro lado, quando é solicitado por uma das partes. Na verdade, como já se disse, o sistema adversarial não é empregado na sua pureza no direito norte-americano[7], pois dos juízes se espera a supervisão do procedimento para assegurar a efetiva justiça.

Esse modelo processual conta, nos Estados Unidos, com muitos críticos. Seus detratores argumentam que a verdade não é encontrada porque o sistema encoraja as partes a apresentar narrativas deturpadas, enganosas e, não raro, inverídicas sobre fatos. O *adversarial system* é também acoimado injusto, pois, embora esteja baseado na teoria de que haverá duas partes em igualdade de condições, essa premissa é questionável, já que dependerá das habilidades específicas do advogado e do promotor, além do seu próprio aparato e força de investigação. Pondera-se, por exemplo, que os órgãos estatais incumbidos da persecução estão mais bem aparelhados do que os acusados, o que torna irreal aquele ideal de igualdade de condições. No *inquisitorial system*[8], por outro lado, o processo não é encarado como uma disputa, mas sim como uma indagação, uma perquirição, na qual a corte é instada a reunir elementos de prova e, de maneira independente, avaliá-las e proferir o julgamento (HALL, 1989, p.280; LAFAVE e ISRAEL, 1992, p.36).

Nesse sistema não interessa, por exemplo, se o acusado admitiu ou não a culpa, ou o que o promotor ofereceu em troca. O procedimento pode ser conduzido indiferentemente à atitude ou ao pedido da acusação. O tribunal não está preso à disputa entre as partes. De todo modo, o sistema adversarial está longe de ser abolido. Como se disse, é ele que melhor propicia as variadas formas de *plea negotiation*, nas quais se espera do juiz grande dose de neutralidade e inércia. As críticas ao modelo de Justiça Consensual no Brasil, contudo, não têm grande consistência quando se trata de organizações criminosas, de

---

[7] Como salienta FEELEY (1987, p. 764), pelo menos nos casos mais sérios e graves, posto que no adversarial system, os juízes frequentemente determinam que o acusador reveja o caso e advirta o acusado do seu direito ao julgamento.

[8] Como adverte ADA PELLEGRINI GRINOVER, cit., não se pode confundir o inquisitorial system com sistema inquisitivo, as expressões não apresentam qualquer sinonímia.

CRIME ORGANIZADO

expressivo poder econômico e que, portanto, dispõem de meios e recursos suficientes no embate com os órgãos Estatais incumbidos da repressão à criminalidade. Além disso, em relação aos poderes instrutórios do Juiz, adotamos o chamado *inquisitorial system*, que permite ao julgador intervir sempre que verificar a hipossuficiência do réu em face do Estado, mantendo a paridade de armas e o equilíbrio de situações entre os ofícios da acusação e da defesa.

É nesse contexto que se insere a Justiça Consensual, em cuja espécie é possível identificar os modelos de justiça negociada (transação penal, suspensão condicional do processo, colaboração premiada, acordos de não persecução penal instituídos pelas Resoluções 181 e 183 do Conselho Nacional do Ministério Público etc). Evidencia-se, portanto, uma clara antinomia e contraposição entre o consenso e a justiça imposta ou conflitual (ALBERGARIA, 2007, p. 18). Cumpre reiterar, desde logo, que não se está propondo a adoção do modelo estadunidense em sentido estrito, não só pela pluralidade de ordenamentos e heterogeneidade de fontes, mas principalmente pelas estruturas próprias e peculiares do Ministério Público e Poder Judiciário naquele País. Do mesmo modo, não se almeja a aplicação inflexível do chamado *adversarial system* que, como se disse, ao mesmo tempo em que torna o magistrado um autêntico árbitro, dá ao órgão da acusação um amplo poder de negociação pautado em critérios que, pelo menos na definição clássica adotada pela doutrina processual, são aparentemente incompatíveis com o ordenamento brasileiro. Sob a ótica meramente funcionalista, é inegável a influência do binômio tempo-eficiência, isto é, a investigação e o processo devem terminar no menor tempo possível e com a máxima eficiência. Essa questão, ou seja, a rápida solução para controvérsias, de maneira mais eficiente, avulta na sociedade contemporânea, especialmente nas duas últimas décadas, que são marcadas pelo extraordinário desenvolvimento e sofisticação dos meios de comunicação, notadamente aqueles ligados à tecnologia da informação.

É necessário, portanto, que sejam desenvolvidos instrumentos que concretamente permitam a resolução de conflitos num tempo razoável, acompanhando a sofisticação dos criminosos e suas práticas delitivas, que ingressaram na era da globalização e das atividades ilícitas transnacionais. Como salienta Vasco Rodrigues (2016, p.12), a nenhum jurista atualizado terá passado despercebida, por exemplo, a progressiva invasão da dogmática tradicional pelos novos conceitos da análise econômica do direito (AED), teoria que teve sua gênese nos Estados Unidos, no início da década de 60, inicialmente nos domínios do direito privado com três vertentes: a Escola de Chicago, a Escola de Yale e a terceira via defendida por Mercado Pacheco. Essa teoria já encontrou campo fértil no âmbito do direito processual penal – evidenciado pelo processo penal de resultados – bem como no direito penal, pautando-se pela análise da *escolha racional*, pelo *equilíbrio* e por critérios de eficiência, efetividade e eficácia.

Em outras palavras, ela parte da premissa que, além de gozarem da autonomia de vontade, [...] os seres humanos são racionais e reagem aos incentivos a que estão sujeitos (RODRIGUES, p.08), avaliando, portanto, o chamado custo-benefício de suas ações e comportamentos. É lícito, nessa ordem de ideias, cogitar-se sua aplicação em matéria de colaboração premiada. É certo, de todo modo, como observa Barbosa Moreira (1985), que nenhuma "revolução" puramente processual é suscetível, por si só, de produzir, na estrutura jurídico-social, modificações definitivas. Em outras palavras, há necessidade de empenho e vontade política para se romper com sistemas e métodos que, embora arraigados ao *usus fori*, já se mostraram ineficientes.

Sob essa ótica, busca-se demonstrar que as técnicas e instrumentos que decorrem de justiça negociada, orientada por critérios de transparência e eficiência na tomada de decisões (para legislar, prevenir, investigar e processar), podem ser ampliados, sem perplexidades e sem o risco de ofensa às garantias individuais, e os métodos de análise das ciências econômicas – a análise econômica do direito (AED) – não violam, se tomadas antes de tudo como um método de agir, as regras garantistas que devem permear a nossa política criminal (DEMERCIAN e MORAES, p.23).

2. Crime Organizado e o Corréu Colaborador

Como ficou expresso no item precedente, dentre muitas outras técnicas processuais de combate ao crime organizado, uma delas, aprimorada pela Lei 12.850/2013, e mais largamente utilizada nos últimos anos, que conta com enorme preconceito[9], é participação no processo da figura corréu colaborador. Esta é uma das vertentes do consenso no processo penal. Há quem negue, por completo, a licitude desse meio de prova, com o inusitado argumento de que feriria a ética processual, pois *ensina que trair traz benefícios*. Não se pode esquecer, no entanto, que a colaboração (ou delação) envolve membro de organização criminosa, que fornece elementos efetivos para a elucidação de crimes; identificação de líderes, recuperação de bens obtidos de forma ilícita

---

[9] A origem desse preconceito, em nosso País, por certo guarda relação com seus antecedentes históricos, isto é, sua utilização desde a Inconfidência Mineira até o golpe militar de 1964, com o recrudescimento no combate aos "supostos criminosos" que ousavam discordar do regime autoritário (nesse sentido: BARROS, CARVALHO, CASTRO e MELLIM, 2010, p. 227-229.

CRIME ORGANIZADO

etc. Difícil imaginar, nessa ordem de ideias, se realmente seria pedagogicamente prejudicial a utilização desse método, na defesa da sociedade.

Modernamente, legislações como a Lei nº 8.072/90 – Lei dos Crimes Hediondos; a Lei nº 9.613, de 03/03/1998 – que trata dos "crimes de lavagem de dinheiro" – e, Lei nº 11.343/2006, contemplaram o benefício da delação premiada em seus dispositivos de maneira bastante tímida. Em 2013 entrou em vigor a Lei das Organizações Criminosas que trata detalhadamente do instituto da *colaboração premiada*, que envolve, abstraídos os aspectos semânticos, uma autêntica delação.

Delação deve ser entendida, de modo abrangente, como sendo a incriminação de terceiro, realizada por um suspeito, investigado, indiciado ou réu, no bojo de seu interrogatório ou em outro ato, sendo, para tanto, imprescindível que seja corroborada pelas demais provas existentes nos autos. A delação, para ser válida, deve ser voluntária. Em outras palavras, decorrer de ato não-forçado, indene de coações físicas ou morais, que afetam a dignidade da pessoa e, como consequência, a própria licitude da prova. Isto não significa, contudo, que a iniciativa deva partir exclusivamente do colaborador. Aliás, é da própria essência desse meio de obtenção de prova, a provocação, a proposta emanente do órgão com competência para tanto.

A colaboração, por outro lado, há de ser efetiva, isto é, fornecer elementos empíricos para a elucidação de fatos até então desconhecidos ou que permitam a identificação da liderança e estrutura da organização criminosa; recuperação de bens e outras provas que viabilizem a imposição de eventual *sanctio juris* (cf. art. 4º, § 1º, da Lei 12.850/2013). Poder-se-ia redarguir que essa espécie de colaboração sempre estará eivada pelo vício do interesse pessoal do delator. Ressalte-se, no entanto, que a noção de interesse – para efeito de elisão da delação premiada – há de estar sempre ligado a algum motivo escuso ou reprovável, como, por exemplo, a cupidez ou simplesmente o desejo de vingança. Se não se entender dessa maneira, nenhuma colaboração será de fato admissível, pois sempre terá como estímulo subjacente a vantagem da atenuação da reprimenda, o perdão judicial ou o próprio arquivamento da investigação em relação ao colaborador.

Constitui um verdadeiro truísmo afirmar que esse meio de obtenção de prova deva estar cercado de muitas cautelas para sua admissão e introdução no processo. De todo modo, como salienta Eduardo Araújo da Silva (2009, p.10), nos Estados Unidos, antes de homologar o acordo, por expressa disposição legal, o magistrado deve dirigir-se publicamente ao acusado, perscrutando a voluntariedade na aceitação do acordo, sua capacidade intelectiva, exata compreensão da proposta feita pelo órgão da acusação e a viabilidade da promessa feita.

APONTAMENTOS SOBRE CRIME ORGANIZADO, A JUSTIÇA CONSENSUAL E O VALOR...

A atual legislação, embora exclua o magistrado das tratativas para a realização do acordo penal, prevê expressamente que o juiz possa ouvir sigilosamente o colaborador, na presença de seu advogado, para perquirir a regularidade, legalidade e voluntariedade (art. 4º, § 7º, *in fine*, da Lei 12.850/13). Além disso, a admissão do corréu colaborador não dispensa a análise da proporcionalidade e razoabilidade na adoção de benesses legais, o perfil do beneficiário e a relevância de sua participação na empresa criminosa, bem como a gravidade dos ilícitos penais por ele praticados para o sucesso e em proveito da organização (art. 4º, § 1º, da Lei das Organizações Criminosas).

Embora esses critérios sejam extremamente fluidos, de acordo com o pensamento uniforme da doutrina, razoável é uma qualidade que – "exprimindo a adequação de sentido e a pertinência lógica entre os motivos (circunstâncias de fato), os valores, os meios e os fins" (LAVIÉ, 1984, p. 461; BARROSO, 1996, p. 206) – pressupõe equilíbrio, moderação e harmonia, segundo o senso comum e os valores predominantes em determinada época ou em certo ambiente. Na interpretação, valoração e aplicação do Direito é inevitável, como assevera Karl Larenz (1989, p. 460), "a ponderação das consequências", com as quais o intérprete se preocupa, preferindo, quanto possível, "o sentido conducente ao resultado mais razoável, que melhor corresponda às necessidades da prática" (MAXIMILIANO, 1957, p. 209).

Como se sabe, "como resultado da inadmissibilidade de limitações dos meios de prova, utilizáveis nos processos criminais, é-se levado à conclusão de que, para recorrer a qualquer expediente, reputado capaz de dar conhecimento da verdade, não é preciso seja um meio de prova previsto, ou autorizado pela lei, basta não seja expressamente proibido, se não mostrar incompatível com o sistema geral do direito positivo, não repugne à moralidade pública e aos sentimentos da humanidade, piedade e decoro, nem acarrete a perspectiva de um dano, ou abalo sério, a saúde física ou mental das pessoas, que sejam chamadas a intervir na diligência." (ESPÍNOLA FILHO, 1980, t. 1, vol. 2, p. 453). Dentro dos critérios aqui analisados de maneira superficial, um dos caminhos consistentes de combate à criminalidade organizada passa pela efetiva regulamentação e ampliação das formas de consenso, sem que, para tanto, tenham de ser sacrificadas garantias constitucionais historicamente conquistadas. As informações assim obtidas permitirão a formação de um contingente expressivo de fatos certos, conhecidos e provados, os quais, por indução lógica, resultarão no sucesso da persecução penal.

Como salienta com inteira razão Eduardo Araújo da Silva (2009, p.151), as características peculiares do fenômeno da criminalidade organizada (sofisticação tecnológica para a prática de ilícitos; intimidação de vítimas e testemu-

CRIME ORGANIZADO

nhas; complexidade e estruturação ampla da própria organização criminosa) dificultam sua apuração pelos tradicionais meios de prova, notadamente as chamadas provas diretas. Mais do que qualquer outra situação, nesta espécie de criminalidade avulta a importância da prova indiciária ou prova por indícios, que não raro é recebida com muita reserva e que terá como componente importante a própria delação.

Como se sabe, na lei processual penal, os indícios não fazem prova do fato principal, mas de suas circunstâncias, ou seja, de fatos secundários que revelam, por uma construção lógica, algo sobre o fato principal. Na conceituação de Hélio Tornaghi (1987, p. 452), *"o indício é o fato provado que, por sua ligação com o fato probando, autoriza a concluir algo sobre este"*. Exige-se, primeiramente, que o indício seja um fato certo, conhecido e provado, é o que diz o art. 239 do CPP, referindo-se, no entanto, à expressão *circunstância*, e não *fato*, mas que efetivamente deste não se distingue. Conhecido esse fato secundário, essa circunstância, que tem relação com o crime, far-se-á uma construção lógica, uma indução, nos termos do dispositivo processual, permitindo abstrair-se a existência do fato principal que se pretende provar. Por meio de um silogismo, o indício é a *premissa menor*, uma regra oriunda da razão ou experiência é a *premissa maior* e a *conclusão* é o fato probando. Entretanto, como pondera Maria Theresa Rocha de Assis Moura (1994, p. 82), "a base da argumentação, que é o fato conhecido, deve ser certa"; caso contrário, faltará o elemento fundamental da prova indiciária.

Não existe prefixação do valor de convencimento de um indício. Quanto mais forte sua vinculação com o fato principal, com o crime, maior será sua influência na formação da convicção do juiz. No sistema da livre persuasão racional, como é o nosso, o indício será apreciado e valorado da mesma forma que as chamadas provas diretas. Como salienta Julio Fabbrini Mirabete (2000, p. 318), no "sistema de livre convicção do juiz, encampado pelo Código, a prova indiciária, também chamada circunstancial, tem o mesmo valor das provas diretas, como se atesta na Exposição de Motivos, em que se afirma não haver hierarquia de provas por não existir necessariamente maior ou menor prestígio de uma com relação a qualquer outra (item VII). Assim, indícios múltiplos, concatenados e impregnados de elementos positivos de credibilidade são suficientes para dar base a uma decisão condenatória, máxime quando excluem qualquer hipótese favorável ao acusado".

Nesse mesmo sentido, ou seja, de que os indícios têm o mesmo valor das provas diretas: TJSP, Apel. Cr. 141.372-3, Rel. Des. Cunha Bueno, j. em 08.09.94; TJSP, 5ª Câmara Criminal, Apel. Cr. nº 149.112-3, Comarca de Bauru, Rel. Des. Cardoso Perpétuo, j. em 01.06.95, v.u.; TJSP, 1ª Câmara Criminal de Férias, jul. 1995, Apel. Cr. 153.674-3, Rel. Des. Andrade Cavalcanti, j. em 10.07.95, v.u.; TACRIM/SP, Apel. Cr. 1.006.221/0, Rel. Juiz Renato Nalini, *DOE*, Seção I, Poder Judiciário, de 30.05.96, p. 30; *RT* 531/393 e *RT* 615/330. E ainda: Revisão Criminal nº 163.512-3, Comarca de Pindamonhangaba, v.u., j. em 07.11.94.

Na verdade, todos os métodos que não encontrem vedação nas regras de direito material e processual são plenamente aptos "a conduzir à certeza moral, como critério da verdade para o juiz, ao entregar a prestação jurisdicional do Estado" (MOURA, 1994, p. 102) e desse rol não se pode excluir, naturalmente, as declarações o corréu colaborador, que servirá como fonte para outros fatos certos, conhecidos e provados. A certeza moral, a que o processo visa, não é independente de nenhuma das circunstâncias particulares do caso; resulta, obviamente, do conjunto das provas e tem como pressuposto a plenitude da convicção racional de quem deve julgá-lo. A apreciação do resultado das provas não deve ser fragmentária, não se realiza tomando isoladamente cada meio informativo nem pode separar-se do resto do processo. Compreende, ao contrário, cada elemento de prova e o respectivo conjunto (FLORIAN, 1968, p. 327; CAZETTA JUNIOR, p.111-119).

De feito, dentro do quadro geral da investigação, o resultado particular de um meio de prova pode, em cotejo com os demais, tomar um valor distinto do que teria se fosse considerado separadamente, ora perdendo sua eficácia inicial, ora ampliando-a, por alcançar, no contexto, um significado mais nítido (FLORIAN, p. 327-328). Em outras palavras, se a imputação deve reputar-se provada decidirá sempre o Juiz ou o Tribunal de acordo com o seu livre convencimento, deduzindo a verdade de um minucioso exame de todos os meios de prova coligidos. Cumpre salientar, porém, que a preocupação com a verdade objetiva, que o processo penal colima, não pode servir de óbice ao pensamento jurídico. Bem se sabe que a averiguação judicial dos fatos objeto da imputação é essencialmente uma investigação histórica, que tem como meta a comprovação da verdade, para fins práticos.

Inspira-se, portanto, no método das investigações históricas e com estas partilha critérios e características, a principal das quais consiste em que, por elas, a evidência a que se chega "*no es sino una probabilidad, y si ella se aproxima a la certeza, no es sino por una suma de probabilidades*" (FLORIAN, p. 56). Nem seria razoável, por exemplo, que, numa organização criminosa, na eventual dificuldade de relacionar um ou outro vestígio de enriquecimento ilícito, renunciasse o julgador ao sistema e às categorias peculiares ao raciocínio jurídico, para reconhecer de maneira formal a insuficiência probatória. Quando se cuida de um sistema sofisticado de fraudes, organicamente praticadas, por indivíduos

CRIME ORGANIZADO

que dispõem de poder econômico e aparatos tecnológicos sofisticados não se pode exigir, para comprovação do ilícito, a prova direta, pois o criminoso dessa estirpe não emite recibo.

Em torno do tema, José Jesus Cazetta Junior salienta, com sua habitual competência, que, "colimando uma verdade material, o processo penal repudia, em princípio, as limitações apriorísticas, que estão em conflito com aquele escopo e com o propósito de permitir que o Magistrado forme livremente o seu convencimento, segundo um critério racional. Bem por isso, com as ressalvas que a lei indique ou que a moral e a consciência imponham, no processo *"deben utilizarse todos los instrumentos adecuados, en el caso concreto, para que la averiguación de la verdad se realice en forma completa"*. Em crimes que envolvem organizações criminosas, a prova – como regra – é eminentemente indiciária, mas, nem por isso, imprestável. O conjunto probatório que contenha múltiplos indícios, impregnados por elementos positivos de credibilidade, será suficiente para o estabelecimento da certeza moral necessária, constituindo aquilo a que Maria Tereza de Assis Moura se referiu como *"anéis de uma mesma cadeia"*, em harmoniosa direção aos mesmos fatos (1994, p. 102).

Em suma, o nosso legislador, ao contrário de outros sistemas, não estabeleceu regras rígidas para a admissão de provas lícitas. A valoração das provas, quaisquer que sejam, seguem sempre os mesmos critérios, que são relativos. Portanto, quanto maior for a aproximação dos fatos certos, conhecidos e provados (indícios) do núcleo do tipo penal, maior será o valor probatório da prova por indícios – e não há apuração que mais demande esse tipo de raciocínio do que aquela ligada, por suas características, à criminalidade organizada. Nesse cenário é que também se insere o corréu colaborador.

3. A Natureza Jurídica das Declarações do Corréu Colaborador

Quando se perquire o valor probatório das declarações do corréu colaborador é curial, antes de tudo, que se analise a natureza jurídica desse ato processual. O *interrogatório* "é o conjunto de perguntas que a autoridade dirige ao acusado" , que tem por objeto a autoria e a materialidade da infração penal. Sem dúvida, é um meio de prova, tanto que está incluído seu capítulo no título VII, da Prova. Também é uma oportunidade que o acusado, em juízo, terá para contraditar a acusação, apresentando-se como verdadeiro meio de defesa.

Borges da Rosa (1942, vol.1, p.492), entende que o interrogatório tem o caráter de um meio de defesa: "mediante ele, pode o acusado expor antecedentes que justifiquem ou atenuem o crime, opor exceções contra as testemunhas e indicar fatos ou provas que estabeleçam sua inocência...", no que é contraditado por Mirabete (2000, p. 277): "mesmo quando o acusado se

APONTAMENTOS SOBRE CRIME ORGANIZADO, A JUSTIÇA CONSENSUAL E O VALOR...

defende no interrogatório, não deixa de apresentar ao julgador elementos que podem ser utilizados na apuração da verdade, seja pelo confronto com provas existentes, seja por circunstâncias e particularidades das próprias informações restadas".

Esse também é o entendimento de Guilherme de Souza Nucci (1987, p.81), acrescentando que se trata de um dos instrumentos disponíveis para o julgador chegar à verdade dos fatos e, dessa forma, ao seu veredicto. Hélio Tornaghi (1987, vol. 1, p. 358) sustenta que essa questão é de política processual, colocando o interrogatório como um "instrumento da prova quando a lei o considera fato probante (*factum probans*) e o é de defesa (além de fonte de prova) quando entende que ele por si nada evidencia, mas apenas faz referência ao tema probando e, por isso mesmo, é preciso ir buscar a demonstração de tudo quanto nele foi dito pelo réu". É exatamente esse aspecto do interrogatório do corréu colaborador que interessa. Considerando sua natureza híbrida de fonte de prova, meio de defesa e meio de obtenção de prova (na dicção legal), é inegável que tudo quanto for nele alegado deve ser investigado e demonstrado.

Não é por outra razão que o artigo 4º, § 16, da Lei 12.850/13, esclarece que *nenhuma sentença condenatória será proferida com fundamento apenas nas declarações do agente colaborador*. A redação – que constitui um autêntico truísmo – não exclui da fundamentação da sentença o conteúdo assertivo da colaboração, desde que em harmonia e corroborado por outros elementos de prova. É certo, ademais, que o interrogatório do acusado não é mais é um ato privativo e exclusivo do juiz. Com o advento da Lei nº 10.792/2003, passou-se a admitir a intervenção do acusador e do defensor. Nos termos do art. 188 do CPP, após proceder ao interrogatório, o juiz indagará das partes se restou algum fato para ser esclarecido, formulando as perguntas correspondentes se o entender pertinentes e relevantes.

Admite-se, portanto, as reperguntas na hipótese denominada *chamada de corréu*, isto é, o interrogatório do corréu incriminando o outro. Nesse sentido é o teor da Súmula nº 65 das "Mesas de processo penal, doutrina, jurisprudência e súmulas" do Departamento de Direito Processual Penal da Universidade de São Paulo: *O interrogatório do corréu, incriminando ao outro, tem, com relação a este, natureza de depoimento testemunhal, devendo por isso se admitirem as reperguntas* (BUSANA e GRINOVER, 1987, p. 109). Convém destacar que os Tribunais Superiores têm decidido que a *"realização do interrogatório do réu sem a presença do defensor, após a entrada em vigor da Lei nº 10.792/2003, constitui nulidade absoluta"* (STF: HC 87.172/GO, Rel. Min. Cezar Peluso, 1ª T., j. em 15.12.05, *DJ de* 03.02.06, p. 32; STJ: RHC 17.679/DF, Rel. Min. Nilson Naves, 6ª T., j. em 14.03.06, *DJ* 20.11.06 p. 362; HC 52.330/MS, Rel. Min. Laurita Vaz,

5ª T., j. em 24.10.06, *DJ* 20.11.06 p. 346; RHC 18.656/DF, Rel. Min. Felix Fischer, 5ª T., j. em 12.09.06, *DJ* 16.10.06 p. 386). Para Eduardo Espínola Filho (1980, p.25), o interrogatório possui a finalidade tríplice de: "(a) facultar ao magistrado o conhecimento do caráter, da índole e dos sentimentos do acusado: em suma, compreender-lhe a personalidade; (b) transmitir ao julgador a versão, que, do acontecimento, o inculpado fornece sincera ou tendenciosamente, com a menção dos elementos, de que o último dispõe, ou pretende dispor, para convencer da idoneidade de sua versão; (c) verificar as reações do acusado, ao lhe ser dada diretamente, pelo juiz, a ciência do que os outros encerram contra ele".

O art. 5º, inciso LXIII, da CF incluiu entre os direitos do acusado o de permanecer em silêncio. O réu não está obrigado a responder às perguntas que lhe forem feitas e, mais do que isso, deve ser cientificado desse direito pela autoridade que o interrogar. Sobre esse tema, o Colendo STF, em acórdão relatado pelo Min. Sepúlveda Pertence (HC 78.708-1/SP, 1ª T., *DJU* de 16.04.99), decidiu que essa norma constitucional é um instrumento eficaz contra a autoincriminação. A omissão dessa informação pela autoridade, no momento adequado, gera nulidade e impõe a desconsideração de todas as informações incriminatórias, assim como das provas delas derivadas.

Saliente-se que esse constitucional direito ao silêncio não compreende a mentira sobre a própria identidade, que deve ser objeto de persecução penal, nos termos do art. 307 do CP (STF, 1ª T., HC 73.161/SP, Rel. Min. Sidnei Sanches, *DJU* de 22.11.96; STF, 2ª T., HC 72.377/SP, Rel. Min. Carlos Velloso, *DJU* de 30.06.96; *JTJ* 146/304, 163/135, 154/285 e 170/288; *RT* 536/340 e 561/339). Convém destacar, ainda, que o Direito Penal brasileiro não comina qualquer espécie de sanção ao perjúrio, isto é, não pune o criminoso que, na fase investigatória ou em juízo, faça afirmação falsa, negue ou cale a verdade.

Não seria possível realmente qualquer regra tendente a punir a mentira ou a omissão *quanto à imputação*, pois a CF assegura ao preso o *direito ao* silêncio (CF, art. 5º, inciso LXIII) e esse dispositivo é complementado pelo Código de Processo Penal, que lhe garante o direito de não responder às perguntas que lhe forem formuladas (art. 186), daí não podendo advir qualquer prejuízo à sua defesa, notadamente a influência desfavorável na formação da livre persuasão racional do julgador (CPP, art. 198).

Na verdade, não se pode ampliar o elastério desse direito ao silêncio, tanto mais porque, preocupada com a defesa do interesse público, a CF também assegura ao Estado o direito à identificação civil ou criminal do suspeito (CF, art. 5º, inciso LVIII). Além disso, a mentira sobre a própria identidade é também vedada na primeira fase da persecução penal. Como se sabe, o inquérito é peça meramente informativa, que se desenvolve na fase pré-processual, em que não se deduz acusação formal, não se vislumbrando uma situação de reciprocidade que imponha o correlato exercício ao direito de autodefesa (STF, 2ª T., Rel. Min. Carlos Velloso, HC 72.377-2/SP, *DJU* 30.06.95; TJSP, Rel. Luiz Pantaleão, Apelação Criminal nº 155.576-3, j. 8.8.94; Rel. Dante Busana – Apelação Criminal nº 140.786-3, Cotia, j. 27.05.93; *RJDTACRIM* 4/104; *RJDTACRIM* 11/88; *RJDTACRIM* 15/87).

O direito constitucional ao silêncio, bem como aquele decorrente do Pacto de São José da Costa Rica (ratificado pelo Brasil em 25.09.93) *de não ser obrigado a depor contra si mesma* (art. 8º, § 2º, *g*), não tem, portanto, o alcance que se lhe pretende emprestar. Por outro lado, sem embargo da asserção ser muito recorrente, é certo que o réu não tem o direito de mentir em seu interrogatório. Se ele o tivesse, não poderia ser punido, *v.g.*, pela falsa identidade ou, até mesmo, por eventual crime de calúnia cometido durante o interrogatório de mérito. Como se disse, em determinadas hipóteses, se o réu falsear a verdade não poderá ser punido, pois o Direito brasileiro não prevê a figura típica do perjúrio. Daí, entretanto, não se pode inferir um suposto direito à mentira (MALULY, 2006, p. 58-59). Postas essas premissas quanto à natureza do interrogatório e, consequentemente, das declarações do corréu colaborador, já é possível analisar sua eficácia probatória.

A Lei das Organizações Criminosas prevê – de forma absolutamente inócua e sem nenhuma consequência jurídica – que o corréu colaborador estará sujeito ao *compromisso legal* de dizer a verdade. Há, nesse ponto, evidente impropriedade técnica. Com efeito, o colaborador não deixa de ser réu pelo fato de contribuir efetivamente com as investigações e com as provas produzidas no curso do processo. Portanto, é bastante inusitada a exigência de compromisso legal de dizer a verdade. No entanto, é razoável a regra constante do artigo 19 da Lei 12.850/13, que prevê punição ao colaborador que *imputar falsamente, sob o pretexto de colaboração com a Justiça, a prática de infração penal a pessoa que sabe ser inocente, ou revelar informações sobre a estrutura de organização criminosa que sabe inverídicas*. Essa norma tem aptidão para prevenir delações falsas ou motivadas por interesses escusos, como a cupidez ou vingança pessoal.

4. Valor Probatório das Declarações do Corréu Colaborador

A utilização das declarações do corréu colaborador em processos criminais – notadamente naqueles instaurados para a apuração de delitos praticados por organizações criminosas – tem sido duramente criticada por boa parte da doutrina que se dedica ao estudo do tema. Argumenta-se, como se disse, que: (a). a delação premiada é eticamente reprovável, pois ensina que *trair*

CRIME ORGANIZADO

traz benefícios (CERVINI e GOMES, 1999, p.165); (b). dá ênfase a um direito penal funcionalista, que só se preocupa com o resultado final; (c). privilegia réus acusados de crimes específicos (p. ex., crime organizado), criando uma classe de excluídos, autores de outras infrações não premiadas com a aplicação do instituto; (d). o corréu colaborador não presta compromisso de dizer a verdade, podendo, por isso mesmo, agir movido por sentimento de vingança ou mesmo cupidez, isto é, torna-se um chantageador; (e). assumindo a condição de beneficiário penal e processual, poderá delatar falsamente, para se ver livre de punição; (f). o corréu colaborador é obrigado a abdicar de garantias constitucionais, como o *nemo tenetur se detegere*, em troca, não raro, de uma simples diminuição de pena.

Sem embargo da autoridade e competência dos seus defensores, essas críticas, com a devida *venia*, não podem prosperar. De início, não se pode confundir direito penal simbólico com processo de resultados. O processo penal tem, não se duvida, caráter eminentemente pragmático, isto é: a apuração da infração penal, da sua autoria e a imposição da *sanctio juris* àquele que for considerado culpado. Deve, em síntese, ser eficiente. Este fato, entretanto, não elide sua índole assecuratória; não significa que devam ser sacrificadas garantias constitucionais conquistadas ao longo de décadas e muito menos deva o réu ser tratado como objeto de investigação e não sujeito de direitos.

Como já se disse no início do presente trabalho, uma das agruras do processo penal reside na necessidade de sua maior agilização, não só como pedagógico instrumento de prevenção geral, como também em prol do próprio imputado, que tem o direito de ver rapidamente definida sua situação perante a Justiça Criminal. Não se pode, portanto, extrair desse conceito um caráter meramente simbólico de punição.

Quanto à falta de ética processual, é difícil entender como ela se manifesta. É árdua a tarefa de identificar a *ética na criminalidade*, especialmente a organizada. Não se pode esquecer que a colaboração constitui um prêmio àquele que se arrependeu ou àquele que não mais divisou vantagens de permanecer filiado a uma organização que fere a ordem pública, desestabiliza a paz social, age à margem da lei, sem qualquer escrúpulo e sem respeitar princípios básicos de dignidade humana.

Não se pode colocar na tabula rasa, um delator de organização criminosa e um Joaquim Silvério dos Reis; não se pode encontrar similitude ontológica entre aquele que denuncia o líder do Primeiro Comando da Capital (PCC) e aquele de delata um revolucionário ideológico, que é perseguido pelo simples fato de discordar de um déspota, ditador, comandante de um regime totalitário.

Poder-se-ia indagar – como o fez com muita argúcia Alexis Augusto Couto de Brito (2006, p.374) –, qual indivíduo praticaria ato mais ético e menos reprovável: aquele que delata co-autores e permite a libertação de uma vítima de sequestro ou aquele que simplesmente se cala? O raciocínio que equipara as diversas modalidades de delação é, *concessa venia*, falacioso.

Nem se está aqui fazendo apologia ao deplorável e famigerado direito penal do inimigo, até porque, qualquer que seja a infração e o respectivo autor, serão asseguradas todas as garantias que emanam do devido processo legal, com a cuidadosa análise da culpabilidade e a estrita observância dos princípios que norteiam o Estado Democrático de Direito.

Apreciando essa questão, Alexis Augusto Couto Brito salienta, com inteira propriedade e argumentos irretorquíveis, que "os valores, por definição, referem-se ao positivo, ao bem de uma forma geral a ser buscado pelo ser humano. E, como um dos valores perseguidos pelo Estado de Direito, temos a conduta correta conforme o Direito e a sua propagação, em detrimento de todo ato que contrarie a natureza humana e desafie a realização do bem comum. O crime é, definitivamente, algo que não participa deste bem comum, pelo contrário, impede sua realização". (cit., p.374). Em suma, a adoção da delação premiada não comporta a discussão ética que se pretende instalar.

Por outro lado, não se pode aceitar que a delação crie uma classe de excluídos, isto é, todos os demais réus que não podem se valer de semelhante benefício, embora, por vezes, tenham cometido delitos menos gravosos.

Como já se destacou no início desse trabalho, o combate ao crime organizado não pode ser feito como nos tempos mais venturosos do século passado. Os altíssimos índices de criminalidade e explosão de processos criminais envolvendo essa peculiar prática criminosa são fenômenos que explicam um tratamento próprio e diferenciado. Daí a admissão da figura do corréu colaborador para determinados delitos e não, nesse momento da história do nosso direito, para outros.

O argumento sugere a criação de uma classe de excluídos é, de todo modo, especioso. Como se defendeu no primeiro capítulo do presente trabalho, já é tempo de se ampliar no Brasil as formas de consenso, admitindo-as a qualquer espécie de crime, tornando nossa Justiça, de uma maneira geral, mais célere e menos burocrática. Em outras palavras, para se evitar a criação de uma "classe de excluídos" é recomendável a ampliação da Justiça Consensual e não o contrário. É inegável, outrossim, que o corréu colaborador não presta compromisso e assume, com a colaboração, a condição de beneficiário de um prêmio penal ou processual. Isto não torna, entretanto, *a priori*, suas declarações imprestáveis. Convém lembrar que o interrogatório tem carac-

CRIME ORGANIZADO

terística marcante de fonte de prova (significando que tudo quanto for alegado no seu bojo deve ser objeto de comprovação) e o réu não tem o direito de mentir para imputar falsamente a outrem, por mera vingança, espírito de emulação ou benefício pecuniário, a prática de crime, sob pena de responder criminalmente por esse ato (art. 19 da Lei 12.850/13).

Não se pode perder de vista também que delator se coloca em situação de risco, especialmente quando presta informações relacionadas a organizações criminosas marcadas pela violência, e nem sempre conta com um sistema eficaz de proteção pelo Estado.[10] Ademais, pelo sistema adotado em nosso processo, o juiz tem a mais ampla liberdade para a valoração da prova, no caminho mental que percorrer para a formação da sua livre convicção, mas também terá o ônus de fundamentá-la, o que lhe permite afastar uma delação infundada e revanchista.

É inegável, por fim, que o corréu colaborador abre mão do privilégio contra a autoincriminação. Isto não significa, entretanto, que esteja abdicando ao constitucional direito à autodefesa, que é exercido de maneira multifacetária, inclusive com a admissão de culpa para buscar a atenuação da sanção ou a própria extinção da pena. Além disso, a colaboração premiada não é compulsória, depende de consenso, de convergência de vontades e da análise, pelo colaborador, do custo-benefício. Feitas essas breves observações, já é possível analisar o valor probatório das declarações de corréu colaborador.

O Estatuto Processual Penal em vigor, em seu art. 155, dispõe que o juiz formará sua convicção pela livre apreciação das provas em contraditório judicial, admitindo-se, cautelar e antecipadamente, a produção de provas numa fase anterior, desde que irrepetíveis. Com esse dispositivo, abandonou-se o sistema de regras legais. A exposição de motivos do Código, nessa linha, e de forma expressa, já consignava em meados do século passado que o estatuto processual penal *abandonou radicalmente o sistema chamado da certeza legal.* Lá está assentado, ainda, que "nem *é prefixada uma hierarquia de provas; na livre* apreciação destas, o juiz formará honesta e lealmente a sua convicção..."

Todas as provas são relativas: nenhuma delas terá *ex vi legis* o valor decisivo ou necessariamente maior prestígio que outra. Além disso, se "... *é certo que o juiz fica adstrito às provas constantes dos autos, não é menos certo não que fica subordinado a nenhum critério apriorístico no apurar, através delas, a verdade material".*

---

[10] No Brasil, a Lei 9807/99 dispõe sobre as medidas de proteção a vítimas e testemunhas, elencando-as no seu art. 8º. O art. 15 da Lei estende seus efeitos ao colaborador, na prisão ou fora desta. Apesar disso, o Estado nem sempre conta com aparato eficiente para dar concreção às medidas protetivas prevista nesta Lei Especial.

Trata-se, na verdade, de uma conjugação dos dois outros sistemas (prova legal e íntima convicção). Devolve-se ao juiz o livre arbítrio, a ampla liberdade para a apreciação de provas, valorando-as conforme sua consciência. Contudo, ele fica com o encargo de motivar sua decisão, que há de estar pautada nos elementos de convencimento coligidos aos autos, não podendo ignorar o conteúdo dessas provas e tampouco as razões aduzidas pelas partes nos debates ou alegações finais, sob pena de proferir decisão absolutamente nula.

Como preleciona Eduardo Espínola Filho (1976, p.445): "A livre apreciação da prova, pela íntima convicção que do seu valor forme o juiz, nunca legitima uma decisão apenas de consciência, que se desgarre da prova, seja fundamentada por presunção ou por sentimento. Cabe a observação que o Min. Bento de Faria deixa consignado no seu recente livro (1942, p. 214), invocando a autoridade de Calamandrei e reportando-se a decisões dos juízes Pereira Braga e Raul Machado, no Tribunal de Segurança Nacional: 'A liberdade de convicção confere ao juiz a faculdade de decidir, conforme seu convencimento, com fundamento em qualquer das provas, a que se dê mais crédito e validade, e não a de julgar livremente, sem atenção aos elementos existentes nos autos; não fica sujeito às velhas regras, que, a respeito, eram fundamentais no sistema legal da prova, mas é só isso'."

Entretanto, assim como a prova está limitada pela restrição de sua produção com ofensa ao direito processual e ao direito material, o princípio do livre convencimento também encontra *barreiras semelhantes*. No dizer de José Frederico Marques (2000, p.276), "se violada for alguma regra limitativa da pesquisa da verdade real, não pode o juiz formar a sua convicção com essa fonte de prova indevidamente colhida".

Seja qual for a natureza jurídica do interrogatório (meio de prova, meio de defesa, fonte de prova, testemunho impróprio ou a conjugação desses quatro aspectos), o fato é que o corréu colaborador, para fazer jus às benesses legais, deve confessar sua participação na empreitada criminosa. Essa admissão de culpa deve estar cercada de cuidadoso exame valorativo pelo juiz e revestido de determinadas condições intrínsecas, isto é: a verossimilhança, a clareza, a persistência, a uniformidade e a coerência. (SOUZA, 1988, p.19). Mas não é só. O art. 4º, § 7º, da Lei 12.850/2013, só admite a redução da pena e demais benesses legais se a colaboração for espontânea (i.e. não forçada, não compelida, consensual) e for eficaz (cf. art. 4º, § 1º).

Há, portanto, um componente processual e empírico de suma importância, isto é, não basta que o colaborador admita sua participação e delate terceiros, deve fornecer elementos concretos indicativos da responsabilidade criminal dos delatados ou, em outras palavras, o conteúdo assertivo do seu

CRIME ORGANIZADO

interrogatório deve ser pertinente e, principalmente, relevante. Essas especiais circunstâncias, por si sós, já são suficientes para afastar a delação realizada por mero sentimento de vingança, sem base e nem fundamento. Além disso, as declarações do colaborador devem ser feitas com a participação da defesa técnica, sujeitando-se à avaliação do juiz (característica da judicialidade) e submetida ao crivo do contraditório, ou seja, poderá ser eficazmente contrariada pelos interessados, preservando-se a dialética do processo de estrutura acusatória.

Conclusões

Vivemos atualmente a chamada era da robótica. O avanço das ciências exatas e da tecnologia é insofismável. Paralelamente, tem-se constatado também a sofisticação dos criminosos e de suas práticas delitivas. As atividades ilícitas são transnacionais e o combate à criminalidade igualmente ingressou na era da globalização. Não é mais possível para qualquer país imaginar uma reforma sensível do seu ordenamento processual penal sem acompanhar o dinamismo legislativo internacional, através da observação e da análise comparativa da diversidade e da mobilidade dos sistemas jurídicos;

Os métodos de coleta de prova (desde os elementos hauridos na fase investigatória até a prova produzida sob o pálio do contraditório, com rígidas regras pautadas no garantismo) e os clássicos procedimentos para se chegar à aplicação da *sanctio juris,* adotados no Brasil, já não atendem à constante evolução e sofisticação das práticas ilícitas, as quais, no que concerne às organizações criminosas são bastante diversificadas. Não se desconhece que, no fundo, todas elas visam a um objetivo comum: o acúmulo de riqueza e o domínio do poder econômico. Quanto aos métodos utilizados para tais desideratos, no entanto, elas se diferenciam: há organizações que criminosas que centram suas atividades em sofisticadas fraudes financeiras, com sistemas de cooptação de autoridades públicas; troca de favores; subfaturamentos; desvio de dinheiro público. Qualquer que seja o método utilizado, um fato parece óbvio: o combate a esse tipo de atuação não se faz com métodos e regras tradicionais inerentes a outras formas de criminalidade. Exige inteligência, criatividade, adaptação e, mais do que isso, organismos repressivos fortes, bem aparelhados tecnologicamente e que gozem de independência na sua atuação;

As medidas alternativas em direito penal e processo penal podem ser estudadas sob diversos aspectos, dentre eles destacam-se: (a). a adoção de procedimentos acelerados e abreviados, com aplicação de sanções de natureza penal de qualquer espécie; (b) a aplicação de sanções e regras de conduta, sem reflexos de natureza penal, com vistas à exclusão, à sua suspensão do processo ou atenuação da sanção, por meio de consenso; (c) a delegação ao ofendido do poder discricionário de autorizar ou não o início da persecução penal.

Em nosso país, como se sabe, as medidas consensuais foram mais largamente utilizadas a partir da edição da Lei dos Juizados Especiais, com a criação dos institutos da suspensão condicional do processo e transação penal, aplicados, respectivamente, às infrações de médio e pequeno potencial ofensivo, bem como pela previsão de uma audiência preliminar, na qual se prevê, em caráter cogente, uma fase de tentativa de conciliação civil. Não se pense, entretanto, que os métodos da chamada Justiça Consensual só tenham eficácia e importância para as infrações de menor potencial ofensivo. Tampouco é correto afirmar-se que a Justiça Consensual só tenha incidência restrita à Lei nº 9099/95. É possível a sua adoção, como instrumento complementar de grande eficácia para o desmantelamento de organizações criminosas e a descoberta de suas técnicas ilícitas. Exemplo disso é a previsão, em nosso ordenamento, da delação premiada e a figura do corréu colaborador, como será apreciado no tópico seguinte.

Não se pode colocar na tabula rasa, um delator de organização criminosa e um Joaquim Silvério dos Reis; não se pode encontrar similitude ontológica entre aquele que denuncia o líder do Primeiro Comando da Capital (PCC) e aquele de delata um revolucionário ideológico, que é perseguido pelo simples fato de discordar de um ditador e comandante de um regime totalitário. A adoção, portanto, da delação premiada não comporta a discussão ética que se pretende instalar. O combate ao crime organizado não pode ser feito como nos tempos mais venturosos do século passado. Os altíssimos índices de criminalidade e explosão de processos criminais envolvendo essa peculiar prática criminosa são fenômenos que explicam um tratamento próprio e diferenciado. Daí a admissão da figura do corréu colaborador para determinados delitos e não, nesse momento da história do nosso direito, para outros. O argumento que sugere a criação de uma classe de excluídos é especioso: já é tempo de se ampliar no Brasil as formas de consenso, admitindo-as a qualquer espécie de crime, tornando nossa Justiça mais célere e menos burocrática. É recomendável a ampliação da Justiça Consensual e não o contrário;

O Estatuto Processual Penal em vigor, em seu art. 155, dispõe que o juiz formará sua convicção pela livre apreciação das provas em contraditório judicial, admitindo-se, cautelar e antecipadamente, a produção de provas numa fase anterior, desde que irrepetíveis. Com esse dispositivo, abandonou-se o sistema de regras legais. A exposição de motivos do Código, nessa linha, e de forma expressa, já consignava em meados do século passado que o estatuto processual penal *abandonou radicalmente o sistema chamado da certeza legal*. Lá está assentado, ainda, que "nem *é prefixada uma hierarquia de provas; na livre* apreciação destas, o juiz formará honesta e lealmente a sua convicção...". Todas as provas são relativas: nenhuma delas terá *ex vi legis* o valor decisivo ou necessariamente maior prestígio que outra. Além disso, se "... *é certo que o juiz fica adstrito às provas constantes dos autos, não é menos certo não que fica subordinado a nenhum critério apriorístico no apurar, através delas, a verdade material*".

Seja qual for a natureza jurídica do interrogatório (meio de prova, meio de defesa, médio de obtenção de prova, fonte de prova, testemunho impróprio ou a conjugação desses aspectos), o fato é que o corréu colaborador, para fazer jus às benesses legais, deve confessar sua participação na empreitada criminosa. Essa admissão de culpa deve estar cercada de cuidadoso exame valorativo pelo juiz (sistema de livre convicção fundamentada) e revestido de determinadas condições intrínsecas, isto é: a verossimilhança, a clareza, a pertinência, a uniformidade e a coerência.

Há um componente processual e empírico de suma importância para a validade da prova: não basta que o colaborador admita sua participação e delate terceiros, deve fornecer elementos concretos indicativos da responsabilidade criminal dos delatados ou, em outras palavras, o conteúdo assertivo do seu interrogatório deve ser pertinente e, principalmente, relevante. Essas especiais circunstâncias, por si sós, já são suficientes para afastar a delação realizada por mero sentimento de vingança, sem base e nem fundamento. Como em qualquer outro interrogatório, a confissão do colaborador deve ser feita na presença do juiz (característica da judicialidade) e sob o pálio do contraditório, ou seja, na presença dos advogados dos demais réus, que, assim, poderão eficazmente contrariá-lo, preservando a dialética do processo de estrutura acusatória.

Referências

ANDRADE, Manoel da Costa. O Novo Código de Processo Penal: consenso e oportunidade. Coimbra: Almedina, 1988.

ALBERGARIA, Pedro Soares. Plea Bargaining: aproximação à Justiça Negociada nos EUA. Coimbra: Almedina, 2007.

BARROS, Gisele Porto et. al. A Justiça Consensual no Brasil (Monografia Final para obtenção de título de especialista em Direito e Processo Penal pela Faculdade de Direito da Universidade Presbiteriana Mackenzie), 2010.

BARROSO, Luís Roberto. Interpretação e aplicação da Constituição: fundamentos de uma dogmática constitucional transformadora, São Paulo: Saraiva, 1996

BETTIOL, Giuseppe. Instituciones de Derecho Penal y Procesal, Barcelona, Bosch Casa Editorial, 1977

BIELSA, Rafael. Estudios de Derecho Público: Derecho Administrativo, Buenos Aires: Depalma, 1950.

BRITO, Alexis Augusto Couto de. Execução Penal. São Paulo: Quartier Latin, 2006.

BUSANA, Dante e GRINOVER, Ada Pellegrini (coordenadores). Execução Penal (série estudos jurídicos 03). Rio de Janeiro: Max Limonad, 1987.

CARVALHO, Paulo Pinto de. Uma incursão no Ministério Público à Luz do Direito Comparado: França, Itália, Alemanha, América do Norte e União Soviética – em "Ministério Público, Direito e Sociedade" (organizador: Voltaire de Lima Moraes), Porto Alegre, Sérgio Antonio Fabris Editor, 1986

CARVALHO, Janaína de Paula et. al. A Justiça Consensual no Brasil (Monografia Final para obtenção de título de especialista em Direito e Processo Penal pela Faculdade de Direito da Universidade Presbiteriana Mackenzie), 2010.

CASTRO, Vivian Correa et. al. A Justiça Consensual no Brasil (Monografia Final para obtenção de título de especialista em Direito e Processo Penal pela Faculdade de Direito da Universidade Presbiteriana Mackenzie), 2010.

CAZETTA JUNIOR, José Jesus – Parecer em HC 199.253-3/3, Revista Justitia (174): 111-119.

CERVINI, Raul; GOMES, Luiz Flavio e TERRA DE OLIVEIRA, William. Lei de Lavagem de Capitais. São Paulo: Revista dos Tribunais, 1998.

CERVINI, Raul e GOMES, Luiz Flávio Crime Organizado (2ª edição). São Paulo: Revista dos Tribunais, 1997.

DAVIS, Kenneth Culp – Discretionary Justice: a preliminary inquiry, Chicago: Illinois Books Edition, 1971.

DEMERCIAN, Pedro Henrique e MALULY, Jorge Assaf. Curso de Processo Penal, 6ª ed., Rio: Forense, 2010.

_____. Regime Jurídico do Ministério Público no Processo Penal. São Paulo: Verbatim, 2009.

_____. A Oralidade no Processo Penal Brasileiro. São Paulo: Atlas, 1999.

DEMERCIAN, Pedro Henrique; MORAES, Alexandre Rocha Almeida de. Um novo modelo de atuação criminal para o Ministério Público Brasileiro: agências e laboratório de jurimetria. Revista Jurídica da Escola Superior do Ministério Público de São Paulo, v. 11, 2017: 14-40

ESPÍNOLA FILHO, Eduardo, Código de processo penal brasileiro anotado, 6ª ed. histórica, Rio de Janeiro, Editora Rio, 1980, t. 1, vol. 2.

FABRETTI, Humberto Barrionuevo e SMANIO, Gianpaolo Poggio. Introdução ao Direito Penal. São Paulo, Atlas, 2010.

FEELEY, Malcolm. The adversary system, in Encyclopedia of the American judicial system. New York: Scribner, 1987, volume III.

FERNANDES, Antonio Scarance. O consenso na justiça penal brasileira. http://www.direitoprocessual.org.br/dados. Acessado em: 18 jun. 2011.

FERRAJOLI, Luigi. Direito e Razão, 2ª edição revista e ampliada, São Paulo: Revista dos Tribunais, 2006.

GOMEZ-COLOMER, Juan Luis – El Processo Penal Aleman, Introduccion y Normas Básicas, Barcelona: BOSCH, 1985.

GRINOVER, Ada Pellegrini. Procedimentos Sumários em Matéria Penal, em "Justiça Penal: crimes hediondos, erro em direito penal e juizados especiais" (coordenador JAQUES DE CAMARGO PENTEADO), São Paulo, Ed. Revista dos Tribunais, 1993.

CRIME ORGANIZADO

_____. A iniciativa instrutória do juiz no processo penal acusatório. In Revista Brasileira de Ciências Criminais (27):71-79, São Paulo: Revista dos Tribunais, 1999.

GRINOVER, Ada Pellegrini e BUSANA, Dante (coordenadores). Execução Penal (série estudos jurídicos 03). Rio de Janeiro: Max Limonad, 1987

GOMES, Luiz Flávio. Suspensão Condicional do Processo Penal. São Paulo: Revista dos Tribunais, 1995.

GOMES, Luiz Flávio; CERVINI, Raul e TERRA DE OLIVEIRA, William. Lei de Lavagem de Capitais. São Paulo: Revista dos Tribunais, 1998.

GOMES, Luiz Flávio e CERVINI, Raul. Crime Organizado (2ª edição). São Paulo: Revista dos Tribunais, 1997.

HEUMANN, Milton – Plea Bargaining. Encyclopedia of the American Judicial System. New York: Robert J. Janosik Editor.

KINZLER, Caroline de Morais. A Teoria dos Sistemas de Niklas Luhamnn, in Estudos de Sociologia, Araraquara, 16, 123-136, 2004.

LAFAVE, Wayne R. e ISRAEL, Jerold H. Criminal Procedure. Saint Paul: West Publishing. 1992.

LARENZ, Karl. Metodologia da Ciência do Direito, Lisboa, Fundação Calouste Gulbenkian, 1989.

LAVIÉ, Humberto Quiroga. Derecho Constitucional, Buenos Aires: Depalma, 1984.

FLORIAN, Eugenio. De las pruebas penales, da tradução castelhana de JORGE GUER-RERO, tomo I, Ed. TEMIS, Bogotá, 1968.

MALULY, Jorge Assaf e DEMERCIAN, Pedro Henrique. Curso de Processo Penal (6ª ed.). Rio: Forense, 2010.

MALULY, Jorge Assaf. Denunciação Caluniosa (2ª edição). Belo Horizonte: Del Rey, 2006.

MARQUES, José Frederico. Elementos de Direito Processual Penal (2ª edição revista e atualizada). Campinas: Millenium, 2000 vol.02.

MAXIMILIANO, Carlos. Hermenêutica e Aplicação do Direito, 6ª ed., São Paulo: Freitas Bastos, 1957.

MELLIM, Silvia Helena Rodrigues et. al. A Justiça Consensual no Brasil (Monografia Final para obtenção de título de especialista em Direito e Processo Penal pela Faculdade de Direito da Universidade Presbiteriana Mackenzie), 2010.

MIRABETE, Júlio Fabbrini. Processo Penal (14ª edição). São Paulo: Atlas, 2000.

MORAES, Alexandre Rocha Almeida de. Direito Penal Racional: Propostas para a construção de uma teoria da legislação e para uma atuação criminal preventiva. Curitiba: Juruá, 2016.

MORAES, Alexandre Rocha Almeida de; DEMERCIAN, Pedro Henrique. Um novo modelo de atuação criminal para o Ministério Público Brasileiro: agências e laboratório de jurimetria. Revista Jurídica da Escola Superior do Ministério Público de São Paulo, v. 11, 2017: 14-40.

MOREIRA, José Carlos Barbosa. A função social do Processo Civil moderno e o papel do juiz e das partes na direção e na instrução do processo. Revista de Processo (37):141, janeiro/março de 1985, Revista dos Tribunais.

MOURA, Maria Theresa Assis. A Prova por Indícios no Processo Penal, São Paulo: Saraiva, 1994.

NUCCI, Guilherme de Souza. O valor da confissão como meio de prova no processo penal. São Paulo: Revista dos Tribunais, 1986.

PONTE, Antonio Carlos da. Crimes Eleitorais. São Paulo: Saraiva, 2008.

RODRIGUES-GARCIA, Nicolas. A Justiça Penal e as Formas de Transação no Direito norte-americano: repercussões, Revista Brasileira de Ciências Criminais 04(13):79-92, jan./mar., 1996.

SEGURADO BRAZ, Patrícia et. al. A Justiça Consensual no Brasil (Monografia Final para obtenção de título de especialista em Direito e Processo Penal pela Faculdade de Direito da Universidade Presbiteriana Mackenzie), 2010.

SOUZA, Moacir Benedito de. Mentira e simulação em psicologia judiciária penal. São Paulo: Revista dos Tribunais, 1988.

SILVA, Eduardo Araújo da. Crime Organizado (procedimento probatório), 2ª edição. São Paulo: Atlas, 2009.

SMANIO, Gianpaolo P. e FABRETTI, Humberto Barrionuevo. Introdução ao Direito Penal. São Paulo, Atlas, 2010.

TERRA DE OLIVEIRA, William; CERVINI, Raul e GOMES, Luiz Flavio. Lei de Lavagem de Capitais. São Paulo: Revista dos Tribunais, 1998.

TORNAGHI, Hélio. Curso de Processo Penal (4ª edição). São Paulo: Saraiva, 1987.

WAYNE R. LAFAVE e JEROLD H. ISRAEL – Criminal Procedure. Sant Paul: West Publishing. 1992.

19
Procedimento Investigatório e de Produção de Prova

ROGÉRIO LUIS ADOLFO CURY

1. Breve Introdução sobre algumas Finalidades da Lei 12.850/2013

Um dos objetivos da Lei 12.850/2013 é definir e regular os meios de prova e procedimentos investigatórios que versem sobre ilícitos praticados por organizações criminosas, com previsão na Convenção das Nações Unidas contra o Crime Organizado Transnacional (Convenção de Palermo), promulgada pelo Decreto nº 5.015/2004.

CONVENÇÃO DAS NAÇÕES UNIDAS CONTRA O CRIME ORGANIZADO TRANSNACIONAL

Artigo 1 – Objetivo

O objetivo da presente Convenção consiste em promover a cooperação para prevenir e combater mais eficazmente a criminalidade organizada transnacional.

Artigo 2 – Terminologia

Para efeitos da presente Convenção, entende-se por:

a) "Grupo criminoso organizado" – grupo estruturado de três ou mais pessoas, existente há algum tempo e atuando concertadamente com o propósito de cometer uma ou mais infrações graves ou enunciadas na presente Convenção, com a intenção de obter, direta ou indiretamente, um benefício econômico ou outro benefício material; (...).

Nessa linha, o legislador pátrio entendeu que Considera-se organização criminosa a associação de 4 (quatro) ou mais pessoas estruturalmente ordenada e caracterizada pela divisão de tarefas, ainda que informalmente, com

CRIME ORGANIZADO

objetivo de obter, direta ou indiretamente, vantagem de qualquer natureza, mediante a prática de infrações penais cujas penas máximas sejam superiores a 4 (quatro) anos, ou que sejam de caráter transnacional (§ 1º, Art. 1º, Lei 12.850/13, corrigindo um lapso, em respeito ao princípio da taxatividade/legalidade, que a Lei 9.034/95 possuía ao não prever o que seria uma organização criminosa. Desta feita, o simples concurso de pessoas, ainda que praticado associação, não pode ser confundido com organização criminosa.

Tal observação faz sentido, tendo em vista que no Brasil, após a edição da Lei 12.850/13, em algumas ocasiões, onde haveria p delito de associação criminosa (art. 288, CP), se tem tipificado como organização criminosa (art. 1º, Lei 12.850/13). Ainda no tocante a definição de organização criminosa, em que pese o § 1º, Art. 1º, Lei 12.850/13, tratar de infrações penais, ao exigir que possuam pena máxima em abstrato superior a 4 (quatro) anos, automaticamente exclui as contravenções penais, haj vista que essas últimas quando são apenas com pena privativa de liberdade (prisão simples), não ultrapassam alguns meses..

Neste sentido, a lição de Ricardo Antonio Andreucci "(...) ao ratificar a Convenção de Palermo pelo Decreto n. 5.015, de 12-3-2004, o ordenamento jurídico pátrio reconheceu que a organização criminosa deve agir com o fim de cometer "infração grave" (art. 2º da Convenção), assim definida como "ato que constitua infração punível com uma pena privativa de liberdade, cujo máximo não seja inferior a quatro anos ou com pena superior" (...).[1]

1.1. Crime Organizado no Brasil

No Brasil, o crime organizado assume, basicamente, três formas: a) os Comandos (exemplos: Primeiro Comando da Capital, Comando Vermelho, Terceiro Comando); b) as Milícias Ilegais (formadas por militares e paramilitares que atuam em determinada região); c) a "Máfia do Colarinho Branco".

Os integrantes dos chamados "Comandos", possuem como principal atividade o tráfico de drogas, não raro também praticando roubos, extorsões mediante sequestro ou comércio ilegal de arma de fogo. Estruturam-se de forma piramidal, ou seja, em escalões, de maior ou menor hierarquia dentro da organização, objetivando assim a proteção da "cúpula" do Comando são formados por quem obtem o controle das rotas de tráfico de uma determinada região. Essa forma de crime organizado se estabelece em determinada região, utilizando o poder de intimidação perante a população local, como forma de garantir sua própria sobrevivência. Frequentemente, os comandos se

---

[1] Legislação penal especial, 6ª edição, Ed. Saraiva, 2009, p. 59.

envolvem em disputas territoriais com outras facções, visando a proteção da sua área de atuação ou mesmo a expansão de sua atividade ilícita e o aumento do lucro obtido por meio da prática de crimes.

A segunda forma de crime organizado é denominada de "Milícias", que consitem em grupos militares e paramilitares, formados por policiais e ex-policiais civis e militares, bombeiros, vigilantes, agentes penitenciários entre outros integrantes ou ex-integrantes da Administração Pública, em grande parte moradores das comunidades, que cobram taxas dos moradores por uma suposta proteção e repressão ao tráfico de drogas. Exemplo: taxa de TV à cabo, gás, iluminação etc. Por fim, a organização criminosa designada de "Máfia do Colarinho Branco" é composta por autoridades legais, em regra vinculadas aos Poderes da República (Executivo, Legislativo e Judiciário), incorrendo geralmente em crime de tráfico de influência, lavagem de dinheiro, dentre outros delitos que exigem fraudes complexas, mas aos quais não são cominadas penas elevadas.

2. Procedimentos de Investigação e Formação de Provas

Como a persecução penal possui duas fases, a investigatória e a instrutória, o legislador da lei dos crimes organizados admitiu em ambas as fases a adoção de procedimentos de investigação e produção de provas especificados na lei em comento, como ainda aqueles gerais previstos no Código de Processo Penal. Em verdade, a Lei 12.850/13, em seu art. 3º, elenca os meios de investigação e de obtenção de prova, prevendo:

Art. 3º Em qualquer fase da persecução penal, serão permitidos, sem prejuízo de outros já previstos em lei, os seguintes meios de obtenção da prova:

I – colaboração premiada;

II – captação ambiental de sinais eletromagnéticos, ópticos ou acústicos;

III – ação controlada;

IV – acesso a registros de ligações telefônicas e telemáticas, a dados cadastrais constantes de bancos de dados públicos ou privados e a informações eleitorais ou comerciais;

V – interceptação de comunicações telefônicas e telemáticas, nos termos da legislação específica;

VI – afastamento dos sigilos financeiro, bancário e fiscal, nos termos da legislação específica;

VII – infiltração, por policiais, em atividade de investigação, na forma do art. 11;

VIII – cooperação entre instituições e órgãos federais, distritais, estaduais e municipais na busca de provas e informações de interesse da investigação ou da instrução criminal.

CRIME ORGANIZADO

§ 1º Havendo necessidade justificada de manter sigilo sobre a capacidade investigatória, poderá ser dispensada licitação para contratação de serviços técnicos especializados, aquisição ou locação de equipamentos destinados à polícia judiciária para o rastreamento e obtenção de provas previstas nos incisos II e V. (Incluído pela Lei nº 13.097, de 2015)

§ 2º No caso do § 1º, fica dispensada a publicação de que trata o parágrafo único do art. 61 da Lei nº 8.666, de 21 de junho de 1993, devendo ser comunicado o órgão de controle interno da realização da contratação. (Incluído pela Lei nº 13.097, de 2015).

2.1. Da Ação Controlada ou Retardada

Prevista no art. 8º da Lei 12.850/13, a ação controlada é um procedimento de investigação e formação de prova, consistente no retardo da intervenção policial em conduta supostamente praticada por organizações criminosas ou a ela vinculada. Essa atuação retardada da polícia, todavia, só será possível desde que haja observação e acompanhamento da atividade criminosa organizada, para que eventual prisão em flagrante e a apreensão de bens, possa ser a mais eficaz possível, no tocante à obtenção de provas e informações sobre a citada organização. A ação controlada também é conhecida como ação prorrogada, retardada ou diferida. Quando há a prisão em flagrante nestes casos, tal ato é conhecido como flagrante retardado, prorrogado, diferido ou de ação controlada.

Pela leitura do mencionado artigo, denota-se que a ação controlada consiste em retardar a intervenção policial ou administrativa relativa à ação praticada por organização criminosa ou a ela vinculada, desde que mantida sob observação e acompanhamento para que a medida legal se concretize no momento mais eficaz à formação de provas e obtenção de informações.

Em que pese divergência doutrinária, entendemos que não há exigência de autorização judicial para que haja a prática da ação controlada, tendo em vista a falta de previsão legal expressa a respeito, embora concordamos que na prática a falta de referida autorização possa substanciar a absolvição de policiais corruptos. Em verdade, a Lei 12.850/13 menciona que haverá comunicação ao juiz competente, para que possa estabelecer os limites da ação controlada, mas não exige ordem da autoridade judiciária.

Ademais, quando a lei pretendeu que houvesse autorização judicial prévia, o fez expressamente, como ocorre no caso de infiltração de agentes

> Art. 10. A infiltração de agentes de polícia em tarefas de investigação, representada pelo delegado de polícia ou requerida pelo Ministério Público, após manifestação técnica do delegado de polícia quando solicitada no curso de inquérito

PROCEDIMENTO INVESTIGATÓRIO E DE PRODUÇÃO DE PROVA

policial, será precedida de circunstanciada, motivada e sigilosa **autorização judicial**, que estabelecerá seus limites (negritamos).

O emprego da ação controlada exige que a conduta seja praticada por organizações criminosas ou a ela vinculada, que são mantidas sob observação e acompanhamento para que a medida legal se concretize no momento mais eficaz do ponto de vista da formação de provas e fornecimento de informações. Assim, há o retardo da realização do flagrante para a melhor obtenção de provas ou informações que serão utilizadas contra a organização criminosa.

Até o encerramento da diligência, o acesso aos autos será restrito ao juiz, ao Ministério Público e ao delegado de polícia, como forma de garantir o êxito das investigações e ao término da diligência, elaborar-se-á auto circunstanciado acerca da ação controlada. Caso a ação controlada envolva transposição de fronteiras, o retardamento da intervenção policial ou administrativa somente poderá ocorrer com a cooperação das autoridades dos países que figurem como provável itinerário ou destino do investigado, de modo a reduzir os riscos de fuga e extravio do produto, objeto, instrumento ou proveito do crime.

2.2. Acesso a Registros, Dados Cadastrais, Documentos e Informações

Como procedimento de investigação e produção de provas, admite-se que, a autoridade policial e o Ministério Público, independentemente de autorização judicial, aos dados cadastrais do investigado que informem exclusivamente a qualificação pessoal, a filiação e o endereço mantidos pela Justiça Eleitoral, empresas telefônicas, instituições financeiras, provedores de internet e administradoras de cartão de crédito.

As empresas de transporte possibilitarão, pelo prazo de 5 (cinco) anos, acesso direto e permanente do magistrado, do membro do Ministério Público ou do delegado de polícia aos bancos de dados de reservas e registro de viagens. As concessionárias de telefonia fixa ou móvel manterão, também pelo prazo de 5 (cinco) anos, à disposição das autoridades mencionadas, registros de identificação dos números dos terminais de origem e de destino das ligações internacionais, interurbanas e locais.

Em verdade, com as medidas acima, previstas nos artigos 15 a 17 da Lei 12.850/13, o legislador ampliou o acesso direto da autoridade policial e do Ministério Público a alguns dados para facilitar e potencializar as investigações contra as organizações criminosas. Por óbvio que o acesso aos dados e informações em tela, deve respeitar todas as garantias constitucionais do cidadão, sob pena de nulidade do ato.

CRIME ORGANIZADO

Tais medidas devem ser interpretadas em caráter excepcional, sendo adotadas apenas nas hipóteses que os meios comuns de investigações não sejam eficientes para a produção da prova. Entretanto, as autoridades fiscais ou bancárias apenas poderão fornecer os dados sigilosos à autoridade policial, mediante determinação judicial, sob pena de nulidade na colheita da prova, conforme decidido pelo Tribunal Regional Federal da 3ª Região.[2] Ora, a intimidade do cidadão não pode ser violada sem o respeito às regras constitucionais. Não se pode menoscabar os direitos fundamentais do cidadão, em razão da atuação de um Estado policialesco, onde do mais das vezes, prega-se que os fins justificam os meios. Com efeito, a inobservância às regras ora tratadas, levará à ilicitude da prova produzida (art. 5º, LV, CF), com a consequente rejeição liminar da ação penal (art. 395, III, CPP), quando não existirem outros elementos de prova nos autos a demonstrar a existência de ilícito penal.

2.3. Captação e a Interceptação Ambiental de Sinais Eletromagnéticos, Óticos ou Acústicos

Os sinais eletromagnéticos, ótico ou acústicos, dizem respeito às provas obtidas por meio de imagens ou sons. Nesse sentido, "(...) A captação e a interceptação ambiental de sinais eletromagnéticos, óticos ou acústicos é sistema que também é conhecido como vigilância eletrônica. Não se pode confundir tais institutos com a denominada interceptação telefônica."[3]

A medida prevista no inciso II do art. 3º da lei 12.850/13 traz algo excepcional, pois é a única hipótese de captação ou interceptação ambiental prevista em nossa legislação. Segundo Ricardo Antonio Andreucci, a "interceptação ambiental pode ser definida como a captação de uma conversa alheia (não telefônica), feita por terceiro, valendo-se de qualquer meio de gravação. Se nenhum dos interlocutores sabe da captação, fala-se em interceptação ambiental em sentido estrito; se um deles tem conhecimento, fala-se em captação ambiental."[4] Entendemos que a captação ou interceptação ambiental, necessita de autorização judicial devidamente fundamentada (mediante circunstanciada autorização judicial, minuciosamente explicitada), em situações que envolvem ambiente particular ou em local onde, sem autorização judicial, seria proibida a obtenção de sinais eletromagnéticos, óticos ou acústicos.

---

[2] Processo nº 2009.61.81.013310-0, que tramitou perante a 7ª Vara Federal Criminal em São Paulo.
[3] Guilherme Madeira Dezem, Legislação Penal Especial, Volume 2, 3ª edição, Ed. Saraiva, 2010, p.156.
[4] Ob. cit. p. 62.

PROCEDIMENTO INVESTIGATÓRIO E DE PRODUÇÃO DE PROVA

Desta feita, embora haja posicionamento em sentido contrário, a autorização judicial não seria necessária em locais públicos, onde não há qualquer vedação para captação ou interceptação de imagens ou sons, tais como praças públicas, avenidas dentre outros locais análogos.

2.4. Infiltração de Agentes de Polícia

A infiltração de agentes de polícia em tarefas de investigação, quando solicitada no curso de inquérito policial ou procedimento investigativo criminal, somente poderá ocorrer com expressa autorização judicial, estritamente sigilosa, que permanecerá enquanto perdurar a infiltração, garantindo assim a segurança do agente infiltrado, bem como evitando que informações a respeito da investigação cheguem ao conhecimento dos próprios investigados, frustrando assim a atuação policial. Também figura de suma importância a exigência legal para a infiltração de agentes, para que não ocorram abusos ou arbitrariedades na medida.

No entanto, como bem observa Guilherme Madeira Dezem, "ao determinar que a autorização seja circunstanciada, deve o magistrado indicar os motivos pelos quais defere a infiltração policial. Da mesma forma, deve indicar as circunstâncias em que se desenvolvera tal infiltração, vale dizer: em qual grupo criminoso será feita a infiltração, qual a extensão territorial da atividade desenvolvida pelo agente infiltrado, entre outras medidas".[5] Será admitida a infiltração se houver indícios da existência de organização criminosa e se a prova não puder ser produzida por outros meios disponíveis demonstrando, assim, seu caráter excepcional da medida.

O prazo de duração da infiltração poderá ser de até 6 (seis) meses, podendo ocorrer renovações, desde que demonstrada sua necessidade. No ponto, entendemos que o legislador deveria estabelecer um limite para as renovações ou prazo de duração para cada renovação, sob pena de perder seu caráter excepcional. Para dar segurança ao agente infiltrado, o pedido de infiltração será distribuído sigilosamente, de modo que não contenha informações que possam indicar a operação a ser efetivada ou identificar o agente que será infiltrado na organização criminosa. Ademais, havendo indícios seguros de que o agente infiltrado sofre risco iminente, a operação sustada mediante requisição do Ministério Público ou pela autoridade policial.

Ainda na esteira de se conceder segurança, reconheceu-se, dentre outros, como direito do agente infiltrado ter a identidade alterada, bem como usufruir das medidas de proteção a testemunhas, ter seu nome, qualificação, imagem,

---

[5] Ob. cit. p.158.

CRIME ORGANIZADO

voz de demais informações pessoais preservadas durante a investigação e o processo criminal, savo se houver decisão judicial em contrário. Questão que sempre se mostrava controvertida dizia respeito a hipótese do agente infiltrado poder praticar delitos e não ser punido. Com a entrada em vigor da Lei 12.850/13, não será punível, no âmbito da infiltração, a pratica de crime pelo agente infiltrado no curso da investigação, quando inexigível conduta diversa.

Ao nosso sentir, o legislador agiu corretamente reconhecendo que o agente infiltrado somente poderá praticar infração penal, desde que amparado pela inexigibilidade de conduta diversa, desde que demonstrado que não agiu com excesso, afastando-se assim a própria culpabilidade do delito. Assim, se agir sem a devida proporcionalidade com a finalidade da investigação, responderá pelo excesso. Ao tratar de excludente de culpabilidade por parte do agente infiltrado, Guilherme de Souza Nucci, aquiescendo o posicionamento de Marcelo Batlouni Mendroni, reconhece também que "(...) caso o agente policia seja obrigado pelos comparsas a matar alguém, sob pena de revelar sua identidade e , com isso, ser eliminado poderá ser absolvido com base na tese da *coação moral irresistível* (...)."[6]

Logo, a prática de crimes por parte do agente infiltrado, poderá ocorrer se justificar sua participação na organização criminosa. Por óbvio, deve ser avaliado o caso em concreto, considerando a razoabilidade da autuação do agente infiltrado.

3. Estruturação da Polícia Judiciária no Combate à Ação Praticada Por Organizações Criminosas

Os órgãos da polícia judiciária devem possuir setores e equipes de policiais especializados no combate aos crimes praticados por organizações criminosas. Diante dos crescentes índices de criminalidade, que tem por fatores, dentre outros, a prática de delitos transnacionais, e a estruturação do crime organizado, em todo o mundo a polícia vem se aparelhando no combate às organizações criminosas. A seguir, passamos a apresentar os métodos de combate ao crime organizado adotados por alguns países como o México, Itália, Alemanha, Austrália e Portugal finalizando com a estruturação da policia judiciária brasileira.[7]

Com vistas ao combate do crime organizado, em 1998, foi criada no México a denominada corporação policial conhecida como Polícia Federal Preven-

---

[6] Ob. Cit. , p. 285.
[7] Dados colhidos no sítio tp:pt.wikipedia.org/wiki/Portal:Pol%C3%ADcia – acesso em 19/06/2010, 10h48m.

PROCEDIMENTO INVESTIGATÓRIO E DE PRODUÇÃO DE PROVA

tiva, que nasceu da fusão das Polícias Rodoviária e de Portos, Fiscal e da Polícia Federal de Migração. Criada para a mesma finalidade, a Polícia Nacional (Police Nationale), corporação policial civil francesa, tem como missão o combate ao tráfico de drogas, às organizações criminosas e os crimes econômicos.

Na Itália estruturou-se a chamada *Guardia di Finanza* (Guarda de Finança), polícia especial subordinada diretamente ao Ministro de Economia e das Finanças, que possui a função de atuar na defesa nacional de fronteiras, segurança pública, polícia judiciária, contraterrorismo, polícia de alfândegas e de fronteiras, antidroga e polícia econômica e financeiras. A Força tem uma organização nacional, regional e provincial e possui o Gruppo di Investigazione Criminalità Organizzata (GICO): Grupo de Investigação de Crime Organizado.

Na Alemanha, há a Landespolizei que é sua polícia estadual com estatuto civil, responsável pelo policiamento ostensivo e polícia judiciária nos 16 (dezesseis) estados daquele país. A Landespolizei é subordinada aos governos estaduais. Cada estado alemão tem uma unidade do SEK – Spezialeinsatzkommando, unidade tática de operações especiais, que é chamada sempre que há a necessidade de uma resposta rápida contra o crime organizado e o terrorismo. Na Austrália, há a Polícia Federal Australiana ou *Australian Federal Police (AFP)*, que se trata de uma corporação policial com a competência de velar pelo cumprimento das leis federais em todo o território nacional australiano. São suas atribuições a prevenção e repressão ao contrabando de drogas, à lavagem de dinheiro, ao tráfico de pessoas, às fraudes eletrônicas e ao terrorismo.

Em Portugal, há a Polícia de Segurança Pública, força de segurança portuguesa com as missões de defesa da legalidade democrática, de garantia da segurança interna e de defesa dos direitos dos cidadãos. Embora tenha outras funções, tal polícia é sobretudo conhecida por tratar-se da força de segurança responsável pelo policiamento fardado e ostensivo nas grandes áreas urbanas de Portugal, estando o policiamento das áreas rurais reservado normalmente à Guarda Nacional Republicana. Atua em várias áreas funcionais, e como Polícia Preventiva, incluindo a prevenção da criminalidade geral e organizada, prevenção do terrorismo, garantia da segurança de pessoas e bens, ao nível da pequena criminalidade, em áreas que não estejam reservadas à Polícia Judiciária. No Brasil, temos as polícias civis e militares dos Estados, além da Polícia Federal.

O Departamento de Polícia Federal, trata-se de órgão subordinado ao Ministério da Justiça, cuja função é a de exercer a segurança pública para a preservação da ordem pública e da incolumidade das pessoas e do patrimônio.

CRIME ORGANIZADO

A Polícia Federal, de acordo com o artigo 144, § 1º da Constituição Federal, é instituída por lei como órgão permanente, organizado e mantido pela União e estruturado em carreira. São funções ainda da Polícia Federal: apurar infrações penais contra a ordem política e social ou em detrimento de bens, serviços e interesses da União ou de suas entidades autárquicas e empresas públicas, assim como outras infrações cuja prática tenha repercussão interestadual ou internacional e exija repressão uniforme; prevenir e reprimir o tráfico ilícito de entorpecentes e drogas afins, o contrabando e o descaminho, sem prejuízo da ação fazendária e de outros órgãos públicos nas respectivas áreas de competência; exercer as funções de polícia marítima, aeroportuária e de fronteiras; exercer, com exclusividade, as funções de Polícia Judiciária da União.

Por sua vez, a polícia civil, exerce funções de polícia judiciária, nos Estados brasileiros e no Distrito Federal com o fim de garantir o exercício da segurança pública, da incolumidade das pessoas e do patrimônio. Ainda de acordo com o artigo 144, § 4º, da Constituição Federal, são funções institucionais destas, ressalvada a competência da União, o combate ao crime organizado, com a criação de delegacias e órgãos policiais especializados. O crime organizado é investigado por Delegacias especializadas – Delegacias de Repressão e Investigação ao Crime Organizado (DEIC – Polícia Civil), pela Polícia Federal e Abin.

Referências

ANDREUCCI, Ricardo Antonio. Legislação penal especial, 6. ed. São Paulo: Saraiva, 2009.

DEZEM, Guilherme Madeira. Coordenadores: Junqueira, Gustavo Octaviano Diniz e Fuller, Paulo Henrique Aranda. Legislação penal especial, volume 2. 3. ed. São Paulo: Saraiva, 2010.

NUCCI, Guilherme de Souza. Leis penais e processuais penais comentadas, 4. ed. São Paulo: RT, 2009.

http:pt.wikipedia.org/wiki/Portal:Pol%C3%ADcia.

PARTE IV
COMBATE AO CRIME ORGANIZADO

20
A Polícia Judiciária no Combate ao Crime Organizado

ANDRÉ RICARDO XAVIER CARNEIRO

1. Introdução

A proliferação das denominadas organizações criminosas é uma realidade que no mundo todo vem impondo a criação de mecanismos e de leis mais modernas e aptas ao efetivo combate deste fenômeno, o que necessária e naturalmente passa pela valorização, aperfeiçoamento e aparelhamento das forças policiais. Inicialmente, os criminosos agiam, no mais das vezes, mediante simples associação eventual, em coautoria ou participação, e os crimes praticados produziam efeitos locais ou regionais. Com o passar do tempo, a reunião estável de criminosos para cometimento de delitos tornou-se uma realidade recorrente, ao ponto de restar tipificado no direito pátrio, como delito autônomo, a associação de mais de três pessoas (mínimo quatro, portanto) com escopo de praticar crimes, ao que o legislador denominou "quadrilha" ou "bando" (artigo 288, do Código Penal). Assim, com a simples união de esforços entre os integrantes destas quadrilhas ou bandos, crimes como roubos a banco, a carros-fortes, extorsão mediante sequestro, tráfico de drogas, dentre outros, passaram a ser cometidos mediante reunião de diversos criminosos que, todavia, não buscavam, com esta associação, a fixação de uma organização estrutural voltada ao sucesso da empreitada criminosa; visavam, somente, ao natural exercício da somatória de forças – embora de forma minimamente estável – para realização de um objetivo comum. Convém anotarmos que, atualmente, com a nova redação dada pela Lei nº 12.850/2013 ao artigo 288, do Código Penal, o crime de "quadrilha ou bando" passou a ser denominado "associação criminosa", bastando, para sua configuração, a presença de três

CRIME ORGANIZADO

ou mais pessoas associadas para o fim específico de cometer crimes. De fato, não vislumbramos, entre os integrantes da "simples" associação criminosa, a preocupação com imposição de hierarquia entre seus membros, com a divisão de funções e criação de "estatutos" próprios, com a lavagem de dinheiro, com o aparelhamento e aperfeiçoamento da própria quadrilha etc. Na associação criminosa, conforme já registramos, há, em regra, mera somatória de forças para que a empreitada criminosa seja mais facilmente cumprida, diferentemente do que ocorre no âmbito das organizações criminosas, dotadas de estrutura mais complexa. A propósito, ao diferenciar as então denominadas quadrilhas ou bandos das organizações criminosas, Fausto Martins de Sanctis observou que em ambas há:

> (...) estabilidade e permanência, mas a organização criminosa é revestida de peculiaridades próprias, mesmo aquelas de índole regional (dentro das fronteiras de país). Não se cuida, pois, de identidade de conceitos, porquanto inconfundíveis, uma vez que o conceito de crime organizado sempre envolve estrutura complexa e, de certa forma, profissionalizada. Não se trata de apenas de uma organização bem feita, não sendo somente uma organização internacional, mas se caracteriza pela ausência de vítimas individuais e por um determinado *modus operandi*, com divisão de tarefas, utilização de métodos sofisticados, existência, por vezes, de simbiose com o Poder Público, além de alto poder de intimidação (forja clima de medo, fazendo constante apelo à intimidação e à violência).[1]

O avanço dos recursos tecnológicos e a facilidade de acesso a tais recursos, especialmente no que tange aos meios de comunicação e de transmissão de dados e informações em geral (telefonia móvel, "internet" etc.), embora de suma importância à evolução social, acabou por auxiliar no surgimento de grupos que passaram a se estruturar de forma organizada[2], apresentando--se, em algumas localidades do território pátrio, como um verdadeiro poder estatal paralelo, praticando crimes que alcançam não somente as diversas regiões do território nacional, mas que também ultrapassam as fronteiras da nação. Assim, utilizando dos mesmos recursos tecnológicos de que se valem

---

[1] Crime Organizado e Lavagem de Dinheiro. São Paulo: Saraiva, 2009. p.8.
[2] Neste sentido, Marcelo Batlouni Mendroni anota que "A evolução natural da humanidade, decorrente da modernização dos meios de comunicação, equipamentos tecnológicos de toda natureza, dos meios de transporte e de processamento de dados, trouxe também a reboque o incontrolável incremento da criminalidade, mas, em especial, da criminalidade organizada. A sociedade transformou-se sobremaneira nas últimas décadas e a legislação criminal também se vê diante da emergencial necessidade de adaptação." (Crime Organizado. Aspectos Gerais e Mecanismos Legais. 2ª ed. São Paulo: Atlas, 2007. p.5.).

400

A POLÍCIA JUDICIÁRIA NO COMBATE AO CRIME ORGANIZADO

os cidadãos de bem no exercício de suas atividades cotidianas, a criminalidade passou a se organizar com escopo de aperfeiçoar a prática de delitos e, ainda, de multiplicar o produto da empresa ilícita. A mera somatória de força-bruta, típica das tradicionais quadrilhas ou bandos (hoje denominadas associações criminosas), deu lugar às ações criminosas praticadas de forma ao menos minimamente *organizada* e *estruturada*, com fixação de hierarquia, distribuição de funções entre os integrantes da organização criminosa, apelo à corrupção de servidores públicos, constante imposição da força e do medo e, ainda, com a preocupação de realizar a aplicação financeira dos altos recursos provenientes das atividades ilícitas praticadas, abrindo-se margem à lavagem de dinheiro, o que, para nós, representa o principal traço distintivo entre uma simples *associação* criminosa e uma *organização* criminosa.

Os efeitos da ação de grupos criminosos são nefastos à ordem social, à ordem econômica e à segurança pública, e as leis penais e processuais vigentes, especialmente as disposições contidas nos Códigos Penal e Processual Penal – que entraram em vigor no início da década de quarenta – já se mostraram absolutamente ineficazes no combate à ação das organizações criminosas. Conforme já anotamos, crimes graves e violentos, como tráfico de drogas[3] e de seres-humanos, tráfico de armas de fogo, roubo e extorsão há muito tempo deixaram de ser praticados apenas por meio de associação eventual e passaram a ser cometidos por criminosos que agem de forma organizada. Aliás, em seu rico estudo sobre o fenômeno do crime organizado, Rodrigo Carneiro Gomes registrou que:

[3] O Supremo Tribunal Federal, em julgamento de "habeas corpus", reconheceu a atuação organizada do denominado Primeiro Comando da Capital – PCC, decidindo que "1. (...). 2. A denúncia imputa ao paciente e aos co-réus terem se associado em quadrilha para a prática do tráfico ilícito de substâncias entorpecentes, na forma de uma organização criminosa estrutura hierarquicamente com divisão de tarefas e funções de seus membros. 3. No caso concreto, há a noção de periculosidade concreta do paciente, acusado de integrar a facção criminosa intitulada "PCC" (Primeiro Comando de Capital) que seria responsável por ataques violentos ocorridos em maio de 2006 contra civis, unidades prisionais, agências bancárias e veículos, em claro confronto com as forças de segurança pública do Estado de São Paulo. 4. Registro que houve fundamentação idônea à manutenção da prisão processual do paciente. Atentou-se, portanto, para o disposto no art. 93, IX, da Constituição da República. A decisão proferida pelo juiz de direito – que decretou a prisão preventiva – observou estritamente o disposto no art. 1º, da Lei nº 9.034/95 e no art. 312, do CPP, eis que há elementos indicativos no sentido de que as atividades criminosas eram realizadas de modo reiterado, organizado e com alta poder ofensivo à ordem pública. 5. A garantia da ordem pública é representada pelo imperativo de se impedir a reiteração das práticas criminosas. 6. A regra do art. 7º, da Lei nº 9.034/95, consoante a qual não será concedida liberdade provisória, com ou sem fiança, aos agentes que tenham tido intensa e efetiva participação na organização criminosa, com efeito, revela-se coerente com o disposto no art. 312, do CPP. 7. Habeas corpus denegado." (HC 94739 / SP. Segunda Turma. Rel. Min. Ellen Gracie. DJ. 14.11.2008).

CRIME ORGANIZADO

Tais grupos organizados têm fácil acesso a granadas, fuzis e metralhadoras antiaéreas, ponto 30 e ponto 50 (capazes de derrubar helicópteros e perfurar blindagem) de uso militar nacional ou estrangeiro (vindas da área de fronteira seca, principalmente com o Paraguai, mas também Argentina, com destino ao tráfico no RJ) ou foguetes e fuzis de fabricação caseira, e são responsáveis pela fuga das lideranças criminosas prisionais, mediante corrupção, uso de tecnologia, fraudes de alvarás judiciais, como foi registrada, em presídio do interior paulista, a tentativa de derrubada de muralha com foguetes de fabricação caseira para resgatar presos.[4]

A criminalidade organizada, todavia, não age somente mediante a prática de crimes violentos, vale dizer, de crimes dos quais a violência física ou psicológica resulte de forma direta. Há, em crescente escala, organizações criminosas dedicadas à prática de crimes contra ordem tributária e contra o sistema financeiro nacional, ao cometimento de fraudes em procedimentos de licitação, dentre outros "crimes de colarinho branco"[5] (dentre os quais incluímos, em sentido amplo, o desvio de verbas públicas), dedicadas às fraudes praticadas por meio da rede mundial de computadores ("internet"), ao cometimento de estelionato contra o Instituto Nacional do Seguro Social – INSS, à lavagem de dinheiro etc. Acerca do tema, vejamos, por oportuna, a doutrina de José Geraldo da Silva, Wilson Lavorenti e Fabiano Genofre:

Ao lado de criminosos que frequentam as páginas policiais da imprensa e destacam-se pela destreza ou violência e que, como garantia maior de impunidade e melhor forma de estratégia, eventualmente associam-se para cometer seus desideratos criminosos, encontram-se criminosos que mimetizam atividades econômicas normais e apresentam-se como homens de sucesso com organizações empresariais multifárias e que se especializam em economia globalizada.[6]

O fato é que, como consequência da organização na prática dos delitos, os resultados das ações criminosas não mais são sentidos apenas em âmbito local ou regional, e vêm, na realidade, ultrapassando as fronteiras nacionais

---

[4] O Crime Organizado na Visão da Convenção de Palermo. Belo Horizonte: Del Rey, 2008. p.2.

[5] Ana Luiza Almeida Ferro anota que a expressão "crime de colarinho branco", criada pelo sociólogo Edwin Sutherland, "remete à criminalidade econômica, à criminalidade das empresas, às condutas fraudulentas fortemente marcadas pela impunidade, que implicam, ao lado do dano econômico, um dano de maior gravidade, imposto às relações sociais, pela geração de perda de confiança e produção de desorganização social em grande proporção." (Crime Organizado e Organizações Criminosas Mundiais. Curitiba: Juruá, 2009. p.331).

[6] Leis Penais Especiais Anotadas. 5ª ed. rev., atual. e amp. Campinas: Millennium, 2004. p.239.

A POLÍCIA JUDICIÁRIA NO COMBATE AO CRIME ORGANIZADO

por meio de remessa ilícita de bens ao exterior, da lavagem de dinheiro, da importação e exportação de armas de fogo e de drogas, pelo tráfico internacional de seres-humanos etc. Desta feita, é imperioso que o Estado e suas leis evoluam o suficiente a tornarem efetivas a repressão e prevenção ao crime, especialmente no que diz respeito ao crime organizado. E isto passa, dentre outros fatores (incluindo investimentos sociais), pela publicação de leis mais severas e aptas a desmotivar a prática do crime, pela construção de presídios capazes de ressocializar e qualificar os detentos e pelo aparelhamento, valorização e qualificação das forças policiais, que formam a tropa de frente no combate à criminalidade e que, não raras vezes, são tratadas como peças sem grande importância dentro da estrutura estatal de segurança pública, como se fosse indiferente à sociedade e à efetividade da persecução penal possuir, nas ruas, policiais mal remunerados, desqualificados, desmotivados e muitas vezes corruptos.

No Brasil, o combate ao crime organizado tinha como principal diploma legal a Lei nº 9.034/95, que não definia o que vinha a ser organização criminosa e nem tampouco a considerava crime autônomo, mas estabelecia procedimentos e recursos especiais de investigação relativos ao fenômeno. Esta lei, porém, foi revogada pela Lei nº 12.850, de 02 de agosto de 2013, que definiu organização criminosa com sendo a "associação de 4 (quatro) ou mais pessoas estruturalmente ordenada e caracterizada pela divisão de tarefas, ainda que informalmente, com objetivo de obter, direta ou indiretamente, vantagem de qualquer natureza, mediante a prática de infrações penais cujas penas máximas sejam superiores a 4 (quatro) anos[7], ou que sejam de caráter transnacional". E, além de fixar seu conceito, a Lei nº 12.850/13 tipificou, em seu artigo 2º, o crime de organização criminosa, "in verbis":

> Art. 2º Promover, constituir, financiar ou integrar, pessoalmente ou por interposta pessoa, organização criminosa:
>
> Pena – reclusão, de 3 (três) a 8 (oito) anos, e multa, sem prejuízo das penas correspondentes às demais infrações penais praticadas.
>
> § 1º Nas mesmas penas incorre quem impede ou, de qualquer forma, embaraça a investigação de infração penal que envolva organização criminosa.
>
> § 2º As penas aumentam-se até a metade se na atuação da organização criminosa houver emprego de arma de fogo.

---

[7] Guilherme de Souza Nucci observa que "(...) inexiste contravenção com pena máxima superior a quatro anos, tornando o conceito de organização criminosa, na prática, vinculado estritamente aos delitos" (Organização Criminosa. Comentários à Lei nº 12.850, de 02 de agosto de 2013. São Paulo: Revista dos Tribunais, 2013.p.16).

CRIME ORGANIZADO

§ 3º A pena é agravada para quem exerce o comando, individual ou coletivo, da organização criminosa, ainda que não pratique pessoalmente atos de execução.

§ 4º A pena é aumentada de 1/6 (um sexto) a 2/3 (dois terços):

I – se há participação de criança ou adolescente;

II – se há concurso de funcionário público, valendo-se a organização criminosa dessa condição para a prática de infração penal;

III – se o produto ou proveito da infração penal destinar-se, no todo ou em parte, ao exterior;

IV – se a organização criminosa mantém conexão com outras organizações criminosas independentes;

V – se as circunstâncias do fato evidenciarem a transnacionalidade da organização.

§ 5º Se houver indícios suficientes de que o funcionário público integra organização criminosa, poderá o juiz determinar seu afastamento cautelar do cargo, emprego ou função, sem prejuízo da remuneração, quando a medida se fizer necessária à investigação ou instrução processual.

§ 6º A condenação com trânsito em julgado acarretará ao funcionário público a perda do cargo, função, emprego ou mandato eletivo e a interdição para o exercício de função ou cargo público pelo prazo de 8 (oito) anos subsequentes ao cumprimento da pena.

§ 7º Se houver indícios de participação de policial nos crimes de que trata esta Lei, a Corregedoria de Polícia instaurará inquérito policial e comunicará ao Ministério Público, que designará membro para acompanhar o feito até a sua conclusão.

Notamos, pois, em inúmeras passagens do texto da nova lei, a preocupação estatal em fortalecer o combate ao crime organizado, valendo destacarmos o teor do §1º, do artigo 2º, da Lei nº 12.850/13, que pune com pena de reclusão, de três a oito anos, até mesmo "(...) quem impede ou, de qualquer forma, embaraça a investigação de infração penal que envolva organização criminosa". Ademais, e certamente atento à realidade brasileira, o legislador estabeleceu pena agravada para os casos em que, na organização criminosa, haja a participação de criança ou adolescente; de funcionário público; quando o produto ou proveito da infração penal for destinado ao exterior; quando a organização criminosa mantiver conexão com outras organizações criminosas independentes e, ainda, quando as circunstancias evidenciarem a transnacionalidade da organização criminosa.

2. A Importância do Inquérito Policial no Combate ao Crime Organizado

A instrumentalização das investigações realizadas pela Polícia Judiciária se dá por meio do denominado inquérito policial, procedimento introduzido no direito pátrio pela Lei nº 2.033/1871[8], posteriormente regulamentada pelo Decreto nº 4.824/1871, e que constitui, segundo José Frederico Marques, "uma das instituições mais benéficas do nosso sistema processual, apesar das críticas infundadas de alguns que não conhecem bem o problema da investigação criminal".[9] Atualmente previsto no artigo 5º, do Código de Processo Penal, constitui procedimento investigatório com natureza administrativa, presidido pelas Autoridades Policiais Civis ou Federais, composto por uma série de diligências investigativas cuja função primordial é buscar, acerca de um ou mais fatos, os elementos necessários à formação da "opinio delicti" pelo titular da ação penal, a fim de que este se convença da ocorrência da infração penal, e neste caso proponha a pertinente ação contra os investigados ou, em caso contrário, requeira ao magistrado o arquivamento dos autos da investigação, evitando-se, com isto, que um inocente seja levado ao banco dos réus. Sobre o tema, José Reinaldo Guimarães Carneiro destaca que:

> Sem a demonstração da ocorrência de um fato típico e dos indícios de sua autoria, faltaria à acusação *interesse de agir* – uma das condições genéricas da ação –, sendo certo que o início de uma ação penal sem suporte fático elementar implicaria inaceitável constrangimento ilegal, sanável mediante interposição e concessão de *habeas corpus*. Tais elementos básicos, necessários para dar suporte fático à peça acusatória, via de regra, são colhidos na fase de inquérito policial, por intermédio da atuação investigatória conduzida pelas autoridades policiais (...).[10]

Como se sabe, uma vez praticada a infração penal (ou diante da notícia de sua possível ocorrência) surge para o Estado, como titular exclusivo do "jus puniendi", o poder-dever de dar início à persecução penal, a fim de que a materialidade desta infração penal (crime ou contravenção) seja apurada e demonstrada, e o criminoso, por sua vez, identificado, processado e punido em conformidade com as leis processuais e penais vigentes ou aplicáveis ao caso concreto (nem sempre a lei penal vigente é aquela que será aplicada, a

---

[8] Em seu artigo 42, estabelecia a Lei nº 2.033/1871 que "O inquérito policial consiste em todas as diligências necessárias para o descobrimento dos fatos criminosos, de suas circunstâncias e de seus autores e cúmplices, devendo ser reduzido a instrumento escrito".

[9] Elementos de Direito Processual Penal. 2ª ed., rev. e atual. Campinas: Millenninum, 2000. p. 107.

[10] O Ministério Público e suas investigações independentes. Reflexões sobre a inexistência de monopólio na busca da verdade real. São Paulo: Malheiros, 2007.p.48.

CRIME ORGANIZADO

exemplo do que ocorre no caso da retroatividade da lei penal mais benéfica e, ainda, no caso das leis penais temporárias e excepcionais, previstas no artigo 3º, do Código Penal[11]). A ação penal, porém, somente terá início com o recebimento da peça acusatória (denúncia ou queixa-crime) e este recebimento dependerá da prova da materialidade da infração penal e, ao menos, da existência de indícios de quem seja seu autor, cabendo à Polícia Judiciária, em regra, apurar tais circunstâncias, instrumentalizando o resultado das investigações policiais por meio do denominado inquérito policial.

A complexidade com a qual os crimes são atualmente praticados torna clara a importância e a necessidade de um procedimento investigatório prévio, sem o qual o Ministério Público dificilmente possuirá condições de dar início à ação penal. Embora seja comum criticar-se o instituto do inquérito policial, e para fazê-lo muitos dão início ao discurso reforçando a característica da *dispensabilidade* deste procedimento, o certo é que, no cotidiano de nossas funções junto à Polícia Federal, não temos visto a efetivação da dispensabilidade do inquérito policial nem mesmo diante de crimes contra ordem tributária, quando, em regra, a materialidade delitiva e os indícios de sua autoria (no mínimo) vêm exauridos no bojo da representação fiscal para fins penais encaminhada, pela Secretaria da Receita Federal do Brasil, diretamente ao Ministério Público Federal, que de posse de tal documento poderia dispensar a instauração do inquérito policial e oferecer a denúncia em face do contribuinte infrator. De fato, no contexto da legislação atual, onde o pagamento do tributo implica extinção da punibilidade e seu parcelamento a suspensão da pretensão punitiva estatal, mesmo em casos simples envolvendo sonegação de tributos federais, a melhor opção, anterior à propositura da ação penal, é, de fato, a requisição de instauração do inquérito policial, durante o qual a função investigatória, não raras vezes, se exaure ao saber se houve o parcelamento ou a quitação da dívida fiscal, evitando-se que a apuração destes fatores se dê no curso de uma ação penal, certamente mais dispendiosa para o Estado e para as partes envolvidas. Portanto, embora a ação penal possa ser proposta com base em outros elementos de prova, o que empresta a característica da dispensabilidade ao inquérito policial, o fato é que sua instauração permanece sendo regra. Fora isto, criticar o inquérito policial simplesmente por se tratar de um procedimento escrito, atribuindo-lhe, por conta disto, a razão pela demora na prestação jurisdicional penal, também configura argumento equivocado, posto que a atual complexidade dos crimes exige a formalização

---

[11] Artigo 3º, do Código Penal: "A lei excepcional ou temporária, embora decorrido o período de sua duração ou cessadas as circunstancias que a determinaram, aplica-se ao fato praticado durante sua vigência".

406

e instrumentalização dos atos de investigação por meio de um procedimento escrito (junto ao Ministério Público Federal existem a denominada Notícia de Fato, enquanto frente ao Ministério Público dos Estados há o denominado Procedimento Investigatório Criminal).

Durante o trâmite de um inquérito policial instaurado, por exemplo, para apuração do crime de evasão de divisas – modalidade de crime contra o sistema financeiro nacional prevista no artigo 22, da Lei nº 7.492/86[12] que poderá, inclusive, significar efetiva fase de outro crime, a lavagem de dinheiro –, é comum nos depararmos com a necessidade de realização de interceptações telefônicas voltadas à cabal identificação dos envolvidos no esquema criminoso e, ainda, do "modus operandi" da organização criminosa, não raras vezes constituída por integrantes espalhados por diversas regiões do território nacional e, até mesmo, internacional. A identificação dos criminosos poderá demandar, ainda, investigações "em campo", com realização de diligências de vigilância, entrevistas, registros fotográficos etc., com consequente apresentação, em relatórios escritos, de tudo quanto foi apurado durante as diligências. Identificados e qualificados os criminosos, a quebra dos sigilos bancário e fiscal poderá se tornar medida imperiosa para demonstração da transferência de valores entre contas bancárias nacionais e internacionais, em nome dos integrantes do grupo criminoso ou de pessoas utilizadas como "laranjas", além permitir a apuração do montante transferido.

Ainda dentro de investigações desta natureza, o cumprimento de mandados de busca e apreensão visando à localização e apreensão de documentos que demonstrem a materialidade delitiva surgirá como medida provável, assim como a necessidade de sequestro de bens, valores e direitos pertencentes aos criminosos, a fim de que fique resguardada a possibilidade de futuro confisco dos bens auferidos por meio da empresa criminosa. Também a realização de perícias nas mais diversificadas áreas (informática, contabilidade, economia etc.) poderá vir a ser medida essencial tanto à aferição da materialidade do crime quanto ao próprio seguimento das investigações. E, neste contexto, certamente devemos nos lembrar de que a obtenção de autorização judicial para realização de interceptação telefônica, obtenção de dados fiscais e bancários, obtenção de ordem de sequestro de bens, autorização para realização de busca e apreensão, dentre outras medidas, dependerá, nos termos das normas constitucionais e legais vigentes, de representação, requerimento ou requi-

---

[12] Lei nº 7.492/86, artigo 22: "Efetuar operação de câmbio não autorizada, com o fim de promover evasão de divisas do País: Pena – reclusão, de dois a seis anos, e multa". Parágrafo único: "Incorre na mesma pena quem, a qualquer título, promove, sem autorização legal, a saída de moeda ou divisa para o exterior, ou nele mantiver depósitos não declarados à repartição federal competente".

CRIME ORGANIZADO

sição por parte da Autoridade Policial ou do Ministério Público, e para que tais medidas sejam deferidas pelo Poder Judiciário, será necessário levar ao magistrado elementos que, obtidos e *instrumentalizados* durante as investigações, permitam seja constatada a existência dos requisitos fáticos a amparar, diante das leis vigentes, o deferimento destas medidas. Tais elementos são levados ao Poder Judiciário, em regra, por meio de um procedimento escrito – o inquérito policial – e a eficácia de todas as diligências que compõem este procedimento, levado a cabo no âmbito da Polícia Judiciária, dependerá da fundamental atuação conjunta de todos os profissionais ligados às atividades de investigação, sob presidência do Delegado de Polícia (agentes, escrivães, papiloscopistas, investigadores, peritos etc.).

A despeito das críticas negativas que recaem sobre a figura do inquérito policial, importa destacarmos que já o Projeto de Lei nº 156/2009, que trata do novo Código de Processo Penal, reconhecendo a importância da instrumentalização das investigações policiais na efetivação da persecução penal, mantém, no direito pátrio, o instituto do inquérito policial, estabelecendo, em seu Capítulo III, artigos 19 a 40, as normas gerais pertinentes à instauração do inquérito policial, às diligências investigativas, à formalização do indiciamento do investigado, aos prazos para conclusão das investigações, à apresentação do relatório final e, ainda, à disciplina de arquivamento dos autos. Assim, entendemos que, com uma ou outra denominação, é necessária a existência de um procedimento formal durante a fase de investigação, especialmente, convém frisarmos, diante da complexidade com a qual os crimes atualmente são praticados; e o que trará sucesso às investigações será (ao lado da essencial qualificação dos integrantes da Polícia Judiciária) a existência de recursos materiais e legais à disposição daqueles que se dedicam às atividades de investigação[13], o que permitirá que o feito tramite com celeridade, sigilo e eficiência, com respeito aos direitos e garantias individuais e coletivas, mas sem apego ao formalismo estéril.

Relevante termos em mente, ainda, que a função do inquérito policial não é produzir, na fase de investigação, a instrução processual penal, mas tão somente angariar elementos que permitam ao titular da ação penal, diante da constatação da materialidade da infração e dos indícios de sua autoria, oferecer a peça acusatória apta a ser recebida pela Justiça e, a partir de seu rece-

[13] Rogério Greco anota que: "A Polícia deve utilizar de todos os meios lícitos que se encontram à sua disposição a fim de combater, efetivamente, a criminalidade, que a cada dia se moderniza. Estamos na era da informática, onde um simples apertar de um botão de computador pode gerar prejuízos a milhões de pessoas em todo o mundo." (Atividade Policial. Aspectos Penais, Processuais Penais, Administrativos e Constitucionais. 2ª ed., rev., amp. e atual. Niterói: Impetus, 2010. p.66).

A POLÍCIA JUDICIÁRIA NO COMBATE AO CRIME ORGANIZADO

bimento, termos como iniciado o devido processo legal, sob o fundamental crivo do contraditório e da ampla defesa. Portanto, inquérito policial ruim é somente aquele que não permite ao titular da ação penal formar sua opinião acerca dos fatos sob investigação, seja pelo oferecimento da peça acusatória em face do investigado, seja pelo requerimento de arquivamento dos autos da investigação em virtude da constatação de que a infração penal não foi cometida ou que o investigado não foi seu autor.

3. A Necessidade de Fortalecimento da Polícia Judiciária

A efetividade do combate aos crimes, especialmente daqueles praticados por organizações criminosas, impõe o adequado aparelhamento humano, técnico, legal e material da Polícia Judiciária, a qual compete o início das investigações e, portanto, da persecução penal. No direito pátrio, todavia, o que temos visto é justamente o desamparo, especialmente material e legal, das forças policiais, além da pouca preocupação governamental com a qualificação e valorização destes profissionais, mormente no que diz respeito às Polícias Civis dos Estados, em regra mal aparelhadas e ofensivamente remuneradas.

É certo que após o jugo de um estado ditatorial vivido em nosso país, as forças policiais, de maneira geral, foram estigmatizadas como instituições truculentas, corruptas e mal preparadas, e este estigma prevalece até os dias atuais, sendo comum, especialmente frente às investigações voltadas ao combate ao crime organizado de "colarinho branco", apelar-se, como primeira "ferramenta de defesa", para o alerta de possível instalação de um suposto "estado policialesco". A despeito de vivermos em um país onde a democracia se encontra consolidada e a atividade policial seja diretamente fiscalizada pelo Ministério Público e pelo Poder Judiciário (cabendo a este, inclusive, autorizar previamente a adoção de *todas* as medidas restritivas de direito existentes, à exceção da prisão em flagrante delito, cuja legalidade é aferida em momento *imediatamente* posterior), o esvaziamento das prerrogativas e dos poderes conferidos à Polícia Judiciária para consecução de suas funções é notório, e os reflexos deste esvaziamento compõem a dificuldade e a morosidade em se elucidar crimes complexos e, especialmente, aqueles praticados de forma organizada por integrantes da camada mais rica da população, o que traz à sociedade um lamentável (e perigoso) sentimento de frustração e descrença em todo sistema de segurança pública e nos órgãos, instituições e poderes estatais incumbidos de zelar pelo respeito às leis e à ordem.

A solução para os casos de desvio de conduta é a punição em âmbito civil, penal e administrativo (demissão, se aplicável ao caso concreto), e não o enfraquecimento generalizado de uma instituição da qual diretamente dependente

CRIME ORGANIZADO

a segurança pública, partindo-se do falso pressuposto de que os poderes, se conferidos, serão mal-utilizados. O fato é que, visivelmente amparado na total falta de temor ao poder estatal, bem como na leniência legislativa e nos recursos tecnológicos disponíveis, o crime organizado cresce e se fortalece. Portanto, urge que este panorama se modifique, posto que aqueles que optam pela vida pautada no crime devem temer o Estado (e não o contrário) e os direitos e as garantias constitucionais não lhes podem continuar servindo de "escudo" contra a persecução estatal, em detrimento da maioria da população, que conduz a vida com dignidade.

Temos visto, no âmbito da Polícia Federal, que o aperfeiçoamento material e técnico de seus servidores configura preocupação permanente, sendo oferecidos, com frequência, cursos nas mais variadas áreas que compõem a ciência policial (operacional, jurídica, pericial, inteligência etc.). A progressão entre as classes da carreira policial, por exemplo, exige a conclusão de curso de aperfeiçoamento, sendo que, para se alcançar a classe especial, último degrau da carreira, há necessidade de conclusão, com aproveitamento, de curso de especialização promovido junto à Academia Nacional de Polícia – ANP. Embora haja necessidade de aumento do número de vagas nos cursos regularmente oferecidos, o que, aliás, exige maiores investimentos financeiros por parte da União, a fim de que a reciclagem dos servidores seja mais dinâmica, o certo é que os cursos oferecidos e a consequente qualificação e reciclagem dos servidores serve para fortalecer e aprimorar o trabalho policial em suas mais variadas vertentes, tornando-o tecnicamente apto ao enfrentamento do crime em suas formas mais complexas, como ocorre exatamente no caso da criminalidade organizada.

O aparelhamento técnico e material (armamento e equipamentos modernos em geral) das forças policiais, embora fundamental, não deve ser a única preocupação governamental no que tange à busca da efetividade no combate ao crime organizado. Faz-se necessária, e com urgência, a publicação de leis aptas a permitirem que os policiais possam exercer suas funções com autonomia, segurança jurídica, celeridade e eficiência, porquanto, no contexto da legislação atual, a Polícia Judiciária carece de diversos recursos legais básicos para o adequado e célere exercício de suas atribuições. A Autoridade Policial, a despeito das relevantes funções que exerce dentro do sistema de persecução penal, e da exposição pessoal e jurídica a que se submete no despenho destas funções, não conta sequer com as garantias funcionais de inamovibilidade, vitaliciedade e irredutibilidade de vencimentos, prerrogativas fundamentais à garantia da efetiva autonomia na condução das investigações (não importando quem seja o investigado), e das quais, com razão, são titulares magistrados e promotores de Justiça. Acerca do tema, vale registrarmos a doutrina de Fábio Scliar e Luiz Flávio Gomes, no sentido de que:

> A preocupação com a ausência de autonomia da Polícia Judiciária é justificável em função da crescente importância que a investigação criminal vem assumindo em nossa ordem jurídica, seja por conta de uma necessária mudança de postura a seu respeito, para considerá-la como uma garantia do cidadão contra imputações levianas ou açodadas em juízo, seja pelo papel mais ativo que tem sido desempenhado nos últimos tempos pelos órgãos policiais. (...). Portanto, o nosso modelo de investigação criminal passado pelo filtro da Constituição revela que se o órgão Polícia Judiciária não é autônomo, a função de Polícia Judiciária exercida pelo delegado possui autonomia, embora não esteja garantida por prerrogativas funcionais, o que constitui a falha a ser sanada no sistema possibilitando que a autoridade policial exerça a função investigativa de forma serena, isenta, imparcial e com desassombro, imune a injunções políticas que desvirtuem o papel constitucional da fase investigativa.[14]

Também a carência de poderes legais expressos, que deveriam existir e estar à disposição da Autoridade Policial para cumprimento de suas funções, certamente implica reflexos diretos na qualidade e no tempo de duração das investigações. Até há pouco tempo, mesmo para obtenção de simples dados cadastrais (nome ou razão social, número de inscrição no Cadastro de Pessoas Físicas – CPF ou no Cadastro Nacional de Pessoas Jurídicas – CNPJ, número de documento de identidade e endereço) junto às instituições públicas e privadas, especialmente instituições financeiras, era exigida, na prática, prévia autorização judicial, impondo à Autoridade Policial a obrigação de representar ao Poder Judiciário (já assoberbado de serviço) para que este decrete a quebra do sigilo dos dados e, a partir daí, seja possível a obtenção de informações que, na realidade, somente têm o condão de individualizar pessoas físicas e jurídicas e que, portanto, não estão amparadas por qualquer sigilo. Vejamos, aliás, no que tange à inexistência de sigilo de dados cadastrais bancários, a doutrina de Bruno Titz de Resende:

> Os dados cadastrais bancários são o controle interno dos bancos para individualizar os clientes que contratam o "serviço conta-corrente" e não recebem guarida do sigilo bancário. Já o "serviço conta-corrente" é o que possibilita o correntista receber depósitos em sua conta, transferir dinheiro, fazer aplicações, etc, sendo

---

[14] Delegado deveria ter as mesmas prerrogativas de juiz e promotor. Artigo publicado em 28.10.2008, no site Consultor Jurídico, <http://www.conjur.com.br>; acesso em 13.05.2010.

CRIME ORGANIZADO

protegido pelo sigilo bancário por revelar o modo pelo qual o indivíduo atua no campo econômico, através da movimentação de sua conta bancária (são sigilosas as informações sobre aplicações financeiras efetuadas, os valores que possui em conta, os destinos e origens de transferências, etc). Ou seja, o que o sigilo bancário protege é o "serviço conta-corrente" e não os respectivos dados cadastrais.[15]

Com o objetivo de solucionar problemas desta natureza no âmbito das investigações conduzidas pela Polícia Federal, o Projeto de Lei nº 6.493/2009 (Lei Orgânica da Polícia Federal), há anos em trâmite na Câmara dos Deputados, expressamente estabelece, em seu artigo 18, poderes que permitirão imprimir maior celeridade ao trâmite do inquérito policial e, se aprovado, tornará expressa, por exemplo, a possibilidade de requisição direta de dados cadastrais pela Autoridade Policial Federal (respeitados os sigilos previstos no artigo 5º, incisos X e XII, da Constituição Federal) e a possibilidade de determinação de realização de condução coercitiva em caso de ausência injustificada do intimado.

Ainda com objetivo de fortalecer a polícia judiciária e, por consequência, o combate ao crime, entrou em vigor a Lei nº 12.830/2013, que, dentre outras disposições, expressamente estabeleceu, em seu artigo 2º, §2º, que "durante a investigação criminal, cabe ao delegado de polícia a requisição de perícia, informações, documentos e dados que interessem à apuração dos fatos". Obviamente, importa anotarmos que, sem maiores esclarecimentos pela Lei nº 12.830/13 e diante da necessidade de interpretá-la em conjunto com os direitos e garantias individuais estabelecidos pela Constituição Federal, a celeuma acerca das informações que poderão ou não ser diretamente requisitadas pela Autoridade Policial (ao menos em investigações não relativas ao crime organizado) prevaleceu, inclusive acerca dos referidos dados cadastrais, havendo casos em que as instituições bancárias se negam, ainda hoje, a fornecê-los sem prévia ordem judicial. No que tange ao combate ao crime organizado, porém, a Lei nº 12.850/13 expressamente estabeleceu, em seu artigo 15, que o "delegado de polícia e o Ministério Público terão acesso, independentemente de autorização judicial, apenas aos dados cadastrais do investigado que informem exclusivamente a qualificação pessoal, a filiação e o endereço mantidos pela Justiça Eleitoral, empresas telefônicas, instituições financeiras, provedores de internet e administradoras de cartão de crédito", constituindo crime punido com detenção de seis meses a dois anos e multa

---

[15] A Requisição de Dados Cadastrais pela Autoridade Policial. Revista Criminal. Ensaios sobre Atividade Policial. Ano 02 – Vol. 04 – jul/set – 2008. p.143.

"recusar ou omitir dados cadastrais, registros, documentos e informações requisitadas pelo juiz, Ministério Público ou delegado de polícia, no curso de investigação ou do processo." (artigo 21, da Lei nº 12.850/13).

Vale anotarmos, ainda, que a Lei nº 12.830/2013, em seu artigo 2º, §6º, tornou expressa a possibilidade de formalização do indiciamento do investigado, e estabeleceu seus requisitos, ao fixar que "o indiciamento, privativo do delegado de polícia, dar-se-á por ato fundamentado, mediante análise técnico-jurídica do fato, que deverá indicar a autoria, materialidade e suas circunstâncias".[16]

Portanto, é necessário considerarmos que o inquérito policial, como ferramenta de trabalho da Polícia Judiciária, é um instrumento inquisitivo e, embora seja devido respeito aos direitos e garantias fundamentais expressos na Constituição Federal, este procedimento deve ser marcado pela formalidade e pela instrumentalidade, mas não pelo formalismo, de modo que a materialidade do crime e os indícios de sua autoria possam ser mais celeremente obtidos. Diante da complexidade com a qual os crimes são atualmente praticados, não há como nos afastarmos de um procedimento escrito que permita que o Ministério Público e o Poder Judiciário possam atuar no combate ao crime e na aplicação da lei ao caso concreto, cumprindo suas funções típicas.

4. Mecanismos Legais para Combate ao Crime Organizado

Com o objetivo de aumentar as ferramentas para combate ao crime organizado, o artigo 2º, da hoje *revogada* Lei nº 9.034/95, em seus incisos II a V, estabelecia que, em qualquer fase da persecução penal, seriam admitidas as seguintes formas de "investigação e formação de provas", além dos recursos já previstos em outras leis: a ação controlada, o acesso a dados, documentos e informações fiscais, bancárias, financeiras e eleitorais, a captação e interceptação ambientais e a infiltração de agentes. Atualmente, a Lei nº 12.850/13, no Capitulo II, que trata "Da investigação e dos meios de obtenção da prova", estabelece, em seu artigo 3º, que em qualquer fase da persecução penal serão permitidos, além de outros mecanismos já previstos em lei, os seguintes recursos para investigação e obtenção da prova:

---

[16] Previsão expressa acerca do ato de indiciamento também consta no artigo 31, do Projeto de Lei nº 156/2009 (Código de Processo Penal), que estabelece: "Reunidos elementos suficientes que apontem para a autoria da infração penal, a autoridade policial cientificará o investigado, atribuindo-lhe, fundamentadamente, a condição jurídica de "indiciado", respeitadas todas as garantias constitucionais e legais".

I – colaboração premiada;

II – captação ambiental de sinais eletromagnéticos, ópticos ou acústicos;

III – ação controlada;

IV – acesso a registros de ligações telefônicas e telemáticas, a dados cadastrais constantes de bancos de dados públicos ou privados e a informações eleitorais ou comerciais;

V – interceptação de comunicações telefônicas e telemáticas, nos termos da legislação específica;

VI – afastamento dos sigilos financeiro, bancário e fiscal, nos termos da legislação específica;

VII – infiltração, por policiais, em atividade de investigação, na forma do art. 11;

VIII – cooperação entre instituições e órgãos federais, distritais, estaduais e municipais na busca de provas e informações de interesse da investigação ou da instrução criminal.

A ação controlada, dentre os recursos vigentes, certamente representa uma das ferramentas mais úteis ao combate ao crime organizado, tendo em vista que não é possível reprimir e extinguir uma organização criminosa, com identificação de seus membros e patrimônio ilícito (permitindo-se o confisco), simplesmente com prisões em flagrante. Desta feita, embora a regra vigente no ordenamento jurídico pátrio seja a de que a pessoa encontrada em situação flagrancial deva ser imediatamente presa e conduzida à delegacia de polícia, onde será lavrado o auto de prisão em flagrante ou o termo circunstanciado (caso se trate de crime de menor potencial ofensivo), com objetivo de favorecer as investigações incidentes sobre casos de crime organizado e permitir a identificação do maior número possível de pessoas envolvidas no grupo criminoso, a Lei nº 12.850/13 manteve, em seu texto, a denominada "ação controlada" (também conhecida como flagrante retardado ou diferido[17]), que, nos termos de seu artigo 8º, consiste em retardar "a intervenção policial ou administrativa relativa à ação praticada por organização criminosa ou a ela vinculada, desde que mantida sob observação e acompanhamento para que a medida legal se concretize no momento mais eficaz à formação de provas e obtenção de informações". O §1º, do artigo 8º, por sua vez, estabelece que o "retardamento da intervenção policial ou administrativa será previamente comunicado ao juiz competente que, se for o caso, estabelecerá os seus limites e comunicará ao Ministério Público".

---

[17] NUCCI, Guilherme de Souza. Código de processo penal comentado. 8ª ed., rev., atual. e ampl. São Paulo: Revista dos Tribunais, 2008.p. 303.

O texto inovou mal ao exigir a *prévia* comunicação da ação controlada ao juiz (a lei anterior não continha tal previsão), sendo certo que deveria ficar ao critério da Autoridade Policial a decisão sobre quando e como utilizar a ação controlada, especialmente porque a necessidade de se valer de tal recurso pode surgir de forma abrupta, vale dizer, no curso de diligências em campo. A propósito, ensina Fernando Capez que, no caso do flagrante retardado, o "agente policial detém discricionariedade para deixar de efetuar a prisão em flagrante no momento em que presencia a prática da infração penal, podendo aguardar um momento mais importante do ponto de vista da investigação criminal ou da colheita da prova".[18]

Ainda sob a vigência da Lei nº 9.034/95, argumentávamos que, excetuando-se as hipóteses de urgência ocorridas durante uma diligência policial voltada ao combate ao crime organizado, seria recomendável – *especialmente para resguardar a segurança jurídica dos policiais, que eventualmente poderiam ser acusados de envolvimento com o grupo criminoso em razão da não-realização da prisão em flagrante*[19] – que a ação controlada fosse previamente *comunicada* ao juiz e ao Ministério Público, mesmo porque, durante o trâmite de investigações voltadas ao combate ao crime organizado há, em regra, tempo suficiente para que o Judiciário e o Ministério Público tomem ciência e acompanhem a linha de investigação que vem sendo seguida pela Autoridade Policial e por seus agentes.[20] Porém, caso não fosse possível a prévia comunicação da adoção da controlada diante de caso de urgência, seria viável a comunicação posterior, sem qualquer prejuízo às investigações.

Agora, sob a égide da nova lei de combate ao crime organizado, a *comunicação prévia* ao juiz acerca da adoção da ação controlada passou a ser exigência

---

[18] Curso de Processo Penal. 13ª ed. rev. e atual. São Paulo: Saraiva, 2006. p. 254. Em sentido contrário, entendendo ser necessária prévia autorização judicial para realização da ação controlada está a doutrina de Marcelo Batlouni Mendroni (Crime Organizado. ob. cit., p. 50).

[19] Guilherme de Souza Nucci, aliás, observava que falta de necessidade de autorização judicial para realização da ação controlada representava "um risco para distinção entre a real atuação policial, retardando o flagrante para conseguir mais provas, e a participação policial no esquema criminoso" (Leis penais e processuais penais comentadas. 2ª ed. rev., atual. e ampl. São Paulo: Revista dos Tribunais, 2007. p. 252.).

[20] Vale anotarmos que a Lei nº 11.343/2006 (Lei de Drogas) também prevê, em seu artigo 53, inciso II, a possibilidade de realização de ação controlada "sobre os portadores de drogas, seus precursores químicos ou produtos utilizados em sua produção, que se encontrem em território brasileiro, com finalidade de identificar e responsabilizar maior número de integrantes de operações de tráfico e distribuição", exigindo, todavia, prévia autorização judicial e manifestação do Ministério Público, a qual somente será concedida se forem conhecidos o itinerário provável da droga e a identificação (de alguns) dos agentes do delito ou de colaboradores, conforme disposto no parágrafo único do referido artigo 53, da Lei nº 11.343/2006.

CRIME ORGANIZADO

expressa, o que retirou da Autoridade Policial – *ou seja, justamente da autoridade que está diretamente ligada aos atos de investigação* – a autonomia de utilizar diretamente, diante de casos de urgência, a ferramenta de investigação em questão. Vale ressaltar, porém, que a Lei nº 12.850/13 não exigiu prévia *autorização* judicial para realização da ação controlada pela polícia. O que passou a ser exigida foi a prévia comunicação de que será adotado este recurso investigativo, ou seja, cabe ainda à Autoridade Policial a decisão por utilizá-lo ou não. Importante destacarmos, ainda, o teor do artigo 9º, da Lei nº 12.850/13, que estabelece que se "a ação controlada envolver transposição de fronteiras, o retardamento da intervenção policial ou administrativa somente poderá ocorrer com a cooperação das autoridades dos países que figurem como provável itinerário ou destino do investigado, de modo a reduzir os riscos de fuga e extravio do produto, objeto, instrumento ou proveito do crime".

A infiltração policial, como mecanismo de investigação e obtenção da prova nos casos de combate ao crime organizado, também configura medida que merece destaque. Referida infiltração consiste na incursão do policial no âmago da organização criminosa, passando a integrá-la como se dela fosse parte, vale dizer, como se criminoso fosse. Todavia, o objetivo do infiltrado, dentro da organização, será identificar os criminosos, os líderes do grupo, a forma de agir do grupo ("modus operandi"), os locais onde os crimes são ou serão praticados etc. De posse destas informações, o infiltrado poderá fornecer dados concretos que levem a equipe de investigação à cabal identificação e desmantelamento do grupo criminoso, com a prisão de seus integrantes e identificação do patrimônio confiscável. Embora se trate de mecanismo extremamente eficiente para combate ao crime organizado, a infiltração representa grande risco à integridade física e jurídica do infiltrado, especialmente se o grupo criminoso investigado, no qual houver a infiltração, for constituído para prática de crimes graves e violentos, como tráfico de drogas, roubo a bancos e roubo de cargas, sendo óbvio que a descoberta da identidade do policial pelos demais integrantes do grupo investigado o levará à morte. Como o policial ou agente infiltrado não poderá praticar todos os crimes cometidos pelo grupo investigado, a probabilidade de ser descoberta sua verdadeira identidade será grande. De fato, entende-se que o policial infiltrado deverá se pautar, durante a infiltração, no princípio da proporcionalidade, devendo, no momento da prática do crime pelos demais membros do grupo, ponderar se fazer parte desta ação criminosa será medida razoável a preservar a continuidade das investigações ou se, ao contrário, deverá se voltar contra o grupo e tentar impedir o crime. Hoje, com o advento da Lei nº 12.850/13, o respeito ao princípio da proporcionalidade é exigência expressa no artigo 13, que estabelece que o

416

"agente que não guardar, em sua atuação, a devida proporcionalidade com a finalidade da investigação, responderá pelos excessos praticados".

O artigo 13, parágrafo único, da Lei nº 12.850/13, por sua vez, estabelece que "não é punível, no âmbito da infiltração, a prática de crime pelo agente infiltrado no curso da investigação, quando inexigível conduta diversa". A análise acerca da inexigibilidade de conduta diversa é subjetiva e, diante do caso concreto, pode ser de difícil aferição e por consequência sujeita à interpretação desfavorável ao policial infiltrado, mormente se feita por magistrado ou membro do Ministério Público pouco familiarizado ao cotidiano das atividades policiais. Imagine-se, por exemplo, a difícil situação de um policial infiltrado que se veja diante da "obrigação" de ter que contribuir para morte de uma vítima dos criminosos (para não revelar sua identidade), e com isto cometer um homicídio e por ele ser julgado; ou revelar sua identidade ao tentar salvar a vítima do grupo criminoso, passando a expor sua própria vida e o sigilo da investigação em curso. Por estas razões, sustentamos que a infiltração policial em grupos voltados à prática de crimes como tráfico de drogas em favelas, roubo de cargas, roubos a banco, dentre outros marcados pelo mesmo requinte de violência, é temerária para a segurança física e *jurídica* do policial. Para nós, a infiltração será oportuna quando voltada ao combate ao crime organizado praticado pelos denominados "criminosos de colarinho branco" – verdadeiro câncer a consumir as forças do Estado e da sociedade –, já que, em princípio, esta espécie de infiltração não exporia o policial aos problemas que conquistaria, quando da infiltração em grupos organizados para prática de crimes violentos, para sua vida pessoal e profissional (não importando o caminho que viesse a tomar diante do caso concreto).

Por fim, importa destacarmos, pela relevância de sua utilidade para o deslinde das investigações, o instituto da denominada colaboração voluntária, prevista, atualmente, no artigo 4º, "caput", da Lei nº 12.850/13, que estabelece que:

> O juiz poderá, a requerimento das partes, conceder o perdão judicial, reduzir em até 2/3 (dois terços) a pena privativa de liberdade ou substituí-la por restritiva de direitos daquele que tenha colaborado efetiva e voluntariamente com a investigação e com o processo criminal, desde que dessa colaboração advenha um ou mais dos seguintes resultados:
>
> I – a identificação dos demais coautores e partícipes da organização criminosa e das infrações penais por eles praticadas;
>
> II – a revelação da estrutura hierárquica e da divisão de tarefas da organização criminosa;

CRIME ORGANIZADO

III – a prevenção de infrações penais decorrentes das atividades da organização criminosa;

IV – a recuperação total ou parcial do produto ou do proveito das infrações penais praticadas pela organização criminosa;

V – a localização de eventual vítima com a sua integridade física preservada.

A revogada Lei nº 9.034/95, em seu artigo 6º, já previa a então nominada delação premiada, estabelecendo que, nos crimes praticados por organização criminosa, a pena seria reduzida de um a dois terços quando a colaboração espontânea do agente levasse ao esclarecimento das infrações penais e de sua autoria.[21] Todavia, mais do que da redução da pena, a efetividade da colaboração voluntária depende de o "colaborador" ter (a) a certeza de que haverá a célere aplicação da lei penal (punição, se for o caso, porquanto, no cotidiano de nossas atividades junto à Polícia Federal, temos visto investigados que nitidamente se recusam a colaborar com as investigações justamente por crerem na impunidade) e (b) a certeza de que sua integridade física, no sistema prisional e fora dele, será garantida pelo Estado. Sob este aspecto, importante destacarmos que o advento da atual lei de combate ao crime organizado implicou modificação favorável a estimular a colaboração voluntária pelo investigado ou réu ao estabelecer a possibilidade de aplicação do perdão judicial ou de aplicação de pena restritiva de direitos (ao invés de somente estabelecer diminuição da pena privativa de liberdade, como fazia a lei anterior). Da mesma forma, andou bem o legislador ao mitigar o princípio da obrigatoriedade da ação penal, autorizando o Ministério Público a deixar de oferecer a denúncia em face do "colaborador" quando preenchidos os requisitos fixados no §4º, incisos I e II, do artigo 4º, da Lei nº 12.850/13.

Conclusões

Importa registrarmos, finalmente, que a efetividade no combate ao crime organizado, atualmente aceito como fenômeno de âmbito transnacional, exige mais do que a valorização e aperfeiçoamento da Polícia Judiciária e o aprimoramento legislativo estatal. Dentre as diversas medidas necessárias ao enfre-

---

[21] Além da hipótese de deleção premiada prevista pelo artigo 6º, da Lei de Combate ao Crime Organizado, há, ainda, a título de exemplo, as seguintes possibilidades de aplicação de benefício decorrente de delação premiada na legislação em vigor: artigo 16, § único, da Lei nº 8.137/90 (crimes contra ordem tributária, econômica e contra as relações de consumo); artigo 25, § 2º, da Lei nº 7.492/86 (crimes contra o sistema financeiro nacional); artigo 41, da Lei nº 11.343/2006 (lei de drogas) e artigo 159, §4º, do Código Penal (extorsão mediante sequestro).

tamento desta realidade, podemos exemplificar, como sendo de fundamental importância, a adoção de providências como:

a) reestruturação do sistema penitenciário, com investimentos que permitam, além da manutenção da segurança interna, o efetivo isolamento (em presídios distintos) dos líderes das facções criminosas, afastando-os do contato com outros presos do mesmo grupo e, ainda, do acesso ao mundo externo. Rodrigo Carneiro Gomes, a propósito, observa que: a gestão de conhecimento pelos criminosos é tolerada pelo Estado. A omissão e a ineficácia estatais, muitas vezes compradas, quando combinadas com a leniente legislação prisional, carente de regulamentação, permitem a perigosos criminosos o uso irrestrito de meios de comunicação, acesso à telefonia móvel celular, computadores, e-mail, livros, jornais, televisores, através dos quais a *network* da organização criminosa estabelece seus vínculos e se fortalece.[22]

b) celebração e aperfeiçoamento constante de acordos internacionais para intercâmbio de informações, treinamento, ações conjuntas, repatriamento de capitais e realização de investigações voltadas ao rastreamento de contas bancárias, empresas de fachada, bens e valores mantidos no exterior por organizações criminosas etc.;

c) maior integração entre Policia Judiciária, Ministério Público e Poder Judiciário, permitindo-se que medidas de urgência sejam apreciadas com prioridade, dando-se especial atenção ao combate ao crime organizado, à lavagem de dinheiro e à corrupção;

d) priorizar a localização de bens, direitos e valores obtidos por intermédio da atividade ilícita, permitindo-se o sequestro e posterior confisco destes bens, posto tratar-se de medida fundamental ao enfraquecimento e à extinção da organização criminosa;

e) realização de investimentos contínuos em gestão de atividades de inteligência e no aprimoramento constante dos mecanismos de rastreamento de atividades potencialmente suspeitas, a exemplo do relevante papel exercido pelo Conselho de Controle de Atividades Financeiras – COAF, permitindo-se uma maior e mais célere disponibilização, às autoridades competentes, de dados de inteligência aptos a embasarem investigações complexas e futuras ações penais.

---

[22] Prevenir o Crime Organizado: Inteligência Policial, Democracia e Difusão do Conhecimento. Revista Criminal. Ensaios sobre Atividade Policial. Ano 03 – Vol. 06 – jan/mar – 2009. p.78.

CRIME ORGANIZADO

Portanto, embora o combate ao crime organizado seja tarefa árdua e complexa, é fundamental que o Estado forneça subsídios, inclusive legislativos, aptos e suficientes a aparelharem os órgãos, instituições e poderes estatais incumbidos de, direta ou indiretamente, velarem pela manutenção da segurança pública e pela efetivação da Justiça. O garantismo penal, embora fundamental observação, deverá encontrar o adequado ponto de equilíbrio entre a necessária preservação dos direitos e garantias individuais e o poder-dever estatal de punir àqueles que lastreiam suas vidas no crime, especialmente no crime organizado.

Referências

CAPEZ, Fernando. Curso de Processo Penal. 13ª ed. rev. e atual. São Paulo: Saraiva, 2006.

CARNEIRO, José Reinaldo Guimarães. O Ministério Público e suas investigações independentes. Reflexões sobre a inexistência de monopólio na busca da verdade real. São Paulo: Malheiros, 2007.

FERRO, Ana Luiza Almeida. Crime Organizado e Organizações Criminosas Mundiais. Curitiba: Juruá, 2009.

GOMES, Rodrigo Carneiro. Prevenir o Crime Organizado: Inteligência Policial, Democracia e Difusão do Conhecimento. Revista Criminal. Ensaios sobre Atividade Policial. Ano 03 – Vol. 06 – jan/mar – 2009.

_____. O Crime Organizado na Visão da Convenção de Palermo. Belo Horizonte: Del Rey, 2008.

GREGO, Rogério. Atividade Policial. Aspectos Penais, Processuais Penais, Administrativos e Constitucionais. 2ª ed., rev., amp. e atual. Niterói: Impetus, 2010.

MARQUES, José Frederico. Elementos de Direito Processual Penal. 2ª ed., rev. e atual. Campinas: Millenninum, 2000.

MENDRONI, Marcelo Batlouni. Crime Organizado. Aspectos Gerais e Mecanismos Legais. 2ª ed. São Paulo: Atlas, 2007.

NUCCI, Guilherme de Souza. Organização Criminosa. Comentários à Lei nº 12.850, de 02 de agosto de 2013. São Paulo: Revista dos Tribunais, 2013.

_____. Código de processo penal comentado. 8ª ed., rev., atual. e ampl. São Paulo: Revista dos Tribunais, 2008.

_____. Leis penais e processuais penais comentadas. 2ª ed. rev., atual. e ampl. São Paulo: Revista dos Tribunais, 2007.

RESENDE, Bruno Titz de. A Requisição de Dados Cadastrais pela Autoridade Policial. Revista Criminal. Ensaios sobre Atividade Policial. Ano 02 – Vol. 04 – jul/set – 2008.

SANCTIS, Fausto Martins de. Crime Organizado e Lavagem de Dinheiro. São Paulo: Saraiva, 2009.

SCLIAR, Fábio; GOMES, Luiz Flávio. Delegado deveria ter as mesmas prerrogativas de juiz e promotor. Artigo publicado em 28.10.2008, no *site* <http://www.conjur.com. br>; acesso em 13.05.2010.

SILVA, José Geraldo da, *et. al.* Leis Penais Especiais Anotadas. 5ª ed. rev., atual. e amp. Campinas: Millennium, 2004.

21
O Combate ao Crime Organizado

RICARDO ANDRADE SAADI

Introdução

Parabenizando os organizadores pelo sucesso alcançado nas edições anteriores do livro Crime Organizado e, mais uma vez, agradecendo o convite do amigo José Reinaldo Carneiro para atualizar o artigo publicado, optei por acrescentar um item demonstrando como as edições das Leis 12.683/12 e Lei 12.850/13, juntamente com o crescimento da atuação internacional pelas autoridades nacionais, foram importantes para um combate ao crime organizado mais eficaz. Conforme exposto nas edições anteriores, a globalização, ocorrida principalmente após a década de 1980, trouxe diversos benefícios sociais e econômicos para os países espalhados pelo globo terrestre. Porém, os criminosos também se aproveitaram das novas condições e passaram a atuar em diversos países. Como resultado, o tema entrou na pauta da agenda internacional.

Diversos diplomas internacionais foram escritos e indicam que o combate às organizações criminosas não pode mais restringir-se à prisão de seus membros, passando-se necessariamente pela descapitalização das mesmas. Recuperação de ativos e confisco de bens, direitos e valores, criminalização da lavagem de dinheiro e cooperação internacional são condições *sine qua non* na nova ordem mundial. Tais indicações estão presentes em diversos diplomais, tais como nas Convenções da Organização das Nações Unidas (ONU) contra o tráfico ilícito de entorpecentes, de combate ao crime organizado e de combate à corrupção e nas 40 (quarenta) recomendações do Grupo de Ação Financeira Internacional (GAFI).

CRIME ORGANIZADO

Procurar-se-á demonstrar como o Brasil está se adequando à nova realidade internacional. O país tomos medidas legislativas, como a ratificação das convenções da ONU, a criminalização da lavagem de dinheiro e a criação de uma lei objetivando o convite às organizações criminosas foram tomadas, bem como adotou medidas operacionais, como a especialização de órgãos públicos (em especial da Polícia Federal, do Ministério Público Federal e de Varas na Justiça), a criação de um escritório de recuperação de ativos e cooperação jurídica internacional e de uma estratégia nacional de combate à corrupção e à lavagem de dinheiro, conhecida como Estratégia Nacional de Combate à Corrupção e à Lavagem de Dinheiro (ENCCLA).

1. O Crime Organizado

O fenômeno da criminalidade é muito antigo. Alguns entendem que é fruto da forma de se viver em sociedade, outros entendem que é uma característica hereditária do criminoso. O fato é que se convive com o crime há muito tempo. Porém, de alguns séculos para cá, o crime se aperfeiçoou. Aos poucos, o criminoso deixou de atuar sozinho e passou a fazê-lo em grupos. A partir de então, nasce a chamada criminalidade organizada.

Os primeiros grupos organizados de que se tem notícia são as tríades chinesas, surgidas no século XVI. Posteriormente surgiram a Yakuza japonesa, as Máfias italianas e outras organizações criminosas. Nas últimas décadas estamos vivendo uma profunda transformação no mundo e, consequentemente, na criminalidade. Com a ascensão de um novo modelo econômico, principalmente a partir do final da década de 80, o mundo passou por um intenso processo de globalização. A nova política econômica teve como característica a desregulação da economia, de forma que o Estado pouco deveria intervir. Somando-se a isso, houve o desenvolvimento tecnológico e das telecomunicações. Tudo isso possibilitou a globalização dos mercados.

Tais fatos acarretaram no declínio da importância das fronteiras nacionais, permitindo que investimentos fossem feitos em qualquer parte do planeta, bem como uma quase livre circulação monetária internacional. Houve a liberalização do mercado de capitais.

A informatização trouxe uma maior proximidade entre as pessoas, bem como o desenvolvimento tecnológico e das comunicações (principalmente a internet) e possibilitou o nascimento e crescimento do comércio eletrônico. A abertura econômica possibilitou um maior intercâmbio de mercadorias e serviços. O Mercado passou a desconhecer fronteiras. Sem dúvida, essa democratização da tecnologia e da informação, bem como o acesso aos mercados, de capitais e de mercadorias de todo o mundo e a aproximação entre os povos, trouxe uma série de benefícios para a população.

Porém, os criminosos também se beneficiaram de toda essa mudança. O crime organizado aproveitou-se da globalização para expandir o alcance de suas atividades. Aqueles grupos criminosos que atuavam local ou regionalmente passaram a atuar de forma globalizada. Toda a facilidade de movimentação de pessoas e recursos que foi gerada pela globalização, favoreceu a expansão do crime organizado, de forma que algumas organizações criminosas passaram a atuar em diversos países, deslocando-se conforme a necessidade e a "melhor oportunidade de mercado". Os recursos gerados pelo cometimento de crimes em um país, no Brasil, por exemplo, já são "guardados" em outros, onde o sigilo bancário e fiscal é mais forte, como na Suíça.

Outra realidade é a atuação em redes de diversas organizações criminosas. A título de exemplo, o Cartel de Cali atua em conjunto com a Máfia Italiana e o Primeiro Comando da Capital do Brasil atua em conjunto com grupos de diversos países da América do Sul.

1.1. O Combate ao Crime Organizado

Diante do novo quadro apresentado, os agentes públicos responsáveis pelo combate ao crime organizado perceberam que o foco deve estar na descapitalização da organização criminosa e não somente na prisão dos indivíduos.

Como em uma grande empresa, quando um criminoso é preso ou morto, logo outro indivíduo é recrutado para realizar suas atividades. Por exemplo, se o chefe do tráfico de drogas de uma determinada região é preso ou morto, imediatamente outra pessoa ascende a seu lugar e a atividade criminosa se perpetua. Diante desse quadro, o combate à criminalidade é mais efetivo quando se tira as condições financeiras para a atuação da organização criminosa. De nada adianta, por exemplo, uma organização especializada no tráfico de drogas se ela não tem capital para comprar a droga que irá vender posteriormente.

1.1.1. Combate ao Crime Organizado: Diretrizes Internacionais

Diante do crescimento acentuado do crime organizado transnacional, o assunto passou a ser pauta recorrente nos diversos foros internacionais. Organismos como a Organização das Nações Unidas (ONU), Organização dos Estados Americanos (OEA), Grupo de Ação Financeira Internacional (GAFI), dentre outros, elaboraram diversos textos tratando do assunto, seja diretamente, seja como acessório ao assunto principal. Todos os textos têm em comum a indicação de que o combate ao crime organizado deve passar necessariamente pela retirada dos bens dos criminosos, pela descapitalização da atividade ilegal. A apreensão e confisco de bens passaram a ser tratados como essenciais para uma eficiente atuação estatal.

CRIME ORGANIZADO

Uma das formas encontradas para possibilitar ao Estado a retirada dos bens dos criminosos foi a criminalização da lavagem de dinheiro. O objetivo do combate a esse crime é atingir os bens, valores e produtos dos chamados crimes antecedentes. Uma "ferramenta" colocada à disposição das autoridades que deve ser aprimorada é a cooperação internacional, seja ela uma cooperação de inteligência (cooperação policial ou aquela feita pelas unidades de inteligência financeira), seja ela cooperação jurídica (feita, na maioria dos países, por uma autoridade central).

A seguir, falar-se-á mais detidamente sobre o confisco e apreensão de bens, direitos e valores, sobre a lavagem de dinheiro e sobre a cooperação internacional.

1.1.1.1. A Recuperação de Ativos e o Confisco e Apreensão de Bens, Direitos e Valores

Grande parte dos crimes cometidos tem como objetivo final dos criminosos a obtenção de lucro. Assim, a melhor forma de combatê-los é enfraquecendo sua capacidade econômico-financeira de agir, bem como retirando os bens, direitos e valores proveito do crime. Há uma clara necessidade de descapitalização da atividade criminosa. Tal fato foi há muito percebido pela comunidade internacional, a qual fez a previsão, em diversos textos, do confisco e da apreensão dos bens.

Uma das medidas que vêm sendo estimuladas é a criação de unidades nacionais que auxiliem as autoridades investigativas a localizar ativos dentro e fora de suas jurisdições, por meio dos chamados *Asset Recovery Offices*, ou Unidades de Recuperação de Ativos. Nesse sentido, em 2007, o Conselho da União Europeia (UE), que é o principal órgão de tomada de decisões da UE, criou um sistema de regras para o estabelecimento de Unidades de Recuperação de Ativos (*Asset Recovery Offices* – ARO) em cada Estado-membro (Decisão 2007/845/JAI). Referida decisão conclama que cada Estado-membro crie ou designe uma ARO nacional, para facilitar a detecção de bens e a identificação de produtos do crime.

Ademais, na sessão da Conferência dos Estados-Parte para a Convenção das Nações Unidas contra a Corrupção (Convenção de Mérida), ocorrida em Doha, Catar, no final de 2009, discutiu-se a importância da criação dos *Asset Recovery Offices*, considerada por todos os Estados-Membros como medida fundamental para possibilitar o rastreamento e identificação de bens localizados no exterior. Outra medida tomada pelos países foi a criação de algumas redes de recuperação de ativos, as quais são majoritariamente informais, entre operadores do dia-a-dia que sejam peritos jurídicos ou autoridades ligadas à

O COMBATE AO CRIME ORGANIZADO

aplicação da lei, os quais lidam com o rastreio de ativos ilícitos, bem como seu congelamento, bloqueio e confisco. Essas redes teriam reuniões frequentes para fortalecer as comunicações informais com vistas a aperfeiçoar a cooperação jurídica internacional. As redes se destinam aos profissionais de recuperação de ativos que necessitam cooperar com suas contrapartes estrangeiras, particularmente ligadas aos órgãos de recuperação de ativos, autoridades centrais para cooperação jurídica internacional, investigadores e membros do Ministério Público.

O objetivo das redes é servir como fóruns de intercâmbio de informações para profissionais ligados à recuperação de ativos, e como um canal informal, prévia ao envio formal de pedidos de cooperação jurídica internacional. A tendência tem sido incluir como pontos de contato aqueles que podem auxiliar a parte requerente a acompanhar seus casos de recuperação de ativos. De outro lado, formuladores de políticas públicas têm, em alguns casos, também participado das reuniões. Esses têm a vantagem de poder aconselhar seus governos em temas-chave da recuperação de ativos, além de auxiliar no prosseguimento da agenda de recuperação de ativos. A seguir falar-se-á de algumas dessas redes.

A plataforma Pontos Focais de Recuperação de Ativos StAR-INTERPOL foi estabelecida por iniciativa da INTERPOL em parceria com o Banco Mundial e o Escritório das Nações Unidas sobre Drogas e Crime como forma de prestar apoio ao esforço de combate à corrupção em paraísos fiscais. A plataforma foi lançada em janeiro de 2009 com o objetivo de fornecer um meio seguro de assistência operacional nos processos investigativos de natureza criminal. Trata-se de uma base de dados de operadores do direito, a qual se encontra disponível 24 horas ao dia, sete dias por semana, para responder aos pedidos urgentes de assistência quando a ausência imediata de ação puder causar sérios danos à investigação do rastreamento de dinheiro feito pelos agentes aplicadores da lei. No momento, setenta e seis jurisdições se tornaram parte da base de dados de Pontos Focais. A plataforma também tem como meta desenvolver informações sobre condutas criminais relacionadas aos crimes prescritos na Convenção das Nações Unidas contra a Corrupção com o propósito de recuperar ativos por meio de uma rede de contatos global.

A Rede de Recuperação de Ativos do GAFISUD (RRAG) foi formalmente criada na Plenária do Grupo de Ação Financeira da América do Sul contra a Lavagem de Dinheiro e o Financiamento ao Terrorismo (GAFISUD) em 22 de julho de 2010, em Lima, Peru, com apoio do Escritório das Nações Unidas sobre Drogas e Crime (UNODC), juntamente com outros parceiros, inclusive o Centro de Inteligência contra o Crime Organizado do Governo da Espanha

(CICO), a Comissão Interamericana para o Controle do Abuso de Drogas da Organização dos Estados Americanos (CICAD/OEA) e a Organização Internacional de Polícia Criminal (INTERPOL).

A Rede consiste de doze países membros do GAFISUD: Argentina, Bolívia, Brasil, Chile, Colômbia, Costa Rica, Equador, México, Panamá, Paraguai, Peru e Uruguai. Nada obstante, seus documentos constitutivos permitem que países que não sejam parte do GAFISUD se tornem parte da RRAG. O secretariado administrativo é fornecido pelo GAFISUD. Cada país é representado por dois pontos focais. No Brasil, foram designados pontos focais no Departamento de Recuperação de Ativos e Cooperação Jurídica Internacional (DRCI), da Secretaria Nacional de Justiça (SNJ), órgão do Ministério da Justiça (MJ). A Rede conta também com uma plataforma de tecnologia da informação para a troca segura de informações entre os pontos focais, cedida pela Unidade de Inteligência Financeira (UIF) da Costa Rica.

A criação da RRAG levou em conta as Resoluções 3 (medidas cautelares e confisco) e 38 (cooperação jurídica internacional e extradição) do Grupo de Ação Financeira contra a Lavagem de Dinheiro e o Financiamento do Terrorismo (GAFI). Neste sentido, o Escritório das Nações Unidas sobre Drogas e Crime e a rede *Stolen Assests Recovery* – StAR vêm contribuindo para apoiar, criar e fortalecer redes regionais relacionadas ao tema da recuperação de ativos. Neste sentido, a Rede *Asset Recovery Inter-Agency Network of Southern Africa* (ARINSA), na região sul da África, tem origem semelhante à RRAG.

Camden Asset Recovery Inter-agency Network (CARIN) é uma rede de contatos informal e um grupo cooperativo sobre todos os aspectos do combate aos procedimentos criminosos. Nascida em um congresso realizado em Haia entre 22 e 23 de setembro de 2004, reúne uma rede de peritos e outros envolvidos com a área de cuja intenção é melhorar o conhecimento mútuo de métodos e tecnologias nas áreas de identificação além-fronteiras, congelamento, apreensão e confisco de produtos do crime. Com efeito, intenta-se o aumento da cooperação internacional entre aplicação da lei e agências judiciais, que em retorno terão serviços prestados de forma cada vez mais eficiente.

Os objetivos são: estabelecer uma rede de pontos de contato, ter foco nos produtos de todos os crimes, dentro do escopo das obrigações internacionais, estabelecer-se como centro de *expertise* em todos os aspectos de combate aos produtos do crime, promover a troca de informações e de boas práticas, empreender recomendações para órgãos como a Comissão Europeia e o Conselho da União Europeia, agir como grupo consultivo para outras autoridades competentes, facilitar, onde possível, treinamento em todos os aspectos do combate aos produtos do crime, enfatizar a importância da cooperação com

O COMBATE AO CRIME ORGANIZADO

o setor privado para se atingir esses objetivos e encorajar os membros a estabelecer escritórios de recuperação de ativos. O status de membro é aberto aos países da União Europeia (EU) e Estados e jurisdições que foram convidados para o lançamento do projeto CARIN em 2004, entre os quais o Brasil não se inclui.

A ARO Platform congrega os *"National Asset Recovery Offices* (AROs)" da União Europeia, os quais buscam rastrear e identificar ativos de origem criminosa. A ideia é tornar cada vez mais ágil para assim ser mais efetivo o confisco, a recuperação e a repressão desse tipo de crime. Esses escritórios identificam ativos obtidos de forma ilegal nos próprios territórios e facilitam a troca de informações relevantes no âmbito da Europa. Diante disso, a Comissão Europeia lançou uma plataforma informal (*ARO Platform*), como meio de estreitar os esforços de cooperação entre os países da União Europeia e coordenar as trocas de informação e melhores práticas.

Asset Recovery Experts Network (AREN) é um fórum privado informal *on line*, com características de rede social, para profissionais que estão envolvidos em processos de recuperação de ativos. A ferramenta, criada pela *International Centre for Asset Recovery* (ICAR), serve para conectar e criar redes de troca de experiências e informações nesse tema. Podem fazer parte da rede tanto órgãos governamentais como entes privados, além de Organizações não Governamentais (ONGs) e profissionais liberais. Não há restrição para que um membro convide outros. O AREN caminha para ser também uma base de dados para pesquisas. Além disso, está em desenvolvimento uma ferramenta para troca de informações sobre cenários de casos reais.

1.1.1.2. A Criminalização da Lavagem de Dinheiro

Até o final da década de 80, a atuação dos Estados, no que diz respeito ao combate à criminalidade, era voltada majoritariamente para a prisão dos delinquentes. Porém, naquele tempo, já houve o início da percepção que o Estado não somente deveria prender os criminosos, mas também evitar que os mesmos gozassem do uso dos bens, produtos e valores resultantes das atividades criminosas. Assim, decidiu-se por criminalizar a conduta de ocultar ou dissimular o produto do crime com o fim de evitar a atuação estatal.

A lavagem de dinheiro é o processo pelo qual o criminoso tenta dar aparência lícita a um ativo de origem ilícita, ou seja, é tentar dar aparência de legalidade ao produto do crime[1]. Apesar de se falar de lavagem de dinheiro

---

[1] O processo de lavagem de dinheiro que visa dar aparência lícita aos recursos de origem ilícita é bastante complexo, envolvendo três etapas: colocação, circulação (ou ocultação) e integração.

CRIME ORGANIZADO

há muito tempo[2], o fato e que o mundo somente deu a devida atenção a esse crime na Convenção de Viena (1988), após ver a criminalidade organizada se espalhar pelo mundo.

Em um primeiro momento, considerando que o principal crime praticado pelas organizações criminosas era o tráfico de entorpecentes, os países decidiram criminalizar a lavagem de dinheiro proveniente somente daquele delito. Porém, com o avanço da criminalidade transnacional, a qual não é mais baseada somente no tráfico de drogas, as legislações mais avançadas criminalizaram a lavagem de dinheiro de todo e qualquer crime antecedente, não mais restringindo-se ao tráfico de drogas.

Ao combater a lavagem de dinheiro, o que se busca na verdade é retirar as condições financeiras das organizações criminosas que praticam os crimes antecedentes. A melhor forma de combater o crime organizado é retirando seus bens e a melhor forma de retirar os seus bens é através do combate à lavagem de dinheiro.

1.1.1.3. A Cooperação Internacional

Diante da globalização do mundo atual e da atuação das organizações criminosas em territórios de diversos países, outra pilastra muito importante para o combate ao crime organizado é uma rápida e eficiente cooperação internacional. Apesar de haver evoluído bastante a cooperação entre os países ainda é precária, tendo em vista a dificuldade dos mesmos em questões relativas à soberania.

Os objetivos principais da cooperação internacional são a produção de atos processuais, a obtenção de provas em outros países e a retirada dos bens dos criminosos. Quando existem indícios de que determinado investigado tem recursos em outros países, as autoridades onde o processo penal está em andamento devem pedir a cooperação dos mesmos para realizar, em um primeiro momento, o bloqueio dos mesmos e, posteriormente, a repatriação.[3]

Pode-se resumir o processo de lavagem da seguinte forma: os recursos ilícitos são inseridos no sistema financeiro formal na etapa de colocação. Após isso, passam por diversas contas no país e no exterior em nome de diversas pessoas na etapa de circulação. Depois de desvincular-se da origem ilícita, os recursos são novamente inseridos na economia formal na etapa da integração.

[2] Nos termos de RODRIGUES, Felipe Bernardes. A repressão à lavagem de dinheiro e as garantias constitucionais: tendências atuais. Disponível em: <http://biblioteca.universia.net/html_bura/ficha/params/title/repressão-a-lavagem-dinheiro-as-garantias-constitucionais-tendências-atuais/id/52529441.html>. Acesso em 23. ago. 2011: O ilustre Damásio de Jesus vislumbrou na lenda de Ali Babá a origem do crime de lavagem de capitais. De certa forma, os criminosos sempre tiveram necessidade de dissimular a origem ilícita de seus ativos.

[3] Vale ressaltar que para que ocorra a repatriação dos ativos ao país de origem, a grande maioria dos países onde os recursos estão bloqueados exigem uma decisão final irrecorrível da Justiça.

O COMBATE AO CRIME ORGANIZADO

As trocas de informação podem ocorrer em nível de inteligência ou como cooperação jurídica. Em nível de inteligência, pode-se citar a troca de informações entre policiais, entre os membros dos Ministérios Públicos e entre as Unidades de Inteligência Financeira (UIF). Sem dúvida, a cooperação mais eficiente e rápida que existe nos dias atuais é aquela feita através da INTERPOL[4]. Além da cooperação feita através da INTERPOL, policiais de todo o mundo também trocam informações diretamente através de adidos policiais.[5]

Os membros dos Ministérios Públicos também trocam informações diretamente com seus congêneres nos outros países. Existem alguns grupos com membros do parquet que foram criados com esse objetivo. As Unidades de Inteligência Financeira (UIFs) trocam informações de inteligência, as quais, dentre outras funções, recebem a comunicação de operações atípicas ou suspeitas que ocorrem no âmbito de atuação das chamadas pessoas obrigadas. Tais informações podem ser trocadas pelas UIFs de todo o mundo através do Grupo de Egmont.[6]

Porém, grande parte das informações entre os países não pode ser trocadas por canais de inteligência, uma vez que devem passar pelo crivo do Poder Judiciário. O mesmo se diga quanto aos pedidos de execução de medidas judiciais entre os países cooperados. A via correta para esses casos é a chamada cooperação jurídica internacional. Medidas como o sequestro e apreensão de bens, quebras de sigilo bancário e fiscal, citações e outros somente podem ser feitas através dessa modalidade de cooperação. A fim de realizar a coopera-

---

[4] A Organização Internacional de Polícia Criminal, mundialmente conhecida pela sua sigla Interpol (em inglês: International Criminal Police Organization), é uma organização internacional que ajuda na cooperação de polícias de diferentes países. Foi criada em Viena, na Áustria, no ano de 1923, pelo chefe da polícia vienense Johannes Schober, com a designação de Comissão Internacional de Polícia Criminal. Entre 1938 e 1945 após a anexação da Áustria pelo Terceiro Reich, a organização foi comandada por quatro diferentes oficiais nazistas da SS; Otto Steinhäusl, Reinhard Heydrich, Arthur Nebe e Ernst Kaltenbrunner, todos eles mortos durante a II Guerra Mundial ou executados como criminosos de guerra ao fim do conflito. Hoje sua sede é em Lyon, na França, tendo adotado o nome atual em 1956 e tem a participação de 190 países membros. A sigla Interpol foi pela primeira vez utilizada em 1946. A Interpol não se envolve na investigação de crimes que não envolvam vários países membros ou crimes políticos, religiosos e raciais. Trata-se de uma central de informações para que as polícias de todo o mundo possam trabalhar integradas no combate ao crime internacional, o tráfico de drogas e os contrabandos.

[5] No Brasil, existem adidos dos seguintes países: África do Sul, Alemanha, Austrália, Canadá, Colômbia, Dinamarca, Espanha, Estados Unidos, rança Inglaterra, Itália, Japão, Peru, Portugal e Suíça. Nos últimos anos, a Polícia Federal Brasileira tem expandido sua atuação, possuindo atualmente adidos nos seguintes países: África do Sul, Argentina, Bolívia, Colômbia, Estados Unidos, França, Itália, Paraguai, Peru, Portugal, Reuni Unido, Suriname e Uruguai.

[6] Quem exerce essa função no Brasil é o Conselho de Controle de Atividades Financeiras (COAF).

CRIME ORGANIZADO

ção jurídica internacional, em geral os países indicam uma autoridade central para coordenar a tramitação e execução dos mesmos.[7]

Apesar de haver um significativo progresso nos últimos anos, o fato é que a cooperação jurídica internacional ainda é bastante deficiente. Conforme anteriormente colocada, os países têm grande dificuldade para equilibrar as questões da cooperação jurídica internacional e da soberania. Muitas vezes um pedido, por exemplo, de bloqueio de bens de um criminoso que se encontra no exterior demora meses, senão anos para ser cumprido, de forma que quando da efetivação da medida, muitas vezes ela já não é útil às investigações e ao combate à criminalidade, pois àquela altura os valores já foram há muito transferidos daquela conta.

Por outro lado, muitas dessas medidas somente são aceitas pelo Poder Judiciário se realizadas através da cooperação jurídica internacional, o que nos leva a um grande problema. Se o combate ao crime organizado é prioridade para a comunidade internacional, se a cooperação jurídica internacional é condição essencial a esse enfrentamento e se a mesma é extremamente lenta na grande maioria dos países, como avançar-se-á no combate à criminalidade?

2. O Combate ao Crime Organizado no Brasil

Alinhando-se às diretrizes internacionais, o Brasil organizou suas instituições buscando combater as organizações criminosas através da retirada das condições financeiras das mesmas. Medidas como a ratificação das convenções da ONU, a criação de uma lei sobre organizações criminosas, a especialização das instituições e a criação de um departamento de recuperação de ativos e cooperação jurídica internacional foram tomadas para adequação aos padrões universais.

2.1. Instrumentos Legislativos
2.1.1. Ratificação das Convenções da ONU

Como anteriormente relatado, as Convenções de Viena, Palermo e Mérida (entorpecentes, crime organizado e corrupção, respectivamente) falam sobre o combate à criminalidade. A estrutura delas é bastante parecida, sendo que todas indicam a necessidade de criminalização da lavagem de dinheiro, da cooperação internacional e do confisco de bens, direitos e valores como forma

---

[7] No Brasil, na esfera criminal, a autoridade central é o Departamento de Recuperação de Ativos e Cooperação Jurídica Internacional (DRCI), departamento vinculado à Secretaria Nacional de Justiça do Ministério da Justiça. A Procuradoria Geral da República (PGR), e não o DRCI, é a autoridade central brasileira para pedidos de cooperação jurídica internacional baseados em acordos bilaterais que envolvam o Canadá e Portugal.

O COMBATE AO CRIME ORGANIZADO

eficiente de atuação dos Estados. A fim de dar efetividade aos textos internacionais, o Brasil promulgou as três convenções da ONU.[8]

A Convenção Contra o Tráfico Ilícito de Entorpecentes e Substâncias Psicotrópicas – ou simplesmente Convenção de Viena, foi concluída em Viena, Áustria, em 20 de dezembro de 1988, tendo sido promulgada através do Decreto 154, de 26 de junho de 1991. A Convenção das Nações Unidas contra o Crime Organizado Transnacional – ou simplesmente Convenção de Palermo, foi adotada em Nova Yorque, EUA, em 15 de novembro de 2000, tendo sido promulgada através do Decreto 5.015, de 12 de março de 2004. A Convenção das Nações Unidas contra a Corrupção – ou simplesmente Convenção de Mérida, foi concluída em Mérida, México, em 31 de outubro de 2003, tendo sido promulgada através do Decreto 5.687, de 31 de janeiro de 2005.

2.1.2. Criminalização da Lavagem de Dinheiro

O tema de lavagem de dinheiro passou a ser internacionalmente discutido em 1988 na Convenção de Viena. A partir de então os países passaram a editar leis sobre o tema. O Brasil, por ser um país pouco atraente à época para a Lavagem de Dinheiro, demorou a editar sua Lei, o que ocorreu somente em 1998.[9]

---

[8] De acordo com o artigo 84, VII da Constituição Federal, é competência privativa do Presidente da República celebrar tratados, convenções e atos internacionais. Em momento subsequente, o instrumento é enviado ao Congresso Nacional para aprovação por meio de decreto legislativo, retornando posteriormente para promulgação por decreto presidencial. Após a aprovação, os instrumentos devem ser depositados no órgão competente responsável pelo seu registro. Após a publicação é que o instrumento passa a ter eficácia no ordenamento jurídico brasileiro.

[9] Porém, nossa legislação ainda possui diversas falhas e lacunas que dificultam um combate mais eficiente à lavagem de dinheiro. Pode-se destacar como pontos falhos da nossa lei as regras bastante rígidas referentes ao sigilo bancário, o que limita a capacidade das autoridades de supervisão dos mercados financeiros, principalmente mercado de valores, de fiscalizar totalmente o setor. Outro ponto que merece destaque é a falta de obrigação das instituições financeiras em identificar os beneficiários finais das contas, até porque percebe-se que nem sempre o cliente formal é o verdadeiro titular dos recursos. Também pode-se citar como parte falha da nossa legislação a extrema formalidade exigida para os casos de cooperação internacional, o que dificulta e retarda a troca de informações com as autoridades estrangeiras. Estando ciente da defasagem da nossa lei, o Ministro da Justiça apresentou no dia vinte e quatro de agosto de 2005 um anteprojeto de lei que altera alguns pontos da Lei 9613/98. O projeto torna a nossa lei de lavagem de dinheiro uma lei de combate de terceira geração, porém deixa de se pronunciar acerca de pontos falhos. A principal alteração trazida pelo anteprojeto é o fim do rol taxativo dos crimes antecedentes. O artigo primeiro da lei passaria a vigorar com o seguinte texto: "Ocultar ou dissimular a natureza, origem, localização, disposição, movimentação ou propriedade de bens, direitos ou valores provenientes, direta ou indiretamente, de infração penal." (grifos nossos). Dessa forma, qualquer infração penal, como por exemplo sonegação fiscal, roubo de cargas, assalto a banco e jogo do

CRIME ORGANIZADO

Inicialmente, foi feito um anteprojeto por um grupo técnico com a coordenação da Casa Civil. Posteriormente, o mesmo foi encaminhado para o Ministério da Justiça a fim de ser analisado por uma equipe de professores e técnicos, tendo sido modificado o anteprojeto original.

O texto produzido no Ministério da Justiça foi divulgado no Diário Oficial da União a fim de receber críticas e sugestões visando o seu aprimoramento. Concomitantemente, houve discussões envolvendo diversos órgãos[10] comprometidos com o tema a fim de discutir problemas e soluções do projeto. Ao final das discussões, publicou-se a Lei 9.613/98, a qual foi baseada no modelo-padrão difundido internacionalmente especialmente pelo GAFI. Na exposição de motivos, o legislador destacou a ratificação da Convenção de Palermo, a participação do Brasil na XXII Assembleia Geral da Organização dos Estados Americanos (OEA), a qual aprovou o "Regulamento Modelo sobre Delitos de Lavagem Relacionados com o Tráfico Ilícito de Drogas e Delitos Conexos", a participação em 1994 do então Presidente Itamar Franco na "Cúpula das Américas", reunião essa integrada pelos Chefes de Estado e de Governo dos Países Americanos, no âmbito da OEA e a Conferência Ministerial sobre a Lavagem de Dinheiro e Instrumento do Crime, realizada em Buenos Aires, o Brasil firmou Declaração de Princípios relativa ao tema, inclusive quanto à tipificação do delito e sobre regras processuais especiais. Portanto, ao editar a Lei 9.613/98, o Brasil cumpriu compromissos internacionais assumidos a começar pela Convenção de Viena de 1988.

A Lei 9.613/98 foi atualizada pela Lei 12.683/12, tornando-se uma lei de terceira geração[11], ou seja, permite que qualquer infração penal seja antece-

---

bicho, dentre outros, seria crime antecedente à lavagem de dinheiro. Tal alteração faria com que a legislação brasileira se alinhe à legislação equivalente dos países desenvolvidos.

[10] Pode-se citar: BACEN, FIESP, FEBRABAN, Procuradoria Geral da Fazenda Nacional, Associação Brasileira de Bancos Comerciais e Múltiplos, Bolsas de Valores, dentre outros

[11] As primeiras leis de lavagem de dinheiro, elaboradas na esteira da Convenção de Viena, limitavam o ilícito penal antecedente da lavagem de dinheiro a bens, direitos e valores provenientes do tráfico ilícito de substâncias entorpecentes ou drogas afins, sendo chamadas de leis de primeira geração. Tal orientação era compreensível uma vez que àquela época considerava-se que os traficantes eram "os navegadores pioneiros" nas marés da delinquência internacional. As leis posteriores elencaram um rol taxativo de crimes antecedentes, ou seja, o crime de lavagem de dinheiro somente poderia ocorrer caso o crime antecedente estivesse presente naquele rol, o qual não era tão restritivo como as leis de primeira geração que só admitiam o tráfico de drogas como crime antecedente, nem tão abrangente de forma a aceitar qualquer crime antecedente. São as chamadas leis de segunda geração. Pode-se citar como exemplo as leis vigentes na Alemanha, na Espanha e em Portugal. As leis mais modernas, ou leis de terceira geração, já não apresentam um rol de crimes antecedentes, de forma que a lavagem de dinheiro se caracteriza qualquer que seja o delito antecedente. As leis da Bélgica, França, Itália, México, Suíça e Estados Unidos pertencem a esse grupo.

432

O COMBATE AO CRIME ORGANIZADO

dente à lavagem de dinheiro e não somente aqueles crimes que estavam indicados no diploma anterior. De acordo com a nossa legislação, o tipo penal prevê como crime ocultar ou dissimular a natureza, a origem, a localização, a disposição, a movimentação e/ou a propriedade dos bens, direitos ou valores provenientes, direta ou indiretamente, de infração penal. Assim, a Lei foca nas condutas relativas a bens, direitos ou valores.

Além de criar os tipos penais, a lei traz um regime administrativo de combate à lavagem de dinheiro[12]. O combate à lavagem de dinheiro é feito de forma compartilhada entre o Estado e aqueles que atuam em setores da economia mais frequentemente utilizados pelos delinquentes, tais como o sistema financeiro nacional e o comércio de imóveis. A obrigatoriedade de tais setores participarem do combate à lavagem de dinheiro traz uma eficiência muito maior ao sistema.

Interessante lembrar que a participação de setores privados no combate à lavagem de dinheiro também se justifica, pois eles mesmos têm prejuízos devido à prática do ilícito penal, bem como a ideia de coparticipação no combate às atividades ilícitas está, inclusive, consagrada no art. 144 da Constituição Federal, que deixa claro que a segurança pública é um dever do Estado, mas também é um direito e uma responsabilidade de todos.

Em relação à apreensão e sequestro de bens, a lei autoriza ao magistrado a, havendo indícios suficientes, decretar, no curso do inquérito policial ou da ação penal, a apreensão ou o sequestro de bens, direitos ou valores do acusado, objetos dos crimes de lavagem de dinheiro. A medida se mostra extremamente eficaz, pois impossibilita que os criminosos se desfaçam dos bens no curso das investigações. Na exposição de motivos, o legislador afirma que a busca e apreensão e o sequestro de bens do indiciado ou denunciado pela infração penal constituem um dos eficientes meios de prevenção e repressão penal, além de garantirem os interesses da União e da vítima da infração quanto ao ressarcimento civil do dano.[13] O diploma legal atualizado permite, inclusive a alienação antecipada de tais bens, sempre que os mesmos estiverem sujeitos a qualquer grau de deteriorização.

Ademais, o juiz determinará a liberação dos bens, direitos e valores apreendidos ou sequestrados quando comprovada a licitude de sua origem[14].

---

[12] A tabela 2 traz a relação da jurisdição das autoridades administrativas. Quando o setor não possui uma autoridade administrativa direta, ele é regulamentado pelo COAF. Já a tabela 3 cita as normas que regulamentam a lei 9613/98.

[13] Item 65 da Exposição de Motivos

[14] Ocorre verdadeiramente uma inversão do ônus da prova, onde quem necessita demonstrar a licitude da origem dos bens é o acusado e não é o poder público que deve demonstrar a sua ilicitude

O procedimento de restituição de coisas apreendidas ou sequestradas no caso da lei 9613/98 exige a presença pessoal do acusado para ter andamento o seu pedido, não importando se a pretensão for exercida por meio de simples requerimento nos autos do inquérito policial ou da ação penal, ou mediante o ajuizamento de mandado de segurança, ação cautelar ou de outra natureza, tratando-se de condição indispensável para conhecimento do pedido.

Um dos efeitos da condenação é a perda de referidos bens, direitos e valores em favor da União, o qual é visto como um poderoso agente de prevenção de novos ilícitos. A lei de lavagem de dinheiro determina ainda a criação da nossa unidade de inteligência financeira, o Conselho de Controle de Atividades Financeiras – COAF, ligado ao Ministério da Fazenda e que passou a ter atribuições e finalidades voltadas para coordenar e propor mecanismos de cooperação e troca de informações que facilitem ações rápidas e eficientes no combate ao crime de lavagem de dinheiro, receber, examinar e identificar as ocorrências suspeitas de atividades ilícitas, disciplinar e aplicar penas administrativas e comunicar às autoridades competentes situações indicativas de irregularidades nessa área, para a adoção de procedimentos e formalidades cabíveis. A criação do COAF segue a recomendação 26 do GAFI.[15]

2.1.2.1. Lei de Combate ao Crime Organizado – Lei 12.850/13

Depois de muita espera das autoridades que atuam no combate ao crime organizado, foi editada a Lei 12.850/13, a qual define organização criminosa e dispõe sobre a investigação criminal, os meios de obtenção da prova, infrações penais correlatas e o procedimento criminal.

De acordo com a lei supramencionada, considera-se organização criminosa a associação de 4 (quatro) ou mais pessoas estruturalmente ordenada e caracterizada pela divisão de tarefas, ainda que informalmente, com objetivo de obter, direta ou indiretamente, vantagem de qualquer natureza, mediante a prática de infrações penais cujas penas máximas sejam superiores a 4 (quatro) anos, ou que sejam de caráter transnacional.

---

para o sequestro e apreensão dos bens. Essa inversão do ônus da prova encontra-se prevista na Convenção de Viena (art. 5º, número 7) e foi objeto de previsão no direito argentino (art. 25 da Lei 23.737/89)

[15] Recomendação 26 do GAFI: "26. Os países deveriam criar uma Unidade de Inteligência Financeira (UIF) que sirva como centro nacional para receber (e, se permitido, requerer), analisar e transmitir declarações de operações suspeitas (DOS) e outras informações relativas a atos susceptíveis de constituírem branqueamento de capitais ou financiamento do terrorismo. A UIF deveria ter acesso, direto ou indireto e em tempo útil, às informações financeiras, administrativas e provenientes das autoridades de aplicação da lei (law enforcement authorities) para desempenhar cabalmente as suas funções, incluindo a análise das declarações de operações suspeitas."

O COMBATE AO CRIME ORGANIZADO

Interessante ainda a tipificação da conduta de promover, constituir, financiar ou integrar, pessoalmente ou por interposta pessoa, organização criminosa. A lei objetivou alcançar aquelas pessoas que, apesar de não participar ativamente das ações da organização criminosa, são parte essencial para a existência das mesmas, uma vez que as financiam.

Vale ressaltar ainda que a lei buscou regulamentar algumas técnicas especiais de investigação, como a colaboração premiada, a entrega controlada e a infiltração de agentes em organizações criminosas.

2.1.3. Organização do Estado
2.1.3.1. Especialização dos Órgãos Públicos

As investigações referentes aos crimes cometidos pelas organizações criminosas, em especial o de lavagem de dinheiro, são bastante complexas e exigem um grau de especialização por parte dos profissionais do Estado. Não é produtivo que os mesmos policiais que investigam um roubo ou um sequestro, por exemplo, investiguem a prática da lavagem de dinheiro. Da mesma forma, é aconselhável que membros dos Ministérios Públicos, estaduais e federal, e magistrados sejam especializados no combate ao crime organizado e à lavagem de dinheiro. No Brasil, pouco a pouco as instituições vão se especializando.

No âmbito da Polícia Federal, em 2003 foi criada a Diretoria de Combate ao Crime Organizado, atual Diretoria de Investigação e Combate ao Crime Organizado (DICOR), com projeção em todos os estados da Federação. Vinculada à DICOR, foi criada a Coordenação Geral de Combate à Corrupção e ao Desvio de Recursos Públicos, dentro da qual temos o Serviço de Combate aos Crimes Financeiros. Foram criadas delegacias especializadas, inicialmente, nos estados de São Paulo e Rio de Janeiro, além do Distrito Federal e depois expandidas para todos os demais estados brasileiros.

No Ministério Público Federal, houve a criação de um grupo temático sobre lavagem de dinheiro, com a especialização de procuradores no tema. Alguns Ministérios Públicos estaduais, como é o caso de São Paulo, já criaram grupos especializados.

Na magistratura federal, houve a criação de Varas Especializadas. Seguindo recomendação da Comissão de Estudos do Conselho da Justiça Federal, foi editada a Resolução 314 do Conselho da Justiça Federal, datada de 12 de maio de 2003, posteriormente alterada pela Resolução 517 do mesmo conselho[16]. Seguindo o mesmo caminho, foi editada a Recomendação número 3 do Con-

---

[16] Texto da RESOLUÇÃO Nº 517, DE 30 DE JUNHO DE 2006. "Altera a Resolução nº 314, de 12 de maio de 2003, para incluir os crimes praticados por organizações criminosas na competência das

selho da Justiça Federal, a qual recomenda ao Conselho da Justiça Federal e aos Tribunais Regionais Federais, no que respeita ao Sistema Judiciário Federal, bem como aos Tribunais de Justiça dos Estados, a especialização de varas criminais, com competência exclusiva ou concorrente, para processar e julgar delitos praticados por organizações criminosas.

Houve contestação sobre a constitucionalidade das Varas Federais Especializadas, alegando-se que as mesmas feririam a princípio do juiz natural. Tal matéria foi examinada pelo Supremo Tribunal Federal (STF), o qual concluiu pela constitucionalidade das mesmas.

A especialização da Polícia Federal, dos Ministérios Públicos e da Justiça resultou em uma atuação muito mais eficiente do Estado brasileiro no combate à criminalidade, em especial no chamado combate capitalista ao crime organizado, onde o objetivo principal deixa de ser a prisão do criminoso, passando a ser na descapitalização das organizações criminosas. Como será exposto no próximo capítulo, o uso das medidas assecuratórias ainda é muito tímido no Brasil, porém cresceu bastante com a especialização das instituições do Estado.

2.1.3.2. Criação de um Departamento de Recuperação de Ativos e Cooperação Jurídica Internacional

Com a nova configuração da atuação do crime organizado, agora de forma transnacional, o combate às organizações criminosas passa necessariamente

---

varas federais criminais especializadas em crimes contra o sistema financeiro nacional e lavagem de dinheiro ou ocultação de bens, direitos e valores.

O PRESIDENTE DO CONSELHO DA JUSTIÇA FEDERAL, usando de suas atribuições legais e tendo em vista o decidido na sessão realizada em 29 de junho de 2006, CONSIDERANDO a Recomendação nº 03 do Conselho Nacional de Justiça, de 30 de maio de 2006, resolve:

Art. 1º O art. 1º da Resolução nº 314, de 12 de maio de 2003, passa a vigorar com a seguinte redação:

"Art. 1º Os Tribunais Regionais Federais, na sua área de jurisdição, poderão especializar varas federais criminais com competência exclusiva ou concorrente para processar e julgar:

I – os crimes contra o sistema financeiro nacional e de lavagem ou ocultação de bens, direitos e valores; e

II – os crimes praticados por organizações criminosas, independentemente do caráter transnacional ou não das infrações."

Parágrafo único. Deverão ser adotados os conceitos previstos na Convenção das Nações Unidas contra o Crime Organizado Transnacional promulgada pelo Decreto nº 5.015, de 12 de março de 2004.

Art. 2º Deverá ser observada, no que for cabível, a Recomendação nº 03, de 30 de maio de 2006, do Conselho Nacional de Justiça.

Art. 3º Esta Resolução entra em vigor na data de sua publicação.

PUBLIQUE-SE. REGISTRE-SE. CUMPRA-SE".

O COMBATE AO CRIME ORGANIZADO

pela retirada dos bens dos criminosos e pela cooperação jurídica internacional. Cada vez mais é comum a prática do delito em um país e a ocultação do produto do crime em outro. Para que Polícia ou Ministério Público possam bloquear os recursos que estão além das fronteiras do Brasil, há a necessidade da colaboração de outros países.

A fim de organizar e possibilitar esse contato com as autoridades estrangeiras, foi criado o Departamento de Recuperação de Ativos e Cooperação Jurídica Internacional (DRCI), ligado à Secretaria Nacional de Justiça (SNJ), do Ministério da Justiça (MJ). De acordo com o decreto 6.061/07 que aprovou a estrutura regimental do departamento:

Art. 11 – Ao Departamento de Recuperação de Ativos e Cooperação Jurídica Internacional compete:

I – articular, integrar e propor ações do Governo nos aspectos relacionados com o combate à lavagem de dinheiro, ao crime organizado transnacional, à recuperação de ativos e à cooperação jurídica internacional;

II – promover a articulação dos órgãos dos Poderes Executivo, Legislativo e Judiciário, inclusive dos Ministérios Públicos Federal e Estaduais, no que se refere ao combate à lavagem de dinheiro e ao crime organizado transnacional;

III – negociar acordos e coordenar a execução da cooperação jurídica internacional;

IV – exercer a função de autoridade central para tramitação de pedidos de cooperação jurídica internacional;

V – coordenar a atuação do Estado brasileiro em foros internacionais sobre prevenção e combate à lavagem de dinheiro e ao crime organizado transnacional, recuperação de ativos e cooperação jurídica internacional;

VI – instruir, opinar e coordenar a execução da cooperação jurídica internacional ativa e passiva, inclusive cartas rogatórias; e

VII – promover a difusão de informações sobre recuperação de ativos e cooperação jurídica internacional, prevenção e combate à lavagem de dinheiro e ao crime organizado transnacional no País.

Como se vê cabe ao DRCI não somente a coordenar a execução ativa e passiva da cooperação jurídica internacional, funcionando como autoridade central[17] para tramitação dos pedidos, mas também coordenar a atuação do Estado brasileiro em foros internacionais sobre prevenção e combate à lava-

---

[17] De acordo com a Convenção da Haia de 1965, autoridade central "é o órgão técnico nacional, exclusivo ou não, designado por cada um dos Estados Partes de um tratado para centralizar comunicações e ações de cooperação jurídica internacional."

CRIME ORGANIZADO

gem de dinheiro, ao crime organizado transnacional, recuperação de ativos e cooperação jurídica internacional.

2.1.3.3. Criação de uma Estratégia Nacional de Combate à Corrupção e à Lavagem de Dinheiro (ENCCLA)

O crime organizado utiliza-se dos melhores profissionais de cada área para a realização de suas atividades. Utilizam o melhor "ladrão", o melhor seques-trador, o melhor traficante, o melhor advogado, o melhor contador, o melhor economista, etc. Para combater as organizações criminosas, as instituições do Estado devem unir forças, pois isoladamente nada conseguirão[18]. Polícias, Ministérios Públicos, COAF, DRCI, Banco Central (BACEN), Comissão de Valores Mobiliários (CVM), Controladoria Geral da União (CGU), dentre outros, devem trabalhar unidos no combate à criminalidade organizada.

A criação da Estratégia Nacional de Combate à Corrupção e à Lavagem de Dinheiro (ENCCLA) foi, sem dúvida, um grande passo no sentido da atuação conjunta e harmonização das ações. De acordo com o site do Ministério da Justiça (MJ), a Estratégia Nacional de Combate à Corrupção e à Lavagem de Dinheiro – ENCCLA foi criada em 2003 (mesmo ano de criação do Depar-tamento de Recuperação de Ativos e Cooperação Jurídica Internacional – DRCI), como forma de contribuir para o combate sistemático à lavagem de dinheiro no País. Posteriormente, em 2006, o tema "combate à corrupção" foi incluído como um dos objetivos da Estratégia. A ENCCLA consiste na arti-culação de diversos órgãos dos três poderes da República, Ministérios Públi-cos e da sociedade civil que atuam, direta ou indiretamente, na prevenção e combate à corrupção e à lavagem de dinheiro, com o objetivo de identificar e propor ajustes aos pontos falhos do sistema antilavagem e anticorrupção. Atualmente, cerca de 60 órgãos e entidades fazem parte da ENCCLA, tais como, Ministérios Públicos, Policias, Judiciário, órgãos de controle e super-visão – CGU, TCU, CVM, COAF, PREVIC, SUSEP, Banco Central, Agência Brasileira de Inteligência, Advocacia Geral da União, Federação Brasileira de Bancos, etc.

A forma de atuação da estratégia estimula a participação e atuação con-junta do maior número possível de órgãos. Anualmente, é realizada uma reu-nião plenária onde os representantes das instituições têm basicamente duas

---

[18] Recomendação 31 do GAFI: "31. Os países deveriam assegurar que os decisores políticos, a UIF, as autoridades de aplicação da lei e as autoridades de supervisão disponham de mecanismos eficazes que lhes permitam cooperar e, quando necessário, coordenarem-se, a nível nacional, para o desenvolvimento e a aplicação de políticas e atividades destinadas a combater o branqueamento de capitais e o financiamento do terrorismo."

missões: 1. Definir ações a serem desenvolvidas no ano seguinte, baseando-se na experiência de cada participante. 2. Analisar e aprovar (ou não) os relatórios referentes às ações aprovadas no ano anterior. Definidas, na reunião plenária, as ações que serão desenvolvidas no ano seguinte, formam-se grupos menores para cada uma das ações aprovadas, os quais vão se reunir durante todo ao ano a fim de cumprir o estabelecido na ação. Ao final, cada um desses grupos menores elabora um relatório com os resultados alcançados, o qual é levado para a reunião plenária do ano seguinte para aprovação.

Dentre as ações desenvolvidas pela ENCCLA, muitas delas disseram respeito à administração de bens apreendidos. Pode-se, também, destacar a criação de um Programa Nacional de Capacitação no Combate à Lavagem de Dinheiro (PNLD), o qual tem por objetivo treinar agentes públicos (e, eventualmente, privados) no combate ao citado crime. Outras ações a serem citadas são a criação do Sistema Nacional de Bens Apreendidos (SNBA), a criação dos Laboratórios de Tecnologia no Combate à Lavagem de Dinheiro (LAB-LD), o desenvolvimento do Cadastro Único de Correntistas do Sistema Financeiro Internacional (CCS), a criação e difusão do Sistema de Investigação de Movimentações Bancárias (SIMBA), dentre outros.

3. Como as Edições das Leis 12.683/12 e Lei 12.850/13 Impactaram a Atuação das Autoridades Nacionais no Combate ao Crime Organizado

A Lei 12.683/12, diploma legal que modernizou o combate à lavagem de dinheiro em nosso país, trouxe melhorias no combate a esse delito no Brasil. No aspecto penal, podemos destacar: para qualquer infração penal pode ser antecedente à lavagem de dinheiro, o estabelecimento de causas para o aumento de penas, a previsão de benefícios para a colaboração premiada e indicação dos efeitos da condenação. No aspecto processual penal, fixou regras processuais e de competência, possibilitou a decretação de medidas assecuratórias sobre bens, possibilitou a alienação antecipada de bens estabeleceu regras para liberação dos bens constritos e estabeleceu regras para administração desses mesmos bens. Já na seara administrativa, a lei aumentou o rol de sujeitos obrigados e fez a previsão de multas administrativas mais altas.

A Lei 12.850/13 tipificou organização criminosa e regulamentou algumas técnicas especiais de investigação, dentre as quais, merece destaque a colaboração premiada. Abaixo, vamos discorrer um pouco mais sobre alguns desses itens, em especial sobre aqueles que geraram um impacto mais positivo no combate ao crime organizado no Brasil.

CRIME ORGANIZADO

3.1. Fim do Rol Taxativo de Crimes Antecedentes

A previsão de que qualquer infração penal possa ser antecedente à lavagem de dinheiro fez com que as autoridades nacionais pudessem atuar de forma mais firme no combate de determinados delitos. Por exemplo, há a possibilidade de lavagem de dinheiro oriunda de crimes tributários, o que não havia antes da edição da Lei 12.683/12. Tal possibilidade fez com que o número de investigações policiais e de processos judiciais referentes ao crime de lavagem de dinheiro crescesse exponencialmente.

3.2. Aumento do Rol de Sujeitos Obrigados

A Lei 12.683/12 trouxe novos sujeitos obrigados, aumentando assim a área de atuação do COAF. Vale destaque a citação a inclusão das pessoas físicas ou jurídicas que prestem, mesmo que eventualmente, serviços de assessoria, consultoria, contadoria, auditoria, aconselhamento ou assistência, de qualquer natureza, em operações financeiras, societárias ou imobiliárias ou operações de gestão de fundos, valores mobiliários ou outros ativos.

Tal fato tem feito com que o COAF tenha recebido novas comunicações de operações suspeitas, as quais, depois de analisadas, geram relatórios de inteligência financeira, os quais são encaminhados para a Polícia e para o Ministério Público trazendo novos e importantes elementos a investigações em curso. Em algumas oportunidades, o relatório do COAF é um dos pilares iniciais para o início de uma investigação.

3.3. Aumento das Multas

Antes da edição da Lei 12.683/12, a maior pena administrativa que poderia ser aplicada aquelas pessoas obrigadas que descumpriam a lei (não identificavam os clientes, não comunicavam a ocorrência de operações suspeitas, dentre outros) era de R$ 200.000,00 (duzentos mil reais), um valor considerado baixo para o porte de algumas empresas e das operações suspeitas não comunicadas. Considerando que o objetivo principal da maior parte das empresas é o lucro, a possibilidade de receber uma multa "pequena" fazia com que o cálculo de custo-benefício "convidava" a empresa a não comunicar determinadas operações para não perder os clientes. Com a nova Lei, o valor máximo da multa administrativa passou a ser de R$ 20.000.000,00 (vinte milhões de reais), fazendo com que essas empresas repensassem a relação custo-benefício.

3.4. Alienação Antecipada

Apesar da previsão na lei, a efetiva alienação antecipada de bens apreendidos e sequestrados nos procedimentos penais não tem sido uma realidade. Por problemas relacionados à logística e competência, tem-se preferido manter os bens sob custódia e administração das autoridades policiais. O efeito disso é a grande e rápida deteriorização dos bens, assim como um grande gasto do Estado para a manutenção de locais e pessoal destinados a tal fim.

3.5. Colaboração Premiada

A colaboração premiada foi prevista pela primeira vez no direito pátrio na década de 1990, quando no parágrafo único do artigo 8º da Lei 8.072/90 (Diploma que dispões sobre os crimes hediondos). Posteriormente, foi prevista em diversas outras leis, tais como na Lei 7.492/86 – crimes contra o sistema financeiro nacional – artigo 25, parágrafo 2º, Lei 8.137/90 – crimes tributários – artigo 16, parágrafo único, Lei 9.034/95 – organizações criminosas – artigo 6º, Lei 9.807/99 – lei de proteção às testemunhas – artigos 13 a 15 e Lei 11.343/06 – artigo 41. Porém, somente com a edição da Lei 12.850/13, a qual disciplinou o instituto, é que a colaboração premiada começou a ser usada com maior frequência pelas autoridades brasileiras.

O objetivo da colaboração premiada é o descobrimento das infrações penais, a identificação de autores e partícipes e o *modus operandi* das organizações criminosas. Importante ressaltar que, conforme já decidido pelo Supremo Tribunal Federal[19], a colaboração premiada não é um meio de prova, mas sim uma ferramenta processual objetivando a obtenção de elementos de prova. Inicia-se com a negociação entre o Delegado de Polícia e/ou o membro do Ministério Público e o pretenso colaborador, sempre assistido por seu advogado. Uma vez acordado, os termos deverão ser reduzidos a escrito e deverá conter o relato da colaboração oferecida pelo acusado e as condições proposta pelo Delegado de Polícia ou pelo membro do Ministério Público, devendo estar acompanhado por eventuais anexos e adendos. Importante ressaltar que deve haver a aceitação expressa do colaborador (por ser ato personalíssimo, não pode ser por procuração ou através do próprio defensor) e de seu advogado sobre as condições propostas, sendo vedada a posterior rediscussão das mesmas.

A proposta, devidamente assinada pelo Delegado de Polícia e/ou pelo membro do Ministério Público, pelo colaborador e pelo seu defensor deve ser apresentado a um magistrado, o qual poderá ou não homologá-la. Para tanto, poderá ouvir o colaborador para verificar, dentre outras coisas, a voluntariedade do mesmo. Após homologada a colaboração premiada, o Delegado de Polícia e/ou o membro do Ministério Público poderão ouvir novamente

---

[19] HC 90.688 – PR

o colaborador, sempre acompanhado pelo seu defensor, sendo que todos os atos deverão ser gravados ou transcritos, utilizando-se dos meios tecnológicos compatíveis e pertinentes.

Os dados fornecidos colaborador devem ser validados e confrontados com outros documentos e declarações existentes na investigação para se verificar a eficácia da colaboração. O colaborador somente deverá fazer jus ao benefício se o que ele diz é verdade e se a verdade que é dita atinge os objetivos do Estado. A lei permite que o acordo de colaboração premiada seja feito em qualquer momento da persecução penal ou mesmo após o trânsito em julgado da sentença penal condenatória. Nos casos de colaboração posterior à sentença, o responsável pela apreciação da mesma será o magistrado responsável pela análise do recurso interposto ou, se já houver o trânsito em julgado da sentença penal condenatória, o juiz responsável pela execução penal.

De acordo com o Ministério Público Federal[20], aproximadamente 200 (duzentos) acordos de colaboração premiada foram feitos apenas no âmbito da Operação Lava-Jato. Certamente, as investigações não teriam caminhado tanto e chegado tão longe se não fosse a colaboração de investigados.

3.6. Cooperação Internacional

Apesar de não estar diretamente ligada aos novos diplomas legais supramencionados, a cooperação internacional foi profundamente impactada pelas mesmas. A partir do momento que as autoridades têm mais condições de fazer uma melhor investigação criminal relacionadas às organizações criminosas, a consequência natural é a descoberta de braços de atuação no exterior. Naturalmente, a cooperação internacional aumenta a fim de obter provas e bloquear e repatriar recursos oriundos de ilícitos e que foram escondidos no exterior.

A fim de ilustrar a utilização da cooperação internacional no combate ao crime organizado transnacional, de acordo com o Ministério da Justiça e Segurança Pública[21], até outubro de 2018, foram recebidos 680 (seiscentos e oitenta) pedidos de cooperação Jurídica Internacional no âmbito da Operação Lava-Jato, envolvendo 56 países diferentes[22].

---

[20] http://www.mpf.mp.br/grandes-casos/caso-lava-jato/

[21] https://www.justica.gov.br/sua-protecao/lavagem-de-dinheiro/institucional-2/publicacoes/cooperacao-em-pauta

[22] Pedidos ativos para: Alemanha, Andorra, Angola, Antígua e Barbuda, Argentina, Áustria, Bahamas, Bélgica, Canadá, China, Coreia do Sul, Curaçao, El Salvador, Espanha, Estados Unidos da América, França, Gibraltar, Grécia, Guatemala, Holanda, Hong Kong, Ilhas de Man, Ilhas Cayman, Ilhas Virgens Britânicas, Irlanda, Israel, Itália, Japão, Liechtenstein, Luxemburgo, Macau, México, Moçambique, Mônaco, Noruega, Nova Zelândia, Panamá, Peru, Portugal, Reino Unido, República Dominicana, Rússia, Senegal, Singapura, Suécia, Suíça, Uruguai e Venezuela.

Porém, a cooperação jurídica internacional precisa evoluir em duas questões. A primeira relaciona-se ao prazo para cumprimento dos pedidos, atualmente em aproximadamente 9 (nove) meses, Esse prazo, em muitas das oportunidades, faz com que se perca o princípio da oportunidade. Quando a prova chega, sua utilidade já é limitada. A segunda refere-se a possibilidade da criação de equipes conjuntas de investigação entre autoridades brasileiras e estrangeiras. Esse tema tem sido discutido há algum tempo, existindo, inclusive, propostas de tetos legais feitas pelo Ministério da Justiça e/ou pela Procuradoria Geral da República mas, infelizmente, esse tema tem caminhado em passos mais lentos do que o esperado e do que o necessário.

Conclusões

Diante do exposto no presente artigo, podemos concluir que o crime organizado transnacional teve um grande impulso em suas atividades a partir da globalização mundial ocorrida, principalmente, após a década de 1980.

A partir de então, diversos organismos internacionais, tais como ONU, OEA e GAFI escreveram diplomas sobre o combate ao crime organizado e procuraram direcionar a atuação dos países no sentido de procurar descapitalizar as organizações criminosas. A criminalização da lavagem de dinheiro, a recuperação de ativos e a cooperação internacional passaram a ter papel de suma importância no processo.

Seguindo os padrões internacionais, o Brasil editou e modernizou sua lei de combate à lavagem de dinheiro, tipificou organização criminosa, possibilitou a especialização de algumas instituições do Estado, criou um Departamento de Recuperação de Ativos e Cooperação Jurídica Internacional e criou uma Estratégia Nacional de Combate à Corrupção e à Lavagem de Dinheiro.

Com a modernização do aparato legal, bem como com o amadurecimento das instituições do Estado brasileiro, tais como a Polícia Federal, o Ministério Público Federal, a Receita Federal, a Controladoria Geral da União, do Tribunal de Contas da União, o COAF, dentre outros, temos visto nos últimos ano uma atuação bastante segura das autoridades o que tem levado a resultados antes inimagináveis, tais como a investigação, condenação e prisão de grandes empresários, de políticos, dentre outros, bem como a recuperação de ativos desviados dos cofres públicos.

Pedidos passivos de: Andorra, Antígua e Barbuda, Argentina, Áustria, Chile, Colômbia, Costa Rica, Dinamarca, El Salvador, Equador, Espanha, Estados Unidos da América, França, Grécia, Guatemala, Holanda, Honduras, Israel, Itália, Liechtenstein, México, Noruega, Panamá, Peru, Porto Rico, Portugal, República Dominicana, Singapura, Suécia, Suíça, Ucrânia, Uruguai e Venezuela.

Referências

ÁLVAREZ GONZÁLEZ, Santiago. La cooperación judicial internacional em matéria civil. *Dereito, Revista Jurídica da Universidade de Santiago de Compostela*, v. 10, n. 1, p. 7-32, 2001.

ALVES, Roque de Brito. Globalização do crime. Boletim IBCCRIM. V. 88, p. 6, mar. 2000.

ARAS, Vladimir. Criticas as projeto da nova lei de lavagem de dinheiro. Disponível em: <http://www.openthesis.org/documents/Criminalidade-organizada-transnacional--os-limites-303795.html>. Acesso em 11. jul. 2011.

BALTAZAR JR., José Paulo. Crime organizado e proibição de insuficiência. Porto Alegre: Livraria do Advogado, 2010.

_____; MORO, Sergio Fernando (orgs.). Lavagem de dinheiro: comentários à lei pelos juízes das varas especializadas em homenagem ao ministro Gilson Dipp. Porto Alegre: Livraria do Advogado, 2007.

BONAVIDES, Paulo. Do Estado liberal ao Estado social. 7. ed. São Paulo. Malheiros, 2004.

BROWNLIE, Ian. Princípios de direito internacional público. Lisboa: Fundação Calouste Gulbenkian, 1997.

CALLEGARI, Luís André (org.). Controle social e criminalidade organizada. Crime organizado: tipicidade – política criminal – investigação e processo: Brasil, Espanha e Colômbia. Porto Alegre: Livraria do Advogado, 2008.

CERVINI, Raul. Tóxicos: *criminalidad organizada, su dimension eonomica. In*: PENTEADO, Jaque de Camargo (coord). O crime organizado Itália e Brasil. A modernização da lei penal. São Paulo: Revista dos Tribunais, 1995.

CHIAVARIO, Mario. Direitos humanos, processo penal e criminalidade organizada. Revista Brasileira de Ciências Criminais. V. 15, p. 68-80, jul/sr. 1996.

COSTA, Pietro e ZOLO, Danilo (organizadores). Estado de direito: história, teoria, crítica. São Paulo: Martins Fontes, 2006.

GOMES, Rodrigo Carneiro. A lei de entorpecentes (Lei 11.343/2006) e as modificações da "ação controlada" ou "não atuação policial". Disponível em: <http://www.esdc.com.br/RBDC/RBDC-12/RBDC-12-141-Rodrigo_Carneiro_Gomes_ (acao_controlada).pdf>. Acesso em 19. jun. 2011.

_____. A repressão à criminalidade organizada e os instrumentos legais: ação controlada. Disponível em: <https://www2.mp.pa.gov.br/sistemas/gcsubsites/upload/60/repressao_criminalidade_organizada_instrumentos.pdf>. Acesso em 19. jun. 2011.

LEMOS JR., Arthur Pinto de. Uma reflexão sobre as dificuldades da investigação criminal do crime de lavagem de dinheiro. Disponível em: <https://www2.mp.pa.gov.br/sistemas/gcsubsites/upload/40/revista_criminal_16.pdf>. Acesso em 31. jan. 2011.

MADRUGA FILHO, Antenor Pereira. A renúncia à imunidade de jurisdição pelo Estado brasileiro e o novo direito da imunidade de jurisdição. Rio de Janeiro: Renovar, 2003.

MENDRONI, Marcelo B. Crime organizado – aspectos gerais e mecanismos legais. São Paulo: Atlas, 2007.

PITOMBO, Antônio Sérgio Altieri de Moraes. Tipificação da organização criminosa. Tese de Doutorado. São Paulo: Faculdade de Direito da Universidade de São Paulo, 2007.

REZEK, Francisco. "Nova ordem" e crise do direito internacional. *In*: TEIXEIRA, Maria Elizabeth Guimarães; PETERSEN, Callado Fadul (coords.); MEYER-PFLUG, Samanta

Ribeiro (colab.). Coletâneas de Estudos Jurídicos. Brasília: Superior Tribunal Militar, 2008.

SALVADOR, Sergio Cassio da Silva. A nova ordem global, o crime organizado e a cooperação jurídica internacional em material penal. Disponível em: <http://www.cnj.jus.br/dpj/cji/bitstream/26501/1267/1/Tese_ordemglobal_sergiosalvador.pdf>. Acesso em 13. jun. 2011.

SANCTIS, Fausto Martin de. Crime organizado e lavagem de dinheiro. São Paulo: Saraiva, 2009.

22
O Regime Disciplinar Diferenciado (RDD) e sua Utilização como Mecanismo de Controle e Combate e Crime Organizado

EVERTON LUIZ ZANELLA

1. Natureza jurídica do regime disciplinar diferenciado

O regime disciplinar diferenciado está disciplinado no artigo 52, *caput* e pará-grafos, da Lei de Execução Penal (Lei nº 7210/1984, atualizada pelas Leis nº 10.792/2003 e 13.964/2019), podendo apresentar-se com duas naturezas jurídicas distintas: **sanção disciplinar** ao preso (art. 52, *caput*) ou **medida preventiva cautelar** (art. 52, § 1º, I e II, com redação da Lei nº 13.964/2019).

O regime disciplinar diferenciado pode ser aplicado aos presos definitivos (ou seja, aqueles que já cumprem suas penas) ou aos presos provisórios (em prisão temporária ou preventiva).

Importante esclarecer que no caso de preso definitivo o RDD não surge como um quarto regime acrescido aos regimes aberto, semiaberto e fechado. Ele é *"uma forma especial de cumprimento da pena no regime fechado, caracterizado pela permanência do preso em cela individual, limitação do direito de visita e redução do direito de saída da cela"*[1]. Desta forma, ninguém está sujeito à progressão ou à regressão (artigos 112 e 118 da Lei nº 7210/1984, respectivamente) ao RDD. Nele poderá ser incurso o preso definitivo que, dentro do regime fechado, necessite de um tratamento mais rigoroso, seja porque este lhe foi aplicado como sanção disciplinar, seja porque esta incursão seja necessária para garan-tia da ordem e segurança (hipóteses legais que veremos a seguir).

O regime disciplinar diferenciado é inaplicável ao preso que se encon-tra em regime semiaberto ou aberto. Com efeito, o art. 87, parágrafo único,

---

[1] AVENA, Norberto. Execução Penal: esquematizado. São Paulo: Método, 2014, p. 91.

CRIME ORGANIZADO

da Lei de Execução Penal, com redação da Lei nº 10.792/2003, dispõe que a União, os Estados e o Distrito Federal *"poderão construir penitenciárias destinadas, exclusivamente, aos presos provisórios e aos condenados que estejam em regime fechado, sujeitos ao regime disciplinar diferenciado"*. Logo, somente o condenado que estiver em regime fechado (em penitenciária) ou o preso provisório é que podem ser inseridos no regime disciplinar diferenciado.

2. Hipóteses de aplicação

1ª hipótese: O RDD pode ser aplicado como uma **sanção disciplinar** ao preso definitivo ou provisório, nacional ou estrangeiro[2,] que pratique fato definido como crime doloso e que ocasione subversão da ordem e ou disciplina interna (art. 52, *caput*, combinado com o art. 53, V, ambos da Lei de Execução Penal). Citamos, como exemplo, o preso que agride e ameaça agente penitenciário, insuflando os demais detentos a atos de rebeldia dentro do estabelecimento prisional. Assim agindo, o preso agressor cometeu, em tese, crimes dolosos tipificados nos artigos 129 e 147 do Código Penal, os quais foram aptos a gerar desordem e tumulto interno.

Não basta o cometimento de crime – fato que, isoladamente, sujeita o preso a sanções disciplinares diversas previstas no art. 53, III e IV, combinado com o art. 57, parágrafo único, ambos da LEP, sem prejuízo de outras sanções como a perda de parte dos dias remidos[3] ou a interrupção do período aquisitivo para uma progressão de regime[4] -, mas sim, e principalmente, sua consequência de acarretar a subversão da ordem ou disciplina, ou seja, há de ser um crime doloso apto a *"tumultuar a organização, a normalidade do estabelecimento prisional, ou demonstrar descaso, desobediência aos superiores"*[5].

A Lei não exige condenação definitiva pelo crime, mas somente sua prática, como o faz para a imposição de qualquer outra sanção disciplinar. A razão

---

[2] A previsão do RDD para presos nacionais ou estrangeiros era expressa somente no § 1º do art. 52 da Lei de Execução Penal, com redação da Lei nº 10.792/2003. O projeto anticrime (Lei nº 13.964/2019) também o previu expressamente no *caput*, suprindo a lacuna legislativa anterior.

[3] Art. 127 da LEP, com redação da Lei nº 12.433/2011 (perda de um terço dos dias remidos).

[4] A previsão legal de interrupção foi acrescentada à LEP pelo pacote anticrime (Lei nº 13.964/2019, que incluiu o § 6º ao artigo 112, com o seguinte teor: *"o cometimento de falta grave durante a execução da pena privativa de liberdade interrompe o prazo para a obtenção da progressão no regime de cumprimento da pena, caso em que o reinício da contagem do requisito objetivo terá como base a pena remanescente"*. Este já era o entendimento da Jurisprudência do Superior Tribunal de Justiça: *"a data base para a contagem do novo período aquisitivo para a progressão é a do cometimento da última falta grave, calculado sobre o período restante de pena a ser cumprido"* (5ª Turma, REsp nº 750128) e também o Supremo Tribunal Federal, nos autos da Reclamação nº 10189, ajuizada pelo Ministério Público de São Paulo.

[5] MARCÃO, Renato Flávio. Curso de Execução Penal. São Paulo: Saraiva, 2004, p. 37.

para isso é óbvia: a espera por uma condenação poderia durar longo período, o que tornaria completamente inefetiva a aplicação da sanção consistente na inserção no regime disciplinar diferenciado.

2ª hipótese: O RDD também pode ser aplicado como **medida preventiva de natureza cautelar,** quando o preso definitivo ou provisório apresente alto risco para a ordem e segurança do estabelecimento penal ou da sociedade (art. 52, § 1º, I, da LEP, com redação da Lei nº 13.964/2019).

Nesta conjetura, a Lei não exige a prática de um crime doloso durante o período de reclusão (prisão provisória ou cumprimento de pena), porque não se trata de uma sanção disciplinar ao preso, mas sim de uma medida cautelar de prevenção, que pode ser aplicável quando o preso apresentar alto risco para a ordem e segurança do estabelecimento penal ou da sociedade. Esta hipótese ocorrerá quando a permanência do preso no regime comum *"possa ensejar a ocorrência de motins, rebeliões, lutas entre facções, subversão coletiva da ordem ou a prática de crimes no interior do estabelecimento em que se encontre ou no sistema prisional"*[6], ou, também, no *"caso do interno que, mesmo dentro do presídio ou estabelecimento prisional, comanda crimes do lado de fora (extra muro), colocando em risco a coletividade"*[7].

3ª hipótese: A última possibilidade de aplicação do RDD tem, tal como a segunda, natureza de **medida preventiva cautelar,** cabível quando recaiam, sobre o preso, fundadas suspeitas de envolvimento ou participação, a qualquer título, em organização criminosa, associação criminosa ou milícia privada[8], independentemente da prática de falta grave (art. 52, § 1º, II, da Lei de Execução Penal, com redação da Lei nº 13.964/2019). A finalidade, novamente, é uma proteção coletiva, ou seja, resguardar a sociedade contra grupos criminosos de maior periculosidade.

A Lei exigiu "fundada suspeita" de participação ou envolvimento em organização criminosa, associação criminosa ou milícia privada, e não prova concreta.

> *"Isto quer dizer que, para inclusão do apenado no RDD com base na hipótese em exame, basta o raciocínio feito pelo Juiz a partir de dados concretos trazidos ao seu conhecimento, que lhe permitam concluir no sentido da possibilidade desta participação"*[9].

O termo **organização criminosa** é definido no artigo 1º, § 1º, da Lei 12.850/2013: *"associação de quatro ou mais pessoas estruturalmente ordenada e carac-*

---

[6] MIRABETE, Julio Fabbrini. Execução Penal. 11. ed. São Paulo: Atlas, 2004, p. 151.

[7] SANCHES CUNHA, Rogério. Pacote anticrime. Belo Horizonte: JusPodivm, 2020, p. 360.

[8] O termo "milícia privada" foi acrescentado pela Lei nº 13.964/2019 (pacote anticrime).

[9] AVENA, Norberto. Op. cit., p. 93/94.

teriza pela divisão de tarefas, ainda que informalmente, com o objeto de obter, direta ou indiretamente, vantagens de qualquer natureza, mediante a prática de infrações penais cujas penas máximas sejam superiores a quatro anos, ou que sejam de caráter transnacional". Aquele que promover, constituir, financiar ou integrar organização criminosa, pessoalmente ou por interposta pessoa, estará sujeito ao crime do artigo 2º da mesma norma legal.

Já o termo **associação criminosa** é o definido no artigo 288 do Código Penal (antiga denominação "quadrilha ou bando"): *"associação de três ou mais pessoas, para o fim específico de cometer crimes"*, conforme redação dada pela Lei nº 12.850/2013.

Por fim, o termo **milícia privada** é conceituado no artigo 288-A do Código Penal, incluído pela Lei nº 12.720/2012. Sob o *nomen juris* "constituição de milícia privada", referido tipo penal possui a seguinte redação: *"Constituir, organizar, integrar, manter ou custear organização paramilitar, milícia particular, grupo ou esquadrão com a finalidade de praticar qualquer dos crimes previstos neste Código"*. Assim, nos termos legais, *milícia privada* é um gênero que engloba a organização paramilitar (associação de membros, via de regra armados, que se assemelha no aspecto organizacional a uma estrutura militar), milícia particular (formada por policiais de carreira que constituem, entre eles, um grupo criminoso que age de maneira paralela às atividades policiais), ou qualquer grupo (reunião de pessoas) ou esquadrão (reunião de pessoas em quantidade superior à de um "grupo") formado para a prática reiterada de atividades delituosas.

Temos, claramente, que o crime do art. 288 do Código Penal é subsidiário em relação ao crime do art. 2º da Lei nº 12.850/13. Isto porque este último contém todos os elementos mínimos do crime do artigo 288 do Código Penal e mais alguns específicos, que o tornam mais abrangente e mais grave (possuindo penas maiores)[10]. Noutras palavras, ausente algum elemento da descrição típica do art. 2º da Lei nº 12.850/2013 – por exemplo, a estrutura ordenada com divisão de tarefas -, a conduta poderá ser enquadrada no art. 288 do Código Penal.

Já o crime do artigo 288-A do Código Penal é especial em relação à organização criminosa, pois os formadores e integrantes de milícias privadas possuem dolo específico de praticar as atividades típicas de milícias, como homicídios, lesões, extorsões, sequestros e ameaças[11].

---

[10] Neste sentido já discorremos em outra obra de nossa autoria: ZANELLA, Everton Luiz. *Infiltração de agentes e o combate ao crime organizado – análise do mecanismo probatório sob o enfoque da eficiência e do garantismo.* Curitiba: Juruá, 2016, p. 49.

[11] Neste sentido: GRECO, Rogério. Curso de direito penal – parte especial. V.3. 10.ed. Rio de Janeiro: Impetus, 2013, p. 230.

De uma forma ou de outra, os membros de organizações criminosas, associações criminosas e milícias privadas (considerando o gênero descrito no art. 288-A do CP) podem ser incluídos no RDD, desde que hajam fundadas suspeitas de sua participação ou envolvimento.

Pensamos, contudo, que o rigor deve ser maior com os membros de organização criminosa ou milícias privadas, cujas constituições se revelam mais graves do que a simples associação criminosa (basta compararmos as balizas das penas em abstrato dos tipos penais acima descritos: tipo básico de organização criminosa: 3 a 8 anos de reclusão; tipo básico de milícia privada: reclusão de 4 a 8 anos; tipo básico de associação criminosa: reclusão de 1 a 3 anos). E este rigor maior – como veremos mais adiante – deve ser refletido na fixação do prazo da medida cautelar.

A nova Lei 13.964/2019, que alterou o art. 52 da Lei de Execução Penal, inovou ao prever a aplicação do RDD aos integrantes de milícias privadas, o que não havia sido previsto na Lei nº 10.792/2003 (que instituiu o RDD) pelo simples fato de que a previsão legal do crime de milícia privada surgiu com a Lei 12.720, promulgada bem depois, em 2012.

Pensamos que o legislador perdeu a chance de prever expressamente o regime disciplinar diferenciado também para integrantes de **organizações terroristas**, que pode ser conceituada como um associação de 4 ou mais pessoas, estruturalmente ordenada e caracterizada pela divisão de tarefas, com a finalidade de praticar atos de terrorismos definidos na Lei nº 13.260/2016 (conceito extraído do artigo 1º, § 2º, II, da Lei nº 12.850/2013).

No entanto, em que pese a falta de normativa expressa, a Lei do crime organizado é enfática e textual no sentido de que ela se aplica também às organizações terroristas (artigo 1º, § 2º, II, da Lei nº 12.850/2013), sendo possível, então, a *interpretação sistemática* de os rigores do RDD também podem ser aplicados a integrantes de organizações terroristas, até porque as ações criminais por estes praticadas (atos terroristas) são, como regra, ainda mais graves e potencialmente mais perigosas à sociedade do que os delitos geralmente cometidos por organizações criminosas.

Neste trilhar, é o entendimento de Rogério Sanches Cunha: *"numa interpretação sistemática, entendemos que organização terrorista nada mais é do que uma forma especial de organização criminosa, sendo passível de sanção disciplinar da espécie RDD"*[12].

---

[12] Sanches Cunha, Rogério. Op. cit., p. 361.

3. Breve histórico sobre o regime disciplinar diferenciado

O regime disciplinar diferenciado foi introduzido na Lei de Execução Penal pela Lei nº 10.792, de 1º de dezembro de 2003, sendo alvo de muitas críticas desde o início de sua vigência até os dias de hoje.

Mas é necessário traçar um panorama do sistema prisional brasileiro quando da promulgação da Lei, para compreensão da finalidade do legislador, que foi, evidentemente, de implementar uma forma de execução de pena mais rígida a determinados presos que pudessem comprometer a segurança dos estabelecimentos penais e, por consequência, da sociedade como um todo.

Com efeito, o Estado de São Paulo enfrentou, no início de 2001, uma série de atentados praticados pela facção criminosa autodenominada "Primeiro Comando da Capital", os quais culminaram com a chamada "megarrebelião" de 18 de fevereiro de 2001. Como relata Válter Kenji Ishida, *"essa rebelião envolveu 25 unidades prisionais e quatro cadeias públicas"*[13]. A demonstração de que referida organização criminosa, atuante e dominante nas penitenciárias do Estado, pudesse promover uma articulação de um grande número de presos, levou o Governo do Estado, por meio de Sua Secretaria da Administração Penitenciária, a editar a Resolução n. º 26, de 04 de maio de 2001, a qual criou o regime disciplinar diferenciado.

A Resolução estadual buscava regulamentar o artigo 53, inciso IV, da Lei de Execução Penal, bem como o Decreto n. º 45.693/2001, e estipulava que o RDD seria *"aplicável aos líderes e integrantes das facções criminosas, bem como aos presos cujo comportamento exija tratamento específico"*, que estivessem encarcerados na Casa de Custódia de Taubaté, nas Penitenciárias I e II de Presidente Venceslau e na Penitenciária de Iaras (art. 1º da Resolução)[14]. De acordo com o art. 2º da Resolução, a solicitação de remoção ao regime disciplinar diferenciado seria de responsabilidade do Diretor do estabelecimento penal, passaria por uma aprovação do Coordenador Regional das Unidades e seria, por fim, submetido à decisão final do Secretário Adjunto da Secretaria da Administração Penitenciária.

A Resolução paulista previa prazo de até 180 dias para a primeira inclusão e de até 360 dias para as subsequentes. As condições diferenciadas e mais

---

[13] ISHIDA, Valter Kenji, *in* Prática Jurídica de Execução Penal, São Paulo: Atlas, 2013, p. 226.

[14] Importante ressaltar que ao longo do próprio ano de 2001, as unidades prisionais de Presidente Venceslau (I e II) e Iaras deixaram de aplicar o RDD e, em 02 de abril de 2002, foi inaugurado o Centro de Readaptação Penitenciária de Presidente Bernardes, unidade criada exclusivamente para abrigar presos em regime disciplinar diferenciado (fonte: Regime Disciplinar Diferenciado – RDD, Secretaria da Administração Penitenciária, Assessoria de Imprensa; *site* http://www.memorycmj. com.br/cnep/palestras/nagashi_furukawa.pdf; acesso em 11 de maio de 2014).

severas eram: banho de sol de 1 hora por dia; visitas de 2 horas diárias; remição de um dia de pena a cada 6 (seis) dias trabalhados.

Logo que editada a resolução muitas vozes ecoaram pela sua inconstitucionalidade, porque somente a Lei Federal, mais propriamente a Lei de Execução Penal, poderia tratar da matéria (falta grave e as respectivas sanções). Porém, o Tribunal de Justiça de São Paulo, em 21 de novembro de 2002, no julgamento do *habeas corpus* nº 400.000.3/8, entendeu constitucional a resolução 26 da SAP-SP, sob o argumento de que a própria Lei de Execução Penal prevê, no art. 47, a possibilidade de que disposições regulamentares tratem do poder disciplinar na execução da pena e isto foi feito pela autoridade administrativa máxima, qual seja o Secretário da Administração Penitenciária. No mais, ressaltou o Tribunal de Justiça de São Paulo que, no caso concreto, a inclusão no RDD era medida necessária diante da periculosidade do preso, integrante de facção criminosa, que, no trânsito da penitenciária para o fórum tentou a fuga mediante uso de bombas caseiras e armas de fogo (Relator Desembargador Haroldo Luz, voto 11.446).

Poucos meses depois de referida decisão do TJ/SP, mais precisamente em março de 2003, dois Juízes das Execuções Penais, um em São Paulo e outro no Espírito Santo, foram vítimas de homicídio[15], o que fez acelerar a tramitação do Projeto de Lei n. º 7.053, de 2001, o qual foi aprovado nas duas casas legislativas do Congresso Nacional, dando origem à já citada Lei n. º 10.792/2003, que alterou a Lei de Execução Penal, prevendo-se em Lei Federal o regime disciplinar diferenciado.

Mais recentemente a Lei nº 13.964, de 24/12/2019, chamada de "Pacote anticrime", repaginou o instituto do regime disciplinar diferenciado, aumentando seu possível prazo de duração e prevendo aparatos de maior controle e segurança, como veremos adiante.

---

[15] A revista ISTO É de abril de 2003 publicou a matéria intitulada "O contra-ataque", escrita pela colunista Florência Costa, referindo-se às medidas adotadas pelo Estado em resposta às ações consecutivas do crime organizado. Destacamos um trecho para compreensão do cenário existente à época: *O PCC em São Paulo, o Comando Vermelho no Rio de Janeiro, e os grupos que comandavam negócios ilícitos e a indústria da morte no Espírito Santo "promoveram rebeliões em massa em presídios, explodiram bombas nas portas do Poder Judiciário, deram tiros de metralhadora nas fachadas das sedes do Executivo. Passaram, ainda, a aterrorizar a população, queimando ônibus, impedindo comerciantes de abrir suas portas. A última ação foi executar, num intervalo de apenas 10 dias, dois Juízes, um em São Paulo, outro no Espírito Santo. Os dois tinham algo em comum: se destacavam pela firmeza com que aplicavam a Lei, desafiando as regras da bandidagem"* (disponível em www.istoe.com.brqreportagens/23195_O+contra+ataque, acesso em 11 de maio de 2014). Os executores e mandantes de ambos os fatos foram denunciados, julgados e condenados por crimes de homicídios qualificados, restando evidências de que as mortes foram encomendadas por integrantes de organizações criminosas que agiram em represália à atuação dos Magistrados.

CRIME ORGANIZADO

4. Características do regime disciplinar diferenciado
O regime disciplinar diferenciado é caracterizado pelos seguintes fatores:

4.1. Duração máxima de até 2 (dois) anos, sem prejuízo de repetição da sanção por nova falta grave da mesma espécie (art. 52, inc. I, da LEP, com redação da Lei nº 13.964/2019)
A Lei nº 13.964/2019 elevou o tempo máximo de duração do regime disciplinar diferenciado de 360 (trezentos e sessenta) dias (com iguais prorrogações até o limite de um sexto da pena total) para **2 (dois) anos**, podendo ser prorrogado por mais 1 (um) ano, consoante § 4º do mesmo artigo 52 (com redação da Lei nº 13.964/2019).

O pacote anticrime (Lei nº 13.964/2019), além de **duplicar** o tempo de internação no RDD, também excluiu o limite temporal máximo de inclusão previsto na legislação anterior (Lei nº 10.792/2013), qual seja de 1/6 (um sexto) da pena do condenado.

Foi estipulada pela nova Lei, também, a possibilidade de prorrogação do regime disciplinar diferenciado por **mais 1 (um) ano** se houver indícios de que o preso *"continua apresentando alto risco para a ordem e a segurança do estabelecimento penal de origem ou da sociedade"* (§ 4º, inciso I, incluído pela Lei nº 13.964/2019) ou de que ele *"mantém os vínculos com organização criminosa, associação criminosa ou milícia privada, considerados também o perfil criminal e a função desempenhada por ele no grupo criminoso, a operação duradoura do grupo, a superveniência de novos processos criminais e os resultados do tratamento penitenciário"* (§ 4º, inciso II, incluído pela Lei nº 13.964/2019).

O art. 52, *caput*, inciso I, da LEP é cristalino ao prever que o cometimento de nova falta grave da mesma espécie pode ensejar na **repetição** da sanção pelo mesmo prazo. Entretanto, também está claro que isto somente será possível se o apenado cometer nova ou novas faltas graves da mesma espécie[16].

Parece-nos que o termo "nova falta grave de mesma espécie", o qual justifica a **repetição** da sanção por um novo prazo de 2 (dois) anos, é a nova *"prática de fato definido como crime doloso que ocasione subversão da ordem ou disciplina internas"*. Refere-se, portanto, à 1ª hipótese de RDD, isto é, o **RDD discipli-**

---

[16] O pacote anticrime exclui o limite temporal de um sexto da pena que era previsto anteriormente. Na vigência da Lei 10.792/2013, o prazo máximo de RDD era de 1/6 (um sexto). Assim, se o preso estivesse condenado, por exemplo, a uma pena de 30 anos de reclusão, poderia ficar até 5 anos no RDD (1/6), o que seria equivalente a um período de 360 dias (prazo do RDD então legalmente previsto) mais quatro prorrogações por igual prazo e, claro, desde que praticasse frequentes faltas graves que justificassem as sucessivas dilações do prazo. Hoje, com o advento da novel legislação, não existe mais este limite.

454

nar (natureza jurídica de sanção disciplinar). A repetição (RDD por mais dois anos) é condicionada, portanto, à prática de crime doloso que seja apto a tumultuar o convívio dentro do estabelecimento penal. É o que se interpreta da conjugação do inciso I com o *caput* do art. 52.

A atual redação da Lei de Execução Penal (dada pelo pacote anticrime), deixa às claras, também, que na hipótese de RDD como **medida preventiva cautelar** (2ª e 3ª hipóteses de RDD) poderá haver o prolongamento do prazo de internação por **mais 01 (um) ano**, nas hipóteses do § 1º, incisos I e II, do art. 52. Observar que não são hipóteses disciplinares (sanção pela prática de falta grave), mas sim de dilações do isolamento em RDD por móveis distintos: alto risco do preso para a segurança do estabelecimento prisional ou da sociedade; ou manutenção dos vínculos com associação criminosa, organização criminosa ou milícia privada, considerando nesse caso, também, a função exercida pela preso em seu grupo criminoso, bem como sua personalidade e seu comportamento no cárcere.

Outro ponto interessante é a definição do prazo. Ora, não há um prazo mínimo de inclusão no RDD, mas sim um prazo máximo, conforme acima exposto. Nada obsta, destarte, que o Juiz fixe prazo inferior a 2 (dois) anos.

No caso de aplicação do RDD como sanção disciplinar (art. 52, *caput*, da LEP), para definição do tempo de duração da medida o magistrado competente deverá levar em consideração o artigo 57 da Lei de Execução Penal: "*na aplicação das sanções disciplinares, levar-se-ão em conta a natureza, os motivos, as circunstâncias e as consequências do fato, bem como a pessoa do faltoso e seu tempo de prisão*". Logo, ele considerará a gravidade da falta, suas consequências em relação à ordem ou disciplina interna do estabelecimento penal, bem como o histórico disciplinar do preso e a quantidade de pena que ele ainda tem a cumprir.

Já na hipótese de RDD com embasamento no parágrafo § 1º, I e II, do art. 52, não há um dispositivo legal próprio na Lei de Execução Penal a servir de referência. Porém, tratamos, aqui, de medidas de natureza cautelar e de cunho preventivo (prevenção do Estado contra a periculosidade do agente). Logo, entendemos ser possível o emprego do art. 282 do Código de Processo Penal[17], que define que para a imposição de medidas cautelares (no caso, a inclusão no RDD) atender-se-á ao **princípio da proporcionalidade**, mais especificamente aos seus elementos *necessidade da medida* e sua *adequação à gravidade e circunstâncias do fato e às condições pessoais do preso*.

Assim, tomando-se por alicerce o artigo 282 do Código de Processo Penal, concluímos que o tempo da medida deverá ser mais dilatado quanto maior

---

[17] Norma integrada à LEP, por força do art. 2º desta.

CRIME ORGANIZADO

for a o risco que o indivíduo puder causar à segurança do estabelecimento ou da sociedade. Nesta escala, os integrantes de organização criminosa ou de milícia privada (fatos abstratamente mais graves) terão, via de regra, um período maior de inclusão do que o integrante de uma associação criminosa (fato abstratamente menos grave). Além disso, o Juiz levará em consideração seu grau de periculosidade, notadamente seu tempo de condenação e sua liderança e seu comportamento dentro do presídio.

4.2. Recolhimento em cela individual (art. 52, II, da LEP)

A finalidade do regime disciplinar diferenciado é estabelecer maior rigor ao preso, provisório ou definitivo. Assim, o recolhimento em cela individual provoca seu isolamento em relação aos demais presos.

Interessante observar que a Lei n. º 7210/84, em seu artigo 88, prevê que *"o condenado será alojado em cela individual que conterá dormitório, aparelho sanitário e lavatório"*, ou seja, o legislador de 1984 estabeleceu o recolhimento em cela individual como um direito do apenado, ou seja, como algo que lhe é positivo. Já no art. 52, II, com redação de 2003 e repetida em 2019, o legislador previu o isolamento em cela individual como sanção. Isto demonstra como a situação calamitosa do sistema prisional brasileiro interfere na legislatura. Noutras palavras, a superlotação do sistema impede que presos ocupem celas individuais, mas fatos específicos ensejam no isolamento de alguns deles para a preservação do próprio estabelecimento ou da segurança da comunidade. O que deveria ser regra (direito do preso) passou a ser uma exceção considerada prejudicial ao próprio preso.

4.3. Visitas quinzenais, de 2 (duas) pessoas por vez, a serem realizadas em instalações equipadas para impedir o contato físico e a passagem de objetos, por pessoa da família ou, no caso de terceiro, autorizado judicialmente, com duração de 2 (duas) horas (art. 52, III, da LEP, com redação da Lei nº 13.964/2019)

O artigo 41, inciso X, da Lei de Execução Penal estabelece que o preso tem direito a *"visita do cônjuge, companheira, de parentes e amigos em dias determinados"*. Todavia, a norma legal deixa a cargo do Poder Executivo regulamentar este o procedimento para o exercício deste direito.

O Decreto Federal n. º 6.049/2007 (regulamento penitenciário federal) estatui que, como regra, as visitas são semanais (uma por semana), salvo em datas próximas a feriados (ocasião na qual pode haver mais de uma visita, a critério do Diretor do estabelecimento prisional), por um período de 3 (três) horas (art. 92, §§ 1º e 2º).

A portaria do Departamento Penitenciário Nacional (DEPEN) nº 157/2019 disciplina o procedimento de visita social aos presos nos estabelecimentos penais federais de segurança máxima. Tal normativa estatui que as visitas são permitidas ao cônjuge, companheira, parentes e amigos, sendo restritas ao parlatório e por videoconferência, com separação por vidro e comunicação por meio de interfone (artigo 2º, caput, e § 2º). Se o preso apresentar ótimo comportamento carcerário por 360 (trezentos e sessenta) dias ininterruptos, ele fará *jus*, uma vez ao mês, à visita social em pátio de visitação, sob autorização do diretor do estabelecimento (art. 3º).

No Estado de São Paulo, por exemplo, o regimento Interno padrão das unidades prisionais do Estado (Resolução SAP nº 144/2010 da Secretaria da Administração Penitenciária) disciplina que o preso possui o direito de ser visitado por até 8 (oito) pessoas previamente indicadas (as quais estão num rol de cadastrados), mas com limite de 2 (duas) delas, no máximo, por dia de visita (art. 101), com duração (da visitação) não superior a 8 (oito) horas (art. 100, parágrafo único). No mais, a resolução estabelece que as visitas serão feitas em 2 (dois) dias semanais, salvo dias próximos a feriados festivos, no qual as visitas podem ser feitas por períodos maiores, a critério do Juiz ou do Diretor do estabelecimento (art. 100, *caput*).

Assim, no RDD há restrições mais acentuadas às visitas, seja porque elas ocorrem quinzenalmente[18] (não há exceção para datas festivas), com duração de duas horas; seja porque elas são limitadas a apenas duas pessoas; seja porque, por razões de segurança, a Lei impede o contato físico entre o preso e seu visitante e, também, a passagem de objetos.

No mais, conforme ensinamentos de Norberto Avena,

> *"Tratando-se o RDD de um regime especial que se caracteriza pelo maior rigor no tratamento dos sentenciados, a visitação deve ocorrer em sala própria, com sistema de comunicação específico, sem que haja contato pessoal entre o preso e seu visitante. Por essa razão, é lógico que não são permitidas visitas íntimas ao preso inserido no RDD"[19].*

No tocante ao controle estabelecido pelo Estado às visitas, o novo pacote anticrime acrescentou ao artigo 52 da Lei nº 7210/1984 os parágrafos 6º e 7º.

O § 6º reza que a visita será gravada em sistema de áudio ou de áudio e vídeo e, com autorização judicial, será fiscalizada por um agente penitenciário. O objetivo é resguardar a segurança pública, colocada, nesta hipótese,

---

[18] Antes do pacote anticrime as visitas eram semanais.
[19] Op. Cit., p. 95

CRIME ORGANIZADO

como um direito fundamental supraindividual que se sobrepõe à intimidade do preso.

O § 7º dispõe que, após os primeiros 6 (seis) meses no RDD, o preso que não recebeu visitas poderá, após prévio agendamento, manter contato telefônico com uma pessoa da família por 2 (duas) vezes ao mês e por 10 (dez) minutos (cada um dos telefonemas). A medida tem por escopo manter os laços fraternais entre o detento e sua família (que por vezes não possui condições econômicas ou logísticas para a visita), fator de extrema relevância para a ressocialização. As conversas telefônicas, por segurança, serão gravadas.

4.4. Saída da cela por 2 (duas) horas diárias para banho de sol, em grupos de até 4 (quatro) presos, desde que não haja contato com presos do mesmo grupo criminoso (art. 52, IV, da LEP, com redação da Lei nº 13.964/2019)
A Lei de Execução Penal não prevê o banho de sol como direito do preso. Estabelece, contudo, a necessidade de descanso e recreação (art. 41, V), bem como a possibilidade de exercer práticas desportivas (art. 41, VI).

Ora, na realidade, o chamado "banho de sol" refere-se ao período que o preso pode permanecer no pátio do estabelecimento, ou seja, fora do espaço limitado da cela, haja ou não sol[20]. É um lapso temporal no qual o detento pode exercer atividades de lazer e esportes, ainda que devidamente supervisionadas, sendo importante para sua reinserção social.

Se não há previsão legal específica para o "banho de sol", também não há para o período mínimo que ele deva ter. Tal deve ser regulamentado pelo Poder Executivo. Em São Paulo, por exemplo, a Secretaria de Administração Penitenciária determina, na já mencionada Resolução n. º 144/2010[21], que este período é de 2 (duas) horas diárias (art. 22, V). Assim, ao menos no Estado de São Paulo o prazo para banho de sol é o mesmo para o preso em regime fechado comum e no RDD.

Há, porém, estabelecimentos prisionais nos quais, na prática, sabidamente os presos permanecem fora das celas por períodos maiores. Aliás, em alguns outros Estados da Federação este limite diário de banho de sol não é previamente previsto em nenhuma norma de cunho legal ou administrativo.

Questão polêmica é se o preso em RDD poderia sair da cela para trabalhar. Norberto Avena pensa que não, já que a LEP é clara e precisa ao prever o direito limitado ao banho de sol por duas horas diárias, não se abrangendo

---

[20] Neste sentido: NUCCI, Guilherme de Souza. Manual de Processo Penal e Execução Penal, 7. ed. São Paulo: RT, 2011, p. 501.
[21] Regimento Interno Padrão das Unidades Prisionais do Estado de São Paulo.

a possibilidade de saída para trabalhar, mas tão somente de labor na própria cela[22].

Pensamos de forma distinta. Primeiro porque o trabalho é um direito do preso (art. 41, II, da Lei de Execução Penal) e um dever do Estado (art. 28 da mesma Lei), sendo o principal pilar do sistema reeducador. Segundo porque o Decreto Federal nº 6.049/2007 permite expressamente o trabalho dos presos em RDD *"na própria cela ou em local adequado, desde que não haja contato com outros presos"* (art. 98, § 2º).

Logo, desde que mantido o isolamento – *condição necessária e essencial do regime disciplinar diferenciado* -, não há vedação para que o preso em RDD exerça atividade laboral, por exemplo, em algum departamento no interior do presídio, na cozinha ou em alguma atividade manual na própria cela. Forçoso reconhecer, todavia, que é difícil compatibilizar o trabalho com o isolamento.

Também não há óbice à remição pelo estudo, pois é possível, em tese, que o preso em RDD possa, de dentro da cela, frequentar um curso de ensino à distância, desde que seja mantido seu absoluto isolamento. Porém, é notória a dificuldade de se implementar nos estabelecimentos penais de regime fechado (comum ou em RDD) as estruturas material e de pessoal necessárias para disponibilização dos cursos e para controle de frequência e aproveitamento pelo preso.

4.5. Entrevistas monitoradas, exceto aquelas com seu Defensor, em instalações equipadas para impedir o contato físico e a passagem de objetos, salvo expressa autorização judicial em contrário (art. 52, V, da LEP, incluída pela Lei nº 13.964/2019)

Além das visitas (inciso III), as entrevistas também serão monitoradas por motivo de segurança, já que estamos tratando de preso isolado por cometer falta grave que subverte a ordem ou por apresentar periculosidade social. Monitorar significa vigiar, acompanhar. Como regra o monitoramento é feito eletronicamente (por câmeras ou microfones), mas nada impede que seja feito pessoalmente, por agentes penitenciários.

4.6. Fiscalização do conteúdo de correspondência (art. 52, VI, da LEP, incluída pela Lei nº 13.964/2019)

O direito ao sigilo de correspondência é cláusula pétrea constitucional (art. 5º, XII, da Constituição Federal) e também é aplicável ao preso (art. 41, XV, da Lei de Execução Penal).

---

[22] Op. Cit., p. 95.

CRIME ORGANIZADO

Todavia, em que pese se tratar de direito fundamental, ele não é absoluto (como não o é nenhum outro direito ou garantia). Pode e deve ser restringido quando em choque com outro direito fundamental que deva prevalecer no caso concreto.

Ora, evidente que o preso, que possui sua liberdade de locomoção restringida por uma ordem judicial (prisão provisória ou prisão para cumprimento de pena, ambas impostas sob o manto do devido processo legal), também terá limitado seu direito ao sigilo da correspondência, já que tal limitação é essencial para salvaguardar a ordem pública e a segurança social.

Observe-se que o preso mantém, por óbvio, o direito de receber a correspondência (desde que, claro, não tenha conteúdo ilícito, como uma caixa que possua entorpecentes), mas esta, antes de chegar em suas mãos, será fiscalizada pelo Poder Público.

A possibilidade de fiscalização já era prevista no parágrafo único do artigo 41 da Lei de Execução Penal. Agora (com as mudanças do pacote anticrime) também é disposta, de forma expressa, para os detentos que estão no RDD.

4.7. Participação em audiências judiciais, preferencialmente por videoconferência, garantindo-se a participação do Defensor no mesmo ambiente que o preso (art. 52, VII, da LEP, incluída pela Lei nº 13.964/2019)

A participação do preso nas audiências é um direito que lhe é assegurado por força dos princípios constitucionais do contraditório e da ampla defesa (art. 5º, LV, da CF). Contudo, esta participação não será necessariamente pessoal, mas sim, preferencialmente, por videoconferência, nos termos do artigo 185, §§ 2º, I (interrogatório) e § 4º (acompanhamento da audiência para oitiva de testemunhas ou vítimas), do Código de Processo Penal.

A videoconferência é medida salutar porque agiliza o processo (muitas vezes, antes deste sistema, se prejudicavam audiências por impossibilidade de deslocamento do réu preso), reduz custos (com transporte) e é mais segura (dispensando escolta para deslocamento de presos). Embora a presença do preso perante o juiz não seja física (no mesmo ambiente), sua defesa não fica comprometida, pois a presença se dá virtualmente, com tecnologia de áudio e vídeo que permite ao detento acompanhar plenamente o ato judicial, com a presença de seu defensor no ambiente em que preso, além de um outro defensor presente na sala de audiências (art. 185, § 5º, do CPP).

5. Procedimento para inclusão do preso no regime disciplinar diferenciado
5.1. Decisão judicial do Juiz competente

A inclusão do preso no regime disciplinar diferenciado depende de decisão judicial. O artigo 54 da Lei de Execução Penal menciona a necessidade de *"prévio e fundamentado despacho do Juiz competente"*.

Infeliz e impreciso o vocábulo "despacho". Despacho significa ato judicial destinado tão somente a dar andamento ao feito, sem qualquer conteúdo relevante à solução da demanda. Não é o caso. O ato judicial que determina a inclusão no RDD é, sem dúvida nenhuma, uma decisão, já que o Juiz faz uma análise acerca de um requerimento e, na sequência, o decide de forma fundamentada, isto é, soluciona o ponto relevante a ele submetido, justificando seu entendimento.

A Lei de Execução Penal referiu-se ao *"Juiz competente"*. Para a Doutrina majoritária, com a qual nos filiamos, a competência obrigatoriamente é do Juiz da Execução, tendo em vista que a inserção no regime disciplinar diferenciado é um incidente da execução penal, a ser resolvido necessariamente por aquele, ainda que a inclusão seja de preso provisório (art. 66, III, "f", combinado com art. 2º, parágrafo único, ambos da LEP)[23]. De outro lado, para Julio Fabbrini Mirabete, *"tratando-se de aplicação da sanção no curso do cumprimento da pena privativa de liberdade, competente será o Juiz da Execução. Se a falta for cometida no curso de prisão cautelar, a competência, em princípio, será do Juiz do processo."*[24]

Como regra, o Juiz da Execução será um Juiz Estadual que esteja em exercício na Vara das Execuções Penais[25] que possua jurisdição sobre o presídio ou centro de detenção provisória no qual esteja o preso. Tratando-se, no entanto, de presídio federal, a competência será do *Juiz Federal da seção ou subseção judiciária em que estiver localizado o estabelecimento penal federal no qual o preso estiver recolhido* (art. 2º da Lei 11.671/2008).

Aspecto muito importante a se mencionar aqui é que a inserção de integrante de organização criminosa no RDD – isto é, consubstanciada em pedido fundamentado no art. 52, § 2º, da Lei de Execução Penal -, pode ser tomada isoladamente pelo Juiz da Execução (monocrático), mas também por **órgão colegiado** de magistrados instituídos para tal finalidade.

Com efeito, a Lei n. º 12.694, de 24 de julho de 2012, em seu art. 1º, deixa a critério do Juízo monocrático decidir pela formação do colegiado para a

---

[23] Neste sentido: AVENA, Norberto, op. cit., p. 97; NUCCI, Guilherme de Souza, op. cit., p. 504; MARCÃO, Renato, op. cit., p. 79; ISHIDA, Valter Kenji, op. cit., p. 226.

[24] Op. cit., p. 156.

[25] Ou, em São Paulo, no exercício do Departamento Estadual de Execução Criminal (DEECRIM), instituído pela Lei Complementar Estadual 1.208/203.

CRIME ORGANIZADO

tomada de decisões referentes a fatos praticados por organizações criminosas, em especial aquelas mencionadas nos incisos I a VII. Neste último inciso temos a inclusão no regime disciplinar diferenciado. É possível, também, os Tribunais de Justiça ou Tribunais Regionais Federais instalem Varas Criminais Colegiadas para as mesmas finalidades (artigo 1º-A da Lei nº 12.694/2012, com redação da Lei nº 13.964/2019).

Deverá, então, o Juiz da Execução, se assim desejar, instaurar o juízo colegiado, "*indicando os motivos e circunstâncias que acarretam risco à sua integridade física em decisão fundamentada*" (art. 1º, § 1º, da norma supracitada). Então, ele formará um colegiado que será composto por ele próprio e por mais dois juízes sorteados eletronicamente dentre aqueles que têm competência criminal e que exerçam suas funções no primeiro grau de jurisdição[26] e perante a mesma unidade jurisdicional (Tribunal de Justiça do Estado ou Tribunal Regional Federal da região).

O art. 2º da Lei n. º 12.694/2012 prevê que "para efeitos desta Lei", utiliza-se a definição de organização criminosa ali definida (no próprio art. 2º). Entendemos, entretanto, que este conceito somente pôde ser utilizado entre a entrada em vigor da Lei n. º 12.694/2012 e a entrada em vigor da Lei n. º 12.850/2013, já que esta última, Lei igualmente especial (também trata de organizações criminosas), prevalece pelo critério da sucessividade (cronológico). Portanto, mesmo para formação do órgão colegiado a definição legal de organização criminosa deve ser aquela prevista no art. 1º, § 1º, da Lei n. º 12.850/2013[27].

5.2. Legitimidade para requerer a inclusão do preso no RDD

Outro ponto importante a se abordar é a legitimidade para pleitear a inclusão do preso no RDD. O art. 54, § 1º, da Lei de Execução Penal estabelece que o requerimento motivado deve ser elaborado "*pelo diretor do estabelecimento prisional ou outra autoridade administrativa*".

Este termo "outra autoridade" significa servidor público lotado na Administração Pública e cujas funções guardem pertinência com matérias afetas à segurança prisional e da sociedade como um todo, já que estes são os objetivos centrais do RDD. Pode ser, assim, por exemplo, o Secretário da Administração Penitenciária, o Secretário da Segurança Pública, seus respectivos

---

[26] Art. 1º, § 2º, da Lei 12.694/2012.

[27] "*Associação de quatro ou mais pessoas estruturalmente ordenada e caracterizada pela divisão de tarefas, ainda que informalmente, com objetivo de obter, direta ou indiretamente, vantagem de qualquer natureza, mediante a prática de infrações penais cujas penas máximas sejam superiores a 4 (quatro) anos, ou sejam de caráter transnacional*".

Secretários Adjuntos, um Coordenador de unidades prisionais de determinada região etc., desde que, evidentemente, exerçam suas atividades funcionais na unidade federativa onde se encontra o estabelecimento penal no qual está recolhido o preso.

Para Renato Marcão, o Ministério Público não pode pedir a inclusão do preso no RDD por falta de previsão legal neste sentido[28]. Porém, a Doutrina amplamente majoritária entende pela extensão desta legitimidade ao Promotor de Justiça atuante nas varas de execuções penais, uma vez que o art. 67 da Lei de Execuções Penais lhe confere *as atribuições de fiscalizar a execução da pena e de oficiar nos incidentes de execução* (art. 67 e 195) e, especificamente, de requerer todas as providências necessárias ao desenvolvimento do processo executivo (art. 68, II, "a", da LEP). Mais do que isso: entendemos que a legitimidade do Ministério Público advém dos próprios artigos 127 e 129, IX, que o dotou do poder-dever de defender a ordem jurídica, o regime democrático e os interesses da coletividade, podendo, para tanto, requerer tudo aquilo que for necessário para o bom desempenho de sua missão constitucional.

Nesse sentido:

> *"Sendo o órgão incumbido de fiscalizar a execução da pena e da medida de segurança, não se concebe o exercício deste poder sem a possibilidade de requerer ao Magistrado a aplicação de medidas necessárias a aplicação da lei penal, processual e de execução penal, como alias infere-se dos artigos 67 e 195 da LEP, perfeitamente harmônicos com os artigos 127 e 129, II, da Carta da República"* (Tribunal de Justiça do Rio de Janeiro, 3ª Câmara Criminal, processo nº 2005.076.00278, Des. Valmir de Oliveira Silva, j. 10/01/2006).

Parece-nos que o Juiz não pode determinar de ofício a inclusão do preso no RDD, uma vez que a Lei de Execução Penal exige um requerimento circunstanciado.

5.3. Tramitação do pedido

O trâmite procedimental do RDD está previsto no artigo 54, § 2ª, da Lei de Execução Penal. Feito o pedido pelo diretor do estabelecimento prisional ou outra autoridade administrativa, este seguirá para manifestação do Ministério Público e, depois, da Defesa técnica (Advogado constituído ou Defensoria Pública).

Feito diretamente pelo Ministério Público, o feito seguirá desde logo para manifestação da Defesa. O dispositivo legal não previu prazo para tais manifestações, podendo ser aplicado o prazo de 3 (três) dias para cada parte, esta-

---

[28] Op. cit., p. 40.

CRIME ORGANIZADO

tuído no art. 196 da Lei de Execuções Penais, o qual trata do procedimento judicial dos incidentes de execução (*princípio da jurisdicionalidade*).

Na sequência, seguem os autos para decisão judicial, que deverá ser prolatada em até 15 (quinze) dias.

5.4. Inclusão cautelar no RDD

O art. 60 da LEP prevê que "*a autoridade administrativa poderá decretar o isolamento preventivo do faltoso pelo prazo de até 10 (dez) dias. A inclusão do preso no regime disciplinar diferenciado, no interesse da disciplina e da averiguação do fato, dependerá de despacho do Juiz competente*".

O parágrafo único do dispositivo estabelece que "*o tempo de isolamento ou inclusão preventiva no regime disciplinar diferenciado será computado no período de cumprimento da sanção disciplinar*".

A Lei de Execução Penal é incontestável quanto à possibilidade de inserção cautelar do preso no regime disciplinar diferenciado, ou seja, sem que se aguarde a tramitação normal do pleito, quando a medida exigir intervenção judicial imediata. Desta forma, feito o requerimento de inclusão o Juiz decidirá de plano, sem dar vistas ao Ministério Público e à Defesa para suas manifestações, devendo para tanto estarem presentes a "*fumaça do bom direito*" e o *perigo de demora*.

Embora a redação legal do art. 60 não seja límpida – ao contrário, não é dotada de boa técnica -, é pacífico que a inclusão, ainda que cautelar, somente pode ser feita pelo Juiz de Direito competente.

Ora, o legislador utilizou-se do mesmo dispositivo de Lei para tratar do isolamento preventivo do preso faltoso e da inclusão preventiva no RDD. O artigo 60, portanto, destinou-se à previsão de medidas emergenciais ao resguardo da ordem e da disciplina e à segurança pública (*perigo de demora*). O isolamento preventivo, tratado na primeira parte do artigo, é uma antecipação da sanção de isolamento definida no art. 53, IV, combinado com os artigos 57 e 58 da Lei de Execução Penal, a qual deve ser adotada pela autoridade administrativa prisional. Já o RDD será aplicado nas hipóteses do art. 52, *caput* e § 1º, I e II, *necessariamente por um Juiz de Direito*, seja a inclusão cautelar ou definitiva.

Parece-nos, ademais, que qualquer uma das hipóteses ensejadoras do RDD (art. 52, *caput* e § 1º, I e II) admite a inclusão preventiva.

Nos casos do § 1º, I e II, do art. 52 da LEP (com redação da Lei nº 13.964/2019), a própria natureza do RDD é de medida preventiva de natureza cautelar, ou seja, para preservação da ordem e da segurança. Se para tal preservação for necessária uma cautelaridade ainda maior, esta será adotada, antecipando-se a decisão judicial.

No caso do *caput* do artigo 52, o RDD surge como sanção disciplinar e não como uma medida cautelar. Ocorre que, ainda assim, é cabível a inclusão preventiva, determinada pelo Juiz, se ela for necessária para a manutenção da ordem ou da disciplina interna[29]. No mais, como o pressuposto é a prática de falta grave, nada obsta que a autoridade administrativa promova o isolamento cautelar do preso (art. 53, IV, LEP) e elabore, de imediato, o requerimento circunstanciado para sua inclusão no RDD, justificando que tal falta grave causou subversão da ordem ou da disciplina internas. Como ensina Válter Kenji Ishida, *"em caso de urgência, a autoridade administrativa poderá isolar o preso preventiva por até dez dias, aguardando-se a decisão judicial"* (acerca da inclusão preventiva no RDD)[30].

Norberto Avena[31] e Renato Marcão[32] entendem que a inclusão cautelar do preso no RDD não pode ultrapassar o prazo de 10 (dez) dias. Discordamos, data vênia, de tal posicionamento. O prazo máximo de 10 (dez) dias previsto no art. 60 da LEP é destinado, apenas, para o isolamento cautelar pela autoridade administrativa (primeira parte do artigo) e não para a inclusão cautelar no RDD. Para esta, a Lei não fixou prazo, devendo aqui se adotado o princípio da *razoabilidade da duração da medida*[33].

O parágrafo único do artigo 60 reza que o tempo de inclusão preventiva no RDD deve ser descontado do tempo total estabelecido de forma definitiva. Assim, se o Juiz, ao final, decretar a inclusão em regime disciplinar diferenciado por 2 (dois) anos, ele deverá detrair deste lapso temporal os dias nos quais o preso permaneceu incluído preventivamente no RDD.

5.5. Recurso de agravo e seus efeitos

Contra a decisão judicial que deferir ou indeferir o pedido de inclusão do preso no regime disciplinar diferenciado, seja ela cautelar ou definitiva, caberá recurso de agravo em execução, consoante artigo 197 da Lei de Execução Penal, o qual será julgado pelos Tribunais de Justiça se a decisão for de Juiz Estadual ou colegiado estadual, e pelos Tribunais Regionais Federais se a decisão for do Juízo Federal. A legitimidade recursal será do Ministério

---

[29] Neste sentido: MARCÃO, Renato, op. cit., p. 40; e AVENA, Norberto, op. cit., p. 99.

[30] Op. cit., p. 226.

[31] Op. cit., p. 98.

[32] OP. cit., p. 40.

[33] Salienta-se que a LEP concede ao Juiz o prazo de 15 dias para decidir sobre o RDD (art. 54, § 2º), de forma que seria incoerente o prazo de inclusão cautelar ser de apenas 10 dias, menor do que o prazo para o magistrado decidir sobre a inclusão ou não do preso no regime diferenciado.

CRIME ORGANIZADO

Público (art. 68, III, LEP), da Defensoria Pública (art. 81-B, III) ou do Defensor particular[34].

Este recurso, como regra geral, não tem efeito suspensivo, conforme define o próprio art. 197 da Lei de Execução Penal. Assim, deferido ou não o pleito, a decisão mantém seus efeitos independentemente da interposição do agravo.

Se o pedido de inclusão for deferido, a Defesa terá, à sua disposição, o agravo. Mas, diante da conhecida delonga no julgamento de recursos, motivada pelo excesso de trabalho nos Tribunais, a ausência de efeito suspensivo pode fazer com que o preso fique boa parte do período de inclusão aguardando julgamento do recurso. O remédio para a Defesa, neste caso, seria o *habeas corpus*, desde que ela comprove, de forma inequívoca, que há um constrangimento ilegal ao preso gerado por uma decisão ilegal ou abusiva (artigos 647 e 648 do CPP), como por exemplo, nos casos em que não estiverem presentes as hipóteses do artigo 52 da Lei de Execução Penal ou quando a decisão de inserção no RDD foi prolatada por Juiz incompetente.

Pode ocorrer, também, a hipótese inversa, isto é, quando o Poder Judiciário de primeira instância indeferir pedido de inclusão no RDD e o Ministério Público (legitimado ativo) entender que tal inclusão é primordial para manutenção da ordem, disciplina ou segurança do estabelecimento penal ou para a segurança da sociedade, sobretudo quando existirem fundadas suspeitas de que o preso integra organização criminosa, associação criminosa ou milícia privada.

Ora, se a segurança do presídio (incluindo-se funcionários e presos) está em risco, ou se a própria sociedade está desamparada, não é razoável aguardar-se meses (ou até anos) por um provimento jurisdicional de segunda instância que reanalise a decisão do juiz *a quo*. Por isso, vem sendo adotada pelo Ministério Público a tese – com a qual concordamos plenamente – da possibilidade de se ajuizar paralelamente ao agravo um mandado de segurança ou uma ação cautelar inominada (autônoma), buscando-se com isso o chamado **efeito recursal ativo**. Objetiva-se, com esse, a obtenção, célere e imediata, em segundo grau de jurisdição, de um provimento negado pelo Juízo de primeira instância.

Nossos Tribunais divergem sobre a possibilidade de interposição de mandados de segurança ou medidas cautelares próprias buscando-se efeito ativo

---

[34] Aplica-se o disposto no art. 577 do CPP, dispositivo afeto à teoria geral dos recursos penais. Este artigo prevê a possibilidade de que o réu recorra pessoalmente ou por intermédio de seu Defensor. Na primeira hipótese, o Advogado será notificado para apresentação das razões recursais.

aos recursos penais. Caso bastante explorado pela mídia[35] ocorreu em outubro de 2013, no Estado de São Paulo, quando o Juízo do Departamento de Execução Criminal da Capital negou diversos pedidos de inclusão no RDD de presos apontados como as principais lideranças da organização criminosa autodenominada "Primeiro Comando da Capital". Os requerimentos foram formalizados pela Secretaria da Administração Penitenciária e contaram com pareceres favoráveis do Ministério Público.

Os indeferimentos foram guerreados pelo Ministério Público por meio de recursos de agravos, acompanhados de mandados de segurança que pugnavam ao Tribunal de Justiça de São Paulo a concessão de efeito ativo. Cerca de 2/3 (dois terços) dos julgados negaram a possibilidade de mandado de segurança para dar efeito ativo ao agravo, ao passo que cerca de 1/3 (um terço) deles admitiram tal possibilidade.

No tocante à não-aceitação do mandado de segurança para conceder efeito ativo ao agravo, colacionamos o seguinte julgado do Tribunal de Justiça de São Paulo:

> *"MANDADO DE SEGURANÇA. Pretensão de atribuir efeito ativo a recurso de agravo em execução, interposto contra a denegação de pedido de internação cautelar de preso em regime disciplinar diferenciado (RDD). Descabimento. Ausência de previsão legal de efeitos suspensivo ou ativo ao agravo em execução (LEP, art. 197). Antecipação de tutela da pretensão recursal admitida, excepcionalmente, pela jurisprudência, nas hipóteses de teratologia da decisão recorrida, quando presentes o 'fumus boni iuris' e o 'periculum in mora'. Precedentes. Ato judicial impugnado que apresenta fundamentação suficiente concessão da segurança, no caso, a resultar em antecipação de decisão favorável à pretensão deduzida no recurso de agravo. Direito líquido e certo ausente porque nem mesmo expresso em norma legal, e porque não demonstrados quaisquer prejuízos graves e irreparáveis decorrentes da manutenção do decisum. Segurança denegada" (MS 0191712-31.2013.26.0000, 4ª Câm. Criminal, Rel. Des. Ivana David, j. 28/01/2014).*

Em sentido contrário, admitindo-se o mandado de segurança para a concessão do referido efeito recursal, citamos trechos do seguinte acórdão do mesmo Tribunal:

> *"MANDADO DE SEGURANÇA. Inicialmente impõe-se observar que esta Câmara vem admitindo a adequação da via mandamental para a atribuição de efeito suspensivo ativo*

---

[35] Citamos como exemplo reportagem do Diário do Grande ABC: "Juiz nega envio de Marcola ao RDD", de 10 de março de 2014, disponível em https://www.dgabc.com.br/Noticia/515372/juiz-nega-envio-de-marcola-para-rdd, acesso em 20/04/2019.

CRIME ORGANIZADO

ao agravo interposto em execução pelo Ministério Público e a legitimidade deste para essa providência (...) Como o agravo de instrumento não tem efeito suspensivo, nos termos do artigo 197 da Lei 7.210/84 ("artigo 197 das decisões proferidas pelo juiz caberá recurso de agravo, sem efeito suspensivo"), abre-se a via mandamental para evitar dano iminente (...), na medida em que se a admite contra decisão judicial não sujeita a recurso com efeito suspensivo (artigo 5º, inciso II da Lei nº 12.016/09) (...) Quanto à liminar pleiteada e respeitado o entendimento da d. autoridade impetrada, impõe-se concedê-la porque o resultado da interceptação telefônica e dos depoimentos coligidos demonstra com a força necessária para o juízo de cognição incompleta que o executado participa ativamente de organização criminosa em atividade, mantendo contato com integrantes que estão dentro e fora do sistema prisional. Revelaram-se insuficientes as restrições até agora impostas na penitenciária de segurança máxima onde está recolhido o condenado para torná-lo inoperante. A inclusão no RDD, não se olvida, deve ser cautelosa, por acarretar maior restrição à liberdade do preso. Por isso a lei impõe que sobre ela decida um magistrado. Isso não significa, contudo, que a providência não deva ser célere. Ao contrário, a gravidade dos fatos que a autorizam (e no caso a necessidade da interrupção da atuação de organização criminosa) exigem pronta resposta Estatal (MS 2040686-49.2013.26.0000, 6ª Câm. Criminal, Rel. Des. José Raul Gavião de Almeida, j. 04/11/2013).

O Superior Tribunal de Justiça, por seu turno, sedimentou o entendimento de que **não é possível** a concessão de efeito recursal ativo ao agravo em execução. Neste sentido:

"Habeas corpus substitutivo. Falta de cabimento. Execução penal. Indeferimento do pedido de inclusão cautelar no regime disciplinar diferenciado. Interposição de agravo em execução pelo ministério público. Impetração de mandado de segurança. Atribuição de efeito suspensivo ativo ao recurso. Impossibilidade. Art. 197 da LEP. Ausência de direito líquido e certo. Inúmeros precedentes. Constrangimento ilegal evidenciado. Parecer acolhido. Confirmação da liminar" (HC nº 282.168 – SP, Rel. Min. Sebastião Reis Júnior, 6ªT, j. 26/03/2014).

"O manejo do mandado de segurança como sucedâneo recursal, notadamente com o fito de obter medida não prevista em lei, revela-se de todo inviável, sendo, ademais, impossível falar em direito líquido e certo na ação mandamental quando a pretensão carece de amparo legal" (HC nº 368.491 – SC, Rel. Min. Joel Ilan Pacionik, 5ªT, DJE de 14/10/2016).

"Não cabe mandado de segurança com o escopo de dar efeito suspensivo ao agravo em execução. Ora, nos termos do art. 197 da LEP ("Das decisões proferidas pelo juiz caberá recurso de agravo, sem efeito suspensivo"), o recurso de agravo em execução não comporta efeito suspensivo, salvo no caso de decisão que determina a desinternação ou liberação de quem cumpre medida de segurança (precedentes). Agravo regimental desprovido." (AgRg no HC nº 380.419/SP, Rel. Min. Felix Fischer, 5ªT, DJE de 25/4/2017).

Como vemos, o solidificado entendimento do Egrégio Superior Tribunal de Justiça calca-se na falta de previsão legal para o efeito suspensivo ativo (estrita legalidade) e na ausência de direito líquido e certo.

Mantém-se, contudo, um sério e incontornável problema, que é a ausência da indispensável celeridade para se julgar um recurso cujo argumento central do Ministério Público é a necessidade da imposição do regime disciplinar diferenciado para a manutenção da ordem, disciplina ou segurança do estabelecimento prisional, ou, então, para conter iminente risco à segurança social (já que o preso – recorrido – integra organização criminosa, associação criminosa ou milícia privada). Noutras palavras, respeita-se o duplo grau de jurisdição, mas não observa aos *princípios da celeridade e efetividade da Jurisdição* (art. 5º, LXXVIII, da Constituição Federal) quando o recurso for do Ministério Público (diferentemente do que ocorre quando a Defesa impetra o *habeas corpus*).

6. Presídios federais e de segurança máxima

O § 3º do artigo 52 da Lei de Execuções Penais, incluído pela Lei nº 13.964/2019, prevê que se existirem indícios de que "o preso exerce liderança em organização criminosa, associação criminosa ou *milícia privada, ou que tenha atuação criminosa em 2 (dois) ou mais Estados da Federação, o regime disciplinar diferenciado será obrigatoriamente cumprido em estabelecimento prisional federal*".

Nesta hipótese, o RDD deverá "*contar com alta segurança interna e externa, principalmente no que diz respeito à necessidade de se evitar contato do preso com membros de sua organização criminosa, associação criminosa ou milícia privada, ou de grupos rivais*" (§ 5º, também adicionado pela Lei nº 13.964/2019).

A Lei 11.671, de 08 de maio de 2008, criou a possibilidade de inclusão de presos em estabelecimento penais federais de segurança máxima. Tal como a LEP, tal norma legal foi recentemente alterada pelo pacote anticrime.

A inclusão nos estabelecimentos penais federais de segurança máxima é medida enérgica adotada pelo Estado, o qual estruturou e equipou presídios federais de forma a exercer uma melhor vigilância e controle sobre presos provisórios de maior periculosidade.

A transferência para presídios federais depende de autorização judicial (art. 4º da Lei) e somente é possível para os presos, provisórios ou definitivos, quando a medida for necessária para a segurança do preso ou da sociedade (art. 3º). O pedido pode ser formulado, com estes fundamentos, pelo próprio preso (quando buscar preservar sua própria segurança), ou pela autoridade administrativa ou Ministério Público, em qualquer dos casos (art. 5º).

Relevante aqui o previsto no Decreto n.º 6.049 de 27 de fevereiro de 2007 (regulamento penitenciário federal), o qual estatui, em seu art. 4º, que "*os*

CRIME ORGANIZADO

estabelecimentos penais federais também abrigarão presos, provisórios ou condenados, sujeitos ao **regime disciplinar diferenciado**".

O período de permanência do preso no estabelecimento penal federal será de até 3 (três) anos, renováveis por iguais períodos, nos termos do artigo 10, § 1º, da Lei 11.671/2008, com redação dada pela Lei nº 13.964/2019.

O artigo 3º da lei dos presídios federais prevê restrições praticamente idênticas às previstas no artigo 52 da Lei de Execuções Penais, quais sejam: recolhimento em cela individual; visitas em dias determinados, por meio virtual ou parlatório, por no máximo 2 (duas) pessoas separadas por vidro, e com filmagens e gravações; banho de sol de duas horas diárias; e monitoramento dos meios de comunicação e da correspondência escrita.

Há nos presídios federais de segurança máxima aparelhamento tecnológico mais moderno, que propicia, de uma forma notória, maior segurança e eficiência no controle da criminalidade. É por esta razão que alguns líderes e integrantes de facções criminosas atuantes em presídios estão recolhidos em penitenciárias federais de segurança máxima.

7. Constitucionalidade do RDD: o princípio da proporcionalidade

Alguns doutrinadores entendem que o regime disciplinar diferenciado é inconstitucional. Os argumentos principais são:

a) *afronta ao princípio da humanização da pena*, pois o prazo de isolamento (que pode chegar a até 2 anos) pode ser considerado como "pena cruel", vedada pela Constituição Federal, que tende a prejudicar a sanidade mental do recolhido, sendo incompatível com a finalidade de reinserção social. Neste sentido Roberto Delmanto:

> *"Manter alguém em solitária por 360 ou 720 dias, ou até por um sexto da pena (...) será, certamente, transformá-lo num verdadeiro animal, um doente mental ou alguém muito pior do que já era" (...) Com isso, violou-se, a um só tempo, a Constituição da República, que dispõe em cláusulas pétreas, que 'ninguém será submetido a tortura nem a tratamento desumano ou degradante' (art. 5º, III) e que 'não haverá penas cruéis' (art. 5º, XLVII, "e"), o Pacto Internacional sobre Direitos Civis e Políticos de Nova Iorque (arts. 7º e 10); e a Convenção Americana sobre Direitos Humanos (art. 5º, 2)"[36].*

---

[36] DELMANTO, Roberto. Regime Disciplinar Diferenciado ou Pena Cruel? Boletim do IBCCRIM, janeiro de 2004. Disponível em www.delmanto.com/artigos/regime_disciplinar_diferenciado.htm; acesso em 25/05/2014. Observar que tal texto foi escrito antes da mudança legislativa efetuada pelo pacote anticrime (2019), mas a fundamentação trazida pelo autor evidentemente permanece a mesma (até porque a novel Lei deixou o RDD ainda mais rigoroso, elevando o tempo máximo de internação de 360 dias para 2 anos).

b) O RDD com fulcro no art. 52, *caput*, da LEP seria uma sanção muito gravosa e desproporcional à falta grave aplicada, *violando-se o princípio da proporcionalidade*: Não se poderia isolar alguém por período tão extenso (até 2 anos) por ter praticado uma falta, ainda que grave, pois esta já geraria sanções outras[37]. Já o RDD com fulcro no § 1º, incisos I e II seria decretado não com base num fato concreto (uma falta ou um crime), mas no fato de o agente apresentar alto risco à segurança ou pertencer a organização criminosa, associação criminosa ou milícia privada. Seria a *adoção do direito penal do autor e não do fato*.

c) Os termos "alto risco" e "fundadas suspeitas" são muito amplos, genéricos, podendo originar interpretações vastas e perigosas, que gerem abusos. Expressões como estas *afrontariam o princípio da taxatividade* (subdivisão do princípio da legalidade, que impõe que toda norma deve ser clara e precisa)[38].

Particularmente, **discordamos** do entendimento de que o regime disciplinar diferenciado é inconstitucional.

Ora, o isolamento não é por si só uma pena cruel ou degradante. Na realidade, a vivência do preso em celas individuais é um direito que ele possui (art. 88 da LEP)[39]. No mais, são assegurados ao preso o direito a banho de sol e o recebimento de visitas, sendo estes apenas mais limitados e mais controlados pelo Estado do que no regime fechado comum. Há respeito à integridade física. Quanto à higidez mental, nunca se pode garantir que não será afetada, mas isto pode ocorrer com qualquer preso que esteja no regime fechado comum. A restrição da liberdade causa, por óbvio, um abalo psíquico, mas ainda assim deve a pena ser imposta, já que houve um crime, um ataque ao

---

[37] Neste sentido, "o cometimento de falta grave deve ser passível de punição, entretanto, tal punição deve se resguardar de proporcionalidade e respeito à dignidade da pessoa humana (...) a privação prevista deve estar compatível com o grau de ofensividade, a fim de que não se cometam excessos" (SILVA, Fernanda Cintra Lauriano. Análise da (In)constitucionalidade do Regime Disciplinar Diferenciado. Disponível em http://www.lfg.com.br, publicado em 21/06/009. Acesso em 25/05/2014). Observar que referido texto é anterior ao pacote anticrime, quando o prazo do RDD era de até 360 (trezentos e sessenta) dias e não 2 (dois) anos, como é hoje. O texto criticava o período longo de internação vigente à época (360 dias), de forma que, com mais razão, a crítica persiste para o novo modelo, mais rigoroso.

[38] Muitos autores criticavam o próprio termo "organização criminosa", porque, quando da entrada em vigor da Lei 10.792/2003 o Brasil não tinha o conceito legal de tal fenômeno, muito embora fosse signatário da *Convenção de Palermo de Combate ao Crime Organizado*, a qual possui a definição precisa de "organização criminosa". Esta polêmica encerrou-se com a entrada em vigor das Leis 12.694/12 e 12.850/13.

[39] Destacando-se, aqui que a cela não pode ser escura (art. 45, § 2º, da LEP), nem inabitável ou insalubre. Neste sentido: MIRABETE, Julio Fabbrini, op. cit., p. 132.

CRIME ORGANIZADO

Ordenamento Jurídico, o qual acarreta uma indispensável sanção penal que deve ser, além de ressocializadora, também retributiva e preventiva.

O RDD tem, sem dúvida, caráter retributivo, quando se funda em sanção disciplinar (art. 52, *caput*) e caráter preventivo quando se funda em medida cautelar (art. 52, § 1, I e II). Em ambas as hipóteses ele funcionará como um passo importante e inicial para o atingimento do caráter ressocializador da pena, pois se é verdade, de um lado, que o RDD em si não recupera, também é verdade, por outro, que ele faz parte de um processo de ressocialização, já que para se recuperar é necessário, num primeiro momento, romper o vínculo com o crime organizado. E este rompimento somente se faz viável, hoje, com o isolamento, o qual é a única forma de manter o preso afastado do nefasto convívio com outros membros de organizações criminosas que ocupam os presídios.

Ademais, o RDD é fundamentado em hipóteses legais e prévias que o autorizam. A primeira delas é a prática de falta grave que cause subversão da ordem ou disciplina do estabelecimento prisional. Não é qualquer falta grave, mas aquela que gere tumulto, que comprometa a tranquilidade do estabelecimento penal. É, portanto, gravíssima. É aquela falta que afeta a ordem e disciplina do estabelecimento, colocando em risco a segurança dos funcionários, dos demais presos e eventuais visitantes, além de colocar em xeque toda a credibilidade do Estado, que deve assegurar à sociedade que os infratores da norma cumprirão suas penas de forma adequada. Por isso, temos plenamente atendido o **princípio da proporcionalidade**: Faltas graves podem ensejar num isolamento por 30 dias; faltas graves subversivas da ordem e disciplina podem ensejar na inclusão no RDD. O fato é muito pior, muito mais gravoso, razão pela qual a resposta estatal também deve ser.

Quanto aos demais fundamentos (art. 52, § 1º, I e II), é sabido que o RDD é imprescindível nos dias atuais para a preservação da segurança pública e da paz social quando o preso se revelar altamente perigoso ou quando ele pertencer a associação criminosa, organização criminosa ou milícia privada.

Ora, por primeiro leva-se em consideração o fato de que o agente praticou conduta que revela sua periculosidade, ainda que o tenha feito antes de ingressar no sistema prisional; ou o fato de que ele se associou a outros indivíduos para praticar crimes. Consideram-se, portanto, **fatos** e não somente seu autor.

Em segundo lugar, temos concretamente que o preso causa riscos à sociedade, seja por haver demonstração de sua periculosidade (como na hipótese de o indivíduo ser altamente agressivo e violento), seja por ser integrante de um grupo criminoso que pratica ou comanda a prática de crimes de dentro do próprio estabelecimento prisional (ordenando mortes, controlando o tráfico de drogas etc.). Por isso, não resta ao Estado alternativa que não a de aumentar a rigidez da execução penal ou da prisão provisória. Inconcebível seria admitir que o indivíduo, mesmo preso, continuasse a lesar toda a coletividade mediante cometimento de novas infrações penais.

É o caso de se aplicar, novamente, o princípio da proporcionalidade, pois a **segurança pública** também é direito fundamental previsto no art. 5º, *caput*, da Constituição Federal. Todos têm este direito. E se o preso afronta a este direito, por insistir em praticar novos fatos criminosos ou manter-se vinculado a outros indivíduos que de fora do presídio executem seus comandos ilícitos, é justo, adequado e necessário que o Estado aja e o mantenha isolado, a fim de preservar toda a coletividade[40].

Neste sentido, vale citar os ensinamentos de Julio Fabbrini Mirabete:

> *"Aos criminosos que mesmo aprisionados pretendem continuar a exercer sua malévola liderança é imperioso que o Estado lhes imponha um regime de disciplina diferenciado que, sem ser desumano ou contrário à Constituição, possa limitar os direitos desses presos, evitando que eles, ao arrepio da Lei e do Poder constituído, acabem por restringir os direitos da grande massa carcerária"[41].*

Imperiosa a constatação de que as organizações criminosas dominam, hoje, altíssima parcela da população carcerária dos presídios brasileiros e que de dentro deles continuam praticando crimes, na qualidade de mandantes, transmitindo suas ordens por meio de visitantes ou de aparelhos de telefonia móvel. Posto isto, o regime disciplinar diferenciado, tendo como característica mais marcante o isolamento do preso de alta periculosidade – muitas das vezes líder de estruturadas facções -, é importante medida para que o Estado possa controlar e combater as associações e organizações criminosas, podendo com isso garantir a Ordem Pública e a paz social.

[40] Noutra obra, tivemos a oportunidade de nos manifestar a respeito do direito fundamental de qualquer indivíduo de **proteção contra a criminalidade organizada** e, ali, assumimos que a criação do RDD foi uma das medidas tomadas pelo Estado Brasileiro para combater, de forma mais eficaz, tão grave espécie criminosa: *"Todas as pessoas possuem direitos fundamentais, inerentes ao seu estado (natural) de ser humano" ... "todos possuem, por conseguinte, o inafastável direito de tê-los protegido" ... "e tendo o cidadão o direito à proteção, tem o Estado, por outro lado, o dever de assegurá-los"... "o avanço da criminalidade organizada, em todas as suas formas e em todos os segmentos da sociedade, e o vertiginoso número de infrações penais por elas praticadas, vulneram cada dia mais o direito do cidadão à segurança (ou proteção pelo Estado). Esta constatação não tem passado absolutamente ao largo do legislador, que tomou providências a respeito do assunto ao longo dos últimos anos. Em 2003, alterou-se a Lei de Execução Penal (Lei 7.210/1984) para inclusão do regime disciplinar diferenciado aos integrantes de organização criminosa (art. 52, § 2º, alterado pela Lei 10.792/2003) ..."* (ZANELLA, Everton Luiz. Op. cit., p. 55/59).

[41] Op. cit., p. 133.

CRIME ORGANIZADO

No mais, não enxergamos nos termos "alta periculosidade" ou "fundadas suspeitas" nenhuma vagueza ou imprecisão, como sustentam alguns autores contrários ao RDD. Tais termos são abertos e dependem de interpretação do aplicador da Lei. Somente isso. Mas é preciso reconhecer que o legislador não teria opções, porquanto não poderia esmiuçar as hipóteses configuradoras da "alta periculosidade", nem como especificar quais seriam as "fundadas suspeitas", nem quando elas ocorreriam. Seria como tentar prever todas as possibilidades de ocorrência de um delito culposo. Noutros termos, impossível detalhar em Lei os casos que dariam definição precisa a elementos normativos que admitem diversas variantes.

A jurisprudência do Superior Tribunal de Justiça admite o RDD tanto com fundamento no *caput* do art. 52 (como sanção disciplinar) como com amparo no §§1º, I e II, do referido dispositivo (como medida cautelar). Vejamos:

RDD como sanção disciplinar:

*"A configuração da **falta de natureza grave** enseja vários efeitos (LEP, art. 48, parágrafo único), entre eles: a possibilidade de colocação do sentenciado em **regime disciplinar diferenciado** (LEP, art. 56); a interrupção do lapso para a aquisição de outros instrumentos ressocializantes, como, por exemplo, a progressão para regime menos gravoso (LEP, art. 112); a regressão no caso do cumprimento da pena em regime diverso do fechado (LEP, art. 118), além da revogação em até 1/3 do tempo remido (LEP, art. 127)"* (HC nº 278990/ RS, Rel. Min. Rogério Schietti Cruz, 6ªT, j. 25/02/2014) – Grifo nosso.

RDD como medida cautelar:

*"O art. 52 da Lei de Execuções Penais prevê o cabimento do Regime Disciplinar Diferenciado em três situações distintas. Ao contrário do caráter repressivo da primeira hipótese (caput), o "alto risco" e as "fundadas suspeitas" a que fazem referência os parágrafos 1º e 2º do art. 52 ilustram a preocupação do legislador em prevenir condutas que, porventura, possam acarretar em subversão da ordem ou disciplina internas (...) Mas o fato é que a lei, em nenhum momento, estabelece como requisito, nessas duas últimas hipóteses, qualquer demonstração de atos previamente praticados pelo apenado no estabelecimento criminal (...) No particular, a inserção do Paciente em Regime Disciplinar Diferenciado restou devidamente fundamentada, já que o próprio se declarou membro da organização criminosa conhecida como Primeiro Comando da Capital (PCC), tendo sido encontrada em seu poder, ainda, uma cartilha contendo instruções do grupo. Mais do que isso, a Corte de origem salientou que o Paciente é o encarregado de exercer a função de "disciplina" no pavilhão, posição hierárquica importante que lhe concede a tarefa de impor e cobrar dos demais integrantes as incumbências criminosas atribuídas, e que lhe possibilita ter informações privilegiadas sobre todas as ações praticadas na região, presídio, pavilhão ou raio subordinado, tudo isso a desvendar o preenchimento do requisito previsto no art. 52, §2º da Lei nº 7.210/1984, **não***

havendo se falar em desproporcionalidade da medida." (HC nº 265937/SP, Rel. Min. Laurita Vaz, 5ªT, 28/02/2014) – Grifo nosso[42].

Há **Ação Direita de Inconstitucionalidade**, ajuizada no Supremo Tribunal Federal pelo Conselho Federal da Ordem dos Advogados do Brasil (nº 4162), a qual busca a declaração de inconstitucionalidade dos artigos da Lei de Execução Penal que foram alterados pela Lei n º 10.792/2003, incluindo o regime disciplinar diferenciado no sistema brasileiro de execução da pena. O parecer da Procuradoria-Geral da República foi pela **improcedência** da ação, a qual ainda está pendente de julgamento[43].

Conclusão

O regime disciplinar diferenciado foi introduzido pela Lei 10.792/2003, que alterou os artigos 52, 53, 54, 57, 58 e 60 da Lei de Execução Penal, e recentemente foi reestruturado pela Lei nº 13.964/2019 (pacote anticrime).

Trata-se de uma forma especial de cumprimento da pena privativa de liberdade em regime fechado, ou até mesmo da prisão provisória, determinada pelo Juiz das Execuções Penais (art. 54, § 2º), de forma preventiva ou definitiva (art. 60), podendo ter natureza de sanção disciplinar, quando o preso praticar falta grave que cause subversão à ordem ou disciplina (art. 52, *caput*), ou de medida cautelar, quando este apresentar alto risco para a segurança do estabelecimento penal ou da sociedade (art. 52, § 1º, I), ou quando ele integre associação criminosa, organização criminosa ou milícia privada (art. 52, § 1º, II).

Trata-se de um regime mais gravoso, caraterizado por um maior rigor no tratamento do preso, conforme características definidas no art. 52, incisos I a VII, da Lei de Execuções Penais (com redação dada pelas Leis 10.792/2003 e 13.964/2019), destacando-se o isolamento temporário do preso, visando, com isso, a preservar não só a normalidade do estabelecimento penal, mas também a segurança pública e a paz social.

Apesar da discussão doutrinária sobre sua constitucionalidade, a Jurisprudência sedimentada do Superior Tribunal de Justiça e dos Tribunais de 2º grau admite, com tranquilidade, o regime disciplinar diferenciado, sob o fundamento de que ele é necessário e adequado, portanto proporcional, para resguardar a segurança prisional e, por conseguinte, a Ordem Pública e a paz

---

[42] Observar que a referência se deu aos §§ 1º e 2º, antes da alteração da redação legal efetuada pelo pacote anticrime. Atualmente, a hipótese que estava no § 1º está no § 1º, I; e a hipótese que estava no § 2º (hoje revogado) atualmente está no § 1º, II. No entanto, as hipóteses são basicamente as mesmas.

[43] Não julgada até 19 de março de 2020, data da última pesquisa no sítio oficial.

social, sendo importante ferramenta de controle e combate aos grupos criminosos que atuam dentro dos presídios brasileiros.

Referências

AVENA, Norberto. **Execução Penal: esquematizado**. São Paulo: Método, 2014.

COSTA, FLORÊNCIA. **"O contra-ataque"**. Artigo publicado na *Revista ISTO É*, em abril de 2003. Disponível em www.istoe.com.br/reportagens/23195_O+contra+ataque. Acesso em 11 de abril de 2019.

DELMANTO, Roberto. **Regime Disciplinar Diferenciado ou Pena Cruel?** Boletim do IBCCRIM de janeiro de 2004. Disponível em www.delmanto.com/artigos/regime_disciplinar_diferenciado.htm. Acesso em 04 de abril de 2019.

DIÁRIO DO GRANDE ABC: **"Juiz nega envio de Marcola ao RDD"**, de 10 de março de 2014, disponível em https://www.dgabc.com.br/Noticia/515372/juiz-nega-envio-de-marcola-para-rdd, acesso em 20 de abril de 2019.

FURUKAWA, Nagashi. **Regime Disciplinar Diferenciado – RDD**. Secretaria da Administração Penitenciária, Assessoria de Imprensa, disponível em http://www.memorycmj.com.br/cnep/palestras/nagashi_furukawa.pdf. Acesso em 27 de abril de 2019.

GRECO, Rogério. **Curso de direito penal – parte especial**. V.3. 10. ed. Rio de Janeiro: Impetus, 2013.

ISHIDA, Valter Kenji. **Prática Jurídica de Execução Penal**. São Paulo: Atlas, 2013.

MARCÃO, Renato Flávio. **Curso de Execução Penal**. São Paulo: Saraiva, 2004.

MIRABETE, Julio Fabbrini. **Execução Penal**. 11. ed. São Paulo: Atlas, 2004.

NUCCI, Guilherme de Souza. **Manual de Processo Penal e Execução Penal**. 7. ed. São Paulo: RT, 2011.

SANCHES CUNHA, Rogério. **Pacote anticrime**. Belo Horizonte: JusPodivm, 2020.

SILVA, Fernanda Cintra Lauriano. **Análise da (In)constitucionalidade do Regime Disciplinar Diferenciado**. Disponível em http://www.lfg.com.br, publicado em 21/06/009. Acesso em 25 de março de 2019.

ZANELLA, Everton Luiz. **Infiltração de agentes e o combate ao crime organizado – análise do mecanismo probatório sob o enfoque da eficiência e do garantismo**. Curitiba: Juruá, 2016.

23

Intervenção Mínima e o Crime de Impedir ou Embaraçar a Investigação da Organização Criminosa

ANDRÉ BOIANI E AZEVEDO

Introdução

Tem este artigo o objetivo de analisar alguns aspectos do crime previsto pelo artigo 2º, §1º, da Lei 12.850/13, em especial no que concerne a sua abrangência típica e necessidade em nosso ordenamento jurídico. São indiscutíveis os desafios que a criminalidade organizada traz para os Estados. Todas as nações reconhecem que medidas têm que ser tomadas para que os grupos criminosos possam ser identificados e dissolvidos.

Porém, essas medidas têm que ser integradas aos ordenamentos jurídicos dos países de acordo com seus preceitos e princípios fundamentais. As políticas criminais, essencialmente estabelecidas nas respectivas constituições, devem ser respeitadas para que as novas leis não acabem por trazer incongruências sérias que descredibilizem os ordenamentos jurídicos. A fim de demonstrar que não andou bem o legislador brasileiro ao criar citado crime, inicialmente serão feitas breves considerações a respeito da *intervenção mínima* como princípio do Direito Penal, bem como que a *subsidiariedade* e a *fragmentariedade* deste são importantes decorrências daquele princípio.

A seguir, tratar-se-á das consequências gerais do desrespeito à *intervenção mínima*, fato que tem se mostrado tão constante que acaba por se revelar uma tendência em termos de política criminal. Finalmente será feita análise das condutas tidas como criminosas e sua interpretação, buscando esclarecer o quanto é necessário adequar os entendimentos do texto aos princípios constitucionais para que não se banalize indevidamente as punições com fundamentos equivocados. Para tanto se buscará demonstrar, também, a existência

CRIME ORGANIZADO

de outros crimes que já previam mais eficazmente as condutas que a Lei 12.850/13 previu de forma excessivamente ampla e rigorosa.

1. Da Intervenção Mínima como Princípio do Direito Penal

Miguel Reale ensina que os princípios são elementos fundamentais, tanto na vida como no Direito. Naquela, por sua acepção de natureza moral. Neste, são como "enunciações lógicas que constituem patamar das demais asserções que compõem o campo do conhecimento, são como 'verdades fundantes' de um sistema"[1]. Os princípios podem tanto se encontrar expressamente positivados no sistema, originando as chamadas "normas-princípios", quanto se apresentarem implícitos, sendo localizados e inseridos na experiência jurídica por processo hermenêutico, como é justamente o caso do princípio da intervenção mínima[2], assim reconhecido pacificamente pela doutrina[3].

Nilo Batista demonstra que referido princípio foi:

> (...) produzido por ocasião do grande movimento social de ascensão da burguesia, reagindo contra o sistema penal do absolutismo, que mantivera o espírito minuciosamente abrangente das legislações medievais. Montesquieu tomava um episódio da história do direito romano para assentar que 'quando um povo é virtuoso, bastam poucas penas'; Beccaria advertia que 'proibir uma enorme quantidade de ações indiferentes não é prevenir os crimes que delas possam resultar, mas criar outros novos'; e a Declaração dos Direitos do Homem e do Cidadão prescrevia que a lei não estabelece senão penas 'estrita e evidentemente necessárias' (art. VIII)[4].

Apesar de a reivindicação de não-intervenção do Direito Penal vir dos clássicos e da doutrina iluminista, Maura Roberti salienta que somente em 1980, por ocasião do "Informe do Conselho da Europa sobre Descriminali-

---

[1] Filosofia do Direito. 17ª ed. São Paulo : Saraiva, 1999, p. 59-64.

[2] ROBERTI, Maura. A intervenção mínima como princípio no Direito Penal Brasileiro. Porto Alegre : Sergio Antonio Fabris, 2001, p. 101.

[3] Exemplos de autores que expressamente fazem referência à intervenção mínima como princípio do Direito Penal: Nilo Batista (Introdução crítica ao Direito Penal brasileiro. 4ª ed. Rio de Janeiro : Revan, 1999, p. 64), Guilherme de Souza Nucci (Manual de Direito Penal. 14ª ed. Rio de Janeiro : Forense, 2018, p. 27), Alberto Silva Franco (Crimes Hediondos. 4ªed. São Paulo : RT, 2000, p. 51-69), Luiz Luisi (Os princípios constitucionais penais. Porto Alegre : Sergio Antonio Fabris, 1991, p. 13), René Ariel Dotti (Curso de Direito Penal: Parte Geral. Rio de Janeiro : Forense, 2002, p. 54-70) e Luiz Regis Prado, em coautoria com Érika Mendes de Carvalho(Curso de Direito Penal brasileiro – Volume I – Parte Geral. 3ª ed. em e-book baseada na 15ª ed. impressa. São Paulo : Editora Revista dos Tribunais, 2017).

[4] Op. cit., p. 84.

zação", realizado em Estrasburgo, que "o princípio da intervenção mínima adquiriu nova dimensão e passou a ter o valor merecido dentro do sistema criminal moderno"[5].

Referida autora ainda salienta a existência das chamadas "Regras de Tóquio" (Regras mínimas das Nações Unidas para a elaboração de medidas não-privativas de liberdade), de 1990, que orientam e estimulam os países signatários a adotarem em seus ordenamentos medidas não privativas de liberdade, sendo certo que a Regra 2.6 expressamente indicou a utilização do princípio da intervenção mínima como forma de alcançar tal finalidade[6].

Luiz Luisi justifica a presença do princípio da intervenção mínima no nosso ordenamento com base na própria Constituição Federal, já que ela:

> (...) diz ser invioláveis os direitos à liberdade, à vida, à igualdade, à segurança e à propriedade (art. 5º, "caput"), e põe como fundamento do nosso Estado democrático de direito, no art. 1º do inc. III, a dignidade da pessoa humana. Decorrem, sem dúvidas, desses princípios constitucionais, como enfatizado pela doutrina italiana e alemã que a restrição ou privação desses direitos invioláveis somente se legitimam se estritamente necessária a sanção penal para a tutela de bens fundamentais do homem, e mesmo de bens instrumentais indispensáveis a sua realização[7].

Trata-se, assim, de princípio claramente recepcionado em nosso ordenamento, sendo muito importante como instrumento contra a expansão do controle social penal. Por meio dele é possível buscar limitar a possibilidade de o Poder Executivo, contando com maioria nas Casas Legislativas, "tangenciar os princípios da legalidade e da exclusiva proteção de bens jurídicos e apelar ao Direito Penal para o equacionamento de todo e qualquer conflito social"[8], transformando-o em inaceitável expediente de uso comum.

E é justamente em razão do princípio da intervenção mínima que se entende que a proteção dada pelo Direito Penal, para ser efetiva, deve ser eminentemente subsidiária e fragmentária.

---

[5] Op. cit., p. 67.
[6] Idem, p. 69.
[7] Op. cit., p. 26.
[8] FRANCO, Alberto Silva. Op. cit., p. 84.

CRIME ORGANIZADO

2. Da Subsidiariedade e Fragmentariedade como Características do Direito Penal Oriundas do Princípio da Intervenção Mínima

A subsidiariedade do Direito Penal é manifesta porque ele tutela – ou, ao menos, deveria tutelar – somente as situações em que a proteção oferecida por outros ramos do Direito não seja suficiente a inibir a violação do bem jurídico, ou em que a exposição deste a perigo demonstre considerável gravidade. Nesse sentido a clássica lição de Nelson Hungria[9], sendo certo que Claus Roxin, após afirmar que "onde bastem os meios do direito civil ou do direito público, o direito penal deve retirar-se", leciona que a natureza subsidiária oferece ao bem jurídico "dupla proteção: através do direito penal e ante o direito penal, cuja utilização exacerbada provoca precisamente as situações que pretende combater"[10].

Em especial, a função de proteção "ante o direito penal" resulta na exigência da estrita hierarquização e racionalização dos meios de resposta disponíveis à conduta que se deseja evitar, devendo sempre ser feita a opção menos lesiva – mais limitada – dos direitos individuais. Por isso se diz que, além de subsidiário, o Direito Penal também é fragmentário, já que obviamente não esgota – e não pode pretender esgotar – as infinitas possiblidades do ilícito: "somente alguns – os mais graves – são selecionados para serem alcançados pelas malhas do ordenamento penal"[11].

A respeito da fragmentariedade, Nilo Batista esclarece que quem registrou pela primeira vez o caráter fragmentário do direito penal foi Binding, em seu Tratado de Direito Penal Alemão Comum – Parte Especial (1896), e desde então esse tema sempre se faz presente na introdução ao estudo da parte especial do Código Penal (que costuma ser chamada de 'parte geral da parte especial'). Mas enquanto Binding se preocupava com a superação do caráter fragmentário das leis penais, das lacunas daí decorrentes e seus efeitos na proteção dos bens jurídicos, implicando a questão da analogia, modernamente se reconhecem as virtudes políticas da fragmentariedade, cabendo

---

[9] "Somente quando a sanção civil se apresenta ineficaz para a reintegração da ordem jurídica, é que surge a necessidade da enérgica ação penal. O legislador não obedece a outra orientação. As sanções penais são o último recurso para conjurar a antinomia entre a vontade individual e a vontade normativa do Estado. Se um fato ilícito, hostil a um interesse individual ou coletivo, pode ser convenientemente reprimido com as sanções civis, não há motivo para a reação penal" (Comentários ao Código Penal. 4ª ed. Rio de Janeiro : Forense, 1980, v. VII, p. 178).

[10] Problemas fundamentais de Direito Penal. Trad. Ana Paula dos Santos Luís Natscheradetz. 3ª ed. Lisboa : Veja, 1998, p. 28.

[11] TOLEDO, Francisco de Assis. Princípios básicos de Direito Penal. 5ª ed. São Paulo : Saraiva, 1999, p. 14-15.

480

a exata observação de Mir Puig, sobre a influência, nessa mudança, da passagem de concepções penais absolutas, como a de Binding, para concepções penais relativas. De fato, se o fim da pena é fazer justiça, toda e qualquer ofensa ao bem jurídico deve ser castigada; se o fim da pena é evitar o crime, cabe indagar da necessidade, da eficiência e da oportunidade de cominá-la para tal ou qual ofensa.

Constitui-se assim o direito penal como um sistema descontínuo de ilicitudes, bastando folhear a parte especial do Código Penal para percebê-lo. Supor que a legislação e a interpretação tenham como objetivo preencher suas lacunas e garantir-lhe uma totalidade é, como frisa Navarrete, falso em seus fundamentos e incorreto enquanto método interpretativo, seja do ângulo político-criminal, seja do ângulo científico. Como ensina Bricola, a fragmentariedade se opõe a uma visão onicompreensiva da tutela penal, e impõe uma seleção, seja dos bens jurídicos ofendidos a proteger-se, seja das formas de ofensa[12].

Deve o Direito Penal ser, assim, a *ratio extrema*, a derradeira medida, aquela legitimada apenas quando outras forem incapazes de tutelar os bens[13] mais relevantes para a existência da sociedade e da humanidade, fazendo-o sempre da forma menos lesiva e exclusivamente contra as mais relevantes formas de agressão. O legislador, no momento em que se propõe a criar um tipo penal, deve ter as considerações sobre o bem jurídico e as características do Direito Penal em primeiro plano, pois, como afirma David Teixeira de Azevedo, o bem jurídico:

> (...) imbrica com a política criminal como elemento orientador-limitador ao legislador na construção dos tipos penais, assegurando o respeito a um Estado

---

[12] Introdução crítica ao Direito Penal brasileiro. 4ª ed. Rio de janeiro : Revan, 1999, p. 86. Nesse mesmo sentido o entendimento de Eugenio Raúl Zaffaroni e José Henrique Pierangeli: "Não é [o Direito Penal] um sistema contínuo – como o direito civil, por exemplo – e sim, um sistema descontínuo, alimentado somente por aquelas condutas antijurídicas em que a segurança jurídica não parece satisfazer-se com a prevenção e reparação ordinária, posto que, em caso contrário, as condutas antijurídicas permaneceriam reservadas a cada um dos restantes âmbitos específicos do direito (civil, comercial, laboral, administrativo etc.). Este processo seletivo de condutas antijurídicas merecedoras de coerção penal é matéria de permanente revisão, sendo manifesta a tendência à redução na política criminal dos países centrais, que propugnam abertamente a 'descriminalização' ou 'despenalização' de inúmeras condutas" (Manual de Direito Penal Brasileiro: parte geral. 11ª ed. São Paulo : RT, 2015, p. 98).

[13] Polaino Navarrete lembra que o Direito Penal perderia sentido caso ausente um bem jurídico de proteção em seu preceito punitivo, "além de resultar materialmente injusto e ético-socialmente intolerável" (El bien jurídico em el Derecho Penal. Sevilha : Public de la Universidad, 1974, p. 21-22; apud PRADO, Luiz Regis. Bem Jurídico-Penal e Constituição. 2ªed. São Paulo : Revista dos Tribunais, 1997, p. 18-19).

CRIME ORGANIZADO

Democrático de Direito. (...) O bem jurídico põe-se extra-sistematicamente como orientador e limitador do trabalho legislativo, condicionando e conformando a legislação criminal, dando o perfil ideológico do Direito do Estado e desse próprio Estado. Um direito penal voltado à proteção de bens jurídicos, e não à tutela de bens transcendentes de natureza moral, religiosa, ou ideológica, de respeito à dignidade da pessoa humana como centro e valor fundante de todo o ordenamento, é a chancela de um Estado de Direito material, de cariz democrático[14].

Considerando que Celso Antonio Bandeira de Mello chega a afirmar que "somente há uma disciplina jurídica autônoma quando corresponde a um conjunto sistematizado de princípios e normas que lhe dão identidade"[15], é perfeitamente possível concluir ser muito mais grave transgredir um princípio que uma norma, já que a ofensa ao princípio significa um ataque ao conjunto sistêmico. Quando especificamente são respeitadas as premissas da subsidiariedade e da fragmentariedade, ocorre um fenômeno de graves consequências, chamado de *hipertrofia do Direito Penal*.

3. Da Hipertrofia do Direito Penal

Apesar de o princípio da intervenção mínima e seus corolários estarem vinculados ao pensamento iluminista, já durante o século XIX foi possível constatar o crescimento do número de normas penais, o que alarmou vários autores quanto ao problema da hipertrofia ou inflação do Direito Penal:

Carl Joseph Anton Mittermaier, em trabalho datado de 1819 já enfatizava ser um dos erros fundamentais da legislação penal de seu tempo, a excessiva extensão dessa legislação, e a convicção dominante entre os legisladores que a coação penal era o único meio para 'combater qualquer força hostil que se pusesse em contradição com a ordem jurídica'. Entendia, ainda, (...) que a criação de um número avultado de crimes era uma das formas em que se manifestava a decadência (...) da totalidade da ordem jurídica. Em obra aparecida em 1855, (...) Giuseppe Puccioni, comentando o Código Penal toscano de 1853, falava em 'delitos de mínima importância política' e na 'ameaça de pena aflitiva de prisão a levíssimas lesões pessoais e a simples injúria'. Sustentava que a ampliação da área do direito criminal levaria 'a duas induvidosas consequências: a primeira, é de que os Tribunais se achariam sobrecarregados, retardando a administração da justiça punitiva; e a segunda, é de um agravamento das finanças públicas sobre quem recai o encargo de manutenção dessa

[14] Dosimetria da Pena : causas de aumento e diminuição. São Paulo : Malheiros, 1998, p. 32-40.
[15] Curso de Direito Administrativo. 5ª ed. São Paulo : Malheiros, 1994, p. 15.

INTERVENÇÃO MÍNIMA E O CRIME DE IMPEDIR OU EMBARAÇAR A INVESTIGAÇÃO...

indigente massa de condenados'. Francesco Carrara em monografia datada de julho de 1883, – 'Um nuovo delito', – falava de 'nomomania ou nomorreia' penal. A praga de seu tempo (...) está em ter esquecido o sábio aforisma da Jurisprudência romana, 'minima non cura praetor'. Franz Von Liszt, por sua vez em 1896, em seu 'Lehrbuch', enfatiza que a legislação de seu tempo fazia 'um uso excessivo da arma da pena' (...) Reinhar Franck, em artigo aparecido em 1898, usa, pela primeira vez, a expressão 'hipertrofia penal', salientando que o uso da pena tem sido abusiva, e por isso perdeu parte de seu crédito, e, portanto, de sua força intimidadora, já que o corpo social deixa de reagir do mesmo modo que o organismo não reage mais a um remédio administrado abusivamente"[16].

E apesar dessa constatação, pouco foi ou tem sido feito no sentido de ser efetivada uma "deflação penal". Pelo contrário! Nos últimos anos o problema tem sido agravado, na maior parte das vezes em razão de reclamo da sociedade pela previsão de novas condutas criminosas ou maiores penas para as já existentes. Criou-se uma ânsia por mais e maiores punições, deixando-se de lado a preciosa lição de Francisco de Assis Toledo, no sentido de que:

O crime é um fenômeno social complexo que não se deixa vencer totalmente por armas exclusivamente jurídico-penais. Em grave equívoco incorrem, frequentemente, a opinião pública, os responsáveis pela Administração e o próprio legislador, quando supõem que, com a edição de novas leis, mais abrangentes ou mais severas, será possível resolver-se o problema da criminalidade crescente. Essa concepção de direito penal é falsa porque o toma como uma espécie de panaceia que logo se revela inútil diante do incremento desconcertante das cifras da estatística criminal, apesar do delírio legiferante de nossos dias[17]. Cezar Roberto Bitencourt também destaca que o fato de os legisladores contemporâneos estarem abusando da criminalização e da penalização leva "ao descrédito não apenas o Direito Penal, mas a sanção criminal, que acaba perdendo sua força intimidativa diante da 'inflação legislativa' reinante nos ordenamentos positivos"[18].

Alice Bianchini complementa:

(...) a inflação legislativa que caracteriza o direito penal brasileiro, dentre outros malefícios, obnubila o conceito de bem jurídico penal como critério valorativo reitor e continente das opções penais, impossibilitando a criação de uma

---

[16] Luisi, Luiz. Os Princípios Constitucionais Penais. Porto Alegre : Sergio Antonio Fabris, 1991, p. 27-28).

[17] Princípios básicos de Direito Penal. 5ª ed. São Paulo : Saraiva, 1999, p. 5.

[18] Tratado de Direito Penal – parte geral. 14ª ed. São Paulo : Saraiva, 2009, p. 14.

CRIME ORGANIZADO

teoria do bem jurídico. Isto porque 'a multiplicidade, a causalidade, a continência e, às vezes, a inconsistência dos bens equivalem, de fato, ao esvaziamento da ideia mesma de 'bem' e indicam a sobrecarga de funções impróprias que lastra a (...) justiça penal' (Ferrajoli, 1995a, p. 475). Essa tendência de proliferação desordenada de tipos penais é responsável pela ausência de harmonia normativa e gera a vulgarização do ordenamento jurídico-penal. A função de motivar o respeito à norma, que ao direito penal também é reservada, deixa de existir ou debilita-se sobremaneira. Este enfraquecimento leva, também, ao descrédito da justiça, obstaculizando a que se atinja uma outra das funções primordiais do direito penal, que é a de afastar o cidadão do cometimento do delito por meio da intimidação[19].

Apesar de todos esses alertas quanto às consequências da hipertrofia do Direito Penal, por que ela continua a ocorrer? Em 2005 o autor deste artigo teve a oportunidade de discorrer a esse respeito, sendo certo que o conteúdo ali exposto continua, lamentavelmente, bastante atual:

> (...) uma atitude dócil ou passiva para com o que a maioria pensa ser o correto facilita a eleição a um mandato eletivo, ou sua manutenção, e mesmo o mais digno e honesto político deseja sempre eleger-se ou manter-se em seu cargo, sendo certo que a referida atitude passiva 'torna isto muito mais fácil do que uma rígida submissão ao que ele pensa ser certo e, consequentemente, aceitar sua demissão se não pode persuadir a maioria a mantê-lo' (HART, H.L.A. *Direito, Liberdade, Moralidade* (Trad. Gérson Pereira dos Santos). Porto Alegre : Fabris, 1987, p. 97).

Em outras palavras, a popularidade trazida pela criação de uma nova norma penal sobrepuja, muitas vezes, aqueles que têm alguma consciência do problema que tal conduta pode trazer à sociedade. Ademais, como bem salientado por René Ariel Dotti, "Uma das estratégias comuns aos governos brasileiros para combater a vaga produzida pelos sentimentos de insegurança e de injustiça consiste na remessa de um projeto de lei criminal ao Congresso Nacional. A mídia e os trabalhadores sociais se encarregam de puxar o cordão da opinião pública que vive o estado catártico de compensar os males pessoais com a esperança de reverter os quadros de maldição do crime e da violência' (*A criminalização do assédio sexual. In Revista dos Tribunais.* São Paulo : Revista dos tribunais, a. 87, v. 752 : 425-438, jun. 1994, p. 438)"[20].

Aliás, André Luís Callegari, em comentários de 2016 a respeito da Lei 12.850/13, assim definiu o que ele denominou de *novos rumos da política criminal*:

---

[19] Pressupostos materiais mínimos da tutela penal. São Paulo : Revista dos Tribunais, 2002, p. 50-51.
[20] AZEVEDO, André Boiani e. Assédio Sexual – Aspectos Penais. Curitiba : Juruá, 2005, p. 34-35.

A tendência da política criminal atualmente é no sentido de superar o modelo de garantias penais e processuais penais, adquiridas após anos de muito debate e esforço, e substituí-lo por outro de segurança do cidadão ou, ao menos que demonstre esta suposta segurança. Isso pode ser visto claramente nos discursos dos políticos e nos debates sobre segurança pública. Também se revela na hora da aprovação de novas leis penais imbuídas de caráter repressivo com supressão de garantias ou ampliação das condutas típicas. Dito de outro modo, a revelação dessa nova legislação muitas vezes de imediato não demonstra este viés, porém, nunca se viu uma abertura tão grande nos tipos penais, onde o princípio da taxatividade que norteava o Direito Penal foi olvidado. Assim, se de um lado aparecem cada vez mais leis penais no sentido de 'frear' a crescente criminalidade, de outro, aparecem leis simbólicas, que visam mais a uma resposta social ou cultural a determinados problemas do que propriamente à solução deles. A política criminal se 'rearma': o Direito Penal e as penasse expandem. O Direito Processual Penal está se adaptando às elevadas exigências que resultam disso. A execução da pena favorece cada dia mais a mera custódia e a 'custódia de segurança' que havia quase sido esquecida, experimentando um inesperado renascimento. Repressão e punitivismo são os nomes das ideias diretrizes da nova política criminal. Diante deste contexto, este novo modelo de Direito Penal, isto é, Direito Penal que confere maior segurança à sociedade, mostrou uma habilidade para integrar suas análises e propostas de intervenção num debate previamente existente sobre a política criminal e a conveniência de estender as intervenções penais aos âmbitos sociais até o momento fora do raio de sua ação"[21].

Como se verá, o crime previsto pelo artigo 2º, §1º, da Lei 12.850/2013 nada mais representa que uma demonstração clara desses novos rumos aplicados à legislação e ao próprio entendimento doutrinário.

4. Da Tipicidade do Artigo 2º, §1º, da Lei 12.850/2013

O legislador estabeleceu a pena de reclusão, de três a oito anos, e multa, sem prejuízo das penas correspondentes às demais infrações penais praticadas, a "quem impede ou, de qualquer forma, embaraça a investigação de infração penal que envolva organização criminosa". Os núcleos *impedir* e *embaraçar* constituem evidente hipótese de tipo doutrinariamente classificado como *misto alternativo* – duas condutas pelas quais é possível se realizar o mesmo crime, e a prática dos dois núcleos, relativamente à mesma *investigação*, impor-

---

[21] Crime Organizado – Tipicidade – Política Criminal – Investigação e Processo – Brasil, Espanha e Colômbia. 2ª ed. Porto Alegre : Livraria do Advogado, 2016, p. 10-11.

CRIME ORGANIZADO

tará em única responsabilização. Quanto à conduta de *impedir*, poucas são as dificuldades de entendimento.

Alexandre Rorato Maciel expõe que ela significa "evitar, obstar, interromper, obstaculizar, bloquear"[22]. Assim, consumado estará o crime em estudo quando alguém dolosamente *evitar o início* ou *interromper* uma investigação de crime que envolva organização criminosa – crime material, portanto. Maior dificuldade existe na interpretação do alcance do verbo *embaraçar*. Segundo Guilherme de Souza Nucci ele quer dizer "complicar, perturbar, causar embaraço", e, embora haja sinonímia em relação a *impedir*, "(...) se pode extrair, na essência, a seguinte diferença: *impedir* é mais forte e provoca a cessação; *embaraçar* é menos intenso, significando causar dificuldade"[23]. Essa noção de que *embaraçar* abrange *qualquer dificuldade causada dolosamente* por alguém a uma *investigação* de crime que envolva organização criminosa torna, por si só, o crime excessivamente aberto e indeterminado.

Curioso notar que o legislador poderia – e deveria – ter evitado essa imprecisão, que, no mínimo, *beira* a ofensa ao princípio da *taxatividade*. E, para tanto, não existiria dificuldade alguma, na medida em que poderia adotar a recomendação trazida pelo texto disposto no artigo 23 do Decreto nº 5.015/04, que promulgou a Convenção das Nações Unidas contra o Crime Organizado Transnacional (Convenção de Palermo):

> Artigo 23 – Criminalização da obstrução à justiça
>
> Cada Estado Parte adotará medidas legislativas e outras consideradas necessárias para conferir o caráter de infração penal aos seguintes atos, quando cometidos intencionalmente:
>
> a) O recurso à força física, a ameaças ou a intimidação, ou a promessa, oferta ou concessão de um benefício indevido para obtenção de um falso testemunho ou para impedir um testemunho ou a apresentação de elementos de prova num processo relacionado com a prática de infrações previstas na presente Convenção;
>
> b) O recurso à força física, a ameaças ou a intimidação para impedir um agente judicial ou policial de exercer os deveres inerentes à sua função relativamente à prática de infrações previstas na presente Convenção. O disposto na presente

---

[22] Crime organizado: persecução penal e política criminal. Curitiba : Juruá, 2015, p. 78.

[23] Organização Criminosa. 4ª ed. Rio de Janeiro : Forense, 2019, p. 21. No mesmo sentido a lição de Alexandre Rorato Maciel ("Como se percebe, o verbo impedir possui um significado mais intenso que o verbo embaraçar. Enquanto o primeiro exprime a ideia de interrupção da investigação, o segundo se caracteriza por apenas perturbá-la" – Op. cit., p. 78) e a de Cezar Roberto Bitencourt e Paulo César Busato ("embaraçar significa obstar, estorvar, dificultar, tumultuar, confundir, perturbar ou atrapalhar investigação criminal. Dito de outra forma, dificultar é criar embaraços e vice-versa" – Comentários à lei de organização criminosa. São Paulo : Saraiva, 2014, p. 94).

alínea não prejudica o direito dos Estados Partes de disporem de legislação destinada a proteger outras categorias de agentes públicos.

Como se vê, o texto da Convenção de Palermo, referência mundial para o assunto "crime organizado", menciona *condutas claras e específicas* que configurariam o crime.

De forma totalmente oposta agiu o legislador ao criar o §1º do art. 2º da Lei 12.850/13, preferindo, resumidamente, afirmar que ocorre o crime de *impedimento* ou *embaraçamento* de investigação criminosa quando se *impede* ou *embaraça* investigação que envolve organização criminosa! Isso deixa campo excessivo para a interpretação, o que é perigoso em se tratando de Direito Penal incriminador. Sim, perigoso, pois não se pode esquecer que as consequências da tipificação da conduta de alguém nesse crime são graves, podendo ser consideradas até mesmo desproporcionais, na medida em que se previu a essa conduta exatamente a mesma elevada pena estabelecida para quem praticar o próprio crime de organização criminosa!

O texto excessivamente aberto acaba exigindo muito mais atenção aos princípios constitucionais para se evitar a punição inadequada de alguém, já que diversas condutas podem parecer embaraçar uma investigação quando, na verdade, estarão plenamente justificadas pelo ordenamento jurídico. Isso pode se dar, por exemplo, quando algum investigado se recusar a prestar depoimento ou a participar de reconstituições. Ora, é evidente que essas condutas não poderão ser consideradas criminosas, na medida em que, apesar de evidentemente dificultarem a atuação dos investigadores, ninguém pode ser obrigado a produzir prova contra si mesmo (princípio do *nemo tenetur se detegere*).

Também é preciso muita atenção ao princípio da *ampla defesa*. Conversas de um investigado com seu defensor a respeito de estratégias de defesa, por exemplo, têm que ser absolutamente livres e garantidas, por mais que, genericamente, *embaracem* a investigação!

Da mesma forma é preciso garantir que dois investigados possam ter o mesmo advogado sem que isso venha a ser visto como um *empecilho criminoso*[24]. A esse respeito, Cleber Masson e Vinícius Marçal afirmam:

> O tipo penal em exame, a nosso aviso, conta com um elemento normativo implícito, qual seja: *sem justa causa* ou *indevidamente*. Ora, por razões lógicas, não se pode pretender criminalizar, por exemplo, a conduta do advogado que, exercendo

---

[24] Assim como o ato de arrolar testemunhas que residam em local distante da investigação, pedidos de perícias, alegações de nulidades, pedidos de vista ou adiamentos de diligências etc.

CRIME ORGANIZADO

legitimamente seu múnus, venha a "embaraçar" (com requerimentos diversos em favor de seu cliente) ou mesmo a "impedir (*v.g.*: por via do "trancamento do inquérito") determinada persecução penal com o manejo de providências judiciais pertinentes. Em casos que tais, a atipicidade decorreria da excludente de ilicitude do *exercício regular do direito* ou mesmo da análise *conglobante* do tipo, haja vista que não pode ser considerada antinormativa uma atuação (advocacia) fomentada pelo Estado (CR/88, art. 133) e executada dentro dos estritos lindes da legalidade[25].

Toda essa discussão poderia ter sido evitada se a redação do tipo tivesse observado melhor a necessidade de uma descrição mais precisa a respeito das possíveis condutas criminosas e, em especial, seus meios, exatamente como previsto na Convenção de Palermo. No que tange à consumação, o núcleo *embaraçar* torna o crime formal, entendendo-se consumado quando o agente, de alguma forma, perturbar ou atrapalhar a investigação. Evidentemente, porém, será necessária a efetiva ocorrência do *embaraço*, não bastando a mera *manifestação de vontade* de alguém nesse sentido.

Relativamente à tentativa, existem três correntes.

Para a primeira, seria perfeitamente admissível, levando-se em consideração tanto o núcleo *impedir* quanto *embaraçar*. Guilherme de Souza Nucci pode ser citado como referência desta tese, sendo certo que ele mesmo salienta o quanto, na forma *embaraçar*, "torna-se mais rara a sua configuração, em particular pela expressão *de qualquer forma*"[26].

---

[25] Crime organizado. 4ª ed. Rio de Janeiro : Forense; São Paulo : Método, 2018, p. 115. Mais à frente os autores citam a lição de Cezar Roberto Bitencourt e Paulo César Busato (Comentários à Lei de Organização Crimionsa. São Paulo : Saraiva, 2014, p. 86-87): "quem promove alguma medida judicial o faz no exercício de um direito (direito de ação e direito de defesa), não se podendo, por isso, atribuir-lhe a conotação de impedir ou embaraçar, indevidamente, investigação criminal, que é o sentido do texto penal. Na verdade, impedir ou embaraçar tem efetivamente o significado de fazê-lo sem justa causa, isto é, indevidamente, não apenas quanto ao mérito, mas também e, principalmente, quanto ao modus operandi, que reflete em si mesmo um significado perturbador, desarrazoado, desrespeitoso, injusto e abusivo. [...] quem exerce regularmente um direito não comete crime, não viola a ordem jurídica, nem no âmbito civil, e muito menos no âmbito penal. É de notar que o exercício de qualquer direito, para que não seja ilegal, deve ser regular. O exercício de um direito, desde que regular, não pode ser, ao mesmo tempo, proibido pela ordem jurídica. Regular será o exercício que se contiver nos limites objetivos e subjetivos, formais e materiais impostos pelos próprios fins do Direito. Fora desses limites, haverá o abuso de direito e estará, portanto, excluída essa justificação. O exercício regular de um direito jamais poderá ser antijurídico. Qualquer direito, público ou privado, penal ou extrapenal, regularmente exercido, afasta a antijuridicidade. Mas o exercício deve ser regular, isto é, deve obedecer a todos os requisitos objetivos exigidos pela ordem jurídica".

[26] Organização Criminosa. 4ª ed. Rio de Janeiro : Forense, 2019, p. 23.

INTERVENÇÃO MÍNIMA E O CRIME DE IMPEDIR OU EMBARAÇAR A INVESTIGAÇÃO...

Cezar Roberto Bitencourt e Paulo César Busato podem representar a segunda corrente, que afirma só ser cabível a tentativa na modalidade *impedir*, entendendo *embaraçar* como uma conduta unissubsistente[27].

O terceiro entendimento afirma que a tentativa nunca seria admissível, pois estaríamos diante de um crime de atentado ou de empreendimento, de maneira que a lei puniria a consumação e a tentativa de igual forma. Cleber Masson e Vinícius Marçal indicam Gabriel Habib como representante dessa corrente, acrescentando que, para ela, "se o agente tenta impedir uma investigação de infração penal que envolva organização criminosa, mas não logra êxito por circunstâncias alheias à sua vontade, já se poderia vislumbrar uma consumada ação de embaraçamento"[28].

Parece acertado o entendimento esposado pela primeira corrente, já que, como bem expõem Claudio Bidino e Bruno Fernandes Carvalho, (...) ainda que se parta para uma interpretação ampla do núcleo verbal "embaraçar", não se pode descartar, de plano, a possibilidade de que alguém tente impedir o início ou a continuidade de uma investigação que recaia sobre crimes praticados por organização criminosa, que não consiga fazer isso por circunstâncias alheias à sua vontade e que, mesmo assim, não cause embaraço algum à investigação.[29]

Outro aspecto relevante no que concerne à tipicidade consiste na discussão a respeito do sentido do termo *investigação de infração penal que envolva organização criminosa*: abrangeria ele apenas a fase de investigação – seja por meio do legal *inquérito policial* ou dos *procedimentos de investigação criminal* regulamentados pelo Ministério Público? Ou também seria possível entender como criminosa a conduta de impedir ou embaraçar o trâmite de um *processo penal*?[30]

Para alguns, deve-se abarcar o *processo judicial* no conceito de *investigação*. Segundo Guilherme de Souza Nucci, isso se daria em razão da aplicação de uma *interpretação extensiva*. Afinal, se o *menos* é punido (perturbar mera investigação criminal), o *mais* (processo instaurado pelo mesmo motivo) também deve ser. [A interpretação extensiva é utilizada todos os dias pelos Tribunais brasileiros para suprir determinadas falhas – e não lacunas (senão seria ana-

---

[27] Op. cit., p. 93-94.

[28] Op. cit., p. 122.

[29] Reflexões sobre o crime de impedir ou embaraçar investigação de organização criminosa. Boletim IBCCRIM. São Paulo, n. 309, ago. 2018.

[30] Essa questão traz dúvida até quanto ao nomem juris do tipo, que não foi expressamente estabelecido pelo legislador: estaríamos diante do crime de obstrução à justiça? Ou deveria ele ser chamado de obstrução à investigação? Talvez impedir ou embaraçar investigação de organização criminosa?

CRIME ORGANIZADO

logia), embora provoque reações totalmente contrárias (Bitencourt e Busato, *Comentários à lei da organização criminosa*, p. 90). *Interpretar* não é suprir lacuna, mas dar o sentido real que a norma possui. Diante disso, nossa posição é, sim, sustentável, aliás, muito utilizada em várias outras questões forenses, citadas explicitamente em meu *Código Penal comentado*. Acompanham o nosso entendimento: Rogério Sanches Cunha e Ronaldo Batista Pinto (*Crime organizado*, p. 19); Cléber Masson e Vinícius Marçal (*Crime organizado*, p. 113); estes últimos citam, também, Ana Luiza Almeida Ferro, Flávio Cardoso Pereita e Gustavo Gazzola, Eduardo Luiz Santos Cabette e Marcius Tadeu Maciel Nahur].[31]

Cleber Masson e Vinícius Marçal, que, como visto, também adotam a visão esposada por Nucci, assim explicam a segunda possível interpretação, oportunidade em que indicam alguns de seus defensores. Diante da lastimável omissão do legislador, torna-se inadmissível qualquer tipo de construção hermenêutica para que o embaraço do processo judicial também tipifique essa figura delituosa, sob pena de evidente analogia *in malam partem* e consequente violação ao princípio da legalidade (é como pensa Renato Brasileiro [*Legislação criminal especial comentada*. 2.ed. Salvador : JusPodivm, 2014, P. 485-486]). Além do mais, quando a lei pretendeu se referir a "investigação" e a "instrução processual", o fez expressamente, na esteira do §5º do art. 2º da LCO, como anotam Cezar Roberto Bitencourt e Paulo César Busato [*Comentários à Lei de Organização Criminosa*: Lei 12.850/2013. São Paulo : Saraiva, 2014, p. 87][32].

Com todo respeito devido aos muitos doutos doutrinadores que defendem a possibilidade de, por *interpretação extensiva*, incluir o *processo judicial* no termo *investigação*, parece mais adequado o segundo entendimento. Isso porque, apesar dos evidentes *novos rumos da Política Criminal*[33], em que deliberadamente é buscado um inadequado afastamento do modelo de garantias penais e processuais penais, continuam sendo princípios básicos do Direito Penal a *legalidade*, a *taxatividade* da lei penal incriminadora e a *intervenção mínima*, não cabendo ao intérprete *modificar* o texto expresso de um tipo penal para abarcar condutas nele não previstas.

Lembre-se que o legislador possuía a Convenção de Palermo como parâmetro ao criar a lei 12.850/2013, e, como já visto, o artigo 23 daquele documento fala expressamente em *processo* e, mesmo esse termo, no original, já abrangendo *investigação* e *instrução processual*, expressamente se fez constar como criminosa a atuação contra um *agente policial*, deixando ainda mais explícito

---

[31] Organização Criminosa. 4ª ed. Rio de Janeiro : Forense, 2019, p. 21.

[32] Crime organizado. 4ª ed. Rio de Janeiro : Forense; São Paulo : Método, 2018, p. 114.

[33] Termo de André Luis Callegari, como visto no tópico 4.

que as duas fases deveriam estar *expressamente previstas* para que a conduta pudesse ser considerada criminosa. Mesmo diante dessa orientação, o art. 2º, §1º, da Lei 12.850/13 é de uma clareza solar: ele pune apenas aquele que, de qualquer forma, impede ou embaraça a *investigação* de infração penal que envolva organização criminosa.

Certa ou errada, essa foi a escolha do legislador! Não cabe, em hipótese alguma, aos intérpretes modifica-la! O legislador não disse *menos do que queria dizer*. Não! tanto que ele, no §5º do mesmo artigo, assim previu: Se houver indícios suficientes de que o funcionário público integra organização criminosa, poderá o juiz determinar seu afastamento cautelar do cargo, emprego ou função, sem prejuízo da remuneração, quando a medida se fizer necessária à *investigação* ou *instrução processual*[34].

É evidente, repita-se, que o legislador, em *tipo incriminador*, fez uma opção deliberada, e ela não pode ser alterada para abranger algo que doutrina, Ministério Público, Judiciário ou qualquer outra pessoa ou entidade desejariam que fosse crime, mas não é! Como salientaram Cezar Roberto Bitencourt e Paulo César Busato na obra acima referida, o legislador bem conhece a diferença entre *investigação* e *instrução processual*, de forma que o texto incriminador não pode ser ampliado sem que se reconheça uma analogia *in malam partem*, totalmente incompatível com nosso ordenamento[35].

Curioso notar que o próprio Guilherme de Souza Nucci, relativamente ao crime de *calúnia*, ensina corretamente o seguinte: não pode haver calúnia ao se atribuir a terceiro, falsamente, a prática de contravenção, pois o tipo penal menciona unicamente *crime*. Trata-se de tipo incriminador, de interpretação restritiva. Nesse caso, pode-se falar em difamação.[36]

---

[34] Destacado.

[35] A respeito, cite-se lição de Guilherme de Souza Nucci sobre analogia: "(...) é um processo de autointegração, criando-se uma norma penal onde, originalmente, não existe. (...) O emprego de analogia não se faz por acaso ou por puro arbítrio do intérprete; há significado e lógica na utilização da analogia para o preenchimento de lacunas no ordenamento jurídico. Cuida-se de uma relação qualitativa entre um fato e outro. Entretanto, se noutros campos do Direito a analogia é perfeitamente aplicável, no cenário do Direito Penal ela precisa ser cuidadosamente avaliada, sob pena de ferir o princípio constitucional da legalidade (não há crime sem lei que a defina; não há pena sem lei que a comine). Assim sendo, não se admite a analogia in malam partem, isto é, para prejudicar o réu. (...) Deve, sim, permanecer vedada no âmbito penal. Exemplo dessa espécie de analogia seria a construção do tipo penal de assédio moral (crime inexistente) por semelhança à situação do assédio sexual, prevista no art. 216-A" (Manual de Direito Penal. 14ª ed. Rio de Janeiro : Forense, 2018, p. 42-43.

[36] Manual de Direito Penal. 14ª ed. Rio de Janeiro : Forense, 2018, p. 676.

CRIME ORGANIZADO

Muito respeitosamente se afirma que, assim como o crime de calúnia, o tipo ora em comento é *incriminador* e igualmente merece *interpretação restrita*, não havendo espaço algum para interpretação extensiva justamente em razão dos princípios já referidos, ainda mais se considerando o quanto ele é aberto relativamente às condutas típicas.

5. Do Bem Jurídico Tutelado pelo art. 2º, §1º, da Lei 12.850/13

A análise do bem jurídico tutelado pelo art. 2º, §1º, da Lei 12.850/13 e a forma como ele já era protegido antes de 2013 demonstra mais uma razão para que se entenda que o legislador andou muito mal ao estabelece-lo de forma tão aberta e, também, que a doutrina se afasta das garantias constitucionais ao ampliar o entendimento de *investigação* para abranger o *processo*.

A doutrina pacificamente aponta a *administração da justiça* como objeto de tutela jurídica do tipo[37], sendo certo que essa locução, no Direito Penal, é tomada em seu sentido *lato*, "como atividade da justiça teleologicamente considerada"[38]. Ocorre que ao se observar o já analisado e transcrito, no tópico 5, artigo 23 da Convenção de Palermo, percebe-se que as condutas internacionalmente consideradas como dignas de tutela penal no que concerne ao risco à *administração da justiça* já estavam devidamente previstas no Código Penal.

Os crimes de *resistência* (art. 329), *desobediência* (art. 330), *denunciação caluniosa* (art. 339), *comunicação falsa de crime ou de contravenção* (art. 340), *auto-acusação falsa* (art. 341), *falso testemunho ou falsa perícia* (arts. 342 e 343), *coação no curso do processo* (art. 344), *fraude processual* (art. 347), *favorecimento pessoal* (art. 348) e *favorecimento real* (art. 349), dentre outros, certamente já tutelavam, há anos, a *administração da justiça* de maneira muito mais precisa e proporcional. Não estava o bem jurídico, assim, desprotegido. As atividades dignas de repressão por meio do Direito Penal já haviam sido devidamente identificadas e tipificadas, em estrita obediência aos princípios constitucionais.

O legislador, porém, cedendo à sempre tentadora utilização do Direito Penal para *dar resposta* ao *clamor público por justiça*, pelo *fim da impunidade*, ignorou não apenas os princípios da taxatividade e intervenção mínima, como também a própria legislação criminal já existente. Achasse o legislador que as penas dos referidos crimes eram baixas no caso de investigações sobre organizações criminosas, bastaria acrescentar causas de aumento de pena específicas neles e não haveria crítica alguma quanto à tipicidade.

---

[37] Por todos: Cleber Masson e Vinicius Marçal (Crime Organizado. 4ª ed. Rio de Janeiro : Forense; São Paulo : Método, 2018, p. 114) e Guilherme de Souza Nucci (Organização Criminosa. 4ª ed. Rio de Janeiro : Forense, 2019, p. 21).

[38] PRADO, Luiz Regis. Curso de direito penal brasileiro. 13ª ed. São Paulo : RT, 2014, p. 1469.

Lamentavelmente, porém, preferiu o legislador inovar e, assim, *data maxima venia* desrespeitou princípios caríssimos ao nosso ordenamento, trazendo, como sucintamente visto, muito mais problemas do que soluções.

Conclusões

Diante do exposto, destacam-se as seguintes conclusões:

1. Tanto os princípios explícitos quanto os implícitos são fundamentais para que um sistema jurídico tenha lógica e eficácia. Quando se ofende um princípio, todo o sistema fica em risco.

2. A *intervenção mínima*, um dos princípios não explícitos do Direito Penal, se constitui em importante mecanismo de controle dos legisladores, que devem estar atentos a apenas preverem tipos penais estritamente necessários à tutela de bens jurídicos fundamentais.

3. Mesmo quando um bem jurídico fundamental – como a *administração da justiça* – esteja em risco, é preciso avaliar se já não existe tutela adequada no ordenamento, tanto por meio do Direito Penal quanto por outros ramos. Se já existirem, nova tutela pode ser inadequada, em especial quando tipos excessivamente abertos forem utilizados.

4. O texto do art. 2º, §1º, da Lei 12.850/13 se constitui em clara demonstração dos tristes *novos rumos da política criminal*, em que o apelo à ampliação da atuação do Direito Penal se mostra constante, especialmente mediante ofensa aos princípios da intervenção mínima e da taxatividade.

5. Embora não exista dúvida quanto à necessidade de se garantir livre investigação e instrução processual de fatos relativos às organizações criminosas, a amplitude na interpretação do art. 2º, §1º, da lei 12.850/2013, aliada a sua pena desproporcional, fazem com que se torne muitas vezes temerária sua aplicação, o que seria facilmente evitado pela observação mais atenta dos princípios referidos.

Referências

AZEVEDO, André Boiani e. Assédio Sexual – Aspectos Penais. Curitiba : Juruá, 2005.

AZEVEDO, David Teixeira de. Dosimetria da Pena : causas de aumento e diminuição. São Paulo : Malheiros, 1998.

BATISTA, Nilo. Introdução crítica ao Direito Penal brasileiro. 4ª ed. Rio de Janeiro : Revan, 1999.

BIANCHINI, Alice. Pressupostos materiais mínimos da tutela penal. São Paulo : Revista dos Tribunais, 2002.

BIDINO, Claudio; CARVALHO, Bruno Fernandes. Reflexões sobre o crime de impedir ou embaraçar investigação de organização criminosa. Boletim IBCCRIM. São Paulo, n. 309, ago. 2018.

CRIME ORGANIZADO

BITENCOURT, Cezar Roberto. Tratado de Direito Penal – parte geral. 14ª ed. São Paulo: Saraiva, 2009.

BITENCOURT, Cezar Roberto; BUSATO, Paulo César. Comentários à lei de organização criminosa. São Paulo : Saraiva, 2014.

CALLEGARI, André Luís. Crime Organizado – Tipicidade – Política Criminal – Investigação e Processo – Brasil, Espanha e Colômbia. 2ª ed. Porto Alegre : Livraria do Advogado, 2016.

DOTTI, René Ariel. Curso de Direito Penal: Parte Geral. Rio de Janeiro : Forense, 2002.

FRANCO, Alberto Silva. Crimes Hediondos. 4ªed. São Paulo : RT, 2000.

HUNGRIA, Nelson. Comentários ao Código Penal. 4ª ed. Rio de Janeiro : Forense, 1980, v. VII.

LUISI, Luiz. Os princípios constitucionais penais. Porto Alegre : Sergio Antonio Fabris, 1991.

MACIEL, Alexandre Rorato. Crime organizado: persecução penal e política criminal. Curitiba : Juruá, 2015.

MASSON, Cleber; MARÇAL, Vinícius. Crime organizado. 4ª ed. Rio de Janeiro : Forense; São Paulo : Método, 2018.

MELLO, Celso Antonio Bandeira de. Curso de Direito Administrativo. 5ª ed. São Paulo: Malheiros, 1994.

NUCCI, Guilherme de Souza. Manual de Direito Penal. 14ª ed. Rio de Janeiro : Forense, 2018.

NUCCI, Guilherme de Souza. Organização Criminosa. 4ª ed. Rio de Janeiro : Forense, 2019.

PRADO, Luiz Regis. Bem Jurídico-Penal e Constituição. 2ªed. São Paulo : Revista dos Tribunais, 1997.

PRADO, Luiz Regis. Curso de direito penal brasileiro. 13ª ed. São Paulo : Revista dos Tribunais, 2014.

PRADO, Luiz Regis; Carvalho, Érika Mendes de. Curso de Direito Penal brasileiro – Volume I – Parte Geral. 3ª ed. em e-book baseada na 15ª ed. impressa. São Paulo : Editora Revista dos Tribunais, 2017.

REALE, Miguel. Filosofia do Direito. 17ª ed. São Paulo : Saraiva, 1999.

ROBERTI, Maura. A intervenção mínima como princípio no Direito Penal Brasileiro. Porto Alegre : Sergio Antonio Fabris, 2001.

ROXIN, Claus. Problemas fundamentais de Direito Penal. Trad. Ana Paula dos Santos Luís Natscheradetz. 3ª ed. Lisboa : Veja, 1998.

TOLEDO, Francisco de Assis. Princípios básicos de Direito Penal. 5ª ed. São Paulo : Saraiva, 1999.

ZAFFARONI, Eugenio Raúl; PIERANGELI, José Henrique. Manual de Direito Penal Brasileiro: parte geral. 11ª ed. São Paulo : Revista dos Tribunais, 2015.

24
Artigo 20, da Lei 12850/13
– Violação do Sigilo nas Investigações

EDSON LUZ KNIPPEL

1. Noções introdutórias

O artigo 1º, § 1º, da Lei 12850/13 conceitua organização criminosa nos seguintes termos: "associação de 4 (quatro) ou mais pessoas estruturalmente ordenada e caracterizada pela divisão de tarefas, ainda que informalmente, com objetivo de obter, direta ou indiretamente, vantagem de qualquer natureza, mediante a prática de infrações penais cujas penas máximas sejam superiores a 4 (quatro) anos, ou que sejam de caráter transnacional".

Sendo assim, é possível extrair da definição apresentada acima os seguintes elementos: vínculo entre pessoas; tarefas previamente divididas; caráter transnacional, objetivo de lucro ou de qualquer espécie de vantagem e a prática de infrações penais cuja pena máxima em abstrato ultrapasse o limite de quatro anos.

Porém, certo que é que a norma penal explicativa em comento recebe críticas doutrinárias. Como ilustração, é possível extrair do magistério de Alberto Silva Franco outros elementos que deveriam compor o conceito do instituto em apreço, a seguir delineados: a organização se vale de deficiências do sistema penal, causa dano social elevado, emprega tecnologia moderna e mantém relações políticas, de poder e econômicas com outras organizações criminosas e com o próprio Estado, por meio de agentes públicos[1].

A partir dessa relação de elementos, é possível extrair uma das principais características das organizações criminosas, que repousa sobre a sua cone-

---

[1] Um difícil processo de tipificação. *Boletim IBCCRIM, São Paulo, n. 21, p.05, set. 1994.*

CRIME ORGANIZADO

xão funcional ou estrutural com o Poder Público. Trata-se da criminalidade organizada endógena.

Nos dizeres de Guaracy Mingardi, organizações criminosas endógenas

"(...) são aquelas que nascem dentro de determinadas instituições, visando aproveitar vantagens ilegais que não estão acessíveis aos "de fora". Normalmente são geradas dentro do aparelho estatal, mas em alguns casos aparecem em empresas. Atuam em desvio de dinheiro público, corrupção, favorecimento etc"[2].

Portanto, tais organizações criminosas atuam no interior do aparato estatal e auxiliam grupos e pessoas que visam atingir vantagem ilícita. Trata-se de uma simbiose com o Estado.

Embora seja muito comum relacionar a organização criminosa com a criminalidade violenta, certo é que outros tipos de delitos podem ser praticados a partir do modelo aqui apontado.

Os crimes em licitações, a lavagem de capitais, a corrupção nas modalidades ativa e passiva, bem como outras infrações penais econômicas ou corporativas também podem ser perpetrados de forma organizada[3].

Joama Cristina Almeida Dantas pesquisou este assunto e aduziu o seguinte:

O crime organizado endógeno no Brasil encontra expressão, entre outras práticas de desvio de verbas públicas, na corrupção em licitações públicas. O procedimento licitatório ao posicionar de um lado, agentes públicos e, do outro, fornecedores privados interessados na prestação de bens ou serviços ao Estado, possibilita trocas e desvio de recursos públicos. A iniciativa corruptora pode partir tanto dos agentes públicos quanto dos licitantes. Estes geralmente oferecem benefícios privados em troca da adjudicação do objeto licitado, enquanto aqueles se valem de sua posição privilegiada para, através do oferecimento de vantagens na competição, obterem proveitos pessoais. Do conluio entre agentes públicos e privados resulta a repartição da verba surrupiada dos cofres públicos[4].

---

[2] O trabalho da inteligência no controle do crime organizado. Estudos avançados 21 (61). 2007. Disponível em http://www.scielo.br/pdf/ea/v21n61/a04v2161.pdf. Acessado em 04 de fevereiro de 2017, p. 4.

[3] Edson Luz Knippel. O crime de dispensa ou inexigibilidade ilegal de licitação (artigo 89, lei federal 8.666/93) e sua relação com o crime organizado in Direito Penal Econômico: temas essenciais para a compreensão da macrocriminalidade atual. Organizadores: Fernando Gentil Gizzi de Almeida Pedroso e Luiz Eduardo Camargo Outeiro Hernandes. Salvador, Jus Podivm, 2017, p. 509-528.

[4] Crime organizado endógeno: a manifestação da corrupção na Administração Pública e seu impacto no desenvolvimento. Disponível em http://www.publicadireito.com.br/artigos/?cod=64926740435be6cb. Acessado em 04 de fevereiro de 2017.

Como exemplo do que foi aqui desenvolvido, deve ser apontada a pesquisa realizada pela Transparência Brasil e a Kroll – The Risk Consulting Company, apontou que 70% das empresas consultadas já se sentiram compelidas a contribuir para campanhas eleitorais[5].

Sendo assim, como em qualquer modalidade de crime organizado, a prevenção, a repressão e o controle de sua prática passam pela inteligência criminal.

De acordo com Guaracy Mingardi, esta não se confunde com investigação ou mera coleta de dados. A finalidade precípua é obter conhecimento para influir no processo decisório, na área da segurança pública. Possui natureza opinativa e os resultados são alcançados de médio a longo prazo. Suas principais aplicações são prever tendências de criminalidade, identificando os possíveis desdobramentos do crime; apontar as lideranças e os membros considerados como chave das organizações criminosas; monitoramento de suas atividades e de sua rotina e identificação dos pontos fracos e informantes em potencial[6].

2. Investigação Criminal e Meios de Obtenção de Prova: observância do sigilo.

Além disso, a própria lei 12850/13 previu formas específicas de investigação criminal e os meios de obtenção de prova. No âmbito deste artigo nos interessa mencionar duas delas, quais sejam a ação controlada (artigo 8º) e a infiltração de agentes (artigo 10).

Recentemente, esta lei foi modificada pela Lei 13964, de 24 de dezembro de 2019, especialmente no que se refere aos meios de obtenção de prova (colaboração premiada e infiltração virtual de agentes).

A ação controlada, também chamada de flagrante diferido, postergado ou adiado, consiste em retardar a intervenção policial relativa à prática de organização criminosa, com o objetivo de que esta aconteça em momento mais eficaz à formação de provas e obtenção de informações, desde que a atividade do grupo seja mantida sob observação e acompanhamento.

Insta salientar que, nos termos do artigo 8º, § 1º, da Lei 12850/13, não é necessária autorização judicial, bastando que a Autoridade Policial comunique o juiz competente.

---

[5] Transparência Brasil e a Kroll – The Risk Consulting Company. Fraude e Corrupção no Brasil: a perspectiva do setor privado. 2002, p. 7. Disponível em http://www.transparencia.org.br/docs/kroll-final.pdf. Acesso em 04 de fevereiro de 2017.

[6] *Idem, ibidem*, p. 10 a 13.

CRIME ORGANIZADO

Esse é o posicionamento majoritário na doutrina e na jurisprudência. Por todos, verifique-se o que diz Renato Brasileiro de Lima:

> A nova Lei das Organizações Criminosas em momento algum faz menção à necessidade de prévia autorização judicial. Refere-se tão somente à necessidade de prévia comunicação à autoridade judiciária competente. Aliás, até mesmo por uma questão de lógica, se o dispositivo legal prevê que o retardamento da intervenção policial ou administrativa será apenas comunicado previamente ao juiz competente, forçoso é concluir que sua execução independe de autorização judicial. (...) A nosso juízo, a eficácia da ação controlada pode ser colocada em risco se houver necessidade de prévia autorização judicial, haja vista a demora inerente à tramitação desses procedimentos perante o Poder Judiciário[7].

Entretanto, também é cediço que, se for o caso, o magistrado estabeleça os limites da referida ação, comunicando o Ministério Público.

Já no que diz respeito a infiltração de agentes, Nilson Feitoza assim a define:

> (...) a introdução de agente público, dissimuladamente quanto à finalidade investigativa (provas e informações) e/ou operacional ("dado negado" ou de difícil acesso) em quadrilha, bando, organização criminosa ou associação criminosa ou, ainda, em determinadas hipóteses (como crimes de drogas), no âmbito social, profissional ou criminoso do suposto autor de crime, a fim de obter provas que possibilitem, eficazmente, prevenir, detectar, reprimir ou, enfim, combater a atividade criminosa deles[8].

Do próprio artigo 10, da Lei 12850/13 conclui-se que, ao contrário do que se verifica na ação controlada, a infiltração de agentes deve ser autorizada pela autoridade judicial, após representação do delegado de polícia ou requerimento do Ministério Público, com manifestação técnica prévia do delegado.

A partir da Lei 13964/19 existe uma disciplina jurídica acerca da infiltração virtual de agentes, desde que observados os mesmos requisitos para a medida física. Esta lei introduziu o artigo 10-A, na Lei de Organizações Criminosas. A infiltração será autorizada pelo prazo de até 6 (seis) meses, sem prejuízo de eventuais renovações, mediante ordem judicial fundamentada e desde que o total não exceda a 720 (setecentos e vinte) dias e seja comprovada sua necessidade.

---

[7] Legislação Especial Criminal Comentada. 4. ed. Salvador: Juspodivm, 2016, pp. 560-561.

[8] Direito processual penal: teoria, crítica e práxis. 6ª. ed. rev., ampl. e atual. Niterói: Impetus, 2009, p. 820

ARTIGO 20, DA LEI 12850/13 – VIOLAÇÃO DO SIGILO NAS INVESTIGAÇÕES

Importante ressaltar que não comete crime o policial que oculta a sua identidade para, por meio da internet, colher indícios de autoria e materialidade dos crimes previstos na Lei de Organizações Criminosas.

De tudo que foi aqui exposto, é de se aferir que tanto a ação controlada como a infiltração de agentes policiais são medidas sobre as quais deve recair sigilo, sob pena de comprometer estes meios de obtenção de prova.

Danielle Souza de Andrade e Silva Cavalcanti aponta as razões pelas quais se deve manter o sigilo nas investigações criminais:

> A instituição do sigilo, de modo geral, obedece a determinadas razões, as quais se podem agrupar em quatro ordens: a) realizar uma investigação isenta e independente, alheia à intromissão de terceiros e a especulações que perturbem a serenidade dos agentes envolvidos; b) impedir que o suspeito ou investigado, conhecendo antecipadamente fatos e provas, tumultuem a investigação, dificultando a reunião de indícios, quando a tanto se mostrarem, de forma objetiva, propensos; c) evitar que, pela divulgação de fatos que podem não vir a ser provados, crie-se um juízo negativo sobre o investigado; d) obstar que outros sujeitos da investigação criminal, como os presumíveis ofendidos, tenham revelados fatos prejudiciais à sua honra e reputação social[9].

Nesse contexto, é o que dispõe o artigo 23, da Lei 12850/13, reproduzido a seguir em sua totalidade:

> O sigilo da investigação poderá ser decretado pela autoridade judicial competente, para garantia da celeridade e da eficácia das diligências investigatórias, assegurando-se ao defensor, no interesse do representado, amplo acesso aos elementos de prova que digam respeito ao exercício do direito de defesa, devidamente precedido de autorização judicial, ressalvados os referentes às diligências em andamento.
>
> Parágrafo único. Determinado o depoimento do investigado, seu defensor terá assegurada a prévia vista dos autos, ainda que classificados como sigilosos, no prazo mínimo de 3 (três) dias que antecedem ao ato, podendo ser ampliado, a critério da autoridade responsável pela investigação.

Portanto, observa-se que existe relação intrínseca entre os institutos da ação controlada e da infiltração de agentes policiais com a norma que obriga sigilo acerca da investigação criminal instaurada para apurar a prática de delitos relacionados a organizações criminosas.

---

[9] O sigilo na investigação criminal e o foro por prerrogativa de função. Revista CEJ, Brasília, Ano XXI, n. 71, p. 100-108, jan./abr. 2017, pp. 100-108.

CRIME ORGANIZADO

E para resguardar o sigilo aqui exposto, o legislador criou uma figura penal, no artigo 20, da Lei 12850/13, inserto na seção relacionada aos crimes ocorridos na investigação e obtenção de prova:

> Art. 20. Descumprir determinação de sigilo das investigações que envolvam a ação controlada e a infiltração de agentes:
> Pena – reclusão, de 1 (um) a 4 (quatro) anos, e multa.

Na ausência de nomen juris, será empregada a denominação doutrinária de violação de sigilo de nas investigações.

A partir desse ponto, será analisada a norma penal incriminatórias acima transcrita.

3. Crime de violação de sigilo nas investigações (artigo 20, da Lei 12850/13)

O objeto jurídico do crime em testilha repousa sobre a moralidade, a probidade e o prestígio da Administração Pública. O sigilo é tutelado com o escopo de assegurar a fidelidade do funcionário público, no que diz respeito a investigação criminal e obtenção de provas nos delitos praticados por organizações criminosas.

Tendo em vista que se trata de norma penal especial, somente diz respeito ao sigilo na investigação de tais crimes.

Na posição de sujeito ativo figura o policial que possui ciência do segredo em razão do cargo ou da função pública que ocupa. Trata-se, portanto, de crime funcional. Uma vez que o delito reclama qualidade especial do agente, é forçoso admitir que é classificado doutrinariamente como crime próprio.

Porém, a ressalva levada a termo por Cezar Roberto Bittencourt merece ser trazida à baila. Isso porque a qualidade especial não está ancorada simplesmente no fato de o agente ser funcionário público. E sim na natureza de sua atividade funcional em razão da qual detém a ciência do sigilo[10].

À guisa de ilustração, pode praticar o crime em comento o delegado de polícia, o escrivão, o agente policial, dentre outros.

Por ser crime próprio, nada impede que se estabeleça concurso de agentes, seja na modalidade da coautoria, seja na forma da participação.

Na condição de sujeito passivo está a Administração Pública, particularizada na Administração da Justiça, que é a titular do bem jurídico.

Quanto a conduta, é relevante destacar que o núcleo do tipo é *descumprir*. Este vocábulo traduz a ideia de deixar de cumprir a obrigação de resguardar

---

[10] Revista Magister de Direito Penal e Processual Penal, Porto Alegre, v. 10, n. 59, abr./maio. 2014, p. 7.

ARTIGO 20, DA LEI 12850/13 – VIOLAÇÃO DO SIGILO NAS INVESTIGAÇÕES

o sigilo imposto no artigo 23, da Lei 12850/13, que é de todo relacionado a investigação criminal e aos meios de obtenção de prova das infrações penais praticadas por organizações criminosas.

Existe na espécie flagrante infração de dever legal, relacionada ao sigilo funcional específico, nos limites aqui expostos.

Tendo em vista que se trata de crime de forma livre, o verbo *descumprir* pode ser praticado por qualquer meio executório. E a proteção recai sobre qualquer forma de segredo, seja ele oral ou documental.

De igual modo não importa se o segredo tenha origem legal ou judicial, sendo certo que somente vigorará na fase policial.

Se o sigilo for violado na fase processual, outro delito poderá restar configurado. Conclusão idêntica deve se chegar se a violação de sigilo recair sobre outra forma de investigação criminal ou obtenção de prova que não esteja relacionado com a ação controlada ou a infiltração de agentes.

Mas é imprescindível que tal segredo tenha sido obtido em razão da função policial que exerce.

É relevante apontar que o delito em apreço é classificado como norma penal em branco em sentido amplo, tendo em vista que o preceito primário não é suficiente para tornar apta a aplicação da norma.

É necessário que seja buscado o complemento na própria norma, que no caso é a Lei 12850/13, para que sejam verificados os contornos do sigilo mencionado no tipo penal.

O tipo penal em questão reclama o dolo, consubstanciado na vontade livre e consciente de descumprir a determinação de sigilo, nos termos já expostos anteriormente. Esta vontade deve ser revestida da consciência do agente acerca do sigilo que se impõe sobre as atividades policiais de ação controlada e de infiltração de agentes e de que o seu dever funcional o impede de revelá-lo[11].

O dolo é genérico, eis que a norma é silente quanto a qualquer finalidade específica. A forma culposa não é punida.

O crime em exame é classificado como formal. Isso porque para a consumação delitiva é suficiente a prática da conduta descumprir, não sendo necessária a obtenção de qualquer resultado naturalístico.

Em consequência, para que seja alcançada a consumação, basta que o agente revele a existência ou que antecipe a realização de qualquer diligência inerente a ação controlada ou da infiltração de agentes.

Caracterizada qualquer lesão que implique na ineficácia dos meios de obtenção de prova mencionados acima, haverá mero exaurimento.

[11] *Idem, ibidem*, p. 8.

CRIME ORGANIZADO

No que tange a tentativa, a doutrina majoritária entende que é cabível, embora seja de difícil configuração. Dependerá do meio empregado para a prática da conduta incriminada, qual seja, *descumprir*. Se o meio utilizado for escrito, por exemplo, poderá ser configurada a modalidade da *conatus*.

A ação penal é pública incondicionada.

Por fim, no tocante a pena, o legislador previu reclusão, de 1 a 4 anos, além da sanção pecuniária.

Em tese, respeitados os requisitos legais, será admitida a suspensão condicional do processo, nos termos do artigo 89, da Lei 9099/95. Sobrevindo condenação, a depender do cumprimento dos requisitos inerentes, poderá ser aplicado regime aberto, bem como a pena privativa de liberdade poderá ser substituída por pena restritiva de direitos.

4. Confrontos típicos

Conforme salientado anteriormente, somente haverá subsunção no artigo 20, da Lei 12850/13 se a conduta consistir no descumprimento da determinação de sigilo das investigações sobre organizações criminosas que envolvam os meios de obtenção de provas consistentes em ação controlada e infiltração de agentes.

Se o descumprimento do sigilo não estiver adequado tipicamente aos contornos mencionados acima, poderá ser o caso de se valer de outro tipo penal.

No Código Penal é prevista modalidade de violação de sigilo que é passível de incidência, se os elementos especiais do artigo 20, da Lei 12850/13 não estiverem devidamente cumpridos.

Deverá o intérprete se debruçar sobre a possível configuração do crime de violação do sigilo funcional (artigo 325, do Código Penal).

Sendo assim, se o sigilo determinado não versar sobre ação controlada ou infiltração de agentes, ou ainda, se o descumprimento se der em fase judicial, o crime será este, previsto no Código Penal.

5. Considerações Finais

Após a pesquisa bibliográfica e a análise levada a termo, foram extraídas as seguintes conclusões:

1. O conceito de organização criminosa possui importante elemento, consistente na relação desta com o Estado, por meio de seus agentes públicos.
2. A ação controlada e a infiltração de agentes, meios de obtenção de prova, possuem em comum a necessidade de que o policial preserve

o sigilo sobre a sua existência, bem como sobre as diligências a elas relacionadas.

3. A tutela penal que recai sobre o referido sigilo está tipificada no artigo 20, da Lei 12850/13. Somente restará configurada se o segredo estiver relacionado com a investigação de organização criminosa, mais especificamente no que diz respeito a ação controlada e a infiltração de agentes.

4. Na ausência de um dos elementos especiais contidos no artigo 20, da Lei 12850/13, caberá ao intérprete verificar a possível incidência do artigo 325, do Código Penal.

6. Referências

BITTENCOURT. Cezar Roberto. Revista Magister de Direito Penal e Processual Penal, Porto Alegre, v. 10, n. 59, abr./maio. 2014, p. 7.

CAVALCANTI, Danielle Souza de Andrade e Silva. O sigilo na investigação criminal e o foro por prerrogativa de função. Revista CEJ, Brasília, Ano XXI, n. 71, p. 100-108, jan./abr. 2017, pp. 100-108.

DANTAS, Joama Cristina Almeida. Crime organizado endógeno: a manifestação da corrupção na Administração Pública e seu impacto no desenvolvimento. Portal Publica Direito. Disponível em http://www.publicadireito.com.br/artigos/?cod=64926740435be6cb. Acessado em 04 de fevereiro de 2017.

FEITOZA, NIlson. Direito processual penal: teoria, crítica e práxis. 6ª. ed. rev., ampl. e atual. Niterói: Impetus, 2009, p. 820

FRANCO, Alberto Silva. Um difícil processo de tipificação. Boletim IBCCRIM, São Paulo, n. 21, p.05, set. 1994.

KNIPPEL, Edson Luz. O CRIME DE DISPENSA OU INEXIGIBILIDADE ILEGAL DE LICITAÇÃO (ARTIGO 89, LEI FEDERAL 8.666/93) E SUA RELAÇÃO COM O CRIME ORGANIZADO in Direito Penal Econômico: temas essenciais para a compreensão da macrocriminalidade atual. Organizadores: Fernando Gentil Gizzi de Almeida Pedroso e Luiz Eduardo Camargo Outeiro Hernandes. Salvador, Jus Podivm, 2017, p. 509-528.

LIMA, Renato Brasileiro de. Legislação Especial Criminal Comentada. 4. ed. Salvador: Juspodivm, 2016.

MINGARDI, Guaracy. O trabalho da inteligência no controle do crime organizado. Estudos avançados 21 (61). 2007. Disponível em http://www.scielo.br/pdf/ea/v21n61/a04v2161.pdf. Acessado em 04 de fevereiro de 2017.

TRANSPARÊNCIA BRASIL E KROLL – The Risk Consulting Company. Fraude e Corrupção no Brasil: a perspectiva do setor privado. 2002. Disponível em http://www.transparencia.org.br/docs/kroll-final.pdf. Acesso em 04 de fevereiro de 2017.

25
A Atividade de Inteligência de Segurança Pública

RICARDO AMBROSIO FAZZANI BINA

Introdução

A atividade de inteligência é desenvolvida pelo Homem há muito tempo, desde os primórdios das civilizações. No século IV a.C. tomou-se conhecimento de uma obra chamada – "A Arte da Guerra" (em chinês: 孫子兵法; pinyin: sūn zǐ bīng fǎ, literalmente "Estratégia Militar de Sun Tzu"). Essa obra é um tratado militar que teria sido escrito durante o século IV a.C. pelo estrategista conhecido como Sun Tzu. O tratado é composto por treze capítulos, cada qual abordando um aspecto da estratégia de guerra, de modo a compor um panorama de todos os eventos e estratégias que devem ser abordados em um combate racional. Acredita-se que o livro tenha sido usado por diversos estrategistas militares através da história como Napoleão e Mao Tse Tung, entre outros.

O décimo terceiro capítulo da obra discorre sobre a "Utilização de agentes secretos", que em algumas traduções recebeu o título "Sobre o uso de espiões". Nesse capitulo destaca o autor a importância de conhecer o inimigo e de utilizar técnicas dissimuladas para obter informações do terreno, das provisões, quantidade de soldados inimigos, infraestrutura e equipamentos de combate, entre outros elementos considerados por um general fundamental conhecer para poder travar uma batalha com segurança.

Fala-se ainda da importância dos agentes de inteligência e acaba por definir os primeiros tipos de espiões ou agentes secretos: o **espião local** que é contratado dentre a população de uma região em que as operações são planejadas; o **espião infiltrado** que é contratado entre os oficiais de um regime contrário; o **espião reverso** que é um agente duplo, contratado dentre espiões

CRIME ORGANIZADO

inimigos; o **espião morto** que é o que recebe a missão de levar informações falsas e o **espião vivo** é o que vem e vai com informações.

Claro que muitos elementos não podem ser trazidos ao nosso mundo jurídico atual, mas alguns permitem adaptações, como o recrutamento que seria um típico espião local. Até o advento da Lei n. 12.850/13, admitia-se na revogada Lei n. 9034/95 a infiltração de agentes de inteligência. Atualmente, apenas agentes policiais podem figurar como infiltrado. Ainda assim, treinamento em técnicas de operações de inteligências, inteligência e contrainteligência são imprescindíveis para a consecução das atividades de qualquer agente infiltrado.

Hoje a atividade de inteligência vem se tornando cada vez mais uma ferramenta imprescindível para o desempenho eficaz do combate à criminalidade moderna. Cito um autor sociólogo e estudioso da criminalidade organizada. *"Enquanto vivermos num mundo onde uma filosofia de soberania do século XII é reforçada por um modelo judiciário do século XVIII, defendido por um conceito de combate ao crime do século XIX que ainda está tentando chegar a um acordo com a tecnologia do século XX, o século XXI pertencerá aos criminosos". Jeffrey Robinson* ("A globalização do crime")

O emprego da atividade de inteligência vem sendo uma das melhores ferramentas de combate às organizações criminosas em todo o mundo, por não trabalhar apenas nas consequências que acabam sendo os crimes locais e comuns, mas por alcançar as causas do crime organizado que são suas finanças e o aspecto econômico, social e político dessas organizações. Abordaremos adiante os conceitos e classificações das atividades de inteligência, contrainteligência, operações de inteligência, a metodologia de produção de conhecimento e traremos um paralelo à atividade fim das Polícias Judiciárias que é a investigação criminal. Atualmente, a atividade de inteligência está incorporada em órgãos de segurança pública, de planejamento, de fiscalização, de controle interno, entre outros, de forma que sua aplicação tem sido uma forma de enfrentar a criminalidade do Século XXI com sistemas jurídicos de repressão do século passado.

1. Inteligência e a Atividade de Inteligência

Inteligência[1] vem do latim *intelligere* que significaria inteligir, entender, compreender. Composto de *íntus* = dentro e *lègere* = recolher, escolher, ler, tem sido definida popularmente e ao longo da história de muitas formas diferentes, tais como em termos da capacidade de alguém/algo para lógica, abstração,

---

[1] https://pt.wikipedia.org/wiki/Intelig%C3%AAncia

memorização, compreensão, autoconhecimento, comunicação, aprendizado, controle emocional, planejamento e resolução de problemas.

Segundo o dicionário Houaiss[2], inteligência é: 1. faculdade de conhecer, compreender e aprender; 2. conjunto de funções psíquicas e psicofisiológicas que contribuem para o conhecimento, para a compreensão da natureza das coisas e do significado dos fatos ; 3. capacidade de apreender e organizar os dados de uma situação, em circunstâncias para as quais de nada servem o instinto, a aprendizagem e o hábito; capacidade de resolver problemas e empenhar-se em processos de pensamento abstrato; 4. percepção clara e fácil; habilidade em tirar partido das circunstâncias; engenhosidade e eficácia no exercício de uma atividade; sagacidade, perspicácia; 5. ato ou efeito de apreender algo pela inteligência; 6. compreensão 7. acordo ou combinação secretos; maquinação, conluio.

A Secretaria Nacional de Segurança Pública (SENASP) procurou padronizar e uniformizar no Brasil uma Doutrina Nacional de Inteligência em Segurança Pública. Por meio do "Curso de Introdução à Atividade de Inteligência" procurou trazer elementos e conceitos para aplicação da atividade de inteligência ao combate da criminalidade comum e organizada dos tempos atuais, conceituando a Atividade de Inteligência de Segurança Pública (ISP) como: "o exercício permanente e sistemático de ações especializadas para identificar, avaliar e acompanhar ameaças reais ou potenciais na esfera de Segurança Pública".

A Atividade de Inteligência é orientada essencialmente para produção e salvaguarda de conhecimentos necessários para subsidiar os tomadores de decisão, para o planejamento e execução de uma política de Segurança Pública e das ações para prever, prevenir, neutralizar e reprimir atos criminosos de qualquer natureza que atentem à ordem pública, à incolumidade das pessoas e do patrimônio. Seu conceito extrapola aquele o referente à simples capacidade intelectiva de cada ser, compreendendo um conjunto de informações potencialmente úteis para a vida em coletividade.

A inteligência, num sentido mais amplo, pode ser tida como elemento chave em um mundo contemporâneo no qual as informações e a necessidade de processá-las aumentam em progressão geométrica, enquanto a capacidade de processamento não segue na mesma proporção. A atividade de inteligência nesse contexto se mostra como importante instrumento do Estado, pois por meio dela governos podem e devem pautar-se nas suas ações decisórias,

---

[2] https://houaiss.uol.com.br/pub/apps/www/v3-3/html/index.php#3

CRIME ORGANIZADO

notadamente no tocante à defesa dos interesses da sociedade e da própria Administração Pública.

Para a consecução de seu objetivo possui o uso de metodologia específica por meio da qual um analista de Inteligência transforma dados em conhecimentos com a finalidade de assessorar os usuários no processo decisório. Hoje, não restam dúvidas de que a Inteligência é vista como área de interesse para qualquer organização no mundo dos negócios, assuntos públicos ou privados, governamentais ou não. É de suma importância entender o processo de produção do conhecimento de Inteligência que, de certa forma, assemelha-se a um trabalho acadêmico. Contudo, a Inteligência procura construir um conhecimento baseado em premissas que o sustentem, por meio do qual o profissional de Inteligência procura imbuir-se de espírito científico aperfeiçoando-se nos métodos de investigação científica e aprimorando suas técnicas de trabalho por meio da busca da verdade.

Não podemos confundir a atividade de inteligência com a investigação criminal. Enquanto a primeira busca um conhecimento sustentável de um fato, acontecimento ou pessoa, a investigação busca elementos de prova previstos na legislação processual para a tomada de providencias judiciárias ou administrativas.

2. Breve Histórico da Atividade de Inteligência na História

A Atividade de Inteligência faz parte do contexto da história das sociedades, pois a busca da informação e do conhecimento remontam aos primórdios da civilização na busca de sua sobrevivência, segurança e poder. Já citamos anteriormente a obra "A Arte da Guerra" onde já se fazia menção ao emprego de espionagem, uma das técnicas de operações de inteligência.

Observa-se que no contexto histórico, a Atividade de Inteligência mostrou-se não só como recurso utilizado por segmentos detentores de poder para atender os interesses da coletividade, mas também para resguardarem seus interesses, notadamente a manutenção e a ampliação de suas relações de poder e controle. Os métodos utilizados acabavam por vezes sendo ilegítimos e clandestinos por falta de controle, normatização e doutrina. Em regra, para atingir os objetivos desejados não importava a forma adotada. Esta acabou sendo uma das facetas da história da Inteligência de Estado apresentada por inúmeros filmes que tratam do tema, mostrando o próprio governo autorizando torturas, sevícias, assassinatos, violações de acordos e protocolos internacionais para a obtenção de algum dado ou informação.

São vários os registros históricos da utilização da Atividade de Inteligência para prover os governantes de informações que permitissem a sua sobre-

A ATIVIDADE DE INTELIGÊNCIA DE SEGURANÇA PÚBLICA

vivência, seja no campo político, econômico ou militar. Nem sempre dentro da legalidade ou do respeito às leis. Essa imagem da espionagem criminosa exibidas em filmes de cinema dificultou o engajamento da Atividade de Inteligência como ferramenta legalmente aceita de combate ao crime organizado. Nas Grandes Guerras Mundiais surgiram novos métodos de obtenção de informações, tanto por meio do uso de novas tecnologias, quanto pela criação de novas táticas de ação de "espionagem" do inimigo. E com o surgimento desses novos métodos de obtenção de informações, como a fotografia, código Morse, telégrafo, oficinas de impressão, comunicação criptográfica, aumentou-se sobremaneira o fluxo de informações que transitavam e os organismos de inteligência viram-se obrigados a se especializarem e trabalharem de forma mais racional e metodológica.

Daí o surgimento das grandes agências de inteligência pelo mundo. Estes métodos de obtenção de informações tornaram-se valiosos instrumentos para a expansão do conhecimento, visando à proteção do Estado soberano frente às ameaças originárias do exterior, momento em que surgiu, conceitualmente, a Inteligência Estratégica.

Mas foi a partir do fim da guerra fria que os países ocidentais passaram a dar especial atenção à necessidade de se produzir conhecimentos também no âmbito interno, haja vista o crescente aumento da violência, do narcotráfico, tráfico de armas, corrupção e outros crimes conexos. Passa-se a criar mecanismos para a aplicação legal da Atividade de Inteligência no enfrentamento às organizações criminosas em todo o mundo.

3. A História da Inteligência no Brasil

A Atividade de Inteligência no Brasil teve sua origem no governo do Presidente Washington Luiz pelo Decreto 17.999, de 29 de novembro de 1927, sendo criado o Conselho de Defesa Nacional (CDN), organismo encarregado de coordenar a reunião de informações relativas à defesa do país. Posteriormente, no governo de Getúlio Vargas, o CDN é reorganizado por meio do Decreto nº 23.873, de 15 de fevereiro de 1934 e passa a ter como atribuição resolver da melhor forma as questões relativas à defesa nacional. Surgem as Seções de Defesa Nacional (SDN) nos ministérios civis, vinculadas ao CDN e um esboço do que vige nos tempos atuais do Sistema Brasileiro de Inteligência.

Com a promulgação da Constituição de 1937, o Conselho de Defesa Nacional passou a ser chamado apenas de Conselho de Segurança Nacional (CSN) com o propósito de executar o serviço de busca de informações para subsidiar ações do governo apenas com foco nas questões de Estado (Inteligência

509

CRIME ORGANIZADO

Estratégica). Até o momento, não se destinava a buscar elementos de conhecimento direcionados à criminalidade organizada ou à Segurança Pública.

Apenas no ano de 1946, o governo brasileiro, tendo como Presidente o General Eurico Gaspar Dutra, cria o Serviço Federal de Informações e Contrainformações (SFICI). Oficialmente, o primeiro "Serviço Secreto" brasileiro, com atribuições e coordenações típicas de "informações" e "contrainformações" institucionalizado por um diploma legal e que tinha como finalidade o tratamento das informações no Brasil. Mas foi durante o governo do Presidente Juscelino Kubitschek, em 1956, que o SFICI* passou a existir de fato, apesar de existir no papel desde o mandato de Eurico Gaspar Dutra. O SFICI permaneceu com suas atribuições absorvidas pelo Serviço Nacional de Informações (SNI), criado pela Lei nº 4.341, em 13 de junho de 1964 e com o objetivo de supervisionar e coordenar as atividades de informações e contrainformações no Brasil e exterior.

O SNI permaneceu em funcionamento até meados dos anos de 1964, pois devido ao chamado "regime militar", o governo necessitava de um serviço de inteligência com prerrogativas características de polícia. A partir de 1967, surgem nos ministérios civis as denominadas Divisões de Segurança e Informações (DSI) e nas autarquias e órgãos federais as Assessorias de Segurança e Informações (ASI). Nas Forças Armadas surgem: o Centro de Informações do Exército (CIE), o Centro de Informações da Marinha (Cenimar) e o Centro de Informações de Segurança da Aeronáutica (CISA). O SNI teve suas atividades encerradas em 15 de março de 1990. O presidente José Sarney buscava diminuir a atuação do Serviço, fato este que deixou o país praticamente inerte no que se refere à matéria de Inteligência governamental e iniciando um período de paralisação e descrédito da atividade no Brasil, tendo por meio da Medida Provisória nº 150, posteriormente convertida na Lei 8.028, de 12 de abril de 1990 (que trazia de forma sucinta o fim das atividades do SNI e das Divisões ou Assessorias de Segurança e Informações dos Ministérios Civis e os órgãos equivalentes das entidades da Administração Federal indireta e fundacional), cria a Secretaria de Assuntos Estratégicos (SAE).

Somente no ano de 1999, por meio da Lei 9.883/99, o país retoma de fato às atividades de inteligência governamental com a criação do Sistema Brasileiro de Inteligência (SISBIN) e da Agência Brasileira de Inteligência (ABIN).

4. Sistema Brasileiro de Inteligência – SISBIN

Sistema Brasileiro de Inteligência (SISBIN) foi institucionalizado em 1999 por meio da Lei nº 9.883, de 7 de dezembro de 1999 que vige até os dias de hoje. O SISBIN tem como objetivo integrar as ações de planejamento e execu-

A ATIVIDADE DE INTELIGÊNCIA DE SEGURANÇA PÚBLICA

ção das atividades de Inteligência do país, com vistas a subsidiar o Presidente da República nos assuntos de interesse nacional, atuando em várias áreas de interesse do Estado e da sociedade. Passa a ser o sistema responsável pelo processo de obtenção e análise de dados e informações e pela produção e difusão de conhecimentos necessários ao processo decisório do Poder Executivo, em especial no tocante à segurança da sociedade e do Estado, bem como pela salvaguarda de assuntos sigilosos de interesse nacional.

Surgem no ordenamento jurídico legal brasileiro o primeiro conceito de inteligência. Segundo o art. 2º do Decreto 4.376/2002, que dispõe sobre a organização e o funcionamento do Sistema Brasileiro de Inteligência, "entende-se como inteligência a atividade de obtenção e análise de dados e informações e de produção e difusão de conhecimentos, dentro e fora do território nacional, relativos a fatos e situações de imediata ou potencial influência sobre o processo decisório, a ação governamental, a salvaguarda e a segurança da sociedade e do Estado.

A Lei nº 9.883/1999 passa a determinar que todos os órgãos e entidades da Administração Pública Federal, com capacidade de produção de conhecimento de interesse das atividades de Inteligência, deverão constituir o SIS-BIN. Cria, também, a possibilidade de incorporação, mediante convênio, das unidades da Federação, como órgãos derivados, o que dará origem ao **Subsistema de Inteligência de Segurança Pública**.

Atualmente, toda a atividade de inteligência no Brasil está regulada pela Lei nº 9.883/1999 e pelo Decreto 4.376/2002, incluindo a composição do SISBIN. No âmbito dos Estados-Membros da Federação surge o denominado **Subsistema de Inteligência de Segurança Pública (SISP)**, que, de acordo com Decreto 3.695/2000 e por meio de convênios e ajustes com a União, passam a poder criar seus próprios órgãos centrais de inteligência voltados para a atuação na área de inteligência de segurança pública.

5. A Atividade de Inteligência de Segurança Pública – AISP

Diversos conceitos de inteligência podem ser extraídos das mais variadas fontes possíveis, porém preferimos adotar o conceito legal, previsto na Lei n. 9.883/99. De acordo com o § 2º do art. 1 da referida lei, entende-se por inteligência:

> A atividade que objetiva a obtenção, análise e disseminação de conhecimentos, dentro e fora do território nacional, sobre fatos e situações de imediata ou potencial influência sobre o processo decisório e a ação governamental e sobre a salvaguarda e a segurança da sociedade e do Estado.

CRIME ORGANIZADO

A Secretaria Nacional de Segurança Pública, por meio da Doutrina Nacional de Inteligência de Segurança Pública (DNISP), define a atividade de Inteligência de Segurança Pública (ISP) como:

> O exercício permanente e sistemático de ações especializadas para identificar, avaliar e acompanhar ameaças reais ou potenciais na esfera de Segurança Pública, basicamente orientadas para produção e salvaguarda de conhecimentos necessários para subsidiar os tomadores de decisão, para o planejamento e execução de uma política de Segurança Pública e das ações para prever, prevenir, neutralizar e reprimir atos criminosos de qualquer natureza que atentem à ordem pública, à incolumidade das pessoas e do patrimônio.

Definido o conceito de Inteligência de Segurança Pública, passa seu conteúdo a atender algumas finalidades, que segundo a doutrina são: a. proporcionar diagnósticos e prognósticos sobre a evolução de situações do interesse da Segurança Pública, subsidiando seus usuários no processo decisório; b. contribuir para que o processo interativo entre usuários e profissionais de Inteligência, aumentando o nível de eficiência desses e de suas respectivas organizações; c. subsidiar o planejamento estratégico integrado do sistema de Segurança Pública e a elaboração de planos específicos para as diversas organizações que o compõem; d. assessorar, com informações relevantes, as operações de prevenção e repressão, de interesse da Segurança Pública; e. salvaguardar a produção do conhecimento (contrainteligência).

A Inteligência de Segurança Pública (ISP) ainda assessora o processo decisório, por meio da produção de conhecimentos, nos seguintes níveis: Político – assessora o planejamento e o desenvolvimento das políticas de Segurança Pública; Estratégico – assessora o planejamento para implementação das estratégias de políticas de Segurança Pública; Tático – assessora o acompanhamento e a execução das ações táticas para implementação das políticas de Segurança Pública; e Operacional – assessora o planejamento, o acompanhamento e a execução de ações operacionais.

Importante classificação está na divisão de ramos da Atividade de Inteligência. Tanto na doutrina (DNISP), quanto na Lei n. 9.883/99 que cria o SISBIN e a ABIN, temos dois ramos bem definidos: a Inteligência e a Contrainteligência. A Inteligência destina-se à produção de conhecimentos de interesse da Segurança Pública. A Contrainteligência destina-se a produzir conhecimentos para neutralizar as ações adversas, e proteger a atividade e a instituição a que pertence. Os dois ramos são intrinsecamente ligados e não possuem limites precisos, uma vez que se interpenetram, inter-relacionam-se e interdependem. Assim, ao mesmo tempo que se produz um conheci-

A ATIVIDADE DE INTELIGÊNCIA DE SEGURANÇA PÚBLICA

mento, deve-se proteger este contra a inteligência adversa. A Lei. 9883/99 traz uma definição para ambos os ramos: a) entende-se como inteligência a atividade que objetiva a obtenção, análise e disseminação de conhecimentos dentro e fora do território nacional sobre fatos e situações de imediata ou potencial influência sobre o processo decisório e a ação governamental e sobre a salvaguarda e a segurança da sociedade e do Estado; b) entende-se como contrainteligência a atividade que objetiva neutralizar a inteligência adversa.

No que tange ao ramo denominado Operações de Inteligência, como este consiste na busca de dados e informações, a doutrina considera-o parte da Inteligência, apesar que na estrutura dos órgãos de inteligência possa surgir como setor independente. O que temos na prática é uma divisão entre os analistas que exercem suas funções mais internas na aplicação da metodologia de produção de conhecimento e os agentes operacionais que fazem por meio de técnicas especiais a coleta e a busca de dados e informações.

6. Metodologia de Produção de Conhecimento de Inteligência
A produção do conhecimento da Atividade de Inteligência se traduz por meio da Metodologia da Produção do Conhecimento (MPC) definida, sinteticamente, como um processo formal e ordenado, no qual o conhecimento produzido é disponibilizado aos usuários e é, por meio desta, que busca atingir seu objetivo, qual seja assessorar os processos decisórios na área de Segurança Pública nos seus níveis político, estratégico, tático e operacional.

Referida metodologia serve para organizar os pensamentos do profissional de inteligência durante a execução de seus trabalhos, deixando-o objetivo e técnico. Para o correto processamento dos dados e/ou conhecimentos, deverão ser percorridos um processo contínuo e sequencial, composto por quatro fases, que não são desenvolvidas em uma ordem necessariamente cronológica. Na medida em que as necessidades de conhecimento já definidas estão sendo processadas, podem surgir novas demandas que exijam a redefinição do trabalho. As fases da MPC são: planejamento; reunião; processamento; e formalização e difusão.

Para melhor entender essa metodologia e a parte operacional da inteligência, é necessário distinguir dado de conhecimento. Dado é toda e qualquer representação de fato, situação, comunicação, notícia, documento, extrato de documento, fotografia, gravação, relato, denúncia, dentre outros, ainda não submetida pelo profissional de inteligência à metodologia de Produção de Conhecimento. As ações e operações de inteligência constituem-se em elementos essenciais para a obtenção de dados negados e/ou protegidos, conheci-

CRIME ORGANIZADO

mentos e de informações que alimentarão o trabalho de análise, na Produção do Conhecimento.

Conhecimento, por sua vez, é o resultado final que pode ser expresso por escrito ou oralmente pelo profissional de ISP, quando da utilização da Metodologia de Produção de Conhecimento sobre dados e/ou conhecimentos anteriores. Na doutrina existem tipos de conhecimento distintos. Geralmente a produção de conhecimento da atividade de inteligência tem por produto o Relatório de Inteligência (RELINT). Veremos ao final deste artigo que para subsidiar investigações criminais, a atividade de inteligência acaba por utilizar-se do Relatório Técnico.

Levando-se em conta a metodologia da atividade de inteligência e possível classificar o Relatório de Inteligência em quatro tipos.

a) Informe: conhecimento que expressa o estado de certeza, opinião ou de dúvida frente à verdade, sobre fato ou situação passado e/ou presente.

b) Informação: conhecimento resultante de raciocínio que expressa o estado de certeza frente à verdade, sobre fato ou situação passados e/ou presentes.

c) Apreciação: conhecimento que expressa o estado de opinião frente à verdade sobre fato ou situação passados e/ou presentes, admitindo seu uso para a realização de projeções.

d) Estimativa: conhecimento multidisciplinar que expressa o estado de opinião sobre a evolução futura de um fato ou de uma situação, exarando probabilidades.

A metodologia de produção de conhecimento é realizada em 4 fases: planejamento, reunião, processamento e formalização e difusão.

Planejamento: fase na qual as etapas do trabalho a ser desenvolvido são ordenadas, de forma sistematizada e lógica, estabelecendo os objetivos, as necessidades, os prazos, as prioridades e a cronologia, definindo os parâmetros e as técnicas a serem utilizadas a partir dos procedimentos mais simples para os mais complexos. Esta fase é fundamental para o profissional de inteligência produzir seu conhecimento de forma técnica e objetiva.

Reunião: consiste em unir os elementos produzidos pelas ações de buscas e coleta primária – que envolve o desenvolvimento de ações para obtenção de dados e/ou conhecimentos disponíveis e secundária – que envolvem ações por meio de acesso autorizado, por se tratar de consulta a bancos de dados protegidos, pesquisadas e obtidas em fontes abertas, entre outros, para verificar quais agregam informações referentes ao conhecimento que será produzido.

A ATIVIDADE DE INTELIGÊNCIA DE SEGURANÇA PÚBLICA

Processamento: fase do ciclo na qual o conhecimento é produzido. É a fase intelectual na qual o analista percorre quatro etapas: avaliação, análise, integração e interpretação. Após reunir todos os elementos disponíveis, o analista deverá avaliar o que é pertinente à produção de conhecimento, o que é pertinente ao assunto definido, a autenticidade, a credibilidade dos dados a serem inseridos na próxima etapa.

Formalização e Difusão: expedição ao usuário de um documento, geralmente feito em formato de Relatório de Inteligência ou outra forma de documento técnico de inteligência. Por exemplo, o COAF produz um conhecimento chamado Relatório de Inteligência Fiscal – RIF, eis que funciona como unidade de inteligência fiscal.

7. Ações e Operações de Inteligência

As Ações de Inteligência são todos os procedimentos e medidas realizadas por uma Agência de Inteligência para dispor dos dados necessários e suficientes para a produção do conhecimento. São classificados na doutrina dois tipos de ações de inteligência: ações de coleta e ações de busca.

Ações de Coleta são todos os procedimentos realizados, ostensiva ou sigilosamente, a fim de obter dados depositados em fontes disponíveis, sejam elas oriundas de indivíduos, órgãos públicos ou privados. Subdividem em:

Coleta Primária: envolve o desenvolvimento de ações de Inteligência de Segurança Pública (ISP) para obtenção de dados e/ou conhecimentos disponíveis em fontes abertas. b. Coleta Secundária: envolve o desenvolvimento de ações de ISP, por meio de acesso autorizado, por se tratar de consulta a bancos de dados protegidos.

Ações de Busca ou simplesmente 'Busca de Dados", são todos os procedimentos realizados pelo conjunto ou parte dos agentes a fim de reunir dados protegidos e/ou negados, num universo antagônico. São exemplos de ações de busca: reconhecimento (RECON), vigilância, recrutamento operacional, infiltração, desinformação, provocação, entrevista, entrada, ação controlada e interceptação de sinais.

As ações de busca de Infiltração, Entrada e Interceptação de Sinais e de Dados – necessitam de autorização judicial. Nesse sentido, são classificadas como ações de Inteligência Policial Judiciária e denominadas técnicas especiais de investigação. Tais ações são de natureza sigilosa e envolvem o emprego de técnicas especiais visando a obtenção de dados (indícios, evidências ou provas de autoria ou materialidade de um crime). As ações de desinformação e provocação têm como foco principal induzir a mudança de comportamento, a fim de serem utilizadas na proteção dos ativos e na busca de dados.

CRIME ORGANIZADO

Operações de Inteligência de Segurança Pública é o conjunto de ações de Coleta e de Busca de dados de interesse da atividade de inteligência, executada quando os dados a serem obtidos estão protegidos por rígidas medidas de segurança e as dificuldades e/ou riscos são grandes, exigindo um planejamento minucioso, um esforço concentrado e o emprego de técnica, material e pessoal especializados.

A Doutrina Nacional de Inteligência de Segurança Pública (DNISP) conceitua Operação de Inteligência como sendo: "[...] o exercício de uma ou mais Ações e Técnicas Operacionais, executadas para obtenção de dados negados de difícil acesso e/ou para neutralizar ações adversas que exigem, pelas dificuldades e/ou riscos iminentes, um planejamento minucioso, um esforço concentrado, e o emprego de pessoal, técnicas e material especializados".

São ações de buscas em sede de operações de inteligência:

a) Reconhecimento: também chamado de RECON, é realizada para obtenção de dados sobre o ambiente operacional (instalações, áreas, pessoas, objetos e particularidades do mesmo, além de buscar identificação visual de determinado Alvo. Geralmente é uma ação preparatória para subsidiar o planejamento de uma Operação de Inteligência.

b) Vigilância: ação onde se mantêm um alvo (pessoas, veículos, objetos, áreas ou instalações) sob observação contínua com o objetivo de levantar o maior número possível de informações.

c) Recrutamento Operacional: conjunto de ações que visam convencer e preparar uma pessoa para colaborar de forma sistemática ao acesso de dados negados. É uma ação que requer muita cautela, pois coloca uma pessoa estranha ao órgão de inteligência para buscar o dado negado.

d) Infiltração: ação que visa colocar um profissional de inteligência junto ao alvo ou organização, com o propósito de obter um dado negado. No Brasil, desde a edição da Lei 12.850/13 só é admitida com emprego de agentes policiais, imprescinde de autorização judicial e deve ser feita no curso de uma investigação criminal de organização criminosa para a busca de provas que não puderam ser obtidas por outro meio convencional. É considerada a mais perigosa de todas as ações de busca pois coloca o policial em risco, devendo sempre ser precedida de um planejamento minucioso e de uma análise de viabilidade operacional.

Na lei Nº 12.850/13 a Infiltração está conceituada em seu artigo 10º: "A infiltração de agentes de polícia em tarefas de investigação, representada pelo delegado de polícia, ou requerida pelo Ministério Público, após manifestação técnica do delegado de polícia quando solicitada no curso de inquérito

A ATIVIDADE DE INTELIGÊNCIA DE SEGURANÇA PÚBLICA

policial, será precedida de circunstanciada, motivada e sigilosa autorização judicial, que estabelecerá seus limites". Em seu parágrafo 2º, a lei ainda traz: "Será admitida a infiltração se houver indícios de infração penal de que trata o art. 1º e se a prova não puder ser produzida por outros meios disponíveis".

e) Desinformação: ação realizada para, intencionalmente, ludibriar alvos (pessoas ou organizações), a fim de ocultar os reais propósitos da Atividade de Inteligência ou de induzi-los a cometerem erros de apreciação, levando-os a executar um comportamento determinado.

f) Provocação: ação com alto nível de especialização, pela qual busca-se a modificação dos procedimentos de um alvo, sem gerar desconfiança, para que ela execute algo desejado pela atividade de inteligência. Não pode ser a provocação para a prática de crimes, eis que o assunto já é regulado por Súmula, mas para que o alvo se exponha e passe a ser vigiado ou monitorado pelos agentes de inteligência, como provocar uma mudança de padrão, hábito, rota, etc.

g) Entrevista: pode ser ostensiva (quando o entrevistador não esconde sua condição de policial) ou encoberta (quando não revela seu cargo ou função). É a ação que visa obter dados diretamente do próprio alvo e não se confunde com o interrogatório ou oitiva formal. Na entrevista procura-se dissimular a real intenção de quais dados se quer obter. Existe uma forma mais dissimulada de entrevista denominada no ambiente de inteligência de **elicitação**. Ocorre quando a entrevista é feita sem que o alvo saiba que está sendo de fato entrevistado, dissimulando-se nesse caso um bate papo.

h) Entrada: ação realizada para a obtenção de dados em locais de acesso restrito por meio de captação ambiental de sinais eletromagnéticos, ópticos ou acústicos, sem que o alvo tenha conhecimento da ação realizada no qual o agente de polícia, sem coletar qualquer material, deve obter os dados – com indício que aponte para a prática de crimes, neles contidos – para posterior análise. Ao término da Entrada, todo o material explorado deverá permanecer como se não tivesse sido mexido. A Entrada, propriamente dita, ainda não é uma matéria regulamentada, porém encontra suporte normativo no artigo 3º inciso II da lei Nº 12.850/13: [...] "Art 3º Em qualquer fase da persecução penal, serão permitidos, sem prejuízo de outros já previstos em lei, os seguintes meios de obtenção de prova: II – captação ambiental de sinais eletromagnéticos, ópticos ou acústicos;" A sua realização está condicionada a autorização judicial e só pode ocorrer no curso de uma persecução penal.

CRIME ORGANIZADO

i) Ação Controlada: É a permissão que a autoridade policial tem para retardar a ação policial contra organizações criminosas ou elementos vinculados à mesma. Nesta ação, o agente policial deve retardar sua ação, sempre mantendo a ação criminosa sob observação e vigilância, para efetuá-la no melhor momento sem o prejuízo da investigação em curso. O artigo 8º da Lei 12.850/13 define Ação Controlada: "(...) retardar a intervenção policial ou administrativa relativa à ação praticada por organização criminosa ou a ela vinculada, desde que mantida sob observação e acompanhamento para que a medida legal se concretize no momento mais eficaz à formação de provas e obtenção de informações". Para que haja este retardamento previsto em lei, é necessária autorização judicial e, ao término da Ação Controlada, que seja lavrado um termo circunstanciado no qual serão descritos todos os detalhes da operação.

j) Interceptação de Sinais e de dados: disciplinadas pela Lei Nº 9.296/96 consiste na captação e gravação de comunicação telefônica, realizada por um terceiro. A captação geralmente é processada mediante desvio realizado na própria companhia telefônica, ou seja, o áudio interceptado é direcionado ao terminal telefônico de destino e, simultaneamente, a um terminal instalado em uma unidade de polícia judiciária para gravação do áudio e respectivos dados a ele relacionados. Não confundir com a quebra do sigilo telefônico que consiste no acesso aos registros dos dados de comunicações telefônicas efetuadas e recebidas por um determinado terminal telefônico, em dado período, tais como cadastros, contas reversas, extratos e localização por meio de ERB's (estação rádio base). A lei ainda prevê a interceptação telemática ou informática consiste na captação e gravação de comunicações e dados transportados por meio de recursos de telemática ou informática (e-mails e mensagens eletrônicas). Esta interceptação pode ser feita no local de residência ou trabalho do alvo a ser interceptado, nas operadoras de internet de forma remota, entre outras. O planejamento e a forma a ser realizada fica a cargo da equipe de policiais responsáveis pela investigação.

Em algumas ações de buscas e operações de inteligência é necessário o emprego de Técnicas Operacionais de Inteligência (TOI). São habilidades nas quais os agentes de inteligência de segurança pública deverão ser treinados, a fim de facilitar a sua atuação na atividade operacional. As principais TOI são: processos de identificação de pessoas, observação, memorização e descrição, estória-cobertura, disfarce, comunicações sigilosas, leitura da fala, análise de veracidade, emprego de meios eletrônicos e fotointerpretação.

A ATIVIDADE DE INTELIGÊNCIA DE SEGURANÇA PÚBLICA

A Observação, Memorização e Descrição (OMD) é uma ação especializada e dívida em três etapas. Na observação o agente examina minuciosa e atentamente, por meio da máxima utilização de todos os sentidos, as pessoas e o ambiente que o cerca, visando captar o maior número possível de estímulos e, concomitantemente, eliminar os fatores que podem interferir durante a observação. A memorização é o conjunto de ações e reações voluntárias e metódicas que tem a finalidade de auxiliar na lembrança dos fatos com objetivo de trazer de volta os fatos e acontecimentos anteriormente observados. Na descrição reproduzir com autenticidade, seja verbalmente ou por meio de um relatório, com toda a veracidade e minúcias, as observações pessoais de um fato, ou impressões relatadas por outras pessoas. É usada geralmente em ações de vigilância, mas pode ser empregada também na infiltração.

A Estória Cobertura (EC) é um contexto criado para proteger a identidade dos agentes, comum na infiltração e no recrutamento operacional, quando não se quer revelar sua identidade como agente.

O Disfarce é a modificação dos traços fisionômicos de uma pessoa – bem como de suas características pessoais – com a finalidade de dificultar sua identificação, seja para caracterizar ou descaracterizar o agente. Quando o agente – normalmente em uma EC – necessita criar uma nova identidade, busca no disfarce a sua caracterização. Já quando o mesmo necessita modificar sua aparência física, para não ser reconhecido em um determinado momento, ele utiliza-se de sua descaracterização. O Disfarce ainda possui como finalidades dificultar a identificação de uma pessoa e reforçar a técnica operacional estória-cobertura.

8. Contrainteligência

Contrainteligência é definida no artigo 3º do Decreto Nº 4.376/02 como sendo a atividade que objetiva prevenir, detectar, obstruir e neutralizar a inteligência adversa e ações de qualquer natureza que constituam ameaça à salvaguarda de dados, informações e conhecimentos de interesse da sociedade e do Estado, bem como das áreas e dos meios que os retenham ou em que transitem. É ramo da atividade de Inteligência de Segurança Pública que se destina a proteger a atividade de Inteligência e a instituição a que pertence, mediante a produção de conhecimento e implementação de ações voltadas à salvaguarda de dados e conhecimentos sigilosos, além da identificação e neutralização das ações adversas de qualquer natureza.

Trabalha com conceitos de responsabilidade legal, individual e coletiva dos agentes em relação à preservação da segurança, em especial, da informação que deve ser preservada por quem a detêm, evitando sua divulgação e manipulação por pessoas não autorizadas ao serviço, agindo por meio de controle de acesso que é a possibilidade e/ou oportunidade de uma pessoa obter dados ou conhecimentos sigilosos e credenciamento por meio da implementação de medidas de segurança empregadas no acesso a documentos, dados e sistemas sigilosos.

A classificação, reclassificação e desclassificação do teor reservado, sigiloso, secreto e ultrassecreto (graus de sigilo), hoje são regulamentados pela Lei Nº 12.527/11.

A Contrainteligência se subdivide em três segmentos: Segurança Orgânica, Segurança de Assuntos Internos e Segurança Ativa. A Segurança Orgânica (SEGOR) consiste no conjunto de medidas preventivas integradas, destinadas a proteger o pessoal, a documentação, as instalações, o material, as comunicações, telemática, informática e as operações, com vistas a garantir o funcionamento da instituição e prevenir e obstruir as ações adversas de qualquer natureza.

Dentro da Segurança Orgânica temos a Segurança de Pessoal que consiste no conjunto de normas, medidas e procedimentos, objetivamente voltadas para os recursos humanos, no sentido de assegurar comportamentos adequados à salvaguarda do conhecimento e/ou dados sigilosos. Uma das principais normas de Segurança de Pessoal é o Processo de Recrutamento Administrativo (PRA), que visa selecionar, acompanhar e desligar os recursos humanos orgânicos de uma Agência de Inteligência. Tais medidas têm por finalidade prevenir e obstruir as ações de Recrutamento, Infiltração e Entrevista da inteligência adversa.

A Segurança de Assuntos Internos (SAI) seria o conjunto de medidas destinadas à produção de conhecimentos, que visam assessorar as ações de correição das instituições públicas.

A Segurança Ativa (SEGAT) consiste no conjunto de medidas positivas, destinadas a detectar, identificar, avaliar, analisar e neutralizar as ações adversas de elementos ou grupos de qualquer natureza, que atentem contra a Segurança Pública, podendo ser desenvolvidas por meio da contrapropaganda, contraespionagem, contra sabotagem e contraterrorismo.

a) Contrapropaganda: conjunto de medidas ativas destinadas a detectar, identificar, avaliar e neutralizar ações de propaganda adversa, "manipulação planejada de quaisquer informações, ideias ou doutrinas para influenciar grupos e indivíduos, com vistas a obter comportamentos predeterminados que resultem em benefício de seu patrocinador."

A ATIVIDADE DE INTELIGÊNCIA DE SEGURANÇA PÚBLICA

b) Contraespionagem: conjunto de medidas voltadas para a detecção, identificação, avaliação e a neutralização das ações adversas de busca de dados ou conhecimentos sigilosos.

c) Contrassabotagem: conjunto de medidas ativas destinadas a prevenir, detectar, identificar, avaliar e neutralizar atos de sabotagem contra instituições, pessoas, documentos, materiais e instalações.

d) Contraterrorismo: conjunto de medidas destinadas a detectar, identificar, avaliar e neutralizar ações e ameaças terroristas.

Conclusões

Devido ao sigilo das atividade de inteligência e a necessidade processual de se produzir provas para a comprovação de fatos, foi necessário criar um conceito misto de Atividade de Inteligência Policial Judiciária que é conceituado pela doutrina como o exercício permanente e sistemático de ações especializadas para identificar, avaliar e acompanhar ameaças reais ou potenciais na esfera de Segurança Pública, orientadas para produção e salvaguarda de conhecimentos necessários, não só para assessorar o processo decisório no planejamento, mas principalmente para oferecermos elementos de provas nas investigações policiais.

Por meio desse conceito, Agências de Inteligência no âmbito das Polícias Federal e Civis passaram a desempenhar atividades de Inteligência Policial Judiciária em paralelo às investigações policiais e em apoio às Unidades que realizam investigações com os objetivos de combater a criminalidade comum e organizada, organizando dados complexos e esparsos, coletando dados protegidos cuja investigação convencional não obteve.

Algumas ações de inteligência acabam recebendo o nome de técnicas especiais de investigação, tema do qual discorremos anteriormente, mas o agente que atua nesse meio operacional acaba necessitando de técnicas e conhecimentos típicos de uma atividade de inteligência, destacando-se do agente policial convencional.

Quanto a formalização dos documentos de inteligência, a Doutrina Nacional de Inteligência de Segurança Pública – DNISP, entendendo que em determinadas ocasiões, quando a metodologia que culminou na elaboração do Relatório de Inteligência, adequar-se também às regras processuais penais, pode se utilizar o Relatório Técnico, que transmite, de forma excepcional, análises técnicas e de dados, destinado na produção de provas ou elementos de provas, ainda que produzidos pela atividade de inteligência.

Neste sentido, o sigilo, como princípio da atividade de ISP, fica em caráter excepcional mitigado e havendo a necessidade de emprestar aos procedimen-

CRIME ORGANIZADO

tos policiais e judiciais elementos de provas, deverão estes estar materializados em documento destinado ao público externo, denominado Relatório Técnico (RT).

Referências

BRASIL. Lei 9.883, de 07 de dezembro de 1999. Institui o Sistema Brasileiro de Inteligência, cria a Agência Brasileira de Inteligência – ABIN, e dá outras providências.

BRASIL. Ministério da Justiça. Secretaria Nacional de Segurança Pública. Doutrina Nacional de Inteligência de Segurança Pública. Brasília, 2014.

BRASIL. Lei nº 12.850, de 02 de agosto de 2013. Presidência da República. Casa Civil. Disponível em: <http://www.planalto.gov.br/ccivil_03/_ato2011-2014/2013/lei/l12850.htm>. Acesso em: 20 março 2015.

BRASIL. Lei nº 10.217, de 11 de abril de 2001. Presidência da República. Casa Civil. Disponível em: <http://www.planalto.gov.br/ccivil_03/ leis/leis_2001/l10217.htm>. Acesso em: 20 março 2015.

BRASIL. Lei nº 9.034, de 03 de maio de 1995. Presidência da República. Casa Civil. Disponível em: <http://www.planalto.gov.br/ccivil_03/ leis/l9034.htm>. Acesso em: 20 março 2015.

BRASIL. Lei nº 9.296, de 24 de julho de 1996. Presidência da República. Casa Civil. Disponível em: <http://www.planalto.gov.br/ccivil_03/ leis/l9296.htm>. Acesso em: 10 março 2015.

BRASIL. Lei nº 12.527, de 18 de novembro de 2011. Presidência da República. Casa Civil. Disponível em: <http://www.planalto.gov.br/ccivil_03/_ato2011-2014/2011/lei/l12527.htm>. Acesso em: 01 março 2015.

BRASIL. Decreto 4.376, de 13 de setembro de 2002. Presidência da República. Casa Civil. Disponível em: <http://www.planalto.gov.br/ccivil_03/decreto/2002/D4376compilado.htm>. Acesso em: 01 março 2015.

BRASIL. Decreto Lei nº 7.724, de 16 de maio de 2012. Presidência da República. Casa Civil. Disponível em: <http://www.planalto.gov.br/ccivil_03/_ato2011-2014/2012/decreto/d7724.htm>. Acesso em: 01 março 2015.

FIGUEIREDO, Lucas. Ministério do silêncio: a história do serviço secreto brasileiro de Washington Luís a Lula 1927-2005. Rio de Janeiro: Record, 2005.

GONÇALVES, Joanisval Brito. Atividade de inteligência e legislação correlata. Niterói: Impetus, 2009. (Série Inteligência, Segurança e Direito).

GONÇALVES, Joanisval Brito. Atividade de inteligência e legislação correlata. 3ª edição, revista e atualizada. Niterói: Impetus, 2013. (Série Inteligência, Segurança e Direito).

PARTE V
ATIVIDADES DAS ORGANIZAÇÕES CRIMINOSAS

26
Exploração do Trabalho Escravo e Tráfico de Seres Humanos: a face desconhecida do Crime Organizado

RICARDO ANTONIO ANDREUCCI

Introdução

O comércio de pessoas constitui uma das atividades mais aberrantes e hediondas da atualidade, traduzindo uma face ainda pouco conhecida do crime organizado. Efetivamente, fenômenos modernos como a globalização econômica, os progressos da ciência, da medicina e da tecnologia, além de outros admiráveis frutos da inteligência humana, não conseguiram, até o presente momento, extirpar de nossa sociedade o cancro da escravidão humana e da mercancia de seres humanos.

É neste cenário deplorável que o Brasil, ao lado de diversos outros países na Ásia, América do Sul, África, Europa, tem no tráfico de seres humanos o maior exemplo de violação dos direitos humanos básicos, sendo a escravidão contemporânea, sem dúvida, um de seus aspectos mais preocupantes, uma vez que se caracteriza pela clandestinidade, autoritarismo, corrupção, segregação social e racismo.

O tráfico de pessoas acontece em grande parte dos países do mundo: dentro de um mesmo país, entre países fronteiriços e até entre diferentes continentes. Historicamente, o tráfico internacional acontecia a partir do hemisfério Norte em direção ao Sul, de países mais ricos para os menos desenvolvidos. Atualmente, no entanto, acontece em todas as direções: do Sul para o Norte, do Norte para o Sul, do Leste para o Oeste e do Oeste para o Leste.Com o processo cada vez mais acelerado da globalização, um mesmo país pode ser o ponto de partida,de chegada ou servir de ligação entre outras nações no tráfico de pessoas.

CRIME ORGANIZADO

O grande desafio deste século, sem dúvida, é a eliminação do trabalho escravo, como vertente econômica do tráfico de seres humanos, condição básica para a sobrevivência do estado democrático de Direito. Nesse sentido, as Nações Unidas (*Office on drugs and crime- Global programme against trafficking in human beings*) ressaltam: "Human trafficking takes many different forms. It is dynamic and adaptable and, like many other forms of criminal activity, it is constantly changing in order to defeat efforts by law enforcement to prevent it. The responses to the problems are also rapidly evolving, in particular since an internationally agreed upon definition was adopted by the United Nations in November 2000. We learn daily about new ways of preventing, investigating and controlling the crime of trafficking and about more effective ways of protecting and assisting the victims of this crime. International cooperation, which is so crucial to the success of most interventions against human trafficking, is gaining a new momentum and new cooperation mechanisms are being developed."

No âmbito internacional, em 2005, com a publicação do relatório "Uma Aliança Global Contra o Trabalho Forçado", a Organização Internacional do Trabalho (OIT) estimou que aproximadamente 2,4 milhões de pessoas foram traficadas em todo o mundo, 43% das quais destinadas à exploração sexual, e 32% destinadas a outros tipos de exploração econômica. No Brasil, já foram mapeadas mais de 240 rotas de tráfico interno e internacional de crianças, adolescentes e mulheres brasileiras, provenientes de todos os estados, sem distinção.

De acordo com este relatório, segundo ressalta o manual sobre Tráfico de Pessoas para fins de Exploração Sexual (produzido pela Subsecretaria de Direitos Humanos da Secretaria-Geral da Presidência da República e da Secretaria Especial de Políticas para Mulheres, em parceria com o Ministério da Justiça – por meio da Secretaria Nacional de Justiça, Secretaria Nacional de Segurança Pública, do Departamento de Polícia Federal e da Academia Nacional de Polícia, com o Ministério Público Federal – por meio da Procuradoria Federal dos Direitos do Cidadão, e com a Organização Internacional do Trabalho e o Escritório das Nações Unidas contra Drogas e Crime) o lucro total anual produzido com o tráfico de seres humanos chega a 31,6 bilhões de dólares. Os países industrializados respondem por metade dessa soma (15,5 bilhões de dólares), ficando o resto com Ásia (9,7 bilhões de dólares), países do Leste Europeu (3,4 bilhões de dólares), Oriente Médio (1,5 bilhão de dólares),América Latina (1,3 bilhão de dólares) e África subsaariana (159 milhões de dólares). Estima-se que o lucro das redes criminosas com o trabalho de cada ser humano transportado ilegalmente de um país para outro chegue a 13 mil dólares por ano, podendo chegar a 30 mil dólares no tráfico internacional, segundo estimativas do escritório das Nações Unidas contra Drogas e Crime (UNODC) O tráfico aumentou drasticamente na Europa desde a queda do Muro de Berlim, em 1989. Segundo estimativas do Instituto Europeu para o Controle e Prevenção do Crime, cerca de 500 mil pessoas são levadas por traficantes todo ano para o continente. Os principais países de destino estão localizados na Europa Ocidental: Espanha, Bélgica, Alemanha, Holanda, Itália, Reino Unido, Portugal, Suíça, Suécia, Noruega e Dinamarca. A maioria das mulheres traficadas vem de regiões do Leste Europeu (Rússia, Ucrânia, Albânia, Kosovo, República Tcheca e Polônia), mas também do Sudeste Asiático (Filipinas e Tailândia), África (Gana, Nigéria e Marrocos) e América Latina, especialmente Brasil, Colômbia, Equador e República Dominicana.

O tráfico de pessoas é uma atividade de baixos riscos e altos lucros. As mulheres traficadas podem entrar nos países com visto de turista e as atividades ilícitas são facilmente camufladas em atividades legais, como o agenciamento de modelos, babás, garçonetes, dançarinas ou, ainda, mediante a atuação de agências de casamentos. Onde existem, as leis são raramente usadas e as penas aplicadas não são proporcionais aos crimes. Traficantes de drogas recebem, em regra, penas mais altas do que as dadas para aqueles que comercializam seres humanos.

Da "Convenção das Nações Unidas contra o Crime Organizado Transnacional", denominada "Convenção de Palermo", resultou o texto do Protocolo Adicional à Convenção das Nações Unidas contra o Crime Organizado Transnacional Relativo à Prevenção, Repressão e Punição do Tráfico de Pessoas, em Especial Mulheres e Crianças, ratificado pelo Brasil em 29 de janeiro de 2004, integrando a legislação brasileira pela promulgação do Decreto nº 5.017, de 12 de março de 2004.

O art. 3º, alínea "a", do protocolo de Palermo define o tráfico de pessoas como "(...) o recrutamento, o transporte, a transferência, o alojamento ou o acolhimento de pessoas, recorrendo à ameaça ou uso da força ou a outras formas de coação; ao rapto, à fraude, ao engano, ao abuso de autoridade ou à situação de vulnerabilidade ou à entrega ou aceitação de pagamentos ou benefícios para obter o consentimento de uma pessoa que tenha autoridade sobre outra para fins de exploração. A exploração incluirá, no mínimo, a exploração da prostituição de outrem ou outras formas de exploração sexual, o trabalho ou serviços forçados, escravatura ou práticas similares à escravatura, a servidão ou a remoção de órgãos".

Com relação à punição ao tráfico de pessoas, o artigo 5º, § 1º, do protocolo estabelece que deverá ser operada a partir de critérios estabelecidos cada país signatário, ao dispor que "cada Estado Parte adotará as medidas legislativas e outras que considere necessárias, de forma a estabelecer como infrações penais os atos descritos no Artigo 3º do presente Protocolo (...)".

No Brasil, uma das demonstrações mais efetivas da vontade política de erradicação de todas as formas de escravidão contemporânea, foi o lançamento do Plano Nacional para a Erradicação do Trabalho Escravo, em 2002, que apresentou medidas a serem cumpridas pelos diversos órgãos dos Poderes Executivo, Legislativo e Judiciário, Ministério Público e entidades da sociedade civil brasileira. Em 2007, o Escritório das Nações Unidas contra Drogas e Crime (UNODC) realizou em Brasília o Seminário Nacional de Enfrentamento ao Tráfico de Pessoas, justamente com a finalidade de discutir políticas e formas de implementação do Plano Nacional de Enfrentamento ao Tráfico de Pessoas (PNETP), em observância à determinação contida no Decreto Presidencial nº 5.948, de 26 de outubro de 2006.

Como bem observado neste seminário, o Brasil, embora singelamente, já criminaliza algumas condutas relacionadas ao tráfico interno e internacional de pessoas, embora dando a esse fenômeno, como se depreende da redação dos arts. 231 e 231-A, tratamento eminentemente relacionado à exploração sexual.

No dia 8 de janeiro de 2008, o Plano Nacional de Enfrentamento ao Tráfico de Pessoas foi aprovado pelo Decreto nº 6.347, ficando estabelecidas prioridades atinentes às ações de enfrentamento ao tráfico de pessoas e crimes correlatos, dentre as quais o aperfeiçoamento da legislação brasileira quanto à matéria, discriminada na prioridade nº 6 do anexo do referido Decreto.

1. Breve Histórico do Tráfico de Seres Humanos

Desde as mais remotas épocas da humanidade, cedeu o homem aos influxos atávicos de dominação, procurando submeter ao seu mando e desejo os outros animais e seres humanos, principalmente aqueles mais vulneráveis e com capacidade de resistência diminuída. Sim, porque as guerras e conquistas ao longo da história da humanidade nada mais foram que frutos da resistência de um povo ao domínio de outro, negando-se ao jugo nefasto da escravidão, seja ela corporal, econômica ou cultural.

O tráfico de pessoas tem sua origem na Antiguidade, onde, em razão de frequentes guerras e disputas territoriais, os povos vencidos eram apropriados pelos povos vencedores, que os transformavam em escravos. Os escravos, entretanto, deveriam ser alimentados e tratados, onerando os recursos dos povos vencedores, que, muitas vezes, não tinham interesse na mão-de-obra. Os escravos, então, eram comercializados, surgindo daí a mercancia da mão--de-obra excedente.

1.1. A Escravidão em Roma

Na disciplina da lei romana, os homens se dividiam em livres e escravos. Escravo era o homem a quem a norma positiva da época privava de liberdade. Seu destino, por imposição legal, não era outro que o de servir ao homem livre, definindo seu status pessoal. A definição de escravidão, em Roma, não se resumia à condição do homem que era propriedade de outro, já que existiam escravos com dono e escravos sem dono (*servi sine domino*). Todos os escravos se destinavam a servir de modo permanente, apenas cessando seu status quando se lhe fosse dada uma declaração de liberdade.

A instituição da escravidão – não privativa dos romanos, mas comum aos povos antigos – teve nos primeiros tempos de Roma um caráter distinto daquele que se apresentava em época histórica. Nas origens de Roma, faltavam escravos dentro da família plebeia, que se bastava a si mesma no cultivo de suas terras, utilizando os seus próprios membros nos afazeres domésticos e agrícolas. Os poucos escravos que havia não se distinguiam muito dos próprios membros da família, todos estando submetidos à *manus* do *pater*.

Foi somente nos últimos anos da república e nos primeiros do império que a escravidão alcançou seu auge em Roma, através do grande número de conquistas e da grande quantidade de prisioneiros delas derivada. O escravo passa a ser considerado *res* aplicando-se à escravidão as normas do direito das coisas. Mas não se negou ao escravo a personalidade natural. No regime das XII Tábuas, as lesões praticadas aos escravos eram consideradas corporais e não como dano causado às coisas. Apenas na quantidade de pena é que se distinguiam as lesões corporais praticadas contra o escravo e contra o homem livre. Mais tarde, ao cabo de séculos, a *lex Aquilia de damno dato* veio a contemplar as lesões aos escravos como dano a coisas, equiparando os escravos aos animais.

Já nos tempos da república romana, entretanto, existia uma corrente humanitária que pregava uma melhora na situação dos escravos, fomentando as declarações de liberdade (*favor libertatis*). Na época imperial, quando a *humanitas* penetra com firmeza na sociedade romana, no calor da doutrina estóica, e sob os influxos da doutrina cristã, é que se começa a reconhecer o direito do escravo à vida, à integridade corporal e moral.

Sob a *lex Petronia* se proibiu ao *dominus* condenar o escravo *ad bestias depugnandas*. Cláudio declarou a liberdade do escravo abandonado por seu dono, *ob gravem infirmitatem*. Antonio Pio dispôs que se alguém matasse o próprio escravo, teria o mesmo tratamento que se matasse um escravo alheio. Constantino chegou a classificar de *homicidium* a morte intencional de um escravo. A acusação caluniosa contra um escravo era considerada crime – *crimen calumniae*.

CRIME ORGANIZADO

Nesse caso, o *dominus* poderia exercer a *actio iniuriarum* pelas ofensas à honra do escravo.

Justiniano, sob a influência dos princípios cristãos, considerou iguais todos os homens, proclamando-se a si mesmo *fautor libertatis*. Através de várias disposições, enfraqueceu certas antigas causas de escravidão, introduzindo novas formas de libertação, seja mediante manumissão (*manumisssio vindicta, manumissio censu, manumissio testamento*), seja sem ela, proibindo que o escravo seja objeto de qualquer forma de crueldade. Merece destaque, entretanto, a precisa lição de Ricardo D. Rabinovich-Berkman (*Derecho Romano*. Buenos Aires: Editorial Astrea. 2001. p. 264) no sentido de que os romanos não empregaram a expressão "escravo", que foi cunhada na Alta Idade Média, a partir dos carregamentos de cativos das etnias eslavas que eram vendidos nos mercados do Mediterrâneo. Em latim, ressalta o festejado mestre, se usavam principalmente as palavras "servo" e "servidão", tendo a tradição vertido a palavra *servus* como "escravo", talvez para diferenciá-lo do "servo de gleba" medieval, e das servidões reais.

1.2. A Evolução da Escravidão

Sendo a escravidão um fenômeno comum na Antiguidade e na Idade Média, o Tráfico de Seres Humanos somente veio a ganhar maior relevância econômica com o advento do que se denominou "escravatura" Com a intensificação das grandes navegações, aumentava-se o tráfico negreiro e, por conseguinte, multiplicava-se o volume de pessoas traficadas. Os europeus (principalmente portugueses e espanhóis), com a descoberta de novas terras, passaram a utilizar-se, prioritariamente, da mão de obra negra-escrava, advinda do continente africano, para poder desbravar, explorar e possibilitar o povoamento das terras descobertas, agora colônias vinculadas as suas metrópoles.

A inexistência de legislação vedando o tráfico de pessoas fez com que aumentasse o volume de negócios e a lucratividade dos povos dominadores, que cresceram e evoluíram às custas da privação de liberdade dos semelhantes.

2. O Tráfico de Seres Humanos como Expressão do Crime Organizado Transnacional

O crime organizado é tão antigo quanto a própria humanidade. Desde os tempos mais remotos, os homens perceberam que atividades levadas a cabo através da união com seus semelhantes eram mais exitosas que as levadas a efeito de maneira individual. O crime, então, como fenômeno social derivado da natureza humana, foi sendo potencializado através da união de malfeitores, com propósito comum, que passaram a atuar de maneira mais ou menos concertada, visando um objetivo econômico ou moral. Surgiram os bandos de criminosos, responsáveis por saques e mortes de inocentes e até extermínios de facções rivais.

Conceituar, entretanto, crime organizado não é tarefa simples, na medida em que vários elementos devem ser considerados nessa noção, ainda mais tendo em conta que toda atividade humana evolui, e uma conceituação que se vincule a aspectos existentes na oportunidade em que foi feita, tende a se desatualizar com o tempo, demandando novos esforços de atualização, tão trabalhosos e difíceis como os primeiros.

Partindo de uma perspectiva de política criminal para a fixação dos critérios de determinação do crime organizado, o professor Guillermo J. Yacobucci (*El crimen organizado – Desafíos y perspectivas en el marco de la globalización.* Buenos Aires: Editorial Ábaco de Rodolfo Depalma, 2005, p. 55) esclarece: "Un estudio comparativo de los sistemas penales permite discernir lo que es considerado de manera más o menos precisa el núcleo de la ilicitud que caracterizaría desde una perspectiva político-criminal al crimen organizado. En ese campo, una primera conclusión es que lo determinante a la hora de ponderar los comportamientos u omisiones como constitutivos de delincuencia organizada es la mayor capacidad de amenaza e la tranquilidad pública que supone una estructura tendiente, básicamente, a delinquir. De esa forma, lo que se presenta como núcleo de interés político es la organización criminal en si misma, entendida como entidad que amenaza las regulaciones del Estado, incluso antes de concretar algún hecho ilícito. Por eso se suele distinguir entre la conducta asociativa misma y los delitos fines que se propone realizar orgánicamente.

Esta asociación delictiva, sin embargo, debe representar un mayor grado de agresión o peligro que la simple sumatoria de personas. Por eso se habla de organización o criminalidad organizada. La estructuración de los participantes es un punto relevante en la cuestión en tanto suponen medios y personas orientados a delinquir en ámbitos sensibles de la convivencia. Desde ese punto de vista, importa el nivel de amenaza que representa para el orden público en general, para las instituciones políticas del Estado pero también, y en especial, para el sistema socioeconómico y el respeto por las reglas de juego que regulan los intercambios sociales".

Dentro da política criminal, a resposta penal ocupa um lugar fundamental, pois que exige definir qual destes conflitos possui as características que permitem defini-los como um injusto penal e consequentemente justificam a aplicação de consequências de igual natureza. A política criminal, em sua fase penal, tem entre suas funções a de selecionar os conteúdos que traduzem

CRIME ORGANIZADO

o componente material do conceito de delito e, por sua vez, a opção, segundo critérios de proporcionalidade, dos tipos de consequências a aplicar. A tarefa de seleção gera então um rol fundamental, pois tem por objeto os dois pólos da relação propriamente penal – delito e sanção.

Assim é que a identificação dos princípios, mercê dos quais se produz a seleção, está no início da legitimação da decisão política, tanto na instância legislativa, como na de ordem jurisdicional ou aplicativa. E mais, pode-se dizer em nosso tempo que o processo mesmo de formação dos critérios de seleção oferece um ponto de interesse científico penal, mas também socio-lógico e ético. Trata-se do problema constante da validade e vigência dos critérios que formam a decisão jurídica.

Esse problema faz parte da análise da racionalidade da lei penal, que envolve, como demonstra em seu estudo Diez Ripolles (*La racionalidad de las leyes penales.* Trotta: Madrid. 2003. p. 18, 23 e 34), diferentes etapas (preligisla-tiva, legislativa e poslegislativa) nas quais os vetores de atração são múltiplos, considerados social e politicamente. O professor espanhol identifica em seu ensaio os fundamentos que conferem importância particular à fase prelegis-lativa, pois é lá onde cobram significação os denominados "agentes sociais" – não sempre institucionalizados -, os meios de comunicação, as burocracias e os grupos de pressão. Na interação de todos eles, que dão forma à deno-minada "opinião pública", aparece o primeiro parâmetro da decisão política criminal. Este resulta constituído pela identificação e diferenciação de uma disfunção social que passa a formar parte da agenda de debate midiático, político e, depois, legislativo.

A conclusão evidente desta busca de significado é que o Direito Penal não esgota o conteúdo próprio da política criminal, ainda que esta se valha dele como instrumento mais incisivo do poder estatal frente a determinados com-portamentos contrários à ordem legal. Isto demonstra que reduzir a política criminal somente à produção de leis penais, assim entendidas aquelas que determinam tipos de comportamentos merecedores de sanção, é restringir o campo de análise política própria ao uso de instrumentos punitivos em detri-mento de outras opções.

Se assim é, a dialética extrema entre uma racionalidade instrumental – marcada pela eficácia – e outra de ordem material – marcada pelos princípios prático-morais da legalidade – deve ser superada por quem tem a seu cargo o desenho das respostas sobre os fenômenos de natureza criminal e os que hão de concretizar a criação e aplicação dos instrumentos normativos.

Nesse sentido, a política criminal aponta como integrante do conceito de crime organizado a atividade grupal, mais ou menos estável, ordenada para a prática de delitos considerados graves. O Conselho da União Europeia, em 1998, descreveu a organização criminosa como uma associação estruturada de mais de duas pessoas, com estabilidade temporal, que atua de maneira concertada com a finalidade de cometer delitos que contemplem uma pena privativa de liberdade pessoal ou medida de segurança de igual característica, não inferior a quatro anos, ou com pena mais grave, delitos que tenham como finalidade em si mesma ou sejam meio de obter um benefício material, ou para influir indevidamente na atividade da autoridade pública.

A Convenção das Nações Unidas contra o Crime Organizado Transnacional, de 15 de dezembro de 2000, com sede em Palermo, no art. 2º, definiu organização criminosa como "grupo estruturado de três ou mais pessoas, existente há algum tempo e atuando concertadamente com o fim de cometer infrações graves, com a intenção de obter benefício econômico ou moral". Essa Convenção foi ratificada, no Brasil, pelo Decreto Legislativo n. 231/2003, integrando o ordenamento jurídico nacional com a promulgação do Decreto n. 5.015, de 12-3-2004.

Assim, para a existência de uma organização criminosa, são necessários os seguintes elementos:

a) atuação conjunta de, no mínimo, três pessoas;
b) estrutura organizacional;
c) estabilidade temporal;
d) atuação concertada;
e) finalidade de cometer infrações graves;
f) intenção de obter benefício econômico ou moral.

Nesse sentido, se detecta uma atuação muito diversificada do crime organizado transnacional, devendo ser destacadas as três principais modalidades criminosas, levando-se em conta a lucratividade que proporcionam: Tráfico de Drogas, o Tráfico de Armas e o Tráfico de Seres Humanos.

3. O Trabalho Escravo e a Escravidão Contemporânea

A exploração do trabalho escravo, como expressão e decorrência direta do tráfico de seres humanos, modalidade de crime organizado nacional e transnacional, fez surgir a escravidão contemporânea como face hedionda da natureza humana. Isso porque, em todas as comunidades que excedem umas poucas famílias, aparecem formas de distribuição do trabalho e dos recursos que não se fundam na equivalência, e traduzem relações de poder. Uns são encarregados de tarefas mais pesadas e arriscadas, caracteristicamente físicas, e outros

CRIME ORGANIZADO

se beneficiam com ocupações cômodas, geralmente intelectuais e de mando. Tudo isso, por certo, não é nenhuma novidade.

O que diferencia um grupo de outro são as estruturas que se vão construindo para dar suporte a estas relações desiguais, cuja "injustiça" do ponto de vista da igualdade essencial humana é tão óbvia que não merece maiores comentários.

Assim como nossas modernas sociedades capitalistas delinearam formas pseudo-contratuais para conseguir que milhões de obreiros trabalhem ao redor do mundo por retribuições miseráveis em empresas que lucram quantias enormes, os regimes comunistas entronizaram uma casta de burocratas mimados, com casas de fins de semana e automóveis caríssimos, mantidos pelo suor de hostes de operários paupérrimos.

Nesse panorama, a escravidão antiga era uma forma menos hipócrita de "coisificação" de alguns seres humanos em benefício de outros, mas não menos reprovável. É sabido que em vários países ao redor do mundo a mão de obra escrava é explorada inescrupulosamente, fazendo crescer e prosperar economias que são responsáveis pelo abastecimento de vários mercados, tendo como coadjuvantes as pessoas que adquirem e utilizam largamente as mercadorias produzidas com o sangue e suor de seres humanos escravos modernos.

A escravidão contemporânea não se resume, portanto, a aspectos de exploração sexual, sendo muito mais intensa e repugnante que ela, envolvendo primordialmente jovens, desempregados, analfabetos e estrangeiros irregulares no país, não apenas na zona rural, mas também e principalmente nas áreas urbanas, em atividades têxteis, domésticas etc.

4. A Organização do Trabalho no Brasil e a Dignidade da Pessoa Humana
4.1. A Política Nacional de Enfrentamento ao Tráfico de Pessoas
Aprovada pelo Decreto nº 5.948, de 26 de outubro de 2006, a Política Nacional de Enfrentamento ao Tráfico de Pessoas tem por finalidade estabelecer princípios, diretrizes e ações de prevenção e repressão ao tráfico de pessoas e de atenção às vítimas, conforme as normas e instrumentos nacionais e internacionais de direitos humanos e a legislação pátria.

Para os efeitos desta Política, foi adotada a expressão "tráfico de pessoas" conforme o Protocolo Adicional à Convenção das Nações Unidas contra o Crime Organizado Transnacional Relativo à Prevenção, Repressão e Punição do Tráfico de Pessoas, em especial Mulheres e Crianças, que a define como o recrutamento, o transporte, a transferência, o alojamento ou o acolhimento de pessoas, recorrendo à ameaça ou uso da força ou a outras formas de coação, ao rapto, à fraude, ao engano, ao abuso de autoridade ou à situação de vulnerabilidade ou à entrega ou aceitação de pagamentos ou benefícios para obter o consentimento de uma pessoa que tenha autoridade sobre outra para fins de exploração. A exploração inclui a exploração da prostituição de outrem ou outras formas de exploração sexual, o trabalho ou serviços forçados, escravatura ou práticas similares à escravatura, a servidão ou a remoção de órgãos.

São princípios norteadores da Política Nacional de Enfrentamento ao Tráfico de Pessoas, além da proteção integral à criança e adolescente: I – respeito à dignidade da pessoa humana; II – não-discriminação por motivo de gênero, orientação sexual, origem étnica ou social, procedência, nacionalidade, atuação profissional, raça, religião, faixa etária, situação migratória ou outro status; III – proteção e assistência integral às vítimas diretas e indiretas, independentemente de nacionalidade e de colaboração em processos judiciais; IV – promoção e garantia da cidadania e dos direitos humanos; V – respeito a tratados e convenções internacionais de direitos humanos; VI – universalidade, indivisibilidade e interdependência dos direitos humanos; e VII – transversalidade das dimensões de gênero, orientação sexual, origem étnica ou social, procedência, raça e faixa etária nas políticas públicas.

Como diretrizes gerais dessa Política, temos: I – fortalecimento do pacto federativo, por meio da atuação conjunta e articulada de todas as esferas de governo na prevenção e repressão ao tráfico de pessoas, bem como no atendimento e reinserção social das vítimas; II – fomento à cooperação internacional bilateral ou multilateral; III – articulação com organizações não-governamentais, nacionais e internacionais; IV – estruturação de rede de enfrentamento ao tráfico de pessoas, envolvendo todas as esferas de governo e organizações da sociedade civil; V – fortalecimento da atuação nas regiões de fronteira, em portos, aeroportos, rodovias, estações rodoviárias e ferroviárias, e demais áreas de incidência; VII – verificação da condição de vítima e respectiva proteção e atendimento, no exterior e em território nacional, bem como sua reinserção social; VIII – incentivo e realização de pesquisas, considerando as diversidades regionais, organização e compartilhamento de dados; IX – incentivo à formação e à capacitação de profissionais para a prevenção e repressão ao tráfico de pessoas, bem como para a verificação da condição de vítima e para o atendimento e reinserção social das vítimas; X – harmonização das legislações e procedimentos administrativos nas esferas federal, estadual e municipal relativas ao tema; XI – incentivo à participação da sociedade civil em instâncias de controle social das políticas públicas na área de enfrentamento ao tráfico de pessoas; XII – incentivo à participação dos órgãos de classe e conselhos profissionais na discussão sobre tráfico de pessoas; e XIII – garantia de acesso amplo e adequado a informações em diferentes mídias e estabele-

CRIME ORGANIZADO

cimento de canais de diálogo, entre o Estado, sociedade e meios de comunicação, referentes ao enfrentamento ao tráfico de pessoas.

Mas o enfrentamento apresenta também diretrizes específicas de prevenção ao tráfico de pessoas, que são: I – implementação de medidas preventivas nas políticas públicas, de maneira integrada e intersetorial, nas áreas de saúde, educação, trabalho, segurança, justiça, turismo, assistência social, desenvolvimento rural, esportes, comunicação, cultura, direitos humanos, dentre outras; II – apoio e realização de campanhas sócio-educativas e de conscientização nos âmbitos internacional, nacional, regional e local, considerando as diferentes realidades e linguagens; III – monitoramento e avaliação de campanhas com a participação da sociedade civil; IV – apoio à mobilização social e fortalecimento da sociedade civil; e V – fortalecimento dos projetos já existentes e fomento à criação de novos projetos de prevenção ao tráfico de pessoas.

Com relação à responsabilização dos autores do tráfico de pessoas, são diretrizes específicas: I – cooperação entre órgãos policiais nacionais e internacionais; II – cooperação jurídica internacional; III – sigilo dos procedimentos judiciais e administrativos, nos termos da lei; e IV – integração com políticas e ações de repressão e responsabilização dos autores de crimes correlatos.

As vítimas também foram alvo de atenção da Política, sendo fixadas em relação a elas as seguintes diretrizes: I – proteção e assistência jurídica, social e de saúde às vítimas diretas e indiretas de tráfico de pessoas; II – assistência consular às vítimas diretas e indiretas de tráfico de pessoas, independentemente de sua situação migratória e ocupação; III – acolhimento e abrigo provisório das vítimas de tráfico de pessoas; IV – reinserção social com a garantia de acesso à educação, cultura, formação profissional e ao trabalho às vítimas de tráfico de pessoas; V – reinserção familiar e comunitária de crianças e adolescentes vítimas de tráfico de pessoas; VI – atenção às necessidades específicas das vítimas, com especial atenção a questões de gênero, orientação sexual, origem étnica ou social, procedência, nacionalidade, raça, religião, faixa etária, situação migratória, atuação profissional ou outro status; VII – proteção da intimidade e da identidade das vítimas de tráfico de pessoas; e VIII – levantamento, mapeamento, atualização e divulgação de informações sobre instituições governamentais e não-governamentais situadas no Brasil e no exterior que prestam assistência a vítimas de tráfico de pessoas.

Outrossim, para a implementação da Política Nacional de Enfrentamento ao Tráfico de Pessoas, fixou o decreto o desenvolvimento, pelos órgãos e entidades públicas, no âmbito de suas respectivas competências e condições, ações na área da justiça e da segurança pública, na área de relações exteriores, na área de educação, na área de saúde, na área de assistência social, na área de promoção da igualdade racial, na área do trabalho e emprego, na área de desenvolvimento agrário, na área dos direitos humanos, na área da proteção e promoção dos direitos da mulher, na área de turismo e na área de cultura.

5. A Redução à Condição Análoga à de Escravo e o Tráfico de Seres Humanos

A redução à condição análoga à de escravo é decorrência direta do tráfico de seres humanos. Isso porque, afora uns poucos casos de pessoas submetidas a essa prática por questões alheias às relações de trabalho, a quase totalidade dos casos registrados em nosso país refere-se a trabalhadores mantidos em situação de verdadeira escravidão, que o legislador convencionou denominar "situação análoga à de escravo".

Vários fatores são responsáveis por essa prática, tais como a pouca oferta de emprego, o isolamento geográfico gerado em face da extensão territorial, a má distribuição de terras, a dificuldade de fiscalização e a impunidade. No campo, em território brasileiro, alguns dos estados que apresentam o maior número de trabalhadores libertados em circunstâncias degradantes estão na Região Amazônica: Mato Grosso, Maranhão, Tocantins e Pará. As atividades, quase sempre, estão relacionadas à agricultura, à pecuária, e ao trabalho em carvoarias.

Os trabalhadores, em regra, são contratados por intermediários e levados para regiões distantes e isoladas, onde permanecem sob o jugo e total dependência do empregador, sem perceberem salários, sendo a parca remuneração recebida consumida pelas dívidas contraídas pelo pagamento de alimentação e hospedagem de baixa qualidade. A legislação penal brasileira contempla um tipo penal denominado "redução a condição análoga à de escravo", que vem previsto no art. 149 do Código Penal, com a redação que lhe foi dada pela Lei n. 10.803, de 11 de dezembro de 2003.

Esse crime tem como objetividade jurídica a tutela da liberdade individual (*status libertatis*) do indivíduo, podendo ter como sujeito ativo qualquer pessoa. Sujeito passivo é o trabalhador, reduzido a condição análoga à de escravo. A conduta típica é expressa pelo verbo reduzir, que significa transformar, tornar. O termo *condição análoga à de escravo* define o fato de o sujeito ativo reduzir a vítima a pessoa totalmente submissa à sua vontade, como se escravo fosse.

Segundo a nova redação do dispositivo em análise, dada pela Lei nº 10.803, de 11 de dezembro de 2003, entende-se por condição análoga à de escravo:

a) a sujeição da vítima a trabalhos forçados ou a jornada exaustiva;

b) a sujeição da vítima a condições degradantes de trabalho;

CRIME ORGANIZADO

c) a restrição, por qualquer meio, da locomoção da vítima, em razão de dívida contraída com o empregador ou preposto.

d) o cerceamento do uso de qualquer meio de transporte por parte do trabalhador, com o fim de retê-lo no local de trabalho;

e) a manutenção de vigilância ostensiva no local de trabalho, com o fim de lá reter o trabalhador;

f) o apoderamento de documentos ou objetos pessoais do trabalhador, com o fim de retê-lo no local de trabalho.

Trata-se de crime permanente, cuja consumação se prolonga no tempo. Portanto, enquanto o trabalhador estiver submetido a condição análoga à de escravo, o crime está se consumando, sendo possível a prisão em flagrante do criminoso e de seus asseclas ou capangas.

A consumação do crime ocorre quando o sujeito ativo reduz a vítima a condição análoga à de escravo através de uma ou mais condutas acima referidas.Admite-se a modalidade tentada. A pena é aumentada de metade, se o crime é cometido:

a) contra criança ou adolescente;

b) por motivo de preconceito de raça, cor, etnia, religião ou origem.

A competência para o processo e julgamento do crime de redução a condição análoga à de escravo é da Justiça Federal, conforme vem se orientando a jurisprudência dos tribunais superiores. Nesse sentido:

> 1. Compete à Justiça Federal o processamento e julgamento dos processos, cujo delito é o previsto no art. 149 do Código Penal, que se enquadra na categoria dos crimes contra a Organização do Trabalho. 2. Crime de redução a condição análoga à de escravo fere a dignidade da pessoa humana, bem como colocam em risco a manutenção da Previdência Social e as instituições trabalhistas, evidenciando a ocorrência de prejuízo a bens, serviços ou interesses da União, conforme as hipóteses previstas no art. 109 da CF. 3. Precedentes do STF e do STJ. 4. Conflito conhecido para declarar competente o Juízo Federal da 9ª Vara Criminal da Seção Judiciária do Estado de São Paulo, o suscitado. (STJ – CC 63320/SP – Rel. Min. Og Fernandes – j. 11.02.2009 – DJE 03.03.2009).

6. Trabalho Escravo e Aliciamento de Trabalhadores

A legislação penal pátria contempla, ainda, dois dispositivos que criminalizam as condutas de "aliciamento para fim de emigração" e "aliciamento de trabalhadores de um local para outro do território nacional". Referidos crimes inserem-se no capítulo do Código Penal relativo aos crimes contra a organização do trabalho.

O crime de *aliciamento para fim de emigração* vem previsto no art. 206 do Código Penal, tendo como objetividade jurídica a proteção do interesse estatal na permanência de trabalhadores no território nacional. Sujeito ativo desse crime pode ser qualquer pessoa. Sujeito passivo é o Estado. A conduta típica vem expressa pelo verbo recrutar, que significa aliciar, angariar, atrair. O recrutamento deve dar-se com o emprego de fraude (engodo, ardil, meio fraudulento) e ter por finalidade levar os trabalhadores para território estrangeiro. Trata-se de crime doloso, cuja consumação ocorre com o mero recrutamento, independentemente da efetiva emigração dos trabalhadores. Admite-se a tentativa. A ação penal é pública incondicionada e a competência para o processo e julgamento do crime é da Justiça Federal, pois o interesse envolvido é coletivo.

Já o crime de *aliciamento de trabalhadores de um local para outro do território nacional* está tipificado no art. 207 do Código Penal, tendo como objetividade jurídica a tutela do interesse estatal na permanência dos trabalhadores no local em que se encontram, no território nacional.

Sujeito ativo desse crime pode ser qualquer pessoa. Sujeito passivo é o Estado. A conduta incriminada vem expressa pelo verbo aliciar, que significa atrair, seduzir. Para a configuração do crime não se exige expressamente a fraude. A lei, entretanto, ao empregar o verbo aliciar, em vez de recrutar, utilizado no artigo anterior, deixa claro que essa sedução de trabalhadores não é permitida, gerando risco para o Estado. Nesse tipo penal, a locomoção dos trabalhadores se opera dentro do território nacional.

Trata-se de crime doloso, cuja consumação ocorre com o simples aliciamento, independentemente do deslocamento dos trabalhadores de uma para outra localidade do território nacional. É crime formal. Em tese, admite-se a tentativa, embora de difícil configuração prática.

A Lei n. 9.777/98 acrescentou, no § 1º, figura assemelhada ao caput do art. 207 do Código Penal, punindo com a mesma pena quem recrutar trabalhadores fora da localidade de execução do trabalho, dentro do território nacional, mediante fraude ou cobrança de qualquer quantia do trabalhador, ou, ainda, não assegurar condições do seu retorno ao local de origem. O § 2º, também acrescentado pela Lei n. 9.777/98, instituiu causas de aumento de pena de um sexto a um terço se a vítima é menor de 18 anos, idosa, gestante, indígena ou portadora de deficiência física ou mental. A ação penal é pública incondicionada e a competência para o processo e julgamento do crime é da Justiça Federal, pois o interesse é coletivo.

CRIME ORGANIZADO

7. Globalização e Exploração do Trabalho Escravo
7.1. O Trabalho Escravo na América Latina e Caribe

Estudos realizados pela Organização Internacional do Trabalho – OIT – que culminaram com a Declaração sobre os Princípios e Direitos Fundamentais no Trabalho e seu seguimento, dão conta de que, atualmente, na América Latina e Caribe, diversos governos estão agindo seriamente contra o trabalho forçado.

O Brasil tomou medidas fortes contra o trabalho forçado na agricultura e em acampamentos de trabalho afastados. O governo do Brasil assumiu oficialmente a existência de trabalho forçado perante a OIT em 1995. Desde então, tem combatido o problema com muita visibilidade. Um Plano Nacional de Ação contra o Trabalho Forçado foi implantado em março de 2003. Recentemente, vários outros governos latino-americanos decidiram confrontar o trabalho forçado, especialmente em seus setores agrícolas. Bolívia, Peru e Paraguai deram passos importantes para desenvolver, juntamente com as organizações de trabalhadores e empregadores novas políticas para combater o trabalho forçado.

A OIT ressalta, ainda, que existem cerca de 1,3 milhões de trabalhadores forçados na América Latina e no Caribe, de um total de 12,3 milhões em todo o mundo. 75% dos trabalhadores forçados na América Latina são vítimas de coerção para exploração do trabalho, enquanto o restante das vítimas está ou em trabalho forçado pelo estado ou na exploração sexual comercial forçada. 250.000 trabalhadores forçados, ou 20% do número total na região, foram traficados internamente ou através das fronteiras. O rendimento estimado derivado do tráfico para trabalho forçado na América Latina e Caribe é de US$ 1,3 bilhão.

Consta, inclusive, que números substanciais de trabalhadores agrícolas, principalmente indígenas, estão em condição de servidão por dívida, a maioria como resultado de adiantamentos de salário feitos aos trabalhadores por contratantes privados de trabalho. Os fatores que fazem dos povos indígenas em áreas remotas particularmente suscetíveis ao recrutamento coercivo e à servidão por dívida incluem uma fraca presença do Estado, baixo investimento em serviços educacionais, pouca literatura e dados, implementação lenta de reformas agrárias, assim como a falta de documentos oficiais de identificação, que tornam essas pessoas "invisíveis" para as autoridades nacionais. Uma pesquisa de campo da OIT sobre trabalho forçado e servidão por dívida em áreas rurais documentou as seguintes situações:

a) "Trabalho escravo", especialmente no estado do Pará, na região amazônica brasileira. O termo "trabalho escravo" se refere a condições

540

EXPLORAÇÃO DO TRABALHO ESCRAVO E TRÁFICO DE SERES HUMANOS: A FACE...

degradantes de trabalho e à impossibilidade de deixar as fazendas devido aos alegados débitos e à presença de seguranças armados;

b) Sistemas de trabalho *enganche* e *habilitacion*, baseados em adiantamentos de salário na agricultura da Bolívia, em particular nas áreas tropicais de Santa Cruz, noroeste da Amazônia, e o Chaco Boliviano;

c) Trabalho forçado na Amazônia peruana, tanto com recrutamento de trabalhadores para acampamentos isolados como em comunidades indígenas isoladas;

d) Discriminação e condições de emprego de pessoas indígenas nas fazendas de gado da região do Chaco no Paraguai.

No Brasil, o Plano Nacional de Ação contra o Trabalho Escravo foi adotado em março de 2003. Os componentes da estratégia incluíram campanhas de conscientização, promoção de uma nova legislação com sanções mais fortes contra os exploradores, como o confisco de sua propriedade, grande intensificação de libertação de vítimas do trabalho forçado em áreas remotas por meio de intervenções de unidades móveis de fiscalização e outros agentes de coerção legal e criminal.

Na Bolívia, o governo criou uma Comissão Nacional para a Erradicação do Trabalho Forçado em dezembro de 2004 com competência para desenvolver e implantar uma estratégia efetiva contra o trabalho forçado com a participação de organizações de trabalhadores e empregadores. No Peru, o governo está organizando uma Comissão Multisetorial para elaborar uma política nacional para eliminar o trabalho forçado e garantir o cumprimento da lei em regiões onde o trabalho forçado acontece.

8. Atuação da OIT contra o Trabalho Escravo na América Latina e Caribe
Desde 2002, a OIT tem apoiado a erradicação do trabalho forçado no Brasil. Atividades como a sensibilização de agências de aplicação da lei, e a reunião dessas agências em uma plataforma comum contra o trabalho escravo resultaram na criação dos tribunais móveis ("varas itinerantes") para lidar imediatamente com a maioria dos casos mais sérios. Na Bolívia, Peru e Paraguai, a OIT ajuda a iniciativa de novas estratégias e políticas desenvolvidas em conjunto por governos, organizações de trabalhadores e de empregadores. Na Bolívia, isso levou a criação em dezembro de 2004 da Comissão Nacional para Erradicação do Trabalho Escravo, um passo importante na luta contra o problema no país.

Vários outros projetos da OIT buscam a eliminação do tráfico de crianças na América Central, Panamá, República Dominicana, Argentina, Brasil, México, Chile, Colômbia, Paraguai e Peru.

Conclusões

O tráfico de seres humanos na modalidade escravidão se revela como uma das realidades mais aviltantes da condição humana, despontando, atualmente, como um dos tentáculos do crime organizado. Representa uma nova forma de escravatura (escravidão contemporânea) que atenta contra os mais elementares princípios de dignidade humana, emergindo de situações relacionadas com a violação dos Direitos Humanos, crime organizado, discriminação, imigração, pobreza, assimetrias entre países mais desenvolvidos e outros mais empobrecidos, dentre outras. Trata-se de um problema de magnitude mundial, que exige compromissos e soluções concertadas, constituindo um dos grandes desafios da sociedade globalizada.

A comunidade internacional deve ser chamada à responsabilidade, devendo assumir um papel cada vez mais ativo no combate a este flagelo, uma vez que, apesar de vários estudos indicarem que o fenômeno do tráfico de pessoas está aumentando, esta constatação não tem sido acompanhada de um aumento significativo do nível de conhecimentos que a comunidade científica, as autoridades policiais e os governantes têm sobre ele, o que dificulta a procura de soluções para o problema. Essa nociva atividade tem sido, no mais das vezes, desenvolvida clandestinamente, o que dificulta sobremaneira a detecção e punição, ainda mais quando praticada por organizações criminosas altamente especializadas e articuladas. Mas há também os casos de conivência de comunidades internacionais, que exploram e se locupletam indevidamente do trabalho escravo como forma de incremento de suas economias. Para esses casos, os instrumentos legais nem sempre permitem respostas eficazes.

É necessária, pois, a par da conscientização da sociedade globalizada sobre este grave problema que aflige a humanidade, a criação de mecanismos eficazes de combate a esta prática criminosa organizada e hedionda, não somente através de efetivas sanções econômicas, levadas a cabo através de penalidades já largamente utilizadas em situações de embargos, como também, e principalmente, pela implementação, em nível transnacional, de instrumentos penais que permitam respostas eficazes de cunho punitivo e coercitivo, não apenas aos autores, pessoas naturais ou jurídicas, como também a todos aqueles que, de maneira direta ou indireta, são incentivadores da escravização humana.

Referências

ANDREUCCI. Ricardo Antonio. Manual de Direito Penal. 5ª ed. São Paulo: Saraiva. 2009.

_____. Legislação Penal Especial. 6ª ed. São Paulo: Saraiva. 2009.

_____. Direito Penal do Trabalho. 2ª ed. São Paulo: Saraiva. 2009.

EXPLORAÇÃO DO TRABALHO ESCRAVO E TRÁFICO DE SERES HUMANOS: A FACE...

BONFANTE. Pietro. Istituzioni di Diritto Romano. 4ª ed. Milano: Casa Editrice Dottor Francesco Vallardi.

BRETON. Binka. Vidas Roubadas – A Escravidão Moderna na Amazônia Brasileira. São Paulo: Edições Loyola. 2002.

DIEZ RIPOLLES. José L. La racionalidad de las leyes penales. Trotta: Madrid. 2003.

HÉRITIER, F. O Eu, o Outro e a intolerância (E. Jacobina, Trans.). In Academia Universal das Culturas (Ed.), A Intolerância (pp. 24-27). Rio de Janeiro: Bertrand Brasil. 2000.

IGLESIAS. Juan. Derecho Romano – Instituciones de Derecho Privado. Barcelona: Ediciones Ariel. 1972.

MARASCHIN, C. O renascimento da escravidão no Brasil e os mecanismos de imobilização dos trabalhadores. Revista Síntese Trabalhista, Ano IX (105). 1998.

NABUCO, J. O abolicionismo: conferências e discursos abolicionistas. São Paulo: Progresso Editorial. 1949.

RABINOVICH-BERKMAN. Ricardo. Derecho Romano. Buenos Aires: Editorial Astrea. 2001.

SENTO-SÉ. Jairo Lins de Albuquerque. Trabalho Escravo no Brasil, São Paulo: LTR. 2001.

VV.AA. Trabalho Escravo no Brasil Contemporâneo. São Paulo: Edições Loyola. 1999.

YACOBUCCI. Guillermo J. El crimen organizado – Desafíos y perspectivas en el marco de la globalización. Buenos Aires: Editorial Ábaco de Rodolfo Depalma. 2005.

27
Terrorismo: a Face mais Cruel das Organizações Criminosas

GLÁUCIO ROBERTO BRITTES DE ARAÚJO

1. Escorço Histórico e Conceito

O estudo das organizações criminosas enseja, inevitavelmente, reflexões sobre os métodos de terror constantemente empregados, que ainda causam perplexidade aos Estados e à comunidade internacional. Embora mais comum no modelo das máfias, ainda hoje nos deparamos com ações extremamente cruéis e com amplo impacto promovidas por organizações criminosas, como se viu recentemente em chacinas do tráfico no México e nos ataques do PCC a autoridades e órgão públicos. Nessas situações limítrofes, mais do que as proporções e a violência das investidas, a motivação, com contornos ideológicos, e o potencial para afetar as instituições obnubilaram os critérios normalmente empregados para distinguir crime organizado e terrorismo.

De qualquer maneira, o contexto de sensação de risco crescente à segurança pública passou a exigir o aperfeiçoamento e a integração das respostas jurídicas a problemas tão complexos, resguardando a legitimidade dos poderes constituídos, a confiabilidade no monopólio da violência e, enfim, os fundamentos do Estado Democrático de Direito. Na seara penal, é forçoso, outrossim, conjugar os objetivos de política criminal e os avanços da dogmática dos últimos séculos, com a preocupação de estabelecer equilíbrio entre eficiência na proteção dos interesses coletivos e preservação dos direitos humanos e das garantias individuais conquistadas pela civilização ocidental.

Para assegurar a dignidade da pessoa humana, tanto coibindo a ação de grupos terroristas e das organizações criminosas, como assegurando o respeito aos direitos fundamentais contra eventual flexibilização desenfreada

CRIME ORGANIZADO

dos limites do Direito Penal, propícia ao arbítrio, é imprescindível a compreensão profunda de ambos os fenômenos, de suas raízes históricas, de suas causas subsistentes, de seus instrumentos e desdobramentos, das características atuais mais relevantes, de suas perspectivas e estratégias, bem assim das limitações e do potencial da ordem jurídica para o equacionamento de situação fática assaz grave. Sem conhecer empiricamente o objeto e o instrumental do Direito para lidar com ele não é possível propor soluções eficazes e justas para o cidadão. A dimensão do desafio que se impõe e a repercussão de alguns estudos recentes e valiosos na construção e aplicação do Direito Penal conferem importância premente à matéria. Pretende-se expor, por fim, nesta sede, embora restrita, uma síntese de reflexões pertinentes sobre o tema, à luz da legislação e da doutrina das últimas décadas, para fomentar o debate sobre as alternativas mais apropriadas ao enfrentamento do problema da relação entre terror e do crime organizado, sem desconstrução de conquistas valiosas da cidadania.

Segundo Marcello Ovídio Lopes Guimarães[1], nos primórdios, quando atentados de grupos organizados ocorriam, providências paliativas, ao invés da necessária prevenção, eram adotadas nos campos militar, policial, político, legal e judicial. No entanto, diante do incremento da violência, sobretudo após a tragédia de 11 de setembro de 2001, nos Estados Unidos, as relações internacionais sofreram mudanças mais profundas. Neste contexto, o estudo e o tratamento jurídico do terrorismo passaram a demandar urgência e integração entre o Direito Penal, o Direito Constitucional e o Direito Internacional Público, repercutindo sobre questões como direitos humanos, soberania, Direito Penal mínimo e máximo, interno e transacional, Direito de Emergência e Direito Penal do Inimigo. A globalização veio a exigir consonância do Direito Penal doméstico com o internacional, além do reconhecimento das decisões das Cortes internacionais.

Ainda segundo Marcello Ovídio Lopes Guimarães[2], o terrorismo é concebido como emprego sistemático da violência para fins políticos, especialmente atentados e destruições por grupos, com objetivo de desorganização da sociedade e tomada do poder. Também é compreendido como regime de violência de um governo ou intolerância e intimidação por defensores de uma ideologia. Com estas características fundamentais, podemos vislumbrar o surgimento do fenômeno, historicamente, no período da Revolução Fran-

---

[1] GUIMARÃES, Marcello Ovídio Lopes. Tratamento Penal do Terrorismo. São Paulo: Quartier Latin, 2007, 1ª edição, p.11.
[2] Op. cit., p. 14.

cesa, entre a queda dos girondinos e de Robespierre, designado "Terroir". O Tribunal Revolucionário era encarregado de criar o terror, privando acusados de defensores, suprimindo o acesso a provas e adotando pena de morte, sem recurso, a fim de impor a autoridade do novo Estado. O Terror como meio de defesa da ordem social estabelecida pela Revolução foi substituído pelo terrorismo exercido abusivamente pelo Estado. Alguns estudiosos, porém, identificam seu surgimento em forças guerreiras do Islã, mais precisamente na sociedade secreta Hashishins, no século XI, na Pérsia. Rodrigo Carneiro Gomes[3], por sua vez, concebe como primeiro grupo terrorista organizado o radical judeu *sicarii* ou homens do punhal, que no ano 66 realizou levante contra a ocupação romana e em 73 provocou suicídio coletivo. Ressalva que os atos terroristas, com as características atualmente conhecidas, contudo, surgiram em 1912, quando macedônicos, hostis à Turquia, colocaram bombas em bens internacionais.

De qualquer modo, a opinião sobre as raízes históricas depende da concepção de terrorismo adotada. No século XIX, passou a ser considerado o movimento destinado a aterrorizar o Estado e incitar a sociedade contra os órgãos estatais por meio da propaganda, como o anarquismo, que, ao invés da conquista do poder político, pregava a sua destruição. Juridicamente, o termo "terrorismo" passou a ser adotado na III Conferência Internacional para Unificação do Direito Penal em 1930, mas somente em 1935, na VI Conferência, foram tratados penalmente os atos de terror. A morte de chefes de Estado, como do Rei Alexandre I da Iugoslávia por um terrorista croata, e os atos violentos contra núcleo de poder de Estados despertaram a consciência da necessidade de combater o terrorismo internacional. Do campo diplomático as providências migraram para o Direito.

A definição de "terrorismo", no entanto, passou por reformulação em tratados e convenções. Geralmente, atentava para as consequências dos atos, como na I Convenção de Genebra de 1937, na qual se estipulou como elemento do tipo o objetivo de provocar o terror em pessoas determinadas, em grupos ou no público. Acentuaram-se as dificuldades para a sua definição precisa, à luz dos princípios da legalidade e tipicidade, diante da existência de atos de terror não dirigidos contra um Estado, mas contra comunidades religiosas, políticas e econômicas, além daqueles praticados pelo próprio aparelho estatal. Em alguns casos, ademais, a finalidade do ato poderia não ser a de simplesmente atemorizar. Assim, o Comitê Especial de Terrorismo Inter-

---

[3] GOMES, Rodrigo Carneiro. O novo terrorismo – estudo da abordagem brasileira. Repertório de Jurisprudência IOB. 1 Quinzena de Junho – n. 11/ 2008. Vol. III. São Paulo. Ed. IOB, 2008, p. 350.

CRIME ORGANIZADO

nacional da Assembleia Geral das Nações Unidas absteve-se da definição do termo por falta de consenso.

Segundo escólio de Rodrigo de Souza Costa[4], o projeto da Comissão Jurídica Interamericana de 1970, por sua vez, estabeleceu que atos de terrorismo eram aqueles assim tipificados pelos Estados e, na sua falta, os atos que produziam terror ou intimidação e criavam perigo comum para a vida, a saúde, a integridade corporal e liberdade, mediante artifícios que pudessem causar grandes estragos, graves perturbações da ordem ou calamidades públicas. O simpósio internacional de 1973 sobre terrorismo o definiu como conduta coercitiva individual ou coletiva, mediante estratégias de terror ou violência, dirigida contra alvos internacionalmente protegidos para resultado que se oriente no sentido do poder. Como se percebe, não se chegou a um conceito consensual, nem mesmo nas Nações Unidas e órgãos especializados. De qualquer maneira, lembra o autor que as transformações mundiais, no bojo do processo de globalização, repercutiram no mundo jurídico, exigindo do Direito Penal resposta para novas formas de criminalidade, em especial o terrorismo e o crime organizado.

Nas legislações nacionais, tais dificuldades, inicialmente, também restringiram o combate a figuras penais do Direito comum, como crimes de incêndio ou de explosão, com inclusão, por vezes, da motivação do agente, mormente a afronta aos princípios fundamentais do Estado. Na criação de tipos próprios também surgiram diferenças. Ainda consoante magistério de Costa, a lei britânica do *Terrorism Act 2000* exigiu propósitos políticos, religiosos ou ideológicos. A lei americana definiu atividade terrorista como "organização, apoio ou participação em um ostentoso ou indiscriminado ato de violência com extrema indiferença ao risco de causar morte ou sérios danos corporais a um indivíduo que não esteja envolvido nas hostilidades armadas". Já no Código Penal Francês estipulou-se o objetivo de perturbar a ordem pública por intimidação ou terror.

Para Luiz Fabrício Thaumaturgo Vergueiro[5] as ambiguidades que permeiam sua configuração semântica decorrem das condicionantes a que estão sujeitas as relações históricas e políticas entre países, povos e grupos sociais. O radical "terror" surgiu em francês em 1335 para designar um medo ou ansiedade extrema correspondendo a uma ameaça vagamente percebida, pouco

---

[4] JAPIASSU, Carlos Eduardo Adriano. Direito Penal Internacional estrangeiro e comparado. Rio de Janeiro: Lúmen Juris, 2007, p. 170.
[5] VERGUEIRO, Luiz Fabrício Thaumaturgo. Terrorismo e Crime Organizado. Quartier Latin. São Paulo, 2009, p. 16.

TERRORISMO: SOMOS TODOS VULNERÁVEIS?

familiar e largamente imprevisível. O autor invoca a opinião de Jerrold Post de que consiste num estado psíquico de grande medo ou pavor. A transmigração simbólica do termo para a acepção atual ocorreu entre 1791 e 1794, após a queda da Bastilha, distinguindo-se terror, como meio legítimo para a defesa daquela ordem social, e terrorismo, como extrapolação abusiva de seu exercício. Vinculado à ideia de coação dos súditos à obediência cega, o terrorismo passou a ter razões de ordem política, no que se distinguia dos episódios violentos da idade antiga, geralmente motivados por causas religiosas. Com a morte do Czar Alexandre II, inverteu-se a direção semântica, passando a significar fenômeno social, dotado de organização e de impulso ideológico.

Diogo Thomson de Andrade[6] identifica sua gênese no terror jacobino por força do fator psicológico presente, essencial peculiaridade do fenômeno, observando, contudo, que, ao ser dirigido contra o Estado, o terrorismo não alçou seus líderes ao poder, até mesmo porque o radicalismo e extrema violência eram incompatíveis com o recrudescimento do ambiente institucional, dispensando a comunicação e interação geradora do poder. No máximo, expunha uma crise de legitimidade que abria caminho para mudanças. A propósito, a reivindicação da autoria de atentados por grupos terroristas é reflexo do desiderato de contestação da capacidade do Estado e do anonimato protetor de seus chefes. Tem sido, aliás, expediente comum de organizações criminosas, que se contentam com a continuidade de sua atuação, como poder fático, distinguindo-se de um movimento revolucionário. Alguns autores vislumbram dois tipos de *modus operandi* sistemático no terrorismo: o "foquismo", ou seja, focos ou células terroristas, principalmente no campo, para arregimentar parte da população, e a "espiral da violência", muito mais eficaz por não enfrentar as políticas localizadas de neutralização pelo Estado e por provocar reações violentas, que lhe conferem, em seguida, alguma legitimidade, como aquela obtida pelo terrorismo islâmico junto à comunidade árabe, diante das respostas violentas do governo israelense. Este método corrobora, ademais, a ideia de fragilidade do Estado, compelido a reconhecer a presença do fenômeno em seu próprio território perante sua população. Cumpre ressaltar também o vazio de existência do terrorista, sob o prisma psicológico, suplantado pela adesão cega a uma liderança até a morte. Por fim, a internacionalização do terrorismo, com a troca de informações, armamento e métodos entre terroristas e até entre estes e alguns países, oferece risco

---

[6] ANDRADE, Diogo Thomson de. A crise da autoridade jurídica e o terrorismo como forma de comunicação de poder. Direito e Poder na Pós-modernidade. Dissertação de mestrado em Direito pela PUC-SP. São Paulo, 2009, p. 106.

CRIME ORGANIZADO

ainda maior aos Estados, na pós-modernidade. Não por acaso, diante de um atentado, inicia-se sempre discussão sobre possível autoria e reinvidicação.

Eric Hobsbawm[7] identifica o homem-bomba como importante inovação no terrorismo e derivação da revolução iraniana de 1979, impregnada da poderosa ideologia islâmica xiita, que idealiza o martírio, e que foi empregada pela primeira vez pelo Hezbollah contra os americanos, no Líbano, em 1983. Destaca, além disso, o terrorismo individual e de pequenos grupos, mas com potentes efeitos, que se desenvolveu pela retomada dos assassinatos políticos, como Sadat no Egito, Rabin em Israel, Gandhi na Índia. Acrescenta que o Estado nacional territorial é impotente para assegurar a ordem pública, tendo em vista a crise que enfrenta e que passa também pela perda da lealdade dos cidadãos e de sua disponibilidade de fazer, com orgulho nacionalista. Para esta incapacidade concorre ainda o retrocesso no processo civilizador, desencadeado a partir da Idade Média. Enfim, a crise se acentua, justamente quando o combate ao terrorismo requer dos Estados esforços especiais e os terroristas entregam-se cada vez mais aos projetos de seus líderes, diversamente do que ocorre com os cidadãos em relação aos seus governos.

Sebastian Scheerer[8] afirma que a palavra latina terror, sob influência bíblica, define o profundo sentimento de abalo do homem, no momento da sua conscientização de estar à mercê de um poder superior ameaçador de sua existência. Não é apenas medo levado ao extremo, mas também fonte de medo. A instrumentalização da destruição física para efeitos psíquicos diferencia o terrorismo de outros usos de força para fins políticos ou religiosos. O autor esclarece que o terror somente pode ser duradouro, se o agente escapa do problema de legitimação, motivo pelo qual os ditadores sanguinários não concebiam suas medidas como terror, mas os inimigos como terroristas. É comum, aliás, um governo vislumbrar no terror não apenas um risco, mas a oportunidade de fortalecer seu poder e de recorrer ao estado de exceção.

A expressão passou a carregar uma avaliação, sob o ângulo do observador, da impossibilidade de diálogo e da barbárie insuscetível de ser combatida por meios civilizados. São reproduzidas ainda as opiniões de Jean Paul Sartre no sentido de que, neste contexto, a pessoa é terrorizada ou se torna terrorista e de Giorgio Agambem, para quem a segurança e o terror formam um sistema mortal, justificando e legitimando suas ações, alternativamente.

---

[7] HOBSBAWM, Eric. Globalização, democracia e terrorismo. São Paulo. Companhia das Letras, 2007, p. 130-143.

[8] FOPPEL, Gamil. Novos desafios do Direito Penal no Terceiro Milênio. Rio de Janeiro. Lúmen Júris, 2008, p. 197.

O terror contaminaria quem o combate. Cada terror seria entendido como contra-terror. Permitiria ao mesmo tempo a individualização de um mal e uma construção libertadora, importantes para o funcionamento de um sistema. Alguns autores destacam ainda, como nota marcante do terrorismo, os efeitos psicológicos desproporcionais ao resultado físico. Para outros, é fenômeno imprevisível, arbitrário, inevitável para as vítimas e amoral, por desprezar argumentos humanitários. Há divergências ainda sobre sua diferenciação em relação à criminalidade comum e à presença da motivação política.

Rodrigo Carneiro Gomes[9] assevera que, na concepção do Dicionário Eletrônico Hoaiss, terrorismo é modo de impor a vontade pelo uso sistemático do terror; o emprego sistemático da violência para fins políticos; a prática de atentados e destruições por grupos, cujo objetivo é a desorganização da sociedade existente e a tomada do poder; o regime de violência instituído por um governo; e a atitude de intolerância e de intimidação adotada pelos defensores de uma ideologia, sobretudo nos campos literário e artístico, em relação àqueles que não participam de suas convicções. Destaca que o relatório "Patterns of Global Terrorism – 2000" define terrorismo como "violência premeditada e politicamente motivada, perpetrada contra alvos não combatentes, através de grupos subnacionais ou de agentes clandestinos, normalmente utilizados para influenciar uma audiência (...)". O conceito do "Terrorism Act 2000" contempla omissão ou ação, ameaça feita com propósitos políticos, religiosos ou ideológicos e séria violência contra a pessoa, sérios danos à propriedade ou sério risco à saúde ou segurança do público ou de parte dele.

Segundo Luiz Fabrício T. Vergueiro[10], o conceito oficial do escritório federal de investigações dos EUA é o de uso ilegal da força ou violência contra pessoas ou propriedade para intimidar um governo, população civil ou qualquer seguimento destes, em apoio a objetivos sociais ou políticos. A legislação daquele país, contudo, tipifica vários atos, qualificados por um fim especial de agir. O autor pondera que para diferenciar organização terrorista de outros grupos é preciso recorrer também a caracteres extrínsecos, mormente o método de ação apto a incutir o estado de medo. O terrorismo não seria um fim em si mesmo, nem uma crise aguda de esquizofrenia. Consistiria em um meio de combate assimétrico que nega ao adversário qualquer forma de vitória estratégica, ainda que obtidas vitórias táticas. Não se deve, ademais, confundir irracionalidade de seus agentes com a racionalidade de seus ideólogos, sempre distantes, física e temporalmente, dos atos extremistas. Neste

---

[9] Op. cit., p. 354.
[10] Op.cit., p. 43.

CRIME ORGANIZADO

contexto, terrorismo representaria a expressão mais violenta para a moral e o direito, pior do que a guerra, limitada por regras humanitárias e, até certo ponto, suscetível de justificativa, segundo a Carta das Nações Unidas.

Luiz Fabrício T. Vergueiro[11] identifica, então, como características gerais do terrorismo: a natureza indiscriminada, imprevisibilidade, espetacularidade e amoralidade. Assim, todos podem ser seus alvos, independentemente do papel na sociedade. Quanto mais inocentes as vítimas, mais fácil será a doutrinação dos agentes, à luz da ideia de coesão grupal, e a repercussão de seus atos. Assim, ninguém poderia se sentir seguro, ainda que, em um determinado momento, existisse um alvo específico. A impossibilidade de conhecer o local de um atentado, por sua vez, gera fobia, sensação de vulnerabilidade e descontrole da vitimização. A gravidade da violência temida, acentuada pelo receio do uso de armas de destruição em massa e pela crueldade, distingue também o fenômeno no inconsciente coletivo. Por fim, o desprezo e a indiferença pelos valores morais, considerando-se estes últimos manipulados pelos poderes constituídos, são justificados em nome da causa defendida. Não haveria, na perspectiva dos agentes, direitos e garantias invioláveis em um Estado, cujo desmantelamento é pretendido.

Marcello Ovídio Lopes Guimarães[12] cita a definição de Antonio Cassese no sentido de que terrorismo seria qualquer ato violento contra inocentes para forçar o Estado ou outro sujeito internacional a seguir uma linha de conduta que, de outro modo, não seguiria. Relembra ainda que para Gilbert Guillaume trata-se de atividade criminal com três elementos: certos atos de violência para causar morte ou danos corporais graves; empresa individual ou coletiva; objetivo de terror. Aduz que para Antonio Lopes Monteiro cuida-se da criação na população de estado de alarme de medo contínuo, carregado de ideologia, mediante violência, com fim político de desestabilizar uma ordem e com organização. O autor menciona também a posição de Caleb Carr, que se atém ao ataque contra civis para obter uma mudança no apoio a seus líderes. Cita-se, ainda, a crítica de Valdir Sznick, a tais restrições, observando que a violência ou o objetivo político pode não estar presente, além da tautologia (uso de termos idênticos ao objeto de definição)[13]. Registra-se, outrossim, a opinião de Héctor Luis Saint-Pierre de que a nota distintiva do terrorismo é a disposição psicológica criada, qual seja, um pavor incontrolável, inclusive sobre vítimas indiretas, que se sentirão vulneráveis, embora ausentes em um

[11] Op. cit., p. 20.
[12] Op. cit., p. 21.
[13] Op. cit., p. 22.

552

atentado. Já para Bruce Hoffman o terrorismo consiste na violência premeditada e politicamente motivada contra não combatentes, praticada por grupos infranacionais ou clandestinos, para intimidar um governo, uma população ou um segmento desta. Por derradeiro, Avilés Gomes concebe o terrorismo como método de combate, comportamento ilícito no uso sistemático de violência, criando estado psicológico de terror generalizado e de propaganda para derrotar o inimigo e alcançar o poder.

Diogo Thomson de Andrade[14] enfatiza aspectos singulares do terrorismo, sobretudo a violência como meio justificado em si mesmo, diversamente das guerras e revoluções, nas quais a violência seria etapa necessária para a paz. O fim pretendido pelo terrorismo, ademais, é o próprio impacto da violência na vida dos destinatários, sendo irrelevante se os ofendidos eram ou não expressão do inimigo. Além disso, expressa-se a vontade de mudança abrupta e distante de qualquer processo de negociação ou conscientização. Almeja-se substituir qualquer outra forma de comunicação, inclusive a do poder legítimo, por pura violência, rejeitando-se a possibilidade de consenso e até de neutralização do dissenso. Embora a expressão tenha sido usada para designar diversas condutas violentas ao longo da história, representa, na pós-modernidade, muito mais do que abuso na luta por um causa, significando, nas observações daquele autor, a própria negação do pensamento moderno e da tentativa de racionalização de tudo que conduz o Ocidente. Outrossim, com a globalização transformou-se em elemento difuso, dificilmente identificável. Entranhando-se no seio social, alcançou a plenitude de seu poder de ameaça à ideia de exercício do monopólio da violência pelo Estado. Heranças ocidentais, como razão, autoridade e direito, são confrontadas por um segmento infiltrado (doença congênita) e não por um inimigo externo, o que contribui para aquela sensação de ausência de controle. Para Andrade, o terrorismo é "poder fático cuja comunicação se revela pela violência, inclusive simbólica, e pela instauração do medo comum, cujo objetivo é a própria continuidade deste poder contestador do poder institucional".

Rodrigo de Souza Costa[15], por outro lado, acaba por eleger como características fundamentais do terrorismo apenas a disseminação psicológica do sentimento de terror, os danos extensos e a finalidade política. Para alguns autores, no entanto, não se cuida de um crime autônomo, mas de um modo

---

[14] ANDRADE, Diogo Thomson de. A crise da autoridade jurídica e o terrorismo como forma de comunicação de poder. Direito e Poder na Pós-modernidade. Dissertação de mestrado em Direito pela PUC-SP. São Paulo, 2009, p. 99.

[15] Op. cit., p. 184.

CRIME ORGANIZADO

particular de cometer várias espécies de delitos, com motivação especial. Após esse breve escorço histórico do fenômeno e a exposição de suas características identificadas por estudiosos, ao longo de sua evolução, bem assim das dificuldades de conceituação, é importante fixar aqueles elementos imprescindíveis e suficientes para compreendê-lo na seara penal, reputando-se os demais recorrentes, mas eventuais e secundários.

Acatamos com a sugestão de Marcello Ovídio L. Guimarães[16], quando observa que, não obstante unívoca a palavra, numa primeira análise, e existentes variegadas facetas de terrorismo, a necessidade de definição legal é imposta pelo princípio da segurança jurídica. Convence, então, o seguinte conceito: "ato de violência indiscriminada com o intuito de causar morte, danos corporais ou materiais generalizados, ou de criar tal expectativa, incutindo pavor contínuo no público, geralmente com fim ideológico". A elaboração de um conceito, com supedâneo empírico, embora consciente de que atende a um fim normativo, é inevitável. Cumpre relembrar que a Resolução 1373 de 2001, do Conselho de Segurança da ONU, criou o comitê para o combate do terrorismo, do financiamento ou asilo a terroristas, na busca de cooperação dos Estados-membros, pressupondo-se conhecimento e delimitação mínimos do fenômeno, em âmbito mundial.

2. Espécies de Terrorismo

Na doutrina existem várias classificações. Para alguns autores, o terrorismo pode ser de direita, quando fundado em racismo, sexismo ou nacionalismo, ou de esquerda, como o extremismo revolucionário. Distingue-se também o terrorismo de Estado do terrorismo religioso. Marcello Ovídio L. Guimarães[17] classifica o terrorismo em próprio de organização criminosa, de Estado, político-revolucionário e ideológico-religioso. Na primeira categoria, o crime tem características empresariais, com proporções catastróficas. Como exemplos poderiam ser mencionados o bandoleirismo social, as primeiras máfias, o anarquismo, a turba urbana e o comunismo campesino. Grupos como o Cartel de Medellín, Cosa Nostra e Camorra, por exemplo, desenvolviam ações ostensivamente violentas e mantinham braços internacionais, recorrendo à lavagem de dinheiro, corrupção, tráfico de drogas e contrabando de armas. As organizações criminosas contam com centros de comando e inteligência, unidades periféricas, rígida disciplina e hierarquia, envolvendo outras organizações ilícitas e atingindo altas autoridades. Diante da dificuldade de puni-

[16] Op. cit., p. 25.
[17] Op. cit., p.27.

554

ção, a legislação internacional acolheu novas técnicas, como o "pentimento", espécie de delação pelo arrependido. Entendemos que esta forma de terrorismo encontra ambiente mais propício no Brasil do que as demais. Ressalve-se que motins e outros atos de grupos criminosos, com alguma organização, não são propriamente terroristas por lhes faltarem características essenciais do fenômeno enfatizadas por variegados estudos.

Quanto ao terrorismo de Estado, Marcello Ovídio L. Guimarães[18] explica que, inicialmente, identificava-se com regimes autoritários que violavam sistematicamente direitos individuais ou de certos grupos, geralmente cerceando a liberdade de imprensa, com a conivência de outros governos. Ressalte-se, contudo, que há Estados terroristas não totalitários e vice-versa. Tal espécie de terrorismo é praticada por exércitos, como na guerra civil da Bósnia-Hezergovina, mediante propaganda de atrocidades, capaz de gerar êxodo da população local. É comum ainda que um Estado subsidie, abrigue ou coopere com grupos terroristas, como ocorreu recentemente na Líbia. Por vezes, surgem divergências entre Estados acerca da classificação de outro como terrorista, permeadas por interesses legítimos ou escusos. Em contrapartida, os atos defensivos comumente não são considerados terrorismo, como aqueles praticados por Israel e pela Rússia. Por fim, alguns usam o termo para reprovar determinado exercício do direito de contestação de uma ordem política. Impõe-se, portanto, uma análise objetiva e comedida das circunstâncias de cada situação e dos limites de eventual reação, segundo as concepções históricas de guerra e moderação. Nessa tarefa são importantes a motivação, a origem e a forma da violência em relação aos civis. Mais complexo ainda nesse contexto é classificar um Chefe de Estado como terrorista ou defensor das respectivas instituições. O terrorismo de Estado, ademais, diverge do individual por ser praticado por órgãos estatais, sob a égide da soberania. Marcello Guimarães o concebe, enfim, como conduta de governo, sistematicamente violenta, para manter a qualquer custo o regime, disseminando o pavor popular perante o aparelho estatal e tornando insuportável a existência dos grupos reprimidos.

O terrorismo político-revolucionário, propriamente dito, como as Brigadas Vermelhas na Itália; o Sendero Luminoso no Peru; o Nacionalismo do Setembro Negro; o Separatismo Basco do ETA; o IRA e os Chechenos; distingue-se do terrorismo de organização criminosa, como da FARC. Ressalva-se a possibilidade de coexistência das características de ambos, sendo fundamental na classificação a verificação das mais acentuadas. O terrorismo revolucioná-

---

[18] Op. cit., p.31.

CRIME ORGANIZADO

rio já foi subdividido em reacionário, como reação a mudanças profundas e repentinas, e em utilitarista, por usar fato de repercussão para desenvolver seus objetivos. Muitas vezes, a propósito, um grupo pode invocar o aspecto revolucionário para tentar legitimar atos terroristas. Não se deve olvidar, além disso, da possibilidade de terrorismo contra Estado democrático ou autoritário. No primeiro caso seria inaceitável, por haver meios legais para a conquista do poder. No segundo, é importante distinguir *revolução* como resistência popular de *terrorismo revolucionário*, desinteressado pelo destino de inocentes. Acrescente-se que nem sempre práticas de guerra civil são terroristas. O terrorismo revolucionário, como o praticado pelo IRA e pelo ETA, é comumente sistemático, com vítimas identificáveis. O terrorismo indiscriminado ou aleatório não estabelece uma frente de combate clara, voltando-se mais para a comoção social desintegradora, centrada no espanto. Subsiste, porém, a possibilidade do terrorismo sistemático desvincular-se da mobilização popular e de seus atos concorrerem para um ciclo vicioso de violência. No sentir de Marcello Ovídio L. Guimarães[19] esta é a espécie de terrorismo mais verificada na atualidade. Sua repressão sobre inocentes dos centros de sustentação, reforça o componente ideológico, por vezes também religioso, da atuação destes grupos. Auspiciosa, ademais, a distinção entre tática de guerrilha e terrorista, a despeito dos objetivos mais políticos do que militares em ambas. A guerrilha não tem exército regular, como prevê a convenção de Haia e de Genebra, não conta com reconhecimento internacional, armamento ostensivo, bandeiras de identificação e hierarquia rígida. Pode ou não se valer do terrorismo, mas deste se distingue por não prescindir do aspecto político e por dispensar o caráter espetacular de um atentado, com universalidade e indeterminação de vítimas.

O terrorismo ideológico religioso, como quarta categoria do fenômeno, é vetusto, remontando ao Irã do século X, onde um grupo xiita ismaelita contava com membros treinados para morrer pela restauração da unidade do islã. Lembra-se que, segundo Manuel Avilés Gomes, não há terrorismo exclusivamente religioso, tendo em vista que o elemento político e a pretensão de poder são concebidos como requisitos de todas as espécies do fenômeno, como se verificou nos atentados ao World Trade Center. O fanatismo contenta-se com qualquer motivo para ações terroristas, como é, no conflito no Oriente Médio, a incapacidade na instauração de um Estado Palestino soberano ou a propaganda entre muçulmanos contra os EUA que o equipara a grande satã. É importante, contudo, distinguir fundamentalismo – que nem sempre

[19] Op .cit., p. 44.

resulta em intolerância, a despeito da intransigência hermenêutica – do integralismo, cuja posição religiosa se impõe como modelo político e fonte de leis do Estado. É comum que o fundamentalista atribua a seus eleitos o privilégio de compreender o Livro da única forma verdadeira, sem lutar para que sua crença vincule a sociedade. A interpretação de textos sagrados com interesses externos, aliás, incrementa o perigo da intolerância. No Corão e no Evangelho, por exemplo, podem ser encontradas ameaças e acusações contra opositores. Assim, na religião busca-se justificação para o terror e até mesmo para violência doméstica, como no Hamas, Jihad, Hizbollah, Al Jihad, Al-Qaeda e outros. Nas guerras árabe-israelenses, terrorismo religioso de grupos islâmicos e terrorismo de Estado israelense, por vezes, opunham-se.

Luiz Fabrício T. Vergueiro[20], por sua vez, classifica o terrorismo como revolucionário (anarquista, igualitário, pluralista), de Estado, separatista, narco-criminal e tradicionalista-religioso, propondo ainda o conceito de guerra assimétrica. Assim contemplou a peculiaridade do extremismo religioso islâmico, como a combinação de elementos corânicos com o marxismo pelo Al Quaeda. O autor explica que o direito a guerra existiu até 1945, quando o pronto recurso a armas foi proibido pelo ordenamento internacional. Após os atentados de 2001, todavia, a ONU autorizou a legítima defesa dos EUA. A Resolução 3.314/1974 do Conselho de Segurança definia agressão como emprego de força armada por um Estado contra a soberania, integridade territorial ou independência política de outro, bem como o envio de grupos armados, forças regulares ou mercenários. Com a modificação do estado jurídico da guerra, seu valor passa a ser distinto para os diferentes atores envolvidos. Três fatores são relevantes nesta nova configuração: a assimetria dos atores, confrontando-se Estados com organizações não estatais, geralmente compostas por indivíduos de várias nacionalidades; a assimetria dos objetivos, na qual a preservação de um território pode corresponder a uma estratégia global do adversário; e a assimetria dos meios, com disparidade extrema de armamento. Este distanciamento da guerra clássica e convencional desponta mais nítido ainda no terrorismo, que passou a ser inimigo mais destrutivo do que o comunismo, pois contempla adesão espontânea, inexistência de concentração geográfica, irracionalidade, despreocupação com a sobrevivência e imprevisibilidade, a par da ausência de programa de governo definido. Prescinde, outrossim, de laços com o país alvo e de necessidade de legitimação interna ou externa para compelir adversário a fazer sua vontade. Vergueiro observa que a falta de alianças fixas e identidade de fins entre Estados e gru-

[20] Op. cit, p. 34.

CRIME ORGANIZADO

pos terroristas pode desencadear conflitos, inclusive entre aliados. Portanto, estes novos fatores desafiam mecanismos inovadores na esfera internacional, motivo pelo qual alguns estudiosos não vislumbram natureza meramente criminal nessa espécie violência.

Marcello Ovídio Lopes Guimarães[21] relembra que para Hungria e Heleno Fragoso os delitos políticos não se distinguem de crimes sociais, enquanto Jimenez Asua os classifica em delitos políticos *stricto sensu*, sociais, anarquistas e terroristas, e diferencia ainda os delitos políticos puros dos complexos, porque estes afetariam, ao mesmo tempo, a ordem política e o direito comum. Observa-se, contudo, que pretexto não é motivo político e estratégia não é ideologia. Entende-se, ademais, que o terrorismo atenta contra a dignidade da pessoa humana e os direitos fundamentais, incluindo a segurança pública. Na falta de definição exata e consensual, convenções expressaram ressalvas para que delitos contra vida de autoridades e agentes diplomáticos, contra aviação civil, sequestros e explosões não fossem considerados políticos, com vistas a extradições, expulsões ou deportações. Guimarães observa, outrossim, que resistência armada, pressupondo reação coletiva ao abuso para sobrevivência física e ideológica, não se confunde com terrorismo. Vale dizer, é dirigida ao repressor e não a cidadãos, indiscriminadamente, admitindo tratamento equiparado de seus autores aos de delitos políticos. São diversos os bens, a dimensão subjetiva, a repercussão objetiva e a proporcionalidade ou razoabilidade dos meios. As consequências, por conseguinte, são distintas. O terrorista não deve, por exemplo, gozar de asilo político e anistia. Existiria, no entanto, uma zona cinzenta, inclusive por força da causa para qual se desperta atenção.

Luiz Regis Prado[22], ao analisar delitos políticos, discorre sobre as teorias objetivas, que os definem em razão do bem jurídico lesado (existência do Estado e sua organização político-jurídica), sobre as subjetivas, que se preocupam com o fim pretendido, e as mistas, que combinam os dois elementos e são mais difundidas atualmente, subdividindo-se em extensivas, segundo as quais tais crimes são praticados contra a organização constitucional do Estado, e restritivas, as quais exigem também o fim político. Nestes termos, a tentativa acabou equiparada à consumação em vários delitos da Lei 7.170/83, na busca por rigor para inibir ações de tal jaez. Para o terrorismo não se beneficiar com o tratamento menos severo, a doutrina preencheu lacunas das legislações nacionais e internacionais. Assim, a motivação política não estaria presente, diretamente, em todos atos terroristas e não seriam políticas graves infrações

[21] Op .cit, p. 64.
[22] REGIS PRADO, Luiz. Delito Político e Terrorismo. RT-771, 2000, p. 424.

TERRORISMO: SOMOS TODOS VULNERÁVEIS?

penais para criação do terror, mediante ataque indiscriminado a bens jurídicos, com danos e vítimas em grande extensão. O crime político atinge a ordem política de certo Estado para substituí-la por uma nova já idealizada, à luz de uma ideologia, enquanto o terrorismo visa abalar regime político, social e econômico, normalmente de vários países, sem se preocupar tanto com modelo alternativo e condições das vítimas. O terrorista recorre comumente a meios cruéis, imprevisão e covardia, sem respeitar normas humanitárias de conflitos, justamente para êxito na disseminação do pavor e intimidação de autoridades, inclusive externas, pressupondo inerte a opinião pública para tanto.

Mario Pessoa[23] assevera que o terrorismo se qualifica por constituir infração política e do direito comum. Assim, se a ação visasse à própria vantagem, o terrorismo seria de direito comum, e se pretendesse impor uma doutrina político-ideológica, seria terrorismo político. Poderia ainda ser interno ou internacional. A Comissão de Direito Internacional das Nações Unidas, em seu projeto de código de crimes contra a paz e segurança, ressalvava a extradição, quando o fato principal constituísse infração comum, na hipótese de conexão com a infração política, não se subsumindo, ademais, a esta última categoria, o terrorismo. Neste mesmo diapasão, o par. 3, inc. VIII, do art. 88, do nosso Estatuto do Estrangeiro, dispunha que não se considerariam crimes políticos os atos de terrorismo. Heleno Cláudio Fragoso[24], por sua vez, assevera que os grupos terroristas não gozam de importância política, pela imprecisão e inconsistência de sua ideologia, a qual parece esgotar-se na violência como fim em si mesma. Diverge da vetusta distinção entre crimes políticos (contra a segurança, no que tange aos órgãos de poder e ao regime político) e crimes sociais (perturbação da ordem social e econômica), reputando-a artificial destinada a incluir o terrorismo em categoria desprovida de certos benefícios, como asilo. Entende que os atos terroristas já se distinguem por serem pluriofensivos, enquanto nos políticos basta ofensa à segurança do Estado, interna, como na sedição, ou externa, como na traição.

Rodrigo de Souza Costa[25] reputa importante a distinção entre o fenômeno verificado internamente, aquele decorrente de ofensa de um país a outro, o perpetrado por organização particular e o praticado por Estado constituído. Relembra que, segundo Hanna Arendt, a propósito, as ditaduras modernas se diferenciam das tiranias do passado por usar o terror para governar mas-

---

[23] Op. Cit., p. 186.
[24] FRAGOSO, Heleno Claudio. Terrorismo e criminalidade política. Rio de Janeiro: Ed. Forense, 1981, p. 29-35.
[25] Op. cit. p. 177.

CRIME ORGANIZADO

sas obedientes e não para extermínio de oponentes. Até governos pretensamente democráticos recorrem a tal expediente. Neste ponto reside mais uma dificuldade para tipificação do fenômeno. O autor registra, então, opinião de Stanciu no sentido de que não se cuida de um crime autônomo, mas de um modo particular de cometer várias espécies de delitos, com motivação especial. Propugnamos, porém, por um tipo próprio. Expostas as controvérsias sobre dados peculiares do terrorismo, acolhemos a síntese de Rodrigo de Souza Costa[26] para apartá-lo de outras infrações: disseminação psicológica do sentimento de terror, danos extensos e finalidade política. Entendemos que estes três aspectos o distinguem de vários fenômenos, propiciando-lhe autonomia, embora possam ser encontrados eventualmente em determinados atos de organizações criminosas, como nos atentados de maio de 2006 em São Paulo e em ataques recentes do narcotráfico no México, com chacinas, controle de instituições, intimidação de autoridades e da imprensa.

3. Terrorismo e Crime Organizado

Partindo-se dos conceitos e classificações expostas, podemos concluir que o terrorismo não se confunde com crime organizado, mas que uma organização criminosa pode realizar ataques terroristas, se assimilar os elementos próprios daquele fenômeno, sobretudo a finalidade político-ideológica, a capacidade de disseminação do pavor e de danos, desproporcional e indiscriminadamente. A despeito do objetivo de proveito econômico ou de outra vantagem inexorável para a organização criminosa, não é impossível a coexistência do escopo de desestabilização política com algum substrato ideológico, como a propalada reação da população carcerária, de seus familiares, marginalizados e cooptados por facção criminosa contra suposta opressão e tratamento desumano imputados ao Estado e às elites. Relembre-se que o fim político não se confunde com revolução, podendo se limitar à contestação e enfraquecimento dos poderes constituídos. Se se adotam, então, meios assaz violentos e de grande impacto (em extensão e intensidade), pode se configurar um ataque terrorista. A tipificação, todavia, dependeria da opção do legislador pela adoção de modelo de delito permanente autônomo (criar ou pertencer a organização terrorista ao lado da criminosa) ou de conduta já típica (homicídios, sequestros, explosões, etc) qualificada pelos contornos de terrorismo. De qualquer modo, as organizações criminosas podem não se limitar à prática de crimes comuns, mas recorrer a atos terroristas para objetivos específicos, ainda que secundários e temporários. Ataques de tal jaez,

[26] Op. cit. p. 184.

560

como aqueles realizados esporadicamente por facções criminosas nacionais, a despeito do histórico alheamento do país ao terrorismo mapeado pela comunidade internacional, não podem ser considerados delitos fins e comuns de organização criminosa.

Com todo respeito às opiniões diversas, ousamos asseverar que pelo menos o famigerado PCC já praticou e pode voltar a praticar atos terroristas, que somente não puderam ser imputados sob tal rubrica por ausência de tipo específico à época. Embora sem dedicação exclusiva, habitual ou prioritária ao terrorismo, preocupando-se, na verdade, com o êxito de infrações tradicionais, sobretudo daquelas rentáveis, e com seu próprio fortalecimento, despontam evidências de sua capacidade e de eventual interesse na prática do terrorismo. Ainda que não seja considerada propriamente uma organização terrorista, não há como negar que os ataques de maio de 2006 extrapolaram a simples concretização dos elementos de diversos tipos penais, pois disseminaram terror, que transcendia a simples soma ou escalada de delitos, em curto espaço de tempo, revelando objetivos político-ideológicos e disseminando danos de grande monta. O pavor extremo e difuso, a sensação de desgoverno local, de vulnerabilidade geral, de impotência das autoridades e de subjugação inexorável das instituições e das vítimas, a surpreendente ruptura na rotina de todos os cidadãos, a imprevisibilidade dos desdobramentos e o ataque ostensivo aos fundamentos do Estado Democrático de Direito, verificados naquela ocasião, coincidiam com os aspectos de vários atentados terroristas da história recente da civilização.

Cumpre relembrar que se recorreu, naquele lanço, ao uso abrupto e disseminado de extrema violência, sobretudo contra as forças policiais, por ordem e orientação dos comandantes do grupo, em ações espetaculares de grande repercussão e com alto potencial lesivo, visando intimidação dos agentes públicos e satisfação de interesses estratégicos da liderança. A peculiar dimensão dos danos do terrorismo, enfim, verificou-se. Própria do terrorismo, a adesão incondicional e fanática de criminosos aos projetos e desideratos do grupo, submetendo-se a sérios riscos pessoais, como de enfrentamento policial e de responsabilização penal, igualmente ocorreu, naquela oportunidade. Por fim, desideratos políticos também estavam presentes, como a pronta acomodação de interesses de sua cúpula pelo Estado, a consolidação de ordem própria e paraestatal justamente nos estabelecimentos prisionais, a demonstração de seu poder de fato como merecedor de reconhecimento jurídico, sobretudo frente aos poderes constituídos, e a conquista ulterior de posição de destaque, como agente irrefutável de relações horizontais e verticais na sociedade, até mesmo na suposta união e proteção de marginalizados.

CRIME ORGANIZADO

Como observa Roberto Porto[27], do Estatuto do PCC constam os seguintes compromissos: "partindo do Comando da Capital do QG do Estado, as diretrizes de ações organizadas e simultâneas em todos os estabelecimentos penais do Estado, numa guerra sem tréguas, sem fronteiras, até a vitória final (...) conseguimos nos estruturar também no lado de fora, com muitos sacrifícios e muitas perdas irreparáveis, mas nos consolidamos a nível estadual e a médio e longo prazo nos consolidaremos a nível nacional. Em coligação com o Comando Vermelho – CV e PCC iremos revolucionar o país dentro das prisões e o nosso braço armado será o 'Terror dos Poderosos' opressores e tiranos." Pode-se extrair ainda de alguns aspectos dos ataques de maio de 2006 o desiderato de abalar as estruturas de poder, de comprometer a estabilidade normativa e de questionar a legitimidade material das regras vigentes.

Destarte, assim como nos atos terroristas frequentemente noticiados, a empreitada contou com elemento subjetivo próprio e lesão de bem jurídico difuso, além daqueles contemplados pelos tipos penais das inúmeras infrações cometidas, sobressaindo o intenso, surpreendente e ímpar efeito psicológico sobre toda população. Os agentes revelaram, ademais, oposição e insubmissão à ordem constituída, sem preocupação com alguma vantagem particular direta ou econômica. Cumpre relembrar que a estrutura do PCC, na lição de Ana Luiz Almeida Ferro[28], seguia linha rígida e piramidal, cotando com líder, cúpula, torre, piloto externo, ajudante-de-ordens, armeiro, tesoureiro, soldado, recolhe, Bin Laden, advogado, visita, agente penitenciário e laranja. O funcionamento do aparto de poder à margem do Direito, com executores fungíveis, permitiria a qualquer momento o planejamento e execução de atentados terroristas, obtenção de recursos, manejo de pessoal e meios materiais para tanto, controle rígido pelos chefes, consumação de danos simultâneos de significativa extensão, disseminação de pavor, inclusive pela notória periculosidade de seus integrantes, e repercussão para satisfação de escopos políticos, estratégicos ou ideológicos.

Em suma, os três componentes fundamentais do terrorismo, sintetizados por vários doutrinadores, são detectados, com maior ou menor ênfase, naquelas ações, assim como em outras de organizações criminosas espalhadas pelo mundo. As medidas que impediram acontecimentos semelhantes, nos anos seguintes, as circunstâncias específicas daqueles episódios e eventual alteração provisória na estratégia e prioridades da organização não podem criar

---

[27] PORTO, Roberto. Crime Organizado e Sistema Prisional. São Paulo: Ed. Atlas, 2007, p. 79.

[28] FERRO, Ana Luiza Almeida. Os modelos estruturais do crime organizado e das organizações criminosas. Revista dos Tribunais. Ano 97, v. 877. São Paulo: Ed. RT, 2008, p. 462.

TERRORISMO: SOMOS TODOS VULNERÁVEIS?

a ilusão de que os atos não eram terroristas ou de que o fenômeno não pode recrudescer no país, tornando despiciendo o tratamento penal apropriado do problema. Não devemos nos olvidar ainda da possibilidade de mudança deste cenário e do cometimento de atos terroristas por organizações estrangeiras ou internacionais no solo pátrio. Além disso, embora preponderantemente retrospectivo, o Direito Penal ainda trabalha com as funções de prevenção geral da pena, não obstante as ponderações de parte da doutrina sobre a proeminência da retribuição, sobre a exacerbação da imputação penal e a ingerência indevida[29]. Deste modo, é essencial a existência de legislação apropriada ao combate do fenômeno, evitando-se que o Estado fique novamente impotente perante ataques como os de 2006, mas, ao mesmo tempo, afinada com nossos princípios constitucionais e com um núcleo sólido de direitos humanos.

4. Direito Brasileiro

À época da intensificação de ataques terroristas pelo mundo e dos atentados do PCC, grande parte da doutrina entendia que o delito de terrorismo não estava previsto na legislação pátria e que a Lei de Segurança Nacional trazia mera e vaga clausula geral, a qual, com efeito, não tipificava taxativamente as condutas providas dos elementos próprios de tal fenômeno, extraídos sucintamente da literatura científica mais especializada, e que atendia a outros fins de política criminal na proteção de bens jurídicos distintos. A legislação contra o terror, ao longo da história, apresentou distorções e recebeu adaptações para fazer frente também a protestos sociais. No Brasil, Heleno Cláudio Fragoso[30] já vislumbrava tais sinais no enfrentamento de anarquistas, com o Decreto n 4269/21, que incriminava a provocação de crimes de dano, depredação, incêndio e homicídio, com o fim de subverter a organização social, bem como a colocação de explosivos em prédios, vias públicas ou lugares franqueados ao público, e a associação para praticar tais delitos, conferindo competência à Justiça Federal. Em 1935, surgiu a primeira Lei de Segurança (n. 38), que coibia crimes contra a ordem política e social, como a posse e outros atos envolvendo substâncias e engenhos explosivos, além da propaganda subversiva ou de guerra, atribuindo competência ao malfadado Tribunal de Segurança Nacional. Serviu às perseguições pelo Estado Novo, posteriormente.

Com a redemocratização, em 1946, foi promulgada a moderada Lei 1.802/53, que incriminava saque, incêndio, depredação, desordem, de modo

---

[29] PASCHOAL, Janaina Conceição. Ingerência Indevida. Tese de Livre-Docência apresentada à Faculdade de Direito da Universidade de São Paulo, São Paulo, 2009, p. 152.
[30] Op. cit., p. 89.

CRIME ORGANIZADO

a causar danos ou "suscitar terror, com o fim de atentar contra a segurança do Estado", conferindo a competência à Justiça Comum, com recurso para o STF, reservando para a Justiça Militar apenas o julgamento dos crimes contra a segurança externa. Como não atendia aos anseios da ditadura militar, foram editados decretos-leis inspirados na ideologia da segurança nacional, como o Dec. 314/67, que incriminava a guerra psicológica, revolucionária, a tentativa de subversão, o ato de sabotagem ou "terrorismo", mas sem o definir, e submetia civis a foro militar. O Ato institucional n. 2/67, aliás, já havia transferido competência ampla na matéria para a Justiça Militar. A segunda Lei de segurança nacional, o Decreto 898/69, incriminava a sabotagem e o terrorismo, possibilitando prisão perpétua e de morte, além de tortura pela prisão cautelar, com suspensão do *habeas corpus*, e previa prazo prescricional de quarenta anos, desigualdade processual entre as partes, recurso obrigatório contra absolvições, defesa de 30 minutos, número de testemunhas de acusação superior ao da defesa e outras aberrações. Celso Bastos[31], por sua vez, registrou os principais pontos da Lei 6.620/78 criticados pela doutrina, como a falta de tipicidade, vinculo com as teorias da Escola Superior de Guerra, confusão entre Segurança do Estado e do Governo, rigor exacerbado das penas e do procedimento. Mencionava ainda vícios que deitavam raízes na Constituição vigente à época.

Sobre a Lei 7.170/83, Heleno Cláudio Fragoso[32] ensina que o diploma legal tinha abandonado a doutrina da segurança nacional, observando que as definições vagas sempre foram constantes no tratamento dos delitos políticos no país e que a prisão cautelar e a atuação subsidiária da Justiça Militar não tinham relação direta e histórica com o regime autoritário. Seu título já refletia a mudança, ao aduzir "ordem política e social". Pretendeu-se, na verdade, segundo citado doutrinador, proteger não mais o Governo, mas a segurança da nação, a existência do próprio Estado, sua independência e soberania. Vislumbrava-se avanço na exigência de um fim de agir e de lesão, real ou potencial, aos bens jurídicos tutelados pela lei, bem como na previsão do "sursis" e na abolição de crime de simples manifestação de pensamento. De outro giro, Fragoso reputava imprópria a referência à defesa dos chefes dos Poderes; supérflua a regulamentação da prescrição; absurda a subsidiariedade do CP Militar, ao invés do CP comum; inadequado o emprego de expressões vagas, como sabotagem e terrorismo; descabida a falta de redução de penas

---

[31] Bastos, Celso. Sobre a Lei de Segurança Nacional. Revista Jurídica 99. São Paulo. Ed. Saraiva.
[32] Fragoso, Heleno Claudio. A nova Lei de Segurança Nacional. Revista de Direito Penal e Criminologia, n 35, Rio de Janeiro: Ed. Forense, 1983, p. 2.

para infrações mais leves, como propaganda subversiva e mera filiação a grupos ilícitos; reprovável a subsistência de restrições à liberdade de imprensa; e, por fim, necessária a distinção entre crimes políticos próprios e os comuns para correta aplicação da lei.

Essa lacuna vetusta no ordenamento pátrio decorreu também do desinteresse do constituinte especificamente pelo terrorismo, enquanto fenômeno mais complexo e amplo do que ataques pontuais às autoridades ou poderes constituídos. Marcello Ovídio Lopes Guimarães[33] relembra que a Constituição de 1824 não tratou do terrorismo, mas apenas da segurança nacional, visando defender a independência e integridade do Império perante inimigos internos ou externos. A Carta de 1891 também se preocupou com a invasão ou guerra externa, admitindo o estado de sítio. O termo "terrorismo", igualmente, não se encontrava nas Constituições de 1934 e de 1937, embora nesta a pena de morte fosse cominada para tentativa de mudar ordem política ou social, com auxilio estrangeiro. Após a redemocratização, a Carta de 1946 cuidou da segurança nacional, mas não dispôs sobre o fenômeno. Superado o regime militar, pela primeira vez, tratou-se, especificamente, do tema em posição de destaque na Carta Magna, mais precisamente no rol de princípios e garantias fundamentais e não em capítulo sobre Segurança Nacional. As expressões e a topologia da nova ordem constitucional revelam a mudança de paradigma, no desenvolvimento da matéria. Reconhecemos a previsão, então, de mandado de criminalização do terrorismo para proteção de bem jurídico com *status* constitucional, qual seja, a segurança e a dignidade da pessoa humana, considerada o ponto de convergência dos direitos humanos ou, para alguns estudiosos, fundamento de todo ordenamento (norma hipotética fundamental da pirâmide kelseniana).

O artigo 5º, inciso XLIII, da Constituição Federal de 1988, dispôs, então, que "a lei considerará crimes inafiançáveis e insuscetíveis de graça ou anistia a prática de tortura, o tráfico ilícito de entorpecentes e drogas afins, *o terrorismo* e os definidos como crimes hediondos, por eles respondendo os mandantes, os executores e os que, podendo evitá-los, se omitirem". Lammêgo Bulos nos ensina que "normas constitucionais de eficácia limitada e aplicabilidade diferida são as que dependem de lei para regulamentá-las". Alerta para que "embora não nasçam prontas para ser aplicadas, pois dependem de lei para lograr eficácia social, produzem *efeitos normativos*, vinculando o legislador infraconstitucional aos seus comandos e paralisando os efeitos das leis

[33] Op. cit., p. 89.

CRIME ORGANIZADO

que as desrespeitarem"[34]. Marcello Ovídio Lopes Guimarães[35] pondera que o terrorismo, assim como o tráfico de entorpecentes e a tortura, a despeito de figurarem na lei 8.072/90, não integram expressamente o rol de delitos hediondos, mas foram equiparados a estes, recebendo o mesmo rigor penal e processual. Não obstante sua gravidade não justifique mera equiparação, não há efeitos distintos, na prática, subsistindo a vedação do indulto, da liberdade provisória e a imposição de regime inicial fechado, embora consideradas inconstitucionais várias destas restrições, indevidamente acrescidas àquelas previstas na CF, em detrimento dos princípios da individualização da pena, da presunção de inocência e da proporcionalidade. Entendemos, por outro lado, que o terrorismo, nos termos delineados na Lei Maior, carecia de tipificação legal até a edição da Lei 13.260/16.

O artigo 1º, a Lei de Segurança Nacional contemplou apenas os crimes que lesam ou expõem a perigo de lesão a integridade territorial e a soberania nacional; o regime representativo e democrático, a Federação e o Estado de Direito; a pessoa dos chefes dos Poderes da União". A redação do art. 20 do referido diploma é a seguinte "Devastar, saquear, extorquir, roubar, sequestrar, manter em cárcere privado, incendiar, depredar, provocar explosão, praticar atentado pessoal *ou atos de terrorismo*, por inconformismo político ou para obtenção de fundos destinados à manutenção de organizações políticas clandestinas ou subversivas. (destacamos). E o parágrafo único comina pena até o dobro, se do fato resulta lesão corporal grave, e até o triplo, se resulta morte. Comentando o supracitado dispositivo, Guilherme de Souza Nucci entendia que "valeu-se o legislador da denominada interpretação analógica. Primeiramente enumerou formas de terrorismo como *devastar, saquear, extorquir, roubar, sequestrar, manter em cárcere privado, incendiar, depredar, provocar explosão e praticar atentado pessoal* para, na sequência, embora com redação equívoca, ter mencionado ou *atos de terrorismo*. No seu entendimento, deve-se ler *ou outros atos de terrorismo*"[36]. No mesmo sentido, Fernando Capez asseverava à época dos ataques em referência que "embora parte da doutrina sustente que há ofensa ao princípio da legalidade, em face de sua descrição genérica, entendemos que o terrorismo, atualmente, encontra-se tipificado no art. 20 da Lei de Segurança Nacional. Com efeito, não existe nenhuma ofensa ao princípio

---

[34] BULOS, Uadi Lammêgo. Direito Constitucional ao Alcance de Todos. São Paulo: Saraiva, 2009, p. 93.
[35] Op. cit., p. 93.
[36] NUCCI, Guilherme de Souza. Leis Penais e Processuais Penais Comentadas. São Paulo: RT, 2009, 4ª edição, p. 646.

da reserva legal nessa previsão normativa. É que, embora o seu tipo definidor seja aberto, isso se justifica plenamente diante da imensa variedade".

Consideramos, contudo, que razão assistia a Marcello Ovídio Lopes Guimarães[37], quando afirmava que não se tratava de tipo próprio para o terrorismo, no Brasil, ponderando que com ele não se confundiram também os crimes de Lesa Majestade das Ordenações Filipinas; os delitos públicos do Código do Império de 1831; as infrações do Código Penal de 1890 contra a existência política da República, a independência e a dignidade da Pátria, contra a forma de governo, contra o livre exercício dos poderes políticos e contra a segurança interna. A parte especial do Código Penal de 1940, outrossim, silenciou sobre a matéria, limitando-se a tratar da incolumidade e da paz pública, bem como de crimes de perigo, sem fim especial (ideológico, religioso, etc), sem dano indiscriminado e, principalmente, sem objetivo de causar terror. O anteprojeto de Código Penal somente previu a sedição. O autor ensinava que ações desestabilizadoras da ordem política tinham sido tratadas, na verdade, em diplomas esparsos, como o decreto 4269/21, atinente ao anarquismo, e como a lei 38/35, relacionada com tentativa de mudança violenta de forma de governo, que já descrevia, porém, alguns aspectos de terrorismo, como a preparação de atentado por motivos doutrinários, políticos e religiosos e como a paralisação de serviços públicos e abastecimento (embrião do bioterrorismo).

Com efeito, o art. 20, da Lei de Segurança Nacional, com a simples expressão terrorismo, no nosso sentir, não tipificou as respectivas condutas de sorte a respeitar o principio da reserva legal. Vitor Eduardo Rios Gonçalves e Antonio Scarance Fernandes, outrossim, defendiam a constitucionalidade da norma, enquanto Alberto Silva Franco preconizava a incompatibilidade com o principio da legalidade e a ausência de carga de ilicitude na simples expressão "praticar atos de terrorismo". Alguns entendiam que o tipo era misto alternativo, no qual as condutas descritas se equivalem pela finalidade, qual seja, inconformismo político ou obtenção de recursos para organização clandestina ou subversiva. Assim, todos os atos de violência previstos no preceito seriam terroristas, prescindindo-se de maior especificação, como ocorre no tráfico. A opinião divergente, porém, era mais convincente, diante da expressão "ou atos de terrorismo", pressupondo outra categoria de atos na parte inicial da redação. Haveria, ademais, dificuldade para conciliar o texto com o conceito desenvolvido pela doutrina e jurisprudência, inclusive internacionalmente. A analogia com o tráfico preconizada por Vitor Eduardo Rios Gonçalves

---

[37] Op.,cit., p. 79.

CRIME ORGANIZADO

sucumbia, pois a clara tipificação de várias condutas sob aquela rubrica não se verificava no terrorismo.

Destarte, a mera referência ao título da infração (terrorismo) não representa tipicidade, a qual exige clareza e precisão dos atos, em cotejo com os princípios da legalidade e o postulado da taxatividade. Caso contrário, o juiz poderia legislar, enquadrando atos completamente variegados na expressão, com alto grau de subjetivismo, em detrimento da segurança jurídica e do princípio da separação de poderes. Marcello Ovídio L. Guimarães[38] trazia ainda opinião de Valdir Sznick no sentido de que a abrangência era tal que não configurava sequer tipo aberto. O mesmo problema surgira com relação à tortura e art. 223, do ECA, que não a definia, sobrevindo, então, a Lei 9.455/97 para tanto. Consideramos, portanto, que os demais atos descritos no art. 20, como no art. 15, 16 e 18, da Lei de Segurança, não supriam a lacuna.

Entre os doutrinadores que vislumbravam a tipificação do terrorismo no nosso ordenamento, alguns entendiam que a lesão grave e a morte, referidas no parágrafo único do art. 20, da Lei de Segurança Nacional, eram qualificadoras preterdolosas, pois, se presente o dolo direto ou eventual, haveria concurso de infrações. Tal solução condizia com as razões de política criminal, com a gravidade do terrorismo, evitando-se a proteção deficiente do bem jurídico, e com a exegese sistemática e teleológica das normas penais. Ora, aplicar somente aquela sanção (três anos), ainda que majorada no máximo para o homicídio executado mediante terror, resultaria em resposta mais branda do que a oferecida ao homicídio qualificado, desprezando a proporcionalidade e ignorando a própria exigência constitucional de delito autônomo de terrorismo. Além disso, sob o aspecto dogmático, a conduta não seria tratada como complexa e lesiva a mais de um bem jurídico. Com relação ao número de vítimas, muitos estudiosos defendiam a aplicação do concurso formal.

De qualquer modo, mesmo a pena cominada à figura autônoma em estudo não se coadunava com o princípio constitucional da proporcionalidade, em sua faceta proteção eficiente, à luz do *status* conferido ao combate do terrorismo pela Carta Magna e pelos tratados e convenções internacionais ratificados pelo Brasil. Neste ponto, surge mais uma razão para se compreender que o art. 20, da Lei de Segurança Nacional, não satisfez a imposição constitucional de tipificação do terrorismo, tendo surgindo quem à época dos ataques sustentasse, por conseguinte, a propositura de ação declaratória de inconstitucionalidade por omissão, por descumprimento de preceito fundamental ou mandado de injunção para sanar a mora legislativa. Por fim, na jurisprudência, encontra-

[38] Op.,cit., p. 101.

mos apenas uma vetusta condenação por terrorismo, com supedâneo na Lei de Segurança Nacional (RC 1248 de São Paulo, relatado pelo Ministro Cunha Peixoto. Julgamento: 08/06/1976).

Somente após discussão dos projetos 762/11, 263/12 e 499/13, a lei 13260/16 veio suprir a ausência do tipo penal, reconhecida no histórico voto do Min. Celso de Mello no pedido de extradição 730/DF, tipificando os atos de xenofobia ou discriminação por etnia, raça, cor e religião, que tivessem como finalidade provocar o terror social ou generalizado. Segundo Isabelle Kishida[39], ficaram excluídos, portanto, os movimentos sociais e políticos, embora a rigor possam motivar ataques terroristas. A resistência ideológica fez subsistir importante lacuna, embora bastasse texto normativo cuidadoso e aplicação comedida da lei para evitar cerceamento à liberdade de manifestação de pensamento e de contestação democrática de regras, distorções ou valores supostamente predominantes. O art. 5, evidentemente despiciendo e eivado de inconstitucionalidade, no nosso sentir, estabeleceu consumação para meros atos preparatórios, ignorando critérios básicos da dogmática e princípios vigentes, como da lesividade, intervenção mínima e proporcionalidade. O art. 6, por sua vez, criminalizou o financiamento do planejamento, da preparação ou da execução de atos de terrorismo ou equiparados, bem assim o fomento financeiro e logístico. A cláusula final aberta "equiparados" comprometeu a taxatividade. A referida lei deu nova redação ainda ao par. 2, inc. II, do art. 1, da Lei 12850/13, para expressamente determinar a aplicação da lei de organização criminosa às terroristas, com relevantes consequências na responsabilização penal e na adoção de medidas processuais mais gravosas, corroborando a tese que defendemos na edição anterior dessa obra. Por isso, ao conceituá-la adotou o objetivo de qualquer vantagem, não necessariamente econômica.

5. Estratégias e Tendências do Combate ao Terrorismo

Como observamos, é viável ato terrorista no qual não estejam presentes todos os fatores descritos na Lei de Segurança Nacional, assim como os crimes desta podem não contar com disseminação de pavor e danos de grande dimensão. Feito tal corte metodológico, é certo que, com relação ao terrorismo, investimentos em Segurança Pública, medidas para qualificar, valorizar e equipar a polícia preventiva e judiciária, aperfeiçoamento de técnicas de investigação e inteligência, políticas públicas e outras iniciativas estratégicas do Estado, diante da gravidade, da complexidade e das perspectivas deste preocupante

---

[39] KISHIDA, Isabelle. Operação Hashtag e a Lei 13.260/16. In: Lei Antiterrorismo. Coord. Gabriel Habib, Salvador: Ed. JusPodivm, 2017, p. 127 e segs.

CRIME ORGANIZADO

fenômeno de criminalidade, não prescindem de um arcabouço legislativo sólido, coerente e sem lacunas, capaz de lhe oferecer respostas eficientes e proporcionais. O ordenamento jurídico não poderia carecer de normas penais que tratassem, suficiente e especificamente, das diversas formas de terror. A Lei de Segurança Nacional, por razões de política-criminal e dogmáticas, como acima exposto, e por ter sido elaborada em outro contexto sócio-cultural, segundo desideratos diversos, não satisfazia tais objetivos e não correspondia às exigências da nova ordem constitucional. Antonio Carlos da Ponte[40], após relembrar que alguns mandados explícitos de criminalização foram atendidos de forma insuficiente pelo legislador e outros acabaram ignorados, ensina que nossa Constituição equipara, expressamente, o terrorismo aos crimes hediondos, devendo ser combatido de forma eficaz, não obstante a dificuldade representada, sobretudo, pela imprevisibilidade do comportamento humano e pela ausência de "rosto" nessa espécie de criminalidade.

Marcello Ovidio Lopes Guimarães[41], sugeria um tipo penal para cada forma básica de terrorismo. Ressaltava que a sedição, embora observe a tipicidade e a legalidade, continha apenas a noção de perturbação da ordem pública ou de agitação publica em detrimento da estabilidade democrática. Quanto à lesão à vida, à saúde ou à integridade física, reputava simples exasperação da sanção base inadequada ao concurso formal entre os homicídios e ao material entre estes e o atentado terrorista. Cogitava, em seguida, de um tipo penal para ameaça, coação ou sequestro, nos termos do preceito principal, praticado por organização terrorista, admitindo agravantes para os líderes executivos, financeiros e de planejamento. Considerava viável, também, a descrição do tipo base mais sucinta, transferindo-se os fins mediatos para itens autônomos, com distinção das sanções. Assim, um atentado movido por religião poderia ensejar pena menor do que aquele praticado por organizações criminosas. Propunha, finalmente, um tipo penal para um terrorismo de Estado, contendo as especificidades da qualidade dos agentes e a finalidade de manutenção do poder estabelecido, com maior amplitude entre a pena mínima e a máxima, a fim de viabilizar dosimetria compatível com a peculiaridade do terrorismo praticado.

Bem delimitado o tipo, neste lanço, forçoso não transigir com outras garantias individuais, arduamente conquistadas, ao longo de séculos. O tratamento dogmático especial que merece fenômeno tão grave e específico, sobretudo após os atentados das torres gêmeas, deve conciliar a eficiência da intervenção

---

[40] PONTE. Antonio Carlos da. Crimes Eleitorais. São Paulo. Ed. Saraiva, 2008, p. 153-156.
[41] Op. cit., p. 181.

penal com a preservação dos direitos humanos e fundamentais, inclusive no âmbito processual. Sob este aspecto, não foi auspiciosa a linha seguida pelos EUA, quando George W. Bush expediu ordem executiva para permitir monitoramento por autoridades policiais de comunicações entre presos federais e seus advogados, sem autorização judicial, e o interrogatório de pretensos terroristas por tribunais militares, além da prática disseminada de detenção compulsória de suspeitos e pós-notificação dos mandados de busca e apreensão. No *patriot act II*, aliás, chegou-se a prever registro de DNAs de estrangeiros e expulsão de norte-americanos suspeitos. A propósito, Nilson Vital Naves[42] já manifestava tal preocupação, em 2002, nos seguintes termos:

> A História, no entanto, é pródiga em demonstrar que ambientes desprovidos do reconhecimento das garantias individuais têm sido campo fértil para o terror do Estado, com sequelas que se estendem por gerações. (...) Ainda demonstrando a busca do equilíbrio entre a defesa do Estado e o direito dos indivíduos, já tramita na Câmara dos Deputados projeto de lei que traz importante inovação: a previsão dos crimes contra a cidadania, com a qual se procura coibir o abuso de poder por parte do Estado e o abuso de direito por parte de particulares. Ademais, o mesmo projeto, em termos penais, deverá melhor tipificar o crime de terrorismo: em dois momentos, já a Constituição brasileira alude ao terrorismo, num, ao repudiá-lo, na expressa relação dos princípios com os quais a nossa República Federativa se rege nas suas relações internacionais (art. 4º, VIII); noutro, ao tê-lo, também expressamente, entre crimes que a lei há de considerar inafiançáveis e insuscetíveis de graça ou anistia (art. 5º, XLIII), sem falar da ação de grupos armados – ato reputado crime inafiançável e imprescritível. (art. 5º, XLIV)".

Outrossim, estando consolidada historicamente a relação estreita entre política criminal e dogmática, urge refletir sobre possíveis contribuições do funcionalismo mínimo, moderado e exacerbado perante uma sociedade do risco e o fenômeno em apreço. Com todo respeito às advertências da Escola de Frankfurt, consideramos que, em hipóteses excepcionais, como no combate ao terrorismo, não vislumbramos alternativas eficazes – para tutela de interesses difusos de extrema relevância e vinculados à própria efetivação dos direitos humanos – ao adiantamento das barreiras da ingerência penal, visando coibir planejamento, financiamento e preparação de atos terroristas; à adoção, contanto que restritiva, de tipos de perigo abstrato e conceitos abertos; e ao

---

[42] NAVES, Nilson Vital. Terrorismo e violência: segurança do estado – direitos e liberdades individuais. Sítio bdjur.stj.gov.br. Seminário Internacional em 27/5/2002. Brasília-DF.

CRIME ORGANIZADO

emprego de técnicas excepcionais de investigação, como delação premiada, infiltração de agentes, ação controlada, interceptações telefônicas e de dados, com alguma flexibilização de garantias individuais. São legítimas as preocupações com a tendência de equiparar tentativa à consumação, autoria à participação, preparação à execução, as sanções cominadas para líderes àquelas previstas para soldados da organização, impondo-se como diretriz permanente da atividade de legislar e julgar o princípio da proporcionalidade, seja como proibição da insuficiência da tutela penal, seja como limitação em prol de direitos fundamentais e garantias individuais.

De qualquer modo, forçoso suscitar reflexões profundas na sociedade sobre os meios de estabelecer aquele equilíbrio, lidando com novas fontes de risco para interesses que também são dotados de referencial antropocêntrico, embora indireto ou remoto, sem ignorar princípios valiosos, como da intervenção mínima, humanidade, legalidade e culpabilidade. Destarte, sem prejuízo da relevância da criminalidade tradicional, centrada nas lesões a bens jurídicos individuais, suas novas formas exigem do Direito Penal velocidades diversas e medidas específicas, mediante reformulação de diretrizes dogmáticas e cooperação jurídica internacional. Nesse contexto, combate eficaz ao terrorismo praticado por organizações criminosas para expandir seu poder pelo mundo e criar tentáculos em outras searas, interessa indubitavelmente à comunidade local e internacional.

A propósito, é cediço que a Corte Internacional de Justiça é integrada pelos Estados-membros das Nações Unidas e sua intervenção depende do consentimento do interessado. Julga os Estados e não os criminosos. O Tribunal Penal Internacional, por sua vez, tem competência para os crimes mais graves, sob a perspectiva da comunidade internacional, previstos no Estatuto de Roma e praticados no território ou por nacional de um Estado Parte, na hipótese de omissão deste. A Emenda Constitucional 45/2004 explicitou a adesão do Brasil. Os Estados, o Conselho de Segurança ou Procurador podem demandar sua atuação, por ausência de vontade ou de capacidade das jurisdições nacionais, ou seja, subsidiariamente. As incertezas sobre o conceito de terrorismo, as diversidades culturais e jurídicas, além de outros interesses, como as implicação da renúncia a uma parcela de soberania, contribuíram para sua não inclusão na competência do TPI, ressalvada a conferência de revisão. O Tribunal, porém, pode julgar atos terroristas que caracterizem também genocídio, crimes contra a humanidade ou de guerra, incluindo neste caso conflitos armados internacionais ou não. Ressalve-se apenas que lhe caberia a apreciação do terrorismo de Estado ou que envolvesse mais de um Estado ou grupos, transcendendo os limites nacionais. Ainda que localizado, um aten-

TERRORISMO: SOMOS TODOS VULNERÁVEIS?

tado poderia decorrer de conflito supranacional, podendo despontar interesse em coibir a internacionalização do fenômeno.

Em suma, é possível incluir o delito autônomo na reforma do Estatuto ou considerar alguns atos terroristas como crimes contra a humanidade ou de agressão. Alguns autores admitem, ainda, a extensão do significado de agressão para contemplar guerra e conflito não armado. As dificuldades para repressão e punição do terrorismo pelo TPI não legitimam, porém, a manipulação artificial de conceitos legais e elementos empíricos, em detrimento dos princípios da legalidade e da tipicidade material. De qualquer maneira, como enfatiza Gilbert Guillaume[43], desponta evidente a importância, nesta seara, dos direitos repressivos nacionais e da questão atinente aos direitos humanos. O autor conclui que os Estados possuem ainda papel determinante no combate ao terrorismo, embora os atentados de 11 de setembro nos EUA tenham lançado um desafio para a sociedade civil internacional não apenas em face dos Estados, mas também dos grupos terroristas.

Diante do exposto, no nosso sentir, é fundamental contar com preceitos primários e secundários bem elaborados, segundo os avanços mais recentes da dogmática, e aplicar a lei com parcimônia e eficiência, observando os direitos humanos e atendendo à imposição de intervenção penal para proteção de bem jurídico supraindividual dos mais relevantes para a humanidade. Forçoso, ademais, evitar confusão entre atos terroristas e crimes políticos condizentes com asilo, sobretudo em pedidos de extradição. A propósito, na Extradição n. 855-2-Republica do Chile, excelente voto do Ministro Celso de Mello espancou a tese de terrorismo como crime político, reconhecendo o compromisso ético-jurídico assumido pelo Brasil de combate ao fenômeno em face de sua própria Constituição e perante a comunidade internacional, para deferir a extradição, mediante comutação da pena perpétua por reclusão de 30 anos. A cláusula de atentado, já em 1856 na Bélgica, havia contribuído para diferenciar os crimes políticos dos antissociais.

Enfim, a compreensão correta de terrorismo, evitando-se a equiparação com outras condutas ilícitas, como as da Lei de Segurança Nacional, e com protestos decorrentes da livre manifestação do pensamento e de contestação em uma ordem democrática, ainda que punidos os excessos, e a adequada exegese teleológica e sistemática das normas da Lei 13.260/16, propiciarão o enfrentamento razoavelmente eficiente do indesejado fenômeno, sem comprometer o nosso núcleo de direitos fundamentais e princípios constitucionais. Por fim, o papel do país no combate ao terror deve ser bem desempenhado,

[43] Op. cit. p. 35.

tanto interna como externamente, a fim de que não se torne refúgio ou berço de terroristas, devendo contar para tanto com a iniciativa e atenção constante dos Poderes constituídos, com o auxílio das Ciências, mormente sociais e jurídicas, com a sensatez e a responsabilidade dos operadores do Direito.

Conclusões

Nesta ordem de ideias, a estratégia para coibir o terrorismo passa pela criação e boa aplicação de tipos penais específicos, cumprindo, efetivamente, no caso brasileiro, o mandado de criminalização inserido na Lei Maior. Pressupõe ainda a consolidação do tratamento distinto em relação a crimes políticos e a atenção especial à modalidade de atos terroristas com maior probabilidade de incidência no nosso seio social, ou seja, aqueles praticados pelo crime organizado. A lei 12.850/13 tipificou a formação e adesão a associações e organizações criminosas, sem prejuízo do combate simultâneo a crimes fins, conexos e atividades que fomentam seu desenvolvimento, como o contrabando de armas, tráfico de drogas, corrupção e lavagem de dinheiro, ou que podem representar estratégia pontual para seu fortalecimento, como os atos terroristas. A aludida lei ampliou poderes de persecução penal e disciplinou o emprego de instrumentos eficazes, mas excepcionais, como infiltração de agentes, ação controlada, colaboração premiada, a par da interceptação de dados e comunicações, captação ambiental, quebra de sigilos, cooperação entre órgãos, incrementando assim os meios para combate, elucidação e punição também do terrorismo, quando praticado pelo crime organizado.

De qualquer modo, pressupondo-se a incontroversa necessidade e a complexidade da adoção de respostas jurídicas para tal fenômeno criminológico, concluímos que a intervenção penal é imposição da proibição de insuficiência da tutela, dada a assaz relevância do bem jurídico a ser protegido e a gravidade da respectiva ofensa, sendo insuficiente a disciplina pelos demais ramos do Direito. Outrossim, a criminalização dos atos terroristas é imposta pelos compromissos internacionais e por mandado da própria Constituição Federal de 1988, mas deve e pode observar os princípios da intervenção mínima, da proporcionalidade, da lesividade e da legalidade, mormente de seu corolário taxatividade, sem seguir as tendências arbitrárias, contraproducentes e simbólicas do Direito Penal de Emergência ou do Inimigo. No ordenamento pátrio, diante da inconstitucionalidade do art. 20, da Lei de Segurança Nacional, e da divergência de objetivos e do bem tutelado, tardou a criação de tipo legal apropriado ao terrorismo, embora tivesse sido mais apropriado cuidar do tema no Código Penal, à luz da noção valiosa de codificação. Neste lanço, o imperfeito texto normativo requer interpretação conforme a Lei Maior, em sintonia com as diretrizes dogmáticas mais abalizadas e atenta aos legítimos fins de política criminal.

Quanto ao terrorismo internacional, embora auspiciosa a criação de tipo autônomo no Estatuto de Roma, a despeito da resistência de Estados partes e das adversidades ao consenso, entendemos que a maior parte dos atos terroristas se qualificaria como crimes contra a humanidade. Assim, o TPI pode desempenhar papel fundamental no combate ao terrorismo, apoiado, sobretudo, pela imprescritibilidade e pelo instituto da entrega, cuja natureza diversa da extradição contribui para a eficácia da intervenção. No âmbito nacional, a fim de não transigir com os princípios constitucionais, com os direitos humanos e garantias fundamentais do homem, impõe-se a aplicação comedida do tipo penal específico, adstrita ao que a extensa literatura científica reputa terrorismo, mediante tratamento distinto de suas diversas modalidades, além do aperfeiçoamento das técnicas de persecução eficientes. Somente assim será viável obter provas suficientes de condutas tão peculiares, geralmente destituídas de "rosto", sobretudo quando ausente visibilidade do liame com os danos e situação de flagrante, evitando-se a punição temerária com base em indícios.

Por outro lado, para resguardar a dignidade da pessoa humana, a segurança pública e a preservação dos próprios Estados, o combate deve ser eficaz e se orientar por sólidas referências dogmáticas. Vale dizer, se é inócua a proteção clássica engendrada contra a criminalidade tradicional, não se pode, de outro lado, acolher prontamente as propostas de cunho autoritário à semelhança das noções de Lei e Ordem, gestadas pelos americanos e importadas por outros países. A dignidade da pessoa humana deve orientar tanto o tratamento dos autores de atos terroristas como a necessidade, suficiência e proporcionalidade em sentido estrito da intervenção penal contra ataques a bem jurídico tão relevante e de legitimidade inquestionável, com dimensão supraindividual e transnacional.

A dignidade da pessoa humana pressupõe o homem como pessoa, com uma esfera de ação que delimita o poder estatal. Trata-se de um valor único e incondicionado de todo indivíduo, independentemente de qualquer qualidade acessória, que se manifesta na autodeterminação consciente e responsável da própria vida. Interessa assim à humanidade. Não se cuida de criação do legislador, mas de dado anterior, segundo princípio de justiça material, cujo respeito condiciona a legitimidade da intervenção penal, assim como os princípios da exclusiva proteção de bens, da intervenção mínima e da proporcionalidade das penas. Dignidade não é apenas um bem jurídico a ser tutelado, no combate ao terrorismo, mas fundamento da ordem jurídica e

CRIME ORGANIZADO

valor de transcendência filosófico-jurídica a orientar a ponderação de interesses. Não é um interesse a mais no conflito, mas fundamento do Estado de Direito e valor supremo que oferece substrato aos direitos fundamentais e bens jurídicos albergados pela Lei Maior, inclusive a segurança pública, servindo de guia da funcionalidade do sistema. Como marco axiológico da CF de 88, legitima a tutela penal de interesses emergentes, coletivos e difusos. Em cotejo com o princípio da proporcionalidade, justifica ainda a revisão ou criação de soluções do Direito Penal e Processual Penal para assegurar sua eficácia. De qualquer sorte, reflexões incessantes sobre todos os aspectos do problema serão de grande valia no combate a um dos mais graves males do nosso século, sem propiciar condições para outros, como o dissimulado retrocesso na observância fiel e na efetivação de direitos fundamentais conquistados arduamente pelo homem ao longo de séculos.

Referências

ALMEIDA, Débora de Souza/ ARAUJO, Fabio Roque. Lei 13.260/16. In: *Terrorismo*. Salvador: Ed. JusPodivm, 2017.

AMBOS, Kai. Temas de Derecho Penal Internacional e Europeo. Barcelona e Madrid. Marcial Pons, Ediciones Jurídicas y Sociales, SA, 2006.

ANDRADE, Diogo Thomson de. A crise da autoridade jurídica e o terrorismo como forma de comunicação de poder. Direito e Poder na Pós-modernidade. Dissertação de mestrado em Direito pela PUC-SP. São Paulo, 2009.

BASTOS, Celso. Sobre a Lei de Segurança Nacional. Revista Jurídica 99. São Paulo. Ed. Saraiva.

BRANT, Leonardo Nemer Caldeira. Terrorismo e Direito. Rio de Janeiro: Forense, 2003, 1ª edição.

BRANT, Leonardo Nemer Caldeira. O Brasil e os novos desafios do direito internacional. Rio de Janeiro: Forense, 2004.

BULOS, Uadi Lammêgo. Direito Constitucional ao Alcance de Todos. São Paulo: Saraiva, 2009.

CAPEZ, Fernando. Curso de Direito Penal – Legislação Penal Especial. São Paulo: Saraiva, 2010, 14ª edição.

DUTRA, Mario Hoeppner. Considerações para a Lei de Segurança Nacional. Revista de Jurisprudência do Tribunal de Justiça do Estado de São Paulo. Vol. 85 – ano 17. Ed. LEX, 2003.

FERRO, Ana Luiza Almeida. Os modelos estruturais do crime organizado e das organizações criminosas. Revista dos Tribunais. Ano 97, v. 877. São Paulo: Ed. RT, 2008.

FOPPEL, Gamil. Novos desafios do Direito Penal no Terceiro Milênio. Rio de Janeiro. Lúmen Júris, 2008.

FRAGOSO, Heleno Claudio. Terrorismo e criminalidade política. Rio de Janeiro: Ed. Forense, 1981.

FRAGOSO, Heleno Claudio. A nova Lei de Segurança Nacional. Revista de Direito Penal de Criminologia, n 35, Rio de Janeiro: Ed. Forense, 1983.

FRANCO, Alberto Silva. Código Penal e sua Interpretação Jurisprudencial. Vol 2, 7 ed. São Paulo. Ed. RT, 2004.

GOMES, Rodrigo Carneiro. O novo terrorismo – estudo da abordagem brasileira. Repertório de Jurisprudência IOB. 1 Quinzena de Junho – n. 11/ 2008. Vol. III. São Paulo. Ed. IOB, 2008.

GUERRA, Bernardo Pereira de Lucena Rodrigues. O terrorismo, a luta contra o terror e o direito internacional dos direitos humanos. Teste de Doutorado em Direito pela PUC-SP. São Paulo, 2008.

GUIMARÃES, Marcello Ovídio Lopes. Tratamento Penal do Terrorismo. São Paulo: Quartier Latin, 2007, 1ª edição.

HOBSBAWM, Eric. Globalização, democracia e terrorismo. São Paulo. Companhia das Letras, 2007.

JAKOBS, Günther. Direito Penal do Inimigo. Organização e tradução de André Luis Callegari e Nereu José Giacomolli. Porto Alegre: Livraria do Advogado, 2008, 3ª edição.

JANKOV, Fernanda Florentino Fernandez. Direito Internacional Penal. São Paulo: Saraiva, 2009.

JAPIASSU, Carlos Eduardo Adriano. Direito Penal Internacional estrangeiro e comparado. Rio de Janeiro: Lúmen Juris, 2007.

KISHIDA, Isabelle. Operação Hashtag e a Lei 13.260/16. In: *Lei Antiterrorismo*. Coord. Gabriel Habib, Salvador: Ed. JusPodivm, 2017.

MONTEIRO DE BARROS, Flávio Augusto. Direito Penal – Parte Geral. São Paulo: Saraiva, 2009, 7ª edição.

MORAES, Alexandre de. Direito Constitucional, 13ª ed., São Paulo: Atlas, 2003.

NAVES, Nilson Vital. Terrorismo e violência: segurança do estado – direitos e liberdades individuais. Sítio bdjur.stj.gov.br. Seminário Internacional em 27/5/2002. Brasília-DF.

NUCCI, Guilherme de Souza. Leis Penais e Processuais Penais Comentadas. São Paulo: RT, 2009, 4ª edição.

PASCHOAL, Janaina Conceição. Ingerência Indevida. Tese de Livre-Docência apresentada à Faculdade de Direito da Universidade de São Paulo. São Paulo, 2009.

PESSOA, Mario. Da aplicação da Lei de Segurança Nacional. Saraiva, 1978.

PIERANGELI, José Henrique. Códigos Penais do Brasil. 2 ed. São Paulo: Editora Revista dos Tribunais, 2004.

PONTE, Antonio Carlos da. Crimes Eleitorais. São Paulo. Ed. Saraiva, 2008.

PORTO, Roberto. Crime Organizado e Sistema Prisional. São Paulo: Ed. Atlas, 2007, p. 79.

REALE, Miguel. Lições Preliminares ao Direito. São Paulo: Saraiva, 2009, 27ª edição.

REGIS PRADO, Luiz. Delito Político e Terrorismo. RT-771, 2000.

RIBEIRO, Rodrigo de Oliveira. Nova Lei de Segurança Nacional dá margem a abusos. Sítio do Consultor Jurídico, no dia 10 de agosto de 2009.

SANTOS, Altamiro J. dos. Direito de Segurança Pública e Legítima defesa social. São Paulo. LTr, 2006.

TOLEDO, Francisco de Assis. Princípios Básicos do Direito Penal. 5 ed., São Paulo: Ed. Saraiva, 2007.

VERGUEIRO, LUIZ FABRICIO THAUMATURGO. Terrorismo e Crime Organizado. São Paulo. Quartier Latin, 2009.

28
Terrorismo: Somos Todos Vulneráveis?

GUARACY MOREIRA FILHO
JULIANA MOREIRA CAMARGO

Introdução

Segundo a "Britannica Concise Antes mesmo de adentrarmos nas entranhas do terrorismo faz-se mister asseverar que a luta contra o terrorismo é e sempre será desigual, uma vez que não é um confronto comum, pois, além de muitas vezes destruir o próprio corpo, os terroristas destroem pessoas inocentes e completamente desprevenidas, assim como desafiam explicitamente as autoridades encarregadas de combatê lo. Não se sabe de onde vem o inimigo. O chamado "lobo solitário", carregado de ódio e de bombas, pode estar em qualquer lugar, inclusive bem próximo de nós. Por mais apurada que seja a precaução de um país, não há, infelizmente, como impedir atentados terroristas.

Eles podem surgir de um radical ideológico, de um extremista religioso, de um simpatizante de uma organização criminosa, de um revoltado com a sua situação pessoal ou com a situação política, econômica ou social de seu país ou até mesmo do tratamento dispensado a ele em algum lugar, como numa escola, numa loja, numa repartição pública, num restaurante etc.

Por outro lado, um simples e-mail poderá detectar um ataque terrorista. Com efeito, a palavra mais acertada no enfrentamento do terrorismo é prevenção. Prevenção promovida pelos órgãos de inteligência do Estado através de monitoramento de indivíduos e grupos suspeitos, de informações seguras de países membros, além de uma contínua e permanente análise de ações de grupos terroristas que se manifestam diariamente em diversos países do planeta.

CRIME ORGANIZADO

O fato de o nosso país não ter sofrido nenhum atentado terrorista em sua história não significa que estamos seguros diante do terrorismo. A prisão de alguém no aeroporto com passaporte falso, ou com armas de alto poder de destruição, ou, ainda, a entrada aqui de pessoas suspeitas de ações terroristas em outros países, por exemplo, são indícios claros que podem revelar possíveis atentados.

Os Serviços de Inteligência do Estado estão atentos aos atos de violência cometidos por motivação política, religiosa, ideológica e étnica, e que tenham por finalidade gerar pânico na sociedade brasileira. Outrossim, todos os setores da sociedade estão sendo orientados e encorajados a contribuir com os órgãos de segurança na prevenção de ações terroristas. Segundo especialistas, serviços de inteligência são agências governamentais responsáveis pela coleta, análise e disseminação de informações consideradas relevantes para o processo de tomadas de decisões e de implementação de políticas públicas nas áreas de política externa, defesa nacional e provimento de ordem pública.

1. Conceito

O terrorismo pode ser entendido como o uso sistemático da violência para criar um clima de medo generalizado em uma população e, dessa forma, atingir determinado objetivo político. Em 1996 a ONU, definiu o terrorismo como o "ato intencional e ilegal que provoca mortes, ferimentos e danos à propriedade pública ou privada, com o objetivo também de causar perdas econômicas, intimidação da população e de forçar um governo ou uma organização internacional a tomar ou se abster de uma decisão". Para a Polícia Federal americana, o terrorismo é o "uso ilegal da violência contra pessoas ou propriedades para intimidar um governo e uma população para implementar uma agenda política ou social".

O Pentágono retrata o fenômeno como o "uso ilegal da violência para semear o medo e intimidar governos e sociedades para implementar agendas políticas, religiosas ou ideológicas". Na Convenção Geral sobre Terrorismo Internacional, países muçulmanos defenderam que a definição de terrorismo não fosse aplicada a situações em que minorias estivessem sob ocupação, em uma referência aos territórios palestinos.

2. Crime contra a Humanidade e a Atuação da Polícia brasileira

Assim considerado pela ONU, o terrorismo é uma autêntica guerra empreendida por pessoas, grupos ou nações que entendem ser essa a maneira de lutar por suas causas. Apesar da polêmica existente em sua definição, deve-se, de imediato, reconhecer que são atos criminosos que buscam impor o medo pela barbárie, sendo suas principais consequências a angústia, o sofrimento e a dor das famílias das vítimas atingidas. De outra parte, constata se que os muitos países vêm tomando medidas conjuntas e estabelecendo cooperação mais estreita, visando se resguardar e se prevenir do terrorismo internacional. Naiane Freire de Magalhães atesta que "na Inglaterra, mesmo antes dos atentados de 11 de setembro de 2001 nos Estados Unidos, a legislação nacional já apresentava grande experiência no combate ao terrorismo, em razão do ataque realizado pelo IRA (Irish Republican Army), em 1988, na Irlanda do Norte. Criou se, à época, uma concepção de supressão de direitos e garantias individuais dos criminosos envolvidos em ações terroristas, medidas essas diferentes daquelas aplicadas aos crimes comuns" (Elementos de Investigação do terrorismo no âmbito do direito comparado, garantia e eficácia-Boletim IBCCRIM, outubro-2016).

Antes dos jogos olímpicos e amparada pela nova lei antiterrorismo, a polícia federal brasileira prendeu 15 indivíduos que, por meio de publicações em redes sociais e de troca de materiais e diálogos em grupos de aplicativos, demonstraram intenção de executar ações terroristas durante os jogos no Rio de Janeiro. Consta das investigações que as publicações e os diálogos apresentavam cunho radical, demonstrando irrestrito apoio e promoção às ações do grupo extremista Estado Islâmico. Imagens de veneração à ideologia do grupo terrorista, vídeos com depoimentos de seus líderes e até mesmo de execuções promovidas pelos membros da organização terrorista contra pessoas consideradas "infiéis" foram compartilhados na rede mundial de computadores.

Autoridades brasileiras receberam um relatório do FBI sobre alguns dos envolvidos que encaminharam também imagens de execução de prisioneiros do Estado Islâmico. Os denunciados chegaram a discutir a possibilidade de o grupo se associar a uma facção criminosa para obter financiamento para a "causa".

3. Atentados Terroristas de Repercussão Mundial
Destacamos alguns mais sangrentos da nossa história recente que não puderam ser detectados e chocaram o mundo pela barbárie com que foram cometidos.

1º) 11 de setembro de 2001 – Nova York, Arlington e Shanksville, Estados Unidos: 2.993 mortos e mais de 8.900 feridos. Na manhã do dia 11 de setembro, o grupo terrorista Al-Qaeda organizou uma série de atentados terroristas nos Estados Unidos. Em Nova York, um avião da American Airlines atingiu a Torre Norte do World Trade Center às 8h46, e, menos de 20 minutos depois, às 9h03, outro, da United Airlines, atingiu a Torre Sul. Próximo à

CRIME ORGANIZADO

capital Washington, mais um voo da American Airlines atingiu o Pentágono, no condado de Arlington, às 9h37, e, às 10h03, o voo 93 da United Airlines caiu em um campo aberto na área de Shanksville, na Pensilvânia. Nenhum passageiro dos três voos sobreviveu. Em Nova York, o desabamento das duas torres trouxe um total de 2.606 mortos, enquanto no Pentágono contabilizou-se 125. Ao abrirem a caixa preta do voo 93, descobriu-se que os passageiros conseguiram tomar o controle do avião para derrubá-lo. Acredita-se que o seu destino era o Capitólio, casa do Congresso norte-americano, ou a Casa Branca, sede da presidência do país, ambos em D.C. Este foi o primeiro ataque aéreo sofrido em solo norte-americano desde Pearl Harbor, na Segunda Guerra Mundial, e é até hoje o maior atentado terrorista da história.

2º) Ataques do Boko Haram em Maiduguri na Nigéria em 28 a 30 de julho de 2009: 780 mortos e um número indefinido de feridos. Meses depois de anunciar sua campanha militarizada, no início de 2009, o Boko Haram fez seu mais sangrento ataque até hoje em uma ação que durou três dias. No dia 28 de julho, o exército nigeriano fez uma ofensiva na cidade de Maiduguri, capital de Borno, atrás do então líder do grupo, Mohammed Yusuf. Como resposta, o Boko Haram atacou igrejas cristãs e estações policiais com motoqueiros armados e colocou uma prisão em chamas. O exército e a polícia entraram em conflito. Os atentados deixaram quase 800 mortos e um número não estimado de feridos. No dia 30, Yusuf foi capturado pelas forças armadas e morto sob custódia do governo.

3º) Ataques do Boko Haram em Doro Gowon e Baga na Nigéria em 3 a 4 de janeiro de 2015: mais de 700 mortos e de 1.000 feridos. Em uma ação conjunta que durou pouco mais de 48 horas, o grupo atacou as cidades de Baga e Doro Gowon, no norte do país, e 16 vilarejos que as cercam. Números divulgados pelo passam de 700 mortos e 1.000 feridos. Organizações não-governamentais, no entanto, estimam que mais de 2.000 pessoas foram mortas neste curto período.

4º) Atentados contra comunidades yazidis em Kahtaniya e Jazeera, no Iraque, em 14 de agosto de 2007: 520 mortos e mais de 1.500 feridos. Um bombardeio coordenado em diferentes comunidades yazidis matou mais de 500 pessoas e feriu mais de 1.500 em um só dia. Na noite de 14 de agosto, carros-bomba explodiram na mesma hora (por volta de 19h, no horário local) nas cidades de Kahtaniya e Jazeera, no extremo norte do país. Nenhum grupo assumiu a autoria, mas o então presidente, Jalal Talabani, acusou grupos sunitas pelo histórico de conflitos contra os yazidis.

5º) Incêndio no Cinema Rex no Abadan, no Irã em 19 de agosto de 1978: 477 mortos e 10 feridos. O incêndio ao Cinema Rex, na histórica cidade de

Abadan, perto da fronteira com o Iraque, foi o maior atentado terrorista ocorrido durante a Revolução Iraniana (janeiro de 1978 a fevereiro de 1979) e até hoje o maior em solo iraniano. Quase 500 pessoas morreram. Ainda há discórdia sobre a autoria do atentado. O então governo ligado ao monarca Reza Pahlevi acusou os rebeldes, liderados por Ali Khamenei, de terem incendiado o local. Já Khamenei, quando assumiu como Líder Supremo no ano seguinte, após a Revolução, acusou o antigo exército monarquista de ter se infiltrado e cometido o ato para incriminar a causa. Um capitão foi julgado e executado. Na época, a população culpou o xá Mohammad Reza Pahlevi pelo ato. O incêndio foi um dos principais motivos que levaram à revolução iraniana de 1978, gerando à proclamação de um regime teocrático islâmico no Irã em fevereiro de 1979. Anos depois, foi descoberto que militantes islamistas cometeram o ataque.

6º) Invasão à escola de Beslan na Rússia- de1 a 3 de setembro de 2004: 372 mortos e 747 feridos. No dia 1º de setembro de 2004, terroristas chechenos invadiram a maior escola da cidade de Beslan, na Ossétia do Norte, extremo sul da Rússia. Além de colocar cerca de 1.200 alunos e funcionários sob mira de armas, o grupo separatista afirmava ter cercado o prédio com explosivos. Depois de dois dias de negociações malsucedidas, as forças russas decidiram invadir o local. Os terroristas trocaram tiros e acionaram os explosivos. Mais de 333 civis e 35 separatistas morreram. Depois, Shamil Bassaiev, um dos homens mais procurados do país na época, morto em 2006, assumiu o mando do atentado.

7º) Voo Air Índia no Oceano Atlântico em 23 de junho de 1985: 182-329 mortos. Em junho de 1985, o voo 182 da Air Índia, que saiu de Montreal, no Canadá, com destino a Nova Deli, na Índia, desapareceu dos radares. Poucas horas depois, uma mala explodiu no aeroporto de Tóquio, no Japão, de um voo que também tinha a Índia como destino. Isso levou as investigações ao grupo separatista Babbar Khalsa. Parte dos destroços do voo 182 foi encontrada dias depois no litoral do Irlanda. O Boeing 747 levava 307 passageiros e 22 tripulantes. Até hoje, ninguém assumiu oficialmente a autoria do atentado.

8º) Ataque do Boko Haram a Gamboru e Ngala na Nigéria em 5 de maio de 2014: 310 mortos e um número indefinido de feridos. O grupo terrorista africano Boko Haram é o mais mortal do mundo hoje. Só em 2014, as mortes atribuídas a ele passaram de 6.600. Só em maio daquele ano, o grupo fez uma ofensiva a duas cidades vizinhas, Gamboru e Ngala, no Estado de Borno, no nordeste do país, que, durante 12 horas, matou 310 pessoas e deixou um número altíssimo de feridos.

CRIME ORGANIZADO

9º) Atentado contra os quartéis de Beirute, no Líbano em 23 de outubro de 1983: 301 mortos e 161 feridos. A Guerra Civil Libanesa durou quinze anos, de 1975 a 1990, e foi dividida historicamente em quatro fases. O conflito, ocorrido no Líbano, teve a participação de diversos países da região, como Síria, Palestina e Israel, para disputar partes do território. A partir de 75, o país, que antes era um dos principais pontos de investimento do Oriente Médio, foi tomado por milícias de diversas religiões, exércitos e outros grupos armados. Em 1982, países ocidentais juntaram uma força de paz chamada Força Multinacional no Líbano, formada por Estados Unidos, França, Itália e Reino Unido. No ano seguinte, dois caminhões-bomba explodiram em frente aos quartéis norte-americano e francês, respectivamente. Com 241 militares dos EUA mortos, este é o maior número de baixas no exército do país em um só dia desde o ataque de Iwo Jima, na Segunda Guerra Mundial.

10º) Ataque ao distrito de Karrada em Bagdá no Iraque em 3 de julho de 2016: 292 mortos e 225 feridos. Neste ano, a capital do Iraque sofreu o pior ataque terrorista desde o início da invasão norte-americana, em março de 2003. Um caminhão-bomba explodiu à meia noite no movimentado distrito de Karrada, em frente a um shopping, onde centenas de pessoas faziam compras para o Ramadã. Alguns veículos publicaram que o número de mortos no dia passou dos 340.

11º) Maratona de Boston- No dia 15 de abril de 2013, duas bombas artesanais explodiram próximo à linha de chegada da maratona de Boston, causando a morte de três pessoas e ferindo outras 264. Analisando imagens de câmeras de segurança, o FBI identificou os irmãos Tamerlan e Dzhokhar Tsarnaev como autores do ataque. Logo após a divulgação das imagens, os dois tentaram fugir de Boston e acabaram trocando tiros com a polícia americana. Tamerlan foi morto e Dzhokhar foi capturado horas depois. Aos investigadores, Dzhokhar disse que realizou o ataque como protesto contra as guerras dos Estados Unidos no Afeganistão e no Iraque. Em 2015, ele foi condenado à morte por injeção letal.

12º) Atentados ao metrô de Londres: quatro explosões atingiram o transporte público de Londres no dia 7 de julho de 2005. Três trens do metrô e um ônibus de dois andares foram atingidos, matando 52 pessoas e ferindo cerca de 700. Um grupo ligado à Al Qaeda assumiu a autoria do atentado, que aconteceu um dia após a cidade de Londres ter sido escolhida como sede dos Jogos Olímpicos de 2012.

13º) Atentado de Lockerbie: outro grande atentado terrorista aconteceu no Reino Unido em 1988, quando um Boeing 747 da companhia americana Panam explodiu no ar sobre a cidade de Lockerbie, na Escócia. O voo partiu de Frankfurt, na Alemanha, parou para uma escala em Londres e seguia então em direção a Nova Iorque. No total, 270 pessoas morreram – 259 no avião e 11 em terra, atingidas por destroços da aeronave. As principais suspeitas são de que o ataque tenha sido planejado pelo governo líbio de Muamar Kadafi, mas muitas perguntas permanecem sem resposta até hoje.

14º) Atentado de Madri: o pior ataque terrorista da história da Espanha e da Europa aconteceu no dia 11 de março de 2004, três dias antes das eleições na Espanha. Treze bombas explodiram simultaneamente em quatro trens que chegavam a estações da cidade de Madri, matando 191 pessoas e ferindo 2050. Mais de dez pessoas foram condenadas por estarem envolvidas com os ataques, mas as autoridades espanholas não conseguiram encontrar os autores intelectuais do atentado.

15º) Atentado de Oklahoma: um caminhão cheio de explosivos explodiu em frente ao edifício governamental Alfred P. Murrah, em Oklahoma City, no dia 19 de abril de 1995. O atentado causou 168 mortes e deixou mais de 500 feridos, sendo o pior ataque terrorista em território americano até então. Ele foi planejado por Timothy McVeigh, um ex-soldado americano que afirmou agir como resposta a políticas e atitudes do governo dos Estados Unidos. McVeigh foi executado por injeção letal em 2001.

16º) Ataques de Sadr: seis carros-bomba e ataques com morteiros mataram cerca de 200 pessoas e feriram outras 225 em Sadr, subúrbio da cidade de Bagdá, no Iraque, no dia 23 de novembro de 2006. O ataque foi o mais violento desde a invasão dos Estados Unidos no país, em 2003.

17º) Massacre de Sinjar: em agosto de 2014, cerca de 5 mil pessoas da comunidade curda Yazidi foram mortas na região do Monte Sinjar (imagem), no norte do Iraque. A série de assassinatos em massa foi realizada pelas tropas do Estado Islâmico (EI), que desejava ocupar regiões estratégicas e islamizá-las – para eles, os yazidis são considerados infiéis. Muitos yazidis que conseguiram fugir acabaram depois encurralados em montanhas do norte do Iraque e enfrentaram sede, fome e calor. Combatentes curdos e bombardeios aéreos realizados pelos Estados Unidos fizeram com que o EI recuasse da área no fim de 2014, mas ela ainda continua bastante vulnerável.

18º) Atentados de Bombaim: treze bombas explodiram em diversos locais da cidade de Bombaim, na Índia, no dia 12 de março de 1993. Os ataques coordenados, que atingiram prédios do governo, bancos, hotéis e mercados, deixaram 257 mortos e 717 feridos. Eles foram planejados pela organização criminosa D-Company, liderada por Dawood Ibrahim, que permanece foragido até hoje.

19º) Atentado em Mogadíscio na Somália em 14 de outubro de 2017: 417 mortos e mais de 300 feridos. A Somália está em guerra civil há mais de duas décadas, mas o atentado de outubro de 2017 foi o pior da história do país: estimativas iniciais apontam mais de 400 mortos, mas esse número ainda deve aumentar. Dois caminhões carregados de explosivos foram detonados em pontos estratégicos e com bastante concentração de pessoas. Até o momento, ninguém assumiu a autoria do crime, mas o governo do país aponta o grupo Al-Shabab, ligado à Al-Qaeda, como o responsável pelo massacre.

20º) Atentados em Paris, França, em 13 de novembro de 2015: diversos atentados deixaram 130 mortos e mais de 300 feridos. Ações foram realizadas por homens-bomba em casas de shows, bares e restaurantes em Paris. O grupo jihadista Estado Islâmico (EI) reivindicou a autoria dos ataques. Em 14 de julho de 2016 um caminhão em alta velocidade investiu contra uma multidão que participava das comemorações do Dia da Bastilha em Nice, no sul da França. Foram 84 mortos e dezenas de feridos. Depois de atropelar pedestres por dois quilômetros, o motorista desceu do veículo e abriu fogo contra a multidão. A polícia trocou tiros com ele, que acabou morto.45. O Terrorismo e o Direito comparado

A Itália incrimina a conduta de promover organização terrorista. O art. 270 do seu Código Penal estabelece, em sua parte inicial, que aquele que promove, constitui, organiza, dirige ou financia associações que se propõem à realização de atos de violência com finalidade de terrorismo ou de reversão da ordem democrática é punido com a reclusão de sete a quinze anos.

Na Alemanha, o Strafgesetzbuch, em seu 129 a item 5, parte inicial, prevê que quem apoiar uma organização tida como terrorista será punido com penas que chegam à privação de liberdade por dez anos.

Na Bélgica, o Código Penal passou, a partir de 2013, com a inclusão do art. 120 bis, a prever a pena de prisão de cinco a dez anos e multa de cem a cinco mil euros a quem divulga ou coloca à disposição de outra forma uma mensagem com a intenção de incitar, direta ou indiretamente, à prática de ato terrorista.

Na França, em reação aos graves atentados ocorridos em Paris, no ano de 2015, alterou-se, por meio da Lei nº 731, de 3 de junho de 2016, o Código Penal, acrescentando lhe o art. 421-2-5-2, que estabelece que: "o fato de consultar habitualmente um serviço de comunicação pública on line, fornecendo mensagens, imagens ou representações, seja provocando diretamente a prática de atos de terrorismo, seja fazendo apologia a esses atos, quando, para este fim, esse serviço incluir imagens ou representações que mostrem a prática de tais atos, consistentes em atentados voluntários à vida, é punível com pena de prisão de dois anos e multa de € 30.000".

No Reino Unido, como resposta aos ataques ao metrô de Londres em 2005, o Parlamento aprovou o "Terrorism Act de 2006", que dispõe que é crime publicar ou fazer com que outro publique uma "declaração suscetível de ser entendida por alguns ou todos os membros do público ao qual ela se destina como um incentivo direto ou indireto ou outra forma de induzimento para o cometimento, preparação ou instigação de atos de terrorismo ou de delitos previstos em Convenções", incluindo, entre essas declarações, aquelas que "glorifiquem o cometimento ou preparação – seja no passado, no futuro ou em geral – desses atos e delitos" e "a partir das quais se pode razoavelmente esperar que aqueles membros do público infiram que o que está sendo glorificado o está sendo como conduta que deve ser imitada em circunstâncias existentes".

O Código Penal espanhol estabelece, em seu art. 572 que aquele que promover, constituir, organizar ou dirigir uma organização ou grupo terrorista será castigado com as penas de prisão de oito a quatorze anos e inabilitação especial para emprego ou cargo público de oito a quinze anos. Determina ainda no art. 575, que será punido com pena de prisão de dois a cinco anos quem, com a finalidade de cometer atentados terroristas acesse de maneira habitual um ou vários serviços de comunicação acessíveis ao público on line ou conteúdos acessíveis pela internet ou de um serviço de comunicações eletrônicas cujos conteúdos estejam dirigidos ou resultem idôneos a incitar à incorporação a uma organização ou grupo terrorista ou a colaborar com qualquer deles ou em seus fins. Além disso, em seu art. 579, incrimina aquele que, por qualquer meio, difunda publicamente mensagens que tenham como finalidade ou que, por seu conteúdo, sejam idôneos a incitar outros ao cometimento de algum dos delitos previstos no seu Capítulo VII.

5. A Lei Brasileira nº 13.260/2016

O dispositivo regulamentou o disposto no art. 5º, XLIII, da CF, que define a prática do terrorismo como crime inafiançável e insuscetível de graça ou anistia, disciplinando a matéria, tratando de disposições investigatórias e processuais e reformulando o conceito de organização terrorista. Com isso, nosso país seguiu também uma tendência mundial, adotando medidas preventivas e repressivas visando eliminar o terrorismo, obrigação assumida ao aderir a normas internacionais.

Com efeito, de acordo com os crimes hediondos, a prisão temporária daquele que pratica qualquer dos crimes previstos na Lei do Terrorismo terá o prazo de 30 (trinta) dias, prorrogável por igual período em caso de extrema e comprovada necessidade. Os crimes equiparados a hediondos dependem de mandamento constitucional, entretanto, a Constituição Federal autoriza que a lei ordinária defina e indique quais crimes serão considerados hediondos. Antes mesmo da lei em vigor, em 1º de setembro de 2005, o Congresso

CRIME ORGANIZADO

Nacional aprovou o texto da Convenção Interamericana contra o Terrorismo, assinada em Barbados, em 3 de junho de 2002, por meio do Dec. Leg. no 890. No mesmo ano, em 26 de dezembro de 2005, por meio do Dec. 5.639, a Presidência da República promulga a Convenção Interamericana contra o Terrorismo, consignando que sua prática constitui uma grave ameaça para os valores democráticos e para a paz e a segurança internacionais, sendo causa de profunda preocupação para todos os Estados membros.

Nosso país vem recebendo o apoio do Serviço das Nações Unidas para a Prevenção do Terrorismo (Terrorism Prevention Branch of the United Nations), que investiga as tendências do terrorismo e presta assistência aos países no que se refere a aumentar a sua capacidade de investigar, mas, acima de tudo, de prevenir atos terroristas.

O crime está inserido na lei de crimes hediondos (Lei n. 8.072/1990). Resoluções da ONU, há muito, afirmam que o terrorismo deve ser combatido vigorosamente como grave ameaça à civilização e à comunidade dos povos das Nações Unidas. A luta contra o terrorismo passou a ser a verdadeira causa da humanidade, e não deste ou daquele povo. É dever dos Estados e direito de todos a proteção contra o terrorismo, o que se dramatiza com a possibilidade de acesso de grupos terroristas a armas de destruição em massa.

6. Direito Penal do Inimigo

A Lei nº 13.260/2016, na verdade, traz algumas novidades no combate ao terrorismo. Adota se, aqui, de maneira claríssima, o chamado Direito Penal do Inimigo. Faz se necessário, por procedente, salientar que, quando Günther Jakobs, doutrinador alemão, escreveu, em 1985, a denominada Teoria do Direito Penal do Inimigo (Feindstrafrecht), com base nas políticas públicas de combate à criminalidade nacional e/ou internacional, logo apareceram os intransigentes defensores dos direitos humanos, juristas e penalistas garantistas, para criticar e disseminar negativamente suas ideias. Jakobs defendia a criação de leis severas direcionadas a criminosos perigosos e habituais, como terroristas, delinquentes organizados, traficantes, criminosos econômicos, entre outros, para um efetivo controle social do Estado. Inimigos, para o teórico alemão, são indivíduos que repudiam as normas estabelecidas em uma sociedade democrática e atuam perversamente contra a sua legitimidade. Desse modo, não podem receber o mesmo tratamento destinado ao cidadão comum nem beneficiados pelos conceitos de pessoa. Aquele que, com sua conduta criminosa, não oferece segurança às demais pessoas não deve ser tratado, em um Estado Democrático de Direito, como cidadão comum, mas, sim, como inimigo do Estado.

TERRORISMO: SOMOS TODOS VULNERÁVEIS?

Voltando ao Brasil, os atos preparatórios para o cometimento de um crime, antes um mero coadjuvante impune do "iter criminis" passam agora a ser punidos. É a chamada "tentativa antecipada". Rompe, assim, uma tradição no direito penal brasileiro que exige para a punição de um delito o início de sua execução.

Reza o art. 5º que "realizar atos preparatórios de terrorismo com propósito inequívoco de consumar tal delito, a pena será a correspondente ao delito consumado, diminuída de um quarto até a metade. Despreza, portanto, abrindo-se uma janela para a controvérsia, a teoria objetiva adotada aqui desde os primórdios da República passando a adotar a combatida teoria subjetiva, aquela que, segundo os penalistas clássicos, acusa cedo demais, punindo os atos preparatórios, ou seja, reconhece a tentativa antes mesmo do início da execução. A lei ainda elimina as progressões de penas, eleva as punições, suprime as garantias constitucionais, amplia as hipóteses de prisão em flagrante e proíbe o contato de terroristas com advogados.

Já no art. 10, a nova lei reconhece a incidência da desistência voluntária e do arrependimento eficaz antes dos atos de execução, ainda durante a preparação, ao afirmar que, mesmo antes de iniciada a execução do crime de terrorismo, na hipótese do art. 5º dessa lei, aplicam-se as disposições do Código Penal. Desta sorte, não se aguardará o início do ato terrorista, nem que ocorra uma nova atividade do agente, como por exemplo o arrependimento eficaz, para impedir o resultado. Responderão, assim, pelos atos preliminares à execução. Para todos os efeitos legais, considera- se que os crimes previstos nessa lei são praticados contra o interesse da União, cabendo à Polícia Federal a investigação criminal e à Justiça Federal o seu julgamento.

Em crítica contundente a nossa lei, reconhecendo-a como "Direito Penal do Inimigo", o festejado Prof. Damásio de Jesus assinala que "a ideia do Direito Penal do Inimigo (DPI) não apenas não se sustenta no campo teórico, mas é perigosíssima na sua aplicação prática, deixando aberto o campo para toda espécie de abusos e arbitrariedades. As piores ditaduras registradas na História tiveram, cada qual a seu modo, "direitos penais do inimigo". Assim foi com o nazismo e com o comunismo soviético – para falar só deles. A aplicação de princípios do DPI pode, de imediato, favorecer a sociedade contra seus inimigos reais; mas, a médio e longo prazo, se voltará inevitavelmente contra a mesma e ameaçará seriamente sua liberdade e seus plenos direitos (Jornal Carta Forense, 2-8-2016).

Geraldo Brindeiro, ex Procurador Geral da República, assegura que a "estratégia e a efetividade na luta contra o terrorismo não devem, contudo, incidir no equívoco da radicalização, que é exatamente o que pretendem os terroristas, desvirtuando os princípios democráticos e o respeito aos direitos humanos que inspiram a civilização e as Nações Unidas" (O Estado de São Paulo, 7-9-2003).

Na verdade, cremos, seja o terrorismo de inspiração totalitária, de inspiração radical, de origem política ou fanático religiosa, deve, sim, ser repelido e combatido vigorosamente como grave ameaça à civilização e à comunidade dos povos de todas as nações. O repúdio ao terrorismo configura um dos princípios constitucionais fundamentais das relações internacionais contidos na Carta da República brasileira, estando expresso no art. 4º, VIII, da CF/1988. Consequentemente, a criminalização das práticas relacionadas ao terrorismo decorre de imperativo constitucional expresso art. 5º, XLIII, da CF/1988: "A lei considerará crimes inafiançáveis e insuscetíveis de graça ou anistia a prática da tortura, o tráfico ilícito de entorpecentes e drogas afins, o terrorismo e os definidos como crimes hediondos, por eles respondendo os mandantes, os executores e os que, podendo evitá los, se omitirem".

É o terrorismo, por conseguinte, um crime equiparado a hediondo (Lei nº 8.072/90). A definição legal de terrorismo no Brasil está definida no art. 2º da Lei no 13.260/2016: "O terrorismo consiste na prática por um ou mais indivíduos dos atos previstos neste artigo, por razões de xenofobia, discriminação ou preconceito de raça, cor, etnia e religião, quando cometidos com a finalidade de provocar terror social ou generalizado, expondo a perigo pessoa, patrimônio, a paz pública ou a incolumidade pública".

No contexto da crescente necessidade de se fazer frente, por intermédio da criminalização de condutas, ao flagelo do terror, os Estados Nacionais não apenas reconhecem a necessidade de se proceder uma resposta penal aos atos executórios que caracterizam ações terroristas em si mesmas, como também aos atos preparatórios. Na mesma toada, àquelas condutas que, de qualquer forma, se destinem a estimular, banalizar e a disseminar as ideias sectárias criminosas de ódio, intolerância religiosa e violência exacerbada.

O objetivo da prevenção geral do Direito Penal é atendido plenamente quando, para a proteção dessa espécie de bem jurídico, são incriminados atos anteriores às práticas propriamente terroristas, como mais comumente conhecidas (explosões, homicídios, agressões físicas, sequestros, dano ao patrimônio, entre outras), tal como estabelecido no art. 2º, §1º, da Lei nº 13.260/16. É nesse cenário que deve ser entendido o tipo penal do art. 3º da Lei Antiterrorismo brasileira.

Não são, todavia, considerados atos terroristas à conduta individual ou coletiva de pessoas em manifestações políticas, movimentos sociais, sindicais, religiosos, de classe ou de categoria profissional, direcionados por propósitos sociais ou reivindicatórios, visando contestar, criticar, protestar ou apoiar, com o objetivo de defender direitos, garantias e liberdades constitucionais, sem prejuízo da tipificação penal contida em lei.

Cabe considerar, entretanto, que os atos praticados com extrema violência que atentem gravemente contra a vida e a integridade das pessoas, como os cometidos recentemente pelos denominados "Black Blocs" ou os incêndios em ônibus, danos em prédios públicos e privados e, ainda, os atentados contra a vida de policiais pelas conhecidas organizações criminosas que se instalaram de vez em nosso país, se encaixam, em nosso sentir, adequadamente à norma proibitiva em vigor.

7. Classificação do Terrorismo e Medidas para Combatê-lo

Estudos de especialistas sobre o tema mostram que o terrorismo pode ser classificado em quatro espécies:

a) revolucionário: surgiu no século XX e seus praticantes ficaram conhecidos como guerrilheiros urbanos marxistas (maoístas, castristas, trotskistas e leninistas);

b) nacionalista: fundado por grupos que desejavam formar um novo Estado nação dentro de um Estado já existente (separação territorial), como no caso do grupo terrorista separatista ETA, na Espanha (o povo Basco não se identifica como espanhol, mas ocupa seu território e é submetido ao governo da Espanha);

c) de Estado: praticado pelos Estados nacionais, seus atos integram duas ações. A primeira seria o terrorismo praticado contra a sua própria população. Foram exemplos dessa forma de terrorismo o nazismo, na Alemanha, e o stalinismo, na URSS. A segunda forma se constituiu como a luta contra a população estrangeira (xenofobismo);

d) comunitário: aquele em que as autoridades constituídas intervêm diretamente contra outras comunidades, geralmente minorias étnicas ou religiosas. Trata se de uma espécie de "terror coletivo", visando à expulsão ou à eliminação dessas minorias. Esse tipo de terrorismo ocorre no Afeganistão, no Paquistão e na Índia, e é o que produz o maior número de vítimas e destruições.

7.1. Medidas a serem Tomadas pelos Países Membros da ONU
7.1.1. Bloqueio de Ativos
a) Bloquear sem demora os fundos, outros ativos financeiros ou recursos econômicos de tais indivíduos, grupos, empresas e entidades, inclusive os fundos

CRIME ORGANIZADO

derivados de bens de propriedade ou sob controle, direto ou indireto, de pessoas atuando em seu nome ou sob sua instrução, e assegurar que nem estes, nem quaisquer outros fundos, ativos financeiros ou recursos econômicos sejam disponibilizados, direta ou indiretamente, em benefício de tais pessoas, por seus nacionais ou por pessoas dentro do seu território.

7.1.2. Proibição de Viagem
b) Impedir a entrada em seus territórios ou o trânsito através deles de tais indivíduos, ressalvando se que nada neste parágrafo obrigará qualquer Estado a negar a entrada ou exigir a saída de seus territórios de seus próprios nacionais e que este parágrafo não se aplicará quando a entrada ou trânsito for necessário para fins de um processo judicial ou quando o Comitê determinar, caso a caso, que a entrada ou trânsito é justificado.

7.1.3. Embargo de Armas
c) Impedir o fornecimento, venda ou transferência, direta ou indireta, para tais indivíduos, grupos, empresas e entidades, desde seu território ou por seus nacionais fora de seu território, ou utilizando embarcações ou aeronaves com sua bandeira, de armas e materiais correlatos de todos os tipos, inclusive armas e munições, veículos e equipamentos militares, equipamento paramilitar e peças sobressalentes para os itens mencionados anteriormente, bem como de assessoria, assistência ou treinamento técnico relativo a atividades militares.

Não se pode ainda desprezar que pagamentos de resgate a organizações terroristas e empresas e entidades a elas associadas continuam sendo uma importante fonte de renda desses grupos pois fortalece suas capacidades operacionais de organizar e realizar ataques terroristas além de incentivar futuros eventos de sequestro. A Resolução nº 2133 da ONU de 2014 reafirma seu apelo a todos os Estados membros para que impeçam que terroristas se beneficiem, direta ou indiretamente, de pagamentos de resgate ou de concessões políticas e para que garantam a libertação segura de reféns.

8. Do Estado Islâmico e os Principais Terroristas e Organizações Terroristas
O Estado Islâmico (EI) é um grupo muçulmano extremista fundado em outubro de 2004 a partir do braço da Al Qaeda no Iraque. É formado por sunitas, o maior ramo do islamismo. Entre os países muçulmanos, os sunitas são minoria apenas entre as populações do Iraque e do Irã, compostas, majoritariamente, por xiitas.

TERRORISMO: SOMOS TODOS VULNERÁVEIS?

Trata se de uma organização terrorista, assim reconhecida pela Organização das Nações Unidas (ONU), por intermédio, mais recentemente, da Resolução no 2249/2015.2, da Resolução no 2253/2015.3 e da Resolução no 2255/2015.4, todas do seu Conselho de Segurança. Em janeiro de 2014, o Estado Islâmico declarou que o território sob seu controle passaria a ser um califado, a forma islâmica de governo. Os sunitas representam 90% da população muçulmana, ao passo que os xiitas perfazem apenas 10%.

Os confrontos entre xiitas e sunitas começaram no ano de 632 com a morte do profeta Maomé, seguida da disputa de quem o sucederia como califa. Califado é a forma islâmica de governo. Representa a unidade política do mundo islâmico e prega o fim de fronteiras. Para os sunitas, não é preciso descender de Maomé para ser califa. De outro lado, os xiitas acreditam que apenas descendentes da família de Maomé são aprovados por Alá e possuem capacidade de tomar melhores decisões.

Os sunitas radicais do Estado Islâmico (EI) consideram os xiitas infiéis e, por isso, devem ser mortos. Aos cristãos, os extremistas dão três opções: a conversão, o pagamento de uma taxa religiosa ou a pena de morte. No Iraque, o EI tenta se aproveitar da situação conflituosa entre curdos, árabes sunitas, cristãos e xiitas, que atualmente governam o país, para ampliar sua área de controle. Lá, tem a simpatia dos iraquianos sunitas, que estiveram no poder durante as décadas de governo Saddam Hussein, perseguindo a maioria xiita. Atualmente, os sunitas são perseguidos pelo governo xiita. Na Síria, o EI também tem a simpatia de parte dos rebeldes que lutam contra o governo de Bashar al Assad.

8.1. Principais Terroristas e suas Organizações Criminosas (todos Listados como Al Qaeda no Iraque – QDe.115)

1. Muhammad Bahrum Naim Anggih Tamtomo – é um indivíduo associado à Al Qaeda por sua "participação no financiamento, planejamento, facilitação, preparação ou realização de atos ou atividades executados pelo ISIL, entidade que consta na Lista como Al Qaeda no Iraque "ou realizados em ou sob seu nome, em conjunto com [ele] ou em seu apoio", pelo "recrutamento para" essa entidade e por "apoio por outros meios de atos ou atividades executados por" ela.

2. Hanifa Money Exchange Office (sucursal localizada em Albu Kamal) (República Árabe da Síria) – é uma entidade associada ao ISIL ou à Al Qaeda por "participar do financiamento, planejamento, facilitação, preparação ou realização de atos ou atividades por, em conjunto com, sob o nome de, em representação de, ou em apoio a", "fornecendo,

CRIME ORGANIZADO

vendendo ou transferindo armas e material relacionado a", "de outras maneiras apoiando atos ou atividades de", sendo "ou possuído por ou controlado, direta ou indiretamente, ou de outra maneira apoiando" o Estado Islâmico no Iraque e no Levante.

3. Selselat al Thabab – é associado ao ISIL ou à Al Qaeda por "participar do financiamento, planejamento, facilitação, preparação ou realização de atos ou atividades por, em conjunto com, sob o nome de, em representação de, ou em apoio a" e "de outras maneiras apoiando atos ou atividades do" Estado Islâmico no Iraque e no Levante.

4. Jaysh Khalid Ibn al Waleed – é associado ao ISIL ou à Al Qaeda por "participar do financiamento, planejamento, facilitação, preparação ou realização de atos ou atividades por, em conjunto com, sob o nome de, em representação de, ou em apoio a", "fornecendo, vendendo ou transferindo armas e material relacionado a", "de outras maneiras apoiando atos ou atividades de", sendo "ou possuído por ou controlado, direta ou indiretamente, ou de outra maneira apoiando" o Estado Islâmico no Iraque e no Levante.

5. Malik Ruslanovich Barkhanoev – é associado ao ISIL ou à Al Qaeda por "participar do financiamento, planejamento, facilitação, preparação ou realização de atos ou atividades por, em conjunto com, sob o nome de, em representação de, ou em apoio a", "recrutando por" e "de outra maneira apoiando os atos e atividades do" Estado Islâmico no Iraque e no Levante.

6. Murad Iraklievich Margoshvili – é associado ao ISIL ou à Al Qaeda por "participar do financiamento, planejamento, facilitação, preparação ou realização de atos ou atividades por, em conjunto com, sob o nome de, em representação de, ou em apoio a", "recrutando por" e "de outra maneira apoiando os atos e atividades do" Estado Islâmico no Iraque e no Levante.

7. Oman Rochman – é associado ao ISIL ou à Al Qaeda por "participar do financiamento, planejamento, facilitação, preparação ou realização de atos ou atividades por, em conjunto com, sob o nome de, em representação de ou em apoio a", "recrutando por" e "de outra maneira apoiando os atos e atividades do" Estado Islâmico no Iraque e no Levante.

8. Jund al Aqsa – é associado ao ISIL ou à Al Qaeda por "participar do financiamento, planejamento, facilitação, preparação ou realização de atos ou atividades por, em conjunto com, sob o nome de, em representação de, ou em apoio a", "fornecendo, vendendo ou transferindo armas e material relacionado a", "de outras maneiras apoiando atos ou

TERRORISMO: SOMOS TODOS VULNERÁVEIS?

atividades de", sendo "ou possuído por ou controlado, direta ou indiretamente, ou de outra maneira apoiando" o Estado Islâmico no Iraque e no Levante.

9. Organização Terrorista Reconhecida pelo Brasil

No Brasil, o Ministério das Relações Exteriores há muito reconhece aquela organização como terrorista. Portanto, não há nenhuma dúvida acerca da legitimidade constitucional da criminalização de condutas relacionadas ao terrorismo, bem como da potencialidade lesiva acentuada das ações levadas a cabo por indivíduos que aderem a organizações desse jaez. O autoproclamado EI é organização terrorista altamente violenta que preconiza a supremacia de sua visão religiosa intolerante, incapaz de conviver com a diversidade e com qualquer outro modo de vida que não seja aquele que seus seguidores procuram impor.

Promove sequestros, tortura, morte e destruição do patrimônio público, privado e histórico, sempre com a finalidade de, pela violência, intimidar e promover a instauração de seus ideais extremistas. Possui um verdadeiro exército de seguidores e busca a adesão e o recrutamento de novos integrantes por meio dos sistemas de comunicação, como internet, redes sociais e smartphones. A comunidade internacional, representada pela ONU, estabeleceu, em diversas de suas Resoluções, a erradicação completa do EI como uma de suas metas, incluindo sua ideologia inaceitável para os padrões civilizados.

O impacto da disseminação por internet das ideias sectárias dessa organização terrorista é tão impressionante e avassalador que os estudiosos hoje reconhecem a existência de um "cibercalifado", que é uma inigualável plataforma de comunicação externa e interna. Para fora, temos propaganda e pregação permanente, com o objetivo de legitimar ação violenta e recrutar. Para a subversão, é crucial o enquadramento coletivo e uma preparação psicológica que sensibilize e mobilize a massa social para a adesão à causa. De acordo com o jornal Washington Post, em sua edição on line de 20-11-2015, as cenas de batalha e as decapitações públicas levadas a cabo pelos terroristas são tão pensadas e encenadas que os guerrilheiros e carrascos muitas vezes as protagonizam em vários takes, lendo discursos escritos em papéis propositadamente ocultos das câmeras. No departamento de mídia do EI, há vários cidadãos estrangeiros e ocidentais, com experiências anteriores em emissoras jornalísticas ou em empresas de tecnologia.

Entrevistado pelo jornal, Abu Abdullah al Maghribi, ex membro do EI, afirmou que as pessoas de mídia são mais importantes do que os soldados. O rendimento mensal delas é maior. Têm melhores carros. Têm o poder de

CRIME ORGANIZADO

encorajar os que estão em combate e o poder de trazer mais recrutas para a organização.

Em que pesem derrotas militares avassaladoras do EI no Iraque e na Síria em 2017, perdendo cidades e territórios chamados de "califado islâmico", como a cidade síria de Raqqa e Mossul, a segunda maior cidade iraquiana, a organização continua a controlar uma faixa do leste e do oeste daqueles países, respectivamente. A promoção do terrorismo por intermédio da disseminação, da estimulação mútua e do compartilhamento dos seus ideais cumpre ainda duas finalidades fundamentais e altamente danosas para a convivência harmônica, pacífica e igualitária entre os seres humanos: convencer a audiência de que a causa é nobre e justificável e desumanizar as vítimas.

A esse propósito, escreve Lígia Gonçalves Silva: "A desumanização é um processo que envolve a categorização de um grupo como desumano, caracterizando o como inferior e negativo (Bar Tal, 1989). Segundo Kelman (1976), desumanizar envolve negar a identidade de uma pessoa, ou seja, não a reconhecer como indivíduo e, quando isso acontece, perder se a capacidade de evocar compaixão e empatia".

10. Primeira Condenação de Ato Terrorista no Brasil

A 14ª Vara Federal de Curitiba condenou oito réus, em abril de 2017, com base na Chamada "Operação Hashtag", a penas de cinco a quinze anos de reclusão. Foi a primeira condenação desta espécie de crime em nosso país. As provas coligidas tanto na fase inquisitiva quanto na judicial confirmam os fatos delituosos. No período de 17-3 a 21-7-2016, todos os denunciados se dedicaram a promover a organização terrorista denominada Estado Islâmico do Iraque. A promoção se deu por intermédio de publicações em perfis das redes sociais Facebook, Twitter e Instagram; de diálogos em grupos fechados do Facebook acompanhados de compartilhamento de material extremista; diálogos em conversas privadas via Facebook; trocas de e mails; e conversas por meio do aplicativo Telegram.

O conteúdo obtido do afastamento judicial dos sigilos de dados, telemáticos e telefônicos, se situa entre a exaltação e a celebração de atos terroristas já realizados em todo o mundo, passando pela postagem de vídeos e fotos de execuções públicas de pessoas pelo Estado Islâmico, chegando a orientações de como realizar o juramento ao líder do grupo ("bayat"), e atingindo a discussão sobre possíveis alvos de ataques que eles poderiam realizar no Brasil (estrangeiros durante os Jogos Olímpicos, homossexuais, muçulmanos xiitas e judeus), com a orientação sobre a fabricação de bombas caseiras, a utilização de armas brancas e aquisição de armas de fogo para conseguir esse objetivo.

Há expressa referência a centenas de diálogos, imagens, vídeos e postagens realizadas diretamente e/ou compartilhadas pelos denunciados que demonstrariam os indícios de materialidade de autoria do crime previsto no arts. 3º e 5º, 1º, I, c/c 2º, da Lei n. 13.260/2016 (promoção de organização terrorista e recrutamento para organização terrorista). O crime previsto no art. 3º, o de "promover, constituir, integrar ou prestar auxílio, pessoalmente ou por interposta pessoa, a organização terrorista", é um tipo penal de ação múltipla, pois composto de vários núcleos e pluriofensivo ao atingir vários bens jurídicos, como a paz, a incolumidade pública, a vida, a integridade física e o patrimônio. Nas modalidades "promover", "constituir" ou "integrar", é crime permanente, cabendo a prisão em flagrante enquanto perdurar a ação criminosa. O dolo é o genérico.

A condenação também se deu pelo crime de organização criminosa (art. 288 do Código Penal). Decorreu do fato de que os acusados constituíram um grupo estável que tinha como finalidade o cometimento dos mais diversos crimes. Além dos citados anteriormente, deve se adicionar que afirmavam pretender cometer delitos de preconceito (contra judeus e homossexuais, especificamente), contra o patrimônio (saques e espólios) e de terrorismo propriamente dito (art. 2º da Lei Antiterror). Os crimes cujas materialidades e autorias se reconheceram foram praticados por meio de atos e desígnios distintos, bem como atingem objetividades jurídicas diferentes. Assim, na forma do art. 69 do Código Penal, as penas aplicadas em virtude de cada um dos delitos reconhecidos foram somadas, diante da incidência das regras do concurso material. (Ação Penal nº 5046863-67.2016.4.04.7000/PR).

Conclusões

A preocupação mundial expressada por meio da ONU é no esforço de enfrentamento à disseminação da cultura do terrorismo e ao seu recrutamento, ganhando relevo as Resoluções nos 1373/200111, 1377/200112, 1624/200513 e 2178/201414 (internalizadas no Brasil pelo Decreto n. 8.530/1515), todas do Conselho de Segurança das Nações Unidas.

A última Resolução expressa, textualmente, preocupação com "o crescente uso pelos terroristas e seus apoiadores das tecnologias de comunicação com o propósito de radicalização para o terrorismo, recrutando e incitando o cometimento de atos terroristas, inclusive por meio da internet, e financiando e facilitando a viagem e atividades subsequentes de combatentes terroristas estrangeiros, e sublinhando a necessidade de que os Estados Membros atuem de modo cooperativo para impedir que os terroristas se aproveitem de tecnologias, comunicações e recursos para mobilizar apoio para atos terroristas.

E ainda, respeitando ao mesmo tempo os direitos humanos e as liberdades fundamentais e em conformidade com as demais obrigações derivadas do direito internacional", para, mais adiante, determinar que todos os Estados Membros devem assegurar que seu direito interno estabeleça como crimes graves, suficientes para permitir a persecução penal, de forma que reflita devidamente a gravidade do delito, a organização ou outro tipo de facilitação internacionais, inclusive atos de recrutamento, por seus nacionais ou em seus territórios, da viagem de indivíduos que partam para um Estado distinto daqueles de sua residência ou nacionalidade com o propósito de perpetrar, planejar, preparar ou participar de atos terroristas, ou fornecer ou receber treinamento para o terrorismo. O ato normativo em questão ainda prevê que é irrelevante "se alguém é, de fato, encorajado ou induzido pela declaração a cometer, preparar ou instigar qualquer ato terrorista ou delito previsto em Convenções". Portanto, a legislação brasileira sobre o tema está em sintonia com o que vige nos países mais avançados, bem assim ajustada ao que proclamam os organismos multilaterais e a Constituição Federal.

O decreto presidencial 9.202, de 21 de novembro de 2017 dispõe sobre a execução, no território nacional, da Resolução no 2368, de 20 de julho de 2017, do Conselho de Segurança das Nações Unidas, que atualiza e fortalece o regime de sanções em vigor contra indivíduos e entidades associados ao Estado Islâmico, no Iraque e no Levante, e à Al Qaeda. Anotamos, assim, os pontos principais da Resolução n. 2368 da ONU que deverão ser executados e cumpridos pelo Brasil.

O terrorismo, em todas as suas formas e manifestações, constitui uma das mais sérias ameaças à paz e à segurança, e quaisquer atos de terrorismo são criminosos e injustificáveis, independentemente de suas motivações, não importando quando, onde e por quem sejam cometidos. Constitui uma ameaça à paz e à segurança internacional e enfrentar essa ameaça exige esforços coletivos em âmbitos nacional, regional e internacional, com base no respeito ao direito internacional e à Carta das Nações Unidas. Ademais, não pode nem deve ser associado a qualquer religião, nacionalidade ou civilização.

PARTE VI
ESTADO, POLÍTICAS PÚBLICAS E CRIME ORGANIZADO

29
Teoria Geral do Direito Penal e a Atuação do Estado em face ao Crime Organizado

GIANPAOLO POGGIO SMANIO

Introdução

A partir da segunda metade do século XX, para superar as teorias jurídicas do naturalismo e do positivismo, os estudiosos da teoria do direito e da filosofia do direito propuseram modelos que realizaram importante revisão dos conceitos estabelecidos, modificando-os na busca do aperfeiçoamento de sua aplicação frente aos desafios de nossa sociedade, cada vez mais complexa e plural.

Estes modelos da teoria do direito influenciaram a aplicação do direito penal sobremaneira, de forma que o seu estudo passa a ser importantíssimo para a formulação de uma Teoria Geral do Direito Penal para o século XXI.

1. Teoria dos Sistemas

Fundamentada na teoria de Talcott Parsons, a visão sociológica de Niklas Luhman[1] vê o direito como um sistema de controle social, que produz a si mesmo e o seu reconhecimento ocorre através de processos de aprendizagem. A legitimação do sistema decorre de seu próprio procedimento. As ideias de justiça e de verdade não existem, a não ser como símbolos.

Dentro desta visão sistêmica, podemos considerar o Direito Penal como um dos instrumentos de controle social formal através do qual o Estado, mediante um sistema normativo, sanciona com estipulação de penas e medidas de segurança, as condutas desviadas e mais nocivas para a convivência social, assegu-

---

[1] Luhmann, Niklas. Sociologia do direito, vol. I. Trad. De Gustavo Bauer.Rio de janeiro: Edições Tempo Brasileiro, 1983, p. 167-181.

CRIME ORGANIZADO

rando a necessária disciplina social e a correta socialização dos membros da sociedade[2]. A teoria dos sistemas em si mesma não é objeto de contestação, pois o conceito de sistema jurídico é comum tanto aos jusnaturalistas quanto aos juspositivistas.

No entanto, a sua concepção pura torna o direito completamente fungível, sem conteúdos básicos ou fundamentais. Esta concepção vazia de conteúdos do direito gera o totalitarismo em suas variadas formas. Já sofremos as consequências de outros pensamentos que rejeitavam todos os conteúdos fundamentais, durante a primeira metade do século XX, com as experiências totalitárias tanto de esquerda quanto de direita, e foram definitivamente rechaçados após o advento e derrota do nazismo.

Daí a necessidade de encontrarmos conteúdos ao direito que impeçam uma realidade totalitária. É necessário, principalmente, encontrarmos um direito penal capaz de efetivar o estado democrático de direito e a proteção da cidadania.

2. O Contratualismo

John Rawls[3] buscou, na revitalização da ideia do contrato social de Rousseau e da teoria do direito de Kant, o conteúdo do direito através de normas universalizáveis, de caráter moral, numa posição original fictícia, que permitisse aos contratantes dentro de uma sociedade acordar em dois princípios e duas regras de precedência:

a. Princípio do direito a liberdades fundamentais iguais aos cidadãos;
b. Princípio do direito à igualdade de oportunidades aos cidadãos;
c. Precedência da liberdade;
d. Precedência da justiça.

Através destes princípios e regras de precedência John Rawls pretendeu encontrar um parâmetro para o direito dentro da sociedade democrática. Pressupondo concepções materiais de justiça já arraigadas no senso comum das pessoas, pretendeu Rawls oferecer um conteúdo ao sistema do direito.

---

[2] No sentido do texto: Pablos de Molina, Antonio Garcia. Derecho penal – introdución. Madrid: Universidade Complutense, 2000, p. 2; MIR PUIG, Santiago. Derecho penal – parte general, 5ª ed. Barcelona, 1998, p. 4;Hassemer, Winfried e Munôz Conde, Francisco. Introdución a la Criminologia y al derecho penal. Valência: Tirant lo blanch, 1989, p. 28 e ss.

[3] Rawls, John. Uma teoria da justiça. São Paulo: Martins Fontes, 2000, p. 57-122.

3. O Modelo Discursivo

Jürgen Habermas[4] objetou contra Rawls que os conteúdos morais não poderiam ser obtidos monologicamente, mas sim através de um esforço cooperativo, situado na inter-relação entre as pessoas. Para Habermas os conteúdos verdadeiros ou corretos devem ser extraídos do processo de comunicação racional, de forma a obter um consenso fundamentado.

A legitimação do consenso é a força do melhor argumento, a partir da situação ideal de comunicação entre os indivíduos dentro da sociedade, consistente na igualdade de oportunidades para todos os participantes, liberdade de expressão, ausência de privilégios, veracidade e ausência de coação. Ocorre que a teoria de Habermas nos devolve à ausência de conteúdo, uma vez que o melhor argumento como princípio de consenso não traz qualquer conteúdo, nem garantias de manutenção do Estado democrático.

4. A Teoria da Convergência da Verdade

Artur Kaufmann[5] propõe uma complementação da teoria do consenso, através do princípio da convergência e do princípio da falibilidade. O consenso obtido não pode ser uma fundamentação última. O critério da verdade é a circunstância de vários sujeitos independentes uns dos outros atingirem conhecimentos objetiva e materialmente convergentes a respeito do mesmo objeto.

Não podemos prescindir, portanto, da pessoa para a obtenção dos conteúdos do direito. Mas a pessoa deve ser vista nas suas relações com as coisas e com as outras pessoas. Ou seja, a pessoa deve ser vista em seu aspecto relacional. As relações interpessoais entre os homens é que identificam o discurso jurídico, pois o direito apenas se legitima na medida em que assegura a cada um o que lhe pertence enquanto pessoa: a garantia dos direitos fundamentais e dos direitos humanos. A pessoa é ao mesmo tempo o sujeito e o objeto do discurso normativo. A ideia do direito deve ser a ideia do homem pessoal.

5. A Dignidade da Pessoa Humana como Fundamento do Direito Penal

Estamos de pleno acordo com a visão de Kaufmann sobre a legitimação do direito enquanto garanta os direitos fundamentais da pessoa humana. Os direitos fundamentais da pessoa humana estão integrados por um conteúdo comum baseado no princípio da dignidade da pessoa humana, que cons-

---

[4] Habermas, Jurgen. Facticidad y validez. Tradução de Manuel Jiménez Redondo. Madrid: Editorial Trotta, 4ª Ed., p. 122-129.

[5] Kaufmann, Arthur, e Hassemer, Winfried (orgs.). Introdução à filosofia do direito e à teoria do direito contemporâneas. Tradução de Marcos Keel e Manuel Seca de Oliveira. Lisboa: Fundação Calouste Gulbenkian, p. 196-207.

CRIME ORGANIZADO

titui o valor unificador de todos os direitos fundamentais. Nesta perspectiva, o direito penal deve basear-se na dignidade da pessoa humana em sua existência, validade e eficácia.

O Preâmbulo da Declaração Universal dos Direitos Humanos da ONU de 1948 declara: "Considerando que a liberdade, a justiça e a paz no mundo tem por base o reconhecimento da dignidade intrínseca e dos direitos iguais e inalienáveis de todos os membros da família humana". Da mesma forma, o Preâmbulo da Convenção Americana sobre Direitos Humanos de 1969 declara: "Reconhecendo que os direitos essenciais do homem não nascem do fato de ser nacional de determinado Estado, mas sim, tem como fundamento os atributos da pessoa humana".

6. A Relevância da Conceituação de Cidadania para a Atuação do Estado de Direito

Há uma coincidência temporal entre o surgimento do conceito moderno de cidadania, do conceito moderno de direitos humanos e do conceito de Estado de Direito.Todos estão no âmbito da Idade Moderna e a Revolução Francesa passa a ser o marco decisivo das referidas conceituações. É a partir dela que o "cidadão" passa a ser o centro de imputação do conjunto de direitos que correspondem aos membros de um Estado de Direito.

Entretanto, cidadania, direitos humanos e Estado de Direito não somente possuem o mesmo momento histórico de surgimento, mas sim, são realidades que estão interligadas e se condicionam mutuamente. O Estado de Direito é a forma política em que os poderes atuam autônoma e independentemente e submetidos ao império de uma legalidade que garante os direitos fundamentais dos cidadãos. Os direitos fundamentais, por sua vez, legitimam o Estado de Direito e o conteúdo da cidadania. A cidadania é a base de participação política no Estado de Direito, através do exercício dos direitos fundamentais.[6]

Na atual concepção de Estado de Direito, também visto como Estado Constitucional, os direitos fundamentais constituem o conceito que engloba tanto os direitos humanos universais quanto os direitos dos cidadãos nacionais.[7] A doutrina do contrato social deve ser entendida hoje como um contrato constitucional e deve estender-se da sociedade particular da cada Estado para uma "sociedade mundial", de forma que cada ser humano tenha um "status"

---

[6] No sentido do texto: Pérez Luño. Antonio-Henrique. Derechos humanos, estado de derecho y constituición. Madrid: Tecnos, 8ª. Ed., 2003, p. 212.

[7] Häberle, Peter. El estado constitucional. Tradução de Hector Fix-Fierro. Buenos Aires: Editorial Astrea, 2007, p. 304-308.

TEORIA GERAL DO DIREITO PENAL E A ATUAÇÃO DO ESTADO EM FACE AO CRIME...

mundial que lhe garanta os direitos fundamentais. Todos os seres humanos devem ser vistos como contratantes de forma que sejam garantidos mutuamente os direitos humanos de cada um.

A cidadania pressupõe a liberdade para o exercício dos direitos fundamentais. A cidadania é uma condição da pessoa que vive em uma sociedade livre. Onde há tirania não existem cidadãos. A cidadania pressupõe a igualdade entre todos os membros da sociedade, para que inexistam privilégios de classes ou grupos sociais no exercício de direitos. Para o exercício das liberdades fundamentais da cidadania, então, é preciso estabelecer uma ordem política democrática que a garanta.

Os direitos fundamentais e os direitos da cidadania são duas manifestações dos direitos humanos universais que devem ser assegurados pelo Estado Constitucional, assim como pela comunidade internacional. A conceituação de cidadania precisa, nos dias atuais, ser efetuada levando-se em conta as suas várias dimensões. A dimensão vertical do liberalismo, restrita à relação do cidadão com o Estado, abrangendo apenas os direitos políticos de participação, precisa ser superada para que a cidadania tenha reconhecida também a sua dimensão de direitos fundamentais e, principalmente, a sua dimensão horizontal, de solidariedade, abrangendo as relações entre o cidadão e a sociedade e as relações entre os cidadãos.

A cidadania é um princípio fundamental da nossa República e deve, portanto, ser reconhecida a sua importância e conceituação para que consigamos atingir os fins do Estado brasileiro de construção de uma sociedade livre, justa e solidária. A política criminal a ser desenvolvida em nosso país deve ter o norte da cidadania em todas as suas dimensões, integrando os diversos aspectos sociais, políticos e econômicos, bem como atendendo às necessidades de inclusão social, pois esta é a determinação constitucional de 1988.

Os valores fundamentais adotados pela Constituição Federal transformam-se em princípios gerais de direito e passam a ser a base racional-filosófica para qualquer exercício dos poderes constituídos do Estado. A cidadania, considerada em todas as suas dimensões, é um destes valores, refletida em princípio geral de direito para a atuação do Estado de Direito brasileiro.

7. A Proteção do Bem Jurídico como Função do Direito Penal de Garantia do Cidadão

Nos termos colocados por Jescheck, o bem jurídico é o ponto de partida e o pensamento vetor da formação do tipo penal, consistindo nos interesses vitais da comunidade a que o Direito Penal outorga sua proteção. Significa que mediante normas jurídicas se proíbem com ameaça de pena as ações idô-

CRIME ORGANIZADO

neas a menoscabar de modo particularmente perigoso os interesses vitais da comunidade. "El tipo arranca así de la norma, y la norma, del bien jurídico." [8]

O Direito Penal, portanto, deve proteger bens jurídicos, o que não significa que todo bem jurídico deva ser protegido pelo Direito Penal, mas somente aqueles que a própria sociedade reputa como mais importantes, merecedores da tutela penal. Daí o conceito de bem jurídico ser mais amplo que o conceito de bem jurídico penal.

No entanto, a tutela penal tem uma medida, um limite, ou seja, um bem jurídico só é penalmente tutelado quando sofre determinadas formas de afetação. Por exemplo, o meio ambiente é um bem jurídico, mas somente é penalmente tutelado quando ocorrem determinados ataques, como a caça predatória. Essa função limitadora é realizada pelo tipo penal, ao fixar as condutas consideradas penalmente relevantes. Apontamos, assim, que a proteção do Direito Penal ocorrerá apenas para os bens jurídico-penais, verificados em sentido político-criminal, ou seja, bens que podem reclamar a proteção jurídico-penal, em virtude da escolha feita pela própria sociedade.

Os bens jurídicos devem ser condições da vida social, à medida que afetem as possibilidades de participação dos indivíduos no sistema social, bem como a posssibilidade de viver em sociedade. Para que os bens jurídicos mereçam a proteção jurídico-penal e passem a ser bens jurídico-penais, devem ter uma importância fundamental para a convivência pacífica na comunidade.

8. Princípio Constitucional da Ofensividade

Para o posicionamento hoje majoritário na doutrina, o Direito Penal acolheu o princípio da ofensividade, que significa que não há crime sem ofensa a um bem jurídico.[9] Esse princípio, assim formulado, vincula o legislador e o intérprete. O legislador deve configurar os crimes como uma conduta de ofensa a um bem jurídico, de forma que somente possuam relevância penal os fatos que importem a lesão ou ao menos o perigo de lesão a um bem jurídico. O intérprete, por sua vez, deve reconstruir os tipos de crime com a ajuda do critério do bem jurídico, excluindo os comportamentos não ofensivos ao bem tutelado pela norma incriminadora.

A adoção desse princípio impede ao legislador e ao intérprete qualquer regressão aos modelos reacionários de crime, que imputavam como crime a

---

[8] JESCHECK, Hans-Heinrich. Tratado de derecho penal: parte general. 4. ed. Trad. José Luis Manzanares Samaniego. Granada : Comares, 1993. p. 231.

[9] Sobre esse posicionamento majoritário da doutrina: MARINUCCI, Giorgio e DOLCINI, Emilio. Corso di diritto penale, vol. 1. Milão: Giuffrè Editore, 1999, p. 312.

mera manifestação de vontade, ou o mero sintoma de periculosidade do indivíduo.[10] São diversas as consequências da adoção desse princípio constitucional. A primeira delas encontra-se nas funções da pena: são duas as funções reconhecidas, a retributiva e a reeducativa. Para que a pena não assuma a função de mera retribuição, reprimindo a simples desobediência aos preceitos legais, ou de mera reeducação, mediante a repressão dos estados subjetivos ou disposições pessoais, a razão da incriminação e portanto da punição deve ser a realização de um fato ofensivo a um interesse tutelado. Igualmente, a pena deve ter um tempo limitado, uma duração circunscrita no tempo, para evitar que seja realizada uma instrumentalização do homem aos fins da política criminal.

Por outro lado, o direito à liberdade moral, ou à liberdade do pensamento, definida pela máxima *cogitationis poenam nemo patitur*, reconhecidos pela Constituição, além dos princípios de tolerância ideológica, da tutela das minorias, do respeito à dignidade do homem, da igualdade de todos perante a lei, proíbem a consideração do fato criminoso como mero indício da personalidade ou da periculosidade do sujeito. Essa visão ressalta o aspecto do bem jurídico como uma limitação intransponível ao legislador na configuração da estrutura do crime, necessária para a consolidação das democracias ocidentais e dos princípios do Estado de Direito. A questão principal a respeito do princípio da ofensividade é se a Constituição estabelece ao legislador diretivas vinculantes para a realização da estrutura do crime.

Aponta a referida doutrina que no Estado republicano, em que a soberania pertence ao povo e a justiça é administrada em nome do povo, reconhecendo o princípio da igualdade, sem distinção de sexo, raça, língua, religião, opinião política e situação social, não é admitida a estrutura do crime como imposição de posições políticas, religiosas ou éticas, não importando se majoritárias ou minoritárias. Da mesma forma, a adoção do princípio da dignidade do homem e do reconhecimento do homem como portador de direitos invioláveis, afasta a possibilidade do crime ser considerado um sintoma de periculosidade ou anti-socialidade individual, ou como mera desobediência a deveres. Em conclusão, o único modelo de crime compatível com a Constituição é aquele estruturado como ofensa aos bens jurídicos, seja na forma de lesão ou de colocação em perigo. Portanto, o Direito Penal é o instrumento de proteção aos bens jurídicos.

A jurisprudência italiana segue a mesma trilha doutrinária, com a seguinte decisão da Corte Constitucional: "è precipuo dovere del giudice di merito

---

[10] Idem, ibidem. p. 311-312.

CRIME ORGANIZADO

(...) apprezzare, alla stregua del generale canone interpretativo offerto dal principio di necessaria offensività della condotta concreta, se (...) la condotta dell'agente sai priva di qualsiasi idoneità lesiva concreta e conseguentemente si collochi fuori dall'area del penalmente rilevante."[11]

A Corte Constitucional italiana já assentou: "Os juízes devem acompanhar as exigências para a interpretação da lei penal fixadas pelo princípio da ofensividade, ou seja, deverão verificar no caso concreto a ofensividade da conduta."[12] O princípio da ofensividade possui um limite fixado pela própria Constituição, que é o princípio da culpabilidade. Não basta que seja previsto um fato ofensivo a um ou mais bens jurídicos, nem basta que a conduta seja antijurídica, ou seja, não autorizada ou imposta por outra norma jurídica. É necessário, outrossim, que a prática do fato possa ser pessoalmente imputada e repreendida ao autor. Em outra palavras, o agente deve responder pessoalmente pela conduta praticada, com os critérios compreendidos na culpabilidade.

A responsabilidade pessoal, ou seja, a responsabilidade culpável, é a responsabilidade pelo fato cometido. Todos os critérios sobre os quais se funda a culpabilidade devem ser estreitamente ligados ao fato praticado pelo agente. Em Portugal, o referido princípio também é adotado majoritariamente pela doutrina penal, sendo um de seus defensores Figueiredo Dias, que é um dos maiores expoentes do Direito Penal português, expondo da seguinte forma:

> É exato ser no sistema social, enquanto tal, que se deve ver em último termo a fonte legitimadora e produtora da ordem legal dos bens jurídicos. Mas com apelo direto a um tal sistema é absolutamente impossível emprestar ao conceito de bem jurídico a indispensável concretização. Com uma via para a alcançar só se depara quando se pensa que os bens do sistema social se transformam e se concretizam em bens jurídicos dignos de tutela penal (em bens jurídico-penais) através da ordenação axiológica jurídico-constitucional.[13]

Entende o referido autor que a Constituição portuguesa, em seu art. 3º-2, ao dispor que toda atividade do Estado, incluída a atividade legiferante em matéria penal, se subordina à Constituição, impõe a adoção do princípio da

---

[11] Corte Constitucional. 11 de julho de 1991. In: Riv. It. dir. proc. pen., 1992. p. 285 ss. Apud MARINUCCI, Giorgio, DOLCINI, Emilio. Op. cit. p. 315-316.

[12] Corte Constitucional. 23 de julho de 1996. In Giur. cost., 1996. p. 2465 ss. Apud MARINUCCI, Giorgio, DOLCINI, Emilio. Op. cit.

[13] FIGUEIREDO DIAS, Jorge de. Questões fundamentais do direito penal revisitadas. São Paulo: Revista dos Tribunais, 1999. p. 66.

ofensividade como norteador do Direito Penal. A Constituição portuguesa está assim redigida:

Artigo 3º
(Soberania e legalidade)

1. A soberania una e indivisível reside no povo, que a exerce segundo as formas previstas na Constituição.

2. O estado subordina-se à Constituição e funda-se na legalidade democrática.

3. A validade das leis e dos demais actos do Estado, das regiões autónomas e do poder local depende da sua conformidade com a Constituição.

Também o art. 18º-2 da Constituição portuguesa determina que as restrições dos direitos, liberdades e garantias, o que sempre ocorre quando da criminalização, devem-se limitar ao necessário para salvaguardar outros direitos ou interesses constitucionalmente protegidos. Assim, na visão do autor referido, fica clara a adoção dos critérios axiológicos-constitucionais na definição da conduta criminosa. O art. 18º da Constituição portuguesa está assim redigido:

Artigo 18º
(Força jurídica)

1. Os preceitos constitucionais respeitantes aos direitos, liberdades e garantias são directamente aplicáveis e vinculam as entidades públicas e privadas.

2. A lei só pode restringir os direitos, liberdades e garantias nos casos expressamente previstos na Constituição, devendo as restrições limitar-se ao necessário para salvaguardar outros direitos ou interesses constitucionalmente protegidos.

3. As leis restritivas de direitos, liberdades e garantias têm de revestir carácter geral e abstrato e não podem ter efeito retroativo nem diminuir a extensão e o alcance do conteúdo essencial dos preceitos constitucionais."

Conclui que um bem jurídico político-criminalmente vinculante existe apenas "onde se encontre refletido num valor jurídico-constitucionalmente reconhecido em nome do sistema social total e que, deste modo, se pode afirmar que 'preexiste' ao ordenamento jurídico-penal. O que por sua vez significa que entre a ordem axiológica jurídico-constitucional e a ordem legal – jurídico-penal – dos bens jurídicos tem por força de se verificar uma qualquer relação de mútua referência".[14]

Na visão do mencionado autor, somente pela via dos valores constitucionalmente protegidos é que os bens jurídicos se transformam em *bens jurídicos*

---

[14] FIGUEIREDO DIAS, Jorge de. Op. cit. p. 67.

CRIME ORGANIZADO

dignos de tutela penal ou com *dignidade jurídico-penal*. Então, toda norma incriminatória na base da qual não seja possível divisar um bem jurídico-penal claramente definido deve ser considerada nula, por materialmente inconstitucional, devendo ser assim declarada pelos tribunais aos quais caiba aferir a constitucionalidade das leis ordinárias.[15]

O autor formula, portanto, uma concepção teleológica-funcional dentro de uma perspectiva racional, firmando o *critério da necessidade* ou *da carência da tutela penal* para legitimar a criminalização efetuada por meio da noção de bem jurídico dotado de dignidade penal, nos seguintes termos:

> A violação de um bem jurídico-penal não basta por si para desencadear a intervenção, antes se requerendo que esta seja absolutamente indispensável à livre realização da personalidade de cada um na comunidade. Nesta precisa acepção o direito penal constitui, na verdade, a *ultima ratio* da política social e sua intervenção é de natureza definitivamente *subsidiária*.[16]

Esta subsidiariedade decorre, na visão do autor, do princípio jurídico-constitucional da proporcionalidade que é inerente ao Estado de Direito, uma vez que o Direito Penal só pode intervir nos casos em que todos os outros meios da política social, em particular da política jurídica, revelem-se insuficientes e *inadequados*. Caso assim não ocorra, quando se determine a intervenção penal para hipóteses de proteção de bens jurídicos que podem ser *suficientemente tutelados por intervenção dos meios civis*, esta intervenção penal determinada deverá ser entendida como contrária ao princípio da proporcionalidade por violação ao *princípio da proibição de excesso*.

A doutrina espanhola da atualidade reconhece o princípio da ofensividade, chamando-o de princípio da exclusiva proteção de bens jurídicos, ou princípio da intervenção mínima, mas o vê de forma diferente, como um dos limites ao poder punitivo do Estado. Mir Puig defende que o Direito Penal de um Estado Social justifica-se como sistema de proteção da sociedade. Os interesses sociais que por sua importância podem merecer a proteção do Direito Penal se denominam bens jurídicos. Portanto, o Direito Penal somente pode proteger bens jurídicos, entendidos em sentido político-criminal, como objetos que podem reclamar proteção jurídico-penal.[17]

Muñoz Conde e García Arán também apontam a proteção de bens jurídicos como limite ao poder punitivo do Estado, adotando o princípio da interven-

---

[15] FIGUEIREDO DIAS, Jorge de. Op. cit. p. 77.
[16] Ibidem. p. 78.
[17] MIR PUIG, Santiago. Derecho penal – parte general, 5ª ed. Barcelona, 1998, p. 91.

ção mínima, pelo qual os bens jurídicos não somente devem ser protegidos pelo Direito Penal, mas também ante o Direito Penal, ou seja, se para o restabelecimento da ordem jurídica violada são suficientes medidas civis ou administrativas, são estas as que devem ser empregadas e não as medidas penais.[18]

9. A Convenção das Nações Unidas Contra o Crime Organizado Transnacional (Convenção de Palermo)

As organizações criminosas em atuação no mundo e no Brasil nos dias de hoje demonstram grande poder paralelo ao Estado, com força econômica, material e pessoal capaz de fazer frente a qualquer instituição de defesa das estruturas sociais vigentes. A criminalidade organizada dissemina a corrupção, o tráfico de drogas, armas e seres humanos, a lavagem de dinheiro, a sonegação fiscal, a violência, a intimidação, violando as pessoas e as comunidades, atingindo fundamentos do Estado Democrático de Direito.

Defender a cidadania e seus direitos fundamentais exige também o enfrentamento da macro-criminalidade organizada por todos os países, em atividade cooperativa e integrada. A Convenção das Nações Unidas contra o Crime Organizado Transnacional (Convenção de Palermo), adotada na Assembleia geral da ONU, em Nova Iorque, em 15/11/2000, da qual o Brasil é signatário, fazendo-a adentrar em nosso ordenamento jurídico através da sua promulgação no Decreto 5.015, de 12/03/2004, procurou estabelecer as conceituações e parâmetros para efetivar a prevenção e o combate ao crime organizado.

A referida Convenção conceitua o crime organizado em seu artigo 2º, alínea *a*, como "grupo estruturado de três ou mais pessoas, existente há algum tempo e atuando concertadamente com o propósito de cometer uma ou mais infrações graves ou enunciadas na presente Convenção, com a intenção de obter direta ou indiretamente, um benefício econômico ou outro benefício material." Os parâmetros para a atuação dos Estados signatários da Convenção de Palermo são:

1. a criminalização da participação em um grupo criminoso organizado;
2. a criminalização da lavagem do produto do crime e seu combate;
3. a criminalização da corrupção e seu combate;
4. a responsabilidade penal, civil e administrativa das pessoas jurídicas que participem de infrações graves envolvendo grupo criminoso organizado;
5. a consideração processual da gravidade das infrações tratadas na Convenção;

---

[18] MUÑOZ CONDE, Francisco, GARCÍA ARÁN, Mercedes. Derecho penal – parte general, 3ª ed. Valencia: Tirant lo blanch, 1998. p. 88.

CRIME ORGANIZADO

6. o confisco e apreensão do produto das infrações previstas na Convenção, bem como dos bens, equipamentos e instrumentos utilizados ou destinados à utilização na prática das infrações previstas na Convenção;
7. a cooperação internacional para efeitos do confisco e para a disposição do produto do crime ou dos bens confiscados;
8. o estabelecimento de jurisdição territorial e extraterritorial para julgamento das infrações previstas na Convenção;
9. a realização de tratados de extradição e transferência de pessoas condenadas entre os países signatários;
10. a assistência judiciária recíproca entre os Estados Partes;
11. investigações conjuntas entre os Estados Partes e utilização de técnicas especiais de investigação, como entregas vigiadas com interceptação de mercadorias, vigilância eletrônica e operações de infiltração;
12. possibilidade de transferência de processos penais entre os Estados Partes;
13. consideração de antecedentes penais praticados em outro Estado Parte;
14. criminalização da obstrução da justiça;
15. proteção das testemunhas e vítimas;
16. cooperação entre as autoridades competentes para a aplicação da lei;
17. coleta, intercâmbio e análise de informações sobre a natureza do crime organizado entre os Estrados Partes;
18. formação e assistência técnica para as autoridades competentes para a aplicação da lei;
19. adoção de políticas para prevenir a criminalidade organizada transnacional.

Conclusões

A gravidade dos crimes praticados e das consequências da atividade das organizações criminosas em nossa sociedade nesta primeira década do século XXI torna necessária a atuação do sistema penal do Estado Democrático de Direito para a defesa dos direitos relativos à cidadania, combatendo esta macro-criminalidade organizada transnacional na forma estabelecida pela Convenção de Palermo, a fim de maior efetividade e eficiência nos resultados a serem alcançados.

O combate ao crime organizado está inserido dentre as garantias devidas ao cidadão pela Teoria Geral do Direito Penal Democrático e deve ser norteado nestas garantias, tanto na proteção da sociedade, das vítimas e testemunhas, quanto na proteção de direitos dos acusados da prática de tais crimes. Alexandre de Moraes adverte que "os direitos humanos fundamentas não podem ser usados como um verdadeiro escudo protetivo da prática de atividades ilícitas, nem tampouco como argumento para afastamento ou diminuição da responsabilidade civil ou penal por atos criminosos, sob pena de total consagração ao desrespeito a um verdadeiro Estado de Direito."[19]

O Supremo Tribunal Federal e o Superior Tribunal de Justiça já reconheceram esta necessidade de ponderação de direitos fundamentais que não podem servir de salvaguarda de práticas ilícitas e que aqueles que praticam crimes bárbaros e hediondos também ferem direitos fundamentais de outros seres humanos.[20] A Declaração dos Direitos Humanos da ONU em seu artigo 29 afirma que toda pessoa tem deveres com a comunidade em que desenvolve a sua personalidade e no exercício de seus direitos todos estão sujeitos às limitações estabelecidas pela lei, com a finalidade de assegurar o respeito dos direitos e liberdades das demais pessoas.

A interpretação da Declaração de Direitos Humanos, conforme seu próprio texto já referido, não pode ter o sentido de conferir direito algum ao Estado, grupos ou pessoas para desenvolver atividades ou realizar atos tendentes a supressão de direitos e liberdades ali proclamados.

Referências

ANTOLISEI, Francesco. Manuale di diritto penale: parte generale. 14. ed. Milão : Giuffrè, 1997. Atualizada por CONTI, Luigi.

ASSIS TOLEDO, Francisco de. Princípios básicos de direito penal. 4. ed. São Paulo : Saraiva, 1991.

BAIGÚN, David. Naturaleza de la acción institucional en el sistema de la doble imputación: responsabilidad penal de las personas jurídicas. In: Baigún, Zaffaroni, García-Pablos e Pierangeli (Coords.). De las penas. Buenos Aires : Depalma, 1997.

BARATTA, Alessandro. Criminologia crítica e crítica do direito penal. 2. ed. Trad. Juarez Cirino dos Santos. Rio de Janeiro : Freitas Bastos, 1999.

BITENCOURT, Cezar Roberto. Manual de direito penal: parte geral. 5. ed. São Paulo : Revista dos Tribunais, 1999.

BRUNO, Aníbal. Direito penal: parte geral. 2. ed. Rio de Janeiro : Forense, 1959. v. 1. t. 2.

BUSTOS RAMIREZ, Juan. Manual de derecho penal español: parte general. Barcelona: Ariel, 1984.

CANOTILHO, J. J Gomes, MOREIRA, Vital. Constituição da república portuguesa anotada. 3. ed. Coimbra : Coimbra Editora, 1993.

_____. Fundamentos da constituição. Coimbra : Coimbra Editora, 1991.

---

[19] MORAES, Alexandre de. Constituição do Brasil Interpretada. São Paulo: Editora Atlas, 2005, p. 169.

[20] STF, RT 709/418; STJ, Ementário STJ 8/721.

CRIME ORGANIZADO

CANOTILHO, José Joaquim Gomes. Direito constitucional e teoria da constituição. 2. ed. Coimbra : Almedina, 1998.

CEREZO MIR, J. Curso de derecho penal español. Madri : Tecnos, 1985. v. 1.

COSTA ANDRADE, Manuel. Consentimento e acordo em direito penal. Coimbra : Coimbra Editora, 1991.

DOTTI, René Ariel. A tutela penal dos interesses coletivos. In: GRINOVER, Ada Pellegrini (Coord.). A tutela dos interesses difusos. São Paulo : Max Limonad, 1984.

_____. Bases e alternativas para o sistema de penas. São Paulo : Revista dos Tribunais, 1998.

FERRI, Enrico. Princípios de direito criminal: o criminoso e o crime. Trad. Paolo Capitanio. Campinas : Bookseller, 1996.

FIGUEIREDO DIAS, Jorge de. Questões fundamentais do direito penal revisitadas. São Paulo : Revista dos Tribunais, 1999.

_____, COSTA ANDRADE, Manuel da. Criminologia: o homem delinquente e a sociedade criminógena. Coimbra : Coimbra Editora, 1997.

FRAGOSO, Heleno Cláudio. Lições de direito penal: parte geral. 14. ed. revista e atualizada por Fernando Fragoso. Rio de Janeiro : Forense, 1993.

FREDERICO MARQUES, José. Tratado de direito penal: da infração penal. Atualizado por Antonio Cláudio Mariz de Oliveira, Guilherme de Souza Nucci e Sérgio Eduardo Mendonça de Alvarenga. Campinas : Bookseller, 1997. v. 2.

HORTA, Raul Machado. Estudos de direito constitucional. Belo Horizonte : Del Rey, 1995.

HUNGRIA, Nelson. Comentários ao código penal. 4. ed. Rio de Janeiro : Forense, 1958. v. 1, t. 2.

JAKOBS, Günther. Derecho penal: parte general. Trad. Joaquin Cuello Contreras e Jose Luis Serrano Gonzalez de Murillo. 2. ed. Madri : Marcial Pons, 1997.

JESCHECK, Hans-Heinrich. Tratado de derecho penal: parte general. 4. ed. Trad. José Luis Manzanares Samaniego. Granada : Comares, 1993.

JESUS, Damásio Evangelista de. Direito penal. 16. ed. São Paulo : Saraiva, 1992. v. 1.

JIMENEZ DE ASÚA, L. Tratado de derecho penal. Buenos Aires : Losada, 1964. t. 1.

MANZINI, Vincenzo. Trattato di diritto penale italiano. 5. ed. Turim : Torinese, 1981. v. 1.

MARINUCCI, Giorgio, DOLCINI, Emilio. Corso di diritto penale. 2. ed. Milão : Giuffrè, 1999. v. 1.

MIR PUIG, Santiago. Derecho penal: parte general. 5. ed. Barcelona : Reppertor, 1998.

MIRABETE, Julio Fabbrini. Manual de direito penal: parte geral. 13. ed. São Paulo : Atlas, 1998.

MORAES, Alexandre de. Direito constitucional. 6. ed. São Paulo : Atlas, 1999.

_____. Direitos humanos fundamentais. São Paulo : Atlas, 1997.

Muñoz Conde, Francisco, GARCÍA ARÁN, Mercedes. Derecho penal: parte general. 3. ed. Valencia : Tirant lo Blanch, 1998.

NORONHA, Edgard Magalhães. Direito penal. 11. ed. São Paulo : Saraiva, 1974.

PAGLIARO, Antonio. Principi di diritto penale: parte generale. 6. ed. Milão : Giuffrè, 1998.

PIERANGELI, José Henrique. Escritos jurídico-penais. 2. ed. São Paulo : Revista dos Tribunais, 1999.

_____. ZAFFARONI, Eugenio Raul. Manual de direito penal brasileiro. São Paulo : Revista dos Tribunais, 1997.

614

REALE JÚNIOR, Miguel. Novos rumos do sistema criminal. Rio de Janeiro : Forense, 1983.

REGIS PRADO, Luiz. Bem jurídico-penal e constituição. 2. ed. São Paulo : Revista dos Tribunais, 1997.

_____. Curso de direito penal brasileiro: parte geral. São Paulo : Revista dos Tribunais, 1999.

ROXIN, Claus. Derecho penal: parte general. Trad. Diego-Manuel Luzón Peña, Miguel Díaz y Garcia Conlledo e Javier de Vicente Remesal. Madri : Civitas, 1999. t. 1.

SANCINETTI, Marcelo A. Responsabilidad por acciones o responsabilidad por resultados? Cuadernos de conferencias y articulos, Universidad Externado de Colombia, nº 9, 1996.

SANCTIS, Fausto Martin de. Responsabilidade penal da pessoa jurídica. São Paulo : Saraiva, 1999.

SHECAIRA, Sérgio Salomão. Responsabilidade penal da pessoa jurídica. São Paulo : Revista dos Tribunais, 1999.

SILVA, José Afonso da. Curso de direito constitucional positivo. 10. ed. São Paulo : Malheiros, 1995.

ZAFFARONI, Eugenio Raúl. Tratado de derecho penal: parte general. Buenos Aires : Ediar, 1981. t. 3.

30
O Programa *Neighborhood Watch* para Prevenção ao Crime e a Experiência Brasileira

DOUGLAS HENRIQUE MARIN DOS SANTOS
ÁLVARO NAGIB ATALLAH

1. Conceito

O *Neighborhood Watch* (ou olhar da vizinhança, numa tradução livre) é um movimento social que surgiu nos Estados Unidos, no início da década de 70 e mais tarde se espalhou para outros países de tradição anglo-saxônica, tais como Reino Unido, Austrália e Nova Zelândia. Cuida do envolvimento dos cidadãos, reunidos em pequenas comunidades, nas quais todos os moradores responsabilizam-se pela observação cuidadosa e atenta para o patrimônio público e privado local. Com efeito, qualquer membro do grupo, identificando condutas ou movimentos pouco usuais àquela área, tem o dever de comunicar os fatos à autoridade policial.

Trata-se de um movimento que, de acordo com *o British Crime Survey*, de 2000, agrega cerca de 27% (vinte e sete por cento) de todas as residências da Inglaterra e do Pais de Gales, totalizando, à época, seis milhões de habitações. Nos Estados Unidos, de acordo com o *Crime Prevention Survey*, também de 2000, 41% (quarenta e um por cento) da população vivia em áreas cobertas pelo programa. De acordo com o documento, tratava-se da maior atividade autogerida de combate ao crime organizado no país (BENNETT, et al, 2008, p. 3). Ante as enormes proporções numéricas e a relevância do aludido movimento social como instrumento de prevenção ao crime, a *Campbell Collaboration*[1], no ano de 2008, elaborou um estudo sistematizado acerca da eficácia

---

[1] A Colaboração de Campbell é uma rede internacional de investigação científica que produz revisões sistemáticas acerca dos efeitos de intervenções sociais. Pratica e incentiva políticas públicas

CRIME ORGANIZADO

do *Neighborhood Watch* (NW) no que diz respeito aos desfechos pretendidos pelas populações envolvidas (redução da violência e de delitos).

O presente artigo propõe-se a debater a eficácia da atuação da sociedade na prevenção a delitos, tomando como paradigma o predito movimento e sua análise científica, conforme revisão sistemática de literatura desenvolvida pela Colaboração Campbell.

2. Características do *Neighborhood Watch*

O programa *Neighborhood Watch* geralmente é implementado ao lado de outras medidas sociais de prevenção a delitos. Com efeito, normalmente é acompanhado de pesquisas locais acerca dos hábitos dos residentes, programas educacionais, patrulhas de cidadãos e serviços de suporte a vítimas de crimes (BENNET et al, 2008).

A dimensão de cada esquema de vigilância é variável; alguns se limitam a poucas quadras enquanto outros respondem por bairros inteiros. Um dos maiores *Neighborhood Watch* conhecidos é o de *Manhattan Beach*, em Los Angeles, englobando uma população de mais de 30.000 (trinta mil) moradores (KNOWLES, 1983 apud BENNET et al, 2008).

Nos Estados Unidos, o programa se organiza mediante capitães e coordenadores de quadra (*block-captains* e *block co-ordinator*). Os primeiros respondem por uma área pré-determinada e reportam-se aos coordenadores. Estes, por sua vez, relacionam-se diretamente com o corpo policial. No Reino Unido há variação de denominação; contudo também é possível verificar uma pequena estrutura hierárquica e organizacional (GAROFALO, MCLEOD, 1989). O movimento é financiado pela população envolvida e, em alguns casos, pelos departamentos de polícia locais, mediante o fornecimento de insumos ou de estruturas mínimas que permitam a consecução dos objetivos perseguidos pelo programa.

---

baseadas em evidências. A Campbell é baseada na cooperação voluntária entre os pesquisadores de diversas origens. Possui, atualmente, cinco Grupos de Coordenação: Bem-Estar Social, Crime e Justiça, Educação, Métodos e grupos de Usuários. Os grupos de coordenação são responsáveis pela produção, mérito científico e relevância das revisões sistemáticas. São oferecidos serviços editoriais e de apoio à revisão dos autores. A Secretaria internacional atualmente está localizada em Oslo, hospedada no Centro de Conhecimento para Serviços de Saúde. O escritório central dá suporte a todos os aspectos do trabalho da Campbell, incluindo a produção de revisões sistemáticas, comunicação interna e externa, captação de recursos e organização do Colóquio Anual, além de outros eventos. A entidade foi criada a partir da Colaboração Cochrane, que há décadas incentiva a cientificidade das medicas pela prática da Medicina Baseada em Evidências.

3. O Mecanismo de Ação do *Neighborhood Watch*

O mais marcante mecanismo de ação do NW, que supostamente serviria de instrumento de prevenção ao crime, é a observação cuidadosa da comunidade pelos moradores. Não há evidências científicas no sentido de que a mera comunicação de possíveis crimes a policia implique redução de delitos. Entretanto, alega-se que a vigilância local induziria à redução na taxa de criminalidade por incrementar os freios inibitórios de potenciais ofensores (BENNET et al, 2008, p. 5). Outro instrumento utilizado pelo programa remete à criação de "sinais de ocupação" de imóveis nos casos de ausência do proprietário. Assim, os residentes tomariam o cuidado de, na ausência de seu vizinho, recolher a correspondência, aparar o gramado e encher latas de lixo, dando sinais de ocupação a eventuais criminosos oportunistas.

O movimento, ainda, incrementaria os bancos de dados policiais, permitindo a elaboração de políticas mais inteligentes no combate ao crime. (BENNET et al, 2008, p. 4). Há consenso na literatura no sentido de que o principal alvo do NW é a prevenção aos crimes contra o patrimônio. Visa-se a redução do vandalismo contra bens públicos, furtos e roubos contra residências e automóveis (BENNET et al, 2008, p. 5).

4. Revisões Sistemáticas e Políticas Públicas Baseadas em Evidências

Desenvolver políticas públicas com base em evidências científicas significa prospectar a melhor informação disponível acerca da intervenção social que se pretende conduzir, de forma que a tomada de decisão, pelo gestor público, seja orientada para a mitigação do erro. Derivada das metodologias desenvolvidas pela Medicina Baseada em Evidências, o monitoramento e avaliação científica de políticas de Estado consiste em um processo evolutivo de substituição da opinião pessoal e do arbítrio do gestor pela tomada de decisão com fundamento em estudos científicos.

Dentre os estudos consagrados pela ciência, a revisão sistemática é tida como o mais alto e confiável padrão de evidência hierarquizada, cujos resultados, em regra retratados em gráfico estatístico de metanálise, dão segurança probabilística ao tomador de decisão. Revisão sistemática, com efeito, é um estudo secundário planejado para avaliar as evidências e responder a uma pergunta específica. Utiliza métodos explícitos e sistemáticos para identificar, selecionar e avaliar criticamente os estudos, coletar e analisar os dados desses estudos incluídos na revisão. Assim, a revisão sistemática utiliza toda essa estruturação para evitar viés em cada uma de suas partes (ATALLAH, CASTRO, 1998).

O rigor metodológico é o ponto de partida para assegurar a qualidade científica das revisões sistemáticas, tornando-as aptas a produzir evidências

CRIME ORGANIZADO

úteis e utilizáveis (SOLESBURY, 2001) em políticas públicas e no direito, desde que adequadamente ajustadas às variáveis e vicissitudes desse enfoque. Com isso, busca-se apreender toda a complexidade de uma intervenção social, seu impacto qualitativo e quantitativo e sua possível transferência para outros contextos (MARIN DOS SANTOS, 2010). De fato, parece existir unanimidade quanto à qualidade da evidência produzida nas revisões sistemáticas (PAWSON, 2001 e 2002; BOAZ et al, 2002; NUTLEY et al, 2002; SOLESBURY, 2001).

5. A Revisão Sistemática da Colaboração Campbell acerca da Efetividade do *Neighborhood Watch*

Conhecidos os conceitos aplicáveis às políticas públicas baseadas em evidência, às revisões sistemáticas e ao programa *Neighborhood Watch*, o presente trabalho pretende trazer à baila o estudo conduzido pela Colaboração Campbell acerca do tema, tido como paradigmático para que se aprofundem as discussões acerca da atuação social no combate ao crime. Em 2008, a Campbell conduziu a revisão sistemática *"The effectiveness of neighborhood watch"*, na qual avaliou a efetividade do aludido programa na prevenção ao crime. Conduziram o estudo os pesquisadores Bennet, Holloway e Farrington.

A revisão sistemática promoveu pesquisas em 11 (onze) fontes eletrônicas distintas. Além disso, prospectou dados e estudos, publicados ou não, bem como recorreu a pesquisadores para auxilio circunstancial. Os resultados encontrados foram sintetizados em gráfico de metanálise, no qual foram incluídos 12 (doze) estudos, selecionados mediante critérios de inclusão e exclusão prévia e rigorosamente definidos.

Os principais achados da revisão sistemática indicam que o movimento NW está associado a uma redução das taxas de criminalidade entre 16% (dezesseis por cento) e 26% (vinte e seis por cento), sugerindo sua eficácia como iniciativa social de prevenção à delinquência. Nesse sentido, a Colaboração Campbell sugere o suporte de políticas públicas ao predito programa; alertando, contudo, para a ausência de evidências qualitativas acerca dos fundamentos que conduziram aos resultados encontrados.

6. Participação e Controle Social na Experiência Brasileira

A participação social no combate ao crime se perfaz mediante diversas ações distintas, mas interligadas em seu objetivo primordial: a prevenção ao delito. A Constituição Federal destaca, em norma programática, que a segurança pública é dever do Estado, direito e responsabilidade de todos, destinada à preservação da ordem pública e da incolumidade das pessoas e do patrimônio (art. 144). Dito isso, não parece difícil concluir que a participação popular e o controle social do crime encontram-se acobertados por valores principiológicos positivados no texto da Carta Magna.

A propósito, a Declaração do Milênio das Nações Unidas, de 08 de setembro de 2000, conclama os Estados signatários a "trabalhar coletivamente para conseguir que os processos políticos sejam mais abrangentes, de modo a permitir a participação efetiva de todos os cidadãos, em todos os países". De fato, a participação popular vai além da segurança pública, sendo possível reconhecê-la e incentivá-la nos mais diversos ambientes sociais, orientando e fiscalizando a tomada de decisões políticas, tudo como decorrência do processo de evolução democrática.

A participação popular confere maior transparência aos atos da Administração Pública que, assim, passa a revestir-se da característica de maior legitimidade, antecedendo o plano da legalidade. A Administração deve ser não só aberta ao público, como também contar com o concurso da sua colaboração (HARADA, 2002, p. 207). Com efeito, o conteúdo principiológico da participação popular e da impessoalidade na gestão do interesse público tem na transparência seu instrumento de realização, uma vez que habilita o controle da Administração Pública pelas vias formais, previstas na Constituição, e pelos cidadãos e entidades da sociedade civil (MOREIRA NETO, 2001, p.25).

Note-se que a participação e o controle social do ambiente público, afora a positivação constitucional, mantêm relação intrínseca com a própria estrutura de poder encontrada em cada comunidade. Toda sociedade apresenta uma estrutura de poder, com grupos dominantes e dominados, com setores mais próximos ou mais afastados dos centros de decisão. De acordo com essa estrutura, a própria sociedade controla a conduta dos homens, controle que não só se exerce sobre os grupos mais distantes do centro do poder, como também sobre os grupos mais próximos a ele, aos quais se impõe controlar sua própria conduta para não debilitar-se (ZAFFARONI, 2004, p. 60).

É decorrência lógica, portanto, que as sociedades organizadas busquem alternativas para a redução do crime, em busca da autopreservação. Em sociedades em que o Estado Democrático de Direito e as instituições se consolidaram em decorrência de longos processos históricos evolutivos, tal sentimento coletivo conduz a ações mais concretas e, muitas vezes, alheias ao Estado ou a incentivos externos. O programa NW, em regra autogerido, é um exemplo paradigmático dessa organização social na busca da proteção e equilíbrio internos, mediante repulsa à violência.

No Brasil, ainda são discretos os exemplos de participação social na prevenção ao delito penal. É possível citar ações como o "disque-denúncia", o policiamento comunitário e os conselhos comunitários de segurança. No ambiente

CRIME ORGANIZADO

empresarial, merece destaque o Pacto Global contra a corrupção, incentivado pela Organização das Nações Unidas (ONU). Não existem evidências científicas acerca da efetividade de quaisquer desses movimentos. Contudo, é inegável que cada um deles possui o mérito de transportar para o ambiente coletivo e público parcela do poder de prevenção e combate a violência.

O Disque-Denúncia, por exemplo, foi criado em 2000 no Rio de Janeiro. Exerce a função de ferramenta de controle com incentivo à participação popular pela prática da denúncia e canalização do fluxo de informações referente à ocorrência de delitos penais. O disque denúncia conclama a população a participar do combate ao crime. É mecanismo de educação e conscientização dos cidadãos, tudo no intuito de garantir sua segurança e defender a sociedade (SILVA, 2008).

Outro instrumento de controle e participação social na prevenção do crime é o policiamento comunitário. Trata-se de uma das poucas unanimidades na esfera da segurança pública. A ideia vem se consolidando na América Latina, cujas polícias sofrem particularmente com o problema da baixa estima: não só estiveram frequentemente envolvidas com a repressão durante os regimes autoritários como, depois da transição, enfrentaram uma escalada de violência, que tornou a América Latina a região mais violenta do planeta (KAHN et al, 2000).

De fato, projetos de Policiamento Comunitário emergiram em consequência da deterioração da imagem policial frente à comunidade. O policial comunitário pode ser entendido como um catalisador dos recursos sociais bem como um impulsionador dos mecanismos de autoproteção existentes da comunidade. Uma das funções do policial comunitário, nesta ótica, é orientar os moradores sobre como se proteger individual e coletivamente (KAHN et al, 2000). Além do "disque-denúncia" e do policiamento comunitário, é possível mencionar a experiência dos Conselhos Comunitários de Segurança.

Tais conselhos são organizados a partir das comunidades locais, do mesmo bairro ou município, possuindo com atribuições a discussão, análise, planejamento e acompanhamento dos problemas comunitários de segurança. Funcionam como um instrumento de apoio e orientação à polícia e se vinculam às diretrizes e políticas definidas pelas Secretarias de Segurança Pública.

Merece destaque o Pacto Global (PG), lançado em 2000 pela ONU. Iniciativa do então secretário-geral das Nações Unidas, Kofi Annan, o PG visa influenciar as ações de empresas privadas por meio de um conjunto de valores e princípios. Direcionado à comunidade empresarial, tem como escopo incorporar valores que incentivam a responsabilidade social e o combate à corrupção aos negócios empresariais.

O PROGRAMA *NEIGHBORHOOD WATCH* PARA PREVENÇÃO AO CRIME E A EXPERIÊNCIA...

Os participantes devem combater a prevenir a corrupção a partir de três esferas distintas: i. Internamente, por intermédio de políticas e programas organizacionais; ii. Externamente, mediante divulgação de resultado e compartilhamento de experiências e melhores práticas; e, iii. Coletivamente, com a união de forças com parceiros e gestores a fim de maximizar os resultados obtidos. Atualmente, o Brasil conta com 349 (trezentas e quarenta e nove) signatários do Pacto Global, entre empresas, órgãos e entidades públicas e organizações não governamentais. [2]

Tendo em mente as ações citadas, que envolvem a comunidade no planejamento, orientação e prevenção ao crime, é possível reconhecer que a sociedade civil brasileira, ainda que timidamente, vem acatando a responsabilidade para melhoria dos serviços policiais, com a diminuição da criminalidade; enfim, dando efetiva contribuição para o sonho de uma sociedade mais segura (ALMEIDA, 2006, p. 18).

Nota-se, portanto, o surgimento de um movimento comunitário nacional de reprovação ao crime, figurando ao lado das estruturas formais do Estado. É processo ainda incipiente, mas que, sob a ótica da criminologia, representa a instalação social da autodefesa, que encontra no NW um exemplo notável, ante sua natureza autogerida e de iniciativa exclusivamente comunitária.

7. *Neighborhood Watch* no Brasil?

A revisão sistemática produzida pela Campbell sugere a eficácia do *Neighborhood Watch* para a prevenção de delitos penais. Com efeito, além dos fundamentos jurídicos e sociais, existem evidências científicas que justificam a participação da sociedade no combate ao crime. É cediço que o estudo em questão abarcou uma amostra social distinta da brasileira, com características inerentes aos Estados objeto da pesquisa (Estados Unidos e Reino Unido).

Logo, a menção e utilização de estudos conduzidos em estados estrangeiros deve ser feita de modo cuidadoso, respeitando as peculiaridades ambientais que permearam a produção do documento. A reprodução de determinada intervenção social, que se mostrou eficaz em um país, não garante a repetição do sucesso no Brasil. As amostras são distintas, de modo que é preciso adequá-la, comparativamente, à realidade de nosso país.

---

[2] Dados disponíveis no sitio da internet do Pacto Global, disponível em: http://www. unglobalcompact.org/participants/search?business_type=all&commit=Search&cop_status =all&country%5B%5D=24&joined_after=&joined_before=&keyword=&organization_type_ id=&page=4&per_page=100&sector_id=all

CRIME ORGANIZADO

Nesse sentido, as evidências ora disponíveis não têm o condão de sugerir o desenvolvimento de políticas públicas voltadas à implementação de um programa similar ao *Neighborhood Watch* no Brasil. Tal conclusão decorre, justamente, da abordagem limitada que deve ser atribuída à revisão sistemática em estudo, ante as vicissitudes locais e de amostragem.

Contudo, a revisão sistemática demonstra, de forma bastante sólida, que a participação social está associada à prevenção e redução do crime, o que aponta para o desenvolvimento do tema com maior profundidade no âmbito Estado brasileiro, de forma a produzir estudos científicos que sejam aptos a apreender a realidade local e sugerir desfechos desprovidos do viés da amostra exclusivamente estrangeira.

Conclusões

O *Neighborhood Watch* é um programa social de larga aplicação nos Estados Unidos, Reino Unido, Austrália e Nova Zelândia. Trata-se de um movimento que possui auto-gestão e, em regra, iniciativa social, contando com o suporte político do Estado para a prevenção e combate ao crime. Existem evidências científicas sugerindo que o NW é efetivo na prevenção do crime nos países nos quais está presente. A revisão sistemática desenvolvida pela Colaboração Campbell sugere que o programa está associado a uma redução de delitos penais entre 16% (dezesseis por cento) e 26% (vinte e seis por cento).

O envolvimento comunitário no combate ao crime encontra respaldo na Constituição Federal (art. 144) e na estrutura de poder inerente à sociedade, que persegue a autopreservação. A atuação ativa no enfrentamento do delito penal, com o afastamento de ameaças externas que submetem o grupo social ao risco, parece ser uma tendência inexorável das comunidades organizadas. Logo, programas como o NW decorreriam desse fenômeno sociológico.

De fato, o controle social encontra baldrame axiológico no seio comunitário e proteção constitucional. Contudo, no Brasil, a participação popular na prevenção e combate ao crime ainda é tímida. As ações descritas no presente trabalho possuem iniciativa governamental; o que não autoriza negar-lhes o caráter inovador, que tende a transmutar o modo como a segurança pública brasileira é conduzida. A distinção entre o momento histórico vivido pelos países que já aplicam o modelo do NW, de forma autogerida e sustentável, daquele vivido pelo Brasil, torna difícil sugerir seu incentivo como política pública, ainda que as evidências científicas associem o programa à redução dos delitos penais. Trata-se de um viés de amostragem (exclusivamente estrangeira) que deve ser considerado no processo de tomada de decisão pública.

O PROGRAMA *NEIGHBORHOOD WATCH* PARA PREVENÇÃO AO CRIME E A EXPERIÊNCIA...

De outro giro, o NW possui características (auto-gestão, sustentabilidade e iniciativa popular) que podem ser consideradas paradigmáticas para o desenvolvimento de um modelo nacional que envolva a participação comunitária na formação de políticas públicas de prevenção e combate ao crime. Esse novo instrumento, adaptado à realidade local, pode orientar o futuro papel da sociedade na prevenção à delinquência, acompanhando a evolução social e institucional do país.

Referências

AGUIAR, Elaine; LINS, José Alberto. Uma breve análise dos Conselhos Comunitários de Defesa Social. In: Revista dos Direitos Humanos, Recife, ano 04, n.8, p.35-43, dez 2004.

ALMEIDA, Elga Lessa de. Participação popular na gestão da segurança pública: Um estudo sobre o conselho comunitário de segurança do bairro do Rio Vermelho. Salvador: 2006. Disponível em http://www.adm.ufba.br/contents.php?opc=PBLC&nPblcId=557

ATALLAH, AN, CASTRO AA (1998). Revisão Sistemática e Metanálises In: Evidências para melhores decisões clínicas. São Paulo: Lemos Editorial, 1998. Disponível em http://www.centrocochranedobrasil.org /artigos/bestevidence.htm

BENNETT, Trevor, HOLLOWAY, Katy, and FARRINGTON, David. "The Effectiveness of Neighborhood Watch". In: The Campbell Collaboration Reviews of Intervention and Policy Evaluations (C2-RIPE).

BOAZ, A; ASHBY, D; YOUNG, K. (2002) Systematic Reviews: What have they got to offer evidence based policy and practice. London: ESRC UK Centre for Evidence Based Policy and Practice, Queen Mary, University of London (Working Paper 8).

GAROFALO, James; MCLEOD, Maureen. The Structure and Operations of Neighborhood Watch Programs in the United States. Crime & Delinquency July 1989 35: 326-344

HARADA, Kiyoshi. Responsabilidade fiscal : lei complementar nº 101/2000. Comentada e legislação correlata anotada. São Paulo : Editora Juarez de Oliveira, 2002.

KAHN, Túlio. Polícia Comunitária: avaliando a experiência. Pesquisa financiada pela Fundação Ford. Ilanud: 2000. Disponível em http://www.ilanud.org.br/pdf/polic_comunit_rel_final.pdf

MARIN DOS SANTOS, Douglas Henrique (2010). O direito baseado em evidências, a lei dos crimes hediondos e a falsificação e adulteração de produtos destinados a fins terapêuticos ou medicinais: Eficácia da intervenção legislativa na prevenção do delito. Projeto de doutorado da Universidade Federal de São Paulo (Unifesp). São Paulo, 2010.

MOREIRA NETO, Diogo de Figueiredo. Mutações do Direito Administrativo. 2. ed. – Rio de Janeiro : Renovar, 2001.

NUTLEY, N; DAVIES, H; WALTER, I. (2002) Evidence based policy and practice: Cross sector lessons from the UK. London: ESRC UK Centre for Evidence Based Policy and Practice, Queen Mary, University of London (Working Paper 9).

PAWSON, R (2002) Does Megan's Law work? A theory-driven systematic review. London: ESRC UK Centre for Evidence Based Policy and Practice, Queen Mary, University of London (Working Paper 8).

CRIME ORGANIZADO

PAWSON, R (2001) Evidence based policy: II. The promise of "realist synthesis". London: ESRC UK Centre for Evidence Based Policy and Practice, Queen Mary, University of London (Working Paper 4).

SILVA, Lúcia Soares. Política, Denúncia, Educação e Sociedade de Controle. Texto integrante dos Anais do XIX Encontro Regional de História: Poder, Violência e Exclusão. ANPUH/SP – USP. 08 a 12 de setembro de 2008. Cd-Rom.

SOLESBURY, W. (2001), Evidence Based Policy: Whence it Came and Where it's Going. ESRC Centre for Evidence Based Policy and Practice, Working Paper 1. Disponível em www.evidencenetwork.co.uk/ Documents /wp1.pdf, acesso em 17 de julho de 2010. Londres, 2001.

ZAFFARONI, E. Raúl; PIERANGELI, José Henrique. Manual de direito penal brasileiro: parte geral. São Paulo, Ed. Revista dos Tribunais, 5ª edição, 2004.

31
Organização Criminosa e Manifestações Populares: críticas à Aplicação da Lei nº 12.850 na Persecução Penal em face de Manifestantes

ANTONIO PEDRO MELCHIOR MARQUES PINTO
TAIGUARA LIBANO SOARES E SOUZA

Introdução

A violenta repressão às manifestações populares constitui uma característica comum dos Estados contemporâneos e deve ser compreendida enquanto parte de uma "ofensiva global do autoritarismo".[1] De um lado, o crescente recrudescimento das medidas de controle social institucionalizado, o discurso público da insegurança e do medo que fundamenta as doutrinas penais conservadoras e repressivas.[2] Por outro, a multidão na rua, expressão prática do poder constituinte, manifestando-se como expansão revolucionária da capacidade humana de construir a história e, consequentemente, como ato fundamental de inovação.[3]

---

[1] A atmosfera criada após o atentado em 11 de setembro de 2001, nos EUA, corresponde, em grande medida, ao incremento global de medidas emergenciais de caráter autoritário. A disseminação em diversos países do U.S.A. Patriot Act – pacote de leis antiterrorismo que implicou na restrição de direitos civis -, se insere neste contexto.

[2] Assim, proliferam-se as políticas criminais bélicas, os aparatos policiais, as execuções sumárias, a profusão dos cárceres, a tortura como meio de obtenção de prova, ao mesmo tempo em que se restringem os direitos e garantias fundamentais. Diante da onda neoconservadora, o Estado Democrático de Direito vê-se ameaçado pela expansão do Estado Policial, onde a busca da segurança sobrepuja a luta pela liberdade, enfraquecendo a dimensão protetiva dos direitos humanos.

[3] NEGRI, Antonio. O Poder Constituinte. Ensaio sobre as alternativas da modernidade. Rio de Janeiro: DP&A, 2002, p. 39/40.

CRIME ORGANIZADO

Este é o nosso mundo, hoje. Atravessado por atores, fluxos e agenciamentos coletivos de enunciação[4] que produzem formas estatais e também moleculares de fascismo.[5] Mas não apenas. Há, igualmente, o "desejo de um mundo de igualdade e liberdade, de uma sociedade global democrática" que se coloca em mobilização com o objetivo de proporcionar os meios de alcançá-la. [6]

Do ponto de vista da ciência criminal, os que se propõem a realizar um diagnóstico político das sociedades contemporâneas têm pela frente, portanto, um cenário complexo: analisar "o confronto dos Estados com as resistências ao poder, o alcance do uso da racionalidade nas tecnologias de poder, as consequências do excesso de poder nos regimes políticos de todos os matizes ideológicos existentes no planeta".[7]

Neste contexto será pensada a Lei nº 12.850/13, responsável por conferir sistematização ao tratamento jurídico-penal das organizações criminosas no Brasil. A sua abordagem, neste ensaio, está atravessada por uma análise

---

[4] Ao desenvolverem a ideia de subjetividade como produção, Deleuze e Guattari, falam de um inconsciente maquínico (GUATTARI, Félix. Revolução Molecular: pulsações políticas do desejo. São Paulo: Editora Brasiliense, 1981) "um inconsciente de mobilização, cujos objetos, mais do que permanecerem afundados na terra, levantam voo" (DELEUZE, Gilles. O que as crianças dizem. In: Crítica e Clínica, São Paulo: Editora. 2012. p. 86). Este plano subjetivo é composto por um emaranhado de linhas heterogêneas (econômicas, políticas, sociais, tecnológicas, etc.) que se relacionam, se conectam, modulando funcionamentos, processo que tais autores chamam de agenciamento (DELEUZE, Gilles. PARNET, Claire. Diálogos (1977). Lisboa: Relógio d'água, 2004). Os processos de subjetivação, portanto, abarcam agenciamentos coletivos de enunciação. As instituições simbólicas, os códigos morais e de conduta modelam subjetividades, o que nos leva a problematizar a ideia de um sujeito livre e arbitrário. No entanto, isso não significa dizer que os sujeitos são totalmente passivos e submissos; seus atos e suas relações não podem ser reduzidos aos impactos culturais, uma vez que poderá haver sempre movimentos de resistência e afirmação de si no desenvolvendo de modos de subjetivação singulares. (GUATTARI, Félix. ROLNIK, Suely. Micropolítica. Cartografia do desejo, Petrópolis: Vozes, 1986).

[5] É indispensável que a ciência jurídica e política repensem as condições de permanência das práticas fascistas (pessoais ou estatais) desde o ponto de vista da produção de subjetividade. Nas palavras de Gilles Deleuze: "Ora, o conceito de estado totalitário só vale para uma escala macropolítica, para uma segmentariedade dura e para um modo especial de totalização e de centralização; mas o fascismo é inseparável de focos moleculares que pululam e saltam de um ponto para o outro, em interação, antes de ressoar todos juntos". (DELEUZE, Gilles. Mille Plateaux. Paris: Édition de Minuit, 1982, p.285).

[6] HARDT, Michael e NEGRI, Antonio. Multidão: guerra e democracia na era do império. Tradução: Clóvis Marques. Rio de Janeiro: Record, 2012, p. 09. O Estado, desafiado pelos movimentos sociais e pela multidão, é assim questionado em seu intento de servir-se como um "companheiro de armas dos cidadãos, disposto a defendê-los dos perigos e dos grandes problemas da época" HASSEMER, Winfried. Persona, mundo y responsabilidad: bases para una teoría de la imputación en derecho penal. Trad. Francisco Muñoz Conde e María del Mar Díaz Pita. Santa Fe de Bogotá: Temis, 1999.

[7] BRANCO, Guilherme Castelo (org). Terrorismo de Estado. Belo Horizonte: Autêntica, 2013, p. 08.

ORGANIZAÇÃO CRIMINOSA E MANIFESTAÇÕES POPULARES: CRÍTICAS À APLICAÇÃO...

transdisciplinar em que se move a Criminologia, a Ciência Política e o Direito Penal, todos orientados à reflexão crítica do poder punitivo e à necessária imposição de limites à opressão pública. Não se trata, entretanto, de uma descrição das disposições e controvérsias que surgiram da promulgação da lei. O artigo pretende enfrentar a aplicação da Lei nº 12.850/13 ao contexto das manifestações populares que, desde junho de 2013, emergiram no Brasil. São fundamentalmente dois os objetivos: o primeiro é traçar uma radiografia das práticas repressivas pelo Estado e das suas estratégias para lidar com os novos movimentos sociais estabelecidos em rede[8]. O segundo, demonstrar que o conceito de organização criminosa não é adequado à conjuntura das manifestações populares e, portanto, a Lei nº 12.850/13 deve ser considerada inaplicável para reprimir manifestantes ou grupos que eventualmente dirijam-se contra parte do patrimônio público ou privado para atuar simbolicamente e, ou chamar atenção para suas causas.

Para dar conta destes dois objetivos, pretende-se desenvolver uma análise crítica imbuída de três abordagens.

Em primeiro lugar, o manejo discursivo do conceito de "organização criminosa", quando aplicado às manifestações populares, parece esclarecer a adesão às práticas tipicamente inquisitoriais, estranhas à democraticidade[9] que deveria reger o sistema político e de administração da justiça criminal. Estas requisições se explicariam, com muita frequência, pela própria estrutura do dispositivo Estado de Direito, permeável à reciclagem permanente do autoritarismo estatal. [10]

A aplicação da Lei de "Organização Criminosa" na persecução penal em face de manifestantes, sob este prisma, impõe uma grande preocupação da cidadania, na medida em que revela uma repressão criminal orientada pelo

---

[8] Ilustrativamente: 1. Mandado de busca e apreensão de livros considerados subversivos: anarquistas, comunistas, em geral; 2. Busca pessoal por policiais homens, em mulheres; 3. Oitivas informais entre o preso e a autoridade policial; Incomunicabilidade do preso e condução para área fora da circunscrição legal da delegacia de polícia; 4. Proposta de juizados especiais criminais itinerantes e centrais ad hoc para exame de autos de prisão em flagrante, em violação ao princípio do juiz natural; 5. Prisão para averiguação e submissão à Identificação criminal do civilmente identificado; 6. Violações sistemáticas às prerrogativas funcionais de advogados; etc.

[9] A respeito da democraticidade como princípio unificador do sistema político, do sistema processual e, consequentemente, do sistema de administração da justiça criminal, conferir a obra de MARTINS, Rui Cunha. O ponto cego do Direito. The Brazilian Lessons. Rio de Janeiro: Lumen Juris, 2010.

[10] Conferir: MARTINS, Rui Cunha. A hora dos cadáveres adiados: corrupção, expectativa e processo penal. São Paulo: Atlas, 2013.

CRIME ORGANIZADO

fim político de constranger a contestação direta ao poder constituído e, assim, assegurar a frágil estabilidade dos governantes.

Em segundo lugar, o emprego da Lei nº 12.850/13 parece ainda revelar os contornos de um Estado Policial em ascensão, operando rearranjos discursivos, por meio da criação de novos inimigos públicos. Dentro deste ambiente, o Estado, utilizando-se da categoria "organização criminosa", tentará encaixar a constituição de outros atores, fomentando a criação de novos estereótipos (ex. "vândalos", "black blocs"). Esta criação é indispensável à legitimação de uma política pública abertamente beligerante e, como tal, fundada no uso excessivo da força. [11]

Do ponto de vista da dogmática penal, finalmente, compreendidas as ponderações precedentes, concluiremos pela inaplicabilidade da lei que disciplina a tutela penal das chamadas "organizações criminosas" à repressão de indivíduos ou grupos atuantes em manifestações populares.

1. A Ofensiva Global do Autoritarismo: o Estado e as Manifestações Populares no Brasil e no Mundo

A novíssima constituição dos movimentos sociais, descentralizados, alheios à verticalidade e à hierarquização, os tornam, pela própria natureza, impassíveis de serem encaixados na categoria da "organização criminosa". Em outras palavras, os atuais "movimentos em rede" operam em uma lógica de atuação que escapam, completamente, à adequação prevista na Lei nº 12.850/13 (art. 1, §1º). Esta análise, contudo, será vista apenas na última parte deste ensaio.

Neste tópico, pretendemos elaborar uma abordagem descritiva de como o Estado tem se posicionado diante das manifestações populares que se insurgiram pelo mundo (Turquia, Egito, Tunísia, Brasil, Estados Unidos, países árabes, etc). Embora se trate de um fenômeno relativamente recente, há valiosas contribuições teóricas a respeito. Pensaremos a questão a partir do cientista político Manuel Castells e também, mesmo que brevemente, a partir do filósofo italiano Antonio Negri. Não se trata, porém, de estabelecer um diagnóstico fechado de um movimento que, por definição, está em constante mudança e expansão.

A finalidade é demonstrar que, por todos os lugares em que observamos as manifestações populares, em nenhum deles é possível apontar a existên-

---

[11] O emprego da Lei 12.850/13 ao contexto da repressão a manifestantes deve, portanto, ser compreendido dentro do ambiente social e político do chamado populismo punitivo. Parece-nos que esta lei, especialmente quando se trata de criminalizar movimentos sociais, integra o conjunto de medidas penais emergencialistas com o fulcro de atender aos interesses do poder constituído, ao arrepio de garantias penais e processuais penais elementares ao Estado Democrático de Direito.

cia de uma estrutura que se adeque ao conceito de "organização criminosa". Esta afirmação se aplica, inclusive, quando nos referimos à prática de grupos que eventualmente resistam ao abuso policial por meio da "resposta violenta" ou se utilizem do ataque a bancos/prédios públicos/sítios de internet, como forma de chamar a atenção ou lutar por suas bandeiras (ex. a chamada *tática black bloc* ou *Anonymous*).

1.1 A Postura dos Estados Contemporâneos diante das Manifestações Populares

O conflito direto com o poder, para melhor ou para o pior, eleva a intensidade comum a um nível ainda mais alto: o cheiro cáustico do gás lacrimogêneo mobiliza os sentidos e os confrontos de rua com a polícia fazem o sangue ferver de raiva, elevando a intensidade ao ponto de explosão. A intensificação do comum produz uma transformação antropológica de tal ordem que das lutas surge uma nova humanidade.

Antonio Negri

Um tribunal egípcio sentenciou 529 (quinhentos e vinte e nove) supostos simpatizantes da Irmandade Muçulmana à morte, em razão dos protestos que assolaram o país. De acordo com a Anistia Internacional, este é o maior número de pessoas condenadas à morte, simultaneamente, na história recente do mundo[12]. Este julgamento, ocorrido em 2014, precisou de dois dias para condenar todas aquelas pessoas pela morte de um homem (agente policial). Há notícias de que quando o juiz anunciou a sentença, nenhuma testemunha tinha sido ouvida, e "a maioria dos réus e seus advogados foram retirados da sala onde o julgamento aconteceu"[13].

A Turquia protagonizou uma série de manifestações populares a partir do dia 28 de maio de 2013. Na ocasião, os manifestantes se elevaram contra

---

[12] Disponível em: http://www.vice.com/pt_br/read/as-sentencas-de-execucao-em-massa-no-egito-vao-provocar-mais-violencia, acessado em 21 de abril de 2014.

[13] Disponível em: http://www.vice.com/pt_br/read/as-sentencas-de-execucao-em-massa-no-egito-vao-provocar-mais-violencia, acessado em 21 de abril de 2014. Sublinha-se a seguinte passagem: "um dos homens disse que seu irmão, que foi condenado in absentia, é deficiente físico e seria fisicamente incapaz de atacar um policial. Outro, um estudante de medicina, agora escondido na casa de um amigo, disse que estava a centenas de quilômetros dali no momento em que a delegacia foi atacada. Mais de 400 dos réus não estão sob custódia. Ezzat Mohamed, que no momento está escondido bem longe de sua casa em Minya, é um deles. Nihad, sua esposa, disse que ele é inocente e chamou a sentença de "tragédia", acrescentando que seus quatro filhos – que têm entre seis e 17 anos – não conseguem entender o que aconteceu".

CRIME ORGANIZADO

a derrubada de 600 árvores do Parque Taskim, com o objetivo de reconstruir um quartel militar e abrigar um shopping center. Após a repressão policial, os protestos ganharam nova dimensão, tomando várias cidades turcas e atingindo a marca de aproximadamente 2,5 milhões de pessoas[14]. Além da detenção em massa (quarenta pessoas em um único dia), as três semanas de movimentações constituintes da Turquia deixaram cinco mortos e milhares de pessoas feridas pelo Estado.[15]

No Brasil, somente no dia 20 de junho de 2013, mais de 1,25 milhão de pessoas saíram às ruas em mais de 100 municípios[16]. Antes disso, entretanto, as manifestações já vinham ocorrendo e, como consequência, sofrendo grande repressão criminal. No dia 14 deste mês de junho, na cidade de São Paulo, por exemplo, mais de 200 pessoas foram presas e outras centenas ficaram feridas[17]. O Instituto Humanitas Unisinos[18] sistematizou algumas reportagens em que se veicularam notícias da violência abusiva do Estado contra os movimentos. São muitos os exemplos:

> Fotógrafo ferido em manifestação corre o risco de ficar cego, diz mulher: Ele foi atingido por uma bala de borracha no quarto dia de manifestações. Santa Casa atendeu dez pacientes feridos durante protesto de quinta-feira." (G1 São Paulo, 14/06/13).

> Estudante relata como foi atingido no olho na manifestação de segunda no centro: Eric Pedrosa ficou ferido com estilhaços de bomba de lacrimogêneo (R7 Rio de Janeiro, 20/06/13).

[14] Disponível em: http://pt.wikipedia.org/wiki/Protestos_na_Turquia_em_2013 acessado em 21 de abril de 2014. Rapidamente o tema se ampliou e as manifestações antigovernamentais passaram a englobar outras discussões: "os tópicos de discussão entre os ocupantes incluíam os planos controversos de construção de uma terceira ponte sobre o Estreito de Bósforo, leis restringindo o consumo de álcool aprovadas semana passada e a demolição recente do histórico Teatro Emek. Cartazes no parque diziam coisas como "Ombro a ombro contra o fascismo". Disponível em: http://www.vice.com/pt_br/read/como-a-praca-taksim-em-istambul-se-transformou-numa-zona-de-guerra, acessado em 21 de abril de 2014.
[15] Disponível em: http://g1.globo.com/mundo/noticia/2013/08/manifestacao-perto-da-praca-taksim-acaba-com-40-detidos-na-turquia.html, acessado em 21 de abril de 2014.
[16] Disponível em: http://g1.globo.com/brasil/noticia/2013/06/protestos-pelo-pais-tem-125-milhao-de-pessoas-um-morto-e-confrontos.html, acessado em 21 de abril de 2014.
[17] Disponível em: http://www.ihu.unisinos.br/noticias/528155-lista-de-pessoas-mortas-e-feridas-no-brasil-em-manifestacoes, acessado em 21 de abril de 2014: "Lista das pessoas mortas e feridas no Brasil nas manifestações". Há várias outras notícias importantes para o objeto das investigações, como por ex. o caso do policial militar que responder "porque eu quis" ao ser indagado da razão pela qual havia agredido manifestantes em Brasília
[18] Disponível em: http://www.ihu.unisinos.br/noticias/528155-lista-de-pessoas-mortas-e-feridas-no-brasil-em-manifestacoes, acessado em 21 de abril de 2014.

Morre estudante que caiu de viaduto em protesto em Belo Horizonte (IG, Belo Horizonte, 27/16/13).

Manifestante do Rio morre por complicações pulmonares após inalar gás lacrimogêneo: Fernando Candido, que era anão, estava internado desde a manifestação do dia 20 de junho. (Estadão, 28/06/13).

Fotógrafos ficam feridos após PM soltar cachorros durante protestos (G1, Brasília, 07/09/13).

Em documento que se pretendia ser sigiloso, mas que foi publicado na rede mundial de computadores, a Secretaria de Segurança Pública do Estado de São Paulo, mais precisamente a 1ª Delegacia de Polícia Civil, orientou os inspetores a formularem questionamentos, cujo conteúdo parece, desde já, confirmar a hipótese de que o Processo Penal está sendo empregado com fins políticos no Brasil.

Recomendação 1ª Seccional nº 2/2013

Considerando as manifestações que rotineiramente têm ocorrido nesta cidade e que, muitas delas, se concentram na área circunscricional desta Seccional;

Considerando que, em todas as manifestações, esta seccional monitora os registros de ocorrência bem como os atos de polícia judiciária decorrentes;

Considerando a necessidade de estabelecer um arcabouço mínimo de informações acerca dos autores de delitos praticados por ocasião das manifestações, solicito a Vossa Excelência, EM CARÁTER RESERVADO, que sejam consignadas as seguintes informações/providencias:

a. Endereços residenciais e comerciais completos (bem como endereço de e-mail)

b. Se **estudante, o curso e endereço do estabelecimento de ensino**

c. Se tem **filiação partidária** (qual partido)

d. Se integrante do **movimento Black Bloc (ou outro movimento)**

e. Como tem conhecimento das manifestações

f. Se tem antecedentes criminais

g. **Qualificar os advogados** que se fizerem presentes para representar os conduzidos

h. Tirar fotos dos objetos apreendidos, antes de lacrá-los (e valendo-se do *banner* da Polícia Civil). (*Grifos nossos*).

As manifestações populares que ocorrem dentro ou fora das fronteiras nacionais representam ações políticas, movimentações constituintes que colocam em xeque as práticas de governamentalidade neoliberal: relação entre

CRIME ORGANIZADO

Estado e empresas; mobilidade urbana; projeto de administração da cidade; militarização da polícia e da política; questionamentos sobre democracia e legitimidade da representação; insurgências que demandam o reconhecimento social, etc.

O uso excessivo da força no combate às mobilizações nas principais cidades do país gerou em resposta a constituição de uma significativa rede de solidariedade de advogados ativistas[19]. A repressão estatal aos manifestantes, nesta conjuntura, constitui um instrumento emergencial utilizado pelo poder constituído (governantes de todos os partidos e matizes ideológicas) para garantir a sua própria estabilidade[20], proteger os interesses do mercado e esmagar os desejos de liberação constituintes da cidadania.

Por um lado, a repressão criminal, entre o gás lacrimogêneo e as balas de borracha contra a população, exprimem uma violência absolutamente fora e além do Direito[21]. Por outro lado, entretanto, envolvem a utilização da persecução penal propriamente dita, seja pela instauração de investigações criminais, processos penais ou discussões legislativas de recrudescimento legal para reprimir manifestantes.

A discussão a respeito de uma lei de combate ao terrorismo, especialmente para os casos de protestos no Brasil está incluída nesta conjuntura. O mesmo no que se refere à deliberação do Congresso Nacional quanto ao aumento da pena cominada para o crime de dano, a modificação na natureza da ação penal e a criação de uma qualificadora para o homicídio cometido em manifestações.[22] Recentemente, a polícia civil do Estado de São Paulo instaurou Inquérito com fundamento na Lei de Segurança Nacional, intimando vários

---

[19] A advocacia comprometida com a defesa dos direitos e garantias fundamentais basilares do Estado Democrático de Direito contribui com a assessoria jurídica pro bono de manifestantes sociais. No Rio de Janeiro foram destacados os coletivos Instituto de Defensores de Direitos Humanos (DDH), o grupo Habeas Corpus, a Associação Mariana Criola, bem como advogados plantonistas da Comissão de Direitos Humanos da OAB/RJ. Em São Paulo houve grande contribuição dos Advogados Ativistas. Em outros estados da federação percebeu-se importante atuação da Rede Nacional de Advogadas e Advogados Populares (RENAAP).

[20] A constatação de que a violência pública é utilizada para manter a estabilidade do governante no poder é clara. As manifestações populares, no caso do Rio de Janeiro, por ex., chegaram a estabelecer ocupações na porta da residência do Governador, naquilo que ficou conhecido como "Ocupa Cabral". Esta espécie de ação política é inédita no Brasil e, como sói acontecer, foi barbaramente reprimida pela polícia, que levou uma violência também inédita para os moradores do bairro elitista do Leblon.

[21] Cf. AGAMBEN, Giorgio. Estado de exceção. Trad. Iraci D. Poleti – São Paulo. ed. Boi tempo, 2004. p. 77 – 85.

[22] Discussões realizadas no contexto deliberativo do novo código penal (PL nº 236/2012).

ORGANIZAÇÃO CRIMINOSA E MANIFESTAÇÕES POPULARES: CRÍTICAS À APLICAÇÃO...

manifestantes a depor. A revista Carta Capital[23] noticiou o fato nos seguintes termos:

> Lei da ditadura é usada para investigar manifestantes:
> A polícia Federal está usando a Lei de Segurança Nacional para investigar manifestações contra a Copa do Mundo. Ao menos 25 manifestantes foram chamados a depor nesta segunda-feira 16 na sede da PF em Curitiba. (...) De acordo com a intimação, emitida na sexta-feira dia 13, o inquérito é destinado a "apurar eventual ocorrência dos delitos previstos (...) na Lei de Segurança Nacional (...) tendo em vista a notícia de que pessoas e grupos organizados estariam atuando de forma a extrapolar, de forma violenta e coordenada, o livre direito de manifestações política e social garantido pela Constituição, promovendo depredação de patrimônio público e privado e agressão de servidores ligados à segurança do Estado. (...) Os manifestantes foram chamados a depor com base em dois artigos desta lei. Um deles contém o crime de "praticar sabotagem contra instalações militares, meios de comunicação, estaleiro, portos e aeronaves". O outro, que pode levar a até quatro anos de prisão, consiste, entre outros delitos, em incitar "a subversão da ordem política ou social" ou "luta com violência entre as classes sociais.

Ao que tudo indica, portanto, o Estado declarado "Democrático de Direito" está aderindo aos dispositivos próprios do regime político autoritário e fascista (práticas institucionais, pensamentos, formulações teóricas, científicas, etc.) para estrangular mobilizações de ação política direta. Trata-se da versão contemporânea do Estado Policial[24].

É dentro deste contexto social e político que a Lei de Segurança Nacional foi exumada e que, também a Lei nº 12.850/13, vem sendo aplicada. É possível afirmar, inclusive, que a "Lei de Organização Criminosa" tem sido ainda mais utilizada, pois cumpre um papel mais relevante e eficiente às investigações criminais. Isto porque, os institutos nela previstos reforçam o aparelhamento persecutório do Estado, por exemplo, permitindo o instituto da delação premiada e a infiltração de agentes, no caso, em assembleias estudantis ou meras reuniões entre coletivos de manifestantes, por ex. (art.3º da Lei nº 12.850/13).

---

[23] Disponível em http://www.cartacapital.com.br/sociedade/lei-da-ditadura-e-usada-para-investigar-manifestantes-contra-a-copa-6401.html, acessado em 20 de junho de 2014.

[24] Foucault em "O Nascimento da Biopolítica" cunhou o conceito de Estado de Polícia, ou Estado Gendarme para caracterizar o exercício do controle social quase total almejado pelo Estado. Assim descreve: "Para os governantes, o Estado de Polícia trata-se de considerar e encarregar-se não somente das diferentes condições, isto é, dos diferentes tipos de indivíduos com seu estatuto particular, mas, sobretudo, encarregar-se da atividade dos indivíduos até em seu mais tênue grão" FOUCAULT, Michel. O nascimento da biopolítica. São Paulo: Editora Martins Fontes, 2008.

CRIME ORGANIZADO

2. Críticas ao Emprego Político da Lei nº 12.850/13

Faz-se do campo processual penal uma batalha permanente onde se joga, de fato, o sangue do sistema.

Rui Cunha Martins

O esforço do poder punitivo em enquadrar penalmente os manifestantes está fora do controle. Em recente relatório, a organização de direitos humanos Justiça Global traçou a seguinte análise de conjuntura: "o processo de criminalização dos defensores/as se insere no contexto político atual, e expressa-se desde a deslegitimação das lutas sociais até a violência direta, realizada por diversos agentes públicos e privados. Dessa forma, esses agentes se utilizam de diversas estratégias, visando neutralizar as manifestações e demandas políticas dos/as defensores/as e dos movimentos sociais."[25]

A estratégia política de criminalização generalizada das mobilizações populares, agora sob a justificativa de combate aos "vândalos" (novos inimigos), envolve a constituição de um discurso estatal que os promova ao status de uma "organização criminosa", não apenas pelos efeitos jurídico-penais decorrentes, mas também pelas consequências criminalizantes do próprio estigma. Neste sentido, é reveladora a afirmação de Wagner Giudice, Diretor do Departamento Estadual de Investigações Criminais de São Paulo: *"a intenção é descobrir quem são eles, de onde vem. Eles são uma organização criminosa? Sim. E nossa função é provar isso"*. [26]

Quando os próprios manifestantes não são taxados de pertencerem a uma organização criminosa, as agências repressivas se encarregam de lhe associarem a uma. Insere-se neste contexto a inusitada afirmação do Ministro da Justiça, José Eduardo Cardoso que, em entrevista ao jornal O Estado de São Paulo, [27] afirmou que *"é inadmissível a união entre black blocs e o PCC (Primeiro Comando da Capital) para transformar a Copa do Mundo em um caos. É inadmissível a união para o crime"*. O discurso oportunista de associação de movimentos sociais com organizações criminosas, sem qualquer prova ou elemento sério

---

[25] Dias, Rafael Mendonça; Carvalho, Sandra; Isabel Mansur (orgs.). Na Linha de Frente: Criminalização dos Defensores de Direitos Humanos no Brasil (2006-2012). Rio de Janeiro, JUSTIÇA GLOBAL.

[26] Disponível em: http://www1.folha.uol.com.br/cotidiano/2013/10/1357784-black-blocs-sao-organizacao-criminosa-diz-diretor-do-deic.shtml. acessado em: 25/06/14. A leitura destas colocações nos obriga a uma pergunta de base: se a intenção é descobrir quem são e de onde vem, como é possível apontar peremptoriamente que se trata de organização criminosa?

[27] Disponível em:http://brasil.estadao.com.br/noticias/geral,elo-entre-black-blocs-e-pcc-e-inadmissivel-diz-ministro-da-justica,1503912. acessado em: 25/06/14.

de informação, não é novo em nosso país e remonta especialmente aos anos de chumbo, deixando no tempo presente as cicatrizes do entulho autoritário[28].

O emprego político e atécnico do conceito de organização criminosa para reprimir manifestantes não está, entretanto, salvo de críticas institucionais. Confirmando integralmente a hipótese defendida neste artigo, o Procurador da República Rodrigo de Grandis, que atua no Ministério Público Federal em São Paulo, afirmou o seguinte:

> Eu não sei direito o que são os 'Black blocs'. Precisa verificar se efetivamente essas pessoas que se autodenominam 'black blocs' se associam de forma estável e permanente, com a finalidade de praticar crimes cuja pena seja superior a 4 anos de prisão, com divisão de tarefas e hierarquia. (...) Pelo que vi na imprensa esse grupo ainda não tem esse grau de sofisticação, estrutura[29].

O emprego da Lei de Organização Criminosa para criminalizar manifestantes, aos quais as autoridades policiais e de justiça criminal atribuem pertencer aos grupos Black Blocs e Anonymous, deve impor uma profunda reflexão de todos aqueles que sejam comprometidos com o regime democrático. O primeiro problema, delineado no ponto referente ao "avanço global do autoritarismo", refere-se ao emprego político da Lei nº 12.850/13, ao lado da violência policial nas ruas, no marco da "legislação de emergência" e medidas penais de exceção. Dentro deste conjunto, como salientado, encontram-se ainda a Lei Geral da Copa (Lei 12.663/12)[30], a aplicação da Lei de Segurança Nacional (Lei nº 7.170/83), além da tramitação do PLS 499/2013 destinado à criação de tipo penais de terrorismo[31].

---

[28] Neste sentido, conferir a entrevista do líder do partido Democratas (DEM) na Câmara dos Deputados, Ronaldo Caiado (GO), comparando o Movimento dos Trabalhadores Rurais Sem Terra (MST) às Forças Armadas Revolucionárias da Colômbia (Farc) por causa da destruição de uma lavoura de laranjas no interior de São Paulo. "O MST é as 'Farc brasileira' mantida pelo ministro do Desenvolvimento Agrário, Guilherme Cassel e financiada com dinheiro público". Disponível em: http://noticias.terra.com.br/brasil/politica/lider-do-dem-mst-e-39farc-brasileira39-mantida-pelo-governo,323068f40d94b310VgnCLD200000bbcceb0aRCRD.html acessado em em: 25/06/14.

[29] Disponível em: http://folhapolitica.jusbrasil.com.br/noticias/112550583/procurador-nao-ve-black-bloc-como-organizacao-criminosa. Consultado em: 25/06/14.

[30] Prevê novos tipos penais com o intuito de tutelar os interesses econômicos de uma entidade de direito privado internacional, a FIFA.

[31] Alguns tipos penais do Projeto de Lei chegam à estratosférica pena de 15 a 30 anos para o agente que: "provocar ou infundir terror ou pânico generalizado mediante ofensa à vida, à integridade física ou à saúde ou à privação da liberdade de pessoa, por motivo ideológico, religioso, político ou de preconceito racial ou étnico".

CRIME ORGANIZADO

A segunda questão será enfrentada a seguir e, fundamentalmente, pretende demonstrar que a própria categoria "organização criminosa", por estar sujeita à manipulação retórica do poder penal (decisionismo), oferece graves implicações à execução legítima da política criminal em um Estado de direito. O terceiro problema é um desdobramento dos outros dois. Trata-se de compreender que, a par do desejo punitivo dos governantes, do apoio da mídia tradicional e da falta de taxatividade da norma penal, a conduta eventualmente delituosa praticada por manifestantes/grupos, não pode ser adequada ao conceito de "organização criminosa".

2.1. Considerações sobre uma Categoria Perigosa: "Organização Criminosa" e o Espaço Aberto ao Decisionismo

Em 02 de agosto de 2013, passa a ter vigência a Lei nº 12.850/13. Este novo marco legal conceitua juridicamente a organização criminosa, cria seu respectivo tipo penal, além de dispor sobre a investigação criminal, os meios de obtenção da prova, incluindo a colaboração premiada, a ação controlada, a infiltração de agentes e o acesso a registros pela autoridade policial e pelo Ministério Público. Por fim, estabelece infrações penais correlatas e o procedimento criminal.

Como advertem Rubens Casara e Antonio Pedro Melchior[32], os limites semânticos impostos pelo princípio da legalidade, embora absolutamente fundamentais, tem se demonstrado insuficientes para conter o arbítrio e a opressão. Mesmo quando a definição típica não sofre de *anemia semântica*[33], caso da categoria "organização criminosa", os intérpretes, "inseridos em uma tradição autoritária, ao produzirem as normas aplicáveis ao caso concreto, não raro, tendem a produzir comandos normativos autoritários"[34]. Essa tradição autoritária também explica que os Estados produzam espaços de exceção permanente[35]

---

[32] CASARA, Rubens R R e MELCHIOR, Antonio Pedro. Teoria do Processo Penal Brasileiro: Dogmática e Crítica. Conceitos Fundamentais. Lumen Juris: Rio de Janeiro: 2013, p. 70.

[33] Termo utilizado por Alexandre Morais da Rosa para referir-se às cláusulas abertas, como por ex., a "garantia da ordem pública". Conferir. ROSA, Alexandre Morais. Decisão Penal. Bricolage de significantes. Rio de Janeiro: Lumen Juris, 2006.

[34] CASARA, Rubens R R e MELCHIOR, Antonio Pedro. Teoria do Processo Penal Brasileiro: Dogmática e Crítica. Conceitos Fundamentais. Lumen Juris: Rio de Janeiro: 2013, p. 70.

[35] Em sua obra Estado de exceção, Agamben explica que a lógica da exceção permanente é criar dentro do Estado de direito uma zona de anomia que legitimaria o Estado a atuar em desconformidade com as normas jurídicas que ele mesmo impôs. O estado de exceção apresenta-se como a forma legal daquilo que não pode ter forma nenhuma. E prossegue: "Se a exceção é o dispositivo original graças ao qual o direito se refere à vida e a inclui em si por meio de sua própria suspensão, uma teoria do estado de exceção é, então, condição preliminar para definir a relação

e que a "metáfora da guerra" ainda hoje legitime a produção dos mais variados inimigos:[36]

Antes, terroristas – subversivos. Hoje, vândalos-terroristas. O subjetivismo dos agentes públicos no preenchimento do que seja o conceito de organização criminosa é, portanto, um problema que antecede às divergências doutrinárias sobre o tema. O decisionismo é, antes de tudo, um doloroso inconveniente produzido pela prática do poder penal (pela interpretação), que surge como consequência direta da ausência de fundamentos empíricos precisos ou de limites legais/teóricos bem definidos[37], no caso, sobre a categoria "organização criminosa".

De qualquer forma, Juarez Cirino dos Santos leciona que existem basicamente dois grandes discursos sobre "crime organizado", por sua vez estruturados nos pólos americano e europeu do sistema capitalista globalizado: um deles é o discurso americano sobre *organized crime*, definido como conspiração nacional de etnias estrangeiras (italianos e mexicanos).

O discurso americano do organized crime, originário das instituições de controle social, nasce com o objetivo de estigmatizar grupos sociais étnicos (especialmente italianos), sob o argumento de que o comportamento criminoso não seria uma característica da comunidade americana, mas de um submundo constituído por estrangeiros, aqueles maus cidadãos que ameaçavam destruir a comunidade dos bons cidadãos.[38]

Outro discurso é o italiano sobre *crimine organizzato*, que tem por objeto de estudo original a Máfia siciliana. Constitui-se enquanto simbiose entre o

que liga e, ao mesmo tempo, abandona o vivente ao direito". Cf. AGAMBEN, Giorgio. Estado de exceção. Trad. Iraci D. Poleti. São Paulo: Boitempo, 2004, p. 13.

[36] A fusão do momento político com o momento bélico produz justamente o arcabouço teórico que legitima uma guerra suja (dessas que a "política criminal com derramamento de sangue" nos permite ver). Mostra-nos Zaffaroni que a composição do momento político com o bélico obscurece o limite entre a guerra – inimigo – e o poder punitivo – infrator. A consequência disso é a inserção do conceito de inimigo em um contexto equivocado, no qual o direito penal passa a ser o instrumento de uma guerra sem limitações jurídicas. O fim da distinção entre guerra – violência por motivação política entre Estados ou grupos políticos organizados – e crime organizado – violência por motivos particulares, exercida por grupos organizados privados, geralmente por benefícios econômicos – acaba, portanto, por legitimar a indicação de determinados delinquentes como típicos inimigos do Estado, possibilitando respostas estatais por meios 'não convencionais'. In: ZAFFARONI, Eugênio Raul. O inimigo no Direito Penal. Trad. Sérgio Lamarão. Rio de Janeiro: Revan, 2007, p. 149.

[37] FERRAJOLI, Luigi. Direito e Razão: a teoria do garantismo penal. Trad. Fauzi Hassan Choukr. São Paulo: Revista dos Tribunais, 2002- p. 35-37.

[38] CIRINO DOS SANTOS, Juarez. Crime Organizado. Disponível em: disponível em http://www.cirino.com.br/principal.htm. acessado em 20 de junho de 2014.

CRIME ORGANIZADO

lícito e o ilícito, entre o poder político e econômico. Nas palavras de Cirino dos Santos:

> O objeto original do discurso italiano não é o chamado crime organizado, mas a atividade da Máfia, uma realidade sociológica, política e cultural secular da Itália meridional: falar da Máfia como a Cosa Nostra siciliana, ou de outras organizações de tipo mafioso, como a Camorra de Nápoles, a 'Ndranghetta da Calábria, é falar de associações ou estruturas empresariais que realizam atividades lícitas e ilícitas – aliás, como muitas empresas –, com controle sobre certos territórios, em posição de vantagem econômica na competição com outras empresas e de poder político no intercâmbio com instituições do Estado.[39]

Os estudos sociológicos e criminológicos acerca do crime organizado, em vez de avançar da percepção do problema para sua definição, aparentam retroceder da definição do problema para sua percepção – aquilo que o explicaria. Esta análise sobre a categoria assume contornos peculiares na periferia do capitalismo. Como afirma Zaffaroni:

> O conceito de crime organizado, desenvolvido no centro do sistema de poder econômico e político globalizado, recebeu na periferia desse sistema homenagens de cidadania, como se fosse um discurso criminológico próprio. (...). O transporte de uma categoria frustrada ao campo da lei penal não é mais que uma criminalização que apela a uma ideia difusa, indefinida, carente de limites certos e, por fim, uma lesão ao princípio da legalidade – isto é, à primeira e fundamental característica do Direito Penal liberal ou de garantias.[40]

A primeira Convenção das Nações Unidas contra o Crime Organizado Transnacional foi realizada em 2000, em Palermo. A partir da *Convenção de Palermo*, ratificada pelo Brasil por meio do Decreto 5.015/2004, estabeleceu-se (artigo 2º) uma terminologia a ser utilizada pelos Estados membros nos seguintes moldes: *"Para efeitos da presente Convenção, entende-se por: a) 'Grupo Criminoso Organizado' – grupo estruturado de três ou mais pessoas, existente há algum tempo e atuando concertada mente com o propósito de cometer uma ou mais infrações graves ou enunciadas na presente Convenção, com a intenção de obter, direta ou indiretamente, um benefício econômico ou outro benefício material."*

Durante alguns anos, houve importante controvérsia doutrinária entre o Superior Tribunal de Justiça e a 1ª Turma do Supremo Tribunal Federal acerca

---

[39] Idem.
[40] ZAFFARONI, Eugenio Raúl. Crime Organizado: uma categorização frustrada, in Discursos sediciosos, 1 (1996).

640

da vigência do conceito de organização criminosa na ordem jurídico-penal[41]. No Direito Penal pátrio o instituto vem sendo tratado na legislação penal extravagante de modo oscilante. O primeiro dispositivo legal a tratar do tema no Brasil foi a Lei nº 9.034/95, tratando da utilização de meios operacionais para a prevenção e repressão de ações praticadas por organizações criminosas. Em 2011, foi sancionada a Lei nº 10.217/01 que alterou disposições da Lei nº 9.034/95, além de contemplar dois novos institutos investigativos: *interceptação ambiental* e *infiltração policial*. No ano seguinte, entrou em vigor a Lei nº 12.694/12 que dispôs sobre o processo e o julgamento colegiado em primeiro grau de jurisdição de crimes praticados por organizações criminosas.

Finalmente, foi promulgada a Lei nº 12.850/13 que se propõe como a Lei de Organizações Criminosas, quase um ano após a criação do tipo penal de constituição de milícia privada. [42] Segundo Luis Flávio Gomes, "de se notar que a nova lei não apenas definiu o que é organização criminosa, como também criou o delito que podemos denominar de crime organizado (art. 2º)." [43]. Em suma, a abertura que a categoria "organização criminosa" oferece ao subjetivismo/decisionismo cumpre, no contexto da repressão aos movimentos sociais e mobilizações populares, a função política de permitir a execução de medidas penais e processuais penais extraordinárias e incompatíveis com as garantias liberais[44].

Consequentemente, é preciso, de plano, colocar em questão o mito do crime organizado, difundido pela mídia, pela literatura de ficção, por políticos e instituições de controle social. Esta reflexão, especialmente na atualidade, quando o conceito passa a ser utilizado para reprimir manifestações populares ou perseguir manifestantes em particular, parece inadiável.

---

[41] Na ótica do STJ, a conceituação de organização criminosa encontrava-se definida em nosso ordenamento jurídico pelo Decreto 5.015, de 12 de março de 2004 (Convenção de Palermo). Logo, é possível a imputação do crime previsto no art. 1º, VII, da Lei n.º 9.613/98. Para a 1ª Turma do STF A organização criminosa não pode ser usada como crime antecedente da lavagem de dinheiro, considerando que não existe definição legal no país. A definição contida na Convenção de Palermo não vale para tipificar o art. 1º, VII, da Lei n.º 9.613/98. Na sessão do dia 12 de junho deste ano de 2012, a 1ª Turma, no julgamento do Habeas Corpus nº. 96007, decidiu extinguir um processo penal no qual os pacientes respondiam pela suposta prática do crime de lavagem de dinheiro por meio de organização criminosa. A decisão foi unânime.

[42] O delito de constituição de milícia privada foi estabelecido através da Lei nº 12.720/12, que altera o Código Penal, passando a inscrever o art. 288-A.

[43] GOMES, Luiz Flávio. Comentários aos artigos 1º e 2ª da Lei 12.850/13 – Criminalidade organizada. Disponível em: http://atualidadesdodireito.com.br/lfg/2013/08/29/criminalidade-economica-organizada/ Acessado em: 25/06/14.

[44] Ibidem.

CRIME ORGANIZADO

Dito isto, tomaremos o conceito de "organização criminosa" conforme a descrição legal, consoante dispõe o art. 1, §1º da Lei nº 12.850/13. O objetivo é refletirmos acerca da sua inadequação à repressão no contexto das manifestações populares[45].

2.2. Inaplicabilidade do Conceito de "Organização Criminosa" na Persecução Penal em Face de Manifestantes

Juarez Cirino dos Santos[46] oferece bons motivos para repensar a própria relevância penal de certas condutas praticadas na conjuntura de uma desobediência civil. Não é, porém, a finalidade deste ensaio refletir, nem se os movimentos sociais em rede, as ocupações e manifestações populares em geral se enquadram neste conceito[47], tampouco se as condutas praticadas, em tese, típicas, estão asseguradas sob a égide de uma causa excludente da culpabilidade.

O nosso problema derradeiro é simplesmente o de constatar que: a luta em rede, a multidão na rua, composta por múltiplas singularidades (pessoas individualmente consideradas, classes profissionais – professores, garis, rodoviários, etc. – partidos políticos, grupos anarquistas, movimentos feministas, da luta LGBT, black blocs, ambientalistas, redes de advogados, mídias independentes, e assim infinitamente) não pode ser reduzida ao conceito de organização criminosa.

Deve ficar claro que, tampouco os "pequenos grupos", assim considerados atomizadamente, são adequáveis ao art. 1, §1º da Lei nº 12.850/13. Desta

---

[45] Como a Lei nº 12.850/13 não revogou expressamente a Lei nº 12694/12, temos um caso claro de antinomia jurídica. Há incongruências e incompatibilidades entre os institutos em comento, mas não é o nosso objetivo enfrentá-los neste espaço. Entendemos que é não é adequada a manutenção de um conceito de organização criminosa que delineie o procedimento e outro para a definição de crimes. Desta feita, aplica-se o critério cronológico, primando pela prevalência da norma posterior, qual seja o disposto na Lei nº 12.850/13.

[46] Nas palavras de Cirino dos Santos: "autores de fatos qualificados como desobediência civil são possuidores de dirigibilidade normativa e, portanto, capazes de agir conforme o direito, mas a exculpação se baseia na existência objetiva de injusto mínimo, e na existência de motivação política ou coletiva relevante, ou, alternativamente, na desnecessidade de punição, por que os autores não são criminosos – portanto, a pena não pode ser retributiva e, além disso, a solução dos conflitos sociais não pode ser obtida pelas funções de prevenção especial e geral atribuídas à pena criminal". SANTOS, Juarez Cirino dos. Direito Penal – parte geral. 3ª ed. Lumen Juris, Curitiba, 2008.

[47] A respeito do conceito de desobediência civil, conferir a clássica obra de THOREAU, Henry David. A desobediência civil, 1817-1862. São Paulo: Penguin Classics Companhia das Letras, 2012. Ver, igualmente, RAWLS, John. Uma teoria da justiça. Trad. Cláudia Berliner. São Paulo: Martins Fontes, 1997. Ainda a respeito da desobediência civil, é indispensável a leitura de LA BOÉTIE, Étienne, 1530-1563. Discurso da servidão voluntária. Casemiro Linarth (trad.) São Paulo: Martin Claret, 2009

ORGANIZAÇÃO CRIMINOSA E MANIFESTAÇÕES POPULARES: CRÍTICAS À APLICAÇÃO...

forma, todos os comportamentos eventualmente considerados criminosos pelo Estado não podem ser tipificados nesta lei, assim como não estão autorizadas quaisquer das medidas previstas no art. 3º. A este respeito, realizaremos algumas ponderações acerca das manifestações populares, enfrentando mais diretamente os requisitos descritos na Lei nº 12.850/13 à configuração de uma "organização criminosa". Em razão do espaço, trataremos apenas de alguns, cuja repercussão para a nossa reflexão é mais proeminente.

Estes requisitos são fundamentalmente os seguintes: a) quantitativo mínimo de agentes: 4 (quatro) ou mais; b) *modus operandi*: pessoas estruturalmente ordenadas e caracterizadas pela divisão de tarefas, ainda que informalmente; c) objetivo: obter, direta ou indiretamente, vantagem de qualquer natureza, mediante a prática de infrações penais; d) número de infrações penais: mais de 01 (um); e) natureza da infração penal: crime ou contravenção penal com penas máximas superiores a 4 (quatro) anos, ou que sejam de caráter transnacional. Com relação ao *modus operandi*, sabe-se que a constatação da estabilidade e permanência é indispensável à configuração de uma organização criminosa. Esta organização, como o próprio nome sugere, deve estar estruturada, ordenada e conter alguma espécie de divisão de tarefas. Luis Flávio Gomes faz a seguinte ponderação:

> Associação de forma estável, duradoura, permanente, pois do contrário configura uma mera coautoria (autoria coletiva) para a realização de um determinado delito. Se quatro ou mais pessoas, num evento cultural (um baile, por exemplo), se reúnem naquele momento para bater ou matar uma pessoa, estamos diante de uma autoria coletiva (coautoria), não de uma organização criminosa (que exige estabilidade prévia). A associação de várias pessoas numa passeata, desde que seja ato isolado, não permanente, não configura a organização criminosa. A permanência e estabilidade do grupo deve ser firmada antes do cometimento dos delitos planejados.[48]

---

[48] GOMES, Luis Flávio. op. cit,. A definição de "associação estruturalmente ordenada" revela subjetividade que tende a ser preenchida pelo poder discricionário do magistrado. Neste ponto, é afrontado o princípio da legalidade, em especial seu desdobramento enquanto princípio da taxatividade, uma vez que engendra um tipo penal aberto. A este respeito, Gomes aponta que: "não cremos que a jurisprudência (sobretudo a de sabor populista) vá ter coragem de fazer respeitar referida garantia (que, nesta altura da expansividade do poder punitivo – Silva Sanchez -, está se transformando em letra morta ou minúscula). A preponderância do poder punitivo sobre o direito penal (sobre a ciência do direito penal) está mais do que evidente, em tempos de populismo penal midiático". Tais aporias conduzem, no contexto de ofensiva global do autoritarismo, à banalização do conceito de crime organizado gerando inclusive entendimentos favoráveis à criminalização da ação política.

CRIME ORGANIZADO

Os atuais movimentos sociais em rede, para utilizarmos a categoria proposta por Manuel Castells[49], não estão em sintonia com a tradicional configuração do chamado "crime organizado". A constatação empírica de qualquer das manifestações populares, desde junho de 2013 no Brasil, permitem um diagnóstico mais ou menos seguro no sentido de que não há pessoas ou grupos especialmente estruturados como organizações, tampouco criminosas. Em termos mais precisos: aquilo que a "grande mídia tradicional" e os governos passaram a chamar de "vandalismo", a par de representarem condutas supostamente típicas do ponto de vista penal, não podem ser encaradas sob o prisma da Lei nº 12.850/13.

Isto ocorre em razão da própria ontologia dos movimentos. Em primeiro lugar, estes movimentos, ainda segundo Castells, devem ser pensados enquanto inseridos em uma *sociedade em rede*[50], influenciada pelas novas formas de conexão pela internet e pela comunicação sem fio[51].

O Estado, neste contexto, constituiria uma espécie de *rede-padrão*, garantido o exercício de outras redes de poder (finanças, mídia, por ex.). Estes poderes, conforme Castells, "são exercidos por meio da coerção (o monopólio da violência, legítima ou não, pelo controle do Estado) e/ou pela construção de significado na mente das pessoas, mediante mecanismos de manipulação simbólica".[52] Os movimentos sociais, por sua vez, devem ser pensados enquanto redes de *contra-poder*, na medida em que desafiam o "poder embutido nas instituições da sociedade com o objetivo de reivindicar a representação de seus próprios valores e interesses"[53]. Esta difícil interação entre poder

---

[49] CASTELLS, Manuel. Redes de Indignação e de Esperança. Trad. de Carlos Alberto Medeiros. Rio de Janeiro: Jorge Zahar, 2013, p. 12.

[50] Nas palavras de Castells, "em nossa sociedade, que conceptualizei como uma sociedade em rede, o poder é multidimensional e se organiza em torno de redes programadas em cada domínio da atividade humana, de acordo com os interesses e valores de atores habilitados. As redes de poder o exercem, sobretudo influenciando a mente humana (mas não apenas) mediante as redes multimídia de comunicação de massa". CASTELLS, Manuel. Redes de Indignação e de Esperança. op, cit, p. 12.

[51] "Nos últimos anos, a comunicação em ampla escala tem passado profunda transformação tecnológica e organizacional, com a emergência do que denominei autocomunicação em massa, baseada em redes horizontais de comunicação multidirecional, interativa, na internet; e, mais ainda, nas rederes de comunicação sem fio, atualmente a principal plataforma de comunicação em toda parte. Esse é o novo contexto, no cerne da sociedade em rede como nova estrutura social, em que os movimentos sociais do século XXI se constituem". CASTELLS, Manuel. Redes de Indignação e de Esperança. op. cit. p. 158.

[52] CASTELLS, Manuel. Redes de Indignação e de Esperança. op. cit. p. 10.

[53] Ibidem.

ORGANIZAÇÃO CRIMINOSA E MANIFESTAÇÕES POPULARES: CRÍTICAS À APLICAÇÃO...

e contra-poder está na base do confronto estabelecido entre os Estados e os manifestantes, descrito anteriormente. Em vários lugares do mundo tem sido, portanto, assim: a intimidação e o exercício da violência representam, por excelência, a forma com que se impõe a vontade dos que controlam as instituições da sociedade.[54]

O mecanismo de conexão entre as pessoas que integram as manifestações (ou, para empregar o termo de Castells, o movimento social em rede) é essencialmente multimodal, ou seja, inclui "redes sociais on-line e off-line, assim como redes preexistentes e outras formadas durante as ações do movimento".[55] Isto significa que as mobilizações populares são deflagradas sem que possuam um centro de operação identificável e uma estrutura hierarquicamente organizada. Ao prescindirem de lideranças, centro de comando e organização vertical, os atuais movimentos sociais apresentam-se como uma miríade de singularidades, constituindo uma estrutura descentralizada que, per si, garante a participação abrangente da população em geral.[56]

Tanto os chamados Black Blocs, quanto os Anonymous estão precisamente encaixados na mesma configuração e representam apenas *táticas de atuação* de um múltiplo e vasto movimento constituído em rede. Isto explica o porquê da tentativa das agências repressivas em encontrar uma verdadeira organização criminosa termina com a esdrúxula prisão de meros administradores de páginas veiculadas no facebook, no caso, três adultos e dois menores[57]. A profunda desconfiança dos participantes que integram as mobilizações populares com as instituições e formas de delegação do poder em geral tornam esta rede totalmente alheia à organização e à liderança. Em outros termos, pode-se afirmar que a horizontalidade das redes importa na exclusão de qualquer sentido de estrutura ordenada ou divisão de tarefas entre os participantes. Isto significa que os comportamentos levados a efeito por manifestantes, mesmo que considerados penalmente típicos pelo Estado, indicam formas simbólicas

---

[54] Ibidem.

[55] CASTELLS, Manuel. Redes de Indignação e de Esperança. op. cit. p. 160.

[56] Idem.

[57] Reportagem do sítio G1 do dia 04 de setembro de 2013, reproduzida no blog disponível em http://levantedereacaopopular.blogspot.com.br/2013/09/integrantes-do-black-block-sao-presos.html acessado em 24 de junho de 2014. "RIO – Uma operação deflagrada pela Delegacia de Repressão à Crimes de Informática (DRCI) para desarticular o grupo conhecido como Black Bloc terminou com três presos e dois menores apreendidos nesta quarta-feira. O grupo é acusado de promover baderna e atos de vandalismo durante as manifestações que vêm sendo realizadas desde junho. Os detidos assumiram na delegacia que administravam a página do grupo no Facebook. De acordo com a chefe de Polícia Civil, delegada Martha Rocha, eles responderão a inquérito por formação de quadrilha armada e incitação à violência".

CRIME ORGANIZADO

de atuação a que aderem pessoas, sem necessariamente possuírem vínculos prévios e ordenadamente estruturados.

Esta marca característica dos atuais movimentos que tomaram as ruas do Brasil e do mundo revela, em suma: ainda quando se cometem danos ao patrimônio público ou privado (quebra de vidraças bancárias, tentativa de incendiar a Assembleia Legislativa, "hackeamento"[58] de um sítio da internet, por ex.), trata-se de condutas praticadas sem interferência organizacional estabelecida. Eventual concurso de agentes, naturalmente, não se confunde com o conceito de organização criminosa. Está, portanto, absolutamente excluída a elementar contida no art. 1, §1º da Lei nº 12.850/13, consistente em organização "estruturalmente ordenada e caracterizada pela divisão de tarefas, ainda que informalmente". Demonstrar que este requisito não está presente era, sem dúvida, o principal ponto a ser enfrentado.

No que se refere à exigência de prática de infrações penais com pena superior a 4 anos, algumas breves considerações podem ser pertinentes. Em primeiro lugar, como é cediço, a pena referida no dispositivo exclui os crimes de pequeno ou médio potencial ofensivo, assim como as contravenções penais com pena inferior a 4 anos. A *mens legis* da Lei 12.850/13 é, enfim, a de coibir graves afrontas à ordem jurídica. Por esta razão, como colocou César Roberto Bitencourt "na realidade, nessa opção político criminal o legislador brasileiro reconhece o maior *desvalor da ação* em crimes praticados por organização criminosa ante a complexidade oferecida à sua repressão e persecução penal." [59]

Nada disso parece se adequar à conjuntura das manifestações populares no Brasil. Com relação aos supostos delitos praticados por manifestantes, na ampla maioria dos casos não é possível o enquadramento na Lei nº 12.850/13, simplesmente porque as condutas típicas imputadas são de um modo geral: dano (art. 163), dano qualificado (art. 163 § único), lesão corporal leve (art. 129), desobediência (art. 330), desacato (art. 331), resistência (art. 329), incitação ao crime (art. 286). [60] Considerando que as penas cominadas a estas condutas não ultrapassam os 4 anos exigidos pela Lei nº 12.850/13, as autoridades policiais tem adotado como estratégia a imputação dos delitos em con-

---

[58] Por "hackeamento" entende-se a manipulação não autorizada de um sistema computacional alheio.

[59] BITENCOURT, Cezar Roberto. Primeiras reflexões sobre organização criminosa – Anotações à Lei 12.850/2013. Disponível em: http://atualidadesdodireito.com.br/cezarbitencourt/2013/09/05/primeiras-reflexoes-sobre-organizacao-criminosa/ Consultado em: 25/06/14.

[60] Mesmo na hipótese do porte de artefato explosivo, previsto no art. 16, III do Estatuto do Desarmamento, cuja pena base é de 3 a 6 anos, não seria possível o enquadramento da Lei 12.850/13 a manifestantes, uma vez que não há o preenchimento dos demais requisitos.

curso material. Esta prática não é juridicamente correta. Cada suposto crime praticado deve, individualmente, ter sanção acima de 4 anos, visto que devem constituir grave lesão ou ameaça de lesão a bens jurídico-penais. Portanto, não condiz com o Direito Penal Liberal, a *práxis* observada nas autoridades policiais de acumular tipificações aos manifestantes acusados para forçar, a golpes de martelo, a caracterização da organização criminosa.

No que se refere ao dolo específico, qual seja o "objetivo de obter, direta ou indiretamente, vantagem de qualquer natureza", o legislador alarga o espectro de abrangência do conceito de organização criminosa previsto na Convenção de Palermo, cujo conteúdo estabelece como requisito *"um benefício econômico ou outro benefício material".* De todo modo, também não se observa aqui condições de adequar o dispositivo legal à forma de atuação dos atuais movimentos sociais. Qual seria a vantagem almejada pelos multitudinários movimentos de contestação? Diminuição de tarifas exorbitantes de transportes públicos, valorização dos profissionais da educação, luta contra a corrupção na política, desmilitarização da polícia, direito à cidade e à participação popular. Neste contexto, é importante observar as ponderações de Luiz Flávio Gomes[61]:

> Ainda são relevantes para a compreensão da exigência típica aqui enfocada (estrutura ordenada) alguns dados, como os seguintes: normalmente as organizações criminosas não possuem caráter ideológico, ou seja,**"não contam com agendas políticas"**, não pretendem mudar o regime político do país, não representam terroristas ou seus propósitos de mudanças na governança do Estado. *Grifos nossos.*

As bandeiras levantadas pelos movimentos sociais, seja quando trazem à tona pautas locais, seja quando representem genuínas contestações anticapitalistas[62], não podem ser consideradas "vantagem de qualquer natureza", porque não há vantagem alguma. Trata-se tão somente de exercer o direito fundamental à liberdade de expressão, liberdade de reunião e livre manifestação do pensamento. Lutar, por melhores condições de existência, definitivamente, não é crime. A tentativa de enquadrá-las como vantagens que

---

[61] Gomes, Luiz Flávio. Comentários aos artigos 1º e 2ª da Lei 12.850/13 – Criminalidade organizada. Disponível em:http://atualidadesdodireito.com.br/lfg/2013/08/29/criminalidade-economica-organizada/ Acessado em: 25/06/14.

[62] Como disse André Duarte, hoje, o "novíssimo biopoder não atua apenas segundo o eixo dos exageros do poder soberano estatal em sua ânsia de governamentabilidade – a qual, por certo, nem por isso desapareceu, apenas se transformou –, mas atua segundo o eixo flexível do mercado". Duarte, André. Foucault e as novas figuras da biopolítica. o fascismo contemporâneo. In Veiga-Neto, Alfredo. Rago, Margareth. Para uma vida não-fascista. Belo Horizonte: Autêntica, 2009.

CRIME ORGANIZADO

caracterizem uma organização criminosa corresponde, em última instância, à criminalização da ação política, típica de Estados fascistas e autoritários.

Ainda que existam vínculos específicos entre um ou outro manifestante, o fato conclusivo é que as redes se formam horizontalmente, são multimodais e aperfeiçoadas com base em valores de cooperação e fraternidade. Não se pode dizer que as manifestações populares (envolvam as chamadas depredações ou não) estejam dirigidas à obtenção de qualquer vantagem que não seja simplesmente o desejo de por em prática "a utopia da autonomia do sujeito em relação às instituições da sociedade"[63].

Conclusões

O Estado de direito constitui um dispositivo atravessado por linhas contraditórias, organicamente em tensão. Estas linhas traçam, como disse Gilles Deleuze[64], processos que estão sempre em desequilíbrio. Discursos, instituições, práticas, proposições teóricas cruzam o dispositivo Estado de direito e, assim, sujeitam-no a contaminações e derivas de toda a ordem[65].

A consciência destas desconexões, *ruídos intrassistêmicos* como colocou Rui Cunha Martins, é o que nos permite refletir sobre os "momentos em que o Estado de direito foi cooptado pelas políticas totalitárias do século passado sem demonstrar então a necessária agilidade ou força para as erradicar da sua órbita". [66] Em outras palavras, ele, o Estado de direito, move-se e ao se mover evidencia "uma profunda disponibilidade para os apelos da conjuntura".[67] A atual conjuntura política e social do país é a das manifestações populares. Estas, enquanto processos de insurgência que colocam o Estado no centro da rua, nos reconduzem à velhas e persistentes questões: utilização abusiva da maquinaria repressiva estatal, requisição de práticas e de mecanismos próprios à regimes políticos autoritários, enfim, uma resposta política levada a efeito, em alguns casos pelo gás lacrimogêneo, em outros pelo cassetete, pela prisão ilegal, de qualquer forma, pela violência do Estado.

O emprego da Lei nº 12.850/13 na persecução penal em face de manifestantes se insere neste contexto. Ela representa, ao lado dos outros expedientes jurídico-penais, a resposta das agências estatais aos movimentos deflagrados no país, desde junho 2013 e que, pela sua própria potência, tem provocado

---

[63] Ibidem.

[64] DELEUZE, Gilles. O que é um dispositivo. Disponível em http://www.arteria.art.br/wp-content/uploads/2013/10/Deleuze-O-que-e%CC%81-um-dispositivo.pdf, acessado em 06 de abril de 2014.

[65] MARTINS, Rui Cunha, op. cit, p.4.

[66] Idem, p. 5.

[67] Idem, p. 2.

a desestabilização de inúmeros governos e dos interesses que lhe oferecem sustentação. A finalidade proeminente deste artigo foi, portanto, a de conduzir todos aqueles que pretendem pensar a "questão criminal", a partir de um viés democrático,[68] ao epicentro deste contexto. Nele, pudemos cartografar não apenas a dimensão política das práticas repressivas estatais (no ambiente atual das manifestações), mas também avançar para a desconstrução dogmática da tentativa de enquadrar manifestantes na lei que trata das organizações criminosas.

Há, seguramente, um largo espaço de reflexão quanto às novas formas de movimentação social, um novo desenvolvimento que, para além da consciência de classe, permite que as múltiplas singularidades possam advir em sua potência libertadora. Mas é preciso estar atento. Afinal, como ponderou Zizek, estes são *"anos em que sonhamos perigosamente"*.

Referências

AGAMBEN, Giorgio. Estado de exceção. Trad. Iraci D. Poleti – São Paulo.ed. Boi tempo, 2004.

BATISTA, Nilo. Todo crime é político. In.: Caros amigos. Ano VII. No. 77. Agosto de 2003.

BRANCO, Guilherme Castelo (org). Terrorismo de Estado. Belo Horizonte: Autêntica, 2013.

BITENCOURT, Cezar Roberto. Primeiras reflexões sobre organização criminosa – Anotações à Lei 12.850/2013. Disponível em: http://atualidadesdodireito.com.br/cezarbitencourt/2013/09/05/primeiras-reflexoes-sobre-organizacao-criminosa/ Consultado em: 25/06/14.

CASARA, Rubens R R e MELCHIOR, Antonio Pedro. Teoria do Processo Penal Brasileiro: Dogmática e Crítica. Conceitos Fundamentais. Lumen Juris: Rio de Janeiro: 2013. Vol. I.

CASTELLS, Manuel. Redes de Indignação e de Esperança. Trad. de Carlos Alberto Medeiros. Rio de Janeiro: Jorge Zahar, 2013.

DELEUZE, Gilles, GUATTARI, Félix. Mil Platôs. São Paulo: Editora, 2013.

DELEUZE, Gilles, Crítica e Clínica. São Paulo: Editora. 2012.

DELEUZE, Gilles, PARNET, Claire. Diálogos. Lisboa: Flamarion, 1977.

DUARTE, André. Foucault e as novas figuras da biopolítica. o fascismo contemporâneo. In VEIGA-NETO, Alfredo. RAGO, Margareth. Para uma vida não-fascista. Belo Horizonte: Autêntica, 2009.

DIAS, Rafael Mendonça; CARVALHO, Sandra; MANSUR, Isabel (orgs.). Na Linha de Frente: Criminalização dos Defensores de Direitos Humanos no Brasil (2006-2012). Rio de Janeiro, Justiça Global.

---

[68] Democracia, onde se falou dela, importa em controle do poder estatal. O Estado de direito, portanto, é um dispositivo que visa ao controle do poder estatal. O seu propósito forte, como disse Ferrajoli, é o de sujeitar os poderes públicos à lei, em última instância a limites de contenção. O direito criminal (especialmente o processo penal) é um dispositivo criado dentro de outro, para exercer este propósito forte.

CRIME ORGANIZADO

FERRAJOLI, Luigi. Direito e razão: a teoria do garantismo penal. Trad. Fauzi Hassan Choukr. São Paulo: Revista dos Tribunais, 2002.

FOUCAULT, Michel. O nascimento da biopolítica. São Paulo: Editora Martins Fontes, 2008.

GUATTARI, Félix. Revolução Molecular: pulsações políticas do desejo. São Paulo: Editora Brasiliense, 1981.

GUATTARI, Félix, ROLNIK, Suely. Micropolítica: cartografias do desejo. Petrópolis: Vozes, 1986.

GOMES, Luiz Flávio. Comentários aos artigos 1º e 2ª da Lei 12.850/13 – Criminalidade organizada. Disponível em:http://atualidadesdodireito.com.br/lfg/2013/08/29/criminalidade-economica-organizada/ Acessado em: 25/06/14.

GOMES, Luiz Flávio e CERVINI, Raul. Crime Organizado. São Paulo: Editora Revista dos Tribunais, 2ª. edição, 1997.

HARDT, Michael e NEGRI, Antonio. Multidão: guerra e democracia na era do império. Tradução: Clóvis Marques. Rio de Janeiro: Record, 2012.

HASSEMER, Winfried. Persona, mundo y responsabilidad: bases para una teoría de la imputación en derecho penal. Trad. Francisco Muñoz Conde e María del Mar Díaz Pita. Santa Fe de Bogotá: Temis, 1999.

LA BOÉTIE, Étienne, 1530-1563. Discurso da servidão voluntária. Casemiro Linarth (trad.) São Paulo: Martin Claret, 2009.

MARTINS, Rui Cunha. O ponto cego do Direito. *The Brazilian Lessons*. Rio de Janeiro: Lumen Juris, 2010.

NEGRI, Antonio. O Poder Constituinte. Ensaio sobre as alternativas da modernidade. Rio de Janeiro: DP&A, 2002.

RAWLS, John. Uma teoria da justiça. Trad. Cláudia Berliner. São Paulo: Martins Fontes, 1997.

ROLNIK, Raquel. As vozes das ruas: as revoltas de junho e suas interpretações. In: Cidades Rebeldes: Passe Livre e as manifestações que tomaram as ruas do Brasil. São Paulo: Boitempo, 2013.

ROSA, Alexandre Morais da. Decisão penal: bricolagem de significantes. Rio de Janeiro: Lumen Juris, 2006.

ROXIN, Claus. A proteção de bens jurídicos como função do Direito Penal. Porto Alegre: Livraria do Advogado, 2009.

SANTOS, Juarez Cirino dos. Direito Penal – parte geral. 3ª ed. Curitiba: Lumen Juris, 2008.

_____. Crime Organizado. Disponível em: disponível em http://www.cirino.com.br/principal.htm. acessado em 20 de junho de 2014.

THOREAU, Henry David. A desobediência civil, 1817-1862. São Paulo: Penguin Classics Companhia das Letras, 2012.

ZAFFARONI, Eugênio Raul. Crime Organizado: uma categorização frustrada, in Discursos sediciosos, 1 (1996).

_____. O inimigo no Direito Penal. Trad. Sérgio Lamarão. Rio de Janeiro: Revan, 2007.

ZIZEK, Slavoj. O ano em que sonhamos perigosamente. São Paulo: Boitempo, 2012.

PARTE VII
CRIME ORGANIZADO NO DIREITO COMPARADO

32
Crime Organizado e Globalização: Perspectiva a Partir do Direito Penal Internacional e a Transnacionalidade do Delito

ACACIO MIRANDA S. FILHO

1. Direito Penal e Globalização

Nas últimas décadas o mundo vem passando por um fenômeno de aproximação política, econômica, cultural e comunicacional entre os países: a Globalização[1].

As consequências desta podem ser experimentadas em todas as relações entre países e pessoas, mas em nenhum aspecto ela fica tão evidente quanto no econômico, reverberando dois termos típicos do momento atual[2]: – Globalização Econômica; – e Integração Supranacional.

A par de todos os seus benefícios, a globalização também aproximou os problemas e as mazelas sofridas pelos cidadãos[3]:

a) seja em virtude do surgimento de novos crimes (ou do conhecimento acerca de novos bens jurídicos tidos como merecedores da tutela penal), como decorrência da expansão das fronteiras culturais e sociais;

---

[1] Segundo Scholte: *"Globalização é a difusão de conexões transplanetárias entre as pessoas, e mais recentemente, de conexões supraterritoriais. A partir desta perspectiva, a globalização envolve reduções de barreiras aos contatos transmundiais. As pessoas tornaram-se mais aptas: física, legal, cultural e psicológicamente a engajarem-se umas com as outras em um só mundo"* (SCHOLTE, Jan Aart. **The sources of neoliberal globaliza- tion** in **Overreaching concerns programme paper 8**, UN- RISD, 2005).

[2] SÁNCHEZ, Jesús Maria Silva. **La expansión del Derecho Penal**, B de F ltda. 2011. P. 83.

[3] SILVA SÁNCHEZ. OP.CIT. P.90. *"Pero, por otro lado, los fenómenos económicos de la globalizacion y de la integracion económica dan lugar a la conformación de modalidades nuevas de delitos clásicos, así como a la aparición de nuevas formas delictivas...Por lo démas, genera lá aparicíon de uma nueva concepcíon de lo delictivo, centrada em elementos traditionalmente aajernos a la ideia de delincuencia como fenômeno marginal; em particular los elementos de orgaanizacion, transnacionalidad y poder económico".*

CRIME ORGANIZADO

b) seja em virtude do surgimento de novas estruturas criminosas, que fazem uso dos mecanismos decorrentes da própria globalização para expandir as suas fronteiras e as suas atividades.

E, estas novas "demandas" penais, conduzem a necessária definição de alguns novos institutos:

1) o surgimento do Direito Penal Internacional, à partir do qual cabe a distinção entre os Crimes Internacionais (cuja tutela do bem jurídico penal é do interesse de toda a Humanidade) e os Crimes Transnacionais (que são aqueles cujo *"iter criminis"* transpõe as fronteiras de dois ou mais países);

2) a distinção entre Direito Penal da Globalização (que corresponde a um Direito Penal Unificado, cujas bases serão universais, em virtude da sua influência multilateral) e o Direito Penal na Era da Globalização (que corresponde as suas influências sofridas pelo Direito Penal Tradicional, em virtude da expansão cultural, social e econômica decorrente da globalização).

1.1. Direito Penal Internacional[4]
Segundo o Professor Kai Ambos[5]:

> *"... por Direito Penal Internacional entende-se, tradicionalmente, o conjunto de todas as normas de Direito Internacional que estabelecem consequências jurídico-penais. Trata-se de uma combinação de princípios de Direito Penal e de Direito Internacional. A ideia central da responsabilidade individual e da reprovabilidade de uma conduta provém do direito penal, tanto assim que as clássicas figuras penais de Nuremberg, em sua qualidade de normas internacionais, devem se classificar formalmente como direito internacional, submetendo, deste modo, a conduta em questão a uma punibilidade autônoma de direito internacional (princípio da responsabilidade penal direta do indivíduo segundo o direito internacional)".*

Vale frisar, a partir desta conceituação, que o Direito Penal Internacional corresponde a um instrumento jurídico pertencente a toda a comunidade internacional, ao qual foi concedida a missão de tutelar os bens jurídicos tidos como essenciais a sua manutenção.

---

[4] Importa frisar que este não é um conceito unânime, sofrendo críticas especialmente dos estudiosos do Direito Internacional, para os quais o Direito Internacional Penal trata das infrações que violam o Direito Internacional, tais como os crimes de guerra, os contra a humanidade, entre outros.
[5] AMBOS, Kai. *A Parte Geral do Direito Penal Internacional.* São Paulo: Revista dos Tribunais, 2008. P.42 e 43.

CRIME ORGANIZADO E GLOBALIZAÇÃO: PERSPECTIVA A PARTIR DO DIREITO PENAL...

Partindo desse preceito, surgiram os 04 (quatros) crimes tipificados no artigo 5° do Estatuto de Roma (ou Estatuto do Tribunal Penal Internacional): – Crimes de Guerra; – Crimes de Agressão; – Crimes Contra a Humanidade; – e Genocídio.

Essa vertente do Direito Penal Internacional, enquanto decorrência direta do fenômeno da globalização, permite a criminalização da ofensa e do perigo aos bens jurídicos tidos como essenciais a manutenção da sociedade, sem que sejam feitas restrições culturais, políticas, sociais ou religiosas[6].

Surgem, portanto, os Crimes Internacionais, onde o interesse comum na preservação da humanidade sobrepõe-se aos interesses individuais de cada um dos países, ou, conforme Michel Wencland Reis[7], estes terão a proteção dos direitos humanos como critério de interpretação.

Tal fenômeno, naturalmente, não tem como objetivo enfraquecer a soberania interna dos países, mas, afirmar que determinadas questões estão acima de limites territoriais.

E, a partir da manutenção da soberania dos países em termos político-criminais, surge a segunda vertente do Direito Penal Internacional: a sua atuação como um ramo do Direito Interno, que sofre ingerência do Direito Penal e do Direito Internacional, ao permitir que países atuem conjuntamente, de forma cooperativa, criando mecanismos para a repressão de crimes perpetrados em seus territórios.

É notório que uma das facetas da queda das fronteiras comerciais através da globalização foi o surgimento de uma criminalidade que não respeita barreiras geográficas e faz uso das falhas do sistema de persecução penal apegado a soberania nacional para operar em diversos países, expandindo os seus mercados e amealhando um maior número de "prestadores de serviços".

Aos crimes perpetrados por esta criminalidade moderna, que usufrui de *"extraordinária flexibilidade para delinquir"*[8] em países distintos, fazendo com que a tradicional estrutura analítica do crime, e os meios processuais existen-

---

[6] Conforme se tem ciência, as três gerações dos Direitos Humanos são, historicamente, uma construção política apta a contemplar os principais interesses político-sociais dos Norte Americanos (liberdade) e dos Russos (igualdade). Ademais, ainda hoje, quando sopesadas as questões internas de diversos países, há conflito entre estes, a fim de ver prevalecer os seus, sem que sejam respeitados, ou sequer observados, os dos demais.

[7] REIS, Michel Wencland. **Tribunal Penal Internacional: Construindo o Direito Internacional Penal**.

[8] SOUZA PEREIRA, Emmanoel Campelo. **Lavagem de Dinheiro e Crime Organizado Transnacional**. São Paulo: LTR, 2016. P.28.

tes, tornem-se obsoletos para o seu combate, dá-se o nome de Crime Transnacional.

Ademais, a já citada soberania nacional é o principal entrave para o combate a esta criminalidade organizada, uma vez que as disposições constitucionais internas impõem certas barreiras a criação de mecanismos legislativos que superem os limites territoriais dos países, restando, somente, a via multilateral dos tratados e convenções, em termos materiais, e a cooperação jurídica internacional, em termos processuais.

Já tivemos a oportunidade de escrever a respeito da multilateralidade e da cooperação em matéria penal no ordenamento jurídico interno em obra dedicada ao tratamento da Lei 13.260/13[9], cujas parâmetros e as bases encaixam a perfeição neste momento[10].

---

[9] Miranda S. Filho, Acacio. Coordenação: Busato, Paulo César. **Lei Antiterror Anotada**. Indaiatuba: Editora Foco, 2018. P. 159 e seguintes.

[10] ***"Tratado e Convenção Internacional.*** *As relações entre as pessoas internacionais dependem de regras capazes de regulamentá-las, diante disso, surgem as fontes de Direito Internacional Público, conforme indicado no artigo 38, do Estatuto da Corte Internacional de Justiça. O tratado e a convenção internacional são expressões sinônimas, que correspondem a um ato jurídico através do qual os Estados, em conformidade a sua soberania, e as Organizações Internacionais, criam, modifiquem e extinguem direitos entre si (entre Estados, entre Estados e Organizações Internacionais). No ordenamento jurídico brasileiro a adesão a um tratado depende dos pressupostos estabelecidos pelos artigos 84, inciso VIII, e 49, inciso I, ambos da Constituição Federal: O Presidente da República vai celebrá-lo, e, após, enviá-lo ao Congresso Nacional, para que este o aprecie, e, em caso de aprovação, haverá um Decreto Legislativo. Após, haverá o Decreto de promulgação. A principal característica dos tratados diz respeito ao seu caráter vinculante e obrigatório aos seus signatários... **A Cooperação Jurídica Internacional:** Partindo de alguns elementos trazidos pela doutrina mais abalizada, trata-se de instrumento de intercâmbio internacional para o cumprimento de medidas judiciais e extrajudiciais, desde que associadas à investigação, pelos Poderes Judiciários de países distintos, tendo em vista necessidade gerada pela soberania e as suas limitações territoriais. **A Cooperação Jurídica Internacional na legislação pátria:** O Novo Código de Processo Civil estabelece duas formas de colaboração entre países, quais sejam: – a cooperação jurídica internacional (artigos 26 e 27); – e o auxílio direto (artigos 28 a 34). A principal distinção entre eles é a autoridade de quem emanou a decisão a ser cumprida no Brasil. Quando esta decorrer de autoridade jurisdicional, a via a ser utilizada será a cooperação jurídica internacional, e, quando não decorrer diretamente de autoridade jurisdicional estrangeira, será o auxílio direto. Tal distinção reverberará na liberalidade da autoridade brasileira no cumprimento da medida, pois, enquanto a cooperação jurídica internacional decorre de tratado, que tem caráter vinculante e obrigatório, o auxílio direto está sujeito à deliberação da autoridade acerca da sua realização, ou não. Diante disso, de acordo com a aplicação conjunta do artigo 15, da Lei 13.260, de 2016, e do Código de Processo Civil, o pedido para a aplicação das medidas assecuratórias, no caso da existência de tratado nesse sentido, depende da recepção e da transmissão do pedido pela autoridade central brasileira, no caso, o Ministério da Justiça (artigo 26, inciso IV, do CPC) e se dará com fundamento em um dos incisos do artigo 27, do CPC. **Da Dupla Incriminação:** A dupla imputação corresponde à necessária tipificação do crime objeto de cooperação jurídica internacional no ordenamento jurídico dos dois (ou mais) países envolvidos no intercâmbio. Este requisito pode ser consagrado no próprio acordo de cooperação, ou na legislação interna de um dos países cooperadores.*

CRIME ORGANIZADO E GLOBALIZAÇÃO: PERSPECTIVA A PARTIR DO DIREITO PENAL...

1.2. Direito Penal da Globalização versus Direito Penal na Era da Globalização

Os professores Luiz Flávio Gomes e Alice Bianchini[11] escreveram, no início dos anos 2000, uma obra sobre as relações entre o Direito Penal e a Globalização, tendo como ponto de partida a distinção entre:

> *"direito penal da globalização que versa sobre um fenômeno absolutamente novo, das duas últimas décadas, e outra bem diferente que são as características do direito penal da era da globalização que é produto e reflexo da soma de todas as profundas transformações do direito penal tradicional (Construído com bases iluministas no final do século XVIII) com as modificações típicas da globalização".*

No que tange ao Direito Penal na Era da Globalização, há a inequívoca certeza que este afeta o direito penal interno de cada um dos países, fazendo

O Brasil, por exemplo, exige esta dupla imputação no caso da cooperação jurídica internacional para a investigação ou persecução penal da Lavagem de Dinheiro, ou na extradição requerida por Estados estrangeiros (artigo 77, inciso II, da Lei 6815, de 1980). Apesar disso, o Brasil também dispõe de acordos de cooperação onde essa exigência é desnecessária, como por exemplo, o celebrado com a Espanha, Canadá, e o MLAT Brasil – EUA. No caso do MLAT, especificamente, o artigo XVI.2 estabelece que as medidas assecuratórias devem ser permitidas nas respectivas leis de cada um dos países. Apesar disso, um dos aspectos a serem ressaltados do artigo ora em comento diz respeito à indicação pelo legislador da expressão: "...crimes descritos nesta lei praticados no estrangeiro". Causa certa confusão a redação utilizada pelo legislador, visto que não há referência incisiva a dupla imputação, mas a prática de crimes descritos pela própria lei, perpetrados no estrangeiro. A falta de precisão legislativa pode conduzir a algumas interpretações, quais sejam: a) o legislador fez referência à possibilidade de aplicação da regra nos casos em que o crime seja da competência do Brasil, mesmo quando praticado no estrangeiro, e as medidas assecuratórias sejam requeridas pelo Brasil para serem realizadas em outro país. Ocorre que, ao adotar-se esse entendimento, estar-se-ia diante de uma hipótese de extraterritorialidade, além das citadas no artigo 7°, do Código Penal; b) o legislador quis correlacionar as legislações dos países envolvidos na cooperação, ao exigir que os elementos dos tipos penais que configuram o terrorismo no Brasil também estejam presentes na legislação da outra parte – país, mesmo que esta correlação não seja em um tipo penal especificamente de terrorismo; c) há, apesar da pobreza da redação, a exigência do critério objetivo da dupla imputação, ou seja, é necessário que haja tipo (s) análogo (s) na legislação da outra parte – país.
Por fim, importa frisar que essa exigência só ocorrerá nos casos de cooperação jurídica passiva, ou seja, quando o outro país requer ao Brasil a aplicação das medidas assecuratórias, pois, no caso da ativa (pedido feito pelo Brasil a outro país) as regras serão definidas pelo outro país, quando obviamente não estiverem disciplinadas por tratado... Da Reciprocidade: A reciprocidade constitui a aceitação mútua de determinadas obrigações por um Estado soberano, quando o outro Estado aceita igualmente o seu conteúdo, só havendo necessidade da sua existência quando não há tratado ou convenção internacional regulando o tema, ou quando um, ou ambos, países não são signatários destes". A lei em comento indicou a possibilidade na sua realização exatamente por isso. Como se sabe, alguns países recusam a assinatura de determinados tratados por entenderem que o conteúdo destes fere a sua soberania, ou por porque o conteúdo é contrário aos seus preceitos internos, por questões políticas, econômicas, ou por qualquer razão plausível. Em relação a estes países, o Brasil poderá realizar a cooperação passiva, desde que o país assuma a obrigação de realizar para o Brasil quando necessária".

[11] **O Direito Penal na Era da Globalização**. São Paulo: Revista dos Tribunais, 2002. P. 16.

CRIME ORGANIZADO

com que a sua expansão seja uníssona, no sentido de vários países criminalizarem condutas que afetem bens jurídicos comuns, além do recrudescimento das garantias individuais do cidadão, em prol de um discurso de combate à criminalidade.

A esse respeito, há o tirocínio de Silva Sanchez[12]:

> *"En este punto, por tanto, el derecho penal de la globalización no hara más que acentuar la tendencia que ya se percebe em las legislaciones nacionales, de modo especial em las ultimas leyes em matéria de lucha contra la criminalidade económica, la criminalidad organizada y la corrupción".*

Em conclusão, pode-se dizer que cada Estado, dentro da sua expressão de soberania, tem autonomia jurídica para determinar os rumos da sua política-criminal, contudo, à partir do fenômeno globalização, há uma maior demanda na uniformização na tutela dos bens que perturbam a *"ordem internacional"*, *especialmente o crime organizado*[13], falando insistentemente em harmonização de legislação e ensejando reações transnacionais.

Como exemplo deste, pode-se citar a criminalização da lavagem de dinheiro, das organizações criminosas, do terrorismo, dos crimes ambientais, entre outros, que aconteceu quase simultaneamente em diversos países, além dos elementos comuns dos tipos penais.

No mais, no que perpassa pelo Direito Penal da Globalização, apesar da pouca literatura existente acerca do tema, entendemos ser um Direito Penal unificado, no sentido que as suas determinações são aplicáveis a todos os cidadãos dos países que, abrindo mão de parte da sua soberania, tenham contribuído para a sua tipificação através dos organismos internacionais.

Como exemplo deste, há os já citados crimes internacionais do artigo 5º, do Estatuto de Roma, e a jurisdição do próprio Tribunal Penal Internacional, como forma de Globalização de Jurisdição Criminal Permanente.

A par dessa discutível distinção conceitual, vale frisar que a principal influência da globalização no Direito Penal é a sua expansão sob uma vertente supranacional, como forma de acompanhar as novas características de uma criminalidade transnacional e organizada.

E, da soma destes dois fatores – transnacionalidade e organização -, surge o tema cerne do presente trabalho: os mecanismos legislativos internacionais de combate à criminalidade organizada.

---

[12] Op.cit. 83 e 84.
[13] GOMES, Luiz Flávio. P. 20.

CRIME ORGANIZADO E GLOBALIZAÇÃO: PERSPECTIVA A PARTIR DO DIREITO PENAL...

2. Criminalidade Organizada Transnacional

Anabela Miranda Rodrigues[14] define, sob a perspectiva criminológica, a Criminalidade Organizada Transnacional:

> "A criminologia destaca hoje as redes difundidas internacionalmente, trabalhando a grande escala, com uma motivação essencialmente económica, e desenvolvendo relações simbióticas – isto é, identificando-se com a estrutura meio ambiental com a qual fazem corpo – que lhe asseguram uma certa imunidade". Desta forma, por exemplo, "o mundo do tráfico ilícito de drogas ter-se-ia tornado um underground empire, com uma forte base política multinacional".

Partindo desse preceito, e tratando da soma dos fenômenos globalização e criminalidade organizada, Emmanoel Pereira[15] diz:

> "Impulsionada pela globalização econômica, a prática de delitos transnacionais experimentou grande crescimento, na mesma proporção em que aumentaram os lucros obtidos por meio dessas atividades ilícitas. De fato, o avanço da tecnologia tem ampliado o mercado global e, com ele, as atividades do crime organizado...
>
> Da mesma forma, o crime organizado já faz parte da agenda internacional e tem ganhado espaço destacado nas convenções e acordos que visam coibir o tráfico de entorpecentes e a lavagem de dinheiro.
>
> Não surpreende que a delinquência organizada seja, atualmente, flagelo social dos mais perniciosos, com repercussões em todas as camadas sociais, especialmente as mais desfavorecidas".

Partindo desse quadro, resta evidente a criação de mecanismos supranacionais (e as suas decorrências internas) para o combate da criminalidade organizada, sendo os principais exemplos:

- Convenção de Palermo – a Convenção das Nações Unidas contra o Crime Organizado Transnacional –, adotada pela Resolução nº A/RES/55/25 de 15 de novembro de 2000 quando da 55ª Assembleia Geral das Nações Unidas e internalizado ao direito pátrio através do decreto 5015/2014.
- Decisão 2009/902/JAI do Conselho, de 30 de novembro de 2009, que cria uma Rede Europeia de Prevenção da Criminalidade e revoga a Decisão 2001/427/JAI, que dispõe sobre a política de prevenção da

---

[14] *Globalização e Direito*, "Criminalidade Organizada – Que Política Criminal?", *Studia Iuridica* ,73, Universidade de Coimbra, Coimbra Editora, 2003, p. 196.
[15] Op.cit. P.25.

CRIME ORGANIZADO

criminalidade na União Europeia (UE) é reforçada pela cooperação entre as autoridades a nível nacional e local, bem como com outros peritos e profissionais da área;

- Decreto Legislativo 162/2018, que aprova o texto do Acordo Quadro de Cooperação entre os Estados Partes do Mercosul e Estados Associados para a Criação de Equipes Conjuntas de Investigação, assinado em San Juan, Argentina, em 2 de agosto de 2010;
- Lei 12.850/2013;
- Resolução 1.373/United Nations;
- Lei 13.260/2016;
- Lei 9.613/1998;
- Lei 12.684/2012;
- Decreto 5.687/2003, que incorporou a Convenção de Mérida, que visa combater a corrupção, ao ordenamento jurídico pátrio;
- Decreto 154/2991, que incorporou a Convenção de Viena, que visa combater a lavagem de capitais, ao ordenamento jurídico pátrio.

Inclusive, o projeto de Lei Anticrime[16] assinado pelo Presidente da República em 19.02.2019 e apresentado pelo Ministro da Justiça ao Congresso Nacional[17], dispunha, em consonância à Convenção, sobre os requisitos para a configuração de uma organização criminosa:

> *"§ 1o Considera-se organização criminosa a associação de 4 (quatro) ou mais pessoas estruturalmente ordenada e caracterizada pela divisão de tarefas, ainda que informalmente, e que:*
>
> *...*
>
> *II – sejam de caráter transnacional".*

Apesar disso, referida disposição não foi convertida em lei, conforme dispõe a 13. 964/19, sendo, portanto, mantida a redação anterior.

Vale ressaltar que, mesmo que tivesse sido operada referida alteração, não haveriam grandes mudanças práticas, uma vez que as hipóteses de configuração seriam as mesmas.

---

[16] https://www.justica.gov.br/news/collective-nitf-content-1549284631.06/projeto-de-lei-anti-crime.pdf

[17] Na data do fechamento da presente edição não havia manifestação do Congresso Nacional acerca do projeto.

CRIME ORGANIZADO E GLOBALIZAÇÃO: PERSPECTIVA A PARTIR DO DIREITO PENAL...

2.1. Convenção de Palermo: Principais Aspectos e o pós 11 de Setembro

Dentre os mecanismos citados, urge indicar como o mais importante a Convenção de Palermo, por ter cabido a esta centralizar a previsão dos conceitos e elementos de organização criminosa, por prever os mecanismos utilizados no combate e na repressão as organizações criminosas, por dispor sobre a atuação conjunta dos países signatários, por prever a lavagem de capitais como principal decorrência e meio de sustento da criminalidade organizada e, principalmente, por tentar harmonizar as legislações supranacionais que tinham as mesmas finalidades.

A título de exemplo, a Convenção indica no seu artigo 2º os conceitos de grupos estruturados[18] e grupos criminosos organizados[19], especifica os mecanismos[20] inseridos na sua órbita de aplicação, determina proteção da soberania interna dos países signatários[21] e, por fim, especifica as condutas[22] tipificadas como infração à paz pública internacional.

[18] *"reunião não fortuita para a prática imediata de uma infração, ainda que os seus membros não tenham funções formalmente definidas, que não haja continuidade na sua composição e que não disponha de uma estrutura elaborada".*

[19] *"ao menos três indivíduos, existente há algum tempo e atuando concertadamente com o propósito de cometer uma ou mais infrações graves ou enunciadas na Convenção, com a intenção de obter, direta ou indiretamente, um benefício econômico ou outro benefício material".*

[20] *Artigo 3 Âmbito de aplicação 1. Salvo disposição em contrário, a presente Convenção é aplicável à prevenção, investigação, instrução e julgamento de: a) Infrações enunciadas nos Artigos 5, 6, 8 e 23 da presente Convenção; e b) Infrações graves, na acepção do Artigo 2 da presente Convenção;*
sempre que tais infrações sejam de caráter transnacional e envolvam um grupo criminoso organizado; 2. Para efeitos do parágrafo 1 do presente Artigo, a infração será de caráter transnacional se: a) For cometida em mais de um Estado; b) For cometida num só Estado, mas uma parte substancial da sua preparação, planeamento, direção e controle tenha lugar em outro Estado; c) For cometida num só Estado, mas envolva a participação de um grupo criminoso organizado que pratique atividades criminosas em mais de um Estado; ou d) For cometida num só Estado, mas produza efeitos substanciais noutro Estado.

[21] *Artigo 4 Proteção da soberania 1. Os Estados Partes cumprirão as suas obrigações decorrentes da presente Convenção no respeito pelos princípios da igualdade soberana e da integridade territorial dos Estados, bem como da não-ingerência nos assuntos internos de outros Estados. 2. O disposto na presente Convenção não autoriza qualquer Estado Parte a exercer, em território de outro Estado, jurisdição ou funções que o direito interno desse Estado reserve exclusivamente às suas autoridades.*

[22] *Artigo 5 Criminalização da participação em um grupo criminoso organizado.1. Cada Estado Parte adotará as medidas legislativas ou outras que sejam necessárias para caracterizar como infração penal, quando praticado intencionalmente: a) Um dos atos seguintes, ou ambos, enquanto infrações penais distintas das que impliquem a tentativa ou a consumação da atividade criminosa: i) O entendimento com uma ou mais pessoas para a prática de uma infração grave, com uma intenção direta ou indiretamente relacionada com a obtenção de um benefício econômico ou outro benefício material e, quando assim prescrever o direito interno, envolvendo um ato praticado por um dos participantes para concretizar o que foi acordado ou envolvendo a participação de um grupo criminoso organizado; ii) A conduta de qualquer pessoa que, conhecendo a finalidade e a atividade criminosa geral de um grupo criminoso organizado, ou a sua intenção de cometer as infrações em questão, participe ativamente em: a.*

661

CRIME ORGANIZADO

Vale frisar que o Brasil é signatário desta, tendo, inclusive, editado a atual lei pátria de combate as organizações criminosas sob a sua patente (sem as alterações propostas pelo Projeto de Lei Anticrime), além de ter utilizado o conceito de organização criminosa extraído desta convenção durante o período de vigência da Lei 9.034/95.

Contudo, vale apontar que poucos meses após a sua redação, e mesmo antes da sua vigência, a Convenção foi submetida a uma provação inesperada, que acabou mudando o rumo das legislações nacionais e supranacionais subsequentes: os atentados de 11 de setembro, nos Estados Unidos.

Após os atentados, a criminalidade organizada foi galgada ao papel de inimigo mundial número 1, fazendo com a opinião popular pugna-se por medidas urgentes e extremas, além de conduzir a uma política criminal equivocada, onde organizações criminosas comuns, que agem com a finalidade de obter lucro, foram tratadas como expressões sinônimas as organizações terroristas, que agem a pretexto de defender ideais religiosos ou políticos.

Estas circunstâncias conduziram a "necessidade" da criação de conceitos e ferramentas além das previstas na Convenção, além da deturpação na interpretação e na aplicação dos lá previstos.

Primeiro, os EUA editaram o US PATRIOT ACT, através do Decreto de 26 de outubro do 2001, da lavra do Chefe do Governo Norte Americano à época, que tem como foco principal o combate ao terrorismo e as suas causas. As medidas estabelecidas são bastante controversas, uma vez que permitem a gravação das conversas entre o acusado e o seu advogado, impedem que determinados acusados possam constituir o advogado da sua preferência, permite a prisão de suspeitos, mesmo sem a indicação de elementos mínimos de autoria e materialidade, interceptações sem autorização judicial, além do "interrogatório intensivo" do suspeito.

Atividades ilícitas do grupo criminoso organizado; b. Outras atividades do grupo criminoso organizado, sabendo que a sua participação contribuirá para a finalidade criminosa acima referida; b) O ato de organizar, dirigir, ajudar, incitar, facilitar ou aconselhar a prática de uma infração grave que envolva a participação de um grupo criminoso organizado. 2. O conhecimento, a intenção, a finalidade, a motivação ou o acordo a que se refere o parágrafo 1 do presente Artigo poderão inferir-se de circunstâncias factuais objetivas. 3. Os Estados Partes cujo direito interno condicione a incriminação pelas infrações referidas no inciso i) da alínea a) do parágrafo 1 do presente Artigo ao envolvimento de um grupo criminoso organizado diligenciarão no sentido de que o seu direito interno abranja todas as infrações graves que envolvam a participação de grupos criminosos organizados. Estes Estados Partes, assim como os Estados Partes cujo direito interno condicione a incriminação pelas infrações definidas no inciso i) da alínea a) do parágrafo 1 do presente Artigo à prática de um ato concertado, informarão deste fato o Secretário Geral da Organização das Nações Unidas, no momento da assinatura ou do depósito do seu instrumento de ratificação, aceitação, aprovação ou adesão à presente Convenção.

CRIME ORGANIZADO E GLOBALIZAÇÃO: PERSPECTIVA A PARTIR DO DIREITO PENAL...

Estava, à partir disso, e com base nas legislações subsequentes, consolidado o Direito Penal na Era da Globalização, onde os interesses tutelados são comuns, onde o combate "aos inimigos" admite o afastamento de direitos, a supressão de garantias e o recrudescimento das normas penais, conforme previsto pelo Professor Jésus Maria Silva Sanchéz em 1994, quando da edição da citada obra *Lá Expansión del Derecho Penal* .

Neste ponto a junção da Globalização, do Direito Penal e da nova forma de criminalidade – a organizada -, alcançou os parâmetros atuais que determinam a sua aplicação, a sua expansão e os seus limites (ou a falta de), especialmente em virtude da utilização de teorias até então novas ou pouco difundidas[23], especialmente:

1) transnacionalidade do Direito Penal do Inimigo[24];
2) do Direito Penal de Terceira Velocidade[25];

---

[23] Op.cit. 164 a 167.

[24] *"Na concepção do excepcional jurista Gunther Jakobs, o Direito Penal do Inimigo não pretende contrapor duas esferas isoladas do Direito Penal – o do cidadão e o do inimigo -, mas de descrever dois polos de um só mundo ou de mostrar duas tendências opostas em um só contexto jurídico-penal.Este concebeu a teoria do Direito Penal do Inimigo à partir da insuficiência dos elementos de pacificação social existentes, sob a perspectiva dos rebeldes, visto que esses não tem o condão de coibir comportamentos impulsivos, desregrados e repugnantes, diferentemente do que acontece com os cidadãos comuns, onde o Direito Penal atua com eficácia. Nesta linha, os inimigos são taxados dessa forma em virtude da sua incapacidade de adequação aos instrumentos de pacificação social, ou, sob outra ótica, há a estigmatização das pessoas que não são alcançadas pelos instrumentos de pacificação comuns. A partir disso, surge a necessidade de serem instituídos novos meios de pacificação social, capazes de alcançar estes sujeitos "diferentes". E nos dois pontos do parágrafo anterior estão os principais objetos merecedores de análise, pois, os terroristas e os membros de organizações criminosas, dentro da perspectiva do Direito Penal do Inimigo, são considerados os principais rebeldes, visto que as suas ações são contumazes, repugnantes, de enorme danosidade, e, apesar disso, os instrumentos jurídicos existentes são incapazes de alcançá-los, seja sob o viés preventivo (pena), seja sob o viés concreto (materialmente e processualmente). Diante disso, surge o discurso do combate a estes "inimigos" da sociedade, e, consequentemente, novas leis penais mais gravosas, novas instrumentos de investigação supostamente mais eficazes, novas ferramentas processuais, como é o exemplo das duas leis ora analisadas conjuntamente: 12.850, de 2013 e 13.260, de 2016. O problema é que no afã de combater suficientemente estes "inimigos" são inobservadas garantias fundamentais, prerrogativas processuais, lições de política-criminal, entre outras conquistas fundamentais (Processo Penal de Terceira Velocidade e dicotomia Eficientismo versus Garantismo)".*

[25] *"Jesús – María Silva Sánchez em sua consagrada obra "A Expansão do Direito Penal – Aspectos da política criminal nas sociedades pós-industriais", dedica uma capítulo inteiro ao desenvolvimento de uma Terceira Velocidade do Direito Penal. Segundo o doutrinador "o Direito Penal da pena de prisão concorra com uma ampla relativização de garantias político-criminais, regras de imputação e critérios processuais", ou seja, este sugere que há a junção de parte das características inerentes as duas velocidades anteriores (da primeira velocidade será extraída a prisão e da segunda será extraída a flexibilização das garantias do acusado). Essa fusão decorre de fenômenos de delinquência que justificam uma maior repressão estatal, conforme já amplamente tratado nos dois tópicos anteriores (Direito Penal do Inimigo e Eficientismo Penal). A fim de justificar a existência desse direito o autor indica (não se deve utilizar o verbo justificar, uma vez que esse deixa nítido que é contrário ao*

CRIME ORGANIZADO

3) e o Eficientismo Processual Penal[26].

E tudo isso nos leva a concluir que as atuais mudanças operadas ao Direito Penal são moldadas a pretexto de combater essa criminalidade organizada

posicionamento) que o abandono do direito e a ausência da mínima segurança cognitiva na conduta do inimigo justificam um incremento das penas e a relativização das garantias substantivas e processuais. Por fim, sustenta ainda que a existência de um direito dessa ordem depende de um contexto de absoluta necessidade, como forma de reação defensiva de fato aos atos dos excluídos (terroristas e membros de organizações criminosas). E neste ponto está a reflexão, tendo em vista que as garantias construídas até aqui são frutos de séculos de lutas e conflitos, não podendo um discurso de medo, sem justificativas seguras e embasamento teórico, servir para o afastamento destas. Os meios de prova indicados na Lei 12.850 indicam uma tendência a adoção da Processo Penal de Terceira Velocidade, especialmente a Delação Premiada, fato que merece atenção pelos operadores do direito, especialmente do órgão julgador, eu deve utilizá-la com ponderação e racionalidade".

[26] *"Da sobreposição do Eficientismo em detrimento ao Garantismo e o Processo Penal Efetivo como solução? A Lei 12. 850, de 2013, em substituição a Lei 9.034, de 1995, introduziu alguns meios de produção de prova, em complementação aos anteriormente consagrados pelo Código de Processo Penal, conforme redação do artigo 3°, caput, da Lei. A análise destes evidencia a sua disposição acusatória, no sentido que há uma menor passividade dos órgãos de Estado, que poderão fazer uso de instrumentos mais incisos, e supostamente mais eficazes. Conforme explicitado no item anterior, essa amplitude está justificada na suposta ineficiência dos instrumentos disponíveis, tendo em vista a evolução e a eficácia dos meios utilizados pelo "inimigo". Ocorre que, essa expansão dos meios de prova atenta, em algumas hipóteses, as garantias e princípios processuais, tais como a ampla defesa, o contraditório, a paridade de armas, além de revelar uma tendência a retroagir para o Sistema Processual Inquisitivo, em detrimento ao Sistema Acusatório. Importa salientar que esta não é uma tendência exclusiva da legislação brasileira. Países como os Estados Unidos, por exemplo, adotaram instrumentos ainda mais incisos, que aceitam o afastamento dos direitos e garantias fundamentais, sob o pretexto que os objetivos tutelados pela lei, dada a sua importância para a sociedade, justificam violações individuais. Tecnicamente, essa sobreposição do bem coletivo aos direitos individuais, e o seu reflexo nos meios de prova, são decorrências do "eficientismo penal". Este está associado ao Direito Penal Máximo, onde há uma maior atuação do Direito Penal como forma de repressão a condutas violadoras, somando-se ao Direito Penal de Emergência, onde há a utilização de uma política de resultados face a suposta impotência dos meios de repressão atuais. Trata-se, portanto, de uma escola que pleiteia a máxima efetividade do controle social, e neste ponto os seus preceitos guardam consonância com o papel de "inimigo" dos terroristas e dos membros de organizações criminosas, uma vez que estes são os incapazes de adequarem-se a este controle social. Alguns aspectos da Lei 12.850, de 2013, podem ser correlacionados ao eficientismo, na medida em que a sua utilização é permeada exclusivamente ao controle social. Como exemplo, pode-se citar a decretação da prisão preventiva de um acusado, exclusivamente para força-lo a realização da colaboração premiada. Veja que há o desrespeito aos requisitos para a decretação da prisão preventiva, e o descompasso na voluntariedade da colaboração premiada. Em qualquer circunstância isso daria ensejo à revogação da prisão e à decretação da nulidade do ato, contudo, as circunstâncias "graves e excepcionais" fundamentam o desrespeito às garantias. Como oposição a este Direito Penal Máximo e de Emergência, está o Garantismo Penal, desenvolvido pelo Professor Italiano Luigi Ferrajoli. O garantismo está assentado em alguns parâmetros: – a racionalidade; – a justiça e a legitimidade da intervenção punitiva. Diante disso, Sylvia Steiner, citada por Fábio Bechara, diz que o garantismo é fruto da evolução humana, a partir do momento em que o delinquente passa a ser considerado sujeito de direitos, tutelado pelo estado, garantindo-se a ele o respeito devido, seja na fase pré-processual, durante o julgamento ou execução. Resta claro, portanto, que o garantismo apresenta limites à atuação do estado através do Direito e do Processo Penal, ao exigir que*

CRIME ORGANIZADO E GLOBALIZAÇÃO: PERSPECTIVA A PARTIR DO DIREITO PENAL...

transnacional, fazendo com que a expansão penal e a globalização imponham: a separação entre duas categorias de destinatários das normas penais (cidadão que delinque x inimigos da sociedade); o fracionamento do "*iter criminis*", em virtude do adiantamento do momento da consumação para os atos preparatórios; a busca da reafirmação estatal através de penas desproporcionais; a relativização de garantias a pretexto de tornar os mecanismos mais eficientes; e a difusão de ferramentas sem adequação ao ordenamento jurídico interno.

Cabe, diante disso, ressaltar a importância da criação de um novo mecanismo multilateral, que tenha como objetivo principal combater as razões da criminalidade organizada transnacional, e não somente difundir uma luta contra todos, mesmo que as vezes sequer saibamos que eles são.

3. Referências Bibliográficas

AMBOS, Kai. *A Parte Geral do Direito Penal Internacional*. São Paulo: Revista dos Tribunais, 2008

AMBOS, Kai. *Ciencias Criminales em Alemanha desde una perspectiva comparada e internacional*. Gottingen: University Press, 2018.

AMBOS, Kai. *Direito Penal Internacional, TPI e a perspectiva da África*. Lisboa: Imprensa Oficial, 2015.

AMBOS, Kai. **Pena Sem Soberano? Ius Puniendi e Função do Direito Penal Internacional**. Brasília: Gazeta Jurídica, 2014.

AMBOS, Kai (coord.). *Justicia Transicional y Derecho Penal Internacional*. Bogotá: Siglo Del Hombres, 2018.

BECK, Rafael Francis. *Perspectivas de Controle ao Crime Organizado e Crítica à Flexibilização das Garantias*. São Paulo: IBCCRIM, 2004.

BUSATO, Paulo César e BITENCOURT, César Roberto. *Comentários à Lei das Organizações Criminosas*. São Pulo: Saraiva, 2014.

---

essa atuação seja proporcional, justa e nos estritos limites da legalidade. Diante dos argumentos trazidos, resta claro que o sistema processual penal brasileiro teve seus pilares calcados no garantismo, e nos seus fundamentos, contudo, as recentes alterações legislativas evidenciam uma guinada ao eficientismo, e as suas consequentes medidas desproporcionais, tudo por conta de uma suposta violência crescente. Isso fica ainda mais claro quando pensamos nas duas leis objetos de análise. A fim de encontrar uma alternativa intermediária entre as duas correntes ideológicas, surge o Processo Penal Efetivo, que é "um processo penal adequado ao projeto constitucional de vida digna para todos, inclusive aqueles que praticam condutas criminalizadas, o que exige, além do respeito aos limites semânticos ao exercício do poder penal, expressos tanto no texto constitucional quanto nos tratados internacionais de direitos humanos e textos legislativos infraconstitucionais (existentes e válidos), uma compreensão adequada das garantias penais e processuais (entendidas como limites intransponíveis à opressão; normas que perdem a legitimidade –e, portanto, podem ser afastadas – sempre que, diante do caso concreto, não sirvam de óbice à opressão), das finalidades do Estado e da atuação dos agentes estatais que tratam com o poder penal". Em suma, a persecução penal deve estar pautada nos limites de atuação estatal, pois, o desrespeito a estas sob a justificativa de combate aos inimigos não traz legitimidade ao estado, mas o torna igual ao inimigo".

CRIME ORGANIZADO

CALLEGARI, André Luis. *Direito Penal e Globalização*. Porto Alegre: Revista do Advogado, 2011.

GOMES, Luiz Flávio. **O Direito Penal na Era da Globalização**. São Paulo: Revista dos Tribunais, 2002.

MIRANDA S. FILHO, Acacio. Coordenação: BUSATO, Paulo César. **Lei Antiterror Anotada**. Indaiatuba: Editora Foco, 2018.

REIS, Michel Wencland. ***Tribunal Penal Internacional: Construindo o Direito Internacional Penal***.

RODRIGUEZ, Anabela Miranda. ***Globalização e Direito*, "Criminalidade Organizada – Que Política Criminal?"**, *Studia Iuridica* ,73, Universidade de Coimbra, Coimbra Editora, 2003.

SÁNCHEZ, Jesús Maria Silva. **La expansión del Derecho Penal**, B de F ltda. 2011

SCHOLTE, Jan Aart. **The sources of neoliberal globaliza- tion** *in* **Overreaching concerns programme paper 8**, UN- RISD, 2005.

SOUZA PEREIRA, Emmanoel Campelo. **Lavagem de Dinheiro e Crime Organizado Transnacional**. São Paulo: LTR, 2016.

33
O Crime Organizado na Convenção de Palermo

RODRIGO CARNEIRO GOMES

Introdução

A disciplina de confisco de bens de organizações criminosas, dentro de uma visão capitalista da repressão, a cooperação internacional, o treinamento de policiais e o uso de técnicas especiais de repressão ao crime organizado (p. ex., o uso de "entregas vigiadas" ou "ação controladas"), traduzidas em ações de inteligência, são fortes indicativos de que o mundo globalizado consegue unir esforços e se articular para dar a resposta que a comunidade internacional aguarda contra essa ameaça ao futuro. Só com a efetiva cooperação internacional e o aperfeiçoamento dos instrumentos de combate ao crime organizado, previstos na Convenção de Palermo, podem ser desencorajadas ações da criminalidade organizada, ou seja, das empresas do crime.

A Convenção de Palermo é um excepcional instrumento de cooperação jurídica internacional, que incentiva o uso de técnicas especiais de investigação, da videoconferência, do confisco de bens e traz o consenso internacional sobre a definição de grupo criminoso organizado, possibilitando ações operacionais mais racionais e lógicas pelo Estado.

Após um grande período de indefinição legislativa quanto à incorporação da Convenção de Palermo ao ordenamento jurídico brasileiro, o Estado resolveu se posicionar de forma mais firme no enfrentamento das grandes questões de segurança pública, sendo publicada a Lei nº 12.850/2013 que dispõe sobre a investigação criminal, os meios de obtenção da prova e a definição de organização criminosa como a associação de 4 (quatro) ou mais pessoas estruturalmente ordenada e caracterizada pela divisão de tarefas, ainda que informalmente, com objetivo de obter, direta ou indiretamente, vantagem de qualquer natureza, mediante a prática de infrações penais cujas penas máximas sejam superiores a 4 (quatro) anos, ou que sejam de caráter transnacional.

No cenário nacional, ainda são dignas de registro a Lei nº 12.694/2012, que dispõe sobre o processo e o julgamento colegiado em primeiro grau de jurisdição de crimes praticados por organizações criminosas; a Lei nº 12.846/2013, que dispõe sobre a responsabilização administrativa e civil de pessoas jurídicas pela prática de atos contra a administração pública, nacional ou estrangeira, e seu decreto regulamentador de nº 8.420/2015; a Lei nº 13.260/2016 que disciplina o terrorismo, e reformula o conceito de organização terrorista; e a Lei nº 13.675/2018 que disciplina a organização e o funcionamento dos órgãos responsáveis pela segurança pública, cria a Política Nacional de Segurança Pública e Defesa Social (PNSPDS); e institui o Sistema Único de Segurança Pública (Susp).

Há três projetos de lei que compõem o pacote anticrime encaminhados pelo Ministro de Estado da Justiça e Segurança Pública, Sérgio Moro, que se encontram no Senado Federal: O PL 1.864/2019, relator Senador Marcos do Val (PPS-ES) que altera o Código Penal e o Código de Processo Penal; o PL 1865/2019, relator Senador Marcio Bittar (MDB-AC), que tipifica o crime de caixa 2 no Código Eleitoral; o PLP 89/2019, o relator Senador Rodrigo Pacheco (DEM-MG), que determina que o julgamento de crimes comuns conexos ao processo eleitoral seja realizado pela Justiça comum.

Não pode passar despercebido o Decreto nº 8.903/2016 que instituiu o Programa de Proteção Integrada de Fronteiras (PPIF), para o fortalecimento da prevenção, do controle, da fiscalização e da repressão aos delitos transfronteiriços.

1. A Globalização e a Expansão do Crime Organizado

Em tempos de globalização, acirramento da competição e aceleração do modo de produção capitalista, destacam-se os intensos e imediatos processos de inovações tecnológicas e o reduzido ciclo de vida das hoje novas tecnologias que ocasionam mudanças no processo de transferência internacional de tecnologias. Os mercados são mais integrados e o governo dos países é comprometido com o setor produtivo, buscando construir vantagens competitivas e viabilizando a competição no mercado interno e externo. É certo que o fenômeno da globalização não é novo, contudo a velocidade e intensidade das alterações que provoca sim, refletindo nos modelos de organização, gestão e produção das empresas e na interação global dos Estados.

O CRIME ORGANIZADO NA CONVENÇÃO DE PALERMO

Para Octávio Ianni (1998, p. 33), tratando a respeito da ruptura histórica decorrente do processo de globalização: a globalização do mundo pode ser vista como um processo histórico-social de vastas proporções, abalando mais ou menos drasticamente os quadros sociais e mentais de referência de indivíduos e coletividades. Rompe e recria o mapa do mundo, inaugurando outros processos, outras estruturas e outras formas de sociabilidade, que se articulam ou impõem aos povos, tribos, nações e nacionalidades. Muito do que parecia estabelecido em termos de conceitos, categorias ou interpretações, relativos aos mais diversos aspectos da realidade social, parece perder significado, tornar-se anacrônico ou adquirir outros sentidos.

Pode-se assim dizer que a globalização seria um conjunto de transformações na ordem política e econômica mundial, com o foco na integração dos mercados e da sociedade em uma verdadeira aldeia global[1], partilhada por grandes corporações internacionais, que se valem do progressivo desaparecimento das barreiras tarifárias e abrem-se ao comércio e ao capital internacional, impulsionadas pela revolução nas tecnologias de informação.

As mudanças trazidas pelo processo de globalização proporcionam a formação de um mercado unificado para produtos e serviços, independendo da origem geográfica territorial que tenham sido produzidos, mas sim vinculados às incorporações tecnológicas e às racionalidades de custos com que são produzidos. Com o advento da globalização veio a expansão do fenômeno do crime organizado e, assim, é imperioso rever juridicamente o conceito de soberania, considerada até aqui como intocável, absoluta, imutável e incondicionada, superior a qualquer outro poder, pois a realidade mundial demonstra que os Estados contemporâneos não adotam políticas isoladas, agindo muitas vezes em conjunto, através dos blocos econômicos.

Crime organizado é uma expressão de largo uso e que traz "a reboque" a imagem mental do pior que existe em termos de criminalidade, embora cause espécie uma suposta divisão entre um crime pior do que o outro, já que todos agridem veementemente o *status libertatis* e a vida. É verdade, contudo, que há crimes que acontecem com maior frequência, outros de maior intensidade e até aqueles que geram relevante comoção social, acrescidos de alguns catalisadores como imprensa e vazamentos de informações. Na dúvida, divulga-se que a sociedade brasileira é refém do crime organizado.

---

[1] A aldeia global compreende as relações, processos e estruturas de dominação política e de apropriação econômica que se desenvolvem além das fronteiras, alterando a noção de espaço e território de coisas, pessoas e ideias.

CRIME ORGANIZADO

Por muitas vezes, a falta de uma definição precisa sobre o que caracteriza a atuação de uma organização criminosa contribui, sobremaneira, para a instalação de um falso clima de insegurança pública e de ausência do Estado, muitas vezes substituindo a realidade. O caminho para a atuação do Estado demora ser pavimentado: primeiro se identifica um problema, depois são elaborados estudos e pesquisas e, em seguida, propostas. Às vezes, muitas delas são externas e partem de organismos internacionais, integrados pelo Brasil, que também vai deixar a sua colaboração, através da sua destacada frente diplomática.

Não há como o processo dessa pavimentação ser sumário, abreviando-se discussões em detrimento do debate democrático e da participação da sociedade e das instituições. O meio-termo para se evitar uma delonga desnecessária e infrutífera, seja no processo legislativo, seja na execução do conteúdo normativo pelos órgãos do Estado, deve ser buscado por todos, inclusive em fóruns internacionais (ONU, OEA, Mercosul, Interpol, Ameripol) ou nacionais (ENCCLA – Estratégia Nacional de Combate à Corrupção e à Lavagem de Dinheiro; PPIF – Programa de Proteção Integrada de Fronteiras).

Neste contexto de globalização, de necessidade de repressão uniforme e integrada para interromper a expansão do crime organizado, com o foco na cooperação e integração multilateral, interinstitucional e intergovernamental, surge a Convenção de Palermo.

2. Convenção de Palermo e Instrumentos Normativos Correlatos

A Convenção de Palermo é o nome pelo qual é mais conhecida a Convenção contra o Crime Organizado Transnacional (CCOT) ou *United Nations Convention against Transnational Organized Crime (CTOC)*. Foi adotada pela Assembleia Geral da Organização das Nações Unidas (ONU), por intermédio da Resolução A/RES/55/25, de 15 de novembro de 2000, na cidade de Nova Iorque.

No Brasil, a Convenção de Palermo só foi promulgada quatro anos depois, com a edição do Decreto 5.015, 12 de março de 2004 (DOU 15/03/2004). O objetivo da Convenção consiste em promover a cooperação para prevenir e combater mais eficazmente a criminalidade organizada transnacional. Essa cooperação é a mais ampla possível, administrativa, policial, judicial e jurisdicional. O STJ já teve oportunidade de se manifestar no sentido de que:

> Não são inconstitucionais as cláusulas dos tratados e convenções sobre cooperação jurídica internacional (v.g. art. 46 da Convenção de Mérida – "Convenção das Nações Unidas contra a Corrupção" e art. 18 da Convenção de Palermo – "Convenção das Nações Unidas contra o Crime Organizado Transnacional")

O CRIME ORGANIZADO NA CONVENÇÃO DE PALERMO

que estabelecem formas de cooperação entre autoridades vinculadas ao Poder Executivo, encarregadas da prevenção ou da investigação penal, no exercício das suas funções típicas. (Rcl 2.645/SP, Rel. Ministro Teori Albino Zavascki, Corte especial, DJe 16/12/2009).

Nas palavras do especialista em cooperação judicial, Professor Doutor da Universidade de Salamanca, Fernando Diz (2005, p. 276), os atos de cooperação:

> *Se centran en fomentar y mejorar la coordinación entre las autoridades competentes de los Estados miembros en las investigaciones y actuaciones judiciales que les afecten; mejorar en segundo lugar la cooperación entre autoridades, en participar facilitando la ejecución de la asistencia judicial internacional y de las solicitudes de extradición, y cerrando el carácter excesivamente abstracto y generalista de sus objetivos – que se aproximan claramente al terreno de una simple declaración de intenciones, nada nueva ni original respecto a lo ya conocido –, el apoyo en general a las autoridades competentes para dar mayor eficacia a sus investigaciones y actuaciones.*

Esse instrumento internacional e multilateral foi assinado no Palácio de Justiça de Palermo, na Itália e foi subscrito por 147 países, sendo que até 26/07/2018, conforme informação do sítio da Unodc, a CCOT conta com a adesão e ratificação de 189 Estados-parte[2] do total de 193 países que integram a ONU, nações essas que se comprometeram a definir e combater o crime organizado.

Inicialmente, à disposição para assinatura dos países no período de 12 a 15 de dezembro de 2000, a Convenção de Palermo, depois desse prazo, ficou aberta para novas assinaturas em Nova Iorque, sede da Organização das Nações Unidas, até a data de 12/12/2002. Ainda depois desse período, os demais países interessados podem dispor de instrumentos de adesão que serão depositados junto do Secretário-Geral da Organização das Nações Unidas.

A Convenção de Palermo (CCOT) entrou em vigor internacionalmente em 29/09/2003, ou seja, 90 dias após a data de depósito do quadragésimo instrumento de ratificação, aceitação, aprovação ou adesão (art. 38 da CCOT). A Convenção de Palermo é o ato normativo internacional mais abrangente no combate ao crime organizado transnacional, que prevê medidas e técnicas especiais de investigação na prevenção, controle e combate à criminalidade organizada. Outros três tratados internacionais foram adotados pela ONU para,

---

[2] Disponível em: https://www.unodc.org/unodc/en/organized-crime/intro/UNTOC. html; https://treaties.un.org/pages/ViewDetails.aspx?src=TREATY&mtdsg_no=XVIII-12&chapter=18&clang=_en. Acesso em 19 abr. 2019.

CRIME ORGANIZADO

em conjunto e integrados com a Convenção de Palermo, incrementar a iniciativa mundial contra a crescente investida da criminalidade organizada transnacional, uniformizar e balizar o procedimento das autoridades encarregadas da aplicação da lei. São instrumentos específicos e pontuais que complementam o teor da Convenção de Palermo, com adesão condicionada à assinatura ou adesão da CCOT, e, por isso, são chamados de protocolos adicionais.

Para a Unodc (*United Nations Office on Drugs and Crime*), Convenção de Palermo é o principal instrumento global de combate ao crime organizado transnacional, significa o reconhecimento da sua gravidade e da "necessidade de promover e de reforçar a estreita cooperação internacional a fim de enfrentar o crime organizado transnacional[3]".

Os protocolos adicionais à Convenção de Palermo também foram acolhidos pelo Brasil. Esses quatro instrumentos (a Convenção de Palermo e seus protocolos adicionais) foram promulgados no Brasil por meio de Decreto presidencial, após aprovação pelo Congresso Nacional por Decreto legislativo (art. 49, inciso I, da Constituição), e têm força de lei ordinária. São eles o Protocolo para Prevenir e Punir o Tráfico de Pessoas, especialmente de mulheres e crianças (Decreto nº 5.017/2004), Protocolo Contra o Contrabando de Pessoas por Terra, Mar e Ar (Decreto nº 5.016/2004) e o último deles a ser promulgado no Brasil que é o Protocolo Contra a Produção Ilícita e o Tráfico de Armas de Fogo, suas Partes, Componentes e Munição (Decreto nº 5.941, de 26/10/2006), sendo que os dois primeiros, de nítido caráter humanitário, foram abertos para assinatura em Palermo.

Mas a escolha de Palermo para abertura dos respectivos instrumentos e adicionais para assinatura não foi aleatória. A escolha de Palermo homenageia dois grandes ícones do combate às máfias italianas, os magistrados Paolo Borsellino e Giovanni Falcone assassinados, em atentados a bomba, naquela cidade, no ano de 1992, crimes pelos quais foi responsabilizado Salvatore Riina ("Toto" Riina, ou "La besta"), chefe da família Corleonesi, ligada a Cosa Nostra, uma das mais antigas e conhecidas organizações criminosas de natureza transnacional. Aos 73 anos de idade, foi preso pela polícia italiana Bernardo Provenzano (antes condenado à prisão perpétua), chefe maior da máfia siciliana, sucessor de Salvatore Riina.

Inúmeros policiais (*carabinieri* ou carabineiros) e cerca de 40[4] magistrados (na Itália, a nomenclatura é válida para juízes e promotores.) foram assassina-

---

[3] Idem.

[4] Entre outros, Juiz Gaetano Costa, Juiz Rocco Chinnici, Juiz Antonino Caponnetto – chefe do pool antimáfia integrado por Falcone, Borsellino, Di Lello e Guarnotta, Juiz Giuseppe Ayala e o Comissário de Polícia, chefe da Esquadra Móvel de Palermo Ninni Cassarà (morto em 08/1985).

672

dos por ações mafiosas. Ganhou notoriedade o assassinato dos magistrados Giovanni Falcone (23/05/1992), acompanhado de sua esposa Francesca Falcone, Juíza de menores em Roma, e Paolo Borsellino (19/07/1992) com explosões de grandes quantidades de dinamites (mais de 500 kg), inclusive os 8 policiais encarregados da escolta de ambos, na cidade italiana de Palermo.

A morte de Falcone e Borsellino provocou reação imediata do Estado italiano que promoveu alterações legislativas significantes, gestões enérgicas perante as administrações penitenciárias, criação de comissões de estudos, parlamentares e coordenação de ações através de comando integrado das polícias italianas, com comando rotativo. A história e o povo italiano registraram a homenagem aos mártires do combate às organizações mafiosas. O aeroporto internacional de Palermo é agora conhecido como Aeroporto Falcone-Borsellino, em cuja estrada foi assassinado Falcone.

Depois de um pouco de história, convém retomar o assunto a respeito da Convenção de Palermo e as medidas e técnicas especiais de investigação previstas no seu corpo.

A Convenção de Palermo leva à comparação, coleta e análise de dados e estatísticas sobre mecanismos de enfrentamento do crime organizado, enfocando, separadamente, a estratégia policial, os meios institucionais e os meios técnico-operacionais disponíveis (entrega vigiada; ação controlada, inteligência policial, confisco de bens, vigilância eletrônica, infiltração policial e força-tarefa), que são objeto de recomendações em tratados internacionais.

A Inteligência de Estado surge no cenário integracional com o objetivo de levantar e analisar informações as mais diversas que subsidiem não apenas o gestor, mas a atuação de cada um dos órgãos públicos que ajam na faixa de fronteira e detenham competência e mandato legal para defesa nacional, proteção da soberania pátria, de controle migratório e de repressão ao crime organizado transnacional, entre outros. Para tal missão, é fundamental o aporte da inteligência para mitigação de riscos e vulnerabilidades, além de poder orientar uma melhor alocação e administração dos parcos recursos disponíveis, bem como subsidiar o planejamento estratégico de atuação conjunta (GOMES, 2018).

A Convenção de Palermo aborda os tipos penais de grupo criminoso organizado, corrupção, lavagem de dinheiro e obstrução de justiça, traz as recomendações gerais, âmbito de aplicação, vigência, protocolos adicionais, cooperação jurídica internacional, confisco de bens, treinamento e investigação. A definição de organização criminosa, que vem atender e complementar a legislação brasileira é a Lei nº 12.850/2013 que dispõe sobre a investigação criminal, os meios de obtenção da prova e a definição de organização crimi-

CRIME ORGANIZADO

nosa como a associação de 4 (quatro) ou mais pessoas estruturalmente ordenada e caracterizada pela divisão de tarefas, ainda que informalmente, com objetivo de obter, direta ou indiretamente, vantagem de qualquer natureza, mediante a prática de infrações penais cujas penas máximas sejam superiores a 4 (quatro) anos, ou que sejam de caráter transnacional, que revogou a Lei nº. 9.034/1995.

O conceito legal brasileiro é muito próximo do estampado na Convenção de Palermo: grupo estruturado de 3 ou mais pessoas, existente há algum tempo e atuando concertadamente com o propósito de cometer uma ou mais infrações graves ou enunciadas na Convenção, com a intenção de obter, direta ou indiretamente, um benefício econômico ou outro benefício material. As infrações graves ou sérias são aqueles crimes para os quais a legislação nacional preveja a pena máxima igual ou superior a quatro anos. Considerando os protocolos adicionais, pode-se dizer que o crime organizado transnacional atua também através do tráfico ilícito de armas e munições, de pessoas e imigrantes.

Registre-se, contudo, que o Supremo Tribunal Federal (STF) não admitiu a criminalização da participação em organização criminosa apenas com a integração da Convenção de Palermo, exigindo lei formal penal para esse fim, o que foi suprido com o advento da Lei n. 12.850/2013.

Na Extradição nº 1520, Relator: Min. Dias Toffoli, a 2ª Turma, do STF (publ. em 04-04-2018) se posicionou no sentido de que as convenções internacionais, como a Convenção de Palermo, "não se qualificam, constitucionalmente, como fonte formal direta legitimadora da regulação normativa concernente à tipificação de crimes e à cominação de sanções penais", referindo-se ao RHC nº 121.835/-AgR, Segunda Turma, Relator o Ministro Celso de Mello, DJe de 20/11/15), que, contudo, admitiu a equiparação do crime de formação de quadrilha (redação anterior do art. 288 do CP) com o de participação em organização criminosa.

O STF não admitiu, no HC 94404, Relator Min. Celso de Mello, 2ª Turma, public. em 18-06-2010, a invocação, para efeito de prisão cautelar, do art. 11 da Convenção de Palermo, pois as "Cláusulas inscritas nos textos de tratados internacionais que imponham a compulsória adoção, por autoridades judiciárias nacionais, de medidas de privação cautelar da liberdade individual, ou que vedem, em caráter imperativo, a concessão de liberdade provisória, não podem prevalecer em nosso sistema de direito positivo, sob pena de ofensa à presunção de inocência, dentre outros princípios constitucionais que informam e compõem o estatuto jurídico daqueles que sofrem persecução penal instaurada pelo Estado". Há precedentes judiciais que se embasam na Convenção de Palermo para a adoção de medidas adequadas para encorajar formas de colaboração premiada, assim como de confisco de bens e outras disposições, com compromisso de reciprocidade de autoridades estrangeiras.

O Superior Tribunal de Justiça, no AgInt no REsp 1631431/PR, Rel. Ministro Felix Fischer, 5ª Turma, DJe de 21/05/2018), consignou que "A Convenção Internacional de Palermo, incorporada ao direito positivo brasileiro pelo Decreto Presidencial 5.015/2004, assegura expressamente o compartilhamento de dados e informações com vistas a prevenir e combater a criminalidade transnacional".

Também são especialmente importantes o os dispositivos da convenção sobre a responsabilização objetiva penal da pessoa jurídica, a transferência e extradição de presos, a videoconferência, a presunção de aquisição de patrimônio de forma ilícita, e outros que despertam grande interesse como a entrega vigiada (não-atuação policial imediata, postergando a autuação flagrancial) e a polícia criminal internacional. Veja-se, por exemplo, o caso da prisão de certo italiano naturalizado brasileiro e ex-banqueiro, que, se valendo da dupla cidadania, se evadiu do distrito da culpa e só foi detido e recapturado, em Mônaco, na data de 15/09/2007, mediante difusão da Interpol, ou seja, em razão da cooperação policial internacional.

Há, sobremaneira, outros desdobramentos da aplicação da Convenção de Palermo na prevenção e repressão à corrupção e em ações contra o crime organizado instalado no sistema prisional. Para Carneiro e Gomes (2008), "a corrupção é, assim, elemento essencial de propagação do crime organizado. Sem ela o Estado enxerga a organização criminosa e tem condição de enfrentá-la de forma eficiente".

Sem prejuízo do que dispõe a Convenção de Mérida (incorporada na nossa legislação pelo Decreto nº 5.687, de 31/01/2006), a Convenção de Palermo (arts. 8º. e 9º) demonstra uma grande preocupação com a associação entre organizações criminosas e o envolvimento do poder público em casos de desvio de recursos públicos ao recomendar a adoção de medidas legislativas necessárias para caracterizar como infrações penais o ato de prometer, oferecer ou conceder a um agente público, direta ou indiretamente, um benefício indevido, em seu proveito próprio ou de outra pessoa ou entidade, a fim de praticar ou se abster de praticar um ato no desempenho das suas funções oficiais; assim como os atos de, por um agente público, pedir ou aceitar, direta ou indiretamente, um benefício indevido, para si ou para outra pessoa ou entidade, a fim de praticar ou se abster de praticar um ato no desempenho das suas funções oficiais.

São demandadas, pela Convenção de Palermo, medidas para promover a integridade e prevenir, detectar e punir a corrupção dos agentes públicos e

CRIME ORGANIZADO

para assegurar que as autoridades atuam eficazmente em matéria de prevenção, detecção e repressão da corrupção de agentes públicos, inclusivamente conferindo a essas autoridades independência suficiente para impedir qualquer influência indevida sobre a sua atuação.

Os tentáculos mundiais da corrupção e do crime organizado foram escancarados nas apurações da Polícia Federal na operação Lava Jato, com repercussão das investigações brasileiras (dados de dezembro de 2017) em 49 países, com 340 pedidos de cooperação internacional, envolvimento de 4 ex-presidentes peruanos, além do bloqueio de pelo menos R$ 3,2 bilhões depositados em contas bancárias suíças[5]. Em agosto de 2018 foi divulgado que a cooperação internacional já alcançava 55 países, 523 pedidos ativos e passivos e a devolução de mais R$ 1,034 bilhão aos cofres da Petrobras[6].

3. A Pluralidade Mínima de Agentes Criminosos no Código Penal e na Legislação Esparsa

A preocupação do Brasil e demais países com a quantidade de criminosos reunidos em torno de um objetivo comum e com alto nível de organização, para a prática de ilícitos penais, é patente, pois representa uma ameaça sem dimensões ao Estado de Direito.

Levando em consideração tão-somente a pluralidade de agentes, a legislação brasileira abre um leque de delitos:

a. pelo menos dois envolvidos. Agravante de concurso de pessoas (art. 62 do CP). Se com fim de tráfico de drogas: associação para tráfico (art. 35 da Lei nº. 11.343/2006);

b. pelo menos três envolvidos: para a prática de delitos reprimidos pela Convenção de Palermo;

c. participação em grupo criminoso organizado (art. 2º, "a" do anexo do Decreto nº. 5.015/2004, que promulga a CCOT). Se com o fim específico de cometer crimes: Associação Criminosa (art. 288 do CP com a redação da Lei nº 12.850/2013);

d. pelo menos quatro envolvidos: associação de 4 (quatro) ou mais pessoas estruturalmente ordenada e caracterizada pela divisão de tarefas, ainda que informalmente, com objetivo de obter, direta ou indireta-

---

[5] Disponível em https://www.correiobraziliense.com.br/app/noticia/politica/2017/12/04/interna_politica,645204/paises-atingidos-lava-jato-cooperacao-internacional.shtml. Acesso em 19 abr. 2019.

[6] Disponível em: https://www.em.com.br/app/noticia/politica/2018/08/10/interna_politica,979388/lava-jato-pede-cooperacao-internacional-a-55-paises.shtml. Acesso em 19 abr. 2019.

O CRIME ORGANIZADO NA CONVENÇÃO DE PALERMO

mente, vantagem de qualquer natureza, mediante a prática de infrações penais cujas penas máximas sejam superiores a 4 (quatro) anos, ou que sejam de caráter transnacional;

e. participação em organização criminosa (orcrim), sendo punível com pena de 3 a 8 anos de prisão quem promover, constituir, financiar ou integrar, pessoalmente ou por interposta pessoa, organização criminosa e quem impedir ou, de qualquer forma, embaraçar a investigação de infração penal que envolva organização criminosa.

A Lei nº 12.720/2012 incluiu o art. 288-A que apena a constituição de milícia privada (constituir, organizar, integrar, manter ou custear organização paramilitar, milícia particular, grupo ou esquadrão com a finalidade de praticar qualquer dos crimes previstos no CP).

Há outros tipos penais esparsos, em legislação especial, como a constituição de organização ilegal de tipo militar, prevista no art. 24 da Lei dos crimes contra a segurança nacional, a ordem política e social, Lei nº. 7.170/1983: "Art. 24 – Constituir, integrar ou manter organização ilegal de tipo militar, de qualquer forma ou natureza armada ou não, com ou sem fardamento, com finalidade combativa. Pena: reclusão, de 2 a 8 anos".

O art. 16 da Lei nº. 7.170/1983 dispõe a respeito da criminalização da integração ou manutenção de "associação, partido, comitê, entidade de classe ou grupamento que tenha por objetivo a mudança do regime vigente ou do Estado de Direito, por meios violentos ou com o emprego de grave ameaça". Contudo, ambos os artigos (art. 16 e art. 24) não dispõem a respeito da quantidade mínima de integrantes, surgindo, então, duas correntes: pluralidade mínima de dois agentes (mínimo indispensável para alguém se associar a outrem) ou pluralidade mínima de quatro agentes (por representar maior ofensividade, como na quadrilha ou bando, sendo mais conservador e benéfico ao réu).

Há, ainda, o tipo penal do genocídio, previsto no art. 2º da Lei nº. 2.889/1956, quando:

> associarem-se mais de 3 (três) pessoas para prática dos crimes" com "intenção de destruir, no todo ou em parte, grupo nacional, étnico, racial ou religioso", e que para tal fim se cometa uma ou mais das seguintes ações: "a) matar membros do grupo; b) causar lesão grave à integridade física ou mental de membros do grupo; c) submeter intencionalmente o grupo a condições de existência capazes de ocasionar-lhe a destruição física total ou parcial; d) adotar medidas destinadas a impedir os nascimentos no seio do grupo; e) efetuar a transferência forçada de crianças do grupo para outro grupo.

CRIME ORGANIZADO

Heleno Cláudio Fragoso (1973, pp. 27 e ss.) não considera o genocídio como um tipo específico e propala que "com a vigência do novo CP, fica revogada a Lei n. 2.889".

O magistrado paulista Guilherme de Souza Nucci (2008, p. 595) entende que o tipo do genocídio é específico em relação ao de quadrilha ou bando, mas critica a falta de diferenciação de pena no genocídio de aborto (impedir o nascimento no seio do grupo) e lesão corporal grave. A Lei nº. 2.889/1956 estatuiu idêntica pena para o crime de genocídio em qualquer uma de suas modalidades (art. 2º. c/c art. 1º, alíneas "a" a "e"), equivalendo as penas do homicídio (matar membros do grupo) com o de "efetuar transferência forçada de crianças", gerando quebra de proporcionalidade e antinomia.

O Brasil ratificou a Convenção das Nações Unidas para a prevenção e a repressão do crime de genocídio, em 15/04/1952, a qual foi incorporada ao ordenamento jurídico pátrio pelo Decreto nº. 30.822, de 6/05/1952, o que impõe ao Brasil a obrigação internacional de tipificar o delito de genocídio. A técnica de elaboração legislativa e o controle de legalidade e constitucionalidade de diplomas legais evoluíram qualitativamente em meio século, o que justificaria uma reformulação da mencionada lei com os adendos do nobre magistrado paulista.

3.1. Participação em Grupo Criminoso Organizado: Definição e Importância para Integração do Ordenamento Jurídico

A criminalização da participação em grupo criminoso organizado (penalización de la participación en un grupo delictivo organizado ou criminalization of participation in an organized criminal group) é disciplinada no art. 5º da Convenção de Palermo, afigurando-se imperativa a edição, inicialmente, de diploma legal que tipifique penalmente e estabeleça sanção para a existência ou ações de organizações criminosas ou grupos criminosos organizados. A CCOT traz os elementos mínimos que devem ser veiculados no tipo penal a ser editado pelos países signatários, mas não define a quantidade de pena a ser aplicada, pois ofenderia a soberania dos seus subscritores.

A conceituação de *lege ferenda* deve ser concisa e recorrer minimamente a conceitos indeterminados e abertos, sem perder a orientação da CCOT: estrutura hierarquizada com divisão de tarefas, cadeia de comando, mediante o exercício de atos de empreendimento criminal (negócio-crime, com uso misto de empresas lícitas, de fachada ou "fantasmas"), buscando vantagem material ou econômico-financeira (objetivo de lucro).

Este apontamento se justifica para fins de eficiência da produção da prova em inquérito policial ou ação penal, evitando-se que a dubiedade de conceitos, lacunas legais, elementos de tipo que conduzam a provas inacessíveis ou negativas, ou expressões sem concisão prejudiquem o indiciamento na fase inquisitória, a formulação da acusação em juízo e provoquem dúvida no espírito do julgado.

A CCOT define "grupo criminoso organizado" como o grupo estruturado de três ou mais pessoas, existente há algum tempo e atuando concertadamente com o propósito de cometer uma ou mais infrações graves ou enunciadas na Convenção, com a intenção de obter, direta ou indiretamente, um benefício econômico ou material.

A sofisticação de meios, uso de internet e equipamentos eletrônicos de última geração, disputa territorial, recurso à intimidação, ameaça, assassinato de servidores públicos de fiscalização, prevenção, repressão e controladoria e casos de corrupção ativa, passiva, de funcionário público estrangeiro, prevaricação, advocacia administrativa deixam de ser traços obrigatórios para a criminalização das organizações criminosas (orcrims), sendo suficiente o preenchimento dos requisitos do art. 2º combinado com o § 1º do art. 1º. da Lei nº. 12.850/2013.

Outras características de atuação das orcrims, ainda que possam ser identificadas em grande parte das manifestações do crime organizado, não são essenciais para a persecução penal, representação policial de mitigação de garantias constitucionais, ou de produção de prova, contudo, ainda há o interesse para estudos de casos, e classificação por características peculiares e uniformes de atuação de um determinado grupo.

3.1.1. Pluralidade de Agentes Criminosos

O primeiro traço da participação em grupo criminoso organizado é a pluralidade de agentes, que desponta quando se trata de investidas criminosas. É o número diferenciado de criminosos que trará proteção e segurança ao grupo e garantirá o proveito econômico da atividade delitiva. A quantidade de agentes é levada em conta pela Convenção de Palermo, como elemento caracterizador da potencialidade ofensiva de um grupo criminoso. Para caracterizá-lo (art. 2º, *a*, do anexo ao Decreto nº. 5.015/04), estipula o número mínimo de três integrantes.

3.1.2. Ilicitude da Conduta

A atividade deve ser necessariamente ilícita. Se permitida ou não regulamentada, por óbvio, não há que se falar em sanção penal.

3.1.3. Cadeia de Comando, Divisão de Tarefas: Atuação Combinada

A Convenção de Palermo não menciona, expressamente, a indispensabilidade da existência de cadeia de comando e hierarquia na organização criminosa, mas a exemplo da essencialidade da estabilidade e permanência, a noção de hierarquia, bem como de divisão de tarefas, decorre, logicamente, da exigência posta pela CCOT de que os integrantes do grupo criminoso organizado estejam "atuando concertadamente com o propósito de cometer uma ou mais infrações", isto quer dizer que os seus membros devem agir de forma combinada, pressupondo que cada um conheça seu papel, limites e dever de prestação de contas ao "capo", o que não mais é do que o cometimento de ilícitos programados, onde cada um desempenha seu papel dentro de uma divisão de tarefas, distribuídas hierarquicamente, observada a cadeia de comando. A divisão de tarefas decorre da noção de hierarquia que vige nas organizações criminosas, em uma estrutura compartimentada, onde cada um só sabe aquilo necessariamente indispensável para o exercício de suas funções dentro do elo criminoso que os une.

3.1.4. Estabilidade e Permanência

A organização criminosa, a exemplo da quadrilha ou bando, deve gozar de estabilidade e permanência. Estabilidade e permanência denotam organização e coesão, independentemente de maiores esforços de conceituação doutrinária. Se o grupo se reuniu de forma aleatória, por encontro casual dos comparsas, em bar, em meio de transporte, não há uma estabilidade do grupo para cometimento de delitos. Se o encontro é agendado em local de conhecimento dos comparsas, que são conhecidos entre si de outras empreitadas criminosas, resta claro a estabilidade do grupo e a permanência da atividade delitiva que se propaga no tempo, com escolha de locais e vítimas. Ambos os requisitos são exigidos por força do consolidado entendimento pretoriano, mas não expressamente pela simples leitura do art. 288 do CP.

Embora o texto da Convenção de Palermo não consigne as exatas palavras de "estabilidade" e "permanência", essa se infere do texto da CCOT, ao trazer como elemento do tipo a "existência por algum tempo", atuando concertadamente, isto é, de forma combinada, com o propósito de cometer uma ou mais infrações graves. A atividade criminosa deve ser "estruturada", possuir um arcabouço que garanta o êxito da empreita ilícita, formada por integrantes que não se reuniram aleatoriamente e possuem afinidades e interesses ilícitos em comum.

Uma observação importante a ser feita é que a Convenção de Palermo, ao definir "grupo criminoso organizado" o conceituou como o grupo constituído

O CRIME ORGANIZADO NA CONVENÇÃO DE PALERMO

de três ou mais pessoas "com o propósito de cometer uma ou mais infrações graves ou enunciadas na presente Convenção". A princípio, para a CCOT, basta a intenção de cometer um único crime, ao contrário da definição de Associação Criminosa, cujo tipo subjetivo imprescinde do fim de cometer "crimes".

São distintos o tipo de associação criminosa (art. 288 do Código Penal), o grupo criminoso organizado da CCOT, e a participação em organização criminosa (orcrim do art. 2º combinado com o § 1º do art. 1º. da Lei nº. 12.850/2013). No primeiro predomina o fim específico de "cometer crimes", enquanto que, nos termos da Convenção de Palermo, o propósito pode ser o de cometer "uma" ou "mais infrações graves" (com pena máxima superior ou igual a 4 anos). A participação em orcrim, muito semelhante ao que propõe a CCOT, estatui que a participação em orcrim tem como objetivo obter, direta ou indiretamente, vantagem de qualquer natureza, mediante a prática de infrações penais cujas penas máximas sejam superiores a 4 (quatro) anos, ou que sejam de caráter transnacional.

A solução para conciliar a natureza permanente do grupo no cometimento de delitos (afastando a intenção de cometer apenas uma infração) parece estar na própria definição de grupo criminoso organizado (art. 2º, *a*, do anexo ao Decreto nº. 5.015/2004), pois são utilizadas expressões como "existente há algum tempo", "atuando", "concertadamente" (de forma combinada), o que nos leva a acreditar que a preexistência da organização criminosa, com estabilidade, é requisito para configuração do grupo criminoso organizado e que, embora o propósito possa ser o de cometer apenas uma infração, a organização criminosa permanece ativa, teve o propósito de cometer uma determinada infração em certo local e unidade de tempo, mas sua atuação se perpetua ao longo do tempo, para cometimento de novas infrações, daí a sua reconhecida periculosidade.

3.1.4.1. Grupo Estruturado

A Convenção de Palermo estatui que o grupo criminoso organizado é um "grupo estruturado" de três ou mais pessoas, existente há algum tempo e atuando concertadamente. A CCOT teve o cuidado de explicitar o significado de "grupo estruturado": é o grupo formado de maneira não fortuita para a prática imediata de uma infração, ainda que os seus membros não tenham funções formalmente definidas, que não haja continuidade na sua composição e que não disponha de uma estrutura elaborada.

O excesso de cautela na definição de grupo estruturado gerou um conceito coberto de negativas: não há funções formais definidas; não há continuidade, não dispõe de estrutura elaborada. Gerou também confusão e contradição:

CRIME ORGANIZADO

um grupo estruturado não dispõe de estrutura – elaborada. Fez-se, então, necessária a edição de nota da ONU sobre o assunto. Em nota interpretativa A/55/3283/Add. 1, item 4[7], o Comitê especial encarregado de elaborar o texto preliminar da Convenção de Palermo fez as seguintes anotações sobre "grupo estruturado", para esclarecer que o grupo estruturado tem sentido amplo, para englobar estruturas hierarquizadas, estruturas complexas e estruturas informais ou não hierarquizadas:

> 4. En los travaux préparatoires [registros oficiais] se indicará que la expresión "grupo estructurado" debe utilizarse en un sentido amplio para que incluya tanto a los grupos con una estructura jerarquizada u otro tipo de estructura compleja como a los grupos no jerarquizados en los que no es necesario definir expresamente la función de sus miembros.

Para fins de estudo de crime organizado, é suficiente lembrar que um "grupo estruturado", segundo a Convenção de Palermo, é aquele em que seus integrantes se reuniram de maneira não fortuita, não casual. Entenda--se, que o grupo, quando criminoso organizado, é constituído por integrantes que não se reuniram aleatoriamente (estruturado) e que também goza de estabilidade e permanência.

3.1.5. Âmbito de Atuação da Organização Criminosa
Quanto ao âmbito de atuação da organização criminosa em mais de um país, a própria CCOT, mais adiante, no seu art. 34, item 2[8], ao dispor a respeito da aplicação da convenção dispensa a natureza transnacional dos delitos que elenca (lavagem de dinheiro, corrupção, participação em grupo criminoso organizado, obstrução à justiça), para incorporação ao direito interno. Ou seja, os termos da CCOT são perfeitamente aplicáveis aos ordenamentos jurídicos de cada país que a subscreveu, independentemente de a investigação criminal apontar atuação internacional da organização criminosa.

Há grande lógica nessa consideração. Nunca se pode descartar que uma organização criminosa possua ramificação em outro país (logística, uso de rotas, contatos, operacional, execução de delitos, ocultação de produto do

---

[7] Disponível em: http://www.unodc.org/pdf/crime/final_instruments/383a1s.pdf. Acesso em: 12 ago 2010.

[8] "As infrações enunciadas nos Artigos 5, 6, 8 e 23 da presente Convenção serão incorporadas no direito interno de cada Estado Parte, independentemente da sua natureza transnacional ou da implicação de um grupo criminoso organizado nos termos do parágrafo 1 do Artigo 3 da presente Convenção, salvo na medida em que o Artigo 5 da presente Convenção exija o envolvimento de um grupo criminoso organizado".

O CRIME ORGANIZADO NA CONVENÇÃO DE PALERMO

crime), mas é ineficaz e geradora de impunidade, a persecução criminal que imprescinda de demonstração da nota de transnacionalidade do delito para sua investigação e repressão. Apenas o tempo gasto na investigação conjugado a uma eficiente rede de informações, cooperação internacional e técnicas modernas de investigação é que, reunidos, serão capazes de identificar a nota de transnacionalidade do delito. O tráfico doméstico de drogas, cuja investigação se encerrou na prisão dos transportadores da droga (mula) ou dos transportadores de dinheiro obtido de forma ilegal (*cash couriers*), não permite afirmar que a organização não tenha nível organizacional internacional.

Contudo, o tempo de duração da investigação é um inimigo impiedoso para o policial, pois leva, em razoável lapso temporal, à prescrição do delito, exigindo do operador do direito bom senso e experiência para determinar o melhor momento para apresentar a prova ao juízo competente.

3.1.6.. Vantagem Econômica, Financeira ou Lucro

Para a caracterização de um grupo criminoso organizado é imprescindível, segundo a Convenção de Palermo, a intenção de obter, direta ou indiretamente, um benefício econômico ou material. A participação em orcrim, do art. 2º combinado com o § 1º do art. 1º da Lei nº 12.850/2013, dispõe, de forma semelhante, mas com maior clareza, o objetivo de obter, direta ou indiretamente, vantagem de qualquer natureza.

Temos, assim, a busca incessante pelo lucro, sopesando-se táticas que levem a baixos custos operacionais, perdas mínimas, lucratividade máxima, parcerias temporárias entre os integrantes do mundo criminoso. Potencializa-se o lucro e diminui-se risco e perdas, mediante planejamento "empresarial" do valor que se investiu na empreitada criminosa, quanto se espera obter de lucro e controle contábil.

A moderna repressão à criminalidade organizada não pode prescindir da retirada do oxigênio das organizações criminosas que é o dinheiro, a vantagem patrimonial econômica ou financeira, que continua financiando o crime organizado ainda que o seu chefe seja substituído, morto ou preso, de nada adiantando cumprir dezenas de mandados de prisão e de busca e apreensão se o patrimônio do criminoso não for identificado e bloqueado, para posterior decretação do perdimento de bens com a sentença penal transitada em julgado, quando for o caso, independentemente da reparação civil ou pagamento de multas administrativas.

Neste sentido, rixas armadas e brigas de rua, motivados por valentia, inimizade ou vadiagem, embora possam ocasionar lesões corporais e eventos fatais, caso estejam dissociadas do objetivo de obtenção de vantagem material

CRIME ORGANIZADO

ou financeira, não se enquadram na definição de "organização criminosa" ou "participação em grupo criminoso organizado" da Convenção de Palermo.

Frise-se que nenhum diploma legislativo exige que para a associação criminosa ou quadrilha serem puníveis faça-se presente o intuito lucrativo. Essa exigência passa a ser elemento do tipo para a Convenção de Palermo. Esse requisito é compreensível. A Convenção de Palermo pressupõe que os lucros auferidos pelo crime organizado não só autofinanciam a organização, como também permitem sua expansão, mediante corrupção, lavagem de dinheiro e obstrução à justiça e, para tanto, prevê inúmeros mecanismos para bloqueio, confisco e perda de bens, além de medidas processuais invasivas da intimidade e que pretendem alcançar, primordialmente, o patrimônio do criminoso, através da descapitalização das suas atividades. Se a associação delitiva não gera lucro ou não há planejamento empresarial que possibilite o acúmulo de riquezas pelo criminoso, sua ofensibilidade delitiva é diminuta e não interessa ao Estado a responsabilização de pessoa jurídica, confisco de bens, quebra de sigilos, simplesmente, porque a atividade criminosa não se capitalizou, não deixou bens ao alcance do Estado.

3.1.7. Quadro Exemplificativo de Elementos Configuradores da Atuação Criminosa, conforme quantidade de Agentes Reunidos

TIPO PENAL	Agravante CONCURSO	ASSOCIAÇÃO P/TRÁFICO	ASSOCIAÇÃO CRIMINOSA	ORCRIM -CCOT/	ORCRIM L. 12850/13
Pluralidade mínima	2	2	3	3	4
Estabilidade/ Estruturação	NÃO	SIM	SIM	SIM	SIM
Permanência	NÃO	SIM	SIM	SIM	SIM
Cadeia de comando/ Divisão de tarefas	NÃO	NÃO	NÃO	SIM	SIM
Atuação combinada	NÃO	NÃO	NÃO	SIM	SIM
Atividade ilícita	SIM	SIM	SIM	SIM	SIM
Obj. Lucro	NÃO	NÃO	NÃO	SIM ou outro benefício material	SIM ou qualquer vantagem

3.2. O Crime Organizado em Discussão. FBI, NCIS: os Tipos Penais Italiano, Português e Austríaco

Para a agência britânica de inteligência NCIS (*National Criminal Intelligence Service*) "crime organizado é uma atividade de grupo, disciplinada e estruturada, que tem como primeiro fim obter proveito econômico através de uma

O CRIME ORGANIZADO NA CONVENÇÃO DE PALERMO

atividade criminosa a longo termo e contínua, conduzida independentemente das fronteiras nacionais, gerando proveitos que são disponibilizados para fins lícitos". O *Federal Bureau of Investigations* (FBI) define crime organizado como qualquer grupo que tenha uma estrutura formalizada cujo objetivo seja a busca de lucros através de atividades ilegais. Esses grupos usam da violência e da corrupção de agentes públicos.

Adriano Oliveira (2004), doutorando em Ciência Política na Universidade Federal de Pernambuco, em elaborada pesquisa sobre o tema, anota a dificuldade de conceituação de "crime organizado", tendo como ponto de partida o ensinamento de doutrinadores gabaritados:

A construção do conceito do que é crime organizado não é fácil. Aspectos econômicos e institucionais devem ser levados em consideração. Inicialmente, é de vital importância tentar descobrir quais são as características – que estão no âmbito econômico e institucional – que permitem que um grupo de indivíduos que pratica atos ilícitos possa ser classificado como organização criminosa. Dentre essas características devem ser observados o "modus operandi" dos atores na operacionalização dos atos criminosos, as estruturas de sustentação e ramificações do grupo, as divisões de funções no interior do grupo e o seu tempo de existência.

O professor de Direito Penal da Universidade de Frankfurt, Winfried Hassemer, afirma que dentre as características de atuação das organizações criminosas estão a corrupção do Judiciário e do aparelho político (Ziegler, 2003: p. 63). Tokatlian[9] (2000: p. 58 a 65), constata que na Colômbia as organizações criminosas atuam de modo empresarial, procuram construir redes de influência, inclusive com as instituições do Estado, e, consequentemente, estão sempre em busca de poder econômico e político.

Mingardi (1996: p. 69) aponta quinze características do crime organizado. São elas: 1) práticas de atividades ilícitas; 2) atividade clandestina; 3) hierarquia organizacional; 4) previsão de lucros; 5) divisão do trabalho; 6) uso da violência; 7) simbiose com o Estado; 8) mercadorias ilícitas; 9) planejamento empresarial; 10) uso da intimidação; 11) venda de serviços ilícitos; 12) relações clientelistas; 13) presença da lei do silêncio; 14) monopólio da violência; 15) controle territorial.

A legislação portuguesa traz a seguinte e simples definição para organização criminosa:

---

[9] TOKATLIAN, Juan. Globalización, narcotráfico y violencia – Siete ensayos sobre Colombia. Buenos Aires: Norma, 2000.

CRIME ORGANIZADO

Artigo 299

Associação criminosa

1 – Quem promover ou fundar grupo, organização ou associação cuja finalidade ou actividade seja dirigida à prática de crimes é punido com pena de prisão de 1 a 5 anos.

2 – Na mesma pena incorre quem fizer parte de tais grupos, organizações ou associações ou quem os apoiar, nomeadamente fornecendo armas, munições, instrumentos de crime, guarda ou locais para as reuniões, ou qualquer auxílio para que se recrutem novos elementos.

3 – Quem chefiar ou dirigir os grupos, organizações ou associações referidos nos números anteriores é punido com pena de prisão de 2 a 8 anos.

4 – As penas referidas podem ser especialmente atenuadas ou não ter lugar a punição se o agente impedir ou se esforçar seriamente por impedir a continuação dos grupos, organizações ou associações, ou comunicar à autoridade a sua existência de modo a esta poder evitar a prática de crimes.

O Promotor de Justiça paulista, Marcelo Mendroni, em coluna periódica no "site" Última instância[10] faz uma abordagem sobre a temática do crime organizado na Áustria:

No sistema austríaco, de forma semelhante ao alemão, optou-se pela não definição específica e tipificação de "organização criminosa". Existe, na verdade, um dispositivo na legislação de organização da polícia, que qualifica as organizações criminosas de forma extremamente genérica, como a reunião de três ou mais pessoas com o propósito de cometer crimes. Os doutrinadores austríacos admitem que em face da necessidade de sua melhor caracterização, utilizam aquela definida pelo grupo de trabalho alemão de Justiça/polícia de linhas diretivas criminais contra a criminalidade organizada[11].

Para o autor Johannes EBERT, é preferível conhecer e considerar as estruturas e formas em face dos casos concretos, e não a considerar com estruturas rígidas e definidas, para que se possa melhor adaptar às suas variáveis formas. A Polícia de Viena considera algumas características próprias relativas às Organizações Criminosas:

a. Planificação cobrada, trabalho sobre encomenda;
b. Ação criminosa profissional;
c. Ocultação dos ganhos através de medidas de lavagem de dinheiro;

[10] Última instância revista jurídica. Disponível em: http://ultimainstancia.uol.com.br/index2.html.Acesso em 12 mar. 2010.
[11] Gemeisamen Arbeitsgruppe Justiz/Polizei Strafverfolgung bei Organisierter Kriminalität.

686

O CRIME ORGANIZADO NA CONVENÇÃO DE PALERMO

d. Retorno dos ativos ganhos em negócio legalmente constituído;
e. Coligações suprarregionais ou internacionais;
f. Formação de estrutura hierárquica;
g. Ausência de esclarecimento a respeito da dependência e proporção da autoridade dos chefes em relação aos demais integrantes;
h. Auxílio aos demais companheiros, em caso de processo criminal, como por exemplo, contratação de advogados, ameaça a testemunhas e "lei do silêncio";
i. Suborno e corrupção".

E, em outra oportunidade:

"Na Alemanha, identicamente, ensina Walter GROPP: Não obstante a discutida questão na Alemanha acerca da caracterização das organizações criminosas, deve-se, sobretudo, verificar, que cada espaço territorial apresenta distintas formas de criminalidade, e o conceito da organização criminosa deve ser justamente tratado como problema social sentido e discutido[12]". É apenas um exemplo da teoria esmagadora naquele país.

Nos EUA, segundo Patrick RYAN: "Sem uma definição funcional, como poderemos identificar e combater uma Organização Criminosa?" E ele mesmo responde: "Um consenso está se formando que cada definição funcional deverá refletir o tipo de atividade, melhor do que definir o tipo de crime –o que ela faz, melhor do que ela é[13]". É, identicamente, o pensamento da quase totalidade dos doutrinadores norte-americanos".

O artigo 416 bis[14] do *Códice Penale Italiano* definiu as associações do tipo mafiosas e estipulou pena de reclusão de 3 a 6 anos para a participação no

---

[12] Besondere Ermittlungsmaßnahmen zur Bekämpfung der Organisierten Kriminalität – Max-Planck Institut fur Ausländisches und Internationales Strafrecht", 1994, p. 818.

[13] "Organized Crime" ABC-Clio, Chicago,1995, p. 4.

[14] Art. 416 bis Associazione di tipo mafioso
Chiunque fa parte di un'associazione di tipo mafioso formata da tre o piu' persone, e' punito con la reclusione da tre a sei anni.
Coloro che promuovono, dirigono o organizzano l'associazione sono puniti, per cio' solo, con la reclusione da quattro a nove anni.
L'associazione e' di tipo mafioso quando coloro che ne fanno parte si avvalgono della forza di intimidazione del vincolo associativo e della condizione di assoggettamento e di omerta' che ne deriva per commettere delitti, per acquisire in modo diretto o indiretto la gestione o comunque il controllo di attivita' economiche, di concessioni, di autorizzazioni, appalti e servizi pubblici o per realizzare profitti o vantaggi ingiusti per se' o per altri ovvero al fine di impedire od ostacolare il libero esercizio del voto o di procurare voti a se' o ad altri in occasione di consultazioni elettorali (1).
Se l'associazione e' armata si applica la pena della reclusione da quattro a dieci anni nei casi previsti dal primo comma e da cinque a quindici anni nei casi previsti dal secondo comma.

CRIME ORGANIZADO

grupo. Para os dirigentes a pena estipulada é de 4 a 9 anos de reclusão. Eis o teor do dispositivo:

A associação é do tipo mafioso quando aqueles que dela fazem parte se valem da força de intimidação do vínculo associativo e da condição de sujeitamento e submissão que dela deriva para cometer delitos, para obter, de modo direto ou indireto a gestão ou o controle da atividade econômica, de concessões de autorizações, empreitadas e serviços públicos o para realizar lucros ou vantagens injustas por si ou por outros ou então com o fim de impedir ou obstaculizar o livre exercício do voto ou de buscar votos para si ou para outros em pleitos eleitorais". (Tradução livre).

Esse tipo penal italiano não abrange todo o tipo de organização criminosa, mas o caso específico mafioso italiano, havendo variações de grupos criminosos em diversos países. O idealizador desse tipo penal, o deputado italiano Pio la Torre, foi executado com dezenas de tiros de pistolas e metralhadoras em 30/04/1982, junto com o motorista do Fiat 132 que ocupavam, quando se dirigiam ao partido comunista. A aprovação legislativa do tipo penal de associações mafiosas veio após o homicídio qualificado do líder comunista.

Nove anos depois, em 1991, os Juízes da Corte de Palermo, Itália, encerraram as investigações preliminares e mandaram a julgamento nove chefes da máfia Cosa Nostra pela acusação dos assassinatos. Em 1992, o mafioso arrependido Leonardo Messina, revelou que o deputado Pio la Torre fora assas-

L'associazione si considera armata quando i partecipanti hanno la disponibilita', per il conseguimento della finalita' dell'associazione, di armi o materie esplodenti, anche se occultate o tenute in luogo di deposito.

Se le attivita' economiche di cui gli associati intendono assumere o mantenere il controllo sono finanziate in tutto o in parte con il prezzo, il prodotto, o il profitto di delitti, le pene stabilite nei commi precedenti sono aumentate da un terzo alla meta'.

Nei confronti del condannato e' sempre obbligatoria la confisca delle cose che servirono o furono destinate a commettere il reato e delle cose che ne sono il prezzo, il prodotto, il profitto o che ne costituiscono l'impiego. Decadono inoltre di diritto le licenze di polizia, di commercio, di commissionario astatore presso i mercati annonari all'ingrosso, le concessioni di acque pubbliche e i diritti ad esse inerenti nonche' le iscrizioni agli albi di appaltatori di opere o di forniture pubbliche di cui il condannato fosse titolare (2) .

Le disposizioni del presente articolo si applicano anche alla camorra e alle altre associazioni, comunque localmente denominate, che valendosi della forza intimidatrice del vincolo associativo perseguono scopi corrispondenti a quelli delle associazioni di tipo mafioso (3) .

(1) Comma cosi' modificato dall'art. 11 bis, D.L. 8 giugno 1992, n. 306.

(2) La seconda parte di questo comma e' stata abrogata dall'art. 36 , secondo comma, della L. 19 marzo 1990, n. 55.

(3) Articolo aggiunto dalla L. 13 settembre 1982, n. 646.

O CRIME ORGANIZADO NA CONVENÇÃO DE PALERMO

sinado por ordem do sanguinário Totò Riina ("la belva" ou a besta), chefe do clã "corleonesi", em razão da propositura do projeto de lei contra as associações mafiosas.

A sentença em primeiro grau de jurisdição condenou Totò Riina (preso em 1993), Bernardo Provenzano (preso no mês de abril de 2006, nas proximidades de Palermo, com aproximadamente 72 anos de idade), Decreased e outros chefes mafiosos. Em 1998, outro delator premiado (*pentito*) de nome Cucuzza revelou que participou do assassinato de Pio la Torre, em conjunto com o grupo de fogo da máfia: Pino Greco, Pino Lucchese e Mario Prestifilippo. O capo Totò Riina também foi apontado como o responsável pela ordem de assassinato dos juízes Falcone e Borsellino.

4. A Disciplina do Confisco de Bens na CCOT

Em um mundo cada vez mais globalizado, a integração policial internacional é a forma mais eficiente de combater o crime e deve refletir na disciplina de confisco de bens. É notório que as organizações criminosas se especializaram, mas também se diversificaram, tanto na atuação geográfica como no ramo do ilícito, tudo em uma visão criminosa empresarial com a filosofia de diminuir riscos e perdas e aumentar ou potencializar as perspectivas de lucros.

Muitas facções criminosas dentro de presídios movimentam elevadas quantias de dinheiro e patrimônio, o que demonstra que a prisão do criminoso sem o congelamento, embargo ou confisco de bens em nada aproveita para o Estado ou para a sociedade, antes cria uma nova despesa e a responsabilidade estatal pela custódia de uma pessoa num sistema prisional no qual há enorme déficit de vagas.

O confisco de bens pode contribuir efetivamente para a diminuição da ação do crime organizado. Para a Convenção de Palermo, os tribunais ou outras autoridades competentes podem ser habilitados para ordenar a apresentação ou apreensão de documentos bancários, financeiros ou comerciais, não podendo invocar o sigilo bancário.

Segundo o art. 13, item 7, da Convenção de Palermo (anexo do Decreto nº 5.015/2004), os Estados-Partes poderão considerar a possibilidade de exigir que o autor de uma infração demonstre a proveniência lícita do presumido produto do crime ou de outros bens que possam ser objeto de confisco, mas devem submeter às autoridades competentes a execução da decisão de confisco emitida por um tribunal situado no território do Estado-Parte requerente.

Na prática, o Estado-Parte, para agir em resposta ao pedido de um outro Estado-Parte signatário, poderá considerar a celebração de acordos ou protocolos que prevejam: a) destinação do valor do produto ou bens, ou os fundos

CRIME ORGANIZADO

provenientes de sua venda, ou uma parte destes fundos, à conta criada em aplicação da alínea *c* do § 2º do art. 30 da Convenção de Palermo e a organismos intergovernamentais especializados na luta contra a criminalidade organizada; b) repartir com outros Estados-Partes, sistemática ou casuisticamente, o produto ou estes bens, ou os fundos provenientes da respectiva venda, em conformidade com o direito interno ou seus procedimentos administrativos.

O confisco de bens não é aleatório e depende de uma estrutura que observe certos requisitos: identificação, localização, embargo ou apreensão dos bens, ainda que convertidos noutros, misturado com bens adquiridos legalmente e receitas ou outros benefícios; tribunais ou outras autoridades competentes podem ser habilitados para ordenar a apresentação ou apreensão de documentos bancários, financeiros ou comerciais, não podendo invocar o sigilo bancário; descrição dos bens a confiscar e uma exposição dos fatos em que o Estado-Parte requerente se baseia; destinar o valor dos bens a fundos e organismos especializados na luta contra a criminalidade organizada; e repartir os bens ou seu valor com outros Estados-Partes, sistemática ou casuisticamente.

A Convenção de Palermo estipula que os Estados-Partes poderão considerar a possibilidade de exigir que o autor de uma infração demonstre a proveniência lícita do presumido produto do crime ou de outros bens que possam ser objeto de confisco. O art. 13, item 7, da Convenção complementa a legislação nacional que, no art. 4º; § 2º, da Lei nº. 9.613/98 dispõe que "O juiz determinará a liberação dos bens, direitos e valores apreendidos ou sequestrados, quando comprovada a licitude de sua origem".

Restou estatuída a presunção de ilicitude do produto de atividade de organização criminosa, especialmente de lavagem de dinheiro, autorizadora do confisco de bens (*forfeiture; decomiso*). Essa presunção, contudo, não é absoluta. Observa-se o princípio da presunção da inocência, previsto constitucionalmente, devendo os órgãos de investigação e de acusação promoverem os atos necessários à demonstração da ilicitude do patrimônio, conforme vêm decidindo os nossos pretórios.

5. A Técnica Especial de Investigação da "Entrega Vigiada"
A "entrega vigiada" é um procedimento previsto e recomendado pelas Nações Unidas, na Convenção de Viena de 1988. Essa técnica é tratada pela Convenção de Palermo, com algumas peculiaridades. A "entrega vigiada", na visão da CCOT, é a "*técnica que consiste em permitir que remessas ilícitas ou suspeitas saiam do território de um ou mais Estados, os atravessem ou neles entrem com o conhecimento e sob o controle das autoridades competentes, com a finalidade de investigar infrações e identificar as pessoas envolvidas na sua prática*".

O CRIME ORGANIZADO NA CONVENÇÃO DE PALERMO

De plano, observa-se que a "entrega vigiada", muito mais do que uma técnica operacional e de combate ao crime organizado, é uma técnica de investigação de infrações, ou seja, o órgão do Estado com atribuições para seu uso como recurso eficiente contra ações de organizações criminosas deve ser o de investigação penal, sob a supervisão do Ministério Público e do Poder Judiciário, com agentes especialmente treinados para tal atividade, o que, inevitavelmente, leva à conclusão de que deva ser exercida pela Polícia Judiciária.

Ao contrário do que ocorre em relação à ação controlada quanto ao tráfico de drogas (Convenção de Viena de 1988 e Lei de Entorpecentes – Lei nº 11.343/06) e tráfico de armas (Convenção Interamericana contra a Fabricação e o Tráfico Ilícito de Armas de Fogo, Munições, Explosivos e outros Materiais Correlatos – CIFTA), a Convenção de Palermo e a Convenção das Nações Unidas contra a Corrupção (também conhecida como Convenção de Mérida, cidade do sudeste mexicano onde foi assinada) não especificam qual o objeto da remessa ilícita ou suspeita, ou seja, não há determinação quanto ao bem que deva ter a remessa e o deslocamento controlado pelo órgão policial, admitindo, implicitamente, que seja o mais amplo possível, desde que associado a práticas relacionadas ao crime organizado.

A razão de ser do instituto é a enorme dificuldade encontrada pelos investigadores para identificar o destinatário da droga e demonstrar seu dolo, especialmente, se a droga descoberta foi abandonada, perdida ou não reclamada, por exemplo, em caso de passageiro de ônibus ou avião que "esquece" a bagagem no terminal de desembarque, para que outro a encontre propositadamente. Ao abordar o tema de flagrante diferido ou retardado, Nucci (2006, p. 555) o define como "a possibilidade que a polícia possui de retardar a realização da prisão em flagrante, para obter maiores dados e informações a respeito do funcionamento, componentes e atuação de uma organização criminosa", equiparando ação controlada e flagrante diferido ou retardado.

A ação controlada é uma técnica investigativa, acima de tudo, e não propriamente uma modalidade de prisão em flagrante delito. Em razão de essa técnica ser de uso estrito na investigação de ações de associações ou organizações criminosas e quadrilhas ou bando, que perpetuam suas ações delituosas ao longo do tempo, em estado de permanência, é verdade, a prisão em flagrante delito sempre será viável. O fato é que a vigilância policial é para o acompanhamento dos movimentos e passos do grupo criminoso, com aparato e quantitativos de policiais pequenos e discretos, e, decorrido o momento do flagrante do crime anterior cometido pela quadrilha, esse não se prorroga (por exemplo, um roubo), mas apenas a permanência do delito de quadrilha ou bando.

CRIME ORGANIZADO

A ação controlada e a entrega vigiada são terminologias diversas, embora usadas indistintamente, talvez porque ambas tenham idêntico objetivo: maior eficácia probatória e repressiva na medida em que possibilitam a identificação do maior número de integrantes de uma quadrilha ou organização criminosa.

O conceito de ação controlada é mais amplo, pois permite o controle e vigilância (observação e acompanhamento, no texto legal) de qualquer ação criminosa e não apenas a entrega vigiada de entorpecentes (Convenção de Viena de 1988 – Convenção contra o Tráfico Ilícito de Entorpecentes e Substâncias Psicotrópicas, aprovada pelo Decreto Legislativo nº 162, de 14/09/91 e incorporada ao ordenamento jurídico pátrio pelo Decreto nº 154 de 26.06.1991) e de armas (Convenção Interamericana contra a Fabricação e o Tráfico Ilícitos de Armas de Fogo, Munições, Explosivos e outros Materiais Correlatos, adotada pelo Decreto 3.229/99, complementado pelo Decreto nº 5.941/2006), pois é instrumento de largo espectro que pode ser utilizado na repressão de organizações criminosas ligadas ao contrabando e no pagamento ou recebimento de propina, na forma da Convenção das Nações Unidas contra a Corrupção, incorporada legalmente por meio do Decreto nº 5.687/2006. Pode-se considerar, assim, que a entrega vigiada é uma das modalidades de ação controlada.

A Lei nº 11.343/2006, que revogou a Lei nº 10.409/2002, com novas disposições sobre a "ação controlada" ou "não-interdição policial", permite a utilização desse misto de mecanismo e técnica legal e investigativo policial com os seguintes traços peculiares (art. 53):

a. é procedimento investigatório;
b. imprescinde de autorização judicial;
c. oitiva do representante do Ministério Público;
d. repressão de crime de tráfico de drogas e outros reprimidos pela Lei 11.343/2006;
e. não-atuação policial permitida em lei;
f. aplicação na repressão contra portadores de drogas, seus precursores químicos ou outros produtos utilizados em sua produção;
g. que objeto do delito e autores se encontrem no território brasileiro (não necessariamente todos os integrantes do grupo de traficantes ou da organização criminosa;
h. finalidade de identificar e responsabilizar maior número de integrantes de operações de tráfico e distribuição, sem prejuízo da ação penal cabível;
i. autorização mediante conhecimento do itinerário provável e a identificação dos agentes do delito ou de colaboradores.

O CRIME ORGANIZADO NA CONVENÇÃO DE PALERMO

São condições comuns para a execução de uma operação controlada, decorrentes da Lei nº. 11.343/2006 e da revogada lei 10.409/2002 (entorpecentes) e da praxe policial: a) oitiva do Ministério Público; b) autorização judicial; c) conhecimento do itinerário provável e a identificação dos agentes do delito ou de colaboradores; d) planejamento operacional; e) controle interno pelo registro e ciência aos órgãos de inteligência policial.

Deixou de ser condição para execução da ação controlada a solicitação formal ou prévio ajuste de compromisso entre as autoridades responsáveis, na origem e no destino, que ofereçam garantia contra a fuga dos suspeitos ou de extravio das drogas ilícitas. Embora a garantia contra a fuga e de extravio de drogas tenha deixado de ser uma exigência legal, persiste sua utilidade como recomendação para que o policial observe esses parâmetros, a fim de evitar questionamentos futuros. A alteração é bem-vinda, pois, na redação anterior, havia doutrinadores do quilate de Luiz Flávio Gomes que propalavam que o mecanismo de ação controlada só poderia ser utilizado na hipótese de tráfico internacional de drogas, o que nulificava o avanço legislativo de 5 anos antes, e tornava morto o texto legal na medida em que a Autoridade Policial brasileira, por princípio de soberania, deve proceder à investigação nos limites do território brasileiro, ponto de partida da investigação. Ao pensar de forma contrária, os policiais brasileiros só poderiam recorrer à ação controlada quando a investigação fosse iniciada por autoridade estrangeira, tornando a investigação uma ação passiva, mediante provocação e não proativa, como urge.

A Lei 11.343/2006 preceitua que a "não-atuação policial", ou melhor, a ação controlada, poderá ser executada também para identificação de portadores dos precursores químicos (produtos químicos que podem ser desviados para a fabricação de drogas ilícitas ou substâncias psicotrópicas), isto porque a fiscalização da comercialização de produtos químicos que possam ser utilizados como insumos na produção de drogas (como, por exemplo, o permanganato de potássio, que pode ser usado tanto na indústria do vestuário como no refino da cocaína) é regulamentada na forma da lei, mediante fiscalização da Polícia Federal, sendo de fundamental importância que seja mantida sob controle, principalmente porque o Brasil é o país sul-americano com setor químico-industrial mais desenvolvido.

5.1. A Ação Controlada nos Tribunais: Campana e Vigilância Policial

No HC 40.436, relatora Ministra Laurita Vaz, 5ª. Turma do STJ, publ. no DJ de 02.05.2006, p. 343, se decidiu que:

CRIME ORGANIZADO

(...) 1. Não se deve confundir flagrante preparado com esperado – em que a atividade policial é apenas de alerta, sem instigar qualquer mecanismo causal da infração.

2. A 'campana' realizada pelos policiais à espera dos fatos não se amolda à figura do flagrante preparado, porquanto não houve a instigação e tampouco a preparação do ato, mas apenas o exercício pelos milicianos de vigilância na conduta do agente criminoso, tão-somente à espera da prática da infração penal. No mesmo sentido: HC 32.708, relatora Ministra Laurita Vaz, 5ª. Turma do STJ, publ. no DJ de 02/08/2004, p. 448.

Ou seja, o acompanhamento da movimentação e das ações do grupo criminoso organizado pelos órgãos policiais para atuação posterior, de forma mais eficiente para a colheita probatória, não torna o futuro flagrante um ato nulo, nem torna o crime impossível. O mesmo raciocínio vale para a vigilância eletrônica:

1. A presença de sistema eletrônico de vigilância no estabelecimento comercial não torna o agente completamente incapaz de consumar o furto, logo, não há que se afastar a punição, a ponto de reconhecer configurado o crime impossível, pela absoluta ineficácia dos meios empregados. Precedentes. 2. Recurso provido. (REsp 554.233, relatora Ministra Laurita Vaz, 5ª. Turma do STJ, publ. no DJ de 26/09/2005, p. 436). No mesmo sentido: REsp 751.156, idem, publicado no DJ de 13/11/2006. p. 289.

Recurso especial. Penal. Tentativa de furto em supermercado. Delito praticado sob vigilância. Crime impossível não configurado. (...) (REsp 508.224, relator Ministro Hélio Quaglia Barbosa, 6ª. Turma do STJ, publ. no DJ de 09/05/2005, p. 485).

(...) Não obstante o estabelecimento comercial estar equipado com sistemas de segurança, não se exclui a possibilidade de lesão. Os sistemas de vigilância são auxiliares do estabelecimento comercial no combate aos delitos, não garantindo, de forma peremptória, que certos crimes jamais ocorrerão. (REsp 633.656, relator Ministro José Arnaldo da Fonseca, 5ª. Turma do STJ, publ. no DJ de 08/11/2004, p. 285).

Os precedentes estão em harmonia com os julgados do STJ e do STF, que, no caso de roubo, entendem que o delito se consuma com a posse da *res furtiva*, mediante violência, não importando se o bem expropriado está ou não sob a vigilância da vítima. Portanto, é reforçado o entendimento de que a "vigilância" ou "campana", em si, não torna o crime impossível ou o flagrante preparado

(EREsp 235.205 – Embargos de Divergência no Recurso Especial –, relatora Ministra Laurita Vaz, 3ª. Seção do STJ, publ. no DJ de 29/11/2004, p. 223).

6. Responsabilidade da Pessoa Jurídica

Prevê a Convenção de Palermo a responsabilidade da pessoa jurídica ligada e utilizada por organizações criminosas[15]. Cada Estado-Parte responsabilizará as Pessoas Jurídicas que participem em infrações graves e que cometam as infrações enunciadas (corrupção, lavagem, organização criminosa, obstrução de justiça). A responsabilidade das pessoas jurídicas, de acordo com a convenção, poderá ser penal, civil ou administrativa e independe da responsabilidade penal das pessoas físicas. Segundo Cezar Roberto Bitencourt[16] (2005, p. 74), duas correntes debatem há longo tempo a possibilidade de aplicar sanções penais às pessoas jurídicas: nos países filiados ao sistema *romano-germânico*, que representam a esmagadora maioria, vige o princípio *societas delinquere non potest*, segundo o qual é inadmissível a punibilidade penal das pessoas jurídicas, aplicando-se-lhes somente a punibilidade administrativa ou civil; de outro lado, nos países anglo-saxões e naqueles que receberam suas influências, vige o princípio da *common law*, que admite a responsabilidade penal da pessoa jurídica. É bem verdade que essa orientação começa a conquistar espaço entre os países que adotam o sistema romano-germânico, como, por exemplo, a Holanda e, mais recentemente, a França, a partir da reforma de seu Código Penal de 1992, e a Dinamarca, a partir da reforma de seu Código Penal de 1996[17].

Embora o princípio *societas delinquere non potest* seja, historicamente, adotado na maioria dos países da Europa Continental e da América Latina, a

---

[15] Artigo 10 Responsabilidade das pessoas jurídicas
1. Cada Estado Parte adotará as medidas necessárias, em conformidade com o seu ordenamento jurídico, para responsabilizar pessoas jurídicas que participem em infrações graves envolvendo um grupo criminoso organizado e que cometam as infrações enunciadas nos Artigos 5, 6, 8 e 23 da presente Convenção.
2. No respeito pelo ordenamento jurídico do Estado Parte, a responsabilidade das pessoas jurídicas poderá ser penal, civil ou administrativa.
3. A responsabilidade das pessoas jurídicas não obstará à responsabilidade penal das pessoas físicas que tenham cometido as infrações.
4. Cada Estado Parte diligenciará, em especial, no sentido de que as pessoas jurídicas consideradas responsáveis em conformidade com o presente Artigo sejam objeto de sanções eficazes, proporcionais e acautelatórias, de natureza penal e não penal, incluindo sanções pecuniárias.
[16] "In" "Crimes contra a Pessoa e Responsabilidade Penal", Caderno de Direito Penal nº. 2, volume 1, módulo 4, capítulo 1. Porto Alegre: Escola da Magistratura do TRF da 4ª Região, 2005.
[17] Silvina Bacigalupo, La responsabilidad penal de las personas jurídicas, Barcelona, Bosch, 1998, p. 30.

CRIME ORGANIZADO

outra corrente começa a ganhar grandes espaços nos debates dogmáticos de vários países, ante a dificuldade de punir eficazmente a chamada *criminalidade moderna*, na qual as pessoas jurídicas começam a exercer importante papel.

Contudo, é bom salientar que a responsabilidade penal objetiva sancionadora de pessoas jurídicas que sejam utilizadas como suporte ou fachada de organizações criminosas deve ser adequada ao ordenamento jurídico brasileiro. O art. 225, § 3º da C.F./1988 previu expressamente a responsabilidade penal objetiva de pessoas jurídicas que cometam crimes ambientais, sem restringir o alcance aos seus sócios, proprietários.

As disposições da Convenção de Palermo que responsabilizam a pessoa jurídica também deverão ser explicitadas pelo legislador ordinário, a exemplo da Lei nº. 9.605/1998[18], que por seu turno estatuiu que a pessoa jurídica constituída ou utilizada, preponderantemente, com o fim de permitir, facilitar ou ocultar a prática de condutas e atividades lesivas ao meio ambiente terá decretada sua liquidação forçada, seu patrimônio será considerado instrumento do crime e como tal perdido em favor do Fundo Penitenciário Nacional (art. 24).

Pela Lei nº 9.605/1998 (art. 22), as penas restritivas de direitos da pessoa jurídica são a suspensão parcial ou total de atividades; a interdição temporária de estabelecimento, obra ou atividade e a proibição de contratar com o Poder Público, bem como dele obter subsídios, subvenções ou doações. Já a prestação de serviços à comunidade pela pessoa jurídica consistirá em custeio de programas e de projetos ambientais; execução de obras de recuperação de áreas degradadas; manutenção de espaços públicos e contribuições a entidades ambientais ou culturais públicas (art. 23).

As pessoas jurídicas responsáveis, sob a ótica da Convenção de Palermo (em relação a organizações criminosas) e em tema de crime ambiental (Lei nº. 9.605/1998), serão objeto de sanções eficazes, proporcionais e acautelatórias, de natureza penal e não penal, inclusive pecuniárias. Entre os delitos

---

[18] Art. 2º Quem, de qualquer forma, concorre para a prática dos crimes previstos nesta Lei, incide nas penas a estes cominadas, na medida da sua culpabilidade, bem como o diretor, o administrador, o membro de conselho e de órgão técnico, o auditor, o gerente, o preposto ou mandatário de pessoa jurídica, que, sabendo da conduta criminosa de outrem, deixar de impedir a sua prática, quando podia agir para evitá-la.

Art. 3º As pessoas jurídicas serão responsabilizadas administrativa, civil e penalmente conforme o disposto nesta Lei, nos casos em que a infração seja cometida por decisão de seu representante legal ou contratual, ou de seu órgão colegiado, no interesse ou benefício da sua entidade.

Parágrafo único. A responsabilidade das pessoas jurídicas não exclui a das pessoas físicas, autoras, coautoras ou partícipes do mesmo fato.

Art. 4º Poderá ser desconsiderada a pessoa jurídica sempre que sua personalidade for obstáculo ao ressarcimento de prejuízos causados à qualidade do meio ambiente.

O CRIME ORGANIZADO NA CONVENÇÃO DE PALERMO

elencados na Convenção de Palermo (CCOT) que o Brasil se propôs a tipificar penalmente está a corrupção. O Brasil é signatário de todas as convenções que tratam de combate à corrupção e tipificou penalmente tanto a corrupção ativa como a passiva, a de funcionário público estrangeiro, a sua forma qualificada que é a concussão e ainda prevê a omissão na prática de ato de ofício, por sentimento pessoal, como crime (prevaricação).

Em reforço à CCOT, o art. 26 da Convenção das Nações Unidas contra a Corrupção prevê a responsabilidade de índole penal, civil ou administrativa das pessoas jurídicas, por sua participação nos delitos por ela qualificados, sem prejuízo da responsabilidade penal que incumba às pessoas físicas que tenham cometido os delitos.

Conclusões

As manifestações do crime organizado afrontam o Estado, e sua repercussão nociva reflete o interesse dos países-membros da ONU na procura de mecanismos eficazes para esse enfrentamento. A comunhão global de interesses implica o reconhecimento de que a repressão ao fenômeno estudado somente alcançará êxito se houver estreita cooperação entre os países, principalmente contra as organizações transnacionais.

Enveredar o caminho técnico da literatura especializada, principalmente quando o tema do dia é a liberdade e a garantia de prestação de serviço público de qualidade – segurança pública -, é oferecer ao debate temas pouco discutidos doutrinariamente, mas extremamente polêmicos e provocadores de debates calorosos.

Os tribunais brasileiros têm se referido, sistematicamente, ao texto da Convenção de Palermo, antes mesmo do advento das Leis nº 12.694/2012 e 12.850/2013, a exemplo, de acórdãos da lavra das Ministra Eliana Calmon, na Operação Dominó (Ação Penal 460/RO); Ministra Jane Silva (HC 63.716/SP), em caso relacionado à Operação Anaconda; Ministra Laurita Vaz (HC 77.771/SP), no caso de casal de bispos fundadores de uma Igreja. O Min. Joaquim Barbosa do excelso Supremo Tribunal Federal também se socorreu da Convenção de Palermo ao tempo do recebimento da denúncia no caso "Mensalão" (Inq 2245/MG), e o Min. Celso de Mello ao não admitir a constitucionalidade de dispositivo da revogada Lei nº 9.034/1995 que vedava a liberdade provisória, no caso do fundo de investimentos MSI / Corinthians (HC 94.404 e Informativo 516 do STF).

O STJ tem reconhecido a importância da Convenção de Palermo na cooperação internacional para "prevenir e combater mais eficazmente a criminalidade organizada transnacional (...) 'reforçar ou, se necessário, criar canais de

CRIME ORGANIZADO

comunicação entre as suas autoridades, organismos e serviços competentes, para facilitar a rápida e segura troca de informações (...) e, ainda, 'intensificar a cooperação entre as suas autoridades competentes para a aplicação da lei' (art. 27). No mesmo precedente, considerou que não havia ilegalidade da investigação "que se iniciou após encaminhamento de notícia da existência de organização criminosa voltada para o tráfico transnacional de drogas pelo DEA – *Drug Enforcement Administration* para a Polícia Federal, porquanto se trata de cooperação realizada nos termos determinados pelos tratados e convenções internacionais de cooperação jurídica dos quais o Brasil é signatário". (RHC 84.100/SP, Rel. Ministro Felix Fischer, 5ª. Turma, DJe 21/03/2018).

A Convenção de Palermo, ao trazer uma definição para grupo criminoso organizado e criar a obrigação de sua tipificação pelos países signatários e aderentes, contribuiu de forma vital para o aperfeiçoamento e eficácia dos mecanismos de prevenção, controle e repressão ao crime organizado e para a edição da Lei nº 12.850/2013.

A nova disciplina de confisco de bens de organizações criminosas, dentro de uma visão capitalista da repressão, a cooperação internacional, o treinamento de policiais e o uso de técnicas especiais de repressão ao crime organizado (p. ex., o uso de "entregas vigiadas" ou "ações controladas"), traduzidas em ações de inteligência, são fortes indicativos de que o mundo globalizado consegue unir esforços e se articular para dar a resposta que a comunidade internacional aguarda contra essa ameaça ao futuro. Só com a efetiva cooperação internacional e o aperfeiçoamento dos instrumentos de combate ao crime organizado, previstos na Convenção de Palermo, podem ser desencorajadas ações da criminalidade organizada, ou seja, das empresas do crime.

A Convenção de Palermo" é um excepcional instrumento de cooperação jurídica internacional, que incentiva o uso de técnicas especiais de investigação, da videoconferência, do confisco de bens e traz o consenso internacional sobre a definição de grupo criminoso organizado, possibilitando ações operacionais mais racionais e lógicas pelo Estado.

Por fim, é bom consignar que a segurança pública não precisa de uma receita mágica, mas de integração das políticas públicas existentes, cooperação entre as instituições públicas e ações sociais sérias e contínuas, já que há muito tempo não se concebe mais os presídios como instituições ressocializadoras ou das quais o detento saia melhor do que entrou, sendo alta a taxa de reincidência e elevado o custo social e econômico.

Referências

BACIGALUPO, Silvina. *La responsabilidad penal de las personas jurídicas*. Barcelona: Bosch, 1998.

CARNEIRO, José Reinaldo Guimarães; GOMES, Rodrigo Carneiro Gomes. *PCC é fruto da corrupção e do sistema prisional falido*. Revista eletrônica Consultor Jurídico. Publicado em 22 abr. 2008. Disponível em: https://www.conjur.com.br/2008-abr-22/pcc_fruto_corrupcao_sistema_prisional_falido. Acesso em 19 abr. 2019.

DIZ, Fernando Martín. *Instrumentos jurídicos de Cooperación Judicial Penal en La Unión Europea. In*: BELMONTE, C. P; MELGARÉ, P. (Coord.). O direito na sociedade contemporânea: estudos em homenagem ao Ministro José Néri da Silveira. 1. ed. Rio de Janeiro: Forense, 2005. p. 268-276.

FRAGOSO, Heleno Cláudio. Genocídio. Revista de Direito Penal e Criminologia, n.9/10, p.27, Forense: Rio de Janeiro, jan/jun. 1973.

GABINETE DE SEGURANÇA INSTITUCIONAL. Presidência da República. Planejamento Estratégico do Programa de Proteção Integrada de Fronteiras. Portaria nº 38, de 20/4/2018, DOU de 27/04/2018, nº 81, Seção 1, pág. 9). Disponível em: http://www.lexmagister.com.br/legis_27641185_PORTARIA_N_38_DE_20_DE_ABRIL_DE_2018.aspx. Acesso em 19 abr. 2019.

GOMES, Rodrigo Carneiro. *O Crime organizado na visão da Convenção de Palermo*. Belo Horizonte: Del Rey, 2009.

_____. Prevenir o crime organizado: inteligência policial, democracia e difusão do conhecimento. Revista do Centro de Estudos Judiciários do Conselho da Justiça Federal. Ano XIV, n. 48, p. 40-51, jan./mar. 2010. Disponível em: http://www.jf.jus.br/ojs2/index.php/revcej/article/view/1118/1322. Acesso em 19 abr. 2019.

_____. A problemática da integração dos órgãos públicos na fronteira. Revista eletrônica Consultor Jurídico. Publicado em 7 ago. 2018. Disponível em: https://www.conjur.com.br/2018-ago-07/academia-policia-problematica-integracao-orgaos-publicos-fronteira. Acesso em 19 abr. 2019.

IANNI, Octavio. *As ciências sociais na época da globalização*. Rev. bras. Ci. Soc. [online]. 1998, vol. 13, n. 37, pp. 33-41.

MALATESTA, Nicola Framarino dei. A lógica das provas em matéria criminal. Trad. de Paolo Capitanio. Campinas: Bookseller, 2004.

NUCCI, Guilherme de Souza. Manual de processo penal e execução penal. São Paulo: RT, 2006.

_____. Leis penais e processuais penais comentadas. São Paulo: RT, 2008.

ZIEGLER, Jean. Os senhores do crime: as novas máfias contra a democracia. Tradução de Clóvis Marques. Rio de Janeiro: Record, 2003.

34
Cooperação Jurídica Internacional em Matéria Penal e o Crime Organizado

LUIZ FERNANDO DO VALE DE ALMEIDA GUILHERME

1. Introdução

Desde a Convenção de Viena de 1988, juristas do mundo todo têm voltado sua atenção para o crime de lavagem de capitais. Inicialmente, só era considerado "lavagem" a dissimulação ou ocultação da natureza, origem, etc. de bens oriundos do crime de tráfico de drogas. Em seguida, passou-se a abranger um rol taxativo de crimes, os quais por serem especialmente lesivos, como o terrorismo ou extorsão mediante sequestro, recebiam tal tratamento jurídico. No entanto, desde o advento da Lei nº 12.683, de 09 de julho de 2012 o Brasil passou a punir toda forma de ocultação e dissimulação de bens oriundos de crimes. Sendo assim, não há mais a necessidade de se analisar a existência de um crime constante no rol taxativo, devendo-se analisar, simplesmente, a existência de um crime, o qual deu origem ao bem.

A mudança no tipo penal ao longo dos últimos anos demonstra uma transformação na lógica do combate ao crime pelo Estado. Tem-se começado a perceber que a centralização da pena sobre o indivíduo, apesar de ser importante, não é suficiente para combater o crime organizado. Isso ocorre, pois, assim como as empresas, a organizações criminosas existem e sobrevivem aos indivíduos que a integram, mesmo que esses sejam seus fundadores ou líderes. Portanto, o encarceramento torna-se quase irrelevante para a organização. Assim, também, pensa a Promotora de Justiça e ex-Secretária Nacional de Justiça, Cláudia Chagas:

> Constatamos não ser possível enfrentar as organizações criminosas sem inviabilizá-las financeiramente. A condenação e a prisão de pessoas há muito mostrava-

CRIME ORGANIZADO

-se insuficiente para conter a continuidade da atividade criminosa. A recuperação do produto do crime também deveria ser um meio de desarticulação, de desestímulo e uma fonte de recursos para as ações de segurança pública.[1].

Deve-se entender a organização criminosa como uma corporação, seus bens são mais importantes que os indivíduos que as compõem. Assim como as corporações as organizações criminosas têm, cada vez mais, se internacionalizado. Portanto, para que se tenha efetividade da justiça torna-se necessário que o Estado tome uma atitude proativa e colaborativa perante outros Estados. Essa é a observação feita pelo Promotor de Justiça Arthur Lemos, membro Grupo de Atuação Especial do Ministério Público do Estado de São Paulo:

> O êxito da organização criminosa em seu plano de atuação corresponde ao sucesso com que consegue "lavar" os valores obtidos criminosamente, o êxito no controle e na repressão a esse fenômeno, de repercussão internacional, depende do grau de articulação do país, por meio dos diversos órgãos de controle penal e administrativo-fiscalizador, em debater o tema de forma a estabelecer planos nacionais de ações para esse enfrentamento.[2].

Como a estrutura criminosa não se processa mais em um único Estado Soberano, caso o Estado passe a tomar uma atitude unilateralista a própria soberania das normas por ele estabelecidas passa a ser ameaçada. Por mais contraditório que a ideia possa parecer, a própria noção de soberania exige, inevitavelmente, a cooperação internacional. Se antes a cooperação jurídica era vista como uma cortesia entre nações e uma ameaça a soberania, hoje ela passa a ser fundamental para a sua manutenção.

Para que possa cumprir seu dever de prover justiça, o Estado precisa se aparelhar com mecanismos, os quais sejam capazes de alcançar pessoas e bens fora do seu território. Simples atos processuais, porém fundamentais a

---

[1] Brasil. Secretaria Nacional de Justiça. Departamento de Recuperação de Ativos e Cooperação Jurídica Internacional. Enccla : Estratégia nacional de combate à corrupção e à lavagem de dinheiro: 10 anos de organização do estado brasileiro contra o crime organizado / Secretaria Nacional de Justiça, Departamento de Recuperação de Ativos e Cooperação Jurídica Internacional (DRCI). – Ed. comemorativa – Brasília: Ministério da Justiça, 2012. Pag. 44

[2] Brasil. Secretaria Nacional de Justiça. Departamento de Recuperação de Ativos e Cooperação Jurídica Internacional. Enccla : Estratégia nacional de combate à corrupção e à lavagem de dinheiro: 10 anos de organização do estado brasileiro contra o crime organizado / Secretaria Nacional de Justiça, Departamento de Recuperação de Ativos e Cooperação Jurídica Internacional (DRCI). – Ed. comemorativa – Brasília: Ministério da Justiça, 2012.

justiça, necessitam da cooperação internacional para que possam ser realizados, esse é o caso da carta rogatória e do pedido de extradição, por exemplo.

Sendo assim, o Estado pode seguir duas grandes linhas de atuação, a primeira seria uma iniciativa isolada de regulação, o que seria facilmente recebido pela sociedade como uma medida contramaré e totalmente desalinhada do modelo predominante de ação política internacional. A segunda linha de atuação seria sair da ótica estritamente nacional e passar à escala mundial, abandonando-se em parte a visão limitadora do Estado Soberano.

Visto a limitação da concepção de Estado Soberano na contemporaneidade e o dever desses de proteger os direitos dos seus cidadãos, independentemente de jurisdição, torna-se fundamental alargar e aprimorar a cooperação jurídica internacional.

2. Tratados Internacionais sobre o Crime Organizado

O Estado brasileiro tem reiteradamente afirmado a sua posição de entusiasta da cooperação jurídica internacional, sendo que para isso tem se utilizado de tratados internacionais. No que se refere à lavagem de dinheiro os principais meios de cooperação jurídica internacional são os acordos bilaterais e os multilaterais. São eles:

2.1. Acordos Multilaterais

a. Convenção das Nações Unidas contra o Crime Organizado Transnacional, inserida no nosso ordenamento jurídico pelo Decreto nº 5.015, de 12 de março de 2004;

b. Protocolo Adicional à Convenção das Nações Unidas contra o Crime Organizado Transnacional relativo ao Combate ao Tráfico de Migrantes por Via Terrestre, inserido no nosso ordenamento pelo Decreto nº 5.016, de 12 de março de 2004;

c. Protocolo Adicional à Convenção das Nações Unidas contra o Crime Organizado Transnacional relativo à Prevenção, Repressão e Punição do Tráfico de Pessoas, inserido no nosso ordenamento pelo Decreto nº 5.017, de 12 de março de 2004;

d. Protocolo Adicional à Convenção das Nações Unidas contra o Crime Organizado Transnacional contra a Fabricação e o Tráfico Ilícito de Armas de Fogo, suas Peças, Componentes e Munições, inserido no nosso ordenamento pelo Decreto nº 5.941, de 26 de outubro de 2006;

e. Convenção Contra o Tráfico Ilícito de Entorpecentes e Substâncias Psicotrópicas, inserido no nosso ordenamento pelo Decreto nº 154, de 26 de junho de 1991;

CRIME ORGANIZADO

f. Convenção das Nações Unidas Contra a Corrupção, inserido no nosso ordenamento pelo Decreto nº 5.687, de 31 de janeiro de 2006; e

g. Convenção Interamericana sobre Assistência Mútua em Matéria Penal, inserida no nosso ordenamento pelo Decreto nº 6.340, de 3 de janeiro de 2008.

2.2. Acordos Bilaterais

Atualmente o Brasil detém Acordo de Assistência Judiciária em Matéria Penal com dezessete países: Canada, China, Colômbia, Coreia do Sul, Cuba, Espanha, Estados Unidos da América, França Itália, México, Nigéria, Panamá, Peru, Portugal, Suíça, Suriname e Ucrânia.

Tais acordos tem o fito de uniformizar praticas e acelerar a cooperação jurídica, desenvolvendo-se a capacidade desses países de combater o crime organizado, por intermédio da, assim denominada, Assistência Judiciária Recíproca. Essa tem como efeitos: (i) o recolhimento de testemunhos ou depoimentos; (ii) notificação de atos judiciais; (iii) possibilidade de se efetuar buscas, apreensões e embargos no país estrangeiro; (iv) exame de objetos e locais; (v) fornecimento de informações, elementos de prova e pareceres de peritos; (vi) fornecimento de originais ou cópias certificadas de documentos e processos pertinentes, incluindo documentos administrativos, bancários, financeiros ou comerciais e documentos de empresas; (vii) identificação e localização dos produtos do crime, bens, instrumentos ou outros elementos para fins probatórios; (viii) facilitação do comparecimento voluntário de pessoas no Estado Parte requerente; (ix) prestação de qualquer outro tipo de assistência compatível com o direito interno do Estado Parte requerido.

3. Departamento de Recuperação de Ativos e Cooperação Jurídica Internacional ("DRCI")

Para que esses tratados possam ter maior efetividade, torna-se necessário a criação de um órgão, o qual centralize os pedidos de cooperação jurídica. Nas palavras da Procuradora Federal Maria Loula: "acredita-se que um único órgão concentrado e especializado para a matéria seja capaz de promover cooperações mais eficientes e mais céleres, evitando retrabalho e retardamento desnecessários."[3].

Ter um único órgão como centro de envio e recebimento de solicitações internacionais em determinada matéria demonstra um avanço substancial

---

[3] LOULA, Maria Rosa Guimarães. Auxílio Direto: Novo Instrumento de Cooperação Jurídica Internacional Civil. Belo Horizonte: Fórum, 2010. p. 68.

na cooperação jurídica, principalmente devido ao aumento dessas solicitações. Com isso, há uma maior efetividade na promoção da cooperação e no desenvolvimento do conhecimento sobre a matéria. A especialização dos servidores também é uma vantagem, conferindo maior celeridade à relação de cooperação, pois, visto a necessidade de conhecimento específico sobre cada aspecto da solicitação, a especialização torna o intercambio de informações muito mais eficiente.

Pode-se entender, portanto, que a criação de um órgão central tem como finalidade, primeiramente, relacionar o trabalho de tramitar os pedidos de cooperação jurídica, gerando maior celeridade ao processo, bem como, gerar lisura à cooperação, garantindo ao Estado e seus cidadãos maior certeza na autenticidade e legalidade dos tramites.

No Brasil quem exerce essa função em relação a recuperação de ativos financeiros retirados do país é o Departamento de Recuperação de Ativos e Cooperação Jurídica Internacional (DRCI). O DRCI é um departamento da Secretaria Nacional de Justiça, a qual é um órgão especial singular integrante do Ministério da Justiça, e tem as suas atribuições afetas a uma das principais competências do Ministério da Justiça. Qual seja: desenvolver uma política de entorpecentes e segurança pública, mediante a utilização das Polícias: Federal, Rodoviária Federal, Ferroviária Federal e do Distrito Federal. O Departamento é fruto da Estratégia Nacional de Combate à Corrupção e à Lavagem de Dinheiro – ENCCLA, a qual foi criada em 2003, por iniciativa do Ministério da Justiça, como forma de contribuir para o combate sistemático à lavagem de dinheiro no País e consiste na articulação de diversos órgãos dos três poderes da República, Ministérios Públicos e da sociedade civil que atuam, direta ou indiretamente, na prevenção e combate à corrupção e à lavagem de dinheiro, com o objetivo de identificar e propor seu aprimoramento.

O DRCI tem como principais atribuições: a articulação de órgãos do governo nos aspectos relacionados ao combate à lavagem de dinheiro, ao crime organizado transnacional, à recuperação de ativos e à cooperação jurídica internacional. Para tanto, o DRCI define políticas eficazes e eficientes, além de desenvolver a cultura de prevenção e combate à lavagem de dinheiro. Nas palavras do professor do Instituto Rio Branco e ex-diretor do DRCI, Antenor Madruga:

> O desafio era criar uma política pública que tornasse efetivo o combate à lavagem de dinheiro no Brasil e, consequentemente, o sequestro e perdimento dos ativos instrumentos e produtos de atividade criminosa. O objetivo principal era dar meios ao Estado para combater o crime praticado por organizações, cuja existência e atuação ultrapassavam e independiam dos indivíduos que as integra-

CRIME ORGANIZADO

vam. O ano era 2003 e o recém empossado Ministro da Justiça, Márcio Thomaz Bastos, estava decidido a aplicar no Brasil o consenso que já se formava em vários países e organizações internacionais, no sentido de que a "asfixia patrimonial" pelo desapossamento e expropriação dos recursos materiais que constituem o "fundo de comércio" da empresa criminosa é medida tão ou mais importante que a restrição à liberdade ou outras sanções aplicáveis aos seus recursos humanos."[4].

O DRCI tem sua competência definida pelo Decreto nº 6.061, de 15 de março de 2007, Anexo I, artigo 11. Quais sejam: (i) articular, integrar e propor ações do Governo nos aspectos relacionados com o combate à lavagem de dinheiro, ao crime organizado transnacional, à recuperação de ativos e à cooperação jurídica internacional; (ii) promover a articulação dos órgãos dos Poderes Executivo, Legislativo e Judiciário, inclusive dos Ministérios Públicos Federal e Estaduais, no que se refere ao combate à lavagem de dinheiro e ao crime organizado transnacional; (iii) negociar acordos e coordenar a execução da cooperação jurídica internacional; (iv) exercer a função de autoridade central para tramitação de pedidos de cooperação jurídica internacional; (v) coordenar a atuação do Estado brasileiro em foros internacionais sobre prevenção e combate à lavagem de dinheiro e ao crime organizado transnacional, recuperação de ativos e cooperação jurídica internacional; (vi) instruir, opinar e coordenar a execução da cooperação jurídica internacional ativa e passiva, inclusive cartas rogatórias; e (vii) promover a difusão de informações sobre recuperação de ativos e cooperação jurídica internacional, prevenção e combate à lavagem de dinheiro e ao crime organizado transnacional no País.

O DRCI representa um grande avanço no combate à lavagem de dinheiro e na recuperação de bens adquiridos de forma ilícita. O departamento tem desenvolvido novas tecnologias para cruzamento de dados e acordos internacionais, inclusive com países que hospedam paraísos fiscais, estão quebrando a espinha dorsal do crime, que é praticado no mundo associado à corrupção e até mesmo ao terrorismo. O DRCI tem se expandido por todo o Brasil, inclusive no final do ano de 2014 todos os Estados terão uma unidade. Como observa o ex-Ministro da Justiça Márcio Thomas Bastos:

[4] Brasil. Secretaria Nacional de Justiça. Departamento de Recuperação de Ativos e Cooperação Jurídica Internacional. Enccla : Estratégia nacional de combate à corrupção e à lavagem de dinheiro: 10 anos de organização do estado brasileiro contra o crime organizado / Secretaria Nacional de Justiça, Departamento de Recuperação de Ativos e Cooperação Jurídica Internacional (DRCI). – Ed. comemorativa – Brasília: Ministério da Justiça, 2012. Pag. 34.

COOPERAÇÃO JURÍDICA INTERNACIONAL EM MATÉRIA PENAL E O CRIME ORGANIZADO

Todos conhecem os seus frutos: programas especiais de treinamento, aprimoramento da legislação penal, criação de sistemas de compartilhamento de informações de segurança pública, entre muitos outros. Graças à assinatura de acordos de cooperação jurídica internacional, hoje é muito mais fácil recuperar os recursos públicos enviados criminosamente para fora do país (...). A capacidade dinâmica de atualização permitiu que os efeitos da ação política desse organismo vivo se projetassem no tempo. O combate à corrupção e a repressão à lavagem de dinheiro entraram para ficar na agenda nacional de desenvolvimento, nesses dez anos de contínua renovação.[5].

De forma sagaz o departamento tem se vinculado, não apenas à Polícia Federal, mas também às Procuradorias Regionais da Fazenda, às Polícias Civis, aos Ministérios Públicos dos Estados, etc. Esse pan-institucionalismo não é á acidental, mas parte do modelo adotado pelo Estado. O seu objetivo é articular todos os órgãos, trabalhando-se na prevenção e não na repressão, conforme observa a Promotora Cláudia Chagas:

A integração de órgãos públicos é essencial para o enfrentamento da lavagem de dinheiro e da corrupção e que é possível dar continuidade a uma política pública bem sucedida, apesar das naturais mudanças no Governo e substituições das pessoas inicialmente envolvidas.[6].

Desde a sua criação o DRCI tem obtido relevantes resultados no combate ao crime organizado e a lavagem de dinheiro em especial, quais sejam[7]:

a. Criação do Programa Nacional de Capacitação e Treinamento para o Combate à Corrupção e à Lavagem de Dinheiro (PNLD);

---

[5] Brasil. Secretaria Nacional de Justiça. Departamento de Recuperação de Ativos e Cooperação Jurídica Internacional. Enccla : Estratégia nacional de combate à corrupção e à lavagem de dinheiro: 10 anos de organização do estado brasileiro contra o crime organizado / Secretaria Nacional de Justiça, Departamento de Recuperação de Ativos e Cooperação Jurídica Internacional (DRCI). – Ed. comemorativa – Brasília: Ministério da Justiça, 2012. Pag. 32 e33
[6] Brasil. Secretaria Nacional de Justiça. Departamento de Recuperação de Ativos e Cooperação Jurídica Internacional. Enccla : Estratégia nacional de combate à corrupção e à lavagem de dinheiro: 10 anos de organização do estado brasileiro contra o crime organizado / Secretaria Nacional de Justiça, Departamento de Recuperação de Ativos e Cooperação Jurídica Internacional (DRCI). – Ed. comemorativa – Brasília: Ministério da Justiça, 2012. Pag. 44
[7] Secretaria Nacional de Justiça. Lavagem de Dinheiro: Principais Resultados. Disponível em:< http://portal.mj.gov.br/main.asp?View=%7B7AE041E8-8FD4-472C-9C08-68DD 0FB0A795%7D&Team=&params=itemID=%7B141D313D-77AF-49A0-A69A-38F415062B64%7D; &UIPartUID=%7B2868BA3C-1C72-4347-BE11-A26F70F4CB26%7D>. Data de acesso: 23/05/2014

CRIME ORGANIZADO

b. Implementação do Cadastro Nacional de Clientes do Sistema Financeiro (CCS), sob gestão do Banco Central do Brasil (BACEN), o que tornou o Brasil em um dos mais eficientes países na prevenção à lavagem de dinheiro;

c. Padronização da forma de solicitação e resposta de quebras de sigilo bancário e respectivos rastreamentos e desenvolvimento do Sistema de Investigação de Movimentações Bancárias (SIMBA), gerando maior celeridade e economicidade nas investigações e persecuções penais;

d. Criação do Laboratório de Tecnologia contra a Lavagem de Dinheiro e replicação do modelo nas unidades da federação nas unidades de federação com a formação de uma rede integrada de tecnologia, voltada para o enfrentamento à corrupção e à lavagem de dinheiro;

e. Elaboração do anteprojeto de sindicância patrimonial, para regulamentar a declaração de bens e valores que compõem o patrimônio privado do agente público. O anteprojeto culminou com a edição do Decreto 5.483/2005 e instituiu tal procedimento – maior controle da corrupção;

f. Regulamentação de acesso dos órgãos de controle à documentação contábil das entidades contratadas pela administração pública, culminando na edição da Portaria Interministerial 127/08 – maior transparência e controle da corrupção;

g. Aperfeiçoamento do cadastro de entrada e saída de pessoas do território nacional – modernização e maior controle transfronteiriço;

h. Criação do Sistema Nacional de Bens Apreendidos (SNBA), gerido pelo Conselho Nacional de Justiça (CNJ) e o fomento à alienação antecipada de bens, resultando no aprimoramento do instituto, posteriormente modificado pela Lei 12.683/12 e Lei 12.694/12 – maior efetividade no corte dos fluxos financeiros das organizações criminosas;

i. Informatização do acesso ao Poder Judiciário às informações da Receita Federal, com a criação do Sistema de Fornecimento de Informações ao Poder Judiciário (INFOJUD) – maior celeridade no fluxo de informações;

j. Criação do Cadastro de Entidades Inidôneas e Suspeitas (CEIS), mantido pela Controladoria-Geral da União – publicidade, transparência e controle social;

k. Criação do Cadastro Nacional de Entidades (CNEs), sob gestão do Ministério da Justiça – publicidade, transparência e controle social;

l. Criação das Delegacias Especializadas em Crimes Financeiros, no âmbito do Departamento de Polícia Federal – maior efetividade na investigação e persecução dos crimes financeiros;

m. Estruturação do Grupo Nacional de Combate às Organizações Criminosas, no âmbito dos Ministérios Públicos Estaduais – especialização das autoridades brasileiras no combate à criminalidade organizada;

n. Informatização das declarações de porte e valores quando do ingresso e saída do país – maior efetividade no controle da movimentação transfronteiriça de valores;

o. Criação do rol eletrônico de culpados da Justiça Federal e recomendação ao CNJ da criação do rol no âmbito das Justiças Estaduais, gerando maior transparência e controle;

p. Definição das Pessoas Politicamente Expostas (PEPs) e regulamentação das obrigações do sistema financeiro em relação às mesmas;

q. Consolidação de uma autoridade central para fins de cooperação jurídica internacional – maior efetividade da justiça com a possibilidade de se buscar provas no exterior;

r. Regulamentação da aquisição e utilização de cartões bancários pré-pagos ou similares, para fins de prevenção de ilícitos e identificação de movimentações financeiras suspeitas – maior controle de um setor vulnerável;

s. Criação da WICCLA, enciclopédia Wiki de combate à lavagem de dinheiro e corrupção, com informações sobre padrões de atuação utilizados pelos criminosos na prática de crimes, legislação referente referidos temas, informações das bases de dados disponíveis nos órgãos, dentre outras;

t. Elaboração de diversos anteprojetos e propostas de alterações a projetos de lei em andamento, nos seguintes temas: organizações criminosas, lavagem de dinheiro Lei 12.683/12, extinção de domínio (perdimento civil de bens relacionados a atos ilícitos), prescrição penal, intermediação de interesses (lobby), sigilo bancário e fiscal, improbidade administrativa, responsabilização da pessoa jurídica, dentre outros – aprimoramento do sistema normativo.

No que se refere à cooperação jurídica internacional em matéria processual penal o papel do DRCI é, como já vimos, de autoridade central. As medidas processuais penais internacionais não se limitam a carta rogatória, a qual esta regida pelas normas estipuladas nos artigos 783 e seguintes do CPP, mas também pelo auxílio direto, o qual está previsto no Direito Internacional Costumeiro e é respaldado pelo artigo 4º da Constituição da República Federativa do Brasil, bem como, por inúmeros tratados internacionais, tanto bilaterais, quanto multilaterais.

As cartas rogatórias penais são solicitações oriundas de um juízo estrangeiro para que se realize diligencias processuais em um juízo nacional, envolve-se nesse tramite, em geral, medidas instrutórias, como citações e inquirição de testemunhas, bem como, atos os quais visam à obtenção de provas, como perícias ou apreensões de documentos. No Brasil o órgão que detém legitimidade para permitir que a medida processual rogada seja cumprida, pós Emenda Constitucional nº45, é o Superior Tribunal de Justiça ("STJ").

Já o auxílio direto trata-se de um aparato do direito costumeiro muito mais poderoso e eficaz no combate ao crime organizado. O auxilio direto, caso esteja de acordo com as formalidades do Estado requerido, terá a sua solicitação recebida em território nacional como se fosse oriundo da própria pátria. Essa modalidade de cooperação é comum quando realizada quando detém base em tratado internacional, mas também é possível quando há a garantia da reciprocidade para casos análogos. Nesse caso, a competência é de uma autoridade central, no caso brasileiro é competência do DRCI, o qual fica encarregado de receber e apresentar pedido de auxílio direto que se dá, geralmente, por comunicação direta entre as autoridades centrais.

Um exemplo de pedido de auxílio, no Brasil, em matéria civil é o da na Convenção de Nova Iorque sobre prestação de alimentos, de 1956, e ratificada pelo Brasil em 1962. Outro exemplo é o da Convenção da Haia sobre os aspectos civis do sequestro de menores, em que quando uma criança é retirada do país de sua residência habitual de forma ilícita, nos termos da convenção, a autoridade central estrangeira faz o pedido a autoridade central brasileira, que se não obtiver uma resposta consensual, remete o caso à Advocacia Geral da União que inicia uma ação própria perante o juiz federal pedindo o retorno da criança. Esta ação terá por base o disposto na convenção e dispensa qualquer ordem judicial proveniente do exterior.[8]

O atual CPC – Lei n. 13.105/2015, dedicou uma seção ao auxilio direto, dos artigos 28 ao 34.

---

[8] SILVA, Ricardo Perlingeiro Mendes da, "Cooperação Jurídica Internacional e auxílio direto", in Direito Internacional Contemporâneo, org. Carmen Tibúrcio e Luís Roberto Barroso, Rio de Janeiro, Renovar, 2006. Brasil. Secretaria Nacional de Justiça. Departamento de Recuperação de Ativos e Cooperação Jurídica Internacional. Manual de cooperação jurídica internacional e recuperação de ativos: cooperação em matéria penal / Secretaria Nacional de Justiça, Departamento de Recuperação de Ativos e Cooperação Jurídica Internacional (DRCI). – 2. ed. Brasília : Ministério da Justiça, 2012. Pag. 46.

Art. 28. Cabe auxílio direto quando a medida não decorrer diretamente de decisão de autoridade jurisdicional estrangeira a ser submetida a juízo de deliberação no Brasil.

Art. 29. A solicitação de auxílio direto será encaminhada pelo órgão estrangeiro interessado à autoridade central, cabendo ao Estado requerente assegurar a autenticidade e a clareza do pedido.

Art. 30. Além dos casos previstos em tratados de que o Brasil faz parte, o auxílio direto terá os seguintes objetos:

I – obtenção e prestação de informações sobre o ordenamento jurídico e sobre processos administrativos ou jurisdicionais findos ou em curso;

II – colheita de provas, salvo se a medida for adotada em processo, em curso no estrangeiro, de competência exclusiva de autoridade judiciária brasileira;

III – qualquer outra medida judicial ou extrajudicial não proibida pela lei brasileira.

Art. 31. A autoridade central brasileira comunicar-se-á diretamente com suas congêneres e, se necessário, com outros órgãos estrangeiros responsáveis pela tramitação e pela execução de pedidos de cooperação enviados e recebidos pelo Estado brasileiro, respeitadas disposições específicas constantes de tratado.

Art. 32. No caso de auxílio direto para a prática de atos que, segundo a lei brasileira, não necessitem de prestação jurisdicional, a autoridade central adotará as providências necessárias para seu cumprimento.

Art. 33. Recebido o pedido de auxílio direto passivo, a autoridade central o encaminhará à Advocacia-Geral da União, que requererá em juízo a medida solicitada.

Parágrafo único. O Ministério Público requererá em juízo a medida solicitada quando for autoridade central.

Art. 34. Compete ao juízo federal do lugar em que deva ser executada a medida apreciar pedido de auxílio direto passivo que demande prestação de atividade jurisdicional.

Conclusões

Pode-se não concordar com todos os resultados obtidos nesses últimos dez anos, desde a criação do Departamento de Recuperação de Ativos e Cooperação Jurídica Internacional, porém, o contraste entre a realidade e a capacidade política do Estado no combate à lavagem de dinheiro que antecede a criação do DRCI e a situação atual é, sem dúvidas, uma evidente prova do sucesso desse modelo de combate ao crime organizado. O seu modelo é o do pan-institucionalismo, baseado na interligação de todos as esferas do governo no combate ao crime, estando, no entanto, centralizado em um órgão.

CRIME ORGANIZADO

Porém, há um grande desafio para o futuro desse modelo, qual seja: dar efetividade ao cumprimento da norma penal, sem se esquecer do respeito absoluto aos direito humanos e garantias fundamentais, os quais são, sem dúvidas, o centro da nossa Constituição. O futuro do combate ao crime organizado só pode se afirmar pelos mecanismos próprios do Estado Democrático e de Direito, tais como, o devido processo legal, o contraditório e a presunção de inocência.

Fluxograma: Pedidos de Cooperação Ativos[9]

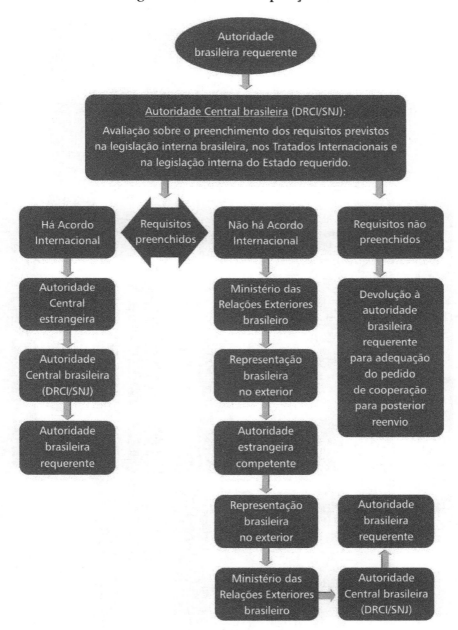

[9] Imagens retiradas do Manuel de Cooperação Jurídica Internacional da Secretaria Nacional de Justiça.

Fluxograma: Pedidos de Cooperação Passivos

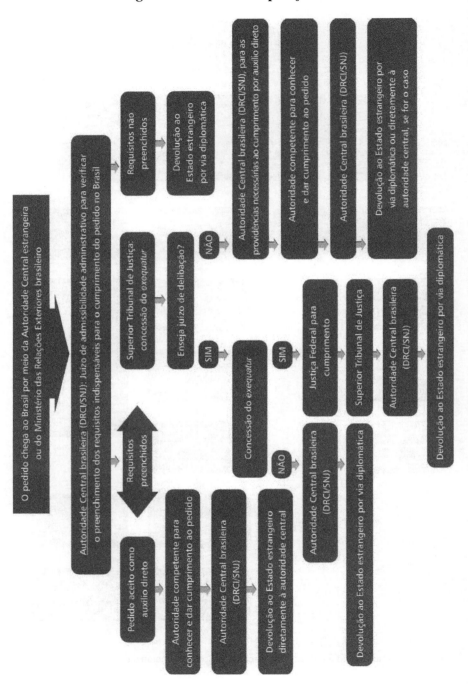

Referências

BRASIL. Secretaria Nacional de Justiça. Departamento de Recuperação de Ativos e Cooperação Jurídica Internacional. Enccla : Estratégia nacional de combate à corrupção e à lavagem de dinheiro: 10 anos de organização do estado brasileiro contra o crime organizado / Secretaria Nacional de Justiça, Departamento de Recuperação de Ativos e Cooperação Jurídica Internacional (DRCI). – Ed. comemorativa – Brasília: Ministério da Justiça, 2012.

LOULA, Maria Rosa Guimarães. Auxílio Direto: Novo Instrumento de Cooperação Jurídica Internacional Civil. Belo Horizonte: Fórum, 2010.

MCCLEAN, J.D. International Cooperation in Civil and Criminal Matters: Oxford University Press, 2002.

SCHLOSSER, Peter, Jurisdiction and International Judicial and Administrative Co-operation, in Recueil des Cours, The Hague, Martinus Nijhoff, 2001.

SILVA, Ricardo Perlingeiro Mendes da, "Cooperação Jurídica Internacional e auxílio direto", in Direito Internacional Contemporâneo, org. Carmen Tibúrcio e Luís Roberto Barroso, Rio de Janeiro, Renovar, 2006. Brasil. Secretaria Nacional de Justiça. Departamento de Recuperação de Ativos e Cooperação Jurídica Internacional. Manual de cooperação jurídica internacional e recuperação de ativos: cooperação em matéria penal / Secretaria Nacional de Justiça, Departamento de Recuperação de Ativos e Cooperação Jurídica Internacional (DRCI). – 2. ed. Brasília : Ministério da Justiça, 2012.

WEBER, Patrícia Núñez. A Cooperação Jurídica Internacional em Medidas Processuais. Porto Alegre: Verbo Jurídico, 2011.

35
A Região de Fronteira e os Desafios no Combate ao Narcotráfico

FLÁVIO OKAMOTO

1. Introdução: as Fronteiras do Brasil e o Narcotráfico
1.1. As Fronteiras do Brasil

O Brasil possui 16.886 km de fronteiras terrestres. Dentre os dez países que fazem fronteira com o Brasil, destacam-se o Paraguai (1.366 km de fronteira), a Bolívia (3.423 km), a Colômbia (1.644 km) e o Peru (2.995 km), países que figuram entre os maiores produtores mundiais de substâncias entorpecentes. Para se ter uma ideia da dificuldade prática de se controlar a fronteira seca brasileira, cumpre registrar que a fronteira entre os Estados Unidos e o México possui apenas 3.141 km e, apesar de toda a tecnologia e recursos disponibilizados às forças de segurança americanas para combater o tráfico de drogas, a solução anunciada pelo presidente americano Donald Trump é a construção de um muro que complete os mais de 1.000 km de cercas já existentes entre os dois países.

A denominada "faixa de fronteira" tem previsão constitucional e definição legal. O artigo 20, § 2º, da Carta Magna dispõe que "A faixa de até cento e cinquenta quilômetros de largura, ao longo das fronteiras terrestres, designada como faixa de fronteira, é considerada fundamental para defesa do território nacional, e sua ocupação e utilização serão reguladas em lei.". A Lei Federal nº 6.634, de 02 de maio de 1979, após declará-la área indispensável à segurança nacional, delimita-a como sendo a "faixa interna de 150 km de largura, paralela à linha divisória terrestre do território nacional". É correto, portanto, afirmar que o Brasil possui nada menos do que 2.532.900 km² de área de fronteira, o que corresponde a aproximadamente 30% do território nacional.

CRIME ORGANIZADO

Se a grandeza da faixa de fronteira, por si só, representa obstáculo quase intransponível para a existência de fiscalização eficiente de entrada e saída de bens no país, a diversidade geográfica complica ainda mais a atuação dos órgãos envolvidos no combate ao tráfico de drogas. Além do fato de grande parte da faixa de fronteira estar inserida na Amazônia e no Pantanal, há que se considerar que, em inúmeras cidades fronteiriças, a divisa entre o Brasil e o país vizinho é apenas imaginária ou representada pelo canteiro que divide os dois lados de uma mesma rua.

1.2. Produção de Drogas em Países que fazem Fronteira com o Brasil

O Brasil faz fronteira com quatro países produtores de drogas, quais sejam, Paraguai, Bolívia, Colômbia e Peru. O Paraguai é o maior produtor de maconha da América do Sul (5.900 toneladas/ano, equivalentes a 59% do total produzido no continente), enquanto Colômbia, Peru e Bolívia são responsáveis pela produção anual de cerca de 1.410 toneladas de cocaína, o equivalente a praticamente 100% da cocaína produzida no mundo no ano de 2016 [1].

Segundo dados publicados pelo Escritório das Nações Unidas sobre Drogas e Crime (UNODC) em seu Relatório Mundial sobre Drogas 2018, a área de cultivo de folha de coca no mundo, que havia diminuído 45% no período de 2000 a 2013, teve um incremento de 76% no período de 2013 a 2016, chegando a 213.000 hectares, área apenas 4% menor do que o recorde histórico registrado no ano 2000. Considerados apenas os três maiores produtores (Colômbia – 69%, Peru – 21% e Bolívia – 10%), vizinhos do Brasil, os dados apontam que no ano de 2016 a área de cultivo aumentou nada menos do que 36% e que a Colômbia, somente naquele ano, aumentou em 34% sua capacidade de produzir cocaína, passando a contribuir com mais de 60% da produção mundial.[2]

Dados da UNODC apontam, ainda, que 99% dos laboratórios clandestinos voltados à produção da droga estavam localizados na Colômbia, Peru e Bolívia e que os produtores aumentaram consideravelmente sua capacidade de transformar a folha de coca em cocaína – o mesmo hectare que gerava 4,2 kg de cocaína na década de 90, passou a produzir de 5,1 a 6,8 kg de droga em 2011, incremento de até 62%.[3]

---

[1] Fonte: Relatório Mundial sobre Drogas da UNODC – ano 2013 – disponível em http://www.unodc.org/unodc/secured/wdr/wdr2013/World_Drug_Report_2013.pdf
[2] Fonte: Relatório Mundial sobre Drogas da UNODC – ano 2018 – disponível em https://www.unodc.org/wdr2018/prelaunch/WDR18_Booklet_2_GLOBAL.pdf
[3] Relatório Mundial sobre Drogas da UNODC – anos 2010 e 2013

A REGIÃO DE FRONTEIRA E OS DESAFIOS NO COMBATE AO NARCOTRÁFICO

Apenas para se ter uma ideia do lucro obtido com o tráfico internacional de drogas, no ano de 2010 um quilo de cocaína pura, adquirido no Peru, Bolívia e Colômbia por preço que variava de US$ 1.300,00 a US$ 2.300,00, era vendido no restante da América do Sul por cerca de US$ 6.600,00, nos Estados Unidos por US$ 27.000,00 e na Europa por aproximadamente US$ 60.000,00[4]. Seis anos depois, o preço do quilo de cocaína chegou a até US$ 50.000,00 nos Estados Unidos, US$ 59.000,00 no Canadá e US$ 222.000,00 na Austrália[5]. Não se deve esquecer, ainda, que a cocaína vendida no varejo geralmente é "batizada", recebendo a adição de outras substâncias para aumentar seu volume (cafeína, lidocaína, bicarbonato de sódio etc.) e, consequentemente, os lucros obtidos.

1.3. O Brasil enquanto Mercado Consumidor e Rota de Distribuição
O Brasil, além de ser um grande centro de consumo de drogas, também funciona como distribuidor de substâncias entorpecentes para outras partes do mundo. A numerosa população, a fronteira com países produtores de drogas e o extenso litoral que proporciona acesso ao Oceano Atlântico e, consequentemente, aos mercados africano e europeu, justificam a importância do Brasil no mercado mundial de drogas.

Em 2010, o Brasil já era o segundo maior mercado consumidor de cocaína das Américas, com mais de 900.000 usuários, atrás apenas dos Estados Unidos, com cerca de 6.000.000 de usuários[6]. Seguindo contra a tendência mundial, que aponta o declínio do consumo de cocaína e derivados, o Brasil apresentou, ano após ano, incremento no consumo de cocaína e crack. Estima-se que, em 2010, 1,75% da população adulta fosse usuária de cocaína, assim como 3% dos estudantes universitários, porcentagens superiores à média global, abaixo de 0,5%.

Já em relação à maconha, estima-se que aproximadamente 2,6% da população brasileira entre 15 e 64 anos consuma a droga pelo menos uma vez ao ano. Entre os estudantes de 15 e 16 anos o índice brasileiro atingiu em 2010 a impressionante marca de cerca de 6,3%[7].

---

[4] Fonte: Relatório Mundial sobre Drogas da UNODC – ano 2010 – disponível em http://www.unodc.org/southerncone/pt/drogas/relatorio-mundial-sobre-drogas.html
[5] Fonte: Relatório Mundial sobre Drogas da UNODC – ano 2018 – disponível em https://www.unodc.org/wdr2018/en/drug-markets.html
[6] Fonte: Relatório Mundial sobre Drogas da UNODC – ano 2010 – disponível em http://www.unodc.org/southerncone/pt/drogas/relatorio-mundial-sobre-drogas.html
[7] Idem

CRIME ORGANIZADO

Calcula-se que apenas 10% da maconha produzida no Paraguai seja destinada ao consumo interno daquele país, de modo que a maior parte da *cannabis* tem como destino o Brasil. A maconha paraguaia, via de regra, entra no Brasil por terra, dada a grande extensão da fronteira seca entre os dois países. O número crescente de apreensões em solo paulista vem demonstrando que a maconha paraguaia, após ingressar por cidades do Paraná (principalmente pelas regiões de Foz do Iguaçu e Guaíra) e Mato Grosso do Sul (principalmente pela região de Ponta Porã, Amambai, Coronel Sapucaia e Paranhos), é transportada por terra até o Estado de São Paulo, onde é realizada a logística de distribuição da maconha para a Capital e outras regiões do interior, bem como para outros Estados da federação, inclusive para o Rio de Janeiro. No ano de 2016, o Brasil contribuiu com 5% de toda maconha apreendida no mundo (234,15 toneladas), ficando atrás apenas dos Estados Unidos (21%), México (18%), Paraguai (9%), Marrocos (6%) e Índia (6%)[8].

A cocaína, por sua vez, ingressa no Brasil preferencialmente pela região de Corumbá/MS e por cidades do Mato Grosso (principalmente pelas regiões de Cáceres e Pontes e Lacerda), Amazonas, Rondônia e Acre. O transporte aéreo é muito utilizado, tendo em vista o maior valor e o menor volume da cocaína em relação à maconha. Assim como ocorre na divisa com o Paraguai, a grande extensão da fronteira seca com a Bolívia e o Peru facilita a proliferação de estradas e pistas de pouso clandestinas. No ano de 2016, o Brasil foi o quinto país em apreensões de cocaína (41,47 toneladas, 4% do total mundial), sendo superado apenas por Colômbia (36%), Estados Unidos (18%), Equador (9%) e Panamá (6%)[9].

Em razão da mudança dos mercados consumidores e da repressão havida no Golfo do México e no Oceano Pacífico, boa parte da cocaína passou a trafegar pelo Brasil com destino à África, Europa, Ásia e Oceania. Dados da UNODC mostram que, consideradas todas as apreensões de cocaína realizadas no período de 2001 a 2012, o Brasil é o país que mais foi indicado como local de embarque da droga apreendida. No período de 2012 a 2016, o Brasil foi apontado como sendo a origem de 16% da cocaína apreendida na Europa, ficando atrás apenas da Colômbia, mencionada em 20% dos carregamentos. Cerca de 10% das drogas encaminhadas por via marítima para a Europa no período de 2006 a 2008 partiram do Brasil, assim como nada menos que 70% da cocaína apreendida em Portugal nos anos de 2009 a 2011 e 40% da cocaína apreendida pela França em 2008 (aproximadamente 3,3 toneladas). No

---

[8] Disponível em https://dataunodc.un.org/drugs/global_seizures
[9] Disponível em https://dataunodc.un.org/drugs/global_seizures

período de 2012 a 2017, nas apreensões realizadas em todas as sub-regiões da África, o Brasil foi país mais frequentemente indicado como sendo ponto de partida da droga. As apreensões realizadas nas principais rotas de tráfico de cocaína da Ásia no período de 2012 a 2016 teve origem ou passou pelo Brasil. Por fim, o Brasil foi um dos cinco países apontados como origem da cocaína apreendida na Austrália no mesmo período.[10]

2. Organizações Criminosas e Narcotráfico
2.1. Histórico Recente das Organizações Criminosas no Brasil
Nos últimos 20 anos, o Brasil assistiu, passivamente, ao crescimento e fortalecimento das organizações criminosas e de sua principal fonte de renda: o tráfico de drogas. Comando Vermelho, Primeiro Comando da Capital e outras facções (Família do Norte, Primeiro Grupo Catarinense, Okaida, para citar apenas algumas) passaram a enfrentar o Estado, expandir o domínio sobre o sistema penitenciário e a aparecer de maneira frequente nos noticiários. Em comunidades e bairros de maior vulnerabilidade social, chegaram a substituir o poder estatal em suas três esferas: legislando suas próprias regras por meio de estatutos e salves (ordens transmitidas pelas lideranças a todos os membros); governando seu território (controle de acesso, prestação de serviços de segurança e transporte alternativo etc.) e julgando litígios envolvendo, num primeiro momento, apenas seus afiliados e, depois, todos aqueles que habitam a localidade controlada pela organização criminosa. Os denominados "tribunais do crime" substituíram não só a Justiça Criminal, para evitar a presença policial nas proximidades dos pontos de tráfico, mas também o Juizado Especial Cível, passando a arbitrar até litígios entre vizinhos e acidentes de trânsito.

O amplo acesso da população à *internet*, redes sociais, *smartphones* e aplicativos de mensagens (*WhatsApp, Telegram, Messenger* etc.) facilitou, sobremaneira, a troca de informações entre criminosos e o crescimento das organizações criminosas. A telefonia e a telemática encurtaram as distâncias entre os produtores de drogas e os traficantes que atuam nos mercados consumidores, abrindo caminho para a ramificação das organizações criminosas do Sudeste para todo o Brasil e para os países vizinhos. Nos últimos anos, a criptografia das mensagens trocadas por aplicativos, sob o pretexto de resguardar a privacidade dos usuários comuns, acabou por proteger as comunicações de grupos criminosos, dificultando as investigações dos órgãos de persecução penal.

---

[10] Relatório Mundial sobre Drogas da UNODC – anos 2010, 2013 e 2018.

CRIME ORGANIZADO

A banalização dos pedidos de remessa de presos ao sistema penitenciário federal também teve papel importante na metástase das facções criminosas de Rio de Janeiro e São Paulo para as demais regiões, ao proporcionar a reunião e o contato de traficantes de todas as regiões do país. A falta de critério na escolha dos presos – geralmente selecionados não por sua periculosidade ou importância em organizações criminosas, mas pelo clamor público e evidência na mídia – funcionou como verdadeira "promoção" a criminosos de segundo e terceiro escalões, que, após frequentarem presídios federais e terem contato com pessoas como Fernandinho Beira-Mar, Marcola e outros líderes das facções de São Paulo e Rio de Janeiro, retornam aos Estados de origem com contatos na região de fronteira com países produtores de drogas e com conhecimento sobre o funcionamento da verdadeira criminalidade organizada[11]. Se os presídios estaduais foram batizados pelos presos de "faculdades do crime", podemos dizer que dos presídios federais os egressos saem "pós-graduados". Vale lembrar que o Estado de São Paulo, que historicamente recusou a remessa de presos ao sistema penitenciário federal, em 2012 fez a primeira transferência de chefes do PCC e no início de 2019 distribuiu todos os líderes do Primeiro Comando da Capital em presídios federais, circunstância que poderá ter o efeito colateral de difundir a ideologia da maior e mais perigosa facção do país aos demais Estados da Federação.

2.2. Facções Criminosas Brasileiras na Fronteira

No que se refere à fronteira, há muitos anos o PCC, o Comando Vermelho e outras facções brasileiras possuem estreita relação com criminosos dos países vizinhos produtores de drogas, principalmente do Paraguai.

O PCC (Primeiro Comando da Capital), facção com atuação primordial dentro dos estabelecimentos penitenciários do Estado de São Paulo, surgiu em 1993, no Anexo da Casa de Custódia de Taubaté, vulgarmente conhecido como "Piranhão". Sob o falso pretexto de lutar por "Paz, Justiça e Liberdade" e pela dignidade dos presos, o PCC é, na verdade, uma organização criminosa que tem no tráfico de drogas e na exploração dos egressos e da população carcerária seus pontos de sustentação financeira. Ao mesmo tempo em que não

---

[11] A título de exemplo, matéria veiculada no sítio da revista "ISTO É", disponível em https://istoe.com.br/os-donos-do-crime/ : "A FDN surgiu em 2006 da aliança entre dois ex-rivais do mundo do tráfico de Manaus. José Roberto Fernandes Barbosa, conhecido como "Compensa", controlava a venda de drogas na região Oeste da cidade, enquanto Gelson Carnaúba, o "G", dominava a região Sul. Presos, ambos cumpriram pena em presídios federais, onde tiveram contato com membros do CV e do PCC, e de lá voltaram determinados (ou orientados), segundo a Polícia Federal, a estruturarem uma operação nos moldes das facções do eixo Rio-São Paulo. Não demorou para o negócio decolar."

se pode negar a existência de superlotação nos estabelecimentos penitenciários, também não é possível deixar de enxergar que a essência do "partido" está no aliciamento da população carcerária em geral para a prática de crimes.

O PCC, que ganhou destaque da mídia em razão dos ataques que realizou em São Paulo no ano de 2006, já vinha há muito tempo se ramificando de maneira silenciosa, fazendo alianças com facções e aliciando presos de outros Estados, de modo que, atualmente, possui "irmãos" em praticamente todos os Estados do país. Investigação realizada pelo GNCOC com o objetivo de monitorar as atividades da denominada "Sintonia dos Estados", braço do Primeiro Comando da Capital fora do Estado de São Paulo, revelou que, em 2011, a facção criminosa já possuía cerca de 5.000 membros "batizados", presentes em 22 Estados, Distrito Federal, Paraguai e Bolívia. Para se ter uma ideia da velocidade da expansão do PCC para fora do Estado de São Paulo, apenas no período de janeiro a setembro de 2011 foram "batizados" 431 novos membros, principalmente nos Estados de Minas Gerais, Bahia e Mato Grosso do Sul.

A metástase do PCC para outros Estados brasileiros e países fronteiriços é bastante antiga. No primeiro "Estatuto do PCC", redigido há mais de 10 anos, existem referências expressas aos "irmãos" dos Estados de Minas Gerais, Mato Grosso do Sul, Pernambuco e Paraná, bem como à aliança da facção paulista com o Comando Vermelho do Rio de Janeiro (surgida após a desastrosa remessa de César Augusto Roriz da Silva, vulgo "Cesinha", e José Márcio Felício dos Santos, vulgo "Geleião", fundadores do PCC, ao presídio de Bangu I). Também consta de depoimento colhido pela CPI do Tráfico de Armas em junho de 2006, que Marco Willian Herbas Camacho, vulgo "Marcola", tido como líder da facção criminosa paulista, residiu por um ano no Paraguai.

Em agosto de 2006, logo após os ataques ocorridos em São Paulo, a imprensa paraguaia noticiou que cerca de 60 integrantes do PCC estariam na região de Foz do Iguaçu e Ponta Porã, com a pretensão de instalar uma "base operacional" a serviço do narcotráfico. A SENAD (Secretaria Nacional Antidrogas) paraguaia confirmou a notícia, relatando que 316 armas (fuzis, metralhadoras e submetralhadoras), munições e coletes balísticos, supostamente destinados a uma facção criminosa que atua dentro dos presídios, foram apreendidos dentro de uma caminhonete com placas de São Paulo. Na mesma época, a SENAD realizou outra grande apreensão de armas do PCC na cidade de Pedro Juan Caballero, dentre as quais 220 pistolas calibre 9mm, uma metralhadora antiaérea, submetralhadoras marca Uzi, cem caixas de munição e oito silenciadores[12].

---

[12] Souza, Percival de. Sindicato do Crime. São Paulo: Ediouro, 2006, p. 129-130

Nos últimos anos, a disputa pelo controle do narcotráfico na fronteira voltou à mídia nacional. Em junho de 2016 o traficante Jorge Rafaat Toumani, conhecido como "rei da fronteira", foi assassinado com tiros de arma guerra calibre .50 na cidade paraguaia de Pedro Juan Caballero, vizinha de Ponta Porã/MS. Em seguida, pessoas ligadas ao traficante Jarvis Ximenez Pavão, um dos suspeitos de ser mandante do homicídio de Rafaat, foram vítimas de atentados, dentre as quais seu irmão (março de 2017), sua advogada (novembro de 2018), um primo (dezembro de 2018), seu contador (2019) e seu tio Chico Gimenez, candidato a prefeito de Ponta Porã em 2016 (janeiro de 2019). Não por coincidência, as principais suspeitas destes crimes recaem sobre Sérgio Quintiliano, vulgo "Minotauro", ex-integrante do PCC e ex-funcionário de Rafaat.

Com relação a outras organizações criminosas, não se pode esquecer que o traficante Luiz Fernando da Costa, vulgo "Fernandinho Beira-Mar", tinha como centro de seus negócios a cidade paraguaia de Capitán Bado (fronteira com Coronel Sapucaia/MS) e, em abril de 2001, foi preso na Colômbia, em território controlado pelas FARC (Forças Armadas Revolucionárias da Colômbia), demonstrando que a internacionalização das facções brasileiras, longe de ser um mito, sequer é novidade.

3. O Combate às Organizações Criminosas e ao Narcotráfico

3.1. O Ministério Público e a investigação das organizações criminosas

Nos últimos 20 anos, o Ministério Público expandiu de maneira considerável o número de Promotorias de Justiça e de membros, passando a exercer suas atribuições em mais localidades, principalmente no interior do país. Segundo dados do Conselho Nacional do Ministério Público (CNMP), em 2016 o Ministério Público Brasileiro tinha 13.087 cargos de membros providos[13]. Na qualidade de titular privativo da ação penal pública, é lícito afirmar que todo o combate ao tráfico de drogas e às organizações criminosas de qualquer espécie passa, necessariamente, pelo Ministério Público.

Historicamente, o combate às organizações criminosas e ao tráfico de drogas sempre foi realizado pelo Ministério Público de maneira isolada e secundária, totalmente dependente das investigações levadas a cabo pelas polícias judiciárias (Polícia Civil e Polícia Federal). Os resultados obtidos – raramente representados por grandes apreensões e prisões de importantes chefes e traficantes – eram frutos do esforço e da dedicação pessoal de determinados membros, não de uma linha de atuação institucional.

---

[13] Fonte: Ministério Público – Um retrato 2017. Disponível em http://www.cnmp.mp.br/portal/publicacoes/245-cartilhas-e-manuais/10521-ministerio-publico-um-retrato-2017

Diante desse quadro, na primeira década dos anos 2000, o Ministério Público, acreditando em seu poder de investigação e no alcance que as prerrogativas e garantias constitucionais de seus membros poderia dar a ele (vez que as autoridades da polícia judiciária não possuem vitaliciedade e inamovibilidade), passou a designar alguns de seus membros para produzir suas próprias investigações criminais, criando os embriões do que hoje são o GAECO (Grupo de Atuação Especial de Combate ao Crime Organizado), existente em todos os Ministérios Públicos Estaduais, e o PIC (Procedimento Investigatório Criminal), instrumento criado para materializar os resultados das diligências realizadas diretamente por membros e servidores do Ministério Público.

No ano de 2002, em razão do assassinato do Promotor de Justiça Francisco José Lins do Rêgo Santos por sua atuação contra a máfia dos combustíveis em Belo Horizonte/MG, foi criado no âmbito do CNPG (Colégio Nacional de Procuradores-Gerais do Ministério Público dos Estados e da União) o GNCOC (Grupo Nacional de Combate às Organizações Criminosas), que realiza reuniões periódicas de membros dos setores de inteligência e dos GAECOs de todo o Brasil, proporcionando não apenas a troca de experiências, mas também a realização de operações interestaduais e a rápida circulação de informações sobre a atuação de organizações criminosas com ramificações em mais de um Estado da Federação.

O Ministério Público tem muito a contribuir no combate às organizações criminosas. Os GAECOs podem auxiliar nas investigações mais complexas e, com maior agilidade, postular em juízo medidas como interceptações telefônicas e telemáticas ou quebras de sigilo bancário e fiscal. Ademais, a aproximação do Ministério Público com as polícias judiciárias (civil e federal), ainda durante a investigação, é imprescindível para o sucesso da futura ação penal, seja na preservação da cadeia de custódia das provas e no evitamento de nulidades processuais, seja no direcionamento das investigações para a produção de provas de fundamental importância para a condenação, nuances que, por vezes, escapam dos investigadores e agentes policiais, dos quais não se exige bacharelado em direito e conhecimento da técnica jurídica.

3.2. O Combate ao Narcotráfico na Fronteira

Ao lado do Ministério Público, como verdadeiros parceiros na repressão ao tráfico de drogas na faixa de fronteira, estão a Polícia Federal, a Polícia Civil, a Polícia Militar, as Polícias Rodoviárias Estadual e Federal, as Forças Armadas e os Grupos especializados de policiamento de fronteira. Importante consignar, de início, que todas as instituições mencionadas, indispensáveis ao sucesso do combate ao tráfico de drogas na faixa de fronteira, sofrem com

CRIME ORGANIZADO

falta de recursos humanos e materiais: número insuficiente de pessoal, escalas de trabalho extenuantes, ausência de estímulo à permanência na fronteira, armas e veículos em número e estado de conservação insatisfatórios e falta de investimento em tecnologia e inteligência.

Dentre os grupos especializados de policiamento de fronteira merecem destaque o DOF – Departamento de Operações de Fronteira do Estado do Mato Grosso do Sul e o GEFRON – Grupo Especial de Segurança de Fronteira do Estado do Mato Grosso. Ambas as instituições possuem estruturas e finalidades semelhantes, sendo formadas por policiais civis e militares que combatem atividades ilícitas na faixa de fronteira dos respectivos Estados com o Paraguai e a Bolívia. A experiência do policiamento dedicado exclusivamente às questões da fronteira serviu, inclusive, de modelo para projeto da Secretaria Nacional de Segurança Pública denominado PEFRON (Policiamento Especializado de Fronteira), que previa o desenvolvimento de uma política de aviação de segurança pública, a instalação de base de treinamento aeropolicial e a criação de bases de policiamento especializado de fronteira em todos os dez Estados fronteiriços.

Importante papel é desempenhado pelas Forças Armadas. Nos termos da Lei Complementar nº 97, de 09 de junho de 1999 (alterada pelas Leis Complementares nº 117/2004 e nº 136/2010), a Marinha, o Exército e a Aeronáutica devem cooperar com órgãos federais na repressão aos delitos de repercussão nacional ou internacional, na forma de apoio logístico, de inteligência, de comunicações e de instrução (artigo 17, inciso V, artigo 17-A, inciso III e artigo 18, inciso VI). Além disso, o artigo 16-A, inciso IV, dispõe que as Forças Armadas devem atuar, por meio de ações preventivas e repressivas, na faixa de fronteira terrestre, no mar e nas águas interiores, contra delitos transfronteiriços e ambientais, isoladamente ou em coordenação com outros órgãos, mediante patrulhamentos, revistas de veículos terrestres, embarcações e aeronaves e prisões em flagrante.

É evidente a necessidade de participação das Forças Armadas no combate ao tráfico de drogas, com seus valiosos conhecimentos nas áreas de inteligência e instrução, principalmente no que se refere ao mapeamento de rotas e tratamento da informação. Importante lembrar, ainda, que o artigo 18, inciso VII, da Lei Complementar nº 97/99 determina à Aeronáutica, de maneira contínua e permanente, o controle do espaço aéreo brasileiro contra todos os tipos de tráfego aéreo ilícito, com ênfase no tráfico de drogas e armas, e que o artigo 303, § 2º, da Lei nº 7.565, de 19 de dezembro de 1986, acrescido pela Lei nº 9.614/98, permite a destruição de aeronaves classificadas como hostis, após a autoridade aeronáutica esgotar os meios coercitivos para forçar o pouso.

A Polícia Federal, por disposição constitucional, é a instituição incumbida de prevenir e reprimir o tráfico ilícito de entorpecentes e drogas afins, sem prejuízo da ação de outros órgãos públicos nas respectivas áreas de competência (artigo 144, § 1º, inciso II, da Constituição Federal). É notório que, nos últimos 15 anos, a Polícia Federal passou por um processo de reestruturação e aparelhamento que a colocou em merecida posição de destaque no combate ao tráfico de drogas em todo o território nacional. Os expressivos resultados obtidos devem-se, principalmente, à distribuição da Polícia Federal por todo o território nacional, ao fluxo de informações que esta capilaridade proporciona e ao fato de se tratar de instituição única, com direção centralizada e possibilidade de alocação dos recursos humanos e materiais conforme as prioridades ou necessidades.

No período de 2004 a 2008, a Polícia Federal realizou a apreensão de 72,4 toneladas de cocaína e de 853,1 toneladas de maconha[14]. Nos anos de 2011 e 2012 foram apreendidas mais 44 toneladas de cocaína e 285,4 toneladas de maconha[15]. Os números impressionam, porém não são comparáveis aos resultados obtidos com operações de erradicação de plantações no Brasil e no Paraguai

No ano de 2009, a Polícia Federal realizou operações nos Estados de Pernambuco, Bahia, Pará e Maranhão, que resultaram na erradicação de 2.144.390 pés de maconha. No período de 2011 a 2013, em operações deflagradas nos mesmos estados brasileiros, a Polícia Federal erradicou 2.522.740 pés de maconha. Considerando que cada pé de *Cannabis sativa Linneu* produz cerca de 300 gramas de maconha[16], é lícito afirmar que, de 2009 a 2013, cerca de 1.400 toneladas da droga deixaram se ser introduzidas no mercado consumidor interno[17].

Também no ano de 2009, em parceria com a SENAD (Secretaria Nacional Anti-Drogas do Paraguai), a Polícia Federal participou das Operações Nova Aliança I, II, III e IV, que resultaram na erradicação de 825 hectares de plantações de *cannabis*. No ano de 2013, foram erradicados outros 1.363 hectares de plantações de maconha. Tendo-se em conta que cada hectare plantado produz aproximadamente 3 toneladas de maconha, é certo que as Operações Nova Aliança, apenas nos anos de 2009 e 2013, impediram que 6.564 toneladas de maconha fossem produzidas e, em grande parte, destinadas ao mercado consumidor brasileiro[18].

---

[14] Fonte: Relatório Anual de Atividades da Polícia Federal – ano 2008 – disponível em http://www.dpf.gov.br/institucional/relatorio-anual-pf/
[15] Fonte: Mapa de Apreensão de Entorpecentes por Estado – 2011 e 2012 – Polícia Federal – CGPRE.
[16] Laudo Pericial nº 816/08-SETEC/SR/DPF/PE
[17] Fonte: DIREN/CGPRE/DCOR/DPF – Erradicação de Cultivos Ilícitos – ano 2009
[18] Fonte: DIREN/CGPRE/DCOR/DPF – Erradicação de Cultivos Ilícitos – ano 2009

CRIME ORGANIZADO

Somando-se os resultados obtidos com a erradicação no Brasil e no Paraguai, conclui-se que, considerados apenas os dados de 2009, 2011, 2012 e 2013, erradicou-se o equivalente a 7.964 toneladas de maconha, o que representa mais de 4 vezes o volume de maconha apreendida pela Polícia Federal nos últimos 10 anos (1.718 toneladas)[19]. Merecem menção, ainda, três outros projetos de vanguarda da Polícia Federal referentes ao combate ao tráfico de drogas: Pequi, Análise de Imagens e Quantox.

O Projeto Pequi (Perfil Químico), desenvolvido em conjunto com o Instituto Nacional de Criminalística, visa à construção de um banco de dados com amostras de todas as apreensões de drogas realizadas, a fim de analisar seu perfil químico (DNA da droga) e, com isso, possibilitar a identificação de origem comum, o mapeamento de redes de distribuição e o estabelecimento de vínculos entre os produtores de droga[20]. Por meio dessa metodologia de trabalho, a DEA (Drug Enforcement Administration) identificou que 92% da cocaína apreendida nos Estados Unidos no ano de 2016 era de origem colombiana, enquanto apenas 6% das drogas apreendidas foram produzidos no Peru[21].

A fim de melhor aproveitar a incrível relação custo-benefício das operações de erradicação de plantações, a Polícia Federal trabalha no Projeto de Análise de Imagens, que utiliza imagens aéreas e de satélite para localizar plantações ilícitas e, assim, subsidiar operações em solo brasileiro e apoiar ações análogas no Paraguai e na Bolívia[22].

Por fim, o Projeto Quantox (Quantificativo de Analitos Tóxicos) tem seu foco na análise química da rede de esgoto, permitindo à Polícia Federal estimar o consumo de cocaína na região monitorada, bem como obter indícios da existência de laboratórios produtores da droga. Em síntese, os peritos identificam a proporção existente entre cocaína e benzoilecgonina, substância expelida na urina pelos usuários de cocaína. Em uma região com prevalência de consumidores, os peritos encontrarão mais benzoilecgonina no esgoto, ao passo que, em uma região com possíveis laboratórios de produção, detectarão uma quantidade maior de cocaína pura[23]. Utilizando referido método

---

[19] Fonte: DIREN/CGPRE/DCOR/DPF – Erradicação de Cultivos Ilícitos – ano 2009

[20] Fonte: Relatório Anual de Atividades da Polícia Federal – ano 2008 – disponível em http://www. dpf.gov.br/institucional/relatorio-anual-pf/

[21] Fonte: Relatório Mundial sobre Drogas da UNODC – ano 2018 – disponível em https://www.unodc.org/wdr2018/en/drug-markets.html

[22] Idem

[23] Fonte: Matéria veiculada pelo jornal "Folha de São Paulo" em 06/08/2010 – "PF investiga esgoto para combater tráfico de droga" – disponível em http://www1.folha.uol.com.br/fsp/cotidian/ ff0608201001.htm

A REGIÃO DE FRONTEIRA E OS DESAFIOS NO COMBATE AO NARCOTRÁFICO

científico de análise da rede de esgoto, foi constatado o crescimento do uso de cocaína na Europa no período de 2011 a 2017, contrariando o resultado de pesquisas autodeclaratórias que apontavam estabilidade no mercado consumidor de cocaína europeu, segundo reportado pela UNODC.[24]

Está claro, portanto, que não é possível combater o tráfico de drogas isoladamente, com cada instituição atuando pontualmente sobre os traficantes que vendem a droga no varejo aos usuários. Parece mais inteligente que os esforços do Ministério Público, Polícias e outras instituições interessadas no combate ao tráfico de drogas sejam concentrados na faixa de fronteira, atuando antes que a droga seja distribuída para o restante do país.

4. Perspectivas e Sugestões

O papel do Brasil no cenário do narcotráfico mundial é cada vez mais importante, seja como grande mercado consumidor de maconha e cocaína, seja como principal rota de distribuição de drogas para Europa, África, Ásia e Oceania.

Depois de um longo período de queda da área de cultivo de folha de coca, é certo que em 2016 houve clara mudança nessa tendência, tendo a UNODC detectado produção recorde de cocaína. O fato de o Brasil ser vizinho dos três países que concentram praticamente toda a produção mundial de cocaína e com um país que é o segundo maior produtor de maconha das Américas causa preocupação e requer a adoção de medidas urgentes.

O encaminhamento de presos ao sistema penitenciário federal deve ser muito criterioso e o Governo Federal deve dar a devida atenção à expansão do PCC para fora do Estado de São Paulo, a fim de evitar o fortalecimento da facção criminosa nos presídios, de não fomentar o surgimento de novas facções em outras regiões do país e de interromper o objetivo do "Partido" de formar um cartel de drogas brasileiro. Não se pode esperar que se repitam no Brasil as experiências colombiana e mexicana com os cartéis produtores de drogas. A principal facção criminosa do país, com ramificações em praticamente todos os Estados, já possui seu braço internacional, responsável pela remessa de grandes quantidades de droga ao Brasil, e se aproxima perigosamente das regiões produtoras. O poder econômico gerado pela possível cartelização dessa facção criminosa colocaria em risco não só a saúde pública, gravemente afetada pelo incremento da oferta de drogas, mas também a segurança pública e a própria democracia.

---

[24] Fonte: Relatório Mundial sobre Drogas da UNODC – ano 2018 – disponível em https://www.unodc.org/wdr2018/en/drug-markets.html

CRIME ORGANIZADO

Algumas medidas drásticas e impopulares talvez precisem ser tomadas com brevidade, principalmente no que se refere ao sistema penitenciário e ao controle da fronteira, para se evitar que o Brasil seja vítima de sua própria inércia. O país parece estar à espera de novos ataques para, só então, voltar a discutir questões de suma importância, como o efetivo cumprimento da lei de execução penal, o bloqueio de telefones celulares em estabelecimentos penitenciários e a regulação dos aplicativos de trocas de mensagens. Aliás, se a premissa para que ocorra a integração das instituições é a melhoria da comunicação e do fluxo de informações, parece óbvio que sua antítese – controle ou interrupção das comunicações – abalaria sobremaneira a organização da facção criminosa.

O combate ao narcotráfico na região de fronteira deveria receber grande aporte de recursos humanos, técnicos e financeiros para a realização sistemática de operações que, congregando Ministério Público, Polícias e Forças Armadas, atuassem na erradicação de lavouras de coca e maconha nos países vizinhos e, num segundo momento, dificultassem o ingresso de drogas em território brasileiro. Atualmente, a maior parte do efetivo policial dedicado ao enfrentamento do tráfico de drogas realiza seu trabalho no comércio varejista e prende apenas o pequeno traficante, substituído por outro em poucas horas, sem abalar a estrutura das organizações criminosas dedicadas ao narcotráfico. Enquanto milhares de policiais civis e militares realizam prisões desses traficantes fungíveis e desimportantes para o crime organizado, poucas dezenas de policiais são destacados, em cada Estado, para dedicarem-se às operações de inteligência e às investigações de tráfico em larga escala. Em suma, contra as organizações criminosas e o narcotráfico, as autoridades empregam mal os poucos recursos disponíveis.

Imprescindível, também, a valorização do agente público que trabalha na fronteira, mediante a instituição de plano de carreira e salário diferenciados, para que aqueles que se dedicam ao combate ao tráfico nas regiões mais difíceis sejam recompensados pelo esforço e, assim, tenham estímulo para permanecer na fronteira por mais tempo. Hoje, com raras exceções, o policial, o membro do Ministério Público e o magistrado designados para comarcas da região de fronteira estão desestimulados e almejam obter, da maneira mais rápida possível, promoção ou remoção para qualquer outro local.

O investimento em tecnologia e inteligência é primordial, otimizando o emprego dos escassos recursos humanos e materiais. O efetivo funcionamento de gabinetes de gestão integrada, o acesso *online* a todos os bancos de dados de interesse policial, a instalação de radares com leitura automática de placas nas principais rodovias utilizadas pelo tráfico e o aparelhamento das forças policiais com equipamento adequado para a realização de interceptações telefônicas e telemáticas, acompanhado da capacitação dos agentes para operações de inteligência, representariam um bom começo.

Ainda na área tecnológica, é primordial o investimento público na obtenção de imagens aéreas e de satélite para a identificação e erradicação de culturas de folha de coca e maconha, incentivando operações nos moldes das realizadas pela Polícia Federal nas regiões Norte e Nordeste e no Paraguai. Para ilustrar a importância do investimento em operações de erradicação de lavouras, dados da UNODC demonstram que a produção recorde de cocaína no ano de 2016 se deveu, dentre outros fatores, à dramática queda do número de hectares de plantação de coca erradicados na Colômbia (213.000 ha em 2006 e apenas 18.000 ha em 2016), que passou de uma política baseada na erradicação de plantações para outra de combate ao tráfico da cocaína já pronta[25].

Dentre as medidas drásticas, é necessário que o Brasil dê efetividade à denominada "lei do abate" (Lei nº 7.565/86, alterada pela Lei nº 9.614/98), que autoriza a destruição das aeronaves consideradas hostis após esgotadas as tentativas de pouso forçado. O espaço aéreo brasileiro é diariamente violado por centenas de aeronaves, que ingressam clandestinamente no país, arremessam grandes quantidades de drogas em solo nacional e, em minutos, retornam impunes aos países de origem para realizar novos carregamentos, cientes de que não há o menor risco de serem abatidas, ainda que sejam abordadas e desobedeçam a ordem de pouso.

Por fim, não é verossímil que a população dos municípios da faixa de fronteira deixe de se envolver, direta ou indiretamente, com o rentável tráfico de drogas sem que o Estado lhes apresente outro meio de vida. Assim, são imprescindíveis políticas públicas que proporcionem à população outras atividades econômicas com potencial na região e subsidiem, com capacitação e financiamento, a sobrevivência da população da fronteira sem o dinheiro do narcotráfico, seguindo modelo implantado com sucesso na Colômbia e no Peru.

O Ministério Público, valendo-se de todos os instrumentos e atribuições que lhe foram atribuídos pela Constituição Federal, inclusive da ação civil pública, deve exercer seu papel de defensor da sociedade e trabalhar pela transformação da realidade na faixa de fronteira. No enfrentamento ao narcotráfico, flagelo da juventude e base de sustentação financeira das organizações criminosas, não bastam ações pontuais, fruto da ação isolada de instituições que deveriam unir forças. Afinal, o isolamento, a vaidade e o corporativismo beneficiam apenas os traficantes, ninguém mais.

---

[25] Fonte: Relatório Mundial sobre Drogas da UNODC – ano 2018 – disponível em https://www.unodc.org/wdr2018/en/drug-markets.html

36
O Enfrentamento do Crime Organizado na Itália: uma Experiência Internacional Antimáfia

CAMILA BONAFINI PEREIRA

Introdução

As alterações sociais, econômicas, políticas e culturais que vem ocorrendo na sociedade moderna geram efeitos, também, sobre o fenômeno da criminalidade organizada. As máfias italianas são um exemplo de que a criminalidade seguiu a evolução da sociedade, tornando-se cada vez mais complexas e estruturadas, o que exige uma nova abordagem do problema pelas forças de repressão do Estado.

Muito embora a origem da palavra máfia seja desconhecida, a partir da metade do século dezenove, ela começou a ser usada por oficiais do governo, na Sicília, como sinônimo da associação de malfeitores, considerada, naquele período, o principal crime de organização criminosa. Letizia Paoli ensina que, após a unificação da Itália, em 1861, o termo "máfia" e o crime de organização criminosa foram aplicados para diferentes manifestações sociais, o que inclui desde movimentos políticos de oposição e revoltas camponesas, até mobilização sindical e grupos terroristas[1].

---

[1] PAOLI, Letizia. The Italian Mafia. In: PAOLI, Letizia (Ed.). The Oxford handbook of organized crime. Edição Kindle. New York: Oxford University Press, 2014, p. 122, tradução nossa. Texto original: "Mafia is a word of uncertain origin that, starting from the mid-nineteenth century, began to be used by government officials in Sicily as a synonym of the associazione di malfattori (that is, association of evildoers), which was then the main offense of criminal organization. In the decades after Italy's Unification in 1861, the term "mafia" and the offense of criminal organization were applied to very different social manifestations, ranging from movements of political opposition to peasant revolts, from union unrest to terrorist groups (e.g., Pezzino 1987). Starting from the

CRIME ORGANIZADO

Somente no final do século XIX, a palavra máfia começou a ser usada, de forma restrita, para se referir aos grupos e indivíduos, que atuavam na Sicília, sistematicamente, valendo-se da violência e da ameaça de violência, a fim de controlar a vida política e econômica de suas cidades e regiões. Estes grupos e indivíduos, cujo poder normalmente era aceito pela população local, que os considerava mais legítimos do que o governo central, passou a ser apontado pelos agentes estatais como a personificação do crime de organização criminosa[2].

Ocorre que, com o transcorrer do tempo, as organizações mafiosas expandiram suas atividades, passando a desenvolvê-las, também, no norte da Itália, motivo pelo qual o fenômeno mafioso deixou de ser considerado um problema circunscrito à região sul do país, como era no passado[3].

De acordo com o art. 416 – *bis* do Código Penal italiano, a organização criminosa é de tipo mafioso, quando aqueles que dela fazem parte se valem da força intimidativa do vínculo associativo, da condição de subjugação e da lei do silêncio, para cometerem crimes, para adquirirem, de modo direto ou indireto, a gestão ou o controle de atividades econômicas, de concessões ou de permissões de serviços públicos, ou para obterem lucro ou vantagem ilícita, ou então com o fim de impedir ou obstacularizar o livre exercício do voto ou de buscar votos para si ou para outros em pleitos eleitorais.[4]

---

late nineteenth century, however, the term "mafia" began to be restricted to those groups and even single individuals active in Sicily that systematically resorted to violence and the threat of violence, in order to control the political and economic life of their towns and villages and whose power was usually accepted by the local population and even considered more legitimate than that of the far-away, oppressive central government. Government officials presented these groups as the embodiment of the offense of criminal organization, denying them any cultural legitimation".

[2] PAOLI, Letizia. The Italian Mafia. In: PAOLI, Letizia (Ed.). The Oxford handbook of organized crime. Edição Kindle. New York: Oxford University Press, 2014, p. 122.

[3] ROBERTI, Franco; GRASSI, Giuseppe; MAGLIOCCO, Giuseppe. Le Armi Dell'Antimafia. 1ª ed., Roma: Laurus, 2016, p. 20.

[4] Código Penal italiano: "Art. 416-bis, Associazioni di tipo mafioso anche straniere. Chiunque fa parte di un'associazione di tipo mafioso formata da tre o più persone, è punito con la reclusione da dieci a quindici anni. Coloro che promuovono, dirigono o organizzano l'associazione sono puniti, per ciò solo, con la reclusione da dodici a diciotto anni. L'associazione è di tipo mafioso quando coloro che ne fanno parte si avvalgano della forza di intimidazione del vincolo associativo e della condizione di assoggettamento e di omertà che ne deriva per commettere delitti, per acquisire in modo diretto o indiretto la gestione o comunque il controllo di attività economiche, di concessioni, di autorizzazioni, appalti e servizi pubblici o per realizzare profitti o vantaggi ingiusti per sé o per altri, ovvero al fine di impedire od ostacolare il libero esercizio del voto o di procurare voti a sé o ad altri in occasione di consultazioni elettorali". Disponível em:<http://www.ipsoa.it/codici/cp/l2/t5>. Acesso em: 15 nov. 2018.

Como se vê, o dispositivo legal confere especial destaque à atuação dos grupos mafiosos, quando dirigida à obtenção da gestão de atividades econômicas e à infiltração no aparato estatal. Isso porque dela decorre uma importante característica das máfias italianas, que é a sua vocação política empresarial. Para ser um mafioso, não basta saber usar de violência, tem que saber fazer negócios e manter relações sociais.

Neste ponto, cumpre evidenciar que o poder político dos grupos mafiosos não está adstrito ao local onde atuam. Diversas investigações tem demonstrado, reiteradamente, que políticos regionais e nacionais continuam a aceitar, e até procurar, o apoio eleitoral das máfias, em troca de favores variados[5]. Este poder político aliado ao uso da violência, faz com que as máfias, frequentemente, sejam capazes de controlar não apenas mercados ilícitos, mas também lícitos.

Na Itália, verifica-se que as regiões – conhecidas pela alta presença das organizações mafiosas – atraem poucos investidores e, consequentemente, possuem baixo índice de atividade privada e grande necessidade de atuação pública. Paolo Pinotti realizou estudo acerca dos custos econômicos do crime organizado em duas regiões da Itália, ambas expostas à atuação das máfias, no período pós-guerra, e, por meio deste, verificou que a atividade de organizações criminosas representa um grande entrave ao desenvolvimento econômico de uma região, tanto que, aplicando métodos de controle sintéticos para estimar o desempenho econômico contrafactual das regiões, na ausência do crime organizado, concluiu que a presença da máfia reduz o PIB *per capita* em 16%.[6]

Sendo assim, a atuação das máfias representa um grande mal para a sociedade onde ela está inserida, não somente em razão dos atos de violência, mas também porque impede o regular desenvolvimento econômico e social da população local. Todas estas consequências nefastas fizeram com que as forças de repressão da Itália se aperfeiçoassem, de modo que as medidas por elas adotadas, no enfrentamento às máfias, são consideradas exemplos de boas práticas em todo o mundo.

---

[5] PAOLI, Letizia. The Italian Mafia. In: PAOLI, Letizia (Ed.). The Oxford handbook of organized crime. Edição Kindle. New York: Oxford University Press, 2014, p. 131.

[6] PINOTTI, Paolo. The economic costs of organized crime: evidence from southern Italy. Banca d'Italia, Temi di Discussione n. 868, 2012. Disponível em: <http://www.bancaditalia.it/pubblicazioni/temi-discussione/2012/2012-0868/en_tema_868.pdf>. Acesso em: 27 abr. 2019.

CRIME ORGANIZADO

1. O Combate às Máfias

Durante muito tempo, quando se falava em máfia, pensava-se somente na *Cosa Nostra*: uma confederação de cerca de cento e cinquenta famílias mafiosas, estruturadas de forma piramidal, localizadas principalmente na parte oeste da Sicília, com destacada atuação na região de Palermo[7]. Este era o grande nome da máfia siciliana, que desafiou o poder do Estado italiano, em especial entre o final dos anos 70 e início dos anos 90, por meio de atentados terroristas em Roma, Florença e Milão, bem como assassinando dezenas de policiais, promotores de justiça, juízes e políticos[8].

Os atos de extrema violência praticados pela *Cosa Nostra* exigiram que o Estado italiano adotasse uma política forte e firme de enfrentamento às organizações mafiosas, com especial destaque ao combate à máfia siciliana. Tanto que algumas das leis antimáfia mais importantes foram adotadas como resposta a eventos violentos específicos realizados pela *Cosa Nostra*, como é o caso do Decreto Lei 306/1992, conhecido como Decreto Falcone, o qual está relacionado aos massacres de Capaci e via D'Amelio, em que Giovanni Falcone e Paolo Borsellino foram mortos.

No entanto, nas últimas décadas, as medidas antimáfia são mais do que reações a determinados atos de violência, elas integram um sistema de medidas e instrumentos de combate às organizações mafiosas, que foram capazes de atingir duramente as máfias, em especial a *Cosa Nostra*, e que devem servir de exemplo para o restante do mundo[9].

No presente artigo, sem a pretensão de esgotar o tema, serão analisadas algumas destas medidas. Inicialmente, destaca-se a importância de um regime especial de detenção para os integrantes das organizações mafiosas, capaz de evitar que, mesmo custodiados, continuem a comandar o grupo criminoso. No caso italiano, o Ministro da Justiça, quando houver sérias razões de ordem e de segurança pública, pode suspender, no todo ou em parte, contra detentos integrantes de organizações criminosas, a aplicação das regras de tratamento, que se mostrarem necessárias para a prevenção de vínculos com a associação mafiosa[10].

---

[7] PAOLI, Letizia. The Italian Mafia. In: PAOLI, Letizia (Ed.). The Oxford handbook of organized crime. Edição Kindle. New York: Oxford University Press, 2014, p. 124.

[8] PAOLI, Letizia. The Italian Mafia. In: PAOLI, Letizia (Ed.). The Oxford handbook of organized crime. Edição Kindle. New York: Oxford University Press, 2014, p. 121.

[9] LA SPINA. Antônio. The Fight against the Italian Mafia. In: PAOLI, Letizia (Ed.). The Oxford handbook of organized crime. Edição Kindle. New York: Oxford University Press, 2014, p. 593.

[10] Art. 41- bis do Ordenamento Penitenciário italiano. Disponível em: <http://www.procuragenerale. trento.it/attachments/article/31/Ordinamento%20penitenziario.pdf>. Acesso em: 01 maio 2019.

Trata-se do chamado cárcere duro, o qual representa uma grande restrição de contato do preso com o exterior da penitenciária, pois, além de proibir a visita de pessoas que não sejam familiares, limita as visitas dos membros da família, tendo em vista que somente podem ocorrer uma vez por mês, em local devidamente equipado para impedir a passagem de objetos e com controle de áudio, sempre sob a vigilância da polícia penitenciária. Ainda, o detento tem direito a três entrevistas com o defensor por semana, pessoalmente ou por telefone, com duração máxima de dez minutos[11].

Em razão das grandes restrições decorrentes do cárcere duro, a decisão que submete o integrante da máfia ao regime severo possui o prazo de quatro anos. No entanto, é possível que seja prorrogado, sucessivas vezes, por dois anos, levando em consideração, dentre outros elementos, o perfil do criminoso, a função ocupada na organização criminosa, bem como se ainda mantem fortes vínculos com a máfia[12]. Isso porque, conforme bem destacado por Vicenzo Maiello:

> Embora as medidas de suspensão digam respeito aos presos individuais, deve--se enfatizar que o regime especial encontra a sua razão de ser na organização criminosa, na sua capacidade de ser o protagonista das escolhas criminosas e de governar os homens e os meios, e para interessar e manter relações com a política, a economia e as instituições[13].

O cárcere duro atinge fortemente a estrutura das organizações mafiosas, pois impede que seus membros continuem recebendo as ordens de integrantes presos, que possuíam grande poder decisório. Um exemplo do sucesso da medida ocorreu no enfrentamento à *Cosa Nostra*.

Historicamente, a máfia siciliana apresentava uma estrutura piramidal, composta por famílias que correspondiam a um território. Ocorre que a prisão de mafiosos que possuíam grande poder de decisão na *Cosa Nostra* – como é o da prisão de Bernardo Provenzano, em 2006, e de Salvatore lo Piccolo, em

---

[11] MAIELLO, Vicenzo. La Legislazione Penale in Materia di Criminalità Organizzata, Misure di Prevenzione ed Armi. Torino: G. Giappichelli, 2015., p. 281-282.

[12] Art. 41 bis, 2 bis do Ordenamento Penitenciário italiano. Disponível em: <http://www.procuragenerale.trento.it/attachments/article/31/Ordinamento%20penitenziario.pdf>. Acesso em: 01 maio 2019.

[13] MAIELLO, Vicenzo. La Legislazione Penale in Materia di Criminalità Organizzata, Misure di Prevenzione ed Armi. Torino: G. Giappichelli, 2015., p. 269, tradução nossa. Texto original: "Per quanto le misure di sospensione riguardino i singoli detenuti, deve essere evidenziato che il regime speciale trova la ragion d'essere nell'organizzazione criminale, nella capacità della stessa di essere protagonista di scelte criminali e di governare uomini e mezzi, e di interessere e mantenere rapporti con la politica, l'economia e le istituzioni".

CRIME ORGANIZADO

2007 – fizeram com que a organização perdesse seus pontos de referência e, consequentemente, enfraquecesse. Tanto que as investigações recentes indicam que a *Cosa Nostra* não apresenta mais uma estrutura unitária, pois não possui um líder capaz de governar o articulado universo mafioso, o que fez com que passasse a atuar por meio de uma espécie de cooperação horizontal entre as famílias mafiosas[14].

Franco Roberti, Giuseppe Grassi e Giuseppe Magliocco ensinam que, em razão da delicada fase de mudança, as famílias da máfia em Palermo estão tentando se reorganizar rapidamente, envolvendo-se na criação de estruturas de comando alternativos aos tradicionais, que se desviam significativamente do modelo "verticalmente piramidal", onde a diferença de posição na escala hierárquica define posições de comando principais e intermediárias[15].

Como se vê, por ter sido privada do contato com alguns líderes mafiosos, atualmente a *Cosa Nostra* enfrenta o desafio de reestabelecer o equilíbrio interno, por meio da construção de um novo plano estratégico de atuação.

Outra importante medida de combate às máfias consiste no confisco do patrimônio ilícito ou de origem duvidosa, isto é, na expropriação em favor do Estado de bens provenientes de ilícito penal ou que, de alguma forma, estejam ligados a ele. Isso porque, conforme se depreende da própria definição de organização criminosa de tipo mafioso, a finalidade da atuação destes grupos é sempre o acúmulo de riquezas e poder. Assim, para que sejam combatidas de forma eficaz, é indispensável o ataque ao patrimônio acumulado.

O confisco é um instrumento de natureza cautelar, cuja aplicação está subordinada à individualização do bem, assim como à demonstração, mais direta possível, da sua origem ou destinação criminosa. Na experiência italiana, como bem destacam Franco Roberti, Giuseppe Grassi e Giuseppe Magliocco:

Por meio de uma série de intervenções normativas, o legislador acrescentou, gradualmente, à forma ordinária de confisco, outras hipóteses de confisco

---

[14] ROBERTI, Franco; GRASSI, Giuseppe; MAGLIOCCO, Giuseppe. Le Armi Dell'Antimafia. 1ª ed., Roma: Laurus, 2016, p. 21.

[15] ROBERTI, Franco; GRASSI, Giuseppe; MAGLIOCCO, Giuseppe. Le Armi Dell'Antimafia. 1ª ed., Roma: Laurus, 2016, p. 22, tradução nossa. Texto original: "Il quadro descrito, avvalorato dagli esiti di importanti indagini dele Forze di Polizia e della Magistratura, fornisce spunti di riflessione sulla delicata fase di mutamento nella quale attualmente versano le famiglie mafiose palermitane che, nel tentativo di riorganizzarsi velocemente, risultano impegnate nella creazione di strutture di comando alternative a quelle tradizionali, che si discostano sensibilmente dal modelo "verticistico – piramidale", dove la differenza di posizione nella scala gerarchica definisce incarichi di comando principal ed intermedi".

alargado, que se baseiam em mecanismos de simplificação probatória, os quais diminuem o ônus da acusação de demonstrar a origem ilícita do patrimônio angariado por aqueles que integram organização criminosa[16].

Com efeito, no ordenamento jurídico italiano, especialmente no âmbito penal, o confisco pode ser ordinário, por equivalência ou por desproporção. No confisco ordinário há a expropriação de bens diretamente ligados à um crime, enquanto o confisco por equivalência ocorre nos casos em que não é possível reaver o proveito do crime, procedendo-se à expropriação de bens do infrator que correspondam ao valor obtido com o ilícito. Já o confisco por desproporção consiste na expropriação de riquezas desproporcionais ao rendimento declarado por sujeitos condenados por determinados crimes, dentre eles o de integrar organização criminosa de tipo mafioso[17].

Na Itália, nos casos de condenação criminal por organização criminosa de tipo mafioso, o confisco por desproporção é obrigatório, quando o condenado não consegue justificar a origem de dinheiro e bens, dos quais é proprietário ou detém a posse, e que se mostram desproporcionais ao seu rendimento declarado para efeitos fiscais[18].

No entanto, cumpre destacar que o confisco por desproporção nem sempre tem natureza penal, pois é possível que decorra de medida de prevenção patrimonial, a qual pode ser aplicada independentemente do exercício da ação penal[19]. Neste caso, não é necessária a comprovação da relação causal entre a aquisição do patrimônio e o fato de o indivíduo integrar organização mafiosa, sendo suficiente a existência de indícios de que os bens são produto do reemprego de valores ilícitos ou, de qualquer outra maneira, estejam ligados às práticas criminosas. Ou seja, basta que haja uma relação de conexão com ati-

---

[16] ROBERTI, Franco; GRASSI, Giuseppe; MAGLIOCCO, Giuseppe. Le Armi Dell'Antimafia. 1ª ed., Roma: Laurus, 2016, p. 135, tradução nossa. Texto original: "Con una serie di interventi normativi, il legislatore ha progressivamente affiancato a forme di confisca di tipo "ordinario" altre ipotesi di "cofisca allargata", basate su meccanismi di semplificazione probatoria, che alleggeriscono l'accusa dall'onere di dimostrare l'origine illecita del patrimoni apppartenenti a soggetti inseriti in organizzazioni criminali".

[17] ROBERTI, Franco; GRASSI, Giuseppe; MAGLIOCCO, Giuseppe. Le Armi Dell'Antimafia. 1ª ed., Roma: Laurus, 2016, p. 135.

[18] Art. 12-sexies do Decreto Lei italiano nº 306/92. Disponível em: <http://direzioneinvestigativaantimafia.interno.gov.it/normative/d.l.306-1992.pdf>. Acesso em: 29 abr. 2019.

[19] Art. 29 do Decreto Lei italiano nº 159/2011. Disponível em: <http://www.normattiva.it/atto/caricaDettaglioAtto?atto.dataPubblicazioneGazzetta=2011-09-28&atto.codiceRedazionale=011G0201>. Acesso em: 15 nov. 2018.

CRIME ORGANIZADO

vidades ilícitas, a qual se considera realizada quando o bem resulta de valores desproporcionais à renda declarada ou à atividade econômica desenvolvida[20].

A previsão do confisco por desproporção, tanto no âmbito penal quanto como medida de prevenção, mostra-se extremamente importante no combate às organizações de tipo mafioso, pois retira das máfias recursos financeiros e materiais que seriam utilizados para a prática de outros delitos ou que seriam empregados para a infiltração da organização criminosa em atividades lícitas[21]. Assim, não há dúvida que o confisco exerce uma função preventiva muito relevante, que se harmoniza com a política de desmantelamento das organizações criminosas, que deve ser adotada pelas forças de repressão do Estado.

Da experiência italiana de combate às máfias, também se depreende a importância de que as investigações sejam coordenadas. Isso porque, tendo em vista a complexidade das organizações mafiosas, o seu combate somente se faz mediante uma atuação proativa do Estado, que demanda conhecimento sobre os integrantes, estrutura, bens e rede de relacionamento da organização mafiosa, dentre outros dados.

Assim, mostrou-se imprescindível que as informações obtidas pelas forças de repressão do Estado fossem compartilhadas, de modo que não permanecessem mais restritas à autoridade do local onde foi obtida. Por isso, foram criadas Procuradorias Distritais Antimafia (ou Diretorias Distritais Antimafia) e a Procuradoria Nacional Antimafia e Antiterrorismo (ou Diretoria Nacional Antimafia e Antiterrorismo), por meio do Decreto Lei italiano nº 367/1991.[22]

A Procuradoria Nacional Antimafia, composta por vinte membros do Ministério Público e pelo Procurador Nacional Antimafia e Antiterrorismo, detém a coordenação das investigações conduzidas pelas Procuradorias Distritais Antimafia, acerca dos crime cometidos pelas máfias. De acordo com Franco Roberti, Giuseppe Grassi e Giuseppe Magliocco, "esta coordenação visa, acima de tudo, assegurar o conhecimento da informação entre todos os escritórios envolvidos e ligar as Diretorias Distritais Antimafia umas as outras, quando surgirem fatos ou circunstâncias significativas entre duas ou mais delas".[23]

---

[20] MAIELLO, Vicenzo. La Legislazione Penale in Materia di Criminalità Organizzata, Misure di Prevenzione ed Armi. Torino: G. Giappichelli, 2015., p. 392-393.

[21] Office des Nations Unies contre la drogue e le crime (ONUDC), p. 93.

[22] Decreto Lei italiano nº 367/1991. Disponível em: <http://www.normattiva.it/atto/car icaDettaglioAtto;jsessionid=iN79Tx7aVumQCdewwdCnQ__.na2-prd-norm?atto.data PubblicazioneGazzetta=1991-11-21&atto.codiceRedazionale=091G0416>. Acesso em: 15 nov. 2018.

[23] ROBERTI, Franco; GRASSI, Giuseppe; MAGLIOCCO, Giuseppe. Le armi dell'antimafia. Roma: Laurus, 2016, p. 102. Texto original: "tale coordinamento è finalizzato, soprattutto, ad assicurare

A fim de que a Procuradoria Nacional Antimafia cumpra sua missão, o Procurador Distrital Antimafia tem que assegurar a completude e tempestividade no fornecimento de informações recíprocas, pelos membros do Ministério Público, acerca das investigações em andamento. Isso ocorre por meio de um sistema eletrônico, composto por uma base de dados nacional e mais vinte e seis distritais, no qual estão catalogadas todas as informações e notícias relevantes sobre as organizações mafiosas, o que garante a rápida circulação e análise dos dados.[24]

Salienta-se, ainda, a importância das Procuradorias Distritais Antimafia e da Procuradoria Nacional Antimafia, para superar os entraves decorrentes do clássico modelo de fixação de competência em razão de limites territoriais – incompatível com a complexa atuação das organizações mafiosas -, pois a competência das Procuradorias Distritais Antimafia não é territorial e, sim, para investigação e processamento dos casos relacionados às organizações mafiosas.[25]

Como se vê, por meio da atuação das Procuradorias Distritais Antimafia e da Procuradoria Nacional Antimafia, foi possível obter uma visão completa acerca do fenômeno mafioso e, consequentemente, combater e processar seus integrantes como sendo parte de uma grande organização criminosa e, não, apenas como bandos ou grupos isolados de criminosos.

Além destas medidas, a Itália se valeu de diversos outros mecanismos, como a colaboração premiada, a infiltração de agentes e a interceptação telefônica preventiva, para enfrentar o grande desafio de combater as organizações criminosas. No entanto, não há dúvida que os pilares de atuação das forças de repressão do Estado são a prisão de líderes mafiosos sob o regime do cárcere duro, o ataque ao patrimônio das máfias e a integral compreensão do fenômeno mafioso, decorrente das investigações coordenadas.

2. Críticas e Contribuições para o Combate ao Crime Organizado no Brasil

Em virtude de muitos anos de acúmulo de riqueza e de poder, as máfias italianas – clássico exemplo de criminalidade organizada – passaram a ser con-

---

la conoscenza delle informazioni tra tutti gli uffici interessati e a collegare le DDA tra loro quando emergono fatti o circonstanze rilevanti tra due o più di esse".

[24] Artigo 102 do Decreto Lei italiano nº 159/2011. Disponível em: <http://www.normattiva. it/atto/caricaDettaglioAtto?atto.dataPubblicazioneGazzetta=2011-09-28&atto. codiceRedazionale=011G0201>. Acesso em: 15 nov. 2018.

[25] ROBERTI, Franco; GRASSI, Giuseppe; MAGLIOCCO, Giuseppe. Le armi dell'antimafia. Roma: Laurus, 2016, p. 106.

CRIME ORGANIZADO

sideradas inatingíveis pelo Estado. No entanto, as ações adotadas pelas forças de repressão italianas, embasadas nas medidas acima expostas, mostraram-se capazes de abalar as estruturas das máfias, gerando um grande enfraquecimento destas organizações criminosas.

Não se nega que a Itália continua convivendo com organizações mafiosas, que atuam em seu território e no exterior, contudo, as máfias não possuem mais o poder que outrora tiveram, graças ao forte trabalho de repressão. De acordo com Antonio La Spina, um sinal inequívoco do sucesso das medidas adotadas é o número de relatórios contra mafiosos, como exemplo cita os dados relativos aos incêndios e ataques a bomba, os quais depois de atingirem o ápice no início dos anos 90 – na Sicília, em 1991, foram registrados quatrocentos e setenta e nove – começaram a sofrer forte queda, de modo que, em 2005, na Sicília, houve o registro de trinta e oito casos[26].

Diante deste cenário, a experiência italiana representa um importante exemplo de combate às organizações criminosas, que deve ser analisado e servir como parâmetro para os demais Estados, inclusive para o Brasil.

Assim, atento à importância da troca de informações, o Ministério da Justiça e da Segurança Pública ativou o Centro Integrado de Inteligência Nacional, a fim de ampliar a precária comunicação entre as forças de repressão de todo o país[27]. Isso porque, no Brasil, até mesmo as informações mais simples dificilmente são compartilhadas, sendo um exemplo disso a inexistência de um banco nacional de registro de antecedentes criminais, no qual constem os feitos de todos os estados da federação.

Esta comunicação deficitária entre as forças de repressão é um entrave ao combate efetivo à criminalidade organizada, especialmente em razão da vasta extensão do território brasileiro, tendo em vista que o enfrentamento

---

[26] LA SPINA. Antônio. The Fight against the Italian Mafia. In: PAOLI, Letizia (Ed.). The Oxford handbook of organized crime. Edição Kindle. New York: Oxford University Press, 2014, p. 608, tradução nossa. Texto original: "The unmistakable sign of success of indirect policies is the increase in reports against racketeers. Let us have a look at these data. In the Mezzogiorno as a whole (Eurispes 2009, p. 633 ff.; Svimez 2011, p. 888 ff.) after a peak at the beginning of the nineties, complaints of fire or bomb attacks have begun to diminish, remarkably so after 2004. We find 134 of them in Campania, 108 in Apulia, 211 in Calabria, and 200 in Sicily in 1985. The number rose to 667 in Apulia, 691 in Calabria, and 479 in Sicily in 1991 (while in Campania there were 89 in the same year). There were 60 in Campania, 208 in Apulia, 400 in Calabria and 237 in Sicily in 1995. In 2001, reports numbered 103 in Campania, 208 in Apulia, 311 in Calabria and 323 in Sicily. But in 2005 we find only 67 complaints in Campania, 68 in Apulia, 30 in Calabria, and 38 in Sicily".

[27] MINISTÉRIO DA JUSTIÇA E SEGURANÇA PÚBLICA. MJSP ativa Centro Integrado de Inteligência Nacional, 2019. Disponível em: <https://www.justica.gov.br/news/collective-nitf-content-1556913275.67>. Acesso em: 11 maio 2018.

742

às organizações criminosas demanda uma atuação proativa do Estado, que somente pode ser adotada mediante a visão completa do fenômeno. Por isso, mostra-se extremamente importante e urgente a adoção de medidas, tendentes a assegurar o compartilhamento de dados entre as autoridades responsáveis pela repressão ao crime organizado.

Do mesmo modo, a disciplina conferida ao confisco, pelo ordenamento jurídico brasileiro, mostra-se inadequada para enfrentar a criminalidade organizada. Muito embora seja objeto de projetos de lei[28], no Brasil, não se admite a perda dos bens do condenado, que sejam incompatíveis com o seu rendimento lícito. Isto significa que, ao condenado, somente é imposta a perda do produto do crime ou de valor que constitua proveito auferido com a prática do delito, sendo vedado o confisco dos bens desproporcionais à renda declarada.

Como se vê, a atual disciplina do confisco ignora a complexidade da atuação das organizações criminosas e, dessa forma, permite que os valores obtidos por meio de atividades ilícitas sejam constantemente reinvestidos, o que somente fortalece a criminalidade organizada.

Por fim, no que tange às regras do cárcere, a Lei de Execução Penal prevê a imposição de regime disciplinar diferenciado àqueles que praticarem crime doloso, que constitua falta grave, ou quando o detento enseje a subversão da ordem ou disciplina interna do estabelecimento prisional. Contudo, cumpre ressaltar que o regime disciplinar diferenciado é muito menos rígido do que o cárcere duro italiano, pois autoriza a visita semanal de duas pessoas, por até duas horas, sem contar as crianças, bem como possui o prazo máximo de trezentos e sessenta dias, o qual pode ser repetido em razão de nova falta grave da mesma espécie, mas sempre até o limite de um sexto da pena[29].

Conclusões

Na Itália, as graves consequências decorrentes das atividades das máfias – o que abrange tanto os atos de violência por elas praticados, quanto os entraves impostos ao regular desenvolvimento econômico e social da região afetada – fomentaram a implementação de medidas específicas de combate às organizações mafiosas, que se mostraram capazes de enfraquecê-las. Da análise desta experiência, depreende-se que o enfrentamento efetivo à criminalidade organizada não se faz por meio dos clássicos mecanismos de direito penal e processual penal, sendo indispensável a adoção de uma política criminal diferenciada de combate ao crime organizado, a qual ainda é incipiente no Brasil.

[28] Projeto de Lei 882/2019, Projeto de Lei 4003/2015, Projeto de Lei 4268/2016, dentre outros.
[29] Art. 52 da Lei nº 7.210/84.

CRIME ORGANIZADO

O precário compartilhamento de informações entre as forças de repressão do Estado, sobretudo em um país com a dimensão territorial do Brasil, assim como a ausência de regramento adequado em matérias como o confisco e o regime carcerário, representam barreiras ao enfrentamento efetivo à criminalidade organizada, que atua no país. Sendo assim, no Brasil, urge o desenvolvimento de uma política criminal diferenciada de combate ao crime organizado, devidamente fundamentada em experiências anteriores e em dados empíricos, pois somente desta maneira as organizações criminosas serão eficientemente enfrentadas.

Referências

BALTAZAR JUNIOR, José Paulo. Crime organizado e proibição de insuficiência. Porto Alegre: Livraria do Advogado, 2010.

CARNEIRO, José Reinaldo Guimarães. O Ministério Público e suas investigações independentes: reflexões sobre a inexistência de monopólio na busca da verdade real. São Paulo: Malheiros, 2007.

COLEMAN, James William. A elite do crime: para entender o crime do colarinho branco. 5. ed. São Paulo: Manole, 2002.

FERRO, Ana Luiza Almeida. Crime organizado e organizações criminosas mundiais. 1ª ed. (2009), 2ª reimpr. Curitiba: Juruá, 2011.

ITÁLIA. Codice Antimafia. Direzione distrettuale antimafia e Direzione nazionale antimafia. Disponível em: <http://www.normattiva.it/atto/caricaDettaglioAtto?atto. dataPubblicazioneGazzetta=2011-09-28&atto.codiceRedazionale=011G0201>. Acesso em: 15 nov. 2018.

_____. Codice penale. Associazione di tipo mafioso. Disponível em:<http://www.camera. it/_bicamerali/leg15/commbicantimafia/files/pdf/Art_416bis.pdf>. Acesso em: 25 ago. 2018.

_____. Decreto Legge nº 367/1991. Coordinamento delle indagini nei procedimenti per reati di criminalitá organizzata. Disponível em: <http://www.normattiva.it/atto/ caricaDettaglioAtto;jsessionid=iN79Tx7aVumQCdewwdCnQ__.na2-prd-norm?atto. dataPubblicazioneGazzetta=1991-11 21&atto.codiceRedazionale=091G0416>. Acesso em: 15 nov. 2018.

_____. Decreto Legge nº 367/1991. Ipotesi particolari di confisca. Disponível em: <http:// direzioneinvestigativaantimafia.interno.gov.it/normative/d.l.306-1992.pdf>. Acesso em: 01 maio 2019.

_____. Ordinamento Penitenziario. Situazioni di emergenza. Disponível em: <http:// www.procuragenerale.trento.it/attachments/article/31/Ordinamento%20penitenziario.pdf>. Acesso em: 01 maio 2019.

LABORDE, Jean-Paul. État de droit et crime organisé. Paris: Dalloz, 2005.

LAVEZZI, Andrea Mario. Economic structure and vulnerability to organized crime: evidence from Sicily. Global crime, v. 3, n. 9, 2008. Disponível em: <https://mpra.ub.uni--muenchen.de/50114/1/MPRA_paper_50114.pdf>. Acesso em: 18 ago. 2018.

MAIELLO, Vicenzo. La legislazione penale in materia di criminalità organizzata, misure di prevenzione ed armi. Torino: G. Giappichelli, 2015.

MESSA, Ana Flávia; CARNEIRO, José Reinaldo Guimarães (Coords.). Crime organizado. São Paulo: Saraiva, 2012.

MINISTÉRIO DA JUSTIÇA E SEGURANÇA PÚBLICA. MJSP ativa Centro Integrado de Inteligência Nacional, 2019. Disponível em: < https://www.justica.gov.br/news/collective-nitf-content-1556913275.67>. Acesso em: 11 maio 2018.

PAOLI, Letizia (Ed.). The Oxford handbook of organized crime. Edição Kindle. New York: Oxford University Press, 2014.

PELLEGRINI, Angiolo; COSTA JUNIOR, Paulo José. Criminalidade organizada. 2. ed. São Paulo: Atlas, 2008.

PEREIRA, Camila Bonafini, O Combate ao Crime Organizado e o Garantismo Social. Rio de Janeiro: Lumen Juris, 2019.

PEREIRA, Flavio Cardoso. Crime organizado e sua infiltração nas instituições governamentais. 2. ed. Belo Horizonte: Fórum, 2017.

PINOTTI, Paolo. The economic costs of organized crime: evidence from southern Italy. Banca d'Italia, Temi di Discussione n. 868, 2012. Disponível em: <http://www.banca-ditalia.it/pubblicazioni/temi-discussione/2012/2012-0868/en_tema_868.pdf>. Acesso em: 18 ago. 2018.

ROBERTI, Franco; GRASSI, Giuseppe; MAGLIOCCO, Giuseppe. Le armi dell'antimafia. Roma: Laurus, 2016.

ROSA, João Luiz Moraes. Crime organizado: criminologia e política criminal. Curitiba: Juruá, 2018.

SILVA, Eduardo Araujo da. Crime organizado: procedimento probatório. 2. ed. São Paulo: Atlas, 2009.

UNODC. Recueil d'affaires de criminalité organisée. Viena: 2012. Disponível em: <https://www.unodc.org/documents/organized-crime/FrenchDigest_Final_301012_30102012.pdf>. Acesso em: 19 set. 2018.

VIGNA, Piero L. El crimen organizado: desafíos y perspectivas en el marco de la globalización. Buenos Aires: Ábaco de Rodolfo Depalma, 2005.

YACOBUCCI, Guilllermo J. (Coord.). El crimen organizado: desafíos y perspectivas en el marco de la globalización. Buenos Aires: Ábaco de Rodolfo Depalma, 2005.